lonely planet

Egipto

Matthew D. Firestone
Zora O'Neill, Anthony Sattin, Rafael Wlodarski

geoPlaneta

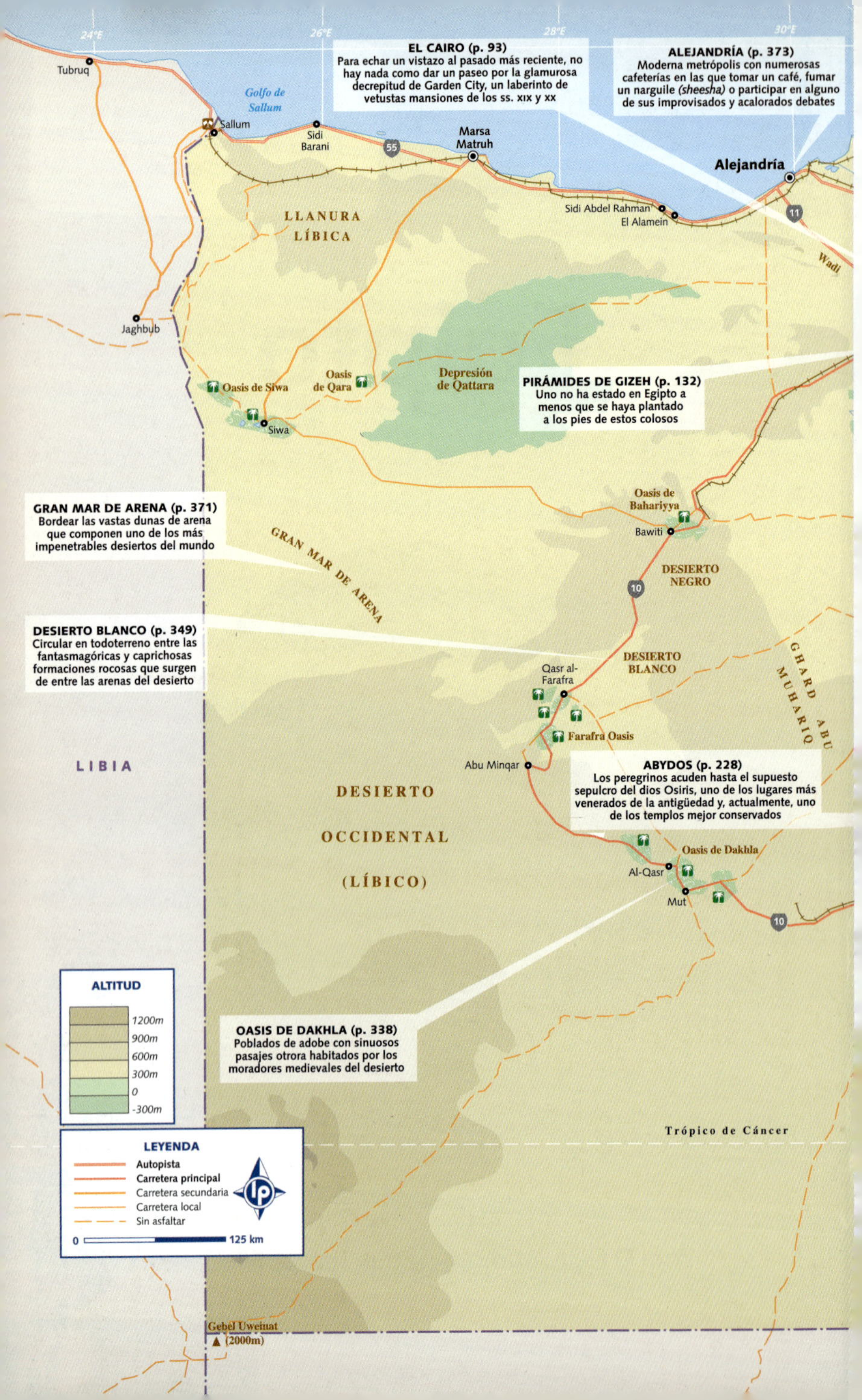

24°E
26°E
28°E
30°E
EL CAIRO (p. 93)
Para echar un vistazo al pasado más reciente, no hay nada como dar un paseo por la glamurosa decrepitud de Garden City, un laberinto de vetustas mansiones de los ss. XIX y XX
ALEJANDRÍA (p. 373)
Moderna metrópolis con numerosas cafeterías en las que tomar un café, fumar un narguile (sheesha) o participar en alguno de sus improvisados y acalorados debates
Tubruq
Golfo de Sallum
Sallum
Sidi Barani
55
Marsa Matruh
Alejandría
Sidi Abdel Rahman
El Alamein
11
Wadi
LLANURA LÍBICA
Jaghbub
Oasis de Siwa
Siwa
Oasis de Qara
Depresión de Qattara
PIRÁMIDES DE GIZEH (p. 132)
Uno no ha estado en Egipto a menos que se haya plantado a los pies de estos colosos
GRAN MAR DE ARENA (p. 371)
Bordear las vastas dunas de arena que componen uno de los más impenetrables desiertos del mundo
GRAN MAR DE ARENA
Oasis de Bahariyya
Bawiti
DESIERTO NEGRO
10
DESIERTO BLANCO (p. 349)
Circular en todoterreno entre las fantasmagóricas y caprichosas formaciones rocosas que surgen de entre las arenas del desierto
DESIERTO BLANCO
Qasr al-Farafra
Farafra Oasis
GHARD ABU MUHARIQ
LIBIA
Abu Minqar
ABYDOS (p. 228)
Los peregrinos acuden hasta el supuesto sepulcro del dios Osiris, uno de los lugares más venerados de la antigüedad y, actualmente, uno de los templos mejor conservados
DESIERTO OCCIDENTAL (LÍBICO)
Oasis de Dakhla
Al-Qasr
Mut
10
ALTITUD
1200m
900m
600m
300m
0
-300m
OASIS DE DAKHLA (p. 338)
Poblados de adobe con sinuosos pasajes otrora habitados por los moradores medievales del desierto
Trópico de Cáncer
LEYENDA
Autopista
Carretera principal
Carretera secundaria
Carretera local
Sin asfaltar
0
125 km
Gebel Uweinat
(2000m)

MAR MEDITERRÁNEO
MONASTERIO DE SANTA CATALINA (p. 500)
Peregrinar a este antiguo monasterio del desierto para encontrarse con una descendiente de la zarza ardiente de Moisés
DAHAB (p. 480)
Paraíso mochilero a orillas del mar para relajarse y recuperarse de las visitas a tantos templos
MONTE SINAÍ (p. 501)
La ascensión a este monte sagrado se ve premiada con la visión de un amanecer de proporciones bíblicas
MAR ROJO (p. 444)
Todo un mundo submarino para disfrute de los buceadores, con montañas de coral rebosantes de fauna marina
ORILLA ORIENTAL DE LUXOR (p. 238)
Los templos de Luxor y Karnak son dos de los conjuntos religiosos más impresionantes y bellos del planeta
RÍO NILO (cuadernillo color)
Sea a bordo de una falúa, una *dahabiyya* o un hotel flotante, surcar el río de la belleza y la historia puede devenir una experiencia única
ORILLA OCCIDENTAL DE LUXOR (p. 249)
Un testimonio de vida y muerte, con las tumbas y los mausoleos de algunos de los más grandes soberanos de Egipto y de simples campesinos del s. XXI
ASUÁN (p. 300)
Antigua ciudad fronteriza en uno de los tramos más bellos del Nilo, donde contemplar la puesta de sol y sentir la comunión con África
JERUSALÉN
AMMÁN
Tel Aviv
Gaza
Rafah
Al-Arish
ISRAEL Y TERRITORIOS PALESTINOS
JORDANIA
PENÍNSULA DEL SINAÍ
ARABIA SAUDÍ
Rosetta (Ar-Rashid)
Baltim
Damietta (Dumyat)
Port Said
Damanhur
Mansura
Abu Kebir
Tanta
Zagazig
Ismailia
Benha
Canal de Suez
Gran lago Amargo
Natrun
EL CAIRO
Gizeh
Pirámides de Gizeh
Saqqara
Dahshur
Suez
Port Tawfiq
Oasis de Al-Fayoum
Pirámide de Meidum
Pirámide de Hawara
Pirámide de Al-Lahun
Medina de Al-Fayoum
Ain Sukhna
Zafarana
Beni Suef
Eilat
Taba
Aqaba
PROTECTORADO DE RAS ABU GALLUM
Nuweiba
Serabit al-Khadim
Monasterio de Santa Catalina
Golfo de Suez
Golfo de Aqaba
Llanura de South Gala
Monte Sinaí (Gebel Musa 2285m)
Dahab
Ras Gharib
Al-Tor
PROTECTORADO DE NABQ
Río Nilo
Minya
Beni Hasan
Mallawi
Deir Mawas
Tell al-Amarna
Sharm el-Sheikh
Islas de Tiran y Sanafir
PARQUE NACIONAL RAS MOHAMMED
Hurghada (Al-Ghardaka)
Asyut
DESIERTO ORIENTAL (ARÁBIGO)
MONTES DEL MAR ROJO
Safaga
Sohag
Al-Balyana
Abydos
Qena
Dendara
Qus
Valley of the Kings
Karnak
Luxor
Al-Quseir
Brother Island
Al-Kharga
Oasis de Al-Kharga
Esna
Edfu
Marsa Alam
Gebel Hamata (1977m)
MAR ROJO
Templo de Kom Ombo
Baris
Qasr ad-Dush
Meseta de caliza
Asuán
Aswan Dam
Philae
Berenice
Isla de Mukawwa
Lago Nasser
Río Nilo
Templos de Abu Simbel
Presa de Asuán
Frontera administrativa
Halaib
SUDÁN
Frontera política
32°E
34°E
32°N
28°N
26°N
22°N

En ruta

MATTHEW D. FIRESTONE Coordinador

Esta foto se tomó en la cima del monte Sinaí (p. 501) poco después del amanecer. Aunque me esfuerzo por parecer despierto, apenas puedo mantener los ojos abiertos. La ascensión al monte Sinaí fue una paliza que duró toda la noche, pero compensó cada llaga, cada topetón y cada torcedura de tobillo.

ZORA O'NEILL

El conservador del Museo de la Agricultura de El Cairo (p. 131) me abrió la sala dedicada a la comida, mi pasión. Me sentí un poco culpable por manipular las piezas, pero él insistió en que examinara a fondo cada fruta.

ANTHONY SATTIN

La bilharziosis (esquistosomiasis) hace que la mayoría evite nadar en el Nilo, y desde luego no es recomendable en ningún punto al norte de Luxor. Pero si se escoge bien el lugar, cerciorándose de que sea un curso rápido de agua, no hay nada como acabar una visita a un templo saltando del barco y zambulléndose en el río de la historia.

RAFAEL WLODARSKI

Soy una rata del desierto. Me encanta. Sus ocasos en tecnicolor son inigualables, al igual que el balanceo de los camellos al avanzar junto a la carretera. No obstante, lo que más me gusta son las largas excursiones en todoterreno por los infinitos y desolados paisajes del desierto occidental (p. 328), ideales para meditar.

Para la biografía completa de los autores, véase p. 563.

Imprescindible

Egipto es tan vasto que al visitante enseguida le sale el explorador que lleva dentro. La grandeza y belleza de este arcaico territorio se hace evidente en las majestuosas alturas del monte Sinaí, las silenciosas profundidades del mar Rojo, las antiguas tumbas de Luxor o las amplias extensiones del oasis de Siwa. En una tierra donde el tiempo se mide en dinastías y las distancias en razón de la puesta de sol, lo mejor es viajar despacio y fundirse en sus infinitos paisajes de arena y de agua.

ARIADNE VAN ZANDBERGEN

1 VALLE DE LOS REYES

Vale la pena levantarse antes de que amanezca en la orilla occidental de Luxor para ver a los dioses (reyes, reinas y nobles) volver a la vida en su morada. El templo de Hatshepsut (p. 265) y el resto de tumbas abren a partir de las 6.00, cuando la mayoría de los turistas aún holgazanea en el hotel.

Anthony Sattin, autor de Lonely Planet

SARA-JANE CLELAND

2 OASIS DE SIWA

Tras una larga jornada por las polvorientas carreteras del desierto occidental, no hay nada más reconfortante que un baño en las aguas frescas y cristalinas de alguno de los muchos *ain* (manantiales) que brotan en los remotos oasis. Algunos de los más sugerentes se hallan en los oasis de Bahariyya (p. 350) y Siwa (p. 358).

Rafael Wlodarski, autor de Lonely Planet

ARIADNE VAN ZANDBERGEN

3 PIRÁMIDE ESCALONADA

Todo el mundo conoce *las* pirámides, pero... ¿y las *otras?* La mayoría de los turistas pasa las vacaciones ahuyentando a los camelleros y vendedores de recuerdos de las pirámides de Gizeh, pero los más entendidos prefieren explorar los monumentos de Saqqara y Dahshur. De gran interés es la pirámide Escalonada de Zoser, en Saqqara (p. 195), considerada la más antigua del mundo por los arqueólogos. Tampoco hay que obviar la pirámide Roja de Dahshur (p. 201), considerada la primera pirámide propiamente dicha, que sirvió de inspiración para la gran pirámide de Gizeh.

Matthew D. Firestone, autor de Lonely Planet

MAR ROJO

Egipto es algo más que sol, arena, pirámides y el Nilo: el mar Rojo (p. 444) está considerado uno de los mejores destinos de submarinismo del mundo. Tanto para buceadores experimentados como para quienes deseen obtener su diploma, el impresionante mundo submarino de Egipto es de visita obligada. Un punto destacado es el *Thistlegorm* (p. 453), una enorme nave naufragada que descubrió Jacques Cousteau. Tras descender 30 m y penetrar en las bodegas, uno se encuentra inmerso en un museo de la Segunda Guerra Mundial, que exhibe motocicletas, *jeeps*, tanques y armamento.

Matthew D. Firestone, autor de Lonely Planet

4

MARK WEBSTER

MONTE SINAÍ

Aunque uno no sea aficionado a los madrugones, no debe perderse el amanecer desde lo alto del monte Sinaí (p. 501). A decir verdad, hay que ascender de noche si se quiere estar en la cima a tiempo para ver los primeros rayos del sol. Hay pocas montañas en el mundo que puedan equipararse con ésta en significación, puesto que es un monte sagrado para judíos, cristianos y musulmanes.

Matthew D. Firestone, autor de Lonely Planet

5

FRANS LEMMENS

ANDERS BLOMQVIST

6 RAMESSEUM

Vale la pena visitar algunos de los templos antiguos menos populares. Muchos de los yacimientos entre El Cairo y Luxor reciben muy pocos visitantes debido a la dificultad de viajar por la zona. Pero incluso en Luxor, los grupos de turistas se pierden algunos monumentos, no porque no merezcan la visita, sino porque hay demasiado que ver en uno o dos días. Así pues, lo mejor es combinar las visitas obligadas, como el valle de los Reyes o el templo de Karnak, con otras. El templo de Seti I (p. 254) recibe muy pocos visitantes, pero incluso un lugar tan importante como el Ramesseum (p. 269), el templo de Ramsés II, estaba vacío en mis últimas dos visitas.

Anthony Sattin, autor de Lonely Planet

PUESTA DE SOL EN ASUÁN

El ocaso en Asuán (p. 300) tiene algo especial: el modo en que el río fluye entre las rocas, la proximidad del desierto, los remotos sepulcros del Aga Khan y los príncipes olvidados en el margen de la orilla occidental… le confieren mucha más intensidad que en ningún otro punto del Nilo a su paso por Egipto.

Anthony Sattin, autor de Lonely Planet

7

JOHN ELK III

NARGUILE

El borboteo de la pipa de agua es parte de la vida en Egipto; tanto como el propio Nilo. Se puede acudir a una *ahwa* (cafetería) tradicional y pedir la *sheesha* (narguile) que fuman los parroquianos, a base de tabaco perfumado con melaza, o pedirla con sabor a cóctel de frutas en alguno de los locales de moda de El Cairo.

Zora O'Neill, autora de Lonely Planet

8

BILL LYONS/GETTY IMAGES

CHRISTINE OSBORNE

9

ASENTAMIENTOS COPTOS

Hay muchos a lo largo del Nilo, algunos con más de 1.600 años a cuestas, y con iglesias, conventos y monasterios aún en activo. Los días de fiesta suelen acudir a rezar miles de fieles, pero el resto del tiempo acostumbran a ser lugares adormilados, bellos y fascinantes. Quizá sea en Deir al-Muharraq (p. 223), al norte de Asiut, donde ello resulte más evidente.

Anthony Sattin, autor de Lonely Planet

10 DAHAB

Cual pedazo de Tailandia en Oriente Próximo, nada mejor que Dahab (p. 480) para tumbarse a descansar y bajar el ritmo. Aunque se ha expandido más allá de sus humildes orígenes, cuando empezó como colonia *hippy* en la playa, Dahab sigue siendo dominio de los viajeros independientes. Tanto si se pretende bucear en el mar Rojo, hacer excursiones por el interior o pasar el día fumando un narguile junto al mar, lo más probable es que uno acabe quedándose aquí más tiempo del previsto.

Matthew D. Firestone, autor de Lonely Planet

ANDREW BURKE

ARIADNE VAN ZANDBERGEN

11 SOSEGARSE EN UNA MEZQUITA

Los tranquilos y sombríos arcos de una mezquita medieval, como la de Al-Azhar (en la imagen; p. 115), son ideales para evadirse del frenesí cairota, descalzarse y relajarse un rato. La mezquita de Amr ibn al-As (p. 113) es muy espaciosa, y en la de Al-Maridani (p. 123) abundan los árboles.

Zora O'Neill, autora de Lonely Planet

PIRÁMIDES DE GIZEH

Aun siendo la imagen más emblemática de Egipto, nadie está preparado para su primer encuentro visual con las pirámides (p. 132) y la Esfinge de Gizeh (p. 139). Estos colosos, que se yerguen sobre el conglomerado urbano y sobre las llanuras desérticas, son lo más destacado de cualquier itinerario y jamás decepcionan. Es imprescindible ir provisto de agua suficiente, una tarjeta de memoria vacía y mucha paciencia. Aunque habrá que abrirse paso entre catervas de vendedores y comisionistas, un viaje a Egipto nunca será completo sin la obligada visita a Gizeh.

Matthew D. Firestone, autor de Lonely Planet

12

DONALD C. & PRISCILLA ALEXANDER EASTMAN

ZOCOS

En ellos reina la locura comercial, el regateo forma parte del día a día. En los zocos venden antigüedades polvorientas, bicicletas nuevas, camisas de segunda mano, gafas de sol *retro*... ¡e incluso burros!

Zora O'Neill, autora de Lonely Planet

13

FRANS LEMMENS

JOHN ELK III

14

PETRA

La antigua ciudad de Petra (p. 496), una de las nuevas Siete Maravillas del Mundo, está a un salto en *ferry* desde el Sinaí. Esta ciudad tallada en la roca rosada es posiblemente el yacimiento arqueológico más impresionante de Oriente Medio.

Matthew D. Firestone, autor de Lonely Planet

CHRIS MELLOR

15

ABU SIMBEL

Pernoctando en Abu Simbel (p. 325) se podrá visitar el gran templo de Ramsés II (p. 325), explorar la ciudad –en constante crecimiento– y sus atractivos, entre ellos el sencillo hotel Eskaleh (p. 327), del músico local Fikri Hassan, dedicado a todos los aspectos de la cultura nubia.

Rafael Wlodarski, autor de Lonely Planet

Sumario

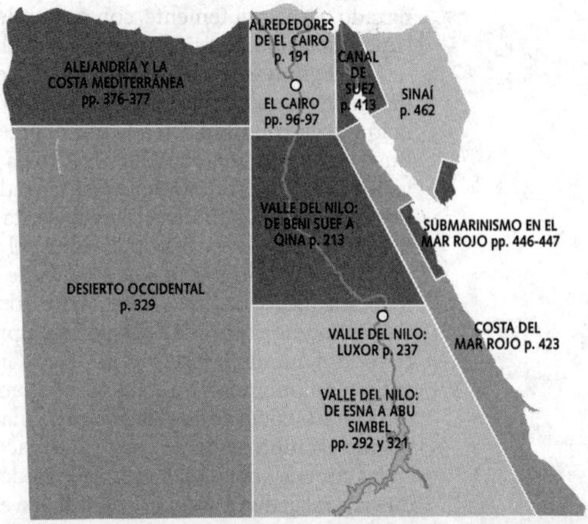

ALREDEDORES DE EL CAIRO p. 191
ALEJANDRÍA Y LA COSTA MEDITERRÁNEA pp. 376-377
CANAL DE SUEZ p. 413
EL CAIRO pp. 96-97
SINAÍ p. 462
VALLE DEL NILO: DE BENI SUEF A QINA p. 213
SUBMARINISMO EN EL MAR ROJO pp. 446-447
DESIERTO OCCIDENTAL p. 329
VALLE DEL NILO: LUXOR p. 237
COSTA DEL MAR ROJO p. 423
VALLE DEL NILO: DE ESNA A ABU SIMBEL pp. 292 y 321

Destino: Egipto

Esta tierra de soberbios yacimientos arqueológicos Patrimonio Mundial y mil clichés turísticos ya sedujo a sus visitantes milenios antes de que Thomas Cook remontara el Nilo con sus vapores. En ella se refugió la Sagrada Familia, Alejandro conquistó y Marco Antonio flirteó. Napoleón pasó el tiempo suficiente como para birlar unos cuantos obeliscos, los otomanos apoyaron al bárbaro bajá Mohammed Ali, y los británicos prolongaron su estancia para tender una red ferroviaria y llenar todos los huecos del British Museum. Y todo eso ocurrió mucho después de que Menes uniera el Alto y el Bajo Egipto y sentara las bases de la mayor civilización que haya conocido el mundo.

DATOS BÁSICOS

Población: 80 millones

Índice de crecimiento de la población: 1,7%

Inflación: 7,7%

PIB: 334.400 millones de dólares estadounidenses

Principales exportaciones: petróleo y derivados, algodón

Ingresos anuales medios: 4.200 US$

Esperanza de vida: varones 69, mujeres 74

Índice de alfabetismo: varones: 83%, mujeres 59%

Sorber un café en una de las cosmopolitas cafeterías alejandrinas o deleitarse con un té tras una agotadora sesión en el bazar Khan al-Khalili cairota son actividades tan populares ahora como lo eran en el s. XIX, cuando los turistas empezaron a acudir en masa. Hay magníficos monumentos por doquier: las pirámides y la perfección de sus líneas, los alminares que se elevan sobre la silueta de El Cairo, y los majestuosos templos y tumbas de Luxor son algunas de las maravillas admiradas por generaciones de visitantes durante sus salidas por la ciudad, sus cruceros por el Nilo y sus expediciones a través de unos parajes desérticos inhóspitos pero espectaculares.

Más allá de la elegante simetría y el calculado orden de los antiguos conjuntos de templos y de sus pirámides, Egipto es una olla a presión. Medio siglo después de la revolución encabezada por Nasser y veinticinco años después de que Hosni Mubarak y su esposa Suzanne se instalaran en el palacio presidencial, Egipto está en bastante mal estado. El desempleo es alto, la economía está fatal y los atentados terroristas se están produciendo con una preocupante regularidad. El país se ha visto reducido a la categoría de estado dependiente de EE UU, del que recibe más de dos mil millones de dólares en ayudas militares y económicas.

La lista de cargos continúa. La policía egipcia tortura y maltrata con frecuencia a los detenidos; el empleo infantil es común en el lucrativo sector del algodón; grupos enteros de opositores islamistas acaban en la cárcel sin acusación formal ni juicio; las mujeres se enfrentan a una discriminación sistemática propiciada por las leyes vigentes; la creciente inflación ha llevado a carestías en las comunidades más pobres; y el medio ambiente está amenazado permanentemente, con cursos de agua contaminados, una flagrante superpoblación, emisiones descontroladas y la salinización del suelo.

Hoy Egipto soporta un temporal de conflictos internos en su intento por definirse como país islámico moderado. Por un lado, participó en la "coalición de la voluntad" creada por el presidente estadounidense George W. Bush –y que tan mal acabó–, y la estrella *pop* Dina, con su sensual danza del vientre, está cuestionando la visión tradicional de la sexualidad en el país. Por otro, la mayoría de los egipcios está que trina con el apoyo estadounidense a Israel y crece la popularidad del predicador televisivo Amr Khaled, que ha convencido a muchas jóvenes de que se cubran la cabeza.

Desde luego, una de las muchas razones por las que Egipto sigue siendo tan fascinante es porque es un país siempre cambiante. Puede que sea famoso en todo el mundo por las pirámides de Gizeh y el valle de los Reyes, pero esos antiguos monumentos no son más que una incógnita de la ecuación. Desde el sofocante bullicio de las calles cairotas a la dureza del desierto, el egipcio es un pueblo asombrosamente fuerte, que hace gala de buen humor y optimismo en las circunstancias más adversas. Desde luego, Egipto no garantiza siempre un viaje relajado y tranquilo, pero sí una experiencia reveladora.

Puesta a punto

Egipto es el país del norte de África y Oriente Próximo más accesible para el viajero. La mayor parte de los atractivos turísticos están bien comunicados por económicos autobuses de línea y, a menudo, también por ferrocarril y avión. La oferta de alojamiento es abundante, sobre todo en las categorías económica y precio alto, y hay establecimientos para comer en cada rincón del país. A diferencia de otros lugares de la región, beber cerveza, conocer a lugareños y navegar por Internet son actividades que se pueden hacer con total normalidad. No es necesario reservar el alojamiento con antelación porque hay mucha oferta, pero si se desea un lugar en concreto o se dispone de poco tiempo, conviene hacerlo.

Para más información, véase "Clima" (p. 514).

CUÁNDO IR

La mejor época para visitar Egipto depende en gran parte de lo que se quiera ver. Generalmente, invierno (de diciembre a febrero) es temporada alta, y verano (de junio a agosto), temporada baja en todo el país excepto en la costa y hasta cierto punto en El Cairo. Los precios de los hoteles así lo reflejan.

Entre junio y agosto el calor es prácticamente insoportable en cualquier punto al sur de El Cairo, en particular cerca de Luxor y Asuán, donde las temperaturas diurnas pueden alcanzar los 40°C. El verano cairota es casi igual de inclemente y la combinación de calor, polvo, contaminación, ruido y aglomeraciones humanas hace del caminar por las calles de la ciudad una verdadera prueba de resistencia. Por otro lado puede que el viajero desee pasar una semana o dos tostándose bajo el sol abrasador en las playas del sur del Sinaí, de la costa de Alejandría o del mar Rojo. Tan sólo hay que estar dispuesto a luchar por una habitación con los lugareños durante sus vacaciones estivales y con los árabes del Golfo que huyen del calor aún más asfixiante de sus países. La estación más agradable para visitar cualquier otro sitio, como Luxor, es el invierno. En ese mismo período, El Cairo no es tan agradable y a menudo los cielos están encapotados y las noches pueden resultar frescas. En Alejandría, en la costa mediterránea, suelen producirse chubascos que inundan sus calles, dejándolas fangosas. Incluso las playas del Sinaí son demasiado frescas para tomar el sol en enero. Sin duda, la mejor época para visitar todo el país es la primavera (de marzo a mayo) o el otoño (de septiembre a noviembre).

Casi todas las fiestas religiosas y oficiales egipcias (véase calendario en p. 521) duran como máximo un par de días y no deberían trastocar el

INDISPENSABLE

Hay pocas cosas necesarias que no se puedan encontrar en Egipto, si bien la oferta puede ser inferior a la del país de origen. Se recomienda llevar gafas de sol, una linterna, crema solar y un sombrero. Quien tenga el sueño ligero quizá deba llevar tapones para los oídos, porque El Cairo es una ciudad bastante ruidosa y al alba resuenan, en todo el país, las llamadas a la oración desde los alminares. En invierno, al anochecer, se agradecerá un suéter o una chaqueta ligera, especialmente en el desierto. Aunque en las farmacias y supermercados de las ciudades suministran artículos de higiene personal, puede que salgan caros. Éste es el caso de la solución para lentillas, el repelente para mosquitos, los tampones y los anticonceptivos (los condones nacionales presentan un índice de rotura alarmantemente alto).

Es muy importante consultar las recomendaciones de viaje de los organismos competentes (véase p. 517) para conocer las circunstancias del país en el momento de partir.

CONSEJOS PARA VIAJAR DE MANERA RESPONSABLE

No hay por qué llevarse más que fotografías ni dejar nada más que huellas. La siguiente lista incluye recomendaciones de los autores de Lonely Planet para minimizar el impacto de la visita y evitar que afecte al medio ambiente.

Aprender el idioma: aunque en Egipto mucha gente habla inglés como segunda lengua, vale la pena hacer un esfuerzo y aprender algo de árabe. Empleando los saludos esenciales uno se gana el respeto de los lugareños, y un buen dominio de los números es una ventaja a la hora de regatear.

Surcar el Nilo: en tiempos de Cleopatra no había otra opción, y en el s. XXI sigue siendo el mejor modo de viajar. Hasta hace poco, sólo podía surcarse el río en falúas a vela, pero hoy en día hay cada vez más *dahabiyyas,* que en su mayor parte operan entre Esna y Asuán.

Alquilar una bicicleta: la apertura del puente sobre el Nilo en Luxor ha multiplicado la presencia de autocares y taxis en la orilla occidental, con los consiguientes problemas de polución. En ambas orillas cabe alquilar bicicletas, y pedalear sin prisas da una perspectiva diferente del país.

No sobornar a los guardas: se les puede regalar algo, si se quiere –cobran tan poco que agradecerán cualquier cifra–. Pero no debe abusarse del poder económico sobornándolos para que permitan hacer cosas indebidas.

No tocar las ruinas: el deterioro de los templos, las pirámides y los monumentos debido al exceso de visitantes ha alcanzado niveles críticos. A menos que se tomen medidas drásticas, de aquí una generación numerosos relieves y pinturas habrán desaparecido.

Vestir con decoro: en las zonas rurales del desierto viven comunidades muy tradicionales que no suelen ver muchos turistas. Hay que ser recatado en el vestir, en las demostraciones de afecto en público y otras conductas que puedan herir sensibilidades.

Usar un filtro: para la gran mayoría de los viajeros, beber agua embotellada no es tanto una necesidad como algo práctico. No obstante, llevar un filtro para el agua del grifo puede facilitar las cosas.

programa de viaje. No obstante, puede que resulte imposible adquirir un billete de autobús en los días próximos a los dos *eids* (fiestas islámicas) y en el Sham an-Nessim. El ramadán, el mes de ayuno musulmán, puede alterar el plan de viaje mejor trazado. Durante las horas de luz muchos cafés y restaurantes cierran, y los bares permanecen cerrados todo el mes. Las oficinas también siguen horarios reducidos e irregulares.

DINERO

Para el estándar internacional Egipto es aún bastante barato, aunque las entradas, las excursiones guiadas y el transporte privado pueden elevar el gasto.

Quien viaje con el mínimo presupuesto puede pasar con 110 EGP al día (unos 20 US$), quizá menos, pero deberá recurrir siempre a los hoteles y los medios de transporte más baratos, comer a menudo los platos más habituales, como *fuul* (habas) y *ta'amiyya (falafel)*, y limitar las visitas. En el otro extremo presupuestario, Egipto cuenta con muchos hoteles que cobran más de 1.000 EGP por noche, y algunos de los mejores restaurantes pueden costar 100 EGP por persona o más.

Si se opta por un término medio, alojándose en un hotel modesto con ventilador y baño propio, comiendo en los restaurantes económicos donde comen los lugareños (concediéndose, eso sí, algún atracón ocasional) y realizando un par de visitas diarias, el gasto oscilará entre 160 y 270 EGP/día.

Moverse por el país es barato: el viaje en tren entre El Cario y Luxor (10 h) sale por unos 32 EGP en 2ª clase, e incluso hay vuelos nacionales con EgyptAir desde 190 EGP. Sin embargo, los taxis que comunican los destinos turísticos pueden resultar caros, aunque a menudo sean el medio de transporte más fiable y cómodo.

El gasto más cuantioso será el de las entradas a los reclamos turísticos, ya que los extranjeros son vistos como dólares con patas. Una visita

¿CUÁNTO CUESTA?

Comer en un restaurante barato: de 12 a 18 EGP

Comer en un buen restaurante: de 60 a 120 EGP

Un vaso de té: 2 EGP

Una carrera corta en taxi: 6 EGP

Una entrada al museo (precio medio): 30 EGP

Véase también "Precios de referencia", en interior de cubierta completa a las pirámides de Gizeh cuesta más de 280 EGP en concepto de entradas, y ver las momias del Museo Egipcio sale por unos 137 EGP. De todos modos, los titulares de un carné internacional de estudiante (ISIC) pueden beneficiarse de suculentos descuentos. Por supuesto, no hay carné que valga para obtener descuentos en la aparentemente inevitable *baksheesh*, que puede acabar vaciando la cartera si no se tiene cuidado.

El grueso de los restaurantes y hoteles elegantes cobran un 10 o 15% en concepto de servicio, a lo que hay que añadir el impuesto sobre el valor añadido (IVA) y las tasas municipales. En otras palabras, la tarifa oficial que faciliten en un hotel o que figure en una carta de restaurante puede aumentar casi un 25% a la hora de pagar la cuenta.

LECTURAS PARA ANTES DEL VIAJE

En una tierra milenaria, de Amitav Ghosh, es un maravilloso relato sobre la larga estancia del autor en un pueblo del delta. Es una obra entretenida, educativa y uno de los pocos libros de viajes que no tratan esta cuestión con aires de superioridad.

La sombra del faraón: viajes por el Egipto antiguo y moderno, de Anthony Sattin, aporta al viaje elementos de su investigación sobre la supervivencia de las tradiciones y prácticas faraónicas en el Egipto actual, y ofrece retratos de magos, cazadores de serpientes, místicos y escépticos.

En *Cartas desde Egipto 1849-1850* Florence Nightingale describe sus impresiones sobre el país, su historia y sus gentes; un valioso testimonio de una forma de vida ya extinta.

Más allá de las pirámides: viajes por el Egipto desconocido, de Douglas Kennedy, fue escrito en la década de 1980 y ahora resulta anticuado, pero es uno de los pocos libros de viajes contemporáneos que trata sólo de Egipto.

La pasión de Terenci Moix por Egipto, reflejada en muchas de sus novelas, se demuestra también en *Terenci del Nilo: viaje sentimental a Egipto*, una obra espléndida publicada en 1983 y actualizada en 1999 con nuevos contenidos e ilustraciones.

Mil millas Nilo arriba, de Amelia B. Edwards, es un clásico de la literatura de viajes, en el que se describe el trayecto desde El Cairo hasta Abu Simbel y la vuelta a bordo de una *dahabiyya*.

Letters from Egypt (Cartas desde Egipto), de Lucie Duff Gordon, es el diario de una viajera que vivió en Luxor entre 1862 y 1869.

En *Viajes con un tangerino: tras las huellas de Ibn Battuta*, Tim Mackintosh-Smith revive el periplo del viajero medieval Ibn Battuta; tres de los capítulos están ambientados en Egipto.

El Cairo, ciudad victoriosa, de Max Rodenbeck, es una completa historia de El Cairo con comentarios sobre la sociedad; es una valiosa herramienta para aprender a adaptarse a la ciudad.

'Florence Nightingale describe sus impresiones sobre el país, su historia y sus gentes; un valioso testimonio de una forma de vida ya extinta'

LOS MEJORES ALOJAMIENTOS

Campamento playero: Penguin Village, Dahab (p. 484).
Hotel con encanto: Talisman Hotel, El Cairo (p. 150).
Hoteles económicos: Hotel Luna, en El Cairo (p. 149), y Happy Land Hotel, en Luxor (p. 276).
Ecohoteles: Basata, en Mahash (p. 495), y Adrére Amellal, en Siwa (p. 366).
Hotel con vistas: Desert Lodge, Dakhla (p. 345).
Hotel de lujo: Al-Moudira, Luxor (p. 281).

LAS MEJORES PROPUESTAS

PELÍCULAS RODADAS EN EGIPTO

Para contemplar la belleza de Egipto en la pantalla, véase cualquiera de las siguientes películas:

- *Los diez mandamientos* (1923 y 1956)
- *Cleopatra* (1963)
- *La espía que me amó* (1977)
- *Muerte en el Nilo* (1978)
- *Al-Mohager* (El emigrante; 1994)
- *El paciente inglés* (1996)
- *El edificio Yacoubian* (2006)

GRANDES LECTURAS

En el avión, el tren o el barco, cualquiera de estos libros ayudará a pasar el rato:

- *En una tierra milenaria,* de Amitav Ghosh
- *La sombra del faraón,* de Anthony Sattin
- *Cartas desde Egipto,* de Florence Nightingale
- *El cuarteto de Alejandría,* de Lawrence Durrell
- *Viaje al Egipto milenario,* de Gustave Flaubert
- *Mil millas Nilo arriba,* de Amelia B. Edwards
- *Terenci del Nilo,* de Terenci Moix
- *Viajes con un tangerino: tras las huellas de Ibn Battuta,* de Tim Mackintosh-Smith
- *Trilogía El Cairo (Entre dos palacios, Palacio del deseo, La azucarera),* de Naguib Mahfuz

PORTALES ÚTILES

Los siguientes sitios web son de gran utilidad para planificar viajes por Egipto:

- http://weekly.ahram.org.eg (semanario en inglés)
- www.descegy.bibalex.org *(Description de l'Égypte)*
- www.touregypt.net (guía de Egipto)
- www.lonelyplanet.com (Lonely Planet)
- www.egiptomania.com (Oficina de Turismo de Egipto)
- www.sis.gov.eg (Organismo General de Información egipcio)

PELÍCULAS PARA ANTES DEL VIAJE

En los últimos años, las tasas impuestas a los estudios extranjeros provocaron que las cámaras se mantuvieran alejadas del país. Así, en *El paciente inglés* y *En busca del arca perdida* lo que parece Egipto es en realidad Túnez; en *Stargate,* Arizona, y en el *remake* de *La momia,* imágenes generadas por ordenador. No obstante, aunque no se hayan rodado en sus exteriores, muchas películas reflejan la realidad del país y su fastuosa historia de un modo espléndido, y todas son una buena introducción al viaje.

Los diez mandamientos (1956), con Charlton Heston, Yul Brynner y Anne Baxter, es un clásico inolvidable sobre el éxodo de Egipto del pueblo de Israel.

Cleopatra (1963), con Elizabeth Taylor y Richard Burton, casi llevó a la bancarrota a la 20th Century Fox, aunque la película sigue siendo la mejor adaptación para la pantalla que se haya rodado nunca del romance entre Marco Antonio y Cleopatra.

La espía que me amó (1977), con Roger Moore en el papel de James Bond, relata las aventuras del agente 007 en Egipto, donde coincide con la encantadora agente Triple X frente a las pirámides de Gizeh.

La adaptación al cine de *Muerte en el Nilo* (1978), novela de Agatha Christie, con Peter Ustinov y Jane Birkin, refleja la investigación del detective belga Hércules Poirot de un asesinato cometido en un crucero por el Nilo.

Al-Mohager (El emigrante; 1994), del director egipcio Youssef Chahine, es una preciosa película de la vanguardia cinematográfica árabe que cuenta el viaje por la vida de un hombre rechazado por su familia.

Aunque en realidad lo que se ve no es Egipto, *El paciente inglés* (1996), con Ralph Fiennes y Kristin Scott Thomas, narra una historia de amor durante la campaña del norte de África de la Segunda Guerra Mundial.

El edificio Yacoubian (2006), adaptación a la pantalla del *best seller* homónimo de Alaa al-Aswany, es un mordaz retrato de la decadencia del actual sistema político egipcio.

INFORMACIÓN EN LA RED

Al-Ahram Weekly (http://weekly.ahram.org.eg). Versión electrónica, casi íntegra, del semanario en inglés. Acceso gratuito a archivos.

Description de l'Égypte (www.descegy.bibalex.org). Versión electrónica de un impresionante proyecto de colaboración entre los más de ciento cincuenta intelectuales que acompañaron a Napoleón en su expedición de 1798.

Egypt: The Complete Guide (www.touregypt.net). Página oficial del Ministerio de Turismo de Egipto, actualizada frecuentemente y en formato revista, con noticias y una amplia gama de recursos y enlaces.

Lonely Planet (www.lonelyplanet.es). Incluye resúmenes de desplazamientos por Egipto, foros en los que los viajeros pueden intercambiar informaciones sobre sus viajes, noticias y enlaces a recursos útiles.

Oficina de Turismo de Egipto en España (www.egiptomania.com/oficinaturismoegipto/). Información práctica de interés para viajeros, desde direcciones de embajadas y consulados hasta oficinas gubernamentales en el país. Tiene una sección que ofrece datos sobre diferentes aspectos de la cultura egipcia (escritura jeroglífica, arte, literatura, epigrafía y papirología, geografía, historia, etc.).

Spotredsea (http://spotredsea.com). Este portal contiene exactamente lo que sugiere su nombre: montones de consejos de viaje e información y enlaces sobre deportes acuáticos.

SIS (www.sis.gov.eg). Abundante información turística, geográfica y cultural, y numerosos enlaces útiles, cortesía del Organismo General de Información egipcio.

The Man in Seat 61 (www.seat61.com). Un viajero inglés da respuestas a todo tipo de consultas sobre trenes en Egipto y el resto del mundo.

Theban Mapping Project (www.thebanmappingproject.com). El portal del profesor Kent Weeks está dedicada a todo lo que tenga que ver con el valle de los Reyes. Ojalá todas los sitios web sobre egiptología tuvieran tanta calidad.

Itinerarios
CLÁSICOS

CIRCUITO RELÁMPAGO POR EL NILO

De una a dos semanas/ de El Cairo a Abu Simbel

Entre una y dos semanas bastan para recorrer el valle del Nilo en toda su longitud y visitar algunos de los reclamos más famosos de Egipto.

Tras pasar dos días en **El Cairo** (p. 93), suficientes para admirar las asombrosas **pirámides de Gizeh** (p. 132), buscar los tesoros del **Museo Egipcio** (p. 179) y comprar hasta desfallecer en **Khan al-Khalili** (p. 117), se toma el tren nocturno (o un vuelo rápido de EgyptAir) a **Luxor** (p. 235), adonde se llega por la mañana temprano, el momento ideal para dirigirse a la **orilla occidental** (p. 249) y ver los monumentos de la antigua necrópolis de Tebas. En dos días cabe visitar casi todos los principales puntos de interés, incluidos el **valle de los Reyes** (p. 255), el **valle de las Reinas** (p. 271) y **Deir al-Bahri** (templo de Hatshepsut; p. 265). Las tardes se pasan refrescándose en la **orilla oriental** (p. 239), aunque hay que reservar un tiempo para los espectaculares templos de **Karnak** (p. 238) y **Luxor** (p. 246).

Se toma un tren matutino a **Asuán** (p. 300) o bien se navega unos días por el Nilo en una económica **falúa** o en un lujoso **crucero** (véase "Cruceros por el Nilo"). Ya en Asuán, es imprescindible visitar **Abu Simbel** (p. 325), a orillas del lago Nasser. Si sobran uno o dos días, se pueden visitar los otros lugares destacados de Asuán, como el **Museo de Nubia** (p. 303) y el **obelisco inacabado** (p. 305).

Este circuito relámpago de 1.000 km recorre la fuente de la vida de Egipto –el Nilo– y brinda al viajero una breve muestra de lo que ofrece el país.

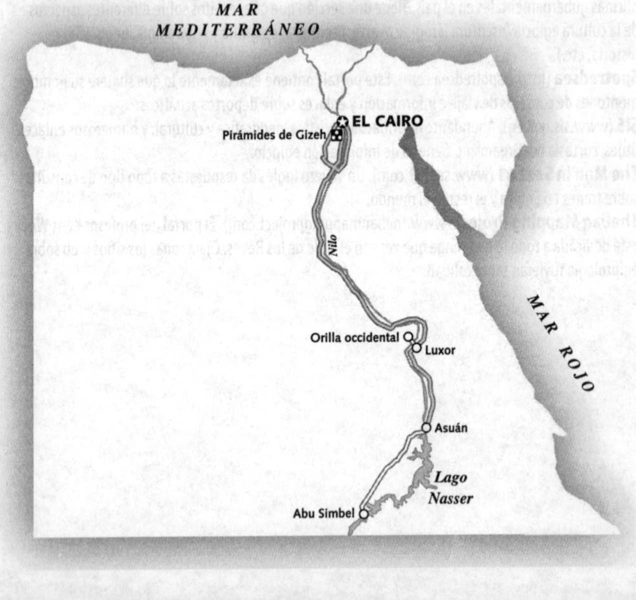

VIAJAR A BUEN RITMO

De dos semanas a un mes/de el Cairo al Sinaí

Para sacar el máximo partido al valle del Nilo y, además, sumar la península del Sinaí al recorrido, lo ideal es de dos semanas a un mes.

Comenzando en **El Cairo** (p. 93), se debe añadir al itinerario la **pirámide Escalonada de Zoser** (p. 195), en Saqqara, y la **Inclinada** (p. 201) y la **Roja**, en Dashur, así como los retorcidos callejones y las espléndidas mezquitas de los barrios medievales de **El Cairo islámico** (p. 113). Hay que tomarse un tiempo para relajarse en uno de los fabulosos *ahwas* (cafés) de la zona y alternar los sorbos de fuerte café al estilo turco las caladas al narguile *(sheesha)* con aroma de manzana.

A continuación se toma el tren (o el avión) a **Asuán** (p. 300), donde es posible incorporar al itinerario el templo de Isis en **Filae** (p. 317) y la **orilla occidental** (p. 307), hogar de antiguos monasterios y tumbas que se aferran a los límites del desierto. Después, relajadamente, se navega en una lenta falúa o un crucero hasta **Kom Ombo** (p. 297) y **Edfu** (p. 294), que atesoran dos bellos templos de época tolemaica dedicados a Sobek y a Horus respectivamente.

De aquí se pasa a **Luxor** (p. 235), para luego atravesar en autobús el desierto del Este hasta la turística **Hurgada** (p. 427), donde se toma un *ferry* a **Sharm el-Sheikh** (p. 469) y, después, un autobús al paraíso mochilero de **Dahab** (p. 480). Por esta zona cabe descubrir el mundo subacuático antes de visitar el **monasterio ortodoxo griego de Santa Catalina** (p. 500) y subir al **monte Sinaí** (p. 501), venerado por musulmanes, cristianos y judíos.

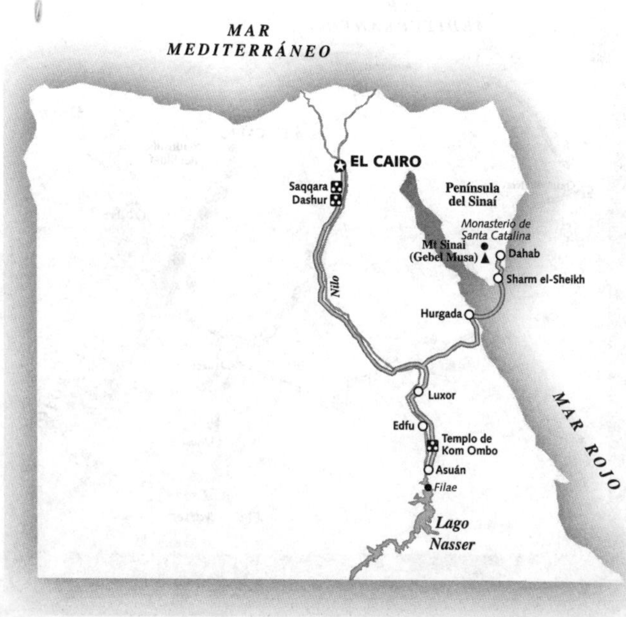

Tanto si se dispone de 15 días como de 40, es factible recorrer 1.500 km por el valle del Nilo y el Sinaí.

EGIPTO BAJO LA SUPERFICIE

Más de un mes/de El Cairo al Sinaí, más Siwa y Petra

En un mes o más es posible cubrir casi todos los puntos de interés de Egipto, y aún quedaría tiempo para explorar el desierto occidental e, incluso, el sur de Jordania.

Comenzando en **El Cairo** (p. 93), se puede añadir al itinerario una visita a **El Cairo copto** (p. 110), el sector más antiguo de la ciudad moderna y corazón cristiano de la capital.

Antes de partir hacia Asuán, en el sur, se toma, temprano, un tren a la estación Sidi Gaber de Alejandría, al norte, para enseguida hacer transbordo a un autobús con destino al **oasis de Siwa** (p. 358), uno de los rincones más idílicos de Egipto. Después de descansar un par de días en este remanso de paz, se regresa, siguiendo la costa mediterránea, a **Alejandría** (p. 373) para pasar unos días visitando sus maravillosos museos y sentándose en sus cafés.

Se toma el tren nocturno (o el avión) a **Asuán** (p. 300), luego se regresa a **Luxor** (p. 235) y, por último, a **Dahab** (p. 480). Aquí conviene aminorar la marcha y disfrutar del sosegado ambiente beduino del Sinaí, parando sólo para realizar la **inmersión** (p. 450) y/o el **safari por el desierto** (p. 482) de rigor, tras lo cual uno se despide (temporalmente) de Egipto con una breve incursión a la antigua ciudad nabatea de **Petra** (p. 496), en Jordania, una de las "nuevas Siete Maravillas del Mundo".

En más de un mes se pueden cubrir cómodamente más de 2.000 km y visitar los remotos oasis del desierto, además de la antigua ciudad de Petra, en Jordania.

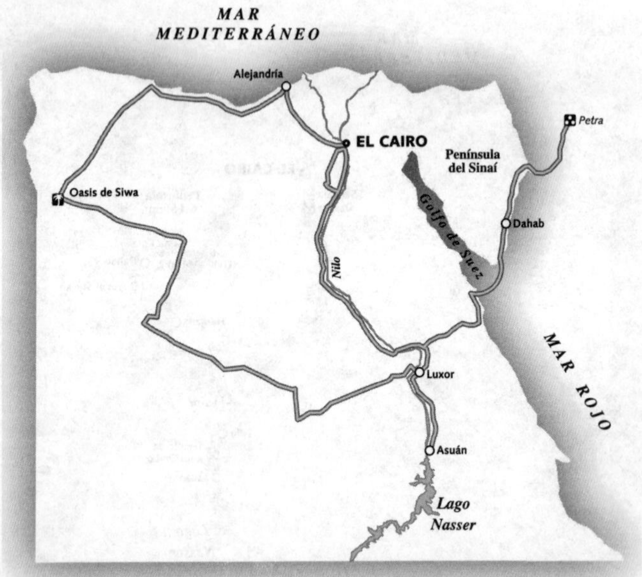

ALTERNATIVOS

EXPLORAR LA PENÍNSULA DEL SINAÍ

Dos semanas/ de Sharm el-Sheikh a Taba

Si se quiere descubrir todo lo que ofrece el Sinaí, hay que dedicar un par de semanas a explorar sus paisajes desérticos y su mundo submarino.

En **Sharm el-Sheikh** (p. 469), la puerta al Sinaí, se toma un autobús a **Dahab** (p. 480), una apacible ciudad apodada "la Koh Samui de Oriente Medio", donde cabe apuntarse a safaris en camello o *jeep* a maravillas naturales como el **cañón Coloreado** (p. 483) y el **Espacio Protegido de Ras Abu Gallum** (p. 487).

Los que deseen bucear no deben dejar pasar la oportunidad de hacerlo en el **Parque Nacional de Ras Mohammed** (p. 467), junto a algunos de los arrecifes más espectaculares del mundo. Los submarinistas expertos pueden dirigirse a arrecifes más remotos o al ***Thistlegorm*** (p. 453), un carguero británico que naufragó en la Segunda Guerra Mundial.

Tras esperar 24 horas para que el cuerpo libere el nitrógeno, hay que calzarse las botas de montaña e ir al **Espacio Protegido de Santa Catalina** (p. 499). Primero se visita el **monasterio de Santa Catalina** (p. 500), imprescindible para tener una experiencia bíblica: conserva la zarza ardiente, una célebre iglesia bizantina y una interesante colección de iconos. Después se hace una excursión por el área, ahorrando energía para un ascenso nocturno al **monte Sinaí** (p. 501), a contemplar el espectacular amanecer.

Tras estas sesiones de escalada, se elige alguna de las extensas playas del Sinaí para relajarse y recuperarse. Cualquiera de los campamentos de la costa entre **Nuweiba** y **Taba** (p. 494) sirve.

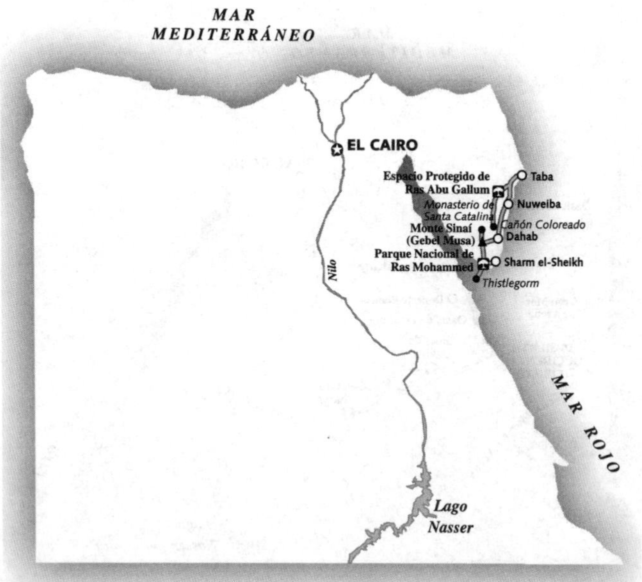

En un par de semanas cabe explorar los paisajes submarinos y desérticos de la península del Sinaí, encrucijada de África.

EXPLORAR EL DESIERTO OCCIDENTAL

Dos semanas/de Luxor a Siwa

Inspirándose en películas como *Lawrence de Arabia* o *El paciente inglés*, los aspirantes a nómadas del desierto podrán disfrutar de un baño de arena en el asombroso **desierto occidental** (p. 328) durante un par de semanas.

En **Luxor** (p. 235) se toma un autobús al **oasis de Al-Kharga** (p. 331), el más meridional del desierto occidental, para pasar un día visitando el **Museo de Antigüedades de Al-Kharga** (p. 332), así como la profusión de templos y tumbas grecorromanos, entre otras ruinas interesantes dispersas por el enclave.

Desde Al-Kharga hay que dirigirse al **oasis de Dakhla** (p. 338), al nordeste, para descubrir las fascinantes aldeas de adobe y aspecto de colmena de **Balat** (p. 343) y **Al-Qasr** (p. 344); y después, al norte, al **oasis de Farafra** (p. 345) o al **oasis de Bahariyya** (p. 350), ambos estupendos para adentrarse en el asombroso **desierto Blanco** (p. 349).

Los adictos a estos parajes pueden cruzar varios cientos de kilómetros de desierto abierto hasta el **oasis de Siwa** (p. 358), al oeste, uno de los lugares más surrealistas del país. Situado a orillas del **Gran Mar de Arena** (p. 371), Siwa es célebre por sus dátiles y olivos, y sirve de base de operaciones para explorar algunos de los arenales más asombros, pero accesibles, de Egipto.

Dos semanas en las arenas del desierto, lejos de las ciudades, tomándose un tiempo para descansar y refrescarse en los asombrosos oasis.

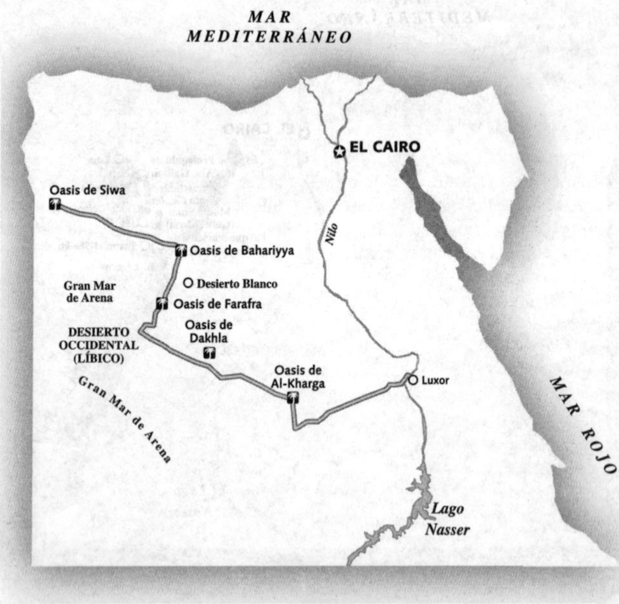

A LA CARTA

RUTA DEL ANTIGUO EGIPTO

Si alguien siente interés por la era de los faraones, es una buena idea visitar Egipto siguiendo un orden cronológico.

Partiendo de **El Cairo** (p. 93), se hace escala en **Saqqara** (p. 194) para ver la **pirámide Escalonada de Zoser** (p. 195), prototipo de todas las pirámides posteriores. Después se viaja a **Dashur** (p. 200) para contemplar la **pirámide Inclinada** (p. 201) y la **pirámide Roja** (p. 201), antes de volver a Gizeh y rematar la faena con la **gran pirámide de Keops** (p. 136). Se visita el **Museo Egipcio** (p. 179), centrándose en las galerías dedicadas al Imperio Antiguo.

Con la siguiente parada, **Luxor** (p. 235), se pasa a los Imperios Medio y Nuevo. El conjunto de templos de **Karnak** (p. 239) imparte una lección de historia labrada en piedra. Se cruza a la orilla occidental para explorar el **valle de los Reyes** (p. 255) y el **valle de las Reinas** (p. 271), visitando las tumbas por orden cronológico para advertir la evolución. También hay que visitar **Medinat Habu** (p. 272), la más completa expresión de la edad de oro faraónica.

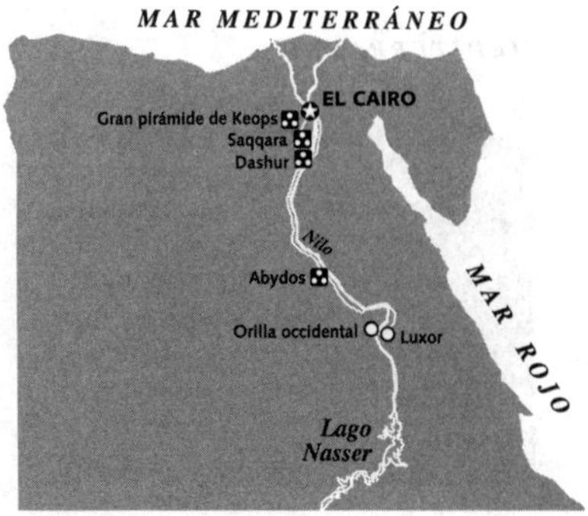

Se toma un taxi o un tren hasta Al-Balyana, al norte, para ir a **Abydos** (p. 228), antiguo lugar de enterramiento de Osiris y hogar del sublime **templo de Seti I** (p. 254). Por último se regresa a El Cairo y al Museo Egipcio para ver las galerías dedicadas a los Imperios Medio y Nuevo.

EGIPTO DESDE ABAJO

Egipto no es sólo pirámides y desiertos; una zambullida rápida en el mar Rojo basta para trasladarse a otro mundo.

Los buceadores titulados deben reservarse todo el tiempo posible para **bucear** (p. 444) en los numerosos y variados rincones del país. Para explorar el mar Rojo, una de las mejores propuestas consiste en apuntarse a un **circuito de submarinismo** (p. 459), que permite acceder a algunas de las zonas más remotas y prístinas. Los desafiantes enclaves de buceo del **sur** (p. 454) y el **lejano sur** (p. 455) son de acceso restringido. Quienes no posean licencia pueden pasar unos atareados días en **Dahab** (p. 480) estudiando para obtener el diploma PADI en mar abierto. Una vez aprobado el curso, no hay que marcharse sin bucear en **The Bells y The Blue Hole** (p. 451), de triste fama, un profundo abismo submarino que simula la sensación de tirarse en paracaídas. También se recomienda **The Canyon** (p. 450), una larga y angosta zanja llena de corales y peces exóticos.

Al margen de dónde se aloje el viajero, debe conocer el **Parque Nacional de Ras Mohammed** (p. 452), la joya de la corona submarina de Egipto y uno de los mejores destinos de buceo del planeta. Como atesora tantos rincones resulta difícil escoger uno, si bien el **Shark Observatory** (p. 452) es muy atractivo, al igual que lo es la enorme masa del ***Thistlegorm*** (p. 453).

HUELLAS DE CULTURAS ANTIGUAS

Con un patrimonio rico y diverso que se remonta a varios milenios, Egipto es un tesoro de yacimientos que piden ser explorados.

Obviamente, las **pirámides de Gizeh** (p. 132) y los templos y tumbas de **Luxor** (p. 246) son el mejor testimonio del Egipto de los faraones. Sin embargo, estos monumentos no deben eclipsar las otras culturas que habitaron Egipto en tiempos pretéritos.

Si bien su legendaria biblioteca ya no existe, vale la pena visitar **Alejandría** (p. 373), en el Mediterráneo, aunque sólo sea para pisar el sagrado suelo de esta fabulosa ciudad grecorromana. Los romanos dejaron su impronta por todo el país, aunque tal vez los parajes más sorprendentes sean los oasis del **desierto occidental** (p. 328), que prosperaron en tiempos romanos como parte de una extensa red de caravanas.

A nadie sorprende que varias religiones hundan sus raíces en los desiertos egipcios. El primer punto de interés que viene a la mente es el legendario y sagrado **monte Sinaí** (p. 501), donde Moisés recibió los diez mandamientos. Egipto también alberga los monumentos cristianos coptos más venerados, los **monasterios del mar Rojo** (p. 423) –de los santos Antonio y Pablo–, los más antiguos del mundo cristiano, y aún hoy en activo.

Por último, hay que mencionar las contribuciones de los nubios, cuya influencia cultural todavía se deja sentir por todo el país. El mejor sitio para hacerse una idea de su singular patrimonio cultural es el **Museo de Nubia** (p. 303), en Asuán.

Historia

La historia de Egipto es tan rica como su tierra, tan variada como su paisaje, tan animada como su pueblo. Y es tan larga como el Nilo, uno de los ríos más largos del mundo. Mientras gran parte de Europa seguía vistiendo pieles de animales y blandiendo palos, los egipcios disfrutaban de una vida sofisticada, entregada a mantener el orden en el universo y sacar el máximo partido a su gran materia prima, el Nilo.

EL NILO
El bien del país

El historiador griego Herodoto afirmó que Egipto era el "don del Nilo", y, aunque ahora puede parecer un tópico, tenía razón. Los antiguos egipcios lo llamaban simplemente *iteru,* el río. Sin el Nilo, Egipto, tal como se conoce, no existiría.

No se sabe con exactitud qué ocurrió, pero sí que hace miles de años el clima del norte de África cambió de manera drástica. Las lluvias disminuyeron, y Egipto, que antes era una rica sabana, se volvió cada vez más seco. Estos fenómenos tuvieron dramáticas consecuencias sociales: la gente de esta parte de África era nómada, cazaba, se reunía y se desplazaba por la región según las estaciones, pero cuando sus pastos se convirtieron en desierto, sólo les quedó el Nilo.

Diccionario Akal del antiguo Egipto, de I. Shaw y P. Nicholson, hace una completa y actualizada revisión de todos los aspectos de la cultura y civilización egipcia.

Las precipitaciones en África oriental y central garantizaban la crecida del Nilo en Egipto cada verano, cosa que ocurría a finales de junio en Asuán. Las aguas alcanzaban el punto álgido en la zona de El Cairo en septiembre. Casi todos los años el agua inundaba el valle. Al disminuir la intensidad de las lluvias, el caudal del río descendía y el agua volvía a su cauce, dejando tras de sí una capa de fecundo cieno procedente de las colinas.

Los egipcios observaron que si plantaban semillas en esta tierra fértil obtenían buenas cosechas. A medida que se iba estableciendo más gente en el valle, era más crucial aprovechar la crecida anual, o no habría comida suficiente para el año siguiente. Se desarrolló un orden social para organizar la mano de obra y sacar el máximo provecho de este "bien", un orden en el que los campesinos ocupaban el escalafón más bajo, los burócratas y gobernantes el del medio, y el faraón el vértice de la pirámide.

Los egipcios llamaban a las vastas extensiones de desierto estéril *deshret* (tierra roja) y a las estrechas orillas del Nilo *kemet* (tierra negra).

La leyenda egipcia atribuía todo este desarrollo social al buen dios Osiris quien, según el relato, enseñó a los egipcios a cultivar, a sacar el máximo partido del Nilo y a vivir una vida próspera y civilizada. El mito remite a un pasado idealizado, pero también concuerda con lo que se sabe de la aparición de la realeza: una de sus primeras representaciones, la predinástica *Cabeza de maza de Escorpión* (hallada en Hieracónpolis; c. 3000 a.C.), muestra

CRONOLOGÍA

250000 a.C. aprox.

De esta fecha proceden los restos humanos más antiguos de Egipto. La sabana que rodea al valle ofrece comida abundante a grupos de cazadores-recolectores hasta que el cambio climático lo convierte en desierto y tienen que establecerse en el Nilo.

3100 a.C. aprox.

La leyenda cuenta que un faraón llamado Narmer unió a los pueblos entre el Mediterráneo y la Primera Catarata de Asuán. Menfis deviene la primera capital de un Alto y Bajo Egipto unidos.

2650-2323 a.C.

El período de construcción de las grandes pirámides en Gizeh y Saqqara indica que, al menos una parte del año, presumiblemente cuando el Nilo crecía, había una cantidad considerable de mano de obra para ejecutar obras públicas.

un ritual de irrigación, lo cual sugiere que incluso en la antigüedad utilizar el benéfico río era un elemento clave para afianzar el poder del líder.

Anales

La crecida del Nilo maravillaba a los antiguos egipcios, y siguió haciéndolo hasta el s. XIX, cuando exploradores europeos resolvieron la cuestión de su nacimiento. No existen pruebas de que los antiguos egipcios supieran de dónde procedía tanto caudal, y al carecer de ellas se inventaban historias.

Uno de los mitos egipcios menos convincentes relativos a la crecida del Nilo sitúa su nacimiento en Asuán, bajo la Primera Catarata. Desde allí, según el relato, el río fluía hacia el norte, al Mediterráneo, y hacia el sur, al interior de África.

La fuerza vivificadora del río se identificaba en Hapi, una deidad inusual en el sentido de que, a diferencia de la habitual esbeltez de la mayoría de los dioses, suele representarse como un hombre barrigudo con pechos colgantes y un tocado de papiro. Cada año, cuando crecía el Nilo, se honraba a Hapi con un banquete. En imágenes posteriores, suele mostrarse sujetando papiros con plantas de loto, una alegorizando que el río unía a la gente.

Pero el más duradero y enraizado de los mitos egipcios relativos al Nilo se centra en la figura de Isis, la esposa de luto. Donde quiera que se originara el río, la crecida anual se explicaba por las lágrimas que derramaba la diosa madre por la pérdida del buen Osiris.

Hechos

Fuera cual fuese su origen, el Nilo era el comienzo y el fin para la mayoría de los egipcios. Nacían junto a él y tomaban su primer baño posnatal en sus aguas. Los mantenía a lo largo de sus vidas, hacía que hubiera verduras en los campos, y pollos, vacas, patos y pescado con que alimentarse, y les saciaba la sed. Cuando hacía mucho calor al final de una jornada de trabajo, el Nilo proporcionaba alivio, un lugar para zambullirse. Al morir, si tenían dinero para ello, se hacían transportar el cuerpo por el río hasta el centro de culto de Abydos. Y era el agua del Nilo la que usaban los embalsamadores cuando preparaban un cuerpo para darle sepultura. Pero el entierro era un momento de separación total de esta fuente de vida, ya que, si había suerte, éste acontecía lejos de la humedad, donde las arenas secas y las rocas del desierto conservarían los restos eternamente.

> La ropa identificada entre los tesoros de la tumba de Tutankamón va de las túnicas con oro incrustado a ropa interior plegada cuidadosamente, varios pares de calcetines y 47 pares de sandalias tipo chancleta.

Pero no todo en el río era generosidad, pues también ocultaba múltiples peligros: cocodrilos, enfermedades y las criaturas (entre ellas el mosquito) que las transmitían, inundaciones repentinas que arrastraban a niños indefensos y casas… El río también supuso gravámenes, que se fijaban según fuera la crecida. La fórmula era simple: los burócratas observaban la subida del caudal desde la isla Elefantina, donde habían instalado un indicador en la roca. Cada año se registraba el punto más elevado del cauce. Si el agua al-

2125-1650 a.C.

Tebas se convierte en capital del Alto Egipto y sede preeminente del poder religioso. Cuando el tebano Mentuhotep II derrota a su rival del norte y funda el Imperio Medio, Tebas deviene su capital.

1650-1550 a.C.

Los hicsos (tribus de Asia oriental asentadas en el Alto Egipto) controlan el valle del Nilo y marcan el inicio del Segundo Período Intermedio, una etapa de grandes innovaciones tecnológicas y sociales.

1550-1186 a.C.

Ahmosis, príncipe de Tebas, derrota a los hicsos c. 1532 a.C. e inicia una época de expansión hacia Nubia y Palestina. Durante los dos siglos siguientes, Tutmosis III y sus sucesores expanden el Imperio Nuevo.

canzaba los 14 codos, habría comida suficiente; hasta los 16, habría comida abundante... y la abundancia comportaba pingües impuestos. Y si cubría, por ejemplo, sólo 8 codos, había que prepararse para lo peor, porque llegaría la hambruna y muchos seguirían a Osiris hasta la tierra de los espíritus, más allá del valle.

El río también marcaba el ritmo de la vida y todo se iniciaba con la inundación: el Año Nuevo empezaba con la crecida. Era una época de celebración y, para algunos, también de relajación, ya que mientras la tierra estaba anegada y había que desplazarse en barco de un pueblo a otro, los campesinos podían dedicarse a tareas que llevaban tiempo descuidadas, como arreglar herramientas y trabajar en sus casas. También era el período de la *corvée*, el sistema de trabajo mediante el que, se cree, se construyeron varias obras públicas, entre ellas las pirámides, el canal que conectaba el Nilo con el mar Rojo, y, en el s. XIX, el canal de Suez.

El hijo de la luz, de Christian Jacq, es el primero de los cinco volúmenes de una popular hagiografía de Ramsés. Aunque la prosa es simple, como Jacq es egiptólogo, la información básica es precisa.

Viejos hábitos

Incluso cuando los antiguos dioses llevaban mucho tiempo desaparecidos, y las carreteras y vías férreas discurrían junto al río, el Nilo siguió ejerciendo su magia y poder. En los ss. XVIII y XIX permitió a los extranjeros descubrir los misterios del pasado, navegando río arriba cuando los vientos soplaban del norte, y topándose de frente con un esplendor inimaginable. Aun entonces, los egipcios se aferraban a sus hábitos y dependencia del río. En la década de 1830, el orientalista británico Edward Lane anotó que la del 17 de junio seguía llamándose la Noche de la Gota. "Se cree –escribió– que una gota milagrosa cae entonces en el Nilo, y hace que crezca." Lane también dejó constancia de la costumbre de modelar con barro una figura femenina, la Novia del Nilo, que arrojaban al río en recuerdo de una antigua ceremonia en la que se sacrificaban efigies (y tal vez mujeres jóvenes) cuando aquél crecía.

Todo sobre las pirámides, de Mark Lehner y Richard H. Wilkinson, es una interesante referencia a las tres famosas pirámides de Gizeh, además de los más de setenta monumentos funerarios piramidales.

Un siglo después, en 1934, la egiptóloga británica Margaret Murray estuvo a mediados de septiembre en un pueblo copto celebrando la Noche del Alto Nilo, en señal de agradecimiento "al Señor del Río, que ya no es Osiris sino Cristo, y, como antaño, rezan para que bendiga a sus niños y hogares".

Este vínculo espiritual con el Nilo se rompió cuando los diques y las presas detuvieron la inundación anual, pero los egipcios, tanto si viven junto al río o en una de las nuevas ciudades satélite en el desierto, siguen siendo igual de dependientes. Ahora, en vez de rezar al Señor del Río confían en los ingenieros, quienes, como los reyes de antaño, les ayudan a sacar el máximo partido del agua, y en los políticos que negocian los acuerdos para compartir el agua con los vecinos de la cuenca del Nilo. Pero sea donde sea que cifren sus esperanzas, saben que, como siempre, su felicidad, su existencia misma, depende del agua que fluye por Asuán de camino al Mediterráneo.

Cleopatra (1963) es la más conocida de las diversas adaptaciones cinematográficas de la vida de reina tolemaica, recordada sobre todo por el romance entre Richard Burton y Elizabeth Taylor durante el rodaje.

1352-1336 a.C.

Akenatón instaura un nuevo monoteísmo y una efímera capital en Ajetatón. Pero cuando muere su heredero, Tutankamón, en 1327, Tebas vuelve a ser la capital y el poder se restituye a los sacerdotes de Amón.

1294-1279 a.C.

Seti I reinstaura parte del Imperio e inicia un período neoconservador: su templo en Abydos copia estilos del Imperio Antiguo. Luego construye la mejor tumba del valle de los Reyes.

1279-1213 a.C.

El hijo de Seti, Ramsés II, construye más edificios que cualquier otro faraón. Convierte Avaris, la antigua capital de los hicsos y su ciudad natal, en el centro del comercio egipcio, pero aumenta la gloria de Tebas.

CRONOLOGÍA DE LOS FARAONES

Aunque incompleta, esta lista incluye los principales soberanos mencionados en la guía. Véase también la relación de faraones en la p. 48.

PERÍODO DINÁSTICO TEMPRANO

1ª dinastía	**3100-2890 a.C.**
Narmer	3100 a.C.
2ª dinastía	**2890-2686 a.C.**

IMPERIO ANTIGUO

3ª dinastía	**2686-2613 a.C.**
Zoser	2667–2648 a.C.
Sekhemket	2648–2640 a.C.
4ª dinastía	**2613-2494 a.C.**
Sneferu	2613-2589 a.C.
Khufu	2589-2566 a.C.
Djedefra	2566-2558 a.C.
Kefrén	2558-2532 a.C.
Micerino	2532-2503 a.C.
Shepseskaf	2503-2498 a.C.
5ª dinastía	**2494-2345 a.C.**
Userkaf	2494-2487 a.C.
Sahura	2487-2475 a.C.
Neferirkare	2475-2455 a.C.
Shepseskare	2455-2448 a.C.
Raneferef	2448-2445 a.C.
Nyuserra	2445-2421 a.C.
Unas	2375-2345 a.C.
6ª dinastía	**2345-2181 a.C.**
Teti	2345-2323 a.C.
Pepi I	2321-2287 a.C.
Pepi II	2278-2184 a.C.
7ª-8ª dinastías	**2181-2125 a.C.**

PRIMER PERÍODO INTERMEDIO

9ª-10ª dinastías	**2160-2025 a.C.**

IMPERIO MEDIO

11ª dinastía	**2055-1985 a.C.**
Mentuhotep II	2055-2004 a.C.
Mentuhotep III	2004-1992 a.C.

1184-1153 a.C.

Ramsés III aporta estabilidad en un siglo inestable, pues controla a los libios, derrota a la "gente del mar" (tribus mediterráneas diversas) y reprime el disenso interno. A su muerte, el poder se escapa del trono.

1070 a.C.

Cuando muere, Ramsés XI ha perdido gran parte del sur de Egipto, el palacio y muchas tumbas tebanas han sido saqueadas, y ha desaparecido la autoridad central: el Imperio Nuevo ha envejecido.

945-715 a.C.

Los colonos libios se vuelven cada vez más poderosos en el delta, y acaban ocupando el poder en la 22ª y 23ª dinastías, pero el Nilo egipcio está dividido entre varios príncipes.

12ª dinastía	**1985-1795 a.C.**
Amenemhat I	1985-1955 a.C.
Sesostris I	1965-1920 a.C.
Amenemhat II	1922-1878 a.C.
Sesostris II	1880-1874 a.C.
Sesostris III	1874-1855 a.C.
Amenemhat III	1855-1808 a.C.
Amenemhat IV	1808-1799 a.C.
13ª-14ª dinastías	**1795-1650 a.C.**
SEGUNDO PERÍODO INTERMEDIO	
15ª-17ª dinastías	**1650-1550 a.C.**
IMPERIO NUEVO	
18ª dinastía	**1550-1290 a.C.**
Ahmosis	1550-1525 a.C.
Amenhotep I	1525-1504 a.C.
Tutmosis I	1504-1492 a.C.
Tutmosis II	1492-1479 a.C.
Tutmosis III	1479-1425 a.C.
Hatshepsut	1473-1458 a.C.
Amenhotep II	1427-1400 a.C.
Tuthmosis IV	1400-1390 a.C.
Amenhotep III	1390-1352 a.C.
Akenatón	1352-1336 a.C.
Tutankamón	1336-1327 a.C.
Horemheb	1323-1295 a.C.
19ª dinastía	**1295-1186 a.C.**
Ramsés I	1295-1294 a.C.
Seti I	1294-1279 a.C.
Ramsés II	1279-1213 a.C.
Seti II	1200-1194 a.C.
20ª dinastía	**1186-1069 a.C.**
Ramsés III	1184-1153 a.C.
TERCER PERÍODO INTERMEDIO	
21ª dinastía	**1069-945 a.C.**
Psusenas I	1039-991 a.C.

663 a.C.

Tras una serie de enfrentamientos diplomáticos y militares, Assurbanipal, rey de Asiria, ataca Egipto, saquea Tebas y el templo de Amón. Un Egipto devastado pasa a ser gobernado por príncipes libios de Sais en el delta.

610-595 a.C.

Necao, faraón del Período Tardío, fomenta el comercio exterior reforzando los vínculos (y su ejército) en el Mediterráneo, abriendo un canal hacia el mar Rojo y enviando una expedición naval por África.

525 a.C.

El rey persa Cambises se anexiona Egipto y gobierna como un faraón. Lanza un ataque contra Nubia y otro contra Siwa, en el que el ejército de-saparece en el desierto.

EGIPTO CRISTIANO

Según la tradición copta, el cristianismo llegó a Egipto en 45 d.C. de la mano de san Marcos, originario de Cirene (en la actual Libia), de quien el relato cuenta que estaba en Alejandría cuando se le rompió la sandalia. La llevó a un zapatero, Aniano, que al dañarse la mano mientras trabajaba en la sandalia gritó "¡Oh Dios Único!", ante lo cual san Marcos reconoció a su primer converso a la nueva religión. Aunque no hay manera de demostrar esta historia, no niega lo esencial, y es que el cristianismo llegó temprano a Egipto, directo de Palestina.

L'Égypte copte: les chrétiens du Nil, de Christian Cannuyer, narra la historia desde los primeros sermones de san Marcos en la Alejandría del s. I d.C. al cristianismo en Egipto. También está editado en inglés.

El país llevaba mucho tiempo abierto a influencias religiosas extranjeras, y en ningún lugar más que en Alejandría. En el cenit de su poder, los antiguos egipcios habían exportado sus religiones (Amón de Tebas era conocido y temido en todo el Mediterráneo), e incluso en épocas de debilidad, el culto a la diosa Isis se extendió por todo el Imperio Romano. Pero los egipcios también se mostraron abiertos a ideas religiosas nuevas. Los persas no se esforzaron mucho para imponer sus dioses cuando saquearon Tebas en el s. VI a.C. y se anexionaron Egipto. Dos siglos más tarde, Alejandro Magno vio las cosas de otra manera, al menos en el norte del país, pues aunque construyó santuarios a Amón en Karnak y los sacerdotes de Menfis lo recibieron cual faraón, también animó a griegos y judíos a traerse sus dioses a la nueva ciudad. Bajo el mandato de la dinastía macedonia tolemaica, Alejandría devino en un foco multicultural que aglutinaba a gente de distintas creencias y religiones.

Sin embargo, la historia de la ciudad está marcada por luchas entre devotos de diferentes credos, como descubrió y sufrió san Marcos, ejecutado por condenar en público el culto a Serapis, el dios pagano de la ciudad. O llegaban decretos de Roma contra los cristianos; el peor lo dictó Diocleciano: la persecución fue tal (algunos historiadores coptos calculan que costó 144.000 vidas) que el calendario de la Iglesia copta, la Era de los Mártires, empieza en 284 d.C., año de la ascensión de ese emperador. Pero el cambio estaba cerca…

En *Alexandria Rediscovered*, de Jean-Yves Empreur, los arqueólogos que dirigen las excavaciones en el puerto describen y analizan el pasado y el presente.

En 293, Diocleciano compartía el poder con Constantino, que en 312, cuando fue a combatir a sus adversarios, tuvo una visión de una cruz brillando en el cielo en la que rezaba "Conquista aquí". Salió victorioso, se proclamó soberano del Imperio, se convirtió al cristianismo, y en 324 lo declaró religión imperial.

Para entonces, los cristianos de Egipto habían absorbido muchos elementos de la forma y el contenido de la antigua religión pagana. Es imposible establecer paralelismos directos, pero el incremento del culto a María podría deberse a la popularidad de Isis, pues ambas concibieron por intervención divina. Según un musicólogo copto ya fallecido, el doctor Ragheb Moftah, la liturgia copta parece haber evolucionado a partir de ritos antiguos, a los que aún hoy recuerda. Incluso la estructura física de las

518 a.C.

Darío I, sucesor de Cambises, visita Egipto, termina el canal hasta el mar Rojo e introduce el camello, que cambia las posibilidades de viajar por el desierto y la experiencia de los visitantes modernos en Egipto.

331 a.C.

Alejandro Magno invade Egipto y visita la capital, Menfis, y al oráculo de Siwa. Luego hace el trazado de Alejandría, que se convertirá en el eje central de una nueva cultura helénica en el Mediterráneo.

323 a.C.

Al morir Alejandro en Babilonia, su general Tolomeo recibe el control de Egipto. Alejandro es enterrado en Alejandría, la nueva capital de Tolomeo, que construye el museo, la biblioteca y quizá también el faro.

iglesias coptas retrae a la distribución de los antiguos templos paganos: tres espacios sagrados distintos, el más recóndito de los cuales contiene el altar reservado a los sacerdotes. Este espacio se oculta del resto de la congregación por el iconostasio, con sus imágenes de santos, al igual que los antiguos sacerdotes se parapetaban detrás de paredes decoradas con dioses y faraones.

La necesidad inicial de celebrar la oración a escondidas, el deseo de emular a Jesús y retirarse del mundo, la dificultad cada vez mayor de conciliar los valores espirituales con las exigencias y tentaciones de la vida urbana, y quizá también el recuerdo de las ermitas paganas, condujo a varios cristianos a marcharse del valle del Nilo y buscar la pureza espiritual en el desierto. Se cree que el primero en hacerlo fue san Pablo, nacido en Alejandría en 228. Se dice que huyó al desierto del Este para escapar de la persecución y murió en él en 343. Aunque algunos relatos lo sitúan en el s. v, hay cierta polémica sobre si existió de veras, si bien no se presenta tal problema en relación con el hombre al que, parece ser, inspiró.

San Antonio, hijo de unos ricos terratenientes, quedó huérfano a una edad temprana. De adulto, vendió sus bienes, dio los beneficios a los pobres y se retiró al desierto, cerca de san Pablo. Otros cristianos lo siguieron enseguida, inspirados por su ejemplo y quizá también para escapar de la persecución. El eremita se desplazó más arriba, a las colinas, y se ocultó solo en una cueva, legando a sus seguidores una vida de retiro colectivo (un primer monasterio) en el valle. Aunque puede que hubiera comunidades religiosas anteriores en el desierto, entre las que destaca una en Palestina, los coptos atribuyen a san Antonio la creación de un nuevo modo de vida que buscaba la salvación a través del retiro. Quedó en manos de san Pacomio, nacido c. 285, ordenar la vida de estos ermitaños en lo que ahora identificaríamos como monasterios, que han resultado ser uno de los movimientos más importantes del cristianismo.

Zarafa de Michael Allin es la encantadora historia de una jirafa que el gobernante de Egipto mandó como regalo al rey de Francia en 1826. Reviste un estudio del encuentro de la Europa de la Ilustración y Egipto.

El papel de los cristianos de Egipto fue decisivo en la evolución de la joven religión. En una serie de encuentros con cristianos de todo el Imperio, los coptos discutieron sobre la naturaleza de la divinidad, los deberes del cristiano, el modo correcto de rezar y muchos otros aspectos de la vida religiosa. En un asunto en particular, los coptos se encontraron aislados. Muchos cristianos pensaban que, como Jesús nació, tuvo que haber un momento en el que no fue divino y parte de Dios. El clero copto, sobre todo Atanasio, sostenía que esta idea de una naturaleza dual era un retorno al politeísmo. La hora de la verdad llegó con el Concilio de Nicea, organizado en 325 por el emperador y donde triunfaron los alejandrinos: el credo niceno afirmó que Padre e Hijo son uno. Con ello, Alejandría confirmó su estatus de centro de la cultura mediterránea.

En 391, el emperador Teodosio decretó que no se podía visitar ni templos paganos ni mirar estatuas paganas. El edicto fue ignorado en algunos

310-250 a.C. aprox.

Auspiciados por Tolomeo y con acceso a una biblioteca de 700.000 obras, eruditos alejandrinos calculan la circunferencia de la Tierra, descubren que orbita alrededor del Sol y redactan la edición definitiva de la obra de Homero.

246-221 a.C.

Tolomeo III Evergetes I inicia un programa de obras que incluye el Serapeum de Alejandría y el templo de Horus de Edfu. Su sucesor continúa su obra y añade una nueva tumba para Alejandro en Alejandría.

145-116 a.C.

El reinado de Tolomeo VIII Evergetes II se caracteriza por la violencia y la brutalidad, pero también por la apertura del templo de Edfu y por construir en Filae y Kom Ombo.

sitios, pero no en Alejandría, en cuyo centro urbano se alzaba el templo de Serapis. La estatua dorada del dios permaneció en su santuario, adorada por los fieles, hasta que el patriarca cristiano de Alejandría incitó a la multitud para que entrara en el templo y la derribase: el dios cayó de su pedestal, con lo que se demostró que los profetas que previeron sucesos terribles si le sucedía algo estaban equivocados. La arrastraron por las calles y la quemaron. Las masas también prendieron fuego a la biblioteca del templo, un almacén que contenía unos tres o cuatrocientos rollos, una de las mayores colecciones del mundo desde que ardiera la "biblioteca madre" alejandrina en un ataque de Julio César. El patriarca levantó una iglesia sobre sus ruinas.

Constantino había trasladado su capital a Bizancio y le había cambiado el nombre por el de Constantinopla (actual Estambul) en 330, y desde ese instante el poder fue alejándose de Alejandría. Más de un siglo después, en 451, los egipcios fueron marginados oficialmente en el Concilio de Calcedonia. Al negarse a aceptar que Jesús tuviera dos naturalezas, lo cual parecía un retorno al politeísmo, los egipcios rompieron con el resto de los cristianos, su patriarca fue excomulgado y, al poco, Alejandría fue saqueada.

'Liderados por el brillante Amr ibn al-As, los árabes arrasaron un Egipto muy mal defendido y poco preparado'

Pese a la separación religiosa, Egipto aún formaba parte del Imperio Bizantino, estaba sometida a un gobernador extranjero, y su suerte, vinculada al Imperio. Ello generó cada vez más tensión, sobre todo durante el reinado de Justiniano [528-565]. Los alejandrinos apedrearon al gobernador del emperador, que respondió enviando a su ejército. En 629, un mensajero procedente de Arabia –enviado por un tal Mahoma para difundir una nueva religión, el islam– que se disponía a visitar al emperador en Bizancio fue asesinado por el camino. Diez años más tarde, los ejércitos árabes invadieron Egipto.

Liderados por el brillante Amr ibn al-As, los árabes arrasaron un Egipto muy mal defendido y poco preparado, derrotaron al ejército bizantino cerca de Babilonia (véase p. 110) y entraron en Alejandría sin pelear.

Amr no obligó a los egipcios a convertirse al islam, pero gravó con un impuesto a los no creyentes y mostró su preferencia por los conversos. Lenta pero inevitablemente, la población se fue convirtiendo, aunque la rapidez con la que lo hizo es motivo de disputa. No obstante, algunos monasterios acabaron vaciándose, y la lengua copta, la última variante de la lengua de los faraones, dejó de hablarse en público y de escribirse. Las comunidades cristianas se mantuvieron fuertes en la nueva capital, El Cairo, y en el valle, hacia el sur, hasta lugares tan remotos como la antigua capital, Tebas (Luxor). Además, los cristianos recurrieron cada vez más a los monasterios. En lugares como Wadi Natrun y por todo el valle del Nilo, las comunidades monásticas se perpetuaron tras sus altos muros, conservaron el idioma antiguo y las tradiciones, y, en las bibliotecas, parte de la arcaica sabiduría.

30 BC

Tras la derrota de Marco Antonio y Cleopatra en Actium, la reina se suicida, conllevando el fin de la dinastía tolemaica y el inicio de la soberanía romana. Al principio, Egipto sólo es la propiedad privada de Octaviano (el futuro César Augusto).

45 d. C.

Según la tradición copta, san Marcos llega a Alejandría este año y convierte al primer egipcio, un zapatero alejandrino, al cristianismo. A finales de siglo, la nueva religión está arraigada en Egipto.

271 aprox.

San Antonio se retira del mundo: abandona su hogar cerca de Beni Suef y se va a vivir a una cueva en el desierto arábigo. Enseguida atrae a otros, a los que organiza para formar una comunidad. Son los primeros monjes cristianos.

A mediados del s. XIX, incluso los monasterios estaban amenazados, y los viajeros europeos que surcaban el Nilo se quedaban impresionados al descubrir a monjes que nadaban desnudos hasta sus barcas para suplicar comida y dinero. El declive continuó hasta el s. XX. Para entonces, sólo un 10% de los egipcios era cristiano, y los grandes monasterios pasaban por su peor momento. Curiosamente, su respuesta a las amenazas ha despertado un renovado interés por ellos. Las influencias modernizadoras de principios del s. XX motivaron un resurgimiento cultural que insufló nueva vida en elementos que hacía mucho que habían desaparecido, como la pintura de iconos. La violencia islamista contra los coptos en los años ochenta y noventa tuvo el efecto de aumentar significativamente el número de monjes. El monasterio de San Antonio pasó de 24 en 1960 a 69 en 1986, y el de San Bishoi, de 12 a 115. Pero la mayoría de los cristianos de Egipto sigue viviendo en pueblos y ciudades a lo largo del Nilo, enfrentados a la amenaza continua de los extremistas musulmanes, apartados del resto de los cristianos del mundo, y aún, como siempre, orgullosos de ser los auténticos herederos del antiguo Egipto.

Zayni Barakat, de Gamal al-Ghitani, está lleno de intriga, traiciones y actos maquiavélicos en el ocaso del período mameluco de El Cairo.

LOS MAMELUCOS

Cada ejército egipcio tenía su contingente de soldados extranjeros, en ocasiones mercenarios y, a menudo, esclavos. Cuando Psamético II envió una expedición a Nubia en 593 a.C., los numerosos mercenarios griegos que fueron con ella dejaron grafitos en las paredes de Abu Simbel para contarlo. De hecho, ningún soberano de Egipto parece haberse embarcado jamás en una campaña a gran escala sin combatientes extranjeros. A veces incluso los soberanos eran extranjeros: macedonios, como Tolomeo I [323-283 a.C.]; romanos, como Octavio [30 a.C.- 14 d.C.], e incluso kurdos, como Salah ad-Din [1171-93], el célebre Saladino de las cruzadas.

Muchos de los relatos que narra Scherezade en *Las mil y una noches* (de autor anónimo) tienen lugar en el período mameluco de Egipto, sobre todo en El Cairo, al que se refiere como la "madre del mundo".

Saladino fundó una dinastía, la ayubí, y reinstauró el islam suní tras el Gobierno chií de los fatimíes [969-1171]. Uno de los últimos sultanes de su estirpe, As-Salih, introdujo un estamento social de esclavos-soldado. La mayoría de los sultanes confiaba su seguridad a amigos y familiares, pero el desprecio extremo y generalizado que se profesaba hacia As-Salih le empujó a buscar su propia protección. Y la obtuvo comprando un gran número de esclavos del territorio entre los Urales y el mar Caspio. Estos hombres eran liberados al llegar a Egipto –*mamluk* significa "de propiedad" o "esclavo"– y se convirtieron en una clase guerrera que gobernó Egipto.

Los mamelucos debían tributo no a su sangre sino a su dueño original, el emir. Las nuevas adquisiciones mantenían los grupos. No existía ningún sistema de linaje hereditario, sino que mandaba el más fuerte. Muy pocos sultanes morían de viejos. Nacidos soldados, los mamelucos lucharon en exitosas campañas que otorgaron a Egipto el control de toda Palestina y Siria, Hiyaz y gran parte del norte de África, el mayor imperio

391

Cincuenta años después de que el emperador bizantino Constantino se declarara contra la religión de los faraones, su sucesor Teodosio la convierte en delito de traición y arde el templo de Serapis de Alejandría, y su biblioteca con 40.000 obras.

451

En el Concilio de Calcedonia, los egipcios cristianos se niegan a aceptar la visión imperial de que Jesucristo posee dos naturalezas, la humana y la divina. La Iglesia copta está escindida del cristianismo desde entonces.

640

Un ejército árabe liderado por Amr ibn al-As arrasa Egipto y establece una base en Babilonia (que ahora forma parte de El Cairo). Al año siguiente, Amr toma la capital bizantina, Alejandría.

Entre los castigos favoritos aplicados por los mamelucos figura *al-tawsit,* en el que se cortaba a la víctima en dos a la altura del vientre, y *al-khazuq,* el empalamiento.

islámico de la Edad Media tardía. Como no podían legar su riqueza, los mamelucos construían a gran escala, y dotaron El Cairo de las mezquitas, escuelas y tumbas más exquisitas. Durante sus 267 años de reinado [1250-1517], la ciudad fue el centro intelectual y cultural del islam.

Las contradicciones de los mamelucos están representadas en la figura del sultán Qaitbey, que, comprado de niño por un sultán y testigo de los breves reinados de nueve sultanes más, ocupó por la fuerza el poder. Gravó con elevados impuestos a sus súbditos y aplicó despiadados castigos con sus propias manos; en una ocasión, arrancó los ojos y la lengua a un alquimista de la corte que no había conseguido transformar el plomo en oro. Pero Qaitbey marcó su implacable sultanato con algunos de los más bellos monumentos de El Cairo, entre los que destaca la mezquita, en el cementerio septentrional (p. 127).

La financiación de los grandes edificios mamelucos procedía del comercio. El canal que conectaba el mar Rojo con el Nilo en El Cairo, y por tanto con el Mediterráneo, constituía una arteria esencial de la concurrida ruta comercial entre Europa e India y Oriente. En los ss. XIV y XV, los mamelucos se aliaron con los venecianos para controlar el comercio Oriente–Occidente y ambos se hicieron muy ricos gracias a él.

El final de esta época fabulosa se produjo por dos motivos a principios del s. XVI: el descubrimiento de Vasco de Gama de una ruta marítima que bordeaba el cabo de Buena Esperanza liberó a los comerciantes europeos de las fuertes tasas que aplicaba El Cairo; y el surgimiento de los turcos otomanos, que pretendían unificar el mundo musulmán. En 1516, los mamelucos, a las órdenes del penúltimo sultán Al-Ghouri, se vieron obligados a enfrentarse a la amenaza turca en la batalla de Alepo (Siria), que supuso su derrota definitiva. En enero del año siguiente, el sultán turco Selim I entró en El Cairo, y aunque los mamelucos se mantuvieron en el poder en Egipto, no volvieron a disfrutar de su preeminencia o autonomía anteriores.

INVASORES EXTRANJEROS

El sexto califa fatimí, Al-Hakim, era famoso por sus "extravagancias": como estaba convencido de que la mujer debía quedarse en casa, prohibió que fabricaran zapatos femeninos.

La del antiguo Egipto es la historia de las relaciones con sus vecinos, ya que su riqueza atrajo a unos, y su estratégica situación en el Mediterráneo y el mar Rojo, y en las rutas comerciales entre África y Asia, a otros. En su época de esplendor, controlaba el oro de Nubia y la ruta comercial de Levante; no en vano la imagen de Ramsés II aplastando a los hititas en Qadesh figuraba en las paredes de tantos templos. Cuando Egipto se tornó débil, captó la atención del poder del momento. En 663, el rey asirio Assurbanipal saqueó Tebas. Un siglo más tarde, los persas controlaban el Nilo. En 331 a.C., Alejandro Magno se enfrentó a los egipcios y los incorporó a su imperio helénico. En 30 a.C., Octavio, el futuro emperador César Augusto, se anexionó el territorio. Los ejércitos árabes asaltaron el país en el s. VII d.C.,

832

El califa Al-Mamun, hijo de Harun al-Rashid, llega para sofocar un alzamiento copto, pero también entra a la fuerza en la pirámide de Keops con la esperanza de encontrar un tesoro. No consta que lo hallara.

868

El general turco Ahmed ibn Tulun llega a Bagdad en calidad de gobernador del califa abasí y termina fundando su propia dinastía, la tuluní.

969

El general chií Jawhar pone los cimientos de una nueva ciudad-palacio, Al-Qahira (El Cairo), donde funda una universidad-mezquita, Al-Azhar, en 971. Dos años más tarde, el califa fatimí, Al-Muizz, se establece en ella procedente de Túnez.

al igual que hicieron los otomanos en el s. XVI. Pero a finales del s. XVIII, la llegada de los europeos anunció el comienzo de una etapa muy distinta.

Napoleón y la 'Description de l'Égypte'

Cuando el ejército napoleónico, armado con mosquetes, liquidó la caballería mameluca, provista de alfanjes, en la batalla de las Pirámides (1798), en teoría con la aprobación del sultán otomano, Napoleón arrastró a Egipto a la era de la geopolítica. Porque aunque declarara que deseaba revivir la gloria de aquel país, liberarlo del yugo de la tiranía y educar a sus masas, lo que realmente pretendía era asestar un golpe a Gran Bretaña. Como no podía invadirla, Napoleón encontró un modo de golpear sus intereses tomando Egipto y haciéndose con el control de la ruta más rápida entre Europa y el Imperio Británico de Oriente, que crecía a marchas forzadas.

La gran pirámide de Keops (construida en 2570 a.C.) fue la estructura artificial más alta del mundo hasta que se construyó la torre Eiffel en 1889.

Además, Napoleón tenía planes para el país recién conquistado. Instauró un gobierno al estilo francés, reformó el sistema de impuestos, llevó la primera imprenta a África, ejecutó proyectos de obras públicas, e introdujo nuevas cosechas y un nuevo sistema de pesos y medidas. También se trajo 167 eruditos y artistas, a los que encargó un estudio completo de los monumentos, artesanía, artes, flora y fauna de Egipto, y de su sociedad y sus gentes. La obra resultante fue publicada en los 24 volúmenes de la *Description de l'Égypte,* que contribuyó en gran manera a alentar el estudio de las antigüedades egipcias.

El Antiguo Egipto: los grandes descubrimientos, de Nicholas Reeves, es una cronología de doscientos años de hallazgos maravillosos, desde la piedra de Rosetta (1799) hasta el valle de las Momias Doradas (1999).

El ejército napoleónico tuvo menos fortuna que los eruditos. Una flota británica dirigida por el almirante Nelson surcó el Mediterráneo para dar con la flota francesa, y el 1 de agosto, una semana después de que Napoleón entrara en El Cairo, la halló fondeada en la bahía de Abukir, en la costa de Alejandría. Sólo tres buques de guerra galos sobrevivieron a la batalla del Nilo, que tuvo lugar a continuación. Animado por los británicos, el sultán otomano envío entonces un ejército que sufrió una derrota aplastante a manos de los franceses, lo cual echó por tierra la pretensión de que estos últimos estaban en Egipto con la complicidad de Constantinopla. Las relaciones entre ocupados y ocupantes se deterioraron enseguida, y los alzamientos en la capital sólo fueron sofocados con bombardeos que mataron a 3.000 egipcios.

En la batalla de las Pirámides, las fuerzas napoleónicas tardaron sólo cuarenta y cinco minutos en derrotar al ejército mameluco: mataron a 1.000 y sólo perdieron a 29 hombres.

Cuando las tropas británicas desembarcaron también en Abukir en 1801, los franceses firmaron un armisticio y se marcharon tal como habían venido.

El mercenario albanés

La marcha de los franceses y los británicos dejó Egipto sumido en la inestabilidad política, situación que no tardó en explotar Mohammed (o Mehmet) Ali, teniente de un contingente albanés del ejército otomano. Cinco años después del desalojo galo, luchó y conspiró para convertirse en bajá

1171

Saladino, el visir kurdo del califa, toma el poder, restaura la soberanía suní e instaura la dinastía ayubí. En 1176 comienza a construir la ciudadela de El Cairo, donde residirán los soberanos de la ciudad en los siete siglos siguientes.

1250

Los mamelucos, la mayoría de origen turco o kurdo, toman el control de Egipto. Aunque a menudo fueron duros y anárquicos, engalanaron la ciudad con algunos de sus monumentos más impresionantes y bellos.

1468

El sultán mameluco Qaitbey inicia un reinado de veintisiete años que trae estabilidad y riqueza al país. Constructor prodigioso, a él se deben un notable conjunto funerario cairota y un fuerte allí donde se erguía el faro de Alejandría.

(gobernador) de Egipto. Aunque nominalmente era vasallo de Constantinopla, como tantos gobernadores antes que él, enseguida se dio cuenta de que el país podía ser suyo.

El sultán de Constantinopla era demasiado débil para resistir este desafío a su poder, y una vez que hubo derrotado a un ejército británico de 5.000 hombres, la única amenaza para Mohammed Ali podía proceder de los beys (líderes) mamelucos. Por ello atajó rápida y despiadadamente cualquier peligro. El 1 de marzo de 1811, Ali invitó a unos cuatrocientos setenta beys a la ciudadela para festejar la inminente partida de su hijo a La Meca. Terminado el banquete, los mamelucos se montaron en sus caballos, magníficamente engalanados, y fueron conducidos en procesión por el estrecho y elevado desfiladero que discurre debajo del actual Museo de la Policía. Cuando se acercaron a Bab al-Azab, las grandes puertas se cerraron y les dispararon desde arriba. Tras la descarga, los soldados de Mohammed Ali, con espadas y hachas, remataron la faena. La leyenda cuenta que sólo escapó un mameluco, que saltó el muro con su caballo.

La ciudad del horizonte, La ciudad de los sueños y La ciudad de los muertos, de Anton Gill, conforman una trilogía de misterio muy amena que transcurre en el caótico Egipto posterior a Akenatón.

El reinado de Mohammed Ali es fundamental en la historia de Egipto. Tras observar al viejo ejército mameluco enfrentarse a las modernas armas y tácticas europeas, reconoció la necesidad de modernizar su ejército, así como su nuevo país. Bajo su soberanía inflexible, Egipto abandonó el feudalismo medieval y volvió la vista a Europa en busca de innovación. En su largo reinado (murió en 1848), Mohammed Ali modernizó el ejército, creó una armada, construyó carreteras, abrió un canal que unía Alejandría con el Nilo, introdujo la educación pública, mejoró la irrigación, construyó una presa en el Nilo e implantó el cultivo del algodón. Sus herederos continuaron su trabajo, ejecutando reformas y proyectos sociales entre los que destacan el tendido de la primera línea férrea de África, la apertura de fábricas y la creación de un sistema postal y de telégrafos. La flamante industria algodonera de Egipto creció sobremanera –mientras la guerra civil interrumpía la producción en EE UU– y los ingresos se destinaron a proyectos aún mayores. El más espectacular de todos fue el canal de Suez, a cuya pomposa inauguración en 1869 asistieron miembros de la realeza europea, entre ellos la emperatriz Eugenia de Francia. El mismo año que el jedive (virrey) Ismail anunciaba que Egipto pasaba a formar parte de Europa, no de África, Thomas Cook programaba el primer circuito organizado para ver las maravillas del antiguo Egipto. Fue el inicio de una industria que se iba a convertir en una de las principales del país: el turismo de masas.

Inicialmente se pretendió que la estatua de la Libertad, el famoso icono de EE UU, se irguiera en la desembocadura del canal de Suez.

Ismail había contraído más deudas de las que la incluso boyante economía egipcia podía soportar, y los políticos y bancos europeos no tardaron en explotar su creciente debilidad. Seis años después de abrir el canal, el jedive se vio obligado a vender su participación mayoritaria al Gobierno británico, y poco después la bancarrota y la presión británica lo obligaron a abdicar. El modo en que los extranjeros se entrometieron en los asun-

1517

El sultán turco Selim I toma El Cairo, ejecuta al último sultán mameluco y convierte Egipto en provincia turca. Durante casi trescientos años el país será gobernado, aunque débilmente, desde Estambul.

1798

Invasión de Napoleón, junto con un grupo de eruditos que aporta la primera descripción completa de las antigüedades egipcias. Los británicos obligan a los franceses a marcharse, pero su legado, la fascinación por el antiguo Egipto, perdura.

1805

Un mercenario albanés, Mohammed Ali, aprovecha el vacío de poder dejado por los galos para instaurar una nueva dinastía "egipcia", e inicia un programa de modernización del país.

tos egipcios generó un gran resentimiento, sobre todo entre un grupo de oficiales del ejército, que se volvieron contra el nuevo jedive. En 1882, so pretexto de restaurar el orden, la armada británica bombardeó Alejandría, y el ejército británico derrotó a las tropas nacionalistas egipcias.

El protectorado encubierto

Los británicos no tenían deseo alguno de convertir Egipto en una colonia: tan sólo buscaban garantizar la seguridad del canal de Suez. Así que dejaron que los herederos de Mohammed Ali permanecieran en el trono mientras el verdadero poder se concentraba en manos de sir Evelyn Baring, el agente británico. Al nombrar asesores británicos para los ministerios egipcios y a sí mismo para aconsejar al jedive, Baring ejerció lo que llegó a conocerse como "protectorado encubierto", también llamado colonialismo.

El deseo británico de garantizar la seguridad de la ruta a India afectó a la política egipcia las décadas siguientes. Así, cada vez era más evidente que controlar Egipto significaba controlar el Nilo y, en consecuencia, se envió una fuerza egipcia para proteger ese enclave en Sudán. Cuando aconteció el alzamiento islamista del Mahdi, y tras la muerte del general Charles Gordon en Jartum en 1885, las tropas británicas se encargaron del curso medio del Nilo.

El protectorado hizo grandes esfuerzos por lograr sus fines. El canal era seguro, la economía egipcia se había robustecido, la burocracia y las infraestructuras habían mejorado, y había algunos avances sociales, si bien Egipto y sus recursos seguían explotándose para favorecer la política exterior británica. La situación se volvió aún más frustrante para los egipcios con el estallido de la Primera Guerra Mundial. Cuando Turquía, que conservaba la soberanía de Egipto, se alió con Alemania contra Gran Bretaña, los británicos sintieron la necesidad de convertir Egipto en un auténtico protectorado como otros.

El deseo de autodeterminación se vio reforzado porque los aliados utilizaron el país cual barracón durante una guerra que la mayoría de los egipcios pensaba que no tenía nada que ver con ellos. Los sentimientos nacionales se expresaron en forma de disturbios en 1919, y, más elocuentemente, en boca de personajes como Saad Zaghloul, el más brillante de un grupo emergente de jóvenes políticos egipcios, que dijo de los británicos: "No tengo nada personal contra ellos, pero quiero ver un Egipto independiente". Los británicos permitieron la formación de un partido político nacionalista llamado Wafd (delegación) y concedieron a Egipto su soberanía en un gesto que se consideró vacío. El rey Fuad no era muy popular entre su gente, y los británicos mantenían un control estricto de la administración.

Los británicos y sus aliados llegaron a Egipto cada vez en mayor número tras el estallido de la Segunda Guerra Mundial. Y la guerra no fue una mala noticia para todos los egipcios. No, desde luego, para los vendedores

La ópera *Aida* fue encargada para la ceremonia de apertura del canal de Suez, pero Verdi se retrasó y se interpretó por primera vez la Nochebuena de 1871, dos años después de aquélla.

Los planos más precisos de las tumbas tebanas figuran en el libro de Reeves y Wilkinson *Todo sobre el valle de los Reyes.* Como complemento, *El valle de los Reyes y los templos y necrópolis de Tebas* de Siliotti.

1856

El ingeniero británico Robert Stephenson tiende la primera línea férrea africana entre Tanta y El Cairo, que se extenderá hasta Suez en 1858 y será popular entre los europeos que van a India y Extremo Oriente hasta la apertura del canal de Suez.

1869

El jedive Ismail, nieto de Mohammed Ali, abre el canal de Suez. Los británicos, que preferían un ferrocarril, toman enseguida el control del canal, al ser la ruta más rápida para llegar a su imperio en Oriente.

1882

Invasión de tropas británicas para reprimir a los elementos nacionalistas del ejército. Aunque oficialmente devuelven el poder al jedive, Egipto se convierte en un protectorado británico "encubierto".

y hombres de negocios que vieron aparecer a miles de soldados aliados en sus pueblos y ciudades con dinero para gastar en su permiso de 48 horas fuera del desierto. Por otro lado, sin embargo, había quien veía a los alemanes como potenciales libertadores. Los estudiantes organizaron manifestaciones en apoyo de Rommel, y un pequeño grupo de oficiales egipcios, incluidos los futuros presidentes Nasser y Sadat, conspiraron para ayudar en el avance del general alemán en su ciudad.

Atlas of Ancient Egypt, de J. Baines y J. Málek, *The Penguin Historical Atlas of Ancient Egypt* de B. Manley y *Anatomy of a Civilisation* de B. J. Kemp son unas estupendas fuentes sobre Egipto.

Rommel obligó a retirarse a las fuerzas aliadas casi hasta Alejandría, empujando a los británicos a quemar a toda prisa tal cantidad de documentos que los cielos cairotas se tornaron negros por la ceniza. Pero los alemanes no entraron y los británicos mantuvieron una presencia militar y política en Egipto hasta casi siete años después de la guerra.

EGIPTO INDEPENDIENTE

Una época agitada

El 26 de enero de 1952, el Sábado Negro, El Cairo ardió. Tras años de manifestaciones, huelgas y disturbios contra el Gobierno extranjero, un enfrentamiento entre británicos y egipcios por una comisaría de policía en la zona del canal de Suez fue la chispa que prendió fuego a la capital. Las tiendas y negocios de propiedad o clientela extranjeras fueron quemadas por muchedumbres y numerosos monumentos de los setenta años de Gobierno británico se redujeron a cenizas en un solo día.

Uno de los afectados por el Domingo Negro fue el Shepheard, el hotel más famoso de la ciudad, que hospedaba a la realeza europea y a las estrellas de Hollywood. Se construyó un nuevo Shepheard junto al Nilo en 1957.

Pero mientras se despejaba la humareda, la sensación de agitación permanecía, no sólo contra los británicos sino también contra la monarquía, que para la mayoría de los egipcios se dejaba influir demasiado por aquéllos. El rey Faruk pensaba que la monarquía sobreviviría a la convulsión porque podía contar con el apoyo del ejército egipcio, pero una facción dentro del mismo, conocida como los Oficiales Libres, llevaba mucho tiempo planeando un golpe. El 20 de julio de 1952, su líder, el coronel Gamal Abdel Nasser, se enteró de que un nuevo ministro de la Guerra sabía de la existencia del grupo y pretendía arrestarlo. Dos noches más tarde, unidades del ejército leales a los Oficiales Libres ocuparon puestos clave en la capital y a la mañana siguiente la monarquía había caído. Faruk, descendiente del albanés Mohammed Ali, zarpó del puerto de Alejandría en el yate real el 26 de julio de 1952, dejando que Egipto fuera gobernado por los egipcios por primera vez desde los faraones.

El Cairo: ciudad victoriosa, de Max Rodenbeck, es la lectura más fiable y entretenida en torno a los complicados y convulsos mil años de historia cairota.

El coronel Nasser resultó presidente tras las elecciones celebradas en 1956. Con el objetivo de devolver parte de la riqueza del país a su explotado campesinado, pero también de manera similar a lo ocurrido en Rusia en 1917, los propietarios de tierras fueron despojados de ellas y muchos de sus bienes, nacionalizados. Nasser también actúo contra la enorme comunidad extranjera del país, y aunque no les obligó a emigrar, las nuevas medidas que adoptó convencieron a muchos para venderlo todo y marcharse.

1902

Inauguración de las presas de Asuán, la mayor del mundo en su época, y de Asiut, que ayudan a controlar el caudal del Nilo. También se abre el Museo Egipcio en lo que hoy es Midan Tahrir de El Cairo.

1914

Cuando Turquía se alía con Alemania en la guerra, Gran Bretaña convierte Egipto en protectorado británico y Hussein Kemal asume el sultanato del país.

1922

Gran Bretaña concede la independencia a Egipto, pero se reserva el derecho a defender el territorio, sus intereses en Sudán y, lo más importante, el canal de Suez, en el que Gran Bretaña mantiene una importante presencia militar.

El año de su investidura, Nasser derrotó a Gran Bretaña y Francia en una confrontación por el canal de Suez, cuya propiedad recaía mayormente en inversores británicos y galos. El 26 de julio, en el cuarto aniversario de la partida del rey Faruk, Nasser anunció que había nacionalizado el canal de Suez para financiar la construcción de una gran presa que controlaría la crecida del Nilo y estimularía la agricultura egipcia. Una fuerza invasora combinada británica, francesa e israelí intentó tomar posesión del canal, pero la presión ejercida por la ONU y EE UU hizo que todo terminara en un bochornoso incidente diplomático y una retirada poco digna. Nasser salió del conflicto convertido en un héroe del mundo desarrollado, una suerte de Robin Hood y Ramsés a la vez, y en el hombre que, por fin, públicamente, había liberado a los suyos del yugo colonial.

Vecinos y amigos

La demostración de fuerza de Nasser en 1956 provocó muchos años de tensión y antagonismo entre Egipto y sus amigos árabes y su incómodo vecino Israel, que en junio de 1967 lanzó un ataque sorpresa y destruyó la fuerza aérea egipcia antes incluso de que despegara, lo cual minó la confianza y la credibilidad de Nasser y su país.

Las relaciones con Israel habían sido hostiles desde su fundación en 1948. Egipto había enviado soldados a luchar junto a palestinos contra el recién proclamado Estado judío, y terminó en el bando perdedor. Desde entonces, los árabes habían cultivado la retórica antisionista. Aunque en privado Nasser reconocía que probablemente los árabes acabarían perdiendo otra guerra contra Israel, en público daba arengas sobre liberar Palestina. Era un buen orador, pero a principios de 1967 los ánimos que había encendido en el mundo árabe empezaron a volverse contra él. Otros líderes árabes empezaron a acusarle de cobardía y de esconderse tras las tropas de la ONU desplegadas en el Sinaí desde la crisis de Suez. Nasser respondió ordenando a las tropas de paz que abandonaran el lugar y bloqueando el estrecho de Tiran, con lo que cerró el puerto israelí de Eilat. Aseguró a Israel que no iba a atacar, pero mientras tanto reunió a sus fuerzas al este de Suez. Israel atacó primero.

Cuando cesaron los enfrentamientos seis días después, Israel controlaba toda la península del Sinaí y había cerrado el canal de Suez (que no volvió a abrirse hasta el cabo de ocho años). Un Nasser humillado presentó su dimisión, pero en una muestra espontánea de apoyo, el pueblo egipcio no la aceptó y permaneció en el cargo. No obstante, sólo duró tres años más, ya que falleció de un ataque al corazón en noviembre de 1970.

Anwar al-Sadat, otro de los Oficiales Libres y siguiente presidente de Egipto, promovió un cambio de política extranjera. Nasser se había fijado en la Unión Soviética en busca de inspiración, pero Sadat se fijó en EE UU y cambió los principios socialistas por el oportunismo capitalista. Tras pasar

Stephen Sommers dirigió la trilogía de *La momia* (1999), *El regreso de la momia* (2001) y *El Rey Escorpión* (2002). La dirección artística de los filmes es fabulosa y la trama, rocambolesca, está ambientada en el antiguo Egipto y el contemporáneo.

Tanto Egipto como Israel se erigieron en vencedores en la guerra de octubre de 1973: mientras los egipcios se jactaban de haber roto el control israelí del Sinaí, los israelíes se abrían paso hacia El Cairo. La ONU impuso el alto el fuego. Este sentimiento de victoria favoreció las conversaciones de paz de Camp David.

1922
Howard Carter descubre la tumba de Tutankamón. Es el primer gran descubrimiento arqueológico en la época de los medios de comunicación de masas. Se tardó diez años en registrar y excavar todo.

1952
El sentimiento antibritánico provoca la quema de muchos edificios extranjeros de El Cairo. En verano, Nasser y sus compañeros de los Oficiales Libres derrocan al rey Faruk e instauran la República de Egipto.

1956
Naseer nacionaliza el canal de Suez como medida de presión para conseguir un préstamo y construir la presa de Asuán.

desapercibidos durante una década y media, los ricos resurgieron y a ellos se unió una nueva y extensa clase media adinerada que se enriqueció a costa de la promocionada *al-infitah* (política de puertas abiertas) de Sadat. El presidente también creía que para revitalizar la economía nacional tendría que enfrentarse con Israel, aunque primero necesitaría mejorar su posición negociadora, baza esencial para todo buen trato.

El 6 de octubre de 1973, durante la festividad judía del Yom Kippur, Egipto lanzó un ataque sorpresa por el canal de Suez. Su ejército rechazó a las fuerzas –superiores– de Israel y cruzó su línea de fortificaciones supuestamente inexpugnable. Aunque estos logros iniciales acabaron invirtiéndose, Egipto recuperó su orgullo nacional y la estrategia negociadora de Sadat tuvo éxito.

Durante la Segunda Guerra Mundial, cuando era un joven oficial egipcio, Anwar al-Sadat fue encarcelado por los británicos por conspirar con espías alemanes.

En noviembre de 1977, en un momento en el que los líderes árabes seguían negándose a hablar en público con Israel, Sadat viajó a Jerusalén para negociar un tratado de paz. Al año siguiente, el primer ministro israelí y él firmaron el acuerdo de Camp David en el que Israel accedía a retirarse del Sinaí a cambio de que Egipto reconociera su derecho a existir. Esta firma tuvo un gran impacto en el mundo árabe, en el que el rechazo de Sadat de los principios panarabistas de Nasser fue considerado una traición. Por este motivo, Egipto perdió mucho prestigio entre los árabes, que trasladaron la sede de la Liga Árabe fuera de El Cairo, y Sadat perdió la vida. El 6 de octubre de 1981, en un desfile que conmemoraba la guerra de 1973, uno de sus soldados, miembro de un grupo islamista, se apartó de las filas que marchaban y disparó a la tribuna presidencial. Sadat murió en el acto.

Mubarak y la ascensión del movimiento islamista

Sadat fue sucedido por otro Oficial Libre, Hosni Mubarak, antiguo general de las fuerzas aéreas y vicepresidente. Menos extravagante que Sadat y menos carismático que Nasser, Mubarak ha sido considerado falto de imaginación e indeciso, pero ha sabido mantener el equilibrio en diversos frentes, en el extranjero y en casa. Aunque no fue bien visto por estados más intransigentes, como Siria y Libia, Mubarak rehabilitó a Egipto ante el mundo árabe sin abandonar el tratado con Israel. Asimismo, logró mantener a raya a los islamistas de su país hasta principios de los noventa, cuando el control se aflojó.

No God but God: Egypt and the Triumph of Islam, de Genevieve Abdo, es uno de los mejores libros acerca del islamismo egipcio. La autora opina que es una respuesta al incremento generalizado de la devoción musulmana y la ineptitud del Gobierno en la era posterior a Nasser.

Pese a recurrir a la religión, los grupos islamistas de Egipto forman parte de una respuesta política a las duras condiciones socioeconómicas. Más de treinta años después de la revolución, las promesas del Gobierno no se habían adecuado a la explosión demográfica, y una generación de jóvenes vivía en miserables casas abarrotadas, sin trabajo y con escasas o nulas esperanzas de futuro. Con un sistema político represivo que dejaba pocas posibilidades de verbalizar una oposición legítima, la única esperanza radicaba en los partidos islamistas como los Hermanos Musulmanes y

1967

Israel derrota a Egipto, Siria y Jordania en lo que se conoce como la Guerra de los Seis Días. Egipto pierde el control de la península del Sinaí y Nasser dimite, aunque permanece en el poder a petición del pueblo.

1970

Gamal Abdel Nasser, de 52 años y presidente de Egipto desde 1956, muere de un ataque al corazón. Le sucede su compañero revolucionario Anwar al-Sadat.

1971

Tras once años de obras se completa la Presa Alta de Asuán. Se extiende unos 510 km por el lago Nasser, obliga a trasladar a 50.000 nubios y múltiples monumentos, y amplia un 30% las tierras de cultivo de Egipto.

sus llamamientos al cambio. Tras negárseles el reconocimiento del Estado como entidad política legal, en los años ochenta y noventa los islamistas recurrieron a la fuerza. Hubo frecuentes atentados contra el presidente y los ministros, y enfrentamientos con las fuerzas de seguridad. Pasó de ser un asunto nacional a convertirse en un problema internacional cuando los islamistas empezaron a centrarse en una de las fuentes de ingresos más vulnerables y valiosas del Estado: el turismo.

A lo largo de los años noventa dispararon, bombardearon o atacaron a grupos de turistas extranjeros. Escalofriantes fueron la bomba incendiaria lanzada 1997 contra un autobús turístico situado enfrente del Museo Egipcio cairota, y la masacre de turistas en el templo de Hatshepsut de Luxor a manos de miembros del Gama'a al-Islamiyya (Grupo Islámico), una facción escindida de los Hermanos Musulmanes, semanas más tarde.

La brutalidad de la carnicería y el éxito que tuvo en disuadir a los extranjeros de visitar el país segó el apoyo de base de los militantes, y los Hermanos Musulmanes declararon el alto al fuego al año siguiente. Las cosas estuvieron relativamente tranquilas hasta octubre de 2004, cuando unas bombas en Taba, en la frontera con Israel, y en el cercano campamento de Ras Shaytan, mataron a 34 personas y marcaron el inicio de doce meses de agitación.

En 2005 Mubarak cedió a la creciente presión internacional para que el sistema político del país se asemejara a una democracia occidental, y propuso una enmienda constitucional (aprobada después por el Parlamento y ratificada en referéndum) que pretendía introducir elecciones presidenciales directas y competitivas. Mientras que a algunos expertos les pareció que se estaba dando un paso en la dirección correcta, otros sospecharon que se trataba de una farsa, sobre todo teniendo en cuenta que grupos populares de la oposición, como los Hermanos Musulmanes, seguían prohibidos y a otros candidatos independientes se les exigía el respaldo de por lo menos 65 miembros de la cámara baja del Parlamento. Como ésta estaba dominada por el Partido Democrático Nacional (PDN), la posibilidad de que hubiera un auténtico cambio era improbable. Cuando la coalición opositora Kifaya! (¡Basta!) protestó por estas restricciones, las fuerzas de seguridad tomaron represalias. Ayman Nour, líder del partido Ghad (Mañana) fue encarcelado acusado de lo que muchos afirmaron que eran falsos cargos, y las concentraciones de la oposición por todo el país fueron dispersadas con violencia.

Llegados a este punto, los Hermanos Musulmanes, prohibidos, empezaron a celebrar sus propios mítines y hubo dos atentados terroristas aislados en El Cairo dirigidos a turistas extranjeros, ambos perpetrados por miembros de una misma familia islamista. Poco después, tres bombas en la popular playa de Sharm el-Sheikh se cobraron 88 vidas, la mayoría egipcias. Varios grupos se atribuyeron la responsabilidad de los atentados, el turismo

A History of Egypt, de P. J. Vatiokis, es el mejor tratado de historia egipcia centrado en los ss. XIX y XX.

El enclave donde radica el templo de Luxor ha sido un centro de culto los últimos 3.500 años y lo sigue siendo aún hoy: la mezquita de Abu al-Haggag se halla muy por encima del gran patio.

1973

En octubre, fuerzas egipcias atacan y cruzan las supuestamente impenetrables defensas israelíes en el canal de Suez. Aunque Israel logra repeler a los egipcios y amenazar El Cairo, la guerra se considera una victoria egipcia.

1981

Oficiales islamistas del ejército asesinan al presidente Sadat porque firmó el acuerdo de paz de Camp David con Israel en 1978. Le sucede el vicepresidente Hosni Mubarak.

1988

Naguib Mahfuz gana el Nobel de Literatura. Aunque muchos egipcios creen que no es su mejor escritor, la concesión del premio, la primera para un autor árabe, es motivo de orgullo patrio.

se vio afectado de inmediato y los egipcios se prepararon para futuros ataques terroristas y agitación nacional.

El presidente Mubarak ganó las elecciones de 2005 con el 89% de los votos, aunque teniendo en cuenta que el porcentaje de votantes de los 32 millones registrados fue del 23%, no pudo afirmar que tuviera un respaldo multitudinario. Aun así, los partidos de la oposición y los candidatos (incluido Ayman Nour) alegaron que los votos se habían amañado y el resultado no era válido.

Todavía mostraron más preocupación cuando las elecciones parlamentarias de noviembre de 2005 se vieron empañadas por acusaciones generalizadas de que partidarios del Gobierno habían evitado que algunos votantes entraran en las cabinas de votación y votaran por los candidatos independientes alineados con los Hermanos Musulmanes. A pesar de estas prácticas intimidatorias, estos últimos obtuvieron 88 de los 444 escaños (seis veces más que antes) del Parlamento, conque pese a su estatus de ilegales devinieron unos actores notorios en la escena política nacional.

Muchos comentaristas destacaron que la boda de Gamal Mubarak en 2007 en Sharm el-Sheikh sirvió para eliminar uno de los últimos obstáculos que le permitirían convertirse en el próximo presidente: mientras la mayoría de los egipcios se casan jóvenes, Mubarak seguía soltero a los cuarenta.

Egipto hoy

Los principales desafíos a los que se enfrentaba el presidente Mubarak mientras se redactaba esta guía no estaban vinculados a una reacción adversa del electorado, al extremismo religioso o al terrorismo global, ni a las constantes denuncias internacionales y de la oposición de censurar la prensa y violar otros derechos humanos en Egipto.

La mayor amenaza que se cierne sobre el PDN es el hecho irrefutable de que el país sufre desde hace años una grave crisis económica. La economía nacional, que suele describirse como un caso perdido, tiene que lidiar con el aumento masivo de la población y del desempleo, y con la devaluación de su moneda. Y puede que la principal preocupación sea la incertidumbre sobre la salud de Mubarak. En septiembre de 2007, el periódico nacional *Al-Dastur* hizo circular rumores de que el presidente estaba enfermo, su editor fue arrestado por perjudicar el interés público y los inversores extranjeros, nerviosos, retiraron unos 350 millones de dólares (238 millones de euros aproximadamente) del mercado de valores egipcio. La desaparición de Mubarak es inevitable, teniendo en cuenta que fue uno de los Oficiales Libres que derrocó la monarquía en 1952, pero su sucesión no está nada clara. La Constitución dispone que el poder se traspasa al vicepresidente, pero Mubarak siempre se ha negado a nombrar a uno. Muchos rumores señalan a su hijo, Gamal Mubarak, aunque quienquiera que suceda al actual presidente sólo lo logrará con el beneplácito de las fuerzas armadas.

2005

Tras unas elecciones presidenciales muy polémicas, en las que la presión de EE UU obliga a aceptar la participación de otros candidatos, Mubarak inicia su quinto mandato (25 años consecutivos).

2005

Atentado islamista en Sharm el-Sheikh, un puerto turístico al sur de la península del Sinaí.

2007

Wadi Al-Hittan (valle de las Ballenas) es elegido Patrimonio Mundial por la Unesco.

Egipto faraónico

Dra. Joann Fletcher

Tópicos aparte, el antiguo Egipto ofrece mucho más que templos, tumbas y faraones. Como primer estado-nación del mundo, varios milenios antes de la civilización grecorromana, fue el responsable de algunos de los logros más importantes de la historia de la humanidad, pues allí se inventó la escritura, se erigieron los primeros monumentos de piedra y se estableció una cultura que permanecería prácticamente intacta durante miles de años.

La Dra. Joann Fletcher es egiptóloga, escritora y asesora de museos y medios de comunicación. Para más información biográfica, véase p. 564.

Todo esto fue posible gracias al Nilo, que dio vida a esta tierra falta de lluvias. Contrastando con las vastas y estériles "tierras rojas" del desierto, a las que los egipcios llamaban *deshret,* las angostas riberas se conocían como *kemet* (tierras negras), por el rico cieno que depositaban las inundaciones anuales. Las abundantes cosechas de esta próspera tierra eran recaudadas como impuestos por la organizada burocracia que trabajaba para el faraón. Empleaban estas riquezas en el mantenimiento de la administración y en ejecutar ambiciosas obras cuyo objetivo era elevar el estatus de aquél. Aunque estas estructuras también tendrían que haber representado al antiguo Egipto, el hecho de que queden tantas pirámides, templos y tumbas ha dado la errónea impresión de que los egipcios vivían obsesionados con la religión y la muerte, cuando en realidad apreciaban tanto la vida que hacían lo imposible para prolongarla eternamente.

Esta profunda convicción caló en la vida de los antiguos egipcios dando a su cultura su increíble coherencia y conservadurismo. Creían que los dioses les cuidaban y cada faraón era su representante en la Tierra, que reinaba con la aprobación divina. La monarquía absoluta impregnó toda la cultura egipcia y la historia del país se escribió según la duración de los reinados de los faraones. Treinta dinastías reinaron durante más de tres mil años, ahora divididos en Imperio Antiguo, Medio y Nuevo, interrumpidos por intermitentes épocas de malestar (períodos intermedios) en los que el país se dividió en norte (Bajo Egipto) y sur (Alto Egipto).

La tumba de Nerfertari, una de las cinco esposas de Ramsés II y quizá su favorita, en Luxor.

FOTOGRAFÍA DE LEANNE LOGAN

Cuando esta escisión devino permanente al finalizar el Imperio Nuevo (c. 1069 a.C.), las potencias extranjeras fueron tomando las riendas. Incluso entonces, la cultura egipcia estaba tan arraigada que los sucesivos invasores no pudieron evitar recibir su influencia. Libios, nubios y persas adoptaron las formas egipcias tradicionales. Los griegos quedaron tan impresionados por la cultura antigua que consideraron Egipto la "cuna de las civilizaciones" y los romanos adoptaron los antiguos dioses y costumbres locales. No fue hasta finales del s. IV d.C. cuando el Imperio Romano adoptó el cristianismo y el antiguo Egipto finalmente pereció: le arrebataron sus dioses, clausuraron sus templos y toda la sabiduría contenida en los jeroglíficos "paganos" se perdió en unos mil cuatrocientos años.

FARAONES

La historia del Egipto faraónico se estructura en los años de reinado de cada faraón, una palabra derivada de *per-aa* (gran casa), que significa "palacio". Entre los cientos de faraones que gobernaron Egipto durante más de tres mil años, éstos son los que suelen aparecer en los sitios de interés.

Narmer c. 3100 a.C. Primer rey de Egipto tras la conquista del Bajo Egipto (norte), Narmer del Alto Egipto (sur) aparece victorioso en la famosa paleta epónima del Museo Egipcio. Es identificado con el rey Menes, fundador de Menfis, capital del antiguo Egipto. Véanse también pp. 29, 32, 180 y 190.

Zoser c. 2667-2648 a.C. Segundo rey de la 3ª dinastía, fue enterrado en la primera pirámide del país, la construcción monumental de piedra más antigua del mundo, diseñada por el arquitecto Imhotep. Su estatua en la entrada del Museo Egipcio muestra a un rey de larga cabellera y un ligero bigote, vestido con ropas ajustadas y tocado a rayas. Véanse también pp. 181 y 195.

Aunque la paleta de Narmer es en muchos aspectos el documento histórico egipcio más antiguo, su función primitiva era la de servir de soporte para los pigmentos, cremas, aceites… que se aplicaban en el cuerpo o para preparar la sombra de ojos.

Snefru c. 2613-2589 a.C. Primer rey de la 4ª dinastía y el más apreciado por generaciones posteriores. Fue el mayor constructor de pirámides. Responsable de cuatro de ellas, su sepulcro, la pirámide Roja (al norte) de Dashur, fue la primera pirámide como tal y sirvió de modelo para el célebre trío de Gizeh. Véase también p. 204.

Keops c. 2589-2566 a.C. Hijo y sucesor de Snefru, fue el segundo rey de la 4ª dinastía. Célebre por ocupar la gran pirámide de Gizeh, la única representación que queda de él es, en cambio, la más pequeña de las esculturas reales, una miniatura de 7,5 cm que se exhibe en el Museo Egipcio junto con los muebles de oro de su madre, Hetepheres. Véanse también p. 136 y 182.

Kefrén c. 2558-2532 a.C. El hijo menor de Keops sucedió a su hermanastro para convertirse en el cuarto rey de la 4ª dinastía. A él se debe la segunda pirámide de Gizeh y, aunque es más conocido por servir de modelo de la cara de la Esfinge, su estatua de diorita en el Museo Egipcio es asimismo espectacular. Véanse también pp. 137 y 182.

Micerinos c. 2532-2503 a.C. Hijo de Kefrén y quinto rey de la 4ª dinastía, hizo construir la más pequeña de las tres pirámides de Gizeh. También está representado en una serie de soberbias esculturas del Museo Egipcio en las que aparece con la diosa Hator y las deidades que encarnan distintas regiones *(nomes)* de Egipto. Véanse también pp. 137 y 181.

Snefru inspiró a los faraones posteriores. Las excavaciones en Dashur han revelado que se ofreció incienso en su memoria hasta dos mil años después de su muerte.

Pepi II c. 2278-2184 a.C. Quinto rey de la 6ª dinastía, subió al poder de niño. Su alegría al recibir un enano bailarín está inmortalizada en la tumba de su oficial Harkhuf en Asuán. Reinó durante noventa y cuatro años y contribuyó a la decadencia de la era de las pirámides. Véanse también pp.199, 308 y 309.

Mentuhotep II c. 2055-2004 a.C. Como señor de Tebas, Mentuhotep II reunificó Egipto y su reinado marca el inicio del Imperio Medio. Fue el primer rey en construir un templo funerario en Deir al-Bahri, donde fue enterrado con cinco esposas y una hija. Las restantes esposas y los cortesanos fueron sepultados en las inmediaciones. Véanse también pp. 182 y 266.

Sesostris III c. 1874-1855 a.C. El quinto rey de la 12ª dinastía reorganizó la administración y arrebató el poder a los gobernadores provinciales *(nomarcas)*. Reforzó las fronteras del país y ocupó Nubia. Es reconocible por las facciones severas y demacradas de sus representaciones. Sus parientes femeninos fueron enterrados con joyas espectaculares. Véase también p. 201.

Amenhotep I c. 1525-1504 a.C. Segundo rey de la 18ª dinastía, gobernó durante un tiempo con su madre, Ahmosis-Nefertari. Fundaron el pueblo de Deir al-Medina para los trabajadores que construían las tumbas en el valle de los Reyes, y parece que podría haber sido el primer rey en ser enterrado allí. Véanse también pp. 184 y 245.

Hatshepsut c. 1473-1458 a.C. La más famosa de las faraonas, accedió al poder al morir su hermano y marido Tutmosis II e inicialmente gobernó junto a su sobrino e hijo adoptivo Tutmosis III. Tras tomar por completo las riendas del Imperio, llevó a cabo ambiciosos proyectos arquitectónicos, entre ellos los obeliscos del templo de Karnak y su propio y espectacular templo funerario en Deir al-Bahri. Véanse también pp. 183, 244 y 265.

Tutmosis III c. 1479-1425 a.C. Sexto rey de la 18ª dinastía, el "Napoleón del antiguo Egipto" amplió el Imperio con varias campañas extranjeras en Siria. Construyó en Karnak, añadió una capilla en Deir al-Bahri y su tumba fue la primera del valle de los Reyes en ser decorada. Véanse también pp. 183, 244 y 263.

Parece que Amenhotep III, para muchos el más magnífico de los faraones, apreciaba la literatura, a juzgar por el descubrimiento de pequeños ex libris vidriados con su nombre.

Amenhotep III c. 1390-1352 a.C. Noveno rey de la 18ª dinastía, su reinado fue el apogeo de la cultura y el poder egipcios. Creador del templo de Luxor y del mayor templo funerario jamás construido, delimitado por los colosos de Memnón, sus numerosas innovaciones, entre ellas el culto a Atón, se suelen atribuir a su hijo y sucesor Amenhotep IV (posteriormente Akenatón). Véanse también pp. 248 y 252.

Akenatón (Amenhotep IV) c. 1352-1336 a.C. Cambió su nombre para distanciarse del dios estatal Amón. Él y su esposa Nefertiti trasladaron la capital del reino a Amarna. Aunque muchos lo tenían por monoteísta y un revolucionario benigno, las pruebas indican que fue un dictador cuyas reformas fueron más políticas que religiosas. Véanse también pp. 183, 220 y 249.

Nefertiti c. 1338-1336 a.C. (?) Famosa por el busto policromo que se puede admirar en el Museo de Berlín, gobernó junto a su marido Akenatón. Aunque la identidad de su sucesor aún es motivo de polémica, podría tratarse de la propia Nefertiti oculta bajo el nombre de Smenjkare. Igual de discutida es la supuesta identificación de su momia en la tumba KV 35 en el valle de los Reyes. Véanse también pp. 183 y 220.

A Nefertiti le gustaba la cerveza. Aparece bebiendo en varias escenas de tumbas en Amarna, e incluso tenía allí su propia fábrica de cerveza, donde producían una bebida de rápida fermentación.

Tutankamón c. 1336-1327 a.C. Decimoprimer rey de la 18ª dinastía, su fama se debe a la gran cantidad de tesoros que se descubrieron en su tumba en 1922. Probable hijo de Akenatón y de su esposa Kiya, reabrió los templos tradicionales y recuperó las fortunas de Egipto tras el desastroso mandato de su padre. Véanse también pp. 255 y 258.

Horemheb c. 1323-1295 a.C. General militar que recuperó el Imperio reinando Tutankamón y que, tras el efímero reinado de Ay, acabó convirtiéndose en rey. Casado con la hermana de Nefertiti, Mutnodjmet, su tumba de Saqqara fue abandonada por un entierro real en la soberbiamente decorada tumba del valle de los Reyes. Véase también p. 261.

Seti I c. 1294-1279 a.C. Segundo rey de la 19ª dinastía, continuó consolidando el Imperio con campañas en el extranjero. Es conocido por la construcción de la sala hipóstila de Karnak, un lujoso templo en Abydos y una enorme tumba en el valle de los Reyes. Su momia en el Museo Egipcio es una de las mejor conservadas. Véanse también pp. 185, 229, 244 y 263.

Muchos de los tesoros que se encontraron en la tumba de Tutankamón llevan los nombres de sus predecesores Akenatón y el misterioso Smenjkare, y al parecer fueron enterrados con él simplemente para borrar todo rastro de esta impopular familia.

Ramsés II c. 1279-1213 a.C. Hijo y sucesor de Seti I, luchó contra los hititas en la batalla de Qadesh y construyó templos como los de Abu Simbel y el Ramesseum, otrora adornado con la estatua que inspiró a P. B. Shelley el soneto *Ozymandias*. La inmensa tumba de sus hijos fue redescubierta en el valle de los Reyes en 1995. Véanse también pp. 183, 185, 190, 230, 258, 259, 324 y 325.

Ramsés III c. 1184-1153 a.C. Segundo rey de la 20ª dinastía, el último de los reyes guerreros repelió varios intentos de invasión, como recogen algunas escenas de su templo funerario en Medinat Habu. Fue enterrado en una tumba bellamente decorada en el valle de los Reyes. La suya sirvió de inspiración para *La momia* de Boris Karloff. Véase también p. 272.

Taharka 690-664 a.C. Cuarto rey de la 25ª dinastía, fue uno de los faraones nubios de Egipto. Su hija Amenirdis II fue la mayor sacerdotisa de Karnak. Hay una bella cabeza esculpida de este rey en el Museo Nubio de Asuán. Fue sepultado en una pirámide de Nuri, al sur de Nubia. Véase también p. 243.

Alejandro Magno 332-323 a.C. Durante su conquista del Imperio Persa, el rey macedonio invadió Egipto en 332 a.C. Fue coronado faraón en Menfis y fundó Alejandría. Visitó el templo de Amón en el oasis de Siwa para confirmar su divinidad. Tras su prematura muerte en Babilonia en 323 a.C. su momia fue sepultada en Alejandría. Véanse también pp. 184, 248, 359 y 373.

Tolomeo I 323-283 a.C. General y supuesto hermanastro de Alejandro Magno, tomó el control de Egipto a su muerte y fundó el linaje de faraones tolemaicos. En tres siglos años de gobierno tradicional, convirtieron Alejandría en la mayor capital del antiguo mundo y construyeron muchos templos que aún se conservan, como los de Edfu, Filae y Dendara. Véase también p. 373.

Cleopatra VII 51-30 a.C. Decimonovena reina de la dinastía tolemaica, gobernó junto a sus hermanos Tolomeo XIII y, posteriormente, Tolomeo XIV, antes de hacerlo en solitario. Brillante política que devolvió a Egipto su antigua gloria, se casó con Julio César y más tarde con Marco Antonio. La derrota en Actium en 31 a.C. llevó a la pareja al suicidio. Véanse también pp. 233, 373 y 379.

Aunque sea sinónimo del antiguo Egipto, Cleopatra VII era en realidad de descendencia griega, pertenecía a la dinastía tolemaica de faraones originaria de Macedonia, donde Cleopatra era un nombre habitual entre la realeza.

VIDA COTIDIANA

La historia del antiguo Egipto suele centrarse en sus reyes y acostumbra a dejar de lado al resto de la población. El gran énfasis que se da a la historia escrita también excluye al 99% de los habitantes que no sabían escribir. La mayoría silenciosa se suele descartar por ser poco menos que campesinos analfabetos, aunque esta misma gente construyó los monumentos y produjo la riqueza en la que se basa la cultura.

Afortunadamente, el clima ha sido democrático y ha conservado restos de gentes de todas las categorías sociales, desde las momias de los poderosos en sus grandiosas tumbas hasta humildes individuos sepultados en zanjas en la arena. Los bienes terrenales enterrados con ellos para su uso en el más allá dan valiosos detalles de la vida cotidiana y de cómo se vivía, tanto en la bulliciosa capital, Menfis, como en los pequeños asentamientos rurales a orillas del Nilo.

La vida en el antiguo Egipto, de Eugen Strouhal, es uno de los libros mejor ilustrados y que más información aporta acerca de la vida doméstica. El capítulo sobre salud y medicina, con dibujos que evidencian la habilidad médica del autor, es especialmente interesante.

Vida doméstica

Debido al clima seco, tradicionalmente las casas se construían con adobe, tanto las viviendas adosadas de los trabajadores como los inmensos palacios de la realeza. Las principales diferencias radican en el número de habitaciones y la calidad del mobiliario. Las mansiones de los poderosos tenían jardines tapiados, con sistemas de desagüe de piedra para pequeños estanques y algunos incluso baños anexos. Obsérvese el asiento de inodoro de piedra caliza descubierto en Amarna y expuesto en el Museo Egipcio de El Cairo.

Al igual que las actuales viviendas de adobe del Egipto rural, los antiguos hogares eran cálidos en invierno y frescos en verano. Las pequeñas y elevadas ventanas mitigaban el calor del sol pero también permitían que corriera la brisa. Las escaleras accedían al tejado plano, donde las familias podían relajarse o dormir.

El exterior se encalaba para rechazar el calor. El interior solía estar pintado con colores vivos, y las paredes y suelos de las casas más adineradas se embellecían con dorados y baldosas con incrustaciones. Aunque los muebles de la mayor parte de las viviendas eran muy escasos –poco menos que un banco de adobe, un par de taburetes y unas cuantas esteras para dormir–, los poderosos podían permitirse bellos muebles y taburetes de marquetería, cofres para guardar cosas, camas con sábanas de lino y almohadones de plumón. El grueso de las casas tenía pequeños santuarios para las deidades domésticas y bustos de los antepasados de la familia, y una pequeña zona que parece que estaba reservada a las parturientas.

Los pollos, descritos como aves milagrosas que "daban a luz cada día", se importaron por primera vez de Siria c. 1450 a.C.

El hogar era el territorio de la mujer. El título más habitual para las mujeres de todas las clases sociales era *nebet per* (ama de casa), que enfatizaba su control sobre la mayor parte de los aspectos de la vida doméstica. Aunque hay pocas pruebas de las ceremonias de matrimonio, la monogamia era lo habitual. Divorciarse y volverse a casar era relativamente frecuente en ambos sexos. Las mujeres, con los mismos derechos legales que los hombres, eran las responsables de llevar la casa y, aunque existían lavanderos, limpiadores y cocineros, solían ser ellas las que cuidaban de los hijos, limpiaban la casa, cosían los vestidos y preparaban la comida en pequeñas cocinas al aire libre, contiguas a la casa.

El alimento básico era el pan, del que se elaboraban muchas variedades, entre ellas las barras altas en calorías fabricadas en masa para los que trabajaban en las obras públicas gubernamentales. Se comían grandes cantidades de cebollas, puerros, ajos y legumbres con dátiles, higos, granadas y uvas. Las uvas con miel también se usaban como edulcorantes. A la comida se le añadía especias, hierbas, frutos secos y semillas, junto con aceite extraído de plantas autóctonas, de almendras y de olivas importadas. Aunque las vacas proporcionaban leche para beber y hacer mantequilla y queso, sólo comían carne habitualmente los más pudientes y los sacerdotes, a quienes les estaba permitido comer ofrendas del templo una vez los dioses habían quedado satisfechos. La carne era de vaca, aunque también la había de oveja, cabra y cerdo, así como de aves de caza. El pescado se solía secar y salar y, por su importancia en la dieta de los trabajadores, existió una planta de procesamiento de pescado en el asentamiento de constructores de pirámides en Gizeh.

A veces había inscripciones en las jarras de vino que indicaban el propósito de su contenido, desde "vino para ofrendas" hasta "vino para impuestos" o "vino para divertirse".

Aunque los poderosos disfrutaban del vino (el mejor se producía en las viñas del delta y los oasis occidentales o se importaba de Siria), la bebida más común era la cerveza de cebada caldosa, que todos consumían, incluso los niños. El secreto de los antiguos egipcios para llevar una vida satisfactoria se resume en estos versos: "es bueno beber cerveza con el corazón alegre cuando se visten ropas limpias".

Vida pública/laboral

La mayoría de los egipcios eran granjeros y organizaban sus vidas según el ciclo anual del Nilo. El calendario se basaba en sus tres estaciones: *akhet* (inundación), *peret* (siembra primaveral) y *shemu* (cosecha estival). Cuando las aguas de la inundación que cubrían la superficie del valle desaparecían en octubre, los granjeros sembraban en el cieno resultante. Mediante canales de irrigación distribuían las aguas donde hiciera falta y regaban los cultivos hasta cosecharlos en abril.

En *Las egipcias: retratos de mujeres del Egipto faraónico*, Christian Jacq da a conocer, a través de una visión sorprendente, reinas-faraón, esposas reales, amantes, prostitutas, madres, sacerdotisas y trabajadoras.

La agricultura era fundamental, tanto en este mundo como en el otro, y era uno de los principales temas de las escenas de las tumbas. En el habitual proceso de arado, siembra y cosecha aparecen funcionarios comprobando los límites del campo o calculando los granos que se tenían que pagar como impuesto en este sistema económico anterior al de la moneda. Los funcionarios están acompañados de escribas que toman nota de todas las transacciones mediante jeroglíficos, desarrollados por primera vez en 3250 a.C. aproximadamente, para registrar la producción.

Un contrato de 206 d.C. estipula que Isadora, la bailarina de castañuelas, y otras dos mujeres fueron contratadas para un festival de seis días y recibieron 36 dracmas diarios, cantidad muy superior al salario medio.

Numerosos escribas civiles trabajaban para el faraón calculando impuestos y organizando a los obreros. En una sociedad donde menos de un 1% de la población sabía leer y escribir, los escribas eran considerados sabios. La gran mayoría, que había aprendido a leer y a escribir en las escuelas anexas a los templos donde se guardaban y estudiaban los textos, eran hombres, aunque aparecen algunas mujeres representadas con documentos y se sabe que tenían oficios que requerían alfabetización, como supervisoras, camareras, profesoras, doctoras, altas sacerdotisas, visires, e incluso faraonas en al menos seis ocasiones.

Estrechamente relacionada con la de los escribas, estaban las profesiones de artista y escultor, que crearon los impresionantes objetos que llegaron a definir el antiguo Egipto, desde estatuas colosales hasta delicadas joyas, todas creadas con herramientas sencillas y materiales naturales.

La piedra para las construcciones era extraída por equipos de obreros y reos, y se complementaba con granito de Asuán, arenisca de Gebel Silsila, alabastro de Hatnub, cerca de Amarna, y piedra caliza de Tura, cerca del actual El Cairo. El oro provenía de las minas del desierto del Este y Nubia, y tanto el cobre como la turquesa se extraían en el Sinaí. Como estos materiales preciosos recorrían largos trayectos, las rutas comerciales y las zonas fronterizas estaban vigiladas por guardias, la policía (conocida como *medjay)* y el ejército, cuando no estaba en campaña.

La primera huelga laboral registrada de la historia aconteció en 1152 a.C. cuando los constructores de la tumba real se negaron a volver al trabajo porque no les habían proporcionado aceite hidratante.

Los hombres también ejercían de ceramistas, carpinteros, constructores, obreros metalúrgicos, joyeros, tejedores, pescadores y carniceros. Muchos de estos oficios pasaban de padres a hijos (esto está especialmente bien representado en las escenas de las tumbas de Rejmire (véase "Tumbas de Sennofer y Rejmire", p. 268). Había también trabajadores itinerantes, como barberos, bailarines y comadronas, y aquellos que aprovechaban su habilidad para hacer magia. Hombres y mujeres trabajaban como sirvientes para familias adineradas y hacían las tareas propias de la casa. Miles de personas trabajaban en los templos, que eran el centro neurálgico de cada asentamiento, una mezcla de ayuntamiento, escuela, biblioteca y centro médico. Además de una jerarquía de sacerdotes y sacerdotisas, los templos tenían sus propios escribas, carniceros, jardineros, floristas, perfumistas, músicos y bailarines, muchos de ellos a tiempo parcial.

ACEITES, PERFUMES Y COSMÉTICOS

La mayoría de los egipcios se bañaban regularmente y se untaban con aceites hidratantes para protegerse la piel de los efectos del sol. Estos aceites a veces estaban perfumados con flores, hierbas y especias. Los perfumes egipcios eran apreciados en todo el mundo antiguo por su intensidad y calidad. Sus ingredientes figuran en textos antiguos, junto a recetas de cremas faciales y preparados de belleza. También existían cosméticos para realzar la apariencia. Fueron los creadores de la forma de ojos alargada, pues la sombra de ojos permitía mitigar el efecto deslumbrante de la luz del sol, lo que explica por qué los constructores aparecen con los ojos pintados en el trabajo. Tanto la malaquita verde como la galena negra (kohl) se machacaban y disolvían en agua o aceite, y se guardaban listas para usar en pequeños tarros. El ocre rojo, que se preparaba de forma similar, lo usaban las mujeres como pintalabios y colorete. A algunos egipcios también se les enseñaba a aplicar cosméticos y a hacer la manicura y la pedicura.

Aunque la mayoría de la gente guardaba sus utensilios de cosmética en pequeños cestos o cajas, los poderosos poseían bellos cofres decorados y dotados de compartimentos múltiples, cajones extraíbles y espejos de metal pulido en los que podían mirarse.

En época romana la diosa Isis devino la principal divinidad egipcia y en el s. I d.C. se le rendía culto incluso en Londres.

El color del pelo era de suma importancia para los egipcios. En una población mayoritariamente de pelo oscuro, los pelirrojos eran considerados peligrosos y "seguidores de Set", el dios del caos.

Los antiguos egipcios eran muy buenos falsificando ciertos materiales. Pintaban tarros de madera para que parecieran de costosas piedras y usaban lino tintado para las prendas de los sacerdotes en vez de piel de pantera auténtica.

Prendas, peinados y joyas

La apariencia era muy importante para los egipcios, que se ponían pelucas, joyas, cosméticos y perfumes. Antes de la introducción del algodón en la época tolemaica, las prendas solían ser de lino. La posición social se reflejaba en la elegancia y la calidad de esta materia textil, pero al ser caro, las prendas que se han conservado suelen tener parches y zurcidos. También hay marcas de la colada. Los lavanderos trabajaban para los poderosos y aún se conservan algunas listas de las prendas que tenían que lavar.

La prenda más habitual era el taparrabos, que servía de ropa interior. Los hombres también llevaban un faldón de lino, a veces plisado, y tanto hombres como mujeres, la bolsa-túnica hecha con un rectángulo de lino plegado por la mitad y cosido por cada lado. La prenda femenina más frecuente era el vestido, las más de las veces envuelto en el cuerpo cual sari, aunque también había diseños de cuello de pico hechos a medida, y mangas de quita y pon para facilitar la limpieza.

También se han hallado mallas de lino, así como calcetines con un agujero entre el dedo gordo y los restantes dedos para ponérselos con sandalias de fibras vegetales o cuero. El calzado real también lucía lentejuelas doradas, bordados y cuentas, con los enemigos pintados en la suela para irlos aplastando.

Se tocaban con pañuelos sencillos para protegerse la cabeza del sol o cuando se realizaban trabajos sucios. El tocado a rayas *(nemes)* sólo lo lucía el faraón, que también tenía varias coronas y diademas para ceremonias.

Por motivos estéticos y mágicos, hombres y mujeres de cualquier clase social se ponían joyas. Eran de varios materiales, desde oro hasta cerámica vidriosa, y consistían en collares, ornamentos para el pelo, pulseras, tobilleras, cinturones, pendientes y anillos.

Las pelucas y las extensiones de pelo también estaban de moda y datan de c. 3400 a.C., así como el tinte de *henna (Lawsonia inermis)*. Por higiene y para prevenir los piojos (que incluso se han encontrado en el pelo de faraones) era muy habitual afeitarse o raparse la cabeza. El clero se la tenía que afeitar por pureza ritual y a los niños se les dejaba sólo un mechón de pelo ladeado como signo de juventud.

DIOSES Y DIOSAS

Inicialmente representaban aspectos del mundo natural, pero con el tiempo se volvieron más complejos. A medida que empezaron a entremezclarse y a adoptar unos los tributos de los otros, se complicó la tarea de identificarlos, aunque sus vestimentas y tocados característicos pueden proporcionar algunas claves. Estas breves descripciones permitirán identificar al menos algunos de los cientos de dioses que invaden monumentos y museos.

Amón

Amón Dios local de Tebas (Luxor) que absorbió al dios de la guerra, Montu, y al de la fertilidad, Min, y se combinó con el del sol para crear a Amón-Ra, rey de los dioses. De apariencia humana, luce una corona de doble penacho y a veces los cuernos de su carnero sagrado.

Anubis Dios de la momificación, patrón de embalsamadores y guardián de cementerios. Puede ser un chacal negro o un hombre con cabeza de chacal negro.

Apofis Enorme serpiente que personificaba la oscuridad y el caos. Enemiga del dios sol Ra, intentaba destruirlo cada noche y evitar que amaneciera.

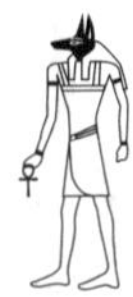
Anubis

Atón Disco solar cuyos rayos acaban en manos extendidas, apareció por primera vez c. 1900 a.C. y se convirtió en la deidad principal del período de Amarna, c. 1360-1335 a.C.

Bastet Diosa gata cuyo centro de culto fue Bubastis. Aunque era feroz defendiendo a su padre Ra, el dios sol, se mostraba a menudo como una deidad amable, identificada con el gato doméstico.

Bes Enano grotesco pero benigno, amante de la música y la danza. Ahuyentaba el mal de las casas y protegía a las parturientas blandiendo su cuchillo y sacando la lengua.

Geb Dios de la tierra normalmente caracterizado como un hombre verde yaciente bajo su hermana y esposa Nut, la diosa del cielo, sostenida por su padre Shu, el dios del aire.

Hapi Dios de las inundaciones del Nilo. Voluminosa representación de la fertilidad como figura andrógina con un tocado de plantas acuáticas.

Atón

Hator Diosa del amor y el placer representada como una vaca o una mujer con cuernos y un disco solar como símbolo de la hija del dios sol. Patrona de la música y la danza, su centro de culto fue Dendara. Se la conocía como "la del cabello hermoso" y "dama de la embriaguez".

Horus Dios halcón del cielo e hijo de Isis y Osiris. Vengó a su padre para gobernar la tierra y se encarnaba en el faraón reinante. Puede aparecer como halcón o como un hombre con cabeza de halcón. Su ojo *(wedjat)* era un poderoso amuleto.

Isis Diosa de la magia y protectora de su hermano y marido Osiris y su hijo Horus. Ella y su hermana Neftis también protegían a los difuntos. Como madre simbólica del rey, se la representaba como una mujer con una corona en forma de trono o, a veces, con los cuernos de vaca de Hator.

Bes

Jepri Dios del sol naciente caracterizado por el escarabajo cuyo hábito de formar bolas de estiércol se comparaba con el viaje del sol por el cielo.

Jnum Dios con cabeza de carnero que creó la vida en un torno de alfarero. También controlaba las aguas del Nilo desde su cueva en Elefantina y se le rendía culto en Esna.

Jonsu Joven dios de la luna hijo de Amón y Mut. Se suele representar en su forma humana luciendo una corona en forma de luna creciente y el "mechón ladeado", símbolo de la juventud.

Maat Diosa del orden cósmico, la verdad y la justicia, representada como una mujer con una pluma de avestruz en la cabeza, o a veces sólo la pluma.

Hapi

Mut Consorte de Amón y una de las madres simbólicas del rey. Su nombre significaba "madre" y "buitre". Suele aparecer como una mujer con tocado de buitre.

Neftis Diosa buitre del Alto Egipto adorada en Al-Kab. A menudo figura junto a su hermana y diosa Wadjet, la cobra, para proteger al faraón.

Nut Diosa del cielo frecuentemente representada como una mujer cuyo cuerpo salpicado de estrellas se arquea sobre los techos de tumbas y templos. Engulle al sol cada noche para darlo a luz cada mañana.

Osiris Dios de la regeneración caracterizado con forma humana y adorado principalmente en Abydos. Fue la primera momia y fue mágicamente resucitado por Isis para engendrar a su hijo Horus, que se hizo cargo del reinado terrenal mientras Osiris se convertía en gobernante del más allá y en el símbolo de la vida eterna.

Hator

Ptah Dios creador de Menfis que pensó el mundo para crearlo. Patrón de los artesanos, lleva un casquete y habitualmente sostiene un alto cetro.

Ra Dios supremo del sol, representado habitualmente como un hombre con cabeza de halcón coronada por un disco solar, aunque puede adoptar muchas formas (entre ellas la de Atón o Jepri), y otros dioses se fusionan con él para aumentar sus poderes (por ejemplo, Amón-Ra y Ra-Atón). Ra viajaba por los cielos en una barca y se hundía cada noche en el más allá para emerger al amanecer trayendo la luz. Dios creador de Heliópolis.

Horus

Sejmet Diosa leona de Menfis cuyo nombre significa "la poderosa". Como hija de Ra, era capaz de causar grandes catástrofes; portadora de la peste, sus sacerdotes también ejercían de médicos.
Set Dios del caos al que se representa como un animal mitológico mixto. Tras asesinar a su hermano Osiris fue derrotado por Horus, y su gran fuerza física se aprovechó para defender a Ra en el inframundo.
Sobek Dios cocodrilo que simboliza el poder faraónico. Fue adorado en Kom Ombo y en Al-Fayoum.
Taueret Diosa hipopótamo que suele aparecer de pie para ahuyentar el mal de los hogares y proteger a las parturientas.
Tot Dios de la sabiduría y la escritura. Patrón de los escribas. Se representa como un ibis o un babuino. Se le rendía culto en Hermopolis.

TEMPLOS

Isis

Aunque muchos dioses tenían su propio centro de culto, también eran adorados en los templos de todo Egipto. Los templos, los añadían en lugares sagrados los sucesivos faraones para demostrar su devoción. Esto se ve perfectamente en el enorme conjunto de Karnak (p. 239), la culminación de dos mil años de reconstrucción.

Los templos de piedra de su interior, rodeados por altas tapias de adobe, se consideraban hogar de los dioses; en ellos se celebraban rituales a diario en nombre del faraón, que como intermediario entre los dioses y los hombres ejercía de sumo sacerdote de cada templo, aunque en la práctica estos poderes se delegaban en el sumo sacerdote correspondiente.

Además de los templos que albergaban a los dioses (templos de culto), también los había funerarios, en los que se veneraba a cada faraón tras su muerte. Los mejores ejemplos, finalmente situados lejos de sus tumbas por razones de seguridad, se hallan en la orilla occidental de Luxor, donde los faraones sepultados en el valle de los Reyes tenían enormes templos funerarios construidos cerca del río. Entre éstos cabe citar el templo de Ramsés III en Medinat Habu, el antaño gran templo de Amenhotep III, delimitado por los colosos de Memnón, y el más célebre de todos, construido por Hatshepsut en los acantilados de Deir al-Bahri.

Jepri

TUMBAS Y MOMIFICACIÓN

Tumbas

Inicialmente, éstas se crearon para diferenciar los entierros de la élite de los del vulgo, cuyos cuerpos se seguían enterrando directamente en el desierto. Hacia 3100 a.C. el montículo de arena que cubría las tumbas se sustituyó por una estructura de adobe, cuya forma característica se conoce como mastaba por el equivalente árabe de "banco".

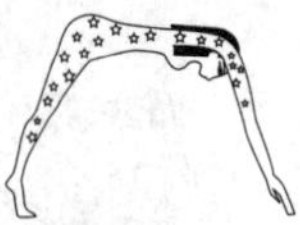
Nut

Cuando la piedra sustituyó al adobe, la adición de más pisos para aumentar la altura creó una pirámide, y la primera que se construyó fue la de Saqqara para el rey Zoser (véase "Conjunto funerario de Zoser", p. 195). Sus lados escalonados pronto evolucionaron hacia las pirámides de lados suaves, con las de Gizeh (p. 132) como paradigma.

Las pirámides suelen estar rodeadas de las mastabas de funcionarios que querían ser enterrados cerca de su faraón para compartir con él el más allá, que aún era privilegio de la realeza; véase "Cementerios" (p. 140), "Tumba de Ajethotep y Ptahhotep" (p. 198), "Mastaba de Ti" (p. 198) y "Tumbas de Mereruka y Anjmahor" (p. 199). Cuando la monarquía entró en crisis a finales del Imperio Antiguo, la vida después de la muerte fue más accesible para todos. Los funcionarios empezaron a optar por ser enterrados en sus ciudades natales. A causa del poco espacio disponible para levantar estructuras espectaculares en muchos tramos de las angostas orillas del Nilo, se desarrolló un nuevo tipo de tumba, una especie de túnel en los acantilados que bordeaban el río. La mayor parte se excavó en la

Osiris

orilla occidental, lugar inmejorable para dar sepultura, pues se veía al sol hundirse cada noche en el más allá.

Estas sencillas tumbas excavadas en la roca, de una sola cámara, fueron evolucionando hasta convertirse en estructuras más elaboradas, acabadas en un patio abierto, y con una capilla y una fachada principal esculpidas en la roca, de donde partía un túnel que conducía a la cámara mortuoria (véase "Tumba de Jety", p. 218; "Tumba de Baqet", p. 218; "Tumba de Jnumhotep", p. 219, y "Tumbas de los nobles", p. 308).

Ra

Las tumbas excavadas en la roca más impresionantes eran las de los reyes del Imperio Nuevo [1550-1069 a.C.], que trasladaron la zona de enterramientos de la realeza del sur de la capital religiosa de Tebas (actual Luxor) a un remoto valle desierto en la orilla occidental, actualmente conocido como el valle de los Reyes (véase p. 255). Con nuevas pruebas que indican que la primera tumba (KV 39) del lugar podría haber sido ordenada construir por Amenhotep I, la tumba de su sucesor, Tutmosis I, fue construida por el arquitecto real Ineni, cuya inscripción biográfica afirma que supervisó la construcción "con nadie mirando ni nadie escuchando". Como ruptura radical con la tradición, las capillas de ofrendas, que habían sido parte de la distribución del sepulcro, se sustituyeron por templos funerarios, construidos a cierta distancia para preservar la ubicación de la tumba.

Sejmet

Las tumbas se diseñaron con un largo pasillo que descendía a una red de cámaras decoradas con escenas para ayudar al difunto a llegar al otro mundo. Muchas de éstas eran fragmentos del *Libro de los muertos,* el título moderno para referirse a obras como el *Libro de Amduat* (literalmente, "lo que hay en el más allá"), el *Libro de las puertas* y la *Letanía de Ra,* que describían el viaje nocturno del dios sol por la oscuridad del más allá, el reino de Osiris, donde cada hora de la noche era una región distinta vigilada por semidioses; para poder avanzar, Ra y las almas de los difuntos que lo acompañaban tenían que saber sus nombres. Como el conocimiento era el poder en la vida después de la muerte, los textos funerarios brindaban "conocimiento del poder de aquellos que están en el más allá, de las fuerzas ocultas, de cada hora y cada dios, de las puertas por donde el gran dios debe pasar y de la forma de destruir a los poderosos".

Sobek

Momificación

Común en muchas culturas de la antigüedad, los egipcios fueron los más excelsos practicantes de tan complejo proceso, que refinaron durante más de cuatro mil años.

La conservación de los muertos se puede encontrar en los primeros tiempos, cuando los cuerpos se enterraban en el desierto lejos de los cultivos. El contacto directo con la arena y el clima cálido y seco provocaban que los fluidos corporales se filtraran pero se conservaran intactas la piel, el cabello y las uñas.

Taueret

Con el desarrollo de la sociedad, todos querían tumbas que correspondieran a su posición social. Sin embargo, como los cuerpos ya no estaban en contacto directo con la arena, se descomponían rápidamente. Hacia 2600 a.C., tras un largo proceso de experimentación empírica, los egipcios finalmente hallaron la solución al extraer las vísceras, en las que empezaba la putrefacción. Sacaban todos los órganos menos los riñones, que eran difíciles de alcanzar, y el corazón, que se consideraba la fuente de la inteligencia. Extraían el cerebro introduciendo una sonda metálica por la nariz que removían hasta que aquél se licuaba lo suficiente para que pudiera salir por ella. El resto –pulmones, hígado, estómago e intestinos– se extraían por una abertura que se practicaba en la ijada izquierda. Cubrían el cuerpo

Tot

SALUD

Con una esperanza de vida de unos 35 años, los antiguos egipcios se tomaban en serio la salud y combinaban la medicina y la magia para tratar los problemas causados principalmente por el entorno. La arena de las tormentas dañaba ojos, dientes y pulmones; las serpientes y escorpiones eran un peligro habitual; había gusanos parasitarios en las aguas infectadas, y las moscas transmitían enfermedades. Los medicamentos prescritos para tales afecciones se basaban principalmente en plantas o minerales y llevaban miel (actualmente se sabe que es un efectivo antibacteriano) y "pan mohoso", como se describe en los antiguos tratados de medicina, que proporcionaba penicilina.

Hacia 2650 a.C. había dentistas y médicos, y especialistas en cirugía, ginecología, osteopatía e incluso en veterinaria formados en las escuelas de medicina de los templos. La ciudad de constructores de pirámides en Gizeh disponía de instalaciones médicas donde se atendían desde fracturas hasta amputaciones quirúrgicas.

También se usaba la magia para combatir enfermedades o heridas. Se recitaban sortilegios y se llevaban amuletos para estimular la recuperación. El más popular era el ojo *(wedjat)* de Horus, que representaba la salud y la plenitud, mientras que los amuletos de las deidades domésticas Bes y Taueret se llevaban durante el difícil trance del parto. Se recomendaba una mezcla de miel, leche agria y estiércol de cocodrilo como contraceptivos, y los test de embarazo con cebada se usaban para predecir el sexo del bebé antes de nacer. La magia también se utilizaba extensamente en la infancia; a menudo se citaba a la gran diosa madre Isis y a su hijo Horus en los sortilegios para curar varias enfermedades infantiles.

Entre los rituales de los templos figuraba la quema o aplastamiento de figurillas de cera o arcilla que amenazaban el orden divino, desde enemigos del Estado a enemigos del dios sol.

Los ojos de gato en las escenas de las tumbas a veces se pintaban con pan de oro, lo que les proporcionaba una realista calidad reflectante en la oscuridad de la tumba y les unía a los poderes protectores del dios sol.

Uno de los recuerdos más habituales de un viaje a Egipto en el s. XIX era una momia, entera o en fragmentos. Las cabezas y las manos tenían mucho éxito pues eran fáciles de meter en el equipaje.

y los órganos extirpados con sal de natrón (una mezcla de carbonato y bicarbonato sódicos) y los dejaban secar durante cuarenta días. Después, los lavaban, purificaban y ungían con aceites, especias y resinas. Entonces los envolvían entre capas de lino, con los amuletos adecuados colocados en las distintas partes del cuerpo, mientras los sacerdotes recitaban los conjuros necesarios.

Con cada víscera colocada en su canope (vasija funeraria), depositaban el cuerpo envuelto con su máscara mortuoria en el ataúd: estaba preparado para la procesión fúnebre hasta la tumba, donde la trascendental ceremonia de "apertura de la boca" le reanimaba el alma y le devolvía los sentidos. Se podían entregar las ofrendas y le deseaban al difunto "un millar de cosas buenas y puras para vuestra alma y todos los tipos de ofrendas".

Los egipcios también momificaban animales, tanto mascotas como criaturas ofrecidas en enormes cantidades, y ofrendas votivas a los dioses con los que estaban relacionados, desde toros hasta diminutas arpías, y millones de gatos, halcones e ibis.

ARTE EN LA VIDA Y EN LA MUERTE

El arte del antiguo Egipto se reconoce de forma instantánea y su estilo distintivo permaneció casi inalterado durante más de tres milenios. Sus características básicas ya estaban en vigor a principios del período faraónico, c. 3100 a.C.; el tema del rey aplastando a sus enemigos en la paleta de Narmer (véase "Sala 43 – Atrio", p. 180) era recurrente aun en época romana.

Aunque actualmente se califiquen de "obras de arte", eran objetos principalmente funcionales. Esta idea se transmite mejor cuando se observa la más célebre y quizá la más bella de todas las piezas egipcias, la máscara mortuaria de Tutankamón (véase "Sala 3", p. 187), hecha expresamente para ser sepultada.

La mayor parte de los objetos tenían funciones religiosas y funerarias, y quedaban fuera de la vista del público, bien en el oscuro interior de un templo o, como la máscara mencionada, enterrados con el difunto. Los artistas consideraban sus creaciones como objetos funcionales y no como obras de arte para ser exhibidas y admiradas. En tres mil años sólo las firmaron un par de veces.

Este concepto también explica las escenas esculpidas o pintadas en los muros, cuya engañosamente simple apariencia y falta de perspectiva refuerzan su funcionalidad. Los egipcios creían que era esencial que lo que representaban mostrara las características más relevantes. Así, cuando estos objetos se reanimaran mágicamente mediante los rituales adecuados, podrían realizar su función, protegiendo y apoyando a los espíritus de los dioses y los difuntos.

Entre los escasos artistas con nombre conocidos del antiguo Egipto, Men trabajó como escultor para Amenhotep III, y su hijo Bek lo hizo para el hijo y sucesor de Amenhotep, Akenatón, jactándose de ser "el aprendiz a quien su majestad había enseñado".

Del contorno simple de las figuras destacan el perfil de nariz y boca, para que pudieran respirar, y el ojo totalmente abierto, como si fuera de frente, para facilitarles la visión. Esto explica que a menudo pintaran ojos a ambos lados de los ataúdes, para que el difunto pudiera mirar al exterior, y que los jeroglíficos como serpientes o figuras de enemigos a veces se representaran en dos mitades, evitando así que causaran daños una vez resucitados.

Las grandes cantidades de comida y bebida ofrendadas en los templos y tumbas se duplicaban en los muros circundantes para asegurar un suministro para toda la eternidad. Las ofrendas aparecen amontonadas en capas. De la misma forma, los objetos que hubieran quedado ocultos si se hubieran representado de forma realista, aparecían encima de las cajas que los contenían para equilibrar.

Pese a trabajar con convenciones tan restrictivas, los antiguos artistas conseguían conferir sensación de vitalidad. Inspirados en la naturaleza que les rodeaba, seleccionaban imágenes para reflejar el concepto de vida y renacimiento, personificado en el escarabajo y en la tilapia del Nilo, que se creía que podían regenerarse. Como también creían que las imágenes eran capaces de transmitir la fuerza vital que contenían, los motivos favoritos eran los pájaros revoloteando, el ganado brincando y las presas huyendo de los cazadores. Destacan también las propiedades vigorizantes de las plantas, con trigo, uvas, cebollas e higos apilados al lado de las flores que tanto amaban los egipcios. Son especialmente comunes el loto (nenúfar) y el papiro, símbolos heráldicos del Alto y Bajo Egipto, a menudo entrelazados para representar la unidad del imperio.

Los tejidos que se usaban para envolver a las momias a menudo se describen como "vendas", aunque se empleaba todo tipo de lino reciclado para este fin, desde camisas viejas hasta velas de barco.

El color también servía para resaltar la función del objeto, con vivos tonos primarios obtenidos de pigmentos naturales seleccionados según sus cualidades específicas. Egipto se representaba políticamente con la corona blanca del Alto Egipto y la roja del Bajo Egipto, juntas en una doble corona para simbolizar la unión de ambos territorios. El país también se podía representar usando el rojo y el negro: las rojas tierras baldías del *deshret* contrastaban con las fértiles tierras negras del *kemet*. Para los egipcios, el negro era el color de la vida, lo que explica la elección de dicho color para las representaciones de Osiris, dios de la fertilidad y la resurrección, en contraste con el rojo, asociado a su hermano Set, dios del caos. Sin embargo, el color no indicaba la etnia, pues Osiris también aparece con la piel verde, el color de la vegetación y la nueva vida. Algunos de estos dioses son azules para reflejar el etéreo color del cielo. El amarillo dorado del sol se solía emplear por sus cualidades protectoras. Incluso las figuras humanas se representaban inicialmente con distintos colores de piel, y el marrón rojizo de los hombres contrastaba con los tonos amarillentos más pálidos de las mujeres. Aunque esto se haya interpretado como un indicativo de que los hombres pasaban la mayor parte del tiempo trabajando en el exterior mientras que la mujeres estaban más en el interior de las casas, los cambios en las convenciones artísticas provocaron que, finalmente, todos se representaran con el tono de piel marrón rojizo.

Como creían que las imágenes de seres vivos se podían reanimar en la vida eterna, la nariz y la boca de los personajes impopulares solían representarse desfiguradas para evitar que pudieran inhalar el soplo de vida necesario para renacer en el otro mundo.

La elección de los materiales también permitía realzar la función de un objeto. Los escultores trabajaban con materiales distintos, con tipos de piedra elegidos a menudo por su color: piedra caliza y alabastro (calcita) blancos, arenisca dorada, esquisto (pizarra) verde, cuarcita marrón, y granito rojo y negro. Los objetos más pequeños podían estar hechos de jaspe rojo o amarillo, carniola naranja o lapislázuli azul, o metales como cobre, oro o plata. También utilizaban materiales menos costosos, entre ellos madera o fayenza azul vidriada.

Las investigaciones actuales empiezan a desvelar que los egipcios ya experimentaban con la momificación en 4300 a.C., casi mil años antes de lo que se creía.

Todos estos materiales se usaron para esculpir una amplia gama de estatuas para templos y tumbas, desde colosos de piedra de 20 m de altura hasta miniaturas de oro de unos pocos centímetros. A pesar de sus dimensiones, se creía que cada figura era capaz de contener el espíritu del individuo que representaba, un práctico seguro por si le sucedía algo a la momia. Los amuletos y la joyería eran otro modo de garantizar el traspaso al difunto. Su belleza realzaba la apariencia de los vivos y cada pieza se diseñaba cuidadosamente como talismán protector o como medio de transmisión. Incluso cuando creaban obras maestras a tan pequeña escala, aplicaban los mismos principios usados en las grandes obras. Muy pocas obras de los maestros de la antigüedad fueron accidentales o frívolas.

Había también un repertorio estándar de escenas funerarias, desde coloridas imágenes que adornaban los muros de las tumbas hasta las detalladas viñetas que iluminaban los textos funerarios. Cada imagen, tanto si se esculpía en piedra como si se pintaba en papiro, estaba orientada a servir y proteger a los difuntos en su viaje al más allá.

Aunque los gatos eran considerados sagrados, los exámenes con rayos X han revelado que se habían matado algunos por estrangulación antes de su momificación como ofrendas votivas.

Inicialmente la vida después de la muerte estaba restringida a la realeza. Los textos que debían guiar a los faraones hacia la eternidad se inscribían en los muros de sus cámaras funerarias. Como los gobernantes del Imperio Antiguo eran sepultados en pirámides, los textos funerarios que les acompañaban se conocen como "textos de las pirámides" (véase "Pirámide y terraplén de Unas", p. 197; "Pirámide de Teti", p. 199; y "Otras pirámides", p. 199).

Con la esperanza de compartir la vida eterna de la realeza, los funcionarios del Imperio Antiguo construyeron sus tumbas cerca de las pirámides, hasta que los faraones perdieron poder a finales de dicho período, y los funcionarios empezaron a usar textos funerarios reales para ellos. Se hicieron inscribir en sus ataúdes lo que se conoce como "textos de los ataúdes", una versión de los primeros textos de las pirámides usada durante el Imperio Medio y adaptada al uso de quienes no pertenecían a la realeza.

Esta "democratización" de la vida eterna evolucionó aún más cuando estos textos se pasaron al papel, se inscribieron en papiros y se pusieron a la disposición de las masas durante el Imperio Nuevo. Bajo el término moderno de *Libro de los muertos,* estos textos, que se conocían entre los egipcios como *Libro para salir al día,* contenían, entre otros, sortilegios "para no volver a morir", "para no corromperse y no trabajar en el mundo de los difuntos" y "para no quedar despojado de los poderes mágicos". Los textos daban distintas visiones del paraíso, desde reunirse con Ra en su viaje por el cielo, unirse a Osiris en el más allá o elevarse para convertirse en una estrella imperecedera. La variedad de destinos finales reflejaba las múltiples facetas del sistema de creencias de los antiguos egipcios. Estos sortilegios e instrucciones constituían una guía para la vida eterna. Algunos textos se presentaban acompañados de planos e imágenes de algunos de los dioses y demonios que se encontrarían en el camino, y explicaban la forma adecuada de tratarlos.

Entre las esposas de Tutmosis III había tres sirias, cuya tumba conjunta en Tebas, descubierta en 1916, estaba llena de collares, coronas y brazaletes de oro, vasijas para beber, espejos e incluso tarros de crema facial.

Las mismas escenas también se plasmaban en los muros de las tumbas. Las de la realeza del Imperio Nuevo en el valle de los Reyes (p. 255) están decoradas con escenas muy formales que muestran al faraón en compañía de los dioses y todas las fuerzas de la oscuridad derrotadas. Como el faraón era siempre faraón, incluso en la muerte, no tenían cabida la informalidad ni las escenas de la vida cotidiana que aparecían en las tumbas de los simples mortales (véase "Tumbas de los nobles", p. 308).

Esto explica las grandes diferencias entre las escenas formales de las tumbas de la realeza y el carácter mucho más relajado y casi ecléctico de las de quienes no pertenecían a ella, donde se representaban toda suerte de actividades. Incluso en estos casos, estas escenas cotidianas supuestamente arbitrarias contenían el mismo mensaje que transmite todo el arte egipcio: la eterna prolongación de la vida y el triunfo del orden sobre el caos. Como el faraón aparece aplastando al enemigo y devolviendo la paz a la Tierra, sus súbditos contribuyen a esta continua batalla de opuestos en la que el orden siempre debe triunfar.

Las cámaras subterráneas inferiores de la pirámide de Zoser estaban decoradas con vivos azulejos turquesa. Algunos de ellos se pueden admirar en las salas superiores del Museo Egipcio.

En una de las escenas más habituales de tumbas no pertenecientes a la realeza, el difunto caza en el río (véase "Tumbas de Menna y Najt", p. 267). Generalmente se interpreta, de forma simplista, que el protagonista está disfrutando de un día en barca con la familia, pero la escena es mucho más compleja de lo que parece. El propietario de la tumba, que ocupa una posición central y está en la flor de la vida, mantiene una postura formal mientras restaura el orden entre el caos de la naturaleza que le rodea. Para esta empresa le ayudan los miembros femeninos de la familia, desde su hija pequeña hasta su esposa, serena y de pie junto a él. La mujer, que luce ropas inapropiadas para ir de caza, lleva unas prendas propias de una sacerdotisa de Hator, diosa del amor y la sensualidad. Sin embargo, Hator es también la protectora de los fallecidos, y es capaz de mostrar gran violencia en el papel de defensora de su padre, el dios sol Ra, en su eterna lucha contra las fuerzas caóticas de la oscuridad.

En algunas versiones de esta escena de caza también aparece un gato. A menudo se describe como gato de caza y es una de las criaturas que se creía que defendía a Ra en su periplo nocturno por el más allá. De la misma forma, los abundantes peces del río se suponen pilotos de la barca del dios sol y también potentes símbolos del renacimiento, como los numerosos nenúfares, cuyos pétalos se abren cada mañana. Una vez descifrado el significado en código del arte egipcio, las vacías imágenes devienen una descripción de la vida.

Ante la dificultad de dibujar jeroglíficos se aconsejaba a los estudiantes a escriba: "Amad la escritura y rechazad la danza, sed amigos del pergamino y la paleta, ¡os darán más alegrías que el vino!".

Otra escena de tumba habitual es la del convite con abundante comida y bebida (véase "Tumbas de Menna y Najt", p. 267; y "Tumbas de Sennofer y Rejmire", p. 268). Aunque no cabe duda de que refleja algunos de los placeres de los que los difuntos disfrutaron en vida, los manjares representados también pretendían alimentar sus almas, de la misma forma que las escenas de generosas cosechas aseguraban que las provisiones nunca se acabarían. Incluso la música y la danza de estos banquetes indican mucho más que una fiesta: los actos animados eran otra forma de resucitar al fallecido despertando sus sentidos.

La culminación de esta idea se halla en la esencial ceremonia de "apertura de la boca", llevada a cabo por el sucesor del difunto, fuera el siguiente rey o su primogénito. La ceremonia estaba pensada para reanimar el alma *(ka)* y poder continuar disfrutando de la vida eterna una vez recuperados los sentidos. Se creía que el ruido y el movimiento reactivaban el oído y la vista, mientras que el olfato se recuperaba con incienso y flores. Así, las ofrendas de comida y bebida alimentaban el alma que residía en el interior de la momia cuando se depositaba en la tumba.

JEROGLÍFICOS

Es el nombre que reciben las figuras o símbolos de la escritura pictórica de los antiguos egipcios. En un principio se desarrollaron como un modo de registrar la producción, y descubrimientos recientes en Abydos que datan del 3250 a.C. convierten este sistema en la escritura más temprana descubierta hasta la fecha, más antigua incluso que la de Mesopotamia.

Los jeroglíficos ("grabados sagrados" en griego) en la cultura egipcia proporcionaron los medios con los que el Estado tomó forma. Los empleaban escribas civiles que trabajaban para el rey recaudando impuestos y organizando la numerosa mano de obra. Con menos de 1% de población alfabetizada, los escribas eran parte de la élite de la sociedad.

'CARTOUCHES' FARAÓNICOS

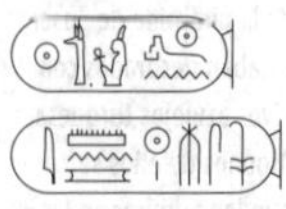

Ramsés II
(Usermaatre Setepenre)

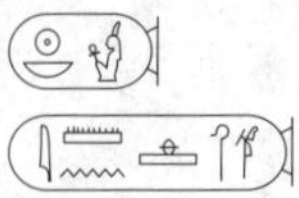

Amenhotep III (Nebmaatre)

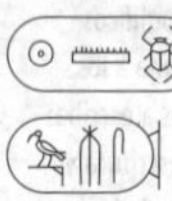

Tutmosis III
(Menjeperre)

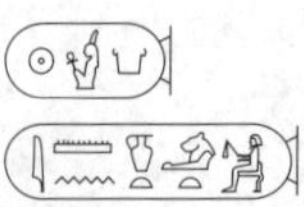

Hatshepsut (Maatkare)

Al cabo de unos siglos, las transacciones diarias se llevaban a cabo mediante una abreviación de los jeroglíficos, conocida como escritura hierática, mientras que aquéllos siguieron siendo el mejor medio para las inscripciones monumentales. Se usaron de forma constante durante más de tres mil quinientos años hasta el 24 de agosto de 394 d.C., cuando se grabó el último caso conocido en el templo de Filae. Los jeroglíficos, que cubrían cada tumba disponible y cada superficie del templo, se tenían por "las palabras de Tot", el dios con cabeza de ibis inventor de la escritura y patrón de los escribas que, al igual que éstos, se suele representar con un junco para escribir y una paleta para la tinta.

Se creía que las pequeñas figuras de humanos, animales y pájaros y los símbolos que aparecían en los escritos infundían poder divino a cada escena. De hecho, algunos signos se consideraban tan potentes que se representaban en dos mitades para evitar que provocaran el caos cuando renacieran mágicamente. El lenguaje también era a menudo onomatopéyico. Por ejemplo, la palabra para describir un gato era *miw*, por su maullido, y para vino, *irp, por* el sonido que hacían quienes lo sorbían.

A partir de la evolución de unos cuantos signos básicos, se han identificado más de seis mil jeroglíficos, aunque los de uso común no llegaban al millar. Aunque en un principio puedan parecer engañosamente sencillos, los signos en sí operaban a distintos niveles y se entienden mejor si se dividen en tres categorías: logogramas (ideogramas), signos determinativos y fonogramas. Mientras que los logogramas reproducen el objeto representado (por ejemplo, un sol para significar "sol") y los determinativos se colocan al final de las palabras para reforzar su significado (por ejemplo, el símbolo del sol en el verbo "brillar"), los fonogramas no son tan sencillos y representan una, dos o tres consonantes. Los 26 signos a menudo descritos simplemente como "alfabeto jeroglífico" eran los de consonante única (por ejemplo, el búho se pronunciaba "m" y el agua en zigzag, "n"); otro centenar de signos eran de doble consonante (por ejemplo, el símbolo de cuenco se leía "nb"), y una cincuentena más, de triple consonante (por ejemplo, "nfr" significaba bueno, perfecto o bello).

Por su parte, no hay vocales como tales. La ausencia de puntuación también dificulta la lectura, sobre todo teniendo en cuenta que los signos se pueden agrupar en vertical y leerlos de arriba abajo o en horizontal y leerlos de izquierda a derecha o de derecha a izquierda, dependiendo de hacia dónde miren los mismos.

La mayor parte de las inscripciones jeroglíficas, por muy complejas que parezcan, son sencillamente una retahíla de nombres y títulos de faraones y dioses, rodeados de signos protectores. Los nombres tenían una importancia crucial para los egipcios y eran tan vitales para la existencia de un individuo como su alma *(ka)*. Se creía realmente que "si se pronunciaba el nombre de los difuntos se les volvía a la vida". La pérdida del nombre propio significaba desaparecer definitivamente de la historia. Entre aquellos a los que se les censuraba oficialmente el nombre había plebeyos y faraones. A veces incluso acontecía a los propios dioses, como a Amón durante el reinado del faraón "hereje" Akenatón, o al dios Atón cuando Amón fue posteriormente rehabilitado.

Para evitar este tipo de eliminación, en ocasiones grababan los nombres tan profundamente en la roca que hasta cabe meter la mano abierta en el interior de cada jeroglífico, como ocurre con el nombre y los títulos de Ramsés III en su templo funerario de Medinat Habu.

Los nombres de la realeza iban seguidos con epítetos tales como "vida, prosperidad, salud", comparables a la forma en que el nombre de Mahoma siempre va acompañado de la frase "la paz sea con él". Para más protección, los nombres de la realeza se escribían en las paredes interiores de un muro rectangular *(serekh)*, que más tarde evolucionaría hasta el más familiar *cartouche* (la palabra francesa para "cartucho") de forma oval.

Aunque cada faraón tenía cinco nombres, los *cartouches* contenían los dos más importantes, el *prenomen* o nombre de trono del Alto y Bajo Egipto recibido en la coronación y escrito con los signos de la abeja y la juncia, y el *nomen* o nombre de Hijo de Ra que se les daba al nacer, escrito con los signos del ganso y el sol.

Por ejemplo, Amenhotep III es conocido por su *nomen* (Amenhotep significa "Amón está contento"), aunque su *prenomen* era Neb-maat-Re (que significa "Ra, señor de la verdad"). Su nieto tenía el más famoso de todos los nombres egipcios, Tutankamón, cuya traducción literal es "la viva imagen de Amón", aunque originalmente se le había otorgado el nombre de Tutankatón (la viva imagen de Atón), un cambio que refleja las cambiantes políticas de la época.

Los dioses también se fueron incorporando a los nombres de la gente corriente, y al igual que Amenhotep, también existía Rahotep, (el dios sol Ra está contento) y Ptahhotep (el dios creador Ptah está contento). Sustituyendo *hotep* (contento) por *mose* (hijo de), los nombres Amenmose, Ramoses y Ptahmose significaban que esos hombres eran "hijos de" estos dioses.

De forma similar, las diosas aparecían en nombres femeninos. Hator, diosa del amor, la belleza y el placer era especialmente apreciada; así, Sithator significaba "hija de Hator". Los nombres comunes también se podían feminizar añadiendo "t", por lo que Nefer (bueno, bello o perfecto) se convertía en Nefert, que se podía embellecer con la adición de un verbo, como en el caso de la célebre Nefertiti (la bondad/belleza/perfección ha llegado).

A otras mujeres se las conocía por su lugar de origen, como Panehesy (la nubia), o con nombres de fauna y flora como Miwt (gato), Debet (hipopótamo) y Seshen (nenúfar), que aún se usa hoy en día como equivalente de Susana.

El enfoque claro de la herencia artística del antiguo Egipto de *El arte egipcio*, de Cyril Aldred, sigue siendo difícil de superar. *Cómo leer el arte egipcio: guía de jeroglíficos del antiguo Egipto*, de Richard Wilkinson, es una práctica guía para entender cómo se aplicaban los jeroglíficos en el arte.

Los egipcios, amantes de los juegos de palabras, a menudo incorporaban jeroglíficos en sus creaciones para deletrear los nombres y las frases. El cesto, el escarabajo y el disco solar aparecen en algunas de las joyas de Tutankamón, para deletrear, por ejemplo, su nombre de trono *neb-jeperu-re*.

GLOSARIO FARAÓNICO

akh – a menudo traducido como "espíritu transfigurado", se formaba cuando el alma *(ka)* y el espíritu *(ba)* se unían después de que el difunto fuera merecedor de la vida eterna

Ammut – monstruo del más allá, parte cocodrilo, parte león y parte hipopótamo, se comía los corazones de los fallecidos no merecedores de la vida eterna y su nombre significa "la devoradora"

animales sagrados – criaturas vivas que se creía que representaban a ciertos dioses; por ejemplo, los cocodrilos (identificados con Sobek) y los gatos (con Bastet) a menudo eran momificados al morir

ba – habitualmente traducido como "espíritu", aparecía tras la muerte como un humano con cabeza de pájaro, capaz de volar desde y hasta la tumba y entrar en el más allá

barca solar – barca en la que el dios sol Ra surcaba los cielos; las hay enterradas cerca de ciertas pirámides para que las usaran los espíritus de los faraones

canope – vasija habitualmente de piedra caliza o calcita en la que se depositaban las entrañas (estómago, hígado, pulmones e intestinos) de los individuos momificados

carrera de *Heb-Sed* – parte de la fiesta de *Heb-Sed* en la que los faraones realizaban hazañas físicas para demostrar su destreza y su capacidad para gobernar

cartouche – óvalo protector (cuyo nombre proviene del equivalente francés de "cartucho"), que protegía los nombres de reyes, reinas y, a veces, dioses

cenotafio – monumento conmemorativo construido en memoria de un rey o reina fallecidos, separado de su tumba o templo funerario

ceremonia de "apertura de la boca" – culminación del funeral, practicada en la momia del difunto por su heredero o sacerdote funerario mediante sortilegios e instrumentos para recobrar sus sentidos

corregencia –reinado conjunto de dos faraones, habitualmente padre e hijo

deshret – "tierra roja", referido a las tierras baldías del desierto

escarabajo – se creía que el escarabajo pelotero sagrado empujaba el disco solar por el cielo de la misma forma que un escarabajo empuja una bola de estiércol por el suelo

escritura hierática –variante simplificada de los jeroglíficos que usaban para las transcripciones diarias los escribas

faraón –rey egipcio; término derivado del equivalente de "palacio" en egipcio antiguo, *per-aa,* que significaba "casa grande"

fiesta de *Heb-Sed* – ceremonia de renovación y rejuvenecimiento que los faraones solían celebrar tras treinta años de mandato

fiesta de Opet – celebración anual en el templo de Luxor para recuperar los poderes del faraón en una reunión secreta con el dios Amón

jeroglífico – del griego "grabados sagrados", se refiere a la escritura pictográfica formal del antiguo Egipto, usada principalmente en tumbas y muros de templos

ka –a menudo traducido como "alma", era el "doble" de cada persona, que surgía con ella al nacer y seguía viviendo tras la muerte, alimentado con las ofrendas que dejaban los vivos

kemet – "tierra negra", referido a las zonas fértiles de las riberas del Nilo

Libro de los muertos – título moderno para la colección de antiguos textos funerarios destinados a guiar al difunto en la vida eterna. Se desarrolló a principios del Imperio Nuevo y se basaba parcialmente en los primeros textos de las pirámides y de los ataúdes

listados del rey – listados cronológicos de los nombres de cada rey que se conservaban para registrar la historia

loto (nenúfar) –planta heráldica del Alto Egipto (meridional)

mammisi – casa del nacimiento, relacionada con ciertos templos de los períodos Tardío y Grecorromano, y asociada a las diosas Isis y Hator

mastaba – del árabe "banco", estructuras de adobe construidas encima de las cámaras funerarias subterráneas; de ellas derivan las pirámides

mechón de juventud – característico corte de pelo infantil y de ciertos sacerdotes en el que se afeita la cabeza y se deja crecer sólo un mechón

naos – santuario que contiene la estatua del dios, generalmente situado en el centro de los templos antiguos

natrón – mezcla de carbonato y bicarbonato sódicos que se empleaba para secar el cuerpo durante la momificación y para lavarse la ropa, los dientes y la piel

nemes – tocado a rayas amarillas y azules propio de los faraones; el ejemplo más famoso es el de la máscara mortuoria dorada de Tutankamón

nomarca – gobernador local de cada una de las 42 *nomes* de Egipto

nombre – parte esencial de cada individuo otorgada al nacer y pronunciada tras su muerte para permitir que reviviera en la vida eterna

nome – término griego para referirse a las 42 provincias de Egipto, 22 del Alto y 20, añadidas posteriormente, en el Bajo

obelisco – pilar de piedra de aspecto monolítico que se va estrechando hasta acabar en punta piramidal, habitualmente dorada para reflejar el sol en los templos; se disponían de dos en dos

papiro – planta heráldica del Bajo Egipto (septentrional) de cuyo tallo, parecido a un junco, se obtenían capas para crear un soporte similar al papel para la escritura

peso del corazón (juicio de Osiris) – el corazón del difunto era pesado con la pluma de Maat y Osiris ejercía de juez; si era ligero y estaba libre de pecado podía pasar la eternidad como *akh;* de lo contrario, era devorado por Ammut y quedaba condenado para siempre

pilar de *djed* – simbólica columna vertebral de Osiris que otorgaba fuerza y estabilidad; a menudo se llevaba como amuleto

pilón – portada monumental y de lados inclinados que señalaba la entrada de los templos

puerta falsa – medio por el que el alma del fallecido podía entrar y abandonar el mundo de los vivos para aceptar las ofrendas llevadas a su tumba
sala hipóstila –en los templos; se caracteriza por las monumentales columnas apiñadas
sarcófagos – derivado del equivalente griego de "que consume las carnes" y referido a los grandes ataúdes de piedra en los que se depositaba a las momias con sus féretros de madera
Serapeum – amplia red de catacumbas subterráneas en Saqqara, en las que sepultaban a los toros de Apis; posteriormente fue relacionado con el dios tolemaico Serapis
serdab – del equivalente árabe de "bodega", pequeña sala de las mastabas que albergaba una efigie del difunto a la que se presentaban las ofrendas
shabti* (o *ushabti) –figurillas de sirvientes que se colocaban en los sepulcros para realizar cualquier trabajo manual en la vida eterna en nombre del fallecido
sombra – una de las partes esenciales de cada individuo, se creía que protegía en virtud de su tamaño en un clima extremadamente tórrido
templo de culto – edificio religioso estándar, habitualmente situado en la orilla oriental del Nilo, destinado a hospedar los espíritus de los dioses; sólo podía entrar el clero
templo funerario – estructura religiosa donde se conmemoraban las almas de los faraones difuntos y se alimentaban con ofrendas; se solían levantar en la ribera occidental del Nilo
textos de las pirámides – textos funerarios grabados en los muros de las últimas pirámides del Imperio Antiguo y exclusivos para la realeza
textos de los ataúdes – textos funerarios desarrollados a partir de los primeros textos de las pirámides. Se inscribían en los ataúdes durante el Imperio Medio
Uraeus – imagen de Wadjet, la diosa cobra colocada en la frente de la realeza para protegerla simbólicamente escupiendo fuego a los ojos de los enemigos

Cultura

LA SOCIEDAD EGIPCIA

Si algo une a la mayoría de los egipcios, desde el profesor universitario de Alejandría al limpiabotas de Luxor, es el orgullo de ser precisamente egipcios.

A veces resulta difícil entender la causa de tanto orgullo, teniendo en cuenta la pobreza generalizada, los altos índices de analfabetismo y de desempleo, la escasez de viviendas, las carencias de infraestructuras y otros tantos escollos a los que se enfrenta el país. Pero en esa lucha diaria, cada egipcio se ve respaldado por los otros egipcios, y realmente existe una sensación de pertenencia al grupo. Los grandes clanes familiares y los vecindarios unidos funcionan como grupos de apoyo social. Los desconocidos enseguida entablan conversación y, si se tiene algún problema, siempre hay alguien que sabe quién puede solucionarlo.

La situación actual de Egipto está a la vista de todos en el World Factbook de la CIA (www.cia.gov/library/publications/the-world-factbook/geos/eg.html).

La religión también amortigua los reveses de la vida. El islam impregna la sociedad egipcia pero no se manifiesta de forma autoritaria como en Arabia Saudí –a los egipcios les gusta demasiado la diversión–, sino que se halla en un nivel casi subconsciente. Si se pregunta por la salud de alguien, la respuesta será *alhamdulillah* (bien, alabado sea Dios); si se queda para el día siguiente, *in sha'Allah* (si Dios quiere). Si al final la persona en cuestión no se presenta, es obvio que Dios no lo ha querido. Y cuando todo falla, les queda el humor. Las bromas y los chistes impregnan los diálogos. Las comedias sostienen la industria cinematográfica e invaden la programación televisiva egipcias. El protagonista típico es el joven que, con ingenio y lengua afilada, siempre consigue burlarse de la pomposidad y triunfar contra pronóstico. La risa lubrica los mecanismos de las relaciones sociales, y uno de los aspectos más agradables de viajar a Egipto es advertir todo lo que se consigue con una sonrisa.

FORMA DE VIDA

No existe una definición sencilla de la sociedad egipcia. Por un lado, está el conservadurismo tradicional, fortalecido por la pobreza, aquel en el que

ECONOMÍA BAJO MANO – EL ARTE DE LA 'BAKSHEESH'

La propina en Egipto se llama *baksheesh*, pero es más que una recompensa por los servicios prestados. Los sueldos son mucho más bajos que en los países occidentales, por lo que la *baksheesh* deviene un suplemento esencial de los ingresos. No es una costumbre reservada a los extranjeros, los egipcios también tienen que dar siempre *baksheesh*: para aparcar, para recibir el correo, para obtener productos frescos en las tiendas de ultramarinos y para que les acomoden en el cine.

Para quien no esté acostumbrado a dar propinas, las peticiones de *baksheesh* por cualquier cosa –desde abrir puertas a indicar lo obvio en los museos– pueden resultar algo irritantes. Sin embargo, es la forma de proceder en Egipto. Hay que ser discreto y recordar que hay muchas más cosas aquí que en Occidente que merecen *baksheesh*.

En hoteles y restaurantes, al final de la cuenta se incluye un 12% de cargo por el servicio. No obstante, dado que el dinero va a la caja, es necesario dejar además propina para el camarero, generalmente entre el 10 y el 20% de la minuta. Actos como abrir una puerta, prestar servicio de habitaciones o llevar el equipaje merecen al menos 1 EGP. Un guía que muestre algo excepcional en unas ruinas o que en una mezquita guarde los zapatos del viajero merece recibir un par de libras egipcias. La *baksheesh* no es necesaria cuando se piden indicaciones.

Se aconseja llevar mucha calderilla y separada de los billetes más grandes. Mostrar el dinero puede comportar una demanda más alta de *baksheesh*.

la alimentación consiste en *fuul, ta'amiyya* y verduras; las mujeres llevan la larga y negra *abeyya* que cubre todo el cuerpo y los hombres la *galabiyya*, una especie de toga; los primos pueden contraer matrimonio entre sí; ir a Alejandría es el sueño de toda la vida y todo depende de la "voluntad de Dios". Por otro lado, hay sectores de la sociedad cuyos miembros encargan comida en McDonald's, cuyas hijas llevan ceñidos vestidos negros y coquetean descaradamente, consideran normal viajar habitualmente a EE UU y no ponen los pies en una mezquita hasta su funeral.

La mayoría de la población se sitúa entre estos dos extremos. La familia urbana típica reside en un barrio superpoblado, en un bloque de cemento de seis pisos, con paredes agrietadas y cañerías en mal estado. Si es afortunada, puede poseer un coche pequeño (Fiat o Lada), de 10 años o más. Si no, el marido deberá tomar el metro para ir al trabajo o, más probablemente, luchar por un asidero en uno de los autobuses urbanos, que son como latas de sardinas. Es muy posible que tenga carrera universitaria (se gradúan anualmente unas cuarenta mil personas), aunque esto no le garantizará trabajo. También es probable que sea uno de los más de un millón de funcionarios públicos y que gane una miseria por pasar el rato en un empleo poco exigente, lo que al menos le permite escabullirse del trabajo a primera hora de la tarde, tomar prestado el taxi de su primo y ganar un muy necesario dinero extra. Su esposa se queda en casa cocinando, cuidando de sus tres o más hijos e intercambiando visitas con su suegra, su madre u otros parientes.

Shahhat: An Egyptian, de Richard Critchfield, es un clásico de la antropología, aunque quedó desacreditado al descubrirse que gran parte de su contenido era una copia de un estudio etnográfico de los años treinta. Aun así, es una lectura interesante, sobre todo si se va a dedicar tiempo a visitar la orilla occidental de Luxor.

El estilo de vida en el Egipto rural, donde reside más de la mitad de la población, está cambiando. La densidad demográfica en las tierras agrícolas del valle del Nilo, donde se han construido la mayor parte de los pueblos y ciudades, es una de las más elevadas del globo. Las pocas tierras que quedan se dividen en pequeñas parcelas (de 0,6 Ha de media) que no pueden ni sustentar a una familia de tamaño medio. El 50% de la población rural ya no vive de la tierra, pues los que aún lo hacen ven cómo el reducido tamaño de sus parcelas no les permite la mecanización necesaria para aumentar el rendimiento y dependen cada vez más de la cría de animales o se ven obligados a buscar otras formas de sustento. Por lo tanto, los hombres que se ven labrando en el campo seguramente trabajan por las tardes como peones o venden tabaco en improvisados quioscos para llegar a fin de mes.

Las últimas noticias en egiptología se pueden leer en formato digital en www.egyptologyblog.co.uk.

En el campo subsisten la cultura y los valores tradicionales: imperan todavía las grandes familias, sobre todo en el Alto Egipto; los clanes familiares aún viven juntos, y son habituales las elevadas tasas de analfabetismo en la población femenina. Habrá que ver si esto cambia con los valores urbanos cairotas y los culebrones occidentales que cada noche vomitan las cajas tontas de las cafeterías de pueblos y granjas.

ECONOMÍA

En las últimas décadas, el Gobierno egipcio ha hecho un esfuerzo por reformar la economía centralizada que heredó de Nasser. En los últimos años, los impuestos sobre las personas y sobre las empresas se han reducido, se han recortado los subsidios sobre la energía y se han privatizado muchas empresas. Sin embargo, a pesar de estos logros el nivel de vida del egipcio medio continúa siendo tremendamente bajo.

En respuesta a esto último, el Gobierno sigue subvencionando algunas necesidades básicas, lo que genera un creciente déficit presupuestario. El resultado es que la economía se ha ido colapsando lentamente, y eso tiene un efecto disuasorio sobre la inversión extranjera, tan importante. Desde luego, se espera que Egipto pueda compensar estas pérdidas económicas apoyándose en el sector energético, sobre todo porque en su subsuelo hay

El 50% de los egipcios vive o trabaja a 150 km de El Cairo.

unas enormes reservas de gas natural a las que algunos países extranjeros, como EE UU, ya les tienen echado el ojo.

POBLACIÓN

El sitio web oficial del Ministerio de Turismo de Egipto (www.touregypt.net) brinda reportajes, noticias y una enorme oferta de recursos y vínculos.

Aunque el último censo muestra que la tasa de crecimiento demográfico está disminuyendo, el número de ciudadanos continúa aumentando aproximadamente en un millón cada nueve meses. El valle del Nilo está en peligro de convertirse en una gran urbe en descontrolada expansión. Sólo en El Cairo habitan casi veinte millones de almas. Hay zonas de la ciudad que siguen registrando la densidad demográfica por kilómetro cuadrado más alta del globo. La tensión a la que está sometida la decadente infraestructura de la ciudad es más de la que puede soportar.

MULTICULTURALISMO

Aunque la mayoría de los egipcios cuentan orgullosos que son descendientes de los antiguos, lo cierto es que poca sangre faraónica fluye en sus venas. El país ha sido invadido por libios, persas, griegos, romanos… y por 4.000 jinetes árabes en 640. Tras dicha conquista hubo una numerosa inmigración de árabes que contrajeron matrimonio con la población indígena. Los mamelucos, gobernantes de Egipto entre los ss. XIII y XVI, eran de origen turco y circasiano; tras ellos los turcos otomanos ocuparon el país y reinaron desde 1517 hasta finales del s. XVIII.

El Organismo General de Información egipcio (www.sis.gov.eg) facilita de abundante información sobre turismo, geografía y cultura.

En el territorio también hay unos cuantos grupos indígenas de orígenes remotos. Los ancestros de los beduinos egipcios migraron desde la península Arábiga, y colonizaron los desiertos occidental y del Este, así como el Sinaí. El número de beduinos en Egipto en la actualidad ronda el medio millón, pero su forma de vida nómada está amenazada, ya que los intereses del resto del país están provocando la invasión de sus antaño despoblados dominios (véase p. 488).

En el desierto occidental, sobre todo en el oasis de Siwa y sus alrededores, unos pocos beréberes han conservado gran parte de su identidad. Se les distingue fácilmente del resto de egipcios por la indumentaria de las mujeres, que suelen llevar la *meliyya* (una prenda que las cubre de la cabeza a los pies, con ranuras para los ojos). Aunque muchos hablan árabe, han conservado su lengua vernácula.

Para despejar cualquier duda sobre el arte de fumar en narguile, visítese www.smoking-hookah.com/Guide/Guide.asp.

En el sur, los nubios, altos y de piel oscura, tienen sus orígenes en Nubia, la región entre Asuán, en el sur de Egipto, y Jartum, en Sudán, una región que prácticamente desapareció en la década de 1970 cuando se construyó la gran presa y sus aguas inundaron las tierras.

DEPORTES

En Egipto están obsesionados por el fútbol. La de primera división egipcia figura entre las 20 ligas más competitivas del mundo. Los dos clubes más populares son el Ahly y el Zamalek, ambos cairotas, que arrastran a apasionados hinchas. El equipo nacional egipcio suele estar presente en la Copa del Mundo, aunque lamentablemente nunca ha pasado de la primera ronda de la competición.

MEDIOS DE COMUNICACIÓN

Como en Occidente, son un gran negocio en Egipto. Los periódicos diarios más importantes son todos progubernamentales o "nacionalistas". Entre ellos figuran *Al-Akhbar* que, con un millón de ejemplares, es el que más vende; *Al-Ahram,* el decano de la prensa árabe (fundado en 1877), y *Al-Gomhurriya,* creado por el régimen militar tras el golpe de 1952. Contra ellos combate una serie de rotativos independientes, como los semanarios

Al-Arabi, de la oposición, *Al-Ahrar*, islamista, y *Al-Alam al-Yom*, dedicado al mundo de los negocios. Aunque hay límites que no deben sobrepasarse (por ejemplo criticar al ejército y publicar noticias sobre actividades inmorales del presidente o escritos que perjudiquen la unidad nacional), los editores gozan de cierto grado de libertad para publicar lo que crean oportuno y la suelen usar, a menudo independientemente de que la noticia sea cierta o no.

La televisión, con un 50% de la población analfabeta, es el medio más influyente. Además de los canales estatales, en los que las producciones de mayor éxito son las películas árabes y los culebrones nacionales, Egipto tiene sus propios canales vía satélite (ArabSat, NileSat 101, NileSat 202) y un par de compañías privadas (Al-Mehwar y Dream), ambas creadas por conocidos empresarios bien relacionados con la clase política. Forzada por la competencia de otros canales árabes y extranjeros, como la CNN, Al-Jazeera e incluso transmisiones de su sempiterno enemigo del norte, Israel, cuyos canales sintonizan furtivamente muchos egipcios para ver telenovelas y comedias estadounidenses de mayor calidad, la programación ha mejorado considerablemente en los últimos años.

RELIGIÓN

Cerca de un 90% de la población es musulmana. El islam predomina discreta, casi inconscientemente, en la sociedad. Pocos rezan las cinco veces de rigor al día, pero casi todos los hombres responden a la llamada del almuédano (o muecín, aquel que convoca desde el alminar) cada viernes al mediodía. Cuando las multitudes salen de las mezquitas invaden calles y caminos. El 10% de población no musulmana profesa el cristianismo copto. Ambas comunidades coexisten más o menos en armonía, aunque los brotes de violencia en Al-Minya y Alejandría en 2005 parecieron anunciar tensiones en esta relación históricamente pacífica.

Para tener una idea general de la cultura egipcia, no hay más que visitar http://es.wikipedia.org/wiki/Egipto#Cultura.

Islam

Religión predominante de Egipto, comparte sus orígenes con el judaísmo y el cristianismo. Adán, Abraham (Ibrahim), Noé (Nuh), Moisés (Musa) y Jesús (Isa) son considerados profetas musulmanes, y Jesús no es el hijo de Dios. Las enseñanzas musulmanas pretenden ser la culminación de la Torá (libro fundamental del judaísmo) y los Evangelios cristianos. La esencia del islam son el Corán y Mahoma, el último y más importante de los profetas que han traído el mensaje de Dios (Alá en árabe) a la gente.

Mahoma, nacido c. 570 en La Meca, fundó el islam a principios del s. VII. Recibió su primer mensaje divino aproximadamente a los 40 años. Las revelaciones continuaron llegándole el resto de su vida y se transcribieron para formar el Sagrado Corán. A día de hoy no se ha cambiado ni un punto del texto porque es, como dicen los musulmanes, la palabra exacta de Dios.

El Profeta empezó a predicar en 613, tres años después de la primera revelación, pero tan sólo consiguió atraer a unas pocas decenas de seguidores. Se ganó muchos enemigos por haber atacado la forma de vida mecana, sobre todo la adoración de múltiples ídolos. En 622 él y sus seguidores se retiraron a Medina, una ciudad situada en un oasis a unos 360 km de La Meca. Esta hégira, o emigración, marca el inicio del calendario musulmán. Mahoma murió en 632 pero la nueva religión continuó su rápida expansión hasta llegar a toda Arabia en 634 y a Egipto en 642.

Islam significa "sumisión", un principio que se percibe en la vida diaria de los musulmanes. La fe se expresa con el cumplimiento de los llamados cinco pilares del islam:

- Declarar públicamente que "no hay más dios que Dios y Mahoma es su profeta".
- Rezar cinco veces al día: al amanecer, al mediodía, a media tarde, al atardecer y por la noche.
- Dar la *zakat* (limosna) para propagar el islam y ayudar a los necesitados.
- Ayunar durante las horas de luz diurna en el mes del Ramadán.
- Llevar a cabo el *hajj*, el peregrinaje a La Meca.

El primer pilar se cumple a través del segundo, la oración, que es una parte esencial de la vida diaria de un creyente. Cinco veces al día los almuédanos llaman a la plegaria mediante unos altavoces situados en lo alto de los alminares. Se puede rezar en el hogar o en cualquier otro sitio, tan sólo la oración del viernes al mediodía es aconsejable realizarla en la mezquita, aunque por norma, las mujeres rezan en casa. Para más información sobre fiestas y celebraciones islámicas, véase p. 521.

El cuarto pilar, el Ramadán, se celebra en el noveno mes del calendario musulmán, cuando todos los creyentes ayunan durante el día. Los más devotos no comen ni beben ni fuman ni mantienen relaciones sexuales durante las horas de luz diurna. Aunque muchos no siguen el precepto al pie de la letra, casi todos lo cumplen hasta cierto punto. Sin embargo, la repercusión del ayuno se suele aliviar cambiando las horas de vigilia: muchos no se levantan hasta la tarde, cuando quedan pocas horas de ayuno… y entonces se dan un festín que dura hasta el amanecer. La combinación de abstinencia y falta de sueño hace que a menudo aflore el mal genio durante este mes.

'La cena del Ramadán, llamada *iftar* (romper el ayuno), es siempre una fiesta'

Aunque no haya celebraciones oficiales hasta el *Eid al-Fitr*, es difícil que todo funcione durante el Ramadán por la irregularidad de los horarios. Casi todas las tiendas cierran por la tarde o reducen los horarios. Aunque esto no afecte a los negocios que dependen del turismo extranjero, algunos restaurantes y hoteles pueden estar cerrados durante todo el mes. Nadie espera que los no musulmanes ayunen, pero se considera de mala educación comer o beber en público durante las horas de abstinencia. La cena del Ramadán, llamada *iftar* (romper el ayuno), es siempre una fiesta. En algunas partes de la ciudad preparan mesas en las calles en señal de caridad de los pudientes para alimentar a los más desafortunados. Por las noches hay mucho ambiente y diversión en las calles, a menudo hasta el amanecer.

Una de las autoridades islámicas más influyentes en Egipto es el gran muftí de Al-Azhar, cargo ocupado actualmente por Mohammed Sayyed Tantawi. El papel del jeque supremo es definir la posición del islam sobre cualquier asunto particular, desde la donación de órganos a la música *heavy metal*.

Cristianismo copto

Los cristianos egipcios se conocen como coptos. El término proviene de la palabra árabe *qibt*, derivada del griego *aegyptios* (egipcio).

Antes de la llegada del islam, el cristianismo era la religión predominante en Egipto. San Marcos empezó a predicar el cristianismo en Egipto en el año 45. Aunque no se convirtió en la religión oficial del país hasta el s. IV, Egipto fue uno de los primeros países en adoptar la nueva fe.

Los cristianos egipcios se escindieron de la Iglesia ortodoxa del Imperio Bizantino (u Oriental), del que Egipto formaba parte, después de que el grueso de la Iglesia calificara a Cristo de humano y divino a la vez. Dióscoro, patriarca de Alejandría, rechazó esta definición, y defendió la teoría de que Cristo es totalmente divino, y de que es blasfemo pensar lo contrario.

LAS RAZONES DE LA AUSENCIA DE CRÍMENES VIOLENTOS EN EGIPTO *Hassan Ansah*

Los sociólogos suelen afirmar que la delincuencia y la pobreza son compañeras inseparables. No obstante, a pesar de la sobrecogedora y a veces desoladora pobreza que experimenta la mayoría de los egipcios, el índice de delitos violentos del país es más baja que en EE UU o el Reino Unido. ¿Por qué en Egipto son escasos los delitos violentos, en particular las violaciones y los asesinatos? Resulta especialmente curioso en El Cairo, donde millones de personas se enfrentan día a día al hacinamiento, a un alto índice de desempleo y al malestar ciudadano. Para responder a esta pregunta sin resolver, es importante percatarse de que la delincuencia, como cualquier otra dinámica social, es reflejo de las normas culturales de un país.

Aunque muchos países occidentales desarrollados tienden a mirar hacia las sociedades islámicas como Egipto con desconfianza, el hecho es que podrían aprender mucho de un país que da a la fe una posición dominante. En Egipto, la mayoría de las personas parece compartir su inquebrantable fe en la otra vida (un santón egipcio dijo una vez, bromeando, que los egipcios viven con un pie en el ataúd) y una tradición conservadora que se refleja prácticamente en todos los aspectos de la vida. Este conservadurismo ha establecido y mantenido un sistema de valores y principios morales que se ha convertido en una de las causas de que los delitos violentos se mantengan a un nivel bajo en Egipto. A diferencia de la delincuencia en otros países occidentales e incluso en las otras dos potencias africanas –Sudáfrica y Nigeria–, la delincuencia en Egipto raramente golpea de modo arbitrario y casi nunca se dirige a los extranjeros.

Aunque el Gobierno egipcio trabaja para crear una sociedad gestionable y que respete la legalidad, son la familia y la comunidad las que establecen y perpetúan el ambiente de seguridad que mantiene unido a todo el país. Los valores de la familia, amparados y fomentados por la ley islámica, facilitan canales de cooperación, arbitrio, resolución de conflictos y ayuda económica dentro del conjunto de la comunidad. Es más, estas mismas interacciones se usan también como mecanismos para imponer unos valores morales comunes que, sin duda, sirven como elemento disuasorio para la delincuencia en la comunidad. No es de extrañar que quien rompe estos códigos éticos y morales suela acabar pagando un alto precio: algunos individuos pueden incluso tener dificultades para encontrar trabajo, pareja, un hogar o incluso realizar trámites burocráticos en las instituciones estatales.

A diferencia de Occidente, donde los conflictos a menudo se producen a puerta cerrada o dentro de juzgados herméticos, en Egipto estas renegociaciones y enfrentamientos tienen lugar en público, en un ambiente casi teatral, lo que puede dañar, reforzar o incluso dar lustre a la reputación del individuo. Por ejemplo, un hombre escogerá una tarde tranquila para gritarle desde la calle a un amigo y soltarle una reprimenda por no pagarle un préstamo personal, con lo que comunica a toda la comunidad que ese hombre no tiene palabra ni es responsable. O, en caso de violencia de pareja, la mujer subirá a la azotea del edificio y gritará a todo el vecindario que su marido le ha pegado.

Así, este código moral basado en el control de la comunidad crea un ambiente muy desalentador para un agresor en potencia. De hecho, hay quien afirma que estas redes sociales informales, profundamente interconectadas, son las que ayudan a soportar la enorme pobreza en la que vive la mayoría de los egipcios. Tal como lo planteaba un cairota, quizá sea "el profundamente arraigado nivel de ruido" de los egipcios lo que ayuda a mantener la paz.

Hassan Ansah es escritor y periodista free lance *y ha impartido clases en la Western International University de Phoenix Arizona (EE UU), y en la American University of Cairo (AUC).*

La Iglesia copta está dirigida por un patriarca (actualmente el papa Shenouda III), otros miembros de la jerarquía religiosa y un concilio eclesiástico de legos. Tiene una larga historia monacal y se puede afirmar que los primeros monjes cristianos, san Antonio y san Pacomio, eran coptos.

El idioma copto, que tiene sus orígenes en los jeroglíficos egipcios y el griego antiguo, aún se usa en las ceremonias religiosas, a veces combinado con el árabe para facilitar las cosas a la congregación. Actualmente el lenguaje copto se basa en el alfabeto griego, con siete caracteres adicionales procedentes de los jeroglíficos.

Tradicionalmente, los coptos constituyeron una especie de élite intelectual de la sociedad egipcia, ocupando importantes cargos oficiales. Es más, siempre han sido una minoría con gran poder económico y, en su mayoría, los coptos gozan de riquezas e influencias.

Con todo, también los hay en los estratos más bajos de la sociedad: los *zabbalin*, los basureros de El Cairo, que recogen y separan la mayor parte de la basura de la ciudad, siempre han sido coptos.

Otras religiones

Hay otras confesiones cristianas en Egipto, cada una con unos pocos miles de fieles; en total, cerca de un millón. Entre los católicos, excepto los romanos del rito latino, está representado todo el espectro de ritos del fragmentado Próximo Oriente, entre ellos los armenios, sirios, caldeos, maronitas y melquitas. La confesión anglicana forma parte de la Iglesia episcopal de Jerusalén. La Iglesia apostólica armenia tiene 10.000 fieles y la ortodoxa griega tiene su sede en Alejandría.

Hubo una época en que Egipto contaba con un número significativo de judíos. Las fuentes históricas señalan que hasta 1168 había 7.000 judíos viviendo en El Cairo, y en la época de los mamelucos, había un barrio judío, Haret al-Yahud, cerca de la mezquita Al-Azhar.

Los primeros cuarenta años del s. XX fueron una especie de edad dorada para los judíos de Egipto, ya que alcanzaron una cifra récord de 80.000 habitantes, y llegaron a desempeñar un papel importante en la sociedad y en los asuntos de Estado.

No obstante, la situación se fue invirtiendo a partir de la creación de Israel, en 1948. Poco después, el éxodo se vio reforzado con las nacionalizaciones promovidas por Gamal Abdel Nasser tras hacerse con el poder. Actualmente no quedan más de doscientos judíos en todo Egipto.

Aunque las mujeres obtuvieron el derecho al voto en 1956, las restrictivas leyes de estatuto personal prohibían que una mujer abandonara el hogar de su marido sin su permiso o bien una orden del tribunal hasta 1979.

LA MUJER EN EGIPTO

Algunos de los mayores malentendidos entre egipcios y occidentales tienen que ver con la percepción de las mujeres. Existen medias verdades y estereotipos por ambas partes: muchos occidentales suponen que todas las mujeres egipcias llevan el velo y son víctimas de la represión, mientras que una gran parte de egipcios cree que las occidentales son inmorales y promiscuas.

Para muchos egipcios de ambos sexos, el papel de una mujer es muy específico: es la madre y la encargada de la casa. El hombre es quien procura el sustento. No obstante, como en cualquier sociedad, las generalizaciones pueden llevar a error, y la realidad tiene muchos matices. Miles de egipcias son profesionales de clase media y media-alta que, al igual que las occidentales, combinan las responsabilidades laborales y familiares. Puede que las clases obreras, más apegadas a las tradiciones, piensen que las mujeres deben concentrarse en la casa y la familia, pero las dificultades económicas obligan a millones de mujeres a trabajar (sin abandonar las tareas domésticas).

Al volver de una conferencia sobre el sufragio femenino en Roma en 1923, las pioneras del feminismo árabe, Huda Sharawi y Saiza Nabarawi, tiraron sus *abeyyas* a las vías de la cairota estación de trenes de Ramsés; muchas de las mujeres que fueron a recibirlas siguieron su ejemplo.

En el tema del sexo es donde se hacen más evidentes las diferencias entre las mujeres occidentales y las egipcias. El sexo premarital (o cualquier relación extramatrimonial) en Egipto es tabú. No obstante, como ocurre con todo lo prohibido, existe. Con todo, es más la excepción que la norma, y eso es aplicable tanto a hombres como a mujeres.

Para las mujeres, sin embargo, un desliz puede tener consecuencias mucho más graves. Salvo quizá en las clases más altas, se espera que la mujer llegue virgen al matrimonio, y la reputación de la familia puede depender de ello. Así las cosas, las restricciones que se le ponen a una niña –por muy onerosas que le puedan parecer a una occidental– tienen la función de protegerla y defender su prestigio de los envites de los hombres, que podrían tener un efecto nefasto para ella.

Hakmet Abu Zeid se convirtió en la primera mujer del Consejo de Ministros egipcios en 1962 y ocupó la cartera de Asuntos Sociales.

ARTE

Para el mundo árabe, Egipto, o más concretamente El Cairo, es un centro neurálgico del cine, la televisión, la música y el teatro. Aunque esta cultura ha tenido poca repercusión en Occidente, muchos actores y cantantes egipcios son considerados grandes estrellas e idolatrados por hablantes de árabe de todo el mundo.

Literatura

De Naguib Mahfuz, premio Nobel de Literatura en 1988, se puede decir que formó él solo el estilo de la literatura árabe del s. XX. Nació en 1911 en el barrio musulmán de El Cairo y empezó a escribir a los 17 años. Sus primeros textos se vieron influidos por los grandes autores europeos, pero a lo largo de su carrera desarrolló una voz propia claramente árabe, y se inspiró en las charlas de las cafeterías y en el dialecto de las calles cairotas. En 1994 fue víctima de un navajazo que le dejó parcialmente paralizado. El ataque se debió a un libro que había escrito, una alegoría ligeramente disfrazada de la vida de los grandes líderes religiosos, entre ellos Mahoma. En 2006, Mahfuz murió tras una caída que le provocó una herida en la cabeza.

El Centro Egipcio de la Cultura y el Arte (www.egyptmusic.org) busca proteger, potenciar y dar a conocer las artes orales y tradicionales.

A juzgar por lo que se ha traducido a otras lenguas, se puede decir que la literatura egipcia tiene un principio y un fin con Mahfuz, aunque es el único autor célebre de un elenco de respetados autores. Entre ellos figuran Taha Hussein, un escritor e intelectual ciego que tuvo problemas con todos los regímenes en el poder casi toda su vida; el alejandrino Tawfiq Hakim; y Yusuf Idris, autor de impactantes relatos cortos. Por desgracia, ninguno de ellos ha llegado a atraer la atención internacional que merece.

Las escritoras egipcias han tenido más éxito internacional que los hombres. La novela de ficción de Nawal al-Sa'dawi *Mujer en punto cero* se ha publicado, según las últimas cifras, en 28 lenguas. La autora defiende abiertamente a las mujeres, lo cual la ha marginado en su país. Así, por ejemplo, su ensayo *La cara desnuda de la mujer árabe,* donde critica el papel de la mujer en el mundo árabe, está prohibido en Egipto. Tras su publicación, Al-Sa'dawi, al haber sido amenazada de muerte por los islamistas, se vio obligada a exiliarse durante muchos años. Ahora las cosas se han calmado, y es una de las pocas parlamentarias de Egipto. Quien tenga interés en saber algo más de su fascinante vida pueden leer su autobiografía, cuya primera parte, *La hija de Isis,* fue traducida al castellano en 2004.

La página web de la Bibliotheca Alexandrina, www.biba lex.org, puede consultarse en varios idiomas y da una idea muy acertada de su profundidad histórica y cultural.

Salwa Bakr es otra autora que trata tabúes como los prejuicios de género y la desigualdad social. Por su parte, Ahdaf Soueif, nacida y crecida en El Cairo, escribe en inglés y no tiene nada que ver con lo mencionado hasta ahora. Vive y publica en Londres y forma parte del mundo literario británico. Muchas de sus obras aún no se han traducido al árabe. Su maravillosa novela de 1999, *El mapa del amor,* fue seleccionada para el prestigioso premio Booker.

La novela más polémica de la literatura egipcia de los últimos años es *Zaat,* de Ibrahim Sonallah, una cáustica sátira del Egipto contemporáneo. Su autor alcanzó la fama en 2003 cuando rechazó el galardón literario más prestigioso del país, el premio de Novela Árabe que otorgan el Ministerio de Cultura y el Consejo Supremo para la Cultura, por considerarlo un premio "carente de valor". De este autor está publicada en español su novela *El comité.*

Sigue una breve lista de libros imprescindibles para descubrir a los escritores egipcios, todos ellos traducidos al inglés y, en algunos casos, también al castellano.

Apricots on the Nile: A Memoir (Albaricoques en el Nilo: unas memorias) de Collette Rossant, recrea la infancia de una niña en El Cairo de las décadas de 1930 y 1940.

CLÁSICOS EGIPCIOS

Beer at the Snooker Club (Cerveza en el club de snooker), de Waguih Ghali, es una novela fantástica sobre la angustia juvenil situada en el Egipto revolucionario y el Londres literario. Es *El guardián entre el centeno* egipcio.

La trilogía de El Cairo (Entre dos palacios, Palacio del deseo y La azucarera), de Naguib Mahfuz, se suele considerar su obra maestra; el autor de esta colorista y detallada saga generacional de la vida de una familia ha sido comparado con Dickens y Zola. De todos modos, de tener que escoger una única obra de este autor, ésta sería *La epopeya de los miserables,* que, de estilo episódico, casi folclórico, bebe de la tradición de *Las mil y una noches.*

Aunque Yusuf Idris es más conocido por sus relatos cortos, su novela *City of Love and Ashes* (Ciudad de amor y cenizas) se sitúa en enero de 1952, cuando El Cairo luchaba para liberarse del yugo británico.

Mendigos y orgullosos, de Albert Cossery, un egipcio que reside en París desde 1945, merece la pena; sus novelas están generalmente en francés y no se encuentran en árabe.

Zaini barakat, de Gamal el Guitani, es un drama situado en El Cairo durante la decadencia de los mamelucos. A principios de los años noventa fue adaptado con éxito para la televisión.

NOVELAS CONTEMPORÁNEAS EGIPCIAS

Gran éxito de 2002, en *El edificio Yacobián,* de Alaa al-Aswany, las historias de los habitantes de un edificio céntrico brindan una instantánea sombría y convincente de El Cairo y el Egipto contemporáneos. La novela árabe más vendida del mundo recuerda, sin dejar de ser original, las novelas del indio Rohinton Mistry. Si se desea leer sólo una novela actual egipcia antes del viaje o en el transcurso del mismo, es ésta.

En *Khul-Khaal: Five Egyptian Women Tell their Stories,* de Nayra Atiya (ed.), se retrata, a menudo de modo espeluznante pero revelador, la vida de las mujeres en Egipto, aunque no le vendría mal una actualización teniendo en cuenta la repercusión del islamismo en la sociedad egipcia. También está disponible en francés.

Dicho eso, es preciso mencionar que este libro es innovador en cuanto al argumento y los personajes, no por su lenguaje. De hecho, la trama en realidad no es más que un elaborado culebrón, pero lo más notable es que representa el Egipto de un lugar y un momento determinados, e introduce arquetipos que no se habían reflejado anteriormente en la literatura árabe. En el momento de redactar esta guía acababa de salir una segunda parte, aunque pendiente de traducción a otras lenguas.

He aquí otras obras recomendadas:

El carro dorado, de Salwa Bakr, novela corta en la que las internas de una prisión de mujeres se cuentan sus historias. Es sorprendentemente optimista, divertida e incluso descarada.

No One Sleeps in Alexandria (Nadie duerme en Alejandría), de Ibrahim Abdel Meguid, es un antídoto a la Alejandría mítica de Lawrence Durrell, un retrato de la ciudad en la misma época que *El cuarteto de Alejandría* pero desde el punto de vista de dos egipcios pobres.

La tienda beduina, de Miral Al-Tahawi, es una sombría pero bella historia acerca de cómo va enloqueciendo una joven beduina lisiada.

Love in Exile (Amor en el exilio), de Baha Taher, es una reflexión sobre el exilio, la desilusión, los sueños rotos y el poder redentor del amor. Taher nació en Egipto en 1935 pero vivió muchos años en Suiza. Es uno de los personajes más abiertos del mundo literario local y puede que algún lector encuentre la novela demasiado peculiar.

Taxi, de Khaled al-Khamisi, es uno de los libros más populares del año en las librerías egipcias, y se rumorea que ha superado en ventas a *El edificio Yacobián.* El libro, escrito en dialecto egipcio (aún no está traducido a otras lenguas), detalla conversaciones del autor con taxistas, lo que resulta en un divertido discurso sobre la atribulada vida del egipcio de a pie. En el recuadro de la p. 177 hay una entrevista a su autor.

Alaa al-Aswany, autor de *El edificio Yacobián,* es un dentista profesional cuya primera consulta estaba en el auténtico edificio homónimo, que se halla en Sharia Suleiman Basha, en el centro de El Cairo.

NOVELAS OCCIDENTALES SOBRE EGIPTO

Aunque *El cuarteto de Alejandría,* de Lawrence Durrell, es quizá una lectura imprescindible, visitar Alejandría con la idea de ver la ciudad que se describe en el libro es como ir a Londres esperando encontrar a Mary Poppins.

La primera, y más exitosa tal vez, novela occidental sobre Egipto es obra de un finlandés, Mika Waltari. Con una gran precisión histórica *Sinuhé, el egipcio* recrea la vida del médico de un faraón.

La ciudad de oro, de Len Deighton, es un *thriller* muy bien documentado que se desarrolla en El Cairo en tiempos de guerra. Los detalles de la época son fantásticos y devuelven la vida a la ciudad.

Muerte en el Nilo, de Agatha Christie, se basa en las experiencias de un invierno que la autora pasó en el Alto Egipto. Imprescindible si se han reservado pasajes para un crucero.

Aunque la célebre película homónima no tenga mucho que ver con la novela, *El paciente inglés,* de Michael Ondaatje, una historia de amor en la Segunda Guerra Mundial, no deja de ser una poética novela bellamente escrita.

El escarabajo verde, de Philipp Vandenberg es otra conocida novela que derrocha dosis de intriga en una trama que transcurre en Egipto durante los años de la Guerra Fría.

Egipto, durante la Segunda Guerra Mundial, sirve de escenario para las dificultades y traumas de un grupo de expatriados en *The Levant Trilogy* (La trilogía de Levante), de Olivia Manning. Da fabulosas descripciones de la vida en El Cairo durante el conflicto. La BBC la adaptó para la televisión, *Fortunes of War* (Visicitudes de la guerra), una miniserie protagonizada por Kenneth Branagh y Emma Thompson.

Un auténtico enamorado de Egipto y su historia era Terenci Moix cuyas *La herida de la esfinge, No digas que fue un sueño* o *El sueño de Alejandría* harán las delicias de quienes compartan sus aficiones.

El secreto del faraón, de Violaine Vanoyeke es una novela de corte policíaco que transcurre en Alejandría durante el período helenístico.

Cine

CINE EGIPCIO

En las gloriosas décadas de 1940 y 1950, los estudios cinematográficos de El Cairo producían más de cien películas al año, que se proyectaban en las pantallas de todo el mundo árabe. Actualmente, sólo se ruedan una veintena. La principal razón del ocaso, según los productores, son los elevados impuestos del Gobierno y la estricta censura, que, según un irónico industrial del sector, "sólo consiste en sexo, política y religión". Sin embargo, según algún crítico cinematográfico cairota, existe otra razón de la decadencia del cine nacional: la falta de calidad. Los ingredientes de la típica película egipcia son: argumentos superficiales, humor absurdo y payasadas, sobreactuación y, quizá, un poco de danza del vientre.

'En las gloriosas décadas de 1940 y 1950, los estudios cinematográficos de El Cairo producían más de cien películas al año'

Un realizador que emerge del declive general es Yousef Chahine. Nacido en 1926, ha dirigido casi cuarenta películas y su trayectoria es difícil de clasificar. Los críticos egipcios le consideran un mesías y, aunque no tiene mucho éxito de público, se le ha llamado el "Fellini egipcio". En 1997 fue galardonado en Cannes por toda su trayectoria. Sus películas son de las pocas producciones egipcias que se subtitulan en inglés o francés y que se presentan a los festivales de cine internacionales. Sus obras más recientes son *Al-Akhar* (1999, El otro), *Al-Masir* (1997, El Destino) y *Al-Muhagir* (1994, El emigrante), prohibida en Egipto porque según los islamistas representa escenas de la vida del Profeta. Otros filmes son *Al-Widaa Bonaparte* (Adiós, Bonaparte), un drama histórico sobre la ocupación francesa, e *Iskandariyya... Lih?* ("¿Alejandría... por qué?"), una reflexión autobiográfica sobre su ciudad natal. En 2002 participó en el rodaje de *11'09"01: 11 de septiembre*, en la que varios realizadores narraban a su manera los trágicos hechos ocurridos ese día en Nueva York sin exceder la duración del título genérico.

EGIPTO EN EL CINE OCCIDENTAL

Dejando aparte los meticulosos escenarios de la película de animación *El príncipe de Egipto* (1998), sus paisajes no han aparecido mucho en producciones recientes. De hecho, gran parte de la trama de *El paciente inglés* (1996) ocurre en el desierto occidental y El Cairo, pero tiene truco: las escenas egipcias se filmaron en Túnez y algunos interiores en Venecia. Lo mismo sucede con *La momia* (1999), *El regreso de la momia* (2001) y *El Rey Escorpión* (2002), que se rodaron en Marruecos y se recurrió a efectos digitales para simular Egipto. Sin embargo, algunas escenas dela versión original de 1932, con Boris Karloff, están rodadas en el Museo Egipcio capitalino.

El guionista Wahis Hamed y el director Marwan Hamed, padre e hijo, adaptaron el *best seller* de Alaa al-Aswany *El edificio Yacobián* para el cine. El presupuesto de la película, de más de tres millones de dólares, fue el mayor de la historia de Egipto.

Y no es que Egipto no sea fotogénico, al contrario. Sus desiertos, templos y coloridos bazares resultan muy tentadores para la gran pantalla. Tanto que, tras *El paciente inglés*, el país experimentó un auge del turismo. Por desgracia, los abusivos impuestos con que se grava a las productoras de cine extranjeras ahuyentan las cámaras, aunque no siempre ha sido así, pues en los años 1970 y 1980 sobre todo, se rodaron muchas películas localizadas en Egipto. La mayor parte aún se puede encontrar en videoclubes.

El despertar (1980), una poco convincente película de terror sobre una reina del antiguo Egipto que está poseída, se basa vagamente en *La joya de las siete estrellas* de Bram Stoker.

En la novela policíaca de Agatha Christie, *Muerte en el Nilo* (1978), Poirot investiga el asesinato de una heredera en un crucero por el Nilo. Pese a los fabulosos decorados, el auténtico misterio es cómo consigue el barco navegar de Asuán a Karnak, en Luxor, y regresar a Abu Simbel el mismo día.

Cinco tumbas al Cairo (1943) es una película de espionaje en tiempos de guerra dirigido por Billy Wilder *(Con faldas y a lo loco)* y protagonizado por un cabo británico que se esconde en un hotel controlado por los nazis en el desierto occidental.

La australiana *Gallipoli* (1981) versa sobre la fatídica batalla de la Primera Guerra Mundial, con una trama central extendida dedicada al entreno de soldados jóvenes en Egipto a la sombra de las pirámides.

En la bélica *Fugitivos del desierto* (1958), un oficial de ambulancia británico y su equipo huyen del ejército de Rommel por el desierto occidental y sueñan con beber la cerveza fría de un pequeño bar de Alejandría.

Ruby Cairo (1992), una de las últimas producciones de Hollywood que desafiaron la burocracia, es una floja historia de una esposa que sigue la pista de su marido desaparecido y supuestamente muerto hasta un escondite en Egipto. El auténtico protagonista de la película es El Cairo, donde abundan tópicos como camellos, pirámides y falúas.

La esfinge (1980), adaptación de una exitosa novela de Robin Cook (autor de *Coma)*, es un relato de contrabando de antigüedades rodado completamente en El Cairo y Luxor, pero del que nadie sale airoso excepto el buscador de localizaciones.

En *La espía que me amó* (1977), las pirámides, El Cairo islámico y Karnak proporcionan un glamuroso escenario para las sonrisitas del 007 Roger Moore.

Música

CLÁSICA

La música clásica árabe llegó a su apogeo en las décadas de 1940 y 1950, la época dorada de una oleada de nacionalismo y, más tarde, del Gobierno de Nasser, cuando El Cairo era el viril corazón del mundo árabe. Los cantantes fueron ídolos y sus apasionadas letras cautivaron e inflamaron las almas de los radioyentes desde Argel hasta Bagdad. La cantante árabe más ilustre del s. XX fue Umm Kolthum. Sus largas canciones de amor y *qasa'id* (poemas largos) eran la expresión de la identidad colectiva árabe. El país veneraba tanto a esta mujer que, las tardes de los primeros jueves de cada mes, las calles quedaban desiertas y el país entero se sentaba junto a la radio para escuchar su voz en directo.

Sus homólogos masculinos fueron Abdel Halim Hafez y Farid al-Attrache aunque nunca levantaron las pasiones que levantó *as-Sitt* (la Dama). Se retiró tras un concierto en 1972 y, su muerte, en 1975, provocó un caos y un duelo tales que millones de egipcios salieron a las calles de El Cairo.

En 2002 se abrió el Museo de Umm Kolthum (p. 109) en El Cairo.

POP

Al experimentar Egipto un *boom* demográfico y un descenso en la media de edad, se creó un vacío en la cultura popular que el recuerdo de los grandes no podía llenar. En aquel momento apareció Ahmed Adawiyya, que hizo por la música árabe lo que el *punk* por la música popular

MÚSICA RECOMENDADA

Los siguientes casetes y CD son una buena muestra de la música egipcia. Algunos están editados en el mercado internacional en CD o MP3.

***Talakik*, de Hakim,** incluye *Aho Aho*, un grito poderoso con raíces del sonido *shaabi* tradicional.

***Layli Nahari*, de Amr Diab** El último álbum pegadizo del rompecorazones egipcio que subió hasta el número uno de las listas del mundo árabe. Para cantar a coro.

***Khosara*, de Abdel Halim Hafez** El *riff* de esta canción recuerda mucho al de *Big Pimpin* del rapero estadounidense Jay-Z.

***Inta Omri*, de Umm Kolthum** Una hora de duración y un clásico absoluto. Se recomiendan también *Fakharuni* y *Al-Atlal*.

***Lo Laki*, de Ali Hameida Pivotal** Tema de 1988 que creó la fórmula que seguiría gran parte del pop egipcio posterior.

***Al-Darb fil Iraq*, de Shaaban Abdel Rahim** Este antiguo planchador es el más *shaabi* de los cantantes *shaabi*, célebre por cantar letras que pocos se atreverían.

***Nagham al-Hawa*, de Warda** Argelina de nacimiento pero cairota honoraria. Este doble CD contiene una de sus mejores canciones, *Batwanes Beek*.

***Fi'lshq al-Banat*, de Mohammed Mounir** Último álbum de la estrella del pop intelectual, un nubio que fusiona música árabe tradicional y *jazz*. Sus letras son las más admiradas.

***Zakma*, de Ahmed Adawiyya** Reflexión social (el título significa "abarrotado") de los años setenta, cuando el sonido irreverente de Adawiyya estaba en la cima de la popularidad.

en Occidente. Rechazando las melodías y melodramas tradicionales, sus canciones canallas y, para algunos, políticamente subversivas atraparon el espíritu de la época y dominaron la cultura popular durante los años setenta.

Adawiyya sentó las bases de un nuevo género músical conocido como *al-jeel* (la generación), caracterizado por un ritmo estrepitoso de palmadas revestido con piruetas de sintetizador y letras repetitivas y pegadizas. Muy previsible, mal grabado y de producción masiva en casetes baratos, este pop egipcio se consideró de mal gusto y de usar y tirar. Sin embargo, el panorama musical ha cambiado en los últimos años en El Cairo: cada vez es más elegante, la producción más refinada, y los artistas de renombre se orientan hacia el mercado internacional. Encabeza este grupo Amr Diab, el proveedor más destacado de pop de estilo occidental, con frecuencia descrito como el Ricky Martin árabe.

Nour El Ain de Amr Diab es el álbum más vendido de un artista árabe.

El legado de Adawiyya también ha propiciado el llamado *shaabi* (de la palabra "popular"), que se considera la auténtica música proletaria. Es más grosera que el *al-jeel* y con letras a menudo satíricas o de provocación política. El rostro del *shaabi* es Hakim, popular en televisión y cuyos álbumes venden cerca de un millón de copias.

La mayor parte de los grandes éxitos de ventas actuales en las tiendas de casetes de El Cairo procede de Líbano, Siria, Túnez e incluso Iraq. Como consuelo, Egipto aún tiene los mejores músicos de sesión, compositores y estudios de grabación del mundo árabe, por no hablar del público más numeroso.

Danza

DANZA DEL VIENTRE

Las pinturas en las tumbas egipcias demuestran que la danza formalizada se remonta a la época de los faraones. Durante la Edad Media se institucionalizó en forma de *ghawazee,* un elenco de bailarinas que viajaban con narradores y poetas, y actuaban públicamente o, si las contrataban, como los trovadores de la Europa medieval. Las actuaciones solían celebrarse por separado, con bailarinas bailando ante las mujeres o cubiertas con velos si se trataba de hombres.

La llegada de los viajeros europeos en el s. XIX cambió para siempre esta tradición. Las autoridades religiosas, indignadas al ver musulmanas actuando ante "infieles", presionaron al Gobierno para que gravara con elevados impuestos a las bailarinas. Como ni siquiera los precios abusivos frenaron a los occidentales en busca de emociones, las bailarinas fueron expulsadas de El Cairo. Al quedarse sin clientes, muchas tuvieron que prostituirse para sobrevivir, lo que alentó aún más a los intrépidos viajeros, que iban para cumplir sus fantasías eróticas. Visitantes como el escritor francés Gustave Flaubert, que viajó por Egipto en 1849 y escribió *Viaje al Egipto milenario,* proporcionaron morbosos relatos de sus experiencias, que excitaron a los europeos victorianos y ayudaron a consolidar la poco respetable reputación de la danza egipcia:

> "Ambas vestían igual, con pantalones holgados y chaquetas bordadas, y los ojos pintados con kohl. La chaqueta llega al abdomen mientras que los pantalones, sujetados por un enorme cinturón de cachemir doblado varias veces, empiezan aproximadamente en el pubis, de forma que el estómago, la parte baja de la espalda y el principio de las nalgas quedan al descubierto y se ven a través de un trozo de gasa negra, sujeto entre las prendas superiores e inferiores, que se ondula en las caderas como una ola transparente con cada movimiento."

Cruceros por el Nilo

Preparativos para un viaje por el río de la vida.

ANTHONY SATTIN

Cruceros por el Nilo

Surcar el río más largo del mundo, admirar los extraordinarios monumentos, el fértil valle y la yerma belleza del desierto, cegarse con la luz y sentir el calor, y disfrutar del placer de fluir poco a poco en un mundo acelerado, hacen de esta travesía una de las experiencias más excitantes y románticas que quepa imaginar.

La cuenca del Nilo cubre 3,35 millones de kilómetros cuadrados, un 10% del continente africano, y la comparten 10 países, pero es Egipto el que más se beneficia de su imponente caudal. Llueve muy poco en esta parte del valle, por lo que, sin el río, el país no existiría. Los antiguos egipcios reconocían este hecho cuando comparaban su tierra con un nenúfar: el delta era la flor; el oasis de Al-Fayoum, el capullo; y el río y el valle, el tallo que los sostenía.

Pero lo que más impresiona al viajero no es el uso práctico del río, sino su belleza: la luz suave matutina, la frondosidad de las plantas y árboles que crecen en sus orillas, el fragor de las bandadas de pájaros que recorren el curso en sus migraciones o la paciencia de los pescadores, que zarpan en los botes para echar las redes... En definitiva, su grandeza.

Tras pasar varios días cerca del Nilo se comprende cuáles son los fundamentos de la antigua religión egipcia. Se aconseja levantarse temprano para ver salir el sol en todo su esplendor en la orilla oriental, oír cómo se despierta el campo y ver a los pescadores faenando. Durante el día, basta con observar el esencial y omnipotente Nilo. Por la tarde, la luz deviene más cálida y suave, hasta que el rutilante astro rey se oculta tras la orilla occidental y todo descansa hasta el día siguiente.

DATOS DEL NILO

El río más largo del mundo serpentea 6.680 km por África en su fluir hacia el Mediterráneo. Tiene dos nacimientos principales: el lago Victoria, en Uganda, del que se origina el Nilo Blanco, y el lago Tana, en las tierras altas etíopes, del que brota el Nilo Azul. Ambos ríos convergen en Jartum, Sudán. Unos 320 km más al norte se les une el Atbara. Desde ahí, el río fluye hacia el norte hasta su fin sin que se le sume agua de ninguna otra fuente, y casi ninguna proveniente de la lluvia.

HISTORIA DE LOS VIAJES POR EL NILO

Hasta que no se construyeron carreteras decentes y una línea férrea a finales del s. XIX, el Nilo era la arteria principal de Egipto y el modo más sencillo y rápido de desplazar cargas, enviar mensajes o visitar otras zonas del país. Alejado del río, el desierto era difícil de sortear, además de lento y peligroso. Resultaba tan fácil surcar el Nilo en barco que, pese a sus increíbles logros en ingeniería, los antiguos egipcios no empezaron a usar la rueda hasta 1.000 años después de construir las pirámides. Las travesías por el río eran tan importantes para los egipcios que parecía lógico que el dios Ra viajara por el cielo en barca y que los muertos navegaran hasta el más allá.

Barcas antiguas

Se cree que los primeros botes debieron de ser sencillos esquifes hechos con papiros atados, usados para cazar y recorrer distancias cortas durante el período faraónico. Los antiguos

Una llamativa *dahabiyya* navegando.
ANTHONY SATTIN

LO MEJOR DEL NILO

Lujo en el Nilo Disfrutar de una travesía privada en una *dahabiyya* restaurada (p. XI).

Crucero económico Viajar en falúa desde Asuán hasta Edfu (p. IX).

Lujo nubio Ir a Abu Simbel a bordo del *M/S Kasr Ibrim* (p. XVI).

Viaje nostálgico Revivir el Egipto de Agatha Christie en el último barco de vapor del Nilo, el *Sudan* (p. XV).

Un cinco estrellas Relajarse en una de las 20 *suites* a bordo del *M/S Triton* (p. XV).

Diversión en familia Combinar un crucero de lujo, visitas a monumentos y clases de cocina para los niños en el *Sun Boat III* (p. XV).

egipcios también construyeron barcas de madera más sofisticadas que se desplazaban gracias a múltiples remos, una vela larga y estrecha, y un remo de gobierno que más adelante se convirtió en timón. Por lo visto, la embarcación antigua más sofisticada que se conserva formó parte de los bienes funerarios del faraón Keops y está en el Museo de la Barca Solar (p. 137) de las pirámides de Gizeh. En otras tumbas también se hallaron numerosos modelos más sencillos de barcas, y pueden verse en el Museo Egipcio (p. 179) de El Cairo.

Espléndidas 'dahabiyyas'

En la Edad Media, cuando El Cairo se había convertido en la capital de Egipto y en uno de los centros mercantiles más ricos del mundo, un viajero italiano calculó que había 36.000 embarcaciones en el Nilo. Algunas eran naves de carga sencillas, con vela latina (triangular), conocidas con el nombre italiano de *felucca* (falúa); los navíos más sofisticados eran para los ricos, se llamaban *dahabiyyas* y los historiadores medievales las describían como barcas de madera de dos mástiles, profusamente decoradas, y dotadas de baño y camarotes.

La *dahabiyya* fue el medio de transporte preferido de los europeos ricos que viajaban por el Nilo en la primera mitad del s. XIX. Un viaje de El Cairo a Abu Simbel en uno de estos barcos elegantes duraba casi dos meses, y gran parte de los preparativos de cualquier crucero por el Nilo se concentraban en alquilar y equipar esta segunda vivienda.

Turismo de masas

En la década de 1850, las travesías por el Nilo cambiaron para siempre con la llegada de los barcos de vapor regulares. Thomas Cook, un impresor británico, aprovechó esta innovación en 1869 cuando llevó al primer grupo de turistas a Egipto. Así nacía el turismo organizado, y los barcos de vapor fueron imponiéndose a las *dahabiyyas*, de modo que los viajes por el Nilo se volvieron relativamente baratos y accesibles para un número creciente de visitantes.

Hoy en día, un crucero por el famoso río forma parte de casi cualquier viaje organizado a Egipto. Partiendo del humilde barco de vapor, los cruceros han evolucionado hasta convertirse en enormes hoteles flotantes, algunos con clubes nocturnos y piscinas para disfrute de

LOS CINCO MEJORES RELATOS DE VIAJES DEL NILO

La experiencia sensual En *Viaje al Egipto milenario*, Gustave Flaubert narra cómo los lugares exóticos y los placeres sensuales en su largo viaje por el Nilo le cambiaron la vida.

El descubrimiento espiritual Las maravillosas *Cartas desde Egipto: 1849-1850* que Florence Nightingale enviaba a su casa dicen lo mucho que disfrutó con los monumentos y revelan su viaje espiritual.

Egiptología clásica Amelia B. Edwards, autora de *Mil millas Nilo arriba*, estaba tan obsesionada con los restos de la antigua civilización egipcia que encontró en su viaje que fundó la Egypt Exploration Fund en Londres; hoy en día aún financia misiones arqueológicas.

Un encuentro antiguo En sus *Historias*, Herodoto (historiador griego del s. V a.C.) describe costumbres egipcias, comportamientos curiosos, cuentos chinos y algunos hechos.

El largo viaje En *Old Serpent Nile: A Journey to the Source*, Stanley Stewart viaja del delta del Nilo hasta su nacimiento en las montañas de la Luna, en Uganda, a finales de los ochenta.

los huéspedes. Los visitantes pueden volar directamente al Alto Egipto desde Europa, pasar cinco días en el Nilo y regresar a casa en menos de una semana. Sin embargo, los cruceros son tan grandes y están tan abarrotados que la *dahabiyya* ha vuelto: se han restaurado *dahabiyyas* antiguas y se están construyendo muchas más para ofrecer viajes a medida y más largos que permitan a los viajeros nadar en el Nilo, atracar junto a yacimientos fascinantes más pequeños y visitar los grandes en un clima de mayor intimidad.

ITINERARIOS Y YACIMIENTOS

Los cruceros más grandes se ciñen a rígidos itinerarios en el concurrido tramo entre Luxor y Asuán. En estos viajes, que suelen durar de tres a seis noches, los días se pasan visitando monumentos, de relax junto a la piscina o en cubierta. Por la noche, organizan espectáculos: cócteles, bailes y fiestas de etiqueta –a menudo llamadas *galabiyya* (atuendo autóctono masculino), pues se anima a los pasajeros a vestir como los egipcios– forman parte de la diversión. En la mayor parte de estos cruceros, el tiempo real de navegación es mínimo (a menudo no más de cuatro horas al día, en función del itinerario).

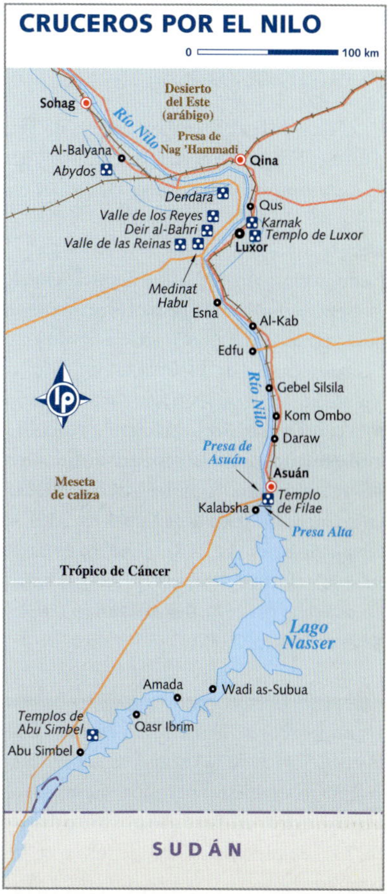

Las falúas y las *dahabiyyas* fijan sus propios horarios y, como no necesitan lugares especiales para atracar, pueden hacerlo en islotes o sitios arqueológicos que los grandes cruceros se saltan. No obstante, incluso estos barcos suelen tener sus rincones preferidos para atracar. Se impulsan a vela en vez de a motor, y se ocupa mucho más tiempo navegando. Por la noche, el ocio suele consistir en contemplar el firmamento, atender a los sonidos del río y, en ocasiones, escuchar la música de la tripulación o los lugareños.

El tramo entre Luxor y Asuán atesora el mayor número de monumentos bien conservados del país, lo que explica que también concentre el mayor número de barcos y turistas (navegando en ambas direcciones). En la actualidad, el Gobierno prohíbe a cualquier embarcación navegar al norte de Abydos, debido a la sublevación islamista de los años noventa (véase p. 215). Rara vez se ven falúas y *dahabiyyas* entre Luxor y Esna porque cuesta conseguir los permisos policiales y porque los grandes barcos suelen tener prioridad en la concurrida esclusa de Esna. Los operadores de *dahabiyyas* fletan autobuses desde Luxor hasta Esna.

El ocaso proyecta su luz dorada sobre la majestuosa sala hipóstila de Kom Ombo (p. 297).

En el caso de las falúas, éstas zarpan de Asuán y finalizan el trayecto al sur de Esna; algunos patrones organizan el viaje hasta Luxor, pero con un coste adicional.

A continuación, se señalan las escalas más habituales de los cruceros.

Luxor

Dado lo saturado que está el amarradero, donde suelen juntarse 8 o 10 barcos (de tal manera que puede que la vista de un camarote sea otro camarote), y la variedad de hoteles, es mejor pasar el menor tiempo posible a bordo en Luxor.

Luxor, capital del espléndido Imperio Nuevo de los faraones de Egipto, donde residieron Tutankamón, Ramsés II, etc., atesora memorables monumentos. El grueso de los cruceros sólo cubren lo básico, y si interesa visitar los monumentos, vale la pena pasar un día o dos más en Luxor lejos del barco. Destacan entre otros los **templos de Karnak** (p. 239), el **templo de Luxor** (p. 246), el **Museo de Luxor** (p. 248), el **valle de los Reyes** (p. 255), la **tumba de los Nobles** (p. 267), **Deir al-Bahri** (p. 265) y **Medinat Habu** (p. 272).

Columnas del templo de Jnum (p. 291).

NORTE DE LUXOR

Durante años se ha excluido esta zona de los itinerarios de los cruceros debido a la violencia islamista, pero los yacimientos arqueológicos de **Dendara** (p. 228) y **Abydos** (p. 231) empiezan a figurar de nuevo en los circuitos turísticos. Suele suponer un viaje de seis o siete días en vez de los cuatro o cinco habituales. No todas las naves ofrecen este servicio, por lo que no se ve mucha gente en estos yacimientos. También se puede hacer un crucero de un día a Dendara (p. 275).

En la actualidad, las falúas y *dahabiyyas* no navegan al norte de Luxor. Mientras se redactaba esta guía, estaban construyendo un muelle al sur del puente de Luxor para que los cruceros amarren fuera de la ciudad y dejen de bloquear la vista desde la Corniche. Los pasajeros serán trasladados a Luxor en autobús.

Entre Luxor y Asuán

El tramo más famoso del río está salpicado de arquitectura impresionante y múltiples parajes de gran belleza natural. Todos los cruceros hacen paradas para visitar los templos tolemaicos de **Esna** (p. 291), **Edfu** (p. 294) y **Kom Ombo** (p. 297). En el caso de los cruceros más cortos, los tres lugares se visitan en un solo día. Aunque por su tamaño resulta factible, explorar estos tres grandes templos es demasiado para una sola jornada y la visita apresurada implica pasar más tiempo a bordo en Luxor o Asuán.

Las *dahabiyyas* y falúas tardan más en recorrer la distancia entre los tres templos y sólo cabe visitar uno al día. Casi todas las *dahabiyyas* (y algunas falúas) también hacen escala en los yacimientos poco visitados, pero muy recomendables, de **Al-Kab** (p. 293) y **Gebel Silsila** (p. 296), donde los cruceros carecen de amarraderos; en consecuencia, puede que los únicos visitantes sean los compañeros de viaje, y que la experiencia se asemeje a la de los viajeros del s. XIX.

Asuán

El Nilo fluye entre rocas y varias islas en Asuán, lo que hace de él un punto muy pintoresco, y más aún teniendo en cuenta que el desierto se extiende a ambos lados del río. Si se embarca en Asuán es probable que sólo se pase una noche en la ciudad, aunque algunos cruceros permanecen atracados dos noches. El grueso de los itinerarios incluye una visita a **Filae** (p. 317), donde se alzaba el templo de Isis, la **Presa Alta** (p. 318), y las canteras del norte, donde radica el **obelisco inacabado** (p. 305). A veces los cruceros proponen bordear en falúa

Intrincado bajorrelieve en las capillas funerarias de las Divinas Adoratrices de Medinat Habu (p. 272).
MARK DAFFEY

la **isla Elefantina** (p. 305); si no es así, merece la pena organizarlo personalmente. Algunos también ofrecen un circuito opcional de medio día (por lo general en avión) a **Abu Simbel** (p. 325). Mientras se redactaba esta guía, estaban construyendo un muelle al sur del puente de Luxor para que los cruceros amarren fuera de la ciudad y dejen de bloquear la vista desde la Corniche. Los pasajeros serán trasladados a Luxor en autobús.

Lago Nasser

Surgió cuando se construyó la Presa Alta cerca de Asuán, y cubre Nubia, enclave con cientos de tumbas, templos e iglesias (véase la p. 319 para más información sobre la historia y cultura nubia). Antes de construir la presa, se trasladaron muchos de estos monumentos desde

Una tradicional falúa se desliza hacia Asuán.

WAYNE WALT

sus emplazamientos originarios hasta **Kalabsha** (p. 323), **Wadi as-Subua** (sólo accesible en barca; p. 324), **Amada** (sólo accesible en barca; p. 324) y, por supuesto, **Abu Simbel** (p. 325).

Como el lago Nasser sólo lo surcan seis cruceros no hay problema de amarraderos, y los monumentos (salvo el templo de Ramsés en Abu Simbel) no están abarrotados. En general, los itinerarios son de tres noches y cuatro días desde Asuán hasta Abu Simbel, o bien de cuatro noches y cinco días desde Abu Simbel hasta Asuán.

NAVEGAR EN FALÚA

Para muchos viajeros, la única manera de viajar por el Nilo es despacio, a bordo de una falúa (un barco de vela tradicional). Si no es nadando, no hay otro modo de acercarse más al río, zigzagueando de una orilla a otra y observando la actividad ribereña, en apariencia incesante: pescadores lanzando las redes, búfalos de agua mirando a los transeúntes, mujeres cocinando, *fellaheen* (granjeros) trabajando el campo, niños nadando… El tamaño reducido de la barca limita el número de pasajeros e implica una experiencia mucho más íntima del río y los monumentos que se desparraman a lo largo de él. Además, las tarifas de estos viajes son asequibles para todos los bolsillos.

Un viaje lento

La mayor parte de los periplos en falúa comienza en Asuán. La fuerte corriente hacia el norte permite que los barcos no se paren si cesa el viento. Hay viajes a Kom Ombo (dos días, una noche), Edfu (tres días, dos noches; es la opción más popular) o Esna (cuatro días, tres noches). Las falúas ya no pasan por la esclusa de Esna de camino a Luxor. Muchos patrones de falúas son nubios y, de camino, proponen tomar té en su pueblo, en cuyo caso las mujeres deben vestir con recato y cubrirse brazos y piernas.

Las falúas no pueden navegar a partir de las 20.00, así que la mayoría cesa su actividad al atardecer y se pernocta en el barco o se acampa en una isla. El ocio nocturno consiste en contemplar el firmamento u oír cantar a la tripulación de fiesta, según el ánimo del pasaje.

ORGANIZAR UN VIAJE EN FALÚA

Baños No hay baños en la nave, así que habrá que aguantarse o buscar un rincón discreto en la orilla.

Cerciorarse de que la barca está en condiciones Que sea una embarcación decente y apta para el río, y que esté dotada del equipo necesario: mantas (por si refresca de noche), utensilios de cocina y una sombrilla. Si al final se presenta un barco o un patrón distinto, hay que negarse categóricamente a subir a bordo.

Aclarar si el precio incluye la comida Para asegurarse de que se obtiene lo que se paga, mejor acompañar a quien haga las compras.

Llegar de antemano a un acuerdo acerca del número de pasajeros Interesa conocer a los otros pasajeros: se compartirá un espacio reducido.

Decidir el alojamiento antes de partir Muchos patrones de falúa atracan 30 km al sur de Edfu, en Hammam, Faris o Ar-Ramady, y reservan taxis colectivos "especiales", que conducen al templo de Edfu y luego directamente a un hotel en Luxor elegido por ellos que cuesta entre 25 y 30 EGP por persona (cuando deberían ser 15 EGP).

No entregar el pasaporte A los patrones les basta una fotocopia para obtener el permiso.

Llevar mucha agua embotellada

Procurarse material básico De noche puede hacer mucho frío, y las mantas de a bordo serán insuficientes, así que mejor llevar saco de dormir. El repelente antiinsectos también es recomendable. El sombrero y el protector solar son básicos.

Recoger la basura Dondequiera que se pare, hay que dejarlo limpio.

Aunque puede resultar difícil mantener entretenidos a los niños pequeños en un barco de vela todo el día, los viajes en falúa son ideales para unas vacaciones en familia, sobre todo con hijos mayores. A los egipcios les encantan los niños, y el patrón y la tripulación disfrutarán con ellos a bordo. No hay que olvidar llevar chalecos y equipo de seguridad propio.

Dar con el patrón

Oficialmente hay 3.400 falúas en Asuán, así que organizar un viaje en falúa puede resultar agotador, sobre todo cuando uno se encuentra con legiones de "cazaclientes" en la Corniche. Los hoteles pequeños pueden ser igual de agresivos tratando de reclutar clientes. Aunque es más cómodo que los hoteles lo organicen todo, conviene recordar que se llevan un porcentaje del importe, por lo que resulta más caro, o lo descuentan de los honorarios del patrón o reducen la cantidad de comida.

Para obtener lo que se quiere es mejor organizarlo personalmente. Muchos de los mejores patrones están fumando una *sheesha* (narguile) o tomando una cerveza en restaurantes junto al Nilo, como Aswan Moon (p. 313), Emy (p. 313), cerca del restaurante Panorama (p. 313) o en la isla Elefantina (p. 305). Es mejor tratar con varios antes de elegir a uno. Se aconseja a las mujeres que viajan solas o en grupo que intenten juntarse con unos cuantos hombres, ya que algunas viajeras se han encontrado con patrones de falúas que han intentado toquetearlas, e incluso ha habido casos puntuales de agresión sexual.

En principio las falúas pueden transportar un mínimo de seis pasajeros y un máximo de ocho. Cuestan unas 40 EGP por persona hasta Kom Ombo, 70 EGP a Edfu y 90 EGP a Esna. Habrá que añadir entre 5 y 10 EGP más por persona para que el capitán haga el papeleo en la comisaría, y también pagar la comida. A veces se pueden conseguir barcos por menos de la tarifa oficial, pero cuidado, si es mucho más barato se tendrá que lidiar con un patrón y una tripulación resentidos o no se comerá nada más que pan y *fuul* (pasta de habas) durante tres días. No hay que pagar nada hasta llegar al destino, pues ha habido casos de viajes que han terminado antes de tiempo por una supuesta avería.

UN LAGO MUY TEMPESTUOSO

"En algunos tramos, El Nilo parece un mar, es muy ancho, y cuando la brisa refresca aparece, cual nenúfares, una flota de pequeñas *cangias* (no se sabe de dónde) o, cual barcos mágicos, una flota de *efreets* que remontan el Nilo, doblan un cabo, se cruzan los unos con los otros. Hay islas y cabos y calas, como en el mar, y a veces, cuando el viento sopla a contracorriente, ya no es el solemne Nilo, sino un lago tempestuoso, encrespado y con turbulentas pequeñas olas. Pero siempre es hermoso."
De *Cartas desde Egipto: 1849-1850* de Florence Nightingale.

Disfrutar flotando sobre las apacibles aguas del Nilo.
JANE SWEEN

La tripulación de la *dahabiyya* entra en acción cuando ésta zarpa.

ANTHONY SATTIN

Si se desea ayuda, hay que visitar a Hakim Hussein de la oficina de turismo de Asuán (p. 301), que puede recomendar a algunos operadores fiables (o, al menos, desaconsejar los dudosos). La policía turística y la oficina de turismo son la primera referencia si surge algún problema.

'DAHABIYYAS', LAS BARCAS DE ORO

"La elección entre una *dahabiyya* y un buque de vapor como medio de transporte es equiparable a la diferencia entre viajar a caballo o en tren. La primera opción es cara, pausada y encantadora; la segunda es económica, rápida y, en comparación, bastante incómoda." Cuando, en el s. XIX, Amelia Edwards escribió estas líneas en *Mil millas Nilo arriba,* los circuitos organizados en barcos de vapor ya estaban desplazando a las *dahabiyyas* del Nilo, y durante buena parte del s. XX, desaparecieron del río. Pero unas pocas empresas se han dado cuenta de que hay gente que prefiere navegar como se hacía antiguamente. El ruido en el Nilo es tan ensordecedor que pronto aparecerán más *dahabiyyas* con sus velas al viento, pero aún sigue siendo una forma de viajar poco común. Las embarcaciones que se mencionan a continuación están decoradas con gusto y detalle, dotadas de una cierta solera y velas latinas dobles. También disponen de filtros de agua, sus propios generadores y dispositivos para obtener electricidad en algunos muelles. Casi todas las alquilan para recién casados, familias numerosas o grupos de amigos. Con tan reducido número de pasajeros, sin duda es la forma más lujosa de visitar los monumentos sin aglomeraciones. Los itinerarios flexibles y el

La cubierta de la *dahabiyya* ofrece un marco incomparable para relajarse y asimilar el paisaje espectacula
ANTHONY SATTI

servicio personalizado también permiten sentirse independiente mientras se viaja con todas las comodidades. Hoy por hoy, la policía prohíbe que estas barcas naveguen entre Luxor y Esna. El precio incluye las comidas y los traslados a/desde los aeropuertos o estaciones de tren, y en su mayoría también la entrada a los monumentos, si bien el cliente debería cerciorarse al hacer la reservar. Es mejor organizarlo antes de partir hacia Egipto.

El Nil (☎ 010 657 8322; www.nourelnil.com; cinco días desde 1.000 €/persona;). Réplica exacta de una *dahabiyya* del s. XIX, con bellos acabados, actualmente es la más atractiva en el Nilo. Caben 20 pasajeros en 10 camarotes blancos, cómodos y elegantes, con baño propio y grandes ventanas que dan al río. Como está recién construida, las tuberías y los filtros de agua funcionan, y sobra espacio para guardar el equipaje. De día, cuando no se visite un yacimiento arqueológico o un mercado, se puede leer en cubierta, observar el paisaje o nadar a contracorriente. El chef compra a granjeros y en mercados por el camino, por lo que la comida es sencilla pero fresca y sabrosa: mucha verdura, pollo de granja, pato y pescado. Este viaje a medida, que hace escala en islotes y pueblos de las afueras, es único para ver el Nilo evocando otra época. Cuando hay calma chicha, una lancha motora remolca la *dahabiyya*. Los mismos dueños poseen tres barcas más.

Lazuli (☎ 010 364 7011; www.fleuves-du-monde.com; i/d por semana 2.360/3.800 €;). Ahora surcan el Nilo dos *Lazuli* con seis camarotes, alquiladas a menudo por Kuoni y Abercrombie & Kent, y están construyendo dos más. Las barcas, largas y elegantes, tienen dos velas latinas, una espaciosa cubierta con hamacas, cojines y una mesa larga donde sirven casi todas las comidas. Los camarotes son cómodos, con baño propio (sucinto pero moderno). La misma compañía dispone también de cuatro *sandales* (barcos de vela más pequeños que las *dahabiyyas)* más grandes: *Al Karim*, *Al Shaba*, *Al Sindbad* y *Al Qurna*, de entre cuatro y nueve camarotes, algunos con baño privado y todos con ventilador. Cuesta 1.200 € por persona y una semana. Todos los cruceros emplean seis días y sus noches para ir de Esna a Asuán.

Belle Époque Travel (☎ 02-516 9649; www.dahabiya.com; consultar precios;) . Esta compañía, que también fleta barcos en el lago Nasser, tiene seis *dahabiyyas* con aire acondicionado, y está construyendo unas cuantas más. Son *El Bey* (El Señor), *El Hanem* (La Señora), *Zahra* (Flor), *Nesma* (Brisa), *Amber* (Ámbar) y *Musk* (Almizcle), y cada una con seis camarotes decorados distintamente al estilo colonial. Alquilan algunas barcas a operadores turísticos extranjeros, y otras a particulares. El ambiente es más formal que en las otras *dahabiyyas,* y está provista de motor para los días sin viento.

Neferu-Ra (www.museum-tours.com/tours/neferura.htm; cinco noches, hasta tres personas 3.000 US$, cada persona extra 1.000 US$;). Construida en 1910 para un bajá egipcio, mide 23 por 4,5 m y puede alojar a un máximo de cinco personas en tres camarotes individuales y una *suite* doble. Dispone de un acogedor salón de estilo victoriano y una cubierta superior. El circuito de ocho días (seis noches navegando y una en un hotel en Luxor) incluye las visitas a los templos de Esna, Edfu y Kom Ombo, así como a Gebel Silsila. Hay un guía a bordo para las visitas a los monumentos.

Nubian Nile Cruises (www.nubiannilecruises.com; d siete días incl. Abu Simbel desde 3.700 US$/persona;). Esta compañía posee varias *dahabiyyas* a precios diversos. La *Royal Cleopatra* es una *sandale* de 19 m de eslora, una falúa modificada con dos mástiles que suele usarse para transportar carga pesada por el Nilo. Reparada con elegancia, caben hasta seis pasajeros y cinco tripulantes, incluido un egiptólogo residente. La *Zarafa* (Jirafa) *Deluxe* perteneció al sultán Kamal, tiene nueve camarotes y realiza un crucero de ocho días que incluye Abu Simbel, mientras que las *dahabiyyas* más pequeñas, con sólo seis camarotes, los hacen de cinco días.

Relajarse en el exquisito salón de una *dahabiyya.*
ANTHONY SATTIN

Una impresionante *dahabiyya* con doble latina.
ANTHONY SATTIN

CRUCEROS

Más de doscientos setenta cruceros cubren el trayecto entre Asuán y Luxor –tantos que hay una moratoria sobre la botadura de nuevos barcos (se botó uno nuevo en 2005, pero los funcionarios de turismo insisten en que el permiso se expidió cinco años antes)–. Como ocurre con los hoteles, los hay que son muy viejos y los hay lujosos, pero casi todos tienen algún tipo de piscina, una cubierta para tomar el sol y contemplar el paisaje, un restaurante, un bar, aire acondicionado, TV, minibar y baños privados. Pocos saben que el Gobierno ha impuesto que ahora cada crucero lleve al menos dos soldados armados a bordo, que vigilan el barco en la proa y en la popa.

CONSEJOS PRÁCTICOS SOBRE CRUCEROS

Cuándo viajar Todos los cruceros (excepto los del lago Nasser) deben pasar por una esclusa en Esna, que cierra dos semanas en diciembre y junio cuando se hace descender el nivel de agua en el Nilo para limpiar los canales de irrigación. Las fechas cambian cada año, por lo que el viajero deberá consultarlo con su operador turístico o compañía de cruceros y evitar así el traslado desde Luxor por carretera.

Dónde empezar El grueso de los cruceros que zarpan de Luxor emplean un día más que los que zarpan de Asuán, en parte porque remontan la fuerte corriente. Si alguien desea estar más tiempo en Luxor o prefiere gastar menos, se aconseja zarpar en Asuán e ir rumbo al norte.

Conocer el barco Preguntar el nombre del barco antes de reservar. Si el hotel o agencia de viajes no lo sabe, búsquese en otra parte.

Elección de camarote Evítese la cubierta inferior. La mayor parte de los barcos indicados tienen vistas decentes desde todos los camarotes, pero las orillas del Nilo son elevadas (y más aún cuando desciende el caudal), y pueden tapar las vistas. Se aconseja pedir el plano de cubiertas al reservar.

Tiempo de navegación A muchos pasajeros de crucero por el Nilo les sorprende el poco tiempo que se pasa en él: los barcos cubren distancias bastante rápido y suelen navegar sólo unas cuatro horas al día.

El horror de los embarcaderos Casi todos los cruceros acaban amarrados unos junto a otros (hay excepciones, como el *Sudan*, p. XV), así que habrá que pasar por cuatro o cinco barcos antes de llegar al propio, o puede que la ventana del camarote dé directamente a otro buque.

Cuestión de higiene En general, cuanto más caro es el barco, mayor es la higiene. Todos los cruceros mencionados filtran el agua, pero aun así muchos pasajeros siguen padeciendo problemas estomacales. Véase p. 546 para recibir más consejos.

En general, viajar en uno de estos hoteles flotantes significa entrar en el mundo de los viajes organizados: el crucero sigue siendo la mejor manera de ver el Nilo cómodamente con un presupuesto medio, y es ideal para familias con hijos que quieren bañarse en la piscina entre visita y visita arqueológica, o para relajarse entre una y otra. El inconveniente es que casi siempre hay que ver los monumentos en grupos numerosos y los itinerarios suelen ser inflexibles. Estos barcos suelen atracar juntos, por lo que el increíble volumen de tráfico, junto con los generadores y los aparatos de aire acondicionado, perturban la paz del río. La opinión general es que no hay que escatimar gastos en los cruceros, porque de lo contrario uno puede encontrarse con problemas de higiene, con que no haya piscina, con que los camarotes sean cuchitriles o con muchos gastos adicionales, en cuyo caso sale más a cuenta alquilar una falúa.

Lo mejor, pues, es llegar a Egipto en un viaje organizado con todo incluido. No sólo saldrá más barato, sino que, en el caso de promociones rebajadas, es la agencia la que asume toda la responsabilidad. Las mejores ofertas se encuentran en Europa. Mejor no reservar a través de hoteles pequeños en Egipto: suelen mandar a los clientes a barcos de calidad inferior y como no tienen licencia para ejercer de agencia de viajes, no se puede recurrir si se presentan problemas.

Al haber tantos buques para elegir (y en su mayoría idénticos), se mencionan sólo los más dignos, con los precios de temporada alta, que incluyen todas las comidas, entradas a los monumentos y guías. Los precios varían mucho según la época del año, la situación turística y de cómo se haga la reserva.

ENTRE LUXOR Y ASUÁN

Sudan (Francia 00 33 1 7300 8188; www.steam-ship-sudan.com; crucero de tres noches i/d desde 920/1.390 €, crucero de cuatro noches i/d desde 1.400/2.030 €;). Construido en 1885 como parte de la flota de barcos de vapor de Thomas Cook, llegó a pertenecer al rey Fuad y sirvió de escenario para la película *Muerte en el Nilo.* Ha sido restaurado y tiene 23 *suites,* todas con baño propio, aire acondicionado y un pequeño balcón. Resulta inusual que carezca de piscina, pero también es único porque posee una historia y personalidad propias, algo que se echa mucho de menos en la mayoría de los cruceros. Por su forma no puede amarrar con otros cruceros, y en consecuencia las vistas por la noche son buenas. No admiten a menores de 7 años.

Sun Boat IV (www.akegypt.com; por persona y noche desde 175 US$;). El mejor crucero de Abercrombie & Kent es el bonito *Sun Boat IV,* con 40 camarotes decorados en un estilo egipcio y contemporáneo. La *suite* real es enorme y tiene una gran terraza. Se puede cenar a la carta u optar por un menú europeo o egipcio. El barco está perfectamente administrado, cuentan con un excelente egiptólogo a bordo y no se puede usar el teléfono móvil. La compañía también posee el *Sun Boat III,* más pequeño pero de cinco estrellas (en el que imparten clases de cocina para niños), cuyo crucero de siete noches incluye Abydos y Dendara, así como el Nile Adventurer, más barato, y el *Nile Explorer.* Todos los barcos de A & K tienen excelentes egiptólogos como guías y un muelle privado para atracar en Luxor, Asuán y Kom Ombo.

M/S Triton (www.capecairo.com/egypt/Nile_cruises/triton.html; por persona y noche 440-550 US$;). Está considerado el barco más lujoso del Nilo y pertenece a un particular. Es grande y tiene 20 espaciosos camarotes dobles, una piscina cubierta y otra descubierta, un *spa,* restaurante a la carta y un camarero por camarote. El barco zarpa de Luxor los lunes para realizar cruceros de siete noches y de Asuán los jueves, para realizarlos de cuatro noches.

Philae (www.oberoihotels.com; i/d/st crucero de cuatro noches 2.400/3.000/4.000 US$, seis noches 3.600/4.500/6.000 US$;). Parecido a un barco de vapor con paletas del Mississippi, ha ganado varios premios; el interior está revestido con paneles de madera y repleto de antigüedades, y todas las habitaciones tienen balcón. A ello hay que añadir un sistema de filtración de agua último modelo, una biblioteca y todas las comodidades de un buen hotel de cinco estrellas.

Shehrayar y Shehrazad (www.luxurynilecruisers.com; i/d crucero de cuatro noches 960/1.120 US$, siete noches 1.700/1.960 US$,). Gestionados también por Oberoi, son menos lujosos que el *Philae* pero

Navegar Nilo abajo con estilo.

ANDERS BLOMQVIST

Vistas desde la cubierta de un barco a vapor.
DAMIEN SIMONIS

aun así disponen de buenos acabados. Cada uno tiene 40 camarotes, piscinas, bares y otros servicios de un cinco estrellas, y atraca en los muelles privados de la compañía en Asuán y Luxor.

Moon Goddess (www.sonesta.com/egypt_nilecruise; i/d/tr por noche 455/568/768 US$;). El mejor de la flota de Sonesta es un cinco estrellas grande y lujoso, con acabados en mármol y dorados. Los otros dos, el *Sun Goddess* y el *Nile Goddess,* son parecidos pero algo más baratos.

M/S Beau Soleil (www.msbeausoleil.com; desde 95 US$/persona y noche). Aunque tiene cinco estrellas, su precio es más razonable que el de muchos otros, y se recomienda por su buen servicio e instalaciones. Los camarotes más pequeños miden 15 m^2 y muchos disponen de balcón propio desde el que contemplar el paisaje que se deja atrás.

M/S Florence (☎ 02-450 2327; http://florencestmaria.com; desde 90 US$/persona y noche;). No es tan bonito como los anteriores, pero figura en la lista por su relación calidad-precio y porque lo recomiendan en varios sitios.

LAGO NASSER

Actualmente seis cruceros surcan este lago, de los cuales sobresalen dos:

M/S Kasr Ibrim y M/S Eugénie (☎ 02-516 9653/4/5; www.kasribrim.com.eg; d para tres o cuatro días desde 190 US$/persona y noche;). Gestionados por Belle Époque Travel, fueron la creación de Mustafá al-Guindi, un cairota de origen nubio que es casi el único responsable de que el lago Nasser esté abierto a los turistas. Son impresionantes: el *Eugénie* se basa en un pabellón de caza de principios del s. XX y el *Kasr Ibrim* evoca los años treinta. Ambos tienen piscina, *hammam* (baño turco) y sirven exquisita cocina francesa. Además, organizan veladas con cócteles y música clásica frente a los templos de Abu Simbel.

Los restantes cruceros no son tan lujosos ni tan bonitos, pero sí más baratos y es más fácil conseguir una reserva de última hora.

Nubian Sea (☎ 012 322 2065;). Tiene 66 camarotes con buenos acabados y cuatro *suites,* sistema de purificación de agua, radar, salón con pista de baile, bufé y restaurante a la carta, piscina y terraza.

Prince Abbas (☎ 097-314 660, 012 220 6747;). De cinco estrellas, tiene biblioteca, gimnasio, terraza con piscina y *jacuzzi.* Los espaciosos camarotes están provistos de TV, hilo musical, minibar, ventanales y baño propio.

Queen Abu Simbel (☎ 097-306 512, 012 224 8658;). También es de cinco estrellas, pero es más *kitsch* y más barato; 60 camarotes espaciosos y dos *suites,* biblioteca, *pub* inglés, terraza con piscina, cine, gimnasio, *hammam* y tiro al plato.

Tania (☎ 097-316 393; www.travcotels.com;). Es de cuatro estrellas y tiene piscina exterior e interior.

BAILAN PARA SÍ MISMAS *Louisa Young*

Cuando a menudo me preguntan por qué la heroína de mis novelas es una bailarina de danza del vientre, respondo que porque puede vivir en sucios antros y ostentosos hoteles, llevar fabulosas ropas y considerar que el poder de la mujer sobre su propio cuerpo es una herencia ancestral, desde Salomé a las prostitutas actuales, pasando por Flaubert y el turismo sexual en el mundo desarrollado.

Cuando una robusta ucraniana en biquini de lentejuelas arrastra a un espectador al escenario de un local es fácil olvidar que la danza del vientre es más vieja que Matusalén, profundamente íntima y un icono del posfeminismo. Aunque los hombres y los extranjeros suelen verla como un espectáculo erótico, para muchas árabes –y un creciente número de mujeres occidentales– es una actividad personal cargada de identidad, historia y comunidad, además de brindar diversión, ejercicio y lazos afectivos entre mujeres.

Al bajar al inframundo a buscar a Tammuz, su esposo fallecido, la diosa babilónica Astarté bailó con sus siete velos en cada una de las siete entradas. En las pinturas murales del antiguo Egipto, la Biblia, la mitología griega y *Las mil y una noches* abundan las mujeres que bailan para sí mismas y para otras. La danza de Salomé para Herodes, la de los siete velos, fue muy intensa porque mostró públicamente algo que sólo se veía en las habitaciones femeninas.

La danza árabe actual suele incluir té, pasteles, amigas y parientas, niñas y abuelas, un pañuelo alrededor de las caderas y muchas risas y cotilleos. Las versiones occidentales, especialmente en EE UU y Alemania, son las hijas bastardas del aeróbic, los grupos de mujeres, la conciencia de diosa de la Nueva Era y la eterna debilidad femenina por la ropa interior de fantasía y por enseñarla. La danza del vientre es un ejercicio muy bueno para la espalda, la figura, la resistencia y la vida sexual. También lo es para el espíritu, pues es un arte y requiere concentración, dignidad y el "alma" necesaria.

Louisa Young es la autora de Baby Love *(Amor mío),* Desiring Cairo *(Deseando El Cairo)* y Tree of Pearls *(Árbol de perlas).*

La danza del vientre empezó a tener credibilidad y fama con la llegada del cine, cuando las bailarinas salieron de los locales nocturnos para aparecer en la gran pantalla ante todo tipo de público. El cine aportó *glamour* a la danza del vientre y lanzó a la fama a unas cuantas bailarinas. También tomó prestada la liberalidad de Hollywood y adoptó sus extravagantes vestidos, con biquinis de cintura baja, sujetadores de lentejuelas y transparentes y envolventes velos.

También se importó de la industria cinematográfica occidental el fenómeno moderno de la bailarina de la danza del vientre como superestrella que cobra honorarios propios de Hollywood por una aparición. A bailarinas como Samia Gamal y Tahia Carioca, que se convirtieron en estrellas de películas en blanco y negro en las décadas de 1930 y 1940, aún se las pueden ver hoy en día en las infinitas reposiciones de la televisión egipcia. Actualmente los ingresos de las principales bailarinas son tan elevados que en 1997 hubo una serie de juicios que recaudaron 900 millones de libras egipcias en impuestos atrasados de las 12 artistas más importantes del país.

Una de las bailarinas de danza del vientre egipcias más famosas, Soheir el-Babli, abandonó el espectáculo y se cubrió con el velo islámico en 1993, desencadenando así una oleada de resignaciones motivadas por la religión entre las bailarinas del país.

A pesar de su larga historia, la danza del vientre aún no se considera del todo respetable, y según muchos aficionados está en proceso de lenta desaparición. A principios de los años noventa, los conservadores islamistas patrullaban las bodas de los barrios pobres de El Cairo para impedir a la fuerza que las mujeres cantaran o bailaran, cerrando así la fuente de ingresos de las artistas de clase humilde. En un intento de aplacar a la derecha religiosa, el Gobierno intervino y declaró que quedaban prohibidos los vientres, los escotes y los muslos descubiertos. Al mismo tiempo, algunas artistas de renombre se pusieron el velo y se retiraron, calificando su antigua profesión de pecaminosa. Desde entonces, el vientre se ha vuelto a descubrir aunque la industria no se ha recuperado.

Pintura

Aunque Egipto haya tenido uno o dos pintores destacados, el arte contemporáneo va a la baja. El problema tiene su origen en las propias escuelas de arte del país, donde el éxito de un estudiante depende principalmente de su habilidad para imitar los estilos artísticos favoritos o de sus profesores. En consecuencia, no es extraño que algunas de las obras más interesantes se deban a artistas que carecen de formación. Estos artistas suelen ser rechazados en las galerías estatales, pero hay salas de exposiciones privadas que se enorgullecen de exhibir obras inconformistas. Quien esté interesado en el arte contemporáneo, debe visitar las galerías Mashrabia o Townhouse (p. 143) en El Cairo.

El Proyecto Cartográfico Tebano (www.thebanmappingproject.com) está dedicado a todo lo relacionado con el valle de los Reyes; ojalá todos los sitios web sobre egiptología fueran tan completos.

Para más información, leánse *Modern Egyptian Art 1910-2003* (Arte egipcio moderno 1919-2003), de Liliane Karnouk, o *29 Artists in the Museum of Egyptian Modern Art* (29 artistas en el Museo de Arte Moderno de Egipto), de Fatma Ismail.

Arquitectura

A principios del s. XXI, la arquitectura egipcia se halla en un estado lamentable. Según una encuesta publicada en 2000, el índice más alto de depresión en Egipto se daba entre los arquitectos.

El Museu Egipci de Barcelona (www.museuegipci.com/index.php?biblioteca_fons_bibliografic), además de ofrecer noticias de interés, dispone de un buscador en su fondo bibliográfico.

Además del Teatro de la Ópera (p. 164) de El Cairo y la Bibliotheca Alexandrina (p. 386), ambos de arquitectos extranjeros, el país atesora pocos edificios de valor arquitectónico posteriores a los años cincuenta. Las únicas excepciones son las obras del influyente Hassan Fathy, autor de la seminal *Architecture for the Poor* (Arquitectura para los pobres) y autor de proyectos utópicos como el New Gurna (p. 273), en la orilla occidental de Luxor; y Rami el-Dahan y Soheir Farid, influenciados por la obra de Fathy, y responsables del pabellón del nuevo parque Al-Azhar en El Cairo (véase p. 29).

Esta deplorable situación no siempre ha sido así. El Cairo y Alejandría poseen un espléndido legado de finales del s. XIX y principios del XX de bloques de apartamentos, mansiones y edificios públicos, además del aún más bello legado de arquitectura medieval de la capital. Empezando por la mezquita de Amr ibn al-As (p. 113), del año 642, la estructura islámica más antigua de El Cairo, cabe trazar la evolución de la arquitectura musulmana durante más de mil años de historia. Lamentablemente, estos majestuosos monumentos a menudo quedan eclipsados por enormes bloques de ladrillo y cemento. Por desgracia, con el aumento demográfico constante y la falta de espacio no es probable que esta tendencia se invierta en un futuro próximo.

Comida y bebida

La cocina egipcia recibe constantes críticas, principalmente porque se compara con pesos pesados cercanos como Líbano, Turquía e Irán. Lo cierto es que la herencia gastronómica egipcia no está arraigada, y carece de la diversidad y variedad regional culinaria que se encuentra en otros lugares de Oriente Medio. No obstante, esta mala reputación es injusta por la sencilla razón de que su cocina es rural, buena y auténtica, a veces incluso buenísima.

Carnívoros incondicionales o vegetarianos devotos, en Egipto siempre comerán barato y en abundancia. Las comidas egipcias, fieles a sus raíces de Oriente Medio, suelen basarse en cordero y pollo con especias, aunque hay suficiente costa para pescar los frutos del mar. Claro que incluso los carnívoros harán cola por un *falafel* crujiente y caliente, el omnipresente alimento básico de Oriente Medio. Pero sean cuales sean las preferencias culinarias, siempre se puede contar con montones de *pitas* recién horneadas y cuencos colmados de arroz para acompañar cualquier comida.

Siempre hay lugar para el postre en Egipto. Su repostería es excelente, sobre todo si se acompaña de una taza de oscuro, espeso y fortísimo café. Y cuando el estómago esté a punto de explotar, hay que hacer señas al camarero para que traiga una *sheesha* (pronúnciese *shisha;* narguile en castellano) con aroma de manzana. Unas pocas y prolongadas caladas no sólo ayudan a digerir sino que también relajan la mente y calman los nervios.

Aroma árabe: relatos y recetas, del barcelonés de origen palestino Salah Jamal, fue galardonado con el premio al mejor libro de su categoría en lengua castellana y al mejor libro del mundo de cocina extranjera en 2000.

PRODUCTOS TÍPICOS Y ESPECIALIDADES

'Mezze'

En su mayoría son vegetarianos y siempre rebosan color y sabor. Los *mezze* (surtido de entrantes fríos y calientes) no son estrictamente egipcios (muchos proceden de Levante); aquí los presentan en un formato más limitado y económico. En los restaurantes económicos se pueden pedir sólo entrantes de la lista de *mezze,* sin que sea necesario tomar los principales.

Pan

El 'aish (en vernácula) es el alimento básico más importante de la dieta nacional. Se suele hacer con una mezcla de harina blanca e integral, y se cuece al fuego con la suficiente levadura para formar un "bolsillo" de costra suave. Los egipcios lo mojan en salsa y lo trocean para enrollar pedazos de carne. El *shammy,* una variedad hecha sólo con harina blanca, es el envoltorio habitual de las *ta'amiyya* (véase "Comida rápida", p. 82).

DESCUBRIR OTROS SABORES

- *Fatta* – plato con arroz y pan en una salsa vinagreta con ajo y con cordero o pollo; a menudo se hornea en una *tāgen* (olla de barro). Como es muy pesado, después de consumirlo hay que reposar en un diván.
- *Mahshi kurumb* – hojas de col rellenas de arroz y carne, deliciosas si están bien cocidas con mucho eneldo y aromática *semna* (mantequilla).
- *Molokhiyya* – sopa de malva; bien preparada con caldo de conejo y mucho ajo está deliciosa.
- *Hamam mahshi* – más pequeños que los pichones europeos, suelen estar rellenos de *fireek* (trigo verde) y arroz; los sirven en restaurantes tradicionales pero pueden resultar difíciles de comer: hay numerosos huesecillos.

www.arecetas.com/egipto/index.html propone multitud de sabrosas sugerencias egipcias.

Ensaladas

Con crujientes ingredientes frescos (hierbas, entre ellos), a menudo aliñadas con aceite y vinagre, consumidas con fruición como *mezze* o como guarnición de platos de carne o pescado, la simplicidad es la clave de las ensaladas egipcias. Hay dos que figuran en las cartas de todo el país: la oriental, una colorida mezcla de tomate, pepino, cebolla y pimiento cortados; y el típico *tabule* de Oriente Medio *(bulgur,* perejil y tomate, aderezados con sésamo, limón y ajo). Una ensalada menos habitual pero igual de deliciosa es la que se prepara con remolacha hervida y un aliño de aromático aceite y vinagre.

Verduras y sopas

En Egipto no existe la absurda fijación occidental de tomar verduras que no sean de temporada. Los tomates se comen cuando están a punto de reventar, el maíz se recoge cuando está dorado y es abundante, y los pepinos se consumen cuando están dulces y suaves. Hay varias verduras típicas de la cocina del Próximo Oriente, como la *molokhiyya,* una verde y con hojas conocida en Occidente como malva. En Egipto se prepara como una viscosa y sorprendente sopa de textura glutinosa y sabor terroso. Se suele servir como acompañamiento del pollo frito e inspira una devoción casi religiosa entre los lugareños.

Las sopas de verduras y las de legumbres tienen mucho éxito. La *shourba ads* (sopa de lentejas) se prepara con lentejas rojas o amarillas y siempre se presenta con trozos de limón a un lado. La *fuul nabbed* (sopa de habas) también es habitual.

www.cocinadelmundo.com/paises/egypt/index.html es otro sitio web en el que obtener numerosas recetas egipcias.

Carne

La kefta (o kofta) y el kebab son dos de los platos más comunes. La *kefta,* una suerte de albóndiga de cordero o ternera con especias, se ensarta en pinchos y se hace a la parrilla. Es el ingrediente principal de la especialidad egipcia, las *daoud basha,* albóndigas cocidas con piñones y salsa de tomate en una *tāgen* (olla de barro que también da nombre a un estofado preparado –el tajín– en ella). El kebab son trozos de carne, generalmente de cordero (cuando es con pollo se llama *shish tawouq),* ensartados y hechos a la brasa. La carne se acostumbra a presentar sobre un lecho de *badounis* (perejil) y en los restaurantes lujosos la sirven con tomates y cebollas a la parrilla, aunque habitualmente se acompaña de pan, ensalada y *tahina.*

El firekh (pollo) asado se consume a menudo, y en los restaurantes suele pedirse en mitades. El *hamam* (pichón) también es muy apreciado, y acostumbran a servirlo en una *tāgen* con cebollas, tomates y arroz o trigo quebrado.

En www.egipto.com/recetas/index.html reúnen los platos árabes y egipcios.

Marisco

En Alejandría, el mar Rojo y el Sinaí el viajero se unirá sin duda a la pasión de los egipcios por el pescado y marisco frescos. Sus especialidades son el *kalamaari* (calamar); el *balti,* de unos 15 cm de longitud, plano, gris y con el vientre claro; y el *bouri* (mújol), más grande y sabroso. En las cartas de los restaurantes también hay lubina, lenguado, *subeit* y *gambari* (gambas). Suelen cocerlos con sal, al carbón o freírlos en aceite de oliva.

Postres y repostería

Los golosos disfrutarán en Egipto. El rey de los postres es sin duda la *muhalabiyya,* una crema blanca a base de sémola de arroz, leche, azúcar y agua de rosas o de azahar adornada con trocitos de pistacho y almendras, aunque el *ruz bi laban* (postre de arroz) y el *omm ali* (hojaldre relleno de frutos secos y pasas, bañado en nata y leche, y horneado) no le van a la zaga. También es muy común servir fruta del tiempo, un saludable punto final a las comidas.

Lo mejor es la repostería, por ejemplo la *kunafa,* una especie de cabello de ángel cocido sobre una base de queso dulce cremoso cubierto de almíbar, que a menudo se asocia a banquetes y se come en Ramadán. Destaca la *baklava,* hecha de delicada pasta filo cubierta de miel o almíbar; hay variedades de *baklava* condimentadas con frutos secos frescos o rellenas de una empalagosa cuajada *(eishta).*

BEBIDAS

Té y café

Sorber té *(shai)* es el pasatiempo nacional y se considera extraño y asocial no estimularse con esta infusión a intervalos regulares durante el día. El té pueden servirlo en bolsitas sumergidas en una taza o vaso de agua caliente (Lipton es la marca más habitual) o a granel con marcas locales (la más común es El Arosa). Siempre lo sirven dulce, por lo que si se quiere "con poco azúcar" hay que pedirlo *sukar shwaiyya,* y "sin azúcar", *min ghayr sukar.* Cuando es temporada el *té* se sirve con hierbabuena *(shai na'na'),* muy refrescante. Por cierto, pedir leche en establecimientos que no sean hoteles y restaurantes turísticos queda fatal: en ellos, hay que pedir *b'laban.*

Se dice que el popular postre *omm ali* lo introdujo en el país miss O'Malley, amante irlandesa del jedive Ismail.

El café turco y el árabe *(ahwa;* palabra que también significa "cafetería") no se prodigan en la región; el café instantáneo (siempre denominado *neskaf)* es mucho más común. Si se encuentra del auténtico, será una infusión espesa y fuerte, al estilo turco, que se sirve en tazas pequeñas y se bebe de un par de sorbos. Al igual que con el té, hay que especificar cuánto azúcar se desea: *ahwa mazboot* es una cantidad moderada pero bastante dulce; *ahwa saada,* sin azúcar.

Vino y cerveza

Para beber cerveza en Egipto simplemente hay que pedir "Stella", que se elabora y embotella en El Cairo desde hace más de cien años, una cerveza rubia cuyo sabor varía mucho según el lote. Desde 1998, a la Stella estándar se han sumado Stella Meister (una rubia ligera) y Stella Premium (para satisfacer al esnob que todo el mundo lleva dentro). Muchos egipcios son fieles a la estándar, la más barata (unas 10 EGP en restaurantes) y aceptable siempre que esté fría. Desde finales de los noventa, circula en el mercado una competidora llamada Saqqara, si bien proviene de la misma fábrica que Stella.

Aunque hay una creciente industria vitivinícola en los alrededores de Alejandría, el producto es de baja calidad. Grand de Marquise, de lejos el mejor entre esta mediocridad, elabora vino tinto y blanco. Obelisk, un recién llegado en el mercado, tiene un Cabernet Sauvignon aceptable, un Pinot Blanc y un rosado poco fiable. La bodega más antigua del país, Gianaclis, produce tres bebidas muy fuertes: un tinto seco conocido como Omar Khayyam, el rosado Rubis D'Egypte y el blanco seco con sabor a gasolina Cru des Ptolémées.

Estos vinos cuestan entre 100 y 150 EGP por botella en los restaurantes del país. Los de importación son difíciles de encontrar y prohibitivos.

Agua

Ni plantearse beber del grifo: las temidas "hemorroides del Nilo" bastan para arruinar el día a cualquier viajero. El agua embotellada es barata y la venden incluso en las aldeas más pequeñas.

Dicho esto, hay cierta polémica respecto a la potabilidad del agua del El Cairo. Aunque cada cual decide si su cuerpo puede o no con ella, según un extranjero residente, el agua de El Cairo se puede beber, está muy buena.

Otras bebidas

Durante los cálidos meses estivales muchos clientes de *ahwa* sustituyen sus habituales tés y cafés por bebidas más refrescantes como el *karkadé* helado, una carmesí infusión de hojas de hibisco; *limoon* (zumo de limón); o *zabaady* (yogur batido con agua fría y sal). En invierno muchos prefieren *sahlab*, una bebida tibia de polvo de sémola, leche y frutos secos picados; o *yansoon*, anisado y de sabor medicinal.

El delicioso *karkadé*, infusión de hojas de hibisco, es famoso por "fortalecer la sangre" (bajar la presión sanguínea).

Los puestos de zumos se reconocen por las redes de fruta (y zanahorias) que adornan las fachadas y son una bendición en un cálido día de verano. Entre los zumos *(asiir)* habituales están los de *moz* (plátano), *guafa* (guayaba), *limoon* (limón), *manga* (mango), *bortuaan* (naranja), *rumman* (granada), *farawla* (fresa) y *asab* (caña de azúcar). Un vaso cuesta entre 50 piastras y 2 EGP según la fruta empleada.

CELEBRACIONES

A los egipcios les encantan, y la comida desempeña un papel importante cuando se trata de dar gracias por un nacimiento, celebrar un compromiso o boda, la cosecha o una fecha señalada.

Las fiestas religiosas más significativas tienen lugar en Ramadán, el mes sagrado musulmán. El *iftar*, la cena con la que cada atardecer se interrumpe el ayuno, es un banquete en el que abundan las sopas, el pollo y la carne, entre otros manjares. A menudo se disfruta en comunidad en la calle o, a gran escala, en carpas instaladas para la ocasión.

Los encuentros familiares siempre van acompañados de numerosos pasteles. Las *ataïf* (tortitas bañadas con almíbar) se comen el día que alguien se promete en matrimonio y las galletas conocidas como *kahk bi loz* (brazaletes de almendra) triunfan en las bodas. En el nacimiento de un hijo se sirve *meghlie*, una tarta de arroz aromático con anís. Los *maulids* (véase p. 520) también implican la ingesta de mucha repostería.

DÓNDE COMER Y BEBER

En Egipto rige una norma: la mejor comida es la casera. Si se tiene la suerte de ser invitado a una casa particular, hay que aprovechar la oferta. Hay que advertir, empero, que se come hasta reventar: así que uno está terminando, le vuelven a llenar el plato… y es inútil protestar.

El único lugar donde se recomienda probar otras cocinas regionales es en El Cairo y las ciudades turísticas como Luxor, Sharm el-Sheikh y Dahab. Si no, cabe observar dónde comen los lugareños. En Alejandría hay que seguir el ejemplo y comer en alguna marisquería, pues allí se encuentran las mejores de la región.

Si se desea saber más sobre la comida y la bebida en el antiguo Egipto, se puede visitar www.historiacocina.com/paises/articulos/egipto.htm.

Cuando se coma fuera se observará que los egipcios lo hacen más tarde que en Occidente; es habitual que vayan a cenar al restaurante a las 22.00, o más tarde en las grandes ciudades, especialmente en verano. También se reúnen grupos familiares numerosos, piden mucha comida, fuman como carreteros y comen sin prisas.

La principal comida del día suele ser la del mediodía (véase p. 513 para conocer los horarios de restaurantes y cafés). Se espera propina en casi todos los restaurantes y suele darse el 10% de la minuta.

Comida rápida

Hay que olvidarse de los sosos aperitivos internacionales que sirven en las cadenas: una vez se haya probado la comida callejera egipcia ya no apetecerá comer otra cosa.

Los tentempiés favoritos son el *fuul y* la *ta'amiyya,* ambos deliciosos cuando los sirven frescos. El *fuul,* una receta campesina sin pretensio-

PLACERES EGIPCIOS

El café o *ahwa* (palabra árabe que designa tanto la infusión como el local donde la sirven) es una institución en Egipto. Un *ahwa* suele consistir en un grupo de sencillas mesas metálicas y sillas de madera en una sala repleta de serrín y abierta a la calle; es un lugar tranquilo y sin pretensiones donde cualquier egipcio se pasa buena parte del día leyendo los periódicos, charlando con los amigos o sorbiendo té. El alboroto de la conversación suele ir acompañado de los golpes incesantes de las fichas de *domina* (dominó) y *towla (backgammon)*, y del borboteo de los fumadores que aspiran con fuerza sus *sheeshas* (narguiles).

El narguile es una tradición, una extravagancia y un hábito ligeramente pernicioso combinados en un paquete deliciosamente aromático y relajante. Los preparan en las cafeterías desde Alejandría hasta Asúan, y es un pasatiempo tan adictivo como mágico. Tradicionalmente, ir al *ahwa* era una práctica propia de hombres, mayores además, pero en los últimos años fumar en narguile se ha puesto muy de moda. Es habitual ver a grupos de jóvenes egipcios de ambos sexos en *ahwas*, sobre todo en El Cairo y Alejandría. De hecho, el narguile está conquistando el mundo: en Occidente los bares donde fumarlo comienzan a hacer furor.

Cuando se pide una *sheesha* hay que especificar el tipo de mezcla de tabaco y melaza deseado. La mayoría elige tabaco con aroma de manzana *(tufah)*, pero también existe con sabor a fresa, melón, cereza o *tuttifrutti*. Algunos puristas quieren tabaco sin aromatizar, pero entonces se pierden la dulce fragancia que hace que la experiencia resulte memorable. Una vez se ha especificado el sabor, llevan a la mesa una pipa de cristal decorada, llena de agua, y con forma de bulbo. Colocan unas brasas en la cazoleta y proporcionan una boquilla de plástico de usar y tirar para ponerla en el tubo de la pipa. Tan sólo hay que inhalar directamente a los pulmones y evadirse. El único secreto para fumar bien es hacer caladas de vez en cuando para mantener las brasas encendidas; cuando empiecen a enfriarse el camarero (o el encargado de los narguiles) las cambiará. Puro éxtasis.

Merece la pena mencionar que aunque el humo del narguile se filtra a través del agua y su sabor no se parece en nada al tabaco de los cigarrillos, sigue siendo humo. Los estudios varían, pero dado que se introducen grandes cantidades de humo en los pulmones con cada calada, se ha calculado que en una sesión de una hora con el narguile se inhala tanta nicotina como con un paquete entero de cigarrillos. Que sirva de advertencia. Sin embargo, la buena noticia es que el narguile no es ni de lejos tan adictivo como los cigarrillos, así que no es probable que uno se escabulla por la mañana para fumar antes de desayunar. Los aromas intoxicantes del café tostado y el tabaco de manzana conforman una mezcla seductora, y hay pocas prácticas tan auténticamente egipcias como ésta.

nes a base de habas cocidas lentamente con ajo y aderezadas con perejil, aceite de oliva, limón, sal, pimienta negra y comino, es el plato nacional. Es delicioso para rellenar un *shammy* y comerlo como un bocadillo. Las *ta'amiyya* (más conocidas fuera de El Cairo como *falafel)* son albóndigas fritas de puré de habas y especias.

El *shwarma*, el equivalente nacional del *gyros* griego o del *döner kebab* turco, comparte podio con el *fuul* y la *ta'amiyya;* de un cilindro de carne de cordero o pollo comprimida que gira sobre sí mismo ante un asador vertical se cortan láminas de carne que se dejan en un calientaplatos con tomates cortados y guarniciones, y finalmente sirven para rellenar un *shammy*.

Lluís Ribes narra una breve historia de la cerveza en Mesopotamia y el antiguo Egipto en http://lluisr.blogspot.com/2005/10/la-cerveza-3-historia.html.

Aquellos negocios que exhiban grandes soperas de metal en los escaparates están especializados en *kushari*, una delicada mezcla de fideos, arroz, lentejas negras y cebollas secas, que se acompaña de una salsa de tomate que a veces, si se condimenta con chile, es picante.

Ciertamente, el *kushari* recuerda a un plato a base de restos, pero es muy barato y llena mucho, y además es genuinamente egipcio. No hay que olvidar añadirle una generosa dosis de vinagre de ajo.

RESTAURANTES RECOMENDADOS

- Qadoura (p. 393) en Alejandría. El mejor marisco del país, sobre todo cuando el mar se ha mostrado generoso.
- Sabaya (p. 156) en El Cairo. Comida libanesa tan impresionante como la de Beirut.
- Oasis Café (p. 282) en Luxor. La decoración sofisticada y el ambiente colonial complementan la ecléctica carta de un local que encanta a los turistas.
- Al-Fanar (p. 477) en Sharm el-Sheikh. Sin duda, la mejor *pizza* de Egipto; impresionantes vistas al océano y un ambiente chic de inspiración beduina.
- Funny Mummy (p. 486) en Dahab. Un popular local turístico junto al mar que sirve los platos preferidos occidentales y asiáticos bajo un dosel de palmeras.

La versión local de la *pizza* es el *fiteer*, con una base de hojaldre plano. Se puede probar con una cobertura de *haloumi* (queso salado) o incluso con una mezcla de frutas espolvoreadas con azúcar.

Por pintorescos que sean, hay que evitar la comida (desde sándwiches hasta tartas de leche) que los vendedores ambulantes llevan de aquí para allá en sus carritos, y que suele estar expuesta todo el día al sol, por no hablar de los humos, el polvo y todo tipo de insectos.

VEGETARIANOS Y 'VEGANOS'

Aunque es bastante normal que en Próximo Oriente consuman platos vegetarianos, el concepto de vegetarianismo es más propio de otras latitudes. Si el viajero dice que es *vegano,* seguramente los egipcios quedarán perplejos o pensarán que reconoce tener algún tipo de comportamiento socialmente aberrante.

Afortunadamente no es difícil encontrar verduras y hortalizas. Abundan los *mezze* y las ensaladas, el *fuul,* el *kushari* y la *ta'amiyya,* y ocasionalmente una tortilla o un tajín horneado con ocras y berenjenas. Ante la duda, siempre cabe pedir un montón de pan de *pita* y un cuenco de *hummus,* que constituyen de por sí una comida completa. Si la dieta permite comer pescado, siempre hay marisco fresco en las ciudades turísticas y por la costa.

Si aún se tiene hambre, se pueden encontrar más recetas de sabrosos platos egipcios en www.recetasgourmet.com.ar/xcontinente/africa/egipto/egipto1.htm.

La principal fuente de carne que pasa desapercibida es la del caldo que suelen usar para elaborar tajines y sopas supuestamente vegetarianas. Los anfitriones o camareros ni se plantearán que en ese caldo haya carne, y afirmarán que el plato es vegetariano. Hay que estar alerta.

PARA PEQUEÑOS PALADARES

Es costumbre comer fuera de casa en familia. A menudo se ve a niños y adolescentes comiendo con sus padres y amigos en restaurantes. Los camareros suelen desvivirse por los pequeños (ofrecerles patatas fritas es un método de probada eficacia). Lo mejor de todo es que a éstos la cocina regional les suele gustar: es sencilla pero variada.

Egyptian Cooking: A Practical Guide (Cocina egipcia: una guía práctica), de Samia Abdennour, está publicada por la American University Press y disponible en Egipto.

Es una buena idea dejar que los más pequeños elijan platos de *mezze;* los kebabs (especialmente el *shish tawouq)* son los eternos favoritos, y el pollo asado suele ser una buena baza, sobre todo si va dentro de un bocadillo. Además, los tentempiés suelen ser deliciosos, sobre todo el *fiteer,* el *kushari* y la *ta'amiyya.* Por doquier hay zumos naturales y refrescos para saciar la sed de los pequeños.

En algunos locales disponen de tronas, pero son una minoría. Sólo suele haber menú infantil en hoteles de estilo occidental.

Para más información sobre viajar con niños, véase p. 514.

QUÉ HACER Y QUÉ NO

- Descalzarse siempre antes de sentarse en una alfombra o tapiz para comer o tomar té.
- Evitar usar la mano izquierda en platos compartidos si se come al estilo beduino. La mano izquierda se usa para, ejem, limpiarse cuando no hay papel higiénico.
- En un restaurante, hay que salir del comedor o ir al baño para sonarse.
- No comer, beber o fumar en público durante el día en el mes sagrado del Ramadán (los hoteles internacionales son una excepción).
- Sentarse siempre a la mesa junto a personas del mismo sexo, a no ser que el anfitrión indique lo contrario.

COSTUMBRES

Los egipcios comen tres veces al día. Como los cereales aún no están muy difundidos, la mayor parte de la población desayuna pan y queso, a veces aceitunas o un huevo frito en casa, o un bocadillo de *fuul* por el camino. El almuerzo es la comida principal y se toma a partir de las 14.00, pero es más habitual entre las 15.00 o las 16.00, cuando el padre llega del trabajo y los niños de la escuela. Sea lo que sea, las mujeres de la casa (normalmente la madre) habrán pasado el día preparándolo, estará caliente y habrá suficiente para todos. Si sobra, se suele servir por la noche como cena.

Para los lectores más jóvenes, www.historyforkids.org/learn/Egypt/food/egyptfood.htm ofrece una estupenda visión general para niños de la comida en el antiguo Egipto.

A PEDIR DE BOCA

Las siguientes frases pueden resultar prácticas a la hora de pedir. En cuanto a la pronunciación, véase p. 555.

Frases útiles

Una mesa para (cinco), por favor.	ta·ra·*bay*·za li (*jam*·sa) lou sa·*maHt*
¿Podemos ver la carta?	*mum*·kin ni·*shuf* il mi·*nay?*
¿El servicio está incluido en el precio?	il Hi·*saab shaa*·mil il *jid*·ma?
Soy vegetariano/vegetariana.	*a*·na na·*baa*·ti (hombres)/ *a*·na na·ba·*ti*·ya (mujeres)
¿Tienen platos vegetarianos?	*'an*·dak *ak*·la na·ba·*ti*·ya?
No puedo comer productos lácteos.	ma ba·*kulsh* il al·*baan*
Tráiganos la cuenta, por favor.	lou sa·*maHt* hat·*li*·na il Hi·*saab*

Menú

'MEZZE'

Habida cuenta de la imprecisión de transcribir del árabe al castellano, la ortografía puede variar. Por ejemplo, lo que denominamos *kibbeh* puede aparecer como *kibba, kibby* e incluso *gibeh*.

baba ghannuj (*ba*·ba gha·*nug)* – puré de berenjenas, tomate, cebollas y, a veces, en temporada, granadas. Si está bien hecho, tiene un delicioso sabor ahumado
besara (be·*sã*·ra) – puré de habas servido como salsa
hummus (*Hum*·mus) – puré de garbanzos cocidos aderezado con *tahina*, ajo y limón; lo sirven por doquier y ha de ser espeso y cremoso
kibbeh (*kib*·bé) – empanadilla frita de carne picada de cordero, *bulgur* y piñones
kibbeh nayeh (*kib*·bé *nay*·é) – carne picada de cordero y trigo partido que se sirve cruda, como un bistec tártaro
kibda (*kib*·da) – hígado, habitualmente de pollo *(kibda firej)*, a menudo salteado con limón o ajo; debe tener una consistencia similar a la del paté
labneh (*lab*·né) – pasta de yogur que se suele aromatizar intensamente con ajo o menta
loubieh (*lu*·bié) – ensalada de judías tiernas con tomate, cebolla y ajo

mahshi (*maH*·shi) –hojas de vid (en verano), de col (en invierno), pimientos, calabacines o berenjenas blancas o negras rellenos de carne picada, arroz, cebolla, perejil y hierbas; la mezcla se hornea y es deliciosa recién hecha y caliente, aunque fría no está mal
mokh (moj) – sesos desmenuzados y fritos o enteros y acompañados de ensalada
muhalabiyya (mu·hal·a·*biy*·ya) –crema blanca hecha con sémola de arroz, leche, azúcar y agua de rosas o de azahar, adornada con trocitos de pistacho y almendras
muttabel (mut·*ta*·bal) – parecido al *baba ghanoug* pero la berenjena se adereza con *tahina,* yogur y aceite de oliva para obtener una consistencia más cremosa
sanbusak (san·*bu*·sak) – bollo relleno de queso blanco salado o carne picada picante con piñones
shanklish (shank·*lish*) –trocitos de queso ácido muy fuerte mezclados con cebolla y tomate
tabule (tab·*bu*·lé) – ensalada de *bulgur,* perejil y tomate, aderezada con sésamo, limón y ajo
tahina/tahini (ta·*Hi*·na/ta·*Hi*·ni) – pasta de sésamo que se sirve como salsa
wara einab (*wa*·ra' *ei*·nab) – hojas de vid rellenas; se toman tanto calientes como frías

PLATOS PRINCIPALES

fasoolyeh (fa·*sul*·yeh) –judías verdes estofadas
hamam (Ham·*aam*) – pichón, habitualmente horneado o asado que se sirve relleno de arroz y especias; también se prepara como tajín, cocido en una olla de barro honda *(tāgen)*
kebab (ke·*baab*) – trozos de carne (por lo general cordero) ensartados y hechos a la brasa
kefta (*kef*·ta) – o *kofta*; pincho de carne picada y especias a la parrilla
shish tawouq (shish ta·*wuq*) – kebab con trozos de pollo marinado y especiado

POSTRES

asabeeh (a·*sā*·bih) – pasta enrollada y rellena de pistachos, piñones, anacardos y miel; también se conoce como "dedos de dama"
baklava (*ba*·kla·va) – término genérico para cualquier tarta de hojaldre con frutos secos y bañada en miel
barazak (*ba*·ra·zak) – galletas redondas y planas aderezadas con sésamo; muy ligeras y crujientes
isfinjiyya (is·fin·*jiy*·ya) – tajada de coco
kunafa (ku·*naa*·fa) –especie de cabello de ángel cocido que se sirve sobre una base de queso dulce cremoso cubierto de almíbar
mushabbak (mu·*shab*·bak) – pastas en forma de lazo con almíbar
zalabiyya (za·la·*biy*·ya) – pastas bañadas en agua de rosas

Glosario gastronómico árabe-español

VOCABULARIO BÁSICO

ah·ua	cafetería
kub·*baa*·ya	vaso
maj·baz	panadería
ma'·*la'*·a	cuchara
ma·t'am	restaurante
me·*nai*	menú
shō·ka	tenedor
si·*ki*·na	cuchillo
ta·ba'	plato

MÉTODOS DE COCCIÓN

fil·*forn*	horneado
ma'·li	frito
mas·*lu'*	hervido

BEBIDAS

ah·ua	café
bi·ra	cerveza
la·ban	leche

li·*mun*	limonada
may·ya	agua
may·ya ma'·dan·*iy*·ya	agua mineral
chai	té

FRUTAS Y VERDURAS

a·na·*naas*	piña
ar·na·*bit*	coliflor
ba'·*du*·nis	perejil
bam·ya	ocra (o quingombó)
ba·sal	cebolla
ba·*tā*·tis	patatas
bat·*tij*	sandía
bi·*sil*·la	guisantes
bur·tu'·*ān*	naranja
fa·*rau*·la	fresa
ga·*uaa*·fa	guayaba
ga·zar	zanahoria
'i·nab	uvas
man·ga	mango
muz	plátano
u·tah/ta·*mā*·tim	tomate
tom	ajo
tor·shi	verduras en vinagre
tuf·*faaH*	manzana

CARNE

fir·*aaj*	pollo
kib·da	hígado
laH·ma	carne
laH·ma *dā*·ni	cordero

OTROS ALIMENTOS Y CONDIMENTOS

'a·*sal*	miel
bayd	huevos
fil·fil	pimienta
gib·na	queso
mal·H	sal
sa·*lā*·ta	ensalada
suk·kar	azúcar
talg	hielo
za·*baa*·di	yogur
zib·da	mantequilla

PRODUCTOS TÍPICOS

'ai·sh	pan
ruz	arroz

Medio ambiente

> En Egipto hay cuatro de los cinco tipos de dunas identificados oficialmente en el mundo, entre ellos las dunas *seif* (espada), llamadas así porque recuerdan las hojas curvas de las cimitarras.

EL PAÍS

El valle del Nilo alberga la mayoría de la población egipcia, con un 90% concentrada en la angosta franja de tierra fértil paralela al gran río. Al sur, el curso está bordeado de montañas y la llanura agrícola es estrecha; sin embargo, conforme fluye hacia el norte, la tierra se vuelve más llana y el valle se ensancha entre 20 y 30 km.

Al este se halla el desierto del Este (o arábigo), una baldía meseta delimitada en su lado oriental por una cadena montañosa que se eleva más de 2.000 m y se extiende unos 800 km. Al oeste se encuentra el desierto occidental (o libio), que oficialmente ocupa dos tercios del territorio egipcio aunque, obviando las fronteras políticas, se expande por el norte de África bajo su denominación más célebre, el Sáhara.

El Cairo también demarca la geografía egipcia: se sitúa aproximadamente en el punto donde el Nilo se disgrega en varios cursos y el valle deviene un delta de 200 km. Esta región, cuya función es la de mantener a todo el país, figura entre las tierras más intensamente cultivadas del planeta.

Al este y al otro lado del canal de Suez la península del Sinaí dibuja un triangulo. Como extensión geológica del desierto del Este, el terreno desciende desde las altas cadenas montañosas, entre ellas el monte Sinaí y Gebel Katarina (de 2.642 m, la montaña más alta de Egipto) en el sur, hacia las llanuras y lagunas del desierto de la costa norte.

> *Natural Selections: A Year of Egypt's Wildlife (Selección natural: un año de fauna de Egipto)*, escrito e ilustrado por Richard Hoath y publicado en Egipto por la American University in Cairo Press, es un apasionado informe sobre aves, mamíferos, insectos y criaturas acuáticas egipcias.

FAUNA Y FLORA

Un 94% de Egipto es desierto. Semejante cifra evoca imágenes de grandes páramos baldíos e inánimes. Sin embargo, hay muchas regiones desérticas donde frágiles ecosistemas se han adaptado a las hostiles condiciones. Para más información sobre la flora del desierto, véase recuadro en p. 464.

Fauna

En Egipto viven un centenar de especies de mamíferos, aunque hace falta mucha suerte para ver algo más que camellos, burros, caballos y búfalos.

TURISMO RESPONSABLE

El turismo es vital para la economía egipcia y el país sería un caos si no fuera por él. Sin embargo, al mismo tiempo, es inevitable que millones de visitantes al año agraven la sobrecarga ecológica y medioambiental. Desde que los forasteros empezaron a descubrir las maravillas del antiguo Egipcio, siempre han trepado a ellas, las han deteriorado o han dejado sus contribuciones grabadas en la piedra. Huelga decir que esta situación es insostenible.

El turismo masificado amenaza con destruir los monumentos que se visitan. En enclaves como el valle de los Reyes, miles de visitantes pasean a diario por angostas tumbas pensadas para un solo ocupante. El deterioro de los relieves policromos de los muros alarma a los arqueólogos, cuyas peticiones para que se limite el número de visitantes no son atendidas. Incluso las pirámides, que han sobrevivido 4.500 años, están afectadas. Han empezado a aparecer grietas en las cámaras interiores y, en este caso, las autoridades se han visto obligadas a limitar las visitas y cerrar periódicamente las grandes estructuras para que reposen y se recuperen. Sólo es cuestión de tiempo que se apliquen medidas similares en otros monumentos.

Por ahora, la responsabilidad es del viajero: debe evitar la tentación de dar *baksheesh* a los guardias para poder fotografiar las tumbas con *flash,* ni debe subir a las columnas o estatuas caídas ni tocar los relieves policromos... Simple sentido común.

Pese a que los desiertos egipcios fueron antaño un santuario para una increíble variedad de grandes mamíferos, como el leopardo, el guepardo, el oryx, el lobo de tierra (o proteles), la hiena rayada y el lince africano, todos se han visto abocados al borde de la extinción a causa de la caza. De hecho, en Egipto sólo sobrevive una familia conocida de guepardos y hace años que no se ve un solo leopardo. Y criaturas como los gatos de la arena, el zorro del desierto y la cabra montés nubia casi no se dejan ver.

La tortuga egipcia, originaria del desierto de la costa mediterránea, es una de las más pequeñas del mundo; los machos suelen medir menos de 9 cm de longitud.

En el país hay tres tipos de gacela: la de Farsan, la dorca y la blanca, aunque se cree que las primeras se han extinguido, y de las blancas y las dorcas sólo se ven ejemplares solitarios, y eso que las manadas eran características del paisaje del desierto hace tan sólo treinta y cinco años.

La zorrilla común, una especie de comadreja, vive en la región de Gebel Elba. En el Sinaí quizá se vean damanes de las rocas, una pequeña criatura del tamaño de un conejo grande que vive en grupos numerosos y es sumamente sociable.

Menos adorables son las 34 especies de serpiente que se arrastran por Egipto. La más conocida es la cobra, que tenía un papel protagonista en los tocados que adornaban las cabezas de los faraones. Otra especie conocida es la víbora sopladora, gruesa y con cuernos sobre los ojos. También abundan los escorpiones, aunque son principalmente de costumbres nocturnas y no se suelen ver. Hay que ir con cuidado si se levantan piedras, pues tienen su madriguera en lugares frescos.

AVES

Se han observado unas cuatrocientas treinta especies de aves en Egipto, de las que aproximadamente un tercio cría en el país, mientras que el resto son aves migratorias de paso o visitantes invernales. Cada año se estima que de uno a dos millones de grandes aves migra por ciertas rutas desde Europa a África pasando por Egipto. La mayor parte de las grandes aves, entre ellas flamencos, cigüeñas, grullas, garzas y todas las grandes aves de rapiña, están protegidas por las leyes egipcias.

En http://www.bsc-eoc.org/links/ se encuentra información detallada y precisa sobre aves en Egipto para los ornitólogos aficionados.

Las aves que más abundan son el gorrión común y la corneja cenicienta, y la más peculiar es la abubilla, de tonos canela, con la cabeza en forma de martillo y una cresta que extiende con dramatismo cuando se excita. Las abubillas se suelen ver cazando insectos en los jardines del centro de El Cairo, aunque son más comunes en el campo.

Para más información sobre la observación de pájaros en Egipto, véase p. 512.

FAUNA ACUÁTICA

Para más detalles, véase "Observación de la fauna y flora" (p. 449) en *Submarinismo en el mar Rojo*.

La Asociación para la Conservación y Protección Medioambiental de Hurgada (www.hepca.com) se esfuerza por conservar los arrecifes del mar Rojo mediante campañas de concienciación pública, intervención comunitaria directa y acciones para ejercer presión.

Plantas

El nenúfar, símbolo del antiguo Egipto, se puede hallar, aunque es raro, en el delta. Los juncos del papiro, en cambio, representados en el arte antiguo en ciénagas inmensas en las que los faraones cazaban hipopótamos, han desaparecido de su hábitat natural. A excepción de un macizo de juncos hallado en 1968 en Wadi Natrun, en la actualidad el papiro sólo brota en los jardines botánicos.

Más de cien variedades de hierba crecen en las zonas donde hay agua, y las palmeras datileras se cimbran en casi todas las áreas cultivables. Juntamente con el taray y la acacia, los jacarandás y las poincianas (de flores rojas y naranjas) de importación animan los veranos con sus vivos colores.

LAS ENERGÍAS ALTERNATIVAS:
UNA GARANTÍA DE FUTURO PARA EGIPTO *Hassan Ansah*

Muchos se quejan a menudo de que Egipto, pese a estar rodeado por algunos de los principales productores de petróleo del mundo, no posee ese lucrativo recurso. Sí, los monumentos históricos de Egipto no tienen parangón con los de ningún otro país del mundo, pero a muchos de sus empresarios les encantaría poder acceder a parte de ese oro negro que les rodea. Por suerte, puede que el futuro proporcione al país un terreno de juego equitativo en cuanto a recursos energéticos gracias a la energía alternativa: algo en lo que coinciden firmemente tanto los capitalistas como los conservacionistas.

Uno de los logros más aclamados del país es la Presa Alta de Asuán, que brindó a Egipto la oportunidad de generar gran parte de la electricidad que consume de una manera limpia e independiente. Para un país que aún depende en gran medida de centrales térmicas, conocidas por las emisiones nocivas que lanzan directamente a la atmósfera, aumentar la producción de energía hidroeléctrica era sin duda un paso en la dirección adecuada. En la actualidad hay proyectos hidroeléctricos en marcha en localidades como El-Kanater y Nag Hammadi, y se espera que éstos sirvan de precedente para realizar otras inversiones en el sector.

Una energía alternativa con un enorme potencial en Egipto es la eólica; mejor dicho, los parques eólicos a gran escala. Uno de los mayores parques eólicos de toda África y Oriente Próximo radica en la localidad de Zafarana, más o menos a medio camino entre El Cairo y Hurgada. A lo largo de la ventosa costa del mar Rojo la velocidad media del viento es de 9 m/s, lo que permite una capacidad de producción de más de 150 MW. Gracias al éxito de este proyecto se han iniciado muchos otros planes para la construcción de parques eólicos en localidades costeras a fin de incrementar la capacidad eólica total hasta alcanzar, como mínimo, los 850 MW en 2010.

También va en aumento el sector comercial dedicado a los diversos usos de la energía solar, en particular en áreas remotas que no pueden acceder a la red eléctrica. Buen ejemplo de ello es el uso de paneles fotovoltaicos, potentes reflectores capaces de producir voltaje cuando se exponen a la luz solar. Estos paneles presentan numerosas ventajas, pues se pueden emplear para funciones tan diversas como iluminar carreteras o reforzar la cobertura de los teléfonos móviles. Teniendo en cuenta que el sol baña Egipto casi todo el año, este campo goza de un potencial increíble.

Huelga decir que, pese a los avances habidos hasta la fecha en el sector de las energías renovables, aún existen problemas y obstáculos serios para su desarrollo en Egipto. Por ejemplo, severas regulaciones gubernamentales en el sector energético protegen a las grandes empresas existentes y frenan la innovación empresarial. Por más que los representantes del Gobierno y las empresas defiendan que nada puede competir contra el bajo coste y los beneficios seguros de la electricidad o el gas natural, no se puede negar la inminente crisis energética mundial, el aumento de los niveles de contaminación y la amenaza del calentamiento global.

Con suerte, las regulaciones gubernamentales no serán más que una traba temporal, sobre todo teniendo en cuenta la creciente población de Egipto y sus mayores necesidades energéticas. A medida que cada vez más países empiezan a tomar medidas drásticas para lograr la sostenibilidad antes de que se agoten los recursos, hay motivos para ser optimistas y creer que Egipto seguirá sus pasos. Además, tratándose de un agente con influencia tanto en África como en Oriente Próximo, Egipto ocupa una posición única para desencadenar un cambio en las actitudes allende sus fronteras.

Hassan Ansah es escritor y periodista free lance *y ha impartido clases en la Western International University de Phoenix, Arizona (EE UU), y en la American University of Cairo (AUC).*

PARQUES NACIONALES

Actualmente Egipto tiene 23 "espacios protegidos", aunque el significado de esta expresión varía mucho. Si se toma como ejemplo el Espacio Protegido de las Islas del Nilo, que se extiende entre El Cairo y Asuán, no queda claro qué islas incluye; además casi todas están habitadas y se cultivan sin restricciones. Unos parajes están cerrados al público mientras que otros,

BAJO UNA NUBE NEGRA

El Cairo está cerca de obtener el dudoso título de ciudad más contaminada del mundo. El humo, el hollín, el polvo y las partículas de la combustión de carburantes suelen exceder los niveles permitidos por la Organización Mundial de la Salud (hasta 259 ug/m^3, cuando los estándares internacionales son de 50), dándose cada vez más casos de enfisema, asma y cáncer entre la población. Un alarmante artículo de Ursula Lindsey publicado en la revista *Cairo* en marzo de 2005 afirmaba que cada año 20.000 cairotas mueren a causa de dolencias relacionadas con la contaminación y que cerca de medio millón contraen enfermedades respiratorias debidas a dicho problema.

El Gobierno atribuye la contaminación al clima seco y arenoso, que provoca, dice, una espesa arena que no desaparece con la lluvia. No sorprende que no quieran hacer comentarios sobre factores como el aumento de industrias contaminantes (como resultado directo de las iniciativas económicas estatales) y la población en constante crecimiento de El Cairo, resultante de la gente que emigra de las zonas rurales a la ciudad en busca de trabajo.

Los automóviles son grandes culpables. Algunas estimaciones indican que hay más de dos millones en el área de El Cairo, y es evidente que esta cifra aumenta cada año. Pocos usan gasolina sin plomo; la mayor parte son Fiats y Peugeots diésel con mal mantenimiento que expulsan humos nocivos.

Aunque oficialmente se requiera que las fábricas tengan en cuenta las valoraciones del impacto ambiental y el Gobierno promueva incentivos y sanciones para fomentar que las industrias contaminantes modifiquen su comportamiento, pocas lo cumplen y el Gobierno no hace mucho para procesar a los infractores. Tampoco obliga a cumplir las leyes dictadas para analizar las emisiones de los vehículos. Organizaciones como USAID (www.usaid.gov/espanol) intentan cambiar la situación financiando iniciativas como el proyecto Mejora de la Atmósfera de El Cairo (www.eeaa.gov.eg/english/main/accomp21.asp), de 200 millones de dólares estadounidenses. Actualmente estas gratas iniciativas surten poco efecto.

La gravedad de la situación resulta evidente en octubre y noviembre, cuando la tristemente célebre "nube negra" acecha la ciudad. Una espesa capa de niebla tóxica, que se atribuye a distintos factores, como la inversión térmica, la quema de rastrojos de arroz en el delta, los gases de la combustión de los automóviles, la quema de basura y la contaminación industrial, es un sobrecogedor recordatorio de la creciente gravedad del problema medioambiental.

como el Parque Nacional de Ras Mohammed (p. 467), en el mar Rojo, son concurridos destinos turísticos que han recibido elogios internacionales por su pericia ecológica.

Como siempre, el problema es la falta de fondos. La Agencia Egipcia de Cuestiones Medioambientales (www.eeaa.gov.eg) carece del apoyo y los recursos necesarios para llevar a cabo una gestión eficaz de los espacios protegidos. Sin embargo, han llegado fondos y asistencia extranjeros: los italianos en Wadi Rayyan; la UE en Santa Catalina y la Agencia de EE UU para el Desarrollo Internacional (USAID) en las costas e islas del mar Rojo.

Se pueden descargar mapas de parques nacionales y espacios protegidos en www.parksegypt.org.

En Egipto hay un considerable número de parques nacionales:

Espacio Protegido del lago Qarun (p. 205). Lago pintoresco, importante para la hibernación de las aves acuáticas.

Espacio Protegido de Nabq (p. 479). Franja litoral al sur del Sinaí, alberga el manglar más septentrional del mundo.

Parque Nacional de Ras Mohammed (p. 467). Espectaculares arrecifes con escarpados acantilados coralinos; un paraíso para la cigüeña blanca migratoria en otoño.

Reserva de Siwa (p. 358). Tres zonas separadas con manantiales naturales, palmerales, lagos salados y gacelas dorcas en peligro de extinción.

Espacio Protegido de Santa Catalina (p. 499). Montañas con abundante fauna, como la cabra montés nubia y el damán de las rocas, y flora.

Wadi Rayyan (p. 206). Oasis deshabitado del Sáhara y cuya fauna está en peligro de extinción.

Desierto Blanco (p. 349). Monolitos de caliza blanca, fósiles y formaciones rocosas.
Espacio Protegido de Zerenike (p. 506). Laguna en el lago Bardawil llena de aves acuáticas migratorias.

CUESTIONES MEDIOAMBIENTALES

El desarrollo turístico insostenible sigue siendo una de las mayores amenazas del medio ambiente egipcio, sobre todo en la costa del mar Rojo y el Sinaí. Tras décadas de desarrollo frenético en la costa del mar Rojo, hoy los arrecifes de coral –a lo largo de casi todo el litoral– están deteriorados. En el Sinaí, la costa próxima a Sharm el-Sheikh es víctima de un *boom* de la construcción en el que centros turísticos a medio terminar y realmente feos se pelean por cada palmo de terreno en primera línea de mar. Está por ver si los empresarios que invierten en la zona cumplirán sus promesas de proteger los arrecifes. A la vista de lo que hicieron en el pasado, hay pocas esperanzas de que cumplan su palabra.

Finalmente, han tendido el puente sobre el Nilo en Luxor (antes sólo había un *ferry)* y se han destruido grandes tramos de la ribera occidental. Tras más de cincuenta años tratando de desplazar a los habitantes de las laderas, el actual gobernador lo ha conseguido. También están planeando derribar parte del centro de Luxor para excavar la avenida de las esfinges que antaño unía Karnak y el templo de Luxor. Los vecinos de esta localidad están temblando ante semejante perspectiva.

Afortunadamente, hay avances positivos. Han abierto una oficina de parques nacionales (véase recuadro en p. 430) en Hurgada y se espera que frene algunos de los delirantes planes urbanísticos en Marsa Alam. EE UU y la Iniciativa para el Turismo Sostenible en el Mar Rojo (www.rssti.org) colaboran en la redacción de nuevas directrices "verdes" para la gestión hotelera. Las recomendaciones se centran en el uso de la energía, la gestión del agua –que comprende medidas como instalar grifos a pedal en las pilas para evitar que se desperdicie– y el tratamiento y eliminación de residuos.

Finalmente, en el Egipto actual hay un creciente número de *ecohoteles,* entre ellos el fabuloso Basata, en el Sinaí (p. 495), y el Adrére Amellal, en Siwa (p. 366), que pueden ser los precursores de una nueva tendencia en el turismo egipcio respetuosa con el medio ambiente. Sólo queda esperar que funcione.

El Cairo

Primero conviene conocer los inconvenientes. El gentío en cualquier acera cairota hace que Manhattan parezca una ciudad fantasma. Los vendedores de papiros acosarán al viajero en cada esquina. Aventurarse a cruzar una calle siempre da miedo, y al sonarse, la mucosidad saldrá negra debido a la contaminación.

Es el módico precio que hay que pagar para visitar una ciudad que los cairotas denominan Umm ad-Dunya (madre del mundo), que posee una energía inigualable, fruto de 20 millones de habitantes que luchan contra el desierto (suelen ganar), usan al mismo tiempo la infraestructura urbana y animan el ambiente con su singular elegancia y humor.

Un trayecto en taxi puede abarcar varios milenios de historia, desde brillantes mausoleos y mezquitas construidos en pleno auge del Imperio Islámico, palacios y grandes avenidas del s. XIX (que le valieron el sobrenombre de "el París del Nilo"), hasta monstruosos bloques de cemento de la época de Nasser, pasando por la era de los faraones, cuyo ejemplo más destacado son las voluminosas pirámides de Gizeh en el extremo occidental de la ciudad. Este revoltijo arquitectónico se ve igualado por una capa uniforme de arena, lo cual también constituye un elemento de equilibrio social: todo el mundo, sin distinción de nivel económico, se llena de polvo cuando sopla el primaveral viento *khamsin*.

Por lo tanto, para descubrir los verdaderos colores de la ciudad hay que tomárselo todo con humor y aprender a distinguir entre la suciedad. El Cairo suele abrirse al viajero poco a poco.

LO MÁS DESTACADO

- Maravillarse ante las **pirámides de Gizeh** (p. 132), una de las Siete Maravillas del mundo antiguo.
- Conocer a Tutankamón y sus cohortes en el laberíntico **Museo Egipcio** (p. 179).
- Visitar las magníficas mezquitas medievales de **El Cairo islámico** (p. 113) o simplemente perderse en sus estrechas callejas (p. 145).
- Relajarse escuchando el chasquido de las piezas de *backgammon* y las burbujas de los narguiles en un café tradicional egipcio o ***ahwa*** (p. 161).
- Escapar del barullo urbano en el exuberante **parque Al-Azhar** (p. 129), con sus espectaculares vistas durante la puesta del sol.

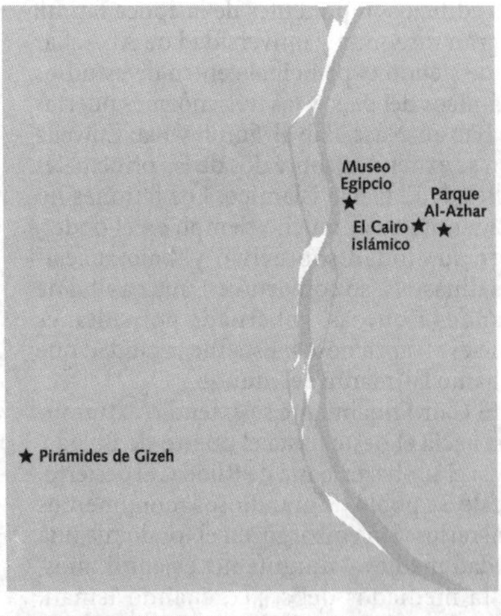

- PREFIJO TELEFÓNICO: 02
- POBLACIÓN: 20 MILLONES (APROX.)

HISTORIA

El Cairo no es una ciudad faraónica, aunque la presencia de las pirámides sugiera lo contrario. Cuando éstas se erigieron, la capital del antiguo Egipto estaba ubicada en Menfis, 20 km al sudeste de la meseta de Gizeh.

La dinastía de los fatimíes estableció los cimientos de El Cairo en 969, pero la historia de la ciudad se remonta a épocas más remotas. On (la actual Heliópolis) era un importante centro religioso en la Antigüedad. Los romanos construyeron una fortaleza en el puerto, a la que llamaron Babilonia. Amr ibn al-As, el general que conquistó Egipto para el Islam en 642, fundó la ciudad de Fustat en las proximidades. La enorme riqueza de Fustat procedía de la inmensa fertilidad de las tierras egipcias y de los impuestos que gravaban el intenso tráfico fluvial del Nilo. Los relatos que se conservan de viajeros del s. X describen jardines públicos, alumbrado en las calles y edificios de hasta 14 plantas. Sin embargo, en el s. X, cuando los fatimíes invadieron el país desde la actual Túnez, despreciaron la ciudad y empezaron a erigir otra urbe nueva.

La construcción de la nueva capital coincidió, probablemente adrede, con la ascendencia del planeta Marte (Al-Qahir, "el Victorioso"). Así surgió Al-Madina al-Qahira, "la ciudad victoriosa", nombre que los europeos convirtieron en "El Cairo".

Hoy en día todavía se conservan numerosos edificios imponentes de la época fatimí: la gran mezquita y universidad de Al-Azhar sigue siendo el principal centro de estudios islámicos del país, y las tres enormes puertas de Bab an-Nasr, Bab al-Futuh y Bab Zuweila aún se extienden sobre dos de las principales calles de El Cairo islámico. Los fatimíes no se mantuvieron mucho tiempo en el poder, pero su ciudad sobrevivió y, bajo sucesivas dinastías, se convirtió en una capital de grandes riquezas, gobernada por sultanes crueles y caprichosos. Ésta fue la ciudad que se llamó la "madre del mundo".

El Cairo finalmente se extendió extramuros, hacia el oeste hasta el puerto de Bulaq y hacia el sur hasta la isla de Rhoda. El desierto, al este, se pobló de grandiosos monumentos funerarios. Sin embargo, en el fondo fue una ciudad medieval durante novecientos años, hasta mediados del s. XIX, cuando Ismail, nieto de Mohammed Ali, decidió que había llegado la hora de cambiar. Durante sus dieciséis años de reinado [1863-1879], Ismail transformó el aspecto de la ciudad más que cualquier otro gobernante desde los fatimíes.

Antes de la década de 1860, la ubicación del centro moderno de El Cairo era una llanura pantanosa sometida a las crecidas anuales del Nilo. Cuando Ismail, educado a la francesa, llegó al poder, se propuso transformar su capital en una ciudad de categoría europea, lo que sólo podía hacerse empezando todo de nuevo. Durante diez años, el antiguo pantano se convirtió en un enorme solar en construcción. Ismail invitó a arquitectos de Bélgica, Francia e Italia para que diseñaran y construyeran un nuevo El Cairo de estilo europeo junto a la antigua ciudad islámica.

Desde la revolución de 1952, la población de El Cairo ha crecido de forma espectacular, aunque a costa de la visión de Ismail. El mantenimiento de los edificios se dejó de lado, ya que los apartamentos estaban abarrotados. En las décadas de 1960 y 1970, los planificadores urbanísticos cubrieron con cemento la orilla occidental del Nilo, antes poco poblada, para formar nuevos barrios que se necesitaban con urgencia. En las décadas más recientes, la ciudad se ha extendido hasta el otro lado de las colinas de Muqattam al este y hasta las pirámides al oeste. Cada año surgen del desierto urbanizaciones cerradas de lujo, bloques de viviendas de crecimiento descontrolado y auténticas ciudades satélite, junto con centros comerciales e inmensas tiendas: las zonas como 6th of October City y El Cairo Nuevo constituyen la nueva aspiración de los egipcios. Todavía no se sabe a ciencia cierta si el desierto y la economía serán capaces de sustentarlas.

ORIENTACIÓN

Orientarse en El Cairo no es tan difícil como parece en un principio. Midan Tahrir es el punto central. La zona ruidosa y concurrida del centro, donde se hallan casi todas las opciones económicas para alojarse y comer, se encuentra al nordeste de Tahrir, cuyo punto central es Midan Talaat Harb. Midan Ramses, donde está la estación principal de trenes de la ciudad, constituye la parte más septentrional del centro. Más allá hay barrios abarrotados de clase media y trabajadora, como Shubra, quizá el alma auténtica de El Cairo actual.

El extremo oriental del centro está formado por Midan Ataba, donde empieza El Cairo islámico. Se trata del corazón medieval

EL CAIRO EN...

Dos días

El primer día se puede empezar con las magníficas exposiciones del **Museo Egipcio** (p. 179). Cuando el viajero se harte de reliquias faraónicas, debe salir del museo y pasear por el centro, parando a almorzar en el barato y delicioso **At-Tabei ad-Dumyati** (p. 153). Por la tarde, debe dirigirse al histórico **Khan al-Khalili** (p. 117) para practicar sus habilidades negociadoras con los agradables propietarios de los puestos. No hay que olvidarse de beber un té de menta y fumar un narguile (*sheesha)* en **Fishawi's** (p. 161). Luego, hay que regresar al centro para una cena oriental, sencilla pero deliciosa, en el **Greek Club** (p. 154) o comer como un sultán en el elegante **Abou El Sid** (p. 157) de Zamalek.

El segundo día, el viajero debe empezar temprano y contratar un taxi para toda la jornada que le lleve a **Dashur** (p. 200), **Menfis** (p. 190) y **Saqqara** (p. 194). Conviene llevar un *picnic* para comer al pie de la **pirámide Escalonada** (p. 195) o almorzar un poco más tarde al aire libre en **Andrea** (p. 158). Por la tarde, hay que visitar la única de las Siete Maravillas del mundo antiguo en pie: las **pirámides de Gizeh** (p. 132). Después, se puede ir al **Citadel View** (p. 156) en el parque Al-Azhar para disfrutar de una opulenta cena con vistas a la ciudad medieval.

Cuatro días

Para el primer y segundo día, véase el itinerario anterior.

El tercer día se puede empezar tomando un taxi hasta la **mezquita de Ibn Tulun** (p. 126) y el **Museo de Gayer-Anderson** (p. 127), en El Cairo islámico. Se recomienda darse el gusto de realizar algunas compras en **Khan Misr Touloun** (p. 169), antes de tomar otro taxi hasta Midan Hussein para visitar la histórica **mezquita de Al-Azhar** (p. 115) y el **complejo de Al-Ghouri** (p. 121). Después se puede parar en **Abd el-Zaher** (p. 169) y **Al-Khatoun** (p. 169) para adquirir un par de recuerdos elegantes. Hay que almorzar tarde en **Egyptian Pancakes** (p. 156), en Khan al-Khalili, y luego descansar antes de pasear por **Garden City al atardecer** (p. 145). Para la puesta de sol, se puede dar un paseo de una hora en **falúa** (p. 143) y luego cenar en **Estoril** (p. 155); si todavía se tienen fuerzas, se puede acabar con una cerveza en el **bar del Odeon Palace Hotel** (p. 162).

El último día se recomienda tomar un *ferry* fluvial hasta **El Cairo copto** (p. 110) por la mañana y luego regresar a Midan Tahrir en metro. Después, hay que cruzar el puente de Qasr el-Nil hasta Gezira para visitar el **Museo de Arte Moderno de Egipto** (p. 130) y el **Museo de Mahmoud Mukhtar** (p. 131). A continuación, se puede pasear por la orilla del Nilo hasta el barrio de Zamalek, para tomar un almuerzo tardío en uno de sus numerosos cafés y restaurantes y quizá hacer algunas compras. Tras un descanso en el hotel, el viajero se puede despedir de la ciudad cenando tarde y disfrutando de las mejores bailarinas de danza del vientre del mundo en el **barco *Nile Maxim*** (p. 166) o en el sórdido y magnífico **Palmyra** (p. 166).

de la ciudad, que sigue latiendo con fuerza hoy en día. En el centro se encuentra el gran bazar de Khan al-Khalili, así como la mezquita y universidad de Al-Azhar. Más al este se extienden los cementerios septentrional y meridional, inmensas necrópolis habitadas actualmente por muertos y vivos.

Al sur de Midan Tahrir, en las arboladas calles de Garden City tienen su sede numerosas embajadas. Más allá, se sale del centro de El Cairo para adentrarse en una serie de destartalados barrios a los que se suele denominar El Cairo antiguo, donde se ubicaban la Babilonia romana y la árabe Fustat. Aquí se esconde el pequeño enclave amurallado de El Cairo copto, muy apreciado por los turistas. Más allá está el barrio residencial arbolado de Ma'adi, donde viven numerosos extranjeros.

Al oeste de todos estos barrios se extiende el Nilo, con dos islas de gran tamaño. La más céntrica, enlazada directamente con el centro por tres puentes, es Gezira, donde se hallan la torre de El Cairo y el Teatro de la Ópera de El Cairo. La mitad norte de Gezira está formada por un pudiente barrio residencial llamado Zamalek, históricamente preferido por los residentes europeos de la ciudad y sede de numerosas embajadas. La isla al sur es Rhoda, aunque la parte septentrional se conoce como Manial.

EL CAIRO

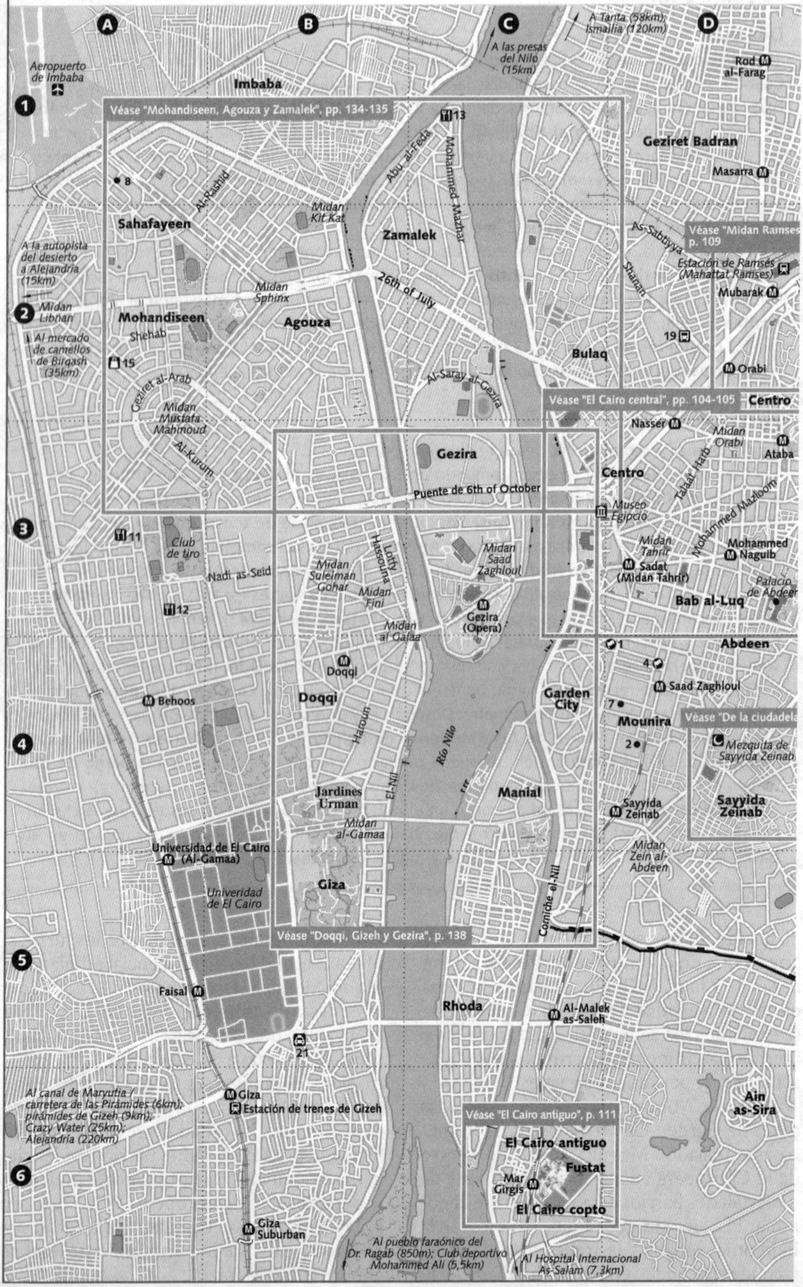

A
B
C
D
1
2
3
4
5
6
Aeropuerto de Imbaba
Imbaba
A las presas del Nilo (15km)
A Tanta (58km); Ismailia (120km)
Rod al-Farag
Véase "Mohandiseen, Agouza y Zamalek", pp. 134-135
13
Abu al-Feda
Mohammed Mazhar
Geziret Badran
Masarra
8
Al-Rashid
Midan Kit Kat
Sahafayeen
Zamalek
As-Sabtiyya
Véase "Midan Ramses", p. 109
Shanan
Estación de Ramsés (Mahattat Ramses)
A la autopista del desierto a Alejandría (15km)
Midan Sphinx
26th of July
Mubarak
Midan Libnan
Mohandiseen
Agouza
Shehab
19
Al mercado de camellos de Birqash (35km)
15
Bulaq
Orabi
Al-Saray al-Gezira
Geziret al-Arab
Véase "El Cairo central", pp. 104-105
Centro
Midan Mustafa Mahmoud
Nasser
Midan Orabi
Ataba
Gezira
Al-Kurum
Centro
Talaat Harb
Puente de 6th of October
Mohammed Mazloom
Museo Egipcio
11
Club de tiro
Midan Tahrir
Mohammed Naguib
Midan Saad Zaghloul
Sadat (Midan Tahrir)
Nadi as-Seid
Midan Suleiman Gohar
Lotfy Hassouna
Palacio de Abdeen
Midan Fini
Bab al-Luq
12
Gezira (Opera)
Midan al-Galaa
1
Abdeen
4
Doqqi
Saad Zaghloul
Behoos
Doqqi
Garden City
7
Mounira
Véase "De la ciudadela
Hatoun
Río Nilo
2
Mezquita de Sayyida Zeinab
Jardines Urman
El-Nil
Manial
Sayyida Zeinab
Sayyida Zeinab
Midan al-Gamaa
Universidad de El Cairo (Al-Gamaa)
Midan Zein al-Abdeen
Giza
Univeridad de El Cairo
Corniche el-Nil
Véase "Doqqi, Gizeh y Gezira", p. 138
Faisal
Rhoda
Al-Malek as-Saleh
21
Al canal de Maryutia / carretera de las Pirámides (6km); pirámides de Gizeh (9km); Crazy Water (25km); Alejandría (220km)
Giza
Estación de trenes de Gizeh
Ain as-Sira
Véase "El Cairo antiguo", p. 111
El Cairo antiguo
Fustat
Mar Girgis
El Cairo copto
Giza Suburban
Al pueblo faraónico del Dr. Ragab (850m); Club deportivo Mohammed Ali (5,5km)
Al Hospital Internacional As-Salam (7,3km)

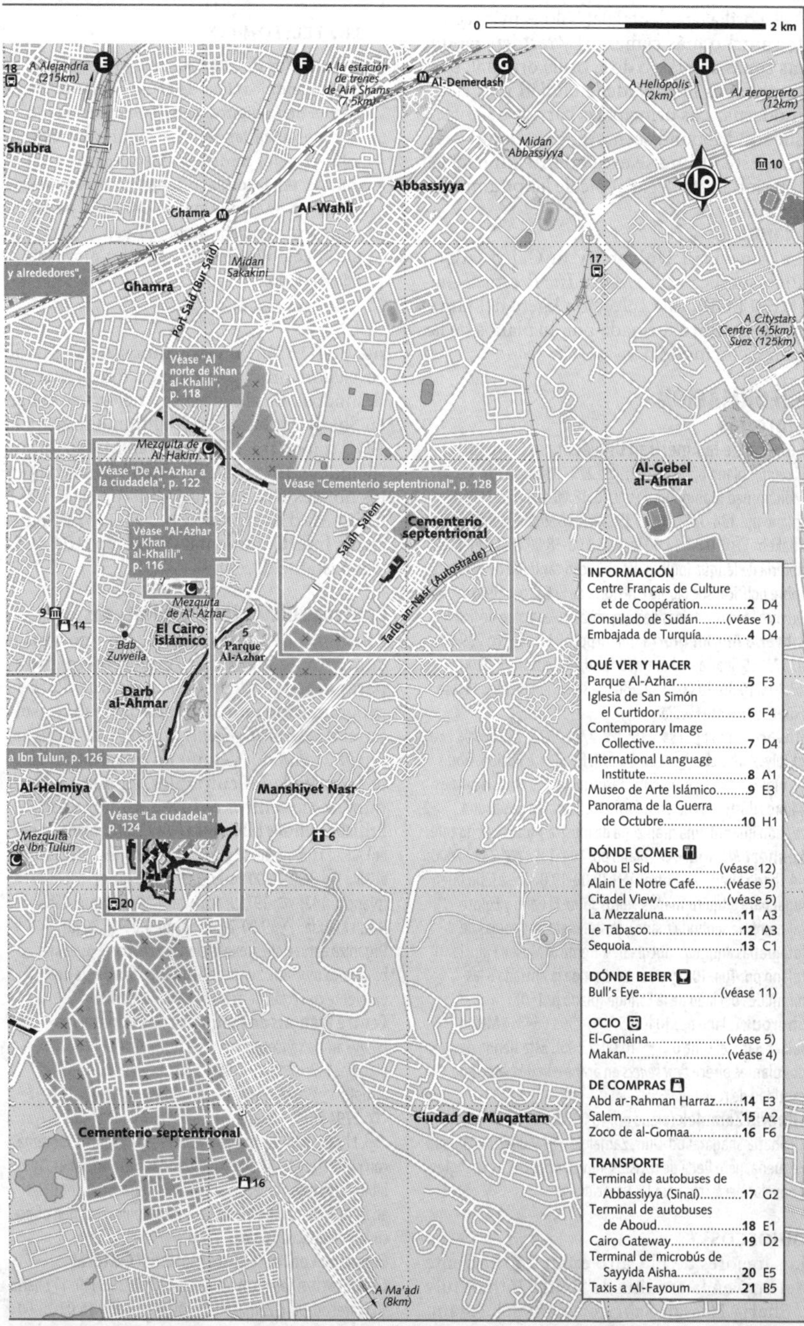
0 2 km
E
F
G
H
A Alejandría (215km)
A la estación de trenes de Ain Shams (7,5km)
Al-Demerdash
A Heliópolis (2km)
Al aeropuerto (12km)
Shubra
Midan Abbassiyya
Abbassiyya
Ghamra
Al-Wahli
Port Said (Bur Said)
Midan Sakakini
Ghamra
y alrededores",
A Citystars Centre (4,5km); Suez (125km)
Véase "Al norte de Khan al-Khalili", p. 118
Mezquita de Al-Hakim
Véase "De Al-Azhar a la ciudadela", p. 122
Véase "Cementerio septentrional", p. 128
Al-Gebel al-Ahmar
Salah Salem
Cementerio septentrional
Véase "Al-Azhar y Khan al-Khalili", p. 116
Tariq an-Nasr (Autostrade)
Mezquita de Al-Azhar
Bab Zuweila
El Cairo islámico
Parque Al-Azhar
Darb al-Ahmar
a Ibn Tulun, p. 126
Al-Helmiya
Manshiyet Nasr
Véase "La ciudadela", p. 124
Mezquita de Ibn Tulun
Ciudad de Muqattam
Cementerio septentrional
A Ma'adi (8km)
INFORMACIÓN
Centre Français de Culture et de Coopération............2 D4
Consulado de Sudán........(véase 1)
Embajada de Turquía............4 D4
QUÉ VER Y HACER
Parque Al-Azhar....................5 F3
Iglesia de San Simón el Curtidor.........................6 F4
Contemporary Image Collective..........................7 D4
International Language Institute............................8 A1
Museo de Arte Islámico.........9 E3
Panorama de la Guerra de Octubre......................10 H1
DÓNDE COMER
Abou El Sid....................(véase 12)
Alain Le Notre Café.........(véase 5)
Citadel View...................(véase 5)
La Mezzaluna.....................11 A3
Le Tabasco..........................12 A3
Sequoia..............................13 C1
DÓNDE BEBER
Bull's Eye......................(véase 11)
OCIO
El-Genaina......................(véase 5)
Makan............................(véase 4)
DE COMPRAS
Abd ar-Rahman Harraz.......14 E3
Salem..................................15 A2
Zoco de al-Gomaa..............16 F6
TRANSPORTE
Terminal de autobuses de Abbassiyya (Sinaí)............17 G2
Terminal de autobuses de Aboud.........................18 E1
Cairo Gateway.....................19 D2
Terminal de microbús de Sayyida Aisha...................20 E5
Taxis a Al-Fayoum..............21 B5

La orilla occidental del Nilo es más reciente (mucho más cemento) y residencial que las zonas a lo largo de la orilla oriental, pero también es la zona de la ciudad más rica y moderna. Los principales barrios de norte a sur son Mohandiseen, Agouza, Doqqi y Gizeh. Este último se extiende 10 km hacia el interior, hasta llegar al pie de las pirámides.

Planos

La American University in Cairo (AUC) Press publica *Cairo Maps: The Practical Guide* (30 EGP), una colección ligera del tamaño de un libro formada por 40 planos de las calles, con índice.

INFORMACIÓN

Librerías

Librería de la American University in Cairo (AUC) El centro (plano pp. 104-105; ☎ 2797 5370; Sharia Mohammed Mahmoud; 🕒 9.00-18.00 sa-ju); Zamalek (plano pp. 134-135; ☎ 2739 7045; 16 Sharia Mohammed Thakeb; 🕒 10.00-18.00 sa-ju, 13.00-18.00 vi). La mejor librería de lengua inglesa del país, con cantidad de libros sobre política, sociología e historia de El Cairo, Egipto y Oriente Medio, además de numerosas guías y algo de ficción.

Librería Angloegipcia (plano pp. 104-105; ☎ 2391 4337; 165 Sharia Mohammed Farid, el centro; 🕒 9.00-13.30 y 16.30-20.00 lu-sa). Buena selección de libros sobre Egipto y Oriente Medio.

Diwan (plano pp. 134-135; ☎ 2736 2578; 159 Sharia 26th of July, Zamalek; 🕒 9.00-23.30). Excelente opción. Obras en inglés, francés y alemán, desde novelas a guías de viajes y libros ilustrados de gran formato. También posee una sección infantil, una gran zona de música y un pequeño café.

Lehnert & Landrock (plano pp. 104-105; ☎ 2392 7606; 44 Sharia Sherif, el centro; 🕒 10.00-19.00 lu-sa). Un buen lugar para adquirir mapas, libros sobre El Cairo y Egipto (algunos de segunda mano), postales viejas y copias de fotografías antiguas. Sucursales: frente al Museo Egipcio (plano pp. 104-105) y en el exterior de la entrada a las pirámides del lado de la Esfinge (plano p. 140).

Shorouk (plano pp. 104-105; ☎ 2393 0643; 1 Midan Talaat Harb, el centro; 🕒 10.00-22.00). Esta tienda de dos plantas ofrece *best sellers* en árabe e inglés, así como cantidad de revistas.

Librería Zamalek (plano pp. 134-135; ☎ 2736 9197; 19 Sharia Shagaret ad-Durr, Zamalek; 🕒 9.00-20.00 lu-sa). Pequeña, pero llena de revistas, novelas policíacas en inglés y novelas perfectas para las vacaciones.

QUIOSCOS

Los mejores de El Cairo están uno enfrente del otro en la esquina de Sharia 26th of July y Sharia Hassan Sabry en Zamalek (plano pp. 134-135). En estos quioscos se puede conseguir prácticamente de todo (excepto desnudos). En el centro, los mejores se hallan en Sharia Mohammed Mahmoud frente a la AUC (plano pp. 104-105) y en Midan Tahrir (plano pp. 104-105). También las librerías en los hoteles Nile Hilton (plano pp. 104-105), Cairo Marriott (plano pp. 134-135) y Semiramis InterContinental (plano pp. 104-105) son bastante decentes.

> **LÍO TELEFÓNICO**
>
> A mediados de 2007, los números de las líneas telefónicas fijas de El Cairo pasaron de siete a ocho dígitos; conviene mencionarlo porque quizá las tarjetas de presentación y los carteles tarden en actualizarse. A los barrios en la orilla oriental y a Zamalek se les ha añadido un 2 al principio de los números; a Gizeh, Mohandiseen y Doqqi, un 3. Los números de teléfono móvil no han variado.

Centros culturales y bibliotecas

Muchos piden al visitante algún tipo de documento de identidad (preferentemente el pasaporte) antes de dejarle entrar. Para la programación de los eventos hay que consultar el *Al-Ahram Weekly* y la revista mensual *Egypt Today*. En verano no programan muchas actividades culturales, ya que un gran número de centros reducen sus horarios.

British Council y biblioteca (www.britishcouncil.org.eg) Agouza (plano pp. 134-135; ☎ 3300 1666; 192 Sharia el-Nil; 🕒 8.00-20.00 do-ju, 9.00-16.30 sa); Heliópolis (plano p. 142; ☎ 19789; 4 Sharia el-Minia, junto a Sharia Nazih Khalifa; 🕒 9.00-20.00 do-mi, 9.00-16.30 ju). Organiza actuaciones, exposiciones y charlas. Posee una biblioteca muy útil. Su sucursal de Agouza alberga una excelente colección de arte británico moderno.

Centre Français de Culture et de Coopération (www.ambafrance-eg.org/cfcc) Heliópolis (fuera del plano p. 142; ☎ 2419 3857; 5 Sharia Shafik al-Dib, Ard al-Golf; 🕒 10.00-22.00 do-ju); Mounira (plano pp. 96-97; ☎ 2794 7679; 1 Sharia Madrassat al-Huquq al-Fransiyya; 🕒 11.00-19.00 do-ma, ju y vi, 11.00-20.00 mi). Programa con regularidad películas, conferencias y exposiciones. Sus bibliotecas están abiertas al público y retransmite noticias en francés del canal TV5. La sede de Mounira también ofrece cursos de francés y árabe.

Egyptian Centre for International Cultural Cooperation (plano pp. 134-135; ☎ 2736 5410; 11 Sharia Shagaret ad-Durr, Zamalek; 🕒 10.00-15.00 y 16.00-21.00

sa-ju). Organiza conciertos de compositores y artistas egipcios, así como buenos cursos de árabe clásico y coloquial.

Centro Cultural El Sawy (El Sakia; plano pp. 134-135; ☎ 2736 8881; www.culturewheel.com; Sharia 26th of July, Zamalek; 🕑 9.00-21.00). Un espacio excelente y animado que organiza conciertos, exposiciones de arte, obras de teatro, pases de películas e incluso clases de yoga y espectáculos infantiles de marionetas. Las entradas para los espectáculos se pueden comprar en los cafés Cilantro de toda la ciudad.

Goethe Institut (http://www.goethe.de/ins/eg/kai/deindex.htm) Doqqi (plano p. 138; ☎ 3748 4501; 5 Sharia Hussein Wassef); el centro (plano pp. 104-105; ☎ 2575 9877; 5 Sharia al-Bustan; 🕑 biblioteca 13.00-19.00 do-mi). Seminarios y conferencias en alemán sobre egiptología y otros temas. También organiza conciertos de grupos musicales de gira, exposiciones de arte y proyecciones de películas. La biblioteca tiene más de quince mil títulos, principalmente en alemán. La sede de Doqqi se centra en los cursos de alemán.

Gran Biblioteca de El Cairo (plano pp. 134-135; ☎ 2736 2271; 15 Sharia Mohammed Mazhar, Zamalek; 🕑 9.00-16.00 sa-ju). La mejor biblioteca pública de la ciudad, con una excelente colección de libros de arte, ciencia y otros temas, principalmente en inglés. También ofrece revistas en inglés. Para entrar hay que mostrar el pasaporte.

Instituto Cervantes (plano p. 138; ☎ 3337 1962; www.elcairo.cervantes.es; 20 Sharia Boulos Hanna, Doqqi; 🕑 9.00-16.00 do-ju). Instituto de cultura y lengua española. Organiza proyecciones de películas y conferencias.

Istituto Italiano di Cultura (plano pp. 134-135; ☎ 2735 8791; www.iiccairo.esteri.it; 3 Sharia Sheikh al-Marsafy, Zamalek; 🕑 biblioteca 10.00-16.00 do, ma y ju). Apretado programa de películas, conferencias (a veces en inglés) y exposiciones de arte. Tiene biblioteca.

Netherlands-Flemish Institute (plano pp. 134-135; ☎ 2738 2520; www.nvic.leidenuniv.nl; 1 Sharia Mahmoud Azmy, Zamalek; 🕑 9.00-14.00 do-ju). Alberga exposiciones de arte y es famoso por la calidad de sus conferencias semanales que tratan una amplia selección de temas, normalmente en inglés.

Urgencias

En caso de accidente o lesión, hay que llamar al Hospital Internacional As-Salam (más adelante). Para casos de pérdida de tarjeta de crédito, véase p. 524. Si se trata de algo más grave, hay que contactar con la embajada (véase p. 518).

Ambulancias (☎ 123)
Bomberos (☎ 180)
Policía (☎ 122)

La **oficina de la policía turística** (plano pp. 104-105; ☎ 2390 6028, urgencias 126) se halla en la primera planta de un edificio situado en el callejón a la izquierda de la principal oficina de turismo en el centro. Debe ser el primer lugar al que acudir ante pequeños incidentes, como robos; hay otras oficinas junto a las pirámides, frente al hotel Mena House (plano p. 140) y en Khan al-Khalili (plano p. 116).

Acceso a Internet

Hay *cibercafés* diseminados por toda la ciudad, aunque no abundan. Los de mejor ubicación son:

4U Internet Café (plano pp. 104-105; ☎ 2575 9304; 1ª planta, 6 Midan Talaat Harb, el centro; 5 EGP/h; 🕑 24 h). Debajo del Lialy Hostel.

Five St@rs Net (plano pp. 104-105; ☎ 2574 7881; 1ª planta, 6 Midan Talaat Harb, el centro; 🕑 24 h). Frente al 4U Internet; sus ordenadores funcionan peor.

Hany Internet Café (plano pp. 104-105; ☎ 2395 1985; 16 Sharia Abdel Khalek Sarwat, el centro; 2 EGP/h; 🕑 10.00-2.00). Enfrente del Koshary el-Tahrir; precios de ganga y ventanas abiertas, por lo que no está lleno de humo.

InterClub (plano pp. 104-105; ☎ 2579 1860; 12 Sharia Talaat Harb, el centro; 5 EGP/h; 🕑 8.00-2.00). Excelentes pantallas planas y servicios de impresión, fax y escáner; en un callejón junto al restaurante Estoril.

Memories Net (plano pp. 104-105; ☎ 018 169 6471; 12 Sharia Mahmoud Bassiouni, el centro; 5 EGP/h; 🕑 10.00-2.00). Fantástico ambiente en una especie de cueva; bajando por el callejón hacia la *ahwa* (café) Mahran.

Sigma Net (plano pp. 134-135; ☎ 2738 0516; Sharia Gezirat al-Wusta, Zamalek; 8 EGP/h; 🕑 24 h). Frente al Flamenco Hotel. Conexiones rápidas y aire acondicionado.

Zamalek Center (plano pp. 134-135; ☎ 2736 4004; 25 Sharia Ismail Mohammed, Zamalek; 5 EGP/h; 🕑 24 h). Bastante lleno de humo, aunque ofrece los mejores precios de la zona, así como otros servicios.

Información en la Red

Cairo, Egypt (www.cairotourist.com). Circuitos virtuales por El Cairo faraónico, copto, islámico y moderno; sin embargo, los listados de hoteles y restaurantes no están actualizados.

cairolive.com (www.cairolive.com). Revista *online* con opiniones sobre las noticias, así como los acontecimientos culturales y políticos de la ciudad. Sección infantil muy útil.

Egy.com (www.egy.com). Excelente página web del historiador social y periodista egipcio Samir Raafat. Incluye artículos sobre arquitectura, acontecimientos y personajes de El Cairo de los ss. XIX y XX, con una interesante sección sobre la comunidad judía de la ciudad.

Guardians Egypt (www.guardians.net). Magnífica página web que abarca los yacimientos de pirámides de Gizeh, Dashur y Saqqara. Tiene fotos, artículos sobre los últimos descubrimientos y boletines del Dr. Zahi Hawass, el secretario general del Consejo Supremo de Antigüedades.

Yallabina (www.yallabina.com). Dedicada a la vida nocturna de El Cairo: críticas de restaurantes y bares, así como un calendario de conciertos, eventos y cine.

Medios de comunicación

La revista mensual *Egypt Today* (15 EGP; también *online* en www.egypttoday.com) trata los principales temas sociales y económicos e incluye listados básicos. El *Daily Star Egypt* es un suplemento del *International Herald-Tribune* (10 EGP); se trata de una versión del periódico beirutí de gran calidad e incluye noticias en inglés. El ligero diario *Egyptian Gazette* (50 pt) y el *Al-Ahram Weekly* (1 EGP), más sustancial, son las otras publicaciones en inglés. Para una perspectiva más moderna, se puede ojear una copia gratuita del *Croc*, una guía mensual con listados que facilitan en numerosos restaurantes y galerías; incluye críticas de restaurantes y otros artículos informativos.

Asistencia médica

HOSPITALES

En muchos de los hospitales de El Cairo se sufren los problemas derivados de los equipos anticuados y de la actitud descuidada en cuestiones de higiene, aunque existen varias excepciones. Las embajadas pueden recomendar al viajero varios médicos y hospitales. Otras opciones son:

Hospital Angloamericano (plano p. 138; ☎ 2735 6162/5; Sharia Hadayek al-Zuhreyya, Gezira). Al oeste de la torre de El Cairo.

Hospital Internacional As-Salam Ma'adi (plano pp. 96-97; ☎ 2524 0250, urgencias 2524 0077; Corniche el-Nil); Mohandiseen (plano pp. 134-135; ☎ 3303 0502; 3 Sharia Syria). La sede de Ma'adi tiene mejor reputación.

FARMACIAS

Casi todos los medicamentos se pueden conseguir sin receta. Las siguientes farmacias están abiertas las 24 horas, tienen personal que habla inglés y pueden llevar los encargos al hotel.

Al-Ezaby (plano pp. 134-135; ☎ 19600)

Ali & Ali El centro (☎ 2365 3880); Mohandiseen (☎ 3302 1421)

Delmar (☎ 2575 1052; el centro). En la esquina de Sharia 26th of July con Sharia Mohammed Farid.

Farmacia New Victoria (☎ 2735 1628; Zamalek)

Farmacia Seif (☎ 19199)

Dinero

Para obtener información general sobre dinero, oficinas de cambio de moneda extranjera y transferencias bancarias, véase p. 524. Para conocer los horarios de los bancos, véase p. 513. Las sucursales del Banque Misr en los hoteles Nile Hilton y Mena House Oberoi abren las 24 horas y las de los grandes bancos situadas en los hoteles cambian dinero en efectivo, pero las tasas son algo mejores en las casas de cambio independientes, algunas de las cuales se hallan en Sharia Adly, en el centro, y en Sharia 26th of July, en Zamalek. Éstas suelen abrir de 10.00 a 20.00, de sábado a jueves.

American Express (Amex; www.americanexpress.com.eg; ⌚ 9.00-17.00 sa-ju) El centro (plano pp. 104-105; ☎ 2574 7991; 15 Sharia Qasr el-Nil); el centro (plano pp. 104-105; ☎ 2578 5001; Nile Hilton); Heliópolis (fuera del plano p. 153; ☎ 2418 2144; 33 Sharia Nabil al-Wakkad, Ard al-Golf). Todas sus oficinas guardan el correo a los titulares de sus tarjetas y conceden adelantos de efectivo con tarjetas oro y platino.

Citibank (www.citibankegypt.com) Garden City (plano p. 138; ☎ 2795 1873; 4 Sharia Ahmad Pasha); Zamalek (plano pp. 134-135; ☎ 2736 5622; 4A Sharia al-Gezira)

Diners Club (plano pp. 104-105; ☎ 2578 3355; Nile Hilton, Midan Tahrir, el centro)

Thomas Cook (☎ teléfono de urgencias 010 140 1367; www.thomascookegypt.com; ⌚ 8.00-16.30 sa-ju) aeropuerto (☎ 2265 4447); el centro (plano pp. 104-105; ☎ 2574 3776; 17 Sharia Mahmoud Bassiouni); Heliópolis (plano p. 142; ☎ 2416 4000; 7 Sharia Baghdad, Korba); Mohandiseen (plano pp. 134-135; ☎ 3344 0008; 10 Sharia 26th of July); Zamalek (plano pp. 134-135; ☎ 2735 9223; 3 Sharia Abu al-Feda)

CAJEROS AUTOMÁTICOS

Hay cajeros automáticos en todas las calles principales, en los centros comerciales y en los vestíbulos de los hoteles de cinco estrellas. La única zona donde resulta difícil encontrar uno es en El Cairo islámico; en esta área, el cajero mejor situado está debajo del hotel El Hussein (plano p. 116) en Khan al-Khalili. Los cajeros de los hoteles son los más fiables.

Correos

Señalizadas con carteles amarillos y verdes, las oficinas de correos abundan, aunque no todas tienen indicaciones en inglés que expliquen las áreas de cada ventanilla.

Express Mail Service (EMS, servicio de correo urgente; plano pp. 104-105; ☎ 2390 5874; fax 2390 4250; ⌚ 24 h). Frente a la oficina de listas de correos. Casi todas las oficinas de correos tienen también un mostrador de EMS.

Oficina principal de correos (plano pp. 104-105; Midan Ataba; ⌚ 8.00-22.00 sa-ju)

Listas de correos (plano pp. 104-105; ⌚ 8.00-14.30 sa-ju). En la calle lateral a la derecha de la oficina principal de correos, con la entrada en la calle que cruza una manzana por abajo. Normalmente guarda el correo durante tres semanas. Está dividida en tres secciones: cartas (ventanilla 10), paquetes (ventanilla 1) y correo certificado (planta superior). Conviene llevar el pasaporte.

Centro de tráfico postal (plano p. 109; Midan Ramses; ⌚ 8.30-15.00 sa-ju). Para enviar paquetes al extranjero. Hay que traer el pasaporte. El paquete será inspeccionado, por lo que conviene dejarlo sin precintar; luego, alguien se encargará de envolverlo por un poco de dinero, aunque el viajero también puede traer su propia cinta adhesiva. El proceso es bastante burocrático, aunque no muy desesperante.

Oficina de correos de Zamalek (plano pp. 134-135; Sharia Brazil; ⌚ 8.00-15.00 sa-ju)

Teléfono y fax

Tarjetas telefónicas Hay cabinas de teléfono de Menatel por toda la ciudad, aunque la costumbre de ubicarlas en las esquinas de las calles (o en plena calle) puede hacer que la comunicación resulte difícil.

Fax Se pueden enviar y recibir en las centrales telefónicas de Midan Tahrir, Sharia Adly y Sharia Alfy, así como en la oficina principal de EMS en Ataba (véase p. 100) y en un par de *cibercafés* (véase p. 99).

Centrales telefónicas El centro (plano pp. 104-105; fax 2578 0979; 13 Midan Tahrir; ⌚ 24 h); el centro (plano pp. 104-105; fax 2393 3903; 8 Sharia Adly; ⌚ 24 h); el centro (plano pp. 104-105; fax 2589 7635; Sharia Alfy; ⌚ 24 h); el centro (plano pp. 104-105; Sharia Ramses; ⌚ 24 h); Zamalek (plano pp. 134-135; Sharia 26th of July). La sucursal de Sharia Alfy está junto al Windsor Hotel. La de Sharia Ramses se halla enfrente de Sharia Tawfiqiyya.

Información turística

Oficina de turismo del aeropuerto internacional de El Cairo Terminal I (☎ 2265 3642; ⌚ 24 h); terminal II (☎ 2265 2269; ⌚ 24 h)

Oficina principal de turismo (plano pp. 104-105; ☎ 2391 3454; 5 Sharia Adly; ⌚ 8.30-19.00)

Oficina de turismo de las pirámides (plano p. 140; ☎ 3383 8823; carretera de las Pirámides; ⌚ 8.30-17.00). Frente al Mena House Oberoi.

Oficina de turismo de la estación de Ramsés (plano p. 137; ☎ 2579 0767; ⌚ 9.00-19.00). Junto a la oficina de coches-cama de Abela.

Agencias de viajes

Las calles de los alrededores de Midan Tahrir están llenas de agencias de viajes, pero no suelen ofrecer gangas. Hay que ir con mucho cuidado con los operadores poco fiables (véase p. 517). Amex y Thomas Cook (véase p. 100) ofrecen servicios de confianza. También se recomiendan:

Egypt Panorama Tours (☎ 2359 0200; www.eptours.com; 4 Rd 79, Ma'adi; ⌚ 9.00-17.00). Frente a la estación de metro de Ma'adi, es una de las agencias mejores y más serias de la ciudad, aunque está bastante alejada del centro. Por suerte, reserva billetes, circuitos y habitaciones de hotel por teléfono y envía los documentos por mensajero, si fuera necesario, a precios muy razonables. Su eficiente personal habla un inglés excelente. Es perfecta para conseguir billetes baratos de avión, ofertas en hoteles de cuatro y cinco estrellas y circuitos por Egipto y la región del Mediterráneo. Cobra un pequeño recargo si se paga con tarjeta de crédito.

Misr Travel (plano pp. 104-105; ☎ 2393 0259; 7 Sharia Talaat Harb, el centro). Agencia de viajes oficial del Gobierno egipcio. Tiene sucursales en casi todos los hoteles de lujo.

Travco (plano pp. 134-135; ☎ 2736 2042; www.travco-eg.com; 13 Sharia Mahmoud Azmy, Zamalek). La sucursal de Zamalek de esta gran agencia de viajes egipcia está muy bien considerada.

Extensión del visado

Todos los trámites relacionados con el visado se realizan en el **Mogamma** (plano pp. 104-105; Midan Tahrir, el centro; ⌚ 8.00-13.30 sa-mi), un monolito de 14 plantas de estilo egipcio-estalinista, del que se rumorea que cerrará en 2009. Hasta entonces, los extranjeros deben subir a la primera planta y preguntar en el mostrador de información si los pasos a seguir indicados a continuación siguen vigentes. Hay que acudir a la ventanilla 12 y pedir un formulario, rellenarlo y luego comprar los sellos en la ventanilla 43. Después, hay que volver a la ventanilla 12, donde se entregan el formulario, los sellos, una fotografía y fotocopias de las páginas del pasaporte con la fotografía y el visado (las fotos y fotocopias se pueden conseguir en la planta baja). El visado se tramitará por la noche.

PELIGROS Y ADVERTENCIAS

En El Cairo se puede pasear casi por cualquier sitio, a cualquier hora del día y de la noche, siempre y cuando se vaya vestido de manera adecuada y se conozcan un poco las calles. Aun así, las mujeres deben tener cuidado si andan solas por la noche.

Robos

No constituyen un gran problema, pero conviene estar atento. Los viajeros informan con regularidad de hurtos en las habitaciones de los hoteles e incluso de las cajas fuertes. Por lo tanto, sería buena idea llevar el dinero y los objetos de valor encima o guardarlos en una maleta cerrada con llave. Los carteristas no son habituales, pero a veces actúan en lugares muy concurridos como Khan al-Khalili, el mercado de camellos de Birqash, el metro y los autobuses. Si el viajero es víctima de un robo, debe dirigirse inmediatamente a la policía turística (p. 99).

Estafas

Las estafas en El Cairo son tan variadas que resulta imposible enumerarlas todas. En líneas generales, existen cuatro tipos: en los hoteles (véase p. 149), precios excesivos en circuitos a otras partes del país, timos en las tiendas y trámites raros relacionados con las entradas de los puntos de interés.

Las peores estafas están relacionadas con los circuitos. En lugar de organizar todo en El Cairo, casi siempre resulta mejor reservar los circuitos en la zona por donde se va a viajar. Los operadores fraudulentos casi superan en número a las agencias de confianza (véase anteriormente). A pesar de la presión constante a la que el viajero se verá sometido, esta guía quiere hacer hincapié en que no conviene reservar vuelos, cruceros en falúa ni excursiones a través de los hoteles en El Cairo (inevitablemente se acabará pagando más por la comisión que se aplique a la transacción). Asimismo, conviene tener cuidado con las agencias de viajes en la zona del centro. Muchas de ellas alquilan un espacio en la oficina a tipos sin escrúpulos que cobran mucho más de la cuenta por los preparativos. Si el viajero vuelve para presentar una queja, la agencia argumentará que la reserva se realizó a través de un agente independiente que no estaba asociado a la compañía. Por último, nunca jamás hay que reservar un circuito a través de un "cazaclientes" de la calle ni en una tienda de recuerdos.

Las estafas en las tiendas son casi igual de frecuentes, pero mucho menos crudas. En general, se trata de gente que empieza a hablar con el viajero para luego llevarle a una tienda. En la mayor parte de los casos la intención sería clara, si no fuera por la soltura con que se desenvuelven los estafadores de más talento. Por ejemplo, alrededor del Museo Egipcio un simpático lugareño se acerca al visitante y le pregunta si busca la entrada al museo o el autobús a las pirámides. Si la respuesta es afirmativa, asegura que es la hora de las oraciones, de comer o de cualquier otra cosa que se le ocurra y que el museo está cerrado temporalmente y el servicio de autobuses no funciona. A continuación, sugiere que, mientras esperan, quizá estén interesados en visitar el cercano "bazar del Gobierno" que, casualmente, celebra su liquidación anual ese mismo día. Huelga decir que las liquidaciones son diarias, en realidad no hay muchas ofertas, el bazar no tiene nada que ver con el Gobierno y el joven se llevará una comisión por cualquier producto que se compre.

Al pasear por el centro o El Cairo islámico, algunos lugareños caminan junto al viajero para ofrecerle ayuda o conversación. Normalmente se trata de ganchos que sólo quieren llevarle a tiendas donde consiguen comisiones. Pueden ser muy persistentes, pero si se les dice que sólo se quiere caminar y se sabe adónde se va, con algún toque de humor para rebajar la tensión, uno se puede ahorrar muchos problemas.

Otras estafas relacionadas con las compras son la vieja estrategia agresiva del "dos por cinco libras" (cuando se va a pagar, el vendedor asegura que quería decir cinco libras británicas), así como la venta de hoja seca de banano en lugar de papiro y de alazor en lugar de azafrán.

Al visitar El Cairo islámico, conviene saber que, excepto en dos casos, se puede entrar a todas las mezquitas sin pagar nada, pues son lugares de culto. Sin embargo, algunos guardianes intentan que se pague un importe; si el viajero no está seguro, puede pedir la entrada ('fee taz-*kar*-a?') y negarse educadamente a pagar si no se la dan. En los monumentos con entrada oficial, algunos guardias intentan revender la entrada de un visitante anterior (ayudados por otro guardián dentro que asegura al viajero que se trata de una práctica normal). Si no la arrancan del taco enfrente del visitante, ya está usada. Como no afecta a lo que se paga, el viajero puede elegir si se queja o no; en caso afirmativo, quizá acabe dando la impresión de que los turistas prefieren los negocios honestos.

Es muy común que la gente pida una *baksheesh* (propina); se trata de una práctica legítima y esperada, pero hay que mantenerse firme y no pagar más de lo que se quiera (5 EGP por punto de interés es lo razonable, más 2 o 3 EGP si se sube a un minarete).

Por último, conviene tener en cuenta que en el centro se venden falsificaciones de carnés de estudiante internacional (ISIC). Para más información sobre estos carnés, véase p. 516.

PUNTOS DE INTERÉS

Están diseminados por toda la ciudad, así que merece la pena visitar los de una zona antes de pasar a la siguiente. No conviene visitar muchos en un día o se acabará abrumado. El impresionante pero abarrotado Museo Egipcio requiere al menos medio día, aunque se puede realizar una segunda visita sin problema. Khan al-Khalili y casi todos los monumentos medievales se hallan en El Cairo islámico; hay que reservar un día entero o varias visitas cortas para poder apreciarlos. Sin duda hay que dedicar varias horas a vagar por esta zona (incluso si es a costa de otros puntos de interés), ya que sus callejones traseros ofrecen el ambiente más auténtico de la ciudad. Para las pirámides y tumbas de Gizeh, Saqqara y Dashur se necesita un día entero. El Cairo copto se puede recorrer en una mañana y resulta especialmente fácil llegar gracias al metro. El viajero se empapará del ambiente del centro simplemente en los desplazamientos a y desde el hotel o paseando por allí por la noche.

El Cairo central

Aunque el Museo Egipcio se encuentra aquí, la parte de la ciudad entre Midan Ramses y Midan Tahrir, llamada Wust al-Balad por los lugareños, es más conocida por su gran variedad de hoteles económicos, restaurantes y una deslumbrante selección de escaparates. A veces hay que intentar abstraerse del tráfico y las tiendas iluminadas con fluorescentes y fijarse en los elegantes edificios de oficinas y apartamentos estilo Imperio, que rezuman el *glamour* de otra época. Se trata de una zona de la ciudad magnífica para explorar, aunque tras unas horas se sufrirá una sobrecarga sensorial.

MIDAN TAHRIR Y ALREDEDORES

Media docena de calles principales convergen en Midan Tahrir (plaza de la Liberación). Constituye el punto neurálgico de El Cairo moderno y, por lo tanto, es el escenario de graves atascos de tráfico motorizado y peatonal. Sin embargo, también se trata de uno de los pocos espacios céntricos que no se encuentra encerrado por edificios ni asfixiado por los pasos elevados, por lo que es perfecto para observar y orientarse.

Uno de los destacados puntos de referencia de la zona es el Nile Hilton (p. 150), un bloque azul y blanco que se yergue entre Midan Tahrir y el Nilo. Cuando se construyó en 1959 para sustituir a unos antiguos barracones del ejército británico, fue el primer hotel moderno de El Cairo. Al norte se halla la mole neoclásica del Museo Egipcio (p. 179), pintada de color rosa chillón. Al sur se encuentra el **edificio de la Liga Árabe** (plano pp. 104-105), donde a veces se celebran reuniones de los líderes de Oriente Medio.

Si se sigue recorriendo Midan Tahrir en el sentido contrario a las agujas del reloj, el recargado palacio blanco es el **Ministerio de Asuntos Exteriores.** La adyacente **mezquita de Omar Makram** (plano pp. 104-105) es el lugar donde cualquier persona importante celebra su funeral. El resto del extremo sur está ocupado por el monstruoso **Mogamma** (plano pp. 104-105), donde trabajan 18.000 funcionarios medio adormecidos –aquí hay que acudir para conseguir extensiones del visado (véase p. 101). Si el Mogamma financiado por los soviéticos simboliza el pasado casi socialista del país, el siguiente edificio, al otro lado de Qasr al-Ainy con sus cuatro carriles, representa la actual energía de la empresa privada: la **American University in Cairo** (AUC; plano pp. 104-105) es la universidad donde estudia la prole de los millonarios egipcios. En otoño de 2008, la mayoría de los estudiantes acudirá a un nuevo campus en los suburbios orientales, pero este hecho no conseguirá que los egipcios de a pie dejen de imaginar el libertinaje de estilo occidental que se cuece detrás de sus elevadas verjas. Este campus posee un atractivo patio y una buena librería (véase p. 98). Hay que mostrar el pasaporte en la puerta situada en Sharia Mohammed Mahmoud, frente al McDonald's.

Luego, los edificios salen hacia Sharia Tahrir, que recorre 300 m hacia el este hasta una concurrida plaza (Midan Falaki), con el mercado cubierto de verduras y carne llamado **zoco de Bab al-Luq** en un extremo. Si se sigue hacia el este, se llegará a Midan al-Gomhuriyya, una descuidada plaza de hierba rodeada por tráfico. El gran edificio que domina la plaza al este es el palacio de Abdeen, antigua residencia de los dirigentes del país.

EL CAIRO CENTRAL

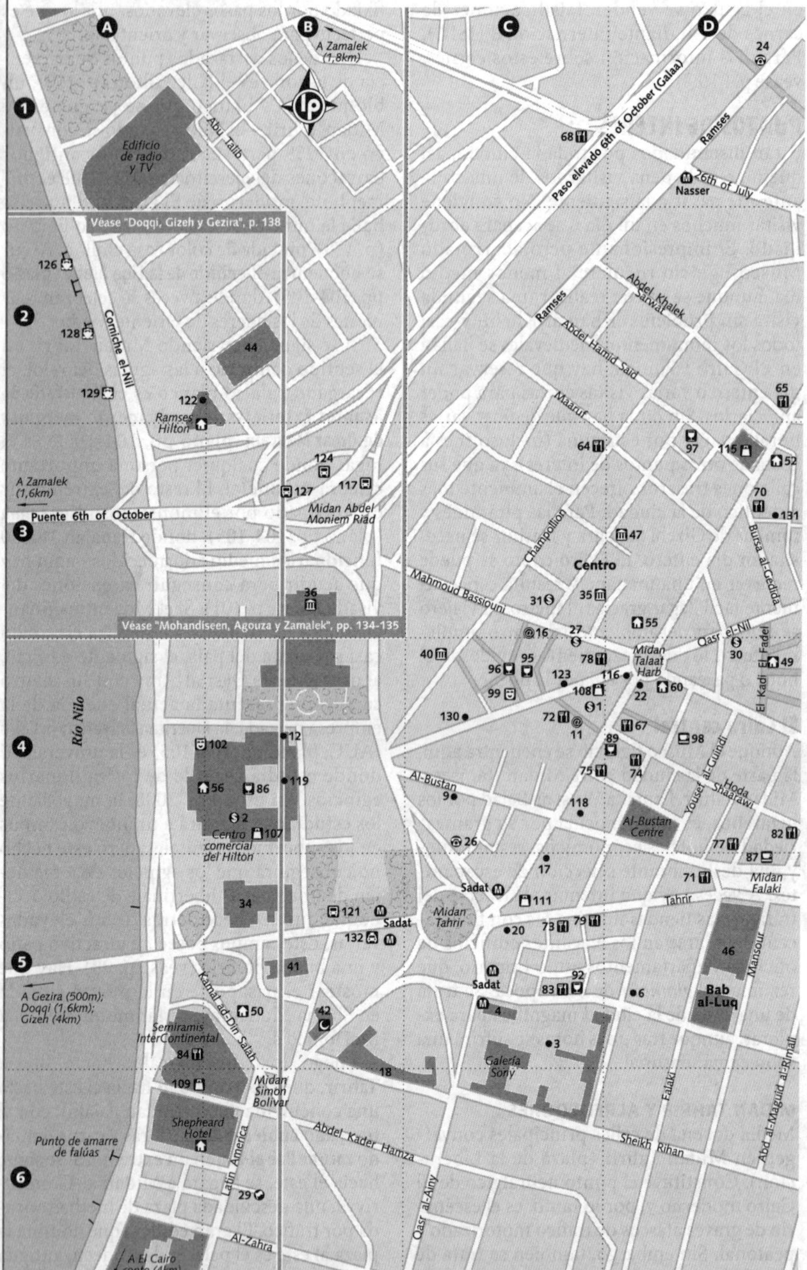

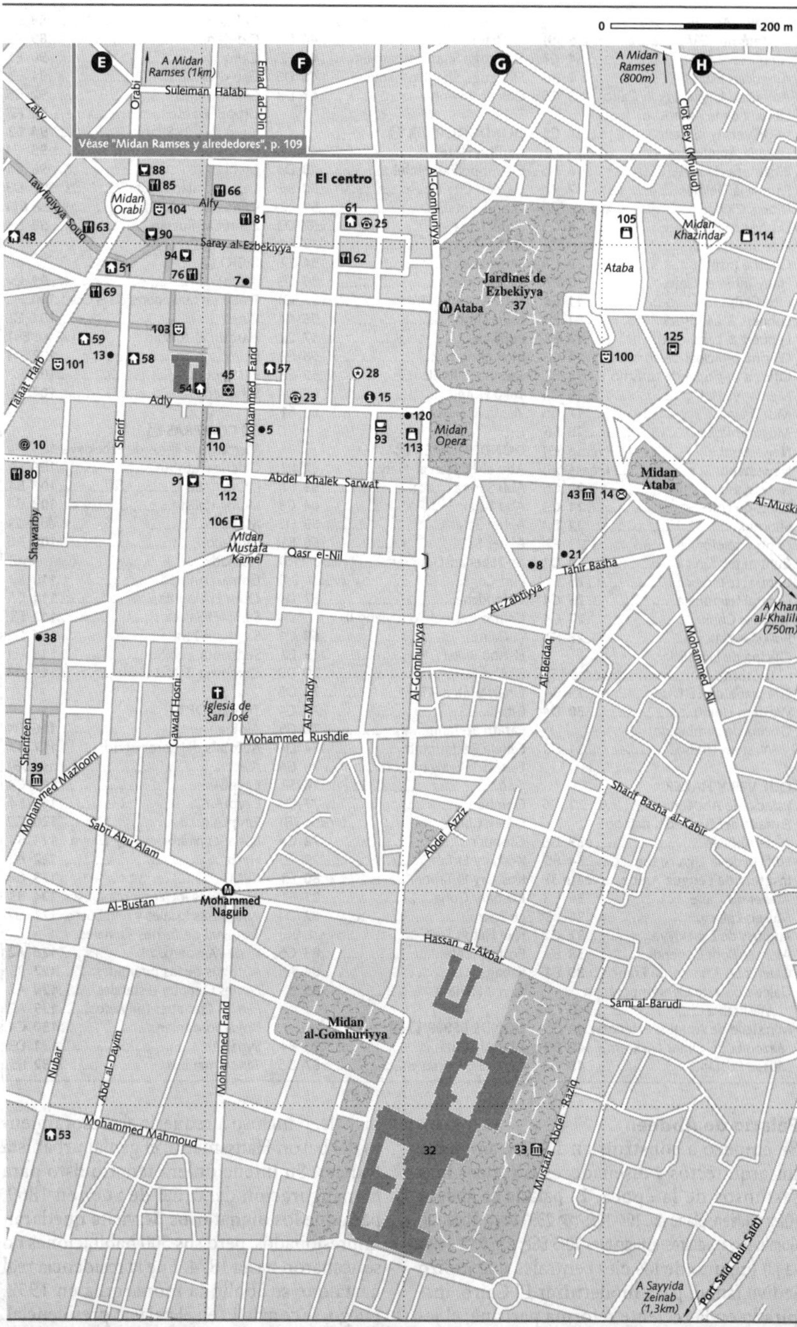
0 200 m
A Midan Ramses (1km)
A Midan Ramses (800m)
Véase "Midan Ramses y alrededores", p. 109
El centro
Midan Orabi
Jardines de Ezbekiyya
Ataba
Midan Khazindar
Midan Opera
Midan Ataba
Midan Mustafa Kamel
Iglesia de San José
Mohammed Naguib
Midan al-Gomhuriyya
A Khan al-Khalili (750m)
A Sayyida Zeinab (1,3km)
Suleiman Halabi
Emad ad-Din
Orabi
Zaky
Tawfiqiyya Souq
Alfy
Saray al-Ezbekiyya
Al-Gomhuriyya
Clot Bey (Khulud)
Talaat Harb
Sherif
Adly
Mohammed Farid
Abdel Khalek Sarwat
Shawarby
Qasr el-Nil
Tahir Basha
Al-Zabtiyya
Al-Muski
Mohammed Ali
Al-Beidaq
Gawad Hosni
Al-Mahdy
Mohammed Rushdie
Sherifeen
Mohammed Mazloom
Sabri Abu'Alam
Abdel Aziz
Sharif Basha al-Kabir
Al-Bustan
Hassan al-Akbar
Sami al-Barudi
Nubar
Abd al-Dayim
Mohammed Mahmoud
Mustafa Abdel Raziq
Port Said (Bur Said)

INFORMACIÓN
4U Internet Café...............(véase 55)
American Express.......................1 C4
American Express.......................2 B4
American University in Cairo......3 C5
Librería de la American
University in Cairo..................4 C5
Librería Angloegipcia.................5 F2
Biblioteca de la AUC................. 6 D5
Farmacia Delmer........................7 F2
Diners Club........................(véase 56)
Express Mail Service....................8 G3
Five St@rs Net....................(véase 55)
Goethe Institut..........................9 C4
Hany Internet Café...................10 E2
InterClub...............................11 C4
Lehnert & Landrock..................12 B4
Lehnert & Landrock..................13 E2
Oficina principal de correos.......14 G3
Oficina principal de turismo.......15 F2
Memories Net..........................16 C3
Misr Travel..............................17 C5
Mogamma...............................18 B6
Newsstand........................(véase 83)
Newsstand........................(véase 56)
Newsstand..............................20 C5
Listas de correos......................21 G3
Shorouk..................................22 D4
Central telefónica......................23 F2
Central telefónica......................24 D1
Central telefónica......................25 F1
Central telefónica......................26 C4
Thomas Cook..........................27 C4
Policía turística.........................28 F2
Oficina de la policía
turística..........................(véase 15)
Embajada de EE UU..................29 B6
Western Union.........................30 D4
Oficina de cambio de
Western Union......................31 C3

QUÉ VER Y HACER
Palacio de Abdeen....................32 G6
Entrada al Museo del palacio
de Abdeen...........................33 G6
Edificio de la Liga Árabe............34 B5
Instituto de Lengua Árabe....(véase 3)
Atelier du Caire........................35 C3
Museo Egipcio..........................36 B3
Jardines de Ezbekiyya................37 G2
Assicurazioni Generali...............38 E3
Galería de Arte Karim Francis....39 E4
Galería de Arte Contemporáneo
Mashrabia............................40 C4
Ministerio de Asuntos Exteriores.41 B5
Mezquita de Omar Makram.....42 B5
Museo Postal...........................43 G3
Centro comercial del Ramses
Hilton................................ 44 B2
Sinagoga Shar Hashamaim.......45 F2
Sinagoga Shar Hashamaim........46 D5
Galería Townhouse...................47 D3

DÓNDE DORMIR
Carlton Hotel...........................48 E1
Cosmopolitan Hotel.................. 49 D4
Garden City House....................50 B5
Grand Hotel.............................51 E2
Hotel Luna...............................52 D3
Hotel Osiris..............................53 E6
Hotel Select.............................54 E2
Lialy Hostel..............................55 D3
New Minerva Hotel............(véase 59)
Nile Hilton...............................56 A4
Pensión...................................57 F2
Richmond Hotel........................58 E2
Talisman Hotel.........................59 E2
Tulip Hotel.............................. 60 D4
Windsor Hotel..........................61 F1

DÓNDE COMER
Abu al-Hassan al-Haty..............62 F2
Abu Samra...............................63 E1
Abu Tarek................................ 64 C3
Akher Sa'a............................... 65 D2
Akher Sa'a...............................66 F1
At-Tabei ad-Dumyati........(véase 115)
Bird Cage..........................(véase 84)
Café Riche.............................. 67 D4
Centro Recreativo Italiano II
Cairo.................................68 C1
El-Abd Bakery..........................69 E2
El-Abd Bakery.......................... 70 D3
Emara Hati al-Gish...................71 D5
Estoril.....................................72 C4
Fatatri at-Tahrir........................ 73 C5
Felfela Restaurant.................... 74 D4
Felfela Takeaway...................... 75 C4
Gad..76 E2
Gomhouriya............................. 77 D4
Greek Club........................(véase 78)
Groppi's..................................78 C4
Koshary El Tahrir...................... 79 C5
Koshary El Tahrir......................80 E3
Koshary Goha..........................81 F1
Le Bistro................................. 82 D4
Nile Hilton Deli..................(véase 86)
Pottery Café............................83 C5
Sabaya....................................84 A5
Sayed Hanafy..........................85 E1

DÓNDE BEBER
Abu Aly Café...........................86 B4
Cafeteria Horreyya................... 87 D5
Cafetería.................................88 E1
Cafetería.................................89 D4
Cairo......................................90 E1
Cap d'Or..................................91 E3
Cilantro.................................. 92 C5
Groppi Garden.........................93 F2
Kawkab ash-Sharq....................94 E2
Le Grillon................................95 C4
Mahran.................................. 96 C4
Odeon Palace Hotel................. 97 D3
Windsor Bar......................(véase 61)
Zahret al-Bustan...................... 98 D4

OCIO
After Eight.............................. 99 C4
Teatro de Marionetas de El Cairo..100 H2
Cine......................................101 E2
Haroun al-Rashid...............(véase 84)
Latex.................................... 102 A4
Palmyra.................................103 E2
Scheherazade.........................104 E1

DE COMPRAS
Mercado de libros de Ezbekiyya..105 H1
Galerie Hathout......................106 F3
L'Orientale............................107 B4
L'Orientaliste......................... 108 C4
Mobaco..............................(véase 2)
Mobaco.................................109 A6
Nomad.............................(véase 56)
Osman Ahmed........................110 F2
Oum El Dounia...................... 111 C5
Samir El Sakka.......................112 F3
Sawt al-Qahira...................... 113 G2
Sednaoui...............................114 H1
Complejo Talaat Harb.............115 D3

TRANSPORTE
Air France.............................116 D4
Autobús del aeropuerto...........117 B3
Avis.................................(véase 56)
EgyptAir............................... 118 C4
EgyptAir............................... 119 B4
EgyptAir............................... 120 G2
Bus a las pirámides Flag Down...121 B5
Hertz................................... 122 A2
KLM..................................... 123 C4
Autobuses locales y minibuses..124 B3
Autobuses locales y minibuses..125 H2
Terminal de *ferries* fluviales
de Maspero....................... 126 A2
Autobús de las pirámides.........127 B3
Ferries Qanater (estatales)........128 A2
Ferries Qanatier (privados)......129 A2
Royal Jordanian......................130 C4
SyrianAir...............................131 D3
Taxis amarillos.......................132 B5

Palacio de Abdeen
Se empezó a construir en 1863 y empleó a los arquitectos y diseñadores europeos más fastuosos de la época. El **palacio de Abdeen** (Qasr Abdeen; plano pp. 104-105; ☎ 2391 0042; Midan al-Gomhuriyya; adultos/estudiantes 10/5 EGP; 🕑 9.00-14.45 sa-ju) fue uno de los ejes centrales que utilizó jedive Ismail para modernizar El Cairo, inspirado en la reciente reforma parisina; el jedive llegó incluso a requerir el asesoramiento del barón Haussmann, el genial urbanista francés. Su intención era tenerlo listo para la inauguración del canal de Suez en 1869, para que los dignatarios de visita quedaran impresionados, pero sus 500 habitaciones no se acabaron hasta 1874. Fue la residencia real hasta que se abolió la monarquía en 1952. Luego, se convirtió en el palacio presidencial.

El presidente Mubarak prefiere vivir en Heliópolis, pero utiliza Abdeen para los acontecimientos oficiales. Una parte está abierta al público, aunque no las deslumbrantes cámaras reales (hay que entrar por Sharia Mustafa Abdel Raziq); sus salones están llenos de una amplia variedad de armas que abarcan desde dagas ceremoniales hasta obuses.

EL CENTRO

En el corazón comercial de El Cairo, tiendas ostentosas y miles de pequeños negocios se amontonan en las plantas bajas de magníficos pero polvorientos edificios que representan la fantasía arquitectónica del s. XIX y principios del s. XX. Las dos calles principales, Sharia Talaat Harb y Sharia Qasr el-Nil, se cruzan en la rotonda de Midan Talaat Harb, donde se yergue la estatua del Sr. Harb, fundador del National Bank. En la plaza se halla Groppi's (p. 160), en su época una de las pastelerías más famosas en este extremo del Mediterráneo, donde se celebraban elegantes reuniones sociales y bailes para la alta sociedad. Por desgracia, los únicos vestigios que se conservan de su esplendoroso pasado son los mosaicos dorados alrededor de la entrada.

Al sur de la plaza, en Sharia Talaat Harb, el Café Riche (p. 154) fue en su día lugar de reunión de escritores e intelectuales egipcios. Al parecer, Nasser se encontraba aquí con sus camaradas para planear la Revolución de 1952.

Al norte de la plaza, las tiendas a lo largo de Sharia Qasr el-Nil venden artículos de zapatería que harían las delicias de cualquier *drag queen*. La calle en sí ostenta algunos edificios excelentes, como el de la **Assicurazioni Generali** (plano pp. 104-105), la empresa de seguros italiana en la esquina entre Qasr el-Nil y Sharia Sherifeen, y el del Cosmopolitan Hotel (p. 150), a una manzana de Qasr el-Nil. La zona alrededor del hotel y de la cercana **bolsa de valores de El Cairo** es peatonal, por lo que se podrá disfrutar de la arquitectura de finales del s. XIX en relativa tranquilidad.

En Sharia Talaat Harb, el **cine Metro** (plano pp. 104-105) se construyó en la década de 1930. Cuando se inauguró con la película *Lo que el viento se llevó*, contaba con un salón de exposición de automóviles Ford y una cafetería. Una manzana al este del cine, en Sharia Adly, se halla la **sinagoga Shar Hashamaim** (plano pp. 104-105), uno de los pocos legados que quedan de la comunidad judía de El Cairo, antiguamente tan próspera. Parece un decorado de la película *Tomb Raider*. Su recargado exterior de estilo babilonio se estaba restaurando en 2007; cuando se acabe, quizá vuelva a abrir los sábados, el día festivo de los judíos. Más al este en Adly se encuentra el decadente Groppi Garden (p. 160), la primera propiedad en El Cairo del chocolatero italiano Giacomo Groppi y el lugar donde se ubicó el primer cine al aire libre de la ciudad. Durante la Segunda Guerra Mundial, era conocido como un sitio donde los europeos y los egipcios se mezclaban con facilidad, en especial las tropas aliadas y las mujeres locales.

Una manzana al norte de Adly está Sharia 26th of July, bautizada en honor a la fecha en que abdicó Faruk, el último rey de Egipto. Para los cairotas, el principal atractivo de esta calle es la pastelería El-Abd (p. 155), abarrotada de lugareños desde la mañana hasta medianoche intentando comprar sus deliciosos pasteles, dulces y pastas (también hay una sucursal en Sharia Talaat Harb).

Una manzana al norte, las peatonales Sharia Saray al-Ezbekiyya y Sharia Alfy son el centro nocturno del centro, con puestos de kebabs, bares sórdidos, sospechosos locales de danza del vientre, innumerables oportunidades para fumarse un narguile *(sheesha)* en la acera y Akher Sa'a (p. 153), un buen sitio para comer las 24 horas. El cercano **zoco de Tawfiqiyya** (plano pp. 104-105) es un mercado de fruta y verdura que abre hasta tarde y alberga buenas cafeterías en las callejuelas de alrededor.

Al este por Sharia 26th of July se llega a los **jardines de Ezbekiyya** (plano pp. 104-105), con mucho mejor aspecto desde que se renovaron, pero a los que sólo se puede acceder pagando (2 EGP). El famoso Shepheard's Hotel estaba ubicado enfrente y fue el alojamiento favorito de las clases coloniales británicas durante un siglo, hasta que fue destruido en el Sábado Negro de 1952 (véase p. 42). Junto a los jardines, Midan Opera marca el emplazamiento del antiguo teatro de la ópera, que se incendió en 1971 y fue reemplazado por un aparcamiento de varias plantas. Pasado el aparcamiento, hacia el este, se encuentra Midan Ataba.

MIDAN ATABA

El Cairo moderno y europeo tropieza aquí con la ciudad antigua y medieval de Saladino

(Salah ad-Din), los mamelucos y los otomanos. Esta zona parece un bazar obstruido por el tráfico y los vendedores ambulantes, aunque hoy en día los productos que ofrece son zapatos de vinilo y trajes de fiesta de acetato, en lugar del oro y las delicadas sedas de siglos pasados. En el extremo sudoccidental, tras dejar atrás el paso elevado, se yergue la **oficina principal de correos** (plano pp. 104-105) con un techo abovedado y un hermoso patio. En la ventanilla a mano derecha se pueden comprar las entradas para acceder al vecino **Museo Postal** (plano pp. 104-105; ☎ 2391 0011; 2ª planta, Midan Ataba; 2 EGP; 🕑 8.00-15.00), que expone una colección muy cuidada de sellos, uniformes e incluso diminutas maquetas a escala de grandes oficinas de correos de todo el país.

En el extremo norte de la plaza, detrás del **Teatro de Marionetas** modernista de color blanco, se encuentran los puestos del mercado de libros de Ezbekiyya (p. 168). Pasado éste, al norte, se halla Midan Khazindar, dominada por **Sednaoui** (plano pp. 104-105), uno de los primeros grandes almacenes cairotas, de principios del s. XX. Nacionalizado en 1961, actualmente sus vitrinas exponen una selección extraña y casi triste de artículos de calidad bastante mala. Aún así, el edificio sigue albergando su magnífico atrio interior de tres plantas. Desde Khazindar, Sharia Clot Bey (también conocida como Sharia Khulud) se extiende hacia el norte y ostenta el nombre de un médico francés que introdujo ideas occidentales sobre salud pública en el Egipto de Mohammed Ali. Irónicamente, la calle se convirtió en el centro del barrio chino cairota, conocido como "Berka" ("bendición", en un alarde de ironía), lleno de burdeles, espectáculos eróticos y cabarés. Hoy en día es una calle descuidada pero atractiva, con arcos de piedra sobre las aceras que acogen decenas de cafés y restaurantes en tonos sepia. Finalmente desemboca en Midan Ramses.

MIDAN RAMSES Y ALREDEDORES

La puerta de entrada septentrional al centro de El Cairo, Midan Ramses (plano p. 109), es sinónimo de caos. El principal acceso norte-sur de la ciudad está lleno de pasos elevados y numerosas carreteras importantes que inundan la plaza con un caótico hormiguero de minibuses, autobuses, taxis y automóviles. La aglomeración de viajeros que sale de la estación de trenes se suma al tumulto.

La enorme estatua faraónica de Ramsés, que daba nombre a la plaza y estaba tallada en granito rojo, hacía guardia entre el tráfico y daba la bienvenida a los nuevos visitantes hasta que fue trasladada en 2006, para protegerla de los daños ocasionados por la contaminación; para ello, se cerraron carreteras y se utilizó maquinaria especial. En el futuro, se erguirá en la entrada del Gran Museo Egipcio de Gizeh, cuya apertura está programada para 2010. La **estación de Ramsés** (Mahattat Ramses; plano p. 109) constituye una atractiva combinación de estilo islámico e ingeniería de la era industrial. En su extremo oriental se encuentra el **Museo Egipcio de los Ferrocarriles Nacionales** (plano p. 109; ☎ 2576 3793; Midan Ramses; entrada 10 EGP, vi y fest 20 EGP; 🕑 9.00-14.00 ma-do), con una colección, preciosa pero algo destartalada, de antiguas locomotoras, incluida la que se construyó para la emperatriz francesa Eugenia con motivo de la inauguración del canal de Suez.

En el extremo meridional de la plaza se levanta el principal punto de referencia de El Cairo. Se trata de la **mezquita de Al-Fath** (plano p. 109), acabada a principios de la década de 1990. Su minarete se puede ver desde casi cualquier punto del centro y de El Cairo islámico.

GARDEN CITY Y RHODA

Garden City se construyó a principios del s. XX siguiendo el diseño de un típico suburbio inglés ajardinado. Sus calles curvas y arboladas se trazaron para que rezumaran tranquilidad. Su proximidad a la embajada británica sin duda pretendía transmitir seguridad. Muchas de sus elegantes villas han caído en las garras de promotores inmobiliarios, ansiosos por hacer dinero rápido. Aun así, todavía quedan suficientes edificios fabulosos y árboles exuberantes, por lo que un paseo por sus calles siempre merece la pena. Cuando se pone el sol, se puede palpar su apagado ambiente romántico (véase p. 145).

También se puede caminar directamente hacia el sur por la ruidosa Corniche el-Nil, aunque resulta menos pintoresco. Sólo se tarda 20 minutos en pasear desde Tahrir hasta el pequeño puente de Manial. Tras cruzarlo se llega al **Museo del Palacio de Manial** (Mathaf al-Manial; plano p. 138; ☎ 2368 7495; Sharia al-Saray, Manial; adultos/estudiantes 10/5 EGP; 🕑 9.00-16.00, durante Ramadán 9.00-15.00). Antes era uno de los puntos de interés más extravagantes de El Cairo.

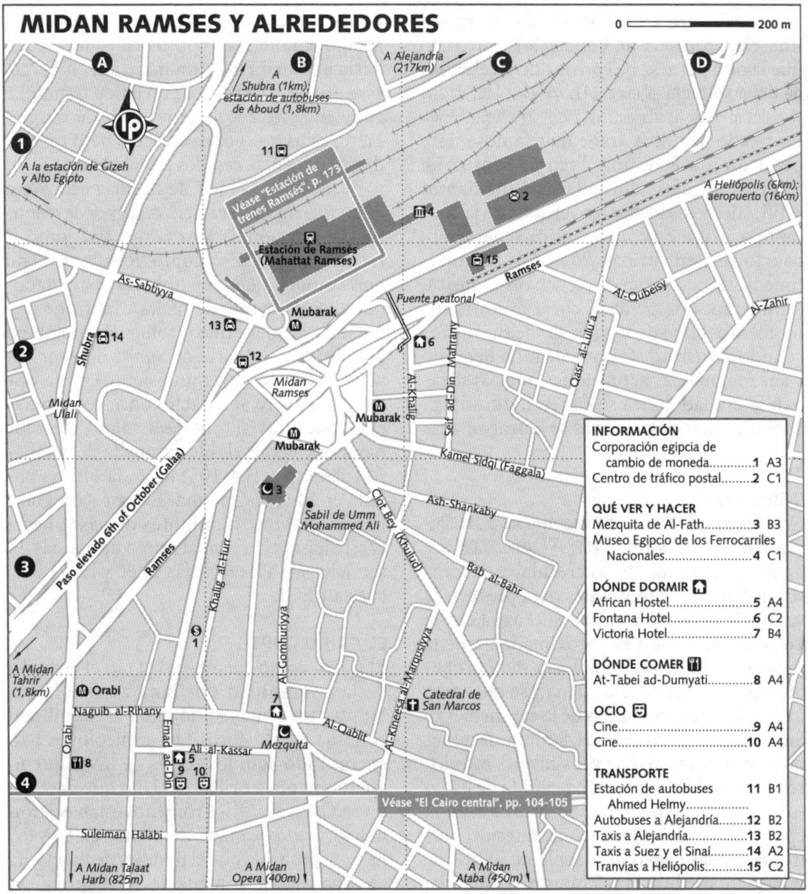

Cuando los autores visitaron la ciudad por última vez, el palacio y su recinto lleno de maleza estaban siendo restaurados; se volverán a abrir en 2008 y poseerán un ambiente menos destartalado (la entrada también costará más). El príncipe Mohammed Ali, tío del rey Faruk, construyó el palacio a principios del s. XX. Al parecer, no se pudo decidir por un solo estilo arquitectónico, así que los mezcló todos: otomano, morisco, persa y rococó europeo. El palacio alberga, entre otras cosas, los cientos de trofeos de caza de Faruk y la colección del príncipe formada por manuscritos medievales, ropa y otros objetos. Los jardines ostentan extraordinarias plantas tropicales que el príncipe recolectó en sus viajes. Si no se quiere caminar hasta el museo, un taxi desde Midan Tahrir cuesta unas 4 EGP.

Si se camina 15 minutos hacia el sur por el extremo oriental de la isla, se pasa junto a exuberantes viveros y se llega hasta la punta meridional, donde se encuentran el palacio de Monastirli, el Museo de Umm Kolthum y un *nilómetro*. Desde aquí, hay un paseo fácil hasta El Cairo antiguo.

Palacio de Monastirli y Museo de Umm Kolthum

Situado en un tranquilo jardín junto al Nilo, el **palacio de Monastirli** (plano p. 111) se erigió en 1851 para un pachá otomano cuya familia procedía de Monastir, en el norte de Grecia. La *salamlik* (zona de recepción) que construyó para actos públicos es hoy en día una elegante sala de conciertos, mientras que la otra parte se ha convertido en el **Museo de Umm Kolthum** (plano p. 111; ☎ 2363 1467; Sharia al-Malek as-Salih, Rhoda; entrada 2 EGP; ⌚ 10.00-17.00). Dedicado a la diva árabe más famosa, este pequeño museo es más bien un santuario. Las típicas gafas adornadas con diamantes artificiales y los brillantes vestidos de la cantante se exponen con auténtica veneración, bajo focos y en vitrinas. Posee una sala multimedia donde se puede escuchar su música. Asimismo, una película corta muestra los momentos clave de su vida, desde sus inicios cuando actuaba disfrazada de niño beduino y sus magnéticas actuaciones que paralizaban la ciudad, hasta su funeral, durante el cual millones de personas se lanzaron a las calles.

'Nilómetro'

Construido en 861, el ***nilómetro*** (plano p. 111; Sharia al-Malek as-Salih, Rhoda; 10 EGP; ⌚ 10.00-17.00) fue diseñado para medir las crecidas y descensos del río, tan importantes para predecir la suerte de la cosecha anual. Si el agua crecía 16 codos (un codo es aproximadamente la longitud de un antebrazo), era muy probable que la cosecha fuera buena y se celebraba una de las mayores fiestas de la era medieval. Sin embargo, si crecía más, las inundaciones podían ser desastrosas y los niveles inferiores presagiaban hambre. La cúpula de estilo turco es una reconstrucción realizada en la época de Faruk en base a una anterior, destruida por las tropas de Napoleón. El instrumento de medida, una columna graduada, se encuentra por debajo del nivel del Nilo, al final de un tramo de empinadas escaleras. El guardián deja que los visitantes bajen si le pagan una *baksheesh.*

El Cairo antiguo

En general, El Cairo antiguo (Misr al-Qadima; plano p. 111) incluye la zona al sur de Garden City, hasta el barrio conocido por los extranjeros como El Cairo copto. La mayoría de los visitantes acuden directamente a este último barrio. Desde allí, también pueden visitar la mezquita de Amr ibn al-As.

En esta zona tradicional de El Cairo es imprescindible vestir adecuadamente. No se permite la entrada a iglesias ni mezquitas a los visitantes, hombres o mujeres que lleven pantalones cortos o muestren los hombros. El día más animado para visitarlo es el domingo, cuando los coptos cairotas vienen hasta aquí para asistir a misa; sin embargo, si se prefiere disfrutar de un paseo tranquilo, conviene evitar los viernes y los domingos. Las iglesias no cobran entrada, pero casi todas disponen de cepillos para limosnas.

El modo más fácil de llegar a esta zona es en metro: hay servicio cada pocos minutos. La estación de Mar Girgis está junto al recinto de El Cairo copto. Resulta mucho más cómodo que los autobuses abarrotados (aunque el trayecto de vuelta a Tahrir no está tan mal, ya que se puede tomar el autobús en la terminal, junto a la mezquita de Amr ibn al-As, asegurándose un asiento). Una opción lenta pero agradable consiste en tomar el autobús fluvial *(autobees nahri)*, de color naranja y verde, desde el muelle de Maspero (plano pp. 104-105) hasta la última parada en Misr al-Qadima (El Cairo antiguo). Desde aquí hay 10 minutos de paseo hacia el este hasta el principal grupo de iglesias. El servicio sale a las 8.00, las 14.00 y las 21.00 y cuesta 1 EGP.

EL CAIRO COPTO

El Cairo copto (plano p. 111) es el corazón de la comunidad cristiana autóctona de Egipto, un remanso de paz y tranquilidad con una rica historia. Los arqueólogos han encontrado aquí los restos de un pequeño asentamiento a orillas del Nilo que data del s. VI a.C. En el s. II, los romanos establecieron una fortaleza, llamada "Babilonia en Egipto". Es muy probable que el nombre de Babilonia sea una versión romana de Per-hapi-en-on (propiedad del dios Nilo en On), el nombre faraónico de la antigua Heliópolis.

Babilonia siempre ha sido un baluarte de la cristiandad. En una época, había más de veinte iglesias agrupadas en menos de 1 km², aunque hoy en día sólo quedan unas pocas, unidas por estrechos callejones adoquinados que se extienden entre altos muros de piedra. Este lugar se parece a algunas zonas del casco antiguo de Jerusalén. Puede que esto no sea una simple coincidencia. Cuando los judíos fueron expulsados de su ciudad santa en 70, algunos se refugiaron en Egipto; la sinagoga más antigua del país se encuentra aquí, en El Cairo copto. Existen tres entradas al recinto copto: una escalera hundida junto a la pasarela superior del metro permite acceder a casi todas las iglesias y a la sinagoga;

EL CAIRO ANTIGUO

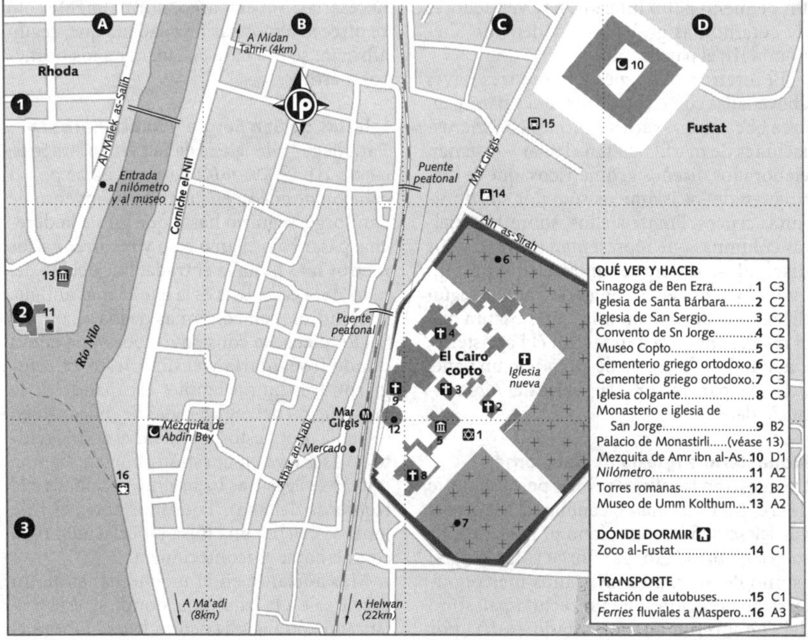

la puerta principal en el centro se usa para visitar el Museo Copto; y otra entrada más al sur conduce a la iglesia colgante.

Torres romanas

La entrada principal al recinto copto se halla entre los restos de las dos **torres** redondas (plano p. 111) de la puerta occidental de Babilonia. Erigidas en 98 por el emperador Trajano, formaban parte de las fortificaciones a orillas del río; en aquella época, el Nilo llegaba hasta aquí. Las excavaciones alrededor de la torre meridional han dejado al descubierto parte del antiguo muelle, varios metros por debajo del nivel de la calle. El monasterio y la iglesia de San Jorge, de culto griego ortodoxo, están situados en la parte superior de la torre septentrional.

Museo Copto

Fundado en 1908, este **museo** (plano p. 111; ☎ 2363 9742; www.copticmuseum.gov.eg; Sharia Mar Girgis; adultos/estudiantes 40/20 EGP; 🕑 9.00-16.00) alberga arte copto que abarca desde la época grecorromana hasta la era islámica, en una colección recopilada por todo Egipto. Reabierto en 2006 tras una renovación completa, es un lugar precioso, tanto por sus elaboradas tallas de madera en todas las galerías como por los tesoros que alberga. Entre ellos se encuentran una escultura que muestra la clara continuidad del período ptolemaico, ricos tejidos y paredes enteras con frescos de monasterios. En la parte delantera posee un agradable jardín; cuando se redactó esta guía, todavía no se había abierto el pequeño café.

Iglesia colgante

Al sur del museo, en Sharia Mar Girgis (la calle principal paralela al metro), una fachada de piedra con inscripciones árabes y coptas señala la entrada a la **iglesia colgante** (Al-Kineesa al-Mu'allaqa; plano p. 111; Sharia Mar Girgis; 🕑 misa copta 8.00-11.00 vi, 9.00-11.00 do). Este edificio del s. IX (según algunos, del s. VII) se llama la iglesia colgante o suspendida, ya que está construida en la parte superior de la puerta del Agua de la Babilonia romana. Los feligreses todavía la usan para escuchar misa y rezar ante una colección de reliquias de santos y un icono de la Virgen María. Unas empinadas escaleras conducen a una fachada del s. XIX coronada por dos campanarios. En un pequeño patio interior, hay vendedores de ceremonias grabadas y vídeos de Shenouda III, el papa copto.

El interior de la iglesia posee tres naves abovedadas con techo de madera y parece un arca boca abajo. Varios canceles con incrustaciones de marfil ocultan el altar y ostentan elaborados diseños geométricos, que se distinguen de los islámicos sólo por sus diminutas cruces. Frente a ellos, sobre 13 esbeltas columnas que representan a Cristo y sus discípulos, se yergue un excelente púlpito que sólo se usa el domingo de Ramos; según dicen, una de las columnas, más oscura que el resto, simboliza a Judas. En el baptisterio, a mano derecha, se ha desprendido un panel del suelo para mostrar la puerta del Agua, situada debajo.

Monasterio e iglesia de San Jorge

De nuevo en la calle, el primer portal al norte de la entrada del museo conduce al **monasterio** y la **iglesia de San Jorge** (plano p. 111), de culto griego ortodoxo. San Jorge (Mar Girgis) es uno de los santos cristianos más populares de la región. Fue un recluta palestino del ejército romano, ejecutado en 303 por negarse a acatar el decreto del emperador Diocleciano que prohibía la práctica del cristianismo. Desde el s. X ha habido una iglesia dedicada a él en El Cairo copto; ésta data de 1909. El interior ha sido destruido por varios incendios, pero las vidrieras y el techo de azulejos verdes azulados conservan su brillo y colorido. El monasterio contiguo está cerrado a los visitantes. El *maulid* (fiesta religiosa) copto de Mar Girgis se celebra aquí el 23 de abril.

Convento de San Jorge

Bajando la escalera hundida junto a la pasarela y siguiendo el callejón, el primer portal a mano izquierda conduce al patio del **convento de San Jorge** (plano p. 111). El convento está cerrado a los visitantes, pero se puede descender hasta la sala principal y la capilla. Dentro de esta última hay una bella puerta de madera, de casi 8 m de altura. Detrás se esconde una pequeña habitación que aún se usa en ocasiones para el ritual del encadenamiento, que simboliza la persecución de san Jorge durante la ocupación romana. En ocasiones, las monjas residentes rodean a los visitantes que desean ser bendecidos con cadenas, mientras entonan las oraciones necesarias. Sin embargo, normalmente sólo se ofrecen a mostrar una cadena que, según afirman, se usó para encadenar a los primeros mártires.

Iglesias de San Sergio y Santa Bárbara

Para llegar a la **iglesia de San Sergio** (Abu Serga; plano p. 111; ⌚ 8.00-16.00) hay que bajar por el callejón donde se encuentra el convento de San Jorge, seguirlo hasta que gira a la derecha, pasar bajo el arco bajo y recorrer varios metros más hasta la entrada, por debajo del nivel de la calle. Ésta es la iglesia más antigua intramuros, con columnas de los ss. III y IV. Según dicen, se construyó sobre una cueva donde José, María y el niño Jesús se refugiaron tras huir a Egipto, escapando de la persecución del rey Herodes de Judea, quien se había propuesto "masacrar al primogénito". A la cueva en cuestión (hoy en día una cripta) se llega tras bajar unos escalones a la izquierda del altar. Todos los años, el 1 de junio se celebra una misa especial aquí para conmemorar el acontecimiento.

Más adelante en el mismo callejón, un pasaje sale a la izquierda, donde se está restaurando otra iglesia dedicada a san Jorge; el pasaje acaba en una brillante iglesia nueva, toda una sorpresa en mitad de tanta piedra antigua (al igual que sus excepcionales aseos). De vuelta al callejón principal, la **iglesia de Santa Bárbara** (Sitt Barbara; plano p. 111) se yergue en la esquina. Santa Bárbara fue apaleada hasta la muerte por su padre, ya que intentó convertirle al cristianismo. Sus supuestas reliquias descansan en una pequeña capilla a la izquierda de la nave.

Después de la iglesia, una puerta de hierro conduce al **cementerio griego ortodoxo** (plano p. 111), un lugar amplio y tranquilo (aunque algo sucio en algunos puntos). Las mujeres solas deben ir con especial cuidado. Se han tenido noticias de la presencia de exhibicionistas entre las lápidas.

Sinagoga de Ben Ezra

A la derecha de la entrada al cementerio, la **sinagoga de Ben Ezra** (plano p. 111; entrada gratuita, se aceptan donativos), del s. IX, ocupa el armazón de una iglesia cristiana del s. IV. En el s. XII, la sinagoga fue restaurada por Abraham Ben Ezra, rabino de Jerusalén (de ahí su nombre). Según la tradición, éste es el lugar donde el profeta Jeremías reunió a los judíos en el s. VI, después de que Nabucodonosor destruyera el templo de Jerusalén. La fuente adyacente al parecer marca el lugar donde la hija del faraón encontró a Moisés entre los juncos y donde María tomó agua para lavar a Jesús. En 1890 se descubrieron en la sinagoga más de doscientos cincuenta mil documentos, conocidos como la *geniza*. Gracias a ellos, los investigadores han podido reconstruir los detalles de la vida cotidiana de la comunidad judía norteafricana entre los ss. XI y XIII.

MEZQUITA DE AMR IBN AL-AS

Sharia Mar Girgis se extiende hacia el norte y pasa junto al zoco al-Fustat (p. 170), un mercado cubierto con tiendas de artesanía de calidad y un café caro, hasta llegar a la **mezquita de Amr ibn al-As** (plano p. 111; Sharia Sidi Hassan al-Anwar, El Cairo antiguo). Se trata de la primera mezquita que se erigió en el país, edificada en 642 por el general que conquistó Egipto para el islam. Ubicada en el lugar donde Ibn al-As montó su tienda, la estructura original era de troncos de palmera y estaba cubierta por un techo de hojas. En 827 se amplió hasta su tamaño actual y desde entonces ha sido continuamente reformada. Hace poco se instaló un techo de madera para imitar el estilo original con más detalle. La parte más antigua se halla a la derecha del santuario; el resto de la mezquita está formado por un bosque de unas doscientas columnas diferentes, la mayor parte de las cuales proceden de yacimientos antiguos. No hay mucho más que ver, pero este amplio espacio resulta muy agradable para descansar.

El Cairo islámico

Si se puede, hay que caminar hacia el este desde el centro hasta El Cairo islámico, que constituye el corazón de la ciudad medieval. Recorrer esos 1,5 km es como un viaje en el tiempo –al acercarse a Midan Hussein, las *galabiyyas* (túnicas largas de hombres) tradicionales empiezan a superar en número a la ropa occidental, los edificios y la gente se van apiñando por doquier y el tráfico hace menos ruido que los reclamos de los vendedores y el crujido de las ruedas de las carretas–. Aquí, los aromas de la menta y el comino se mezclan con el hedor del ganado, la gasolina y los desperdicios, formando el verdadero olor de la ciudad. El barrio puede resultar desorientador: el viajero a veces no sólo pierde el sentido de la orientación, sino también la noción del tiempo. De todos los barrios cairotas, éste es sin duda el más fascinante.

Aunque el ambiente es diferente aquí que en el centro y los minaretes abundan en el horizonte, el término "El Cairo islámico" es poco apropiado, ya que esta zona no es más religiosa que otras partes de la ciudad. Sin embargo, sí es islámica en el sentido de que, durante muchos siglos, fue uno de los centros de poder del Imperio Islámico, una red de comercio e intrigas políticas. Además, los monumentos que se conservan se cuentan entre los ejemplos más maravillosos de la arquitectura inspirada por la gloria del islam.

El Ministerio de Cultura se ha embarcado en un programa de restauración ambicioso, aunque caro y lento. A algunos arquitectos conservacionistas les preocupa que los monumentos se estén reconstruyendo superficialmente, con montones de cemento y sin planificar cómo se van a usar y mantener. Además, el nuevo énfasis en la comodidad para los turistas y el orden podría transformar el barrio: de una zona de edificios intactos y notables con un ambiente humano efervescente, a un aséptico parque temático sobre el patrimonio egipcio. Sin duda, existen motivos para quejarse, pero también es verdad que en el proceso algunas partes de El Cairo islámico están recibiendo ayudas muy necesarias. El amplio parque Al-Azhar (p. 129) era antes una enorme montaña de basura, pero hoy en día resulta difícil negar que constituye una clara mejora.

El mejor modo de explorar esta zona consiste en dedicar un par de días a pasear por sus estrechas y zigzagueantes callejuelas; preferiblemente un día entre semana, para experimentar la actividad comercial en su punto álgido, así como un viernes por la mañana o un domingo, más tranquilos debido a que casi todas las tiendas están cerradas (véase p. 145 para un paseo recomendado) y el viajero se puede detener para admirar un minarete tallado con delicadeza sin ser atropellado por un burro cargado hasta los topes.

VISITA DE EL CAIRO ISLÁMICO

Con más de ochocientos monumentos registrados y pocas señales u otras ayudas para el visitante, El Cairo islámico puede ser un lugar sobrecogedor. En esta guía se ha dividido en seis zonas con planos; para recorrer cada una se debe reservar alrededor de medio día. El magnífico Museo de Arte Islámico

LO MÁS DESTACADO DE EL CAIRO ISLÁMICO

- Empaparse del ambiente en la mezquita de Al-Azhar (más adelante), el centro de la educación islámica suní durante más de un milenio.
- Disfrutar de las vistas desde el extremo meridional de Bein al-Qasreen (p. 120); con unos cuantos camellos, el viajero estaría en un grabado del s. XIX.
- Comparar la mezquita de Ibn Tulun (p. 126) con la imagen del billete de 5 EGP y pasarse por el contiguo Museo de Gayer-Anderson (p. 127), una residencia privada amueblada con arte y colecciones de lo más peculiar.
- Tomar un té en el ideal platónico de la *ahwa* tradicional, el café Fishawi's (p. 161), excelente para descansar antes o después de curiosear por Khan al-Khalili en busca de gangas.
- Subir a los minaretes de Bab Zuweila (p. 122) para disfrutar de las vistas del barrio medieval.

(p. 123) se merece medio día más, pero su reapertura no está programada hasta dentro de mucho tiempo. El parque Al-Azhar linda con el barrio y es un buen lugar para descansar después de la exploración.

Al-Azhar y Khan al-Khalili (p. 115). El centro geográfico y simbólico de El Cairo medieval.
Al norte de Khan al-Khalili (p. 117). Un paseo plagado de monumentos, hasta las puertas de la ciudad antigua y vuelta.
De Al-Azhar a la ciudadela (p. 121). Por el barrio de Darb al-Ahmar, hasta la sede del poder de Mohammed Ali.
Ciudadela (p. 123). Residencia de los gobernantes de Egipto durante setecientos años.
De la ciudadela a Ibn Tulun (p. 125). Dos magníficas mezquitas y un par de joyas menores.
Cementerio septentrional (p. 127). La famosa Ciudad de los Muertos cairota.
Parque Al-Azhar (p. 129). Un espacio verde con excelentes vistas.

En esta parte tradicional de El Cairo, vestir adecuadamente no es sólo educado, sino también necesario si se quiere entrar a las mezquitas, donde hay que cubrirse las piernas y los hombros. Hay que quitarse los zapatos antes de entrar a las salas de oración, por lo que conviene llevar un calzado que se pueda sacar con facilidad, pero que sea lo suficientemente sólido como para caminar por callejones llenos de baches y algún que otro charco. Los guardianes de las mezquitas y museos esperan propinas, por lo que se recomienda llevar cantidad de dinero suelto: 5 EGP son suficientes en cada lugar, pero conviene añadir un poco más si se sube a un minarete. Algunos listillos han empezado a cobrar entrada para las mezquitas; excepto en las del Sultán Hassan y Ar-Rifai, no es legal (véase p. 102 para saber cómo zafarse de esta y otras estafas).

Los guardianes suelen trabajar desde las 9.00 hasta primera hora de la noche, pero a menudo depende de lo que les apetezca. Las mezquitas suelen estar cerradas a los visitantes durante las horas de oración.

Una buena manera de prepararse consiste en consultar la página www.cim.gov.eg o leer la quinta edición de *Islamic Monuments in Cairo: The Practical Guide* de Caroline Williams (75 EGP) o *Historic Cairo: A Walk Through the Islamic City* del arquitecto británico Jim Antoniou (75 EGP), mucho más detalladas. Los interesados en la arquitectura pueden darse un lujo y desembolsar 300 EGP para adquirir *The Monuments of Historic Cairo: A Map and Descriptive Catalogue* de Nicholas Warner, que abarca 500 edificios con datos históricos y detalles sobre su renovación. Todos están publicados por AUC Press (servicio de publicaciones de American University in Cairo).

CÓMO LLEGAR A EL CAIRO ISLÁMICO

El Cairo islámico abarca una amplia zona. El centro de toda la acción y el lugar de acceso más fácil es la zona de Al-Azhar y Khan al-Khalili. Lo mejor es llegar a pie desde el centro, para percibir la transición desde la ciudad moderna; hay que dirigirse hacia Midan Ataba y girar al este por debajo de la carretera elevada que discurre por Sharia al-Azhar o mezclarse con el gentío por Sharia al-Muski. El viajero también puede tomar un taxi y pedir que le lleven a "Al-Hussein", nombre de la *midan* (plaza) y la mezquita en la entrada del bazar (6 EGP desde el centro). Desde allí se puede llegar a casi todos los lu-

NEIL HEWISON

Director adjunto para programas editoriales de la American University in Cairo Press, una de las editoriales más respetadas en los campos de la historia, la arqueología, la literatura traducida y el arte egipcios.

¿Cuánto tiempo lleva viviendo en El Cairo?
Llegué a El Cairo por primera vez en 1979, de camino a Al-Fayoum, donde enseñé inglés durante tres años. Luego me mudé aquí en 1982.

¿Ha cambiado mucho la ciudad desde entonces?
El Cairo es una ciudad en constante cambio, pero que no cambia nunca. Superficialmente, cambia todo el tiempo: el metro, los puentes, las antenas parabólicas, los anuncios y los carteles de las tiendas. Pero su ritmo subyacente, o más bien su gran diversidad de ritmos, es siempre el mismo: el caos generalizado donde es imposible que las cosas funcionen (pero donde al final funcionan), el gran desprecio por las normas, el inagotable buen humor de sus habitantes, la vida de calle durante las 24 horas…

Conoce El Cairo islámico muy bien. ¿Cuál es su edificio favorito en esa zona?
¿Puedo elegir dos? La Sabil-Kuttab de Abdel Rahman Katkhuda (p. 120), situada en una bifurcación de la calle, tiene la ubicación y las proporciones perfectas. Y el mausoleo de Qaitbey (p. 127), que posee una cúpula de piedra tallada tan hermosa que cada vez que la veo se me olvida respirar.

¿Cuál es su lugar favorito para pasear y relajarse en la ciudad?
Pasear: de Bab Zuweila a la ciudadela por Darb al-Ahmar (p. 123). ¿Y relajarme? ¿En El Cairo?

¿Alguna recomendación sobre restaurantes en esta zona de la ciudad? ¿Algúna *ahwa?*
Farahat (126A Sharia al-Azhar, El Cairo islámico; 🕒 12.00-5.00), en un callejón que sale de la calle Al-Azhar, sirve un excelente pichón relleno o a la parrilla. La *ahwa* que más me gusta está en el centro, en Bustan, entre Nubar y Mohammed Farid, con hermosas caligrafías en el interior. Es limpia y tranquila, los clientes son viejos y anticuados y sirve la mejor *subya* (bebida de arroz fermentado, dulce y fría) de la ciudad.

¿Qué le gusta más de El Cairo?
Es la ciudad más segura que conozco. ¿En cuántas ciudades occidentales se puede pasear solo, a cualquier hora del día o de la noche, por cualquier zona y sentirse completamente seguro?

¿Tiene alguna palabra favorita en árabe egipcio coloquial?
Me gustan las palabras que viajan. Por ejemplo: *tuuba* (ladrillo) llegó al árabe procedente del copto y luego pasó al español como *"adobe"* (de *at-tuuba,* el ladrillo), que se ha adoptado directamente en inglés como un estilo de construcción con ladrillos de este material. Una palabra que ha realizado un círculo completo es la que usan las agencias de viajes árabes en sus programas para describir un viaje de aventuras en la naturaleza: *safaari,* del inglés *safari* (un viaje de caza en la sabana africana), procede del *swahili safari* (un viaje), que nació del árabe *safar* (viajar).

gares mencionados en las siguientes páginas, aunque para visitar la ciudadela y la mezquita de Ibn Tulun quizá sea más fácil tomar un taxi (10 EGP desde el centro) hasta la entrada de la ciudadela.

AL-AZHAR Y KHAN AL-KHALILI

El mejor lugar para familiarizarse con El Cairo islámico es la zona alrededor de la mezquita de Al-Azhar y del gran bazar, Khan al-Khalili (plano p. 116). Aquí, los occidentales reafirman descaradamente sus ideas preconcebidas acerca de Oriente.

Mezquita de Al-Azhar

Fundada en 970 como eje central de la ciudad fatimí recién creada, la **mezquita de Al-Azhar** (Gami' al-Azhar; plano p. 116; Sharia al-Azhar;

AL-AZHAR Y KHAN AL-KHALILI

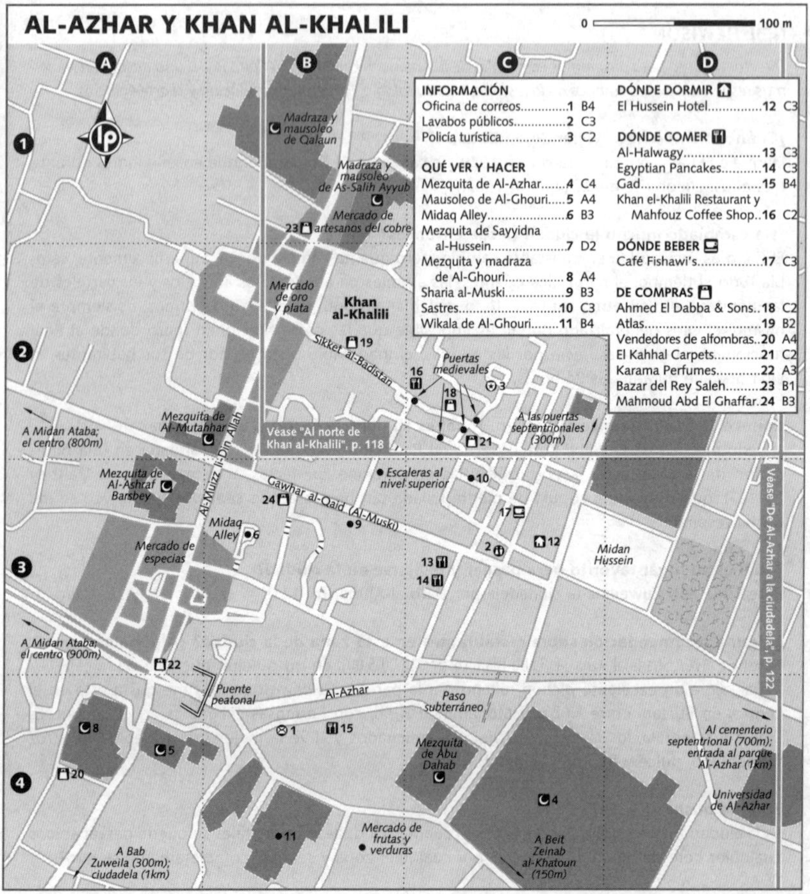

24 h) es una de las primeras mezquitas de El Cairo. Su imán es la mayor autoridad teológica para los musulmanes egipcios. En 988 se estableció una madraza, que creció hasta convertirse en una universidad. Se trata de la segunda institución educativa más antigua del mundo (por detrás de la Universidad de al-Kairaouine en Fez, Marruecos). En una época fue uno de los centros educativos más importantes del mundo, que atraía a eruditos de Europa y todo el mundo árabe. Hoy en día, sigue siendo el lugar más prestigioso para estudiar teología suní.

La mezquita está formada por una armoniosa mezcla de estilos arquitectónicos, resultado de sus numerosas ampliaciones a lo largo de mil años. El patio central es la parte más antigua. De sur a norte, sus tres minaretes datan de los ss. XIV, XV y XVI. El último, con su doble adorno en la parte superior, fue añadido por el sultán al-Ghouri; su mausoleo y mezquita se encuentran muy cerca. No hay que perderse la cámara funeraria, tras una puerta a mano izquierda justo después de entrar: posee un hermoso mihrab (nicho que indica la dirección de La Meca).

Midan Hussein

Esta plaza, entre las veneradas mezquitas de Al-Azhar y Sayyidna al-Hussein, fue uno de los centros de la ciudad mameluca y sigue siendo un espacio importante durante las festividades, especialmente en las noches de Ramadán y durante los *maulids* (véase recuadro, p. 520) de Hussein y el profeta Mahoma. En estas fechas, auténticas multitudes abarrotan la *midan* iluminada, donde la música y los cantos sufíes suenan a todo volumen hasta primera hora de la mañana. También es un popular lugar de encuentro en otras épocas del año. Las *ahwas* con mesas al aire libre en la entrada del mercado suelen llenarse de lugareños y turistas.

La **mezquita de Sayyidna al-Hussein** (plano p. 116) es uno de los lugares islámicos más sagrados de Egipto. Supuestamente, aquí se sepultó la cabeza de Hussein, el nieto del profeta cuya muerte en Karbala (Iraq) consolidó la división entre las ramas suní y chií del islam. No importa que la mezquita Omeya de Damasco afirme tener la misma reliquia y que ambas instituciones fueran creadas por suníes; este lugar es tan sagrado, que no se permite la entrada a los no musulmanes. Casi todos los edificios actuales datan de alrededor de 1870, a excepción de los hermosos paneles de estuco en el minarete, del s. XIV. Las esculturas de metal de aspecto moderno en la parte delantera son elegantes cubiertas de teflón, que se extienden para cubrir a los fieles durante las oraciones de los viernes.

Khan al-Khalili

Los viajeros llenos de prejuicios suelen descartar **Khan al-Khalili** (plano p. 116) por ser una trampa para turistas. Aunque es cierto que auténticas flotas de autobuses turísticos aparcan en la misma plaza y que abundan los "cazaclientes" y la suciedad, merece la pena recordar que los cairotas llevan comerciando en este mercado desde que se construyó en el s. XIV. Asimismo, miles de cairotas siguen frecuentando varias zonas, como el barrio del oro, para hacer negocios.

Esta aglomeración de tiendas (muchas de ellas dispuestas alrededor de pequeños patios, en la disposición medieval similar a la de un diminuto centro comercial) abre desde primera hora de la mañana hasta la puesta del sol (excepto los viernes por la mañana y los domingos). Aquí se venden todo tipo de productos, desde jabón hasta piedras semipreciosas, por no mencionar los camellos de peluche y las pirámides de alabastro. El *khan* estaba dividido en zonas especializadas bastante delimitadas, pero ya no es así desde que el turismo cobró importancia; hoy en día, las únicas zonas diferenciadas venden oro, cobre o especias (véase plano p. 116).

Aparte de los vendedores que usan como reclamo el típico "mirar no cuesta nada", en Khan al-Khalili se encuentran algunos de los comerciantes más persuasivos del mundo. Aquí se puede comprar casi cualquier producto imaginable; si un vendedor no tiene lo que busca el viajero, estará encantado de localizar a alguien que sí lo tenga.

En el *khan* hay pocos puntos de interés concretos, pero el **café Fishawi's** (plano p. 116; 24 h excepto durante Ramadán), situado en un callejón una manzana al oeste de Midan Hussein, es una parada obligatoria. Adornado con enormes espejos y abarrotado día y noche, se enorgullece de llevar doscientos años abierto ininterrumpidamente, excepto durante el Ramadán, cuando todo el mundo ayuna. Resulta entretenido observar a los vendedores ambulantes (hombres, mujeres y niños) que ofrecen carteras, bastones tallados, mecheros en forma de pistola y multitud de paquetes de pañuelos.

El otro punto de interés, en la zona sudoccidental del mercado, es el **callejón de Midaq** (Zuqaq al-Midaq; plano p. 116). Naguib Mahfuz lo usó para titular una de sus obras más conocidas. Aunque en este callejón diminuto y escalonado no habiten los mismos personajes pintorescos de la novela, la forma de vida ha cambiado bien poco desde que fue descrita por el premio Nobel en la década de 1940. La fama del callejón es tal, que su letrero está guardado en el café al pie de las escaleras y sólo se muestra si se paga una *baksheesh*.

Sharia al-Muski

La congestionada pero fabulosa calle comercial de **Sharia al-Muski** (plano p. 116) empieza en el *khan* (donde se la conoce como Sharia Gawhar al-Qaid) y se extiende paralela a Sharia al-Azhar hasta Midan Ataba. Constituye el contrapunto auténtico al laberinto turístico de Khan al-Khalili y está bordeada por carretas llenas de zapatos baratos, juguetes de plástico, sujetadores que podrían contener sandías y lencería escandalosa.

AL NORTE DE KHAN AL-KHALILI

Desde Midan Hussein hay que subir por la carretera que se extiende a lo largo del extremo occidental de la mezquita de Sayyidna al-Hussein. Debe seguirse mientras traza una curva hacia la izquierda y entra en el barrio conocido como Gamaliyya. Esta

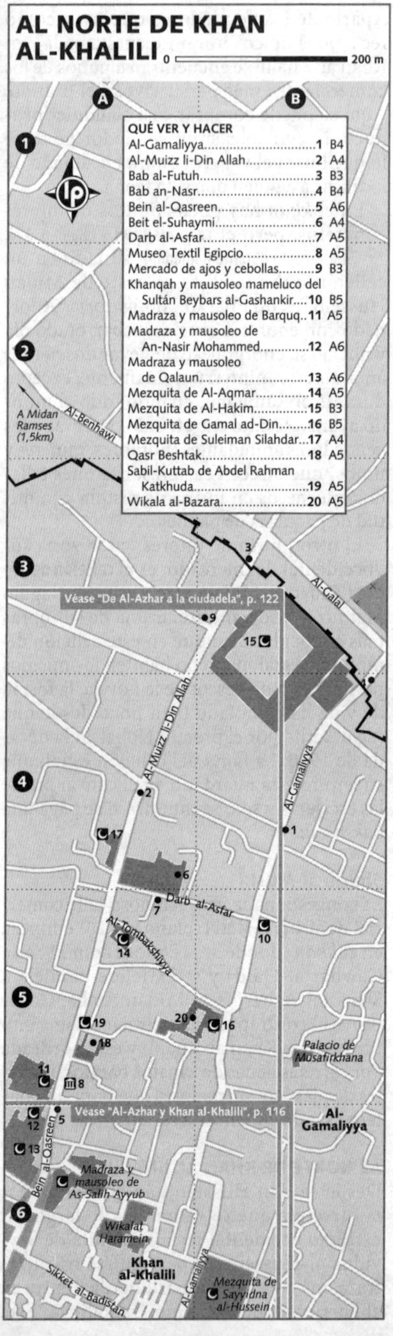

avenida, llamada **Sharia al-Gamaliyya** (plano p. 118), fue una importante vía pública en la época medieval; hoy en día parece un callejón cualquiera. Los andamios de madera erigidos para las obras de restauración ocultan muchos de sus edificios de la época mameluca.

La **mezquita de Gamal ad-Din** (plano p. 118), de 1408, es un monumento que ha sido objeto (o víctima, según cómo se mire) de amplias obras de restauración. Se yergue por encima de una hilera de tiendas, cuyo alquiler estaba destinado al mantenimiento de la mezquita. Al lado (hay que girar a la izquierda y bajar por el callejón) se halla la **Wikala al-Bazara** (plano p. 118; Sharia al-Tombakshiyya; adultos/estudiantes 15/10 EGP; 8.00-18.00 verano, 9.00-17.00 invierno), totalmente restaurada pero vacía. En el s. XVII, cuando fue erigida, había unas trescientas sesenta *wikalas* (posadas para mercaderes) en la ciudad medieval, pero hoy en día sólo quedan unas veinte. Gamaliyya era el barrio de los almacenes en la época medieval y estaba lleno de *wikalas*, todas construidas basándose en el mismo plano: almacenes y establos alrededor de un patio, con habitaciones para los comerciantes en las plantas superiores; por la noche, unas pesadas puertas protegían la mercancía.

Más al norte en la otra acera de Sharia al-Gamaliyya, el **Khanqah y mausoleo mameluco del Sultán Beybars al-Gashankir** (plano p. 118) se puede distinguir fácilmente por su bajo y grueso minarete, coronado por una pequeña cúpula nervada. Construido en 1310, es uno de los primeros *khanqahs* (monasterios sufíes) de la ciudad. Gracias a su entrada especial, el interior es muy tranquilo. Beybars al-Gashankir está enterrado en una sala con paneles brillantes de mármol blanco y negro que recibe luz de las vidrieras. Sólo gobernó durante un año y acabó siendo estrangulado. Su sucesor ordenó que su nombre fuera eliminado de la fachada del edificio.

Murallas y puertas septentrionales

Bab an-Nasr (puerta de la Victoria; plano p. 118) de torres cuadradas y **Bab al-Futuh** (puerta de las Conquistas; plano p. 118) redondeada se construyeron en 1087. Eran las dos entradas principales a la ciudad fatimí amurallada de Al-Qahira por el norte. Al caminar por el exterior se puede apreciar la imponencia de esta mole militar. Cuando acaben con las actuales renovaciones (cualquier año de éstos), los visitantes podrán acceder a lo alto de las murallas, explorar el interior de las puertas y apreciar las inscripciones que dejaron las tropas de Napoleón, así como los animales tallados y las figuras faraónicas en las piedras, extraídas de las ruinas de la antigua Menfis.

Mezquita de Al-Hakim

Al-Hakim se convirtió en el sexto gobernante fatimí de Egipto a los 11 años. Su tutor le llamaba "el pequeño lagarto", debido a su aspecto y su comportamiento aterradores. Más tarde, Hakim mandó que le asesinaran, junto con muchos otros a lo largo de sus veinticuatro años de reinado. Los que vivieron más cerca de él temieron constantemente por sus vidas. Un general victorioso que entró corriendo en las dependencias reales sin ser anunciado se encontró a Hakim cubierto de sangre y erguido sobre un paje destripado. El general fue decapitado.

Hakim solía disfrazarse para patrullar las calles sobre un burro. Se hizo célebre por castigar a los comerciantes poco honrados poniéndoles en manos de su corpulento sirviente negro. Su muerte fue tan extraña como su vida. En una de sus solitarias excursiones nocturnas por las colinas de Muqattam, Hakim simplemente desapareció; su cuerpo nunca fue hallado. Para uno de sus seguidores, un hombre llamado Al-Darizy, ésta fue la prueba de la naturaleza divina de Hakim. En virtus de este hecho, fundó la secta de los drusos, que sigue existiendo en la actualidad.

Acabada en 1013, la enorme **mezquita de Al-Hakim** (plano p. 118) es una de las más antiguas de El Cairo, pero rara vez se usó como lugar de culto. Ha sido utilizada como prisión de los cruzados, establo, almacén, escuela para niños y, más apropiadamente teniendo en cuenta el carácter de su famoso fundador, como manicomio. Un grupo chií ismaelita la restauró en la década de 1980, pero debido a su plaza de planta abierta y a su escasa decoración no resulta especialmente interesante. Las verdaderas obras maestras son sus dos minaretes de piedra, los más antiguos que se conservan en la ciudad (gracias, en parte, a una restauración realizada por Beybars al-Gashankir tras un terremoto en 1304).

Sharia al-Muizz li-Din Allah

Sharia al-Muizz (su abreviatura más común; plano p. 118) ostenta el nombre del califa fatimí que conquistó El Cairo en 969. Era la gran vía pública de la ciudad medieval y estaba repleta de cuentacuentos, artistas y puestos de comida. En la actualidad, se está renovando completamente, desde el asfalto, hasta las puntas de los minaretes que se yerguen por encima. Durante las horas de la mañana, sin vehículos, los visitantes pueden admirar cómodamente los puntos de interés sin miedo a ser atropellados. La desventaja, no obstante, es que hoy en día se trata de un destino turístico y los listillos ya han subido desde el *khan*. Los que la visitan por primera vez quedarán impresionados por el ambiente; a los que ya la conocen de otras ocasiones les desconcertará el alcance de los cambios.

Al sur de las puertas, un **mercado de ajos y cebollas** (plano p. 118) da paso a una variedad de pequeñas tiendas que venden narguiles, braseros y ollas con forma de pera para cocinar *fuul* (habas). Pronto, la mercancía se amplía y ofrece coronas en forma de media luna para los minaretes, cafeteras y otros artículos de cobre, de ahí su nombre más popular: Sharia an-Nahaseen (calle de los Artesanos del Cobre). Unos 200 m al sur, a mano derecha, se halla la **mezquita de Suleiman Silahdar** (plano p. 118), construida bastante tarde en 1839, durante el reinado de Mohammed Ali. Se caracteriza por su minarete delgado de inspiración turca y por las elegantes líneas curvas de su fachada. Posee una *sabil-kuttab* (fuente y escuela) redonda en la esquina.

Darb al-Asfar y Beit el-Suhaymi

Al sur de la *sabil* de Suleiman, la estrecha callejuela de **Darb al-Asfar** (plano p. 118) se extiende hacia el este. Sus nuevos adoquines y elaboradas *mashrabiyya* (celosías de madera tallada) son un ejemplo de los objetivos que el programa de renovación pretende llevar a cabo para toda la zona. Al caminar por aquí, el viajero se sentiría en la Edad Media, si no fuera por la limpieza. Los primeros edificios que se ven forman parte de **Beit el-Suhaymi** (plano p. 118; Darb al-Asfar; entrada 25 EGP; 9.00-17.00), una mansión familiar y caravasar (posada para mercaderes) erigida en los ss. XVII y XVIII. Desde la calle no llama la atención; tras cruzar una estrecha sala, se llega a un tranquilo patio rodeado por un laberinto de salas de recepción, almacenes y baños. Se ha restaurado a fondo, aunque apenas está amueblada (los objetos expuestos más destacados son los extintores, una precaución debido a sus numerosas piezas nuevas de madera). Por lo tanto, resulta un poco desangelada, en especial teniendo en cuenta que se desalojó a unas treinta familias para renovarla.

Los cambios en Darb al-Asfar han sido objeto de intensas polémicas. Una ventaja clara es que se ha ganado espacio para los residentes. Como ocurre en Sharia al-Muizz, muchos de los espacios en las plantas bajas eran pequeños talleres y fábricas, ruidosos y a veces peligrosos para los niños. Hoy en día, al menos, los que siguen viviendo aquí pueden disfrutar de la privacidad del callejón, según su objetivo original.

De vuelta en Sharia al-Muizz, 50 m al sur del cruce con Darb al-Asfar, se halla la pequeña **mezquita de Al-Aqmar** (plano p. 118). Construida en 1125 por uno de los últimos califas fatimíes, es la mezquita con fachada de piedra más antigua de Egipto. Algunas características que presenta se convirtieron en elementos habituales en el vocabulario de los constructores de mezquitas, como las bóvedas de *muqarnas* (estalactitas) y las nervaduras en los arcos apuntados.

Sabil-Kuttab de Abdel Rahman Katkhuda

Más al sur en la misma calle, donde se bifurca, se encuentra la **Sabil-Kuttab de Abdel Rahman Katkhuda** (plano p. 118), uno de los edificios icónicos de El Cairo islámico, representado en multitud de cuadros y litografías. Construir una *sabil-kuttab* se consideraba una manera de expiar los pecados, ya que suministraba dos cosas encomendadas por el profeta Mahoma: agua para el sediento y conocimiento para el ignorante. Un emir famoso por su vida libertina erigió ésta en 1744. En el interior alberga hermosas obras de cerámica. Por lo tanto, merece la pena encontrar al guardián que tiene la llave; suele estar en el **Qasr Beshtak** (palacio de Amir Beshtak; plano p. 118), al que se llega por un pequeño callejón al este y luego por debajo del arco situado al final. El palacio es un raro ejemplo de arquitectura doméstica del s. XIV. En su origen tenía cinco plantas, pero ahora la mayor parte del edificio está en ruinas. Aun así, ofrece espectaculares vistas desde el tejado.

Bein al-Qasreen

La parte de Sharia al-Muizz al sur de la *sabil-kuttab* se conoce como **Bein al-Qasreen** ("entre los dos palacios"; plano p. 118), en recuerdo de los grandes complejos palaciegos que flanqueaban la calle durante la época fatimí. Los palacios se convirtieron en ruinas y fueron sustituidos por edificios de los siguientes gobernantes. Hoy en día, tres grandes complejos mamelucos bordean el oeste de la calle, formando una de las agrupaciones más impresionantes de minaretes, cúpulas y fachadas de piedra a franjas de toda la ciudad.

Primero aparece la **madraza y mausoleo de Barquq** (plano p. 118). Barquq llegó al poder en 1382, cuando Egipto se tambaleaba debido a las plagas y el hambre. Acabó de construir su escuela sufí cuatro años después. Hay que entrar a través de un llamativo portal de mármol blanco y negro, por el que se accede a un pasillo abovedado. A mano derecha, el patio interior tiene un colorido techo, sostenido sobre cuatro columnas faraónicas de pórfido. La hija de Barquq está enterrada en la espléndida cámara funeraria abovedada; el sultán eligió el cementerio septentrional (véase p. 128), pues quería estar rodeado de jeques sufíes. Enfrente de la madraza, al otro lado de la calle, se halla el **Museo Textil Egipcio** (plano p. 118), cuya apertura está prevista para 2008.

Al sur del complejo de Barquq se halla la **madraza y mausoleo de An-Nasir Mohammed** (plano p. 118), erigida en 1304 por un sultán mameluco. A pesar de ser un déspota, tenía mucho talento. El pórtico gótico fue robado de una iglesia en Acre (la actual Akko israelí), cuando An-Nasir y su ejército pusieron fin a la dominación de los cruzados en esta ciudad en 1290 (en la punta del arco se grabó la palabra "Alá"). Entre otras influencias extranjeras se encuentra el elegante estuco tallado del minarete, de estilo norteafricano. En el mausoleo (a la derecha de la entrada, pero normalmente cerrado) están enterrados el hijo favorito y la madre de An-Nasir; el sultán está sepultado al lado, en el mausoleo de Qalaun, su padre.

Construida en sólo 13 meses en 1279, la **madraza y mausoleo de Qalaun** (plano p. 118) es el más antiguo y espléndido de los tres complejos. Cuando se redactó esta guía continuaba cerrada por obras de restauración, pero su reapertura estaba programada para principios de 2008. El mausoleo, a mano derecha, es una combinación especialmente intrincada de incrustaciones de piedra y estuco, con dibujos de estrellas y motivos florales bañados por la luz de las vidrieras. El complejo también incluye un *maristan* (hospital), que Qalaun ordenó construir tras visitar uno en Damasco, donde le curaron un cólico. El historiador y viajero árabe Ibn Battuta, que visitó El Cairo en 1325, quedó impresionado. Según su descripción, el hospital de Qalaun albergaba "una innumerable cantidad de instrumentos y medicamentos" y estaba flanqueado por recitadores del Corán, que cantaban réquiems día y noche para los que morían en el interior.

De Bein al-Qasreen al centro

Tras un breve tramo, un último grupo de talleres de cobre da paso a las joyerías, lo que significa que se ha vuelto al recinto de Khan al-Khalili. En el cruce con Sharia al-Muski, junto a las dos mezquitas, la calle gira a la izquierda y vuelve a Midan Hussein; si se sigue por la derecha, se llegará a Midan Ataba (1,2 km); de frente se halla Sharia al-Azhar, el mejor lugar para encontrar un taxi.

DE AL-AZHAR A LA CIUDADELA

Al sur de Sharia al-Azhar, Sharia al-Muizz li-Din Allah sigue siendo una calle de mercado que baja 400 m hasta la puerta de **Bab Zuweila** (p. 122), con dos minaretes. Desde allí, dos rutas conducen a la mezquita y madraza del Sultán Hassan: hacia el este por Sharia Ahmed Mahir Pasha y hacia el sur por Sharia al-Khayamiyya. Las dos opciones constituyen un recorrido largo (al menos 40 min), polvoriento e interesante hasta la entrada principal de la ciudadela.

Casas otomanas

Al salir de la mezquita de Al-Azhar, hay que girar a la izquierda dos veces e internarse en un callejón entre el muro meridional de la mezquita y una hilera de tiendas, situadas entre las bóvedas de un edificio de comerciantes del s. XV. En lo más alto de esta calle se yergue **Beit Zeinab al-Khatoun** (casa de Zeinab Khatoun; plano p. 122; ☎ 2735 7001; Sharia Mohammed Abduh; entrada 10 EGP; 🕑 9.00-18.00), una pequeña pero interesante casa otomana. Su tejado ofrece unas vistas magníficas del entorno, plagado de minaretes. Al otro lado de la tranquila y pequeña plaza, **Beit al-Harrawi** (plano p. 122; ☎ 2510 4174; entrada 10 EGP; 🕑 9.00-18.00) es otra excelente mansión del s. XVIII. Aun así, su interior resulta demasiado desangelado como para justificar el precio de la entrada. Alberga la Casa Árabe del Laúd y a veces se usa como sala de conciertos; si se tiene suerte, se podrá disfrutar de un ensayo. Entre las dos casas está Al-Khatoun (p. 169), una de las mejores tiendas de la ciudad para comprar artesanía y artículos domésticos elegantes.

Complejo de Al-Ghouri

En el extremo sur de Sharia al-Azhar, enfrente del *khan*, la imponente **mezquita y madraza de Al-Ghouri** (plano p. 116), con su minarete a cuadros rojos, y el elegante **mausoleo de Al-Ghouri** (plano p. 116) forman un exquisito monumento dedicado al final de la época mameluca. Qansuh al-Ghouri, el penúltimo sultán mameluco, gobernó durante dieciséis años. A los 78 años viajó hasta Siria al frente de su ejército para luchar contra los turcos otomanos. La cabeza del derrotado Al-Ghouri fue enviada a Constantinopla; su cuerpo nunca fue recuperado. Su mausoleo (que data de 1505) contiene el cuerpo de Tumanbey, su efímero sucesor, ahorcado por los turcos en Bab Zuweila. El edificio, que lleva varios años cerrado por obras de restauración, quizá vuelva a abrirse como centro cultural. No hay que dejarse engañar por los andamios en la mezquita al otro lado de la calle: el interior, pequeño pero con elevados techos, hace gala de una decoración exquisita; también se puede subir al minarete (previo pago de una *baksheesh;* no hay que pagar entrada, por mucho que digan lo contrario). La **Wikala de Al-Ghouri** (plano p. 116; ☎ 2511 0472; entrada 10 EGP; 🕑 9.00-20.00 sa-ju), 100 m al este, también forma parte del complejo y es otro de los legados del sultán derrotado. Parecida a la Wikala al-Bazara (véase p. 118), pero mejor restaurada, sus habitaciones superiores son hoy en día estudios de artistas, mientras que los antiguos establos albergan tiendas de artesanía. El patio se utiliza como escenario para actuaciones de danzas sufíes (véase p. 166).

Mercado de alfombras y ropa

La calle entre la mezquita y el mausoleo, así como los callejones al oeste y sur de la mezquita y madraza, fueron históricamente el mercado de la seda de la ciudad. Los pequeños callejones siguen repletos de **vendedores de alfombras** (plano p. 122). Sharia al-Muizz se extiende hacia el sur, entra al barrio llamado Al-Ghouriyya y se convierte en un bullicioso mercado dedicado a productos de la casa y ropa barata. A mano derecha,

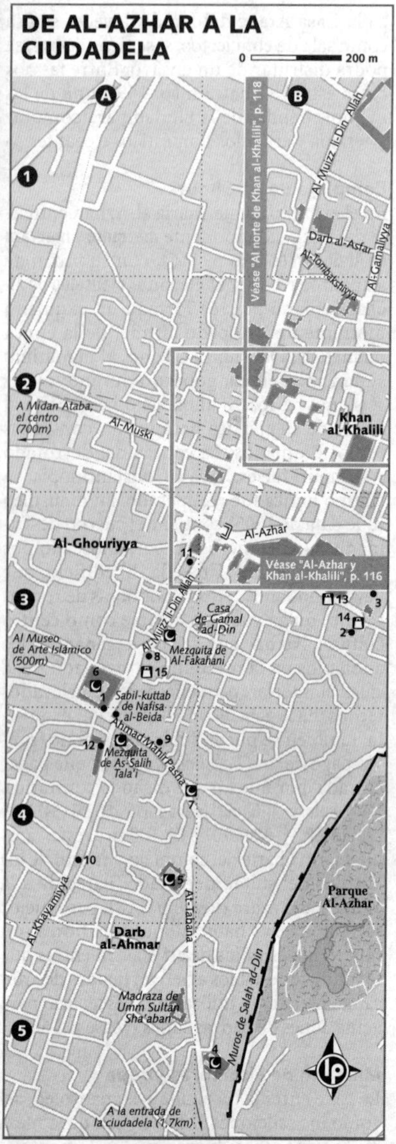

QUÉ VER Y HACER

Bab Zuweila......1 A4
Beit al-Harrawi......2 B3
Beit Zeinab al-Khatoun......3 B3
Mezquita azul......4 B5
Mezquita de Al-Maridani......5 A4
Mezquita de Al-Mu'ayyad......6 A3
Mezquita de Qijmas al-Ishaqi......7 A4
Sabil de Mohammed Ali Pasha......8 A3
Sharia Ahmad Mahir Pasha......9 A4
Studio Shosha......10 A4
Fabricantes de feces......11 A3
Mercado de fabricantes de toldos......12 A4

DE COMPRAS

Adb El Zaher......13 B3
Al-Khatoun......14 B3
Centro de papiros Said Delta......15 A3

menos de 50 m al sur de la mezquita, el último **fabricante de feces** (plano p. 122) de El Cairo da forma a estos sombreros de fieltro rojo empleando pesadas prensas de latón. Antiguamente los llevaba cualquier *efendi* (caballero) que se preciara. Hoy en día, los compran principalmente hoteles y restaurantes turísticos. Su precio oscila entre 15 y 60 EGP. Más abajo, a mano izquierda, se encuentra la delicada **Sabil de Mohammed Ali Pasha** (plano p. 122), de estilo otomano. Esta fuente de 1820 fue la primera de El Cairo en presentar rejillas doradas en las ventanas y paneles caligráficos en turco otomano. Aunque se ha restaurado meticulosamente, cuando se redactó esta guía continuaba cerrada al público; conviene comprobar si está abierta, pues también se puede acceder a una cisterna debajo. Al otro lado de la calle, la **mezquita de Al-Mu'ayyad** (plano p. 122) tiene franjas blancas y rojas. El sultán mameluco que la mandó erigir había estado encarcelado en el lugar donde se construyó. Posee un pórtico de entrada especialmente grandioso, repleto de bóvedas de estalactitas. El interior es igual de exuberante.

Bab Zuweila

Construida en la misma época que las puertas septentrionales (s. x), la hermosa **Bab Zuweila** (plano p. 122; adultos/estudiantes 10/5 EGP; 8.30-17.00) es la única puerta meridional que se conserva de la Al-Qahira medieval. Los visitantes pueden subir a las fortificaciones, donde hay unas exposiciones fascinantes sobre la historia de la puerta. Los dos minaretes sobre ésta también están abiertos a los visitantes y ofrecen unas de las mejores vistas de la zona. En la época mameluca, en el área frente a la puerta se celebraban ejecuciones, una forma popular de espectáculo callejero en el que algunas víctimas eran cortadas por la mitad o crucificadas. Según dicen, el espíritu de un santo sanador vive detrás de una elevada puerta de madera. Los suplicantes llevan siglos tachonando la puerta con uñas y dientes como ofrendas.

Desde aquí, el viajero se puede desviar al Museo de Arte Islámico o seguir hasta la ciudadela por dos posibles rutas.

Museo de Arte Islámico

500 m al oeste de Bab Zuweila, el **Museo de Arte Islámico** (plano pp. 96-97; ☎ 2390 1520; Sharia Bur Said) alberga una de las mejores colecciones de artes islámicas aplicadas del mundo: un tesoro formado por manuscritos, trabajos en madera, tejidos e instrumentos de astronomía. Por desgracia, lleva cerrado varios años por obras de restauración y aún no se sabe la fecha de reapertura. Si finalmente lo abren, visitarlo será casi tan imprescindible como el Museo Egipcio. El museo está 700 m al sudeste de Midan Ataba, bajando por Sharia al-Qala'a. Midan Tahrir está 1,5 km al oeste, por Sharia Sami al-Barudi (pasando junto a la estación de metro de Mohammed Naguib). Un taxi cuesta 4 EGP a o desde el centro.

Sharia al-Khayamiyya

La "calle de los fabricantes de toldos" toma su nombre de los artesanos de los brillantes tejidos que se usan para las tiendas ceremoniales en funerales, velatorios, bodas y fiestas. También fabrican tejidos decorativos para colgar en las paredes, así como colchas. Además, imprimen originales diseños para manteles. La mayor concentración de artesanos está justo después de Bab Zuweila, en el **mercado cubierto de fabricantes de toldos** (plano p. 122). Aproximadamente 800 m al sur, Sharia al-Khayamiyya se cruza con Sharia Mohammed Ali; si se gira a la izquierda aquí, se llegará directamente a la mezquita y madraza del Sultán Hassan y a la ciudadela, pero la ruta por Darb al-Ahmar tiene más puntos de interés.

Darb al-Ahmar

Este barrio creció durante los ss. XIV y XV y toma su nombre de su calle principal, **Darb al-Ahmar** ("carretera roja"; Sharia Ahmad Mahir Pasha; plano p. 122). En la época de máximo apogeo del barrio, El Cairo tenía una población de unas doscientas cincuenta mil personas; la mayoría vivían extramuros, estrechamente hacinadas en este distrito residencial de calles zigzagueantes y oscuros callejones sin salida. Como el interior de la ciudad amurallada estaba sumamente urbanizada, los que construían nuevos palacios, mezquitas e instituciones religiosas se veían obligados a hacerlo extramuros. Casi todos los edificios de esta zona datan de finales de la época mameluca. Uno de los mejores ejemplos de este período es la **mezquita de Qijmas al-Ishaqi** (plano p. 122), de 1481. No hay que dejarse engañar por la sencillez de su exterior: dentro exhibe hermosas vidrieras, suelos con incrustaciones de mármol y paredes de estuco.

Unos 150 m más adelante a mano derecha, la **mezquita de Al-Maridani** (plano p. 122), de 1339, incorpora elementos arquitectónicos de varios períodos: ocho columnas de granito extraídas de un monumento faraónico; arcos con diseños romanos, cristianos e islámicos; y una fuente y alojamientos de madera añadidos por los otomanos. Los árboles del patio, las atractivas *mashrabiyya* y la ausencia de visitantes hacen de la mezquita un lugar tranquilo para descansar.

La **mezquita azul** (mezquita de Aqsunqur; plano p. 122), erigida en 1347, recibe su popular nombre debido a la combinación de mármol gris azulado en el exterior y sus floridos azulejos otomanos del interior, que no fueron añadidos hasta 1652. El minarete ofrece excelentes vistas de la ciudadela. Al este, detrás de la mezquita, se pueden ver los vestigios de las murallas de la ciudad de Saladino, que se están excavando como parte del proyecto del parque Al-Azhar.

LA CIUDADELA

Extendida sobre un espolón de caliza en el extremo oriental de la ciudad, la **ciudadela** (Al-Qala'a; plano p. 124; ☎ 2512 1735; Sharia Salah Salem; adultos/estudiantes 40/20 EGP; 🕑 8.00-17.00 oct-may, 8.00-18.00 jun-sep, mezquitas cerradas durante las oraciones del vi) fue la residencia de los gobernantes de Egipto durante setecientos años. Está compuesta por una colección de tres mezquitas muy diferentes, varios palacios (que albergan algunos museos anodinos, cuya entrada está incluida en el precio) y un par de terrazas con vistas de la ciudad. Aunque es uno de los puntos de interés turístico más populares de El Cairo, no es muy impresionante y resulta excesivamente cara, por no mencionar el esfuerzo que cuesta llegar hasta allí (véase más adelante).

Saladino empezó a construirla en 1176 para fortificar la ciudad frente al posible ataque de los cruzados, que estaban causando estragos en Palestina. Tras derrocar a la dinastía

LA CIUDADELA

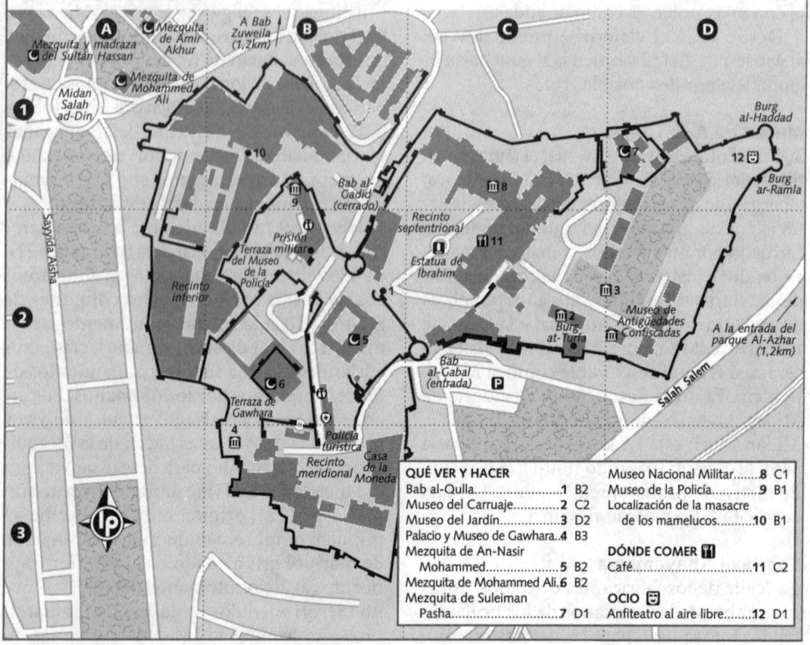

ayubí de Saladino, los mamelucos ampliaron el complejo, añadiendo suntuosos palacios y harenes. Bajo los otomanos (1517-1798), la fortaleza se extendió hacia el oeste y se construyó una nueva puerta principal, Bab al-Azab, mientras los palacios mamelucos se deterioraban. Aun así, cuando la expedición francesa de Napoleón asumió el control en 1798, los eruditos del emperador consideraron estos edificios como uno de los mejores monumentos islámicos de El Cairo. Eso no impidió que fueran demolidos cuando Mohammed Ali subió al poder tras marcharse los franceses. El único edificio mameluco que quedó en pie fue una sola mezquita, empleada como establo. Mohammed Ali remodeló completamente el resto de la ciudadela y la coronó con la mezquita de estilo turco que hoy domina el horizonte al este de El Cairo.

Después de que Ismail, el nieto de Mohammed Ali, trasladara su residencia al palacio de Abdeen (p. 106), la ciudadela se convirtió en una guarnición militar. El ejército británico se instaló en la ciudadela durante la Segunda Guerra Mundial y los soldados egipcios aún mantienen una pequeña posición allí, aunque casi toda la zona está ahora dedicada a los turistas.

Mezquita de Mohammed Ali

La fortaleza está dominada por la **mezquita de Mohammed Ali** (plano p. 124). Construida según el diseño clásico turco, con multitud de cúpulas, tardó dieciocho años en acabarse (1830-1848). Su interior está repleto de brillantes arañas y refulgentes franjas de piedra. Quizá la descripción más evocadora sea la de Olivia Manning en *The Levant Trilogy:* "Sobre ellos, la mezquita de alabastro de Mohammed Ali, excepcionalmente blanca en esta ciudad de color arena, se erguía con sus minaretes levantados, como un gato gordo, blanco y vigilante". Otros escritores la han tildado de poco imaginativa y tosca, comparándola incluso con un sapo. Inmune a las críticas, el sultán yace en la tumba de mármol a la derecha de la entrada. En el patio central destaca un deslumbrante reloj, regalo del rey Luis Felipe de Francia como agradecimiento por el obelisco faraónico que adorna la parisina Place de la Concorde.

El reloj sufrió desperfectos durante el envío y todavía no ha sido reparado.

Eclipsada por la de Mohammed Ali, la **mezquita de An-Nasir Mohammed** (plano p. 124), de 1318, es el único edificio de la época mameluca que se conserva en la ciudadela. Su interior está un poco desnudo, ya que el sultán otomano Selim I se llevó todo el mármol. Aun así, el techo antiguo de madera y las *muqarnas* resultan interesantes, al igual que las puntas de los minaretes recubiertas de azulejos de vidrio, algo poco común en Egipto.

Frente a la entrada de la mezquita de An-Nasir Mohammed, un pórtico que imita el estilo gótico conduce a una terraza con excelentes vistas que abarcan hasta las pirámides de Gizeh. Abajo, en el recinto inferior de la ciudadela (cerrado al público), el camino que llega hasta Bab al-Azab fue el escenario de la masacre de los mamelucos (véase p. 37), tristemente célebre. El **Museo de la Policía** (plano p. 124) está en mal estado y se yergue en el extremo norte de la terraza. Incluye exposiciones sobre famosos asesinatos políticos, en algunos casos acompañadas por el arma que se utilizó para llevarlos a cabo.

Al sur de la mezquita de Mohammed Ali hay otra terraza con buenas vistas. Más adelante, el anodino **palacio y Museo de Gawhara** (plano p. 124) intenta, sin mucho éxito, recrear la vida de la corte en el s. XIX; suele estar cerrado.

Recinto septentrional

Se accede a él por Bab al-Qullas, erigida en el XVI. Pasado un café demasiado caro se encuentra el antiguo palacio del harén de Mohammed Ali, que alberga hoy en día el lujoso **Museo Nacional Militar** (plano p. 124) y quizá la exposición mejor cuidada del país. Sus interminables salas de lujosas alfombras están llenas de dioramas que representan los grandes momentos bélicos del país, desde la época faraónica hasta los conflictos con Israel en el s. XX. Al principio resulta divertido y *kitsch*, pero luego se vuelve bastante deprimente.

Al este del café hay un estrecho camino, por el que se llega a una zona con algunos pequeños museos más, como el **Museo del Carruaje** (plano p. 124). A los amantes de la arquitectura islámica les gustará la **mezquita de Suleiman Pasha** (plano p. 124), de 1528; constituye un ejemplo mucho más interesante de mezquita abovedada de estilo otomano.

Cómo llegar y salir de la ciudadela

Desde Midan Ataba hasta la puerta de entrada de la ciudadela hay casi 4 km, cruzando los barrios donde se fabrican muebles e instrumentos musicales. Desde Midan Ataba hay que bajar por Sharia al-Qala'a y su continuación, Sharia Mohammed Ali, hasta Midan Salah ad-Din; luego hay que seguir hasta Sharia Salah Salem por Sharia Sayyida Aisha. Un taxi cuesta 12 EGP. El minibús 150 (1,10 EGP) sale desde Midan Ataba. Este y otros servicios paran en Midan Salah ad-Din, a 15 minutos a pie de la entrada; si el viajero toma un taxi (3 EGP) desde aquí, no se cansará tanto, pero tampoco llegará mucho antes, debido a los grandes atascos que se forman en la carretera. El microbús a Sayyida Aisha deja al viajero más cerca, en el cruce con Salah Salem.

DE LA CIUDADELA A IBN TULUN

Esta ruta incluye dos de las mezquitas más grandes de El Cairo islámico, así como algunas pequeñas sorpresas.

Mezquita y madraza del Sultán Hassan

Enorme pero elegante, la **mezquita y madraza del Sultán Hassan** (plano p. 126; Midan Salah ad-Din; entrada 20 EGP; 8.00-17.00 oct-may, 8.00-18.00 jun-sep) se considera la obra arquitectónica más exquisita de principios del período mameluco. Fue contruida entre 1356 y 1363 por el atribulado sultán Hassan, nieto del sultán Qalaun. Hassan ascendió al trono a los 13 años, fue derrocado y restaurado no menos de tres veces y asesinado poco antes de acabar la mezquita. La tragedia también ensombreció su construcción, ya que uno de sus minaretes se derrumbó y mató a unos trescientos curiosos. Detrás de la llamativa entrada, un oscuro pasadizo conduce a un patio cuadrado. Sus elevados muros se ven interrumpidos por cuatro *iwans* (salas abovedadas), en cada una de las cuales se enseñaba una de las cuatro principales escuelas del islam suní. Al fondo de la *iwan* oriental hay un mihrab especialmente hermoso, flanqueado por columnas que fueron robadas a los cruzados. A mano derecha, una puerta de bronce conduce al mausoleo del sultán.

Enfrente de la gran mezquita se halla la **mezquita de Ar-Rifai** (plano p. 126; 20 EGP), también construida a escala monumental. Comenzada en 1869, no se acabó hasta 1912 e imita el estilo islámico tradicional. Los miembros

de la familia real egipcia moderna, incluidos el jedive Ismail y el rey Faruk, están enterrados en su interior, al igual que el último sah de Persia. Las tumbas se encuentran a la izquierda de la entrada.

Museo Mevlevi y palacio de Amir Taz

Hacia el oeste por la concurrida Sharia as-Salbiyya se llega a la mezquita de Ibn Tulun. Si el viajero se desvía hacia el norte por Sharia Suyufiyya llegará en poco tiempo a dos edificios poco visitados, pero que merecen la pena. El **palacio de Amir Taz** (plano p. 126; ☎ 2514 2581; 17 Sharia Suyufiyya; entrada gratuita; 🕒 8.00-16.00) es la residencia restaurada de uno de los asesores más cercanos del sultán an-Nasir Mphammed, que más tarde controló el país a través del sultán Hassan. Actualmente se usa como centro cultural. Aunque la casa no es tan grande como Beit el-Suhaymi, la entrada es gratuita y tiene un par de pequeñas exposiciones, un hermoso techo de madera en la galería e incluso baños limpios. Un poco más abajo en la misma calle, detrás de una puerta verde con un cartel del Instituto Italiano, el **Museo Mevlevi** (plano p. 126; Sharia Suyufiyya; entrada gratuita; 🕒 8.00-16.00) está centrado alrededor de un teatro de la época otomana, usado por los derviches y meticulosamente restaurado. Escondido detrás de fachadas de piedra, el hermoso edificio de madera es una pequeña joya. Abajo se pueden ver los vestigios de la madraza que constituye la base del edificio; sus minuciosas anotaciones son un raro ejemplo de excavación seria.

Mezquita de Ibn Tulun

Otros 250 m al oeste por Sharia as-Salbiyya, la **mezquita de Ibn Tulun** (plano p. 126; 🕒 8.00-18.00) se puede identificar fácilmente por sus elevados muros coronados por cuidadas almenas. Fue construida entre 876 y 879 por Ibn Tulun, enviado por el califa abasí de Bagdad para gobernar el puesto de avanzada de Al-Fustat en el s. IX. Se trata del monumento islámico intacto y en funcionamiento más antiguo de la ciudad. También es uno de los más bellos, a pesar de una restauración bastante torpe en la que se usó cemento en el edificio de adobe y madera. Para erigirla, Ibn Tulun se inspiró en su tierra natal, en especial en la antigua mezquita de Samarra (Iraq), cuyo minarete en espiral sirvió de modelo para el de ésta. Además, añadió algunas innovaciones de su propia cosecha: según los historiadores de arte, fue el primer edificio que usó el arco apuntado, unos doscientos años antes del arco gótico europeo. La mezquita ocupa una extensión de 2,5 Ha y era lo suficientemente amplia como para acoger a toda la comunidad de Al-Fustat en las oraciones de los viernes.

Su simplicidad geométrica se aprecia mejor desde lo alto del minarete, que también ofrece unas magníficas vistas de la ciudadela. Al minarete se accede desde el patio exterior, parecido a un foso y originalmente creado para mantener la ciudad secular a una distancia, aunque en una época estuvo lleno de tiendas y puestos.

Museo de Gayer-Anderson

Al sur de la entrada principal de la mezquita hay una puerta que conduce al interior de este estrafalario **museo** (Beit al-Kritliyya, la casa de la mujer cretense; plano p. 126; ☎ 2364 7822; Sharia ibn Tulun; adultos/estudiantes 30/15 EGP, vídeo 20 EGP; ⏲ 9.00-17.00). Fue bautizado en honor a John Gayer-Anderson, un comandante y médico del ejército británico que restauró las dos casas del s. XVI entre 1935 y 1942 y las llenó de antigüedades, obras de arte y objetos orientales recolectados en sus viajes por la región. Al morir en 1945, Gayer-Anderson legó las casas y su contenido a Egipto. Sus numerosas habitaciones están decoradas en una gran variedad de estilos: la sala persa tiene delicados azulejos, la sala de Damasco ostenta lacados y oro y la sala de la reina Ana cuenta con un ornamentado mobiliario y un juego de té de plata. La magnífica galería con *mashrabiyya* da a una espléndida *qa'a* (sala de recepciones) que posee una fuente de mármol, vigas decoradas en el techo y espacios cubiertos por alfombras. La terraza del tejado se ha restaurado con cariño y posee *mashrabiyya* más complejas. El interior quizá le suene al viajero: el museo se usó como decorado en la película de James Bond *La espía que me amó*. Al otro lado de la calle, Khan Misr Touloun (véase p. 169) es un buen centro de artesanía.

Desde aquí, merece la pena seguir caminando 750 m hacia el oeste hasta el popular barrio de Sayyida Zeinab, donde hay una estación de metro.

CEMENTERIO SEPTENTRIONAL

El cementerio septentrional (Al-Qarafa; plano p. 128) es la mitad más interesante de una enorme necrópolis conocida popularmente como la Ciudad de los Muertos. Este nombre hace referencia al hecho de que los cementerios no son sólo lugar de descanso para los finados cairotas, sino también para los vivos. Los visitantes que se imaginen un lugar miserable y morboso quedarán muy decepcionados; esta zona, con instalación eléctrica, oficina de correos y edificios de varias plantas, es más una pequeña ciudad que un barrio de chabolas. Según algunos cálculos, aquí viven unos cincuenta mil cairotas (según otros, hasta diez veces más). Como asegura Max Rodenbeck en *Cairo: The City Victorious*, algunos de los habitantes de las tumbas, en especial los guardianes y sus familias, han vivido aquí durante varias generaciones. Otros se han mudado a esta zona más recientemente, para salir de los suburbios, inhóspitos y pobres, y regresar al centro. Los viernes y festivos, el cementerio se llena de visitantes que acuden a hacer *picnics* y honrar a los muertos, sin duda los mejores días para visitarlo. Conviene recordar que se trata de una zona privada y residencial con ingresos muy bajos; hay que vestir apropiadamente y no mostrar joyas ni aparatos caros.

Los emires y sultanes mamelucos se sintieron atraídos por esta zona, pues proporcionaba el espacio para construir del que carecían dentro de la ciudad, densamente poblada. Los enormes mausoleos que erigieron eran algo más que simples tumbas; también eran lugares de ocio que seguían la tradición faraónica de hacer *picnics* entre las tumbas. Incluso las tumbas familiares más humildes tenían una habitación donde los visitantes podían pasar la noche. Los muertos querían ser recordados y los sin techo de la ciudad les agradecían el alojamiento gratis. Esta coexistencia entre vivos y muertos se daba ya en el s. XIV; en algunas casas-tumba, los cenotafios se usan como mesas y la colada se tiende entre las lápidas.

La forma más fácil de llegar al cementerio septentrional consiste en caminar hacia el este desde Midan al-Hussein por Sharia al-Azhar. Al llegar a la cumbre de la colina hay que torcer a la derecha, pasar por debajo del paso elevado y seguir recto por el camino entre las tumbas. Este camino gira primero a la izquierda y luego a la derecha. A mano derecha se dejará la **tumba del Emir Tashtimur** (plano p. 128), en ruinas y con una cúpula. Unos 150 m más adelante, un estrecho sendero sale a la izquierda y pasa bajo un arco de piedra que es la puerta de entrada al antiguo complejo de Qaitbey, cuya espléndida mezquita se halla justo enfrente.

Mezquita de Qaitbey

El sultán Qaitbey fue un prolífico constructor y el último gobernante mameluco con poder real en Egipto. Gobernó veintiocho años y, aunque fue tan cruel como el resto de los sultanes mamelucos, también resultó ser todo un esteta. Su **mezquita** (plano p. 128), acabada en 1474 y reproducida en los billetes de 1 EGP, marca, según los expertos, la

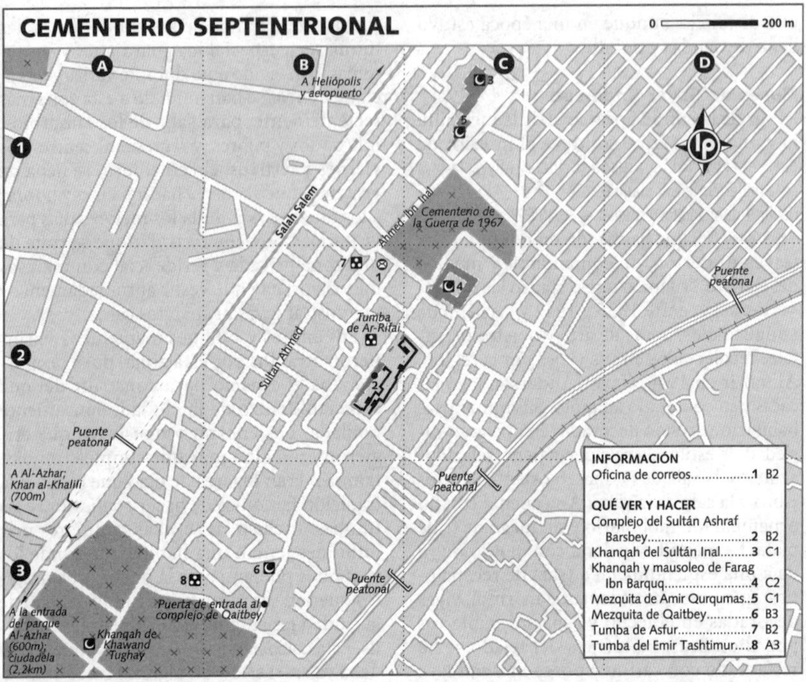

cumbre de la arquitectura islámica de El Cairo. Detrás de su fachada con llamativas franjas, el interior ostenta paneles de mármol y cuatro *iwans* alrededor de un patio central iluminado por grandes celosías. Es uno de los lugares más agradables de la ciudad para sentarse un rato a descansar. La cámara funeraria adyacente contiene los cenotafios de Qaitbey y sus dos hermanas. Sin embargo, la verdadera joya del edificio se encuentra arriba: en el exterior, la cúpula está tallada con diseños de estrellas y flores entrelazadas; su complejidad y delicadeza no han sido superadas en El Cairo ni en ningún otro lugar del mundo islámico. Se recomienda subir al minarete para disfrutar de mejores vistas.

Otros monumentos

Desde Qaitbey hay que cruzar la plaza y seguir hacia el norte. Después de unos 350 m, la calle se ensancha; a mano derecha, un muro de piedra rodea un amplio recinto lleno de cascotes que antiguamente fue el **complejo del Sultán Ashraf Barsbey** (plano p. 128). Si bien su cúpula no es tan sofisticada como la que corona la mezquita de Qaitbey, está tallada con un hermoso diseño de estrellas. El interior posee excelentes suelos de mármol y un bonito *minbar* (púlpito) con incrustaciones de marfil. El guarda deja entrar a cambio de una propina (hay que preguntar a los niños dónde está).

Unos 200 m más al norte se encuentra el **Khanqah y mausoleo de Farag Ibn Barquq** (plano p. 128), construido por un hijo del sultán Barquq, cuyo gran mausoleo y madraza se yergue en Bein al-Qasreen (p. 120). Acabado en 1411, el *khanqah* es un edificio que parece una fortaleza, con altas fachadas verticales, así como minaretes y cúpulas dobles. En el patio, las celdas monásticas parten de los arcos. Dos cámaras funerarias (una para mujeres y otra para hombres) están coronadas por cúpulas; sus techos están pintados con fascinantes diseños geométricos rojos y negros.

Del cementerio septentrional a Al-Hussein

Al noroeste hay dos grandes complejos adyacentes: la **mezquita de Amir Qurqumas** (plano p. 128), de 1507, y el **Khanqah del Sultán Inal** (plano p. 128), de 1456. Ambos son preciosos, gracias a las obras de restauración, pero no siempre están abiertos.

En lugar de desandar el camino, desde Ibn Barquq es mejor seguir de frente, dejando a mano izquierda la oficina de correos, hasta llegar a la pequeña y alargada **tumba de Asfur** (plano p. 128); justo después, hay que girar a la izquierda. Si se baja recto 850 m por Sharia Sultan Ahmed, se volverá a la carretera que conduce al paso subterráneo. También se puede seguir un kilómetro más por Sharia Salah Salem hasta la entrada principal del parque Al-Azhar.

PARQUE AL-AZHAR

El paisaje al este de El Cairo islámico cambió notablemente cuando se inauguró el **parque Al-Azhar** (plano 96-97; ☎ 2510 7378; www.alazharpark.com; 10 EGP; ⏲ 9.00-24.00) en 2005. Con fondos de la Fundación Aga Khan para la Cultura, lo que había sido una montaña de basura acumulada durante siglos se convirtió en un hermoso espacio verde ajardinado, el primer y único parque de gran tamaño de la ciudad. Resulta difícil expresar lo diferente que es de cualquier otro espacio público de El Cairo: una profusión de jardines, césped verde e incluso un lago (parte de un sistema de suministro de agua) cubren el recinto. Los altavoces diseminan una suave música árabe y las fuentes borbotean frente a elegantes y modernos edificios islámicos. Además de un par de pequeños cafés y un teatro al aire libre (p. 166), tiene un excelente restaurante (p. 156) que saca partido de las espectaculares vistas de la ciudad medieval y más allá; imprescindible para la puesta de sol.

Dependiendo del punto de vista, el parque puede ser un magnífico lugar de descanso o un área extrañamente aislada para la élite. El ambiente puede cambiar, pero mientras la única entrada esté en Sharia Salah Salem (hace falta tomar un taxi que cuesta 12 EGP desde Tahrir), resultará una excursión cara para la mayoría de la gente. Las entradas en la ladera, en el barrio de Darb al-Ahmar, estaban cerradas cuando se redactó esta guía, al parecer debido a las obras de restauración de las murallas y puertas ayubíes, pero también manteniendo a la chusma convenientemente alejada.

Zamalek y Gezira

Deshabitada hasta mediados del s. XIX, Gezira ("isla" en árabe) era una estrecha franja de tierra aluvial salida del Nilo. Tras crear el actual centro, el jedive Ismail se centró en la construcción de un gran palacio en la isla con el resto del terreno como jardín real. Durante la explosión urbanística de principios del s. XX, las tierras del palacio fueron vendidas y el edificio se convirtió en un hotel (hoy en día, parte del Cairo Marriott).

El tercio septentrional de la isla es el elegante barrio residencial de Zamalek; el resto, todavía llamado Gezira, está ocupado en gran parte por parques y clubes deportivos.

ZAMALEK

Zamalek (plano pp. 134-135) es un frondoso barrio con antiguas mansiones de embajadas y edificios de apartamentos erigidos en la década de 1920. Tiene pocos lugares de interés turístico, pero es agradable para pasear e incluso mejor para comer, beber y comprar.

La calle principal, Sharia 26th of July, corta la isla. El cruce entre Sharia Hassan Sabry (dirección sur) y Sharia Brazil (dirección norte) es el centro de la zona. Un par de casas al este de Hassan Sabry, en Sharia 26th of July, se encuentra Simonds (véase p. 160), uno de los cafés de estilo europeo más antiguos de la ciudad.

Más al este por Sharia 26th of July, hacia el puente que conduce a Bulaq, están la excelente librería Diwan (p. 98) y el café Cilantro (p. 160), situado en la planta baja de un lujoso edificio de apartamentos construido en 1927 por el hotelero suizo Charles Baehler.

Al sur de Sharia 26th of July se halla el Cairo Marriott (p. 152), con vistas al Nilo. Este palacio remodelado tiene una buena pastelería (p. 160) y un exuberante jardín con sombra donde se puede disfrutar de un café o una cerveza. Detrás del hotel, el **Museo de Cerámica Islámica** (plano pp. 134-135; ☎ 2737 3298; 1 Sharia Sheikh al-Marsafy, Zamalek; adultos/estudiantes 25/15 EGP; ⏲ 10.00-13.30 y 17.30-21.00 sa-ju) es pequeño y hermoso. Está situado en una magnífica villa neoislámica de 1924. Sus paredes de complicadas tallas y su baño clásico son tan fascinantes como las exposiciones de coloridos platos, azulejos e incluso granadas de mano del s. XI. El jardín y la parte trasera del edificio forman parte del **Centro de Arte de Gezira** (plano pp. 134-135), que posee varias galerías donde se muestran exposiciones temporales de arte contemporáneo.

MILAGRO EN LA MONTAÑA

Paseando por algunas zonas de El Cairo, el viajero podría pensar que la basura nunca se recoge. Sin embargo, no es así: decenas de miles de personas, conocidas como *zabbaleen,* se encargan de la tarea. Los *zabbaleen* son cristianos coptos. Su barrio, en la base de las colinas de Muqattam, alberga no sólo toda la basura de la ciudad (que se clasifica en partes reciclables), sino también una de las iglesias más sorprendentes del país.

De hecho, la **iglesia de San Simón el Curtidor** (Kineesat Samaan al-Kharraz; plano pp. 96-97; ☎ 2512 3666; Manshiyet Nasr), situada en una cresta por encima de "la ciudad de la basura", es sólo una parte del gran complejo excavado en los precipicios. Tiene capacidad para 5.000 personas y está rodeada por escenas bíblicas talladas en la roca. Que los autobuses llenos de peregrinos quepan por los callejones de abajo ya es un milagro en sí. Si se mira al otro lado de la cresta, se verá toda la ciudad extendiéndose hasta el horizonte; si se mira abajo, se verán cerdos hozando en los jardines de los *zabbaleen* para reciclar los residuos comestibles.

Sin embargo, esta iglesia no es antigua (como tampoco lo son otras en la zona, aunque algunas estén ubicadas en espeluznantes cuevas de ermitaños). Acabada en 1994, la de San Simón se erigió en honor a un asceta del s. X que rezó para que las colinas de Muqattam se movieran a instancias del califa fatimí Al-Muizz li-Din Allah (véase Mateo 17:20: "Si tuvieran la fe del tamaño de un grano de mostaza, dirían a esta montaña: 'Trasládate de aquí a allá', y la montaña se trasladaría"). Hoy en día, la iglesia es un importante punto de peregrinación para los coptos.

Para llegar a esta maravilla moderna, hay que decirle al taxista "Manshiyet Nasr" o "Madeenat az-Zabbaleen"; tras salir de la carretera hacia Muqattam, hay que meterse por la primera calle a la izquierda, que asciende ligeramente. Una vez en el barrio de los *zabbaleen* (sorprendentemente ordenado y limpio), cualquiera puede indicarle al viajero el camino, pues todos saben adónde se dirige. Un viaje de ida y vuelta en taxi desde el centro, con una hora de espera, cuesta 60 EGP. Si se desea visitar la zona con un guía, conviene contactar con **Ibrahim Morgan** (☎ 012 347 6343; morgan_@yahoo.com), recomendado por lectores de Lonely Planet.

GEZIRA

La mejor manera de llegar a Gezira (plano p. 138) es por el puente de Qasr el-Nil desde Midan Tahrir, un paseo popular entre las parejas durante la puesta de sol. El puente conduce a **Midan Saad Zaghloul,** presidida por la estatua del señor Zaghloul, un líder nacionalista de la década de 1930. Al norte de la *midan,* a orillas del Nilo, hay dos exuberantes **jardines formales** (plano p. 138; entrada 10 EGP) con cafés al aire libre, donde las familias locales y jóvenes parejas beben té y fuman narguile. Debajo de los jardines, la **Corniche peatonal** (entrada 2 EGP) está bastante animada por la noche.

Al oeste de la *midan,* el cuidado **Recinto de Exposiciones de Gezira** (plano p. 138) está dominado por el **Teatro de la Ópera de El Cairo** (plano p. 138; ☎ 2739 8144). Construido en 1988 con fondos japoneses, el edificio es una versión moderna del diseño tradicional islámico. Véase p. 164 para más detalles.

Enfrente del Teatro de la Ópera de El Cairo, el **Museo de Arte Moderno de Egipto** (plano p. 138; ☎ 2736 6667; www.modernartmuseum.gov.eg; 10 EGP; 🕑 10.00-14.00 y 17.30-22.00 ma-do) alberga una amplia colección (quizá demasiado amplia) de arte egipcio de los ss. XX y XXI. Incluso tras la renovación de 2005, apreciar las obras puede ser difícil, debido a las salas abarrotadas, el polvo acumulado y la falta de explicaciones. Las mejores obras del museo están en la planta baja: la elegante estatua de bronce *art déco* de Mahmoud Mukhtar, llamada *Novia del Nilo,* se encuentra aquí, al igual que *Al Madina (La ciudad,* 1937) de Mahmoud Said. Aunque Said tiene un montón de imitadores *kitsch,* fue uno de los primeros artistas que pintaron la vida tradicional en vivos colores. Su compromiso inspiró a Naguib Mahfuz para que desarrollara su propia carrera como escritor. En el museo, resulta interesante ver cómo las tendencias occidentales, como el arte pop, se han manifestado en Egipto, casi siempre con un mensaje político o social mucho más agudo. Arriba hay un pequeño café y una tienda de regalos que vende varias postales y pósteres.

También en el recinto de exposiciones, el **Centro de Arte Hanager** (plano p. 138; ☎ 2735 6861; 🕑 10.00-22.00 ma-do) y el **Palacio de las Artes** (plano p. 138; ☎ 2737 0603, 736 7627; www.fineart.gov.eg;

(⌚ 10.00-13.30 y 17.30-22.00 sa-ju) albergan exposiciones temporales y organizan actuaciones.

Si se sale del complejo por la entrada trasera, cerca del puente de Galaa, se verá una modesta puerta al otro lado de la calle, que conduce al **Museo de Mahmoud Mukhtar** (plano p. 138; ☎ 2735 2519; 5 EGP; ⌚ 10.00-13.30 y 17.00-22.00 ma-do). Mukhtar (1891-1934) fue el escultor más conocido del Egipto independiente, autor de la estatua de Saad Zaghloul en la cercana *midan* y del monumento *El renacimiento de Egipto* en el exterior del zoológico de Gizeh. Sus obras completas abarcan desde diminutas caricaturas (véase *Ibn al-Balad,* un valiente niño de la ciudad) hasta retratos de tamaño natural que son verdaderos estudios de líneas fluidas. La tumba de Mukhtar se halla en el sótano. El arquitecto egipcio Ramsés Wissa Wassef (1911-1974) diseñó el elegante edificio; en un principio estaba abierto para captar la luz natural pero, al parecer, se cambió para abaratar el presupuesto destinado a la limpieza.

Al norte del Teatro de la Ópera de El Cairo y del estadio Ahly, la **torre de El Cairo** (Burg Misr; plano p. 138; ☎ 2735 7187; Sharia el-Borg; entrada 60 EGP, niños menores de 6 años gratuita, vídeo 20 EGP; ⌚ 8.00-24.00) es el monumento más característico de la ciudad después de las pirámides. Parecida a un tubo de cestería de 185 m de altura, la torre se erigió en 1961 para burlarse de los estadounidenses, que habían dado el dinero a Nasser para que les comprara armas. Desde la planta superior, la panorámica de 360 grados es más clara a última hora de la tarde, después de que la calima se despeje, o al caer la tarde. Hay un restaurante que suele girar en lo alto y sirve una comida con mala pinta (100 EGP almuerzo o cena, entrada incl.). En la cafetería (80 EGP, entrada incl.) se puede tomar un refresco. Al anochecer suele haber largas colas para entrar.

Mohandiseen, Agouza y Doqqi

En el plano de El Cairo de la guía de Egipto escrita por Baedecker en 1929 no se ve nada en la orilla occidental del Nilo, a excepción de un hospital y la carretera que conduce a las pirámides. El hospital sigue allí, a espaldas de la Corniche en Agouza, pero actualmente está cerrado por todos los lados por edificios de mediana altura que brotaron durante las décadas de 1960 y 1970, cuando Mohandiseen, Agouza y Doqqi fueron creados para albergar a las emergentes clases profesionales de Egipto. Los tres barrios siguen siendo bastiones de la clase media, llenos de familias a las que les fue bien durante los años de la política de puertas abiertas de Sadat. Aun así, algunas zonas de Mohandiseen son las más lujosas de El Cairo. A menos que el viajero encuentre interesantes el tráfico y el hormigón, los principales atractivos de esta zona son algunos buenos restaurantes (p. 158), bares y tiendas de lujo en Sharia Suleiman Abaza y Sharia Libnan.

La escasa historia del área flota en el río: son las **casas flotantes,** amarradas en Sharia el-Nil al norte del puente de Zamalek, en Agouza (plano pp. 134-135). Conocidas como *dahabiyyas,* estas estructuras flotantes de dos plantas flanqueaban antiguamente todo el Nilo, desde Gizeh a Imbaba. Durante la década de 1930, algunas se transformaron en casinos, teatros de variedades y burdeles. Muchas de las que quedan siguen conservando un ambiente bohemio, como se describe en la novela *Charla por el Nilo,* de Naguib Mahfuz.

MUSEO DE LA AGRICULTURA

Aunque suene aburrido, el **Museo de la Agricultura** (plano p. 138; ☎ 3761 6785; Sharia Wizarat al-Ziraa, Doqqi; entrada 10 pt, cámara 20 pt; ⌚ 9.00-14.00 ma-do) es fascinante. Las exposiciones, situadas en

LOS MEJORES MUSEOS

El enorme Museo Egipcio se lleva la palma, pero la ciudad también cuenta con varias joyas museísticas menos conocidas, para las que sólo se necesitan una o dos horas, en lugar de media vida. Otra ventaja consiste en que suelen estar vacíos. Los más interesantes son los siguientes:

Museo de la Agricultura (p. 131). Está tan anclado en el tiempo que merecería estar en un museo.

Museo de Mahmoud Mukhtar (p. 131). Elegante edificio y magníficas esculturas. Incluso tiene una tumba en el sótano.

Museo de Mahmoud Khalil (p. 132). ¿Quién hubiera pensado que vería un Picasso en El Cairo?

Museo de Cerámica Islámica (p. 129). Sencillamente maravilloso, con atractivas exposiciones nada abarrotadas y una espectacular casa como entorno.

varios edificios, explican todo sobre la agricultura en Egipto, desde la época faraónica hasta la actualidad. Tiene dioramas que representan bodas tradicionales, las vitrinas están llenas de frutas y verduras de cera y en un ala que huele a naftalina se pueden ver todos los pájaros de Egipto disecados. Polvoriento y bastante espeluznante, es una verdadera cueva de los tesoros. El precio de la entrada es tan barato que resulta ridículo, pero aumenta debido a las propinas que se deben dar a los "guías", auténticos guardianes de las llaves para entrar a las mejores salas. El museo está aproximadamente a 1 km de la estación de metro de Doqqi.

MUSEO DE MAHMOUD KHALIL

Mohammed Mahmoud Khalil fue un destacado político durante la década de 1940. Recopiló una de las mejores colecciones de arte europeo de los ss. XIX y XX de todo Oriente Medio. El magnífico **Museo de Mahmoud Khalil** (plano p. 138; ☎ 3338 9720; www.mkm.gov.eg; 1 Sharia Kafour, Doqqi; entrada sólo con carné de identidad o pasaporte, adultos/estudiantes 25/12 EGP; 🕑 10.00-17.00 ma-do, 10.00-15.00 fest) alberga esculturas de Rodin y cuadros de pintores como Delacroix, Gauguin, Toulouse-Lautrec, Manet, Monet y Pissarro. También tiene varios Rubens, Sisleys y un Picasso. Los cuadros se exponen en la antigua villa de Khalil, más tarde ocupada por el presidente Sadat. Está a pocos minutos a pie al sur del Cairo Sheraton.

Pirámides de Gizeh

Llevan cuatro mil años en pie y son las únicas supervivientes de las "siete maravillas del mundo antiguo". Su extraordinaria forma, su impecable geometría y su enormidad hacen que los visitantes se pregunten cómo fueron levantadas y por qué.

Tras siglos de investigaciones, parte de la pregunta ya tiene respuesta. Se sabe que los faraones mandaron construir estas enormes tumbas a grupos de decenas de miles de trabajadores. Lo confirma el descubrimiento de un poblado donde éstos vivían, con áreas para producir alimentos a gran escala e instalaciones médicas. Las excavaciones en curso en la meseta de Gizeh ofrecen cada vez más pruebas de que los trabajadores no eran esclavos, como muestran las películas de Hollywood, sino una mano de obra muy organizada compuesta por campesinos egipcios. Durante la crecida anual, cuando el Nilo cubría sus tierras, puede que la burocracia altamente estructurada usara a esos mismos campesinos para que trabajaran en la tumba del faraón. Las pirámides casi se pueden considerar como un antiguo programa de creación de puestos de trabajo. Las aguas de la crecida también facilitaban el transporte de las piedras necesarias para la construcción.

Sin embargo, a pesar de las pruebas, algunas personas siguen sin aceptar que los antiguos egipcios fueran capaces de tal hazaña arquitectónica. Los *piramidólogos* (el estudio de estas construcciones se ha convertido en una "ciencia" por derecho propio) señalan al tallado y la colocación de las piedras, de una precisión milimétrica, así como al significado numerológico de las dimensiones de las estructuras, como prueba de que fueron construidas por ángeles, el demonio o visitantes de otro planeta. Resulta fácil reírse de ideas tan extravagantes, pero después de visitar la meseta de Gizeh, el viajero entenderá por qué tanta gente sostiene estas creencias.

LAS PIRÁMIDES COMO COMPLEJO FUNERARIO

Lo que impulsó a los antiguos egipcios a construir estos increíbles mausoleos no fue su obsesión por la muerte ni su miedo ante ella, sino su creencia en la vida eterna y su deseo de unirse al cosmos. El faraón era el hijo de los dioses, pero su papel también consistía en dirigir los poderes divinos hacia su pueblo. Situado entre el cielo y la tierra para conectar los mundos mortal y divino, el faraón era honrado en vida y adorado tras su muerte. La pirámide era el sepulcro apropiado para una persona tan importante. Un templo funerario adosado a cada pirámide permitía que el faraón fuese venerado tras su fallecimiento, con la presentación diaria de ofrendas para alimentar a su alma. Un largo terraplén cubierto conectaba el templo funerario con un "templo del valle" erigido en el muelle, hasta donde llegaba el agua durante las crecidas anuales (como ilustración, se puede ver la magnífica maqueta de las pirámides de Abu Sir en la primera planta del Museo Egipcio). El complejo también constituía un recordatorio constante y visible del poder eterno de los dioses, así como del poder absoluto del faraón para quien se construyó.

LO BÁSICO

Puede resultar chocante visitar la **meseta de Gizeh** (plano p. 140; adultos/estudiantes 50/25 EGP; 7.30-16.00) y darse cuenta de que el montículo de arena donde se encuentran las pirámides está en mitad del congestionado barrio de Gizeh. En la actualidad existen dos entradas: una por una continuación de la carretera de las Pirámides (Sharia al-Haram), al pie de la gran pirámide de Keops, y otra por debajo de la Esfinge, en el pueblo de Nazlet as-Samaan. La mayoría de los viajeros independientes entran por la carretera de las Pirámides, ya que aquí es donde paran los autobuses y minibuses procedentes del centro. El visitante debe seguir la carretera que sube a las pirámides desde la rotonda y no hacer caso a nadie que intente distraerle (véase abajo). Hay que continuar por la carretera asfaltada y subir hasta la taquilla temporal (una cabaña de aspecto poco oficial a mano derecha).

Para el interior de cada una de las pirámides y el Museo de la Barca Solar (dos de las tres pirámides están abiertas a los visitantes y van alternándose cada pocos años) hay que pagar una entrada aparte. Antes de la visita, quizá sea interesante consultar www.guardians.net/hawass, la página web del Dr. Zahi Hawass, secretario general del Consejo Supremo de Antigüedades, que suele ofrecer noticias sobre la apertura de tumbas y pirámides.

Escalar las pirámides, algo imprescindible para los visitantes europeos de los ss. XIX y XX, resulta peligroso y ahora está totalmente prohibido.

Hay baños en el café situado en la base de la Esfinge, así como en un remolque de mal aspecto en la meseta, junto a la taquilla para la gran pirámide de Keops (hay que pagar al "encargado" 50 pt máximo).

EL ACOSO

El ambiente turístico en las pirámides es intenso, con batallones de autobuses, auténticos ejércitos de "cazaclientes", legiones de visitantes de todos los rincones del mundo, camellos bramando y gritos de vendedores. Sin embargo, ayuda recordar que no se trata de un fenómeno moderno. Las pirámides llevan atrayendo a turistas desde que se erigieron y, probablemente, ya entonces había allí un lugareño ofreciendo excursiones en burro.

Además, antes el acoso era mucho peor. Gracias a una agresiva campaña (un alto muro de hormigón, alambre de púas y guardias patrullando la zona en camello) se ha reducido el número de "cazaclientes", dueños de camellos y otros vendedores pesados en la meseta. Por desgracia, y debido a que los habitantes de Nazlet as-Samaan siguen ganándose la vida alquilando caballos y camellos, la zona de acoso simplemente se ha alejado un poco de las pirámides. A veces, cuando el taxi o minibús está parado por el tráfico en la carretera de las Pirámides, algunos jóvenes pueden intentar subirse para explicar al viajero que la carretera está cortada y que el mejor modo de seguir adelante es a caballo. Quizá también afirmen que la entrada se encuentra cerca de sus establos y que pueden colar al viajero en las pirámides. Las entradas auténticas tienen un sello con holograma; hay que ignorar a cualquiera que las ofrezca en la calle. Una vez en la meseta, el viajero sólo tendrá que negociar las excursiones en camello (si lo desea).

CAMELLOS Y CABALLOS

Las manzanas detrás de la entrada junto a la Esfinge están llenas de caballos y camellos. También hay una zona de establos más pequeña cerca de la entrada junto al Mena House. Ante el desagradable acoso de los dueños de caballos, el viajero puede verse tentado a ignorarles siempre. Sin embargo, la distancia entre las tres pirámides es considerable si se tiene que recorrer a pie, por lo que el servicio puede resultar práctico.

Las autoridades turísticas han fijado precios oficiales (35 EGP/h para camellos, caballos y coches de caballos), pero, como explicó un policía medio disculpándose, "el regateo todavía es común". Las mujeres no deben fiarse de los dueños de camellos demasiado amistosos que intenten subirse con ellas al animal. Todo el mundo debe elegir sólo animales que parezcan sanos. Si el dueño no deja bajar al viajero del camello hasta que le pague más de lo que habían acordado, debe llamar al agente de la policía turística más cercano o acudir a su comisaría junto al Mena House para quejarse (20 o 25 EGP es un precio justo por un paseo rápido al trote y varias paradas para tomar fotos).

La mejor opción para los que deseen montar es alquilar un caballo en uno de los establos y no en las pirámides. Una vez en la grupa, el viajero estará solo en el desierto con las pirámides de fondo. Según la mayoría de

MOHANDISEEN, AGOUZA Y ZAMALEK

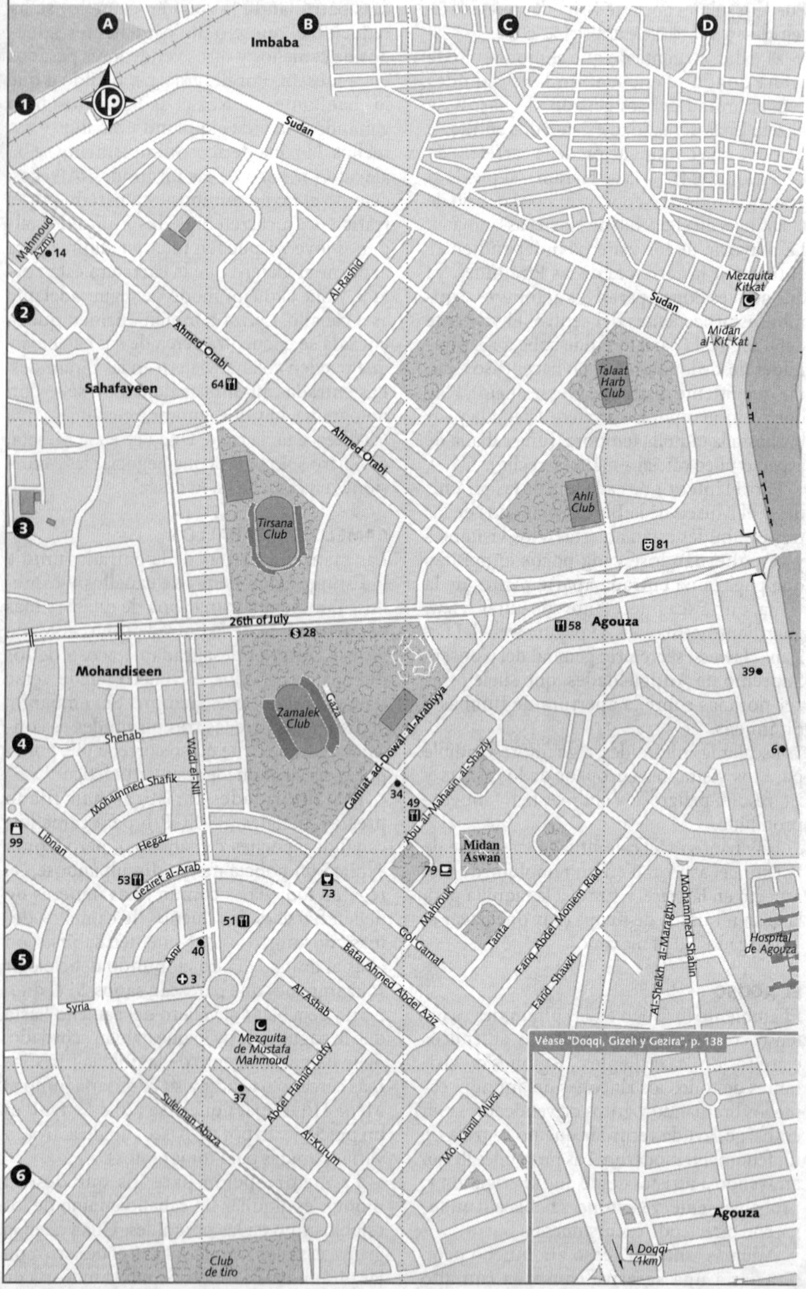

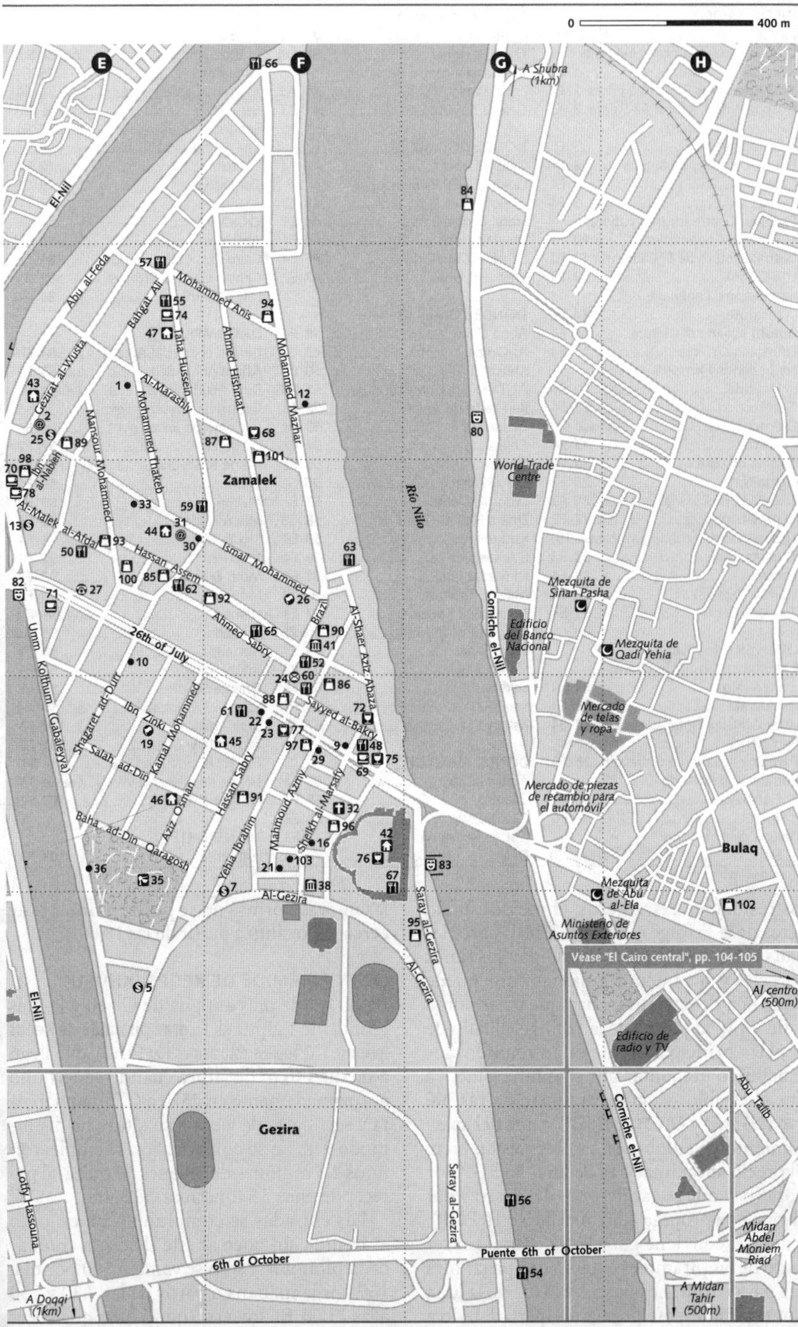
0
400 m
E
F
G
H
A Shubra
(1km)
El-Nil
Abu al-Feda
Bahgat Ali
Mohammed Anis
Taha Hussein
Ahmed Hishmat
Mohammed Mazhar
Gezirat al-Wusta
Al-Marashly
Mohammed Thakeb
Mansour Mohammed
Ibn al-Nabieh
Al-Malek al-Afdal
Hassan Assem
Ismail Mohammed
Zamalek
Río Nilo
World Trade Centre
Mezquita de Sinan Pasha
Edificio del Banco Nacional
Corniche el-Nil
Mezquita de Qadi Yehia
Mercado de telas y ropa
Mercado de piezas de recambio para el automóvil
Umm Kolthum (Gabaleyya)
26th of July
Ahmed Sabry
Brazil
Al-Shaer Aziz Abaza
Sayyed al-Bakry
Shagaret ad-Durr
Ibn Zinki
Kamal Mohammed
Salah ad-Din
Hassan Sabry
Mahmoud Azmy
Sheikh al-Marsafy
Aziz Osman
Baha ad-Din Qaragosh
Yehia Ibrahim
Al-Gezira
Saray al-Gezira
Bulaq
Mezquita de Abu al-Ela
Ministerio de Asuntos Exteriores
Véase "El Cairo central", pp. 104-105
Al centro (500m)
Edificio de radio y TV
Abu Talib
Gezira
Lotfy Hassouna
6th of October
Puente 6th of October
Midan Abdel Moniem Riad
A Midan Tahir (500m)
A Doqqi (1km)

INFORMACIÓN

Farmacia Al-Ezaby .... (véase 84)
Librería de la American University in Cairo 1 E2
Arab Group for Exchange Forex ... 2 E2
Hospital Internacional As-Salam ... 3 A5
Banque Misr (cajero automático) 5 E5
British Council y biblioteca 6 D4
Citibank 7 F4
Diwan 9 F4
Egyptian Centre for International Cultural Cooperation 10 E3
Gran Biblioteca de El Cairo 12 F2
HSBC Bank 13 E3
International Language Institute 14 A2
Istituto Italiano di Cultura 16 F4
Embajada de Libia 19 E4
Netherlands-Flemish Institute 21 F4
Quiosco 22 F4
Quiosco .... (véase 42)
Quiosco 23 F4
Oficina de correos 24 F4
Sigma Net 25 E2
Embajada de España 26 F3
Central telefónica 27 E3
Thomas Cook .... (véase 13)
Thomas Cook 28 B3
Travco 29 F4
Librería Zamalek 30 E3
Zamalek Center 31 E3

QUÉ VER Y HACER

Catedral anglicana de Todos los Santos 32 F4
Aristocrat 33 E3
Atlas Zamalek Hotel 34 B4
Fun Planet .... (véase 84)
Parque y acuario de Gabalaya ... 35 E4
Entrada al parque de Gabalaya 36 E4
Kalimat 37 B6
Galería de Arte Karim Francis .... (véase 75)
Museo de Cerámica Islámica 38 F4
Circo Nacional 39 D4
Gimnasio y centro de danza de Samia Allouba 40 A5
Galería de Arte Zamalek 41 F3

DÓNDE DORMIR

Cairo Marriott 42 F4
Golden Tulip Flamenco Hotel 43 E2
Hotel Longchamps 44 E3
Mayfair Hotel 45 F4
Pensión Zamalek 46 E4
President Hotel 47 E2

DÓNDE COMER

Abou El Sid 48 F4
Al-Omda 49 C4
Mercado Alfa 50 E3
At-Tabei ad-Dumyati 51 B5
Baraka (para llevar) 52 F3
Cedars 53 A5
Chili's 54 G6
Crave 55 E2
Dar El Amar 56 G6
Didos Al Dente 57 E2
Emara Hati al-Gish 58 C3
Kushari 59 E3
L'Aubergine 60 F4
La Mezzaluna 61 F4
Maison Thomas .... (véase 69)
Mandarine Koueider 62 E3
Supermercado Metro .... (véase 2)
Sabai Sabai 63 F3
Samakmak 64 B2
Sekem 65 F3
Sequoia 66 F1
Bakery 67 F4

DÓNDE BEBER

Arabica Café 68 F2
Cilantro 69 F4
Cilantro 70 E3
Coffee Roastery 71 E3
Deals 72 F4
Deals 73 B5
Euro Deli 74 E2
L'Aubergine .... (véase 60)
La Bodega 75 F4
Marriott Garden Café 76 F4
Sangria .... (véase 80)
Simonds 77 F4
The Coffee Bean & Tea Leaf 78 E3
Tornado 79 C5

OCIO

Absolute 80 G2
Cairo Jazz Club 81 D3
Centro Cultural El Sawy 82 E3
Nile Maxim 83 G4

DE COMPRAS

Centro comercial Arkadia 84 G1
Attara Ahl al-Beit 85 E3
Dina Maghawry .... (véase 88)
Centro de artesanía Egypt/ Comercio justo Egypt 86 F4
Friction 87 F2
Home & Beyond .... (véase 100)
Loft 88 F4
Makan 89 E2
Mix & Match 90 F3
Mix & Match 91 F4
Mobaco 92 F3
Mom & Me 93 E3
Mounaya 94 F2
Nomad .... (véase 42)
Nomad 95 G5
Nostalgia 96 F4
Noubi Nabil 97 F4
Orange Square 98 E3
Salem 99 A4
Sami Amin 100 E3
Tao Gallery 101 F2
Toy R Us .... (véase 84)
Tienda de artesanía Wady ... (véase 32)
Wikalat al-Balah 102 H5

TRANSPORTE

Lufthansa 103 F4

los residentes extranjeros, el mejor establo cerca de la Esfinge es **NB** (☎ 3382 0435), propiedad de Nasser Breesh, alabado por sus sanos corceles y sus buenos guías, aunque puede ser difícil de encontrar: hay que bajar por la calle junto al póster de la Esfinge, al lado de la plaza principal donde están reunidos los caballos, o preguntar por el Sphinx Club, ya que el establo se encuentra justo detrás. **MG** (☎ 3385 3832) y **AA** (☎ 3385 0531), cerca del aparcamiento de autobuses, también están bien. El precio aproximado es de unas 35 EGP por hora (hay que pagar después del paseo y dar al guía una propina adicional de 5 o 10 EGP). Además, conviene guardar la entrada al recinto de las pirámides o habrá que pagar otra vez para entrar. Los paseos a la luz de la luna son especialmente populares, pero debido a las nuevas normas no se puede montar muy cerca del recinto a partir de las 18.00.

GRAN PIRÁMIDE DE KEOPS (KHUFU)

La pirámide más antigua de Gizeh y la más grande de Egipto es la **gran pirámide de Keops** (plano p. 140; adultos/estudiantes 100/50 EGP), que llegó a medir 146 m de altura cuando se terminó aproximadamente en 2570 a.C. Tras cuarenta y seis siglos de viento, su altura ha disminuido 9 m. En su construcción se emplearon unos 2,3 millones de bloques de caliza, al parecer de unas 2,5 toneladas cada uno.

Las entradas se compran en un quiosco enfrente y un poco al este (hacia la ciudad) de la pirámide y sólo se venden 300 por día: 150 por la mañana a partir de las 7.30 y 150 a las 13.00. En invierno quizá haya que hacer cola desde temprano, en especial los miércoles y jueves, cuando grupos organizados procedentes del mar Rojo visitan El Cairo en una excursión de un día. Sólo se acepta el pago con libras egipcias y no está permitida la entrada a la pirámide con cámaras: hay que dejárselas a los guardas de la entrada, que pedirán una propina antes de devolverlas (1 EGP es suficiente).

Dentro de la pirámide no hay mucho para ver, pero la experiencia de subir por el interior de este antiguo edificio es inolvidable, aunque resulta totalmente imposible si se sufre el más mínimo grado de claustrofobia. Los ancianos o la gente que no esté en forma no deben intentarlo, pues la pendiente es muy pronunciada.

La entrada, en la cara norte, conduce a un pasadizo que baja hasta una tumba inacabada (normalmente cerrada); recorre unos 100 m y desciende a 30 m de profundidad. Antes, unos 20 m después de la entrada, otro pasadizo de 1,3 m de altura y 1 m de anchura sube unos 40 m hasta llegar a la Gran Galería, una impresionante zona de 47 m de largo y 8,5 m de alto. Al inicio de la galería, un pequeño pasadizo horizontal lleva a la llamada cámara de la Reina.

A medida que se continúa por la Gran Galería, se recomienda ir observando la precisión con que están encajados los bloques en el techo. Al final, en la cámara del Rey de 10 m de largo, las paredes se construyeron con bloques de granito rojo. El techo está formado por nueve enormes losas de granito que pesan más de 400 toneladas. Sobre éstas, cuatro losas más están separadas por huecos diseñados para distribuir el enorme peso. Gracias al sistema moderno de ventilación (montado en dos antiguos pozos de ventilación), hay una buena corriente de aire y se podrá respirar mejor.

En el exterior, en el extremo oriental de la pirámide, tres pequeñas estructuras de unos 20 m de altura parecen montones de escombros con forma piramidal. Se trata de las pirámides de las Reinas: las tumbas de las esposas y hermanas de Keops. Se pueden visitar, pero dentro hace mucho calor.

MUSEO DE LA BARCA SOLAR

Al sur de la gran pirámide de Keops se halla el fascinante **Museo de la Barca Solar** (plano p. 140; adultos/estudiantes 40/20 EGP; 9.00-16.00 oct-may, 9.00-17.00 jun-sep). Cinco fosos cerca de la gran pirámide albergaban en su día las barcas solares del faraón, que podrían haber sido usadas para trasladar la momia del faraón por el Nilo hasta el templo del valle, desde donde se subía por el terraplén y se introducía en la cámara funeraria. Después, las barcas se enterraban alrededor de la pirámide para ofrecer transporte al faraón en la otra vida.

Una de estas embarcaciones de madera de cedro, quizá el barco más antiguo del mundo, se descubrió en 1954. Fue cuidadosamente restaurada a partir de 1.200 piezas de madera y se metió en un museo de vidrio para protegerla de las inclemencias del tiempo. Los visitantes del museo deben contribuir a su protección poniéndose un calzado especial para que no entre ni un grano de arena.

Existen planes para trasladar la barca al cercano Gran Museo Egipcio cuando abra sus puertas, quizá en 2010.

PIRÁMIDE DE KEFRÉN (KHAFRE)

Al sudoeste de la gran pirámide de Keops, la **pirámide de Kefrén** (plano p. 140; adultos/estudiantes 25/15 EGP), de 136 m de altura, parece más grande que la de Keops (el padre de Kefrén), aunque en realidad no lo es. El efecto se debe a que se yergue en un terreno más elevado y su punta todavía está protegida por una cubierta de caliza. Originariamente, las tres pirámides estaban totalmente cubiertas por piedra blanca pulida, por lo que probablemente brillaban al sol. A lo largo de los siglos, esta cubierta se fue arrancando para usarla en la construcción de palacios y mezquitas, dejando los bloques internos más blandos expuestos a los elementos.

Las cámaras y pasadizos de esta pirámide en particular son menos elaborados que los de la gran pirámide de Keops, pero casi igual de claustrofóbicos. Desde la entrada se baja por un pasadizo y se cruza hasta la cámara funeraria, que sigue albergando el gran sarcófago de granito de Kefrén. Las entradas se pueden comprar en el quiosco frente a la pirámide.

De nuevo en el exterior, al este de la pirámide se encuentran los restos del **templo funerario de Kefrén** (plano p. 140) y el pavimento del terraplén que permitía acceder desde el Nilo hasta la tumba.

PIRÁMIDE DE MICERINOS (MENKAURE)

Con una altura de 62 m (originariamente 66,5 m), esta **pirámide** (plano p. 140) es la

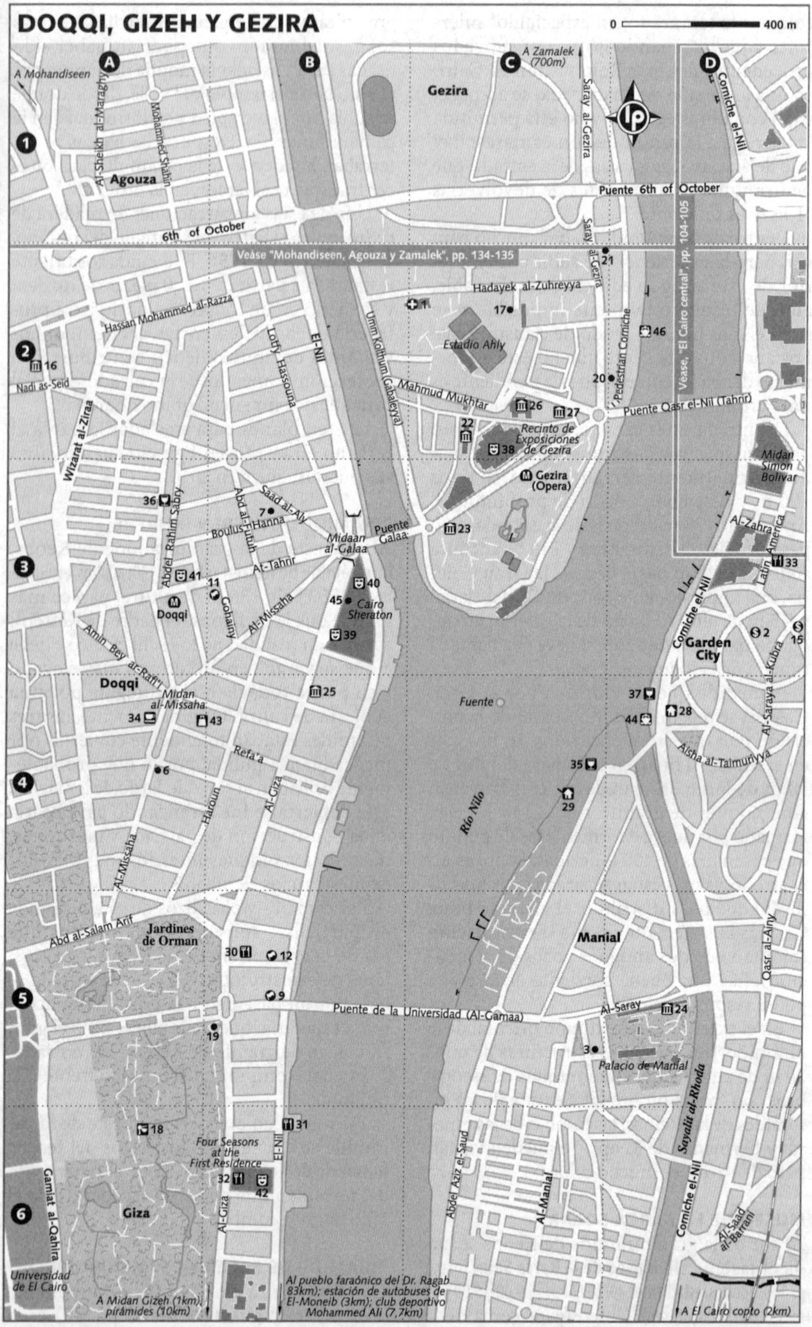
DOQQI, GIZEH Y GEZIRA
0
400 m
A Mohandiseen
A Zamalek (700m)
Gezira
Agouza
Puente 6th of October
6th of October
Veáse "Mohandiseen, Agouza y Zamalek", pp. 134-135
Véase, "El Cairo central", pp. 104-105
Hadayek al-Zuhreyya
Estadio Ahly
Hassan Mohammed al-Razza
Nadi as-Seid
Wizarat al-Ziraa
Mahmud Mukhtar
Puente Qasr el-Nil (Tahrir)
Recinto de Exposiciones de Gezira
Gezira (Opera)
Midan Simon Bolivar
Al-Zahra
Latin America
Saad al-Aly
Boulus Hanna
Abd al-Futuh
Abdel Rahim Sabry
Lotfy Hassouna
El-Nil
Umm Kolthum (Gabaleyya)
Saray al-Gezira
Pedestrian Corniche
Corniche el-Nil
Midaan al-Galaa
Puente Galaa
At-Tahrir
Doqqi
Gohainy
Al-Missaha
Cairo Sheraton
Garden City
Amin Bey ar-Rafi'i
Doqqi
Midan al-Missaha
Fuente
Al-Saraya al-Kubra
Aisha al-Talmuriyya
Refa'a
Haroun
Al-Giza
Río Nilo
Al-Missaha
Abd al-Salam Arif
Jardines de Orman
Manial
Qasr al-Ainy
Puente de la Universidad (Al-Gamaa)
Al-Saray
Palacio de Manial
Sayalit al-Rhoda
Four Seasons at the First Residence
El-Nil
Giza
Al-Giza
Gamiat al-Qahira
Universidad de El Cairo
Abdel Aziz el-Saud
Al-Manial
Corniche el-Nil
Al-Saad al-Barrani
A Midan Gizeh (1km); pirámides (10km)
Al pueblo faraónico del Dr. Ragab 83km); estación de autobuses de El-Moneib (3km); club deportivo Mohammed Ali (7,7km)
A El Cairo copto (2km)

INFORMACIÓN
Hospital Angloamericano............1 C2
Citibank....................................2 D3
Egyptian Student Travel Services....................................3 C5
Goethe Institut..........................6 A4
Instituto Cervantes.....................7 B3
Embajada de Israel.....................9 B5
Embajada de Jordania..............11 B3
Embajada de Arabia Saudí........12 B5
Western Union........................15 D3

QUÉ VER Y HACER
Museo de la Agricultura...........16 A2
Torre de El Cairo.......................17 C2
Zoológico de El Cairo...............18 A6
Entrada al zoológico de El Cairo..............................19 B5
Jardín formal............................20 D2
Jardín formal............................21 C2
Centro de Arte Hanager............22 C2
Museo de Mahmoud Mukhtar...............................23 C3
Museo del Palacio de Manial...............................24 D5
Museo de Mahmoud Khalil..................................25 B4
Museo de Arte Moderno de Egipto...............................26 C2
Palacio de las Artes..................27 C2

DÓNDE DORMIR
Four Seasons at Nile Plaza........28 D4
Grand Hyatt............................29 C4

DÓNDE COMER
El Sakya.............................(véase 29)
El-Mashrabiah..........................30 B5
Fish Market..............................31 B6
La Gourmandise........................32 B6
Taboula.................................33 D3

DÓNDE BEBER
Cilantro..................................34 A4
Hard Rock Café........................35 C4
Nomad....................................36 A3
Revolving Restaurant Lounge...........................(véase 29)
Topkapi.................................. 37 D4

OCIO
Teatro de la Ópera de El Cairo..38 C2
Cine Cairo Sheraton.................39 B3
Casablanca...............................40 B3
Cine Tahrir...............................41 A3
Club 35....................................42 B6
Good News Grand Hyatt....(véase 29)

DE COMPRAS
Beymen............................(véase 28)
Nagada....................................43 A4
Nomad..............................(véase 29)

TRANSPORTE
Punto de embarque de falúas Dok Dok..............................44 D4
EgyptAir...........................(véase 39)
EgyptAir..................................45 B3
Amarradero de falúas...............46 D2

más pequeña de las tres. Malek Abdel Aziz, el hijo de Saladino, intentó desmantelarla en 1186, dejando un profundo corte en la cara norte. Tras ocho meses se rindió, pues no consiguió gran cosa. En el exterior se pueden ver los restos del **templo funerario de Micerinos** y, más al este, las ruinas de su **templo del valle,** menos excavadas. Ya no se permite la entrada al interior de la pirámide y además el camino hasta aquí es largo y arduo: no pasa nada si el viajero se la salta.

LA ESFINGE

Las leyendas y supersticiones sobre la **Esfinge** (plano p. 140) abundan y el misterio que rodea a su función (olvidada por el paso de los siglos) es casi tan intrigante como su aspecto. Al verla por primera vez, muchos visitantes se muestran de acuerdo con el dramaturgo inglés Alan Bennett, quien escribió en su diario que ver la Esfinge es como encontrarse a un personaje de la televisión: siempre es más pequeño de lo que uno imagina.

Conocido en árabe como Abu al-Hol ("padre del terror"), este hombre felino recibió el nombre de esfinge de los antiguos griegos, pues se parecía al mítico monstruo alado con cabeza de mujer y cuerpo de león que proponía acertijos y mataba a cualquiera que no los pudiera resolver. Incluso tiene una pequeña cola.

La Esfinge se talló en el lecho de roca, al pie del terraplén que conduce a la pirámide de Kefrén. Los estudios geológicos han demostrado que seguramente fue tallada durante el reinado de este faraón; por lo tanto, es probable que muestre sus rasgos faciales, enmarcados por el *nemes* (el tocado a rayas reservado sólo para la realeza).

Como se deduce de los relatos de los primeros viajeros árabes, la nariz fue arrancada en algún momento entre los ss. XI y XV, aunque algunos siguen culpando a Napoleón. Parte de la barba que se desprendió fue transportada por aventureros del s. XIX y ahora se expone en el British Museum de Londres. Hoy en día, la Esfinge sufre una enfermedad equivalente al cáncer para las piedras y está siendo devorada desde el interior; la contaminación y la subida de las aguas subterráneas son las causas más probables. Por desgracia, una serie de intentos de restauración han acelerado su deterioro, en lugar de frenarlo. Sus brillantes patas blancas son el resultado del intento más reciente.

Debajo de la Esfinge hay un **café** (tés o refrescos 15 EGP, zumos naturales 20 EGP) bastante caro que ofrece una terraza al aire libre con unas vistas maravillosas. En teoría está fuera del recinto, pero si el viajero conserva su entrada, los guardas le dejarán salir y volver a entrar después.

TUMBA DE JENTKAWES

La tumba de la poderosa hija de Micerinos, poco frecuentada pero imponente (plano p. 140), está situada enfrente de la gran pirámide y al sur del terraplén de Kefrén. Se trata de un edificio rectangular tallado en una pequeña colina. Un pasillo en la parte trasera

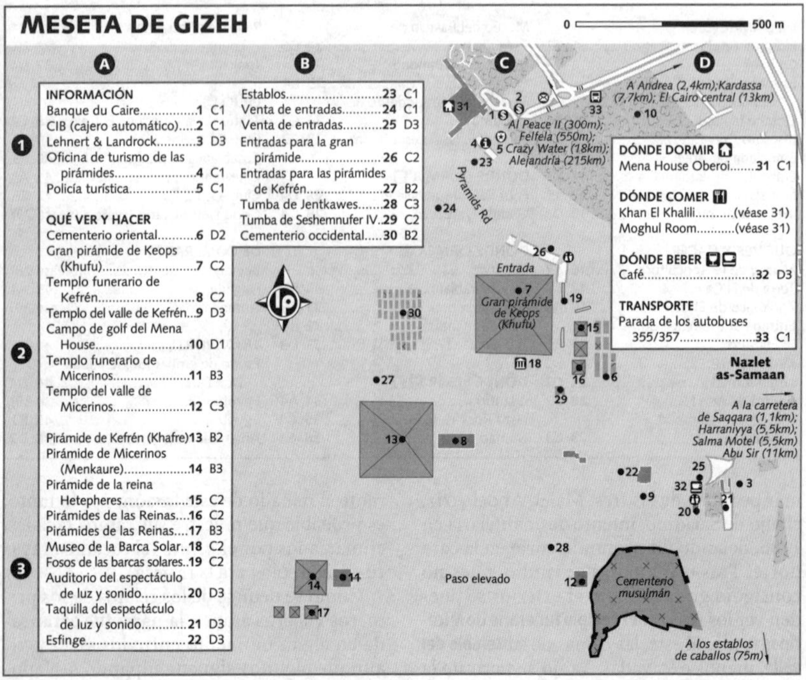

de la capilla desciende hasta las cámaras funerarias, pero la bajada puede resultar peligrosa.

CEMENTERIOS

Alrededor de las pirámides y en forma de cuadrícula, hay dispuestos algunos cementerios privados, formados por varias hileras de tumbas. La mayor parte de las tumbas están cerradas al público, pero se pueden visitar las de Qar, Idu y la reina Meresankh III, en el **cementerio oriental** (plano p. 140), aunque a veces resulta difícil encontrar al guardián que tiene las llaves.

La tumba de Iasen, en el **cementerio occidental** (plano p. 140), contiene interesantes inscripciones y pinturas murales que ofrecen una visión de la vida cotidiana durante el Imperio Antiguo. La **tumba de Seshemnufer IV** (plano p. 140), al sur de la gran pirámide, también tiene una cámara funeraria a la que se puede bajar.

ESPECTÁCULO DE LUZ Y SONIDO

La Esfinge narra este **espectáculo** (☎ 3386 3469; adultos/niños 7-12 años 60/30 EGP; 🕑 18.30, 19.30 y 20.30 invierno, 20.30, 21.30 y 22.30 verano y Ramadán) algo *kitsch*. Merece la pena, aunque sólo sea para ver las pirámides iluminadas de forma tan espectacular. Oficialmente no hay descuentos para estudiantes, pero quizá se pueda regatear para conseguir uno. Cuando se redactó esta guía, la programación era la siguiente, aunque conviene consultar para conseguir información más actualizada:

Día	Pase 1	Pase 2	Pase 3
Lunes	inglés	francés	español
Martes	inglés	italiano	francés
Miércoles	inglés	francés	alemán
Jueves	japonés	inglés	árabe
Viernes	inglés	francés	-
Sábado	inglés	español	italiano
Domingo	alemán	francés	ruso

CÓMO LLEGAR Y SALIR

El autobús 355/357 viaja cada 20 minutos desde Heliópolis hasta las pirámides, pasando por el centro de El Cairo. Recoge a los pasajeros en la carretera (no en la isla) debajo del paso elevado de Midan Abdel Moniem Riad. No hay ningún cartel: habrá que preguntar a algún lugareño dónde se halla la parada. Hay que estar atento, pues quizá haya que parar al autobús haciendo señas. También pasa por Tahrir y normalmente se puede detener desde la parada de autobuses situada cerca de las escaleras del metro, al noroeste; véase plano pp. 104-105 para la ubicación exacta. El autobús es blanco, con las letras "CTA" en el lateral. El billete cuesta 2 EGP y el trayecto dura unos 45 minutos.

También hay microbuses que salen de Midan Abdel Moniem Riad, cerca del Ramses Hilton; el viajero debe preguntar por "Haram" y alguien le indicará la hilera de vehículos adecuada. El precio es de 1,50 EGP y para a unos 250 m del hotel Mena House Oberoi (donde también acaban su recorrido los autobuses 355 y 357).

El modo más directo de llegar es en uno de los taxis amarillos con taxímetro que salen de la parada de Midan Tahrir. Suelen costar unas 20 EGP, el mismo precio hasta el que se puede regatear con esfuerzo para un taxi blanco y negro, aunque éstos no tienen aire acondicionado. Evitar el tráfico del centro viajando en metro hasta la parada de Gizeh (1 EGP) no es tan buena idea; desde allí, un taxi hasta las pirámides debería costar sólo 8 EGP, pero muchos taxistas se han enterado de esta estrategia para ahorrar y ahora piden precios excesivos.

Para volver a El Cairo, los taxis desde cualquier entrada pedirán al menos 40 EGP; habrá que regatear mucho para conseguir una rebaja. También se puede bajar a pie por la carretera de las Pirámides hasta encontrar un taxista menos duro o simplemente tomar un autobús.

Alrededor de las pirámides

Los circuitos a las pirámides suelen incluir las dos poblaciones junto al canal de Maryutia, que se extiende de norte a sur unos 1,5 km al este de la meseta. Una merece la pena, incluso quizá una excursión por sí misma. La otra no tanto.

HARRANIYYA

A lo largo del canal de Maryutia al sur de la carretera de las Pirámides, Harraniyya es uno de los pueblos que se han desdibujado convirtiéndose en un largo tramo de tierras de labranza, verdes y poco desarrolladas. Su principal atractivo (quizá el único) es el **Centro de Arte de Wissa Wassef** (☎ 3381 5746; www.wissa-wassef-arts.com; carretera de Saqqara; 🕑 10.00-17.00). Este complejo de adobe fue construido por el arquitecto Ramsés Wissa Wassef y ganó un premio del Aga Khan por su refinado estilo tradicional. Los artesanos que trabajan aquí en estudios abiertos (cerrados vi) son conocidos por sus característicos tapices de escenas rurales. En las tiendas de regalos abundan las imitaciones burdas; sin embargo, los tapices que se venden y exponen en el museo pertenecen a una categoría totalmente diferente y vienen a ser cuadros realizados con lana. También ofrece cerámica y tejidos batik de la misma calidad. Este lugar posee el ambiente de un santuario: tranquilo, refrescante y verde.

Para llegar aquí, hay que tomar un microbús (1 EGP) o un taxi (10 EGP) en la carretera de las Pirámides, en dirección a Saqqara, y bajar cuando se vea la señal azul que reza "Harraniyya", unos 3,5 km o 10 minutos después. El centro se halla junto al canal, en el extremo occidental de la carretera.

KERDASSA

Aquí se fabrican muchos de los pañuelos, *galabiyyas* y tejidos que se venden en los bazares de El Cairo. Kerdassa suele promocionarse como un destino donde los entendidos compran "directamente de los fabricantes". Sin embargo, la deprimente visión de la pobreza semirrural al lado del nuevo centro comercial, así como el precio del taxi para llegar hasta aquí (15 EGP desde las pirámides) no compensan lo que se vaya a ahorrar. También se puede parar un microbús (1 EGP) que vaya en dirección norte por el canal en la carretera de las Pirámides; el pueblo está unos 5,5 km o 15 minutos más adelante.

Heliópolis

Sólo es un barrio de El Cairo, pero si se considerase una población aparte, Heliópolis (Misr al-Gedida o "El Cairo Nuevo"; plano p. 142) sería una de las joyas del norte de África. Un industrial belga concibió el barrio a principios del s. XX como una "ciudad jardín" donde vivirían los funcionarios coloniales que gobernaban Egipto. Se trata de la visión europea de Oriente en piedra, con edificios encalados de estilo morisco, balcones de madera oscura, grandiosas arcadas y terrazas. A partir de la década de 1950, la superpoblación llenó los espacios entre las elegantes villas con edificios de apartamentos adornados

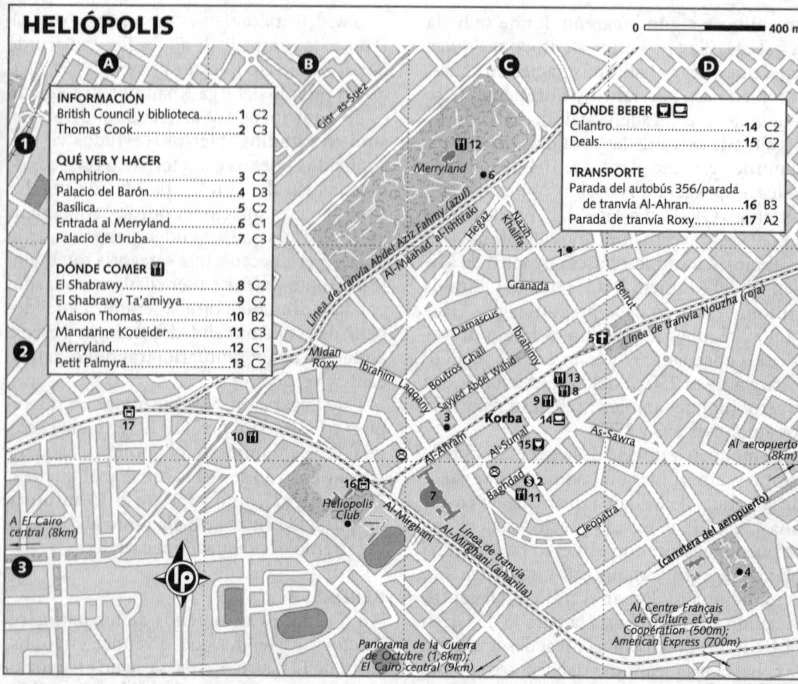

con antenas parabólicas. Sin embargo, la zona sigue conservando un ambiente relajado y casi mediterráneo. Con sus árboles y cafés al aire libre, se trata de un lugar agradable para pasear al atardecer. Muchos egipcios también lo creen: Heliópolis se ha convertido en "el centro" para los habitantes de las monótonas poblaciones satélite más al este. Los fines de semana por la noche pueden ser muy animados.

La calle principal es Sharia al-Ahram, donde se yergue el **palacio de Uruba** (plano p. 142), un antiguo hotel de lujo donde se alojaron personalidades como el rey Alberto I de Bélgica y que ahora alberga las oficinas de Mubarak, a poca distancia de su residencia en la misma calle. Desde el palacio, en la primera intersección con la espléndida Sharia Ibrahim Laqqany (vale la pena desviarse a la izquierda para admirar sus fantásticos edificios) se encuentra la cafetería al aire libre **Amphitrion** (plano p. 142), tan antigua como Heliópolis y muy popular entre los soldados aliados durante la Primera y Segunda Guerra Mundial. Al final de la calle, la **basílica** (plano p. 142) es una versión en miniatura de la famosa Santa Sofía de Estambul; los residentes extranjeros de la ciudad la conocen como "el molde de gelatina". Aquí está enterrado el barón de Empain, el hombre que fundó Heliópolis.

Al sur por Sharia al-Uruba (carretera del aeropuerto), el viajero no se puede perder el extraordinario **palacio del Barón** (Qasr al-Baron; plano p. 142), un templo de estilo hindú inspirado en los templos camboyanos de Angkor Wat. El exterior está adornado con budas, *geishas,* elefantes y serpientes. Su aspecto contribuyó al pánico que se extendió por la ciudad en 1997, debido a la afirmación de que una secta satánica celebraba aquí sus rituales; al final, resultó ser un grupo de adolescentes de clase alta aficionado a la música *heavy metal.* Una década más tarde, todavía no se puede acceder a las ruinas.

PANORAMA DE LA GUERRA DE OCTUBRE

Construido con la ayuda de artistas norcoreanos, el **panorama de la Guerra de Octubre** (plano pp. 96-97; ☎ 2402 2317; Sharia al-Uruba; entrada 10 EGP; ⏰ espectáculos 9.30, 11.00, 12.20, 18.00 y 19.30 mi-lu) es un monumento a la "victoria" de 1973 sobre Israel y todo un extraordinario esfuerzo propagandístico. Un gran mural tridimensional combinado con un diorama muestra a las fuerzas egipcias abriendo una brecha en la línea Bar Lev en el canal de Suez, mientras un conmovedor comentario (sólo en árabe) narra las heroicas victorias, pero se salta el éxito de los contraataques israelíes. Ambos contendientes aceptaron un alto el fuego auspiciado por la ONU y Sinaí fue devuelto a Egipto gracias a las negociaciones llevadas a cabo seis años después. La exposición se halla unos 2,5 km al sudoeste del palacio del Barón, en la misma calle; se puede llegar a pie, en uno de los autobuses que recorren Sharia al-Uruba o en taxi.

CÓMO LLEGAR Y SALIR

Los tranvías de El Cairo (25 pt, 30-40 min) viajan a Heliópolis desde el norte de Midan Ramses (véase plano p. 109). Están un poco destartalados pero suelen ser más rápidos que los autobuses. Hay que bajarse donde se bifurca la línea, justo antes de Midan Roxy. También se puede tomar el autobús del aeropuerto nº 356 (2 EGP) en Midan Abdel Moniem Riad (véase plano pp. 104-105). El trayecto dura entre 30 y 45 minutos. Hay que bajarse en el exterior del Heliopolis Club (la primera parada después de llegar a la calle con raíles de tranvía). Los tranvías y los autobuses suelen salir cada 20 minutos.

ACTIVIDADES

Para más detalles sobre las actividades en la ciudad, hay que consultar el periódico *Al-Ahram Weekly* o las revistas mensuales *Egypt Today* y *Croc*.

Galerías de arte

Gracias a una nueva generación de artistas y medios, el ambiente artístico en El Cairo es más activo y variado que nunca. Además de las galerías, los centros culturales (p. 98) también suelen montar exposiciones interesantes. Algunas opciones:

Atelier du Caire (plano pp. 104-105; ☎ 2574 6730; 2 Sharia Karim al-Dawla, el centro; 🕑 10.00-13.00 y 17.00-22.00 sa-ju). Junto a Sharia Mahmoud Bassiouni. Es un club y un espacio de exposiciones frecuentado por la vieja guardia del mundo artístico cairota.

Contemporary Image Collective (plano pp. 96-97; ☎ 2794 1686; www.ciccairo.com; 20 Sharia Safeya Zaghloul, Mounira; 🕑 11.00-18.00 do-ju). Excelentes exposiciones que documentan la vida egipcia. Suele proyectar vídeos en la azotea.

Galería de Arte Karim Francis El centro (plano pp. 104-105; ☎ 2391 6357; 1 Sharia Sherifeen; 🕑 14.00-21.00 sa-ju); Zamalek (plano pp. 134-135; ☎ 2736 2183; www.karimfrancis.com; 3ª planta, Baehler's Mansions, 157 Sharia 26th of July; 🕑 16.00-23.00 ma-do). Francis es una de las personalidades más influyentes del mundo artístico cairota.

Galería de Arte Contemporáneo Mashrabia (plano pp. 104-105; ☎ 2578 4494; www.mashrabiagallery.com; 8 Sharia Champollion, el centro; 🕑 11.00-20.00 sa-ju). Una de las primeras galerías independientes. Está bastante abarrotada, pero representa a los escultores y pintores de mayor renombre.

Galería de Arte Contemporáneo Townhouse (plano pp. 104-105; ☎ 2576 8086; www.thetownhousegallery.com; 10 Sharia Nabrawy, el centro; 🕑 10.00-14.00 y 18.00-21.00 sa-mi, 18.00-21.00 vi). Situada entre talleres de reparación de automóviles, es la galería más vanguardista de El Cairo. Hace hincapié en las instalaciones de vídeo y multimedia. También tiene un gran taller para clases y coloquios situado al otro lado de la calle.

Galería de Arte Zamalek (plano pp. 104-105; ☎ 2735 1240; www.zamalekartgallery.com; 11 Sharia Brazil, Zamalek; 🕑 10.30-21.00 sa-ju). Un espacio lleno de luz que expone obras de artistas egipcios contemporáneos, normalmente figurativos.

Clases de danza del vientre

La profesora de danza del vientre más famosa de El Cairo (y de todo el país) es **Raqia Hassan** (☎ 3748 2338; raqiahassan@hotmail.com). Muchas de las mejores bailarinas de Egipto se han formado aquí. Esta mujer regenta un pequeño estudio en su apartamento de Doqqi, donde ella o alguna de sus alumnas dan clases de danza del vientre (también a grupos). Algunos gimnasios de la ciudad organizan cursos para grupos –se puede probar en el **gimnasio y centro de danza de Samia Allouba** (plano pp. 134-135; ☎ 3302 0572; 6 Sharia Amr) en Mohandiseen.

Paseos en falúa

Una de las actividades más agradables en un día caluroso consiste en salir a pasear en falúa (antigua barca egipcia de vela ancha), con un buen suministro de cervezas y un pequeño *picnic* para la puesta de sol. El mejor lugar para alquilarlas es el muelle de Dok Dok (plano p. 138) en la Corniche de Garden City, enfrente del Four Seasons. Aunque se puede regatear, una barca con capitán cuesta unas 30 EGP por hora, independientemente del número de personas que se apunten a la excursión; el capitán apreciará una *bakhsheesh* (quizá en forma de alcohol). El punto de amarre en Gezira, al norte del puente de

WILLIAM WELLS

Director de artes visuales de la Galería de Arte Contemporáneo Townhouse (p. 143), fundada en 1998.

¿Qué le gusta más de El Cairo?

El humor, que constituye una técnica de supervivencia. Cada calle es un teatro y cada acción un drama. Además, la ciudad está compuesta por numerosos barrios históricos. La gente vive y se enfrenta a su pasado con una pasmosa facilidad. Al entrar a una mezquita del s. XV, se van pisando piedras grabadas con jeroglíficos. La gente ocupa casas otomanas, estudia en antiguas mansiones coloniales y vive una vida moderna del s. XXI. Este fondo histórico tiende a definir el enfoque vital de sus habitantes.

¿Cuál es el mejor lugar para experimentar ese tipo de fondo histórico?

El paseo más interesante es a menudo el más agotador. Recomiendo caminar desde Midan Hussein, por la calle comercial de Al-Muski (p. 117), hasta llegar a Midan Ataba y el Windsor Hotel (p. 150), donde se puede disfrutar de una cerveza fría. Constituye una sobrecarga sensorial y presenta al viajero la intensidad de la ciudad de un solo golpe.

¿Cuál es su obra de arte pública favorita en El Cairo?

Sería la escultura *El renacimiento de Egipto* de Mahmoud Mukhtar (véase p. 131 para más información sobre Mukhtar), situada enfrente del zoo en Gizeh. En lugar de mostrar a los numerosos personajes que habitaron la ciudad, engloba los sueños de sus habitantes.

¿Cuál es su palabra favorita en árabe egipcio coloquial?

Ya'ani (literalmente, "significa"), que no tiene traducción en español, pero se puede usar en casi todas las circunstancias. Todo el mundo la utiliza para contestar a las preguntas y para evitar contestarlas.

No vale escabullirse: ¿cuál es su restaurante favorito?

Creo que Estoril (p. 155), junto a Sharia Talaat Harb. Más por el ambiente que por la comida. La mayoría de los artistas y periodistas lo usan como su segunda oficina.

¿Y una *ahwa?*

Mi café favorito está enfrente de la galería. Se llama Ahmed Lipton. Ofrece los mejores narguiles del centro y da la bienvenida a cualquiera que entre.

Usted ha vivido aquí más de veinte años. ¿Cómo ha cambiado la ciudad?

Se ha ido volviendo cada vez más conservadora, lo que ha afectado a los estilos de vida y a las oportunidades para expresarse de la gente. Aun así, El Cairo sigue siendo, quizá, la ciudad más seductora del mundo para la gente creativa y la más rica para los que tienen imaginación.

Qasr el-Nil (plano p. 148), es menos adecuado, pues el río está muy transitado; los capitanes en el muelle frente al Shepheard Hotel (plano pp. 118-119) suelen ser más duros para el regateo.

Golf

Gestionado por el hotel, el **campo de golf del Mena House** (plano p. 140; ☎ 3383 3222; www.oberoihotels.com; carretera de las Pirámides, Giza; *green fee* 150 EGP más alquiler del campo 55 EGP; ⌚ 7.00-puesta de sol), bajo las pirámides, siempre está lleno los viernes y sábados, por lo que se recomienda ir entre semana. En 2007, el campo se estaba renovando y probablemente los precios aumentarán.

Paseos a caballo

Un paseo a caballo al pie de las pirámides puede ser un modo excelente de escapar del bullicio de la ciudad. Para más detalles, véase p. 133.

Billar americano y billar ruso

Muy populares en El Cairo. Muchas de las salas para jugar se hallan en los barrios más ricos, lejos del centro. Las más céntricas están en la última planta del **centro comercial del Ramses Hilton** (plano pp. 104-105; ☎ 2577 7444; al este del Ramses Hilton, el centro; 🕑 14.00-4.00). En Zamalek, **Aristocrat** (plano pp. 134-135; ☎ 2736 6344; 2ª planta, 15 Sharia Ismail Mohammed; 22 EGP/h; 🕑 24 h) es algo más sosegado; además, tiene bar y restaurante.

Natación

Puede ser difícil encontrar un lugar para refrescarse en la ciudad. Los cairotas que se lo pueden permitir van a nadar a clubes deportivos que sólo admiten a socios. Algunos hoteles permiten el uso de la piscina a los no huéspedes, previo pago. Las mejores opciones son:

Atlas Zamalek Hotel (plano pp. 134-135; ☎ 3346 7230; atlas_zamalek_hotel@hotmail.com; 20 Gamiat ad-Dowal al-Arabiyya, Mohandiseen; precio mínimo 25 EGP). A menudo se podrá disfrutar a solas de su piscina en la azotea. El precio es insuperable.

Cairo Marriott (plano pp. 134-135; ☎ 2728 3000; 16 Sharia Saray al-Gezira, Zamalek; 110 EGP/día). Tiene una buena piscina en el jardín. La tarifa incluye el uso del gimnasio y la sauna.

Club deportivo Muhammad Ali (☎ 010 568 6000; Corniche el-Nil, Sharia Saied Giza, Moneib; vi y sa adultos/niños 40/25 EGP, do-ju 25/15 EGP). Excelente ambiente social compuesto por egipcios y residentes extranjeros. Esta elegante piscina junto al Nilo ofrece cómodos sillones, cervezas y biquinis. Está situada al sur, en la orilla occidental, aproximadamente a la altura de Ma'adi. Un taxi cuesta 20 EGP desde el centro.

Nile Hilton (plano pp. 104-105; ☎ 2578 0444; 1113 Corniche el-Nil, el centro; piscina 110 EGP/día). Su piscina es grande y bastante profunda. Está rodeada por árboles que dan una sombra muy agradable.

CIRCUITO A PIE

A pesar de la primera impresión (autobuses a toda velocidad y aceras abarrotadas), El Cairo es realmente una ciudad excelente para pasear.

Resulta especialmente indicada para vagar sin rumbo ni planos: los barrios son bastante compactos, el terreno es llano y el paisaje cambia lo suficiente como para no caer en la monotonía. Las calles son seguras y nunca se acabará en un barrio peligroso por descuido. Esta guía recomienda fervientemente dejar el libro en el hotel y perderse un poco por los serpenteantes callejones de la ciudad.

Hay que sentirse libre para caminar por la calle (la mayoría de la gente lo hace), ser respetuoso al sacar fotos y estar atento a los códigos locales, como los siseos (véase recuadro, p. 146). Conviene aceptar, al menos en una ocasión, la invitación de un extraño para tomar un té o un refresco. A continuación, se detallan algunos de los mejores lugares para pasear a lo largo del día.

El Cairo islámico por la mañana

Hay que empezar temprano (antes de las 7.30) con un té en Fishawi's (p. 161), para observar cómo se va despertando el mercado. Si se quiere hacer algo de turismo, se puede dar un paseo rápido por Bein al-Qasreen (p. 120) para admirar sus edificios sin el agobio del tráfico ni del comercio. Sin embargo, el mejor paseo sin rumbo es hacia el sur: hay que meterse por el pequeño callejón detrás de Sharia al-Azhar, en dirección al parque Al-Azhar, y luego dirigirse al sur, siguiendo más o menos las antiguas murallas construidas por Saladino que se están excavando como parte del desarrollo del parque. Los diminutos talleres producen zapatos, suelos de parqué, cajas con incrustaciones de nácar, etc. Sin embargo, también es un barrio residencial, donde las familias en las plantas superiores deslizan cestas hasta abajo para que el *ba'al* les meta la compra y los afiladores y chatarreros recorren las callejuelas gritando "Beeeeeee-kya". Manteniendo la orientación con el parque a mano izquierda, se puede deambular bajando hasta la ciudadela. Cerca del final, se llegará al extremo meridional de Darb al-Ahmar (p. 123). Para regresar a Sharia al-Azhar, hay que ir por Sharia al-Khayamiyya (p. 123), donde el viajero se puede tomar una foto de recuerdo en el Studio Shosha (plano p. 122).

Garden City al atardecer

Los círculos entrelazados que forman las calles de Garden City son exasperantes si se quiere llegar a algún lugar, pero resultan perfectas para pasear admirando las mansiones en ruinas de este barrio colonial. La mejor hora para visitarlo es antes de la puesta del sol, cuando el polvo que cubre las florituras arquitectónicas toma un elegante y cálido tono dorado y los estorninos pían desenfrenadamente en los árboles frutales.

Se puede empezar en el extremo septentrional (dejando atrás la horrible embajada canadiense de hormigón) y dirigirse hacia el sur. Hay que buscar los dragones de hierro

INSTRUCCIONES PARA NO DESENTONAR

Incluso si se tiene el color de piel adecuado, resulta casi imposible pasar por un cairota. Aun así, el viajero puede hacerse pasar por un residente extranjero, desviando la atención hacia los turistas más obvios y disfrutando más de las cosas buenas de la ciudad. Algunos consejos:

- Llevar las cosas en una bolsa de plástico o una mochila poco llamativa. Nada atrae más la atención hacia el turista que una mochila de nailon resistente con numerosos bolsillos, cremalleras y una botella de agua a la vista.
- Llevar zapatos poco prácticos. El Cairo es una ciudad donde se tiene en cuenta la moda.
- Cubrirse las piernas, tanto los hombres como las mujeres. Dejando a un lado las normas islámicas, los egipcios son más pudorosos que los occidentales. Si al viajero no le avergüenza mostrar las rodillas en público, quedará claro que no lleva mucho tiempo en el país.
- Caminar con un ejemplar del *Al-Ahram Weekly* o del árabe *Al-Ahram* si se quiere pasar muy desapercibido.
- Aprender y utilizar los códigos locales no verbales (véase recuadro, p. 153).

forjado en las puertas, una peculiar casa de estilo turco con la fachada de madera y el último jardín verdadero de Garden City, detrás del hotel Four Seasons.

Se acabará cerca del muelle de falúas de Dok Dok (p. 143) y del Topkapi (p. 162), a la orilla del Nilo.

El centro de madrugada

Se trata menos de un paseo que de un recorrido por los cafés. A esta hora, el aire es fresco y las calles están abarrotadas de gente. Hay que empezar en el zoco de Tawfiqiyya (p. 107), que cierra a medianoche mientras las *ahwas* de las calles laterales se empiezan a animar. Luego hay que deambular de vuelta a Midan Orabi, donde el viajero se puede sentar en el borde de cualquier maceta y alguien vendrá a venderle un té. Desde aquí, Sharia Alfy y las pequeñas calles a ambos lados son perfectas para picar algo, fumarse un narguile e incluso quizá dar propinas a alguna bailarina de danza del vientre (véase p. 166). No hay que perderse el café Kawkab ash-Sharq (p. 161), dedicado a Umm Kolthum; quizá se termine rodeado de un animado coro de parroquianos. No importa lo tarde que sea: siempre se puede acabar la noche en el bar del Odeon Palace Hotel (p. 162), que abre las 24 horas.

EL CAIRO PARA NIÑOS

El Cairo puede resultar agotador para los niños, pero hay muchos lugares donde disfrutarán. Si se van a pasar varios días en la ciudad merece la pena comprar *Cairo, the Family Guide, de* Lesley Lababidi y Lisa Sabbahy (AUC Press, 70 EGP), revisado en 2006. A la mayoría de los niños les encantará jugar a los piratas en una falúa por el Nilo (p. 143), admirar los tesoros de Tutankamón en el Museo Egipcio (p. 179), investigar las pirámides en Gizeh (p. 132) y Dashur (p. 200), así como pasear por el laberinto de Khan al-Khalili (p. 117). También merece la pena considerar varios parques temáticos y actividades infantiles.

El **Teatro de Marionetas de El Cairo** (Masrah al-Ara'is; plano pp. 104-105; ☎ 2591 0954; entrada 5 EGP; 18.30-20.15 ju, 10.30-13.00 vi y do) lleva muchos años ofreciendo espectáculos frente a los jardines de Ezbekiyya, en el centro. Las actuaciones son en árabe, pero su colorido y animación pueden resultar entretenidos incluso para los que no lo hablen.

Fun Planet (plano pp. 134-135; centro comercial Arkadia, Corniche el-Nil, Bulaq; tres primeros juegos 10 EGP, cada juego siguiente 3-5 EGP; 15.00-23.00 sa-ju y 13.00-23.00 vi) es un centro de ocio cubierto que ofrece cantidad de atracciones y juegos; también para adolescentes. Citystars Centre (véase p. 164) también tiene un gran parque de atracciones cubierto.

El **Circo Nacional** (plano pp. 134-135; ☎ 3347 0612; Sharia el-Nil, Agouza, cerca del puente de Zamalek; entrada 30-50 EGP; taquilla 11.00-22.00, actuaciones 22.00-24.00) es un circo tradicional con payasos, acróbatas, leones, tigres y muchas lentejuelas. Normalmente está montado aquí durante los meses más frescos; el resto del año se va de gira por el país. No muy lejos, los niños pueden dar de comer a los hipopótamos, ver muchos tipos de camellos y conocer a niños egipcios en el **zoológico de El Cairo** (Guineenat al-Haywanet; plano p. 138; ☎ 3570 8895; Midan al-Gamaa, Giza; entrada 25 pt; 9.00-16.00).

El parque acuático **Crazy Water** (☎ 3781 4564; entrada niños 3-10 años 25 EGP, mayores de 10 años 35-45 EGP; 10.00-22.00) tiene media docena de toboganes, una piscina de olas, una piscina infantil y una zona de juegos con arena, toboganes y túneles. Para llegar aquí desde las pirámides, hay que recorrer 15 km por la carretera entre El Cairo y Alejandría desde el cruce con la carretera de las Pirámides; luego hay que girar a la izquierda hacia 6th of October City.

El **pueblo faraónico del Dr. Ragab** (☎ 3571 8675; www.pharaonicvillage.com; 3 Sharia al-Bahr al-Azam, Corniche, Moneib; adultos 79-159 EGP, menores de 5 años gratuita, niños 5-10 años 20% de descuento, familia con 2 niños 99 EGP; 9.00-18.00 sep-jun, 9.00-21.00 jul y ago) es un parque temático bastante *kitsch*, pero da a los niños una visión de lo que debió de ser la vida en el antiguo Egipto. Ofrece paseos en barca para ver a actores con trajes de aquella época, una zona de juegos y un centro de arte donde los niños pueden elaborar pequeñas barcas de junco. Se puede llegar en taxi (20 EGP desde el centro) o recorrer a pie los 800 m que hay desde la estación de metro de Sakiat Mekki.

La **Escuela de Arte Fagnoon** (☎ 3815 1014; carretera de Saqqara, Sabil Umm Hashim; 25 EGP/día; 10.00-19.00) es un magnífico centro de arte situado en los campos entre Gizeh y Saqqara. Los niños pueden jugar con las pinturas, modelar arcilla, trabajar con hierro forjado y estampar y pintar telas, todo a la sombra de la pirámide Escalonada de Saqqara. Se puede llevar comida y bebida, aunque suelen vender *fiteer* (especie de *pizzas* árabes), café y agua. Para llegar aquí hay que tomar un microbús en la carretera de las Pirámides y recorrer 12,5 km en dirección a Saqqara; hay que pedirle al conductor que pare en Sabil Umm Hashim.

El agradable **parque y acuario de Gabalaya** (jardín de los Peces; plano pp. 134-135; Sharia Umm Kolthum, Zamalek; entrada 1 EGP; 10.00-17.00) está formado por unos bellos jardines con acuarios fijados en rocas. Aunque en realidad no tiene muchos peces, es un lugar magnífico y céntrico para escapar del gentío.

Con vistas a El Cairo islámico, el **parque Al-Azhar** (plano pp. 96-97; ☎ 2510 7378; www.alazharpark.com; 10 EGP; 9.00-24.00) es una de las pocas zonas infantiles de recreo en el centro de la ciudad.

En épocas de crisis (cuando sólo funcionan los sobornos) se puede acudir a Mandarine Koueider (véase p. 160) para distraer a los niños con un sabroso helado. También se puede ir directamente a **Mom & Me** (plano pp. 134-135; ☎ 2736 5751; 20A Sharia Mansour Mohammed, Zamalek) o **Toys R Us** (plano pp. 134-135; ☎ 2578 0820; planta baja, centro comercial Arkadia, Bulaq) para comprar juguetes.

CIRCUITOS

Numerosas empresas y personas ofrecen circuitos por los puntos de interés de El Cairo y alrededores. Esta guía recomienda **Noga Tours** (☎ 012 313 8446; www.first24hours.com), de Salah Mohammed, pues cuenta con excelentes guías, egiptólogos y conductores que hablan inglés. Los **circuitos museísticos** (☎ 012 340 7724) de Mohammed Anwar son muy especializados y también gozan de una buena reputación. Si se quiere contratar un taxi por un día y prescindir del guía, el simpático **Fathy el-Menesy** (☎ 2259 3218, 012 278 1572) tiene un Peugeot muy bien cuidado y habla inglés, al igual que **Abu Mu'azz** (☎ 010 563 2078). Otra opción es preguntar en el hotel. Fathy el-Menesy cobra entre 200 y 250 EGP por un día completo y Noga Tours cobra 23,50 US$ por persona (entradas aparte) por una excursión de un día a las pirámides de Gizeh, Menfis y Saqqara. Su excursión de medio día a Dashur cuesta 19,50 US$ por persona (entradas aparte).

FIESTAS Y CELEBRACIONES

Para información general sobre festivales y épocas festivas, véase p. 519.

Festival de Música Árabe Se celebra en el Teatro de la Ópera de El Cairo en noviembre.

Festival de Danza del Vientre (www.nilegroup.net). En el hotel Mena House Oberoi en junio. Para más información hay que consultar su página web.

Festival Internacional de Cine de El Cairo (www.cairofilmfest.com). En el Teatro de la Ópera de El Cairo en noviembre o diciembre.

Maulid an-Nabi Celebra el nacimiento del profeta Mahoma el 12 de Rabi al-Awwal (9 de marzo de 2009, 26 de febrero de 2010). Se trata de una fiesta por toda la ciudad en la que abundan los dulces y los niños con ropa nueva. La semana anterior se celebran en Midan Hussein los *zikrs* sufíes más intensos (largas sesiones de danzas, cantos y movimientos oscilantes para conseguir la unidad con Dios).

Otros *maulids* Las otras grandes fiestas en honor a un santo en El Cairo son las de Sayyidna al-Hussein (jun 2009, mediados mar 2010), Sayyida Zeinab (jul 2008, jun 2009 y 2010) e Imam ash-Shafi (ago 2008, jul 2009). Son celebraciones magníficas si el viajero no teme a las multitudes (véase recuadro, p. 520).

Ramadán Noveno mes del calendario islámico (empieza el 1 sep 2008 y el 22 ago 2009). Durante el día todo se ralentiza: las tiendas y oficinas abren tarde y cierran temprano. Justo antes de la puesta del sol, las calles se vacían y todos se van a sus casas para romper el ayuno. Las noches son animadas hasta el amanecer, especialmente en El Cairo islámico.

Sham an-Nassim El primer lunes después de la Pascua copta. Literalmente significa "olisquear la brisa" (es decir, dar la bienvenida a la primavera). Se trata de un ritual de tradición faraónica que llegó hasta nuestros días a través de los coptos. Todos los cairotas lo celebran con *picnics* en el zoo, en parques, junto a las pirámides, a orillas del río e incluso en las rotondas.

DÓNDE DORMIR

El Cairo tiene varios hoteles excelentes y opciones para todos los presupuestos, pero abundan las de precio medio. Si se paga más, se conseguirá televisión vía satélite, pero eso no garantizará más calidad; varios hoteles económicos (menos de 100 EGP) superan a algunos de precio medio que se ofrecen en los viajes organizados. El desayuno suele estar incluido en ambas categorías. Los precios son bastante negociables, en especial en verano, cuando hay menos turistas; los que aparecen en esta guía son sólo orientativos.

Hay muchos más hoteles de lujo en El Cairo de los que aparecen aquí; se encuentran agrupados a ambas orillas del Nilo (muy prácticos para el turismo) y junto a las pirámides (pintorescos, pero poco prácticos). No hay que tener reparos en usarlos del mismo modo que los lugareños: como espacios para descansar del barullo de la ciudad, con baños limpios y otras comodidades. Se puede disfrutar del aire acondicionado de los vestíbulos durante horas y muchas de las piscinas (sólo disponibles en esta categoría de hoteles, excepto en un caso) están abiertas para los no huéspedes, previo pago de una tasa (véase p. 145). Los precios varían según la temporada y otros factores. Los que aparecen en esta guía no incluyen los impuestos ni el servicio (que pueden ascender a un 25% más), ni tampoco el desayuno.

El centro

Si no se dispone de mucho presupuesto o se quiere estar en medio de la acción, cerca de excelentes restaurantes baratos, la mejor opción es alojarse en el centro. La mayor parte de los hostales y hoteles baratos de la ciudad están situados en Sharia Talaat Harb o alrededores, en antiguos bloques de apartamentos, a veces bastante deteriorados. Las escaleras mugrientas y los destartalados ascensores no siempre son reflejo de los hoteles. Muchos tienen balcones y ventanas con vistas a ruidosas calles principales; los viajeros que tengan el sueño ligero deben pedir una habitación en la parte trasera. Las cañerías a veces parecen de la época faraónica. Los mejores hoteles tienen calentadores de agua individuales en los baños.

ECONÓMICO

African Hostel (plano p. 109; ☎ 2591 1744; africanhousehostel@hotmail.com; 3ª planta, 15 Sharia Emad ad-Din; i/d/tr sin baño 35/60/75 EGP, d/tr 65/80 EGP; 💻). Ofrece un modo asequible de alojarse en uno de los edificios de mediados del s. XIX más fabulosos de la ciudad (la primera dama Suzanne Mubarak tiene su oficina aquí). Hay que pedir una habitación en la planta superior, pues tienen balcones. La pintura se está desconchando en algunos lugares y los aseos funcionan sólo a veces, pero el personal es muy simpático y la cocina es enorme. Los mismos dueños se ocupan del Richmond (plano pp. 104-105; ☎ 2393 9358; 5ª planta, 41 Sharia Sherif) y el New Minerva (plano pp. 104-105; ☎ 2392 3273), situado en un callejón frente al Richmond; ambos ofrecen los mismos precios de ganga, aunque no tienen habitaciones tan elegantes.

Pensión Roma (plano pp.104-105; ☎ 2391 1088; fax 2579 6243; 4ª planta, 169 Sharia Mohammed Farid; i/d sin baño 50/82 EGP, i/d con ducha 53/91 EGP). Gestionada por una mujer francoegipcia y con una calidad impecable, da un toque de dignidad, e incluso de elegancia, a la selección de opciones económicas. Sus techos altos, suelos de madera oscura y cortinas blancas y vaporosas confieren un ambiente de calma eterna. Las cenas son opcionales. Hay que reservar con antelación, ya que es muy popular y los huéspedes suelen repetir; muchos de ellos se podrían permitir un hotel mucho más caro, pero prefieren el ambiente de El Cairo antiguo de este local.

Lialy Hostel (plano pp. 104-105; ☎ 2575 2802; 3ª planta, 8 Midan Talaat Harb; i/d 50/60 EGP, i/d/tr con aire acondicionado 60/70/90 EGP; ❄). Su ubicación en Midan Talaat Harb le sitúa en el centro de la acción. Sus diez habitaciones sencillas comparten

ESTAFAS EN LOS HOTELES DE EL CAIRO

En líneas generales, las estafas son intentos de disuadir a la víctima de que vaya al hotel que ha elegido. Los hoteles no abren y cierran con tanta frecuencia en El Cairo; si aparece en esta guía, resulta muy poco probable que haya cerrado cuando el viajero llegue allí.

El viajero recién llegado al aeropuerto puede ser abordado por un hombre o una mujer con una insignia de aspecto oficial. Estas personas no son representantes turísticos del Gobierno, sino ganchos de hoteles sin escrúpulos. Por ejemplo, preguntarán al viajero si ha reservado un hotel. En caso afirmativo, se ofrecerán a llamar para confirmar que todo está correcto. Naturalmente, no llaman al hotel, sino a un amigo, quien asegura que no aparece la reserva y que su establecimiento está lleno. Preocupado, el listillo de turno ofrecerá una alternativa.

Algunos taxistas ponen al viajero en un aprieto al decirle que no saben dónde está el hotel. En ese caso, hay que pedirles que paren en Midan Talaat Harb, desde donde hay poca distancia a pie a casi todos los hoteles económicos. Otro timo: alguien convence al viajero de que el hotel al que se dirige está cerrado, es horrible, demasiado caro o incluso un burdel, y sugiere un lugar "mejor", por el que le pagarán una comisión que se añadirá a la factura.

La estafa más compleja consiste en un extraño (a menudo en el autobús del aeropuerto) que pregunta al viajero su nombre y el lugar donde se va a alojar. Tras una breve charla, se despide y ya no se le verá más. A continuación, llama a un amigo, que se pone a esperar en el exterior del hotel. Al llegar el viajero, el timador (o timadora) se dirigirá a él por su nombre. Entonces le asegurará que el hotel se ha inundado, ha sido cerrado por la policía o está lleno y que los propietarios le han reservado una habitación en otro lugar.

Por último, al registrarse no hay que pagar nunca más de una noche por adelantado. Ningún hotel decente haría eso. Se han recibido cartas de lectores a los que, nada más llegar, les pidieron pagar por adelantado dos noches; cuando decidieron marcharse después del primer día (debido a los asquerosos baños, la falta de agua caliente o cualquier otra razón), no pudieron conseguir que se les devolviera el dinero.

tres baños. No es muy limpio y a veces se queda sin suministro de agua caliente. Algunas habitaciones disponen de camas dobles y aire acondicionado. Ofrece una pequeña colección de libros para leer, una sala para desayunar y el uso gratuito de la cocina. Últimamente ha recibido malas críticas de los lectores.

Meramees Hotel (☎ 396 2318; 32 Sharia Sabri Abu 'Alam; dc/i/d 17/35/50 EGP, d con baño privado 75 EGP). Aunque lleva funcionando bastante tiempo, sigue conservando los niveles de limpieza y comodidad. Las habitaciones comparten los baños y tienen ventiladores; las individuales de la planta baja son especialmente agradables. Los clientes tienen derecho al uso gratuito de la cocina y a café y té gratis. Recogen en el aeropuerto a los clientes que permanezcan tres noches o más. Ofrece Internet y un ambiente joven y simpático.

Tulip Hotel (plano pp. 104-105; ☎ 2392 2704; tulipho tel@yahoo.com; 3 Midan Talaat Harb; i con ventilador 65-75 EGP, d con ventilador 95-105 EGP, i con aire acondicionado 110 EGP, d con aire acondicionado 130-140 EGP; ❄ 💻). Divididas en tres plantas, las habitaciones de este antiguo hotel tienen techos altos y suelos de baldosas limpios. Los precios dependen del tamaño del baño y la disponibilidad del aire acondicionado. Las habitaciones de la parte trasera son sorprendentemente tranquilas. El personal es educado y simpático.

Hotel Select (plano pp. 104-105; ☎ 2393 3707; hos telselect@yahoo.com; 8ª planta, 19 Sharia Adly; dc/d/tr 75/100/130 EGP; ❄ 💻). Situado en una planta superior con una agradable brisa y un extenso balcón, ofrece excelentes vistas del centro, especialmente desde una de las dobles o triples de las esquinas. Sus paredes de colores vivos y sus muebles cubiertos por brillantes telas le dan un aire alegre y acogedor. Los huéspedes pueden usar una pequeña cocina. Sin embargo, no tiene habitaciones individuales: sólo un dormitorio colectivo de cuatro camas.

Hotel Luna (plano pp. 104-105; ☎ 2396 1020; www.hotellunacairo.com; 5ª planta, 27 Sharia Talaat Harb; h sin baño 100 EGP, h 110-150 EGP; ❄ 💻). El dueño de este moderno hotel para mochileros es uno de los más exigentes de la ciudad. Sus impolutas habitaciones ofrecen muchas comodidades, como lámparas junto a la cama y alfombrillas en el baño. En el ala más reciente, llamada

"Oasis", incluso la pintura y los muebles combinan en relajantes colores pastel (algo muy poco común en Egipto). También posee una excelente cocina compartida.

PRECIO MEDIO

Carlton Hotel (plano pp. 104-105; ☎ 2575 5022; www.carltonhotelcairo.com; 21 Sharia 26th of July; i/d media pensión 135/195 EGP;). Las habitaciones de este anticuado hotel cerca del cine Rivoli tienen precios muy razonables, pero varían enormemente en cuanto a tamaño y grado de decadencia. A menudo el personal parece dispuesto a negociar. Las habitaciones que se han renovado ofrecen pintura blanca en las paredes, suelos limpios de madera, televisión vía satélite y baños privados. Posee un restaurante, un café y un acogedor bar en la azotea para disfrutar de una cerveza fría.

Windsor Hotel (plano pp. 104-105; ☎ 2591 5277; www.windsorcairo.com; 19 Sharia Alfy; i/d con ducha y lavabo 30/38 US$, i/d 42/52 US$, superior 48/58 US$;). En realidad, sus habitaciones son oscuras, con techos bajos y ruidosos aparatos de aire acondicionado. Sin embargo, gracias a su ascensor bien cuidado, sus gastadas escaleras de mármol y su restaurante donde la campana suena para la cena a las 19.30, es perfecto para los nostálgicos de otra época. La entrada (al hotel y al bar) se halla en la parte trasera, en el estrecho callejón al sur de Sharia Alfy.

Fontana Hotel (plano p. 109; ☎ 2592 2321; fax 2592 2145; Midan Ramses; i/d 32/37 US$;). Los viajeros sensatos evitarán este hotel. Sin embargo, los amantes del *kitsch* se verán atraídos de modo incontrolable por su alucinante decoración: murales chillones, estampas de animales, flores, varias capas de alfombras y más muebles de los que se pueden usar en una sola noche. Los baños están bastante nuevos y tiene una gran piscina en la azotea con vistas a la plaza.

Hotel Osiris (plano pp. 104-105; ☎ 2794 5728; http://hotelosiris.free.fr; 12ª planta, 49 Sharia Nubar; i/d desde 34/41 US$;). En la planta superior de un edificio comercial, sus habitaciones ofrecen vistas de toda la ciudad. La pareja francoegipcia que lo gestiona tiene las paredes blancas y los suelos de baldosas impolutos. Sus hermosas colchas con bordados a mano están presentadas con gusto sobre unos colchones sumamente cómodos. El desayuno se sirve en una terraza lateral o en la azotea e incluye zumos naturales, creps y tortillas. Ubicado en Bab al-Luq, es muy tranquilo por la noche.

Grand Hotel (plano pp. 104-105; ☎ 2575 7700; grandhotel@link.net; 17 Sharia 26th of July; i/d 36/46 US$;). Este concurrido palacio de siete plantas consiguió sobrevivir a la reconversión en un hotel de precio medio sin perder su carácter anticuado y lujoso. Sus alrededor de cien habitaciones siguen conservando buenos suelos de parqué y tienen baños nuevos de azulejos blancos. Se entra por la diminuta plaza de la parte trasera.

Victoria Hotel (plano p. 109; ☎ 2589 2290; info@victoria.com.eg; 66 Sharia al-Gomhuriyya; i/d 37/48 US$;). No muy lejos de la estación de Ramsés, es un grandioso palacio antiguo con aire acondicionado insonoro, cómodas camas y televisión vía satélite. A ambos lados de sus largos pasillos flanqueados por espejos empañados, las habitaciones poseen muebles antiguos y techos altos; por desgracia, carecen de balcones. No es muy céntrico; por eso los precios son más baratos. Además, está muy cerca de las paradas de metro de Ataba y Orabi.

Cosmopolitan Hotel (plano pp. 104-105; ☎ 2392 384; fax 393 3531; 1 Sharia ibn Taalab; i/d 44/55 US$;). Debido a sus moquetas con misteriosas manchas, su lúgubre mobiliario que parece recién sacado de la Inquisición española y a las críticas recibidas sobre el servicio hosco, este hotel se hubiera quedado fuera de la guía. Sin embargo, su excelente ubicación, en una tranquila calle peatonal en el centro, es difícil de superar, al igual que su magnífica fachada y escalera de estilo *art nouveau*. Aunque nadie lo elegiría por su cuenta, si ya se ha reservado como parte de un circuito organizado no está del todo mal.

PRECIO ALTO

Talisman Hotel (plano pp. 104-105; ☎ 2393 9431; www.talisman-hotel.com; 5ª planta, 39 Sharia Talaat Harb; i/d/st 80/107/160 US$;). Gracias a sus dobles ventanas, el tráfico del centro quedará aislado una vez dentro de esta lujosa burbuja, el único hotel-*boutique* de la ciudad. Sus 24 habitaciones son una impecable mezcla de artesanía egipcia, muebles rococó y alegres colores. Hay que meterse por el callejón frente al café À l'Americaine, entrar al primer edificio a mano derecha y usar el ascensor en el extremo izquierdo del vestíbulo.

Nile Hilton (plano pp. 104-105; ☎ 2578 0444; www.hilton.com; 1113 Corniche el-Nil; h desde 170 US$;). Un monolito de 1959, muy moderno cuando se construyó. Lleva tanto tiempo en pie que su elegante estilo de hormigón se está poniendo de moda otra vez. Su insuperable ubicación (junto a Midan Tahrir y al Museo Egipcio), así como su piscina especialmente bonita, compensan sus habitaciones algo pequeñas y no muy elegantes.

Garden City

Al sur de Midan Tahrir, esta zona es tan práctica como el centro (no muy lejos a pie), pero mucho más tranquila. Por desgracia, las opciones de alojamiento son limitadas.

ECONÓMICO

Garden City House (plano pp. 104-105; ☎ 2542 0600; www.gardencity.plus.com; 23 Sharia Kamal ad-Din Salah; i sin baño 55 EGP, d sin baño 81-95 EGP, i/d 73/106 EGP; ❄). Esta pensión parece anclada en otra época. Esto tiene desventajas (a las habitaciones no les vendría mal una capa nueva de pintura) y ventajas, como su caballeroso personal (muy adecuado para mujeres que viajen solas). Los baños compartidos pueden ser pequeños y agobiantes; los privados son mucho más amplios. Excelente ubicación a pocos pasos de Tahrir, aunque los "cazaclientes" no se echarán encima del viajero al salir del hotel.

PRECIO ALTO

Grand Hyatt (plano p. 138; ☎ 2365 1234; http://cairo.grand.hyatt.com; Corniche el-Nil, Rhoda; i/d desde 200/225 US$; ❄). Es el hotel favorito de los turistas del golfo Pérsico, por lo que rezuma ostentación. Posee la mejor terraza junto al Nilo de toda la ciudad y una inmensa piscina en la azotea. Las habitaciones son elegantes y minimalistas, con molduras de oro pulido y grandes bañeras de mármol incluso en las habitaciones estándar.

Four Seasons at Nile Plaza (plano p. 138; ☎ 2791 7000; www.fourseasons.com; 1089 Corniche el-Nil; i/d desde 270/300 US$; ❄ 💻 🚭). De los dos Four Seasons en El Cairo (el otro es el First Residence en Gizeh), éste quizá sea algo menos selecto, pero está mejor ubicado (se puede llegar a pie al Museo Egipcio en unos 15 minutos). Las habitaciones poseen lujosos baños y ventanas que se pueden abrir. El cuadro de Omar Nagdi detrás de recepción es sólo una de las piezas de su gran colección de arte moderno egipcio.

El Cairo islámico

Debido a sus muchedumbres, pesados "cazaclientes" y numerosas mezquitas que llaman al rezo con amplificadores, esta guía no puede recomendar el alojamiento en esta zona. Sin embargo, es perfecta si el viajero quiere meterse de lleno en El Cairo más auténtico.

El-Hussein Hotel (plano p. 116; ☎ 2591 8089; Midan Hussein; i/d 105/130 EGP; ❄). Posiblemente la única opción algo atractiva de la zona. A ambos lados de un pasillo abierto por un extremo (en el que retumba el ruido de la calle), las habitaciones son básicas, aunque las pintaron recientemente con un relajante color verde. Si el viajero se decide por una con vistas a la parte delantera, quizá no quiera ni dormir para no perderse el hipnotizante ir y venir de la gente abajo. Tiene un restaurante en la planta superior (no sirve alcohol). La entrada se halla en el callejón trasero, a una manzana de la plaza.

Zamalek

Para dormir bien, el enclave relativamente tranquilo de Zamalek es el mejor de la ciudad. Aquí también se encuentran muchos de los mejores restaurantes, tiendas, bares y cafés de El Cairo. Además, casi todos los puntos de interés están a poca distancia en taxi (también se puede tomar un taxi por 2 EGP hasta la estación de metro de Gezira). Por desgracia, no es muy indicado para los viajeros con bajo presupuesto.

ECONÓMICO

Mayfair Hotel (plano pp. 134-135; ☎ 2735 7315; mayfaircairo@yahoo.com; 2ª planta, 9 Sharia Aziz Osman; i/d sin baño 80/100 EGP, i/d 130/150 EGP; ❄ 💻). Situado en un edificio *art déco* de una calle tranquila, sufrió una renovación en 2006, convirtiéndose en uno de los hoteles de mejor relación calidad-precio del barrio. Destaca su gran terraza, perfecta para relajarse. Sin embargo, los que viajen solos encontrarán las habitaciones individuales bastante apretadas. Los jóvenes que trabajan allí son muy agradables, pero quizá demasiado atentos. Entre las ventajas de las habitaciones más grandes se encuentran sus generosos balcones, televisores, neveras y agradables suelos de madera.

PRECIO MEDIO

Pensión Zamalek (plano pp. 134-135; ☎ 2735 9318; pensionzamalek@msn.com; 6 Sharia Salah ad-Din; i/d sin baño 100/150 EGP, con aire acondicionado 25 EGP más; ❄). El viajero se sentirá como si se hubiera mudado con una familia, ya que la madre y los niños le darán una calurosa bienvenida mientras ven la televisión en el salón. Esta pensión limpia y tranquila está a varias manzanas de la calle principal. Tiene 14 habitaciones algo oscuras amuebladas en un estilo bastante *kitsch* (cuatro de ellas con aire acondicionado) y baños compartidos. Ofrece descuentos para estancias largas.

Hotel Longchamps (plano pp. 134-135; ☎ 2735 2311; www.hotellongchamps.com; 5ª planta, 21 Sharia Ismail Mohammed; i 48-54 US$, d 68-75 US$;). Este hotel de estilo europeo antiguo ofrece un ambiente residencial. Las habitaciones son amplias y están bien cuidadas. Durante la puesta del sol, los huéspedes se reúnen para charlar en el tranquilo balcón trasero lleno de plantas o se relajan en el restaurante (que sirve alcohol y un bufé completo para el desayuno). Si se quiere un balcón propio y una pequeña bañera, hay que pagar algo más por una habitación "ejecutiva". Hay que reservar con mucha antelación.

President Hotel (plano pp. 134-135; ☎ 2735 0718; pres_hotl@thewayout.net; 22 Sharia Taha Hussein; i/d 55/65 US$;). Según parece por su vestíbulo, se trata de un moderno hotel de tres estrellas con brillantes espejos y alfombras de lujo. Sin embargo, las habitaciones no están a la altura; sus baños nuevos hacen que el resto parezca un poco raído. Aun así, tiene un buen bar en la planta superior y una excelente pastelería en el vestíbulo que se encarga de los desayunos. Para algunas personas compensa.

PRECIO ALTO

Golden Tulip Flamenco Hotel (plano pp. 134-135; ☎ 2735 0815; www.flamencohotels.com; 2 Sharia Gezirat al-Wusta; i/d estándar 105/121 US$, i/d superior 121/144 US$;). Este popular hotel para hombres de negocios es cómodo y está bien equipado, siempre que se eviten las pequeñas habitaciones estándar y se opte por las "superiores", más amplias y con balcones que dan a las casas flotantes en el Nilo. Hay que reservar con antelación; en mayo y junio ofrece un 25% de descuento.

Cairo Marriott (plano pp. 134-135; ☎ 2728 3000; www.marriott.com/caieg; 16 Sharia Saray al-Gezira; i/d desde 180 US$;). El palacio del s. XIX se utiliza como vestíbulo y zona pública, pero las habitaciones se hallan en dos modernas torres. Renovadas en 2007, con detalles como televisores con pantalla de plasma y camas aún más lujosas, las habitaciones son unas de las más cómodas en esta categoría de precios, aunque los baños estándar son tan pequeños como celdas. También tiene un popular café ajardinado y una magnífica piscina.

Gizeh y Harraniyya

Como la orilla occidental del Nilo no es práctica para hacer turismo, la única razón para alojarse aquí es si se quiere gozar del lujo absoluto o si se desea dormir en tienda de campaña.

ECONÓMICO

Salma Motel (fuera del plano pp. 96-97; ☎ 3381 5062, 010 270 4442; carretera de Saqqara, Harraniyya; *camping* 25 EGP/persona, cabaña 80 EGP). El único *camping* de El Cairo está a varios kilómetros del centro, junto al Centro de Arte de Wissa Wassef (p. 141). Como se encuentra cerca de un canal, los mosquitos pueden ser un problema, tanto en una tienda como en una de las cabañas dobles. El desayuno no está incluido en el precio ni tampoco se ofrece. Para llegar aquí hay que tomar un microbús o un taxi en la carretera de las Pirámides, en dirección a Saqqara, y bajarse cuando se vea la señal azul que reza "Harraniyya".

PRECIO ALTO

Mena House Oberoi (plano p. 140; ☎ 3377 3222; www.menahouseoberoi.com; carretera de las Pirámides; h ala del jardín desde 165 US$, i/d ala del palacio desde 235/280 US$;). Construido en 1869 como pabellón de caza para el jedive Ismail, este majestuoso hotel ofrece dos ambientes diferentes: las zonas públicas ostentan una deslumbrante decoración islámica y siempre huelen a jazmín, pero las habitaciones más espléndidas del ala del palacio parecen una mezcla entre Barbarella y Alí Babá, con modernas colchas de tapiz y espejos ahumados. Conviene darse un lujo y optar por las habitaciones con vistas a las pirámides, pues las que dan al "jardín" ofrecen vistas a una desagradable alambrada. Las habitaciones en la nueva ala del jardín son modernas pero insulsas. La piscina es muy amplia.

DÓNDE COMER

En El Cairo se encuentran algunos de los mejores restaurantes de Egipto. Por lo tanto, es el lugar perfecto para probar no sólo versiones refinadas de platos típicos egipcios, sino también *pizzas*, platos de pasta e incluso comida tailandesa. Una cena puede costar entre 5 y 250 EGP; si el viajero opta por el lujo, los otros comensales apreciarán

COMUNICACIÓN NO VERBAL EN EL CAIRO

Los cairotas cuentan con una amplia gama de códigos no verbales para hacerse entender. Si el viajero conoce algunos, tendrá menos probabilidades de ofenderse, ser atropellado o no ser atendido en un restaurante.

La negación se suele expresar con un sencillo movimiento de la cabeza hacia arriba o un brusco chasquido de la lengua. Puede parecer maleducado, pero si el viajero lo usa con normalidad para los "cazaclientes" de la calle, es más probable que le dejen en paz.

Otra señal que suelen malinterpretar los extranjeros es el siseo fuerte. No suele tratarse de alguien intentando ligar, sino llamando la atención del transeúnte para que no sea atropellado por el carro o el burro que baja por el estrecho callejón. Debe traducirse como: "Háganse a un lado".

Sin embargo, el gesto más importante que conviene aprender es el que se hace para pedir la cuenta en un restaurante. Primero hay que mirar al camarero. Cuando se haya captado su atención, hay que sacar la mano con la palma hacia arriba y golpearla rápidamente con la otra mano en vertical, como diciendo "córteme la mano". Funciona a las mil maravillas.

que se vista para la ocasión. Casi todos los restaurantes elegantes se hallan en los hoteles de lujo. Los chefs suelen ser importados directamente del país pertinente, al igual que todos los ingredientes. En los restaurantes de precio alto y en algunos de precio medio habrá que pagar alrededor de un 22% más en concepto de impuestos y servicio (varias libras de propina también se agradecen).

En el otro extremo se hallan los numerosos locales de *kushari* (lentejas y arroz especiados), carritos y mercados de fruta y verdura donde se alimentan la mayoría de los cairotas. Se podrán ver sucursales de Pizza Hut, KFC y McDonald's, pero estos lustrosos locales están fuera del alcance de muchos lugareños; para los visitantes, al menos son un lugar donde disfrutar de baños limpios. Sin embargo, no hay que descartar toda la comida rápida: las minicadenas egipcias, como Koshary El Tahrir (más adelante), ofrecen algunas de las comidas más sabrosas y baratas de la ciudad. Hay que buscarlas a lo largo de las principales avenidas del centro y en Sharia 26th of July, en Zamalek. En los locales de comida para llevar hay que realizar el pedido en el cajero, pagar y llevar el recibo al hombre de la barra, que agradecerá una pequeña propina cuando todo esté listo.

Muchos restaurantes suelen ser también bares y discotecas. Los clientes pasan directamente de las comidas de varios platos al alcohol y los bailes; si uno de estos locales sirve una comida especialmente sabrosa, aparecerá en esta sección, pero si lo más importante es el ambiente se detallará en el apartado "Dónde beber" (p. 160).

Si uno está demasiado cansado para salir del hotel, puede conseguir que le traigan casi cualquier cosa e incluso hacer el pedido *online* en www.otlob.com, que se encarga de llevar a domicilio comida de más de sesenta de los restaurantes más populares de la ciudad.

El centro

Aquí hay que olvidarse de las cenas exquisitas. Se trata principalmente de un territorio barato y animado que también dispone de varios restaurantes con fuertes matices nostálgicos.

ECONÓMICO

At-Tabei ad-Dumyati (plano p. 109; ☎ 2575 4211; 31 Sharia Orabi; platos 1-8 EGP; 🕑 7.00-1.00). Unos 200 m al norte de Midan Orabi. Ofrece algunos de los mejores platos de El Cairo y, por suerte, también son de los más baratos. Hay que empezar eligiendo cuatro ensaladas entre una gran selección (los tomates en adobo con ajo son insuperables, pero no siempre los tienen), luego hay que pedir *shwarma* (5,50 EGP) o *ta'amiyya,* junto con sopa de lentejas o *fuul.* Los sándwiches de berenjena también son deliciosos (toda una ganga por 75 pt). Posee sucursales en el complejo Talaat Harb (plano pp. 104-105) y en Mohandiseen (plano pp.134-135).

Akher Sa'a (plano pp. 104-105; ☎ 2575 1668; 8 Sharia Alfy; platos 1-9 EGP; 🕑 24 h). Un local muy concurrido de *fuul* y *ta'amiyya* para llevar con una sencilla cafetería al lado. Posee un menú limitado, pero su comida es fresca y sabrosa. El cartel está sólo en árabe: hay una librería cristiana al lado. Su sucursal en 14 Sharia Abdel Khalek Sarwat tiene un restaurante abajo estilo comida rápida (destaca su enorme hamburguesa de *ta'amiyya)*, pero un servicio glacial en las mesas de arriba.

Gad (plano pp. 104-105; ☎ 2576 3583; 13 Sharia 26th of July; platos 2-12 EGP; 🕑 9.00-2.00). Este restaurante de comida rápida suele estar abarrotado de jóvenes cairotas que adoran su comida fresca y económica. El *fiteer* con queso griego es exquisito. El cuarto de pollo con arroz y ensalada está rico y ofrece una buena relación calidad-precio. El viajero se puede sentar en una mesa de la planta superior o comprar la comida para llevar en los mostradores que dan a la calle. Tiene sucursales por toda la ciudad, como la situada enfrente de Khan al-Khalili (plano p. 116).

Koshary El Tahrir (plano pp. 104-105; Sharia Tahrir; *kushari* pequeño/mediano/grande 3/4/5 EGP). Aunque suene a herejía, los autores han confirmado que este local es mejor que Abu Tarek. Tiene otra sucursal en Sharia Abdel Khalek Sarwat.

Abu Tarek (plano pp. 104-105; 40 Sharia Champollion; *kushari* pequeño/grande 3/5 EGP; 🕑 8.00-24.00). Esta verdadera institución del *kushari* se enorgullece de no tener sucursales. Sin embargo, a lo largo de las décadas se ha extendido por las plantas superiores de este edificio, sin perder el título no oficial de "mejor *kushari* de la ciudad". La cola avanza rápido; merece la pena comer dentro para conseguir la dosis adecuada de vinagre con ajo, que no se incluye en los pedidos para llevar.

Fatatri at-Tahrir (plano pp. 104-105; 166 Sharia Tahrir; platos 9-16 EGP; 🕑 7.00-1.00). Este diminuto local junto a Midan Tahrir lleva décadas sirviendo *fiteer* dulces y salados a estudiantes de la AUC, habitantes del centro y legiones de mochileros. Es fiable y delicioso, aunque puede estar abarrotado por las tardes.

Otras opciones muy económicas:

Abu Samra (plano pp. 104-105; zoco de Tawfiqiyya). Excelente *ta'amiyya*.

Felfela Takeaway (plano pp. 104-105; Sharia Talaat Harb). También excelente.

Koshary Goha (plano pp. 104-105; 4 Sharia Emad ad-Din; *kushari* 2-3 EGP; 🕑 10.00-24.00). Sirve un *kushari* regular, pero en un magnífico entorno que es toda una reliquia.

Sayed Hanafy (plano pp. 104-105; Midan Orabi; *kushari* pequeño/mediano/grande 3/4/5 EGP; 🕑 24 h). Buen *kushari* y mesas en la acera.

PRECIO MEDIO

Pottery Café (plano pp. 104-105; ☎ 2796 0260; 35 Sharia Mohammed Mahmoud; platos 8-22 EGP; 🕑 7.00-23.00). Los estudiantes de la AUC frecuentan este lugar para degustar sus enormes ensaladas, patatas asadas rellenas y sándwiches. Si se quiere beber café, es mejor acudir a uno de los otros cafés situados en esta calle.

Greek Club (plano pp. 104-105; ☎ 2575 0822; 3 Sharia Mahmoud Bassiouni; platos principales 10-18 EGP; 🕑 19.00-2.00). Hoy en día, lo único griego en este club privado es la música de *bouzouki* que suena en su terraza al aire libre, llena de gatos subidos a la umbrosa pérgola. Se trata de un lugar agradable para tomar una cerveza y una comida ligera; la carta es la típica egipcia, pero con algún plato griego, como el *tzatziki*, para darle color. Si el viajero puede convencer al personal de sus raíces griegas, le dejarán pasar sin pagar las 5 EGP de la entrada.

Abu al-Hassan al-Haty (plano pp. 104-105; 3 Sharia Halim; platos principales 15-25 EGP). Con sus espejos empañados, polvorientas arañas y camareros que parecen más viejos que el edificio, se trata de una hermosa reliquia en el centro. Suele usarse como decorado para series de televisión de época. La comida (platos a la parrilla) es bastante secundaria, pero más que aceptable.

Centro Recreativo Italiano Il Cairo (plano pp. 104-105; ☎ 2575 9590; 40 Sharia 26th of July; *pizzas* 15-30 EGP; 🕑 19.00-23.00). En invierno, el club social italiano de El Cairo se encuentra ubicado en una acogedora sala de paneles de madera; en verano se muda afuera, a un amplio patio en el centro del complejo de la embajada. Es perfecto para degustar delicias como las excelentes *pizzas* de masa crujiente, vino tinto bastante asequible e incluso productos porcinos. Los clientes no italianos tienen que pagar 10 EGP de entrada.

Felfela Restaurant (plano pp. 104-105; ☎ 2392 2833; 15 Sharia Hoda Shaarawi; entrantes 3-7 EGP, platos principales 15-40 EGP; 🕑 8.00-24.00). Abarrotado de turistas, grupos organizados y lugareños desde 1963, es una institución que ofrece una comida buena, pero no excelente, y un servicio correcto. Aunque esté decorado con una peculiar temática selvática, la comida es egipcia y bastante decente, en especial los *mezze* y el pollo asado. Una Stella cuesta 12 EGP.

Café Riche (plano pp. 104-105; ☎ 2392 9793; 17 Sharia Talaat Harb; platos 15-40 EGP; 🕑 9.00-1.00). Este estrecho restaurante era el lugar preferido para beber de los intelectuales cairotas. Hoy en día es un poco menos animado, pero constituye un buen lugar para regodearse en la nostalgia y disfrutar de una comida (incluso un desayuno al estilo europeo) y una copa de vino. En las paredes de paneles de madera cuelgan retratos de personajes cairotas.

Emara Hati al-Gish (plano pp. 104-105; ☎ 2796 2964; 32 Sharia Falaki; sándwiches 10-12 EGP, platos principales 17-24 EGP; 🕒 11.00-23.00). Los carnívoros empezarán a salivar en cuanto crucen la puerta de este palacio de las parrilladas, donde el aire huele a carne asada a la brasa. Ofrece desde un cuarto de kilo (17,50 EGP) hasta una oveja entera rellena y asada por encargo. Las *kastileeta* (chuletas de cordero) son especialmente sabrosas y los *mouza* (jarretes) son perfectos para roer. Tiene otra sucursal en Mohandiseen, en 164 Sharia 26th of July, junto a Midan Sphinx (plano pp. 134-135). No sirve alcohol.

Gomhouriya (plano pp. 104-105; 42 Sharia Falaki; comidas 20 EGP; 🕒 13.00-3.00). Sólo sirve deliciosos pichones rellenos acompañados por ensalada e infinitas tazas de caldo con pimienta y limón. No sirve alcohol y resulta fácil saltárselo, pues es pequeño y no tiene cartel en inglés; hay que buscar el gran horno abierto. En la parte trasera hay unas cuantas mesas, así como lavabos para lavarse las manos grasientas después de disfrutar de este sabroso plato.

Sangria (plano pp. 134-135; ☎ 2579 6511; Casino ash-Shaggara, Corniche el-Nil, Bulaq; comidas 22-60 EGP; 🕒 13.00-3.00). Junto a la discoteca Absolute y enfrente del hotel Conrad, ofrece unas magníficas vistas del Nilo desde su terraza en la 1ª planta (donde se ubica la gente elegante), así como un gran jardín que suele albergar a gente más informal, niños incluidos. La música moderna forma parte del ambiente; el local es un bar además de un restaurante. La consumición mínima es de 50 EGP, pero no resulta difícil llegar a esa suma, pues una Sakkara cuesta 23 EGP. La carta abarca platos como rollitos de primavera, champiñones al ajillo y *penne alla vodka*. Se encuentra en Bulaq, al norte del centro, junto al Nilo.

Le Bistro (plano pp. 104-105; ☎ 2392 7694; 8 Sharia Hoda Shaarawi; platos principales 32-36 EGP). Escondido por debajo del nivel de la calle, intenta evocar un veraniego ambiente francés con una decoración en azul y blanco y cantantes melódicos galos como hilo musical. La comida no está a la altura de su ideal europeo, pero los cairotas francófonos la adoran. Además, los filetes con patatas fritas pueden resultar perfectos si uno está cansado de tantos kebabs.

Estoril (plano pp. 104-105; ☎ 2574 3102; 12 Sharia Talaat Harb; *mezze* 7-35 EGP, platos principales 32-59 EGP). Se entra por un callejón junto a la oficina de Amex. Llegar puede resultar un poco incómodo: hay que pasar entre nubes de humo de cigarrillos y reservados abarrotados de intelectuales cairotas. Luego hay que llamar la atención de un camarero, toda una hazaña si se consigue rápido. Una vez sentado, el viajero se sentirá como uno del grupo, rebañando los sencillos *mezze* y pidiendo cervezas sin parar. A veces se ven mujeres solas en el local. El bar de la parte trasera está bien si se quiere pasar menos tiempo aquí.

COMPRA DE ALIMENTOS

Se pueden comprar verduras y fruta fresca en el **zoco de Tawfiqiyya** (plano pp. 104-105; Sharia Talaat Harb) o el **zoco de Bab al-Luq** (plano pp. 104-105; junto a Midan Falaki). El primero abre hasta tarde y tiene una tienda de productos lácteos excepcional, que vende una especie de requesón y arroz con leche (a la vuelta de la esquina en Sharia Talaat Harb), así como numerosos *ba'al*s, las tiendas de ultramarinos bien abastecidas donde se pueden encontrar yogures, galletas y bebidas. Se puede comprar pan occidental en la **Nile Hilton Deli** (plano pp. 104-105; 🕒 8.00-23.00). Si se prefieren pasteles y dulces hay que acudir a la **pastelería El-Abd** (plano pp. 104-105; 35 Sharia Talaat Harb; pastelitos 1-6 EGP; 🕒 8.00-24.00), la más famosa de El Cairo, fácilmente reconocible por el gentío que se apiña en el exterior engullendo sus dulces orientales y tartas saladas. Hay otra surcursal en la esquina entre Sharia 26th of July y Sharia Sherif.

Garden City

Los hoteles de lujo poseen algunos restaurantes excelentes. Para restaurantes locales, hay que buscar en Sharia Qasr al-Ainy.

El Sakya (plano p. 138; ☎ 2365 1234; Grand Hyatt Hotel, Corniche el-Nil; platos 22-90 EGP; 🕒 12.00-1.00). Con grandes sombrillas blancas, el restaurante en la terraza del Grand Hyatt se adentra en el Nilo. Es excelente para disfrutar del río y quizá ver a alguna estrella de cine local, pues se trata de un lugar popular para charlas de negocios. La carta incluye platos de todos los restaurantes del hotel; se puede elegir entre comida india, italiana, americana, etc.

Taboula (plano p. 138; ☎ 2792 5261; 1 Sharia Latin America; *mezze* 10-30 EGP, platos principales 30-45 EGP; 🕒 12.00-1.00). La comida libanesa de este local situado en un sótano no es tan buena como la del Sabaya (más adelante), pero el ambiente resulta más divertido (grandes grupos de cairotas celebrando cumpleaños alrededor de mesas gigantes con cantidad de cócteles). Los *mezze,* como la *tomiyya* (salsa de ajo), constituyen la mejor opción. Hay que evitar las albóndigas.

Bird Cage (plano pp. 104-105; ☎ 2795 7171; Semiramis InterContinental, Corniche el-Nil; aperitivos o tapas 26-85 EGP, platos principales 42-95 EGP; 🕑 12.00-1.00). El mejor restaurante tailandés de El Cairo. Hay que tener cuidado con lo que se pide: la comida puede ser muy picante. Este relajante espacio con paneles de madera es uno de los restaurantes favoritos de los cairotas ricos. Los platos clásicos (como los pasteles de pescado y la ensalada de ternera a la parrilla) son deliciosos y están presentados con elegancia, al igual que los platos más refinados, como el *pla pow* (lubina envuelta en hojas de banano). Para algunos gustos a las recetas les falta un poco de salsa de pescado, pero suelen mostrar un uso generoso de los sabores tradicionales tailandeses. No hay que perderse los *biscotti* de coco servidos con té; no son muy tailandeses, pero están deliciosos.

Sabaya (plano pp. 104-105; ☎ 2795 7171; Semiramis InterContinental, Corniche el-Nil; *mezze* 15-29 EGP, platos principales 48-108 EGP; 🕑 19.30-1.00). La cocina libanesa es la comida "étnica" más común en Egipto, pero rara vez se prepara con tanta perfección como aquí, donde los variados y delicados *mezze* se sirven con panes de *pita* recién salidos del horno. Los platos principales, como el *fatteh,* se sirven en cazuelas de hierro individuales. El ambiente es sumamente elegante, pero si se tiene en cuenta que las raciones son generosas y que la comida se comparte, los precios no resultan tan altos como se esperaría.

El Cairo islámico

Hay cantidad de locales de comida rápida alrededor de Midan Hussein, pero la selección de restaurantes en esta zona escasea. Al viajero le tiene que gustar mucho la carne a la parrilla y no ser muy escrupuloso con la higiene.

ECONÓMICO

Al-Halwagy (plano p. 116; Midan Hussein; platos 5-30 EGP; 🕑 24 h). No está en la plaza, sino detrás de una hilera de edificios. Sirve *ta'amiyya, fuul* y ensaladas de buena calidad. Lleva abierto casi un siglo. Se puede comer en las mesas de la acera o en la planta superior.

Egyptian Pancakes (plano p. 116; Midan Hussein; platos 10-15 EGP; 🕑 24 h). Junto a Al-Halwagy, este popular local sirve *fiteer* personalizados: se puede elegir entre varios ingredientes, como queso, huevo, tomate, aceitunas y carne picada. Para el postre, el cliente se puede pasar a las pasas, el coco y el azúcar glas.

PRECIO MEDIO Y ALTO

Khan el-Khalili Restaurant y Mahfouz Coffee Shop (plano p. 116; ☎ 2590 3788; 5 Sikket al-Badistan; tentempiés 9-20 EGP, platos principales 14-50 EGP; 🕑 10.00-2.00). Este restaurante y el café contiguo poseen lujosos interiores de estilo morisco. Muy populares para refugiarse del bullicio del mercado. Aunque estén dirigidos únicamente a los turistas, la comida es bastante buena, el aire acondicionado es fuerte y los baños están limpios. Un té cuesta 10 EGP y un narguile 9 EGP. Hay que buscar el detector de metales en el callejón, situado al oeste de la puerta medieval.

Citadel View (plano pp. 96-97; ☎ 2510 9151; parque Al-Azhar; entrantes 9,50-14 EGP, platos principales 20-65 EGP, consumición mínima 100 EGP; 🕑 12.00-1.00). Comer en este magnífico restaurante, situado en una amplia terraza de varios niveles, es como visitar un centro vacacional de lujo. La élite de El Cairo llena sus mesas y toda la ciudad se extiende a los pies del comensal. Por suerte, los precios no son tan elevados y la comida (platos tradicionales egipcios a la parrilla) es bastante buena. Se recomienda reservar, en especial los fines de semana. Si al viajero no le apetece comer, puede tomarse un café (12 EGP) en la cafetería Alain Le Notre de la planta superior.

Zamalek

Aquí se encuentran algunos de los mejores y más elegantes restaurantes de El Cairo. Cenar barato no es uno de los puntos fuertes de la isla, pero ofrece algunas opciones económicas, como el puesto de *shwarma* llamado Baraka (plano pp. 134-135) en Sharia Brazil y un puesto de *kushari* (plano pp. 134-135) en el extremo occidental de Sharia Shagaret ad-Durr.

PRECIO MEDIO

Didos Al Dente (plano pp. 134-135; ☎ 2735 9117; 26 Sharia Bahgat Ali; platos de pasta 6,50-22,50 EGP). Un ruidoso y abarrotado local de pasta con un pequeño espacio al aire libre. Suele haber mucha gente esperando fuera para conseguir una mesa. Muy popular entre los estudiantes de la cercana residencia de la AUC. Está a la altura de su reputación como "el lugar donde se prepara la mejor pasta de la ciudad". No sirve alcohol.

Maison Thomas (plano pp. 134-135; ☎ 2735 7057; 157 Sharia 26th of July; sándwiches 12-40 EGP, *pizzas* 23-40 EGP; 24 h). Un pequeño rincón europeo, con cantidad de espejos y artículos de latón, así como camareros con largos delantales blancos que sirven crujientes bocadillos en *baguettes*. Sin embargo, esta institución es más conocida por sus generosas *pizzas*. Tiene una sucursal en Heliópolis (plano p. 142).

La Mezzaluna (plano pp. 134-135; ☎ 2735 2655; Sharia Aziz Osman; platos principales 17-36 EGP; 7.00-23.00). Para encontrar este moderno espacio de dos niveles frecuentado por cairotas bohemios hay que bajar por un diminuto callejón. La carta, más o menos italiana, ofrece desde los combinados convencionales, como tomate y albahaca, hasta la "pasta Illy" (bacón de ternera, nata, achicoria roja y café). Las ensaladas son enormes. No sirve alcohol, pero su pequeño patio en la parte delantera es tranquilo para degustar un café. Tiene una sucursal en Mohandiseen (plano pp. 96-97).

Crave (plano pp. 134-135; ☎ 2736 3870; 22A Sharia Taha Hussein; platos principales 18-50 EGP; 12.00-1.00). Este pequeño restaurante de color blanco y negro parece sumamente elegante, pero cuenta con un personal acogedor (en lugar de estirado) y una carta de *pizzas*, platos de pasta y similares a precios muy razonables. Hay que hacerse con uno de los cómodos sofás de la esquina, donde se pueden pasar horas en pleno relax. Muchos residentes extranjeros opinan que sus "hamburguesas Zombie" (25 EGP) son las mejores de la ciudad. El exquisito y enorme *fondant* de chocolate resulta el postre perfecto si se tiene un antojo (hay que pedirlo al mismo tiempo que la comida, para que le dé tiempo a hacerse en el horno).

Abou El Sid (plano pp. 134-135; ☎ 2735 9640; 157 Sharia 26th of July; *mezze* 11-24 EGP, platos principales 25-57 EGP; 12.00-2.00). El primer restaurante egipcio moderno de El Cairo es tan popular entre los turistas como entre los lugareños de clase alta que buscan sus raíces gastronómicas. Omar Sharif probó el pollo con *molokhiyya*, pero también se puede degustar un cóctel de caña de azúcar y tequila en el gran bar o fumar un narguile después de comer. La comida se sirve entre lámparas colgantes, muebles dorados bastante *kitsch* y mullidos cojines. Tiene otra sucursal en Mohandiseen, en Midan Amman (plano pp. 96-97; ☎ 3749 7326). Las reservas resultan imprescindibles. La entrada se halla en el extremo occidental del complejo de Baehler's Mansions; hay que buscar las altas puertas de madera.

L'Aubergine (plano pp. 134-135; ☎ 2738 0080; 5 Sharia Sayyed al-Bakry; entrantes 14-20 EGP, platos principales 26-36 EGP; 12.00-2.00). Este bistró de paredes blancas está iluminado con velas y dedica la mitad de su carta a platos vegetarianos, como los raviolis de queso azul y la *moussaka*. Es imposible equivocarse con los platos que llevan nata y queso. El suave *jazz* que suena de fondo es muy relajante.

Sabai Sabai (plano pp. 134-135; ☎ 2735 1846; 21 Sharia al-Shaer Aziz Abaza; entrantes 8-35 EGP, platos principales 30-85 EGP). Aunque el viajero no sea un amante de la comida tailandesa, quizá quiera visitar este pequeño y sosegado restaurante con una tranquila terraza al aire libre. Las ensaladas y aperitivos incluyen los ingredientes adecuados, pero los *curries* resultan un poco flojos. Los taxistas quizá conozcan la calle por su antiguo nombre: Sharia Maahad al-Swissry; la entrada está a la derecha del hotel.

Sequoia (plano pp. 96-97; ☎ 2576 8086; 3 Sharia Abu al-Feda; *mezze* 8 EGP, platos principales 32-60 EGP, consumición mínima sa-mi 50 EGP, ju-vi 75 EGP; 13.00-1.00). En la punta septentrional de Zamalek, este amplio espacio junto al Nilo es muy popular y ofrece exposiciones de arte de la Galería Townhouse, cojines bajos para fumar un narguile y todo tipo de platos en la carta, desde *mezze* al estilo egipcio hasta *sushi*. Conviene traer algo de abrigo; aunque resulte sorprendente, como está en el río puede hacer fresco por la noche. Una Stella cuesta 22 EGP.

Gezira

El extremo oriental de la isla está bordeado por grandes barcos reconvertidos en armatostes del ocio, todos ellos abarrotados de restaurantes temáticos y discotecas. Normalmente es más importante el estilo que la sustancia, pero destacan un par de ellos.

Dar El Amar (plano pp. 134-135; ☎ 2735 3114, 012 390 0256; barco *Blue Nile*, 9A Sharia Saray al-Gezira; *mezze* 10-36 EGP, carnes a la parrilla 27-47 EGP; 12.00-3.00). En este popular restaurante libanés resulta difícil apartar los ojos del Nilo. Ofrece una selección de 53 *mezze*. A diferencia de muchos otros restaurantes en el río, sus precios son razonables y no hay que vestir ropa de diseño para conseguir una mesa. Una Stella cuesta 24 EGP.

Chili's (plano pp. 134-135; ☎ 2735 3122; barco *Nile City*, Sharia Saray al-Gezira; entrantes 20-30 EGP, platos principales 29-60 EGP; 🕑 11.00-1.00). Esta cadena estadounidense de comida seudomexicana ocupa un lugar en el Nilo donde Naguib Mahfuz solía recibir a su cohorte de admiradores. El Cairo es un claro reflejo de las tendencias mundiales. Sus interminables raciones de patatas fritas con salsa y su plato para montar fajitas consiguen satisfacer a los residentes extranjeros y a los egipcios de clase media ansiosos por probar comida exótica.

Mohandiseen y Doqqi

Estos barrios de hormigón gris parecen monótonos e insulsos, pero ofrecen algunos restaurantes excelentes escondidos entre los numerosos locales de comida rápida.

ECONÓMICO

Al-Omda (plano pp. 134-135; ☎ 3346 2701; 6 Sharia al-Ghazza, Mohandiseen; platos 8-30 EGP; 🕑 12.00-2.00). Se trata de un pequeño imperio que ocupa la mayor parte de una manzana. Ofrece una gran selección de carnes a la parrilla. En el local de comida para llevar de la esquina se puede pedir un sándwich de *shish tawouq* con encurtidos especiados. El viajero también puede sentarse en el restaurante "oriental" al estilo antiguo, situado a la vuelta de la esquina a mano izquierda, o dirigirse a la planta superior, al café lleno de luces de neón donde se puede fumar un narguile rodeado de gente moderna. Bajando a mano derecha, otros dos locales ofrecen *kushari* y *pizzas*. No sirven alcohol.

PRECIO MEDIO

Samakmak (plano pp. 134-135; ☎ 3302 7308; 24 Sharia Ahmed Orabi, Mohandiseen; platos 30-75 EGP; 🕑 10.00-4.00). Protegidas de una ruidosa calle por tupidos arbustos, varias mesas con manteles de cuadros azules dan un ambiente alegre al jardín. Se trata de la sucursal cairota del famoso restaurante alejandrino de pescado. No tiene carta; sólo hay que elegir entre los salmonetes, cangrejos, calamares y otros productos del mar (precio por kilo) situados en una vitrina con hielo y decidir cómo se quieren cocinados. En poco tiempo llegarán a la mesa acompañados por ensaladas y arroz. No sirve alcohol.

Cedars (plano pp. 134-135; ☎ 3345 0088; 42 Sharia Geziret al-Arab, Mohandiseen; *mezze* 10-22 EGP, platos principales 45-75 EGP; 🕑 12.00-1.00). Este elegante restaurante libanés es muy popular entre las señoras de Mohandiseen para almorzar y se llena de jóvenes para la cena. La amplia terraza salpicada con sillas de rota ofrece narguiles y una comida superior a la media: *muhammara* (ensalada de pimientos rojos), *ayran* (bebida de yogur salada y refrescante), así como grandes sándwiches rellenos con patatas fritas. También se puede optar por platos recién salidos de la parrilla.

Gizeh y carretera de las Pirámides

Hay varios restaurantes recomendables en esta zona de El Cairo, aunque sólo Andrea, Fish Market y Moghul Room se merecen un desplazamiento especial. Los otros pueden venir bien si el viajero está por la zona.

ECONÓMICO Y PRECIO MEDIO

El-Mashrabiah (plano p. 138; ☎ 3748 2801; 4 Sharia Ahmed Nessim; platos principales 12-40 EGP; 🕑 12.00-1.00). Este íntimo restaurante sirve con formalidad una excelente comida egipcia. Situado varios escalones por debajo del nivel de la calle, el comedor también se ve oscurecido por sus ornamentados paneles con tallas, bancos de cuero y camareros vestidos con sombríos trajes. Los amantes de la carne se encontrarán en el séptimo cielo: los *kofta* y los *tagens* son deliciosos, al igual que el conejo con *molokhiyya* y el pato con ñame. Los vegetarianos deberían evitarlo. No sirve alcohol.

Andrea (plano p. 140; ☎ 3383 1133; 59 Tir'at al-Maryutia, Saqqara; entrantes 5-15 EGP, platos principales 20-25 EGP; 🕑 10.00-1.00). Conviene salir al campo para comer en este restaurante situado 1,5 km al norte de la carretera de las Pirámides, en el extremo occidental del canal de Maryutia. En la entrada hay mujeres amasando pan y cuidando los pollos asados en espetón por los que es famoso. No hay mucho más en la carta, aparte de las ensaladas y la Stella fría (20 EGP). Si el clima lo permite, sacan las mesas a un gran jardín con zona de juegos y piscina. Conviene ponerse el repelente antes, pues con el frescor llegan los mosquitos. Un taxi desde el centro cuesta unas 20 EGP y desde la zona de las pirámides y el Mena House 6 EGP. Algún taxista intenta llevar a los viajeros al Andrea Gardenia, al sur de la carretera de las Pirámides, que no tiene nada que ver.

Fish Market (plano p. 138; ☎ 3570 9693; barco *Americana*, 26 Sharia el-Nil; platos 25-50 EGP; 🕒 12.00-2.00). Después de elegir entre algunos de los productos marinos de mejor calidad y más frescos de la ciudad, a la vista en el gran mostrador, la mayoría de los comensales esperan a que los cocinen de manera sencilla pero experta mientras saborean unos deliciosos *mezze*. Con sus magníficas vistas del Nilo (especialmente por la noche), su ambiente relajado y su eficiente servicio, este lugar es una verdadera joya.

Hay pocos restaurantes baratos de buena calidad a poca distancia de las pirámides. Se puede probar en **Felfela** (fuera del plano p. 140; ☎ 3383 0234; 27 ctra. El Cairo-Alejandría; 🕒 8.00-2.00) o en el popular Peace II Seafood Restaurant. Los dos son muy frecuentados por grupos de turistas, pero también por lugareños. Ambos se encuentran en la carretera principal, junto a la rotonda enfrente del hotel Mena House Oberoi.

PRECIO ALTO

La Gourmandise (plano p. 138; ☎ 3569 2557; planta baja, centro comercial First Place, 35 Sharia al-Giza; pastelitos 16-33 EGP, platos principales 42-115 EGP, 🕒 10.00-23.00). Este café y pastelería en el ostentoso centro comercial del Four Seasons tiene camareros con esmoquin, macetas con palmeras y un magnífico piano. Sus platos mediterráneos de buena calidad son perfectos para almorzar después de visitar el zoo.

Khan El Khalili (plano p. 140; ☎ 3383 3222; Mena House Oberoi, carretera de las Pirámides; platos principales 55-150 EGP; 🕒 24 h). Con un aire acondicionado en buen estado y unas vistas espectaculares de las pirámides, se trata de un lugar apropiado para almorzar después de hacer turismo, aunque la comida resulta un poco insulsa. Posee una amplia carta que abarca desde platos de pasta a comida india. Una Stella cuesta 20 EGP.

Moghul Room (plano p. 140; ☎ 3377 3222; Mena House Oberoi, carretera de las Pirámides; platos principales 75-165 EGP; 🕒 19.00-23.45, vi además 12.30-14.45). El mejor restaurante indio de El Cairo está especializado en *curries* y kebabs suaves del norte de India, con especial énfasis en los platos al *tandoori*. Aunque se halla a bastante distancia del centro en taxi, su opulenta decoración, buena comida y música de "sitar" en directo hacen que el viaje merezca la pena. Ofrece una gran variedad de opciones vegetarianas (35-40 EGP), así como una extensa y cara carta de vinos. Para el almuerzo sólo sirven algunos de los platos que aparecen en la carta.

Heliópolis

Además de la Amphitrion (p. 142) y las sucursales de las grandes cadenas, los siguientes lugares están bien si el viajero se encuentra en el barrio.

ECONÓMICO

El Shabrawy (plano p. 142; ☎ 2258 6954; Sharia Ibrahimy; platos 4-15 EGP; 🕒 8.00-2.00). Muy popular entre los lugareños por sus *makaroneh* (grandes cuencos de pasta con una sustanciosa salsa de carne). También sirve platos como coliflor frita con huevo y *aggah* (una mezcla entre una tortilla y una gigantesca *ta'amiyya)*, la mayor parte de los cuales son vegetarianos. Está señalizado sólo en árabe; hay que buscar el toldo rojo. Su puesto de *ta'amiyya* (plano p. 142) al otro lado de la calle también es muy popular.

PRECIO MEDIO

Petit Palmyra (plano p. 142; ☎ 2417 1720; 27 Sharia al-Ahram; *mezze* 9-17 EGP, platos principales 16-40 EGP; 🕒 11.00-2.00). Un reflejo de la Heliópolis de antaño, con servilletas almidonadas, sillas cómodas, fotos en tono sepia en las paredes y un pianista tocando música. Los platos clásicos egipcios y orientales, como el pichón relleno, son excelentes; algunos de los europeos, como los *penne puttanesca*, no están mal.

Merryland (plano p. 142), al norte del centro de Heliópolis, es un gran parque y centro de ocio con atracciones infantiles y cantidad de lugares para comer, desde la cadena TGI Friday's hasta puestos egipcios de tentempiés. Cuando los autores lo visitaron, estaba cambiando de propietarios; por lo tanto, los restaurantes y el ocio pueden variar, pero en general seguirá siendo un buen lugar para comer y observar a la gente.

COMPRA DE ALIMENTOS

Una buena tienda de comestibles en Zamalek es el **mercado Alfa** (plano pp. 134-135; ☎ 2737 0801; 4 Sharia al-Malek al-Afdal), que ofrece productos locales y de importación. **Sekem** (plano pp. 134-135; ☎ 2738 2724; Sharia Ahmed Sabry) vende productos biológicos y tofu. Hay un supermercado Metro (plano pp. 134-135) abierto las 24 horas en Sharia Ismail Mohammed y varias tiendas en Sharia 26th of July que venden frutas y verduras de buena calidad. Los productos porcinos, como el jamón, se pueden conseguir en la *delicatessen* de Maison Thomas (p. 157); **Bakery** (plano pp. 134-135; ☎ 2728 3000; Cairo Marriott, 16 Sharia Saray al-Gezira; café con leche 14 EGP; 🕑 6.30-22.00) ofrece buenos panes occidentales.

Mandarine Koueider (plano pp. 134-135; ☎ 2735 5010; 17 Sharia Shagaret ad-Durr; 3,25 EGP por bola; 🕑 9.00-23.00) es el lugar perfecto para degustar un magnífico helado. Merece la pena pagar un poco más por el de *zabadi bi-tut* (yogur con moras). Tiene una sucursal en Heliópolis (plano p. 142).

DÓNDE BEBER

El Cairo no es una ciudad donde se aplique la ley seca, pero sus habitantes suelen darle a la cafeína durante el día. Para beber café hay que ir a las *ahwas* (cafés) tradicionales o a los cafés de estilo europeo. Normalmente no se empiezan a consumir bebidas alcohólicas hasta la noche; incluso entonces, están limitadas a los bares de los hoteles y a algunos antros más baratos. El alcohol fuerte es caro y el vino es muy malo, pero la cerveza se puede conseguir fácilmente y sale barata. Para comprar bebidas alcohólicas hay que acudir a las tiendas de Drinkies (en Sharia 26th of July en Zamalek y en Sharia Talaat Harb en el centro), que venden cerveza, vino y las únicas marcas fiables de alcohol local. Beber en la calle y deambular borracho son considerados actos de muy mal gusto. Durante el Ramadán, sólo se sirve alcohol a los extranjeros.

Cafés y pastelerías

Poco después del año 2000, la fiebre por el café exprés se desató en El Cairo; la ciudad ya no es la misma desde entonces. Todo barrio acaudalado que se precie cuenta con varios café-bares que ofrecen todo tipo de bebidas cafeinadas, así como tentempiés, dulces y Wi-Fi gratuito. Si no fuera por las pandillas de chicas adolescentes con *hiyab* (velo árabe) que se agrupan en los bancos después de clase, sería difícil saber que uno está en Egipto. Incluso hay un par de cafés Starbucks; para cuando se publique esta guía habrá aún más. Para cafés tradicionales egipcios, véase más adelante.

EL CENTRO

Cilantro (plano pp. 104-105; 31 Sharia Mohammed Mahmoud; capuchino 6 EGP, sándwiches 6-17,50 EGP; 🕑 9.00-2.00). Este popular café está limpio y forma parte de una cadena local. Sirve un excelente café italiano y té Twinings. Abajo se puede pedir café para llevar y tomar un sándwich envasado, un zumo fresco, un pastel o una ensalada de la nevera. Si se quiere servicio en mesa, hay que dirigirse a la planta superior (llena de humo, pero con un par de asientos en el balcón, al aire libre). Tiene sucursales por todas partes: Zamalek (plano pp. 134-135), Heliópolis (plano p. 142) y Doqqi (plano p. 138), por nombrar sólo algunas. Todas ofrecen Wi-Fi, aire acondicionado fuerte y cantidad de revistas y periódicos.

Groppi's (plano pp. 104-105; Midan Talaat Harb; consumición mínima 20 EGP; 🕑 7.00-24.00). En su época fue el lugar indicado para tomar café, pero eso fue hace más de cincuenta años. Ahora, la oferta es pobre y cara. El salón de té huele a tabaco barato. Sólo para nostálgicos.

Groppi Garden (plano pp. 104-105; Sharia Adly; 🕑 7.00-24.00). Sirve los mismos pasteles anodinos del otro Groppi, pero su terraza ajardinada (con una consumición mínima de sólo 10 EGP) es un lugar bastante tranquilo para disfrutar de una taza de té o fumar un narguile.

ZAMALEK

Simonds (plano pp. 134-135; 112 Sharia 26th of July; café con leche 7 EGP; 🕑 7.00-22.00). Un café de estilo francés, anticuado y maravilloso. El camarero parece que lleva sirviendo aquí más de un siglo. El complejo sistema prepago y el gentío pueden resultar confusos antes de tomarse un café. Sentarse en uno de sus taburetes de la barra para leer el periódico matutino con un pastel hojaldrado es toda una tradición cairota.

Coffee Roastery (plano pp. 134-135; 140 Sharia 26th of July; capuchino 7 EGP; 🕑 24 h). Su menú de comida rápida, los vídeos musicales a todo volumen y sus jóvenes camareros lo convierten en un lugar de reunión muy popular entre los grupos de jóvenes cairotas. El café es sorprendentemente bueno y se sirve de 30 maneras diferentes. No hay que molestarse en probar la comida.

Coffee Bean & Tea Leaf (plano pp. 134-135; 5 Sharia Abu al-Feda; capuchino 9 EGP; 🕑 9.00-2.00). Una sucursal de la cadena de café estadounidense, conocida por sus clientes famosos. Aquí los clientes también llevan joyas y enormes gafas de sol. La política de no dejar propinas es muy estricta y quizá esté relacionada con las quejas por dar mal el cambio. Aun así, el café es muy bueno.

Euro Deli (plano pp. 134-135; 22 Sharia Taha Hussein; capuchino 9 EGP, sándwiches 12-22 EGP; 24 h). Un café luminoso, concurrido y elegante con Wi-Fi gratuito. Sirve sabrosos sándwiches, platos de pasta y patatas fritas. Además, ofrece *bagels* al estilo de Montreal para desayunar; hay que probar la variación local, con *labneh* (yogur espeso con aceite de oliva) y pepino por encima.

Arabica Café (plano pp. 134-135; ☎ 2735 7982; 20 Sharia al-Marashly, Zamalek; capuchino 7 EGP, desayunos 5,50-9,50 EGP, *fiteer* 11,50-23 EGP; 9.00-23.00). Original y acogedor, este café en una planta superior es frecuentado por adolescentes y estudiantes mayores que se reúnen aquí para estudiar y garabatear en las mesas cubiertas con manteles de papel. A diferencia de los cafés más elegantes, aquí sirven comida egipcia; entre las opciones para desayunar hay *fuul* y *shakshouka* (revuelto de huevos con especias). También se pueden degustar *fiteer* salados o dulces a cualquier hora.

'Ahwas'

Las *ahwas* de El Cairo son perfectas para relajarse, charlar y fumarse un narguile. Las más tradicionales se distinguen por sus suelos polvorientos, sus mesas desvencijadas y el repiqueteo de las fichas de dominó y *towla (backgammon)*. Sin embargo, las más nuevas y brillantes (donde las mujeres también fuman) han ampliado el concepto, por no mencionar la selección de sabores para narguile, que ahora incluyen la guayaba y la menta. Aunque reciben su nombre del café *(ahwa)*, el *shai* (té) es mucho más común que el espeso brebaje negro al estilo turco, que suele beberse por la mañana. También sirven limonada, infusiones calientes de hierbas y, en invierno, *sahlab* (véase p. 82).

Por lo menos hay una *ahwa* para cada subcultura. En esta guía se detallan las más famosas, pero la verdadera satisfacción consiste en que el viajero descubra la suya propia. Hay que buscar en los callejones traseros del centro (los fans del deporte se reúnen al sur de Sharia Adly; los intelectuales en Midan Falaki); hay un agradable local tradicional bajando por el callejón situado detrás de la mezquita de Al-Azhar; algunos patios de los centros comerciales pueden ser sorprendentemente entretenidos. Casi todas las *ahwas* abren entre las 8.00 y las 2.00; algunas sirven cerveza, pero normalmente se trata de un ambiente sin alcohol.

Café Fishawi's (El Fishawy; plano p. 116; junto a Midan Hussein, El Cairo islámico; 24 h excepto en Ramadán). Probablemente la *ahwa* más antigua de la ciudad y, sin duda, la más famosa. Es un lugar magnífico para observar el ambiente del mercado. A pesar de estar abarrotado de turistas extranjeros y egipcios boquiabiertos de fuera de la ciudad, se trata de una *ahwa* tradicional que sirve *shai* (3 EGP) y narguiles (4,50 EGP) a vendedores de puestos y compradores por igual. Es especialmente atractiva a primera hora de la mañana. Durante el Ramadán está cerrada desde las 3.00 hasta alrededor de las 17.00.

Cafetería Horreyya (plano pp. 104-105; Midan Falaki, Bab al-Luq). No tiene cartel en el exterior; hay que buscar la fachada de color rosa pálido con contrachapado en algunas de las ventanas. Es una de las *ahwas* más clásicas de la ciudad y también una de las más actualizadas. Se puede mirar con ojos soñadores a través del humo de los narguiles a los altos techos, al suelo cubierto por serrín y a la gran variedad de clientes. Además se puede consultar el correo electrónico gracias al Wi-Fi gratuito. Otra ventaja: también sirve cerveza (8 EGP). Asimismo, hay varias mesas para jugar al ajedrez, aunque está estrictamente prohibido beber cerveza cerca de ellas.

Entre otros locales recomendables se encuentran:

Abu Aly Café (plano pp. 104-105; Nile Hilton, 1113 Corniche el-Nil, el centro; consumición mínima 20 EGP; 10.00-1.30). Popular entre los lugareños, se trata de un extraordinario lugar para fumarse un narguile, con música en directo, comida tradicional (entrantes 12-15 EGP, platos principales 46-82 EGP) y camareros con *galabiyyas.*

Kawkab ash-Sharq (Soma Caffe; plano pp. 104-105; 11 Sharia Saray al-Ezbekiyya, el centro; 24 h). Dedicado a Umm Kolthum, la "estrella de Oriente". Hay que buscar los enormes bustos de la cantante en el exterior.

Mahran (plano pp. 104-105; el centro). Situado bajo un árbol en un callejón que sale de Sharia Mahmoud Bassiouni, en el centro. Las mujeres son bienvenidas.

Tornado (plano pp. 134-135; 3 Midan Aswan, Mohandiseen; narguile 9 EGP; 10.00-2.00). Luces suaves, televisores y parejas mimosas. Sin embargo, la bebida más fuerte es un batido y el narguile de fruta fresca sabe casi a un producto sano.

Zahret al-Bustan (plano pp. 104-105; junto a Sharia Talaat Harb, el centro). Ocasionalmente es un centro de reunión de escritores e intelectuales, así como de estudiantes y mochileros.

Bares

BARES LOCALES

Si se quieren ver los puntos débiles de El Cairo, varios bares del centro sirven cerveza y licores locales. Pueden parecer poco acogedores: ninguno es apropiado para mujeres solas y los servicios son repugnantes. Tampoco ayuda el que ninguno esté claramente señalizado como "bar": "cafetería" es el eufemismo más común. Las entradas están separadas para que los transeúntes no puedan ver el interior. Una Stella cuesta entre 8 y 10 EGP.

Cairo (plano pp. 104-105; 3 Sharia Saray al-Ezbekiyya, el centro; 24 h). Hay que atravesar el restaurante hasta el bar de la primera planta. La cerveza no siempre está fría, pero el ambiente resulta algo sórdido y muy divertido.

Cafetería Stella (plano pp. 104-105; esq. Sharia Hoda Shaarawi con Sharia Talaat Harb, el centro; hasta las 24.00). Marcado con un diminuto cartel de neón rojo, este local sencillo ha recibido buenas críticas de los residentes extranjeros del centro, que lo encuentran más alegre y acogedor que otros bares parecidos de los alrededores.

Cafetería Port Tawfiq (plano pp. 104-105; Midan Orabi, el centro). Oscuro y bastante atractivo.

Cap d'Or (plano pp. 104-105; Sharia Abdel Khalek Sarwat, el centro). Bastante desvencijado e iluminado con bombillas fluorescentes. Sin embargo, aquí no se viene por la decoración. El personal y los clientes habituales están acostumbrados a ver extranjeros.

BARES DE ESTILO OCCIDENTAL

Como en cualquier otra ciudad concurrida, los bares abren y cierran, se ponen de moda y pasan al olvido. Los más fiables se hallan en los hoteles, pero los locales de moda suelen resultar mucho más divertidos. Con mucho, el mejor lugar para salir de copas (si se tiene dinero) es Zamalek, donde hay varios bares a poca distancia los unos de los otros. Muchos locales también ofrecen cartas completas, así que se puede estar picando toda la noche. Los más elegantes pueden contar con una selección en la puerta tan estricta como la de las discotecas, por lo que conviene ir bien vestido y en grupos mixtos.

Windsor Bar (plano pp. 104-105; 19 Sharia Alfy, el centro; 18.00-1.00). Por desgracia, la mayoría de sus clientes habituales ha fallecido. Hoy en día sólo quedan algunos huéspedes del hotel y un barman cordial y políglota, así como música suave que puede abarcar desde el *swing jazz* hasta Umm Kolthum. La historia colonial se puede casi palpar en las cabezas disecadas de antílopes, las sillas con forma de tonel y los exquisitos bordados en la pared. Las mujeres solas se sentirán cómodas aquí. Una Stella cuesta 13 EGP.

La Bodega (plano pp. 134-135; ☎ 2735 6761; 1ª planta, Baehler's Mansions, 157 Sharia 26th of July, Zamalek; 12.00-2.00). Este amplio salón de luz ámbar es también un restaurante, pero la comida (platos principales 29-50 EGP) no es nada del otro mundo, así que es mejor seguir tomando cócteles en su larga barra. Frecuentado por la mayoría de los famosos de la farándula cairota, que tienen un aspecto fabuloso con el fondo estilo *belle époque*. Un ala separada se ha bautizado como Barten; aquí la gente es más joven y la música más alta. Se recomienda reservar.

Odeon Palace Hotel (plano pp. 104-105; 6 Sharia Abdel Hamid Said, el centro; 24 h). Su moqueta verde tiene quemaduras de los carbones de los narguiles. Este bar en una azotea es el preferido de los cairotas del mundo del teatro y el cine a los que les gusta beber. Excelente para ver la puesta o la salida del sol. Una Stella cuesta 8 EGP y los tentempiés como mínimo 5 EGP.

Marriott Garden Café (plano pp. 134-135; Cairo Marriott, 16 Sharia Saray al-Gezira, Zamalek; 6.30-22.00). La terraza ajardinada del Marriott es uno de los lugares más cómodos de la ciudad para relajarse con una copa. Sus grandes sillas de mimbre, su aire fresco y sus cervezas y vinos de alta calidad lo convierten en un lugar muy popular. También se puede comer aquí. La única desventaja son sus elevados precios.

Topkapi (plano p. 138; Corniche el-Nil, Garden City). Es fácil saltarse este relajado local junto al Nilo, escondido debajo de la calle frente al Four Seasons Nile Plaza y detrás de un barco-restaurante amarrado. Una vez sentado en un banco de *picnics* disfrutando de un narguile y una cerveza, resulta fácil olvidarse del tráfico en la Corniche. En el interior de su sala principal, parecida a una jaima, un *disc jockey* pincha música árabe y extranjera. La carta (platos principales 25-42 EGP) está compuesta por una peculiar mezcla de sabores locales y turcos, con platos especiales cada noche. A veces organiza fiestas especiales, a las que sólo se puede pasar si se tiene entrada.

L'Aubergine (plano pp. 134-135; 1ª planta, 5 Sharia Sayyed al-Bakry, Zamalek; 12.00-2.00). Bar minimalista lleno de gente con camisetas negras ajustadas y un marcado maquillaje. Un poco más moderno que otros fantásticos locales nocturnos. Está orientado a los amantes del *jazz*, los residentes extranjeros y los estudiantes de la AUC más taciturnos.

Le Tabasco (plano pp. 96-97; 3336 5583; 8 Midan Amman, Mohandiseen; consumición mínima 50 EGP; 13.00-2.00). Siempre elegante, se trata de una especie de gruta en un sótano con buena música electrónica e iluminación ambiental. La mayoría de los clientes más mayores y bien vestidos vienen aquí para dejarse ver y picar diversos tentempiés extranjeros. Se aconseja reservar.

Deals (plano pp. 96-97; 2 Sharia Sayyed al-Bakry, Zamalek). Una pequeña bodega que nunca parece abierta. Sin embargo, a última hora de la noche y durante los fines de semana está demasiado llena como para poder disfrutar. En momentos más tranquilos es bastante agradable. Tiene otros locales en Mohandiseen (plano pp. 134-135) y Heliópolis (plano p. 142).

Revolving Restaurant Lounge (plano p. 138; 3365 1234; 41ª planta, Grand Hyatt Cairo, Corniche el-Nil, Garden City; consumición mínima 35 EGP; 15.00-2.00). Aunque resulta un poco cursi, destaca por sus cómodos asientos, su pianista y sus espectaculares vistas (se trata del edificio más alto en varios kilómetros a la redonda). Hay que vestirse para la ocasión. El restaurante contiguo es demasiado caro para lo que ofrece.

Le Grillon (plano pp. 104-105; 8 Sharia Qasr el-Nil, el centro). Aunque en teoría es un restaurante, este peculiar patio falso está más orientado a la cerveza, los narguiles y los chismes sobre política y el mundo artístico. La ilusión de estar al aire libre se ha conseguido con muebles de mimbre, parras falsas y cantidad de ventiladores en el techo. La entrada se halla en la parte trasera de un patio entre dos edificios.

Bull's Eye (plano pp. 134-135; 32 Sharia Jeddah, Doqqi). Este falso *pub* inglés constituye una importante parada en cualquier circuito nocturno. Se trata de un local sin pretensiones para descansar en las noches que no se salga de marcha. Atrae a una mezcla de egipcios y residentes extranjeros. Ofrece dardos, karaoke los miércoles y una carta con filetes.

Nomad (plano p. 138; King Hotel, 20 Sharia Abdel Rahim Sabry, Doqqi; 13.00-4.00). Como el bar en la azotea del Odeon Palace, pero situado en la orilla occidental. Ideal para tomar una cerveza y fumar un narguile acariciado por la brisa mientras se disfruta de sus buenas vistas. Debido a su ubicación en Doqqi, es un poco más elegante y ofrece más sabores para los narguiles. Se recomienda comer aquí, aunque las porciones resultan algo escasas.

Jazz Up (plano pp. 104-105; Nile Hilton, 1113 Corniche el-Nil, el centro). El bar en la planta baja del Nile Hilton es una extraña mezcla de paneles de madera y vinilo blanco. Organiza noches de salsa (do y vi) y algún concierto en directo (ju).

Hard Rock Café (plano p. 138; 2532 1281; Grand Hyatt Cairo, Corniche el-Nil, Garden City; 12.00-4.00). Ofrece exactamente lo que se espera de esta cadena global.

OCIO

En El Cairo abundan las discotecas de estilo occidental, los cines que proyectan películas en inglés y los cabarés de cinco estrellas. La música en directo está más limitada, pero si se acude a algún lugar para escuchar *rock*, música folclórica local o *jazz* se encontrará un ambiente acogedor, pues será bastante pequeño. Las obras de teatro suelen ser en árabe y, por ello, no muy indicadas para los viajeros.

Locales nocturnos

No hay suficiente gente que salga de marcha en El Cairo como para llenar más de un local a la vez, así que los lugares varían según el día de la semana. A veces, una discoteca organiza una fiesta especial para la que se necesita entrada (gratuita o muy barata; el reto consiste en conseguir una). Hay que mantenerse atento y preguntar a egipcios modernos. Muchos locales empiezan el día como restaurantes y sólo se convierten en discoteca pasada la medianoche (entonces, el proceso de selección en la puerta se vuelve más estricto). Los grupos grandes de hombres siempre están mal vistos; hay que entrar en un grupo tan mixto como se pueda y lo mejor sería reservar.

Absolute (plano pp. 134-135; 2579 6512; Corniche el-Nil, Bulaq; consumición mínima 75 EGP; 13.00-3.00). Una de las discotecas más elitistas de El Cairo, pero también una de las mejores. Es imprescindible reservar con antelación. Su gran pista de baile y sus excelentes *disc jockeys* atraen a una muchedumbre ostentosa para los que la norma consiste en pedir botellas enteras de alcohol. Si al viajero no le apetece meterse de lleno en el ambiente discotequero, siempre puede relajarse en el restaurante Sangria (p. 155) al lado.

Latex (plano pp. 104-105; ☎ 2578 0444; Nile Hilton, 1113 Corniche el-Nil, el centro; 🕑 22.00-4.00). La gran dama del ambiente discotequero en El Cairo (antes conocida como Jackie's). Situada en el sótano del Nile Hilton, sigue manteniéndose al día. La música es siempre alguna variación de *house*, con algún tema de pop árabe. Principalmente veinteañeros. De martes a viernes hay una consumición mínima de 100 EGP, excepto los miércoles, en que las mujeres no pagan.

Club 35 (plano p. 138; ☎ 3573 8500; Four Seasons First Residence, 35 Sharia Giza, Giza; 🕑 19.00-3.00). Si se llega antes de medianoche, no parece muy prometedor: todavía será un bistró de fusión asiática con *jazz* suave. Pero más tarde, el espectáculo de luces y la música se animan. Compite con el Latex durante los fines de semana.

En el Hard Rock Café (anteriormente) suele haber un *disc jockey* pinchando y gente bailando.

Cines

Para la cartelera hay que consultar el *Al-Ahram Weekly* o la página web www.yallabina.com. Los cines suelen proyectar cuatro o cinco sesiones al día; algunos empiezan a las 10.00 o incluso a las 0.30. Las entradas suelen costar unas 25 EGP y pueden resultar más baratas en las sesiones diurnas (cuando más mujeres acuden a las proyecciones). También hay que consultar la programación de muchos centros culturales (p. 98). Las salas que se detallan a continuación suelen proyectar películas en inglés:

Cine Cairo Sheraton (plano p. 138; ☎ 3760 6081; Cairo Sheraton, Midan al-Galaa, Doqqi). Lo más parecido a un cine de arte y ensayo en El Cairo.

Cine Karim I & II (plano p. 109; ☎ 2592 4830; 15 Sharia Emad ad-Din, el centro). Gracias a sus entradas baratas y sus películas de acción, es popular entre los hombres jóvenes (no es aconsejable para mujeres solas). El acceso al Karim II está a la vuelta de la esquina.

Cine Metro (plano pp. 104-105; ☎ 2393 7061; 35 Sharia Talaat Harb, el centro). En su época fue la mejor sala de El Cairo, pero hoy en día es una de las más destartaladas.

Cine Tahrir (plano p. 138; ☎ 3335 4726; 122 Sharia Tahrir, Doqqi). Cine cómodo y moderno donde no acosan a las mujeres solas.

Citystars Centre (fuera del plano pp. 96-97; ☎ 2480 2013; Sharia Omar ibn Khattab, Nasr City). Un multicine con 13 salas en el centro comercial.

Good News Grand Hyatt (plano p. 138; ☎ 2532 2800; anexo del Grand Hyatt, Corniche el-Nil, Garden City). Tres salas. A veces las películas árabes tienen subtítulos en inglés.

Música en directo y teatro

Para la programación de obras de teatro y conciertos de música clásica y folclórica hay que consultar el "ET Calendar" en el *Egypt Today o la Egyptian Gazette*; para conciertos de bandas, hay que hacerse con una copia del *Croc* mensual. También hay que estar atento al Festival de Música SOS (www.sosmusicfestival.com), un espectáculo periódico y gratuito de bandas locales que atrae a multitud de fans.

Teatro de la Ópera de El Cairo (plano p. 138; ☎ 2739 8144; Recinto de Exposiciones de Gezira, Gezira). De las cinco salas de este complejo, las interpretaciones de la Ópera y de la Orquesta Sinfónica de El Cairo suelen tener lugar en el auditorio principal. Los recitales, las obras de teatro y las actuaciones de danza de Egipto y del resto del mundo se llevan a cabo en el auditorio pequeño, el teatro Gomhouria, el Instituto de Música Árabe y el teatro al aire libre. Los hombres deben vestir chaqueta y corbata para las interpretaciones en el auditorio principal (se comenta que algunos viajeros las han tenido que pedir prestadas al personal). La programación se puede conseguir en la ventanilla de información (a la derecha de la entrada principal).

Cairo Jazz Club (plano pp. 134-135; ☎ 3345 9939; www.cairojazzclub.com; 197 Sharia 26th of July, Agouza; 🕑 17.00-3.00). El escenario más animado de la ciudad. Música popular egipcia moderna, electrónica, fusión oriental y mucho más. Siete noches a la semana. Los conciertos suelen empezar alrededor de las 22.00. Hay que reservar una mesa con antelación (es más fácil hacerlo *online*). No se admiten personas menores de 25 años.

After Eight (plano pp. 104-105; ☎ 2574 0855; 6 Sharia Qasr el-Nil, el centro; consumición mínima vi-mi 60 EGP, ju 90 EGP; 🕑 20.00-2.00). Un local moderno y mal ventilado que se llena para sus variopintos espectáculos (desde tríos de *jazz* y un imi-

RAMY HABEEB

Director y cofundador de Kotobarabia.com, la primera editorial árabe online *de Oriente Medio.*

¿Cuánto tiempo lleva viviendo en El Cairo?
Tres años. Me mudé aquí en 2004 desde Japón.

¡Vaya cambio!
Sí, pero me encanta El Cairo. Me gusta no saber lo que me deparará el día. Y los egipcios suelen ser muy amistosos. A menudo entablo conversaciones al azar con gente en la calle: un buen modo de enfrentarse a la claustrofobia. Soy medio egipcio y todos los veranos venía aquí para visitar a mi familia. Es increíble lo rápido que crece y cambia la ciudad.

¿Algún cambio importante en los últimos años?
Los taxis amarillos. ¡Vaya avance! Los taxis antiguos de color blanco y negro no tienen taxímetro, aire acondicionado e incluso, si se tiene mala suerte, ni siquiera manijas en las puertas. Cada carrera acaba con una fuerte discusión sobre cuánto debería costar el trayecto si se tienen en cuenta las complicaciones del tráfico, la antigüedad del vehículo y la probabilidad de que se pinche una rueda. Pero todavía quedan demasiados, porque los mecánicos egipcios son auténticos manitas de la tecnología automotriz. ¡Pueden arreglar cualquier cosa! Si se quiere experimentar el verdadero Egipto, no quedará otra que regatear.

¿Cuál es su monumento favorito en El Cairo?
Como trabajo en una editorial, supongo que es la estatua de Naguib Mahfuz en Midan Sphinx [en Mohandiseen]. Fue erigida poco después de que ganara el premio Nobel.

¿Y su restaurante preferido?
Estoy entre Gad (p. 154) y **Makani** (9 Sharia Amr, Mohandiseen; 🕓 8.00-2.00). Gad es muy moderno y ofrece comida rápida egipcia. Sirve sándwiches tradicionales de *fuul y ta'amiyya* o extrañas mezclas como patatas fritas en pan de *pita* bañadas con *tahini* (puré de sésamo).

En el otro extremo se encuentra Makani: una *delicatessen* de sándwiches y *sushi*. Ya sé que los sándwiches y el *sushi* no pegan mucho, pero Makani ha encontrado el equilibrio y tiene un ambiente agradable. Hay que probar su tarta de zanahoria: es la mejor que he comido nunca. Además, tiene Wi-Fi.

¿Hay algún lugar donde vaya a relajarse sin usar el ordenador?
Sin duda, Nomad (p. 163). Es un bar en una azotea con unas vistas increíbles. Magnífico para recostarse, fumarse un narguile y disfrutar de la ciudad desde una perspectiva sosegada y panorámica.

Pero también me gusta Cilantro (p. 160). Es un café nacional que puede competir con Starbucks. Me encantaría ver algo como Cilantro en otros países: una empresa egipcia compitiendo a escala internacional.

¿Cuál es su frase favorita en árabe egipcio coloquial?
Kubbar dimaaghik. Significa literalmente "aumenta tu cabeza", pero tiene el sentido de "relájate" o "tranquilo" para distender una situación. Cuando me encuentro en una situación incómoda, digo esta frase y la gente se suele empezar a reír. Me preguntan dónde la he aprendido y se sorprenden mucho, porque suelen confundirme con un extranjero. Al final de la discusión, ya somos buenos amigos.

tador de Frank Sinatra hasta la popular *disc jockey* Dina, que mezcla James Brown, pop egipcio de los setenta y los últimos éxitos más oídos en los taxis). Su clientela es igual de ecléctica. Hay que reservar *online* (el estilo de la página web no refleja el del local).

Makan (plano pp. 96-97; ☎ 2792 0878; www.egyptmusic.org; 1 Sharia Saad Zaghloul, Mounira). Gestionado por el Centro Egipcio para la Cultura y el Arte. Se trata de un espacio íntimo dedicado a la música tradicional. No hay que perderse al conjunto Mazaher, que interpreta el *zar* tradicional para mujeres, una especie de trance musical y ritual de sanación (normalmente mi, 21.00; 20 EGP).

Teatro El Genaina (plano pp. 96-97; ☎ 2362 6748; www.mawred.org; parque Al-Azhar, Sharia Salah Salem, El Cairo islámico). El teatro al aire libre del parque, con capacidad para 300 espectadores, organiza conciertos de artistas occidentales de gira, estrellas de Oriente Medio y cantantes locales. Los espectáculos suelen ser gratis (aunque hay que pagar la entrada del parque).

También hay que consultar la programación del Centro Cultural El Sawy (p. 99), con dos salas de conciertos para las bandas de *rock* y *jazz* más grandes de la ciudad. En Jazz Up (p. 163) tocan bandas una o dos noches a la semana y la ciudadela (p. 123) suele organizar grandes conciertos gratuitos en verano.

Danza

DANZA DEL VIENTRE

Si sólo se va a ver a una bailarina de danza del vientre en la vida, más vale que sea en El Cairo, el verdadero hogar de este arte. Las mejores bailarinas actúan en los hoteles de cinco estrellas, normalmente para grupos de fans ricos procedentes del golfo Pérsico. Los espectáculos suelen empezar alrededor de medianoche, aunque puede que la estrella no suba al escenario hasta las 2.00 o más tarde. El precio de las entradas es excesivo, pues está por encima de las 250 EGP e incluye la comida pero no las bebidas. Las divas de El Cairo suelen tener disputas con los hoteles o sus directores, por lo que pueden cambiar de lugar de actuación.

En el otro extremo, se puede disfrutar de una expresión de este arte menos matizada por sólo unas pocas libras en varios locales nocturnos de Sharia Alfy, en el centro. Son sórdidos, el sonido de los micrófonos retumba y la mayoría de las bailarinas tienen la apariencia y gracilidad de luchadoras no profesionales. Sin embargo, puede resultar entretenido, en especial si se puede mantener el nivel apropiado de embriaguez: lo suficiente como para bailar en el escenario (si se lanzan suficientes billetes de 5 EGP a la bailarina y la banda), pero no tanto como para caer en las numerosas trampas para cobrar de más, como meter en la factura tentempiés que no se han pedido e incluso servilletas (una Stella cuesta unas 15 EGP y el precio de la entrada alrededor de 5 EGP). Como ocurre en los hoteles, no se empiezan a animar hasta después de medianoche.

Haroun al-Rashid (plano pp. 104-105; ☎ 3795 7171; Semiramis InterContinental, Corniche el-Nil, Garden City; 🕑 23.00-4.00 ma-ju y do). Este local de cinco estrellas de aspecto anticuado (lleno de cortinas rojas y luces blancas en la marquesina) es donde se contornea la famosa Dina (aunque algunos miércoles se toma el día libre; hay que llamar para preguntar).

Casablanca (plano p. 138; ☎ 3336 9700; Midan al-Galaa, Doqqi). Situado en el Cairo Sheraton, aquí la estrella es Soraya.

Palmyra (plano pp. 104-105; junto a Sharia 26th of July, el centro; entrada 6 EGP). El mejor local en el otro extremo de la escala. Un salón de baile de los años cincuenta, cavernoso y destartalado, en un callejón que sale de Sharia 26th of July. Ofrece una orquesta árabe completa, bailarinas que mejoran cuanto más dinero reciban y de vez en cuando un cantante o un acróbata. Además del precio de la entrada, hay una consumición mínima de 30 EGP, que cubre fundamentalmente una cerveza y un narguile.

Scheherazade (plano pp. 104-105; 1 Sharia Alfy, el centro; entrada 5 EGP). Merece la pena visitarlo aunque sólo sea por su magnífico interior: una fantasía orientalista llena de cortinas rojas de terciopelo. Los clientes no son tan elegantes como el entorno.

Nile Maxim (plano pp. 134-135; ☎ 2728 3000; enfrente del Cairo Marriott, Sharia Saray al-Gezira, Zamalek; consumición mínima 170 EGP; 🕑 salidas del barco 19.30 y 22.45). El mejor de los barcos de cruceros por el Nilo, regentado por el Marriott. Constituye un modo bastante económico de ver a una estrella de renombre como Randa o Asmahan. Tiene menú a la carta. Es mejor decidirse por el paseo en barco de las 22.45, pues el espectáculo no se lleva a cabo con tanta prisa.

DANZAS SUFÍES

Grupo de danza del patrimonio egipcio Al-Tannoura (☎ 2512 1735; entrada gratuita; 🕑 19.00 invierno, 20.00 lu, mi y sa verano). La única compañía egipcia de danzas sufíes. Mucho más animada y colorida que los derviches turcos vestidos de blanco. Ofrece hipnotizantes espectáculos en la Wikala de Al-Ghouri (p. 121). Constituye una magnífica oportunidad para ver uno de los espacios medievales en plena actividad; hay que llegar alrededor de una hora antes para asegurarse un asiento.

DE COMPRAS

Debido a las montañas de recuerdos baratos y a los vendedores demasiado enérgicos que intentan vendérselos al viajero invitándole a interminables tazas de té, resulta tentador no comprar nada. Pero entonces el viajero se estará perdiendo algunos de los tesoros más fabulosos de Egipto. El truco consiste en saber dónde buscar. Aunque son muy turísticas y están llenas de productos de China, las diminutas tiendas de Khan al-Khalili (p. 117) ofrecen algunos tesoros que se detallan en este apartado, como espectaculares sedas. El centro, especialmente Sharia Qasr el-Nil, está más orientado a la ropa de calle para el mercado de masas. Zamalek es el mejor lugar para ir de compras. Sus calles a la sombra poseen algunas *boutiques* excelentes de ropa y artículos de decoración; no todas son tan caras como parecen (hay que buscar sobre todo en Sharia al-Marashly y Sharia Mansour Mohammed). Para artículos de importación de lujo, hay que acudir a Mohandiseen, en especial a Sharia Suleiman Abaza y Sharia Abd al-Hamid Lotfy, donde se puede observar a la clase alta en pleno frenesí comercial.

Antigüedades y decoración de interiores

Los dueños de tiendas han empezado a encargar elegantes artículos de decoración a los artesanos tradicionales, con algunos resultados espectaculares. Algunas antigüedades tienen precios excesivos, pero los magníficos productos específicamente egipcios, como los antiguos anuncios, suelen ser una ganga. En Sikket al-Badistan, la céntrica ruta que cruza Khan al-Khalili de este a oeste, hay varias tiendas de antigüedades destacables.

Tao Gallery (plano pp. 134-135; ☎ 2735 0480; 15A Sharia al-Marashly, Zamalek; 🕑 10.00-17.00 lu-vi, 10.00-13.00 sa). Artículos para decorar la casa divertidos y no muy caros, como visillos estampados a medida, carteles de películas árabes e incluso posavasos con la cara barbuda del jeque Nasrallah de Hezbolá, todo un ejemplo de *kitsch* terrorista.

Loft (plano pp. 134-135; ☎ 2736 6931; www.loftegypt.com; 12 Sharia Sayyed al-Bakry, Zamalek; 🕑 10.00-22.00 lu-sa). En un laberíntico apartamento, esta ecléctica tienda ofrece curiosidades orientales, desde pequeños candelabros de latón hasta antiguos divanes. Aquí se pueden comprar las grandes bandejas pintadas tan comunes en numerosos restaurantes elegantes de la ciudad.

Ahmed El Dabba & Sons (plano p. 116; ☎ 2590 7823; 5 Sikket al-Badistan, El Cairo islámico). El anticuario más respetado de Khan al-Khalili ofrece un laberinto lleno de muebles Luis XV y vitrinas de cristal con brillantes joyas y cajitas de rapé. Aquí acaban casi todos los tesoros almacenados en los apartamentos del centro del s. XIX.

Makan (plano pp. 134-135; ☎ 2738 2632; www.makanegypt.com; 4 Sharia Ismail Mohammed, Zamalek; 🕑 10.00-23.00). Esta moderna tienda de menaje del hogar ofrece inteligentes aplicaciones de la artesanía tradicional. No hay que perderse las lámparas elaboradas con panderetas. Algunos productos son minimalistas; otros, como los marcos para fotos de madera pintada, poseen una estética de arte folclórico. También vende telas para tapizar.

Noubi Nabil (plano pp. 134-135; ☎ 2735 3233; 106-126 Sharia 26th of July, Zamalek; 🕑 10.00-14.00 y 16.00-22.00). En la entrada de esta tienda situada en una esquina hay estatuas de elefantes. Está abarrotada de antiguas alfombras de seda, cuencos de cristal tallado, plata vieja y excelentes porcelanas. Lo que no cabe en la tienda se almacena en un local más pequeño al otro lado de 26th of July.

También se recomiendan:

Home & Beyond (plano pp. 134-135; ☎ 012 329 7830; 17 Sharia Mansour Mohammed, Zamalek). Azulejos con números en árabe para la casa, pantallas a rayas para lámparas y bloques de ámbar, un hidratante perfecto con olor a almizcle.

Bazar del Rey Saleh (plano p. 116; ☎ 2589 2747; 80 Sharia al-Muizz li-Din Allah, El Cairo islámico). Justo al sur de la madraza y mausoleo de Qalaun. Cuanto más se busque entre el polvo, más cosas interesantes se encontrarán.

Nostalgia (plano pp. 134-135; ☎ 2737 0880; 6 Sharia Zakaria Rizk, Zamalek). Ofrece desde grabados de anuncios árabes enmarcados hasta tenedores para comer caracoles.

Libros, cintas de música y CD

Para libros nuevos hay que consultar el apartado "Información" (p. 98). **L'Orientale/L'Orientaliste** (plano pp. 104-105; ☎ 2576 2440; www.orientalecairo.com; tienda 757, sótano, centro comercial del Nile Hilton, Corniche el-Nil, el centro; 🕑 10.00-20.00 lu-sa, 10.00-17.00 do) es un lugar excelente para encontrar libros raros sobre Egipto y Oriente Medio, así como litografías, mapas y grabados. Tiene otra tienda en 15 Sharia Qasr el-Nil. En los cerca de cincuenta puestos del **mercado de libros de Ezbekiyya** (plano pp. 104-105; jardines de Ezbekiyya, el centro) se puede encontrar algún tesoro, pero es una lata tener que revisar los montones desordenados.

Puede que los últimos éxitos musicales que se escuchan en los taxis sólo se vendan en cinta; hay que buscar los quioscos en las aceras donde se venden. **Sawt al-Qahira** (plano pp. 104-105; ☎ 2392 1916; Midan Opera, el centro; 🕙 10.00-23.00), situada en una galería comercial apartada de Sharia al-Gomhurriya, ofrece CD de los cantantes melódicos clásicos. Aparte de los centros comerciales, la mejor sección musical se encuentra en **Diwan** (plano pp. 134-135; ☎ 2736 2582; 159 Sharia 26th of July, Zamalek; 🕙 9.00-23.30).

Alfombras y tapetes

A diferencia de Marruecos, Turquía o Irán, Egipto no posee una rica tradición de tejido de alfombras orientales. Las más comunes son las alfombras pequeñas beduinas de rayas marrones y pelo de camello, así como los kílims con motivos geométricos, almacenados en numerosas tiendas del apretado laberinto de callejones detrás de la mezquita de Al-Ghouri, al otro lado de la calle desde Khan al-Khalili, o en algunos de los lugares mencionados en el apartado "Artesanía y recuerdos" (p. 169). Los tapetes y tapices del Centro de Arte de Wissa Wassef (p. 141) pertenecen a una categoría aparte. **El Kahhal Carpets** (plano p. 116; ☎ 2590 9128; Sikket al-Badistan, El Cairo islámico; 🕙 10.00-20.00 lu-sa), situado en el *khan* y de una elegancia increíble, cuenta con las mejores alfombras de importación de la ciudad; ofrece antigüedades y nuevas alfombras tejidas por encargo.

Ropa y joyería

La ropa egipcia de algodón puede ser una compra excelente. Para moda local auténtica (principalmente en poliéster) hay que buscar en las avenidas principales del centro; la galería comercial entre Sharia Abdel Khalek Sarwat y Sharia Adly, al oeste de Midan Opera, está llena de *hiyabs* con todo tipo de motivos. Las joyas, el oro y la plata se venden al peso (hay que consultar las tasas diarias en el *Egyptian Gazette)* y se paga un poco más por la mano de obra; la plata antigua puede salir bastante cara y, por desgracia, se puede falsificar con facilidad. El centro de Khan al-Khalili sigue siendo la principal zona para comprar oro y plata; el viajero debe acudir aquí si quiere un cartucho a medida con su nombre en jeroglíficos. Las tiendas aquí detalladas ofrecen algo diferente.

Mix & Match (plano pp. 134-135; ☎ 2736 4640; 11 Sharia Brazil, Zamalek; 🕙 10.00-20.00). Prendas para mujer bien elaboradas y diseñadas a nivel local con lana, seda y algodón. Ofrece precios razonables y suele incluir detalles orientales muy sutiles. Su otra tienda dos manzanas al sur, en 11 Sharia Hassan Sabry, tiene tallas mayores.

Mobaco (plano pp. 134-135; ☎ 2738 2790; 8 Sharia Ahmed Sabry, Zamalek). No ofrece diseños tan interesantes como Mix & Match, pero es barata y cuenta con una amplia gama de colores. Siempre se puede encontrar una favorecedora falda larga de algodón o lino. Los hombres pueden elegir entre un arco iris de polos con el logotipo de un camello. Posee sucursales por toda la ciudad, incluidas las del Nile Hilton y el Semiramis.

Atlas (plano p. 116; ☎ 2591 8833; abdelazizsalah@hotmail.com; Sikket al-Badistan, El Cairo islámico). Abierta desde 1948 y regentada por la familia Atlas, esta tienda está especializada en seda, que se vende por yardas. La seda es preciosa y resistente; además, mantiene el tinte mejor que cualquier otro producto más barato. También ofrece caftanes y zapatillas. Asimismo, se puede encargar ropa hecha a medida con cualquiera de los tejidos.

Sami Amin (plano pp. 134-135; ☎ 2738 1837; www.sami-amin.com; 15A Sharia al-Mansour Mohammed, Zamalek). Magníficas joyas macizas de metal y esmalte, así como bolsos, cinturones y zapatos de cuero, muchos de ellos estampados con motivos tribales. Todos los precios son una ganga: los bolsos y las sandalias cuestan sólo 33 EGP como mínimo.

Friction (plano pp. 134-135; ☎ 2736 9204; 18B Sharia al-Marashly, Zamalek; 🕙 11.00-20.30 sa-ju). Sus maniquíes del escaparate escandalizan por su ropa interior. En el interior hay música de discoteca y excelente ropa de diseñadores turcos y escandinavos: nada que se pueda llevar por la calle en El Cairo, pero aceptable en los mejores locales nocturnos.

Nagada (plano p. 138; ☎ 3748 6663; www.nagada.net; 13 Sharia Refa'a, Doqqi; 🕙 10.00-18.30). El pilar de esta tienda de lujo situada en una gradiosa villa son los coloridos linos, algodones y sedas tejidos a mano. Se pueden comprar por yardas o en ropa para hombres y mujeres, con pliegues y rectangular. También ofrece preciosos objetos de cerámica de Al-Fayoum hechos a mano.

Beymen (plano p. 138; ☎ 2791 7000; Four Seasons Hotel at Nile Plaza, 1089 Corniche el-Nil, Garden City; 🕑 10.00-23.00). Estos grandes almacenes turcos son el último grito de las compras de lujo en El Cairo. Ofrece ropa de Prada y similares junto a su elegante marca de la casa. Posee una selección desproporcionada de pañuelos y perfumes. Su café es excelente para observar a la gente.

Dina Maghawry (plano pp. 134-135; ☎ 012 322 3896; www.dinamaghawry.com; 1ª planta, 16 Sharia Sayyed al-Bakry, Zamalek; 🕑 11.00-21.30 sa-ju, 15.00-21.30 vi). En esta *boutique* se exponen los delicados collares adornados con piedras semipreciosas, así como otras piezas elegantes pero modernas, de esta diseñadora local. No es barata, pero se trata de piezas espectaculares.

Tanto Nomad (más adelante) como Oum El Dounia (más adelante) venden macizas joyas beduinas de plata.

Artesanía y recuerdos

Estas tiendas con precios fijos suelen ofrecer artesanía egipcia típica a precios no mucho más elevados que en Khan al-Khalili y, a menudo, de mejor calidad (cristal *muski* frágil pero colorido, madera con incrustaciones y papiros). Para accesorios de narguile hay que ir a la zona del cobre, al norte de la madraza y mausoleo de Barquq, o a Sharia Ahmad Mahir Pasha, al este de Bab Zuweila.

Centro de artesanía Egypt/Comercio justo Egypt (plano pp. 134-135; ☎ 2736 5123; www.fairtradeegypt.org; 1ª planta, 27 Sharia Yehia Ibrahim, Zamalek; 🕑 9.00-20.00 sa-ju, 10.00-18.00 vi). La artesanía que se vende aquí se produce en proyectos para generar ingresos de todo el país. Entre los artículos a la venta se encuentran alfombras beduinas, algodón tejido a mano, cerámica de Al-Fayoum y joyería con cuentas de Asuán. Las colchas y chales de algodón son especialmente bonitos. Excelentes precios.

Nomad (plano pp. 134-135; ☎ 2736 1917; 1ª planta, 14 Sharia Saray al-Gezira, Zamalek; 🕑 10.00-19.00). Esta tienda es una maravilla. Está especializada en joyas, artesanía y vestidos tradicionales beduinos, especialmente los procedentes de Siwa. Entre los artículos más destacados se hallan los manteles y fundas de cojines bordados, los vestidos elaborados en los oasis, las cestas tejidas, las zapatillas de seda y las joyas macizas de plata. Para llegar aquí hay que pasar junto a la oficina egipcia de tratamiento de aguas hasta la 1ª planta y llamar al timbre. Tiene otras tiendas más pequeñas en los hoteles Cairo Marriott (plano pp. 134-135), Grand Hyatt (plano p. 138) y Nile Hilton (plano pp. 104-105).

Abd El Zaher (plano p. 122; ☎ 2511 8041; www.abdelzaherbinding.com; 31 Sharia Mohammed Abduh, El Cairo islámico; 🕑 11.00-21.30). El último encuadernador que queda en El Cairo también elabora hermosos libros en blanco, álbumes de fotos y diarios encuadernados con cuero y papel aceitoso. En los precios (tan bajos que dan pena, teniendo en cuenta el trabajo que llevan) se incluye el monograma en oro. Encuadernar un libro cuesta como mínimo unos 15 EGP y lleva varios días.

Oum El Dounia (plano pp. 104-105; ☎ 2393 8273; 1ª planta, 3 Sharia Talaat Harb, el centro; 🕑 10.00-19.00). Excelente ubicación en el centro. Vende una atractiva selección de vidrio, joyas beduinas, ropa de algodón, bolsos, chales bordados y lámparas, todos ellos elaborados localmente. También ofrece una pequeña selección de mapas, postales, CD y libros en inglés y francés sobre El Cairo y Egipto.

Al-Khatoun (plano p. 122; ☎ 2514 7164; 3 Sharia Mohammed Abduh, El Cairo islámico; 🕑 11.00-21.00). Esta magnífica tienda alberga una colección constantemente renovada de lámparas, tarros de alabastro, manteles, joyas, ropa y chales, todos muy elegantes y diseñados y fabricados en Egipto.

Khan Misr Touloun (plano p. 126; ☎ 2365 2227; Midan Ibn Tulun; 🕑 10.00-17.00 lu-sa). Tienda situada enfrente de la mezquita de Ibn Tulun. Ofrece una atractiva mezcla de artesanías procedentes de todo Egipto, desde cofres de madera, joyas, cerámica, marionetas y pañuelos, hasta modernas camisetas estampadas con populares logotipos de productos egipcios.

Centro de papiros Said Delta (plano p. 116; ☎ 2512 0747; 3ª planta, 21 Sharia al-Muizz li-Din Allah, El Cairo islámico; 🕑 10.00-21.00). Creado en parte gracias al Dr. Ragab (el padre de las pinturas de calidad en papiro), posee una amplia selección de estos productos que representan desde antiguas escenas egipcias hasta magníficos paisajes de El Cairo. Realiza cartuchos personalizados con el nombre del cliente en alrededor de media hora. Los precios son negociables y bastante razonables, siempre que se llegue aquí sin un "cazaclientes". Para llegar a la tienda hay que subir dos plantas y cruzar un oscuro pasillo.

Tienda de artesanía Wady (plano pp. 134-135; ☎ 2738 0826; catedral anglicana de Todos los Santos, 5 Sharia Michel Lutfallah, Zamalek; 🕑 9.00-17.00). Esta tienda con fines benéficos junto al Marriott Hotel vende bolsos de algodón, delantales, manteles, posavasos con incrustaciones y paños de cocina serigrafiados. Todas las piezas son elaboradas por organizaciones de refugiados, prisioneros y gente que necesita ayuda.

Mahmoud Abd El Ghaffar (Al Wikalah; plano p. 116; ☎ 2589 7443; 73 Sharia Gawhar al-Qaid, El Cairo islámico). Una de las mejores tiendas de vestidos para danza del vientre. Los mejores artículos están en la planta superior. Hay que buscar la entrada en un pequeño callejón que sale de la calle principal.

Para los bordados suele ser mejor dirigirse directamente al lugar donde se elaboran: el bazar de los fabricantes de toldos, Sharia al-Khayamiyya (p. 123), donde multitud de tiendas venden colchas, fundas de almohadas y tapices con intricados bordados, así como telas a rayas que pesan como lonas y algodón estampado más fino (7 EGP el metro).

Ropa de casa

El algodón egipcio es un símbolo de calidad para sábanas y toallas, aunque se usa muy poco para fabricar productos selectos a nivel local. Como excepción destacan las magníficas sábanas y batas bordadas a mano por Malaika en **Mounaya** (plano pp. 134-135; ☎ 2736 4827; 16 Sharia Mohammed Anis, Zamalek; 🕑 11.00-20.00 lu-ju y sa, 12.00-20.00 vi). También se pueden encontrar este tipo de productos por menos de lo que se pagaría en el extranjero en la anticuada **Galerie Hathout** (plano pp. 104-105; ☎ 2393 6782; 114 Sharia Mohammed Farid, el centro).

Centros comerciales, zocos y mercados

Los mercados callejeros de El Cairo son lugares funcionales y sociales, excelentes para encontrar gangas e interactuar con los lugareños en un animado espacio público. Los cairotas también se vuelven locos por los centros comerciales; cada par de años abre uno nuevo, apartando inevitablemente a las masas y las tiendas de los lugares más antiguos.

Zoco de al-Gomaa (mercado de los Viernes; plano pp. 96-97; El Cairo islámico; 🕑 6.00-12.00 vi). En el cementerio meridional al sur de la ciudadela, este extenso mercado semanal combina toda la locura de un bazar medieval con un entorno moderno. Bajo el paso elevado de una carretera, ofrece bicicletas nuevas, burros, aseos y teléfonos rotos. Los compradores espabilados pueden encontrar algunas antigüedades magníficas y pequeñas reliquias de otras épocas. Hay que visitarlo antes de las 10.00, cuando el gentío puede resultar insoportable. Para llegar aquí hace falta un taxi (unas 12 EGP desde el centro); hay que decirle al taxista el nombre del barrio: Khalifa.

Zoco al-Fustat (plano p. 111; Sharia Mar Girgis, El Cairo antiguo; 🕑 8.00-16.00). Un nuevo mercado construido para los turistas. Aun así, cuenta con una buena colección de tiendas que venden alfombras antiguas, cerámica moderna, *galabiyyas* con exquisitos bordados y juguetes de madera. Además, tiene sucursales de Sami Amin (p. 168) y del encuadernador Abd El Zaher (anteriormente). Resulta muy agradable que los vendedores no acosen al cliente.

Wikalat al-Balah (zoco de Bulaq, mercado de Bulaq; plano pp. 134-135; al norte de Sharia 26th of July, Bulaq). Su principal atractivo es su ropa de segunda mano, que suele estar bien organizada, limpia y con los precios marcados (en especial en Sharia al-Wabur al-Fransawi). Más adentro se encontrarán buenos tejidos, piezas de automóviles y excedentes militares.

Citystars Centre (fuera del plano pp. 96-97; ☎ 2480 0500; Sharia Omar ibn Khattab, Nasr City; 🕑 11.00-1.00). El centro comercial más fastuoso de El Cairo es el actual punto de desembarco de cualquier cadena internacional nueva, desde Starbucks hasta Wagamama. Posee un parque temático infantil y un gran cine. Se halla aproximadamente 12 km al este del centro (12 EGP en taxi).

Centro comercial Arkadia (plano pp. 134-135; Corniche el-Nil, Bulaq; 🕑 10.00-23.00). El más grande en el centro de El Cairo, con bares y una sala de juegos recreativos en la última planta. Ofrece las típicas marcas internacionales, así como una buena zona de restaurantes.

Perfumes

Adorados por los cairotas. El Cairo es una de las pocas ciudades del mundo donde se pueden encontrar perfumistas en quioscos del metro: son lugares perfectos para comprar donde no acosan al cliente, aunque la calidad suele ser mejor en varias tiendas especializadas como **Karama Perfumes** (plano p. 116; ☎ 2590 2386; 112 Sharia al-Azhar, El Cairo islámico), muy popular entre los lugareños por sus copias de perfumes y sus propias mezclas y esencias (hay que buscar la tienda abierta en la esquina de Sharia al-Muizz). En los locales menos serios, las esencias se diluyen con aceite vegetal; el viajero debe dudar si el vendedor le frota el perfume enérgicamente en la piel mientras le aplica una muestra.

Especias

Las especias constituyen una buena compra, en especial el *kuzbara* (cilantro), el *kamoon* (comino), el *shatta* (chile), la *filfil iswid* (pimienta negra) y el *karkadeh* (hibisco). Hay que comprarlas enteras y nunca molidas, para que sean más frescas. Además, conviene evitar el azafrán: en realidad se trata de alazor y sabe a polvo. Las tiendas que venden especias también ofrecen *henna*, jabones y remedios a base de hierbas. Un local interesante es **Abd ar-Rahman Harraz** (plano pp. 96-97; ☎ 2512 6349; 1 Midan Bab al-Khalq, El Cairo islámico), el rey de los herbolarios y las plantas medicinales; hay que buscar los productos disecados y abandonados en el escaparate de la esquina.

Attara Ahl al-Beit (plano pp. 134-135; ☎ 2735 4955; Sharia Hassan Assem, Zamalek) es una tienda pequeña pero excelente al oeste de Sharia Shagaret ad-Durr. Las calles alrededor de Midan Falaki también albergan varias tiendas grandes, al igual que la esquina suroccidental de Khan al-Khalili.

Sastres

Gracias a sus mano de obra barata y a sus hábiles sastres, El Cairo es un buen lugar para adquirir un traje a medida. Conviene llevar recortes de revistas en que aparezcan los diseños, pues los sastres locales no siempre conocen las últimas tendencias. Quizá también haya que llevar la tela (al menos 3 m para una chaqueta y un par de pantalones, y otro metro para unos pantalones más). Salem (más adelante) ofrece la mejor calidad; las tiendas más baratas en Midan Opera venden tejidos egipcios. Tardan entre tres días y una semana, más otro día para los ajustes finales.

Orange Square (plano pp. 134-135; ☎ 2735 2887; 4A Sharia Ibn al-Nabieh, Zamalek; 🕓 12.00-20.00). Con libros para elegir diseños y una decente selección de tejidos, esta elegante tienda es el lugar más fácil para hacerse un traje a medida. Sin embargo, no es el más barato: como mínimo se pagarán 1.800 EGP.

Samir El Sakka (plano pp. 104-105; ☎ 2392 6196; 31 Sharia Abdel Khalek Sarwat, el centro; 🕓 10.00-13.30 y 17.30-20.30 lu-vi). Este sastre de la antigua escuela formado en Roma cuenta con una pequeña selección de tejidos. Los precios empiezan en las 1.000 EGP.

Salem (plano pp. 134-135; ☎ 3345 2232; 30 Sharia Libnan, Mohandiseen). Ofrece los tejidos para trajes más selectos, procedentes de Inglaterra e Italia.

Osman Ahmed (plano pp. 104-105; ☎ 012 331 8622; 18 Sharia Adly, el centro; 🕓 10.00-14.00 y 16.00-20.00 lu-sa). Como no habla inglés ni tiene tejidos, es la opción menos práctica, pero su habilidad trasciende la barrera lingüística. Está acostumbrado a clientes extranjeros y puede basarse en la foto de una revista.

CÓMO LLEGAR Y SALIR

Avión

Para información sobre billetes internacionales, véase p. 532; para vuelos nacionales, véase p. 539. Para información sobre oficinas de líneas aéreas en El Cairo, véase p. 532.

AEROPUERTO INTERNACIONAL DE EL CAIRO

Para información sobre el aeropuerto, véase p. 174. Para información sobre los vuelos hay que llamar al ☎ 0900 77777 desde un teléfono fijo egipcio o al ☎ 27777 desde un móvil.

OFICINAS DE EGYPTAIR

EgyptAir Aeropuerto (☎ 2265 7256); Doqqi (plano p. 138; ☎ 2748 9122; Cairo Sheraton, Midan el-Galaa); el centro (☎ 2391 9515; Midan Opera, Sharia al-Gomhuriyya); el centro (plano pp. 104-105; ☎ 2393 0381; esq. Sharia Talaat Harb con Sharia al-Bustan); el centro (plano pp. 104-105; ☎ 2392 7680; 6 Sharia Adly); el centro (plano pp. 104-105; ☎ 2577 2410; Nile Hilton, 1113 Corniche el-Nil)

Autobús

La principal estación de autobuses de El Cairo es **Cairo Gateway** (Mina al-Qahira, cochera de Turgoman; plano pp. 96-97; Sharia al-Gisr, Bulaq), 1 km al noroeste del cruce entre Sharia Galaa y Sharia 26th of July. Se encuentra a 5 minutos a pie de la parada de metro de Orabi; también se puede tomar un taxi en Tahrir o Talaat Harb por alrededor de 5 EGP. La ostentosa estación nueva tiene ventanillas diferentes para cada empresa de autobuses; por lo tanto, quizá haya que comparar precios. Se recomienda reservar con antelación la mayor parte de los billetes, en especial para las rutas populares en verano, como Sinaí, Alejandría y Marsa Matruh. Las empresas no ofrecen descuentos para estudiantes.

Existen otras cuatro estaciones de autobuses, aunque ahora se usan menos debido a la reforma de Cairo Gateway para gestionar más tráfico:

Aboud (plano pp. 96-97; Sharia El-Tir'a El-Boulakia, Shubra) es el punto de salida para los autobuses al delta del Nilo; varios taxis colectivos realizan el trayecto entre la estación y Midan Ramses (2 km al sur), pero también se pueden recorrer a pie hacia el este los 800 m que hay desde la parada de metro de Rod al-Farag.

El-Moneib es la pequeña estación donde acaban su recorrido los autobuses de Al-Fayoum. Está situada en la Corniche de Gizeh, después de Sharia al-Bahr al-Azam y al sur del pueblo faraónico del Dr. Ragab. Un taxi desde el centro cuesta 15 EGP. También se pueden recorrer a pie los 800 m que hay desde la parada de metro de Sakiat Mekki.

Al-Mazah está en Heliópolis, cerca del aeropuerto (un taxi cuesta 30 EGP, pero también se puede tomar la línea Merghani del tranvía de Heliópolis y caminar un par de manzanas hacia el norte). Desde aquí salen algunos autobuses al extranjero y paran algunos servicios que viajan fuera de El Cairo.

A **Abbassiyya** (estación de Sinaí; plano pp. 96-97; Sharia Ramses, Abbassiyya) llegaban todos los autobuses procedentes de Sinaí. La posibilidad de que se llegue aquí hoy en día es mínima. Un taxi al centro cuesta unas 15 EGP.

POR EGIPTO

Alejandría y la costa mediterránea

Desde Cairo Gateway, **West & Mid Delta Bus Co** (☎ 2432 0049) viaja a Alejandría (21-25 EGP, 3 h) cada hora a menos cuarto desde las 4.45 hasta las 20.45; después, las salidas son a y cuarto, de 21.15 a 1.15. Un par de autobuses clase VIP salen a las 9.45 y 12.45. Los servicios a Marsa Matruh (50 EGP, 5 h) son a las 7.30, 8.15, 10.45, 15.15, 21.45 y 23.30.

Al-Fayoum

Los autobuses y taxis colectivos a Al-Fayoum (6-8 EGP, 2 h) salen cada media hora de la estación de El-Moneib en Gizeh y de Aboud, de 6.00 a 19.00. Los jueves, los billetes son una 1 EGP más caros. Los autobuses paran en Midan el-Remaya, pasada la carretera de las Pirámides y justo antes de la que discurre entre Gizeh y Al-Fayoum.

Sinaí

Todos los autobuses a Sinaí salen de Cairo Gateway pero llegan a Abbassiyya, parando en Al-Mazah de camino.

East Delta Travel & Tourism Co (☎ 2574 2814) fleta servicios a Sharm el-Sheikh (60-70 EGP, 7 h) a las 6.30, 10.00, 15.00, 19.00, 23.00, 23.30, 24.00, 1.00 y 1.45. Los autobuses a Dahab (67-80 EGP, 9 h) salen a las 7.15, 13.00, 17.00 y 0.15.

Hay tres autobuses diarios a Nuweiba (70-80 EGP, 8 h) y Taba (70-80 EGP, 9 h), con salidas a las 6.30, 9.30 y 22.15. El servicio diario al monasterio de Santa Catalina sale a las 10.30 (37 EGP, 7½ h).

Superjet (☎ 2290 9017) tiene autobuses a Sharm el-Sheikh a las 7.30, 15.15, 22.45 (80 EGP, 6 h) y 23.15 (70 EGP).

Canal de Suez

Todos los autobuses a Suez salen de Cairo Gateway. East Delta Travel & Tourism Co viaja a Ismailia (7,25 EGP, 2½ h) y Suez (7,25 EGP, 1½ h) cada 30 minutos entre las 6.00 y las 20.00. Los autobuses a Port Said (16 EGP, 3 h) salen cada 30 minutos entre las 6.00 y las 9.30 y luego cada hora hasta las 21.30.

Luxor y Asuán

Upper Egypt Travel (☎ 2576 0261) fleta autobuses desde Cairo Gateway. Ofrece dos servicios diario a Luxor (91 EGP, 9 h) a las 17.00 y las 21.00; el de las 17.00 sigue hasta Asuán (91 EGP, 12 h). Es mucho mejor viajar en tren.

Mar Rojo

Superjet sale de Cairo Gateway hacia Hurgada (60 EGP, 6 h) a las 7.30, 14.30 y 23.45.

Los autobuses de Upper Egypt Travel & Tourism Co a Hurgada (56-61 EGP, 6 h) salen a las 8.00, 9.30, 12.00, 13.30, 15.00, 17.00, 18.30, 20.00, 21.00, 22.00, 23.00, 23.30, 0.30 y 1.00. Los servicios de las 13.30, 17.00, 18.30, 20.00, 21.00 y 22.00 siguen hasta Safaga (71 EGP, 7½ h).

Upper Egypt Travel dispone de autobuses que viajan a Al-Quseir (76 EGP, 9 h) a las 13.30, 18.30, 20.00, 22.00 y 23.00. Los de las 13.30, 18.30, 20.00 y 23.00 siguen hasta Marsa Alam (86 EGP, 10½ h).

Oasis occidentales

Todos los autobuses hacia los oasis occidentales salen de Cairo Gateway. Conviene saber que para llegar a Siwa el viajero debe tomar un autobús hasta Alejandría o Marsa Matruh y luego otro hasta Siwa. Para viajar a los oasis es aconsejable llevar agua y comida, pues a veces estos autobuses no paran en ningún lugar donde se puedan comprar víveres.

Hay tres servicios al día de Upper Egypt Bus Co hacia Bahariyya (25 EGP, 4 h) y Dakhla (56 EGP, 10 h) a las 7.00, 8.00 y 18.00. Los de las 7.00 y 18.00 paran en Farafra (40 EGP, 7 h). Otro autobús sale hacia Al-Kharga (51 EGP, 8 h) a las 21.30 y 22.00.

INTERNACIONAL

Para información sobre autobuses a Libia, Israel y Jordania, véase p. 535.

Taxis colectivos

La mayor parte de los taxis colectivos salen de los alrededores de la estación de Ramsés y Midan Ulali (véase plano p. 109). Los servicios al delta del Nilo y Suez parten del norte de Midan Ulali, al este de Sharia Orabi, y viajan a destinos como Suez (7 EGP, 1 h), Ismailia (8 EGP, 1½ h) y Port Said (15 EGP, 2 h).

Los taxis colectivos a Alejandría (17 EGP, 2½-3 h) salen del sur de la estación de Ramsés (plano p. 109). Un autobús grande (17 EGP) espera en el estrecho callejón de detrás. Ambos parten aproximadamente cada hora, pero el autobús tiene aire acondicionado.

Tren

La estación de Ramsés (Mahattat Ramses; plano p. 109; ☎ 2575 3555; Midan Ramses) es la principal estación de trenes de El Cairo. Cuenta con una **consigna** (plano p. 173; 2,50 EGP por pieza al día; 🕓 24 h), una **oficina de correos** (plano p. 173; 🕓 8.00-20.00), cajeros automáticos, una farmacia y una **oficina de información turística** (plano p. 173; 🕓 9.00-19.00).

Para más detalles sobre los tipos de trenes y los billetes a la venta, incluidos los descuentos para estudiantes, véase p. 545. También se puede consultar la página www.egyptrail.gov.eg.

ALEJANDRÍA

Los mejores trenes entre El Cairo y Alejandría son los *Turbini* (1ª/2ª clase 46/29 EGP, 2 h) con aire acondicionado. La 2ª clase de estos trenes es casi tan buena como la 1ª en casi todos los demás. Salen de El Cairo a las 8.00, 14.00 y 19.00. Los siguientes mejores son los *Espani* (españoles), que cuestan lo mismo que los *Turbini* y salen a las 9.00,

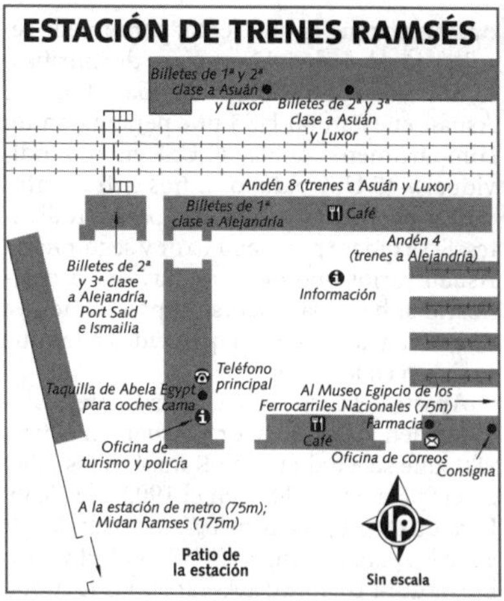

12.00, 17.00, 18.00 y 22.30; los de las 9.00 y 18.00 son directos y el resto para en Tanta y a veces en Benha y Damanhur. Los trenes más lentos, conocidos como los *Francese* (franceses; 1ª/2ª clase 35/19 EGP, 3 h) salen a las 6.00, 8.15, 9.30, 11.00, 15.10, 16.00 y 20.00. En todos los billetes se aplican descuentos para estudiantes.

LUXOR Y ASUÁN

El excelente servicio nocturno de coches cama al Alto Egipto sale de la **estación de Gizeh** (plano pp. 96-97), junto a la parada de metro de Gizeh. Los billetes se pueden comprar en la taquilla situada en un remolque a la derecha de la entrada de la estación, pero la **taquilla de Abela Egypt para coches cama** (plano p. 173; ☎ 2574 9274; www.sleepingtrains.com; 🕓 8.30-21.00) es más grande, tiene un horario más práctico y acepta tarjetas de crédito. Los billetes para el mismo día deben comprarse antes de las 18.00, aunque en temporada alta (oct-apr) se recomienda reservar con varios días de antelación. En las taquillas se puede pagar en efectivo (sólo euros o dólares) o, por un pequeño recargo, con tarjeta de crédito (sólo Visa).

El coche cama sale de Gizeh a diario a las 20.25 y 20.45. El primero para en menos poblaciones y llega a Luxor a las 5.00 y a Asuán a las 8.05. El segundo llega aproximadamente 40 minutos después. También hay otro coche cama que sale a las 21.10 de Ramsés y llega a las 6.30 a Luxor y a las 9.45 a Asuán; las agencias de viajes no suelen ofrecer esta opción porque es más lenta, pero puede resultar ideal si el viajero quiere dormir hasta más tarde. Los billetes de ida a Luxor o Asuán cuestan 60 US$ por persona en un compartimento doble, 80 US$ en uno individual y 45 US$ para los niños entre cuatro y 10 años. No hay descuentos para estudiantes. Si se quiere parar en Luxor y seguir hasta Asuán varios días después, hay que especificarlo al hacer la reserva. El precio incluye una cena y un desayuno parecidos a los que se sirven en los aviones.

Aparte del coche cama, los extranjeros sólo pueden viajar a Luxor y Asuán en el tren 980, que sale a diario de Ramsés a las 7.30; en el 996 a las 22.00; y en el 1902 a las 0.30. Para Luxor, el precio en 1ª/2ª clase es de 78/42 EGP; para Asuán, de 94/47 EGP. El viaje a Luxor dura 10 horas; a Asuán, unas 12. Cabe destacar que se aplican descuentos del 30% a los estudiantes. Los billetes para estos trenes se pueden comprar en las taquillas junto al andén 11 (plano p. 109), al otro lado de las vías desde el vestíbulo principal. Hay que adquirirlos al menos con un par de días de antelación.

CANAL DE SUEZ

Los trenes a Port Said (2ª clase 18 EGP, 3½-4 h) e Ismailia (11-14 EGP, 2½-3 h) salen a las 8.45, 12.30, 14.35, 17.45 (sólo a Ismailia) y 19.10. Para Suez (2ª clase 18 EGP, 2½ h) hay servicios a las 6.30, 9.20, 13.10, 16.15 y 18.45, pero sólo salen de la estación de Ain Shams, 15 km al nordeste de Ramsés pero accesible en metro. Los retrasos en estas rutas son comunes, así que resulta más práctico viajar en autobús (y más cómodo, ya que tienen aire acondicionado).

CÓMO DESPLAZARSE

Los autobuses y minibuses abarrotados constituyen el medio de transporte más común para la mayoría de los cairotas; cualquiera que pueda permitírselo se desplaza en taxi. Si se comparan con Occidente, los taxis son muy baratos, aunque los precios pueden dispararse si se recorren largas distancias, por ejemplo a las pirámides, en cuyo caso quizá sea preferible tomar un autobús o viajar en el excelente sistema de metro.

A/desde el aeropuerto

El aeropuerto internacional de El Cairo (www.cairo-airport.com) Terminal 1 (☎ 2265 5000); Terminal 2 (☎ 2265 2222) está en las afueras de Heliópolis, 20 km al nordeste del centro de la ciudad. La terminal 1 se encarga de los vuelos domésticos e internacionales de EgyptAir y la terminal 2 abarca los servicios de todas las líneas aéreas internacionales, excepto los de Saudi Arabian Airlines. La terminal 3 (junto a la terminal 2) estaba en obras cuando se redactó esta guía. En todas las zonas de llegadas hay cajeros automáticos y oficinas de cambio de moneda.

AUTOBÚS

Aunque le digan al viajero que no hay autobuses al centro de la ciudad, no es cierto: hay dos, además de un minibús.

El autobús 356 (2 EGP, más 1 EGP por cada pieza grande de equipaje, 1 h) con aire acondicionado sale a intervalos de 20 minutos entre las 7.00 y las 24.00; viaja entre Midan Abdel Moniem Riad (detrás del Museo Egipcio, en el centro de El Cairo) y la terminal 1 del aeropuerto (el servicio a la otra terminal probablemente se restablezca a finales de 2008). Las otras opciones, menos cómodas, son el minibús 27 (6.00-24.00) y el autobús 400 que funciona las 24 horas (ambos 50 pt).

Si se llega a la terminal 1, se verá el aparcamiento de autobuses a un lado de la sala de llegadas, pasado el Air Mall (centro comercial del aeropuerto). Debido a la construcción de la terminal 3, los autobuses evitan la terminal 2, por lo que la situación es más complicada: hay que tomar un autobús hasta el aparcamiento de automóviles (claramente señalizado y que viaja constantemente), cruzar la carretera y caminar a la izquierda hasta la parada de autobuses. Desde aquí, el viajero debe hacer señales a cualquier autobús para que pare y le lleve a la terminal 1, donde puede realizar transbordo si es necesario. Cuando la terminal 3 comience a funcionar, se supone que los autobuses pararán en el aparcamiento entre las terminales 2 y 3.

TAXI

La tarifa actual para un taxi desde el aeropuerto al centro se encuentra entre 45 y 60 EGP; por desgracia, los taxis amarillos con taxímetro (p. 176) se ven poco en el aeropuerto. En el centro se puede conseguir uno amarillo o regatear con el conductor de uno blanco y negro para bajar el precio hasta 35 EGP, pero conviene tener en cuenta que los taxistas deben pagar 5 EGP para entrar al recinto del aeropuerto. Es mejor alejarse de la sala de llegadas y de todos los "cazaclientes" antes de hablar con nadie, pues a veces puede significar una disminución instantánea del precio. Hay que asegurarse varias veces de que el taxista está de acuerdo con la tarifa convenida, ya que en ocasiones tienden a asentir a cualquier cosa que diga el viajero y luego reclamar una suma más alta.

Si el viajero no quiere regatear y prefiere un servicio limpio y cómodo, puede dirigirse al mostrador de limusinas, donde podrá contratar un automóvil a un precio fijo de entre 60 y 75 EGP. Esta opción puede resultar muy práctica, en especial después de un largo vuelo internacional.

En las horas de menos tráfico, temprano por la mañana (cuando llegan muchos vuelos), el trayecto hasta el centro dura 20 minutos. En horas más ajetreadas, se puede llegar a tardar una hora, con los peores atascos en Sharia Uruba.

Autobús y minibús

Una red de abarrotadas latas de sardinas sobre ruedas y minibuses más pequeños (en los que, en teoría, está prohibido viajar de pie), recorre todo El Cairo. Sin embargo, no resulta muy útil para los viajeros: está bien para un trayecto lento y barato a las pirámides o desde el aeropuerto, pero a excepción de estos casos el desplazamiento resulta más cómodo y eficaz en metro o taxi. Los carteles están sólo en árabe, así que conviene estudiarse los números. No existe ningún plano conocido de las rutas de autobús de la ciudad.

Aun así, las vistas desde la ventana de cualquier autobús son fascinantes. Para dar una vuelta sin destino específico, se puede empezar en la céntrica Midan Abdel Moniem Riad, detrás del Museo Egipcio, desde donde salen servicios a casi cualquier zona de la ciudad; otro importante centro de transportes es Midan Ataba (véase plano pp. 104-105). Sólo hay que elegir un barrio y preguntar a los transeúntes dónde está la parada. Los billetes cuestan entre 50 pt y 2 EGP, dependiendo de la distancia y de si los vehículos cuentan con aire acondicionado (suele funcionar en los autobuses verdes). Para más consejos sobre el transporte en autobuses, véase anteriormente.

Automóvil

Esta guía no puede recomendar conducir en El Cairo; no sólo resulta una experiencia angustiosa, sino que también contribuye a los horribles atascos. Los conductores ignoran las señales y desprecian los frenos; los semáforos son sólo orientativos, a no ser que un policía se sitúe al lado. Por la noche, algunos usan las luces sólo para hacer señales a los vehículos que circulan en sentido contrario. Aunque no lo parezca, los conductores cairotas comparten sus propias reglas de circulación: tienen cuidado con los demás y son muy tolerantes con ciertas conductas que en otros países enfurecerían a la gente. Las cosas sólo se ponen feas cuando un conductor inexperto (como el viajero, quizá) se une a ellos.

Para más información sobre automóviles y normas de circulación en Egipto, véase p. 541.

> **CRUZAR LA CALLE EN EL CAIRO**
>
> Puede sonar absurdo, pero el mayor reto al que se enfrenta la mayoría de los viajeros en Egipto es cruzar la calle en El Cairo. Las calles siempre están a rebosar y las normas de tráfico son algo de lo que los cairotas sólo han oído hablar, pero sólo en chistes. Se aconseja colocarse para que uno o más lugareños formen una barrera entre uno mismo y los vehículos; hay que cruzar cuando ellos lo hagan (normalmente no les importa que se les use como escudos humanos). Básicamente, el viajero debe confiar en que los vehículos le esquiven. Nunca hay que dudar una vez se ha puesto un pie en la calzada; hay que seguir cruzando como si se fuera el dueño de la calle. Eso sí, conviene hacerlo rápido.

ALQUILER

La única razón por la que se debe alquilar un coche es para salir de la ciudad. Entre las mejores opciones se encuentran:

Avis (www.avisegypt.com) Aeropuerto (☎ 2265 4249); el centro (plano pp. 104-105; ☎ 2579 2400; Nile Hilton, 1113 Corniche el-Nil)
Budget (☎ 2265 2395; aeropuerto de El Cairo)
Europcar (☎ 2267 2439; terminal 1, aeropuerto de El Cairo)
Hertz (www.hertzegypt.com) Aeropuerto (☎ 2265 2430); el centro (plano pp. 104-105; ☎ 2575 8914; Ramses Hilton, Corniche el-Nil)

Las tarifas de estos gigantes son iguales en todo el mundo y encontrar una opción barata en las compañías locales es prácticamente imposible. Es preferible organizar el alquiler por Internet antes de llegar a Egipto.

Metro

El metro es muy eficiente y las estaciones están más limpias que muchos otros espacios públicos de la ciudad. También es muy barato y, fuera de las horas punta (7.00-9.00 y 15.00-18.00), no está demasiado lleno. Existen dos líneas, con una tercera línea ya legendaria por estar siempre en construcción. La línea principal, con 35 paradas, recorre 43 km desde el barrio meridional de Helwan hasta Al-Marg; la segunda línea enlaza Shubra con Gizeh y para en el Teatro de la Ópera de El Cairo de camino. Véase el plano del metro de El Cairo, abajo.

Las estaciones de metro se identifican fácilmente por sus carteles con una gran "M" roja dentro de una estrella azul. Los billetes cuestan 1 EGP para cualquier parada; hay que conservarlo para introducirlo en el torniquete y poder salir. Los trenes pasan aproximadamente cada cinco minutos, desde las 6.00 hasta las 23.30.

METRO DE EL CAIRO

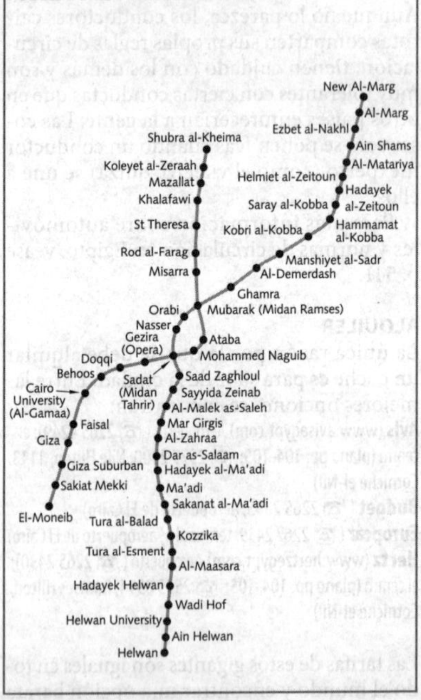

El primer (y a veces el segundo) vagón de cada tren está reservado exclusivamente para las mujeres. Si se quiere viajar en este vagón, hay que situarse cerca de la parte delantera, pues los trenes no se detienen mucho tiempo en la estación.

Microbús

Cada vez más cairotas usan microbuses privados en lugar de minibuses y autobuses públicos. Los microbuses son pequeñas furgonetas con unos diez asientos. Los destinos no están marcados en el vehículo, lo que dificulta su uso al principio. Para subirse a un microbús, hay que situarse al lado de la calle que conduce al destino elegido y, cuando se aproxime uno, gritar el nombre de dicho destino. Asimismo, un joven apoyado en el estribo del vehículo suele anunciar gritando la parada final de la ruta. Si se dirige al destino del viajero y hay asientos libres, parará. Hay algunas terminales de microbús cerca de Midan Ataba y en Sayyida Aisha, el centro de transportes más cercano a la ciudadela. Los precios varían dependiendo de la distancia recorrida, desde 50 pt a 2 EGP. El billete se paga después de sentarse, normalmente pasando el dinero a los pasajeros de delante; el cambio se recibe del mismo modo y la gente es siempre honesta.

'Ferry' fluvial

La terminal de *ferries* fluviales del centro (plano pp. 104-105) se halla en Maspero, en la Corniche, enfrente del gran edificio redondo de la televisión. Los barcos salen a las 8.00, 14.00 y 21.00 hacia Manial, Gizeh y Misr al-Qadima (El Cairo antiguo). El trayecto dura 50 minutos y cuesta 1 EGP.

Taxi

No habrá problemas para encontrar un taxi (excepto durante la hora punta a media tarde) que parará frenando bruscamente al menor indicio de una señal con la mano. Los taxis típicos blancos y negros no tienen taxímetro y para salir airoso hay que tener confianza en que se está pagando la tarifa adecuada. Como los taxis son tan baratos, un taxista puede sembrar, con pocas palabras, la duda de que se está pagando menos de lo que se debería; por lo tanto, es muy importante no entrar en ninguna conversación sobre el precio. A continuación se muestran algunas tarifas desde el centro:

KHALED AL-KHAMISI

Autor de Taxi, *el* best seller *de 2007 (una colección de conversaciones con taxistas de El Cairo). La traducción en inglés se puede conseguir a través de Aflame Books en Reino Unido (www.aflamebooks.com).*

Usted es cairota de nacimiento, ¿verdad?
Nací en el centro de El Cairo y he vivido aquí toda mi vida, excepto los cuatro años de mi doctorado en la Sorbona, en Francia. Pero cuando uno vive en una ciudad como ésta, se siente como si llevara mil años viviendo aquí y no sólo desde que nació.

¿Cómo ha cambiado la ciudad?
El Cairo se ha vuelto más fea, sucia y contaminada. Además, se ha extendido en poblaciones de chabolas. El esplendor de antaño ha desaparecido. Aun así, para mí, El Cairo sigue siendo la ciudad más hermosa del mundo.

¡Vaya respuesta tan cairota! ¿Qué le gusta más de la ciudad?
Cualquier rincón de la ciudad transmite el aura de la antigua civilización egipcia, la civilización copta, la historia islámica y el período de Ilustración posterior al bajá Mohammed Ali. En El Cairo se va pisando historia.

¿Cuál es su edificio histórico favorito?
La mezquita del Sultán Hassan (p. 125) viene a ser como las pirámides de la arquitectura islámica.

¿Y sus restaurantes y *ahwas?*
Abou El Sid (p. 157) en Zamalek es mi preferido, porque sirve una excelente comida egipcia. En cuanto a las *ahwa*s, sin duda Fishawi's (p. 161) en Al-Hussein. Aunque rezuma un ambiente turístico, sigue conservando su belleza y su historia. Cada pared y cada silla representa un pedazo de la memoria del país.

¿Tiene algún lugar donde acuda para relajarse?
El parque Al-Azhar (p. 129) está situado en mitad de la ciudad y ofrece vistas de la ciudadela y las antiguas mezquitas de Egipto. Aquí se puede respirar aire fresco.

Volviendo a su amor por la ciudad... A muchos visitantes les cuesta mucho encontrarle un atractivo al principio. ¿Algún consejo?
No hay que confiar en la primera impresión. El tráfico es espantoso, es imposible escapar de las bocinas de los coches, la gente cruza por donde le viene en gana y los edificios no se acaban para que los propietarios no tengan que pagar impuestos. Pero si se observan los detalles, es alucinante.

Si el viajero siente que la ciudad es demasiado para él, la solución es muy sencilla: debe deslizarse en una falúa (p. 143) por el Nilo durante la puesta del sol y se encontrará en un mundo paralelo, más parecido al paraíso.

Destino	Precio (EGP)
Aeropuerto	30-35
(45-60 del aeropuerto al centro)	
Cairo Gateway	5
Ciudadela	12
Heliópolis	10-15
Khan al-Khalili	6
Midan Ramses	4
Las pirámides	25
Zamalek	6

Alquilar un taxi para un período de tiempo más largo cuesta entre 15 y 25 EGP por hora, según la capacidad de regateo del viajero. Para información sobre el protocolo en los taxis blancos y negros, véase p. 544.

Recientemente, la situación ha cambiado a mejor con la llegada de los **taxis amarillos** (☎ 19730, 16516), que se pueden pedir con antelación, tienen aire acondicionado y siempre usan taxímetros. No hay suficientes

ESTACIONES DE METRO ÚTILES

Ataba La parada más cercana a Khan al-Khalili.
Gezira (Opera) Debajo del Teatro de la Ópera de El Cairo y la más cercana a Zamalek.
Gizeh Enlaza con la estación de trenes de Gizeh, para salidas al Alto Egipto.
Mar Girgis En mitad de El Cairo copto.
Mohammed Naguib Cerca del palacio de Abdeen y el Museo de Arte Islámico.
Mubarak Debajo de Midan Ramses y de la estación de trenes Ramsés.
Nasser Sharia 26th of July y Sharia Ramses; la más cercana a la vida nocturna del centro.
Sadat Debajo de Midan Tahrir, cerca del Museo Egipcio.

como para esperarlos en la calle, pero siempre se puede conseguir uno en la parada situada en el extremo sur de Midan Tahrir. Con una bajada de bandera de 3,50 EGP, salen más caros que los blancos y negros para distancias cortas, pero para viajar a las pirámides, por ejemplo, pueden resultar más baratos (aunque los taxistas suelen esperar un 10% de propina).

Tranvía

Conocidos entre los cairotas con el confuso término de "metro", los desvencijados y anticuados tranvías viajan desde el centro de El Cairo hasta Heliópolis (25 pt, 30-45 min). La terminal se halla al norte de Midan Ramses (véase plano p. 109); la única línea llega hasta Midan Roxy, en el extremo sur de Heliópolis (véase plano p. 142), donde se divide en tres: Nouzha (pasa por el centro de Heliópolis recorriendo Sharia al-Ahram; cartel rojo), Al-Mirghani (más hacia el este; cartel amarillo) y Abdel Aziz Fahmy (extremo oeste, pasado Merryland; cartel azul).

Museo Egipcio

Es uno de los museos de historia antigua más importantes del mundo y un gran espectáculo. En él, los tesoros de Tutankamón reposan junto a objetos funerarios, momias, joyas, cuencos para comer y juguetes de egipcios anónimos. Pasear por él equivale a embarcarse en un viaje en el tiempo.

El museo partió del trabajo del arqueólogo francés Auguste Mariette. El soberano egipcio Mohammed Ali había prohibido la exportación de antigüedades en 1835, pero en 1858 su sucesor, el bajá Mohammed Said, permitió a Mariette crear el Servicio Egipcio de Antigüedades y centrar sus actividades en torno a un nuevo museo en Bulaq, que se trasladó al museo actual construido a tal fin en 1902.

El número de piezas expuestas desbordó hace tiempo el espacio disponible, y el museo está a punto de reventar. Se cuentan muchas historias sobre el almacén del sótano, donde algunas esculturas se han hundido en el blando revestimento del suelo con que está construido este recinto museístico y están siendo excavadas en la actualidad. Se está proyectando un "Gran Museo Egipcio" cerca de las pirámides de Gizeh, pero se avanza muy despacio y prácticamente no es probable que pueda estar abierto antes de 2012. Cuando eso ocurra, muchos de los objetos destacados del museo se trasladarán a un complejo vanguardista que contará, entre otras ventajas, con climatización, algo que se echa de menos en el edificio actual.

El proyecto para el Gran Museo Egipcio (en ciernes) contempla la construcción de una espectacular fachada de alabastro que se iluminará por la noche.

Hasta 1996, la seguridad del museo consistía en cerrar la puerta por la noche. Cuando un ladrón con iniciativa entró después del crepúsculo y robó tantos tesoros como pudo, las autoridades del museo instalaron alarmas y detectores, y al mismo tiempo mejoraron la iluminación de muchas salas. Desde entonces se han hecho mejoras para mostrar las vitrinas, pero gran parte de la colección permanece en vitrinas de principios del s. XX, con etiquetas incompletas o incluso sin ellas, lo cual, unido a la enormidad de la colección y al hecho de que está ordenada cronológicamente, significa que uno de los modos más satisfactorios de visitarla consiste sencillamente en pasearse y fijarse en lo que más llame la atención.

Es imposible perderse lo más importante (suele haber multitudes a su alrededor), pero también hay que pararse a contemplar algunos de los objetos menores, ya que todos ellos ayudan a revivir la era de los faraones.

LO BÁSICO

Que nadie espere ver todo el **Museo Egipcio** (plano p. 181; ☎ 575 4319; www.egyptianmuseum.gov.eg; Midan Tahrir, Centro; adultos/estudiantes 50/25 EGP; 🕘 9.00-18.45) en una sola visita... es sencillamente imposible. Hay que prever al menos dos visitas, puede que dedicándose a una planta por visita, o decidirse por lo indispensable y dirigirse directamente a ello. En temporada alta (gran parte del invierno y todos los festivos), no existe una hora recomendable para recorrerlo, pues el museo está repleto de visitantes todo el día, aunque a la hora del almuerzo y a última hora de la tarde tal vez esté algo más descongestionado.

Hay que afrontar varias colas antes de entrar, que en temporada alta suelen empezar a formarse una hora antes de la apertura. En períodos concurridos, el procedimiento de admisión es tan lento como parece y la situación con la que puede encontarse el viajero es la siguiente:

Pese a la mucha publicidad en torno al futuro Gran Museo Egipcio, el Gobierno egipcio aún debe recaudar o asignar los 500 millones de dólares que se calcula costará su construcción. Los progresos se pueden seguir en www.gem.gov.eg.

- cola cerca de la puerta para pasar por el detector de metales y las bolsas por los rayos X
- cola en la taquilla de la derecha para comprar una entrada
- cola en el guardarropa de la izquierda para dejar bolsas y cámaras
- cola en las barreras automáticas para presentar la entrada del edificio
- cola dentro del edificio para pasar por un segundo detector de metales y para que registren las bolsas otra vez.

Hay que señalar que la **sala de las Momias Reales** (adultos/estudiantes 100/50 EGP, entradas en la planta superior del museo, junto a la sala 50; 9.00-18.20) cierra antes que el resto del recinto.

Los guías oficiales suelen estar cerca de la entrada o después del guardarropa, y conducen por todo el edificio por 60 EGP la hora. Dentro también alquilan *audioguías* (30 EGP) en inglés, francés y árabe, aunque al usar por lo menos tres sistemas de numeración distintos, no siempre resulta fácil hacer coincidir el objeto con el comentario.

LO MÁS DESTACADO DEL MUSEO EGIPCIO

www.egyptianmuseum.gov.eg es el sitio web oficial del Museo Egipcio. Tiene un apartado de entretenimiento donde jugar con lotos que caen, jeroglíficos o completar un puzle de Tutankamón.

He aquí las exposiciones para las que el viajero necesitará al menos medio día (preferible si es algo más).

Galerías de Tutankamón (1ª planta; p. 185)
Salas del Imperio Antiguo (planta baja, salas 42, 37 y 32; p. 182)
Sala de Amarna (planta baja, sala 3; p. 183)
Tumbas reales de Tanis (1ª planta, sala 2; p. 187)
Sala de las Momias Reales (1ª planta, sala 56; p. 184)
Momias grecorromanas (1ª planta, sala 14; p.187)
Salas de Yuya y Thuyu (1ª planta, sala 43; p. 187)
Orfebrería egipcia antigua (1ª planta, sala 4; p. 187)
Momias de animales (1ª planta, salas 53 y 54; p. 188)
Tecnología faraónica (1ª planta, sala 34; p. 187)

CIRCUITO POR EL MUSEO: PLANTA BAJA

Antes de entrar al museo, se aconseja pasear por el jardín; a la izquierda está la **tumba de Mariette** (1821-1881), con una efigie del arqueólogo con los brazos cruzados, a la sombra de un gran árbol. Encima de la tumba hay un **arco con bustos** de dos docenas de ilustres egiptólogos, entre ellos Champollion, que descifró el código jeroglífico; Maspero, sucesor de Mariette como director del Servicio Egipcio de Antigüedades; y Lepsius, preeminente egiptólogo germano del s. XIX.

La planta baja del museo está distribuida más o menos cronológicamente en el sentido de las agujas del reloj, empezando por el vestíbulo. Para conocer la numeración de las salas, véase plano en p. 181.

SALA 43 – ATRIO

Al acceder al museo, el atrio central rebosa de hallazgos grandes y pequeños. En la zona anterior a los escalones hay algunos de los más antiguos. En la vitrina central nº 8 está la seminal **paleta de Narmer,** de dos caras. Data de c. 3100 a.C. y representa al faraón epónimo (también conocido como Menes) llevando la corona del Alto Egipto en un lado de la paleta, y la corona del Bajo Egipto en la otra, lo cual sugiere la primera unión de ambos territorios bajo un solo soberano. Los egiptólogos creen que

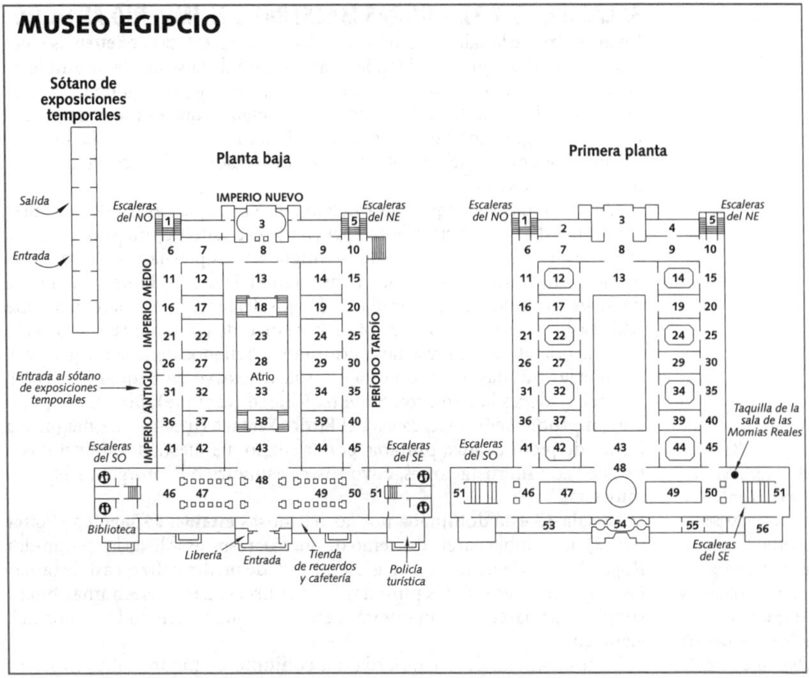

éste fue el nacimiento de la antigua civilización egipcia y su reino fue el primero de la 1ª dinastía. Por lo tanto, es el punto de partida de más de tres mil años de historia faraónica en los que más de ciento setenta reyes gobernaron en más de treinta dinastías, durante las cuales se creó casi todo lo que cobija este edificio. Vista así, la paleta de Narmer, hallada en el templo de Horus en Kom al-Ahmar, cerca de Edfu, es la piedra angular del Museo Egipcio.

El Gobierno egipcio fundó el Service des Antiques de l'Egypte en 1835 para detener el saqueo de yacimientos arqueológicos y organizar la exposición de los objetos hallados. Su legado más duradero es este museo.

SALA 48 – PERÍODO DINÁSTICO TEMPRANO

En la vitrina nº 16 está la **estatua de piedra caliza de Zoser,** faraón de la 3ª dinastía cuyo arquitecto principal, Imhotep, diseñó la revolucionaria pirámide Escalonada de Saqqara. Descubierta en 1924 en su *serdab* (bodega), en la esquina nordeste de la pirámide, es la efigie más antigua de su categoría en el museo. Sedente y casi de tamaño natural, ha perdido sus ojos originales (con incrustaciones), pero sus vestiduras ajustadas y su tocado a rayas sobre una peluca gigantesca siguen impresionando.

SALAS 47 Y 46 – IMPERIO ANTIGUO

En estas salas están las tres **tríadas de esquisto negro** que muestran al faraón Micerinos, responsable de la menor de las tres pirámides de Gizeh, flanqueado por dos divinidades, la diosa Hator a su derecha y una diosa de una región *(nome)* de Egipto, dato que proporciona el símbolo que lucen sobre sus cabezas, a su izquierda. La dureza de la piedra engrandece aún más la habilidad del escultor y ha garantizado la pervivencia de las tríadas, que junto a otra que no se expone en este museo se descubrieron en el templo del valle del faraón, al este de su pirámide en Gizeh.

SALAS 42, 37 Y 32 – OBRAS MAESTRAS DEL IMPERIO ANTIGUO

En el centro de la sala 42 se yergue la descomunal **estatua de Kefrén** lisa, negra y de diorita. Quien ordenó la construcción de la segunda pirámide de Gizeh está sentado en un trono con patas de león y protegido por las alas de Horus, el dios halcón. La elección de la piedra, que es más dura que el mármol o el granito, indica el poder del faraón, aunque ésta es la única de 23 piezas idénticas del templo del valle del faraón en la meseta de Gizeh que ha sobrevivido.

Un poco más a la izquierda y delante de Kefrén, el centro de la impresionante **estatua de madera de Ka-Aper** (nº 40) se talló de una sola pieza de sicomoro (los brazos son añadidos antiguos, y las piernas, restauraciones modernas). El sicomoro estaba consagrado a la diosa Hator, y el vientre de Ka-Aper indica su prosperidad. Los ojos del faraón son increíblemente realistas: las pestañas son de cobre, el blanco de cuarzo opaco y las córneas de cristal de roca, y están perforados y rellenos de pasta negra para formar las pupilas. Cuando esta estatua se excavó en Saqqara en 1860, los trabajadores la llamaron Sheikh al-Balad (cacique), por su parecido con su propio señor. Cerca está el **Escriba Sentado** (nº 44), una magnífica figura de piedra caliza pintada, con la mano dispuesta a tomar notas y los ojos con incrustaciones, cuyo rostro asimétrico le otorga un aspecto muy vital.

The Illustrated Guide to the Egyptian Museum in Cairo (La guía ilustrada del Museo Egipcio en El Cairo), escrita por Zahi Hawass, secretario general del Consejo Supremo de Antigüedades de Egipto, es una publicación excelente de la American University in Cairo Press. La venden en toda la ciudad, cuesta 150 EGP e incluye fotografías en color e itinerarios útiles.

La sala 32 está dominada por las hermosas **estatuas de Rahotep y Nofret** (nº 27), una noble pareja del reino de Snefru, responsable de las pirámides Roja e Inclinada de Dashur. Las esculturas, de piedra caliza, casi de tamaño real y con superficies pintadas bien conservadas, poseen unas líneas simples que parecen contemporáneas, pese a que tienen nada menos que 4.600 años.

En una vitrina de la izquierda, un conjunto de piedra caliza muestra a **Seneb,** jefe del vestuario real, que llama la atención por ser un enano, y su familia (nº 39). Aparece sentado con las piernas cruzadas, con sus hijos colocados de tal manera que parecen una prolongación de sus extremidades. Su esposa, Senetites, de complexión física normal, lo abraza en actitud protectora y cariñosa. Descubierta en su tumba de Gizeh en 1926, esta feliz pareja y sus vástagos han protagonizado en los últimos años campañas de planificación familiar egipcias.

El panel de las **Ocas de Meidum** (nº 138) –los ornitólogos no tuvieron ningún problema en identificar las especies–, que integra una bella pintura mural de una mastaba de adobe de Meidum, cerca del oasis de Al-Fayoum (véase p. 201), fue pintado c. 2600 a.C.; los pigmentos siguen saltando a la vista y el grado de realismo (aunque presenta ese estilo faraónico característico) es sorprendente.

La sala 37, a la que se accede por la 32, alberga muebles de la **tumba de la reina Heteferes,** de la meseta de Gizeh. Esposa de Snefru y madre de Keops, su tumba incluye palanquín, cama, dosel y joyero. No se ha encontrado su momia, pero sus órganos internos secos permanecen en el canope. En una vitrina se exhibe una miniatura de marfil de su hijo Keops, hallada en Abydos. Por irónico que parezca, esta diminuta figura de tan sólo 8 cm es la única representación que queda del inquilino de la gran pirámide.

SALA 26 – MENTUHOTEP II

La estatua sedente que hay en el pasillo a mano derecha, tras salir de la sala 32, representa al tebano **Mentuhotep II** (nº 136), primer soberano del Imperio Medio. Luce la piel negra (que representa fertilidad y resurrección) y la corona roja del Bajo Egipto. Howard Carter descubrió esta estatua bajo el atrio del templo del faraón en Deir al-Bahri, en Tebas, en 1900, cuando el suelo cedió bajo el peso de su caballo, una recurrente y sorprendente forma de hacer hallazgos en los anales de la egiptología.

SALAS 21 Y 16 – ESFINGES

Estas **esfinges de granito gris** son muy diferentes de la Esfinge de Gizeh, pues presentan unos mofletudos rasgos humanos, greñas y grandes orejas. Esculpidas para el faraón Amenemhat III (1855-1808 a.C.) de la 12ª dinastía, los hicsos las trasladaron a Avaris y luego Ramsés II las trasladó a Tanis, una ciudad del delta (véase p. 210). También hay una extraordinaria figura de madera del *ka* (álter ego espiritual) del faraón de la 13ª dinastía Auibra Hor.

SALA 12 – CAPILLA DE HATOR

La pieza central de esta sala una **capilla de arenisca** abovedada muy bien conservada, que se descubrió cerca del templo tebano de Deir al-Bahri. En las paredes hay relieves policromos de Tutmosis III, su esposa Meritra y dos princesas, haciendo ofrendas a Hator, que amamanta al faraón. Una escultura de la diosa vaca, de tamaño natural, amamanta al hijo y sucesor de Tutmosis III, Amenhotep II, que también se halla bajo su barbilla.

Hatshepsut, corregente durante parte del reinado de Tutmosis III, se hizo coronar finalmente como faraona. Su **estatua de granito rosa,** de tamaño natural, está situada a la izquierda de la capilla; aunque lleva el tocado faraónico y una barba falsa, sus rasgos son femeninos. La gran testa de piedra caliza en tonos rojizos que hay en el pasillo, fuera de esta sala, también es de Hatshepsut. Procede de unas esculturas osiriacas enormes que decoraban la fachada con columnas del gran templo de Deir al-Bahri. Unos adornos en la pared del templo recuerdan la famosa expedición a Punt, que tal vez fuera Somalia o Eritrea.

www.elinformadordegalicia.com/jms/egipto/egipto2.html proporciona una exhaustiva información sobre todos los aspectos del antiguo Egipto.

SALA 3 – SALA DE AMARNA

Akenatón (1352-1336 a.C.), el "faraón hereje", hizo algo más que fundar una nueva capital en Tell al-Amarna, cerca de los templos de Amón, dios tradicional, y promover al dios solar Atón en su lugar. También marcó el inicio de un período de gran libertad artística, como se verá al echar un vistazo en esta sala. Compárense los fantásticos torsos con extraños vientres, caderas y muslos protuberantes, los rostros alargados y los labios gruesos con la escultura elegante y sobria del Imperio Medio de las salas previas.

Tal vez la que llama más la atención es la **cabeza inacabada de Nefertiti** (nº 161), esposa de Akenatón. Es un retrato sensible y delicado, tallado en cuarcita marrón, que muestra a una reina de gran belleza –a diferencia de otras figuras suyas en relieve que hay en la sala, donde muestra los mismos rasgos extraños que su marido–. La obra maestra de este período, el busto de Nefertiti, permanece en el Museo Egipcio de Berlín.

SALA 10 – RAMSÉS II

Al pie de las escaleras sitas al nordeste del museo hay una fabulosa y enorme **representación en granito gris de Ramsés II,** responsable del Ramesseum y de Abu Simbel, una estatua que muestra la figura tierna de un niño con el dedo en la boca recostado sobre el pecho de un gran halcón, en este caso el dios cananeo Horus.

SALA 34 – SALA GRECORROMANA

Es mejor visitar estas últimas salas tras haber visto la planta de arriba, porque éste es el final de la historia del antiguo Egipto. En el s. IV a.C., el país ya había sufrido invasiones de muchas naciones, la más reciente la del macedonio Alejandro Magno. La invulnerable cultura egipcia se había vuelto porosa, como evidencian las **estelas** de la pared del fondo, y el gran **panel de arenisca** de la pared de la derecha con grabados en tres idiomas: jeroglíficos egipcios oficiales, escritura demótica (más popular), y en griego, la lengua de los nuevos soberanos. Esta piedra triangular se parece a la famosa piedra de Rosetta (véase p. 402), ahora en el British Museum de Londres, y de la cual hay un molde cerca de la entrada al museo (sala 48). También destaca el **busto** situado nada más entrar en la sala a mano izquierda: un rostro típicamente griego, con barba rizada y melena, pero con un tocado al estilo faraónico.

SALAS 50 Y 51 – ALEJANDRO MAGNO

En el plano oficial del museo, a esta zona se la denomina "Alejandro Magno", aunque actualmente no hay nada que la relacione directamente con el conquistador macedonio. No obstante, hay una pequeña y hermosa **estatuilla de mármol de la diosa griega Afrodita,** tallada a finales del s. I a.C y hallada en Alejandría. Los egipcios la identifican con Isis.

CIRCUITO POR EL MUSEO: PRIMERA PLANTA

Las colecciones están agrupadas temáticamente y pueden visitarse en cualquier orden, pero suponiendo que se haya subido por las escaleras del lado sudeste, se empezará el recorrido con las galerías de Tutankamón en la sala 45. Así, el visitante se encontrará con las piezas aproximadamente en el mismo orden en que estaban en la tumba (en la pared exterior de la sala hay un cartel explicativo de la tumba y los tesoros tal como se hallaron). A quien le fascinen las momias, empero, debe saber que algunas de las más asombrosas están expuestas en la sala de las Momias Reales, que es mejor visitar antes de entrar en las galerías de Tutankamón.

Tesoros de Egipto. El Museo Egipcio de El Cairo, editado por Francesco Tiradritti, es un libro excelente. Tiene 420 páginas, impresionantes fotografías a todo color y cuesta 40 €.

SALA 56 – SALA DE LAS MOMIAS REALES

La **sala de las Momias Reales** (adultos/estudiantes 100/50 EGP, taquilla junto a las escaleras de la sala 50; 🕒 9.00-18.20) alberga los restos de algunos de los faraones y reinas más ilustres de las dinastías 17ª a 21ª, de 1650 a 945 a.C. Yacen en vitrinas individuales (a 22°C constantes) en un entorno adecuado, oscuro y sepulcral. No se puede alzar la voz por encima de un susurro (aunque, por extraño que parezca, el guardia grita "silencio" si eso sucede), y los guías de circuitos tienen prohibido el acceso, aunque algunos entran.

Mostrar a la realeza muerta resultó muy polémico en el pasado. El ya fallecido presidente Anwar al-Sadat dejó de mostrar las momias reales en 1979 por motivos políticos, pero la posterior reaparición de 11 de las que tienen mejor aspecto en 1994 ha incrementado enormemente el turismo y ahora se ha añadido una segunda sala de momias. El precio de la entrada es excesivo, pero vale la pena si se está interesado en las momias o en los grandes gobernantes del antiguo Egipto. Los padres deben saber que la visión de las momias puede asustar a los niños.

Se aconseja examinar las caras de algunos de los ilustres huéspedes de la primera sala, empezando por el valiente rey tebano **Seqenenre II,** que murió de forma violenta, posiblemente durante las batallas para unificar el país al final del Segundo Período Intermedio [1650-1550 a.C.]. Las heridas aún son visibles bajo su pelo rizado y sus brazos, torcidos, reflejan la violencia de su muerte. Las momias perfectamente envueltas de **Amenho-**

DESVELANDO EL MITO

En enero de 2005, la National Geographic Society preparó 1.700 escáneres para la momia de Tutankamón en su tumba del valle de los Reyes, en Luxor. Se entregaron a tres equipos de investigadores (de París, Nueva York y Egipto) que los utilizaron para elaborar bustos que recreasen al joven faraón el día de su muerte, 3.300 años antes. Al darlos a conocer en una conferencia de prensa, Zahi Hawass, secretario general del Consejo Supremo de Antigüedades de Egipto, declaró que los escáneres confirmaban que el faraón estaba sano y bien alimentado cuando murió, lo que contradecía la tan cacareada teoría de que lo había mandado asesinar Ay, el plebeyo que regentó Egipto mientras Tutankamón crecía. Los escáneres señalaban que una de las piernas del faraón se había fracturado poco antes de morir, lo que ha llevado a conjeturar sobre si fue una infección o una embolia lo que acabó con su vida.

tep I y de la **reina Meritamón** revelan el aspecto que debieron de tener todas las momias reales, adornadas con guirnaldas. El hermano y marido de Hatshepsut, **Tutmosis II** yace muy cerca, al igual que **Tutmosis IV,** peinado con mucha elegancia. Fue el primer faraón a quien perforaron las orejas. En esta sala también reposa **Seti I,** descrita a menudo como la momia mejor conservada, aunque su hijo **Ramsés II,** en medio de la sala, podría disputarle el título, pues su perfil altanero muestra la característica nariz curva de la familia y el cabello teñido a edad avanzada con *henna* amarilla. El decimotercer hijo y sucesor de Ramsés II, **Menefta,** posee un color blanco característico provocado por el proceso de momificación.

La nueva sala de las momias (sirve la misma entrada) está al otro lado del edificio, junto a la sala 46. El muestrario del pasillo relaciona algunos de los más famosos descubrimientos de momias, incluido el de las momias reales de Deir al-Bahri en 1881. Muchas momias de esta ala datan de las dinastías 20ª y 21ª, de finales del Imperio Nuevo y principios del Tercer Período Intermedio [c. 1186-945 a.C.]. En la sala de las momias, los bultitos visibles en el rostro de **Ramsés V** pueden deberse a la viruela. Sus predecesores **Ramsés III y IV** yacen cerca. Como le estallaron las mejillas durante el proceso de momificación, el aspecto de la **reina Henettawy** (c. 1025 a.C.) debe tanto a los restauradores modernos como a los antiguos embalsamadores, que decoraron su mortaja de lino con una imagen de Osiris. La momia de la **reina Nesijonsu** sigue transmitiendo sus animados rasgos. La **reina Maatkare** reposa cerca con su mascota, un babuino. También hay momias de varios jóvenes, entre ellos el **príncipe Djedptahiufanj.**

Los aceites hidratantes eran muy populares; incluso a los soldados se les ungía con perfumes en señal de respeto. Un rey espartano abandonó un banquete cuando notó que sus invitados egipcios se habían pasado con el perfume: pensó que eran decadentes y afeminados.

GALERÍAS DE TUTANKAMÓN

El tesoro del joven faraón del Imperio Nuevo figura entre las antigüedades más famosas del mundo. La tumba y los tesoros de Tutankamón, que reinó sólo durante nueve años en el s. XIV a.C. [1336-1327 a.C.], los descubrió en 1922 el arqueólogo británico Howard Carter. Su ubicación recóndita en el valle de los Reyes, bajo la mucho mayor pero saqueada tumba de Ramsés VI, había evitado que fuera descubierta antes (véase recuadro en p. 259). Muchos arqueólogos creen ahora que hasta un 80% de estos magníficos tesoros se elaboraron para Akenatón y Smenjkare, predecesores de Tutankamón –algunos aún conservan el nombre de su primer dueño–. Tal vez, al morir Tutankamón, se decidió simplemente enterrar con él todo lo relacionado con el período de Amarna y olvidarlo.

Unos mil setecientos objetos se distribuyen por las salas de la primera planta del museo, y aunque el oro es lo que más reluce, en ocasiones las piezas menos espléndidas aportan más pistas sobre la vida del faraón; he aquí algunas de las más relevantes.

A pesar de los lujosos objetos con él enterrados, Tutankamón sólo gobernó Egipto durante nueve años y no dejó mucha huella en los anales de su historia.

Sala 45

Flanquean la puerta dos **estatuas de Tutankamón** a tamaño real halladas en la antecámara de la tumba. Una gran fotografía en blanco y negro las muestra en su ubicación original. De madera embetunada, la piel negra sugiere que se identificaban con Osiris y el cieno espeso y negro del río, que simbolizaban la fertilidad y la resurrección.

Sala 40

Destaca **la caja de la peluca de Tutankamón,** de madera oscura, con tiras incrustadas de color azul y naranja, y el soporte de madera en forma de seta que sostenía la peluca de rizos cortos del faraón.

Salas 35 y 30

El **trono con patas de león del faraón** (nº 179), uno de los elementos destacados del museo, es de madera y está cubierto de oro laminado con incrustaciones de lapislázuli, cornalina y otras piedras semipreciosas. En el colorido retablo en el respaldo de la silla Anjesenamón aplica perfume a su marido Tutankamón, bajo los rayos del sol (Atón), cuyo culto se conservaba del período de Amarna. Los indicios de que se remodelaron las figuras indican que fue el trono de su padre y predecesor, Akenatón. Las vestiduras son de plata batida, y el cabello, de pasta de cristal.

Se colocaron muchas **estatuas de oro** en la tumba para acompañar al faraón en su viaje hacia la otra vida, incluida una serie de 28 deidades protectoras de madera con acabados dorados y 413 *shabti,* ayudantes que servirían al faraón en el más allá, pero aquí sólo se muestran unas pocas.

Sala 20

Alberga exquisitas **vasijas de alabastro** talladas con forma de barcos y animales.

Salas 10 y 9

El extremo norte de esta galería está ocupado por los tres **divanes funerarios** ornamentados del faraón, uno de los cuales se apoya sobre la diosa-vaca Mehetweret; otro sobre sendas figuras de la diosa Ammyt, que devoraba los corazones de los condenados; y el tercero, sobre la diosa leona Mehet. El enorme **ramo** de *Persea* y hojas de olivo en la sala 10, cerca de las escaleras, estaba apoyado en su origen junto a las dos estatuas guardianas negras y doradas de la sala 45.

El cofre de alabastro contiene cuatro **canopes,** cuyos tapones tienen la forma de la testa de Tutankamón. En su interior, cuatro ataúdes de oro en miniatura (que ahora están en la sala 3) albergan las visceras del faraón. El cofre se colocaba dentro del sepulcro de oro con cuatro diosas doradas: Isis, Neith, Neftis y Selkis, todas con sus protectores brazos extendidos.

Los visitantes suelen pasar por delante sin fijarse en el increíble **vestuario** de Tutankamón. El faraón fue sepultado con un surtido de suntuosas túnicas cubiertas de discos dorados y cuentas, vestiduras rituales de "piel falsa", abundante ropa interior cuidadosamente doblada y calcetines para llevar con las chancletas, 47 pares de las cuales se enterraron con él. A partir de estos y otros objetos, el Proyecto Textil Tutankamón ha concluido que el faraón medía 79 cm de tórax, 74 de cintura y 109 de caderas.

Salas 8 y 7

En ellas apenas caben cuatro gigantescos **sepulcros de madera dorada.** Están metidos unos dentro de los otros, como un juego de muñecas rusas, y en el centro albergan el sarcófago del joven faraón.

Sala 3

Todo el mundo quiere verla, pues alberga el sarcófago y las joyas de oro del faraón; en horas punta habrá que hacer cola. La portentosa **máscara mortuoria** de Tutankamón ha devenido un icono egipcio. De oro macizo y 11 kg de peso, la máscara cubría el rostro de la momia, que yacía dentro de tres sarcófagos. La máscara es un retrato idealizado del joven faraón; los ojos son de obsidiana y cuarzo, y el contorno de éstos y las cejas es de lapislázuli.

Igual de maravillosos son los dos **sarcófagos de oro** interiores; el ataúd exterior, junto con la momia del faraón, permanece en su tumba en el valle de los Reyes. El sarcófago más pequeño, como la máscara, es de oro macizo, tiene incrustaciones y pesa 110 kg. El sarcófago algo mayor es de madera dorada.

SALA 4 – ORFEBRERÍA EGIPCIA ANTIGUA

Aun después de ver los tesoros de Tutankamón, el contenido de esta sala deja sin aliento. Va de las primeras dinastías a los romanos, e incluye cinturones, cuentas con incrustaciones, collares, piedras semipreciosas y brazaletes. Entre las más bellas figura una **diadema de la reina Sit-Hator-Yunet,** dorada y con una cobra erguida dotada de piedras semipreciosas. También destaca la daga dorada del faraón Ahmosis y los pendientes de oro de Seti II.

Los cosméticos eran importantes en el día a día de mujeres y hombres; los constructores de tumbas de Deir al-Medina aparecen trabajando con los ojos pintados para protegerse del sol y las enfermedades oculares.

SALA 2 – TUMBAS REALES DE TANIS

Deslumbrante colección de objetos con incrustaciones de oro y plata que procede de seis tumbas intactas de la 21ª y 22ª dinastías halladas en el yacimiento de Tanis (p. 210), en el delta. Desenterradas por los franceses en 1939, su descubrimiento rivalizó con el hallazgo de Carter de la tumba de Tutankamón, pero la noticia se vio eclipsada por el estallido de la Segunda Guerra Mundial. La **máscara mortuoria dorada de Psusenas I** (1039-991 a.C.) se exhibe junto a su ataúd interior de plata y a otro, también de plata, con la cabeza de un halcón que perteneció al faraón Sheshonq II (c. 890 a.C.).

SALA 14 – MOMIAS GRECORROMANAS

Destaca una pequeña muestra de los retratos hallados sobre las momias grecorromanas, conocidas popularmente como los **retratos de Fayoum** (véase recuadro en p. 204). Estas caras se pintaban sobre paneles de madera, a menudo cuando el sujeto vivía, y se colocaban sobre los rostros embalsados de las momias. A menudo expresan mejor la personalidad de los individuos que la elegancia estilizada de la mayoría del arte egipcio, y se consideran un vínculo entre el arte de la Antigüedad y la tradición occidental del retrato.

SALA 34 – TECNOLOGÍA FARAÓNICA

Para los que disfrutan con todo tipo de artilugios, en ella se exponen numerosos objetos cotidianos que confirman el gran salto que dio el Egipto antiguo respecto a la prehistoria. Algunos aún se usan. Los **bumeranes** al parecer servían para cazar aves.

SALA 43 – SALAS DE YUYA Y TUYU

Antes de que se descubriera la tumba de Tutankamón, la de Yuya y Tuyu (padres de la reina Tiy y tatarabuelos de aquél) había supuesto el hallazgo más espectacular de la arqueología egipcia. Se descubrió casi intacta en el valle de los Reyes en 1905, y contenía múltiples tesoros, incluidos cincos sarcófagos ornamentados y las momias increíblemente bien conservadas de dos plebeyos que se habían convertido en suegros reales. También se muestran otros artículos cotidianos como camas y sandalias, y la fabulosa **máscara mortuoria dorada de Tuyu.**

SALA 48 – MAQUETA DE UNA PIRÁMIDE

Excelente reproducción a gran escala –que vale la pena examinar antes de ir a Gizeh– de una de las pirámides de Abu Sir que ilustra a la perfección el característico conjunto piramidal, con su templo del valle, el paso elevado de altos muros, el templo funerario y la pirámide subsidiaria más pequeña. La caja nº 82 contiene el **hipopótamo** azul de cerámica vidriada del Imperio Medio, un símbolo de la fertilidad del Nilo copiado por doquier.

www.animalmummies.com, un sitio web sobre las momias de animales del Museo Egipcio, anima a adoptar a una y ayudar a cubrir los gastos de una sala a temperatura controlada y los receptáculos especiales para conservarlas.

SALA 53 – MOMIAS ANIMALES

El culto a animales se prodigó en el antiguo Egipto, como prueban los gatos, perros, cocodrilos, pájaros, carneros y chacales maltrechos y cubiertos de polvo de esta sala.

SALA 37 – MODELOS DE EJÉRCITOS

En la ciudad de Asiut, en la tumba del gobernador Mesheti, y datados c. 2000 a.C. (11ª Dinastía), se descubrieron dos falanges de 40 **soldados de madera.** Los más oscuros (nº 72) son arqueros nubios del sur del Imperio, todos con vistosas y diferentes faldas; los más claros (nº 73), soldados egipcios de infantería.

SALAS 32 Y 27 – MAQUETAS DEL IMPERIO MEDIO

Son perfectas y se encontraron sobre todo en la tumba de Meketre, un canciller tebano de la 11ª dinastía; como algunas de las mejores pinturas en tumbas egipcias, retratan la vida cotidiana en Egipto hace casi cuatro mil años. Destacan los barcos de pesca, un matadero, un taller de carpintería, un telar y una maqueta de la casa de Meketre (con higueras en el jardín). Destaca la escena de 1,5 m de ancho que muestra a Meketre sentado con sus hijos, cuatro escribas y más gente contando ganado.

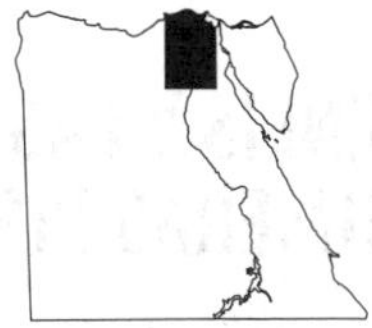

Alrededores de El Cairo

Rehenes de los inagotables encantos de la capital (o quizá deseosos de escapar a un lugar más apacible), son muy pocos los viajeros que exploran su entorno rural. Sin embargo, quien logra escapar de la urbanización irregular de la capital descubre un paisaje sereno de campos verdes y frondosos palmerales que terminan abruptamente ante la inmensidad del desierto. Es más, las afueras de El Cairo albergan algunos de los yacimientos arqueológicos más antiguos e impresionantes del país.

En el extremo sur de los límites urbanos se halla Menfis, la que fuera poderosa capital del Imperio Antiguo, centro de poder y riqueza. Por desgracia, poco queda de ella, aunque el desierto que la rodea brinda un elocuente testimonio visual de los sueños de vida eterna de los primeros faraones. Aquí, al filo de un interminable arenal, yacen las impresionantes necrópolis de Saqqara, Abu Sir y Dashur. Pese a verse ensombrecidas por sus celebérrimas vecinas de Gizeh, la pirámide Escalonada de Saqqara y las pirámides Roja e Inclinada de Dashur figuran entre los monumentos más asombrosos del antiguo Egipto.

Pirámides aparte, las afueras meridionales de El Cairo atesoran también el exuberante oasis de Al-Fayoum, que alberga antiguos monumentos, una abundante flora y fauna, y un espectacular desierto rico en fósiles. Se pueden realizar memorables excursiones de un día al noroeste de la ciudad, por ejemplo al mercado de camellos de Birqash, en el que los comerciantes sudaneses liquidan sus últimas existencias, y a los monasterios de Wadi Natrun, a los que acuden los coptos de la ciudad que desean emprender un peregrinaje siguiendo los pasos de sus antepasados. Y, por supuesto, si lo que se busca es hacer un paréntesis en la visita a reclamos turísticos y relajarse entre los lugareños, nada mejor que una ruidosa excursión a las presas del Nilo junto a un tropel de cairotas desmelenados.

LO MÁS DESTACADO

- Explorar las ruinas medio enterradas de **Saqqara** (p. 194), sede de la famosa pirámide Inclinada de Zoser.
- Adentrarse en la pirámide Roja, parte del antiguo conjunto de pirámides de **Dashur** (p. 200).
- Sumergirse en las imágenes, los sonidos y, aún más impactante, los olores del **mercado de camellos de Birqash** (p. 206).
- Conocer a los monjes que viven en el desierto, en los monasterios de **Wadi Natrun** (p. 207).
- Pasear por las **presas del Nilo** (p. 209) en un barco dominado por la música y cairotas de vacaciones.

MENFIS Y LAS PRIMERAS PIRÁMIDES

Aunque casi todo el mundo asocia Egipto con las tres pirámides de Gizeh, hay cerca de un centenar de antiguas pirámides repartidas por el país. La mayor parte de estos monumentos se distribuye por el desierto entre la meseta de Gizeh y el oasis de Al-Fayoum. Entre ellos se alza la pirámide Escalonada de Zoser (de visita obligada), en Saqqara, y las pirámides Roja e Inclinada de Dashur. Estas tres estructuras, anteriores al conjunto de Gizeh, representan los primeros pasos de una arquitectura que alcanzó la cumbre en la gran pirámide de Keops.

MENFIS

☎ 02

Hacia 3100 a.C., el legendario faraón Narmer unificó el Alto y el Bajo Egipto y fundó Menfis, ubicada simbólicamente allí donde el delta del Nilo convergía con el valle. Durante la mayor parte del período faraónico, Menfis fue la capital de Egipto, aunque la sede del poder se trasladó posteriormente a Tebas (actual Luxor) durante el Imperio Nuevo.

Conocida originalmente como *Ineb-hedj* (paredes blancas), el nombre contemporáneo de Menfis procede de *Men-nefer* (establecida y bella). En efecto, estaba repleta de palacios, jardines y templos, cosa que hacía de ella una de las principales ciudades de la antigüedad. En el s. V a.C., mucho después de su época de esplendor, el historiador y viajero griego Herodoto aún describió Menfis como "una ciudad próspera y cosmopolita". Incluso después de que Tebas se convirtiera en la capital del Imperio Nuevo, Menfis siguió siendo la segunda ciudad de Egipto y prosperando hasta que, finalmente, fue abandonada durante las primeras invasiones musulmanas en el s. VII d.C.

Aunque en su día la ciudad fue una zona repleta de pirámides reales, tumbas privadas y necrópolis de animales sagrados, siglos de constructores en busca de piedra, crecidas anuales del Nilo y avariciosos cazadores de antigüedades triunfaron allí donde hasta los poderosos persas habían fracasado: Menfis es casi una quimera. Hace ya tiempo que se extrajeron los cimientos de la antigua ciudad e incluso el enorme templo de Ptah, el dios creador, ha quedado reducido a poco más que un puñado de ruinas dispersas que a menudo quedan encharcadas por las capas freáticas superiores. Pocas pistas atestiguan el antiguo esplendor de Menfis, y, por desgracia, cuesta imaginar que aquí se fundara cualquier tipo de asentamiento.

No obstante, merece la pena visitar Menfis sólo por pisar la tierra sagrada de una de las principales ciudades del mundo. Además, Menfis consta de un notable **museo** (Mit Rahina; adultos/estudiantes 25/15 EGP, aparcamiento 5 EGP; 🕓 8.00-16.00 oct-abr, 8.00-17.00 may-sep, 8.00-15.00 Ramadán) al aire libre construido en torno a una colosal estatua de caliza de Ramsés II, hoy derruida. Entre los aspectos más llamativos del museo figuran una esfinge de alabastro del Imperio Nuevo, dos efigies de Ramsés II que adornaban templos nubios y las enormes mesas de travertino sobre las que se momificaban los toros sagrados de Apis antes de depositarlos en el Serapeum (p. 198) de Saqqara.

Cómo llegar y salir

La aldea de Menfis está 24 km al sur de El Cairo y a 3 km de Saqqara. Si bien vale la pena visitarla como parte de un circuito por Saqqara y Dashur, sólo los verdaderamente interesados en la egiptología estarán dispuestos a hacer el viaje hasta aquí en transporte público, ya que llegar a Menfis es un auténtico martirio que, además, consume bastante tiempo.

Si alguien esta decidido a hacer el viaje por su cuenta, lo más barato es tomar un abarrotado tren de 3ª clase en la cairota estación de Ramsés hasta Al-Badrashein y desde allí caminar media hora, tomar un microbús a Saqqara y pedirle al conductor que pare en Menfis. Así pues, a menos que se disponga de mucho tiempo, se goce con la incomodidad o se haya gastado más de lo previsto, se recomienda encarecidamente apuntarse a un circuito organizado o contratar un taxi para todo el día.

Para más información sobre las visitas a Menfis y las pirámides de Saqqara y Dashur en vehículo propio, véase recuadro en p. 192.

PIRÁMIDES DE ABU SIR

Las **pirámides de Abu Sir** (carretera de Saqqara; adultos/estudiantes 20/10 EGP), pertenecientes a la necrópolis de la 5ª dinastía [2494-2345 a.C.], yacen rodeadas de dunas entre Gizeh y Saqqara. Por desgracia, no han soportado los estragos

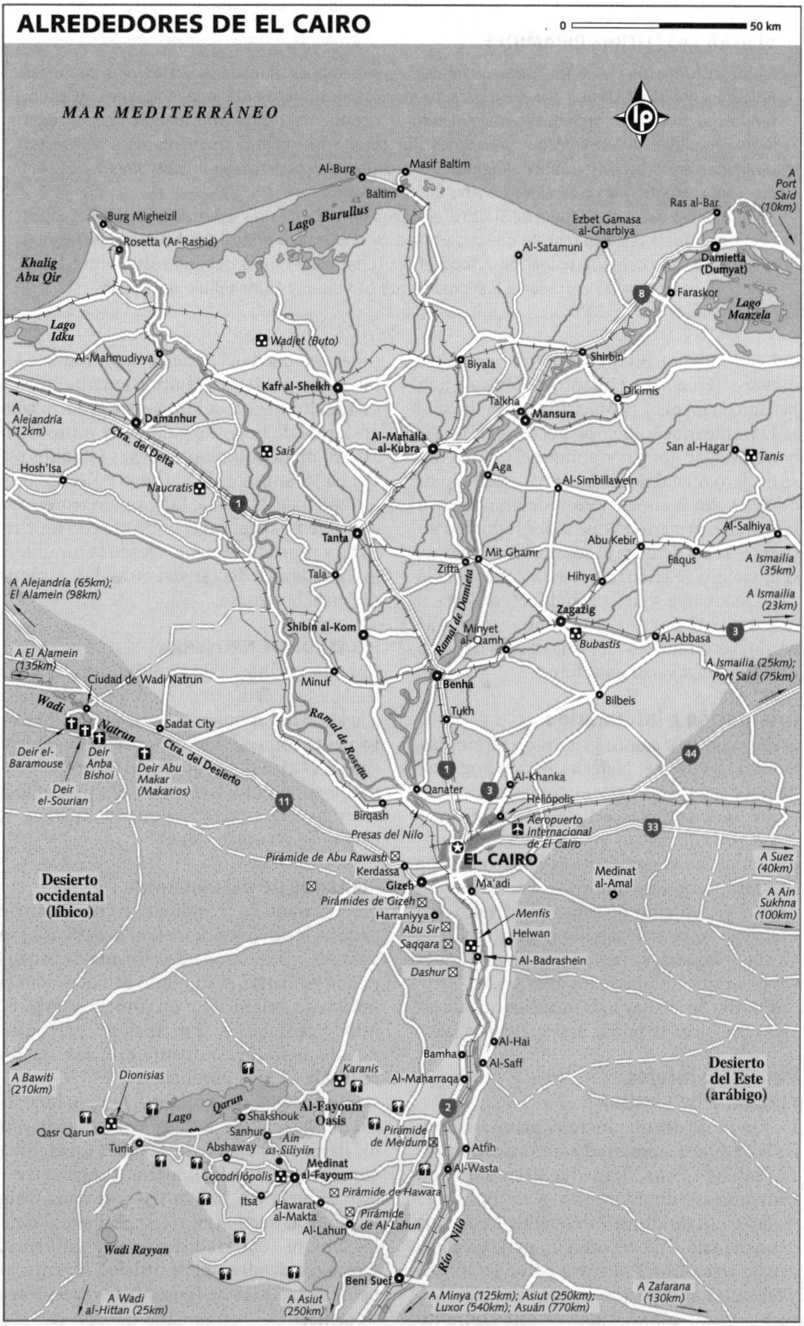
ALREDEDORES DE EL CAIRO
0
50 km
MAR MEDITERRÁNEO
Al-Burg
Masif Baltim
Baltim
Lago Burullus
Burg Migheizil
Rosetta (Ar-Rashid)
Khalig Abu Qir
Lago Idku
Al-Mahmudiyya
Wadjet (Buto)
Kafr al-Sheikh
Biyala
Ras al-Bar
Ezbet Gamasa al-Gharbiya
Al-Satamuni
Damietta (Dumyat)
Faraskor
Lago Manzela
Shirbin
Dikirnis
Talkha
Mansura
A Port Said (10km)
A Alejandría (12km)
Damanhur
Ctra. del Delta
Al-Mahalla al-Kubra
Sais
Naucratis
Hosh'Isa
Aga
Al-Simbillawein
San al-Hagar
Tanis
Tanta
Tala
Zifta
Mit Ghamr
Abu Kebir
Faqus
Al-Salhiya
A Ismailia (35km)
Hihya
A Ismailia (23km)
Zagazig
Bubastis
Al-Abbasa
A Alejandría (65km); El Alamein (98km)
Shibin al-Kom
Ramal de Damieta
Minyet al-Qamh
A El Alamein (135km)
A Ismailia (25km); Port Said (75km)
Ciudad de Wadi Natrun
Wadi Natrun
Minuf
Benha
Bilbeis
Sadat City
Ramal de Rosetta
Tukh
Deir el-Baramouse
Deir Anba Bishoi
Deir Abu Makar (Makarios)
Deir el-Sourian
Ctra. del Desierto
Al-Khanka
Qanater
Heliópolis
Birqash
Aeropuerto internacional de El Cairo
Presas del Nilo
EL CAIRO
Pirámide de Abu Rawash
Kerdassa
A Suez (40km)
Desierto occidental (líbico)
Gizeh
Ma'adi
Medinat al-Amal
Pirámides de Gizeh
A Ain Sukhna (100km)
Harraniyya
Abu Sir
Menfis
Saqqara
Helwan
Al-Badrashein
Dashur
Al-Hai
Bamha
Al-Saff
A Bawiti (210km)
Dionisias
Karanis
Al-Maharraqa
Desierto del Este (arábigo)
Lago Qarun
Shakshouk
Al-Fayoum Oasis
Qasr Qarun
Sanhur
Ain as-Siliyiin
Pirámide de Meidum
Tunis
Abshaway
Atfih
Cocodrilópolis
Medinat al-Fayoum
Al-Wasta
Itsa
Pirámide de Hawara
Hawarat al-Makta
Pirámide de Al-Lahun
Al-Lahun
Wadi Rayyan
Río Nilo
Beni Suef
A Wadi al-Hittan (25km)
A Asiut (250km)
A Minya (125km); Asiut (250km); Luxor (540km); Asuán (770km)
A Zafarana (130km)

VISITAR LAS "OTRAS PIRÁMIDES"

La mejor forma de visitar las "otras pirámides" –a saber, la Escalonada de Zoser y las pirámides Roja e Inclinada de Dashur–, incluso para los viajeros más ferozmente independientes, es apuntándose a un circuito organizado o alquilando un taxi todo el día. La principal razón para ceder a la comodidad de un vehículo privado es que resulta sumamente frustrante acceder a estas pirámides en transporte público. Además, un circuito no debería costar mucho dinero y es fácil incorporar Menfis y las pirámides de Abu Sir al itinerario.

Si se desea pasar el día fuera de El Cairo, el alojamiento donde uno se hospede puede organizar circuitos y suele resultar sencillo dar con un taxista dispuesto a ofrecer sus servicios durante un día entero. Un coche particular para todo el día (unas siete horas) debería costar entre 150 y 200 EGP, sin contar las entradas a los lugares que se visiten y la ineludible *baksheesh.*

del tiempo tan bien como sus hermanas mayores (en edad y tamaño) de Gizeh y han perdido la forma y la precisión geométrica.

Durante mucho tiempo pocos se molestaban en visitar Abu Sir y, aunque el yacimiento se declaró oficialmente "abierto" a principios de 1999 con la construcción de una caseta a la entrada, lo cierto es que a casi todos los visitantes se les deniega el acceso. Sin embargo, si el viajero se encuentra en la zona, vale la pena acercarse, pues probablemente sea el único turista por allí. Aun si no se consigue entrar, las pirámides en ruinas con el desierto de fondo bien valen unas fotos.

Orientación e información

En Abu Sir hay cuatro grupos de pirámides: Sahura, Nyuserra, Neferirkara y Raneferef. Aunque la de Sahura esté en ruinas, su conjunto funerario es el más completo de las cuatro.

La entrada a Abu Sir se abona en cualquiera de las casetas junto a la carretera de Saqqara, pero hay que recordar que el acceso al yacimiento no está garantizado. Sin embargo, si se va a caballo o en camello de Gizeh a Saqqara, se pasará por las pirámides sin tener que tratar con los guardas.

En Abu Sir no hay más servicios que un lavabo que quizá se pueda usar… o quizá no.

Puntos de interés

PIRÁMIDE DE SAHURA

La pirámide del que fuera el primer faraón de la 5ª dinastía enterrado en Abu Sir, Sahura (2487-2475 a.C.), medía 50 m y está en muy mal estado. El pasillo de entrada sólo mide 0,5 m de altura y desciende hacia una pequeña sala. Tras recorrer 75 m de pasillo y arrastrarse otros 2 m entre polvo faraónico y telarañas, se llega a la cámara funeraria. Los restos mejor conservados de este conjunto funerario quedan al este de la pirámide. Debió de ser un templo impresionante: suelos de basalto negro, columnas de granito rojo en forma de hojas de palmera y muros con 10.000 m^2 de soberbios relieves (algunos están en los museos de El Cairo y Berlín). Un terraplén de 235 m de longitud lo conectaba con el templo del valle, limítrofe con los cultivos y rodeado de agua. Desde la pirámide, los días despejados, se ven otras diez pirámides en el horizonte.

PIRÁMIDE DE NYUSERRA

Es la más ruinosa de las pirámides acabadas de Abu Sir. Medía unos 50 m de altura, pero a lo largo de los milenios se ha usado intensivamente como cantera. De hecho, Nyuserra (2445-2421 a.C.) reutilizó el templo de su padre en el valle, Neferirkara, y procedió a redirigir el terraplén para que condujera a su pirámide, no a la de aquél.

PIRÁMIDE DE NEFERIRKARA

Tercer faraón de la 5ª dinastía y hermano de Sahura, la de Neferirkara (2475-2455 a.C.) se asemeja a la pirámide Escalonada de Saqqara. Sin embargo, el conjunto actual es sólo el núcleo del original. En un principio, la pirámide alcanzaba los 72 m de altura, pero, despojada de su revestimiento exterior, quedó reducida a los 45 m actuales.

A principios del s. XX, en el templo funerario de Neferirkara, los arqueólogos hallaron los llamados papiros de Abu Sir, un archivo con documentos del Imperio Antiguo en escritura hierática, una forma abreviada de la jeroglífica, que hacen referencia al culto de los faraones enterrados en este yacimiento, y recogen detalles sobre rituales, inventario del templo, listas de tareas de los sacerdotes y cuentas.

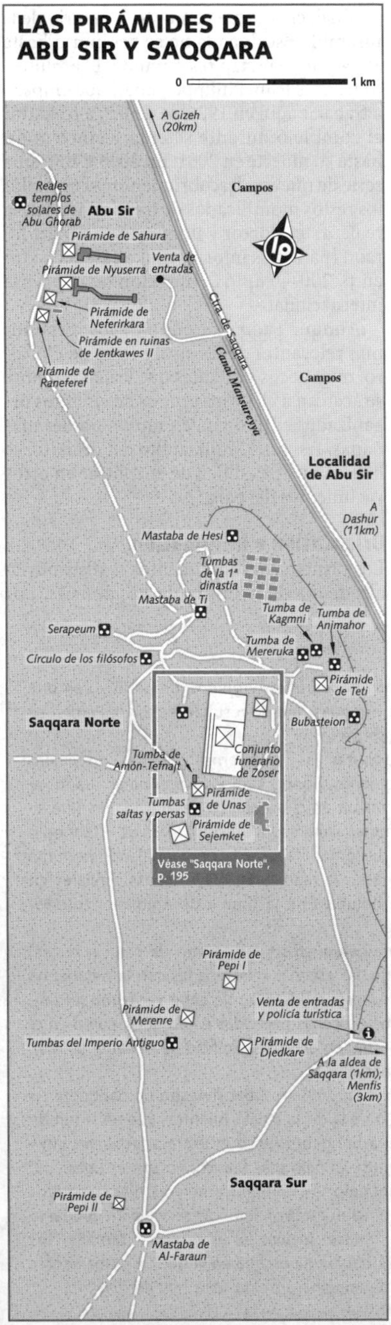

Al sur de la de Neferirkara, está la ruinosa **pirámide de la reina Jentkawes II,** su esposa y madre de Raneferef y Nyuserra. Cerca, en su templo funerario, unos arqueólogos checos descubrieron otro lote de papiros. Al sur de esta pirámide, hay dos más, prácticamente derruidas, que podrían haber pertenecido a las esposas de Nyuserra.

PIRÁMIDE DE RANEFEREF

En diagonal, al oeste de la de Neferirkara, están los restos de la inacabada pirámide de Raneferef (también conocido como Neferefra), que reinó durante siete años antes que Nyuserra. Pero la obra estaba tan atrasada cuando murió que se completó como una mastaba (estructura de adobe con forma de banco construida sobre las tumbas que constituiría la base de las pirámides posteriores).

En el edificio de culto adjunto, de adobe, un equipo de arqueólogos checos descubrió fragmentos de estatuas, entre ellos una fantástica estatuilla de caliza en la que Raneferef aparece protegido por Horus (actualmente en el Museo Egipcio) junto a fragmentos de papiro relacionados con los archivos del templo de Abu Sir.

REALES TEMPLOS SOLARES DE ABU GHORAB

Al noroeste de las pirámides de Abu Sir se halla el yacimiento de Abu Ghorab, con dos reales templos solares dedicados al culto de Ra, el dios sol de Heliópolis. Los papiros de Abu Sir describen seis templos de ese tipo, pero sólo se han descubierto dos, construidos para los faraones Userkaf (2494-2487 a.C.) y Nyuserra.

Ambos siguen el trazado tradicional de un templo del valle, con su terraplén y un gran recinto de piedra que contiene un gran obelisco de caliza de unos 37 m de alto sobre una base de 20 m de altura. Frente al obelisco aún se puede ver el enorme altar de alabastro en forma de un disco solar flanqueado por cuatro *hotep* (jeroglífico que significa "ofrenda" y "satisfacción"); en el propio altar se lee "El dios sol Ra está satisfecho".

Cómo llegar y salir

Abu Sir está a una distancia considerable de la carretera principal de Saqqara y a él no llega el transporte público. La mejor forma de visitarlo es mediante un circuito organizado o en taxi. Otra opción es ir a caballo o en camello desde Gizeh hasta Saqqara y visitar Abu Sir de camino.

SAQQARA

Sita en una franja de 7 km del desierto occidental, Saqqara, la enorme necrópolis de la antigua Menfis, estuvo activa durante más de tres mil quinientos años y constituye el mayor yacimiento arqueológico de Egipto. Está en lo alto de la zona de cultivos del valle del Nilo y en ella descansan los faraones y sus familias, administradores, generales y animales sagrados. Los faraones del Imperio Antiguo eran enterrados en las once pirámides principales de Saqqara, y sus súbditos, en los centenares de tumbas menores halladas en la gran necrópolis. No es ninguna sorpresa que muy probablemente el nombre Saqqara proceda de *Socar*, el dios menfita de los muertos.

La mayor parte de Saqqara, salvo la pirámide Escalonada, estuvo sepultada hasta mediados del s. XIX, cuando el gran egiptólogo francés Auguste Mariette descubrió el Serapeum. Desde entonces, el proceso ha sido gradual: el enorme conjunto funerario de la pirámide Escalonada no se descubrió hasta 1924 y aún la están restaurando. El arquitecto francés Jean-Philippe Lauer, que empezó a trabajar aquí en 1926, se dedicó a restaurar el complejo durante setenta y cinco años, hasta su muerte en 2001. En 2006 y 2007 una serie de nuevos descubrimientos –entre ellos los restos momificados de tres dentistas de la realeza, un doctor y un mayordomo del faraón (para más información, véase recuadro en p. 200)– captó la atención de la prensa internacional.

Aunque Saqqara es uno de los reclamos más relevantes de los alrededores de El Cairo, muy pocos visitantes que viajen por libre se acercan a ella y los grupos de circuitos organizados entran y salen rápido por las mañanas. Así pues, aquí, al filo del desierto, se hallará una paz difícil de encontrar en otros yacimientos del país.

Orientación e información

Los principales monumentos se distribuyen alrededor de la pirámide Escalonada, por

ETERNAMENTE BELLO *Dra. Joann Fletcher*

Visitar templos y tumbas con interminables escenas de faraones (erguidos, de perfil y con una retahíla inacabable de dioses y las mismas viejas ofrendas) puede resultar excesivo. Pero si se miran de cerca, estas escenas desvelarán algunas sorpresas.

Mientras las pequeñas figuras de los muros adoptan las sempiternas posturas, un viajero observador puede hallar cualquier cosa, desde faraones arando campos hasta niñas tirándose del pelo. Las escenas más antiguas pueden mostrar un amplio abanico de actividades que se consideran modernas, como son la peluquería, perfumería, manicura e incluso masajes –Ptahhotep (p. 198), el supervisor del tesoro, sin duda disfrutó de comodidades y aparece inhalando perfume de un frasco mientras le masajean los pies y le hacen la manicura–. Hay escenas similares en otros lugares de Saqqara, como la del grupo de hombres de la tumba de Anjmahor (p. 199) disfrutando de una sesión de manicura y pedicura.

Habida cuenta de que el título de "supervisor de peluqueros y fabricantes de pelucas reales" solían ostentarlo los funcionarios de más alto rango, las escenas relacionadas con la peluquería se pueden encontrar también en los rincones más inesperados. No sólo cabe ver cómo a Ptahhotep le ponen la peluca sus sirvientes, sino que hay escenas parecidas en ataúdes, como en el sarcófago de caliza de la reina Kawit de la 11ª dinastía (en el Museo Egipcio de El Cairo, p. 179), en el que su peluca está siendo diestramente peinada.

Entre la multitud de escenas, la tumba de Rejmire (p. 268) en Tebas muestra un banquete en el que la arpista canta "poned perfume en el cabello de la diosa Maat", mientras que en la tumba del obrero Peshedu (p. 271), en Deir al-Medina, el árbol genealógico muestra a familiares cuya edad se advierte por sus cabellos: el más anciano luce el pelo más blanco, no con arrugas.

Como en muchas representaciones de los antiguos egipcios, hombres y mujeres, niños y adultos llevan los ojos maquillados de negro. Aparte de su función estética, también servía para mitigar el resplandor del sol (como si de unas gafas de sol se tratase). Incluso los artesanos se pintaban los ojos: en Deir al-Medina, en la tumba de Ipy (p. 271), había una escena en la que los trabajadores construían las tumbas reales de esa guisa. ¡Difícil de imaginar en una obra hoy en día!

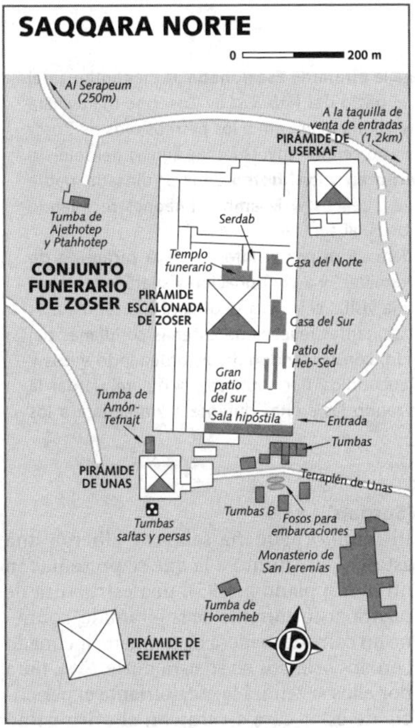

una zona conocida como **Saqqara Norte** (adultos/estudiantes 50/25 EGP, aparcamiento 2 EGP; 8.00-16.00 oct-abr, 8.00-17.00 may-sep, 8.00-15.00 Ramadán). A eso de 1 km al sur de la pirámide Escalonada hay un conjunto monumental conocido como Saqqara Sur. No cobran entrada y carece de horarios oficiales puesto que rara vez alguien lo visita.

Si en Saqqara Norte las instalaciones cuentan con aseos, puestos de bebidas y de recuerdos, en Saqqara Sur nadie debe esperar nada más que monumentos y arena. Antes de explorar cualquiera de las dos, se aconseja averiguar en la taquilla qué monumentos están abiertos, pues varía constantemente.

Puntos de interés

CONJUNTO FUNERARIO DE ZOSER

Pirámide Escalonada

En 2650 a.C., Imhotep, arquitecto en jefe del faraón (posteriormente deificado), proyectó la pirámide Escalonada (plano p. 195) para Zoser. Es el monumento de piedra más antiguo de Egipto (y del mundo) y se puede insistir en su relevancia sin riesgo de caer en la exageración. Con anterioridad, los templos se construían con materiales perecederos, mientras que las tumbas reales solían consistir en salas subterráneas cubiertas por mastabas de adobe. Sin embargo, Imhotep desarrolló la mastaba hasta convertirla en una pirámide y, además, la levantó con piedra tallada. Su innovación dio pie a los sucesivos logros arquitectónicos de Egipto.

La estructura pasó de mastaba a pirámide en seis fases progresivas. En cada fase, los constructores adquirían confianza en el uso del nuevo material y perfeccionaban la técnica para mover, colocar y asegurar los enormes bloques de piedra. Esta primera pirámide se alzó seis pisos hasta alcanzar los 60 m de altura y fue recubierta de una fina caliza blanca.

Rodea la pirámide Escalonada un gran conjunto funerario, cercado por un muro de caliza de 1.645 m de longitud, que cubre 15 Ha. Parte de este muro alcanza aún hoy los 5 m de altura, y un tramo próximo a la entrada se ha restaurado para llegar a los 10 m originales. Las 14 puertas falsas, antaño de madera y ahora talladas en piedra y pintadas de tal modo que parecen de madera, permitían al *ka* (espíritu protector) del faraón entrar y salir a voluntad. Al conjunto se accede por la esquina sudoriental, a través de un vestíbulo y un pasillo con columnas hasta una amplia sala hipóstila. Los 40 pilares del pasillo representan el original "fardo de columnas" nervadas para parecer un manojo de tallos de palmera o papiro. Los muros han sido restaurados, pero el techo que hace de cubierta es de moderno hormigón. El techo de la sala hipóstila se apoya sobre cuatro impresionantes columnas, y hay una gran puerta falsa y entreabierta para el *ka*.

Gran patio del sur

El vestíbulo hipóstilo conduce hasta el gran patio del sur (plano p. 195), un enorme espacio abierto que flanquea el lado sur de la pirámide, con un tramo del muro dotado de un friso con cobras. La cobra, o *ureus*, representaba a Wadjet, diosa de la destrucción que escupía fuego y protegía al faraón. Era un símbolo de la realeza egipcia, y por ello siempre había una cobra erguida sobre la frente, en el tocado o la corona, del faraón.

Cerca de la base de la pirámide hay un altar y en el centro del patio, dos indicadores divisorios de piedra en forma de B que trazaban la carrera ritual que el faraón debía

ITINERARIO DE MEDIO DÍA POR SAQQARA

El viajero entrará al vestíbulo hipóstilo y contemplará la **pirámide Escalonada**, la más antigua del mundo. Correrá la carrera de rejuvenecimiento en el **patio del *Heb-Sed*** de Zoser, se maravillará ante los grafitos de las **Casas del Norte y del Sur** y mirará fijamente a los pétreos ojos de Zoser en el estremecedor ***serdab*** (sótano). Dará la vuelta –en sentido inverso a las agujas del reloj– a la pirámide Escalonada, visitará la mastaba de **Ajethotep** y **Ptahhotep** de la 5ª dinastía, padre e hijo, y sus bellos relieves policromos de animales, bélicos y de ambos faraones recibiendo ofrendas, y luego se dirigirá hasta el terraplén de Unas, al sur.

Alejándose de la pirámide Escalonada, descenderá 25 m por el interior de la **pirámide de Teti** para contemplar sus famosos "textos de las pirámides" y a continuación visitará las tumbas cercanas de **Mereruka** y **Anjmahor**. Para completar la visita, el viajero se dirigirá a la tumba más maravillosa de todas, la **mastaba de Ti,** con sus fascinantes relieves de escenas cotidianas del Imperio Antiguo que muestran a gente comerciando, construyendo barcos, ordeñando vacas y rescatando a sus rebaños de la voracidad de los cocodrilos. Por supuesto, si quiere alargar la estancia y apartarse de las rutas más trilladas, cruzando las arenas durante 1 km llegará a los rara vez visitados monumentos de **Saqqara Sur.**

realizar, una demostración literal de su aptitud para gobernar. La carrera formaba parte del *Heb-Sed,* festival que solía celebrarse tras treinta años de reinado y que suponía el simbólico rejuvenecimiento del faraón y el reconocimiento de su supremacía por parte de los funcionarios de todo Egipto. El *Heb-Sed* tenía lugar dentro del conjunto funerario de Zoser con el propósito de perpetuar su revitalización para la eternidad.

Los edificios al lado este de la pirámide también tienen relación con este ritual e incluyen el **patio del *Heb-Sed*.** Las construcciones al este del patio representan los santuarios del Bajo Egipto, y las del oeste, los del Alto Egipto. Todas se diseñaron para albergar los espíritus de los dioses egipcios cuando se reunían para presenciar el renacimiento del faraón durante los rituales de celebración de su reinado.

Al norte, la **Casa del Sur** y la **Casa del Norte** simbolizan los dos principales santuarios del Alto y Bajo Egipto, y la unidad del país. Se escogieron las plantas heráldicas de ambas regiones –papiro en el norte, loto en el sur– para decorar los capiteles de las columnas.

La Casa del Sur también conserva uno de los primeros ejemplos de grafito de un turista. En el año 47 del reinado de Ramsés II, casi mil quinientos años después de morir Zoser, Hadnajte, un escriba del tesoro, plasmó su admiración por éste durante "un viaje de placer al oeste de Menfis" c. 1232 a.C. La inscripción, en hierático y tinta negra, se conserva tras un panel acrílico justo al entrar en el edificio.

'Serdab'

El *serdab* (pequeña sala que alberga una estatua del difunto a la que se presentaban ofrendas; plano p. 195), una estructura de piedra justo enfrente de la pirámide, contiene un cofre de madera ligeramente inclinado con dos orificios en su cara norte. Si se mira por ellos se tendrá la escalofriante experiencia de estar cara a cara con el mismísimo Zoser. El interior cobija una estatua pintada con gran realismo y de tamaño casi real del faraón, que dirige su pétrea mirada hacia las estrellas. No obstante, esta estatua no es más que una copia: la original está en el Museo Egipcio de El Cairo.

La entrada original a la pirámide Escalonada queda justo detrás del *serdab,* y desciende por un laberinto de casi 6 km de túneles y cámaras subterráneas abiertas a través de la roca. La cámara funeraria del faraón tiene una bóveda de granito; otras cámaras lucen relieves de la carrera ritual del *Heb-Sed* y una exquisita loza de color azul. Aunque el interior de la pirámide no es seguro y está cerrado al público, se puede ver parte de las lozas azules en el Museo Egipcio.

PIRÁMIDE DE USERKAF

Al nordeste del conjunto funerario se alza la pirámide de Userkaf (plano p. 195), el primer faraón de la 5ª dinastía, que está cerrada al público por motivos de seguridad. A pesar de que la extracción de su revestimiento exterior de caliza ha dejado poco más que escombros, llegó a alcanzar los 49 m de altura. Es más, su templo funerario estuvo decorado con exquisitos relieves naturalistas, a juzgar por uno de los pocos fragmentos que quedan (ahora en el Museo Egipcio), en el que figuran unas aves junto al río.

PIRÁMIDE Y TERRAPLÉN DE UNAS

Lo que parece otro montón de ruinas, ahora al sudoeste del conjunto funerario de Zoser, es de hecho la pirámide de Unas (plano p. 195), el último emperador (2375-2345 a.C.) de la 5ª dinastía. Erigida tan sólo 300 años después de la inspirada pirámide Escalonada, esta pila de bloques sueltos y cascotes alcanzó en su día 43 m de alto.

Desde fuera no parece gran cosa, pero su interior marcó el comienzo de un notable avance en los ritos funerarios. Por primera vez se decoró la cámara funeraria real, adornando su techo con estrellas e inscribiendo sus blancas paredes de alabastro con hermosos jeroglíficos azules.

Dichos jeroglíficos constituyen las inscripciones funerarias ahora conocidas como los "textos de las pirámides", compuestos de 283 "conjuros" elegidos por Unas para proteger su alma. Entre las inscripciones hay rituales, plegarias e himnos, además de listas de cosas, como comida y ropa, que Unas necesitaría en la otra vida. Por desgracia, el deterioro del interior llevó a la clausura permanente de la pirámide en 1998.

El terraplén, de 750 m de longitud, va desde el lado este de la pirámide hasta su templo en el valle (ahora tan sólo identificado por un par de columnas de piedra a un lado del camino que lleva al yacimiento) y estaba originalmente cubierto y decorado con multitud de escenas policromas en relieve, incluida una imagen de gente hambrienta que ahora se conserva en el Louvre, en París.

Al sur del terraplén hay sendos fosos de 45 m de longitud para embarcaciones, con numerosas tumbas a ambos lados; se han excavado más de doscientas. Entre las mejor conservadas y normalmente abiertas al público figuran las tumbas de una de las esposas de Unas, la reina Nebet, y de la princesa Idut, posiblemente su hija. También hay varias tumbas de vivos colores de altos funcionarios de las 5ª y 6ª dinastías, como el sepulcro de Mehu, el visir, o de Nefer, supervisor del coro.

Tumbas B

Se han excavado varias tumbas de gran belleza (plano p. 195) al este de la pirámide de Unas. Aunque no son tan famosas como las que hay al norte de la pirámide Escalonada, éstas incluyen las de una serie de curiosos ayudantes del faraón. Por ejemplo, la tumba conjunta de Nianjjnum y Jnumhotep, supervisores de los manicuros del faraón Nyuserra; la tumba de Neferherenptah, supervisor de los peluqueros reales, o la de Irukaptah, supervisor de los carniceros reales.

Tumbas persas y saítas

Junto a la pirámide de Unas, hay varias tumbas (plano p. 195), en enormes huecos, de los períodos saíta [664-525 a.C.] y persa [525-404 a.C.]. Se cuentan entre las más profundas de Egipto, aunque, como en casi todo el país, las precauciones contra los ladrones de tumbas fracasaron. No obstante, su gran tamaño y los impresionantes sarcófagos de piedra en su interior, junto con la sofisticada decoración, demuestran que los logros técnicos de las postrimerías de la historia egipcia no tenían nada que envidiar a los de épocas anteriores.

Al norte de la pirámide se halla la magnífica tumba del general saíta Amón-Tefnajt. En el extremo sur de la pirámide hay tres tumbas persas; la entrada está protegida por una pequeña caseta de madera cuya llave está en manos de un guarda del lugar. Si no se dispone de linterna propia, el guarda guiará al visitante por una escalera de caracol de 25 m de profundidad hasta las criptas de tres oficiales: la del almirante Djenhebu al oeste; la del jefe de los médicos reales, Psamtik, en el centro, y la de su hijo, Pediese, al este.

MONASTERIO DE SAN JEREMÍAS

Colina arriba desde el terraplén de Unas, al sudeste de los fosos para embarcaciones, yacen los restos semienterrados de este monasterio copto (plano p. 195) del s. v. Por desgracia, de su estructura, saqueada por los árabes en 950, poco queda. Las pinturas murales y las tallas se hallan en el Museo Copto de El Cairo (p. 111).

PIRÁMIDE DE SEJEMKET

Cerrada al público a causa de su deterioro, la pirámide inacabada (plano p. 195) del sucesor de Zoser, Sejemket (2648-2640 a.C.), está a poca distancia del monasterio en ruinas, al oeste. El proyecto se abandonó por motivos que se desconocen cuando el gran muro de caliza que lo cercaba medía sólo

3 m de alto, y eso que ya habían construido las cámaras subterráneas en la roca sobre la que se levantaba la pirámide y la profunda fosa de la tumba sur. Se halló un sarcófago de travertino sin usar en la cámara funeraria sellada y oro, joyas y el cuerpo de un niño en la tumba sur. Estudios recientes han dado también con otro gran conjunto misterioso al oeste del recinto de Sejemket, pero no se ha excavado.

TUMBA DE AJETHOTEP Y PTAHHOTEP

Padre e hijo fueron oficiales de alto rango durante los reinados de Djedkare (2414-2375 a.C.) y Unas al final de la 5ª dinastía. Ajethotep sirvió al faraón como visir, juez y supervisor de la ciudad de la pirámide y de sacerdotes, títulos que, al igual que su tumba (plano p. 195), heredó Ptahhotep. La mastaba conjunta cuenta con dos cámaras funerarias, dos capillas y una sala hipóstila.

Los relieves policromos de la cámara de Ptahhotep son especialmente bellos y recogen una amplia variedad de animales, desde leones y erizos hasta aves y ganado doméstico que se entregaban como ofrendas al difunto. Un resplandeciente Ptahhotep aparece retratado con vestimenta de piel de pantera inhalando perfume de un frasco; de lo más coqueto, le están poniendo la peluca mientras le masajean los pies y le hacen la manicura (algunos egiptólogos interpretan que Ptahhotep, de acuerdo con su posición oficial, está inspeccionando un importante documento).

EL CÍRCULO DE LOS FILÓSOFOS

Cerca, un grupo de estatuas griegas (plano p. 193) de mirada triste forman un semicírculo protegidas por un feo refugio de cemento. Es lo que queda de una colección de filósofos y poetas dispuestos a modo de santuario complementario por Tolomeo I (305-285 a.C.) como parte de su mecenazgo del aprendizaje. De izquierda a derecha aparecen Platón, Heráclito, Tales, Protágoras, Homero, Hesíodo, Demetrio de Falero y Píndaro.

SERAPEUM

Dedicado al toro sagrado Apis, el Serapeum (plano p. 193) constituye uno de los principales atractivos de Saqqara. Los toros Apis eran con diferencia los animales de culto más importantes de los enterrados en Saqqara. Se creía que Apis era una encarnación de Ptah, el dios menfita, y el ternero de una vaca preñada por un relámpago. Fecundada por el dios, la vaca nunca pudo dar a luz de nuevo y su ternero se conservó en el templo de Ptah en Menfis, siendo adorado como dios. Apis siempre era representado de negro, con un distintivo diamante blanco en la frente, un buitre a sus espaldas y una marca en forma de escarabajo en la lengua. Al morir, el toro fue embalsamado en una de las grandes mesas de travertino descubiertas en Menfis y destinadas a ese fin, y fue llevado en procesión hasta las galerías subterráneas del Serapeum de Saqqara y depositado en un enorme sarcófago de piedra.

El primer entierro de Apis tuvo lugar durante el reinado de Amenhotep III (1390-1352 a.C.), y la práctica continuó hasta 30 a.C. Los inmensos ataúdes de granito y caliza podían superar las 80 t cada uno. A mediados del s. XIX sólo se sabía de la existencia de las tumbas sagradas de Apis por textos clásicos. Tras hallar una esfinge semienterrada en Saqqara y gracias a las descripciones proporcionadas por el historiador y geógrafo griego Estrabón en 24 a.C., Auguste Mariette descubrió en 1851 el terraplén que conduce al Serapeum. Sin embargo, sólo se encontró intacto un sarcófago de Apis.

MASTABA DE TI

Al nordeste del círculo de los filósofos está la mastaba de Ti (plano p. 193), descubierta por Mariette en 1865. Se trata, tal vez, de la mejor y más detallada tumba particular de Saqqara y una de las principales fuentes de conocimiento acerca de la vida en el antiguo Egipto. Su dueño, Ti, fue supervisor de las pirámides de Abu Sir y de los templos solares (entre otros cargos) durante la 5ª dinastía. De hecho, la magnificencia de su tumba hace honor a su sobrenombre, Ti el Rico.

Como en el caso de Zoser, en la sala de ofrendas de la tumba hay una estatua a escala natural del difunto (y también como en el caso de Zoser, la original está en el Museo Egipcio). La mujer de Ti, Neferhetpes, era sacerdotisa y trataba con la realeza. Junto con sus dos hijos, Demedj (supervisor del estanque de patos) y Ti (inspector de los manicuros reales), la pareja aparece retratada por toda la tumba. Mientras hombres y mujeres trabajan la tierra, cocinan, pescan, construyen barcas, bailan, comercian y esquivan cocodrilos, sus imágenes van acompañadas de expresiones jeroglíficas, sin duda familiares para Ti en su cargo de supervisor real: "Daos prisa, que viene el pastor", "No hagáis tanto ruido", "Compradlo, ¡es barato!".

PIRÁMIDE DE TETI

La avenida de esfinges que excavó Mariette en la década de 1850 vuelve a estar sepultada bajo la arena del desierto, pero en su momento llegó a extenderse hasta la muy anterior pirámide de Teti (plano p. 193). La pirámide de Teti (2345-2323 a.C.), primer faraón de la 6ª dinastía, es escalonada y está recubierta de caliza. Por desgracia, los ladrones la despojaron de su tesoro y su piedra, de modo que en la actualidad sólo queda un modesto montículo. No obstante, el interior tuvo mejor suerte. Su aspecto es similar al de la pirámide de Unas (p. 197) y, en la intacta cámara funeraria, el sarcófago de basalto de Teti, bien conservado, constituye el primer ejemplo de sarcófago decorado con inscripciones.

TUMBAS DE MERERUKA Y ANJMAHOR

Cerca de la pirámide de Teti se halla la tumba (plano p. 193) de Mereruka, visir y supervisor de sacerdotes. Es la mayor tumba de un funcionario del Imperio Antiguo, con 32 cámaras que cubrían 1.000 m². Las 17 cámaras del lado este pertenecen a Mereruka e incluyen una magnífica sala de ofrendas con seis columnas. La sala alberga una estatua de tamaño natural de Mereruka que parece querer salir de la pared para recibir las ofrendas que se le presentan.

Hay otras salas reservadas para su mujer, la princesa Seshseshat (hija de Teti) y su hijo mayor, Meriteti (cuyo nombre significa "el bienamado de Teti"). Gran parte de la decoración de la tumba es similar a la de la mastaba de Ti, con un mayor número de animales representados –magníficos los hipopótamos, con sus grandes bocas abiertas y afilados colmillos, nada más entrar– y un encantador retrato de la vida doméstica en el que marido y mujer aparecen alegremente sentados sobre una cama mientras Seshseshat tañe el arpa.

Más al este, la tumba (plano p. 193) de Anjmahor, visir y supervisor de palacio de la 6ª dinastía, contiene más escenas cotidianas interesantes. Las más insólitas son las de intervenciones quirúrgicas, por lo que también se la conoce como la "tumba del doctor". En una de ellas se ilustra la circuncisión de dos niños con un jeroglífico que reza "¡Agárralo fuerte, que no se caiga!".

TUMBA DE HOREMHEB

Esta tumba (plano p. 195), que se concibió como el último lugar de descanso del general epónimo, perdió toda su relevancia en 1348 a.C. cuando quien la tenía que ocupar le arrebató el poder al faraón Ay. Poco después, ya faraón, Horemheb ordenó la construcción de un nuevo sepulcro en el valle de los Reyes. Aunque la tumba de Saqqara jamás se llegó a ocupar, ha proporcionado unos relieves exquisitos que actualmente se exhiben por todo el mundo.

MASTABA DE AL-FARAUN

Conocido como el "banco del faraón", este inusual conjunto funerario (plano p. 193) pertenece al último faraón de la 4ª dinastía, el joven Shepseskaf (2503-2498 a.C.), hijo de Micerinos, el inquilino de la tercera gran pirámide de Gizeh, aunque no alcanzó la gloria de su padre. La tumba rectangular de Shepseskaf, que ocupa un recinto que llegó a cubrir 700 m², se construyó con bloques de caliza, recubiertos con fina caliza blanca y una capa inferior de granito rojo. En el interior de la tumba, un pasillo de 21 m de largo desciende hasta los almacenes y una cámara funeraria.

PIRÁMIDE DE PEPI II

Esta pirámide (plano p. 193) de 2278-2184 a.C. albergó los restos de Pepi II, cuyo reinado de noventa y cuatro años al final de la 6ª dinastía quizá haya sido el más largo en la historia de Egipto. Aun así, su pirámide, de 52 m de altura, tenía las mismas modestas proporciones que la de su antecesor, Pepi I. Aunque el exterior es poco más que un montón de escombros, el interior está decorado con más pasajes de los "textos de las pirámides".

OTRAS PIRÁMIDES

Saqqara Sur acoge también las pirámides de **Djedkare, Merenre** y **Pepi I** (plano p. 193). La pirámide de Djedkare, de 25 m de alto, conocida como la "pirámide del Centinela", contiene los restos del último rey de la 5ª dinastía. Se puede acceder a ella por el lado norte. Las pirámides de Merenre y Pepi I son poco más que montones de rocas hundiéndose lentamente, aunque la última

ARQUEOLOGÍA EN ACCIÓN

Hay quien cree que los grandes descubrimientos de la egiptología pertenecen al pasado. Nada más lejos de la realidad. Saqqara, quizá más que cualquier otro yacimiento de Egipto, ha ocupado numerosos titulares en los últimos años tras una avalancha de sorprendentes hallazgos.

A principios de 2005 un equipo de arqueólogos egipcios descubrió una momia de 2.300 años, sin identificar, enterrada bajo la arena a 6 m de profundidad. Perfectamente conservada, la momia llevaba una máscara dorada y yacía en un sarcófago de madera adornado con imágenes de divinidades en vivos colores. Ante este hallazgo, el Dr. Zahi Hawass, secretario general del Consejo Supremo de Antigüedades, dijo haber descubierto "la que tal vez sea la momia más bella jamás encontrada en Egipto".

A finales de 2006, se hallaron las tumbas de tres dentistas reales después de que el arresto de unos ladrones de tumbas condujera a los arqueólogos al yacimiento. Sólo dos meses después se dio con los restos momificados de un galeno y su instrumental quirúrgico de más de cuatro mil años de antigüedad.

A principios de 2007, los arqueólogos descubrieron las tumbas de un mayordomo y un escriba del faraón que llevaban más de tres mil años enterrados. La tumba de adobe del escriba contenía varias estatuillas de madera y una puerta con elaborados jeroglíficos, mientras que la tumba de caliza del mayordomo contenía dos ataúdes policromos. Los murales pintados en azul y naranja que adornaban la tumba del mayordomo despertaron un inusitado interés: representaban a personas celebrando rituales y monos comiendo fruta.

Aunque hace más de un siglo que los arqueólogos excavan en Saqqara, se estima que sólo se ha descubierto un tercio del conjunto funerario. Según el Dr. Hawass, "las arenas de Saqqara revelan muchos secretos".

destaca porque "Menfis" figura en uno de sus nombres.

Cómo llegar y salir

Saqqara está unos 25 km al sur de El Cairo y la mejor forma de visitarla es en taxi, combinando la visita con Menfis y Dashur. Véase recuadro en p. 192 para más información.

Los jinetes competentes pueden alquilar un caballo o un camello para todo el día en Gizeh y cubrir el trayecto de tres horas hasta Saqqara. Véase p. 133 para más información.

Desde El Cairo o Gizeh, si alguien prefiere ir por su cuenta, hay varias alternativas, incluida la tediosa e incómoda combinación de tren, autobús y a pie vía Al-Badrashein. Una de las opciones más económicas consiste en tomar un autobús o un microbús a la carretera de Saqqara y apearse en la parada de dicha carretera. Allí se toma un microbús hasta el desvío al yacimiento de Saqqara (Haram Saqqara; no confundir con la aldea de Saqqara), desde donde hay que andar 1,5 km hasta la taquilla.

Cómo desplazarse

Caminar por Saqqara Norte es fácil, aunque la travesía por la arena hasta Saqqara Sur puede resultar fatigosa. También cabe alquilar un camello, caballo o burro cerca del Serapeum en un circuito por el yacimiento que cuesta entre 25 y 50 EGP. Cuanto más se aleja de Saqqara Norte y se adentra en el desierto más caro resulta.

DASHUR

Unos 10 km al sur de Saqqara, en pleno desierto, se extienden 3,5 km de pirámides de las 4ª y 12ª dinastías. Aunque en un principio en **Dashur** (adultos/estudiantes 25/15 EGP; ⌚ 8.00-16.00 oct-abr, 8.00-17.00 may-sep, 8.00-15.00 Ramadán) había 11 pirámides, sólo las dos del Imperio Antiguo permanecen intactas (las llamativas pirámides Inclinada y Roja), además de tres grupos de pirámides del Imperio Medio.

Snefru (2613-2589 a.C.), padre de Keops y fundador de la 4ª dinastía, hizo levantar aquí la primera verdadera pirámide de Egipto, la Roja, además de la anterior pirámide Inclinada. Ambas tienen la misma altura y son las mayores pirámides del país tras las de Keops y Kefrén, en Gizeh. Antes de fundar la necrópolis de Dashur, Snefru inició también la pirámide de Meidum (p. 204).

Aunque antes todo el llano era una zona militarizada a la que no se podía acceder, parte del conjunto se abrió al turismo en 1996. Hoy, muchos viajeros bien informados añaden Dashur a su itinerario por tres motivos: sus pirámides son tan impresionantes como las de Gizeh, el yacimiento es mucho más apacible (ni un camellero acosador a la vista) y la entrada, bastante más económica.

Orientación e información

La entrada se adquiere en una caseta junto al conjunto. La pirámide Inclinada y alrededores siguen siendo una zona militarizada, por lo que sólo se pueden admirar desde lejos. Por suerte, la maravillosa pirámide Roja está abierta al público y acceder a su interior algo húmedo es una experiencia propia de Indiana Jones.

En Dashur no hay más servicios que un aseo que quizá se pueda usar o quizá no.

Puntos de interés

PIRÁMIDE INCLINADA

Con el propósito de crear una auténtica pirámide con los lados lisos, los arquitectos de Snefru recurrieron al mismo ángulo pronunciado e hiladas de piedras inclinadas hacia dentro que utilizaban para levantar pirámides escalonadas. Cuando empezaron a percibir signos de tensión e inestabilidad a mitad de la altura proyectada (105 m), no tuvieron más remedio que reducir el ángulo de 54° a 43° y empezar a colocar piedras en capas horizontales. Esto explica su extraña forma. Casi toda su estructura externa permanece intacta, y en el interior (cerrado al público) hay dos cámaras funerarias, la más alta de las cuales conserva el andamiaje original de grandes vigas de cedro para contrarrestar la inestabilidad interior. Al sur también hay una pequeña pirámide subsidiaria y al este, un pequeño templo funerario. Hacia el este, a mitad de camino en dirección a las tierras de cultivo, yacen las ruinas del templo del valle de Snefru, que atesoraban algunos relieves interesantes.

PIRÁMIDE ROJA

También conocida como del Norte, es la pirámide más antigua del mundo. Su nombre deriva bien de los tonos rojizos de su gastada caliza, después de que retiraran la cubierta blanca (de más calidad), o quizá de los grafitos rojos y marcas de construcción realizados en su mampostería en época antigua. Tras haber aprendido la lección, los arquitectos continuaron donde lo habían dejado y construyeron la Roja con el mismo ángulo de 43° que la sección superior de la pirámide Inclinada. La entrada (125 peldaños de piedra muy empinados y un pasadizo de 63 m de largo) desciende hasta dos antecámaras con una impresionante techumbre con ménsulas de 12 m de altura y una cámara funeraria, también con ménsulas, de 15 m de altura en la que se hallaron restos humanos incompletos, posiblemente del propio Snefru.

PIRÁMIDE NEGRA

De los tres conjuntos de pirámides del Imperio Medio, construidos por Amenemhat II (1922-1878 a.C.), Sesostris III (1874-1855 a.C.) y su hijo Amenemhat III (1855-1808 a.C.), sólo merece un vistazo la de este último, que presenta una extraña forma.

La estructura se asemeja a una torre y parece haberse derrumbado por completo debido al robo de su cubierta exterior de caliza en la Edad Media, pero la construcción de adobe restante posee un laberinto de pasadizos y salas diseñadas para confundir a los ladrones de tumbas. Con todo, los ladrones lograron acceder a las cámaras de los difuntos, aunque dejaron tras de sí diversos objetos funerarios muy valiosos que se descubrieron en 1993.

Cómo llegar y salir

El único modo de visitar Dashur es en taxi o en un circuito organizado, que se puede combinar fácilmente con una visita a Menfis, Abu Sir y Saqqara. Véase recuadro en p. 192 para más información.

OASIS DE AL-FAYOUM

Este gran semioasis, de unos 70 km de ancho y 60 de largo, es una cuenca sumamente fértil regada por el Nilo mediante cientos de pequeños canales en la que viven más de dos millones de personas. La región también acoge varios yacimientos arqueológicos importantes, en particular el de Qasr Qarun y la pirámide de Meidum, así como el espectacular lago Qarun y Wadi Rayyan. Por desgracia, las severas restricciones por razones de seguridad han acabado con el turismo de la región, y esto supone que viajar por libre por Al-Fayoum pueda resultar frustrante por su lentitud y pueda en ocasiones estar prohibido.

MEDINAT AL-FAYOUM

☎ 084 / 513.000 hab.

La mayor población del oasis de Al-Fayoum fue el destino vacacional favorito de los faraones de la 13ª dinastía, que construyeron una serie de palacios de recreo por la zona. Varios siglos después, los griegos, que creían que los cocodrilos del lago Qarun eran sagrados, denominaron la región Cocodrilópolis y levantaron un templo en honor a Sobek, el dios con cabeza de cocodrilo. En tiempos tolemaicos y romanos llegaban peregrinos de todas partes del mundo antiguo para alimentar a estos animales sagrados.

Hoy, en cambio, Medinat al-Fayoum es una escasamente atractiva combinación de cemento desmoronándose, conductores adictos al claxon, humo asfixiante, polvo y calles abarrotadas. Huelga decir que hay pocos motivos para permanecer aquí más tiempo del estrictamente necesario, aunque es una práctica base de operaciones para visitar los principales puntos de interés de la región.

Orientación e información

El canal de Bahr Yusuf constituye la principal arteria de la ciudad, a lado y lado de la cual se desarrollan casi todas las actividades comerciales. Entre los bancos de la localidad figuran el Bank of Alexandria y el Banque du Caire.

Sita en el edificio del Gobierno provincial, la **Autoridad Turística de Fayoum** (☎ 634 2313, 010 543 4726; F_tourism73@hotmail.com; Sharia Saad Zaghloul) puede poner al viajero en contacto con guías que le muestren los yacimientos del oasis. Desde Al-Fayoum, guía y taxi para un día pueden costar unas 300 EGP, lo que permitirá visitar la pirámide de Meidum, el lago Qarun y Wadi Rayyan.

Para más información sobre el oasis, se recomienda hacerse con un ejemplar de *The Fayoum: History and Guide* (El Fayoum: historia y guía) de R. Neil Hewison (American University in Cairo Press).

Las estaciones de autobús y taxi están a un corto paseo del centro urbano.

Puntos de interés

Cabe destacar el **obelisco de Senusert,** en el centro de una rotonda al nordeste de la ciudad cuando se proviene de El Cairo. Aunque difuminado entre tantos coches y autobuses, supuestamente es el único obelisco de Egipto con la punta redondeada; también tiene una hendidura en la que hubo una figura dorada de Ra que reflejaba los rayos del sol en las cuatro direcciones del viento.

El **edificio del Gobierno provincial** (Sharia Saad Zaghloul) alberga una modesta exposición sobre la historia y la fauna del oasis.

Dónde dormir y comer

Palace Hotel (☎ 631 1222; Bahr Yusuf; i/d 30/50 EGP, i/d con baño, 40/60 EGP, i/d con baño y aire acondicionado 60/75 EGP; ❄). Económica pero respetable, una reliquia que ha visto tiempos mejores y puede solucionar el alojamiento si el presupuesto es ajustado. Las habitaciones están limpias, aunque huelen un poco a húmedo, y se duerme bien si no se tienen muchas manías. Está 200 m al oeste del parque; para encontrarlo, hay que alzar la vista: es el edificio rosa con un rótulo en la segunda planta. Se entra por una galería al aire libre revestida de azulejos sita detrás de un puesto de relojes.

Queen Hotel (☎ 634 6819; Sharia Minshaat Lutfallah; i/d 160/200 EGP; ❄). Sin duda es la opción más

SEGURIDAD EN AL-FAYOUM

Tras la masacre de turistas de 1997 en El Cairo y Luxor, este rincón relativamente tranquilo de Egipto ostenta las restricciones de seguridad más severas del país. Muchos de los terroristas implicados en la matanza de Luxor procedían de Al-Fayoum y grupos islamistas como los Hermanos Musulmanes y Gama'a al-Islamiyya cuentan con numerosos seguidores en la región (si uno se fija en la frente de los lugareños verá que muchos tienen un callo; esto indica que son especialmente devotos y pasan mucho tiempo postrados al rezar). Esto supone un verdadero problema para los extranjeros, que a menudo se encontrarán con que no se les permite salir del hotel sin una escolta de la policía turística o usar el transporte local. Si el viajero prevé explorar la zona de Al-Fayoum, se le advierte que deberá enfrentarse a más molestias de las habituales, aunque vale la pena sufrir algún pequeño abuso extra a cambio de poder explorar este poco frecuentado oasis.

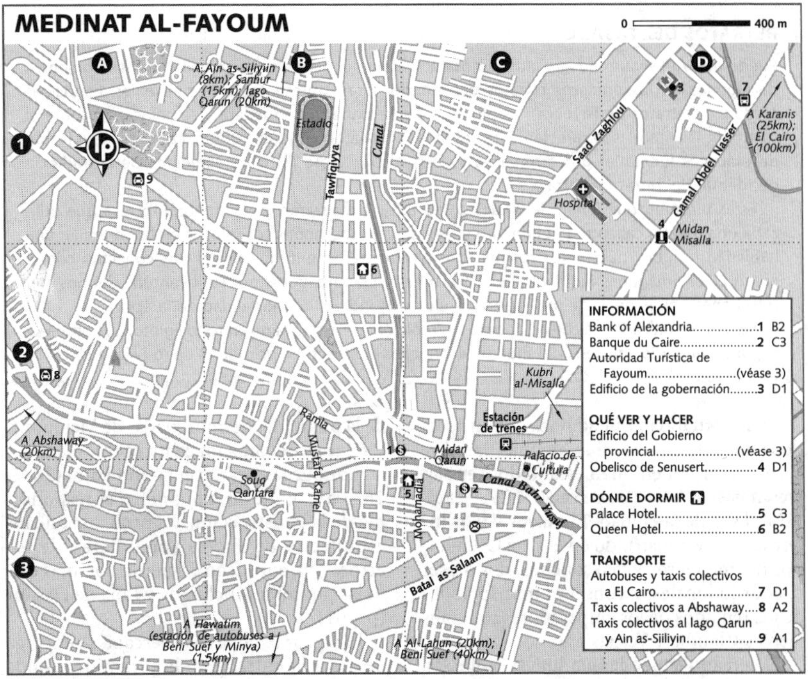

cómoda de la ciudad, por lo que puede costar encontrar habitación. Las habitaciones son relativamente limpias y amplias, y cuentan con baño propio, minineveras y televisión por satélite. Constituye una buena base de operaciones si se quiere pasar un par de días explorando el oasis. El restaurante, aceptable, atiende también a quienes no se alojan en el hotel; que nadie espere beber una cerveza fría por estos lares.

Hay varios cafés muy rudimentarios y algunos restaurantes en la carretera junto al canal, al oeste del parque.

Cómo llegar y salir

De la estación que hay en el lado oeste de la calle de Gamal Abdel Nasser (la carretera a El Cairo) salen autobuses a El Cairo (6-8 EGP, de 2 a 3 h) cada media hora. Van a la estación de autobuses cairota de Ahmed Helmy, situada detrás de la estación de trenes de Ramsés, y por el camino paran en la estación de Al-Monieb, en Midan Giza.

De otra estación que se halla en una zona llamada Hawatim, a eso de 1,5 km de la oficina de turismo del centro y al sudoeste de Medinat al-Fayoum, salen autobuses regulares a Beni Suef (3-5 EGP, de 1 a 2 h) y dos veces al día a Minya (8-10 EGP, de 2 a 3 h).

De Medinat al-Fayoum parten trenes abarrotados y dudosamente seguros hacia El Cairo cada día a las 17.00 (3ª clase, 4 EGP). Es mucho mejor tomar un autobús.

En las estaciones de autobuses hay taxis colectivos. A El Cairo o Gizeh cuestan de 5 a 10 EGP. También cabe tomar un taxi colectivo a Midan Ramses por unas 10 EGP o a Beni Suef por 5 EGP.

Cómo desplazarse

Los minibuses verdiblancos (25 pt) llegan a todos los rincones de Medinat al-Fayoum entre las estaciones de autobuses este y oeste.

KARANIS

En el límite de la depresión del oasis, 25 km al norte de Medinat al-Fayoum por la carretera a El Cairo, yacen las ruinas de la antigua Karanis, fundada por los mercenarios de Tolomeo II en el s. III a.C. y que en su día fue un asentamiento de adobe habitado por miles de personas.

RETRATOS DEL PASADO

Puede que Al-Fayoum no sea muy famosa actualmente, pero en ella se hallaron los fragmentos de algunos de los primeros retratos del mundo. Estas representaciones tan reales, conocidas como los "retratos de Fayoum", se pintaban sobre paneles de madera y se colocaban sobre el rostro de las momias, o directamente sobre la mortaja de lino que cubría al difunto. Esta fusión de prácticas funerarias grecorromanas y del antiguo Egipto puso los cimientos de la tradición occidental del retrato realista.

Estas pinturas, que datan de 30 a.C. a 395 d.C., se realizaron mediante una técnica que utilizaba una mezcla caliente de pigmento y cera. Los artistas anónimos que las pintaron tenían una habilidad notable, pues estos rostros realistas y extrañamente modernos nos conectan con el pasado. Son imágenes inquietantes que resultan más turbadoras por su juventud (algunos son sólo bebés), pues pone de manifiesto los elevados índices de mortalidad de la época.

Se han encontrado más de mil retratos, no sólo en Al-Fayoum sino en todo Egipto, que ahora se exponen en varios museos del mundo, entre ellos el Museo Egipcio de El Cairo (véase p. 187).

En la actualidad queda poca cosa intacta de la antigua ciudad, sólo algunas paredes; sí se conservan en buen estado dos **templos grecorromanos** (adultos/estudiantes 20/10 EGP; 🕓 8.00-16.00) al sur de la ciudad. El mayor y más interesante fue construido en el s. I a.C. en honor de Pnepheros y Petesouchos, dos dioses cocodrilo locales, y conserva inscripciones de los reinados de los emperadores romanos Nerón, Claudio y Vespasiano.

El cercano **Museo de Kom Aushim** (Mathaf Kom Aushim; ☎ 650 1825; carretera de El Cairo; adultos/estudiantes 16/8 EGP; 🕓 8.00-16.00) expone interesantes piezas de los imperios Antiguo y Medio, entre ellas barcas de madera sagradas, canopes y estatuillas de madera y cerámica que se enterraban junto al difunto para servirle en la otra vida. En la primera planta, artículos grecorromanos contextualizan Karanis.

Para ir, tómese uno de los autobuses con destino a El Cairo en Medinat al-Fayoum (5 EGP).

PIRÁMIDE DE MEIDUM

Unos 32 km al nordeste de Medinat al-Fayoum se encuentran las ruinas de la primera pirámide como tal que intentaron construir los antiguos egipcios, la **pirámide de Meidum** (adultos/estudiantes 25/15 EGP; 🕓 8.00-16.00). Levantaron una estructura de ocho plantas, rellenaron los escalones y añadieron el revestimiento exterior, dando lugar al primer armazón piramidal de verdad. Sin embargo, el diseño presentaba graves defectos, y pasado un tiempo desde su construcción (quizá no hasta los últimos siglos a.C.), el propio peso de la pirámide provocó el hundimiento de sus lados. Hoy sólo queda en pie el núcleo de la pirámide "desmoronada" de Meidum… y sigue siendo una imagen impresionante.

Aunque la encargó el faraón Huni (2637-2613 a.C.), fue su hijo Snefru el responsable de la construcción. Es probable que los arquitectos de Snefru aprendieran de sus errores, ya que luego erigieron con más éxito las pirámides Inclinada y Roja de Dashur (p. 201).

El vigilante de la casa cercana se encarga de abrir la entrada de la pirámide, donde unos peldaños descienden 75 m hasta la cámara funeraria vacía. Cerca de la pirámide se hallan las grandes mastabas de algunos familiares y funcionarios de Snefru, entre ellos su hijo Rahotep y su esposa Nofret. Conviene saber que en Meidum no hay servicios.

Para ir a la pirámide, hay que tomar cualquier taxi colectivo o autobús que vaya de El Cairo a Beni Suef y pedirle al conductor que pare en el desvío a Meidum; quedarán aún 6 km hasta allí y puede resultar difícil conseguir transporte. Otra opción es alquilar un taxi en El Cairo o Medinat al-Fayoum y asegurarse el regreso.

PIRÁMIDE DE HAWARA

Unos 8 km al sudeste de Medinat al-Fayoum, cerca de la carretera de Beni Suef, se alza la ruinosa **pirámide de Hawara** (adultos/estudiantes 20/10 EGP; 🕓 8.00-16.00), de adobe. Es la segunda de Amenemhat III; la primera es la pirámide Negra de Dashur (p. 201), parecida a una torre. Como hizo Snefru 800 años antes, se cree que Amenemhat III construyó la de Hawara con un ángulo menos pronunciado después de que su primera pirámide en Dashur mostrara signos de inestabilidad.

Aunque originalmente estaba cubierta de caliza blanca, hoy sólo queda el núcleo de adobe, y hasta el famoso templo (de 300 por 250 m) ha servido de cantera. Herodoto lo describió como un laberinto con 3.000 salas que incluso superaba a las pirámides de Gizeh. Estrabón afirmó que tenía tantas salas como provincias había, de forma que todos los súbditos del faraón pudieran estar representados por sus funcionarios locales en la presentación de ofrendas.

Griegos y romanos usaron también la zona como cementerio: embalsamaban a los difuntos al estilo egipcio, pero las momias incorporaban una cara a modo de retrato (véase recuadro en p. 204). Las excavaciones a gran escala dejaron poco más que jirones de tela de momia y varios huesos humanos entre los cascotes.

Según los arqueólogos, la pirámide de Hawara tiene un especial interés por su interior, que reveló varios avances técnicos: los pasillos se bloqueaban mediante una serie de enormes rastrillos de piedra; la cámara funeraria fue esculpida a partir de una única pieza de cuarcita y se sellaba mediante un ingenioso mecanismo con arena que hacía descender el bloque del techo hasta encajarlo en su sitio.

Conviene saber que no se ha entrado en la pirámide desde 1882. No hay servicios en Hawara.

Los autobuses entre Medinat al-Fayoum y Beni Suef pasan por Hawarat al-Makta, desde donde se va a la pirámide tras un breve paseo.

PIRÁMIDE DE AL-LAHUN

Unos 10 km al sudeste de Hawara, en el estrecho y fértil corredor que conecta Al-Fayoum con el Nilo, están las ruinas de la **pirámide de Al-Lahun** (adultos/estudiantes 20/10 EGP; 🕑 8.00-16.00), construida por Sesostris II (1880-1874 a.C.). En su día, estuvo cubierta de preciosa caliza, pero los ladrones de tumbas de la antigüedad la despojaron de todos sus tesoros y minerales, a excepción del asombroso *uraeus* de oro macizo que hoy se exhibe en la sala de las Joyas (sala 4) del Museo Egipcio de El Cairo. No hay servicios en Al-Lahun.

Para ir a la pirámide, tómese cualquier taxi colectivo o autobús que circule entre El Cairo y Beni Suef y pídase al conductor que pare en el pueblo de Al-Lahun. Una vez allí, habrá que caminar 2 km.

LAGO QARUN

Antes de los reinados de Sesostris III y su hijo Amenemhat III, de la 12ª dinastía, el lago Qarun cubría por completo la región de Al-Fayoum. Ambos faraones, en un esfuerzo por ganar terreno a las aguas, cavaron una serie de canales que enlazaban Qarun con el Nilo y drenaron gran parte del lago.

En los últimos siglos el lago ha recuperado parte de su antigua grandeza gracias al desvío del Nilo para crear más terreno agrícola. Sin embargo, dado que el Qarun se halla actualmente a 45 m por debajo del nivel del mar, sus aguas están cada vez más afectadas por la salinización. La flora y la fauna se han adaptado hasta el punto que hoy el autodenominado "lago más antiguo del mundo" goza de un ecosistema único. Es muy probable que el viajero observe innumerables variedades de aves, incluida una gran colonia de flamencos.

Si bien los extranjeros que visitan el Qarun son pocos, los fines de semana muchos cairotas acuden a él para huir del calor. Aunque no apetezca zambullirse en sus aguas, la imagen de este gran lago al borde del desierto resulta bastante chocante y es un cambio que se agradece tras pasar toda la mañana de pirámide en pirámide.

La mayoría de los visitantes del lago se conforman con una excursión de un día, aunque es posible pernoctar en el histórico **Auberge du Lac-Fayoum** (☎ 657 2001; i/d desde 75/100 US$; ❄ 🏊). En él se reunieron los líderes mundiales tras la Segunda Guerra Mundial para decidir las fronteras de Oriente Próximo. Posteriormente fue coto privado del rey Faruk, y en la actualidad acoge sobre todo a cazadores en busca de patos y gansos, y a familias cairotas adineradas en busca de aire fresco. Pese a sus precios de cuatro estrellas, el albergue ha visto días mejores; con todo, es un apacible refugio del frenético ritmo capitalino. Aunque no se pernocte en el hotel, el albergue es ideal para tomar un plato caliente y una bebida fría.

Para ir al Qarun, debe tomarse cualquier taxi colectivo o camioneta de Medinat al-Fayoum a Shakshouk, la principal localidad del lago, donde indicaciones en inglés señalan el camino al Auberge du Lac-Fayoum.

QASR QARUN

Las ruinas de la antigua Dionisias, en su día punto de partida de las caravanas rumbo al

ALREDEDORES DE EL CAIRO

oasis de Bahariyya, en el desierto occidental, están cerca del pueblo de Qasr Qarun, en el extremo occidental del lago homónimo.

Aunque poco queda de esta histórica población, todavía se conserva un **templo tolemaico** (adultos/estudiantes 20/10 EGP; ⌚ 8.00-16.00), construido en el s. IV a.C. y dedicado a Sobek, el dios de Al-Fayoum con cabeza de cocodrilo. Los aventureros pueden descender a las cámaras subterráneas (cuidado con las serpientes) y subir al tejado para disfrutar de una panorámica del desierto, de los escasos restos de asentamientos tolemaicos y romanos, y del oasis.

Aun siendo las distancias relativamente cortas, llegar hasta aquí es una pequeña odisea. Se debe tomar un taxi colectivo o camioneta en Medinat al-Fayoum hasta la localidad de Abshaway; una vez allí, hágase trasbordo hasta Qasr Qarun. El templo queda a la izquierda de la carretera poco antes del pueblo.

WADI RAYYAN

En la década de 1960 las autoridades egipcias crearon tres lagos en la depresión de Wadi Rayyan, al sudoeste del lago Qarun, para contener el exceso de agua del drenaje agrícola. Los lagos debían ser el primer paso de un ambicioso proyecto para ganar terreno al agua, pero no todo ha salido según lo previsto: uno de ellos se ha secado y la salobridad de los otros dos va en aumento.

Dicho esto, en **Wadi Rayyan** (entrada 5 EGP, vehículo 5 EGP) anidan las aves y ahora es un gran espacio protegido. Los fines de semana los cairotas van de *picnic* al lago, en particular cerca de las "cascadas", donde un lago desemboca en el otro. Hay también un par de pequeños cafés y un *camping*. Oficialmente es preciso obtener permiso previo de la policía turística de Medinat al-Fayoum para pernoctar aquí, aunque un poco de *baksheesh* puede facilitar las cosas.

No hay transporte público hasta Wadi Rayyan, por lo que se requiere vehículo propio o alquilar un taxi (medio día desde Medinat al-Fayoum cuesta unas 100 EGP; todo el día desde El Cairo, unas 200 EGP). Se sigue la carretera hasta el final del lago Qarun y luego otra ancha y asfaltada en la que se debe girar a la izquierda tras pasar las cúpulas de adobe del pueblo de Tunis (refugio rural para artistas de El Cairo e intelectuales occidentalizados), sobre unas colinas a la izquierda. Una carretera asfaltada conduce al lago. La entrada se abona en una taquilla de peaje al llegar al espacio protegido.

WADI AL-HITTAN

Unos 55 km al sur en el desierto de Wadi al-Hittan (valle de las Ballenas) los esqueletos fosilizados de unas ballenas llevan allí unos cuarenta millones de años. Para acceder al lugar se requiere al menos dos todoterrenos, uno para arrastrar al otro en caso de quedarse encallado en la arena. Quien esté interesado, que pregunte por la zona o pida indicaciones detalladas a los guardas de Wadi Rayyan. Obviamente, no se debe subestimar lo peligroso que puede ser conducir por el desierto; se aconseja precaución y sentido común.

LA CARRETERA A ALEJANDRÍA

Conocida popularmente como la carretera del Desierto, une El Cairo y Alejandría y separa los verdes campos del delta de las despiadadas arenas del desierto occidental. Grandes extensiones, antes desoladas, de estas tierras que parecen vastas praderas han sido irrigadas para fundar granjas y varias poblaciones satélite que han permitido reducir la presión demográfica sobre El Cairo. No obstante, es la vida de épocas pasadas lo que atrae a la mayoría de los turistas que se acercan a esta región, en concreto el famoso mercado de camellos de Birqash y los legendarios monasterios coptos de Wadi Natrun.

MERCADO DE CAMELLOS DE BIRQASH

El mayor **mercado de camellos** (souq al-gamaal; entrada 5 EGP; ⌚ 6.00-12.00) de Egipto se celebra en Birqash, una pequeña población 35 km al noroeste de El Cairo. Hasta 1995 el mercado tuvo lugar en Imbaba, en la periferia oeste de El Cairo, pero cuando el suelo se volvió demasiado valioso para albergar camellos, esta antiquísima institución capitalina se trasladó al filo del desierto líbico. Como todos los mercados de animales de Egipto, el de camellos de Birqash no es para los amantes de los animales ni para personas susceptibles. No obstante, si se tiene un estómago fuerte (y, aún mejor, un olfato débil), una visita a Birqash es una experiencia inolvidable.

La entrada al mercado cuesta 5 EGP, pero puede que el personal de la taquilla intente cobrar 20 EGP a los forasteros. Se trata de una excursión de media jornada (1-1½ h) desde El Cairo; una hora en el caluroso y polvoriento recinto suele bastar para la mayoría de los viajeros. Acostumbrarse estar más animado los viernes entre las 7.00 y las 10.00.

Cada día se venden cientos de camellos, que traen en su mayoría pastores por la ruta de los Cuarenta Días desde el vecino Sudán hasta el norte de Abu Simbel y de allí hasta el mercado de Daraw (véase p. 299). A los camellos no vendidos les atan las patas y los embuten en un camión durante las 24 h que dura el viaje hasta Birqash. Muchos llegan escuálidos e inservibles, pero los comerciantes no están para tonterías y les golpean duramente.

Además de los procedentes de Sudán, hay camellos de otras partes de Egipto (del Sinaí, del sur y del oeste) y a veces de lugares tan lejanos como Somalia. Los venden por dinero o por otros animales, como cabras, ovejas y caballos, para trabajar en granjas o sacrificarlos.

En el mercado hay que tener cuidado con los carteristas. Las mujeres deberán vestir con recato –en este lugar de hombres, la única y esporádica presencia femenina es la de la mujer que prepara el té–. Al llegar, hay que instalarse en un rincón estratégico desde el que ver cómo se negocia. Lo mejor es el centro: no hay tantos camellos en la entrada y al fondo, y son zonas que están bastante más dejadas.

Por si a alguien le interesa adquirir un camello (para transporte o para carne, allá cada cual), los más pequeños cuestan unas 2.000 EGP, mientras que los más grandes pueden llegar a costar 5.000 EGP. Las negociaciones se suelen hacer a primera hora; cuando se acerca la tarde el mercado está bastante apagado.

Cómo llegar y salir

En transporte público, el modo más económico de ir a Birqash consiste en dirigirse al antiguo mercado de camellos de Imbaba, de donde salen microbuses lanzadera repletos de comerciantes y compradores potenciales que van y vienen de Birqash. Para ir al viejo mercado de camellos, hay que tomar un minibús en Midan Abdel Moniem Riad o Midan Ramses hasta Imbaba (1 EGP), o hasta Midan Libnan (en Mohandiseen), donde se puede transbordar a un microbús de enlace. O más fácil aún, se toma un taxi en el centro de El Cairo hasta el antiguo mercado (unas 10 EGP); el aeropuerto de Imbaba *(matar* Imbaba) es el lugar más cercano. Una vez en Imbaba, sólo hay que preguntar a alguien de dónde sale el microbús (1 EGP) a Birqash. La carretera desde Imbaba serpentea por campos salpicados de palmeras, aldeas polvorientas, naranjales y urbanizaciones descontroladas antes de ascender la escarpa del desierto hasta el mercado. Los microbuses de vuelta a Imbaba salen cuando están llenos: según el momento del día, uno deberá esperar hasta dos horas.

La forma más sencilla de ir y volver del mercado es alquilando un taxi para una mañana. El precio oscila entre 70 y 120 EGP, en función de las dotes de regateo del viajero.

WADI NATRUN

Unos 100 km al noroeste de El Cairo, aquí es donde los antiguos egipcios descubrieron el natrón, una sustancia fundamental para el proceso de momificación que procede de los grandes depósitos de carbonato sódico que quedan cuando los lagos salados del valle se secan cada verano.

En la actualidad, el natrón lo emplea en abundancia la industria química, y Wadi Natrun debe su fama sobre todo a sus históricos monasterios coptos. Recogimiento y serenidad aparte, merece la pena visitarlos por el arte que albergan, en particular el de Deir el-Sourian.

Historia

Una visita a los monasterios de Wadi Natrun revela varias claves sobre la supervivencia de la Iglesia copta, ya que el desierto ha sido durante siglos el protector de la fe. Fue allí donde miles de cristianos se refugiaron de la persecución romana en el s. IV d.C. Vivían en cuevas o construían monasterios, y desarrollaron la tradición monástica que posteriormente adoptaron los cristianos europeos.

El núcleo principal de los monasterios era la iglesia, en torno a la cual se construía un pozo, los almacenes, el comedor, la cocina, la tahona y las celdas de los monjes. Estas comunidades desprotegidas y aisladas se fortificaron tras las incursiones de tribus árabes en 817 en su conquista del norte de África. De los 60 monasterios que una vez poblaron el valle, sólo quedan cuatro.

La vida religiosa a cuya protección contribuyeron goza ahora de una salud envidiable. El papa copto se sigue eligiendo entre los monjes de Wadi Natrun y la vida monacal está experimentando un resurgimiento, al contar con jóvenes profesionales coptos que vuelven a vestir el hábito y las capuchas bordadas para residir entre estas antiguas paredes en medio del desierto. Aún hoy algunos monjes se retiran a vivir en las cuevas aledañas durante semanas o meses.

Información

Cada monasterio tiene un horario de apertura diferente, y algunos permanecen cerrados durante los tres períodos de ayuno: en Semana Santa (Cuaresma), Navidad y agosto. Antes de ir, se aconseja averiguar en sus residencias cairotas si aceptan visitas.

En general, se pueden visitar todos los monasterios sin previo aviso, con la única excepción de Deir Abu Makar (Makarios). Los hombres que quieran pasar una noche (las mujeres no lo pueden hacer) necesitan un permiso escrito de las residencias que los monasterios tienen en El Cairo:

Deir Anba Bishoi (☎ 02-591 4448)
Deir el-Baramouse (☎ 02-592 2775)
Deir el-Sourian (☎ 02-592 9658).

Puntos de interés

DEIR ANBA BISHOI

San Bishoi fundó dos monasterios en Wadi Natrun: el que lleva su nombre y el vecino Deir el-Sourian. **Deir Anba Bishoi** (🕑 a diario incl. Cuaresma) se construyó alrededor de una iglesia que contiene el cuerpo del santo, que dicen que se conserva perfectamente en su receptáculo hermético en forma de tubo. Cada 17 de julio lo sacan en procesión por la iglesia. Según los monjes, los portadores sienten claramente el peso de un cuerpo entero. La iglesia también conserva la celda en la que san Bishoi ató sus cabellos al techo para no dormirse durante la oración.

Dentro hay un bello jardín con un huerto impresionante, una nueva y gigantesca catedral y una interesante torre fortificada, a la que se accede por un puente levadizo, dotada de un pozo, las cocinas, dos iglesias y almacenes con provisiones para un año. Las trampillas del techo dan a pequeñas celdas que acogían provisionalmente a los muertos en los frecuentes asedios. El tejado es ideal para ver la puesta de sol del desierto.

DEIR EL-SOURIAN

Unos 500 m al noroeste de Deir Anba Bishoi, **Deir el-Sourian** (monasterio de los Sirios; 🕑 a diario, 15.00-18.00 vi, 9.00-18.00 sa y do en Cuaresma) debe su nombre a los monjes nómadas sirios que compraron el monasterio a los coptos en el s. VIII, y es el que ocupa el lugar más curioso. Desde el s. XVI sólo lo han habitado monjes coptos. Alberga la iglesia de la Virgen, construida en torno a una cueva del s. IV en la que se instaló san Bishoi y que vale la pena visitar por los magníficos murales del s. XI.

DEIR ABU MAKAR (MAKARIOS)

Casi 20 km al sudeste de Deir Anba Bishoi, **Deir Abu Makar (Makarios)** (🕑 a diario pero sólo con cita previa, cerrado por Cuaresma) se levantó alrededor de la celda donde san Macario pasó sus últimos veinte años de vida. La estructura ha sufrido más que otras las incursiones beduinas, pero es famosa porque la mayoría de papas coptos han salido de sus muros. Ahí reciben sepultura muchos de ellos y también reposan los restos de los 49 mártires asesinados por los beduinos en 444. Deir Abu Makar es, como cabe esperar, el monasterio más recluido, por lo que es necesario solicitar permiso para visitarlo llamando con antelación al ☎ 048-260 0471/2.

DEIR EL-BARAMOUSE

Hasta hace poco, antes de construirse una buena carretera a Deir Anba Bishoi y al sudeste, **Deir el-Baramouse** (🕑 vi-do, cerrado por Cuaresma) era el más apartado de los monasterios de Wadi Natrun. Sin embargo, hoy viven aquí más de cien monjes y cuenta con seis iglesias modernas y una fortaleza medieval restaurada (cerrada al público) dentro del conjunto. También se conservan restos de frescos del s. XIII en las paredes de su iglesia más antigua, la de la Virgen María.

Al llegar hay que dirigirse a la oficina de información; un monje guiará al viajero por el recinto.

Cómo llegar y salir

Se puede tomar un autobús de West Delta Co hasta la poco agraciada localidad de Wadi Natrun, que hace las veces de puerta de entrada a los monasterios. Dichos autobuses salen de la cochera de Turgoman (p. 171) de El Cairo cada 30 minutos entre las 6.00 y las 22.00; el billete cuesta entre 5 y 10 EGP. Para continuar desde la parada de Wadi Natrun se deberá negociar con un taxista una ruta por los monasterios; la tarifa que cabe esperar ronda las 20 EGP por hora. Los viernes y domingos, cuando los monasterios están abarrotados de devotos coptos, es bastante fácil encontrar a alguien que pueda llevarle a uno. El último autobús de vuelta a El Cairo sale a las 18.00.

Un taxi desde El Cairo puede costar unas 150 o 200 EGP ida y vuelta, invirtiendo dos horas para visitar los monasterios. Si se dispone de vehículo propio y se procede de El Cairo, hay que tomar la carretera de Saqqara y seguir por la del Desierto (que enlaza El Cairo con Alejandría). Tras circular unos 95 km (nada más pasar el área de servicio y la gasolinera), hay que girar a la izquierda, hacia el *wadi,* conducir otros 4 km más o menos hasta la localidad de Wadi Natrun y seguir las indicaciones a los monasterios.

EL DELTA DEL NILO

Al norte de El Cairo el Nilo se bifurca en dos ramales que desembocan en el Mediterráneo, en los antiguos puertos de Damieta y Rosetta, dando lugar a una de las regiones más fértiles y, lógicamente, más cultivadas del mundo. Gracias a una tupida red de canales, el frondoso abanico que forma el delta del Nilo es (y ha sido) el corazón agrícola del país. Si se dispone de tiempo, vale la pena hacer el esfuerzo (y es un verdadero esfuerzo) de apartarse de las rutas más transitadas y explorar el entorno y la cultura únicos de la región del delta.

PRESAS DEL NILO

Es divertido subir a bordo de una de las destartaladas embarcaciones que surcan el Nilo entre El Cairo y Qanater ("presa" en árabe), 16 km al norte de la ciudad donde el río se bifurca. La travesía, de noventa minutos por trayecto, es mejor hacerla los viernes o en días festivos, cuando grupos numerosos de jóvenes y familias abarrotan las barcas, la animada (pero carente de gusto) feria y los jardines públicos de Qanater. En las barcas, retumba música pop árabe y los jóvenes cantan juntos, dan palmas, bailan y flirtean. Es una excursión de medio día muy divertida, sobre todo en días despejados y soleados.

Las presas se empezaron a construir a principios del s. XIX. El conjunto de cuencas y esclusas en los dos ramales principales del Nilo y los dos canales secundarios garantizaban el flujo de agua a la región del delta durante todo el año y provocaron un gran aumento en la producción de algodón.

La presa de Damieta consta de 71 compuertas y mide 521 m; la de Rosetta mide 438 m y tiene 61 compuertas. El trecho que las separa en Qanater mide 1 km de ancho y está repleto de jardines dispersos, cafeterías junto al río y puestos de recuerdos. Es una gran estación turística y un lugar especialmente popular entre los varones jóvenes y adolescentes, cuyo pasatiempo favorito consiste en alquilar motocicletas y bicicletas y conducirlas arriba y abajo por el paseo a toda velocidad, esquivando a peatones indignados y dando unos sustos de muerte a los pobres caballos que tiran de las *calèches* (calesas) cargadas de familias por la Corniche.

La mejor forma de ir a las presas es en una embarcación privada (6 EGP ida y vuelta) desde la estación de taxis acuáticos frente al edificio de radio y TV (estación Maspero), al norte del Ramses Hilton, en el centro de El Cairo. También zarpan barcas gestionadas por el Estado del mismo lugar, pero no las toma tanta gente, ya que cuestan 10 EGP ida y vuelta.

ZAGAZIG Y BUBASTIS

Junto a la ciudad de Zagazig –pronúnciese Sa'a'si, no Za'ga'zig– se hallan las ruinas de Bubastis, uno de los yacimientos más antiguos de Egipto. La gran divinidad de la antigua ciudad de Bubastis era la elegante diosa gata Bastet. Se dice que los festivales en su honor llegaron a atraer a más de setecientas mil personas que cantaban, bailaban, se daban festines, bebían grandes cantidades de vino y le ofrecían sacrificios.

Aunque no hay mucho que ver en la propia Zagazig, los egiptólogos aficionados disfrutarán visitando las ruinas del **templo de Bubastis** (adultos/estudiantes 20/10 EGP; 🕒 8.00-16.00). Keops y Kefrén iniciaron la construcción del templo durante la 4ª dinastía y durante los diecisiete siglos siguientes faraones de dinastías posteriores fueron añadiendo elementos. Aunque antaño esta joya arquitectónica dominó la ciudad, hoy el templo no es más que una pila de escombros. Ah, y explorar el cementerio de gatos que hay 200 m calle abajo, formado por una serie de galerías subterráneas en las que se hallaron numerosos bronces de gatos, es siniestramente divertido.

EXPLORANDO EL DELTA

Aunque esta región desempeñó un papel tan crucial como el Alto Egipto en la primera etapa de la historia del país, pocos restos arqueológicos lo atestiguan. Mientras que el desierto y la sequedad del sur contribuyeron a conservar los asentamientos faraónicos, la increíble fertilidad del delta tuvo el efecto contrario. A lo largo de los siglos, a medida que las antiguas ciudades, templos y palacios del delta sucumbían, los *fellaheen* (agricultores) las fueron labrando literalmente hasta hacerlas desaparecer.

Así pues, el atractivo de esta zona reside en la oportunidad de conocer comunidades que los extranjeros casi nunca visitan, donde cabe ver de cerca el modo de vida de los granjeros egipcios. La región es, además, de una belleza y un verdor imposibles, lo cual puede resultar terapéutico si se ha pasado demasiado tiempo entre remolinos de arena y rocas yermas. Si se prevé pasar algo más de tiempo en esta zona, se aconseja encarecidamente leer *En una tierra milenaria* de Amitav Ghosh, un relato de la dilatada estancia del autor en un pueblo del delta.

Taxis colectivos y autobuses circulan por el territorio de pueblo en pueblo, pero si de verdad se quiere explorar su fascinante verdor se tendrá que alquilar un vehículo. Técnicamente no se debe abandonar las carreteras principales por motivos de seguridad, pero en el poco probable caso de toparse con la policía, uno siempre puede decir que se ha extraviado. Otra magnífica forma de explorar el delta es yendo de excursión en un autobús fluvial (véase "Presas del Nilo", p. 209), que viene a ser la versión egipcia del "crucero de borrachera" (sin la borrachera, claro está).

Zagazig y Bubastis están sólo 80 km al nordeste de El Cairo y suponen una sencilla excursión desde la capital. El tren que va a Port Said tarda más o menos 1½ horas en llegar; sale de la estación cairota de Ramsés (p. 173) a las 8.45, 11.30, 14.30, 19.00 y 22.00. Los billetes para adultos/estudiantes cuestan 20/15 EGP (sólo 2ª clase). El templo queda a eso de 1 km de la estación de Zagazig, al sudeste por Sharia Farouq. Un taxi (1 EGP) no tarda ni un minuto en cubrir esa distancia.

TANIS

Nada más salir del pueblo de San al-Hagar, 70 km al nordeste de Zagazig, están las ruinas parcialmente excavadas de la antigua ciudad de Tanis. Aunque su nombre actual viene del griego, fue la Djanet de los egipcios y la Zoan de los hebreos.

Durante siglos Tanis fue una de las mayores ciudades del delta y se convirtió en un lugar de gran importancia en las postrimerías del Imperio Nuevo, en particular durante el Período Tardío (747-332 a.C.). Los cinéfilos no suelen tardar en señalar que Tanis es donde Indiana Jones descubre el arca perdida.

Al igual que las de Bubastis, las ruinas de Tanis sólo interesarán a los verdaderos aficionados a la egiptología, aunque suponen una excursión de un día relativamente rápida y poco dolorosa desde El Cairo.

Debido a su mal estado de conservación, Tanis recibe a escasos visitantes extranjeros. Sin embargo, esto significa que no habrá que pagar entrada y que tal vez se pueda disfrutar del yacimiento a solas. Uno podrá pasear entre las ruinas a su antojo, cosa que quizá resulte una experiencia solitaria y algo tétrica.

Si bien muchos de los sillares y estatuas datan de los imperios Antiguo y Medio, en realidad se trajeron de otros lugares para que los últimos faraones los reutilizasen. Los edificios más antiguos de Tanis datan del reinado de Psusenas I (1039-991 a.C.), que circundó el templo de Amón con un gran recinto amurallado. Sus sucesores añadieron los templos a Mut, Jonsu y la diosa semítica Astarté, y un lago sagrado. La construcción del templo se prolongó hasta la época tolemaica.

Tanis es famosa sobre todo por sus tumbas reales, debidas a los faraones de la 21ª dinastía tras abandonar el valle de los Reyes al final del Imperio Nuevo (c. 1070 a.C.). En 1939, los franceses descubrieron seis tumbas reales aquí, incluida la de Psusenas I y algunos de sus sucesores. Aunque hoy en día no parezcan nada del otro jueves, estas tumbas albergaron el más espectacular tesoro jamás visto en Egipto: ataúdes de oro y plata, máscaras mortuorias y joyas que pueden admirarse en el Museo Egipcio (p. 187).

Para ir a Tanis tómese un taxi colectivo o un autobús de El Cairo (5-10 EGP) hasta la localidad de Faqus, sita unos 35 km al sur de Tanis. También cabe tomar el tren que va a Al-Salhiya, que tarda cerca de 1½ horas; sale de la estación cairota de Ramsés (p. 173) más o menos cada dos o tres horas. Los billetes para adultos/estudiantes cuestan 20/15 EGP (sólo 2ª clase).

En Faqus, hay que tomar un taxi colectivo o un autobús (1 EGP) hasta el pueblo de San el-Hagar o alquilar un taxi (20 EGP) hasta el yacimiento.

TANTA

Es la mayor ciudad del delta y un importante centro sufí. Acoge una gran mezquita dedicada a Sayyed Ahmed al-Badawi, un venerable marroquí que luchó contra los cruzados en el s. XIII. El *maulid* (festival religioso) que se celebra en su honor coincide con la cosecha del algodón en octubre y es una de las mayores celebraciones del país, al congregar a más de un millón de personas.

Si bien la ciudad en sí reviste poco interés para el visitante extranjero, en esta parte del delta occidental se erigieron en su día las antiguas ciudades de Sais, Naucratis y Wadjet. Aunque hayan desaparecido del mapa, quienes estén interesados en la historia del delta quizá tengan curiosidad por saber dónde estaban.

Al noroeste de Tanta, en la ribera oriental del ramal Rosetta del Nilo, cerca de San el-Hagar, se levantó en su día la legendaria ciudad de **Sais,** capital de la 16ª dinastía. En ella se rendía culto a Neith, diosa de la guerra y de la caza, y protectora de los cuerpos embalsamados. El origen de Sais se remonta al nacimiento de Egipto y estaba repleta de palacios, templos y tumbas reales. Sin embargo, fue arrasada en 525 a.C. por el emperador persa Cambises, que, según cuentan, exhumó las momias de gobernantes anteriores y ordenó azotarlas y quemarlas en público.

Al oeste de Tanta, a más de medio camino por la carretera a Damanhur, se situaba la ciudad de **Naucratis,** que se cedió a los griegos para que la poblaran en el s. VII a.C.

Al nordeste de Damanhur y al noroeste de Tanta estaba **Wadjet** (Buto para los griegos), donde se rendía culto a la diosa cobra del Bajo Egipto. Antaño, devotos seguidores adoraban aquí a las cobras.

Tanta está a 90 km de El Cairo y a 110 km de Alejandría. Quien arda en deseos de saber dónde se ubicaron estas ciudades, puede tomar un autobús *superjet* a Tanta (7-12 EGP); salen de la cochera de Turgoman (p. 171) cada hora entre las 7.00 y las 19.00. Desde allí, habrá que alquilar un taxi durante más o menos una hora para visitar la zona.

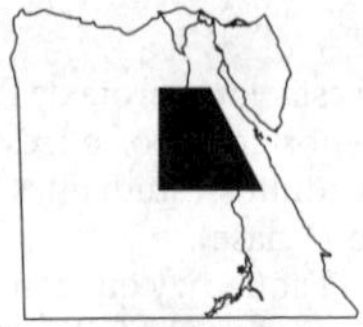

Valle del Nilo: de Beni Suef a Qina

Quien surque el mar del Nilo debe usar velas tejidas de paciencia.

Proverbio egipcio

La precipitación por alcanzar los tesoros de Luxor y los placeres del sur puede llevar a ignorar este primer tramo del Alto Egipto. Sin embargo, las zonas menos visitadas del país casi siempre compensan el esfuerzo de la visita y el valle desde El Cairo a Luxor no es una excepción.

La tierra verde y marrón al sur de El Cairo aún se trabaja a mano, a menudo con herramientas ya conocidas por los antiguos; aunque incluso en las remotas zonas rurales del valle del Nilo los campesinos deben aprender a lidiar con la modernidad, sobre todo ante los problemas de escasez de agua y su bombeo.

Las ciudades provinciales en expansión de esta región fueron escenario de un alto grado de violencia durante la agitación islamista de la década de 1990 y, aunque ya no merecen ser consideradas zonas conflictivas, están mucho menos desarrolladas que urbes como El Cairo o Luxor.

No obstante, a pesar del atraso, esta parte del valle aún conserva vívidos recuerdos del destacado papel que desempeñó. Desde las tumbas fastuosamente pintadas de los primeros gobernantes provinciales hasta los restos de la ciudad condenada de Ajetatón y los monasterios de los primeros cristianos, enclaves que perpetúan su gloria pasada. Cerca de Qina se halla Dendara, uno de los mejores conjuntos de templos conservados. Sin embargo, el lugar más misterioso es Abydos, donde dicen que reposa la cabeza del dios Osiris y hay un camposanto egipcio.

Debido a la violencia en los años noventa, las medidas de seguridad siguen siendo estrictas en algunos lugares y viajar por libre suele resultar complicado, si no imposible.

LO MÁS DESTACADO

- Las gráciles bailarinas y los musculosos luchadores en las bellas **tumbas de Baqet** y **Jety** (p. 218), en Beni Hasan.
- Entender por qué los coptos se consideran los herederos de los antiguos egipcios en el monasterio de **Deir al-Muharraq** (p. 223).
- Los bellos relieves del **templo de Seti I** (p. 229), en Abydos.
- El espléndido **templo de Hator** (p. 231), en Dendara, uno de los mejor conservados de Egipto.
- El elegante centro colonial de **Minya** (p. 231).

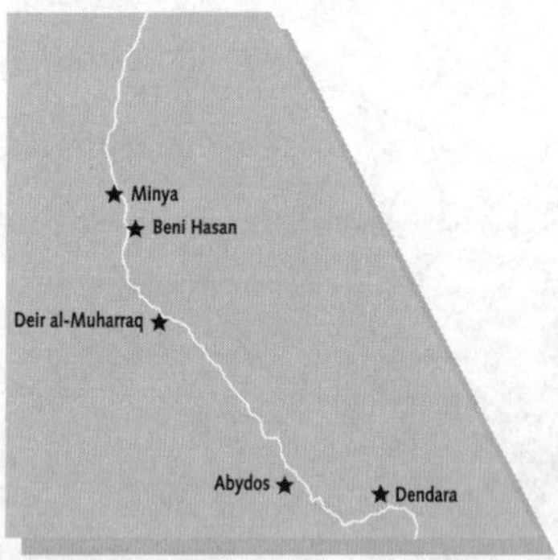

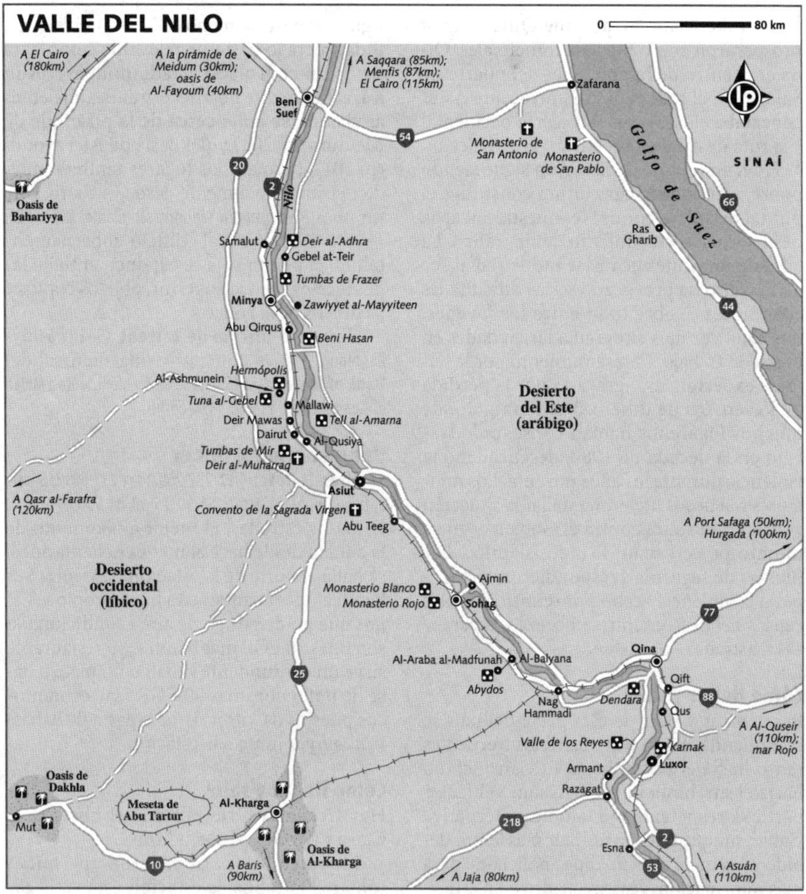

Historia

Para los antiguos egipcios, el Alto Egipto comenzaba al sur de la entonces capital Menfis, más allá de la actual Saqqara.

La zona comprendida entre Beni Suef y Qina fue dividida en 15 *nomos* o provincias, cada una con su propia capital. Los gobernadores y notables provinciales construían sus tumbas al filo del desierto. Cerca de la moderna Sohag, Abydos era el centro religioso preponderante en la región y uno de los lugares más sagrados del país: los primeros gobernantes de la 1ª dinastía de Egipto fueron enterrados allí y su prosperidad se prolongó hasta bien entrada la era cristiana.

Akenatón, faraón del Imperio Nuevo, intentó acabar con el poder de los sacerdotes tebanos trasladando su capital a una nueva ciudad, Ajetatón, situada junto a la moderna Mallawi y uno de los pocos lugares a orillas del Nilo entonces aún sin asociar a una deidad.

El cristianismo pronto llegó al Alto Egipto. Las escisiones sectarias de Alejandría y el arraigo de la tradición monástica instituida por san Antonio en el desierto del Este animaron a los sacerdotes a establecerse en las provincias. Las numerosas iglesias y monasterios todavía activos en la región son testimonio de la fuerza de la tradición cristiana: aquí se concentran las mayores comunidades coptas fuera de El Cairo.

Dependiente de la agricultura, gran parte de la zona quedó rezagada en los períodos cristiano e islámico, aunque Qina y Asiut prosperaron como núcleos comerciales: Qina era centro de operaciones del puerto de Safaga, en el mar Rojo, mientras que Asiut conectaba el Nilo con el desierto occidental y la ruta de caravanas de Darb al-Arba'een.

Hoy, gran parte de la región sigue siendo pobre, y aunque la agricultura constituye el puntal de su economía, se muestra incapaz de absorber el crecimiento demográfico. La falta de una auténtica base industrial al sur de El Cairo ha provocado serias dificultades económicas, sobre todo entre los jóvenes, que cada vez más emigran a las ciudades en busca de trabajo. El resentimiento por la falta de expectativas, agravado por la pérdida de los envíos de dinero desde Iraq, donde muchos lugareños habían conseguido trabajo en la década de 1980, desencadenó la violencia durante los años noventa. Los militantes religiosos hicieron estallar la situación y dirigieron su ira contra el Gobierno en su intento por crear un Estado islámico. Las fuerzas de seguridad respondieron con torpeza; la violencia acabó por remitir, pero las causas del descontento –pobreza y esperanzas frustradas– persisten.

Cómo llegar y salir

Para entrar y salir de esta parte del país se recomienda el tren. Hay servicios frecuentes tanto hacia el norte, hasta El Cairo, como hacia el sur, hasta Luxor y Asuán. Vehículos particulares y taxis son la única alternativa viable, aunque pueden resultar más lentos debido a las ineficaces medidas policiales; para más información, véase recuadro en p. 215.

Cómo desplazarse

En la medida de lo posible, conviene ceñirse al tren en esta parte de Egipto. Una buena red de autobuses, taxis y servicios de recogida comunican ciudades y pueblos, pero la policía puede vetarlos a los extranjeros. Si el viajero debe trasladarse en coche, podría verse acompañado por la policía armada. En tal caso, debe calcular más tiempo debido a los retrasos registrados en los puestos de control, donde la escolta cambia de vehículo (véase recuadro en p. 215).

BENI SUEF

☎ 082 / 3,8 millones de hab.

Capital de provincia situada 120 km al sur de El Cairo, fue famosa por su lino desde la antigüedad hasta al menos el s. XVI, y en el s. XIX todavía era lo bastante relevante como para tener un consulado estadounidense. Aun así, actualmente no ofrece grandes alicientes al viajero; se halla cerca de la pirámide de Meidum (p. 204) y del oasis de Al-Fayoum (p. 201), pero ambos lugares también pueden visitarse fácilmente desde El Cairo. Hay un pequeño **museo** (adultos/estudiantes 20/10 EGP; 9.00-16.00), junto al edificio gubernamental. En la planta baja se exponen antigüedades locales, y en la superior, objetos coptos e islámicos de la zona.

Hay una **oficina de correos** (Sharia Safiyya Zaghloul; 8.30-14.30 sa-ju) y una sucursal del **Bank of Alexandria** (Sharia Sa'ad Zaghloul, junto a Midan al-Gomhuriyya; 9.00-14.00 do-ju).

Dónde dormir y comer

Semiramis Hotel (☎ 232 2092; fax 231 6017; Sharia Safiyya Zaghloul; i/d/tr 51,50/75,50/83,50 EGP;). Este dos estrellas, el mejor alojamiento de la ciudad desde hace al menos ochenta años, se halla al norte de la estación de trenes. Sus habitaciones cuentan con baño propio y TV. Las que no disponen de aire acondicionado son unas 20 EGP más baratas. Su restaurante sirve un contundente kebab o un plato a base de pollo por unas 30 EGP. Hay económicos puestos de *kushari*, *fuul* (pasta de habas) y *ta'amiyya* junto a la estación.

Cómo llegar y salir

Hay frecuentes trenes hacia el norte, a El Cairo y Gizeh, y al sur, a Minya.

Suponiendo que al viajero le permitan tomar el autobús, la estación está en la carretera principal, Sharia Bur Said, al sur del centro. Hay autobuses con destino a El Cairo, Minya y Al-Fayoum entre las 6.00 y las 18.00 aproximadamente.

Desde Beni Suef, una carretera cruza el desierto hacia el este, hasta Zafarana, en el mar Rojo. Hay un autobús diario a Zafarana (20 EGP, 3-4 h), con parada a la salida del monasterio de San Antonio (p. 423), unos 130 km al este de Beni Suef. Desde allí quedan otros 12 km hasta el monasterio.

GEBEL AT-TEIR Y LAS TUMBAS DE FRAZER

Gebel at-Teir (monte del Pájaro), una suerte de acantilado, se eleva en la orilla oriental del Nilo, unos 93 km al sur de Beni Suef y 20 km al norte de Minya. **Deir al-Adhra** (monasterio de la Virgen) está encaramado 130 m por encima del río. La montaña debe su nombre a una leyenda según la cual todas las aves egipcias se detenían aquí el día del banquete anual celebrado en el monasterio. Antes fue conocido como el "convento de la Polea", en referencia a la época en que la cuerda era el único medio de alcanzar la cima del acantilado.

La tradición copta sostiene que la Sagrada Familia descansó aquí durante tres días en su travesía por Egipto. Hay una cueva-capilla del s. IV atribuida a Helena, madre de Constantino, el emperador bizantino. Un edificio del s. XIX la rodea; se dice que el icono de la Virgen posee poderes milagrosos. El monasterio, que no recibe visitas la mayor parte del año, está abarrotado durante la fiesta de la Asunción, que dura una semana y se celebra 40 días después de la Pascua copta.

Es el pueblo más cercano a Minya y, si la policía lo permite, ir en taxi colectivo o en microbús de Minya a Samalut cuesta entre 5 y 10 EGP. Desde Samalut, hay furgonetas hasta el embarcadero del Nilo (1 EGP), donde se puede tomar el *ferry* de vehículos o la falúa, si navega (ambos 2 EGP). Hay furgonetas desde el embarcadero de la orilla oriental a Deir al-Adhra, pero no suele haber muchos pasajeros; puede que se deba pagar un suplemento para evitar una larga espera. Un taxi desde Minya suele costar entre 30 y 55 EGP ida y vuelta, pero puede llegar hasta

CONFLICTOS EN EL VALLE DEL NILO

A comienzos y mediados de la década de 1990, el norte del Alto Egipto fue un foco de insurgencia islamista que causó más de mil víctimas, principalmente policías y militantes. Gama'a al-Islamiyya (Grupo Islámico) intentó derrocar al Gobierno atacando una de las principales fuentes de ingreso de divisas: el turismo. Después de que los activistas dispararan a los pasajeros de las cubiertas superiores no es de extrañar que dicha actividad se paralizara y las embarcaciones que surcaban el Nilo dejaran de navegar entre El Cairo y Luxor; los pocos extranjeros que se atrevían a visitar la zona lo hacían escoltados por policías armados hasta los dientes.

Desde finales de los años noventa no se han producido atentados contra extranjeros en la región. Los líderes más moderados del grupo declararon que el uso de la violencia había sido un error y las embajadas occidentales en Egipto han retirado las alertas para viajar, aunque las medidas de seguridad siguen siendo estrictas y los cruceros entre El Cairo y Luxor, prohibidos. Recientemente el Ministerio del Interior suavizó las restricciones a los extranjeros que viajaban por la región; sin embargo, la responsabilidad última corresponde a los funcionarios locales, muchos de los cuales prefieren pecar de cautos. De modo que si alguien toma un autobús o un taxi en Minya, puede verse privado de la autorización a salir del hotel en Qina. Y para complicar más las cosas, lo que era legal cuando el autor de esta guía estuvo allí puede dejar de serlo de un día para otro.

La situación afecta al viaje. Un grupo de policías fuertemente armados puede hacer la visita más segura (aunque hay quien cree que convierten al turista en un objetivo más obvio), pero también restringe los movimientos y altera la experiencia. Asimismo, puede aumentar el coste de la excursión, ya que si alguien lleva escolta, probablemente se verá obligado a ir en taxi en vez de en taxi colectivo o microbús. Muchos viajeros han criticado esa molesta presencia policial; uno de ellos se lamentaba de que su anhelado viaje a Abydos se vio arruinado por la insistencia de los policías en que los visitantes se mantuvieran juntos en el interior del templo y sólo se les concediera una hora para efectuar la visita. Su consejo: mejor no ir.

Aun así, las medidas de seguridad se están relajando en ciertos lugares y la experiencia del autor de esta guía en su viaje entre Luxor y El Cairo fue desigual. En algunos sitios fue recogido por la policía al bajar del tren o autobús y ni siquiera le era permitido salir del hotel sin escolta (aunque consiguió ser acompañado por un agente de paisano, que ocultó el arma y la radio). En otros, le sorprendió encontrar tan poca insistencia: una vez escoltado hasta el hotel, consiguió burlar la vigilancia y en algunos lugares se le dejó completamente solo. El mejor consejo es que se vaya únicamente si se está dispuesto a sobrellevar estos contratiempos y el coste extra, y si se dispone de tiempo para posibles retrasos: Egipto no es el mejor país para preocuparse por llegar a El Cairo a tiempo para el vuelo de vuelta a casa. El sentido del humor también ayuda.

Para más información sobre el "azote de los convoyes", véase el recuadro en p. 541.

las 100 EGP, dependiendo de la habilidad del viajero para el regateo y del humor del conductor.

Unos 5 km al sur de Tuna al-Gebel se hallan las **tumbas de Frazer,** de la 5ª y 6ª dinastías. Pertenecientes al Imperio Antiguo, se recortan en los acantilados de la orilla oriental y poseen vistas al valle. Sólo dos están abiertas, ambas de gran sencillez, y presentan imágenes erosionadas y jeroglíficos, aunque ninguna escena colorista; puede que sólo resulten de interés para los aficionados a los lugares poco frecuentados.

MINYA

☎ 086 / 261.872 hab.

La "novia del Alto Egipto" (Arous as-Sa'id) radica en el límite entre el Alto y el Bajo Egipto. Capital de provincia situada 245 km al sur de El Cairo, aglutinó el comercio de algodón del Alto Egipto, aunque hoy sus fábricas producen azúcar, jabón y perfumes.

Cuando Minya se vio atrapada en la revuelta islamista de los años noventa, el Gobierno envió tanques y carros blindados. De ese período aún quedan algunos puestos policiales diseminados por el centro, pero la violencia ha remitido y las medidas de seguridad se han relajado, una buena noticia para el visitante, ya que Minya cuenta con uno de los núcleos urbanos más agradables del Alto Egipto. Con sus anchas calles arboladas, una amplia *corniche* y varios espléndidos edificios –aunque algo venidos a menos– de comienzos del s. xx, el centro de Minya ha conservado el halo de una época más elegante. Cuando el autor de esta guía estuvo allí, era uno de los lugares más tranquilos entre El Cairo y Luxor.

Información

URGENCIAS

Ambulancia (☎ 123)
Policía turística (☎ 236 4527; Amarat el-Gama'a)

ASISTENCIA MÉDICA

Mustashfa Gama'a (Hospital Universitario; ☎ 236 6743, 234 2505; Midan Suzanne Mubarak/Sharia Corniche an-Nil)

DINERO

Bank of Alexandria (Sharia al-Gomhuriyya; 🕑 9.00-14.00 do-ju). Cambian moneda extranjera.
Banque Misr (Midan as-Sa'a; 🕑 8.30-14.00 do-ju). Hay cajero automático.
National Bank of Egypt (Sharia al-Gomhuriyya; 🕑 9.00-14.00 do-ju). Hay cajero automático.
Western Union (☎ 236 4905; Sharia al-Gomhuriyya; 🕑 9.00-19.00 sa-ju)

CORREOS

Oficina principal (🕑 8.30-14.00 sa-ju). Junto a Sharia Corniche an-Nil.

INFORMACIÓN TURÍSTICA

Oficina de turismo Sharia Corniche an-Nil (☎ 236 0150; 🕑 9.00-15.30 sa-ju); estación de trenes (☎ 234 2044). Supuestamente abierta las 24 h, pero rara vez dotada de personal.

EXTENSIÓN DEL VISADO

Oficina de pasaportes (☎ 236 4193; 2º piso, encima de la oficina principal de correos; 🕑 8.30-14.00 sa-ju). Junto a Sharia Corniche an-Nil.

Puntos de interés y actividades

Aparte del placer de pasear por el centro urbano y contemplar el fluir del Nilo y las colinas orientales al fondo, Minya no ofrece mucho más. El nuevo **Museo de Minya** va erigiéndose lentamente en la orilla este; su apertura está prevista para 2010. Si las autoridades egipcias lo consiguen, albergará al menos durante algunos meses el emblemático busto de la reina Nefertiti, actualmente en Berlín, así como otros tesoros del vecino Tell al-Amarna.

Alquilan *hantours* (calesa; 25-35 EGP/h) para dar relajados paseos por el centro o la *corniche*. Hay un zoco en el extremo sur del centro y las calles que desde allí conducen a Midan Tahrir figuran entre las más animadas. Alquilan lanchas motoras (50 EGP/h) y falúas (30 EGP/h) en el embarcadero sito frente a la oficina de turismo para surcar el río o ir de *picnic* a Banana Island.

En la orilla oriental, unos 7 km al sudeste de la ciudad, hay un gran cementerio musulmán y cristiano, **Zawiyyet al-Mayyiteen** (lugar de los muertos), que contiene cientos de mausoleos de adobe. Es aparentemente uno de los mayores del mundo, se extiende 4 km desde la carretera hasta las colinas y constituye una singular e inquietante visión.

Dónde dormir y comer

En Minya hay un buen surtido de hoteles, pero actualmente muchos no aceptan extranjeros, y escasean los lugares donde comer. Aparte de los establecimientos que se

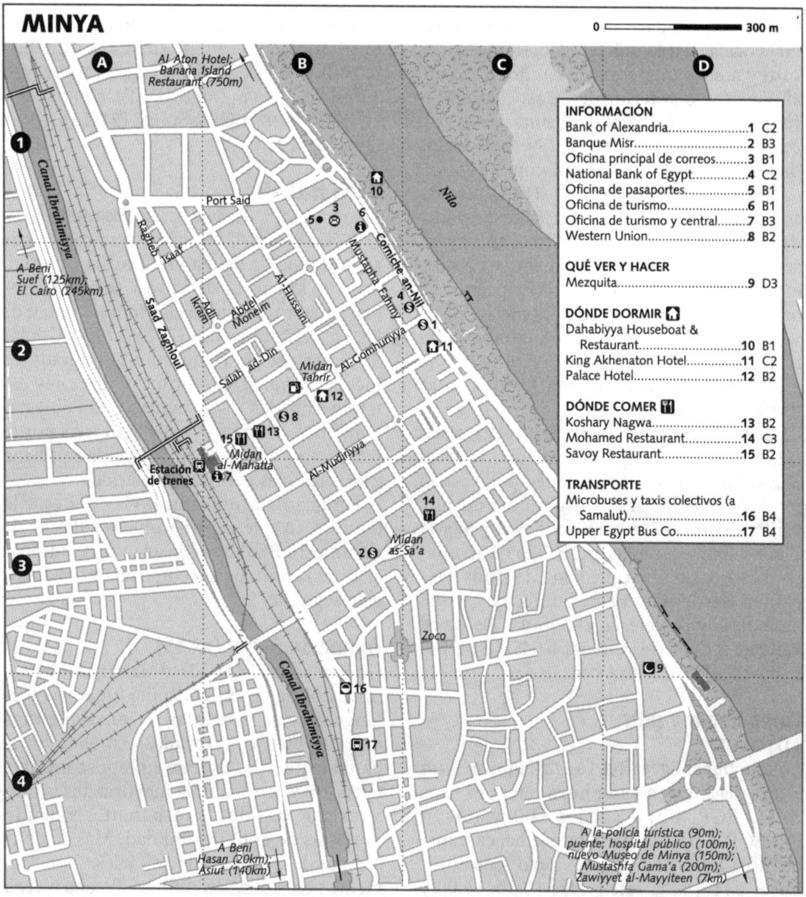

citan a continuación, lo mejor es comer en los hoteles.

Palace Hotel (☎ 324 021; Midan Tahrir; i/d 25/40 EGP). Su céntrica ubicación, altos techos, murales faraónicos pintados a mano, viejos carteles turísticos y un ambiente como detenido en el tiempo hacen de él el mejor hotel económico de Minya. No obstante, las habitaciones son ruidosas; los baños, comunitarios, y los propietarios a veces se resisten a admitir extranjeros.

Dahabiyya Houseboat & Restaurant (☎ 236 3596/5596; Corniche an-Nil; i/d 30/60 EGP). Este antiguo velero del Nilo lleva años amarrado en la Corniche, cerca de la oficina de turismo. Recientemente reformado, tiene un restaurante en la cubierta superior y alojamiento debajo. Los pequeños camarotes, todos equipados con ventilador y TV, suelen recibir el ruido del restaurante (platos 8-15 EGP) hasta que se va el último cliente.

King Akhenaton Hotel (☎ 236 5917/8; www.kingakhenaton.8m.com; Corniche an-Nil; i/d con vistas al Nilo 98/128 EGP;). Con sus 48 habitaciones, es uno de los dos hoteles en auge de la ciudad, cómodo y céntrico, aunque se han recibido quejas sobre el servicio. Las habitaciones tienen televisión vía satélite y nevera, y el desayuno es tipo bufé. El personal puede concertar el transporte.

Aton Hotel (☎ 234 2993/4; fax 234 1517; Corniche an-Nil; i/d 30/40 US$;). Aún conocido como el Etap (su anterior denominación), sigue siendo el mejor hotel de Minya. Acogedor y cómodo, queda 1 km al norte del centro, en la orilla occidental del Nilo, frente al más caro y menos interesante Mercure Nefertiti, al que estuvo anteriormente asociado. Muchas de sus bien equipadas habitaciones tipo *bungalow* gozan de vistas al Nilo. Hay dos buenos restaurantes, bar y piscina.

Banana Island Restaurant (☎ 234 2993/4; Corniche an-Nil; platos 20-35 EGP). El principal restaurante del Aton Hotel hace gala todo el año de un servicio muy cordial y prepara buena cocina egipcia, desde sopa de lentejas y parrillas a *om ali* (pudin caliente de pan y leche). Sirven alcohol, y si el tiempo acompaña, la terraza al aire libre constituye una buena alternativa, aunque hay una TV de pantalla panorámica.

Savoy Restaurant (Midan al-Mahatta; platos 5-20 EGP). En una esquina, concurrido local con ventiladores que sirve buen pollo asado y kebabs para llevar o consumir allí mismo. Calle abajo, el *kushari del* **Koshary Nagwa** (Sharia al-Gomhuriyya; platos 2-12 EGP) es básico pero sabroso. En una calle llena de sitios para comer, desde puestos de zumos hasta una panadería y pastelería, el popular **Mohamed Restaurant** (Sharia al-Hussaini; platos 5-15 EGP) prepara parrilladas sencillas y ensaladas.

Cómo llegar y salir

AUTOBÚS

Los de **Upper Egypt Bus Co** (☎ 236 3721; Sharia Saad Zaghloul) salen cada hora hacia El Cairo (12 EGP, 4 h) desde las 6.00, y a Asiut (10 EGP, 2 h), donde se puede hacer transbordo a Luxor y a Valle Nuevo. Los autobuses a Hurgada salen a las 10.30, 16.00 y 23.00 (14 EGP, 6 h).

TAXIS COLECTIVOS

Cuando los autores de esta guía estuvieron allí, la policía y los taxistas desaconsejaban a los extranjeros viajar en ellos a causa de posibles retrasos en los puestos de control.

TREN

Los que van a El Cairo (3-4 h) sólo tienen vagones de 1ª y 2ª clase, y salen a las 5.55, 6.30, 8.50, 16.30 (que sigue hasta Alejandría) y 18.50. Los billetes de 1ª clase cuestan entre 30 y 40 EGP; los de 2ª, entre 27 y 29 EGP.

Los que se dirigen al sur salen con cierta frecuencia; los más rápidos, desde Minya entre las 23.00 y la 1.00. Aunque se supone que los extranjeros deben tomar sólo los dos convoyes especiales que parten de El Cairo, nadie les impide subirse a otro. Siete trenes de 1ª/2ª clase van a Luxor (49/32 EGP) y Asuán (60/39 EGP), con paradas en Asiut (13/8 EGP), Sohag (21/13 EGP) y Qina (31/19 EGP).

BENI HASAN

La necrópolis de **Beni Hasan** (adultos/estudiantes 25/15 EGP; 🕑 8.00-17.00) ocupa una cadena de acantilados de caliza en la orilla oriental, unos 20 km al sur de Minya. Soberbio emplazamiento, casi todas las tumbas datan de las 11ª y 12ª dinastías (2125-1795 a.C.); las 39 superiores pertenecen a gobernadores locales o *nomarcas*. Aunque muchas están inacabadas y sólo cuatro están abiertas al público, merece la pena visitarlas por la perspectiva que aportan de la vida cotidiana y las tensiones políticas del período.

Un guarda acompaña al viajero desde la taquilla, lo que supone una *baksheesh* de mínimo 10 EGP. Se aconseja ver las tumbas en orden cronológico, como aparecen a renglón seguido.

Tumba de Baqet (nº 15)

Gobernador de la 11ª dinastía del *nomo* (distrito) de Oryx, su capilla funeraria rectangular tiene siete fosas y algunas pinturas murales bien conservadas. En ellas, en la pared izquierda, Baqet y su esposa miran a tejedores y acróbatas, la mayoría de las mujeres con vestidos transparentes y dando muestras de gran flexibilidad. Más allá hay escenas de recuentos de animales, supuestamente posesiones del difunto. En una escena de caza en el desierto hay criaturas míticas entre las gacelas. La pared trasera recoge una secuencia de movimientos de lucha aún utilizados hoy. El muro derecho (sur) está decorado con escenas cotidianas del *nomarca*, con ceramistas, herreros y una cosecha de lino entre otros motivos.

Tumba de Jety (nº 17)

Hijo de Baqet, heredó de su padre el gobierno del *nomo* de Oryx. Su capilla funeraria, con dos de sus seis columnas de papiro originales intactas, presenta numerosas y vívidas escenas pintadas de caza, producción de lino, juegos de mesa, trabajos en metales, lucha, acrobacias y danza, casi todo bajo la atenta mirada del *nomarca*. Nótense las posturas propias de un yogui en la pared de la derecha, entre imágenes vinícolas y de pastoreo.

Tumba de Amenemhat (nº 2)

El sepulcro de este gobernador de Oryx de la 12ª dinastía es el más grande y posiblemente el mejor de Beni Hasan y, al igual que el de Jnumhotep, su impresionante fachada y decoración interior lo distinguen de los primeros, más modestos. La entrada con columnas presenta sus seis puntales intactos y describe escenas bellamente ejecutadas de agricultura, caza, manufactura y ofrendas a los difuntos, que también aparecen junto a sus perros. Además de las bellas pinturas, en la tumba hay un largo y erosionado texto en el que Amenemhat se dirige a los visitantes de su capilla: "Vosotros, que amáis la vida y detestáis la muerte, decid: miles de panes y cervezas, miles de cabezas de ganado y aves de caza para el *ka* del príncipe heredero… el gran jefe del *nomo* de Oryx…".

Tumba de Jnumhotep (nº 3)

Gobernador en los albores de la 12ª dinastía, su detallada "autobiografía" está inscrita en la base de los muros que contienen las escenas pintadas con mayor detalle. Su tumba es famosa por las ricas representaciones de plantas, animales y aves, de gran belleza. En el muro izquierdo aparecen campesinos cuidando sus cultivos mientras un escriba toma nota de la cosecha, así como una delegación portando ofrendas desde Asia: sus ropas, rostros y barbas poseen una gran definición.

Si la policía lo permite, un sendero junto al acantilado enfila unos 2,5 km al sudeste, y después se adentra unos 500 m en un *wadi* hasta llegar al templo de **Speos Artemidos** (gruta de Artemisa), excavado en la roca. Conocido localmente como Istabl Antar ("establo de Antar", poeta y guerrero árabe, y héroe popular), no merece ni su nombre griego ni el árabe, ya que se remonta a la 18ª dinastía. Iniciado por Hatshepsut (1473-1458 a.C.) y completado por Tutmosis III (1479-1425 a.C.), estaba dedicado a Pajt, la diosa leona. En una pequeña sala hay columnas con cabezas de Hator toscamente esculpidas, además de un santuario inacabado. En los muros aparece Hatshepsut realizando ofrendas y, en la fachada superior, una inscripción narra cómo restableció el orden tras los hicsos, a pesar de que reinó mucho después de ese acontecimiento.

Cómo llegar y salir

Un taxi desde Minya cuesta entre 50 y 100 EGP, dependiendo de la habilidad del viajero para regatear y de la duración de la visita al enclave. Actualmente los taxis no son escoltados por la policía. También cabe tomar un microbús de Minya a Abu Qirqus y desde allí una furgoneta hasta el embarcadero del *ferry*. Los billetes de barco de ida y vuelta van en progresión: de 2 EGP por persona si hay ocho o más pasajeros, a 10 EGP si se trata de uno sólo.

DE BENI HASAN A TELL AL-AMARNA

Mallawi, 48 km al sur de Minya en la orilla occidental, es un lugar maldito en Egipto por ser la ciudad natal de Jalid al-Islambouli, asesino del presidente Sadat (véase p. 44). Foco de la rebelión armada a comienzos de los años noventa, la ciudad está ahora más tranquila, aunque no cuenta con demasiados alicientes, ni siquiera en su **museo** de dos plantas (entrada 20/10 EGP; 🕒 9.00-14.00 sa-ma y ju, hasta 12.00 vi). En él se exhiben, sin seguir un orden cronológico, paneles de tumbas, objetos de cristal, esculturas –como la de caliza de un sacerdote tolemaico–, momias de babuinos e ibis delgados como palos, y otros artilugios procedentes de las cercanas Hermópolis y Tuna al-Gebel.

Unos 8 km al norte de Mallawi, cerca de la localidad de Al-Ashmunein, **Hermópolis** se alza sobre el emplazamiento de la antigua ciudad de Khemenu. Capital del decimoquinto *nomo* del Alto Egipto, su nombre (ciudad de los ocho) remite a las cuatro parejas de dioses serpientes y ranas que, según un mito egipcio de la creación, vivían aquí antes de que la primera tierra emergiera de las aguas del caos. Asimismo, fue un importante centro de culto de Tot, dios de la sabiduría y la escritura, a quien los griegos identificaron con su deidad Hermes; de ahí el nombre griego de la ciudad.

Poco queda de esta próspera ciudad; lo más impresionante son dos colosales estatuas de cuarcita del s. XIV a.C. que representan a Tot cual babuino; sostenían parte del templo de Tot, reconstruido durante toda la antigüedad. También se conservan la entrada a un templo del Imperio Medio y un pilón de Ramsés II, construido con piedras tomadas del cercano Tell al-Amarna. Las ruinas más interesantes pertenecen a la basílica copta, que reutilizó columnas e incluso figuras de babuinos, eliminando antes sus gigantescos falos. El "museo al aire libre" es oficialmente gratuito, pero si el viajero llega con escolta policial esperarán de él una propina.

Tuna al-Gebel (entrada 25 EGP; 8.00-17.00), la necrópolis de Hermópolis, se encuentra varios kilómetros al sur de allí, tras recorrer 5 km por una carretera que se adentra en el desierto. Dada la escasez de turistas en la zona, merece la pena averiguar en la oficina de turismo de Minya (p. 216) si el enclave está abierto.

Hubo un momento en que Tuna al-Gebel perteneció a Ajetatón, la efímera capital del faraón Akenatón (véase en esta página), y la carretera pasa por una de las 14 estelas que señalaban el límite de la ciudad real. Estos grandes hitos de piedra cumplían el voto de Akenatón de no ensanchar jamás la ciudad más allá del límite occidental de las tierras de labranza y aldeas asociadas, así como de no ser enterrado en ningún otro lugar. A la izquierda, dos deterioradas efigies del faraón y su esposa Nefertiti sostienen mesas de ofrendas; en los lados se advierten las figuras de tres de sus hijas.

Al sur de la estela sita unos 5 km después del pueblo de Tuna al-Gebel están las **catacumbas** y tumbas de los habitantes y animales sagrados de Hermópolis. Las oscuras galerías de las catacumbas llegaron a albergar millones de momias de ibis, la "imagen viva de Tot", y miles de babuinos sacrificados y embalsamados por los tolemaicos y los fieles a Roma. El cementerio subterráneo se extiende al menos 3 km, quizá incluso hasta llegar a Hermópolis. Se precisa linterna para explorarlo.

La colindante **tumba de Petosiris** fue construida por un sumo sacerdote de Tot en el período tolemaico temprano. Su tumba, parecida a un templo, al igual que su sarcófago, expuesto en el Museo Egipcio de El Cairo, muestra una incipiente influencia griega. Los maravillosos relieves coloreados de escenas agrícolas y de difuntos recibiendo ofrendas también evidencian dicha influencia, y las figuras llevan además atuendo helénico.

El guarda puede abrir otras tumbas (previa propina), siendo la más interesante la **tumba de Isadora,** acaudalada dama que se ahogó en el Nilo en tiempos de Antonino Pío (138-161 d.C). En ella hay pocos adornos, pero exhibe la **momia** de la desafortunada mujer, cuyos dientes, cabello y uñas se ven con gran claridad.

Cómo llegar y salir

La forma más fácil de ir a estos tres enclaves es en taxi desde Minya, quizá continuando hasta Asiut. El precio oscila entre 100 y 200 EGP, según el tiempo que el viajero decida pasar y su habilidad para el regateo.

Todos los autobuses a/desde Minya y Asiut paran en Mallawi, al igual que los lentos trenes de 2ª y 3ª clase. Si las medidas de seguridad lo permiten, para llegar a Hermópolis se puede tomar un microbús local o un taxi colectivo de Mallawi a Al-Ashmunein; el desvío al sitio se halla a 1 km de la carretera principal. Desde el cruce cabe recorrer a pie la corta distancia hasta Hermópolis o persuadir al conductor para que se acerque un poco más. Tuna al-Gebel queda 7 km al oeste de Hermópolis y, según las medidas de seguridad y la hora, el viajero no tendrá dificultad en parar una furgoneta.

TELL AL-AMARNA

En el quinto año de su reinado, Akenatón (1352-1336 a.C.) y Nefertiti abandonaron a los dioses y sacerdotes de Karnak e instauraron una nueva religión basada en el culto a Atón, dios del disco solar.

También construyeron una nueva ciudad, Ajetatón (horizonte de Atón), en la orilla oriental del Nilo. La zona, conocida hoy como Tell al-Amarna, es una bella y solitaria llanura en forma de media luna que se extiende unos 10 km de norte a sur. Bordeada por el río y con una bahía de altos acantilados al fondo, fue capital de Egipto durante unos treinta años.

Ajetatón fue abandonada para siempre a la muerte de Akenatón. Hijo de una esposa menor, su sucesor cambió el nombre de Tutankatón por el de Tutankamón (1336-1327 a.C.), trasladó la capital de nuevo a Tebas, restituyó el culto a Amón en ella, devolvió el poder a los sacerdotes tebanos y finalizó lo que se conoce como el "período de Amarna". Ajetatón quedó en ruinas y, durante el reinado de Ramsés II, las piedras de sus palacios y templos se emplearon para construir edificios en Hermópolis y otras ciudades.

Los arqueólogos valoran este asentamiento porque, a diferencia de casi todos los demás en Egipto, fue poblado sólo durante un reinado. A muchos visitantes les atrae la

HERMÓPOLIS, TUNA AL-GEBEL Y TELL AL-AMARNA

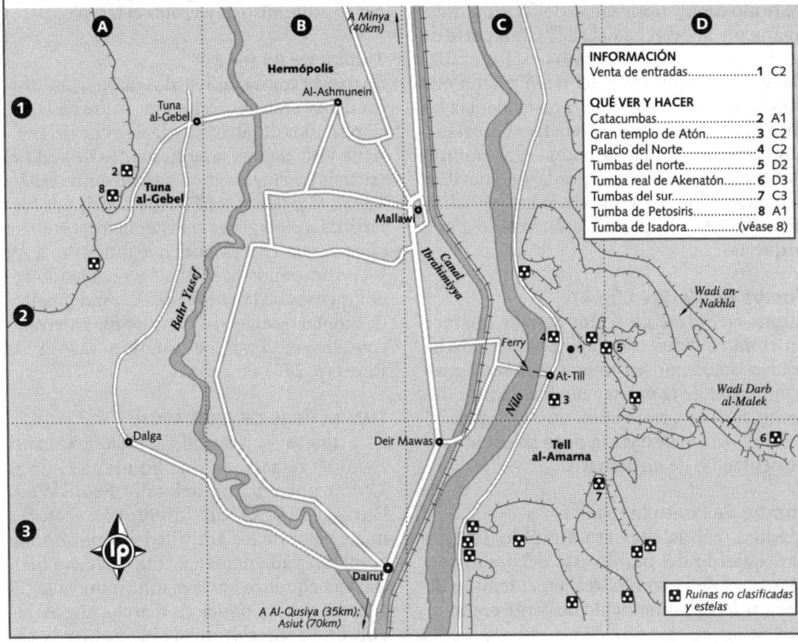

fantasía del proyecto maldito de Akenatón, pero las ruinas diseminadas por la llanura del desierto son difíciles de comprender, las tumbas no tienen tanto interés ni están tan bien conservadas como otras a orillas del Nilo, y la visita puede resultar decepcionante.

Necrópolis de Tell al-Amarna

Dos grupos de tumbas sobre los acantilados y separadas entre sí unos 8 km conforman la **necrópolis de Tell al-Amarna** (adultos/estudiantes 25/15 EGP; 8.00-16.00 oct-may, hasta 17.00 jun-sep). Cuenta con varios murales policromos, aunque algo desfigurados, que ilustran la vida durante la revolución de Atón. Hay restos de templos y edificios particulares o administrativos esparcidos por una amplia zona: no en vano, fue una ciudad imperial.

Un autobús solía facilitar la visita al enclave, pero no estaba operativo cuando el autor de la guía estuvo allí. Dada la extensión del lugar, la única forma de recorrerlo es en taxi o vehículo propio.

En total, hay 25 tumbas recortadas en la base de los acantilados, numeradas del 1 al 6, al norte, y del 7 al 25, al sur. No todas están abiertas al público y sólo cinco (de la 3 a la 6 y la tumba real) suelen tener luz. Aunque el viajero disponga de transporte, los guardas pueden negarse a abrir las tumbas no iluminadas; en cualquier caso, algunos de los mejores relieves se hallan en las iluminadas. Tras el esfuerzo realizado para llegar hasta ellas, muchas de las tumbas del sur decepcionan. Hay que llevar agua, pues allí no la hay.

TUMBAS DEL NORTE

Tumba de Huya (nº 1)

Fue mayordomo de Tiy, madre de Akenatón, y los relieves a derecha e izquierda de la entrada a su tumba muestran a la reina comiendo con su hijo y familia. En el muro a la derecha de esta cámara exterior con columnas se ve a Akenatón llevando a su madre a un pequeño templo construido para ella y, en el de la izquierda, sentado en un palanquín con Nefertiti.

Tumba de Meryre II (nº 2)

Fue el administrador del hogar de Nefertiti, y a la izquierda de la entrada una escena muestra a Nefertiti sirviendo vino a Akenatón.

Tumba de Ahmosis (nº 3)

El título de Ahmosis era el de "portador del abanico a la derecha del rey". Gran parte de la decoración de esta tumba está inacabada: el muro izquierdo del largo pasillo que conduce a la cámara funeraria evidencia las diferentes etapas de los artistas. El registro superior muestra a la pareja real camino del templo de Atón, seguida de guardias armados. El registro más bajo los representa sentados en el palacio escuchando a una orquesta.

Tumba de Meryre I (nº 4)

Sumo sacerdote de Atón, Meryre aparece en el muro izquierdo de esta sala hipóstila transportado por sus amigos para recibir recompensas de la pareja real. En el muro derecho, la pareja real realiza ofrendas al disco solar de Atón; destaca la poco frecuente representación de un arco iris.

Tumba de Pentu (nº 5)

Médico real, la suya era humilde. El muro izquierdo del pasillo está decorado con imágenes de la familia real en el templo de Atón y del nombramiento de Pentu como su galeno.

Tumba de Panehsy (nº 6)

La del principal sirviente de Atón en Ajetatón conserva la fachada decorada que muchas otras han perdido. En su interior se aprecian escenas de la familia real, incluida una de Nefertiti conduciendo su cuadriga y, en el muro derecho del pasillo de la entrada, otra de Mutnodjmet, hermana de aquélla, posteriormente casada con el faraón Horemheb (1323-1295 a.C.), con sirvientes enanos. Panehsy aparece como un hombre anciano y grueso en el muro izquierdo del pasillo que hay entre las dos cámaras principales. Dos de las cuatro columnas de la primera cámara fueron retiradas por los coptos, que añadieron una nave al muro interior y crearon una capilla; en los muros pueden verse restos de las alas pintadas de un ángel.

TUMBAS DEL SUR

Tumba de Mahu (nº 9)

Una de las mejor conservadas de este grupo, sus pinturas brindan interesantes detalles de las tareas de Mahu como jefe de policía de Akenatón, entre ellas llevar a los prisioneros ante el visir (ministro), comprobar los suministros y visitar el templo.

Tumba de Ay (nº 25)

La más hermosa de Tell al-Amarna. Los títulos de Ay eran simplemente "padre de Dios" y "portador del abanico a la derecha del rey", y fue visir de tres faraones antes de serlo él (sucedió a Tutankamón y reinó entre 1327 y 1323 a.C.); su esposa Tiyi fue nodriza de Nefertiti. Las imágenes reflejan la importancia de la pareja, con escenas que muestran a Ay y Tiyi adorando al sol y a Ay recibiendo recompensas de la familia real, como guantes de montar de cuero rojo. Ay no fue enterrado aquí, sino en el valle oeste junto al valle de los Reyes (p. 263), en Tebas.

TUMBA REAL DE AKENATÓN

Esta **tumba** (entrada adicional adultos/estudiantes 20/10 EGP) se halla en una hondonada unos 12 km por encima del valle Real (Wadi Darb al-Malek), que divide los sectores norte y sur de los acantilados y por donde el sol sale cada mañana. Una carretera bien trazada conduce hasta el inhóspito valle. El guardia deberá poner en marcha el generador. En su interior queda bien poco; la cámara de la derecha contiene maltrechos relieves de Akenatón y su familia adorando a Atón. Un elevado contorno rectangular en la cámara funeraria albergaba el sarcófago, actualmente en el Museo Egipcio de El Cairo. Probablemente Akenatón no fue enterrado aquí, a diferencia de algunos miembros de su familia. Hay quien cree que fue enterrado en la tumba KV55 del valle de los Reyes, en Luxor, donde fue descubierto su sarcófago (recién trasladado desde Alemania al Museo Egipcio de El Cairo). El paradero de los restos de su momia sigue siendo un misterio.

Cómo llegar y salir

Aunque las medidas de seguridad lo permitan, ir a Tell al-Amarna en transporte público sigue siendo todo un reto, tanto como inútil es pretender prescindir del autobús que circula por el enclave: es tan vasto que resulta imposible visitarlo a pie. Así pues, hay que tomar un taxi desde Asiut, Minya o Mallawi y cruzar en el irregular *ferry* de vehículos (15 EGP/coche). El viajero llegará a pagar entre 100 y 200 EGP, según el punto de partida y la duración de su visita; conviene especificar claramente las tumbas que desean visitarse, ya que de lo contrario el conductor puede negarse a ir a puntos muy alejados.

AL-QUSIYA

Unos 8 km al sudoeste de esta aldea rural y 35 km al sur de Mallawi se halla el conjunto copto de Deir al-Muharraq; y unos 7 km más al noroeste, en una escarpa al límite del desierto, las tumbas de Mir. No hay hoteles en Al-Qusiya y es poco probable que la policía permita al viajero alojarse en la amplia pensión situada al otro lado de los seudomedievales muros almenados de Deir al-Muharraq. Por suerte, ambos enclaves pueden visitarse en una agradable excursión de un día desde Minya o Asiut, esta última a tan sólo una hora en coche.

Puntos de interés

DEIR AL-MUHARRAQ

Este lugar, cuyo nombre significa el **monasterio quemado,** es un centro de peregrinaje, refugio y votos donde se puede percibir la fuerza de las tradiciones coptas. Los 120 monjes residentes creen que Jesús y María habitaron una de las cuevas de este enclave durante seis meses y diez días después de huir de Herodes. Se trataría de su estancia más larga en uno de los numerosos lugares donde según se afirma descansaron en Egipto. La tradición copta sostiene que la **iglesia de al-Azraq** (del Ungido), emplazada sobre la cueva y consagrada hacia el año 60, es el templo cristiano más antiguo del mundo. Hay más certeza de la presencia de vida monástica entre sus paredes desde el s. IV. El edificio actual data de los ss. XII y XIII. Curiosamente, contiene dos iconostasios; el que hay a la izquierda del altar procede de una iglesia etíope de los Santos Pedro y Pablo y estaba situado en el tejado. Otros objetos etíopes están expuestos en el vestíbulo exterior.

La **torre del homenaje** que se alza junto a la iglesia es una construcción independiente del s. VII reconstruida en los ss. XII y XX. Accesible mediante un puente levadizo, sus cuatro plantas sirven de minimonasterio, con su propia y pequeña **iglesia de San Miguel,** un refectorio, alojamiento e incluso zona de sepulturas detrás de altar.

Los monjes creen que la trascendencia religiosa del monasterio se revela en el Libro de Isaías.

> En aquel tiempo habrá un altar para Jehová en medio de la tierra de Egipto y un monumento a Jehová junto a su frontera. Será por señal y por testimonio a Jehová de los ejércitos en la tierra de Egipto, porque clamarán a Jehová a causa de sus opresores, y Él les enviará un salvador y defensor que los libre. Jehová se dará a conocer a Egipto, y los de Egipto conocerán a Jehová en aquel día. Harán sacrificio y oblación; harán votos a Jehová y los cumplirán.
>
> *Isaías 19:19-21*

El monasterio ha hecho mucho por preservar la tradición copta: sus monjes (en aquel entonces eran 190) hablaron el copto hasta el s. XIX y mientras otros monasterios celebran parte de la liturgia copta en árabe (para su congregación), aquí se limitan al copto.

En el lugar también se alza la **iglesia de San Jorge** (o Mar Girgis), construida en 1880 con el permiso del sultán otomano, aún soberano oficial de Egipto. Decorada con pinturas de los 12 apóstoles y otras escenas religiosas, su iconostasio es de mármol y muchos de sus iconos son de estilo bizantino. La tradición afirma que el icono de la Virgen y el Niño es obra de san Lucas.

Hay que descalzarse antes de entrar a las iglesias y respetar su silencio y santidad. Una semana al año (habitualmente entre el 21 y 28 de junio) miles de peregrinos asisten al banquete anual del monasterio, y no se admiten visitantes.

En general el viajero será guiado en su visita por el monasterio y, aunque no cobran entrada, agradecen el donativo. A veces el recorrido finaliza con una breve visita a la nueva iglesia, construida en 1940, o a la cercana tienda de recuerdos; otras, con un refresco en la recepción del propio monasterio.

TUMBAS DE MIR

Las necrópolis de los gobernadores de Cusae, o **tumbas de Mir** (adultos/estudiantes 25/15 EGP; 9.00-17.00 sa-mi), como se las conoce habitualmente (a veces también Meir), fueron cavadas en la baldía escarpa durante los imperios Antiguo y Medio. Hay nueve tumbas decoradas y abiertas al público; otras seis están inacabadas y siguen sin excavar.

Las tumbas nº 1 y 2 contienen inscripciones de 720 deidades faraónicas, pero al ser usadas como celdas por los primeros ermitaños coptos, muchos de sus rostros y nombres fueron destruidos. En la tumba nº 4 aún puede verse la cuadrícula original trazada sobre el muro para ayudar al artista en el esbozo de los adornos. La tumba nº 3 ilustra el parto de una vaca.

Cómo llegar y salir

En el momento de redactar esta guía era más factible tomar un autobús desde Minya que desde Asiut. El autobús que cubre el trayecto entre Minya y Asiut deja al viajero en Al-Qusiya, a unos 50 minutos en coche de Asiut. En Al-Qusiya se puede tomar un microbús hasta el monasterio.

Pocos vehículos van de Al-Qusiya a las tumbas de Mir, por lo que hay que alquilar un taxi para ir hasta ellas. La tarifa ronda entre 15 y 25 EGP, sujeta a la capacidad de regateo y al tiempo transcurrido hasta el lugar. Lo ideal es combinarlo con una visita al monasterio.

ASIUT

☎ 088

Unos 375 km al sur de El Cairo, la ciudad se asentó durante la era faraónica en una amplia y fértil llanura paralela a la orilla occidental del Nilo y su nombre ha conservado resonancias antiguas. Fue Sauty, la capital del decimotercer *nomo* del Alto Egipto. Rodeada de ricas tierras de cultivo y situada al final de una de las más transitadas rutas de caravanas, que se dirigían desde el África subsahariana y Sudán hasta Asiut pasando por el oasis de Al-Kharga (véase recuadro en p. 334), siempre ha tenido importancia en el aspecto comercial, si no político. Durante siglos, una de sus principales mercancías fueron los esclavos: las caravanas pasaban aquí la cuarentena antes de venderlos, tiempo que los negreros solían emplear para instruir a algunos de sus esclavos varones para el harén.

Gran parte de la moderna Asiut es una aglomeración de edificios altos que recuerda más a una ciudad nueva del este de Europa que a un antiguo centro de almacenaje y distribución egipcio. A finales de la década de 1980 fue uno de los primeros focos de fomento islamista. Aunque la ciudad conserva la calma desde hace años, la policía sigue dejándose ver cerca de los hoteles. El viajero podría tener que aceptar llevar escolta policial.

Información

URGENCIAS

Ambulancias (☎ 123)
Policía (☎ 122)
Policía turística (☎ 232 3328; Sharia Farouk Kidwani)

ASISTENCIA MÉDICA

Gama'a Hospital (☎ 233 4500; Universidad de Asiut)

DINERO

Bank of Alexandria (Sharia Port Said; 🕑 9.00-14.00 y 18.00-20.00 do-ju). Con cajero automático.
Banque du Caire (Midan Talaat Harb; 🕑 9.00-14.00 do-ju). Con cajero automático.
Banque Misr (Midan Talaat Harb; 🕑 9.00-14.00 do-ju). Con cajero automático.

CORREOS

Oficina principal (Sharia Nahda; 🕑 8.30-14.30 sa-ju)

INFORMACIÓN TURÍSTICA

Oficina de turismo (☎ 231 0010; 1ª planta, edificio de la gobernación, Sharia ath-Thawra; 🕑 8.30-15.00 do-ju). Su muy hospitalario personal facilita callejeros y ayuda a organizar etapas posteriores del viaje.

Puntos de interés

Es sorprendente que una ciudad con tanta historia tenga tan poco que ofrecer, en parte porque casi toda ella sigue sin ser excavada y las antiguas tumbas de las colinas, en el límite de la zona de riego, actualmente no reciben visitas.

Hasta la renovación y apertura del **palacio Alexan,** del s. XIX, a orillas del Nilo y uno de los edificios más bellos de la ciudad, el monumento más accesible que evoca su pretérita opulencia es la **presa de Asiut.** Construida sobre el Nilo entre 1898 y 1902 para regular el caudal que entraba en el canal de Ibrahimiyya y garantizar el regadío en el valle hasta puntos tan lejanos al norte como Beni Suez, también hace las veces de puente sobre el río. Dada su importancia estratégica, está prohibido tomar fotografías, por lo que hay que evitar llevar la cámara a la vista.

En la orilla oriental, 200 m después de la presa, está el **orfanato de Lillian Trasher,** una estadounidense que llegó a Egipto en 1910, cuando contaba 23 años. El año siguiente fundó un orfanato en Asiut y allí permaneció hasta su muerte en 1961. La institución es un orgullo en una ciudad con gran concentración de coptos; reciben visitas y agradecen los donativos. Los microbuses del

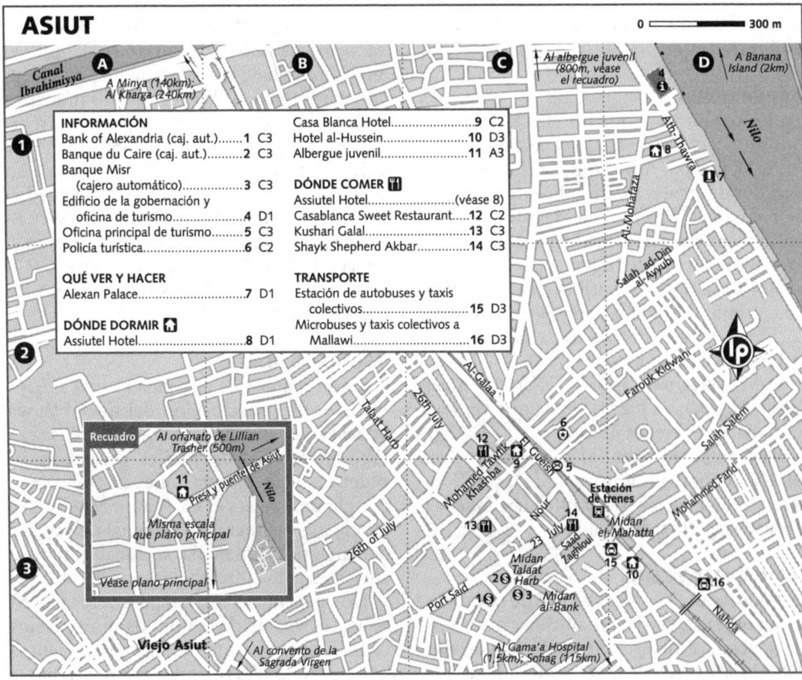

centro dejan al viajero en las proximidades por 50 pt; un taxi, por 5 EGP. Pregúntese por Malga Trasher.

Banana Island (Gezirat al-Moz), al final de Sharia Salah Salem, es un sombreado y agradable lugar para ir de *picnic*. El viajero deberá regatear con el patrón de una falúa para realizar la travesía (unas 30 EGP/h).

CONVENTO DE LA SAGRADA VIRGEN

Sito en Dirunka, unos 11 km al sudoeste de Asiut, fue construido junto a otra de las cuevas donde la Sagrada Familia supuestamente se refugió en su huida por Egipto. Emplazado en un acantilado a unos 120 m por encima del valle, en el **convento** residen un total de 50 monjas y monjes. Uno de ellos guía amablemente al viajero en su visita. Durante el *maulid* (festividad) de la Virgen, celebrado la segunda mitad de agosto, acuden a orar hasta un millón de peregrinos portando imágenes de Jesús y María.

Dónde dormir

Como gran núcleo provincial que es, Asiut dispone de varios hoteles y, aunque muchos son caros y ruidosos, la policía puede "animar" al viajero a alojarse en alguno de los que cuentan con su presencia.

Albergue juvenil (☎ 232 4846; Lux Houses, 503 Sharia al-Walidiyya; dc con/sin carné de estudiante 3,25/5,25 EGP). Se accede a él por una calle lateral. Es la mejor opción económica y su personal, muy cordial. Se aconseja evitar las vacaciones escolares, cuando se llena hasta los topes.

Hotel al-Hussein (☎ /fax 234 2532; Midan el-Mahatta; i/d 60/80 EGP). Cómodo y práctico, da a la estación de autobuses; sin embargo, el ruido hará que uno no desee pasar más de una noche.

Assiutel Hotel (☎ 231 2121; fax 231 2122; 146 Sharia al-Nil; i/d 89/110 EGP; ❄). Con vistas al Nilo, este tres estrellas es el mejor hotel de la ciudad y dispone de cómodas habitaciones con televisión vía satélite, nevera y baño propio. Tiene restaurante (platos principales 15-25 EGP) y uno de los pocos bares de Asiut.

Casa Blanca Hotel (☎ 233 7762; fax 233 1600; Sharia Mohammed Tawfiq Khashba; i/d 132/176 EGP; ❄). Tiene un aire de abandono y desuso parecido al Akenatón Hotel, enfrente, habitaciones sombrías aunque limpias, con baño privado y TV. El personal es amable, y la discoteca está cerrada.

Dónde comer

La mayor parte de los hoteles tienen restaurante y el mejor es el del Assiutel Hotel (p. 225), hoy por hoy el único local de la ciudad donde sirven alcohol. Frente a la estación de trenes, la Cafeteria Majestic sirve comida aceptable; en los aledaños también hay los habituales puestos de *fuul* y *ta'amiyya*.

Kushari Galal (Sharia Talaat Harb; platos desde 4 EGP). Los carbohidratos más fiables y deliciosos de la ciudad. Práctico y abierto hasta tarde.

Casablanca Sweet Restaurant (☎ 234 2727; Sharia Tawfek Khashba; platos 5-10 EGP). Sabrosos *fiteer* (crepes egipcias), *pizzas* (nada que ver con las italianas) y crepes dulces.

Shayk Shepherd Akbar (Sharia Saad Zaghloul; platos 5-15 EGP). A pocos minutos a pie de la estación, este popular café-restaurante sirve buenas ensaladas, pollo y parrilladas.

Cómo llegar y salir

Aunque Asiut es un gran centro de transporte, la policía aconseja tomar trenes o taxis. Si la situación cambiase, la **estación de autobuses** (☎ 233 0460), cerca de la de trenes, tiene servicios a El Cairo; Luxor; al oeste, hasta Valle Nuevo; y al este, hasta el mar Rojo.

TREN

La estación está en proceso de renovación, pero el **mostrador de información** (☎ 233 5623) sigue operativo. Diariamente hay varios trenes a El Cairo (1ª/2ª clase 33/19 EGP, 4-5 h) y Minya (13/8 EGP, 1 h) y 10 al sur, hacia Luxor (40/26 EGP, 5-6 h) y Asuán (48/32 EGP, 8-9 h). Todos paran en Sohag (19/15 EGP, 1-2 h) y Qina (30/21 EGP, 3-4 h).

SOHAG

☎ 093 / 221.543 hab.

Unos 115 km al sur de Asiut, es una de las principales zonas coptas del Alto Egipto. Aunque cuenta con pocos puntos de interés, tanto los cercanos monasterios Blanco y Rojo como la ciudad de Ajmin, al otro lado del río, merecen la pena. Aquí la presencia policial es más evidente que en Asiut y Minya y a los viajeros se les desaconseja quedarse. El visitante será escoltado a todas partes e incluso le pueden prohibir salir del hotel después del anochecer. Es mejor visitar Sohag en una excursión de un día desde Luxor.

La servicial **oficina de turismo** (☎ 460 4913; edificio de gobernación; 🕑 8.30-15.00 do-ju), junto al nuevo museo de la orilla oriental, puede ser útil para concertar las visitas a los monasterios. Cabe contactar con la policía turística de Sohag llamando al ☎ 460 4800. Hay cajeros automáticos, y tanto el dinero en metálico como los cheques de viaje pueden cambiarse en el **Bank of Alexandria** (Sharia al-Gomhuriyya; 🕑 9.00-14.00 y 18.00-20.00 do-ju) o en el **Banque du Caire** (Sharia al-Gomhuriyya; 🕑 9.00-14.00 do-ju). También hay una **oficina de correos** (Sharia al-Gomhuriyya; 🕑 8.30-14.30 sa-ju).

Puntos de interés

Cuando el autor de esta guía estuvo allí, los trabajos de construcción del nuevo **Museo de Sohag** casi habían finalizado; en él se exhibirán antigüedades locales, como las procedentes de las excavaciones en curso en el templo de Ramsés II en Ajmin. Mientras, a excepción del mercado semanal de ganado del lunes por la mañana, la ciudad carece de alicientes para entretener a los visitantes.

Hoy por hoy, el motivo para detenerse en Sohag es visitar dos antiguos monasterios coptos, que pregonan a los cuatro vientos la victoria de la cristiandad sobre los dioses paganos de Egipto. El **monasterio Blanco** (Deir al-Abyad; 🕑 7.00-anochecer), construido en terreno rocoso por encima del antiguo nivel de desbordamiento del Nilo, 12 km al noroeste de Sohag, fue fundado por san Shenouda hacia el año 400. Se reutilizó piedra caliza blanca procedente de los templos faraónicos, y aún pueden verse dioses antiguos y jeroglíficos en algunos bloques. En el pasado albergó una inmensa comunidad monacal y presumía de la mayor biblioteca del país; hoy los manuscritos están dispersos por todo el mundo y en el monasterio moran 23 monjes. Los muros de esta fortaleza siguen en pie, pese a que no consiguieron proteger el interior, en ruinas en su mayor parte; sin embargo, no resulta difícil adivinar la planta de la iglesia intramuros. De ladrillo y unas dimensiones de 75 por 35 m, presenta la planta de una basílica con una nave central, dos laterales y triple ábside. La nave y los ábsides permanecen intactos, y las cúpulas están decoradas con la dormición de la Virgen y un pantocrátor. Diecinueve columnas tomadas de una estructura anterior separan las capillas laterales de la nave central. Los visitantes que deseen participar en los servicios pueden acudir a partir de las 4.00.

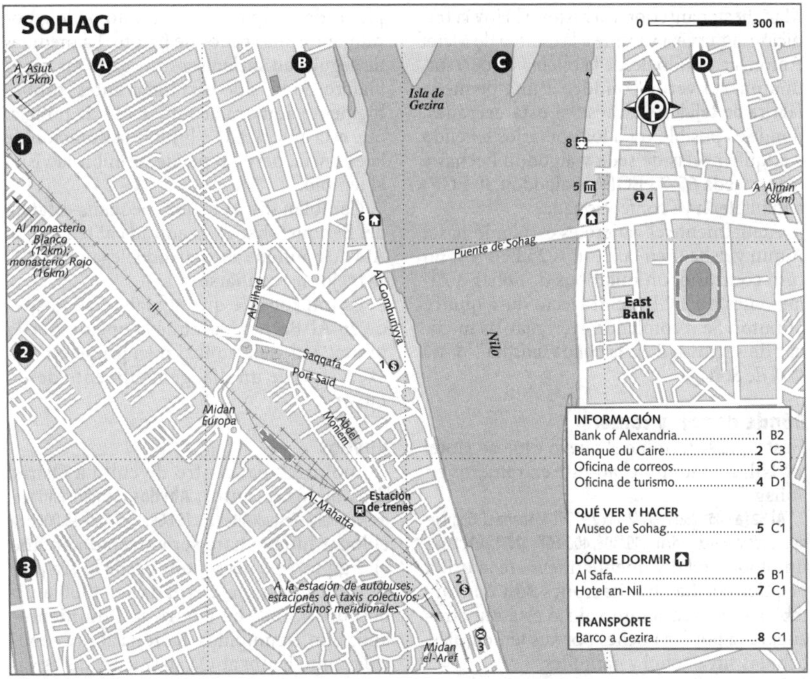

El **monasterio Rojo** (Deir al-Ahmar; 7.00-24.00), 4 km al sudeste de Deir al-Abyad, se oculta en la parte posterior de un pueblo. Fundado por Besa, discípulo de Shenouda que según la leyenda fue un ladrón convertido al cristianismo, estaba dedicado a san Bishoi. La más antigua de las dos capillas del monasterio, la de san Bishoi, data del s. IV y contiene varios frescos poco comunes. Cuando el autor de esta guía estuvo allí, un equipo patrocinado por el American Research Center en Egipto y la Agencia de EE UU para el Desarrollo Internacional (USAID) se ocupaba de su restauración. Aunque la mayor parte de la capilla está oculta bajo los andamios, los frescos visibles en la nave de la derecha sugieren la calidad superior de esta obra temprana. La capilla de la Virgen, al otro lado del patio descubierto, es una estructura más moderna y menos interesante. Para ir a los monasterios hay que tomar un taxi (unos 25 EGP/h).

La ciudad satélite de **Ajmin,** en la orilla oriental de Sohag, ocupa las ruinas de la antigua ciudad egipcia de Ipu, construida sobre un asentamiento predinástico anterior. Estaba dedicada a Min, dios de la fertilidad, a menudo representado por un gigantesco falo, identificado con Pan por los griegos (que más tarde llamaron Panópolis a la ciudad). Su denominación actual hace alusión a la deidad, aunque en 1982 se obtuvieron referencias más precisas a la antigüedad tras descubrir junto a la mezquita de Sheikh Naqshadi una **estatua de Meret Amón** de 11 m de altura (adultos/estudiantes 20/10 EGP; 8.00-18.00), la más alta de una antigua reina hallada en Egipto. Meret Amón (amada de Amón) era hija de Ramsés II, esposa de Amenhotep y sacerdotisa del templo de Min; está representada con un mayal en la mano, ataviada con un tocado ceremonial y grandes pendientes. Cerca de ella, los restos de una efigie sedente de su padre aún conservan el color original.

Del templo poco queda, y la estatua de Meret Amón se halla en una enorme fosa de excavación, entre los restos de un asentamiento romano y las casas de la ciudad moderna; se ha abierto otra fosa de excavación al otro lado de la carretera.

Ajmin fue célebre por sus tejidos: uno de sus actuales fabricantes la llama "el

Manchester anterior a la historia". Hoy la tradición sigue viva y frente a la estatua de Meret Amón, cruzando desde la oficina de correos, una puerta verde conduce a una pequeña **fábrica de tejidos** (llámese si está cerrada), donde es posible ver a los operarios tejiendo y adquirir telas de seda y algodón hechas a mano (seda 65-75 EGP/m, algodón 30 EGP) o mantelería ya confeccionada.

Actualmente el viajero es escoltado hasta Ajmin y debe ir en taxi (unos 25 EGP/h). En caso contrario, un microbús de Sohag a Ajmin cuesta 1 EGP y el trayecto dura quince minutos. Se recomienda averiguar las medidas de seguridad en la **policía turística** (☎ 460 4800) de Sohag.

Dónde dormir y comer

Hasta que se termine el nuevo y lujoso Hotel an-Nil, sólo un hotel admite extranjeros en Sohag.

Al Safa (☎ 230 7701/2; fax 230 7704; Sharia al-Gomhuriyya, West Bank; i/d/tr 200/300/400 EGP; ❄). Ocupa un bloque relativamente nuevo de la orilla occidental. Las habitaciones son confortables y la terraza junto al río está muy frecuentada por las noches por sus tentempiés, bebidas sin alcohol y narguiles.

Los extranjeros no tienen mucho donde elegir en lo relativo a la comida. Salvo que se produzcan cambios, hay establecimientos económicos de *kushari, fuul* y *ta'amiyya* cerca de la estación de trenes. Para algo más elegante, cabe acudir al café flotante amarrado en la orilla oriental, al sur del puente, que prepara buenas parrilladas. Más romántica es la cafetería ubicada en una isla, accesible en barco desde la fachada norte del nuevo Hotel an-Nil.

Cómo llegar y salir

Debido a la prohibición de utilizar los taxis colectivos y los autobuses, la única forma que tienen los extranjeros de salir de Sohag es en tren. Hay una docena de trenes diarios, en dirección norte y sur por la línea principal El Cairo–Luxor, a Asiut (1ª/2ª clase 21/14 EGP) y Luxor (35/21 EGP). El servicio a Al-Balyana es muy lento (sólo 3ª clase 4,50 EGP).

AL-BALYANA

☎ 093

Es la base de operaciones para la visita al pueblo de **Al-Araba al-Madfuna**, a 10 km y sede de la necrópolis de Abydos y del espléndido templo de Seti I, uno de los monumentos más bellos de Egipto. La medidas de seguridad suelen ser muy estrictas y si el viajero no ha sido escoltado antes, probablemente aquí irá acompañado de policía, que está autorizada a limitar la duración de la estancia, pero no puede prohibir la visita al templo.

Cambian divisa en una pequeña estafeta del Banque Misr en la entrada al templo de Abydos; aunque abre cuando llegan turistas, es mejor no confiarse.

Es improbable que el viajero se hospede en Al-Balyana, así que la opción queda limitada al viaje en taxi o en grupo en una excursión de un día, generalmente desde Luxor.

Abydos

Como principal centro de culto a Osiris, dios de los difuntos, **Abydos** (nombre antiguo, Ibdju; adultos/estudiantes 25/15 EGP; 🕒 7.00-18.00) era el lugar idóneo para ser enterrado antaño en Egipto. Fue necrópolis desde la era predinástica hasta la cristiana (c. 4000 a.C.-600 d.C.), más de cuatro mil quinientos años ininterrumpidos. La zona ahora conocida como Umm al-Qa'ab (madre de las vasijas) reúne las mastabas de los primeros faraones de Egipto, como la del tercer faraón de la 1ª dinastía, Djer (c. 3000 a.C.). Durante el Imperio Medio su tumba se identificó como la de Osiris.

Abydos conservó su importancia debido al culto a Osiris (véase recuadro en p. 231). Aunque había santuarios dedicados a él por todo Egipto –en cada uno de ellos se suponía que reposaba alguna reliquia suya– este templo era el más importante porque custodiaba su cabeza, y era un lugar que casi todos los egipcios intentaban visitar en vida o en el que deseaban ser enterrados. Si ello no era posible, eran sepultados con pequeñas embarcaciones a fin de permitir el viaje de sus almas tras la muerte.

Entre los últimos residentes del templo se halla Dorothy Eady, una británica más conocida como Omm Sety que decía ser la reencarnación de una sacerdotisa del templo y amante de Seti I. Vivió treinta y cinco años en Abydos y aportó a los arqueólogos información sobre el funcionamiento del templo, en el que se le permitía oficiar antiguos ritos. Murió en 1981 y fue enterrada en el desierto.

TEMPLO DE SETI I

La primera estructura que el viajero verá en Abydos es el gran templo de Seti I; tras varias labores de restauración, hoy es uno de los cenotafios más completos de Egipto. Esta gran estructura caliza, en inusual forma de L en vez de rectangular, estaba dedicada a los seis dioses principales: Osiris, Isis, Horus, Amón-Ra, Ra-Horajty y Ptah, además de al propio Seti I (1294-1279 a.C.). Tras el período de Amarna, constituye una firme declaración del retorno a viejas costumbres. Un cierto aire de misterio envuelve al visitante cuando deambula por sus oscuras salas y santuarios.

Se accede al templo a través de un **pilón** muy dañado y dos **patios** construidos por Ramsés II, hijo de Seti I, que aparece representado en el pórtico matando asiáticos y adorando a Osiris. Más adelante se halla la **primera sala hipóstila,** también terminada por Ramsés II. En los relieves aparece el faraón haciendo ofrendas a los dioses y preparando la construcción del templo.

La **segunda sala hipóstila,** con 24 columnas de arenisca en forma de papiro, fue la última parte del templo decorada en tiempos de Seti, que murió antes de su finalización. Los relieves acabados son de altísima calidad; especialmente extraordinaria es una escena de la pared posterior derecha, que muestra a Seti delante de un santuario de Osiris, sobre el que está sentado el propio dios. Ante él están las diosas Maat, Renpet, Isis, Neftis y Amentet. Debajo hay un friso de Hapi, dios del Nilo.

En la parte posterior de esta segunda sala hipóstila hay un **santuario** para cada uno de los siete dioses (de derecha a izquierda Horus, Isis, Osiris, Amón-Ra, Ra-Horajty, Ptah y Seti), que antaño contenían sus efigies. El santuario de Osiris, tercero por la derecha, conduce a una serie de cámaras interiores dedicadas a él, Isis y Horus –su esposa e hijo– y al omnipresente Seti. Más interés entrañan las cámaras situadas a la izquierda de estos siete santuarios: en algunas dedicadas a los misterios de Osiris, el dios aparece momificado con la diosa Isis inmóvil sobre él como un ave, en clara alusión a la concepción de su hijo Horus.

Inmediatamente a la izquierda, el pasillo conocido como **galería de los Reyes** está tallado

ABYDOS Y EL TEMPLO DE SETI I

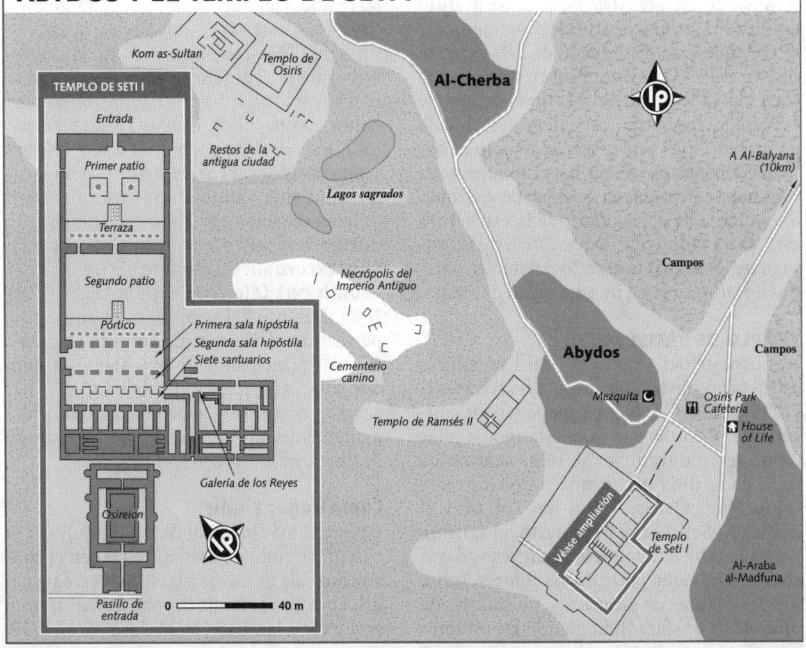

LISTAS DE REYES *Dra. Joann Fletcher*

Los antiguos egipcios cimentaron su historia en torno a sus faraones. En vez de usar una secuencia temporal continua, los hechos se registraban como acaecidos en un año concreto de un faraón determinado; con la llegada al poder de cada faraón comenzaba el año 1 hasta su muerte, y vuelta a empezar con el año 1 del siguiente faraón.

Por tanto, era vital contar con registros fiables de cada reinado. Aunque algunas de las denominadas listas de reyes pueden verse en el Museo Egipcio de El Cairo, el Louvre y el British Museum, la única que permanece en su emplazamiento original es la creada por Seti I en su templo de Abydos. Resaltando a sus antepasados reales, Seti nombra a 75 predecesores comenzando por el seudomítico Menes (más conocido como Narmer). Sin embargo, siguiendo la típica costumbre egipcia, reescribe la historia excluyendo a los que considera "inadecuados", desde faraones hicsos del Segundo Período Intermedio y la faraona Hatshepsut hasta los faraones de Amarna. Amenhotep III va inmediatamente seguido de Horemheb, es decir, que Akenatón, Smenjkare, Tutankamón y Ay sencillamente desaparecen de la lista.

con las figuras de Seti I y su primogénito, el futuro Ramsés II, y una larga lista de los faraones que le precedieron (véase recuadro, arriba).

EL OSIREION

Detrás del templo de Seti, un extraño y fantástico edificio sigue desconcertando a los egiptólogos, aunque se cree que era un cenotafio de Osiris. En un principio se creía que era una estructura del Imperio Antiguo, a causa de los grandes bloques de granito empleados en su construcción; actualmente se cree que data del reinado de Seti y que su diseño se basó en las tumbas excavadas en la roca del valle de los Reyes. En el centro de la "cámara funeraria" con columnas, situada en un nivel más bajo que en el templo de Seti, hay un falso sarcófago. Esta cámara estaba originalmente rodeada de agua, pero debido a una tabla de elevación toda la estructura está ahora inundada, lo que convierte el examen de los textos funerarios y rituales tallados en sus muros en una actividad de riesgo.

TEMPLO DE RAMSÉS II

Al noroeste del templo de Seti I se halla la estructura construida para su hijo Ramsés II (1279-1213 a.C.), más pequeña y peor conservada. Aunque con la planta rectangular de un templo tradicional, tiene santuarios para cada dios que Ramsés consideraba importante: Osiris, Amón-Ra, Tot, Min, el deificado Seti I y, por supuesto, él mismo. Aunque falte el tejado, los relieves todavía conservan buena parte de los colores, sobre todo las figuras de sacerdotes, portadores de ofrendas y del faraón ungiendo las estatuas de los dioses. Puede que al viajero se le niegue el acceso a este lugar.

Dónde dormir y comer

Es improbable que se pueda pernoctar en Al-Balyana a causa del nerviosismo de la policía local. Si la situación cambiara, hay un par de hoteles, y también cafés y puestos de comida en la ciudad.

House of Life (☎ 012 733 0071; www.ancientegyptianhealing.com; frente al templo de Seti I; AD/PC 15/25 € por persona). Cuando el autor de esta guía estuvo aquí, éste era el único hotel operativo, un sencillo establecimiento dirigido por holandeses, egipcios y norteamericanos con vistas al templo, seis habitaciones y tres baños compartidos. Hay una gran terraza y los huéspedes disponen de acceso a Internet y una lavadora. El Sr. Horus, el socio local, afirma haber estudiado las técnicas de la antigua sanación egipcia, y vende esencias y otros productos; asimismo, pueden concertarse excursiones al desierto.

Osiris Park Cafeteria (templo de Seti I; 🕒 7.00-22.00). Delante del templo, es el único sitio permitido al viajero. La comida es cara y consiste principalmente en tentempiés, aunque a veces hay platos de pollo (35 EGP); la acogida es cordial y la bebida, fría. Sorprendentemente, hay también un amplio surtido de libros y folletos sobre el templo.

Cómo llegar y salir

La forma más habitual de ir a Al-Balyana es con un circuito en autobús o taxi en el convoy que sale de Luxor a las 8.00 (véase recuadro en p. 315). También cabe tomar un tren en Luxor a las 9.15 (1ª/2ª clase 16/13 EGP,

3 h). La policía suele recoger al visitante e introducirlo en un taxi hasta el templo (ida y vuelta 40-50 EGP). Hay un tren de vuelta a Luxor a las 17.00 (sólo 3ª clase 8 EGP). Los impacientes agentes de policía pueden también obligar al viajero a subir al autocar de un circuito organizado con destino a Luxor.

QINA

☎ **096 / 201.996 hab.**

Esta destartalada ciudad mercantil y capital de provincia, 91 km al este de Al-Balyana y 62 al norte de Luxor, se halla en la confluencia entre la carretera principal del Nilo y la que cruza el desierto hasta Port Safaga y Hurgada, en el mar Rojo. No ofrece muchos alicientes, lo cual no es del todo malo, ya que las actuales medidas de seguridad imposibilitan su visita. La única razón para detenerse aquí es visitar el espectacular conjunto de templos de Dendara, en las afueras, aunque es preferible hacerlo en una excursión de un día desde Luxor. El tren o taxi son los únicos medios para viajar de forma independiente; el viajero recibe escolta policial nada más llegar y, si necesita dinero, tal vez le permitan ir al **Bank of Alexandria** (junto a Sharia Luxor; 🕒 8.30-14.00 y 18.00-20.00 do-ju) o al **Banque du Caire** (Sharia Luxor; 🕒 9.00-14.30 do-ju).

Dendara

Aunque construido al final del período faraónico, el **templo de Hator** (adultos/estudiantes 25/15 EGP; 🕒 7.00-18.00) es uno de los edificios egipcios más emblemáticos, sobre todo porque se conserva prácticamente intacto, con su gran tejado de piedra y columnas, cámaras oscuras, criptas y escaleras de caracol, todo con jeroglíficos grabados.

Dendara ya fue un importante centro administrativo y religioso durante la 6ª dinastía (c. 2320 a.C.). La diosa Hator había sido adorada aquí desde el Imperio Antiguo. Aun así, la construcción de este gran templo no se inició hasta la 30ª dinastía, siendo levantado en gran parte por los tolomeos y finalizado durante el período romano.

Pocas deidades poseen rasgos tan variados. Hator era la diosa del amor y los placeres sensuales, patrona de la música y la danza: los griegos la asociaron acertadamente a su diosa Afrodita. Como a la mayoría de los dioses egipcios, a Hator se la conocía por una larga lista de títulos, entre ellos "la dorada", "la del hermoso cabello" y "dama de la embriaguez", en alusión a la alegría vinculada a su culto. Como "dama del oeste", también protegía a los difuntos; normalmente se la representaba como mujer, vaca o mujer con un tocado de cuernos vacunos y un disco solar, por ser hija de Ra, dios del sol. Era además una figura maternal y, como esposa de Horus, a menudo era representada como la divina madre del faraón reinante. En una famosa estatua de Deir al-Bahri, en Luxor, aparece en forma de vaca amamantando a Amenhotep II (1427-1400 a.C.). Resulta confuso que compartiera muchos de estos atributos con la diosa Isis, que también era considerada madre del rey. Al final Isis

EL CULTO A OSIRIS

La historia de Isis y Osiris, conservada en los escritos de Plutarco (c. 46-126) tras una visita a Egipto, es el más conocido de los mitos egipcios. Según el escritor griego, Osiris y su hermana-esposa Isis gobernaron la Tierra, aportando paz y prosperidad a su reino. Celoso de su éxito, su hermano Set invitó a Osiris a un banquete y mediante engaños consiguió que se introdujera en un ataúd. Una vez dentro, Set lo selló y lo arrojó al Nilo. Tras el parricidio, la consternada Isis recuperó el cuerpo de su hermano-marido, pero Set volvió a arrebatárselo, lo descuartizó y diseminó sus miembros. Sin embargo, Isis no se rindió y adoptando la forma de un milano buscó las partes extraviadas y enterró cada una de ellas allí donde la encontró, lo que explica que tantos enclaves afirmen ser la tumba de Osiris.

Otra versión de la historia cuenta que Isis recogió los pedazos de Osiris y ayudada por Anubis, dios de los embalsamamientos, los reunió y creó la primera momia. Entonces, por medio de su inmensa magia devolvió a Osiris a la vida el tiempo suficiente para concebir a su hijo Horus, que educado para vengar a su padre, derrotó a Set. Mientras Horus reinaba en la Tierra, representado por cada faraón, su padre resucitado gobernaba como señor del más allá. Dios muy querido, Osiris acabó por representar la esperanza de salvación después de la muerte, un concepto tan esencial para los antiguos egipcios, amantes de la vida, como lo fue para los primeros cristianos.

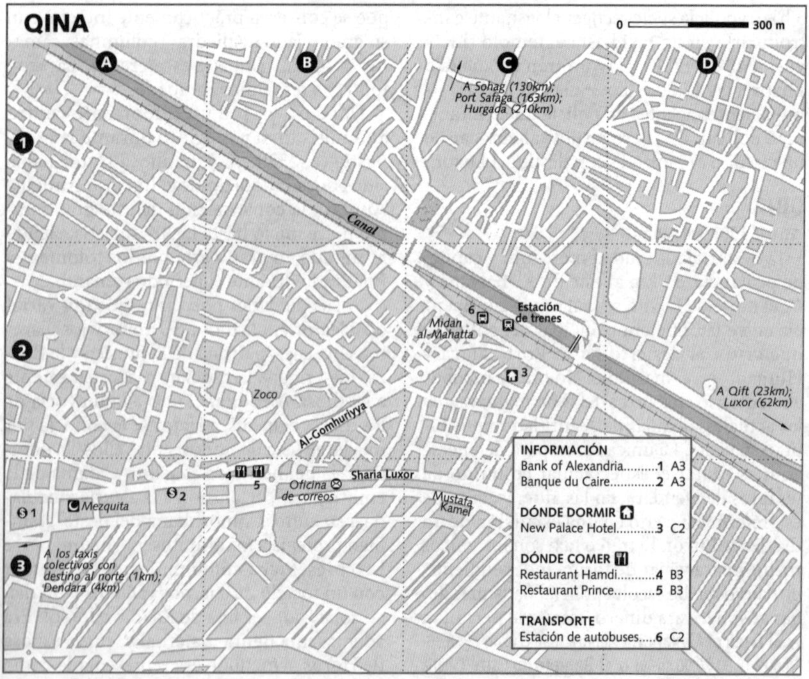

acabó eclipsando a Hator como gran madre cuando la leyenda de Isis y Osiris se amplió para incluir el nacimiento de Horus.

RECORRIDO POR EL TEMPLO

Hay que pasar por el nuevo centro de visitantes, con taquilla y bazar. Estaba vacío cuando se redactó esta guía, pero en breve habrá que lidiar con los molestos vendedores para acceder al templo. La ventaja, un lavabo limpio y en funcionamiento. Cuando el autor de esta guía estuvo allí, no vendían comida ni bebida.

Más allá de la altísima entrada y los muros de adobe, el templo fue construido con una ligera elevación. La entrada conduce a la **sala hipóstila exterior,** construida por el emperador romano Tiberio; de sus 24 grandes columnas de piedra las seis primeras tienen los cuatro lados adornados con la cabeza de Hator, desfiguradas por los cristianos pero aún impresionantes. Sobre los muros unas inscripciones muestran a Tiberio y sus sucesores romanos presentando ofrendas a los dioses egipcios: el mensaje, como en todo el templo, es la continuidad de la tradición incluso con gobernantes extranjeros. Los extremos más alejados a izquierda y derecha del techo de la sala, actualmente en proceso de limpieza, están decorados con signos del zodíaco.

El templo interior fue construido por los tolomeos; en la **sala hipóstila interior,** más pequeña, también hay columnas de Hator y paredes talladas con escenas de ceremonias reales, como la fundación del templo. Al respecto, destacan los *cartouches* en blanco que revelan la inestabilidad política del final de la era tolemaica. Dado el continuo cambio de faraones, los picapedreros no estaban dispuestos a grabar los nombres de quienes estarían poco tiempo en el poder. La situación más infame se produjo en 80 a.C. cuando Tolomeo XI asesinó a su carismática esposa (y madrastra), Berenice III, después de sólo diecinueve días de regencia. Los airados alejandrinos sacaron al faraón de palacio y le mataron como represalia.

Pasada la segunda sala hipóstila, el visitante topará con la **sala de ofrendas** que conduce al **santuario,** la parte más sagrada del templo y la que alberga la estatua de la diosa.

En la cripta de debajo el templo se conservó otra figura de Hator, exhibida cada año en la festividad de Año Nuevo, que antaño se celebraba en julio y coincidía con la crecida del Nilo. Era llevada a la sala de ofrendas, donde descansaba con las estatuas de otros dioses antes de ser transportada al tejado. En la escalera oeste hay escenas de esta procesión. En una glorieta al aire libre en la esquina sudoeste del tejado, los dioses aguardaban los primeros y vivificantes rayos de Ra el día de Año Nuevo. Posteriormente las estatuas eran bajadas por la escalera oriental, que también ilustra esta escena.

La temática del renacimiento continúa en dos *suites* del tejado, decoradas con escenas de la resurrección de Osiris a manos de su esposa y hermana Isis. En el centro del techo de la *suite* nordeste puede verse un modelo en escayola del famoso "zodiaco de Dendara", cuyo original se halla en el Louvre, en París. Desde el tejado las vistas de la campiña circundante son espléndidas. Los grafitos del extremo del templo son un legado de Desaix, comandante de Napoleón, y de otros soldados franceses en 1799.

De los **muros exteriores** emergen gárgolas con cabeza de león que resisten las escasas lluvias y ornamentadas con escenas de los faraones rindiendo culto a los dioses. En la más célebre, que brota del muro posterior (sur), se aprecia a Cleopatra con Cesarión, el hijo que concibió con Julio César.

Frente a este muro posterior hay un pequeño **templo de Isis** de tiempos de Octaviano, el emperador Augusto y gran rival de Cleopatra. Volviendo a la parte delantera del templo de Hator, en el lado oeste, el lago sagrado repleto de palmeras suministraba agua al templo. Más al norte quedan los cimientos de adobe del **sanatorio,** al que los enfermos llegaban en busca de la cura de la diosa.

Finalmente hay dos ***mammisi*** (maternidades), la primera construida por el faraón egipcio de la 30ª dinastía Nectanebo I (380-362 a.C.) y decorada por los tolomeos, y la más cercana al muro del templo debida a los romanos y ornamentada por Trajano (98-117 d.C.). Dichos edificios festejaban el nacimiento divino, tanto de los dioses jóvenes como del propio faraón en calidad de hijo de los dioses. Entre ambas *mammisi* yacen los restos de una **basílica copta** del s. v.

Dendara está 4 km al sudoeste de Qina, en la orilla occidental del Nilo. Casi todos

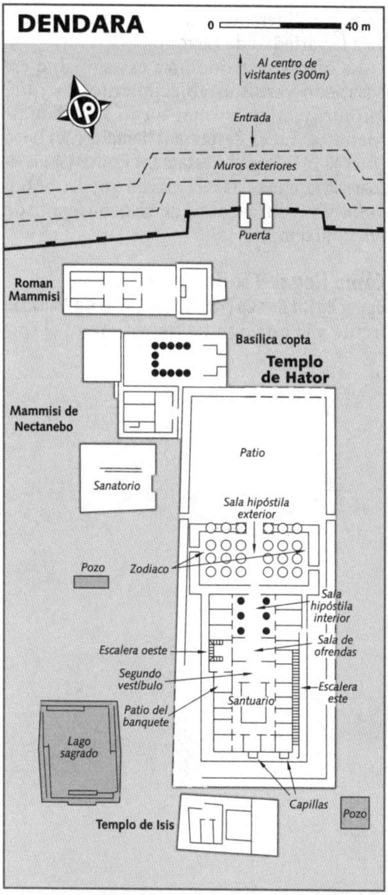

los visitantes llegan en convoy desde Luxor (véase recuadro en p. 315). Un taxi de ida y vuelta desde Luxor cuesta entre 150 y 200 EGP. También hay un crucero de un día a Dendara desde Luxor (véase p. 275). Si uno llega a Qina en tren, la policía le introducirá en un taxi: 20-30 EGP hasta el templo y de vuelta, con algo de tiempo de espera. La escolta policial es habitual.

Dónde dormir y comer

La policía no permite pernoctar al viajero, y aunque ello fuera posible, la oferta es limitada; Qina está lo bastante cerca de Luxor como para regresar.

New Palace Hotel (☎ 332 2509, 010 303 5514; cerca de Sharia al-Gomhuriyya; i/d 90/110 EGP; ❄). Detrás de la gasolinera Mobil, una pobre alternativa a la variedad de Luxor.

La oferta gastronómica es asimismo escasa, con varios establecimientos de *fuul*, *kushari* y *ta'amiyya* en torno a Midan al-Mahatta. En el **Restaurant Hamdi** (Sharia Luxor; platos 10-20 EGP) y el **Restaurant Prince** (Sharia al-Gomhuriyya; platos 7-18 EGP) sirven sopas, pollo, *kofta* y verduras, aunque se aconseja ir de *picnic* al templo.

Cómo llegar y salir

Upper Egypt Bus Co (☎ 532 5068; Midan al-Mahatta), frente a la estación de trenes, cubre el trayecto a El Cairo, Luxor, Hurgada y Suez. Sin embargo, cuando el autor de esta guía estuvo allí, a los extranjeros sólo se les permitía salir de Qina en circuito organizado, taxi o tren. Los principales trenes que van de norte a sur paran en Qina. Los hay de 1ª/2ª clase con aire acondicionado a Luxor (15/12 EGP, 40 min) y a Al-Balyana (2ª/3ª clase 10/4 EGP, 2 h), si es que se desea visitar Abydos.

Cómo desplazarse

De momento, la única opción es el taxi. Ir a Dendera cuesta unos 5 EGP, pero con la ayuda policial el precio suele doblarse.

Valle del Nilo: Luxor

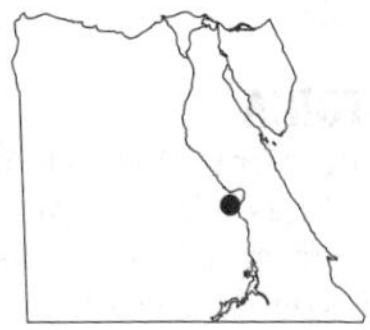

Tebas, ciudad real de Egipto, cuyas casas guardan innumerables riquezas. Cien puertas dan paso a la ciudad y por cada una pasan a diario doscientos hombres con caballos y carros.

Homero, *Ilíada,* "Canto IX"

El gobernador de la ciudad afirma que Luxor es el mayor museo al aire libre del mundo, pero esa descripción se queda incluso corta. No hay nada como la grandeza de la antigua Tebas. Florence Nightingale la llamó "el lecho de muerte del mundo" y la comparó con los textos de Shakespeare. Es uno de los pocos lugares del mundo que merece la denominación de "inolvidable".

Aunque la moderna ciudad de la orilla oriental ha crecido a gran velocidad en los últimos años, el panorama aún es de una belleza impresionante, con el Nilo y la necrópolis de la orilla occidental, tras la que se alza la enigmática escarpadura tebana. Por el terreno se disemina una cantidad ingente de tesoros, desde los templos de Karnak y Luxor a los templos de Deir el-Bahri y Medinat Habu, los colosos de Memnón y el valle de los Reyes.

En la antigüedad, la riqueza y el poder tebano eran legendarios y su dios Amón era temido por todo el Mediterráneo y por Asia. A finales del s. XVIII, su leyenda atrajo a los viajeros europeos. Desde entonces, impulsados por historias de tesoros y maldiciones de faraones, los visitantes han acudido en enormes cantidades.

El visitante moderno corre el riesgo de verse rodeado por autocares llenos de turistas conducidos como borregos entre las tumbas y templos a un ritmo frenético. Pero con un poco de planificación y flexibilidad de horarios se pueden evitar las principales aglomeraciones y disfrutar de la magia del panorama tebano y de su legado arqueológico.

LO MÁS DESTACADO

- Imaginarse en un exótico jardín con columnas de piedra en forma de papiro gigante en la **gran sala hipóstila** (p. 243) de Karnak.
- Echar un vistazo a la buena vida de la antigua aristocracia egipcia, tan buena que quisieron reflejarla en los murales de las **tumbas de los Nobles** (p. 267).
- Maravillarse ante la magnífica arquitectura del **templo de Luxor** (p. 246) y volver de noche para ver la belleza de los relieves de las paredes iluminados.
- Pasear por el templo tebano mejor conservado, **Medinat Habu** (p. 272), a la suave luz del atardecer.
- Sentir la espiritualidad de un templo antiguo, poco frecuentado y restaurado con gusto, el **templo de Seti I** (p. 254).

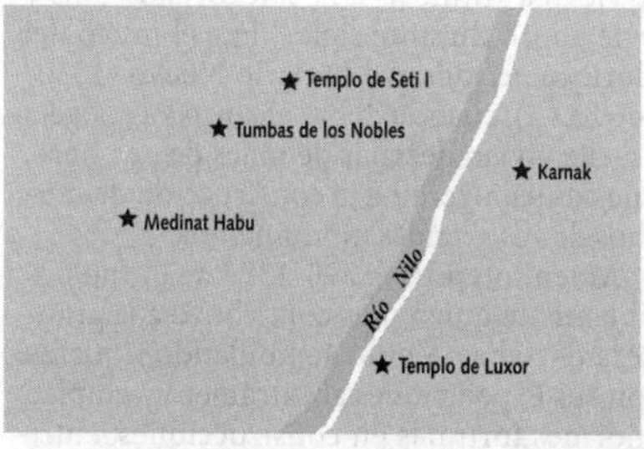

- PREFIJO TELEFÓNICO: 095
- POBLACIÓN: 451.318

HISTORIA

Las herramientas paleolíticas halladas en las colinas tebanas indican que ha habido asentamientos humanos en la zona por lo menos desde hace medio millón de años, pero Tebas (la antigua Waset) no adquirió importancia hasta la época del Imperio Medio (2055-1650 a.C.). Durante el caos del Primer Período Intermedio (2160-2025 a.C.), el pequeño pueblo de Tebas fue creciendo tanto que acabó imponiéndose a Heracleópolis, capital del norte. El príncipe Montuhotep II (2055-2004 a.C.), de la 11ª dinastía, reunificó el país, trasladó su capital a Tebas y dio aún mayor importancia a Karnak como centro de culto del dios local Amón, con un templo dedicado a él. El templo fúnebre de Montuhotep, en Deir el-Bahri, sirvió de inspiración para el templo de la reina Hatshepsut 500 años más tarde. Los faraones de la 12ª dinastía (1985-1795 a.C.) trasladaron de nuevo la capital administrativa al norte, a Al-Lisht, situado unos 30 km al sur de Menfis, pero gran parte de su inmensa riqueza, procedente de un comercio exterior ampliado, de la agricultura y de las expediciones militares realizadas por Nubia y Asia, fueron a parar al clero de Amón y Tebas, que seguía siendo la capital religiosa. Este período de doscientos años fue uno de los más ricos de la historia egipcia, y fue testigo de un gran florecimiento de la arquitectura y de las artes, y de grandes avances científicos.

Tras el Segundo Período Intermedio (1650-1550 a.C.), cuando gran parte de Egipto estaba gobernada por tribus asiáticas conocidas como los hicsos, fueron de nuevo los tebanos, bajo la dirección de Ahmosis I, quienes expulsaron a los invasores y unificaron Egipto. Por sus victorias militares y como fundador de la 18ª dinastía, en Tebas se elevó a Ahmosis a la categoría de dios y se le adoró durante siglos. Fue el inicio del glorioso período del Imperio Nuevo (1550-1069 a.C.), cuando Tebas alcanzó su apogeo. En ella vivían decenas de miles de personas, que contribuyeron a la construcción de muchos de sus grandes monumentos.

Amenhotep III (1390-1352 a.C.) fue posiblemente quien más contribuyó a la grandeza de Tebas. Siguió acumulando riquezas con sus expediciones al extranjero y empleó enormes fortunas en construcciones, entre ellas sustanciosas ampliaciones del complejo templario de Karnak, su gran palacio, Malqata, en la orilla occidental, con un gran puerto para las fiestas religiosas y el mayor templo fúnebre nunca construido, del que queda muy poco, tras los conocidos como colosos de Memnón, la mayor estatua monolítica tallada nunca. Su hijo, Amenhotep IV (1352-1336 a.C.), que posteriormente se cambió el nombre por el de Akenatón, trasladó la capital de Tebas a su nueva ciudad de Ajetatón (Tell al-Amarna), adoró un sólo dios (Atón, el dios del sol), e introdujo cambios radicales en el arte y la arquitectura. Los templos de Tebas quedaron cerrados hasta su muerte, pero el poderoso clero recuperó su posición bajo el gobierno del sucesor de Akenatón, Tutankamón, que construyó muy poco pero que se convertiría en el faraón más célebre de todos cuando se descubrió su tumba, llena de tesoros, en 1922. Ramsés II (1279-1213 a.C.) quizá exagerara sus victorias militares, pero también fue un gran constructor y añadió una magnífica sala hipóstila a Karnak, otras salas en el templo de Luxor, y construyó el Ramesseum y dos magníficas tumbas en el valle de los Reyes, para él y para sus numerosos hijos.

El declive del Gobierno de los faraones se reflejó en una decadencia gradual de Tebas: cuando los persas la saquearon, estaba claro que el final estaba cerca. Los antes poderosos templos tebanos se vieron rodeados de asentamientos de adobe, y la gente se escondía dentro de las murallas de piedra para protegerse de las tribus del desierto. Los primeros cristianos construyeron iglesias en los templos, tallaron cruces en las paredes y rascaron los relieves que representaban a dioses paganos. La zona se sumió en la oscuridad en el s. VII, tras la invasión árabe, y el único recordatorio de su glorioso pasado fue el nombre que le dieron sus gobernantes árabes: Al-Uqsur (las fortificaciones), lo que le proporcionó su nombre al moderno Luxor. Para cuando llegaron los viajeros europeos, en el s. XVIII, Luxor era poco más que un gran poblado del Alto Egipto, más conocido por su santo del s. XII, Abu al-Haggag, enterrado sobre el montículo del templo de Luxor, que por sus ruinas.

El crecimiento de la egiptomanía cambió el panorama. Napoleón llegó en 1798 con la intención de revivir la grandeza de Egipto pero, con la publicación de la *Description de l'Égypte*, lo que consiguió fue despertar de nuevo el interés por esta cultura. En

Europa, las exposiciones de momias, joyas y otros impresionantes artilugios funerarios de las tumbas tebanas convirtieron Luxor en un destino cada vez más popular. En 1869, cuando Thomas Cook llevó su primer grupo de turistas a Egipto, Luxor fue uno de los destinos estrella.

ORIENTACIÓN

Actualmente el visitante encuentra Luxor dividida en tres partes: la ciudad de Luxor propiamente dicha, el complejo templario de Karnak, un par de kilómetros al nordeste, y los monumentos y la necrópolis de la antigua Tebas, en la orilla oeste del Nilo.

En la ciudad de Luxor (plano pp. 240-241) hay cinco vías principales: Sharia as-Souq, Sharia al-Mahatta, Sharia al-Karnak, Corniche an-Nil y Sharia Televizyon, una zona muy concurrida por donde se concentran los principales hoteles económicos de la ciudad.

En la orilla occidental (plano p. 253), el poblado de Al-Gezira, cerca del embarcadero de los *ferries*, se está convirtiendo en una zona de tiendas, hoteles de precio medio y restaurantes. La mayor parte de monumentos están más al oeste, y las tumbas y los templos se encuentran al borde del desierto.

INFORMACIÓN

Librerías

Luxor cuenta con dos excelentes librerías con libros en inglés. Frente a la Aboudi y al New Winter Palace, en la Corniche, hay un quiosco con una buena oferta de prensa extranjera.

Librería AA Gaddis (plano pp. 240-241; ☎ 238 7042; Corniche an-Nil; 🕘 9.00-22.00 lu-sa, 10.30-22.00 do). Entre los hoteles Old y New Winter Palace; amplia oferta de libros sobre Egipto, postales y recuerdos.

Librería Aboudi (plano pp. 240-241; ☎ 237 3390; Bazar Turístico, Corniche an-Nil; 🕘 8.00-22.00). Tiene una excelente oferta de guías, mapas, postales y libros de ficción.

Urgencias

Ambulancias (☎ 123)

Policía (plano pp. 240-241; ☎ 237 1500, 237 3845; Sharia Karnak esquina Sharia al-Matafy)

Policía turística (plano pp. 240-241; ☎ 237 6620; Corniche an-Nil). Junto a la oficina de turismo.

Acceso a Internet

Se puede encontrar acceso a Internet por toda la ciudad y en muchos hoteles. Cuesta desde 5 hasta 10 EGP por hora.

ORILLA ORIENTAL

Librería Aboudi (plano pp. 240-241; ☎ 237 3390; Corniche an-Nil; 🕘 9.00-22.00)

Gamil Centre (plano pp. 240-241; nivel inferior, Corniche an-Nil; 🕘 24 h). Frente al Old Winter Palace Hotel.

GBC Internet (plano pp. 240-241; ☎ 236 5519; nivel inferior, Corniche an-Nil; 🕘 9.30-18.00). Frente al New Winter Palace Hotel.

Heroes Internet (plano pp. 240-241; Sharia Televizyon; 🕘 24 h)

Salem Net (plano pp. 240-241; ☎ 236 4652; 🕘 24 h). Buena conexión y sala con aire acondicionado junto a la estación de trenes, frente al Anglo Hotel.

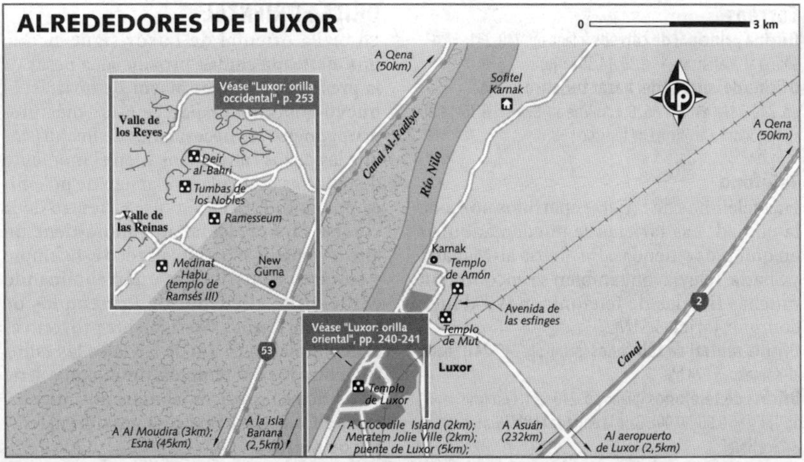

ORILLA OCCIDENTAL

Europa Internet (plano pp. 240-241; ☎ 012 866 5558; calle principal, Gezira; 🕑 8.00-14.00). Conexión muy rápida.

Nile Centre (plano pp. 240-241; ☎ 231 3482; Gezira; 🕑 9.00-24.00)

Asistencia médica

General Hospital (plano pp. 240-241; ☎ 237 2025, ☎ 382 698; Corniche an-Nil). Como última opción.

International Hospital (☎ 238 7192/3/4; Sharia Televizyon). El mejor de la ciudad.

Dinero

Casi todos los bancos egipcios más importantes tienen sucursales en Luxor. A menos que se especifique lo contrario, suelen abrir de 8.30 a 14.00 y de 17.00 a 18.00, de domingo a jueves. Hay cajeros automáticos por toda la ciudad, así como en los bancos y hoteles de cinco estrellas.

American Express (plano pp. 240-241; ☎ 237 8333; Corniche an-Nil; 🕑 9.00-16.30). Junto a la entrada al Old Winter Palace Hotel.

Bank of Alexandria (plano pp. 240-241; Corniche an-Nil). Cerca del Hotel Mercure.

Banque du Caire (plano pp. 240-241; Corniche an-Nil)

Banque Misr (plano pp. 240-241; Sharia Labib Habashi). A la vuelta de la esquina desde el Mercure. Hay otra sucursal en Sharia Televizyon.

National Bank of Egypt (plano pp. 240-241; Corniche an-Nil)

Thomas Cook (plano pp. 240-241; ☎ 237 2196; Corniche an-Nil; 🕑 8.00-20.00). Bajo la entrada al Old Winter Palace Hotel.

Correos

Oficina principal de correos (plano pp. 240-241; Sharia al-Mahatta; 🕑 8.30-14.30 sa-ju)

Oficina de correos del bazar turístico (plano pp. 240-241; ☎ 237 6620; Corniche an-Nil; 🕑 8.30-14.30 sa-ju). Junto a la oficina de turismo.

Teléfono

Hay teléfonos de tarjeta repartidos por toda la ciudad. Las tarjetas se pueden adquirir en quioscos y tiendas. En Sharia al-Mahatta y Sharia Televizyon también se encontrarán muchas tiendas de telefonía móvil donde comprar tarjetas SIM.

Oficina central de teléfonos (plano pp. 240-241; Sharia al-Karnak; 🕑 24 h)

Oficina de teléfonos (plano pp. 240-241; Corniche an-Nil; 🕑 8.00-20.00). Bajo la entrada al Old Winter Palace Hotel.

Información turística

Oficina del aeropuerto (plano pp. 240-241; ☎ 237 2306; 8.00-21.00)

Oficina de turismo (plano pp. 240-241; ☎ 237 2215; fax 237 3294; bazar turístico, Corniche an-Nil; 🕑 8.00-21.00)

Oficina de la estación de trenes (plano pp. 240-241; ☎ 237 0259; 🕑 8.00-21.00)

Extensión de visados

Oficina de pasaportes (plano pp. 240-241; ☎ 238 0885; Sharia Khaled ibn al-Walid; 🕑 8.00-20.00 sa-ju, 14.00-20.00 sólo para información)

PELIGROS Y ADVERTENCIAS

Hasta hace poco Luxor era considerada la capital egipcia de los chanchullos, pero el nuevo gobernador está limpiando la ciudad en todos los aspectos posibles. Siguen produciéndose timos, entre ellos los de quien pide una *baksheesh* extra en los monumentos, quien carga precios excesivos por una *calèche* (calesa) o una falúa, y los "cazaclientes" siguen buscando víctimas en el zoco y en la estación. La oficina de turismo necesitará un informe por escrito si ocurre algo de esto, e intentará tomar medidas.

Si se quiere obtener un carné de estudiante en Luxor hay que asegurarse de acudir a la oficina correcta; hay una que emite carnés ISE (carné de intercambio internacional de estudiantes y jóvenes), que no proporcionan tantos descuentos como los ISIC (carné internacional de estudiante). Más detalles en p. 516.

PUNTOS DE INTERÉS: ORILLA ORIENTAL

La orilla oriental de Luxor sigue siendo una ajetreada ciudad provincial, a pesar de la presencia cada vez mayor de turistas. El nuevo gobernador parece estar más preocupado por las necesidades de los turistas que las de los ciudadanos y, en el momento de redactar esta guía, era objeto de polémica por su interés en limpiar el centro de la ciudad. Sharia al-Mahatta ahora tiene un aire levemente parisino; el zoco está limpio y cubierto en parte, y se están eliminando edificios de alrededor de los templos de Luxor y de Karnak. Su siguiente proyecto es el de limpiar los 3 km de la vía de las esfinges, entre los dos templos, tirando una serie de edificios históricos, aunque no antiguos, entre ellos la Casa Francesa próxima al templo de Karnak.

El centro de la ciudad, donde se concentran los hoteles, los bares y los restaurantes, se puede transitar fácilmente a pie cuando el calor no aprieta. El corazón del barrio es el templo de Luxor, una elegante obra de arte de la arquitectura, con patios y santuarios dedicados a la tríada tebana. En vez de empezar por aquí, parece más lógico visitar a primera hora de la mañana el impresionante complejo templario de Karnak, donde durante más de mil quinientos años los faraones reclamaron la atención de los dioses con logros arquitectónicos cada vez mayores. El templo de Luxor se puede visitar más tarde.

Hay dos excelentes museos. El Museo de Luxor, que contiene una fascinante colección de artilugios descubiertos en esta zona, en la que abundan las antigüedades, y el Museo de la Momificación, que alberga momias humanas y animales y explica cómo los antiguos egipcios perfeccionaron el proceso de embalsamamiento.

Templos de Karnak

Más que un templo, **Karnak** (mapa p. 237; Sharia al-Karnak; adultos/estudiantes 50/25 EGP; 6.00-17.30 oct-abr, 6.00-18.00 may-sep) es un extraordinario complejo de santuarios, quioscos, pilones y obeliscos dedicados a los dioses tebanos y para mayor gloria de los faraones. Todo está hecho a escala gigante: el recinto ocupa más de 2 km^2, espacio que podría contener unas diez catedrales, mientras que su estructura principal, el templo de Amón, es el mayor edificio religioso construido nunca. Ésta era la morada del dios en la Tierra, rodeada por las casas de su esposa Mut y su hijo Jonsu, otros dos enormes complejos templarios en el mismo recinto. Karnak, construido, completado, demolido, restaurado, ampliado y decorado durante más de mil quinientos años, fue el lugar de culto más importante de Egipto durante el Imperio Nuevo. Se le llamaba Ipet-Sut, "el más querido de los lugares", y su nombre árabe, Karnak, significa "asentamiento fortificado". Los registros del Imperio Nuevo demuestran que los sacerdotes del templo de Amón tenían a 81.000 personas trabajando en o para el templo, que poseían 421.000 cabezas de ganado, 65 ciudades, 83 barcos y 280.000 Ha de terreno agrícola, lo que da una idea de su importancia no sólo espiritual, sino también económica.

Con tantos añadidos, el lugar puede resultar muy confuso; los viajeros se han pasado siglos intentando entender este inmenso monumento. Como dijo sucintamente Amelia Edwards, escritora y artista del s. XIX:

> Sobre este lugar se ha escrito mucho y se ha reproducido en numerosas pinturas; pero ni la escritura ni el arte pueden dar de él más que una pálida y menguada impresión... El tamaño es excesivo; el efecto demasiado tremendo, y la sensación de la propia estupidez, pequeñez e incapacidad, demasiado absoluta y apabullante.

El lugar de culto más importante era el imponente **recinto del templo de Amón** (recinto de Amón; plano pp. 242-243), dominado por el gran templo de Amón-Ra, que contiene la famosa sala hipóstila, un espectacular bosque de columnas gigantes en forma de papiro. En el lado sur se encuentra el recinto del templo de Mut, en homenaje a la diosa tebana de la guerra. La avenida pavimentada con esfinges de rostro humano y 3 km de longitud que en su día comunicaba el templo de Amón en Karnak con el templo de Luxor está siendo despejada de nuevo en la actualidad.

Las estructuras más antiguas de Karnak proceden del Imperio Medio: la capilla blanca de Sesostris I (1965-1920 a.C.), reconstruida en el museo al aire libre, y los cimientos de lo que era la parte más sagrada del templo de Amón, de la 12ª dinastía, el santuario del barco sagrado y el Patio del Imperio Medio (tras el sexto pilón). No obstante, la mayor parte de lo que se ve fue construido por los poderosos faraones de las dinastías 18ª a 20ª (1570 y 1090 a.C.), que se gastaron fortunas en dejar su impronta en el más sagrado de los lugares. Algunos faraones posteriores ampliaron y reconstruyeron el complejo, al igual que los tolomeos y los primeros cristianos. Básicamente, cuanto más se adentra uno en el complejo, más antiguas son las estructuras.

El paseo por este complejo gigante es uno de los platos fuertes de cualquier visita a Egipto. La luz más bonita es la de primera hora de la mañana. También hay que recordar que el convoy de Hurgada llega hacia las 10.30 y que son hasta ciento cincuenta autocares los que vacían su carga

LUXOR: ORILLA ORIENTAL

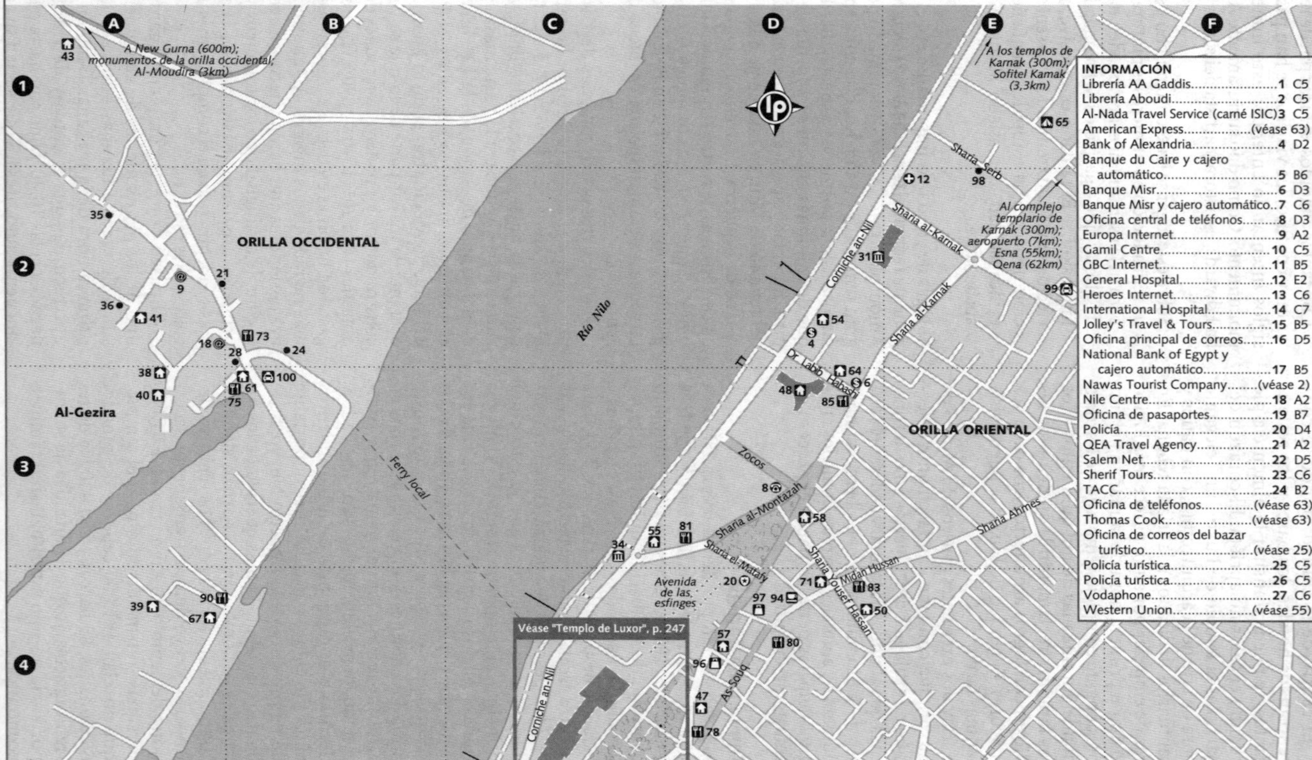

INFORMACIÓN		
Librería AA Gaddis	1	C5
Librería Aboudi	2	C5
Al-Nada Travel Service (carné ISIC)	3	C5
American Express	(véase 63)	
Bank of Alexandria	4	D2
Banque du Caire y cajero automático	5	B6
Banque Misr	6	D3
Banque Misr y cajero automático	7	C6
Oficina central de teléfonos	8	D3
Europa Internet	9	A2
Gamil Centre	10	C5
GBC Internet	11	B5
General Hospital	12	E2
Heroes Internet	13	C6
International Hospital	14	C7
Jolley's Travel & Tours	15	B5
Oficina principal de correos	16	D5
National Bank of Egypt y cajero automático	17	B5
Nawas Tourist Company	(véase 2)	
Nile Centre	18	A2
Oficina de pasaportes	19	B7
Policía	20	D4
QEA Travel Agency	21	A2
Salem Net	22	D5
Sherif Tours	23	C6
TACC	24	B2
Oficina de teléfonos	(véase 63)	
Thomas Cook	(véase 63)	
Oficina de correos del bazar turístico	(véase 25)	
Policía turística	25	C5
Policía turística	26	C5
Vodaphone	27	C6
Western Union	(véase 55)	

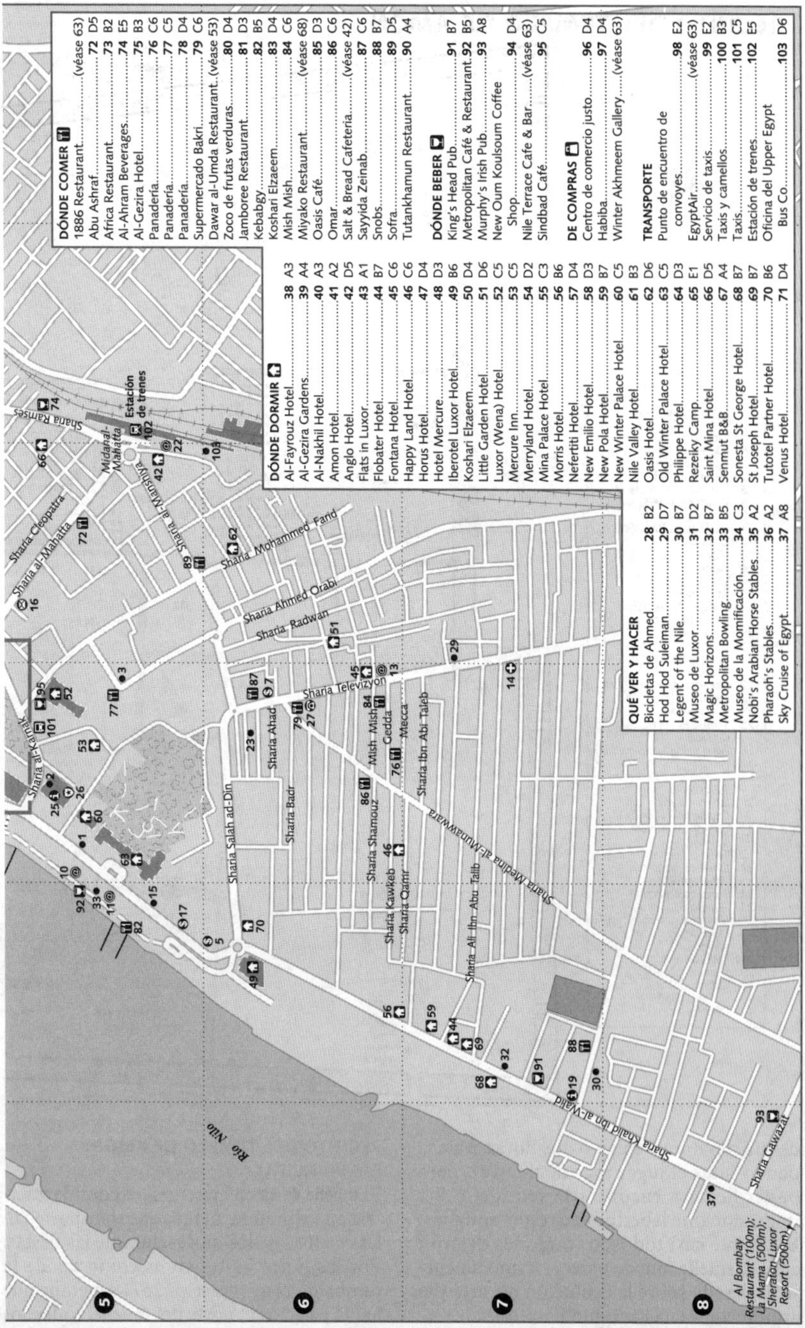

VALLE DEL NILO: LUXOR

RECINTO DEL TEMPLO DE AMÓN

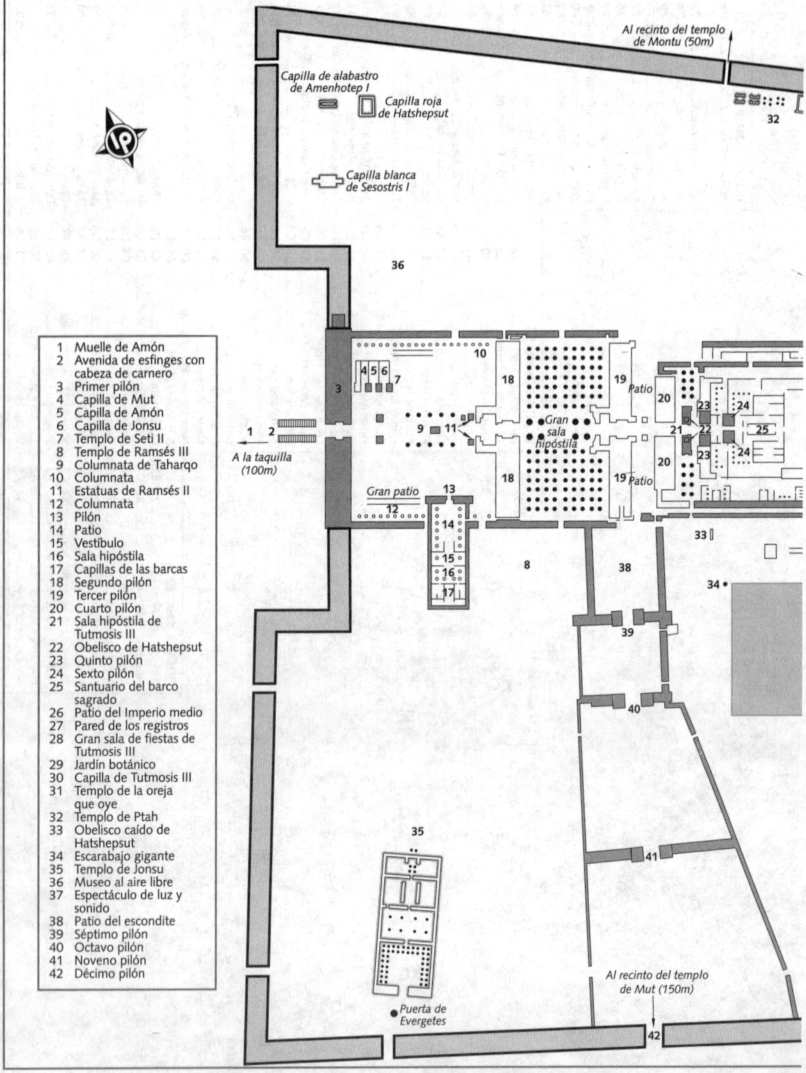

de turistas durante una o dos horas. Vale la pena visitar el lugar más de una vez, para poder llegar a encontrarle sentido a este impresionante laberinto de restos antiguos. Dado que casi todos los faraones dejaron aquí su huella, puede parecer como un curso acelerado sobre la evolución del arte y la arquitectura en el antiguo Egipto.

RECINTO DEL TEMPLO DE AMÓN: EJE PRINCIPAL

El **muelle de Amón** era el puerto donde amarraban los grandes barcos que transportaban las estatuas de los dioses durante las fiestas. Por las pinturas fúnebres como las de la tumba de Najt (véase p. 267) sabemos que había palacios al norte del muelle, rodeados

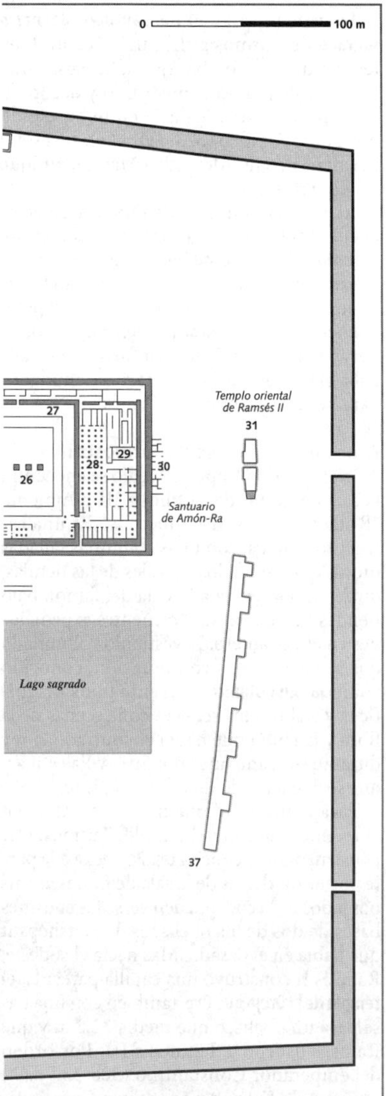

de exuberantes jardines. En el lado este hay una rampa que desciende hacia la **avenida procesional de esfinges con cabeza de carnero,** que lleva hasta el enorme **primer pilón,** inacabado, construido por Nectanebo I, de la 30ª dinastía. En el interior hay una enorme rampa de construcción de adobe, por la que se hacían subir las piedras para el pilón con rodillos y cuerdas. Cuando la expedición de Napoleón visitó el lugar, aún había bloques sobre la rampa.

Gran patio

Tras el primer pilón se abre el gran patio, la zona más amplia del complejo de Karnak. A la izquierda está el **templo de Seti II,** con tres pequeñas capillas que contenían los barcos sagrados de Mut, Amón y Jonsu durante los preliminares de la fiesta del Opet. En la esquina sudeste (al extremo derecho) se encuentra el **templo de Ramsés III,** bien conservado, versión en miniatura del templo del faraón de Medinat Habu. La planta del templo es simple y clásica: pilón, patio abierto, vestíbulo con cuatro columnas osiriacas y cuatro columnas, una sala hipóstila con ocho columnas y tres capillas para los barcos de Amón, Mut y Jonsu. En el centro del patio hay dos filas de cinco columnas. Solamente una conserva su altura original de 21 m, con un capitel en forma de papiro, y un pequeño altar de alabastro en el centro: eso es todo lo que queda de la **columnata de Taharka,** el faraón nubio de la 25ª dinastía.

El **segundo pilón** lo inició Horemheb, el último faraón de la 18ª dinastía, y prosiguieron las obras Ramsés I y Ramsés II, que también levantó tres colosales **estatuas** de granito con su imagen a ambos lados de la entrada; una de ellas está destruida.

Gran sala hipóstila

Tras el segundo pilón aparece la impresionante **gran sala hipóstila** (plano pp. 242-243), uno de los mayores monumentos religiosos construidos nunca. Con una superficie de 5.500 m^2 (en la que cabrían a la vez la basílica de San Pedro de Roma y la catedral de San Pablo de Londres), esta sala es un inolvidable bosque de 134 pilares de piedra con forma de papiro. Simbolizaba un pantano lleno de papiros, de los que tantos había por el Nilo. Los antiguos egipcios creían que estas plantas rodeaban el túmulo primigenio donde apareció la vida. Cada verano, cuando el Nilo empezaba a crecer, esta sala y sus columnas quedaban inundadas por varios metros de agua. Originalmente la sala estaría pintada con vivos colores (algunos se conservan) y tendría techo, por lo que estaría oscura, salvo por el pasillo de luz. El tamaño y la grandeza de los pilares y la profusa decoración son impresionantes: vale la pena tomarse tiempo, sentarse un rato y contemplar los numerosos detalles.

La sala fue proyectada por Ramsés I y construida por Seti I y Ramsés II. Obsérvese la diferencia de calidad entre el delicado relieve de la parte norte, obra de Seti I, y el bajorrelieve mucho más duro, añadido por Ramsés II en la parte sur de la sala. Las escenas crípticas de los muros interiores estaban destinadas a los sacerdotes y la realeza, que entendían el contexto religioso, pero las de los muros exteriores eran de más fácil comprensión, y mostraban las gestas y el poder militar del rey y su capacidad de imponer el orden sobre el caos.

Tras el **tercer pilón,** construido por Amenhotep III, a la derecha se muestra al faraón montado en el barco sagrado durante la fiesta del Opet (véase recuadro en p. 250). Tutmosis I (1504-1492 a.C.) creó un estrecho patio entre los pilones tercero y el cuarto, donde se levantaban cuatro obeliscos, dos de ellos obra de Tutmosis I y otros dos de Tutmosis III (1479-1425 a.C.). Sólo se conservan las bases, excepto por uno, de 22 m de altura, erigido para Tutmosis I.

Templo interior

Pasado el **cuarto pilón** se abre la sala hipóstila de Tutmosis III, construida por Tutmosis I en madera preciosa, y a la que Tutmosis III incorporó 14 columnas y un tejado de piedra. En este patio se levanta uno de los dos magníficos obeliscos de 30 m de altura erigidos por la reina Hatshepsut (1473-1458 a.C.) en honor de su "padre" Amón. El otro está roto pero la parte superior se encuentra cerca del lago sagrado (derecha). El **obelisco de Hatshepsut** es el más alto de Egipto y originalmente tenía la punta cubierta de electro (una aleación de oro y plata muy usada). Tras la muerte de Hatshepsut, su hijastro Tutmosis III retiró todos los vestigios de su reinado (véase recuadro en p. 268), y los ocultó en una estructura de muros de arenaria.

El **quinto pilón,** construido por Tutmosis I y ahora en ruinas, conducía a otra columnata de la que queda poco, a la que sigue el pequeño **sexto pilón,** levantado por Tutmosis III, que también construyó el par de columnas de granito rojo del vestíbulo posterior, talladas con lotos y papiros, símbolos del Alto y del Bajo Egipto. Allí cerca hay dos enormes estatuas de Amón y de la diosa Amonet, talladas durante el reinado de Tutankamón.

La versión original del **santuario del barco sagrado** de Tutmosis III, núcleo central del templo donde moraba Amón, fue sustituido por otro de granito, construido y decorado con relieves pintados aún en buen estado por Filipo Arrideo (323-317 a.C.), sucesor y hermanastro de Alejandro Magno, aunque frágil y retrasado.

Al este del santuario de Filipo Arrideo se encuentra la parte más antigua del templo, el **patio del Imperio Medio,** donde Sesostris I construyó un santuario del que se han hallado los cimientos. En el muro norte del patio se encuentra la **pared de los registros,** donde se llevaba la cuenta de los tributos que recaudaba el faraón por los territorios dominados para honrar a Amón.

Gran sala de fiestas de Tutmosis III

Tras el patio del Imperio Medio se encuentra la sala de fiestas de Tutmosis III o Ajmenu, "Brillante de los Monumentos". Es una estructura atípica, con unas columnas talladas únicas que imitan los mástiles de las tiendas, quizá en referencia a la vida del faraón bajo tiendas de lona en sus frecuentes expediciones en el extranjero. El vestíbulo columnado que se encuentra a continuación, conocido como **jardín botánico,** presenta unos magníficos y elaborados relieves con escenas de la flora y la fauna que había encontrado el rey durante sus campañas por Siria y Palestina y que se había traído de vuelta a Egipto.

Para la multitud que no podía entrar en el recinto sagrado del templo, Tutmosis III construyó una pequeña **capilla** anexa a la parte posterior, detrás de la sala de fiestas, a ambos lados de la cual pueden verse las enormes bases de dos de los obeliscos de Hatshepsut que había en el pasado. Más hacia el sudeste, Ramsés II construyó una capilla parecida, el **templo de la Oreja que Oye,** también con una base para un obelisco que medía 32,2 m y que Ramsés usurpó a Tutmosis III. Por orden del emperador Constantino (306-337 d.C.) se retiró de Karnak y se envió a Constantinopla, pero el obelisco se desvió a Roma, al circo Máximo. Donde se volvió a levantar en 1588 por orden del papa Sixto V, en el lugar que ocupa en la actualidad, delante de la iglesia de San Juan de Letrán.

Contra el muro norte del recinto del templo de Amón, se encuentra el bien conservado **templo de Ptah,** dedicado al culto, que inició Tutmosis III y finalizaron tolomeos y romanos. A las cámaras interiores se accede por una serie de cinco entradas, que llevan a dos de las estatuas originales del templo. La figura decapitada de Ptah, dios creador de Menfis, está en la capilla media tras una puerta cerrada (puede pedírsele al vigilante que la abra a cambio de una *baksheesh*). A la izquierda se encuentra la impresionante estatua de granito negro de su diosa consorte, Sejmet ("La terrible"), con los pechos descubiertos y cabeza de leona.

RECINTO DEL TEMPLO DE AMÓN: EJE SUR

El eje secundario del recinto del templo de Amón, al sur desde los pilones tercero y cuarto, es una vía procesional flanqueada por muros desde los pilones séptimo al décimo, que lleva hasta el recinto del templo de Mut. El patio entre la sala hipóstila y el **séptimo pilón,** construido por Tutmosis III, es conocido como **patio del escondite,** ya que en 1903 se descubrieron en él miles de estatuas de piedra y de bronce. Los sacerdotes mandaron enterrar las estatuas y muebles del templo que ya no necesitaban hacia el año 300 a.C. La mayor parte de estas estatuas fueron a parar al Museo Egipcio de El Cairo, pero algunas siguen aquí, frente al séptimo pilón, entre ellas cuatro de Tutmosis III, a la izquierda.

El **octavo pilón,** construido por la reina Hatshepsut y bien conservado, es la parte más antigua del eje norte-sur del templo, y uno de los más antiguos de Karnak. Lleva tallado un texto que ella atribuyó a Tutmosis I y que justificaba que se hiciera con el trono de Egipto.

Los **pilones noveno** y **décimo** fueron construidos por Horemheb, que usó parte de la piedra de un templo demolido construido al este por Akenatón (antes de trasladarse a Tell al-Amarna), parte del cual se puede ver en el magnífico Museo de Luxor (p. 248).

Al este de los pilones séptimo y octavo se encuentra el **lago sagrado** (plano pp. 242-243), donde, según Heródoto, los sacerdotes de Amón se bañaban dos veces cada día y cada noche en un ritual de purificación. En la orilla noroeste del lago queda parte del **obelisco caído de Hatshepsut** que muestra su coronación, y un **escarabeo gigante** de piedra dedicado por Amenhotep III a Jepri, una forma del dios sol.

En la esquina sudoeste del recinto se encuentra el **templo de Jonsu,** dios de la luna e hijo de Amón y Mut. Se accede por una puerta en la pared sur de la sala hipóstila del templo de Amón, pasando por un camino con varios bloques de piedra. El templo, construido en gran parte por Ramsés III y ampliado por posteriores soberanos ramésidas, se levanta al norte de la puerta de Evergetes y de la avenida de esfinges que lleva al templo de Luxor. El pilón del templo conduce, pasando por un patio peristilo, a una sala hipóstila con ocho columnas talladas con la figura de Ramsés XI y Herihor. La cámara siguiente contenía el barco sagrado de Jonsu.

RECINTO DEL TEMPLO DE MUT

A partir del décimo pilón, una avenida de esfinges conduce al recinto de Mut, el recinto sur, que se ha excavado en parte. El deteriorado templo de Mut fue construido por Amenhotep III y se compone de un santuario, una sala hipóstila y dos patios. Amenhotep también erigió más de setecientas estatuas de granito negro de la reina leona Sejmet, la homóloga septentrional de Mut, que se cree que componen un calendario, con dos estatuas por cada día del año, que recibían ofrendas cada mañana y cada atardecer.

RECINTO DEL TEMPLO DE MONTU

Una puerta en el muro cercano al templo de Ptah (dentro del recinto del templo de Amón) conduce al recinto del templo de Montu. Este dios guerrero con cabeza de halcón fue una de las primeras divinidades de Tebas. El templo principal lo mandó construir Amenhotep III y otros lo modificaron. El complejo está muy deteriorado.

MUSEO AL AIRE LIBRE

A la izquierda del primer patio del recinto del templo de Amón se encuentra el **museo al aire libre** de Karnak (plano pp. 242-243; entradas en la taquilla principal; adultos/estudiantes 25/15 EGP; 6.00-17.30 verano, 6.00-16.30 invierno), que la mayoría de viajeros pasan por alto, aunque sin duda merece una visita. Entre sus capillas, bien conservadas, están la **capilla blanca de Sesostris I,** uno de los monumentos más antiguos y más bellos de Karnak, con magníficos relieves del Imperio Medio; la **capilla roja de Hatshepsut,** cuyos bloques de cuarcita roja se recompusieron en 2000; y la **capilla de alabastro de Amenhotep I.** El museo también contiene una colección de estatuas encontradas por todo el complejo del templo.

ESPECTÁCULO DE LUZ Y SONIDO

El **espectáculo de luz y sonido** de Karnak (plano pp. 242-243; ☎ 237 2241; www.sound-light.egypt.com; adultos/estudiantes 60/45 EGP; 🕑 18.30, 19.45 y 21.00 invierno, 20.00, 21.15 y 22.30 verano), muy *kitch*, es un delirio al estilo Hollywood, de 1½ horas, que cuenta la historia de Tebas y las vidas de los numerosos faraones que levantaron edificios en honor de Amón. Vale la pena la visita, sobre todo por el placer de pasear por el templo iluminado de noche.

Éste era el horario en el momento de redactar la guía, pero puede haber cambiado.

Día	Primer pase	Segundo pase	Tercer pase
Lunes	inglés	francés	español
Martes	japonés	inglés	alemán
Miércoles	alemán	inglés	francés
Jueves	inglés	francés	árabe
Viernes	inglés	francés	ruso
Sábado	francés	inglés	inglés
Domingo	alemán	inglés	italiano

Templo de Luxor

Construido en gran parte por los faraones Amenhotep III (1380-1352 a.C.) y Ramsés II (1279-1213 a.C.), este **templo** (plano p. 247; Corniche an-Nil; adultos/estudiantes 40/20 EGP; 🕑 6.00-21.00 oct-abr, 6.00-22.00 may-sep) es un monumento que choca por su elegancia, en plena ciudad moderna. Se puede visitar de día, quizá a media tarde, pero no hay que dejar de volver por la noche, cuando el templo está iluminado y crea un sugerente espectáculo con sus luces y sombras que juegan con los relieves y las columnatas.

El templo, también conocido como santuario del Sur, fue otrora la morada de Amenemopet, el Amón itifálico del Opet, y fue reconstruido en gran parte para los festejos anuales del Opet cuando, coincidiendo con la temporada de inundaciones, las estatuas de Amón, Mut y Jonsu se reunían con la de Amón de Opet (véase recuadro en p. 246). Amenhotep III amplió en gran medida un antiguo santuario construido por Hatshepsut, y destinó el enorme templo como *ipet* (harén) sur de Amón, sus aposentos privados. Tutankamón, Ramsés II, Alejandro Magno y varios gobernantes romanos incorporaron añadidos. Los romanos construyeron un fuerte militar alrededor del templo que los árabes llamarían posteriormente Al-Uqsur (las fortificaciones), lo que le daría su nombre al moderno Luxor.

En tiempos antiguos el templo debió de estar rodeado de un laberinto de casas de adobe, tiendas y talleres que ahora yacen bajo la ciudad moderna, pero tras la decadencia de la ciudad la gente se trasladó al complejo del templo, para entonces parcialmente cubierto, y construyó su ciudad en el interior. En el s. XIV, en uno de los patios interiores se construyó una mezquita para el jeque (santo padre) Abu al-Haggag. Con las excavaciones, iniciadas en 1885, se ha retirado el poblado y los escombros de siglos para dejar a la vista la parte del templo que se ve, pero la mezquita sigue ahí. El nuevo gobernador está decidido a limpiar la avenida de las esfinges que comunica este lugar con Karnak.

LA BELLA FIESTA DEL OPET

La celebración religiosa anual más importante de Tebas y de Egipto era la fiesta del Opet, en la que se sacaban en procesión los barcos-sepulcro de la tríada tebana (Amón, Mut y Jonsu) desde el templo de Karnak hasta su morada, el templo de Luxor. La fiesta duraba de dos a cuatro semanas en verano, durante el segundo mes de crecida del Nilo, y fue especialmente importante durante el Imperio Nuevo. Los sacerdotes cargaban las imágenes de culto y las transportaban por la avenida de las esfinges, deteniéndose para efectuar rituales y para descansar en seis barcos-santuario por el camino, o remontaban el Nilo en barco, tal como se ve en los relieves de la columnata de Amenhotep III en el templo de Luxor y en el muro exterior del templo de Ramsés III, en el gran patio de Karnak. La estatua de Amón se reunía con su forma itifálica Amonemopet, que simbolizaba la fertilidad y el rejuvenecimiento. La ceremonia reafirmaba la autoridad del faraón y sus estrechos lazos con Amón, "Rey de los dioses". Al fin y al cabo, era la encarnación del dios Horus sobre la Tierra. Hoy en día, durante el *maulid* (festividad de un santo) de Abu al-Haggag (véase recuadro en p. 248), uno de los puntos álgidos de esta fiesta de tres días es una procesión en la que se arrastra una falúa por la ciudad y alrededor del templo, vestigio de la antigua fiesta del Opet.

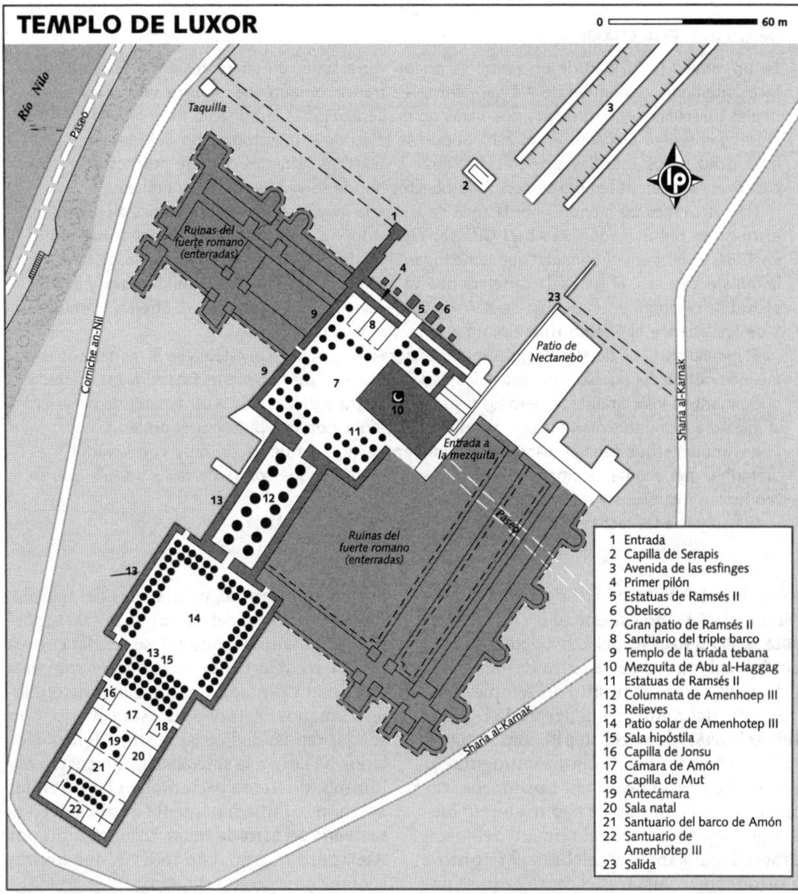

CIRCUITO A PIE

En el momento de redactar esta guía la taquilla estaba en la Corniche, pero toda la zona alrededor del templo se está limpiando, y la entrada se trasladará a la plaza, al otro lado del templo, cerca de la mezquita de Abu al-Haggag. El templo es menos complejo que Karnak, pero también hace que uno retroceda en el tiempo cuanto más se sumerge en él. Frente al templo se encuentra el inicio de la **avenida de las esfinges** que comunicaba con los templos de Karnak, 3 km al norte.

El enorme **primer pilón,** de 24 m de altura, fue erigido por Ramsés II y decorado con relieves de sus hazañas militares, entre ellas la batalla de Kadesh. Frente al pilón había originalmente seis colosales **estatuas de Ramsés II,** cuatro sentadas y dos de pie, pero sólo se conservan dos de las sentadas y una de pie, y un par de **obeliscos** de granito rosa, de los que uno sigue ahí y el otro en Place de la Concorde de París. Detrás se abre el **gran patio de Ramsés II,** rodeado por una doble fila de columnas con capiteles en forma de capullo de loto, con muros decorados con escenas del faraón haciendo ofrendas a los dioses. En el muro sur (trasero) se ve una procesión con 17 de los hijos de Ramsés II con sus nombres y títulos, y delante de ellos un bonito relieve, el primer pilón del templo con estatuas, obeliscos y banderas, muestra de sus hazañas militares. En la esquina noroeste del patio se encuentra el **santuario del triple barco,** construido tiempo atrás por Hatshepsut y usurpado

'MAULIDS' POR LUXOR

En un *maulid* (festividad de un santo) se puede ver a sufíes de diferentes órdenes repitiendo incesantemente el nombre de Alá para entrar en trance, oír auténtica música saidi y ver *tahtib* (bailes masculinos interpretados con varas de madera). El más importante es el *maulid* de Abu al-Haggag (véase recuadro en p. 246), al que se le atribuye la introducción del islam en Luxor hace ocho siglos. Esta fiesta de tres días atrae a miles de visitantes durante muchos días y las calles que rodean el templo se llenan de puestos donde se venden dulces y juguetes.

Hay otros *maulids* menores por la zona de Luxor, la mayor parte durante el mes de Sha'aban, justo antes del Ramadán. El **Abu'l Gumsan,** que toma el nombre de un religioso que murió en 1984, es un pequeño *maulid* que tiene lugar el 27 del Sha'aban cerca del pueblo de Taref, en la orilla occidental, al sur de la carretera que va al valle de los Reyes. El **Sheikh Musa** y el **Abu al-Jud** se celebran en el pueblo de Karnak. Otros *maulids* de la zona son el **Sheikh Hamid,** el 1 de Sha'aban, y el **Sheikh Hussein,** un par de días más tarde.

El *maulid* cristiano de **Mar Girgis** (san Jorge) dura una semana y se celebra en el monasterio del mismo nombre del pueblo de Razagat, los días previos al 11 de noviembre. Esta zona está cerrada oficialmente a los extranjeros, pero los taxis colectivos que transportan a centenares de personas al *maulid* a menudo evitan los puestos de control siguiendo una pista por el desierto.

Las mujeres que asistan a los *maulids* deben vestirse de un modo muy conservador y es preferible que acudan acompañadas de algún hombre, ya que con la fiesta es posible que se produzcan manoseos y otros tipos de acoso.

Consúltense las fechas exactas en la oficina de turismo (p. 238).

por su hijastro Tutmosis III para Amón, Mut y Jonsu. En el lado sudeste se levanta la **mezquita de Abu al-Haggag,** del s. XIV, dedicada a un jeque local y a la que se entra desde Sharia al-Karnak, fuera del recinto del templo.

Detrás del patio se encuentra la espléndida **columnata de Amenhotep III,** más antigua, construida como entrada monumental al templo de Amón del Opet. Los muros tras las elegantes columnas de papiro abierto fueron decoradas durante el reinado del joven faraón Tutankamón y celebran el retorno a la ortodoxia tebana tras el caprichoso reinado del faraón anterior, Akenatón. La fiesta del Opet se representa con todo detalle, con el faraón, la nobleza y el pueblo llano participando en la marcha triunfal. Atención a los tamborileros y a los acróbatas.

Al sur de la columnata está el **patio solar de Amenhotep III,** en su día rodeado por tres de sus lados por dobles filas de altas columnas en forma de manojos de papiro. De éstas, las mejor conservadas, con los arquitrabes intactos, son las de los lados este y oeste. En 1989 unos obreros encontraron 26 estatuas enterradas por los sacerdotes en tiempos romanos, actualmente trasladadas al Museo de Luxor (véase en esta página).

Más allá se encuentra la **sala hipóstila,** primera sala del templo original de Opet, con cuatro filas de ocho columnas cada una, que lleva a las estancias principales del templo. La **cámara** central del eje sur de la sala hipóstila fue el santuario donde se rendía culto a Amón, recubierta de estuco por los romanos en el s. III y pintada con imágenes de oficiales romanos. A través de esta cámara, con sendas **capillas** dedicadas a Mut y Jonsu a los lados, se llega a la **antecámara,** con cuatro columnas, donde se presentaban las ofrendas a Amón, e inmediatamente detrás queda el **santuario del barco de Amón,** reconstruido por Alejandro Magno, con relieves que lo presentan como faraón egipcio.

Al este, una puerta lleva a dos salas. La primera es la **sala natal** de Amenhotep III, con escenas de su nacimiento divino. Se puede ver el momento de su concepción, cuando los dedos del dios tocan los de la reina y "su rocío llenó su cuerpo", según el jeroglífico explicativo. El **santuario de Amenhotep III** es la última cámara; aún contiene los restos de la base de piedra que sostenía la estatua de Amón, y aunque hubo un tiempo en que fue la parte más sagrada del templo, la bulliciosa calle que ahora pasa justo por detrás le quita bastante encanto.

Museo de Luxor

Este magnífico **museo** (plano pp. 240-241; ☎ 238 0269; Corniche an-Nil; adultos/estudiantes 70/35 EGP; ⏲ 9.00-21.00 oct-abr, 9.00-13.00 y 17.00-22.00 may-sep) contiene una colección presentada con gusto que va desde el final del Imperio Antiguo hasta el período mameluco, reunida en su mayor parte a partir de los templos y necrópolis tebanos.

La galería de la planta baja incluye varias obras de arte entre las que se cuenta un **relieve de Tutmosis III** (nº 140) en caliza bien conservado, una **estatua de Tutmosis III** de grauvaca exquisitamente tallada procedente del templo de Karnak (nº 2), una **figura de Amenhotep III** protegido por el gran dios cocodrilo Sobek, en alabastro (nº 155), y uno de los pocos ejemplos de arte del Imperio Antiguo hallados en Tebas, un **relieve de Unas-anj** (nº 183), encontrado en su tumba, en la orilla occidental.

En 2004 se abrió una nueva ala dedicada a la gloria de Tebas durante el período del Imperio Nuevo. Lo más destacado y motivo principal para la nueva estructura son las dos **momias reales,** la de Ahmosis I (fundador de la 18ª dinastía), y la que en opinión de algunos es la de Ramsés I (fundador de la 19ª dinastía y padre de Seti I), elegantemente presentadas en salas oscuras, sin sus vendas. Otras muestras convenientemente etiquetadas ilustran el poder miliar de Tebas durante el Imperio Nuevo, la era de la construcción del imperio egipcio, con carruajes y armas. En la planta superior se abandona la temática militar, con escenas de la vida diaria que muestran la tecnología usada en el Imperio Nuevo. Unas **exposiciones multimedia** muestran a los trabajadores recogiendo papiros y procesándolos para convertirlos en hojas para escribir. O a niños aprendiendo a leer y escribir jeroglíficos junto a una muestra de las herramientas del escriba y los aparejos de un arquitecto.

Otra vez en el edificio antiguo, subiendo por la rampa que da al primer piso, se llega frente a una **figura de granito** del legendario escriba Amenhotep sentado (nº 4). Amenhotep era hijo de Hapu, gran oficial que acabó deificado en la era tolomaica y que, como supervisor de las obras del faraón en tiempos de Amenhotep III (1390-1352 a.C.), fue responsable de muchos de los mayores edificios de Tebas. Una de las muestras más interesantes es el **muro de Akenatón,** una serie de pequeños bloques de piedra arenaria llamados *talatat* o "treses" por los obreros (probablemente porque su altura y longitud era de tres veces la medida de una mano) que formaban parte de la contribución de Amenhotep IV a Karnak antes de que cambiara su nombre por el Akenatón y dejara Tebas para trasladarse a Tell al-Amarna. Su edificio fue demolido y unos cuarenta mil bloques usados para rellenar el noveno pilón de Karnak fueron hallados después en la década de 1960 y ensamblados parcialmente aquí. Otras piezas destacadas son tesoros de la tumba de Tutankamón, entre ellas figuras *shabti* de sirvientes, maquetas de barcos, sandalias, flechas y una serie de rosetas chapadas en bronce de su paño mortuorio.

Una rampa desciende de nuevo a la planta baja y deja cerca de la salida, junto a un busto negro y dorado de la diosa vaca Mehit-Weret, una forma de la diosa Hator, que también se encontró en la tumba de Tutankamón.

A la izquierda, justo antes de la salida, hay una pequeña sala que contiene 16 de las 22 estatuas que se descubrieron en el templo de Luxor en 1989. Todas son magníficos ejemplos de escultura egipcia antigua, pero el lugar de honor, al final de la sala, lo ocupa una estatua de cuarcita de 2,45 m casi intacta de un musculado Amenhotep III con una falda plisada.

Museo de la Momificación

En el antiguo centro de visitantes de la Corniche de Luxor, frente al Mina Palace Hotel, se encuentra el pequeño **Museo de la Momificación** (plano pp. 240-241; ☎ 238 1501; Corniche an-Nil; adultos/estudiantes 40/20 EGP; 🕑 9.00-13.00 y 16.00-21.00 oct-abr, 9.00-13.00 y 17.00-22.00 may-sep), con exposiciones bien presentadas que explican el arte de la momificación. Se pueden ver la momia de un alto sacerdote de Amón de la 21ª dinastía, Maserharti, en buen estado de conservación, y diversos animales momificados. Las vitrinas muestran las herramientas y los materiales que se usaban en el proceso de momificación (véase la cucharilla y la espátula de metal usadas para rebañar el cerebro y limpiar el cráneo). También se han incluido algunos artefactos cruciales en el viaje de la momia a la otra vida, así como pintorescos ataúdes pintados. Sobre la entrada se verá una bonita estatuilla del dios chacal, Anubis, dios del embalsamamiento que ayudó a Isis a convertir a su hermano-esposo Osiris en la primera momia.

PUNTOS DE INTERÉS: ORILLA OCCIDENTAL

La orilla occidental está a años luz del ruido y el gentío de la ciudad de Luxor, en la

ELABORACIÓN DE MOMIAS *Dra. Joann Fletcher*

Aunque la práctica de conservar cadáveres es común a diversas culturas del mundo, los egipcios fueron los más expertos en este complejo proceso que perfeccionaron a lo largo de casi cuatro mil años. Su costumbre de conservar a los muertos se remonta a las épocas más primitivas, cuando los cuerpos simplemente se enterraban en el desierto, lejos de las zonas de cultivo. En contacto directo con la arena que los cubría, las condiciones de calor y sequedad permitían que el cuerpo se vaciara de los fluidos corporales conservando así intactos piel, cabello y uñas. El descubrimiento accidental de dichos cuerpos debió de causar una profunda impresión a quienes reconocieran en ellos a personas muertas hacía años.

A medida que las inhumaciones de la élite fueron sofisticándose, personas que anteriormente habrían sido enterradas en un hoyo, exigieron tumbas construidas especialmente para ellas, acorde con su posición. Sin embargo, con este nuevo proceso, el cadáver, en lugar de secarse en la arena, se descomponía rápidamente. Se imponía la necesidad de encontrar un medio artificial de conservar el cuerpo, y así comenzó el largo proceso de experimentación. En el año 2600 a.C. aproximadamente dieron con el método apropiado, y comenzaron a extraer los órganos internos, en los que se inicia la putrefacción.

Se fue perfeccionando el proceso y se extraían todos los órganos excepto los riñones, de difícil acceso, y el corazón, que se consideraba fuente de la inteligencia. El cerebro, sin embargo, solía extraerse insertando por la nariz una sonda metálica, que se agitaba para licuarlo y poder escurrirlo fácilmente. El resto (pulmones, hígado, estómago e intestinos) se retiraban a través de una abertura practicada en el costado izquierdo.

Luego, el cuerpo y los órganos separados se cubrían con montones de natrón y se dejaban secar cuarenta días, tras los cuales, se lavaban, purificaban y ungían con diversos aceites, especias y resinas. Se envolvía en capas de lino, y se colocaban los amuletos pertinentes sobre las distintas partes del cuerpo, mientras los sacerdotes recitaban los ensalmos necesarios para activar las propiedades protectoras de los amuletos.

Una vez introducido cada órgano en su propio recipiente funerario (había cuatro canopes), se colocaba en el ataúd el cuerpo envuelto junto con su máscara funeraria. Era el momento de la procesión fúnebre hasta la tumba, en la que la vital ceremonia de "apertura de la boca" reanimaba el alma y le devolvía los sentidos. Se hacían ofrendas y se deseaba al difunto "mil veces todo lo bueno y puro para tu alma y todo tipo de ofrendas de las que viven los dioses".

Los antiguos egipcios también usaban la momificación para animales, tanto como medio de conservar los cuerpos de sus queridas mascotas como para presentarlos como ofrenda votiva ante los dioses con los que estaban asociados. Emplearon sus técnicas con todo tipo de animales, desde enormes toros a pequeñas musarañas, gatos, halcones e ibis, momificados a millones en la época grecorromana. Recientemente, las investigaciones han desvelado que estos animales se sacrificaban a tal fin.

orilla oriental. Si se toma un taxi y se cruza el puente, 6 km al sur del centro, o si se toma el viejo *ferry*, inmediatamente se llega a la frondosa campiña egipcia, con campos de caña de azúcar de un verde intenso, canales de riego y grupitos de casas de colores, todo ello con el desierto y las colinas tebanas de fondo. Al acercarse al final de los terrenos cultivados empiezan a verse enormes bloques de arenisca en medio de los campos, agujeros negros en las rocas y formas gigantes de piedra al borde de los cultivos. En estas llanuras de aluvión se construyeron magníficos templos para que la ilusión de la inmortalidad de los faraones pudiera perpetuarse con la devoción de los sacerdotes y los fieles, mientras sus cuerpos y sus riquezas terrenales (y los cuerpos de sus esposas e hijos) se sepultaban en tumbas ocultas espléndidamente decoradas, excavadas en las colinas.

A partir del Imperio Nuevo, la necrópolis también dio trabajo a una gran población de artesanos, obreros, sacerdotes y vigilantes, que dedicaron su vida a la construcción y el mantenimiento de esta ciudad de los muertos, y que protegían las tumbas llenas de tesoros de los ávidos ladrones. Los artesanos perfeccionaron las técnicas de construcción, decoración y ocultación de tumbas, y transmitieron los secretos de generación en generación. Todos se construyeron sus tumbas allí mismo.

Hasta hace una generación, los lugareños usaban las tumbas para protegerse de las inclemencias del clima del desierto, y hasta hace poco muchos vivían en casas construidas sobre las tumbas; algunos incluso se ganaban la vida traficando con antigüedades que encontraban en su "sótano". El Departamento de Antigüedades lleva por lo menos cien años intentando reubicar a los habitantes de al-Gurna, cuyas bellas casas pintadas fueron construidas sobre las tumbas de los Nobles, creando una pintoresca imagen para cualquiera que visite la orilla occidental. Hassan Fathy les construyó un nuevo poblado en New Gurna (véase p. 273), pero a lo largo de todos esos años ellos se negaban a trasladarse, ya que allí estaba su vida, comerciando con baratijas, trabajando el alabastro y haciendo de guías.

En 2007 se demolieron sus casas una por una, y las familias se trasladaron a un enorme poblado nuevo, con pequeñas casas de cemento unos kilómetros al norte del valle de los Reyes. Algunas familias están contentas, en particular las más jóvenes, ya que ahora pueden tener su propia casa en vez de tener que vivir en la de sus padres como marcaba la tradición, pero la mayoría echa de menos sus grandes casas de adobe, más frescas, el ambiente comunitario del que disfrutaban y la cercanía al trabajo (el transporte público apenas está empezando a llegar a los nuevos poblados). Todo esto es parte de un plan maestro del gobernador para hacer de Luxor el mayor museo al aire libre del mundo.

Qué llevar

Sobre todo hay que llevar mucha agua, aunque se puede encontrar en muchos de los yacimientos, y un sombrero para el sol. También es muy necesario llevar cambio para dar como *baksheesh*, ya que los vigilantes confían en las propinas para aumentar sus míseros sueldos (unas cuantas libras egipcias pueden bastar para que dejen de molestar o para que abran una puerta o enfoquen la luz sobre una pintura especialmente bonita). Una linterna también puede ser práctica.

Entradas

El nuevo programa prevé que cada yacimiento tenga su propia taquilla, pero en el momento de redactar esta guía la **taquilla de la Inspección de Antigüedades** (plano p. 253; calle principal, 3 km al interior desde el embarcadero de los *ferries*; 6.00-16.00, 6.00-17.00 jun-sep), cerca de Medinat Habu, aún vendía todas las entradas salvo las del templo de Deir el-Bahri, las tumbas de Asasif, el valle de los Reyes y el valle de las Reinas. Vale la pena hacer aquí la primera parada, para ver qué entradas se venden y qué tumbas están abiertas. Todos los yacimientos abren oficialmente de 7.00 a 17.00 de octubre a mayo, y de 6.00 a 19.00 de junio a septiembre. No está permitido tomar fotografías en ninguna tumba, y los guardias pueden confiscar los carretes o las tarjetas de memoria.

Las entradas sólo son válidas para el día de la compra y no se efectúan reembolsos. Precios (adultos/estudiantes):

Tumbas de Asasif (Jeruef y Anjor) 25/15 EGP
Tumbas de Asasif (Pabasa) 25/15 EGP
Dra Abu'l Naga (Roy y Shuroy) 25/15 EGP

> ### LO MEJOR AL OESTE DEL RÍO
> Ésta es nuestra selección de entre los puntos de interés de la orilla occidental que están abiertos:
>
> **LAS MEJORES TUMBAS**
>
> **Valle de los Reyes**
> - Tutmosis III (p. 261)
> - Amenhotep II (p. 261)
> - Horemheb (p. 261)
>
> **Valle de las Reinas**
> - Amunherjepshef (p. 271)
>
> **Tumbas de los Nobles**
> - Najt (p. 267)
> - Sennofer (p. 268)
> - Ramoses (p. 267)
>
> **Deir al-Medina**
> - Sennedjem (p. 271)
>
> **LOS MEJORES TEMPLOS CONMEMORATIVOS**
> - Deir el-Bahri (Hatshepsut; p. 265)
> - Medinat Habu (Ramsés III; p. 272)
> - Ramesseum (Ramsés II; p. 269)
> - Seti I (p. 254)

Templo y tumbas de Deir al-Medina (excepto Peshedu) 25/15 EGP
Medinat Habu (Templo de Ramsés III) 25/15 EGP
Ramesseum 25/15 EGP
Templo de Meremptah 25/15 EGP
Templo de Seti I 25/15 EGP
Tumba de Ay (valle Oeste) 20/10 EGP
Tumba de Peshedu (Deir al-Medina) 10/5 EGP
Tumbas de los Nobles 10/5 a 25/15 EGP por grupo de tumbas

Colosos de Memnón

Los dos colosos de Memnón (plano p. 253), gigantes sin rostro que se elevan majestuosos hasta 18 m desde la llanura, son los primeros monumentos que ven los turistas cuando visitan la orilla occidental. Las figuras entronizadas montan guardia, solitarias, sobre el cambiante paisaje, y pocos visitantes tienen idea de que no eran más que un minúsculo elemento del mayor templo construido nunca en Egipto, el templo en memoria de Amenhotep III, que se cree que tenía una extensión mayor que la de Karnak.

Actualmente el templo en memoria del faraón casi ha desaparecido del todo. Estaba construido en gran parte de ladrillos de adobe, en una llanura inundable del Nilo que se cubría de agua cada año. Las paredes sencillamente se fueron disolviendo después de que quedara abandonado y no resistieron, y los faraones posteriores usaron las piedras para sus monumentos. Quedan algunas partes minúsculas del templo y se van haciendo nuevos descubrimientos a medida que se excava, pero los colosos son los únicos elementos a gran escala que han sobrevivido.

Los magníficos colosos, tallados cada uno a partir de un único bloque de piedra y de 1.000 t de peso, ya eran una gran atracción turística durante la época grecorromana, cuando se le atribuyeron a Memnón, el legendario rey africano asesinado por Aquiles durante la Guerra de Troya. Los griegos y los romanos consideraban un buen auspicio oír el silbido que emitía la estatua del norte al alba, que identificaban como la llamada de Memnón saludando a su madre, Eos, la diosa de la aurora. Ella, a su vez, lloraría lágrimas de rocío por la muerte precoz de su hijo. Todo ello probablemente se debía a una grieta en la parte superior del cuerpo del coloso, que apareció tras el terremoto de 27 a.C. Al calentar el sol de la mañana la piedra cubierta de rocío, las partículas de arena se romperían y resonarían en el interior de las grietas de la estructura. Después de que Séptimo Severo (193-211) reparara la estatua, en el s. III, el quejumbroso saludo de Memnón dejó de oírse para siempre.

El templo estaba lleno de miles de estatuas (entre ellas la enorme díada de Amenhotep III y Tiy que actualmente domina el patio central del Museo Egipcio de El Cairo). A casi todas las sacaron de allí otros faraones. Una estela, que también se encuentra en el Museo Egipcio, describe el templo como un lugar construido de "arenisca blanca, recubierto de oro, el suelo revestido de plata y las puertas con una aleación de oro y plata". Hay otras estatuas y fragmentos de relieves murales en el cercano templo de Menefta. Los colosos están junto a la carretera, antes de llegar a la taquilla de la Inspección de Antigüedades, y suelen estar rodeados de una multitud de turistas que toman fotografías. Un nuevo proyecto arqueológico intenta salvar lo que queda del templo.

Templo de Meremptah

Prácticamente detrás del templo de Amenhotep se encuentran los restos del **templo de Meremptah** (plano p. 253; adultos/estudiantes 25/15 EGP), que sucedió a su padre Ramsés II en 1213 a.C. y que gobernó diez años. En el s. XIX se encontró en este lugar la "Estela de Israel", único texto en el que se mencionaba a "Israel" (al que Meremptah afirmaba haber derrotado), actualmente en el Museo Egipcio de El Cairo.

El Instituto Suizo de Egipto ha realizado aquí un trabajo considerable, poniendo al descubierto el trazado original del templo y un gran número de estatuas y relieves. En el pequeño **museo** cerca de la entrada se ilustra la historia del templo con textos, planos y hallazgos de las excavaciones, algo de gran ayuda para comprender lo poco que queda del edificio. En una zona de almacenaje cubierta al este del lago sagrado se encuentran las estatuas halladas en el yacimiento, entre ellas 12 esfinges con cabeza de chacal, algunas de las cuales conservan sus colores originales. Meremptah las robó, junto a otras muchas estatuas y grandes bloques de piedra, del cercano templo de Amenhotep III, en muchos casos borrando el cartucho de su antecesor y sustituyéndolo por el suyo propio. Dos salas expositivas en el centro del templo albergan los relieves de Meremptah con varios dioses

LUXOR: ORILLA OCCIDENTAL

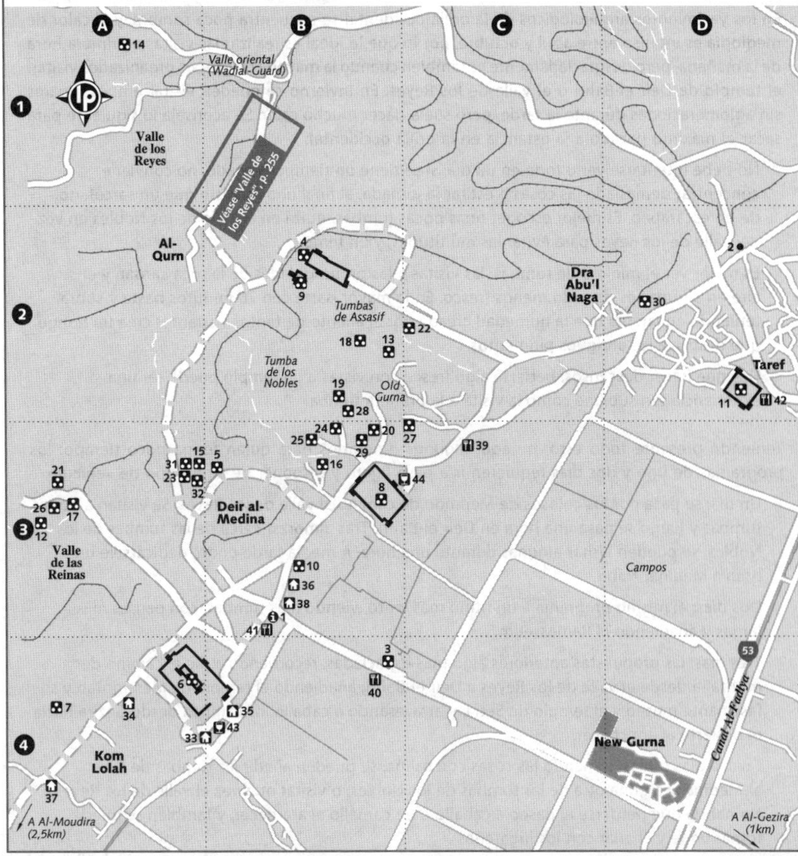

INFORMACIÓN
Taquilla de la Inspección de Antigüedades 1 B3

QUÉ VER Y HACER
Casa de Carter 2 D2
Colosos de Memnón 3 B4
Deir al-Bahri 4 B2
Templo de Deir al-Medina 5 B3
Medinat Habu (templo de Ramsés III) 6 A4
Palacio de Amenhotep III 7 A4
Ramesseum 8 B3
Templo de Hatshepsut ..... (véase 4)
Templo de Mentuhotep 9 B2
Templo de Menefta y Museo 10 B3
Templo de Seti I 11 D2
Tumba de Amunherjepshef 12 A3
Templo de Anjhor 13 B2
Tumba de Ay 14 A1
Tumba de Ipy 15 A3
Tumba de Jaemhet 16 B3
Tumba de Jaemwaset 17 A3
Tumba de Jeruef 18 B2
Tumba de Menna 19 B2
Tumba de Najt 20 B3
Tumba de Nefertari 21 A3
Tumba de Pabasa 22 C2
Tumba de Peshedu 23 A3
Tumba de Rejmire 24 B3
Tumba de Sennofer 25 B3
Tumba de Titi 26 A3
Tumnas de Jonsu, Userhet y Benia 27 C3
Tumbas de Neferronpet, Dhutmosis y Nefersejeru 28 B2
Tumbas de Ramoses y Userhet 29 B3
Tumbas de Roy y Shuroy 30 D2
Tumbas de Sennedjem e Inherka 31 A3
Aldea de los Obreros 32 A3

DÓNDE DORMIR
Amenophis Hotel 33 B4
Beit Sabée 34 A4
Habu Hotel 35 B4
Marsam Hotel 36 B3
Nour al-Balad 37 A4
Nour al-Gurna 38 B3

DÓNDE COMER
Hatshepsut Restaurant 39 C3
Memnon 40 B4
Restaurant Mohammed 41 B3
Zoco at-Talaat 42 D2

DÓNDE BEBER
Maratonga Cafeteria 43 B4
Ramesseum Rest House 44 C3

ORGANIZARSE EN LA ORILLA OCCIDENTAL

En los yacimientos arqueológicos de la orilla occidental se encuentra poca sombra, y el calor de mediodía es intenso entre abril y octubre, por lo que lo ideal es realizar las visitas a primera hora de la mañana, pero desgraciadamente es también cuando la mayoría de grupos organizados visitan el templo de Deir el-Bahri o el valle de los Reyes. En invierno se pueden visitar ambos lugares sin aglomeraciones durante la tarde, pero suele hacer mucho calor. Se aconseja lo siguiente para sacar el máximo partido a la estancia en la orilla occidental:

- No debe intentarse verlo todo en un día: si se tiene un tiempo limitado, no conviene concentrar demasiado las cosas o estirar la jornada, al final uno no distingue un sarcófago de un escarabeo. Es mejor escoger unas pocas tumbas, quizá en el valle de los Nobles en vez del valle de los Reyes para evitar las multitudes, y un templo.
- Es mejor ver el mínimo de tumbas: las visitas a las profundidades de la roca cansan y el aire en algunas es de todo menos fresco. En la mayor parte con 20 minutos basta y sobra, teniendo en cuenta que la humedad creada por el aliento de tantos visitantes crea un hongo que destruye los antiguos pigmentos.
- Hay que hacer descansos: beberse algo fresco con vistas a un templo puede ser una experiencia tan sublime como la visita a la primera tumba.

Teniendo presente todo esto, he aquí algunos itinerarios para quien tenga poco tiempo: los programas de uno y dos días requieren ir a paso ligero y disponer de algún tipo de vehículo.

- Un día: se pasa por los colosos de Memnón de camino al valle de los Reyes. Se visitan algunas tumbas y luego se pasa una hora en Deir el-Bahri. Tras almorzar cerca de las tumbas de los Nobles, se pueden visitar algunas durante una hora. A media tarde podrá dedicársele una hora a Medinat Habu.
- Dos días: el mismo programa a un ritmo más lento, viendo más tumbas, con pausas más largas y añadiendo el Ramesseum.
- Tres días: las propuestas anteriores algo más espaciadas, recorriendo a pie el camino de montaña desde el valle de los Reyes a Deir el-Bahri; añadiendo el templo de Meremptah y su fascinante museo y el templo de Seti I; y atravesando a caballo los campos desde Gezira hacia el desierto al anochecer.
- Cuatro días o más: tomando las cosas con calma, se pueden añadir las tumbas de Deir al-Medina, y alguna otra de las tumbas de los Nobles; o visitar otra vez el valle de los Reyes. No habría que perderse el paseo a caballo o en camello al atardecer, y también se puede tomar un té y charlar con los lugareños.

que en otro tiempo estuvieron en lo alto de los pilones del templo (puede pedírsele al vigilante que abra las puertas).

Templo de Seti I

En el extremo norte de la necrópolis tebana se encuentra el **templo de Seti I** (plano p. 253). Seti I, que también construyó el templo de Abydos (véase p. 229), espléndidamente decorado, y la magnífica sala hipóstila de Karnak, murió antes de que se completara este templo conmemorativo, así que lo acabó su hijo Ramsés II. El templo recibe pocos visitantes, pese a su pintoresca ubicación cerca de un palmeral y su reciente restauración tras los graves daños sufridos con las lluvias torrenciales y las inundaciones de 1994.

Se entra a través de una pequeña puerta en la esquina nordeste de un muro perimetral reconstruido que parece el de una fortaleza. El primer y segundo pilón y el patio están en ruinas, pero unas recientes excavaciones han puesto al descubierto los cimientos del palacio del faraón, al sur del patio. Es el ejemplo más antiguo que se conoce de un palacio dentro de un templo conmemorativo, con una planta similar al palacio del templo de Ramsés III en Medinat Habu, mejor conservado. Los muros del pórtico con columnas, en la fachada oeste del templo, así como los del patio hipóstilo que queda detrás, contienen unos relieves de magnífica ejecución. Junto al patio hipóstilo hay seis santuarios y al sur una pequeña capilla dedicada al padre de Seti, Ramsés I, que murió antes de poder construir su propio templo fúnebre.

Casa de Carter

Rodeada por un exuberante jardín en medio de una montaña yerma, en la que la carretera de Deir al-Bahri al valle de los Reyes se cruza con la que llega del templo de Seti, se encuentra la casa con cúpula en la que residió Howard Carter durante su búsqueda de la tumba de Tutankamón. Mientras se baraja la posibilidad de convertirla en un centro de conservación de la orilla occidental, está muy dejada.

Valle de los Reyes

Llamado en otro tiempo la Gran Necrópolis de Millones de Años de los Faraones, o Lugar de la Verdad, el **valle de los Reyes** (Wadi Biban al-Muluk; plano p. 255; adultos/estudiantes para 3 tumbas excluidas las de Ay y Tutankamón 70/35 EGP) contiene 63 magníficas tumbas reales del período del Imperio Nuevo (1550-1069 a.C.), todas muy diferentes entre sí. La orilla occidental había sido cementerio real a partir del Primer Período Intermedio (2181-2055 a.C.). Por lo menos tres soberanos de la 11ª dinastía construyeron sus tumbas cerca del actual pueblo de Taref, al nordeste del valle de los Reyes. No obstante, los faraones de la 18ª dinastía eligieron el remoto valle dominado por la cumbre piramidal de al-Qurn (El Cuerno). El solitario yacimiento, rodeado de escarpados despeñaderos, era fácil de vigilar y, visto desde la llanura tebana, parece ser el lugar donde se pone el sol, algo que los antiguos egipcios asociaban con el más allá.

Las tumbas han sufrido grandes daños a causa de los cazadores de tesoros, las inundaciones y, en los últimos años, del turismo de masas: el dióxido de carbono, la fricción y la humedad producidos por los 2,8 g de sudor que deja cada visitante de media han afectado a los relieves y a los pigmentos de las pinturas murales. El Departamento de Antigüedades ha instalado deshumidificadores y pantallas de cristal en las tumbas más afectadas, y ha introducido un sistema de rotaciones con el que, mientras se abren algunas tumbas al público, otras se restauran. Cada tumba tiene un número que representa

VALLE DE LOS REYES

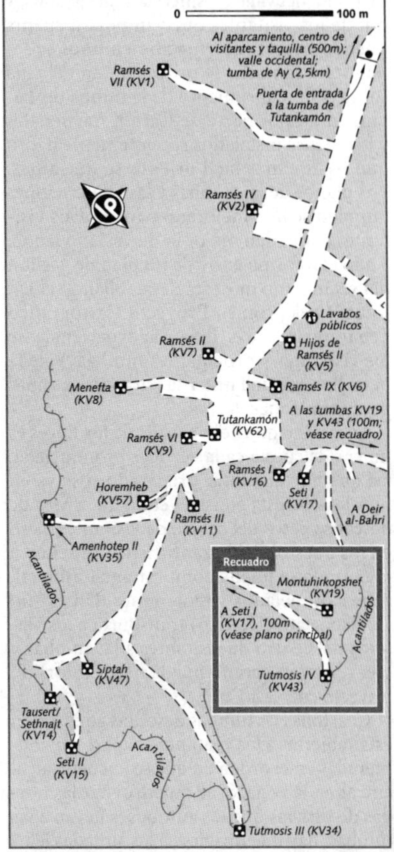

el orden en el que se descubrió. KV (*King's Valley*, "valle de los Reyes" en inglés) 1 corresponde a la de Ramsés VII; lleva abierta desde los tiempos de Grecia y Roma, y se le hacía mención en la *Description de l'Égypte*, que data de finales del s. XVIII. La KV 62 (la famosa tumba de Tutankamón, descubierta por Howard Carter en 1922) fue hasta hace poco la última en salir a la luz, pero en 2006 se descubrió la KV 63, con unos cuantos sarcófagos vacíos, así que no está claro si era una tumba real o una cámara para el proceso de momificación.

Tras el gran aparcamiento se llega al nuevo **centro de visitantes** (plano p. 255; 6.00-16.00 invierno, 6.00-17.00 verano), con una sala con aire acondicionado donde los guías explican la historia del yacimiento y muestran una maqueta del valle en silicona a sus grupos, y donde los visitantes que van por su cuenta pueden buscar información en unos ordenadores. También se proyecta una película sobre el descubrimiento de la tumba de Tutankamón por parte de Carter. Las señales y los mapas instalados recientemente hacen que resulte más fácil orientarse que antes. Los planos de las tumbas y las explicaciones también se han mejorado para que los visitantes entiendan mejor lo que están viendo. Todo ello forma parte de un plan de gestión del yacimiento que está desarrollando el Dr. Kent Weeks con su Proyecto Cartográfico Tebano para hacer mejor la experiencia de los visitantes y proteger las tumbas. Vale la pena llevarse una linterna para ver las zonas peor iluminadas.

El camino que lleva al valle de los Reyes es una árida cuesta cada vez más pronunciada, así que hay que estar preparado si se va en bicicleta. Se está construyendo un centro de descanso cerca del centro de visitantes, pero en los puestos del bazar turístico próximo a la entrada se puede comprar agua mineral, refrescos, helados y tentempiés. Un *tuf-tuf* (un trenecito eléctrico) transporta a los viajeros del centro de visitantes a las tumbas y viceversa (en verano puede hacer calor). El trayecto cuesta 4 EGP.

Casi todas las tumbas descritas aquí suelen estar abiertas a los visitantes y aparecen enumeradas en el orden en que se encuentran al entrar en la zona. Si se quiere evitar las hordas de turistas que los autobuses llevan a las tumbas, hay que dirigirse a las situadas lejos de la entrada.

Para la tumba de Tutankamón (KV 62), quizá la menos impresionante de todas las tumbas reales pero famosa por su tesoro, que en su mayor parte se encuentra en el Museo de El Cairo, se paga una entrada independiente (adultos/estudiantes 80/40 EGP) que puede comprarse en una segunda taquilla junto a la parada del *tuf-tuf*. Para la tumba de Ay (KV 23) también hay que pagar entrada aparte (20/10 EGP); se vende en la taquilla principal.

TUMBA DE RAMSÉS VII (KV 1)

Sobre un pequeño *wadi* cerca de la entrada principal se encuentra la pequeña e inacabada tumba de Ramsés VII (1136-1129 a.C.) (plano p. 255). Mide sólo 44,3 m de longitud, poco para una tumba real debido a la muerte repentina de Ramsés, y se compone de un pasillo, una cámara mortuoria y una tercera cámara inacabada. Sus arquitectos ampliaron a toda prisa lo que habría sido el segundo pasillo de la tumba, para convertirlo en una cámara mortuoria, y se colocó al faraón en una fosa cubierta con una tapa de sarcófago. En los laterales de la fosa se excavaron nichos para canopes, rasgo único de esta tumba. Las paredes del corredor que llevan a la cámara están decoradas con fragmentos bastante bien conservados del *Libro de las cavernas* y de la ceremonia de "apertura de la boca", mientras que en la cámara mortuoria hay pasajes del *Libro de la tierra.* Las inscripciones griegas, demóticas, coptas y del s. XIX muestran que lleva abierta desde la antigüedad. Durante una época, incluso estuvo habitada por ermitaños coptos.

TUMBA DE RAMSÉS IV (KV 2)

Es la segunda tumba (plano p. 255) a la derecha, según se entra al valle de los Reyes. Ya en época tolemaica se conocía su ubicación, como prueban las inscripciones de las paredes, del año 278 a.C. Ramsés IV (1153-1147 a.C.) murió antes de que se acabara y su sala hipóstila hubo de convertirse a toda prisa en cámara mortuoria. Las pinturas de la cámara mortuoria están deterioradas, pero presentan una magnífica imagen de la diosa Nut que cruza el techo azul, y es la única tumba del valle que contiene el texto del *Libro de Nut,* con una descripción del camino diario que recorre el sol cada día. El sarcófago de granito rojo, aunque está vacío, es uno de los mayores del valle. El descubrimiento de un antiguo plano de la tumba en papiro que, en la actualidad, está en el Museo de Turín, muestra que, originalmente, el sarcófago estaba rodeado por cuatro grandes santuarios parecidos a los de la tumba de Tutankamón (enfrente). Tras el robo de la tumba en la antigüedad, la momia de Ramsés IV volvió a enterrarse en la tumba de Amenhotep II (KV 35) y, actualmente, se encuentra en el Museo Egipcio de El Cairo.

TUMBA DE RAMSÉS IX (KV 6)

Frente a la de Ramsés II se encuentra la tumba más visitada del valle, la de Ramsés IX (1126-1108 a.C.) (plano p. 255), con una amplia entrada, un largo pasillo en cuesta, una gran antecámara decorada con los animales,

LA CONSTRUCCIÓN DE TUMBAS *Dra. Joann Fletcher*

Las tumbas se crearon para diferenciar las sepulturas de la élite de las de la mayoría de la gente, cuyos cadáveres seguían enterrándose directamente en el desierto. En torno a 3100 a.C., el túmulo de arena que cubría las tumbas de aquella élite se sustituyó por una estructura más permanente de adobe, por cuya característica forma de banco recibió el nombre de "mastaba", que en árabe, significa "banco".

Cuando la piedra sustituyó al ladrillo y se añadieron más niveles para aumentar la altura, surgió la pirámide, cuyo primer ejemplo en Saqqara es además la construcción monumental más antigua del mundo. Sus lados escalonados pronto evolucionaron hacia la estructura más suavizada y conocida, cuyos ejemplos más famosos son las pirámides de Gizeh.

No fue hasta el declive del poder monárquico, a finales del Imperio Antiguo, cuando el otro mundo fue haciéndose cada vez más accesible a quienes no pertenecían a la familia real, y cuando los funcionarios comenzaron a independizarse cada vez más y a optar por enterrarse en sus ciudades. Aun así, las estrechas franjas de tierra fértil que constituyen gran parte del valle del Nilo solían dejar poco espacio para las grandiosas e inmensas construcciones, por lo que surgió un tipo diferente de tumba, abierta a modo de túnel en los precipicios que limitan el valle y que también demostraron ofrecer mayor resistencia al robo. Además, la mayor parte se construyó en la margen occidental del río, el lugar tradicional de enterramiento tras el que se ponía el sol todas las noches de camino al inframundo.

Estas sencillas tumbas abiertas en la roca, compuestas de una sola cámara, fueron evolucionando hacia construcciones más complejas, con un patio abierto, una capilla para ofrendas, una fachada tallada en la roca y un pozo, que llevaba a una cámara mortuoria sin decoración.

Las tumbas excavadas en roca más impresionantes fueron las construidas por los faraones del Imperio Nuevo (1550-1069 a.C.), quienes trasladaron el cementerio real al sur, al apartado valle desierto conocido en la actualidad como valle de los Reyes. Hay pruebas recientes que sugieren que la primera tumba del valle pudo haberla construido Amenhotep I (KV 39). La tumba destinada a su sucesor, Tutmosis I (KV 20), se apartó radicalmente de la tradición: la capilla para ofrendas que antaño formaba parte del trazado de la tumba se construyó de forma separada, a cierta distancia, con la intención de mantener en secreto la ubicación de la sepultura. Las tumbas se diseñaban a semejanza del inframundo, con un largo pasadizo empinado, excavado en la roca que descendía hasta una antecámara o hasta una serie de salas, en ocasiones hipóstilas, rematadas por una cámara mortuoria.

Los constructores de tumbas vivían en su propia aldea, Deir al-Medina y trabajaban por turnos. La duración de la semana antigua era de diez días, ocho laborables y dos de descanso, y los hombres solían pasar las noches de su semana laboral en un pequeño campamento situado en el paso entre Deir al-Medina y la parte oriental del valle de los Reyes. Luego, pasaban los dos días de descanso, en casa, con sus familias.

Una vez levantadas las paredes de la tumba, podía añadirse la decoración que versaba casi exclusivamente sobre el otro mundo y la existencia del faraón en él. Muchas de las coloridas pinturas y relieves son fragmentos tomados de antiguos textos teológicos, que hoy se denominan "libros" y que se incluían en la tumba para ayudar al difunto en la otra vida. Los textos se tomaban del *Libro de los muertos*, denominación actual que abarca varias obras, todas ellas sobre el viaje nocturno del dios sol a través de la oscuridad del inframundo, reino de Osiris donde habitan los muertos.

Los egipcios creían que, cada noche, Ra atravesaba el más allá y los difuntos debían asegurarse un pasaje en su barca sagrada para viajar con él eternamente. Dado que el conocimiento era valioso en la otra vida egipcia, los textos dan "conocimiento del poder de aquellos que están en el más allá y conocimiento de sus actos y posibilitan conocer los rituales sagrados de Ra, las horas, dioses, puertas y caminos por los que pasa el gran dios".

las serpientes y los demonios del *Libro de los muertos* y luego una sala con columnas y un corto vestíbulo antes de llegar a la cámara mortuoria. Aquí las inscripciones también indican que la tumba lleva abierta desde la antigüedad. En la cámara justo antes de la escalera que lleva a la cámara mortuoria se encuentran los cartuchos identificativos de Ramsés IX. A ambos lados de la puerta abierta en el muro trasero se ven dos figuras de sacerdotes de Iunmutef, ambos vestidos con túnicas de piel de pantera típicas de su cargo y con una coleta lateral ceremonial. En los muros de la cámara mortuoria se pueden leer el *Libro de Amduat, Libro de las cavernas* y el *Libro de la tierra; el Libro de los cielos* aparece representado en el techo. Aunque está inacabada, fue la última tumba del valle que se decoró tanto, y las pinturas están relativamente bien conservadas. En el s. XIX se rescataron diversas estatuas de madera del faraón y de dioses y se llevaron al British Museum, aunque la momia del faraón ya se había exhumado en la antigüedad y había vuelto a enterrarse como parte del depósito de Deir al-Bahri.

TUMBA DE RAMSÉS II (KV 7)

Como corresponde al lugar de enterramiento de uno de los faraones que durante más tiempo reinó en Egipto (sesenta y siete años, de 1279 a 1213 a.C.), KV 7 (plano p. 255), es una de las mayores tumbas del valle. Sin embargo, al estar situada su entrada en un punto bajo de éste, quedaba expuesta a riadas. Los arqueólogos calculan que se ha inundado al menos siete veces desde que se construyó. Esto ha destruido gran parte de lo que debió de ser una decoración espectacular, y dejó las salas llenas de escombros, así que es poco probable que vuelvan a abrirla pronto. Siguiendo el esquema decorativo de la espléndida tumba de Seti I, las paredes de la de su hijo, Ramsés II, en su día debieron de presentar unas pinturas murales igualmente llamativas, con escenas de la *Letanía de Ra, Libro de las puertas, Libro de los muertos* y otros textos sagrados. En una de las cámaras laterales junto a la cámara mortuoria hay una estatua de Osiris similar a la hallada por el Dr. Kent Weeks en la KV 5 (véase recuadro en p. 259), lo que le dio mayor base aún a su teoría de que la KV 5 fue la tumba de los numerosos hijos de Ramsés.

Las excavaciones han desvelado que Ramsés II, como su padre Seti, mandó hacer su sarcófago de alabastro, aunque su momia se enterró al final en un ataúd de madera en el depósito de Deir al-Bahri. En la actualidad, está en el Museo Egipcio de El Cairo.

TUMBA DE MEREMPTAH (KV 8)

Ramsés II vivió tanto tiempo que 12 de sus hijos murieron antes que él, así que fue finalmente su 13º hijo, Meremptah (1213-1203 a.C.) quien le sucedió con más de 60 años de edad. La de Meremptah (plano p. 255) es la segunda tumba más grande del valle y lleva abierta desde la antigüedad, por lo que presenta inscripciones griegas y coptas. Las inundaciones han dañado la parte inferior de las paredes de la larga tumba en forma de túnel, pero las partes altas contienen relieves bien conservados. Al entrar en el largo pasillo inicial, a la izquierda se puede ver un impresionante relieve de Meremptah con el dios Ra-Horajty seguido de la *Letanía de Ra*. Más abajo, los pasillos están decorados con el *Libro de los muertos*, el *Libro de las puertas* y el *Libro de Amduat*. Pasado un gran hueco, hay una cámara mortuoria falsa con dos columnas decoradas con escenas del *Libro de las puertas*. Aunque la decoración de la cámara funeraria ha perdido color, sigue siendo una sala impresionante, con el suelo a un nivel inferior y nichos de ladrillo en las paredes anterior y posterior.

Originalmente, el faraón estaba enterrado dentro de cuatro sarcófagos de piedra, tres de granito (la tapa del segundo sigue en el lugar, con una efigie de Menefta encima) y el cuarto y más interior, de alabastro. Por un error nada frecuente de los antiguos ingenieros egipcios, el sarcófago exterior era demasiado grande para la entrada de la tumba y hubieron de agrandar las puertas. La momia de Menefta se había exhumado en la antigüedad y apareció en la tumba de Amenhotep II (KV 35). Actualmente, se expone en el Museo Egipcio.

TUMBA DE TUTANKAMÓN (KV 62)

La historia del descubrimiento de la famosa tumba y de los fabulosos tesoros que contenía tiene un atractivo mucho mayor que su aspecto real. La tumba (plano p. 259) es pequeña y presenta todos los signos de una preparación apresurada y un entierro ignominioso. Tutankamón, hijo de Akenatón y una esposa secundaria, tuvo un breve reinado (1336-1327 a.C.) y murió joven, sin grandes batallas ni edificios en su haber, así que hubo poco tiempo para construirle una tumba.

El egiptólogo Howard Carter trabajó duro en el valle durante seis temporadas, extrayendo miles de toneladas de arena y escombros de yacimientos posibles, con-

EL MAYOR HALLAZGO DESDE TUTANKAMÓN

En mayo de 1995, el arqueólogo estadounidense Kent Weeks anunció al mundo el descubrimiento de la mayor tumba encontrada nunca en Egipto, donde supuestamente se enterró a los numerosos hijos de Ramsés II. Inmediatamente fue proclamado el mayor descubrimiento desde la tumba de Tutankamón o, tal como lo dijo un periódico de Londres, "la momia de todas las tumbas".

En 1987 Weeks decidió excavar en una colina donde Howard Carter había descubierto una entrada a una tumba y la había limpiado parcialmente en busca de la tumba de Tutankamón. La tumba, KV 5, que había sido saqueada en la antigüedad y cubierta con escombros por acción de las crecidas, parecía estar destruida y Carter enseguida la pasó por alto y volvió a cerrarla. Weeks localizó la entrada y su equipo se puso a limpiar las cámaras de entrada, donde encontraron cerámicas, fragmentos de sarcófagos y algo más importante: pinturas murales que le indicaron que podía ser la tumba de los hijos de Ramsés II.

Sin embargo, no fue hasta 1995 cuando Weeks destapó una puerta que conducía a 121 cámaras y pasadizos increíbles, lo que la convertía en la mayor y más compleja de las tumbas encontradas en Egipto. El desescombrado de esta tumba enorme y única es una tarea concienzuda y peligrosa. No sólo hay que tamizar cada cubo para encontrar fragmentos de cerámica, huesos y relieves, sino que además hay que realizar un importante trabajo de ingeniería para apuntalar la estructura de la tumba. A pesar de lo lento del avance, Weeks ha encontrado los restos de seis varones que, según él, son los hijos de Ramsés II. Hasta ahora, se han hallado representaciones de otros 20 en los relieves incompletos, lo que indica que es probable que se les enterrara aquí.

Gran parte de la tumba aún es de acceso limitado a los investigadores, debido a las toneladas de escombros que llenan sus salas y pasillos. Weeks especula con la posibilidad de que tenga hasta ciento cincuenta cámaras; de momento ha encontrado 125, pero la investigación procede con una lentitud frustrante. Puede que se tarde aún otra década en estudiar la tumba, tiempo durante el cual permanece cerrada, aunque se pueden seguir los progresos realizados en la excelente página web www.thebanmappingproject.com, o leer el fascinante relato de Weeks en su libro *The Lost Tomb*.

vencido de que encontraría la tumba de Tutankamón intacta, con todos sus tesoros. Incluso su mecenas, lord Carnarvon, perdió la esperanza, y cuando estaba a punto de cortarle los fondos, Carter hizo un último intento en la única zona inexplorada que quedaba, que estaba cubierta por las cabañas de los obreros, justo por debajo de la tumba de Ramsés VI, ya abierta.

El primer escalón se encontró el 4 de noviembre de 1922, y el 5 de noviembre aparecieron el resto de los escalones y una puerta precintada. Carter envió un telegrama a lord Carnarvon para que se reuniera con él inmediatamente antes de abrir lo que creía que sería la tumba intacta de Tutankamón.

La colección de tesoros de la tumba, de valor incalculable pese a que había sido robada en parte en la antigüedad, hizo que Carter viera cumplido su sueño hasta límites que no se habría atrevido a imaginar. Encontró cuatro cámaras atestadas de joyas, muebles, estatuas, carros, instrumentos musicales, armas, cajas, jarrones y comida (ni siquiera el descubrimiento posterior de que muchas cosas habían sido reintroducidos torpemente en las cajas equivocadas por encargados de la necrópolis que habían vuelto a "poner en orden" la tumba tras los antiguos robos quita valor al impresionante tesoro). La mayoría de las piezas se encuentra actualmente en el Museo Egipcio de El Cairo (aunque quedan algunas en el Museo de Luxor).

Viendo la magnitud del tesoro que contenía esta pequeña tumba, cabe preguntarse cómo serían los de las tumbas más grandes, pero algunos arqueólogos creen que Tutankamón quizá fue enterrado con el ajuar de la impopular dinastía Amarna, ya que parte de las piezas llevan inscritos los nombres de su padre Akenatón y del misterioso Smenjkare (1388-1336 a.C.), que algunos egiptólogos creen que era Nefertiti, gobernando como faraón.

La mayor parte del tesoro está en el Museo de El Cairo, pero lo que tiene la tumba de especial es que la momia de Tutankamón aún yace en el interior de su ataúd de madera dorada, el más exterior de los tres ataúdes de madera, que a su vez se encuentra dentro de un sarcófago de cuarcita roja tallada. Las paredes de la cámara mortuoria están decoradas con figuras regordetas del faraón ante los dioses, pintado sobre un fondo de oro amarillento. La pared a la que apuntan los pies del sarcófago muestra escenas de su funeral. En el muro de enfrente, se encuentran los 12 monos en cuclillas del *Libro de Amduat,* que representan las 12 horas de la noche.

TUMBA DE RAMSÉS VI (KV 9)

El que la tumba de Tutankamón se conservara intacta se debe en gran medida a la existencia de la tumba de Ramsés VI (plano p. 255). Las toneladas de cascotes extraídos durante su construcción cubrieron completamente la tumba de Tutankamón. La tumba se comenzó en realidad para Ramsés V (1147-1143 a.C.), de vida efímera, y la continuó Ramsés VI (1143-1136 a.C.). Al parecer, ambos faraones están enterrados en ella, los nombres y títulos de Ramsés V se ven aún en la primera mitad de la tumba. Tras un saqueo sólo 20 años después del enterramiento, las momias de Ramsés V y Ramsés VI se trasladaron a la tumba de Amenhotep II, donde fueron encontradas en 1898 y trasladadas a El Cairo.

Aunque el enlucido no se acabó, la magnífica decoración se conserva bien, con un énfasis en las escenas y textos astronómicos. El pasillo de entrada está cubierto de fragmentos del *Libro de las puertas* y del *Libro de las cavernas.* Siguen hasta la parte intermedia de la tumba y la sala del pozo y se suman otros procedentes del *Libro de los cielos.* Al acercarse a la cámara mortuoria, las paredes están decoradas con fragmentos del *Libro de Amduat.* La cámara mortuoria presenta una bonita decoración, con una espléndida imagen doble de Nut que enmarca los libros del día y de la noche en el techo. Este paisaje nocturno en negro y oro muestra a la diosa del cielo tragándose el sol cada anochecer para darlo a luz cada mañana en un ciclo eterno vital diseñado para revivir las almas de los faraones muertos. Las paredes de la cámara están llenas de elaboradas imágenes de Ramsés VI con varias deidades, junto a escenas del *Libro de la tierra,* con imágenes que muestran el avance del dios sol hacia la noche, los dioses que le ayudan y las fuerzas de la oscuridad intentando impedir que alcance el alba; obsérvense las figuras de los enemigos del dios sol, arrodilladas y decapitadas, por la base de las paredes de la cámara, y los verdugos de color negro que dan la vuelta a los cuerpos decapitados para que den una imagen de máxima indefensión. Entre las bonitas pinturas de la pared derecha de la cámara mortuoria también se puede intentar localizar la figura itifálica (la que tiene una erección notable); las líneas y los símbolos que la rodean representan un reloj de agua. En las partes altas de la cámara se pueden ver abundantes inscripciones griegas de hacia el año 150.

TUMBA DE RAMSÉS III (KV 11)

Ramsés III (1184-1153 a.C.), el último de los faraones guerreros de Egipto, se construyó una de las tumbas más largas del valle de los Reyes. La tumba (plano p. 255), iniciada pero abandonada por Sethnajt (1186-1184 a.C.), tiene 125 m de longitud, y en gran parte aún presenta bonitos relieves pintados de colores con los textos rituales tradicionales (*Letanía de Ra, Libro de las puertas,* etc.) e imágenes de Ramsés ante los dioses. También hay escenas seculares (algo inhabitual) en las pequeñas salas laterales del pasillo de entrada, que muestran tributos extranjeros, como unas vasijas importadas del Egeo y representadas con todo detalle, la armadura real, los barcos y, en la última de las cámaras laterales, los arpistas ciegos que le dieron a la tumba uno de sus nombres alternativos: "tumba de los arpistas".

En la cámara de atrás hay un túnel interrumpido en el punto en que los constructores se encontraron con la tumba vecina. Variaron la orientación de la tumba hacia el oeste y construyeron un pasillo que lleva a una sala con columnas y con las paredes decoradas con escenas del *Libro de las puertas.* También hay antiguas inscripciones en la columna trasera derecha que describen la segunda sepultura del faraón durante la 21ª dinastía (1069-945 a.C.). El resto de la tumba está excavado sólo en parte y es estructuralmente débil.

El sarcófago de Ramsés III se encuentra en el Louvre de París y su elaborada tapa, en el Fitzwilliam Museum de Cambridge. Su momia, encontrada en el depósito de Deir al-Bahri, sirvió de modelo para el personaje de Boris Karloff en la película de los años treinta *La momia* y se encuentra en el Museo Egipcio de El Cairo.

VALLE DEL NILO: LUXOR

TUMBA DE HOREMHEB (KV 57)

Esta tumba (plano p. 255) fue descubierta llena de piezas saqueadas de ajuares fúnebres reales, entre ellas una serie de figuritas de madera que se llevaron al Museo Egipcio de El Cairo. El general Horemheb (1323-1295 a.C.), mano derecha de Tutankamón, devolvió la estabilidad tras la agitación que supuso el reinado de Akenatón. Ya se había construido una espléndida tumba en Saqqara, pero la abandonó por ésta. Las varias fases de decoración de la cámara mortuoria resultan fascinantes, pues dan una idea del proceso de decoración de las tumbas.

Desde la entrada, un empinado tramo de escalones y un pasaje llevan a un pozo decorado con soberbias figuras de Horemheb ante los dioses. Hator aparece con una peluca de rayas azules y negras y el joven dios Nefertum lleva una corona de loto, todo ello contra un fondo gris azulado. De ahí se pasa a una sala con columnas sin decoración, y a una antecámara. La cámara mortuoria, con seis columnas y decorada con parte del *Libro de las puertas,* tiene una parte inacabada, lo que permite ver cómo se aplicaba la pintura siguiendo un sistema de retícula con tinta roja sobre la cual se dibujaban las figuras en negro para luego tallarlas y pintarlas. El sarcófago de granito rojo del faraón, tallado con figuras protectoras de diosas con las alas extendidas, permanece en la tumba, aunque la momia no está.

TUMBA DE AMENHOTEP II (KV 35)

Esta tumba (plano p. 255), una de las estructuras más profundas del valle, tiene más de noventa escalones que bajan hasta una moderna pasarela tendida sobre un profundo foso ideado para proteger las cámaras bajas interiores tanto de los ladrones (algo que no consiguió) como del agua de las riadas.

El techo de la enorme cámara mortuoria está repleto de estrellas y, en las paredes se representa el texto del *Libro de Amduat.* Aunque casi todas las figuras tienen proporciones estilizadas como las de la tumba de Tutmosis III, padre y predecesor de Amenhotep, ésta es la primera tumba real del valle que también muestra figuras más redondeadas, como las de las columnas de la cámara funeraria en las que aparece el faraón ante Osiris, Hator y Anubis. La cámara mortuoria es excepcional asimismo por sus dos alturas; la superior estaba llena de columnas y la inferior guardaba el sarcófago.

Aunque los ladrones profanaron la tumba en la antigüedad, la momia de Amenhotep (1427-1400 a.C.) fue recuperada por los sacerdotes, que la volvieron a poner en su sarcófago con una guirnalda de flores al cuello, y enterrada con otras 13 momias reales en las dos salas contiguas. Entre ellas estaban las de Tutmosis IV (1400-1390 a.C.), Amenhotep III, Meremptah, Ramsés IV, V y VI y Seti II (1200-1194 a.C.); la mayoría se encuentran ahora en el Museo Egipcio.

TUMBA DE TUTMOSIS III (KV 34)

Oculta en las montañas entre altos precipicios de piedra caliza y accesible sólo por una empinada escalera que cruza un profundo barranco, esta tumba (plano p. 255) demuestra lo que llegaban a hacer los faraones para burlar a los antiguos ladrones.

Tutmosis III (1479-1425 a.C.), un innovador en muchos campos, cuyas hazañas militares e importancia militar le han valido el nombre de "el Napoleón del antiguo Egipto", fue uno de los primeros en construir su tumba en el valle de los Reyes. Como su máxima preocupación era que se mantuviera oculta, eligió el lugar más inaccesible y la diseñó con una serie de pasajes con ángulos caprichosos y puertas falsas para desorientar o atrapar a los ladrones potenciales.

El pozo, atravesado actualmente por una estrecha pasarela, conduce a una antesala sostenida por dos columnas y cuyas paredes están adornadas con una lista de más de setecientos dioses y semidioses. Al tratarse de la tumba pintada más antigua del valle, las paredes parecen simplemente versiones gigantes de papiros funerarios. La cámara mortuoria tiene paredes curvas, planta oval y el sarcófago de cuarcita del faraón, tallado en forma de cartucho.

La momia de Tutmosis III, que demuestra que era un hombre bajito de aproximadamente 1,50 m, fue una de las halladas entre las de Deir el-Bahri y actualmente está en el Museo Egipcio de El Cairo.

TUMBA DE SIPTAH (KV 47)

Descubierta en 1905, la tumba de Siptah (1194-1188 a.C.) (plano p. 255) no llegó a completarse. No obstante, los pasillos superiores están cubiertos de magníficas pinturas. Al igual que los constructores de la tumba de Ramsés III, en este caso también dieron con una tumba adyacente al cavar en la roca, pero por suerte ya estaban en la cámara mortuoria, y pusieron remedio a su error con bloques de piedra.

La entrada a la tumba está decorada con el disco solar y sendas figuras de Maat, la diosa de la verdad, arrodilladas a los lados. En el pasillo que hay a continuación se ven coloridas escenas de la *Letanía de Ra* en las que Siptah, con elaborados ropajes, está en presencia de varios dioses, como Ra-Horajty (un aspecto del dios sol Ra combinado con Horajty, una forma de Horus, el dios del cielo). Hay más escenas del *Libro de Amduat* y figuras de Anubis, tras las cuales ya no hay más decoración. La tumba fue reutilizada en el Tercer Período Intermedio. Pero, por seguridad, en el s. x los sacerdotes trasladaron la momia de Siptah a la tumba de Amenhotep II, que estaba bien escondida. Allí permaneció con muchas otras momias reales, la de Seti II, la de Amenhotep III y la de Ramsés IV, V y VI entre otros.

TUMBA DE TAUSERT/SETHNAJT (KV 14)

Tausert fue la esposa de Seti II y, cuando Siptah, heredero de éste, murió, ella tomó el poder (1188-1186 a.C.). Los egiptólogos creen que ella inició la tumba (plano p. 255) para sí misma y para Seti II, pero que los restos de ambos fueron retirados por su sucesor, Sethnajt, que también vivió poco. Sethnajt completó la tumba añadiendo (algo raro en el valle de los Reyes) una segunda cámara mortuoria donde le enterraron a él. El cambio de propietario se ve en la decoración de la tumba; los pasillos superiores muestran a la reina, acompañada por su hijastro Siptah, en presencia de los dioses. El cartucho de Siptah se sustituyó posteriormente por el de Seti II. Sin embargo, en los corredores inferiores y en las cámaras funerarias, las imágenes de Tausert se han enyesado y sustituido por imágenes o cartuchos de Sethnajt.

La tumba lleva abierta desde la antigüedad y aunque en algunas zonas la pintura está desgastada, el color y el estado de las cámaras funerarias se mantienen en buen estado, con elementos astronómicos pintados en el techo e imágenes de Tausert y Sethnajt con los dioses. La escena final del *Libro de las cavernas,* en la cámara funeraria, es especialmente impresionante, y muestra al dios sol en forma de personaje con cabeza de carnero que extiende sus alas para emerger de la oscuridad del inframundo. Las dos momias anónimas halladas en la *cachette* (tumba secundaria) de Amenhotep II podrían pertenecer a Tausert y Sethnajt.

TUMBA DE SETI II (KV 15)

Junto a la tumba de Tausert y Sethnajt hay otra de menor tamaño (plano p. 255) en la que, al parecer, este enterró a Seti II (1200-1194 a.C.) tras sacarlo de la KV 14. Abierta desde épocas antiguas, a juzgar por los muchos ejemplos de pinturas clásicas, en la entrada a la zona hay magníficas escenas en relieve, aunque el resto se terminó sólo con pintura. En las paredes hay fragmentos de *Letanía de Ra, Libro de las puertas* y *Libro de Amduat* y, cosa poco habitual, en las paredes del pozo, hay imágenes de los mismos objetos funerarios usados en tumbas de faraones, como estatuillas doradas del faraón dentro de un santuario (iguales a las encontradas en la tumba de Tutankamón, que ahora están en el Museo Egipcio de El Cairo). La diosa del cielo Nut se extiende por el techo de la cámara mortuoria. La momia de Seti II apareció en el depósito de la tumba de Amenhotep II. Durante la década de 1920, Carter y su equipo usaron la tumba de Seti II como laboratorio de conservación y estudio fotográfico mientras limpiaban la tumba de Tutankamón.

TUMBA DE RAMSÉS I (KV 16)

Ramsés I (1295-1294 a.C.) sólo gobernó un año, así que su tumba (plano p. 255) es muy sencilla. Originalmente se llamaba Paramessu, y era un oficial del ejército y visir de Horemheb, elegido posteriormente como sucesor del mismo. Su tumba es la que tiene un pasillo de entrada más corto, que lleva a una única cámara funeraria casi cuadrada que contiene el sarcófago abierto del faraón, de granito rosa. Sólo la cámara presenta una decoración espléndida, muy similar a la de la tumba de Horemheb (KV 57), con extractos del *Libro de las puertas,* así como escenas del faraón en presencia de los dioses, como la que lo muestra arrodillado entre el "Alma de Nejen", con cabeza de chacal, y el "Alma de Pe", con cabeza de halcón, símbolos del Alto y del Bajo Egipto. Para información sobre el largo viaje de la supuesta momia de Ramsés I desde aquí hasta América del Norte y su regreso, véase el recuadro en p. 264.

TUMBA DE SETI I (Nº 17)

Seti I (1294-1279 a.C.), hijo y heredero de Ramsés I, posee una de las tumbas más largas (137 m) y hermosas (plano p. 255) del valle. La descubrió Giovanni Belzoni en 1817. Como primera tumba real totalmente decorada, sus pinturas en altorrelieve se parecen a las encontradas en el templo del faraón en Abydos (p. 229), de hermosa decoración, y la calidad del trabajo es espléndida. Dos de los relieves pintados que muestran a Seti con Hator se encuentran actualmente en el Louvre de París y en el Museo Arqueológico de Florencia, mientras que el sarcófago de alabastro de Seti fue comprado por sir John Soane, y aún se puede ver en el sótano de su casa de Londres convertida en museo. La momia de Seti se halló en la *cachette* de Deir el-Bahri, y actualmente está en el Museo Egipcio.

La primera parte de la cámara funeraria del faraón está decorada con textos de *Letanía de Ra* y *Libro de Amduat*, mientras que el *Libro de las puertas* aparece citado en la primera sala con columnas. Las paredes de la cámara mortuoria están decoradas con textos del *Libro de las puertas*, el *Libro de Amduat* y el *Libro de la Vaca Sagrada*, mientras que el techo presenta llamativas escenas astronómicas con diversas constelaciones.

La tumba está cerrada indefinidamente para su restauración (desde 1991).

TUMBA DE MONTUHIRKOPSHEF (KV 19)

La tumba (plano p. 255) del hijo de Ramsés IX (1000 a.C.), cuyo nombre se traduce como "el brazo de Montu es fuerte", está situada en lo alto de la pared este del valle y, al parecer se construyó para un príncipe anterior. Es pequeña y está inacabada pero en ella hay magníficas pinturas y pocos visitantes. El pasillo de entrada está adornado con relieves de varios dioses a tamaño natural, como Osiris, Ptah, Thot y Jonsu, que reciben ofrendas del joven príncipe. Éste aparece espléndidamente maquillado, con sus mejores galas, lleva ropa de hilo exquisitamente plisada y un mechón lateral, típico de los jóvenes, azul y dorado sujeto a su peluca negra.

TUMBA DE TUTMOSIS IV (KV 43)

La tumba (plano p. 255) de Tutmosis IV (1400-1390 a.C.) es una de las tumbas más grandes y profundas construidas durante la 18ª dinastía. También es la primera en la que se aplicó pintura sobre un fondo amarillo, iniciando una tradición que se prolongaría en muchas tumbas. Descubierta en 1930 por Howard Carter (que menos de veinte años después encontraría la tumba del bisnieto de Tutmosis IV, Tutankamón), tiene dos largas escaleras de acceso que bajan y giran hacia la cámara mortuoria, donde se encuentra un enorme sarcófago cubierto de jeroglíficos. Las paredes del hueco del pozo y de la antecámara están decoradas con escenas pintadas de Tutmosis ante los dioses, y resultan especialmente atractivas las figuras de la diosa Hator, con una serie de bellos ropajes decorados con cuentas.

En la pared izquierda o sur, de la antecámara, hay un fragmento de una antigua inscripción de 1315 a.C., escrita por el funcionario Maya y su ayudante Djehutymose, que hace referencia a su inspección y restauración de la tumba de Tutmosis IV por orden de Horemheb tras la primera oleada de robos en el octavo año del reinado de Horemheb, unos sesenta y siete años después de la muerte de Tutmosis IV.

Después de que la tumba fuera saqueada por segunda vez se decidió que sería más seguro trasladar la momia de Tutmosis a la tumba de su padre Amenhotep II (KV 35). La momia de Tutmosis, con las orejas perforadas, se exhibe en el Museo Egipcio de El Cairo.

TUMBA DE AY (KV 23)

Aunque sucedió a Tutankamón, el breve reinado de Ay, de 1327 a 1323 a.C. suele asociarse al anterior período Amarna y a Akenatón (algunos egiptólogos han sugerido que podría ser el padre de la esposa de Akenatón, Nefertiti). Ay abandonó una grandiosa tumba en Amarna (véase p. 222) por otra en el valle occidental. El valle occidental desempeñó un importante papel en la historia de Amarna, ya que fue el lugar elegido por Amenhotep III para su enorme tumba (KV 22, valle arriba), y su hijo y sucesor Akenatón también inició aquí la construcción de una tumba, antes de trasladar la capital a Amarna, donde sería enterrado finalmente. Parece ser que Tutankamón también planeó su entierro en el valle occidental, pero tras su muerte precoz su sucesor Ay decidió intercambiar las tumbas. Tutankamón fue enterrado en una tumba (KV 62) en la parte tradicional del valle de los Reyes, mientras que Ay se quedó con la tumba que Tutankamón había comenzado en el extremo del valle occidental. A la tumba (plano p. 253) se accede por un camino de tierra que sale del aparcamiento del valle de los Reyes y, tras casi 2 km de camino serpenteando por afilados precipicios de roca, llega a un valle desolado. Merece la pena visitarla para evocar el ambiente y el silencio que debía de haber en el vecino valle de los Reyes en el pasado.

Aunque sólo la cámara mortuoria está decorada, es famosa por sus escenas de Ay como hipopótamo cazando y pescando en los pantanos, escenas habituales en tumbas de nobles pero no de la realeza, y por una pared en la que hay 12 babuinos, que representan las 12 horas de la noche y dan además nombre al valle occidental o Wadi al-Gurud (valle de los Monos). La decoración es tan parecida a la de la tumba de Tutankamón que los arqueólogos sospechan que en ambas tumbas trabajaron los mismos artistas. Aunque nunca se ha identificado la momia de Ay, se ha restaurado su sarcófago destrozado.

Paseo a Deir el-Bahri

La escarpada caminata desde el valle de los Reyes, por las montañas de alrededor, hasta el templo fúnebre de Hatshepsut en Deir el-Bahri, garantiza unas vistas espléndidas de los antiguos yacimientos, fértiles campos verdes, el Nilo y, al otro lado, la ciudad de Luxor. El camino empieza junto a la KV 17, la tumba de Seti I, donde se indica el inicio. Los primeros cientos de metros son empinados, pero luego el camino se nivela. Por el camino aparecerán vendedores de recuerdos y guías improvisados que ofrecerán sus servicios, pero el camino no ofrece grandes dificultades. Hay que seguir la escarpadura y tomar el camino de la izquierda en la bifurcación. Después de pasar el puesto de policía, a la izquierda, se verá Deir el-Bahri a los pies del despeñadero, a la derecha. No hay que dejar el camino que sigue la escarpadura, evitando la pista que desciende por el despeñadero. Habrá que recorrer casi del todo un círculo para llegar a la taquilla donde se venden las entradas al templo.

La excursión dura unos 50 minutos, lo que da tiempo a disfrutar de las vistas y del impresionante paisaje lunar. Lo ideal sería efectuarla en invierno. En verano conviene empezar muy temprano, ya que puede llegar

EL REGRESO DE LA MOMIA

En 1881 las autoridades de antigüedades de Egipto hicieron el mayor descubrimiento de momias de la historia: las de 40 faraones, reinas y nobles, al sur de Deir el-Bahri, en la tumba nº 320. Parece ser que los sacerdotes de la 21ª dinastía organizaron el traslado a esta tumba común como medida de protección contra los ladrones de tumbas a partir de 934 a.C. Entre las momias estaban las de Amenhotep I, Tutmosis I, II y III, Seti I y Ramsés II y III, muchas de las cuales se exponen actualmente en el Museo Egipcio de El Cairo. Su extracción de la tumba y posterior procesión hasta el Nilo, desde donde se llevaron en barcaza hasta El Cairo, fue acompañada por el sobrecogedor sonido del ulular de las aldeanas vestidas de negro que brindaron una despedida real a los restos. El episodio constituye una de las escenas más impresionantes de la épica película de 1975 *La momia (Al-Mumia),* de Shadi Abdel Salam, una de las más bonitas realizadas en Egipto.

No obstante, la *cachette* ya había sido hallada una década antes por la familia Abdel Rassoul, de Gurna, que estaba haciendo un buen negocio vendiendo su contenido. Momias, ataúdes, suntuosas joyas y otras piezas llegaron hasta Europa y América del Norte, y muchas acabaron en museos. Una de las momias fue llevada a un pequeño museo en las cataratas del Niágara (Canadá) hasta finales de la década de 1990, cuando un egiptólogo reconoció los brazos cruzados y el excelente estado del cuerpo como posibles signos de realeza. Cuando se cerró el museo, en 1999, la momia fue adquirida por el Museo Michael Carlos de Atlanta. Se realizaron tomografías, radiografías, pruebas de carbono 14 y otras pruebas de imagen para identificar la momia, y aunque sólo se pudo llegar a la conclusión de que era posterior al período ramésida, el asombroso parecido a los rostros momificados de Seti I y Ramsés II fue considerado por algunos egiptólogos como prueba de que era la momia desaparecida de Ramsés I.

Como gesto de buena voluntad, el museo devolvió la momia a Egipto en 2003, donde le dieron la bienvenida al llegar al Museo Egipcio, con canciones y ceremonias. Posteriormente se la llevaron a Luxor y, como corresponde a un faraón en la otra vida, recorrió el tramo final de su viaje a vela.

EL DISEÑO DE TUMBAS

Cada una de las tumbas reales del valle de los Reyes es única, pero la mayor parte sigue un trazado básico que se fue desarrollando con el tiempo. En la 18ª dinastía (1550-1295 a.C.) la tumba típica tenía cuatro pasajes, cada uno de los cuales simbolizaba una fase del viaje a la otra vida. Los pasajes conducían a una pequeña cámara con un pozo, llamada la "sala de la Espera", que a su vez daba a una sala con columnas llamada la "sala del Carro". De aquí, otro pasillo, en ángulo recto con respecto a los cuatro primeros, llevaba a una cámara mortuoria ovalada. Este cambio de eje puede que tuviera un significado simbólico, posiblemente reflejo de las oscilaciones de los cursos fluviales en la otra vida, o quizá fuera consecuencia de la topografía.

Durante la 19ª dinastía (1295-1186 a.C.) el eje curvado fue tomando una orientación este-oeste, y el sarcófago se disponía en ángulo recto. La pendiente de los pasillos se hizo menor con el paso de los tiempos, y se añadió una antecámara (que podía ser una falsa cámara mortuoria) a la primera sala de columnas. Se añadieron también puertas de madera para cerrar las entradas y las salas (anteriormente se había usado mortero para sellar las diferentes secciones).

En tiempos de la 20ª dinastía (1186-1069 a.C.) el eje de la tumba se había vuelto recto y las tumbas eran más cortas, pero más altas y anchas. El sarcófago mantenía el eje este-oeste del sepulcro, de modo que el faraón pudiera estar siempre de cara al sol naciente.

Las tumbas se decoraban con textos del *Libro de los muertos* y con escenas de vivos colores para ayudar al faraón en su viaje a la otra vida. En la 18ª dinastía sólo se decoraba la cámara mortuoria, pero en la 19ª dinastía toda la tumba se convirtió en un estallido de color.

a hacer muchísimo calor. En ese caso habrá que llevar sombrero, crema solar, mucha agua y un calzado apropiado para caminar. Para quien se canse, en ocasiones hay quien ofrece la posibilidad de ascender en burro.

Deir el-Bahri

Lo primero que se ve son los espectaculares y escarpados despeñaderos de caliza que se elevan casi 300 m por encima de la llanura del desierto. Es un monumento natural de inmensa belleza, pero luego se descubrirá que, a sus pies, se levanta otro monumento creado por el hombre y aún más extraordinario, el asombroso **templo de Hatshepsut** (plano p. 266; adultos/estudiantes 25/15 EGP; 6.00-16.30 oct-abr, 6.00-17.00 may-sep). El templo, casi de aspecto moderno, se integra perfectamente con los despeñaderos de los que se talló en parte; es una combinación celestial.

Las continuas labores de excavación y restauración realizadas desde 1891 han puesto al descubierto uno de los monumentos más refinados del antiguo Egipto, pero debió de ser más impresionante en tiempos de Hatshepsut (1473-1458 a.C.), cuando se accedía pasando por una pasarela flanqueada por esfinges en lugar del bazar turístico que se atraviesa hoy, y cuando el patio era un jardín donde crecían diversos árboles exóticos y plantas olorosas (los antiguos egipcios lo llamaban *Djeser-djeseru,* "El más sagrado de los sagrados"). Aunque el diseño parece extraño, contenía todos los elementos que solía tener un templo conmemorativo, incluido el eje central elevado y la planta en tres partes, pero tuvo que adaptarse al lugar elegido, casi en línea con el templo de Amón de Karnak y cerca de un antiguo santuario de la diosa Hator.

El templo fue saqueado varias veces: Tutmosis III borró el nombre de su madrastra siempre que pudo (véase el recuadro en p. 268), Akenatón eliminó todas las referencias a Amón, y los primeros cristianos lo convirtieron en un monasterio, Deir el-Bahri ("monasterio del Norte"), y borraron los relieves paganos.

Deir al-Bahri ha sido citado como uno de los lugares de la Tierra donde hace más calor, así que se aconseja visitarlo a primera hora, también porque los relieves se ven mejor cuando la luz del sol no es intensa. Se entra al complejo pasando por el **gran patio,** donde aún se pueden ver antiguas raíces de los árboles de la época. Las columnatas de la **terraza inferior** estaban cerradas por reparaciones en el momento de escribir esta guía. Los delicados relieves en la columnata sur, a la izquierda de la rampa, muestran cómo se transportó un par de obeliscos encargados por Hatshepsut desde las canteras de Asuán hasta Tebas, y los del norte presentan escenas de caza de aves.

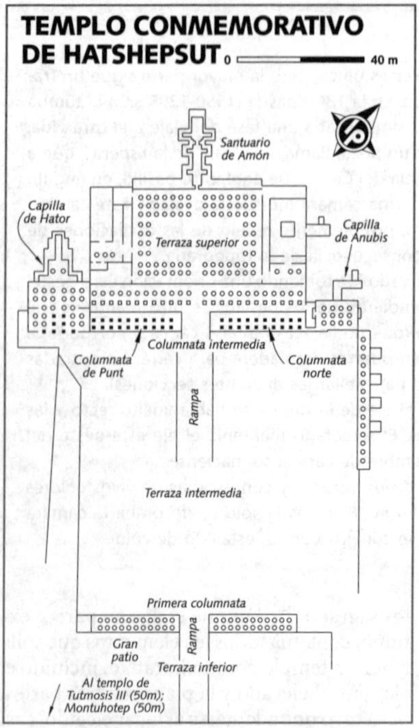

Una gran rampa lleva hasta las dos terrazas superiores. Los relieves mejor conservados son los de la **terraza intermedia.** Los relieves de la columnata norte representan el nacimiento divino de Hatshepsut y al final se encuentra la **capilla de Anubis,** con unos relieves en color bien conservados donde se reconoce a una Hatshepsut desfigurada y a Tutmosis III en presencia de Anubis, Ra-Horajty y Hator. Los relieves de la **columnata de Punt,** a la izquierda de la entrada, cuentan con magnífico detalle la expedición a la tierra de Punt para recolectar árboles de mirra, tan necesarios para el incienso usado en las ceremonias del templo. Se describen extraños animales y plantas exóticas que vieron allí, la arquitectura extranjera y los curiosos paisajes, así como las gentes de aspecto diferente. Al final de esta columnata se encuentra la **capilla de Hator,** con dos cámaras con columnas acabadas en cabezas de Hator. Los relieves de la pared oeste muestran (para quien lleve linterna) a Hator en forma de vaca lamiendo la mano a Hatshepsut, y a la reina bebiendo de la ubre de Hator. En el muro norte hay un relieve desgastado que muestra a los soldados de Hatshepsut vestidos de marinero en honor de la diosa. Tras las salas de las columnas se abre una capilla de tres espacios tallada en la roca, ahora cerrada al público, con relieves de la reina frente a las deidades, y con una pequeña figura, tras la puerta, de Senenmut, el arquitecto del templo y, según algunas fuentes, amante de Hatshepsut.

La **terraza superior,** restaurada por un equipo polaco-egipcio durante los últimos veinticinco años, presentaba 24 estatuas osírideas colosales, algunas de las cuales se conservan. La puerta central de granito rosa que da al santuario de Amón está tallada en la pared de piedra.

En el lado sur del templo, están el **templo de Mentuhotep,** construido por el fundador de la 11ª dinastía, uno de los más antiguos descubiertos hasta el momento en Tebas, y el **templo de Tutmosis III,** sucesor de Hatshepsut. Ambos están en ruinas

Tumbas de Assasif

Este grupo de tumbas, situadas cerca de Deir el-Bahri, pertenecen a nobles de la 18ª dinastía, y a otros de las dinastías 25ª y 26ª, bajo el reinado de soberanos nubios. La zona está siendo objeto de excavaciones arqueológicas, pero es posible encontrarse con que, de las numerosas tumbas del lugar, sólo unas cuantas están abiertas al público, entre ellas las **tumbas de Jeruef** y de **Pabasa** (plano p. 253; adultos/estudiantes 12/8 EGP; 6.00-16.30 oct-abr, 60.00-17.00 may-sep); las entradas se pueden comprar en la taquilla de la Inspección de Antigüedades, cerca de los colosos de Memnón. La tumba de Jeruef es la mayor tumba de un noble de la 18ª dinastía de Tebas, y presenta algunos de los mejores ejemplos de relieves del Imperio Nuevo, pero desgraciadamente se encuentra en un estado pobre. La tumba de Pabasa, sacerdote de la 26ª dinastía, presenta escenas agrícolas, de caza y de pesca.

Dra Abu'l Naga

Oculta entre los despeñaderos del desierto al norte de Deir el-Bahri se encuentra otra necrópolis, **Dra Abu'l Naga** (plano p. 253), con 114 tumbas de soberanos y altos cargos, la mayor parte de entre la 17ª dinastía y el Período Tardío (1500-500 a.C. aprox.). La zona ha sido objeto de repetidos saqueos, pero dos tumbas resistieron con sus pinturas más o menos intactas.

La **tumba de Roy** (Nº 234; plano p. 253), escriba real y asistente de Horemheb, es pequeña, y presenta escenas agrícolas y de ofrendas fúnebres, así como un bonito techo pintado. A unos metros, la **tumba de Shuroy** (nº 13; plano p. 253), en forma de T, contiene unas pinturas de cuidada ejecución, aunque dañadas en algunos puntos, en las que aparecen Shuroy y su esposa haciendo ofrendas a los dioses, y de un cortejo fúnebre encabezado por un niño doliente.

Tumbas de los Nobles

Las **tumbas** (plano p. 253; adultos/estudiantes 25/15 EGP por grupo de tumbas; 6.00-16.30 oct-abr, 6.00-17.00 may-sep) de esta zona se encuentran entre los puntos de mayor interés de la orilla occidental, pese a ser de los menos visitados. Hay más de cuatrocientas tumbas situadas a los pies de las colinas, frente al Ramesseum, pertenecientes a nobles desde la 6ª dinastía hasta el período grecorromano. Mientras los faraones decoraban sus tumbas con pasajes crípticos del *Libro de los muertos* para que les guiaran en la otra vida, los nobles, que pretendían prolongar la buena vida tras su muerte, decoraban sus tumbas con escenas de su vida diaria reproducidas con magnífico detalle.

Sólo están abiertas al público una quincena de tumbas, divididas en cinco grupos, que requieren una entrada diferente para cada grupo. Se compran en la taquilla de la Inspección de Antigüedades, cerca de los colosos de Memnón.

TUMBAS DE JONSU, USERHET Y BENIA (Nº 31, 51 Y 343)

Jonsu fue primer Profeta en el templo en memoria de Tutmosis III (1479-1425 a.C.). En el interior de la primera cámara de la **tumba de Jonsu** (plano p. 253) hay escenas de la fiesta de Montu en Armant, unos 20 km al sur de Luxor, la fiesta del dios de la guerra que él presidía. El barco sagrado con el sepulcro de Montu aparece remolcado por dos barcos más pequeños. También se honra a los dioses Osiris y Anubis, y en muchas escenas se ve a Jonsu haciéndoles ofrendas. El techo está decorado con imágenes de patos volando y nidos con huevos.

La **tumba de Benia,** detrás de la de Jonsu, tiene aún más color. Benia era el encargado de la guardería real y tesorero mayor durante el reinado de Tutmosis III. Contiene muchas escenas de mesas llenas de ofrendas de alimentos y bebidas supervisadas por Benia y, en algunos casos, por sus padres. En un nicho tallado al final de la tumba hay una estatua de Benia con sus padres a los lados, los tres con el rostro destruido.

La **tumba de Userhet** (que no debe confundirse con la nº 56) estaba cerrada en el momento de redactar esta guía.

TUMBAS DE MENNA Y NAJT (Nº 52 Y 69)

Las bonitas y coloristas pinturas murales de la **tumba de Menna** y la **tumba de Najt** (plano p. 253) recrean la vida rural en el Egipto de la 18ª dinastía. Menna fue inspector de fincas y Najt, astrónomo de Amón. Sus tumbas muestran magníficas escenas detalladas sobre temas agrícolas, festivos, de caza y pesca. La tumba de Najt posee una pequeña zona destinada a museo en la primera cámara. Aunque esta tumba es tan pequeña que sólo se puede entrar en grupos reducidos, sus paredes muestran algunos de los ejemplos más conocidos de pinturas funerarias egipcias, incluidas escenas tan familiares como la de los tres músicos.

TUMBAS DE RAMOSES, USERHET Y JAEMHET (Nº 55, 56 Y 57)

La **tumba de Ramoses** (plano p. 253), gobernador de Tebas durante el reinado de Amenhotep III y Akenatón, es fascinante por ser uno de los pocos monumentos que datan de esa época, período de transición entre dos formas diferentes de culto religioso. Las exquisitas pinturas y bajorrelieves muestran escenas en dos estilos diferentes, de los reinados de ambos faraones, y representan el funeral de Ramoses y su relación con Akenatón. La tumba no llegó a completarse, quizá debido a que Ramoses murió de forma prematura.

Al lado se encuentra la **tumba de Userhet** (plano p. 253), uno de los escribas reales de Amenhotep II, con elaboradas pinturas murales que representan la vida diaria. Userhet aparece presentando regalos a Amenhotep II; en otra pared hay un barbero cortando el pelo; otras escenas incluyen la elaboración del vino y la caza de gacelas desde un carro.

La **tumba de Jaemhet** (plano p. 253), inspector real de graneros y escriba de la corte de Amenhotep III, contiene murales con escenas de Jaemhet presentando ofrendas; el faraón representado como una esfinge; el ritual fúnebre de Osiris; e imágenes de la vida diaria en el campo, así como de gestiones oficiales.

LAS FARAONAS

"Faraón" era un título exclusivamente masculino, y en la historia antigua de Egipto no había palabra para reina regente, pero los registros históricos demuestran que en realidad hubo más de una faraona. Desde tiempos de las primeras dinastías era práctica común que, a la muerte del faraón, si su heredero era demasiado joven para gobernar o no había heredero, su esposa, o en muchos casos incluso su hermanastra o hermana, hicieran de regente. No queda claro si su papel se limitaba a la regencia, o si eran nombradas faraonas, pero lo que es seguro es que a menudo se les enterraba con todos los honores reservados al faraón.

Se cree que la primera reina que gobernó independientemente fue Merneith, que fue esposa del faraón Djer, de la 1ª dinastía (h. 3000 a.C.) y madre de Den, que gobernó tras ella. Su nombre apareció recientemente en una impresión sobre arcilla con el nombre de los primeros soberanos. Fue enterrada con todos los honores reales en Abydos. En casi todas las dinastías ha habido alguna mujer que gobernó durante un corto período con el título de "Madre del Rey". Sobeknofru, de la 12ª dinastía, hija de Amenemhat III y esposa y hermanastra de Amenhotep IV, probablemente gobernó Egipto de 1785 a 1782 a.C., tras la muerte prematura de su marido. Tenía los títulos de Horus Mujer, Rey del Alto y Bajo Egipto, e Hija de Ra. La 12ª dinastía acabó con su reinado, ya que no tuvo hijos.

Hatshepsut es la más famosa de las faraonas de Egipto. Se casó con su hermanastro Tutmosis II, cuyo sucesor debía ser el hijo de una segunda esposa. Cuando Tutmosis II murió, en 1479 a.C., Hatshepsut pasó a ser regente y gobernó con el niño Tutmosis III. Posteriormente, con el apoyo político de los sacerdotes de Amón, se declaró faraona. Su reinado, de quince años (1473-1458 a.C.), marcó un período de paz y de crecimiento interno de Egipto. En ocasiones se la representa con los abalorios de un faraón varón, incluida la falsa barba, mientras que en otras escenas aparece con aspecto claramente femenino. Cuando Tutmosis II por fin se hizo cargo del gobierno, en 1458 a.C., ordenó que se borrara toda referencia a ella de la historia de Egipto. La momia de Hatshepsut nunca se encontró, y su nombre y sus imágenes fueron borrados casi por completo.

Entre las soberanas que reinaron se cuenta también Nefertiti, esposa del faraón rebelde Akenatón, que sin duda tomó parte en la política de su marido y que suele aparecer representada con atuendos reales. Hay quien cree que en realidad fue la misteriosa Smenjare, que se sabe que gobernó unos años tras la muerte de Akenatón, en 1336 a.C. Tausert, esposa de Seti II, fue enterrada en el valle de los Reyes (véase p. 262). Tras la muerte de su esposo, se convirtió en corregente con su hijastro Siptah, y tras la muerte de éste se proclamó faraona y gobernó de 1188 a 1186 a.C.

Unos mil años más tarde Cleopatra accedió al trono a los 17 años de edad, en 51 a.C. Se cree que al principio gobernó junto a su padre Tolomeo XII y que, tras la muerte de éste, con su hermano menor Tolomeo XIII. Para mantener la independencia de Egipto, se alió con el romano Julio César, con el que se casó y del que tuvo un hijo. Tras la muerte de César, se casó otro poderoso romano, Marco Antonio, y ambos cayeron víctimas del poder de César Augusto.

TUMBAS DE SENNOFER Y REJMIRE (Nº 96 Y 100)

Las partes más interesantes de la **tumba de Sennofer** (plano p. 253), supervisor de los jardines de Amón bajo el reinado de Amenhotep II, se encuentran a gran profundidad, en la cámara principal, que tiene el techo cubierto de claras imágenes de uvas y viñas, mientras que la mayor parte de las realistas escenas de las paredes y de las columnas muestran a Sennofer y a las mujeres con las que tuvo más relación, entre ellas su esposa, sus hijas y su ama de cría. El guarda suele disponer de una lámpara de queroseno, pero vale la pena llevar una linterna por si acaso.

La **tumba de Rejmire,** gobernador bajo el reinado de Tutmosis III y Amenhotep II, es una de las mejor conservadas de la zona. En la primera cámara, a la izquierda, hay escenas de Rejmire recibiendo obsequios de países extranjeros. La pantera y la jirafa son regalos de Nubia; el elefante, caballos y carro, de Siria y los insumes jarrones, de Creta y las islas del Egeo. Pasado esto, hay una capilla nada habitual. La pared oeste muestra a Rejmire inspeccionando la producción de metales, ladrillos, joyas, cuero, muebles y es-

REVITALIZANDO GURNA

Hasta principios de 2007 las entradas a las tumbas de los Nobles estaban ocultas entre las casas de adobe del pueblo de Sheikh Abd al-Gurna. Muchas de las casas tenían las fachadas pintadas, y eran una imagen pintoresca, con las colinas tebanas al fondo. Ahora casi todos los residentes han sido reubicados a un nuevo pueblo unos kilómetros al norte del valle de los Reyes, y sus casas han sido demolidas.

La asociación británica Friends of Qurna Discovery, con el beneplácito del Consejo Superior de Antigüedades, ha lanzado un proyecto para proteger y restaurar cuatro propiedades, que se dedicarán a explicar la historia de la vida en estas colinas durante los últimos milenios. Un *zawia* (complejo fúnebre de un santo) albergará una exposición permanente de dibujos de Qurna hechos por el artista británico Robert Hay a principios del s. XIX. Sus obras representan con todo detalle las antiguas estructuras de adobe ya desaparecidas y, por supuesto, las famosas casas en las tumbas, con una vida que prácticamente ha desaparecido en los últimos 50 años. La casa Daramalli, al lado, se usará para exhibir objetos domésticos y útiles del campo, para mostrar cómo vivían y trabajaban las familias *gurnawis*. Tanto *bab al-haggar* (casa-tumba), con su impresionante colección de estructuras de adobe, y la casa en ruinas de Giovanni D'Athenasi, guía e intérprete de principios del s. XIX, serán restauradas. Se aceptan donativos para la restauración de estas cuatro casas y para pagar a los vigilantes. Más detalles en www.qurna.org.

tatuas, mientras que la pared este representa escenas de banquete, junto con letras de canciones (la arpista canta "Perfuma el cabello de la diosa Maat").

TUMBAS DE NEFERRONPET, DHUTMOSIS Y NEFERSEJERU (Nº 178, 295 Y 296)

La **tumba de Neferronpet** (también conocido como Kenro; plano p. 253) fue descubierta en 1915 y está pintada con vivos colores. Lo más destacado es la escena que muestra a Kenro, escriba del tesoro en tiempos de Ramsés II, supervisando el pesado de oro en el tesoro. Al lado está la **tumba de Nefersejeru,** oficial del tesoro durante el mismo período, similar en estilo y contenido a las tumbas vecinas. El techo está decorado con una enorme variedad de elaboradas figuras geométricas. Desde esta larga tumba sale un pasaje hasta la **tumba de Dhutmosis,** que se encuentra en mal estado.

El Ramesseum

Ramsés II llamó a su enorme **templo conmemorativo** (plano p. 270; adultos/estudiantes 25/15 EGP; ⌚ 6.00-16.30 oct-abr, 6.00-17.00 may-sep) "el Templo de Millones de Años de User-Maat-Ra"; sus primeros visitantes lo llamaron la tumba de Ozymandias; y Jean-François Champollion, que descifró los jeroglíficos, lo llamó el Ramesseum. Al igual que otros templos conmemorativos, formaba parte del complejo fúnebre de Ramsés II. Su tumba estaba construida en las profundidades de las colinas, pero su templo conmemorativo estaba al borde de los campos de cultivo, junto a un canal que comunicaba con el Nilo y con otros templos conmemorativos.

A diferencia de las estructuras bien conservadas que Ramsés II construyó en Karnak y Abu Simbel, su templo conmemorativo no ha llevado muy bien el paso del tiempo. En su mayor parte está en ruinas, a pesar de las grandes obras de restauración (algo que sin duda no le haría gracia a Ramsés II). El Ramesseum es célebre por los restos de la estatua caída que inspiraron el poema "Ozymandias" del inglés Shelley, que aprovechó el hecho innegable de la mortalidad de Ramsés para hacer mofa de sus ansias de inmortalidad.

> Conocí a un viajero llegado de una antigua tierra
> que dijo: dos inmensas piernas de piedra sin torso
> se alzan en el desierto… Cerca, medio enterrado en la arena,
> yace un rostro hecho pedazos, cuyo ceño
> y labio fruncido y desdeñosa mueca de frío dominio,
> muestran que el escultor leyó muy bien las pasiones
> que aún permanecen, estampadas en estas cosas inertes,
> la mano que las remedó burlonamente
> y el corazón que las sustentó.

EL RAMESSEUM

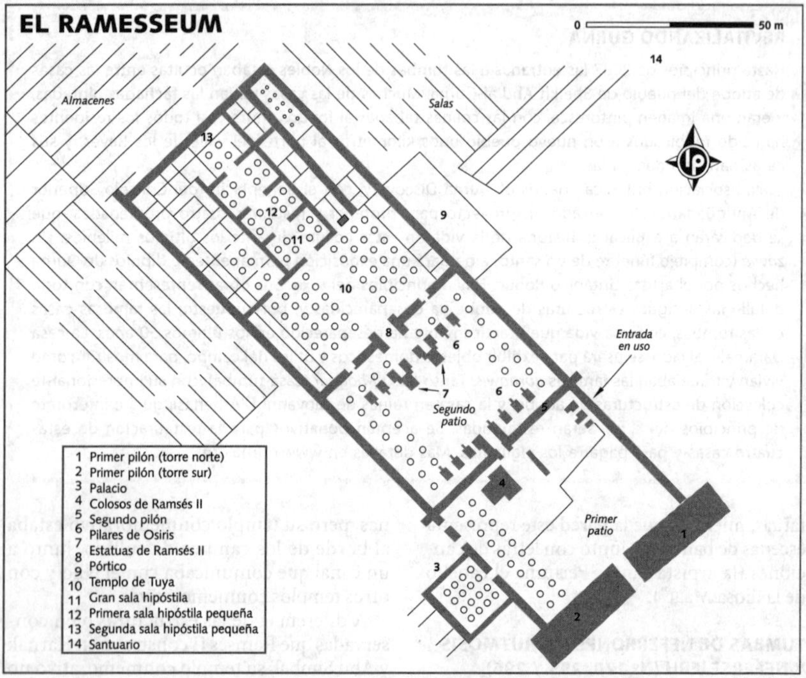

Y en el pedestal se leen estas palabras:
"Mi nombre es Ozymandias, rey de reyes.
¡Contemplad mis obras, poderosos, y desesperad!"
Nada más queda. Rodeando la decadencia
de estas ruinas colosales, desnuda e ilimitada,
la arena llana y solitaria se extiende hasta perderse".

Aunque es más elaborado que otros templos, el trazado del Ramesseum, bastante ortodoxo, con dos patios, sala hipóstila, santuario, cámaras y almacenes anexos, es original por el hecho de que el trazado rectangular de su planta se alteró para incorporar un templo más antiguo y menor (el de Tuya, madre de Ramsés II) en un lateral.

Se entra a través de una puerta en la esquina nordeste del muro exterior, que lleva al segundo patio, donde hay que girar a la izquierda para llegar al **primer pilón.** Los **pilones primer** y **segundo** miden más de 60 m de ancho y presentan relieves de las hazañas militares de Ramsés, en particular sus batallas contra los hititas. Pasando el primer pilón se llega a las ruinas del enorme **primer patio,** con la doble columnata que se levantaba en la fachada del **palacio real.**

Cerca de las escaleras del oeste se encuentra parte del **coloso de Ramsés II,** el Ozymandias del poema de Shelley, tristemente tirado por el suelo, aunque en otro tiempo alcanzara una altura de 17,5 m. En el **segundo patio** se encuentra la cabeza de una de las dos **estatuas de Ramsés II** de granito que había en el lugar. De las 48 columnas originales de la **gran sala hipóstila** 29 se mantienen aún en pie. La pequeña sala que queda detrás aún conserva el tejado.

Existe un refugio-restaurante junto al templo, la **Ramesseum Rest House.** Es un lugar estupendo para descansar y tomarse una bebida fresca o comer algo. Se puede dejar aquí la bicicleta mientras se explora el lugar.

Deir al-Medina

Aproximadamente a 1 km de la carretera al valle de las Reinas por una corta cuesta asfaltada se llega a **Deir al-Medina** (monasterio de la Ciudad; plano p. 253; adultos/estudiantes 25/15 EGP; 6.00-16.30 oct-abr, 6.00-17.00 may-sep), que toma su nombre de un templo ocupado por monjes cristianos de los primeros tiempos. Cerca del templo se encuentra un yacimiento en ruinas, la Aldea de los Obreros. Muchos de los obreros y artistas que crearon las tumbas reales vivieron y fueron enterrados aquí. Algunas de las pequeñas tumbas del lugar tienen unos relieves exquisitos, por lo que vale la pena la visita.

TEMPLO

El pequeño templo tolemaico de Deir al-Medina está situado al norte de la Aldea de los Obreros y se accede a él por un camino pedregoso. Sólo mide 10 x 15 m, se construyó entre los años 221 y 116 a.C. y fue el último de una serie de templos anteriores construidos en el mismo lugar. Estaba dedicado a Hator, la diosa del placer y el amor, y a Maat, la diosa de la verdad y la personificación del orden cósmico.

ALDEA DE LOS OBREROS

Los arqueólogos han descubierto más de setenta casas en este poblado y muchas tumbas, las más bellas de las cuales están abiertas al público.

La **tumba de Inherka** (nº 359), profusamente decorada, perteneció a un sirviente de la 19ª dinastía que trabajó en el Lugar de la Verdad, el valle de los Reyes. La tumba, de una sola sala, tiene unas magníficas pinturas murales, entre ellas la famosa escena de un gato (que representa al dios sol Ra) matando una serpiente (que representa a la malvada serpiente Apofis) bajo un árbol sagrado, en la pared izquierda. También hay bellas escenas domésticas de Inherka con su esposa y sus hijos. Justo al lado, está la **tumba de Sennedjem** (nº 1), de la 19ª dinastía, que posee una decoración increíble, dos cámaras pequeñas y pinturas de exquisita factura. Sennedjem fue un artista que vivió durante los reinados de Seti I y Ramsés II y, al parecer, se aseguró de que su propia tumba tuviera una decoración tan magnífica como la de sus señores. Debido a la popularidad y reducido tamaño de estas dos tumbas, sólo se permite la entrada de 10 en 10. Suele haber cola.

Mientras se espera, se puede echar un vistazo a la **tumba de Peshedu** (nº 3), de la 19ª dinastía, que está subiendo un poco la cuesta desde las otras dos. Peshedu fue otro criado del Lugar de la Verdad. Se le puede ver en la cámara mortuoria, rezando bajo una palmera a orillas de un lago. Cerca está la **tumba de Ipy** (nº 217), un escultor de la época del reinado de Ramsés II. Aquí, las escenas de la vida diaria eclipsan el habitual énfasis en el ritual, con escenas agrícolas y de caza y una representación de la casa de Ipy en su jardín floral y frutal (véase recuadro en, p. 250).

Valle de las Reinas

Al menos hay setenta y cinco tumbas en el **valle de las Reinas** (Biban al-Harim; plano p. 253; adultos/estudiantes 30/15 EGP). Pertenecieron a reinas de la 19ª y 20ª dinastías, y a otros miembros de las familias reales, incluidas princesas y príncipes ramésidas. Sólo dos de ellas estaban abiertas en el momento de redactar esta guía, al estar de nuevo cerrada la tumba de Nefertari.

TUMBA DE NEFERTARI (Nº 66)

Aclamada como la tumba más refinada de la necrópolis de Tebas (y por tanto de todo Egipto), la **tumba de Nefertari** (plano p. 253; cerrada en el momento de redactar esta guía) fue restaurada a fondo y se reabrió en 1995, pero se recibió un aluvión de reservas y en 2003 volvió a cerrarse hasta nueva orden.

Nefertari fue una de las cinco esposas de Ramsés II, el faraón del Imperio Nuevo conocido por sus colosales monumentos, pero la tumba que construyó para su reina favorita es un santuario a su belleza y, sin duda, una exquisita obra de amor. Cada centímetro de las paredes de las tres cámaras de la tumba y de los pasillos que las unen está adornado con coloridas escenas de Nefertari en compañía de los dioses y con textos relacionados del *Libro de los muertos*. "La más bella entre las bellas", como se conocía a Nefertari, siempre aparece representada con un traje blanco transparente y un tocado dorado con un buitre negro de cuyo lomo salen dos largas plumas. El techo de la tumba está adornado con estrellas doradas.

Como casi todas las tumbas del valle de los Reyes, ésta ya había sido saqueada cuando la descubrieron los arqueólogos. Quedaban unos cuantos fragmentos del sarcófago de granito rosa de la reina y, de su cuerpo momificado, sólo parte de sus rodillas.

TUMBA DE AMUNHERJEPSHEF (Nº 55)

Hasta la reapertura de la tumba de Nefertari, la **tumba de Amunherjepshef** (plano p. 253) es la pieza más destacada del valle, con unos bellos relieves bien conservados. Amunherjepshef, hijo de Ramsés III, era aún adolescente cuando murió. En las paredes del vestíbulo de la tumba, Ramsés sostiene la mano de su hijo para presentarlo a los dioses, que le ayudarán en su viaje a la otra vida. Se puede ver a Amunherjepshef con falda y sandalias, con el mechón lateral típico de los chicos.

El feto de cinco meses momificado que se muestra en una urna en la tumba ha sido objeto de más de una teoría creativa, entre ellas la que afirma que el feto fue abortado por la madre de Amunherjepshef cuando oyó que su hijo había muerto. De hecho fue hallado por unos excavadores italianos en un valle al sur del valle de las Reinas.

TUMBA DE JAEMWASET (Nº 44)

Otro de los hijos de Ramsés III, Jaemwaset, murió joven, aunque los egiptólogos tienen poca información sobre su edad o la causa de su muerte. Su tumba (plano p. 253) está llena de relieves bien conservados y de vivos colores. Al igual que la de su hermano Amunherjepshef, la de Jaemwaset sigue una planta lineal, y está decorada con escenas del faraón presentando a su hijo muerto a los diversos dioses y con escenas del *Libro de los muertos*. El vestíbulo presenta un techo astronómico que muestra a Ramsés III con el atuendo ceremonial, seguido por su hijo con túnica y el mechón lateral identificativo de su edad.

TUMBA DE TITI (Nº 52)

Los egiptólogos no están seguros de con qué faraón ramésida estaba casada Titi. No obstante, en su tumba se le menciona como reina consorte e hija de rey. Algunos arqueólogos creen que fue esposa de Ramsés III, y su tumba se parece en muchos aspectos a la de Jaemwaset y Amunherjepshef, que quizá fueran sus hijos. La **tumba** (plano p. 253) consiste en un pasillo que lleva a una capilla cuadrada, de la que sale la cámara mortuoria y otras dos estancias pequeñas. Las pinturas están descoloridas pero aún se distingue una Maat alada y arrodillada en el pasillo, a mano izquierda, así como la reina ante Toth, Ptah y los cuatro hijos de Horus enfrente. Dentro de la cámara mortuoria, hay una serie de guardianes con formas animales: un chacal y un león, dos monos y un mono con un arco.

MEDINAT HABU

Este magnífico templo conmemorativo de Ramsés III (plano p. 273) es quizá uno de los lugares más infravalorados de la orilla occidental. Con las montañas tebanas de fondo y el aletargado poblado de Kom Lolah enfrente, **Medinat Habu** es un lugar magnífico para pasar unas horas al atardecer.

Fue uno de los primeros lugares de Tebas que estuvo asociado estrechamente con el dios local Amón. Aunque el complejo es más famoso por el templo funerario construido por Ramsés III, Hatshepsut y Tutmosis III también levantaron edificios aquí. Fueron añadidos a posteriori y transformados por sucesivos soberanos hasta la época tolemaica. Durante su época de máximo esplendor, en Medinat Habu había templos, almacenes, talleres, edificios administrativos y alojamiento para sacerdotes y funcionarios. Durante siglos, fue el centro de la vida económica de Tebas y aún estaba habitada en el s. IX, cuando se cree que una plaga diezmó la ciudad. Aún se ven los restos de ladrillos de adobe de la ciudad medieval que dio nombre a este yacimiento (medina significa "ciudad") en lo alto de las murallas.

El **templo de Amón** original, construido por Hatshepsut y Tutmosis III, quedó totalmente eclipsado por el enorme **templo funerario de Ramsés III,** característica dominante de Medinat Habu.

Ramsés III se inspiró para la construcción de su santuario en el Ramesseum de su ilustre antepasado, Ramsés II. Su propio templo y el de menor tamaño, dedicado a Amón, están dentro del enorme recinto amurallado del complejo.

También según se entra, a mano izquierda, están las **capillas funerarias de las divinas adoratrices,** construidas para las sacerdotisas principales de Amón. En el exterior de la entrada este, una de las dos existentes, estaba el embarcadero de un canal que antaño, conectaba Medinat Habu con el Nilo.

Se entra al recinto por la excepcional **puerta siria,** un gran edificio de dos plantas inspirado en una fortaleza asiática. Si se sigue la pared hacia la izquierda se encontrarán unas escaleras que llevan a las plantas superiores. No hay mucho que ver en las salas, pero hay unas vistas estupendas del poblado frente al templo y de los campos que se extienden al sur.

El **primer pilón,** bien conservado, constituye la fachada del templo en sí. Ramsés III apare-

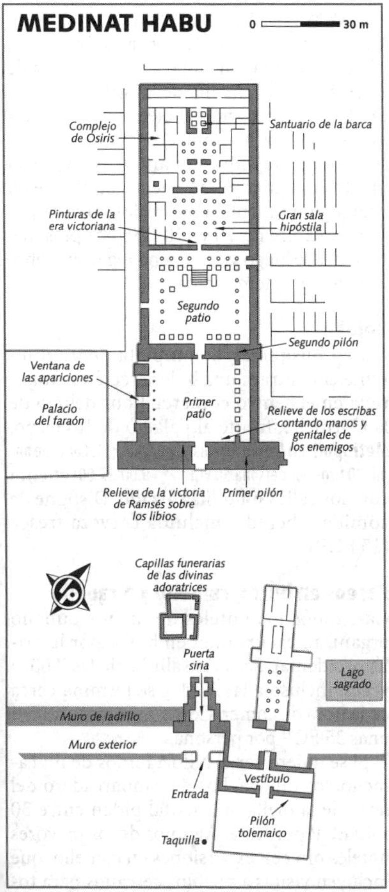

ce retratado en sus relieves como vencedor en varias guerras. Los más famosos son los magníficos **relieves** de su victoria sobre los libios. Hay también una escena de escribas que calculan el número de enemigos muertos contando manos y genitales amputados.

A la izquierda del **primer patio** están los restos del **palacio del faraón**; las tres salas del fondo formaban el harén real. Hay una ventana en el primer patio que da al palacio del faraón conocida como la **ventana de las apariciones,** que le permitía mostrarse ante sus súbditos.

En los relieves del **segundo pilón** aparece Ramsés III presentando prisioneros de guerra ante Amón y su esposa Mut, la diosa-buitre. El **segundo patio** está rodeado de columnatas y relieves que muestran diversas ceremonias religiosas.

Entre las extensas ruinas que rodean el templo funerario, se pueden ver los restos de una **basílica cristiana primitiva,** y un pequeño **lago sagrado.**

New Gurna

El poblado de adobe de Hassan Fathy, **New Gurna,** se encuentra al otro lado de la vía del ferrocarril, junto a la carretera principal entre el embarcadero y las taquillas. Fue construido para recolocar a los habitantes de Old Gurna (véase recuadro en p. 269), que vivían en las tumbas de los Nobles y sus alrededores, y a los que las autoridades llevan intentando apartar de las colinas desde la década de 1930. Pocos son los *gurnawis* que se han trasladado, y el propio Fathy tuvo que admitir que su plan fue un fracaso como experimento de ingeniería social. Echó la culpa al desinterés de las autoridades por los *gurnawis* en vez admitir fallos en su proyecto.

Los edificios eran impresionantes, con cúpulas y bóvedas características, gruesas paredes de adobe y ventilación natural, pero Hassan Fathy probablemente se echaría las manos a la cabeza si regresara en la actualidad. Hoy en día viven en ellas personas procedentes de poblados lejos de Luxor, muchas de las casas de adobe con cúpulas han sido sustituidas por duros bloques de hormigón que precisan menos mantenimiento y hacen más fácil las ampliaciones. No obstante, la bella mezquita de adobe y el teatro aún sobreviven, así como la casa del propio arquitecto.

Cómo llegar y desplazarse

La mayoría de turistas pasan a la orilla occidental en autobús o taxi por el puente, unos 7 km al sur de la ciudad. Pero el río sigue siendo la vía más rápida. El ferry *baladi* (municipal) cuesta 1 EGP para los extranjeros (10 pt para los lugareños) y sale de un muelle frente al templo de Luxor. También hay pequeñas lanchas motoras (llamadas *lunches*) que salen de allá donde encuentran clientes y que pueden cruzar el río por 5 o 10 EGP por grupo pequeño.

En la orilla occidental, la parada de taxis está cuesta arriba desde el embarcadero de *ferries.* Las camionetas *(kabout)* anuncian sus destinos a voces. Si se oye de uno que vaya a Qurna, se puede tomar para ir a la taquilla, ya que pasa por allí (25 pt). Los *pick-ups* circulan constantemente entre los poblados, así que siempre se puede parar uno para visitar los monumentos y ruinas, aunque puede que haya que caminar desde la carretera principal hasta la entrada. Si se quiere disponer de un *pick-up* para uso personal, costará 5 EGP. Lo más probable es que el conductor no se salga de su ruta habitual.

Para alquilar un taxi para todo el día, lo normal es tener que pagar entre 150 y 200 EGP/día, según la temporada, el estado del turismo y la capacidad de cada uno para el regateo.

Más allá de la parada de taxis se encontrarán bicicletas de alquiler por 15 EGP/día. Una de las mejores opciones es la que ofrece Ahmed, justo por encima de la parada de taxis, en el primer desvío a la izquierda desde la carretera principal.

También se pueden alquilar burros y camellos con guías; véase en esta página.

Para hacerse una idea de las distancias, desde el embarcadero de *ferries* hay 3 km en línea recta hasta la taquilla, más allá de los colosos de Memnón; 4 km hasta el valle de las Reinas y 8 km hasta el valle de los Reyes.

ACTIVIDADES

Travesías en falúa

Al igual que en el resto de Egipto, el lugar más agradable donde estar al atardecer es en el Nilo. Se puede tomar una falúa en cualquiera de las dos orillas, y navegar unas horas, a la suave luz del atardecer y al ponerse el sol, para refrescarse con la brisa de la tarde y relajarse después de las visitas. Los precios de las falúas oscilan entre las 30 y las 35 EGP por embarcación y hora, según la capacidad de regateo de cada uno.

Uno de los recorridos habituales en falúa consiste en remontar el río hasta la diminuta isla de Banana, salpicada de palmeras y situada a unos 5 km de Luxor. El viaje dura de dos a tres horas. Conviene planearlo bien para volver a tiempo de contemplar la puesta de sol en el Nilo desde la embarcación. Algunos viajeros se han quejado de que el capitán de la falúa les ha cobrado aparte la "entrada" a la isla. Es mejor asegurarse antes qué incluye el precio acordado.

Paseos en globo

Hod Hod Suleiman (plano pp. 240-241; ☎ 237 0116; Sharia Televizyon), **Sky Cruise of Egypt** (Sharia Khalid ibn al-Walid; ☎ 237 6515) y **Magic Horizons** (Sharia Khalid ibn al-Walid; ☎ 012 226 1697; www.magic-horizon.com) ofrecen travesías en globo a primera hora de la mañana por encima de la orilla occidental de Luxor. Cuando el cielo está claro, las vistas sobre los monumentos y las montañas son realmente impresionantes. Si cambia el viento cualquier salida puede cancelarse en cualquier momento. Los precios no son fijos, y varían entre los 70 y 120 US$ por persona, pero desde luego vale la pena regatear, sobre todo fuera de temporada.

Bolos

Quien busque algo completamente diferente encontrará una bolera recién inaugurada en el centro comercial por debajo de la Corniche, frente al palacio de Invierno. **Metropolitan Bowling** (plano pp. 240-241; Corniche an-Nil; 20 tiros por persona 50 EGP; 9.00-12.00) cuenta con dos calles y alquila calzado. Dispone de comida y bebida, incluida cerveza fresca (15 EGP).

Paseos en burro, camello y a caballo

Casi todos los hoteles de menor tamaño organizan excursiones en burro por la orilla occidental. Se suele salir hacia las 7.00, a veces, incluso a las 5.00, y se termina cerca de la hora de comer. Como mínimo, cuestan unas 35 EGP por persona.

Si se quiere ver el Nilo a lomos de un camello, los muchachos del embarcadero del *ferry* de la orilla occidental piden entre 30 y 40 EGP por hora. Algunos de los mayores hoteles ofrecen excursiones en camello, que incluyen visitas a pueblos cercanos para tomar una taza de té.

Montar a caballo por los campos y contemplar la puesta de sol tras las colinas tebanas es algo magnífico. Los mejores caballos, y el único establo que ofrece cascos, sillas a la inglesa y seguro es **Nobi's Arabian Horse Stables** (plano pp. 240-241; ☎ 231 0024, 010 504 8558; 25 EGP/hora; 7.00-ocaso). Nobi también cuenta con 25 camellos al mismo precio. Conviene llamar con antelación para reservar; también puede encargarse de organizar el traslado sin problemas para asegurarse de llegar al lugar correcto, ya que los taxistas en muchos casos intentarán llevar al turista a los establos de algún amigo. Otro establo es el **Pharaoh's Stables** (plano pp. 240-241; ☎ 231 0015; 7.00-ocaso) que tiene caballos, camellos (ambos a 25 EGP/h) y burros (15 EGP/h).

Hidroavión

Legend of the Nile (Sharia al-Marwa; ☎ 238 6646, 010 070 7429; www.lont-travel.com) ha empezado recientemente a ofrecer excursiones en hidroavión, sobrevolando los templos de Luxor y del Alto Egipto (desde 85 US$ por un viaje de 25 minutos sobre Luxor).

Natación

Tras una mañana de calor visitando tumbas y templos, un chapuzón en una piscina puede parecer una bendición. La mayoría de hoteles importantes e incluso algunos económicos tienen piscina. Los hoteles St Joseph, Karnak, Windsor, New Emilio y Arabesque tienen pequeñas piscinas en la azotea abiertas al público por 20 EGP. La piscina del Mercure Inn se puede usar por 30 EGP. La del Rezeiky Camp, algo más grande, cuesta 10 EGP. La del Sheraton está en un rincón apartado junto al Nilo y cuesta 80 EGP por día.

CIRCUITOS

Las cada vez mayores restricciones de viaje para extranjeros y los constantes regateos y complicaciones que implica hasta la transacción más sencilla pueden dificultar mucho el viajar de forma independiente, por lo que quizá se quiera visitar los lugares de interés en un recorrido de un día. American Express y Thomas Cook (véase p. 238) ofrecen un gran número de ellos. Los precios oscilan entre unos 30 US$ y 60 US$ por persona durante medio día.

Al-Nada Travel Service (NTS; plano pp. 240-241; ☎ 238 2163; www.alnadaegypttravel.com; Petra Travel Agency Bldg, Sharia Ahmed Oraby; 🕑 8.00-23.00). Cerca del templo de Luxor. Tiene muchos clientes jóvenes y es donde se puede recurrir para gestionar un carné de estudiante ISIC. Está más orientada a viajes de largo alcance que a excursiones de un día por Luxor.

Jolleys Travel & Tours (plano pp. 240-241; ☎ 237 2262; www.jolleys.com; 🕑 9.00-22.00). Empresa con buena reputación, situada junto al Old Winter Palace, que también organiza visitas de un día a los principales puntos de interés.

Nawas Tourist Company (plano pp. 240-241; ☎ 237 0701; magednawas@yahoo.com; 🕑 10.00-14.00 y 17.00-21.00). Situada tras la oficina de turismo, también cuenta con buena reputación. Además de organizar excursiones de un día, vende billetes de *ferry* desde Hurgada y Sharm el-Sheikh y cruceros de un día a Dendara.

QEA Travel Agency (plano pp. 240-241; ☎ 231 1667; www.questfortheegyptianadventure.com; Al-Gezira). Agencia británica que organiza circuitos a medida por Luxor, así como a destinos más lejanos en el mar Rojo o el desierto del Oeste. Un porcentaje de sus beneficios se destinan a proyectos de beneficencia en Egipto.

Sherif Tours (plano pp. 240-241; ☎ 010-280 9988; Sharia at-Taeib, junto a Sharia Televizyon; www.elsheriftours.com). Tiene buena fama por sus excursiones por Luxor, sus cruceros por el Nilo y sus expediciones por el desierto.

Casi todos los hoteles económicos y pequeños promocionan con intensidad sus circuitos. Algunos son mejores que otros y ha habido quejas de distintos viajeros que han acabado viendo poco más que tiendas de papiros y fábricas de alabastro desde un automóvil caldeado y sin aire acondicionado. Por contratar uno de esos circuitos, lo habitual es pagar de 50 a 75 EGP por persona.

El Iberotel Luxor Hotel (p. 280) organiza cruceros de un día en el *Lotus Boat* a Dendara por 350 EGP por adulto y 150 EGP por niño, con comida, guía y entradas incluidas. Las salidas a Abydos son menos frecuentes, pero salen por unas 400 EGP/persona. El **Nefertiti Hotel** (plano pp. 240-241; ☎ 010 601 6132; www.nefertitihotel.com/tours; Sharia Sahbi) también organiza cruceros de un día a Dendara.

FIESTAS Y CELEBRACIONES

La mayor fiesta tradicional de la ciudad es el **Maulid de Abu al-Haggag.** Es uno de los mayores *maulids* (festivales de santos) de Egipto, celebrado en honor del jeque patrón de Luxor, Yousef Abu al-Haggag, un iraquí del s. XII que se estableció en Luxor. El *maulid* se celebra alrededor de la mezquita de Abu al-Haggag, la más antigua de la ciudad, construida sobre la esquina nordeste del templo de Luxor. Es un animado carnaval de cinco días que se celebra tres semanas antes del Ramadán. Véase más información sobre otros *maulids* en el recuadro de p. 248.

Cada año, en febrero, se celebra un **maratón** (☎ 02-260 6930, 012 214 8839; www.egyptianmarathon.com) en la orilla occidental. Empieza en Deir el-Bahri y pasa por los principales monumentos antiguos para acabar en el punto de partida.

DÓNDE DORMIR

Luxor dispone de una amplia gama de hoteles para todos los presupuestos. La mayor parte de los hoteles para turistas en paquetes están en la orilla oriental, al igual que las tiendas, restaurantes y la caótica vida urbana. La orilla occidental está resurgiendo a marchas forzadas, y ya no es tan rural como antes, pero sigue siendo un lugar tranquilo, con un ritmo de vida mucho más lento y donde las noches suelen ser deliciosamente tranquilas.

Económico

Luxor dispone de una amplia oferta de alojamientos económicos. Muchos cuentan con azoteas ajardinadas y lavadoras. Los hoteles económicos de la orilla occidental salen especialmente a cuenta, son mucho más tranquilos y en muchos casos ofrecen la posibilidad de conocer mejor a los lugareños.

Es mejor evitar a los vendedores que salen en busca de clientes en cuanto los turistas bajan del tren o del autobús: sacan una comisión del 25 al 40% por llevar clientes a los hoteles, cifra que se suma a la cuenta.

ORILLA ORIENTAL

Oasis Hotel (plano pp. 240-241; ☎ 496 1848, 010 380 5882; Sharia Mohammed Farid; dc 12 EGP; i/d sin baño 15/25 EGP, d/tr/c 35/50/65 EGP; 💻). Encantador hotel económico pintado en diferentes tonos de azul, con habitaciones limpias, en su mayoría con aire acondicionado y baños propios muy limpios, y todas con ventilador. El precio incluye acceso a Internet y té a media tarde. En la azotea hay una terraza azul muy agradable para pasar el rato o para desayunar. Hassan, el propietario, suele ir a buscar a los clientes a la estación de trenes, y el personal es increíblemente solícito y amable. Algunos turistas han observado que algunos representantes del Nubian Oasis Hotel, de calidad muy inferior pero en la misma calle, afirman que el Oasis ahora se llama Nubian Oasis, así que cuidado: no es cierto. Son dos hoteles diferentes.

Fontana Hotel (plano pp. 240-241; ☎ 238 0663; junto a Sharia Televizyon; i/d sin baño 20/30 EGP, i/d 30/45 EGP; ❄). Este hotel de 25 habitaciones es un icono entre los hoteles económicos. Dispone de habitaciones limpias, una lavadora para el uso de los clientes, azotea en la terraza y cocina. Todos los baños son grandes y están realmente limpios, y se proporciona papel higiénico y toallas. El propietario, Magdi Soliman, siempre está dispuesto a ayudar, y el personal es amable y solícito.

Anglo Hotel (plano pp. 240-241; ☎ 238 1679; fax 238 1679; Midan al-Mahatta; i/d/tr 40/50/75 EGP; ❄). Está situado junto a la estación de trenes, por lo que puede ser algo ruidoso, pero las amplias habitaciones salen muy a cuenta, son limpias y están cuidadas; tienen aire acondicionado, televisión vía satélite, baño propio y teléfono. El bar del sótano tiene gancho entre la población local.

Venus Hotel (plano pp. 240-241; ☎ 237 2625, 012 171 3599; Sharia Yousef Hassan; i/d con ventilador 25/40 EGP, con aire acondicionado 35/50 EGP; 💻). Las 25 habitaciones del Venus son algo ruidosas y destartaladas, pero el hotel tiene un ambiente divertido y atrae a grupos de presupuesto ajustado. Todas las habitaciones tienen baños limpios, y la mayor parte aire acondicionado. Hay una estupenda terraza en la azotea, y un animado bar (cerveza Stella 10 EGP).

St Mina Hotel (plano pp. 240-241; ☎ 237 5409; fax 237 6568; junto a Sharia Ramses; i/d sin baño 30/35 EGP, i/d 35/50 EGP; ❄). Hotel agradable y familiar, sin el ambiente de bajos fondos de muchos de los hoteles económicos de Luxor. Sus 20 habitaciones son limpias y tienen aire acondicionado o ventilador. Los precios caen considerablemente en verano.

Horus Hotel (plano pp. 240-241; ☎ 237 2165; fax 238 0965; Sharia al-Karnak; i/d/tr 40/60/80 EGP; ❄). El Horus, establecimiento histórico reformado recientemente, tiene habitaciones limpias y amplias, sencillas pero cómodas, con baños limpios independientes. Todas las habitaciones tienen vistas del templo de Luxor, ya que el hotel está justo detrás y, por tanto, muy céntrico.

Happy Land Hotel (plano pp. 240-241; ☎ 237 1828; www.luxorhappyland.com; Sharia Qamr; i/d sin baño 30/45 EGP, i/d/tr con baño, nevera y aire acondicionado 55/70/90 EGP; ❄ 💻). El Happy Land, otro hotel predilecto de los mochileros, ofrece habitaciones limpias y baños impecables, así como un servicio muy agradable, un copioso desayuno con fruta y cereales y una terraza en la azotea. La competencia entre los hoteles económicos de Luxor es feroz, y el Happy Land convence por sí solo, así que no necesita enviar representantes a la estación. Dispone de bicicletas de alquiler por 12 EGP/día y las instalaciones de lavandería son de uso libre. El señor Ibrahim se esfuerza al máximo para que a todo el mundo le guste su ciudad. Vende carnés ISIC.

Nefertiti Hotel (plano pp. 240-241; ☎ 237 2386; www nefertitihotel.com; Sharia as-Sahbi, entre Sharia al-Karnak y Sharia as-Souq; i/d/tr 9/13/16 US$; ❄ 💻). El enérgico Aladin as-Sahbi gestiona el hotel con esmero, como lo ha hecho su familia durante generaciones, así como la agencia de viajes contigua, Aladin Tours, ofreciendo insta-

VALLE DEL NILO: LUXOR

laciones de categoría media a precios económicos. No es de extrañar que a nuestros lectores les guste: las habitaciones son sencillas pero acogedoras, los baños privados son pequeños pero impecables, se sirve un buen desayuno y el personal es encantador. Se puede tomar el sol en la azotea y darse una ducha después, o beber algo contemplando las vistas de la orilla occidental y el templo de Luxor. El salón de la última planta cuenta con televisión vía satélite, mesa de billar y un pequeño gimnasio.

Merryland Hotel (plano pp. 240-241; ☎ 238 1746; i/d 50/80 EGP; ❄ 💻). Hotel de tres estrellas, grande pero tranquilo, cerca del Museo de Luxor, junto a Sharia Labib Habashi, con habitaciones a buen precio (aunque algo oscuras y pequeñas), todas con televisión vía satélite, baño propio y un pequeño balcón. La terraza de la azotea tiene bar, zona de desayuno y estupendas vistas de la orilla occidental.

Mina Palace Hotel (plano pp. 240-241; ☎ 237 2074; Corniche an-Nil; i/d 80/100 EGP; ❄). En la misma Corniche, frente al Museo de la Momificación, el Mina Palace ofrece vistas de cinco estrellas a precios de ganga. Las dos habitaciones de la esquina tienen unas vistas insuperables de la orilla occidental y de la avenida de las esfinges a la altura del templo de Luxor. Todas las habitaciones agradecerían una capa de pintura, pero tienen mucho ambiente, televisión vía satélite, cómodas camas y baños muy limpios. En la azotea hay una terraza donde relajarse y disfrutar de una cerveza fría mientras se ve la puesta de sol al otro lado del Nilo.

Rezeiky Camp (plano pp. 240-241; ☎ 238 1334; www.rezeikycamp.com.eg; Sharia al-Karnak; parcela por persona 20 EGP, por vehículo 15 EGP, i/d con ventilador 11/14 €, i/con aire acondicionado 12/16 €; ❄ 💻 🏊). El Rezeiky Camp es el único lugar donde plantar una tienda en la ciudad, pero es bastante agradable y permite disfrutar de una piscina allí mismo. Tiene un gran jardín con restaurante y bar, y acceso a Internet. Las habitaciones, de estilo motel, no son tan agradables como para compensar lo impráctico de la ubicación, pero el lugar suele llenarse con grupos de turistas egipcios, así que es mejor asegurarse de que hay vacantes antes de llegar.

ORILLA OCCIDENTAL

Habu Hotel (plano p. 253; ☎ 237 2477; Kom Lolah; i/d 25/40 EGP). Si a uno le gustan los hoteles con personalidad, el Habu es ideal. Es un laberinto de adobe y habitaciones abovedadas con vistas impresionantes a la entrada del recinto del templo de Medinat Habu y a las montañas que tiene detrás. Se recomiendan las habitaciones con cúpula y terraza de la primera planta, que están prácticamente en el patio delantero de Medinat Habu y tienen una gran terraza con muebles de caña de palma. El restaurante de la planta baja tiene ventiladores de techo cubiertos de polvo y magníficos carteles turísticos antiguos. Los inconvenientes son las camas combadas, los mosquitos, el personal amodorrado y los baños encharcados.

Al-Gezira Hotel (plano pp. 240-241; ☎ 231 0034; www.el-gezira.com; Gezira al-Bayrat; i/d 70/100 EGP; ❄). Tiene un estilo diferente, ya que ocupa un edificio moderno con vistas a los frondosos y fértiles campos cultivados del pueblo de Gezira al-Bayrat. Es como una casa lejos de casa. En realidad, hay arqueólogos que viven aquí durante el invierno, y los dueños son encantadores y hacen que todo el mundo se sienta bien, hasta el punto de que el hotel suele estar lleno. Las 11 acogedoras habitaciones están impecables; todas tienen baño propio y dan al lago o a un afluente del Nilo. La dirección y el personal son agradables y eficientes, y el restaurante de la azotea, donde se sirve el desayuno, ofrece unas estupendas vistas del Nilo, además de cerveza fría (10 EGP) y comida tradicional egipcia de calidad.

Senmut Bed & Breakfast (plano pp. 240-241; ☎ 231 3077/012 736 9159; www.senmut-luxor.com; Ar-Ramlah, al sur del embarcadero de *ferries*; i/d sin baño 60/90 EGP, i/d 70/110 EGP). Esta pareja egipcio-holandesa ofrece nueve cómodas habitaciones dobles, seis con impecables baños propios, todas con ventilador y algunas con aire acondicionado, y una cocina comunitaria donde los clientes pueden cocinar o encargar la cena por adelantado, un jardín con sombra y una terraza en la azotea con estupendas vistas del Nilo y del templo de Luxor. Los propietarios estarán encantados de tomarse un té y explicar cómo organizar cualquier estancia en la orilla occidental. El primer piso se puede alquilar completo como apartamento para una familia, con cinco habitaciones dobles.

Marsam Hotel (plano p. 253; ☎ 237 2403, 231 1603; www.luxor-westbank.com/marsam_e_az.htm; Gurna; i/d sin baño 40/80 EGP, i/d 60/120 EGP). Construido para los arqueólogos estadounidenses en la década de 1920, el Marsam, antes Sheikh Ali Hotel, es el más antiguo de la orilla occidental. Tiene encanto, con 30 sencillas habitaciones distribuidas alrededor de un bonito patio, con ventiladores de techo y camas tradicionales de junco. Se sirve un delicioso desayuno con pan casero en el jardín. El hotel es tranquilo y tiene personalidad; está cerca de casi todos los puntos de interés de la orilla occidental. Aún recibe a muchos arqueólogos, así que es necesario reservar con antelación, en especial durante la temporada de excavaciones que va de octubre a marzo aproximadamente. También tiene un buen restaurante (véase p. 284).

Precio medio

Luxor tiene una oferta cada vez mayor de hoteles de precio medio en ambas orillas. Si se quiere encontrar un hotel con personalidad, lo mejor es buscar entre los pequeños hoteles tradicionales de adobe cerca de Medinat Habu, en la orilla occidental. Muchos hoteles nuevos de la orilla occidental reciben a familias y a menudo disponen de apartamentos con dos habitaciones dobles, cocina y sala. Los hoteles de Luxor suelen ser establecimientos modernos y elegantes destinados a los grupos organizados de presupuesto económico y de aventura. En esta categoría también se encuentran excelentes gangas, con buenas instalaciones y precios mínimos.

ORILLA ORIENTAL

Little Garden Hotel (plano pp. 240-241; ☎ 227 4936; Sharia Radwan; i/d 18/24 US$; ❄). La ubicación no debería ser un problema, ya que ofrece transporte gratuito desde el aeropuerto y la estación. Es un pequeño hotel muy bien gestionado y tiene un personal muy agradable pero eficiente, servicio de habitaciones las 24 horas, buenos colchones de algodón, aire acondicionado, televisión vía satélite e impecables baños privados. También hay un pequeño patio ajardinado y un restaurante en la azotea con comida asiática y narguiles (pipas de agua), pero no alcohol. Los estudiantes pueden obtener un descuento del 10%.

New Pola Hotel (plano pp. 240-241; ☎ 236 5081; www.newpolahotel.com; Sharia Khalid ibn al-Walid; i/d/tr 18/25/45 US$; ❄ 💻 🏊). Sus grandes vistas y la pequeña piscina de la terraza convierten este hotel recién abierto en una gran ocasión. La decoración es *kitsch*, pero las 81 habitaciones son impecables y tienen aire acondicionado, minibar, televisión vía satélite y baño propio. La mitad también tiene vistas del Nilo. Muy buena relación calidad-precio.

Philippe Hotel (plano pp. 240-241; ☎ 238 0050; Sharia Labib Habashi; i/d 18/25 US$; ❄ 🏊). El Philippe, cerca de la Corniche, es un recurso muy popular en los circuitos económicos, ya que ofrece habitaciones cómodas y limpias, con televisión vía satélite, baños privados y aire acondicionado. Tiene un estilo algo impersonal, pero sale a cuenta; también tiene una terraza en la azotea con una pequeña piscina. Las habitaciones de delante son las mejores: en su mayoría tienen pequeños balcones y mucha luz.

St Joseph Hotel (plano pp. 240-241; ☎ 238 1707; sjhiey2002@hotmail.com; Sharia Khaled ibn al-Walid; i/d 25/30 US$; ❄ 🏊). Este popular y bien gestionado hotel de tres estrellas es, desde hace años, de los favoritos entre los grupos pequeños gracias a sus cómodas habitaciones con televisión vía satélite, aire acondicionado y baños privados. Además hay piscina climatizada en la azotea y bar en el sótano. Hay que pedir vistas al Nilo.

Luxor (Wena) Hotel (plano pp. 240-241; ☎ 238 0018; Sharia al-Karnak; i/d/tr 25/30/45 US$; ❄ 🏊). Este hotel regio pero muy avejentado, usado recientemente como decorado para una película de la BBC sobre Howard Carter, cuenta con una espléndida ubicación cerca del templo de Luxor, en un jardín de 2 Ha. El vestíbulo, arabesco-morisco, es magnífico, pero las habitaciones están algo destartaladas y el personal es más que cansino.

Flobater Hotel (plano pp. 240-241; ☎ 237 4223; fax 370 618; junto a Sharia Khaled ibn al-Walid; i/d 25/35 US$; ❄). Este moderno hotel familiar, situado junto al St Joseph, cuenta con 40 cómodas habitaciones con neveras, televisión vía satélite, aire acondicionado y baño privado. También dispone de una agradable terraza con piscina en la azotea. Vale la pena pedir una habitación con balcón.

Tutotel Partner Hotel (plano pp. 240-241; ☎ 237 7990; tutotel@partner-hotels.com; Sharia Salah ad-Din; i/d 34/42 US$; ❄ 🏊). Hotel de tres estrellas con instalaciones de cuatro, situado en un lugar muy práctico, entre la Corniche y Sharia Televizyon. Sus 79 habitaciones, la mayor parte con vistas al Nilo, tienen cómodas camas, televisión vía satélite, aire acondicionado y minibar. También hay una piscina con *jacuzzi* en la azotea, tres restaurantes y una de las pocas discotecas de Luxor.

New Emilio Hotel (plano pp. 240-241; ☎ 237 3570; emilio_hotel@hotmail.com; Sharia Yousef Hassan; i/d

25/47 US$;). El New Emilio es un buen hotel de precio medio con 101 amplias habitaciones, todas ellas perfectamente equipadas con neverita, televisión vía satélite, baño propio, aire acondicionado y servicio de habitaciones las 24 horas, además de extras como la terraza AstroTurfed de la azotea, con mucha sombra y una gran piscina, sauna y un centro de negocios.

Morris Hotel (plano pp. 240-241; ☎ 235 9832; www.hotelmorrisluxor.com; Sharia al-Hurriya, junto a Sharia ibn al-Walid; i/d/tr 50/80/105 US$;). Nuevo hotel de cuatro estrellas que algunos lectores han recomendado por sus amplias habitaciones de estilo clásico con nevera, televisión vía satélite y caja fuerte. Las vistas del Nilo y de la orilla occidental desde la terraza, donde se sirve el desayuno a petición de los clientes, son espléndidas. El hotel dispone de varios restaurantes internacionales, piscina y un piano bar, y hay planes de abrir una discoteca. El almuerzo bufé cuesta 12 US$; la cena bufé, 18 US$.

Mercure Inn (plano pp. 240-241; ☎ 238 0721; www.accor-hotels.com; junto a Sharia al-Karnak; i/d/tr 65/85/95 US$;). El Mercure Inn tiene habitaciones muy cómodas con nevera y televisión vía satélite, y ofrece servicios de cuatro estrellas, como el de habitaciones, de guardería, tres restaurantes, un bar y una piscina de buen tamaño en sus amplias instalaciones, todo ello por menos dinero que otros hoteles de precio alto.

Sheraton Luxor Resort (☎ 237 4544; www.starwoodhotels.com/sheraton; Sharia Khaled ibn al-Walid; i/d desde 70/90 US$;). El Sheraton es un clásico: el edificio, de tres plantas, está oculto entre unos frondosos jardines en el extremo sur de Sharia Khaled ibn al-Walid, lo suficientemente cerca de algunos restaurantes como para ir a pie, pero lo suficientemente lejos como para evitar el ruido de la calle. Las habitaciones están bien equipadas y las que dan al Nilo tienen estupendas vistas. Las del edificio principal son mucho más agradables que los *bungalows* del jardín, que es mejor evitar. El hotel tiene una galería comercial y un restaurante italiano (véase p. 283). Las tarifas no incluyen el desayuno y son considerablemente más bajas si se reserva por Internet.

ORILLA OCCIDENTAL

Al-Fayrouz Hotel (plano pp. 240-241; ☎ 231 2709, 012 277 0565; www.elfayrouz.com; Al-Gezira; i 80-120 EGP, d 120-150 EGP, tr 140-170 EGP, c 160 EGP;). Este tranquilo hotel tiene 17 habitaciones de vivos colores con vistas a los campos de caña de azúcar, y es una estupenda base de operaciones para explorar los monumentos de la orilla occidental. La dirección es germano-egipcia, y las habitaciones son sencillas, impecables, están decoradas con gusto y tienen baño privado; algunas también cuentan con aire acondicionado y un balcón con vistas. Las más caras son mayores, tienen una salita y son más acogedoras. Se puede comer en la confortable terraza de la azotea o en el popular restaurante con jardín.

Amenophis Hotel (plano p. 253; ☎ /fax 231 1228; www.luxor-westbank.com/ameophis_e.htm; Kom Lolah; i/d 75/130 EGP, i o d media pensión 100-170 EGP, apartamento 250 EGP;). Este tranquilo hotel, situado en un gran edificio cerca del complejo templario de Medinat Habu, es una buena opción de precio medio, con habitaciones cómodas e impecables, todas con aire acondicionado, televisión vía satélite y baños privados, así como apartamentos con dos habitaciones dobles, cocina y salón. El restaurante de la azotea tiene unas vistas impresionantes del templo, las montañas y los campos.

Nour al-Gurna (plano p. 253; ☎ 231 1430, 010 129 5812; Gurna; i 100 EGP, d 150-200 EGP, st 250 EGP). Es un hotelito único, en una casa de adobe situada en un palmeral, frente a la taquilla de la Inspección de Antigüedades. Las habitaciones son amplias, todas algo diferentes, con ventiladores, pequeños equipos de música, mueble de fabricación local y baños con azulejos. Todas las camas tienen mosquiteras tan prácticas como decorativas. La única queja es que los colchones tradicionales de algodón son algo duros. Romántico y original, con un trato amable y una ubicación práctica, es un lugar con encanto y próximo a los monumentos de la orilla occidental.

Amon Hotel (plano pp. 240-241; ☎ 231 0912; fax 231 1353; Al-Gezira; i/d/tr 120/160/230 EGP;). Hotel familiar de gran encanto que ocupa un moderno edificio con habitaciones impecables, un frondoso jardín exótico donde es un placer desayunar o beber algo, personal extremadamente solícito y unas comidas caseras deliciosas. En el ala nueva las habitaciones son grandes, tienen baño propio, ventiladores en el techo, aire acondicionado y balcones con vistas al patio. En el ala vieja, algunas habitaciones tienen baño propio y todas aire acondicionado. En la planta superior hay triples con terraza y unas vistas impresionantes de las colinas tebanas y de la orilla oriental. Este hotel también suele acoger a arqueólogos, así que conviene reservar con tiempo.

Nile Valley Hotel (plano pp. 240-241; ☎ 231 1477, 012 796 4473; www.nilevalley.nl; Al-Gezira; i/d sin baño 15/24 €, i/d 18/27 €;). Agradable hotel de gestión egipcio-holandesa situado en un edificio moderno muy cerca del embarcadero de los *ferries*. La mayor parte de las habitaciones, cómodas e inmaculadas, tienen limpísimos baños privados y aire acondicionado (las otras comparten un baño cada dos habitaciones; algo ideal si las ocupan miembros de una misma familia). Algunas tienen vistas al Nilo, pero las que dan al jardín trasero son más tranquilas y algo más grandes. En la azotea hay un buen bar-restaurante con fantásticas vistas del Nilo y del templo de Luxor, y en el jardín hay piscina y piscina infantil. Es un hotel especialmente indicado para familias, que suelen quedarse una semana o más. Organiza salidas en burro a buen precio (35 EGP/persona, de 7.30 a 14.00) y otras excursiones a la carta; también hay servicio de alquiler de bicicletas (12 EGP/día).

Nour al-Balad (plano p. 253; ☎ 242 6111; Ezbet Bisily; i/d/st 150/200/250 EGP;). El Nour al-Balad es igualmente bonito pero incluso más tranquilo que su homólogo, el Nour al-Gurna. Lleva el mismo estilo tradicional con un toque personal al borde del desierto. Entre las habitaciones de la planta alta de esta casa de adobe hay dos grandes *suites* con una vista impresionante del desierto y de los campos, y sencillas individuales con colchones tejidos, camas de latón y azulejos arabescos en los baños. Las de la planta baja son pequeñas y oscuras, pero acogedoras en invierno. Todas tienen ventiladores en el techo y reciben muy buenas críticas. Para llegar, hay que seguir el camino que sale de detrás de Medinat Habu durante 500 m.

Al-Nakhil Hotel (plano pp. 240-241; ☎ 231 3922, 012 382 1007; www.el-nakhil.com; Al-Gezira; i/d 25/35 US$;). El Nakhil o "Palmera" es una incorporación reciente al panorama hotelero. Se encuentra en un palmeral a las afueras de Al-Gezira. El hotel, de estilo *resort*, ofrece habitaciones impecables, con techo abovedado y bien acabadas, todas con baño y aire acondicionado, o apartamentos (55 US$) con dos dormitorios dobles, cocina, salita y terraza. Al igual que muchos de estos nuevos hoteles de la orilla occidental, es ideal para familias, y dispone incluso de cunas. También tiene una habitación adaptada para discapacitados. Si a ello le sumamos las vistas del campo y el pequeño restaurante, el resultado es una muy buena relación calidad-precio.

Al-Gezira Gardens (plano pp. 240-241; ☎ 231 2505; www.el-gezira.com; al-Gezira; i/d 25/35 US$, i/d media pensión 30/45 US$, apt 2 dormitorios con desayuno 55 US$;). Gran complejo con 14 habitaciones dobles y ocho apartamentos con dos habitaciones dobles, cocina y salita, muy frecuentado por turistas alemanes. Todas las habitaciones tienen balcones (algunos con vistas al jardín y otros con una gran panorámica del Nilo y de los campos de alrededor). La decoración no es de un gusto exquisito, pero las camas son cómodas y todo está impecable. El hotel dispone de bar, restaurante y una estupenda terraza en la azotea, una piscina de buen tamaño en el jardín y un pequeño supermercado. Cada hora hay un autobús-lanzadera gratis para los clientes que comunica con Luxor y la orilla oriental.

Beit Sabée (plano p. 253; ☎ 010 632 4926; info@nourelnil.com; Kom Lolah; d 250-400 EGP;). La última incorporación a la activa oferta hotelera de la orilla occidental de Luxor estaba recibiendo los últimos toques en el momento de redactar esta guía, pero ya tenía muy buen aspecto. Ocupa una casa tradicional de adobe de dos plantas, con el templo de Medinet Habu al otro lado de los campos. Sus ocho habitaciones, de diferentes colores cálidos y con baños privados, tienen una gracia no forzada y están decoradas con muebles y telas de la zona. Este pequeño hotel da la sensación de encontrarse en una casa egipcia de verdad y sin duda se convertirá en uno de los mejores de la zona, un buen lugar para pasar una temporadita.

Precio alto

ORILLA ORIENTAL

En Luxor hay muchos hoteles de cuatro y cinco estrellas, casi todos pertenecientes a cadenas internacionales.

Iberotel Luxor Hotel (plano pp. 240-241; ☎ 238 0925; www.iberotel-eg.com/luxor; Corniche an-Nil; i/d con vistas al Nilo 90/110 US$, con vistas a la ciudad 80/105 US$;). Antes era el Novotel (y aún lo llaman así). Es un bloque rechoncho en el extremo sur de la Corniche, con un atrio interior, estupendas vistas del Nilo y una piscina flotante. Las habitaciones son cómodas, aunque algo pequeñas, y el interior del edificio tiene el aspecto de un hotel de paquete turístico barato, pero su ubicación, a orillas del Nilo y a un salto del templo de Luxor, es insuperable.

Sofitel Karnak (mapa p. 237; ☎ 237 8020; www.sofitel.com; Sharia az-Zinia Gebly; h 110-250 EGP; ⊠ ✲ ⛶). Tranquilo y apartado, el enorme Sofitel Karnak, con sus 351 habitaciones, se encuentra rodeado de un frondoso jardín junto al Nilo, 3 km al norte de los templos de Karnak. Su arquitectura de influencia nubia combina bien con las palmeras y las buganvillas, y ofrece la tranquilidad necesaria para relajarse tras el bullicio de la ciudad. Además de unas cómodas habitaciones de estilo *bungalow* también tiene una muy agradable piscina (climatizada) junto al Nilo, pistas de tenis y de *squash* y un gimnasio, sauna y *jacuzzi*. En las proximidades hay un campo de golf de 18 hoyos. Unos autobuses-lanzadera llevan a los clientes al centro.

Old Winter Palace Hotel y New Winter Palace Hotel (plano pp. 240-241; ☎ 238 0422; h1661@accor-hotels.com; Corniche an-Nil; ala vieja h 200-350 €, st 445-890 €; ala nueva i/d 75-106 €; pabellón h 108-120 €, st 325 €; ⊠ ✲ ⛶). Estos hoteles están uno al lado del otro, en la Corniche. Lo mejor es pasar por alto la parte nueva (se rumorea que el gobernador quiere derribar algo tan feo y tan próximo al templo de Luxor) y dirigirse a la vieja. El Old Winter Palace fue construido para atraer a la aristocracia europea y es uno de los hoteles históricos más famosos de Egipto. Es una mole victoriana con un ambiente magnífico, altos techos, espléndida tapicería, fabulosas vistas del Nilo, un enorme jardín con árboles y arbustos exóticos, una inmensa piscina, mesas de *ping-pong* y una pista de tenis. Las habitaciones tienen diferentes tamaños y decoración, pero son muy cómodas. Tras muchos años de un servicio increíblemente lento y una comida mediocre, nos alegra observar que el servicio y la comida vuelven a estar a la altura del precioso ambiente. Un desayuno bufé cuesta 95 EGP en el ala vieja u 81 EGP en el pabellón. El Winter Palace es un lugar estupendo para pasar una semana en Luxor. Detrás del ala nueva se levanta un edificio clásico más bajo, el pabellón, que comparte el jardín y la piscina, al igual que el ala nueva.

Mövenpick Jolie Ville (☎ 237 4855; www.moevenpick-hotels.com; Crocodile Island; i 110-130 US$, d 160-170 US$, st 300-400 US$; ⊠ ✲ ⛶). Situado entre exuberantes jardines, en Crocodile Island, 4 km al sur de la ciudad, es un estupendo hotel familiar, con minizoo y zona de juegos, además de piscina, pista de tenis y falúas. Cuenta con 320 cómodas (aunque arquitectónicamente sosas) habitaciones de estilo *bungalow*, y los clientes disponen de una lancha-lanzadera que comunica con el centro de la ciudad. A finales de 2008 el nombre del hotel pasará a ser Meretem Jolie Ville, pero en el momento de redactar esta guía aún no había cambiado la página web.

Sonesta St George Hotel (plano pp. 240-241; ☎ 238 2575; www.sonesta.com/egypt_luxor; Sharia Khaled ibn al- Walid; i/d con vistas al Nilo 120/180 US$, con vistas a la ciudad 108/195 US$; ⊠ ✲ ⛶). Este hotel cubierto de mármol con 224 habitaciones tiene un atractivo *kitsch* que no debe pasarse por alto. Abunda no sólo el mármol, sino también las columnas faraónicas y hay una valla en forma de llamas que rodea la azotea, pero además es un lugar muy animado. La gestión es muy buena, el personal agradable, el hotel ha sido reformado recientemente y las habitaciones son cómodas y tienen estupendas vistas; además hay una piscina climatizada, un centro de negocios y una buena oferta de restaurantes.

ORILLA OCCIDENTAL

Al-Moudira (plano pp. 240-241; ☎ 012 325 1307; moudirahotel@yahoo.com; Daba'iyya; h 170 €, st 220-290 €; ⊠ ✲ 🖳 ⛶). Un hotel de lujo con todas las de la ley y una personalidad de la que carecen muchos otros hoteles de Luxor. Es una fantasía morisca con altísimas bóvedas, arcos en punta y enormes cúpulas, rodeada por un frondoso jardín donde cantan los pájaros. Ofrece 54 habitaciones dispuestas alrededor de pequeños patios. Cada una es de tamaño, color y dimensiones diferentes (aunque todas son muy grandes), con su propia decoración de trampantojo pintada a mano y sus antigüedades procedentes de todo el país. Los bancos con cojines y las cómodas butacas antiguas invitan a sentarse a descansar como un pachá, y los baños con enormes techos abovedados tienen el aire de un *hammam* (sala de baños) privado. Los espacios públicos son aún más espectaculares, con *mashrabiyya* (celosías de madera) tradicionales combinadas con obras de "orientalistas" contemporáneos. Está situado en el límite entre el terreno cultivado y el desierto, y es un lugar realmente espectacular; los únicos inconvenientes son que el personal a veces es algo hosco, y que está lejos de todas partes.

Alquiler de pisos

Si se va en familia o se tiene pensado pasar un tiempo en Luxor cabe plantearse el alquiler. Cada vez hay más pisos en oferta en la orilla occidental, sobre todo porque muchos extranjeros están impulsando el negocio. La calle que sigue la orilla del Nilo, al sur del embarcadero de *ferries* en la orilla occidental, es conocida en el lugar como "European Street", por los muchos europeos que se han construido casas y apartamentos. El lado negativo del alquiler de pisos parece ser el turismo sexual, ya que no hay control sobre los acompañantes que se puedan llevar a las habitaciones. Varias empresas gestionan pisos de alquiler, entre ellas **Flats in Luxor** (plano p. 253; ☎ 010 356 4540; www.flatsinluxor.com; desde 150 EGP/semana;), drigida por una pareja egipcio-británica que empezó alquilando sus propios pisos pero que ahora también alquilan otros. La página www.luxor-westbank.com también tiene una amplia oferta de pisos, al igual que www.egyptwithmara.com/flats_in_luxor.htm.

DÓNDE COMER

La mayoría de visitantes acude a Luxor por sus monumentos y no por su cocina (bien hecho, porque la mayor parte de restaurantes es bastante mediocre). No obstante, hay buenas noticias, ya que están apareciendo nuevos locales que mejoran el nivel de lo que mejor hacen los egipcios: la cocina tradicional egipcia de verdad. Fuera de los hoteles pocos son los lugares donde se sirve alcohol o se aceptan tarjetas de crédito; las excepciones a la norma se indican en las reseñas. Si no se dice lo contrario, los restaurantes tienden a abrir de 10.00 a 24.00.

Restaurantes

ORILLA ORIENTAL

Mish Mish (plano pp. 240-241; ☎ 238 1756; Sharia Televizyon; comidas 7-18 EGP). Local económico de larga tradición; se le nota la edad, pero no pierde popularidad, aunque los precios también han aumentado. Es un café-restaurante sencillo y de precio razonable, con *pizza* (10 a 18 EGP), ensaladas (3 a 5 EGP) y picantes *tagens* (15 EGP). También sirven zumos de fruta frescos por 8 EGP.

Kings Head Pub (plano pp. 240-241; ☎ 237 1249; Sharia Khaled ibn al-Walid; platos 10-30 EGP; 10.00-2.00;). El rey en cuestión es Akenatón, con un sombrero Tudor, y la temperatura interior se acerca más al fresco de un día de verano inglés. Este *pub* es cada vez más popular y ofrece todo lo que un británico nostálgico pueda desear: un mostrador de teca, dardos, billar, deportes en la tele, *curries* (unas 20 EGP), patatas fritas y, los domingos, incluso rosbif y *Yorkshire pudding* (30 EGP). La cerveza tiene un precio razonable (12 EGP una Stella) y hay una amplia gama de cócteles y licores.

Sofra (plano pp. 240-241; ☎ 235 9752; www.sofra.co.eg; 90 Sharia Mohamed Farid, junto a Sharia al-Manshiya; platos principales 12-35 EGP; 11.00-24.00). El Sofra es el restaurante que estaba esperando Luxor. Situado en una casa de la década de 1930, lejos del bullicio de los turistas, es todo lo egipcio que se puede ser, tanto en la carta como en la decoración, e incluso en el precio. En la planta baja hay tres comedores privados que dan la sensación de estar en el salón de una casa, y en la azotea hay una magnífica terraza-cafetería a la que se puede acudir para beber algo. La casa está llena de antiguos muebles orientales, candelabros y elementos tradicionales, todos sencillos pero acogedores y de mucho gusto. La carta es extensa e incluye todos los platos tradicionales, como el pichón relleno y un pato excelente, así como una gran selección de ensaladas, *dips* (4 EGP) y *mezze*. No se sirve alcohol, pero hay deliciosos zumos de fruta, y narguile después. Es una gran opción: el servicio es muy atento y ha recibido muchas críticas favorables de nuestros lectores.

Oasis Café (plano pp. 240-241; ☎ 012 336 7121; Sharia Dr Labib Habashi; platos principales 15-60 EGP; 10.00-22.00;). El Oasis ocupa un edificio restaurado de la década de 1930 justo en el centro de la ciudad. Es un buen lugar para recuperarse del caos de la ciudad, del calor o de tanta visita. Los comedores son frescos, con ventiladores, altos techos y antiguos suelos de baldosa, las paredes están pintadas con colores suaves y presentan obras de artistas locales; los muebles y la decoración son de estilo tradicional. Su suave música de *jazz*, sus comedores para fumadores y no fumadores, el *New Yorker* para leer y unos camareros muy amables lo convierten en el lugar ideal para almorzar, para entretenerse con un buen café con leche por la mañana o para pasar el rato leyendo por la tarde. El lugar es muy occidental, pero agradable, como un café tranquilo de barrio, no como algunos de los bulliciosos restaurantes turísticos que se encuentran en la ciudad. La comida también es buena, con una amplia carta para el *brunch* y una oferta de platos internacionales que incluyen pastas (15 a 25 EGP), carnes a la parrilla (40 a 60 EGP), sustanciosos bocadillos (12 a 18 EGP) y una amplia selección de pastelería.

La Mama (fuera del plano pp. 240-241; ☎ 237 4544; Sheraton Luxor Resort, Sharia Khaled ibn al-Walid; platos 18-60 EGP; 🕑 10.30-23.00). El restaurante de la terraza del Sheraton, con su pequeño estanque con aves enfrente, es una buena apuesta, especialmente si se va con niños. Es un italiano al estilo de la década de 1970, con servilletas rojas y blancas, música napolitana en vivo y una buena selección de *pizzas*, pastas y platos principales, todo ello servido en un ambiente impecable de cinco estrellas.

Dawar al-Umda Restaurant (plano pp. 240-241; ☎ 237 3321; Sharia al-Karnak; platos principales 20-40 EGP; 🕑 19.00-23.00). Situado en el jardín del Mercure Inn, este agradable, barato y alegre restaurante con terraza sirve especialidades egipcias, con una buena selección de *mezze* (2 a 6 EGP), además de los clásicos kebabs y *kofta* (brochetas de albóndigas con especias). La experiencia egipcia se completa con un bufé oriental con bailarina del vientre incluida los jueves por la noche (18.30 a 22.30; 65 EGP); resérvese con antelación.

Kebabgy (plano pp. 240-241; ☎ 238 6521; Nile Shopping Centre, Corniche an-Nil, frente al Old Winter Palace Hotel; platos 20-45 EGP; 🕑 9.00-1.00; ❄). Una buena oferta de consistentes especialidades egipcias, como kebabs, *kofta* y *tagens*, así como la habitual selección de ensaladas y *dips*, todo ello servido en una estupenda terraza junto al Nilo, con sencillas mesas de madera y un vaporizador de agua para refrescar el cálido ambiente.

Snobs (plano pp. 240-241; ☎ 236 0356; junto a Sharia Khaled ibn al-Walid, pasado el Sonesta Hotel; platos 20-50 EGP; 🕑 10.00-24.00; ❄). Popular y eficiente restaurante de estilo occidental que se ha ganado una excelente reputación por sus grandes ensaladas, *pizzas* y carnes, obra de un joven chef de gran talento. No hay alcohol, pero se permite traerlo de fuera si se hace con discreción.

Bombay Restaurant (fuera del plano pp. 240-241; ☎ 010 665 9505; Sharia Khaled ibn al-Walid; platos 24-45 EGP; 🕑 12.00-23.30; ❄). Buen restaurante indio, siempre lleno de británicos, en el exterior del Sheraton Hotel. El menú de precio fijo para el almuerzo (80 EGP para dos personas) sale muy a cuenta, al ofrecer una buena selección de *curries* básicos y acompañamientos como *dhal* y *samosas*. Buena oferta para vegetarianos.

Jamboree Restaurant (plano pp. 240-241; ☎ 235 5827, 012 781 3149; Sharia al-Montazah; platos 35-80 EGP; 🕑 10.30-23.00; ❄). El Jamboree es un pequeño restaurante británico que sirve cocina internacional en un comedor como cualquier otro o, mucho mejor, en la terraza de la azotea. La oferta a mediodía se limita a unos bocadillos caseros de calidad y algún tentempié. La carta incluye patatas rellenas, pasta y platos egipcios tradicionales, aunque quizá no del todo auténticos.

1886 Restaurant (plano pp. 240-241; ☎ 238 0422; Old Winter Palace Hotel, Corniche an-Nil; entrantes 35-122, platos principales 60-190 EGP; 🕑 sólo cena; ❄). El 1886 vuelve a ser el restaurante *gourmet* de cocina francesa y mediterránea que era, con unos cuantos platos egipcios con estilo propio. El comedor es elegante y a la antigua, y los camareros muy formales. Se espera que la clientela vaya arreglada para la ocasión (los hombres con corbata y/o chaqueta); los camareros quizá repasen demasiado con la mirada a los comensales, pero la comida es espléndida y ligera. Entre las exquisiteces que se ofrecen hay *risotto* de cangrejo de río con trufa y rebozuelos, vieiras en caldo de alcachofas y raviolis de patata y apio. Ideal para pasar una velada excepcional.

Miyako Restaurant (plano pp. 240-241; ☎ 238 2575; Sonesta St George Hotel, Sharia Khaled ibn al-Walid; menú *teppanyaki* 125-180 EGP, *sushi* 25-40 EGP, *sashimi* 40-100 EGP; ❄). El único restaurante japonés de Luxor sirve una comida bastante mediocre, pero aun así supone un cambio tras tanto kebab y guiso de carne. Se puede tomar asiento en la fresca y tranquila sala del tatami (suelo de esterilla) u observar los juegos de manos de los cocineros, incluido el lanzamiento de cuchillos, mientras preparan el *teppanyaki* en la mesa.

ORILLA OCCIDENTAL

Restaurant Mohammed (plano p. 253; ☎ 231 1014; Gurna; platos 12-30 EGP). Con una terraza exterior y un ambiente relajado, el Mohammed es el lugar perfecto para recargar las pilas en medio de un día de exploración por templos y tumbas, o para pasar una velada tranquila. Es un establecimiento familiar; el restaurante está junto a la casa de adobe del dueño, y el encantador Mohammed Abdel Lahi sirve las mesas con su hijo, mientras que su esposa y su madre se ocupan de la cocina. La carta es corta pero incluye carne a la parrilla, delicioso pollo y pato, así como pichón relleno, y acompañamientos de patatas y simples pero excelentes ensaladas. También disponen de cerveza Stella (10 EGP).

Al-Gezira Hotel (plano p. 253; ☎ 231 0034; Al-Gezira; platos 15-45 EGP). Este cómodo restaurante-terraza sirve especialidades egipcias como la célebre *molokhiyya* (sopa de hojas guisadas) y las *mahshi kurumb* (hojas de calabaza rellenas), pero hay que encargar la comida con antelación. El menú del día cuesta 25 EGP. Tiene grandes vistas del Nilo y más allá se ven las luces de Luxor. Se sirve cerveza y vino.

Nour el-Gurna (plano p. 253; ☎ 231 1430; Gurna; comidas 15-50 EGP). Sirve pichón relleno, pato y otras consistentes especialidades locales en largos bancos a la sombra de las palmeras del jardín, o en la habitación, según la época. Es un lugar agradable y tranquilo para comer, cerca de la taquilla de la Inspección de Antigüedades. No se sirve vino, pero hay unos excelentes zumos de fruta fresca.

Memnon (plano p. 253; ☎ 012 327 8747; frente a los colosos de Memnón; platos 19-30 EGP; 🕑 6.30-22.30, más tarde en verano). Excelente y tranquilo restaurante con platos egipcios sencillos pero muy bien preparados y, para quien quiera variar, platos indios y chinos igualmente buenos. Después se puede pasar el rato o quedarse contemplando la eternidad mirando a la cara a los colosos mientras se fuma un narguile. Vale la pena hacer un hueco al final para el sorbete casero de mango.

Africa Restaurant (plano pp. 240-241; ☎ 012 365 8722; Al-Gezira; comidas 25 EGP). Subiendo la cuesta desde el embarcadero de *ferries* a la derecha se llega al popular Africa Restaurant, con una gran terraza y comida egipcia sencilla pero de calidad: carne, aves y pescados a la parrilla acompañados de arroz, verduras y ensalada. Normalmente disponen de cerveza Stella a 10 EGP.

Nile Valley Hotel (plano pp. 240-241; ☎ 231 1477; Al-Gezira; comidas 25-45 EGP). Popular restaurante-terraza con vistas aéreas de la acción por la orilla occidental. El Nile Valley tiene una extensa carta de especialidades egipcias e internacionales, pero también es un buen lugar para relajarse tomando algo de beber y fumando un narguile. Los domingos por la noche hay un bufé (55 EGP) acompañado de danza sufí y música típica.

Tutankhamun Restaurant (plano pp. 240-241; ☎ 231 0918, 010 566 8614; Al-Gezira; platos principales 30-40 EGP). Este restaurante en la azotea fue el primero junto al río, al sur del embarcadero de los *ferries*, y sigue siendo muy popular. Amm Mahmoud (el tío Mahmoud), ex cocinero de una de las misiones arqueológicas francesas en Luxor, aún cocina sus excelentes *tagens*, pato a la naranja, pollo con romero y otros platos de calidad. La comida se sirve en una gran azotea con unas magníficas vistas del Nilo.

Al-Moudira (plano p. 253; ☎ 012 325 1307; Daba'iyya; platos 35-180 EGP). La sofisticada comida del Al-Moudira hace juego con la decoración, y es la más cara en la orilla occidental, con estupendas ensaladas y carnes a la parrilla a mediodía y una carta más elaborada de cocina libanesa y mediterránea para cenar. Conviene reservar con antelación.

Comida rápida

ORILLA ORIENTAL

Abu Ashraf (plano pp. 240-241; ☎ 237 5936 209; Sharia al-Mahatta; platos 2-9 EGP). Este grande y popular restaurante también sirve comida para llevar y está a un paso de la estación de trenes. Ofrece pollo asado (12 EGP), *pizzas* (12 a 20 EGP), un buen *kushari* (4 a 10 EGP) y kebabs (15 EGP).

Sayyida Zeinab (plano pp. 240-241; Sharia Televizyon; platos 2,50-5,50 EGP). Local minúsculo pero impecable que sirve uno de los mejores *kushari* de Luxor. Sólo para llevar.

Koshari Elzaeem (plano pp. 240-241; Midan Hussein; platos 4-11 EGP; 🕑 24 h). Popular restaurante de *kushari* que también sirve una versión egipcia de los espaguetis (8 a 15 EGP). Tiene unas cuantas mesas, pero se llenan enseguida.

Salt & Bread Cafeteria (plano pp. 240-241; Midan al-Mahatta; platos 6-20 EGP). Restaurante con terraza frente a la estación de trenes que sirve comidas rápidas y baratas, como kebabs, pollo y tortillas.

Compra de alimentos

Luxor cuenta con muchas panaderías de calidad, por ejemplo en Sharia Ahmed Orabi, al principio de Sharia al-Karnak y en Sharia Gedda (todas en el plano pp. 240-241). En la orilla occidental se puede acudir a los colmados y fruterías de la calle principal de Al-Gezira, o ir al magnífico mercado semanal del zoco at-Talaat los martes por la mañana, frente al templo de Seti I.

Zoco de frutas y verduras (plano pp. 240-241; Sharia as-Souq). Éste es el mejor lugar de frutas y verduras, aunque lo bueno se acaba temprano. A ambos lados de la calle principal hay tiendecitas que venden productos y comestibles durante todo el día.

Supermercado Bakri (plano pp. 240-241; Sharias Medina con Televizyon). Tienda de estilo occidental, animada y bien abastecida, con una buena selección de productos importados, así como yogures y quesos conservados en frigoríficos limpios y en funcionamiento.

Omar (plano pp. 240-241; Sharia Medina al-Manawwara). Pequeño mercado de estilo occidental, que tiene gran variedad de delicias importadas.

Al-Ahram Beverages (plano pp. 240-241; ☎ 237 2445; Sharia Ramses). Al-Ahram Beverages es el punto de venta en Luxor del productor de vino y cerveza que tiene el monopolio en Egipto.

DÓNDE BEBER

Orilla oriental

Metropolitan Café & Restaurant (plano pp. 240-241; planta baja, Corniche an-Nil). Agradable y popular café-terraza, junto al Nilo, frente al Winter Palace Hotel. Sirven cerveza (Stella 10 EGP) y una amplia selección de cócteles, en una terraza con mobiliario de ratán, telas con estampados de animales y refrescantes vaporizadores de agua. También hay ensaladas (13 a 17 EGP), tentempiés y bocadillos (10 a 35 EGP), helados y narguile. Es el lugar perfecto para disfrutar de la puesta de sol.

New Oum Koulsoum Coffee Shop (plano pp. 240-241; Sharia as-Souq; 🕑 24 h). Nueva y muy agradable *ahwa* (cafetería) en el mismo centro del zoco, con una gran terraza con vaporizadores que ayuda a recuperarse de las compras y el regateo en el zoco sentándose a contemplar a la multitud tranquilamente. Ofrece zumos frescos (10 EGP), bebidas frías y calientes y un buen narguile (5 EGP), así como un café "profesional Nespresso" (10 EGP).

Kings Head Pub (plano pp. 240-241; ☎ 237 1249; Sharia Khaled ibn al-Walid; ❄). Lugar relajado y eternamente popular para beber algo y echar un billar, que trata de reproducir el ambiente de un pub inglés sin ser cursi. Además, debido al ambiente relajado, las mujeres pueden ir sin ser molestadas.

Nile Terrace Café & Bar (plano pp. 240-241; ☎ 238 0422; Corniche el-Nil; 🕑 9.00-19.00). La terraza que hay delante del Old Winter Palace Hotel es el lugar más elegante de Luxor para contemplar cómo el sol se pone lentamente tras las montañas tebanas. Aquí la norma son los cuellos almidonados, la ginebra y las tónicas, pero también hay cerveza (23 EGP) y té.

Sindbad Café (plano pp. 240-241; junto a Sharia Al-Karnak; 🕑 7.30-1.00). Café del Wena Hotel con una terraza grande y tranquila con viejas sillas de ratán. Es un lugar relajado y acogedor para tomarse una cerveza Stella fría muy barata (8 EGP), un té, o fumarse un narguile, o incluso para comer algún plato egipcio sencillo, como carnes a la parrilla o ensaladas (los platos principales cuestan de 12 a 22 EGP, las ensaladas 6 EGP).

Murphy's Irish Pub (plano pp. 240-241; ☎ 238 8101; Sharia al-Gawazat; ❄). Con madera barnizada y ambiente familiar, este pub es un buen lugar al que escapar para tomar una rápida y refrescante Stella o pasar una larga noche con los amigos.

Orilla occidental

No hay bares propiamente dichos en la orilla occidental; para beber algo la gente suele acudir a los restaurantes.

Maratonga Cafeteria (plano p. 253; Kom Lolah; 🕑 6.00-23.00). Este acogedor café con terraza, frente a Medinat Habu, es el mejor lugar para beber un refresco a la sombra de un gran árbol después de pasear por el magnífico templo de Ramsés III. Las vistas son fantásticas y el ambiente relajante.

Ramesseum Rest House (plano p. 253; al lado del Ramesseum, Gurna). Lugar agradable y distendido para relajarse tras visitar los templos. Además de agua mineral y refrescos, a veces, hay Stella.

OCIO

Orilla oriental

Con la gran cantidad de turistas que hay en Luxor, la ciudad se anima mucho de noche. El templo de Luxor está abierto hasta las 22.00 y vale la pena verlo de noche, el zoco también abre hasta tarde y está más animado de noche que de día; además, en verano muchos lugareños pasean por la Corniche. No obstante, no es el lugar ideal para ir de discotecas, aunque se sea fan de la música *disco* pasada de moda. Aun así, algunos bares no tienen mal ambiente. Casi todos los hoteles grandes presentan espectáculos folclóricos varias veces por semana, según la temporada y la cantidad de turistas en viajes organizados que hay por la ciudad.

Dawar al-Umda (plano pp. 240-241; ☎ 237 3321; Mercure Inn, Sharia al-Karnak). Esta sala tiene un popular espectáculo folclórico con baile del vientre, música *rababa* (que toma su nombre del instrumento parecido a un violín de una cuerda) y, ocasionalmente, algún encantador de serpientes. Suele ser los jueves por la noche, y viene acompañado de un bufé oriental (65 EGP).

Si se prefiere mover el esqueleto por la pista de baile, la discoteca del **Tutotel** (plano pp. 240-241; ☎ 237 7990) es una de las más frecuentadas, mientras que, en el **Hotel Mercure** (plano pp. 240-241; ☎ 238 0944; no clientes, mínimo 40 EGP), el suplemento también da derecho a ver el espectáculo de danza del vientre de las 23.30.

Orilla occidental

Si se quiere escapar de la intensa iluminación de la ciudad, hay que ir a la orilla occidental. Pharaoh's o Nobi's Arabian Horse Stables (p. 274) y QEA (p. 275) organizan barbacoas nocturnas en el desierto para grupos de 10 o más y, a veces, también presentan un espectáculo de danza equina.

Los domingos (y en ocasiones otros días, según la demanda) se puede escuchar música en directo y bailar en la terraza de la azotea del **Nile Valley Hotel** (plano p. 253; ☎ 231 1477; Al-Gezira).

DE COMPRAS

En la ciudad se puede encontrar la gama completa de recuerdos de Egipto, pero para el alabastro es mejor dirigirse a la orilla occidental. El alabastro se extrae unos 80 km al noroeste del valle de los Reyes, y aunque las fábricas próximas al Ramesseum y de Deir el-Bahri venden vasos, vasijas y lámparas baratas con el busto de Nefertiti, se pueden encontrar cuencos y vasos de mayor calidad, en muchos casos sin pulir, mucho más interesantes. Hay que tener cuidado al comprar; a veces lo que venden como piedra es en realidad cera con algunas esquirlas.

Las *tagen* (vasijas de barro) que se emplean en la cocina de la zona son una compra más original. Son muy prácticas, ya que, al cocinar, se pueden colocar directamente sobre el fuego o en el horno y, además, quedan bien en la mesa. Las hay desde 5 EGP, las más pequeñas, hasta 30 EGP. Se venden en la calle al lado de la comisaría de policía de Luxor.

Habiba (plano pp. 240-241; ☎ 010 124 2026; www.habibagallery.com; Sharia Sidi Mahmoud, junto a Sharia as-Souq; 🕑 10.00-22.00). Esta tiendecita recién abierta y gestionada por una australiana a quien le encanta viajar a Egipto y que quiere promocionar la artesanía egipcia de calidad tiene una oferta cada vez mayor de bordados beduinos, joyas, artículos de cuero, magníficos pañuelos de Siwan, toallas del mejor algodón egipcio habitualmente reservadas para la exportación, espejos y lámparas de latón, todo ello a precios fijos de comercio justo. Está a años luz de lo que se encuentra cerca de allí, en el zoco. Recomendada.

Centro de comercio justo de Luxor (plano pp. 240-241; ☎ 236 0870, 012 356 3445; www.egyptfairtrade.org; Sharia al-Karnak; 🕑 9.00-22.30). Tienda sin ánimo de lucro que comercia con artesanía procedente de proyectos de ONG por todo Egipto, con una amplia oferta de tallas de madera y cerámicas artesanas de los pueblos cercanos de Hejaza y Garagos, aceites aromáticos de Quz, joyas con cuentas del Sinaí y piezas de cristal soplado artesanal, de cristal reciclado y de papel reciclado de El Cairo.

Winter Akhmeem Gallery (plano pp. 240-241; ☎ 238 0422; Corniche an-Nil). Pequeña tienda junto a la escalera del Old Winter Palace y abarrotada de bellas piezas tejidas a mano de algodón, lino y seda de Ajmim. Los precios son altos, sobre unas 120 a 180 EGP por metro, pero aun así es más barato de lo que se pagaría por algo comparable en cualquier otro país. También hacen *galabiyyas* (túnicas para hombre) y camisas a medida.

CÓMO LLEGAR Y SALIR

Avión

EgyptAir (plano pp. 240-241; ☎ 238 0581; Corniche an-Nil; 🕑 8.00-20.00) tiene varios vuelos diarios entre El Cairo, Luxor y Asuán. Un billete de ida a El Cairo cuesta entre 198 y 574 EGP. Los billetes a Asuán cuestan 127 EGP (ida). Hay tres vuelos semanales a Sharm el-Sheikh (328 EGP ida). Los vuelos a Abu Simbel sólo operan en temporada alta, pero en Asuán hay que esperar tanto que es mejor organizarse el viaje desde allí.

Autobús

La estación de autobuses está fuera de la ciudad, aproximadamente a 1 km del aeropuerto, pero los billetes de la **Upper Egypt Bus Co** (plano pp. 240-241; ☎ 232 2218; venta de billetes, Midan al-Mahatta) se pueden comprar en sus oficinas de la ciudad, al sur de la estación de trenes. Hay minibuses (5 EGP) desde la ciudad hasta la estación de autobuses, y un taxi cuesta entre 25 y 30 EGP.

Los autobuses a El Cairo salen a las 7.00 (91 EGP, 10 a 11 horas), pero es esencial reservar con antelación, ya que se llenan enseguida. Hay seis servicios diarios a Hurgada (25 a 32 EGP, 5 horas), entre las 6.30 y las 20.00. Todos paran en Qena (5 EGP, 1 a 2 horas) y Safaga (20 a 27 EGP, 3½ a 4 horas) y siguen hasta Suez (60 EGP, 10 horas). Para ir a Quseir o Marsa Alam hay que transbordar en Safaga. A las 17.00 sale un autobús a Sharm el-Sheikh (110 EGP, 12 horas) y Dahab (120 EGP, 14 a 16 horas). Suele llenarse, así que conviene reservar con antelación. También hay salidas frecuentes a Qena (3 a 5 EGP) entre las 6.30 y las 20.00, y un autobús diario a Port Said a las 20.00 (70 EGP, 12 horas) vía Ismailiya (65 EGP), así como a Al-Kharga (50 EGP, 4 horas).

Para ir a los oasis del desierto occidental hay que tomar un autobús o un tren a Asiut, de donde salen autobuses cada día. En el momento de redactar esta guía no había ningún servicio de autobús entre Luxor y Asuán.

Crucero o 'dahabiyya'

Para información sobre los numerosos cruceros y los cada vez más frecuentes *dahabiyyas* (barcos-vivienda) que surcan el Nilo entre Luxor y Asuán, véase "Cruceros por el Nilo".

Falúa

No se puede tomar una falúa de Luxor a Asuán; la mayor parte sale de Esna por la esclusa, pero a menos que haya viento intenso, puede tardarse días en avanzar unos cuantos kilómetros en esa dirección. Para más información, véase "Cruceros por el Nilo".

Taxi

Actualmente, no se permite a los extranjeros tomar taxis. Hay que alquilar todo el vehículo e ir en convoy. Los taxistas siempre están dispuestos a negociar recorridos especiales Nilo arriba hasta Asuán, deteniéndose de camino en los lugares de interés. Lo normal es pagar de 250 a 300 EGP. Hasta Hurgada, el precio de ida es de unas 400 EGP. Hay que estar en la parada de taxi 30 minutos antes de que salga el convoy.

Quienes planeen ir de Luxor a Al-Kharga deben insistir mucho a la policía si no quieren dar un largo rodeo por Asiut. Los taxistas son reacios a hacer el viaje y, actualmente, piden unas 900 EGP por taxi (máximo siete personas).

Tren

La **estación de Luxor** (plano pp. 240-241; ☎ 237 2018; Midan al-Mahatta) tiene servicio de consigna, muchas cabinas de teléfonos y oficina de correos.

El **tren nocturno de Abela Egypt** (☎ 237 2015; www.sleepingtrains.com) sale cada día para El Cairo a las 20.30 y a las 21.30 (individual/doble con cena y desayuno 80/120 US$, niños de 4 a 10 años 45 US$, 9 horas). No se hacen descuentos para estudiantes; los billetes deben pagarse en dólares o euros.

Otros trenes a El Cairo abiertos a los extranjeros son el 981 de las 9.15 (adultos en 1ª/2ª clase 73/35 EGP, estudiantes en 1ª/2ª clase 40/27 EGP, 10 horas), que tiene

CONVOYES CON POLICÍA

Salir de Luxor por carretera suele implicar ir en convoy con policía (véase p. 315). Actualmente los convoyes para Hurgada salen a las 8.00, 14.00 y 18.00. Las excursiones de un día a Dendara y Abydos salen con el convoy de las 8.00 y se separan en Qena, con su propia escolta. También hay un viaje a Dendara a las 14.00. Ambos regresan sobre las 17.30.

Los convoyes para Asuán salen a las 7.00 (paran en Esna, Kom Ombo y Edfu), 11.00 (directo) y 15.00 (directo). Mejor comprobar estos horarios en la oficina de turismo antes de viajar.

Los vehículos se reúnen en Sharia Serb (véase plano pp. 240-241) unos 30 minutos antes de que salga el convoy.

Si se va en automóvil a otra parte, no se irá dentro del convoy pero habrá escolta policial. Hay puntos de control policiales en casi todos los límites entre municipios, por lo que las posibilidades de eludirlos son escasas. Lo irritante es que, probablemente, la escolta cambie en cada control, lo que provocará un retraso de unos minutos cada vez. Si es posible, es más recomendable tomar el tren.

parada en Balyana (19/14 EGP, 3 horas) para quienes deseen visitar Abydos; el 1903 de las 21.15 (adultos en 1ª/2ª clase 78/40 EGP, estudiantes en 1ª/2ª clase 45/32 EGP, 10 horas); y el 980 de las 23.10 (adultos en 1ª/2ª clase 78/40 EGP, 9 horas). Todos los trenes tienen parada en las poblaciones de Qena (1ª/2ª clase 18/13 EGP), Sohag (26/16 EGP), Asiut (36/22 EGP), Minya (54/35 EGP) y Beni Suef (62/40 EGP), en el valle del Nilo. Se aplican descuentos para estudiantes en todos los trenes.

En dirección a Asuán (3 horas) hay tres trenes: el 996 de las 7.00 (1ª/2ª clase 35/21 EGP); el 1902 de las 9.30 (1ª/2ª clase 30/21 EGP); y el 980 de las 17.00 (1ª/2ª clase 26/18 EGP). Todos tienen parada en Esna (1ª/2ª clase 14/12 EGP), Edfu (19/15 EGP) y Kom Ombo (25/18 EGP). Hay descuentos para estudiantes.

También hay un tren a Al-Kharga cada jueves a las 6.00 o 7.00, según la época del año (adultos/estudiantes 11/6 EGP sólo en 3ª clase; 8 a 10 horas).

CÓMO DESPLAZARSE

A/desde el aeropuerto

El aeropuerto de Luxor está 7 km al este de la ciudad. Un taxi cuesta por lo menos de 30 a 40 EGP desde el centro de la ciudad. Llegar a o desde la orilla occidental cuesta de 70 a 100 EGP. No hay autobús entre el aeropuerto y la ciudad.

Bicicleta

Luxor, una ciudad compacta, se presta a montar en bicicleta y las distancias en la casi totalmente plana orilla occidental son suficientes para hacer un poco de ejercicio pero no excesivas como para llegar a agotarse. No es aconsejable montar en bicicleta de noche, dada la costumbre de los lugareños de no encender los faros del automóvil.

Muchos hoteles alquilan bicicletas. Suelen costar de 10 a 15 EGP por día, pero conviene escogerla bien: no hay nada peor que quedarse tirado con la cadena rota a medio camino hacia el valle de los Reyes. Se puede llevar la bicicleta hasta la orilla occidental en el *ferry baladi* (véase p. 273). Si se sale de la orilla occidental, véase p. 274.

Falúa

Hay muchísimas falúas que realizan travesías cortas por Luxor, con parada en diversos puntos del río. El precio dependerá de la capacidad para el regateo de cada uno, pero suele ser de unas 20 EGP por hora de navegación.

Calesa

El carruaje tirado por un caballo cuesta de 20 EGP a 50 EGP la hora en función de la capacidad de regateo (aquí es donde realmente hacer falta). Por ir a Karnak, se suele pagar de 15 a 20 EGP.

Camionetas con conductor

Las *kabout* y los microbuses suelen ser la forma más rápida y sencilla de desplazarse. Para llegar a los templos de Karnak, hay que tomar un microbús en la estación de Luxor o detrás del templo de Luxor, que cuesta 0,50 EGP. También hay rutas dentro de la ciudad. Para informarse sobre las camionetas de la orilla occidental, véase p. 273.

Taxi

Hay muchos taxis en Luxor pero los pasajeros aún deben regatear mucho en cada trayecto. Uno corto por la ciudad puede costar al menos 10 EGP. También se puede contratar un taxi para todo un día por la orilla occidental. Lo normal es pagar entre 100 EGP y 200 EGP, en función de la duración de la excursión y de la capacidad de regateo.

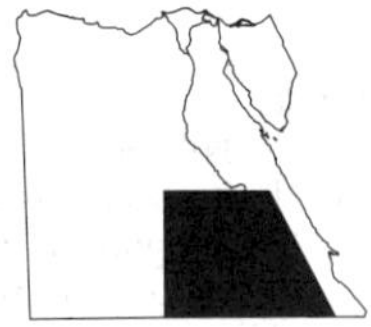

Valle del Nilo: de Esna a Abu Simbel

Uno tras otro aparecieron luego ante nuestros ojos los grandes templos: Kom Ombo dominando un recodo del río, Edfu aún intacto en la orilla occidental... Hay una quietud inmensa en el aire cálido, una insinuación de existencia pasada conservada para siempre...

Alan Moorhead, *The Blue Nile* (El Nilo Azul, 1962)

Si el norte del Alto Egipto está dominado por ciudades en rápido crecimiento y problemas políticos, al sur de Luxor el país es a la vez más duro y más tranquilo. El Nilo queda cada vez más cercado por el desierto, sus orillas están bordeadas de templos grecorromanos bien conservados en Esna, Edfu y Kom Ombo, y sus exuberantes campos están salpicados de pueblos rodeados de palmeras. Es el lugar ideal para deslizarse por el río en velero. Al-Kab ofrece el contraste perfecto con la majestuosidad de los templos, pues esta ciudad antaño grandiosa ha desaparecido casi por completo. Mas allá de Edfu, la franja cultivada de la orilla oriental da paso al desierto del Este (arábigo), mientras que en Gebel Silsila, 145 km al sur de Luxor, el río atraviesa una garganta que en el pasado se creía que marcaba una catarata.

La capital de la región es Asuán, centro administrativo y antiguo mercado de marfil, cuyo ambiente relajado la distingue de otros sitios turísticos de Egipto. Con el Museo de Nubia, numerosas ruinas antiguas, un animado zoco, hermosos jardines y una singular cultura de influencia nubia, es un lugar fascinante y relajante para pasar el tiempo.

Al sur de Asuán, la región está dominada por la Presa Alta y su retoño, el Nasser, el mayor lago artificial del mundo. Soberbios monumentos que se habrían perdido bajo las aguas se agrupan ahora en sus orillas y pueden visitarse en barco. El más meridional y espectacular es el gran templo de Ramsés II en Abu Simbel, y uno de los puntos culminantes de visita al país.

LO MÁS DESTACADO

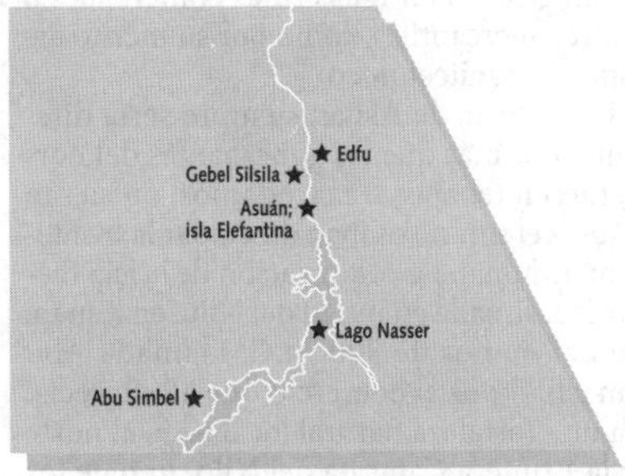

- Maravillarse ante el templo mejor conservado de Egipto y perderse en sus cámaras interiores, llenas de fórmulas sagradas, en el **templo de Horus** (p. 294), en Edfu.
- Ver el lugar donde encontraban los bloques para construir, y percibir la conexión entre la religión egipcia y el Nilo, en las canteras y santuarios de **Gebel Silsila** (p. 296).
- Pasear por las ruinas, poco visitadas pero fascinantes, del antiguo asentamiento de **Abu** (p. 306), en la isla Elefantina.
- Sentir la vanidad de Ramsés II en el templo más grandioso que construyó, el imponente **gran templo** (p. 325) de Abu Simbel.
- Disfrutar de la paz del **lago Nasser** (p. 322) y los templos rescatados, y hacerse una idea de la historia y cultura nubias sumergidas por él en el **Museo de Nubia** (p. 303), en Asuán.

Historia

El valle del Nilo al sur de Luxor era la patria del dios buitre y el dios cocodrilo, un lugar de naturaleza rigurosa y paisajes magníficos. Los lugares de culto, centros como Al-Kab y Kom al-Ahmar, se remontan a los primeros períodos de la historia egipcia: aquí se halló la paleta de Narmer, el objeto alrededor del cual se han reconstruido los orígenes de la 1ª dinastía; aquí se ha encontrado uno de los templos egipcios más primitivos que se conocen, hecho de madera en lugar de piedra; y aquí se han descubierto unos grabados rupestres tipo Lascaux que han abierto una ventana al pasado más remoto del país.

Sin embargo, casi todo lo que puede verse entre Luxor y Asuán data del último período de la historia antigua de Egipto, cuando el país estaba gobernado por los descendientes del general macedonio de Alejandro Magno, Tolomeo. Reinaron unos trescientos años, respetando las antiguas tradiciones y la religión del país y estableciendo un ejemplo para los romanos que los sucedieron.

Aunque tenían su base en Alejandría y miraban hacia el Mediterráneo, los tolomeos se abrieron paso hacia el sur hasta Nubia, la región que se extendía a ambos lados de la actual frontera entre Egipto y Sudán. Se aseguraron un gobierno pacífico en el Alto Egipto erigiendo templos en honor de los dioses de la zona, construidos en el grandioso estilo de los faraones para apaciguar a los sacerdotes y ganarse la confianza del pueblo. Los templos ribereños de Esna, Edfu, Kom Ombo y Filae son tan notables por su situación estratégica, en antiguas rutas comerciales o centros mercantiles, como por su mérito artístico y arquitectónico.

La historia de Asuán siempre sería diferente. Por más que los gobernantes del norte, fuesen tebanos o macedonios, quisieran ignorar el sur, no osaban descuidar la frontera meridional. La colonización de la isla Elefantina, situada en mitad del Nilo, en Asuán, data al menos de 3000 a.C. Llamada Abu ("marfil") por el comercio que allí florecía, era una fortaleza natural localizada al norte de la Primera Catarata del Nilo, uno de los seis conjuntos de rápidos que bloqueaban el río entre Asuán y Jartum. Al comienzo de la historia dinástica, en el Imperio Antiguo (2686-2181 a.C.), Abu se convirtió en capital del primer *nomo* (provincia) del Alto Egipto, y llegó a ser un próspero centro económico y religioso. Su importancia estratégica quedó subrayada por el título otorgado a sus gobernantes, guardianes de la puerta del Sur. Al final de la historia antigua, cuando Egipto era parte del Imperio Romano, la frontera del sur se veía como lugar de exilio para los habitantes del norte que se saltaban las normas.

Clima

Al viajar al sur de Luxor, el verde y fértil valle del Nilo se estrecha considerablemente y está cada vez más cercado por el desierto, que en algunos lugares se acerca peligrosamente a la ribera. El clima también cambia y se torna cada vez más desértico. En invierno los días suelen ser cálidos y secos (la temperatura media es de unos 26ºC durante el día), pero las noches son a menudo sorprendentemente frías. En verano los días son secos y con frecuencia muy calurosos, con temperaturas que oscilan entre 38 y 45ºC, lo que dificulta la visita a lugares al aire libre. En pleno verano, las temperaturas apenas parecen bajar durante la noche.

Cómo llegar y salir

Los continuos controles policiales, unidos a la insistencia en que los extranjeros se desplacen en convoyes, hacen que viajar por carretera de forma independiente por el sur del Alto Egipto sea casi, aunque no del todo, imposible (véase recuadro en p. 291). La policía de Asuán a menudo no permite que los extranjeros viajen en ningún autobús público hacia el norte, y desde luego no autoriza viajar en taxi colectivo. Es recomendable desplazarse en tren, pues otorga algo más de libertad. Oficialmente, a los extranjeros sólo se les permite viajar en tres trenes concretos al día, pero suele ser posible subir a cualquier otro, aunque tal vez sea prudente comprar el billete a bordo. Se puede alquilar un taxi de Asuán a Luxor, aunque el viajero deberá formar parte del convoy matutino que para en el templo de Kom Ombo una media hora, y en el templo de Horus, en Edfu, una hora.

Viajar a Abu Simbel vuelve a ser mucho más fácil. Los extranjeros pueden tomar autobuses (oficialmente sólo se admiten cuatro extranjeros por autobús), microbuses y taxis, aunque siempre en un convoy policial. El avión sigue siendo la opción más rápida, aunque también la más cara.

VIAJAR POR EL SUR

Tras los mortales atentados terroristas de los años noventa dirigidos a turistas, la policía introdujo medidas de seguridad destinadas a proteger a los visitantes en la muy transitada zona entre Luxor y Asuán. Ello significa que todos los lugares de interés están protegidos por policías armados y que los extranjeros sólo pueden viajar de una ciudad a otra en convoy policial. A los viajeros independientes se les impide tomar autobuses o taxis colectivos, han de pasar el mismo tiempo en los monumentos que otros cientos de personas, ya que deben unirse al convoy, y tienen prohibido deambular por pueblos y callejones traseros.

No se han producido incidentes violentos en el sur desde 1997, pero la amenaza persiste, como prueba una serie de atentados a turistas en El Cairo a principios de 2005, por lo que es improbable que las fuerzas de seguridad relajen sus severas tácticas en fechas próximas. Algunas personas se sienten más seguras bajo la protección policial, pero la mayoría no: las altas velocidades y la forma peligrosa de conducir en el convoy parecen un riesgo mayor que el terrorismo. Pero esto es Egipto, y las normas a menudo se fuerzan: dependiendo de la tensión en la zona, de cuán extranjero parezca uno o del humor del oficial de turno, puede que dejen al viajero pasear libremente y ver lo que quiera, o tal vez lo lleven a la estación y lo metan en el primer tren de salida.

Cómo desplazarse

A los extranjeros se les restringe el desplazamiento entre ciudades en el lejano sur de Egipto, pero las normas dentro de los límites municipales no dejan de cambiar, y difieren de un lugar a otro y de un agente de policía a otro. En algunos sitios se deja bastante libertad a los extranjeros, que pueden usar taxis comunales (normalmente camionetas) fuera de Asuán (la tarifa es de 25 a 50 pt). Pero en algunas ciudades, habrá gente de seguridad esperando a recoger a los extranjeros en el tren, e insistirán en escoltarlos hasta el hotel y a cualquier sitio adonde quieran ir. La seguridad se refuerza sobremanera si ha ocurrido algún incidente en la ciudad, no necesariamente relacionado con turistas o terrorismo.

SUR DEL ALTO EGIPTO

ESNA

☎ 095 / 71.588 hab.

La mayoría de los visitantes van a Esna por el templo de Jnum, pero la pequeña y ajetreada ciudad campesina, situada en la orilla oeste del Nilo 54 km al sur de Luxor, es encantadora. Pasado el menudo bazar, que vende principalmente recuerdos turísticos, hay varios ejemplos de arquitectura provincial del s. XIX con elaboradas *mashrabiyya* (celosías ornamentadas de madera tallada), y un bello caravasar al sudoeste del templo. En el zoco cubierto, al este del templo, una vieja almazara prensa semillas de lechuga para hacer aceite, un poderoso afrodisíaco desde la antigüedad. Hasta principios del s. XX, Esna fue una parada importante en la ruta de caravanas de camellos que unía Sudán con El Cairo, y los oasis del desierto occidental con el valle del Nilo. La ciudad podría visitarse en una agradable excursión de una mañana desde Luxor, pero con las actuales restricciones de seguridad, el viajero tendrá suerte si el convoy para aquí de camino a Edfu y Asuán. Actualmente se puede visitar Esna como parte de un itinerario en crucero por el Nilo (véase "Cruceros por el Nilo").

La oficina de correos y una sucursal del Bank of Alexandria se encuentran en la calle que lleva del canal al Nilo. La **oficina de la policía turística** (☎ 240 0686) está en el bazar, cerca del templo.

Templo de Jnum

El **templo tolemaico-romano de Jnum** (adultos/estudiantes 15/10 EGP; 🕓 6.00-16.00 oct-may, hasta 17.00 jun-sep) se sitúa a unos 200 m del desembarcadero, al final del zoco turístico. Hoy se asienta en un foso de 9 m de profundidad, que representa 15 siglos de arena del desierto y escombros, acumulados desde su abandono en época romana. La mayor parte del templo, semejante en tamaño a los de Edfu (véase p. 294) y Dendara (p. 231), permanece cubierto. Lo único que se excavó en la década de 1840 (y lo único que puede verse hoy) es la sala hipóstila romana.

Jnum era el dios creador con cabeza de carnero que modeló a la raza humana en su

torno de alfarero, usando arcilla del Nilo. La construcción del templo fue comenzada por Tolomeo VI Filométor (180-145 a.C.) sobre el emplazamiento de un templo anterior. Los romanos añadieron la sala hipóstila, que puede visitarse, con esculturas bien conservadas, algunas de época tan tardía como el s. III. Marco Aurelio (161-180 d.C.) hizo construir un muelle que conectaba el edificio con el Nilo.

La entrada central conduce al oscuro y evocador vestíbulo, cuyo techo está sustentado por 18 columnas con capiteles florales maravillosamente variados, en forma de hojas de palmera, capullos de loto y abanicos de papiro; algunas presentan también racimos de uvas, un característico toque romano. El techo está decorado con escenas astronómicas, mientras que los pilares están cubiertos de jeroglíficos que describen rituales del templo. En los rincones del frente, junto a las entradas secundarias, hay dos himnos a Jnum. El primero es el himno de la mañana para despertar al dios en su altar y el segundo, un maravilloso himno de la creación que lo reconoce como creador de todos, incluso de los extranjeros: "Todos son moldeados en su torno de alfarero, su habla es diferente en cada región pero el Señor del torno es también su padre".

En los muros, emperadores romanos vestidos de faraones realizan ofrendas a los dioses locales de Esna. La pared norte (derecha) posee escenas coloristas del regente atrapando peces en un bosquecillo de papiros con Jnum y, al lado, el emperador presenta el templo al dios.

El muro posterior, al nordeste, es la única parte que se conserva del templo tolemaico original, y contiene relieves de dos faraones de esta dinastía, Tolomeo VI Filométor y Tolomeo VIII Evergetes (170-116 a.C.). Varios emperadores romanos, entre ellos Septimio Severo, Caracalla y Geta, añadieron sus nombres cerca de la puerta trasera de la sala.

Dónde comer y beber

Poca gente se demora en Esna, pues está muy cerca de Luxor y la policía apremia a los visitantes para que vuelvan al convoy. Hay unos pocos puestos de comida con tentempiés y *ahwas* (cafés) en el zoco que conduce al templo.

Cómo llegar y salir

Los trenes son un engorro, ya que la estación del ferrocarril se encuentra en la orilla opuesta (oriental) del Nilo, lejos del centro urbano. Los autobuses a Luxor (7 EGP, 8.30, 17.30 y 20.00) y Asuán (18 EGP, 8.00 y 10.00) circulan por la carretera principal Luxor-Asuán de la orilla oriental, parando brevemente para recoger pasajeros, suponiendo que permitan subir a los turistas. La estación de taxis colectivos está junto al canal, aunque las llegadas suelen efectuarse en la vía principal que lleva a la ciudad, alrededor de la cual se congregan conductores de *hantour* (calesas de caballos) con la esperanza de captar algún cliente. Piden 8 EGP por el viaje al templo, que dura de 5 a 10 minutos, y otro tanto por la vuelta.

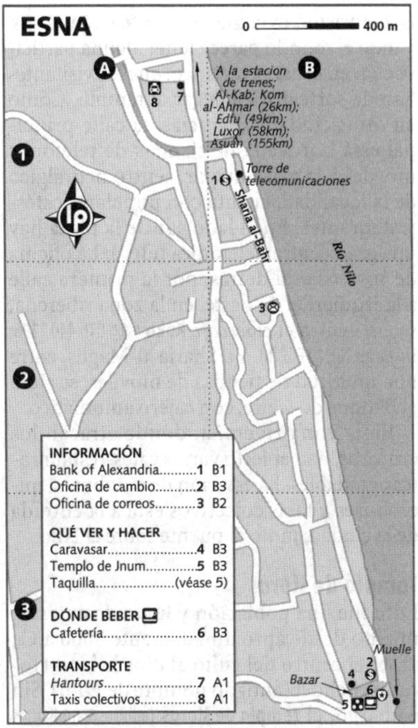

AL-KAB Y KOM AL-AHMAR

Entre Esna y Edfu se encuentran las ruinas de dos asentamientos de más de tres mil años de antigüedad, con evidencias de haber estado poblados en épocas aún más remotas.

El poco visitado **Al-Kab** (adultos/estudiantes 25/15 EGP), la antigua Nejeb, es uno de los yacimientos más importes del antiguo Egipto. Era el hogar de Nejbet, diosa buitre del Alto Egipto, una de las dos deidades femeninas que protegían al faraón ya desde el Imperio Antiguo. No hay mucho que ver, pero los restos de las murallas de adobe que rodeaban la ciudad, de 12 m de grosor, son impresionantes y se remontan al Período Tardío (747-332 a.C.). El templo de arenisca más antiguo del recinto amurallado, dedicado al dios Tot, fue construido por Ramsés II (1279-1213 a.C.). El templo de Nejbet, contiguo al anterior, se erigió durante el Período Tardío. En ambos se reutilizaron bloques de templos muy anteriores, del Período Arcaico (h. 3100 a.C.) y el Imperio Medio (2055-1650 a.C.).

Al noroeste de las murallas se encuentra un cementerio del Imperio Antiguo. Al otro lado de la carretera, excavadas en la colina al borde del valle, hay tumbas de gobernadores locales del Imperio Nuevo. La más importante es la **tumba de Ahmosis,** hijo de Ebana (tumba nº 2), el "capitán general de los marineros", que luchó durante el reinado de Ahmosis I contra los hicsos. El viejo soldado dejó una inscripción biográfica larga y detallada que describía su valentía. Más al este se situaban varios templos consagrados a dioses nubios. Un templo tolemaico posee una escalera que sube a dos vestíbulos con columnas, que preceden a una capilla excavada en la roca. Al sur de aquí se halla una pequeña capilla, conocida en la zona como Al-Hammam ("baño" o "aseo"), construida por Setau, virrey de Nubia durante el reinado de Ramsés II. En el centro del *wadi* está la "roca buitre", así llamada por un gran peñasco en forma de buitre, recubierto de inscripciones que datan desde la época predinástica hasta el Imperio Antiguo. Unos 3,5 km más al este, se encuentra la pequeña capilla de Nejbet, construida por Amenhotep III (1390-1352 a.C.) como parada intermedia para la estatua de la diosa buitre cuando pasaba por "el valle". La influencia protectora de la diosa era, sin duda, muy apreciada, pues ésta era una de las rutas de abastecimiento a las minas de oro que proporcionaron a Egipto gran parte de su riqueza.

Al otro lado del río se halla **Kom al-Ahmar,** la antigua Nejen o Hieracómpolis, hogar del dios halcón Nejeny, una forma primitiva de Horus. Aunque se conserva poco de la que fuera una de las ciudades más importantes de Egipto en época predinástica, las excavaciones recientes han revelado un gran poblado (con la fábrica de cerveza más antigua de Egipto); un cementerio predinástico de alrededor de 3400 a.C., con enterramientos de elefantes y ganado; y el emplazamiento del templo más arcaico conocido del país, una gran estructura con armazón de madera precedida de pilares importados de 12 m, también de madera. Hace un siglo, los arqueólogos descubrieron en este recinto sagrado dos objetos de enorme importancia histórica: la paleta de Narmer y una espléndida cabeza de halcón de oro que representa a Horus. Ambos se exponen en el Museo Egipcio de El Cairo.

Cerca se encuentra el edificio de ladrillos más antiguo que sigue en pie en Egipto, un enigmático recinto de adobe conocido como "el fuerte", erigido por Jasejemuy

(h. 2686 a.C.). Las impresionantes tumbas de la orilla oeste, excavadas en la roca, fueron construidas por dignatarios del Imperio Nuevo.

Al-Kab y Kom al-Ahmar se localizan 26 km al sur de Esna. La mejor opción para ver estos lugares es tomar una *dahabiyya* (casa flotante) o una falúa (barca tradicional de vela) de Asuán a Esna o viceversa. Para más información véase cuadernillo. Los convoyes no se detienen aquí. Aparte de bajarse de un autobús sin ser visto y buscar algún vehículo para salir al terminar, hay pocas posibilidades de ver estos monumentos por tierra.

EDFU

☎ 097 / 72.979 hab.

El templo de Horus en Edfu, construido en una loma sobre el ancho valle, se ha librado de ser destruido por las inundaciones del Nilo y es el templo egipcio que se ha preservado más completamente. Se trata de uno de los últimos intentos antiguos de construcción a gran escala, y domina esta ciudad de la orilla oeste, 53 km al sur de Esna. Los bien conservados relieves han proporcionado a los arqueólogos mucha información valiosa sobre los rituales del templo y el poder de los sacerdotes. Al recorrer las enormes y sombrías cámaras, los visitantes se sienten en ocasiones sobrecogidos ante los misterios del antiguo Egipto.

La Edfu moderna, centro del azúcar y la alfarería, es una ciudad provincial animada y acogedora. Aunque es una población agrícola, el turismo es la mayor fuente de ingresos, y todo el mundo parece tener alguna participación en el bazar turístico, que los visitantes han de sortear para llegar al templo. Como en otras ciudades egipcias, la calle principal está bordeada de tiendas de teléfonos móviles y la plaza mayor, centro neurálgico de la localidad, cuenta con populares cafés-restaurantes. En el lado sur de la plaza hay una gran central telefónica nueva. La oficina de correos está detrás, por la primera calle a la izquierda. Al oeste, en la zona ribereña, se encuentra el *cibercafé* **Koko** (☎ 010 440 1196; Sharia an-Nil; 10 EGP/h). En Sharia al-Maglis, entre una multitud de tiendas de móviles, se sitúa el Banque du Caire, con cajero automático.

En la zona ribereña, donde atracan los cruceros, han abierto varios cafés-restaurantes agradables. La estación de autobuses, microbuses y taxis colectivos está a la entrada de la ciudad, junto al puente sobre el Nilo.

Templo de Horus

Edfu fue una población y lugar de enterramiento desde aproximadamente 3000 a.C., al ser el centro del culto al dios halcón Horus de Behdet (antiguo nombre de Edfu). Sin embargo, el **templo de Horus** (adultos/estudiantes 40/20 EGP; 7.00-19.00 oct-may, hasta 20.00 jun-sep) que se ve hoy es tolemaico. Comenzado por Tolomeo III (246-221 a.C.) el 23 de agosto de 237 a.C., en el emplazamiento de una estructura más pequeña y antigua del Imperio Nuevo, el templo de arenisca fue terminado unos ciento ochenta años más tarde por

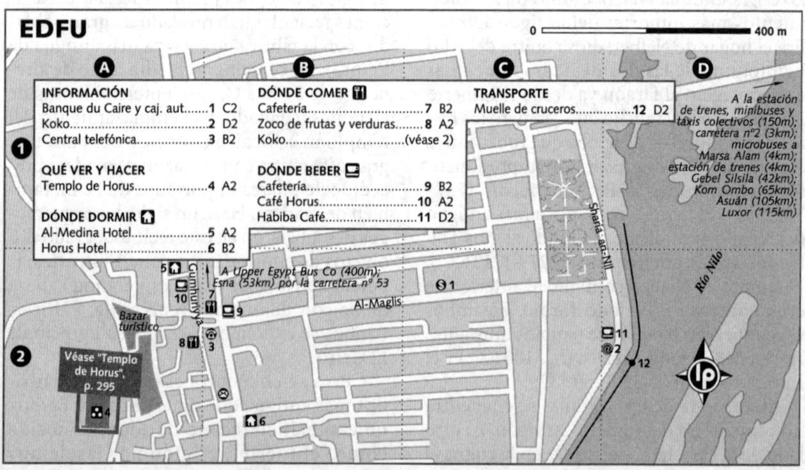

Tolomeo XII Neo Dioniso, padre de Cleopatra VII. En cuanto a concepto y diseño, sigue la planta, escala, ornamentación y tradiciones generales de la arquitectura faraónica, hasta en el atuendo egipcio que llevan los faraones griegos representados en los relieves. Aunque es mucho más moderno que los templos de Luxor y Abydos, su excelente estado de conservación ayuda a rellenar muchas lagunas históricas; en efecto, este edificio de hace 2.000 años es un ejemplo de un estilo arquitectónico que ya era arcaico en época tolemaica.

Hace doscientos años, el templo estaba enterrado bajo arena, escombros y parte del pueblo de Edfu, que se había extendido sobre el tejado. Auguste Mariette comenzó las excavaciones a mediados del s. XIX. Detrás del *mammisi* (casa de nacimiento) romano, con varias tallas pintorescas, el inmenso **pilón** (puerta de entrada), de 36 m de alto, está custodiado por dos grandes pero espléndidas estatuas de Horus en su forma de halcón. Los muros están decorados con relieves colosales de Tolomeo XII Neo Dioniso agarrando a sus enemigos por el cabello ante Horus, a punto de romperles el cráneo; ésta es la clásica pose propagandística del todopoderoso faraón.

Pasado el pilón, el **patio de las ofrendas** está rodeado en tres lados por 32 columnas, cada una con diferentes capiteles florales. Las paredes están decoradas con relieves, entre ellos la "Fiesta del hermoso encuentro", en la parte interior de la entrada. El "encuentro" es el de Horus de Edfu con Hator de Dendara, quienes visitaban cada año el templo del otro y, tras dos semanas de grandes celebraciones de la fertilidad, se unían mágicamente.

En el pasado, un segundo conjunto de estatuas de Horus-halcón en granito negro flanqueaba la entrada a la primera sala hipóstila, o **sala hipóstila exterior,** pero hoy sólo queda una. Dentro de la entrada a esta sala, a derecha e izquierda, hay dos pequeñas cámaras: la de la derecha era la **biblioteca** del templo, donde se conservaban los textos rituales; la de la izquierda, la **sala de las consagraciones,** especie de sacristía donde se guardaban las túnicas limpias y los recipientes rituales. La sala tiene 12 columnas y sus muros están decorados con relieves de la fundación del templo.

La **sala hipóstila interior** también tiene 12 columnas, y en su parte superior izquierda

TEMPLO DE HORUS

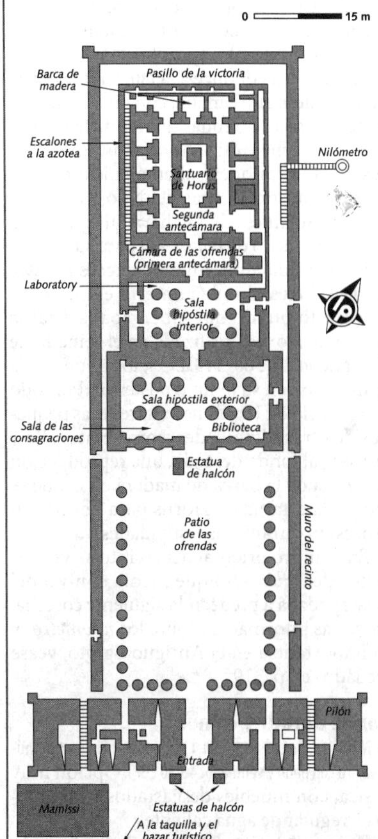

se encuentra la que tal vez sea la estancia más interesante: el **laboratorio.** Aquí se elaboraban y almacenaban las recetas necesarias de perfumes e incienso, cuyos ingredientes se enumeran en las paredes.

A cada lado de la sala, sendas puertas conducen al angosto **pasillo de la victoria,** que discurre entre el templo y los enormes muros protectores del recinto. Las escenas que decoran este corredor son de gran ayuda para los egiptólogos en lo que respecta a la naturaleza de los antiguos rituales del templo. Los relieves son una representación espectacular del combate de Horus y Set en la fiesta anual de la Victoria. Set aparece como un hipopótamo, cuyo diminuto tamaño lo hace menos amenazador. El drama culmina con la representación de los sacerdotes cortando un pastel en forma de hipopótamo y comiéndoselo para destruir totalmente a Set.

De vuelta a la sala hipóstila interior, la gran puerta central conduce a la **cámara de las ofrendas** o primera antecámara, con un altar donde se depositaban ofrendas diarias de fruta, flores, vino, leche y otros alimentos. En el lado oeste, 242 escalones suben a la azotea, que ofrece fantásticas vistas del Nilo y los campos circundantes. Tal vez haya que pagarle al guardia un poco de *baksheesh* para subir.

La segunda antecámara da acceso al **santuario de Horus,** donde aún está el monolito de granito pulido que albergaba la estatua de oro de Horus. Realizada en el reinado de Nectanebo II (360-343 a.C.), los tolomeos la reutilizaron en su templo posterior. Por todo el santuario de Horus hay altares más pequeños de otras divinidades, como Hator, Ra y Osiris y, al fondo del todo, una reproducción moderna de la barca de madera en la que se sacaba la estatua de Horus para llevarla en procesión durante las festividades.

En el muro oriental del recinto se ven los restos del *nilómetro* que medía el nivel del río y ayudaba a predecir la siguiente cosecha. Para más información sobre los *nilómetros* y su importancia en el Antiguo Egipto, véase recuadro en p. 319.

Dónde dormir y comer

Al-Medina Hotel (☎ 471 1326; junto a Sharia Gumhuriyya; i/d con baño y ventilador 40/50 EGP). Opción muy básica, con muebles desgastados y un sistema irregular de agua caliente.

Horus Hotel (☎ 471 5284/86; Sharia al-Gumhuriyya; i/d/tr 72/132/195 EGP). Este hotel nuevo, situado enfrente del centro comercial Omar Effendi, es la mejor opción. Ocupa las plantas superiores del edificio y ofrece alegres habitaciones de colores brillantes, con ventiladores o aire acondicionado, y baños compartidos muy limpios. El personal es amable y servicial, y el restaurante (platos principales 40 a 44 EGP) es de los mejores de la ciudad.

Hay algunos locales de kebab en la plaza mayor, y varias cafeterías en la calle a orillas del río, Sharia an-Nil, como el *cibercafé* **Koko** (☎ 010 440 1196). En todos ellos es aconsejable preguntar cuánto cuestan los platos antes de pedir. Existe un zoco diario de comida y hortalizas cerca de la plaza mayor.

Al lado del Koko se encuentra el agradable café Habiba, para tomar té y tentempiés, y alrededor de la plaza mayor hay varios cafés, casi todos sólo para hombres.

Cómo llegar y salir

La estación de trenes queda en la orilla oriental, a unos 4 km de Edfu. Hay trenes frecuentes a Luxor y Asuán durante todo el día, aunque en su mayor parte son sólo de segunda o tercera clase. Para ir a la ciudad, primero se toma una camioneta cubierta que vaya de la estación al puente, y luego otra a la ciudad. Cada una cuesta 50 pt. También se puede alquilar una camioneta entera para ir a la plaza mayor por unas 8 EGP.

Upper Egypt Bus Co (junto a Sharia Gumhuriyya) fleta autobuses frecuentes a Luxor (15 EGP, 2 h) y Asuán (12 EGP, 1½ h). Los microbuses de Marsa Alam (20 EGP, 3 a 4 h) salen de Asuán y recogen pasajeros en el café que hay junto a la entrada de la carretera del desierto, en la orilla este, más o menos a las 7.30 y 8.30.

La opción más fácil para visitar Edfu es un circuito de un día o un viaje en taxi (180 a 250 EGP ida y vuelta) en el convoy de las 7.00 desde Luxor.

GEBEL SILSILA

Unos 42 km al sur de Edfu, el Nilo se estrecha considerablemente para pasar entre altos acantilados de arenisca atestados de antiguas estelas de piedra e inscripciones. Conocido en tiempos de los faraones como Jenu ("lugar del remo"), fue un importante centro del culto al Nilo: cada año, al comienzo de la temporada de la inundación, se realizaban sacrificios para asegurar la fertilidad de la tierra. La visión del Nilo fluyendo a su altura máxima por la estrecha garganta debía de ser impresionante, lo que explica por qué se eligió este sitio como centro de culto. El desfiladero también señala el cambio de caliza a arenisca en el lecho rocoso de Egipto. En las canteras de arenisca del lugar trabajaron miles de hombres y, a juzgar por los nombres de faraones inscritos en las cuevas, fueron explotadas desde la 18ª dinastía o antes hasta época romana. Las canteras fueron durante siglos la fuente principal de arenisca para construir los templos del país.

Los monumentos más atractivos se sitúan en la orilla oeste, donde las rocas están talladas con inscripciones y diminutos santuarios de todos los períodos, y adornados con capillas más grandes. El lado meridional está marcado por un enorme pilar de roca conocido como "el cabrestante", porque los lugareños creen que en el pasado había una cadena, *silisa* en árabe (de ahí el nombre del lugar), que iba de la orilla este a la oeste. Cerca se encuentran los tres santuarios construidos por Merneptah, Ramsés II y Seti I en el Imperio Nuevo. Más al norte, la cantera principal tiene marcas claras de los canteros y elaboradas capillas conmemorativas. Varias estelas, entre ellas la gran **estela de Shoshenq I,** señalan el límite septentrional de la cantera y conducen al ***espeos* de Horemheb** (adultos/estudiantes 25/15 EGP; 7.00-17.00), una capilla labrada en la roca, comenzada por Horemheb (1323-1295 a.C.) y terminada por los funcionarios de los reyes ramésidas posteriores.

Las canteras más impresionantes se encuentran en la orilla oriental, con varias estelas en memoria de faraones de distintos períodos y exvotos. Aquí el viajero se da cuenta de la grandeza y enormidad de las empresas faraónicas, sólo con mirar el paisaje cubista de gigantescos salientes adornados con marcas y dibujos de la cantera, dejados al extraer los bloques de arenisca para los templos.

En la actualidad sólo se puede ir a Gebel Silsila en falúas o *dahabiyyas* de Asuán a Esna o viceversa. Para más información véase "Cruceros por el Nilo". Si la situación en cuanto a seguridad cambia, tal vez sea posible alquilar un taxi en Edfu para ir al pueblo de Kajuj, 41 km al sur de Edfu, y allí tomar el sendero a las canteras de la orilla este del Nilo, o negociar con un barquero para cruzar a la orilla oeste.

KOM OMBO

☎ 097 / 80.991 hab.

Los fértiles campos de caña de azúcar y maíz que rodean Kom Ombo, 65 km al sur de Edfu, no sólo sustentan a la comunidad original de *fellaheen* (campesinos), sino también a una gran población de nubios desplazados de sus tierras por la creación del lago Nasser (véase p. 320). Es un lugar pequeño y agradable, fácilmente accesible desde la ruta entre Asuán y Luxor. Los jueves se celebra un gran mercado de ganado en las afueras, cerca de las vías del tren. Sin embargo, hoy en día la atracción principal es el singular templo ribereño de Horus el Viejo (Haroeris) y Sobek, a unos 4 km del centro urbano, que se eleva gloriosamente en un promontorio dominando el río. Si alguien no se detiene en él durante un viaje en falúa o crucero por el Nilo, lo mejor es visitarlo en una excursión de un día desde Asuán (40 km al sur) tomando el convoy policial de la mañana, o bien en el convoy matutino de Asuán a Luxor, que se detiene en el templo entre 30 y 35 minutos.

En la antigüedad Kom Ombo era conocida como Pa-Sebek (tierra de Sobek), en honor al dios cocodrilo de la región. Adquirió importancia durante el período tolemaico, cuando su nombre cambió a Ombos y se convirtió en capital del primer *nomo* del Alto Egipto durante el reinado de Tolomeo VI Filométor. Kom Ombo era una importante base militar y centro de comercio entre Egipto y Nubia. Aquí se comerciaba con oro, pero era sobre todo un mercado de elefantes africanos traídos de Etiopía, que los tolomeos necesitaban para luchar contra los elefantes indios de sus eternos rivales los seléucidas, que gobernaban la mayor parte del antiguo imperio de Alejandro Magno al este de Egipto.

Templo de Kom Ombo

Sobre un promontorio situado en un recodo del Nilo, donde en la antigüedad los cocodrilos sagrados tomaban el sol en la ribera, se alza el **templo de Kom Ombo** (adultos/estudiantes 25/15 EGP; 6.00-16.00 oct-may, hasta 17.00 jun-sep). Único en Egipto, está doblemente consagrado: al dios cocodrilo local, Sobek, y a Haroeris, de *har-wer* (Horus el Viejo). Ello se refleja en la planta del templo: perfectamente simétrica a lo largo del eje principal, con entradas gemelas, dos salas hipóstilas compartidas, con grabados de ambos dioses a cada lado, y santuarios gemelos. Se cree que también existían dos grupos de sacerdotes. El lado izquierdo (occidental) del templo estaba dedicado a Haroeris y el derecho (oriental), a Sobek.

La presencia de bloques reutilizados sugiere un templo anterior, del Imperio Medio, y hay restos de estructuras de la 18ª dinastía; pero el templo principal data de época tolemaica. Fue construido por Tolomeo VI Filométor, si bien la mayor parte de la decoración fue completada por el padre de Cleopatra VII, Tolomeo XII Neo Dioniso. La espectacular situación del templo, en la ribera del río, ha provocado la erosión de parte del patio delantero, que es parcialmente romano; pero mucho del complejo ha sobrevivido, y su disposición es muy semejante a la de

TEMPLO DE KOM OMBO

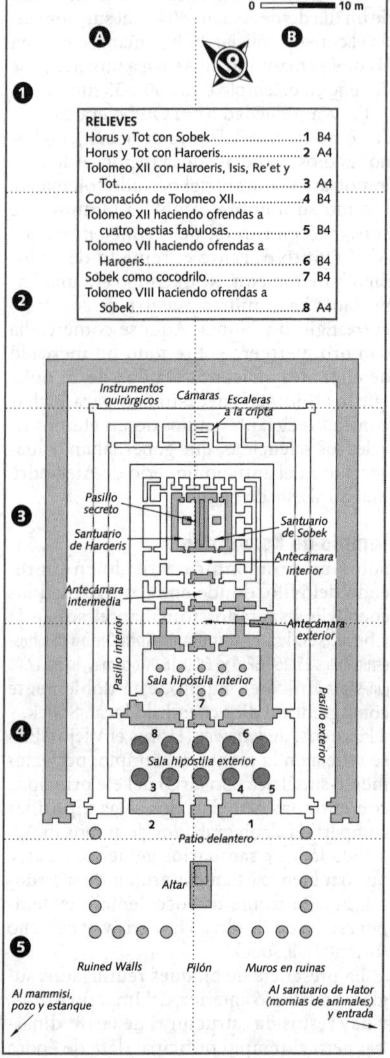

los templos tolemaicos de Edfu y Dendara, aunque más pequeño.

Se entra al templo por la puerta tolemaica de la esquina sudeste. Cerca, a la derecha de la pared, hay una pequeña **capilla de Hator,** donde ahora se almacenan **cocodrilos momificados** y sus ataúdes de arcilla, desenterrados de un cercano cementerio de animales sagrados; se exponen cuatro de entre la colección. En el lado opuesto del recinto, cerca de la esquina izquierda (sudeste) del templo, se encuentran los restos de un pequeño ***mammisi*** decorado con relieves, donde aparece Tolomeo VIII Evergetes montado en barca en un bosquecillo de juncos, ante el dios Min. Más allá, hacia el norte, está el profundo pozo que abastecía de agua al templo y, cerca, un pequeño estanque donde se criaban cocodrilos, los animales sagrados de Sobek.

Ya en el **patio delantero,** los relieves se dividen entre los dos dioses y el centro está ocupado por un altar doble para ambas deidades. Después se pasa a las **salas hipóstilas exterior e interior,** ambas compartidas, con 10 columnas cada una. A la izquierda de la **sala hipóstila exterior** hay un relieve finamente ejecutado que muestra a Tolomeo XII Neo Dioniso siendo presentado a Haroeris por Isis y Raettauy, diosa con cabeza de león, con Tot como espectador. Las paredes de la derecha muestran la coronación de Tolomeo XII por Nejbet (diosa buitre venerada en la ciudad de Al-Kab, en el Alto Egipto) y Uadyet (diosa serpiente con sede en Buto, en el Bajo Egipto), con la doble corona del Alto y Bajo Egipto, simbolizando la unificación del país.

Los relieves del muro norte de la **sala hipóstila interior** muestran a Haroeris entregando a Tolomeo VIII Evergetes un arma curva, que representa la espada de la victoria. Detrás del rey aparece su esposa-hermana y corregente, Cleopatra II.

De aquí, tres **antecámaras,** todas con doble entrada, llevan a los **santuarios de Sobek y Haroeris.** En las cámaras de los lados, ahora en ruinas, se guardaban los ropajes sacerdotales y los papiros litúrgicos. Los santuarios no se conservan intactos, por lo que puede verse el pasadizo secreto que había entre ellos y que permitía a los sacerdotes dar "voz" a los dioses para responder a las peticiones de los peregrinos.

El pasillo exterior, que discurre alrededor de los muros, es inusual. En la esquina izquierda (norte) de la pared trasera hay una escena intrigante, descrita a menudo como una colección de "instrumentos quirúrgicos". Probablemente se trate de utensilios empleados en los rituales diarios del templo.

Dónde dormir y comer

En el momento de escribir esta guía, los extranjeros no podían alojarse en Kom Ombo,

LASCAUX EN EL NILO

Recientemente, unos arqueólogos belgas descubrieron las pinturas más antiguas de Egipto en un enclave cercano a Kom Ombo. Se encontraron ilustraciones paleolíticas de animales, similares a las de las cuevas de Lascaux en Francia, en unas enormes rocas nubias de arenisca del pueblo de Qurta, en el extremo norte de Kom Ombo. La mayor parte de estas bellas pinturas representan bóvidos en distintas posturas. También hay gacelas, aves, hipopótamos y peces en estilo naturalista, y unas pocas figuras humanas estilizadas, con nalgas pronunciadas, pero ningún otro rasgo particular.

Son algunos de los ejemplos más amplios y hermosos de arte rupestre jamás descubiertos. Muchos se grabaron primero en la superficie rocosa, casi como un bajorrelieve, y después se pintaron. Se cree que son obra de la cultura de Ballana-Silsila, que existió hace 16.000 o 15.000 años y se corresponde climatológicamente con el fin de un período hiperárido, antes del regreso de las lluvias y la fase del "Nilo salvaje", hace entre 14.000 y 13.000 años. Los artistas, según parece, eran cazadores y pescadores.

Dado que las pinturas son muy frágiles, el lugar sigue cerrado al público.

por lo que hay que continuar hasta Luxor o Asuán.

Al-Noba Restaurant (calle principal; comidas 8-15 EGP). Al norte de la estación de taxis colectivos, es el único donde se puede comer sentado en esta zona de la ciudad; sirve pollo, arroz y verduras.

La alternativa son los habituales puestos de *ta'amiyya* y kebab. Se pueden comprar tentempiés y bebidas en las cafeterías y bazares turísticos de Rural Home, bajo los árboles que hay entre el templo y el Nilo. La cafetería Venus, al norte del templo, sirve cerveza fría en un agradable jardín, pero no siempre se permite a los extranjeros salir del recinto del templo para llegar a ella.

Cómo llegar y salir

El modo más fácil de visitar el templo es con un circuito o en taxi, viajando con el convoy. Un taxi desde Luxor que comprenda Edfu y Kom Ombo y regrese a última hora de la tarde cuesta entre 255 y 300 EGP.

Los autobuses Luxor-Asuán paran con frecuencia en la ciudad. Al aproximarse a Kom Ombo desde Asuán, se puede pedir al conductor que se detenga en la carretera que lleva al templo; hay que buscar la señal. Desde allí hay una caminata de unos 2 km. Para ir al mar Rojo, el autobús diario de Asuán a Marsa Alam (20 EGP, 4 a 5 h) pasa por aquí hacia las 7.30.

El tren es otra opción, pero la estación está algo alejada del templo.

Para ir al templo desde el centro de la ciudad hay que tomar una camioneta cubierta (24 a 40 pt) hasta el embarcadero del Nilo, unos 800 m al norte del templo, y de ahí recorrer a pie el resto del camino. Las camionetas con destino al embarcadero salen de la estación de taxis colectivos. Un taxi entre la ciudad y el templo cuesta unas 10 EGP ida y vuelta.

DARAW

Daraw, 8 km al sur de Kom Ombo, es semejante a cualquier otro pueblo de la región, excepto por su notable **mercado de camellos** *(souq al-gimaal)*. Casi todos los camellos son traídos en caravanas desde Sudán hasta el norte de Abu Simbel (véase recuadro en p. 301), y desde allí son transportados a Daraw en camión. Los demás caminan hasta el mercado en grupos más pequeños, entrando en Egipto por Wadi al-Alagi y atravesando el desierto del Este.

Se venden camellos todos los días de la semana, pero la caravana principal, compuesta hasta por dos mil animales, llega al mercado desde Abu Simbel los domingos.

Merece también la pena visitar la casa nubia llamada **Hosh al-Kenzi.** Edificada en 1912 por el padre del actual ocupante, Haj Mohammed Eid Mohammed Hassanein, está construida en estilo nubio tradicional y decorada con objetos nubios. Para llegar, lo mejor es preguntar por la mezquita de Dar Rasoul en Sharia al-Kunuz; la casa está, claramente visible, al lado.

Cómo llegar y salir

Los trenes entre Asuán y Luxor suelen parar en Daraw. Por carretera obligarán a ir en un convoy a Daraw, normalmente organizado por la oficina de turismo de Asuán (p. 301). Si la situación cambiara, los taxis colectivos y los minibuses entre Asuán y Kom Ombo paran en Daraw, si los pasajeros avisan que quieren apearse. La tarifa de 3 EGP es la misma que para el tramo completo. El mercado de camellos se celebra en una parcela grande a 2 km de la carretera principal Luxor–Asuán. Hay que entrar a la ciudad por la calle principal y preguntar por "souq al-gimaal".

ASUÁN

☎ 097 / 1,18 millones hab.

Situada en el extremo norte de la Primera Catarata, Asuán señalaba la antigua frontera meridional del país y gozó siempre de gran importancia estratégica. En la antigüedad era una plaza fuerte para las campañas militares contra Nubia, sus canteras proporcionaban el valioso granito usado en tantas esculturas y obeliscos, y era un próspero mercado en el cruce de las viejas rutas de caravanas. El primer documento que menciona Asuán en lugar de la población isleña de Abu, más antigua, data del Imperio Nuevo (1550-1069 a.C.) y emplea la palabra egipcia *swenet* ("comercio"), que más tarde derivó en el nombre árabe As-Suan ("mercados").

Hoy es más pausada que casi todas las ciudades egipcias, relajada y agradable, perfecta para detenerse unos días, descansar la mirada y la mente y recuperarse de los rigores del viaje por el Nilo. El río aquí es ancho, lánguido y asombrosamente bello. Discurre suavemente desde el lago Nasser, rodeando espectaculares rocas de granito negro e islas salpicadas de palmeras. Pintorescos pueblos nubios bajan hasta el agua y se perfilan contra el telón de fondo del desierto de la orilla oeste.

Con una historia tan larga, hay mucho que ver en Asuán; pero, en cierto modo, visitar monumentos parece menos urgente y abrumador que, por ejemplo, en Luxor, lo que deja más tiempo para contemplar la magia del Nilo al atardecer, pasear por el exótico zoco (uno de los mejores fuera de El Cairo) y apreciar la gentileza de los nubios. Casi todos los grupos de turistas van directamente al templo de Isis en Filae, visitando el obelisco inacabado y las presas por el camino; pero las poco visitadas ruinas de la antigua Abu y el pequeño Museo de Asuán, en la isla Elefantina, son fascinantes, al igual que el exquisito jardín botánico y el museo de Nubia.

Sin embargo, Asuán es más que una ciudad turística: como capital de gobernación, cuenta con una numerosa población de burócratas formados y una buena universidad. Algunos días, cuando parece que todos los cruceros descargan sus grupos de turistas a la vez, la ciudad no es tan relajada como hace unos años. Pero gran parte del tiempo el calor, el olor dulce de las especias y el ritmo lento se apoderan del visitante. Pocas cosas son más sosegadoras que deslizarse en falúa entre las islas y las rocas al atardecer o, en su defecto, sentarse en la orilla y observar el Nilo fluir.

La mejor época para visitar Asuán es en invierno, cuando los días son cálidos y secos. En verano la temperatura oscila entre 38ºC y 45ºC; los días son demasiado calurosos para hacer nada excepto sentarse junto al ventilador y matar moscas, o zambullirse en la piscina.

ORIENTACIÓN

Casi todas las partes de la ciudad interesantes para el viajero se sitúan a lo largo del Nilo o paralelas a él. La estación de trenes está en el extremo norte de la ciudad, a sólo 100 m del río y la Corniche an-Nil.

La calle en dirección norte-sur frente a la estación de trenes se llama Sharia as-Souq (a veces señalizada también como Sharia Saad Zaghloul). Es la calle del mercado, con un zoco desbordante de tentadoras mercancías, repleto de aromas y colores. En la calle paralela, Sharia Abtal at-Tahrir, se encuentra el albergue juvenil y algunos hoteles económicos y de precio medio. La mayor parte de los edificios gubernamentales, bancos, agencias de viajes, restaurantes y hoteles caros están en Corniche an-Nil. Desde allí también salen los *ferries* y falúas a las tumbas rupestres de la orilla oeste y a la isla Elefantina.

INFORMACIÓN

Librerías

El New Cataract Hotel (plano p. 302) posee una pequeña librería con una buena selección de obras en lenguas extranjeras sobre Asuán, Egipto y la historia del país. Los puestos del bazar turístico a la salida del obelisco inacabado (véase p. 302) también tienen buenos libros sobre Egipto y Nubia.

LA RUTA DE LOS CUARENTA DÍAS

Desde las provincias de Darfur y Kordofan, en Sudán, se llevan grandes caravanas de camellos a través del desierto hasta Daraw, por la ruta de los Cuarenta Días (Darb al-Arba'een), así llamada por los días que se tardaba en recorrerla a pie.

Al principio, cuando los persas introdujeron los camellos en la región (hacia el s. VI a.C.), los animales transportaban esclavos, plumas de avestruz, piedras preciosas, pieles y otras mercancías de África, muy apreciadas por los faraones y sus funcionarios o, más tarde, distribuidas a los grandes imperios de Grecia, Persia y Roma.

Las caravanas de comercio fueron remplazadas a finales del s. XIX por el veloz ferrocarril, pero los camellos siguen llegando, si bien ahora ellos son la mercancía. Una vez en Daraw pasan dos días en cuarentena, y se les vacuna contra varias enfermedades. Tras ser vendidos por los propietarios sudaneses, la mayor parte continúan hasta el mercado de camellos de Birqash, unos 35 km al noroeste de El Cairo (véase p. 206), donde se les vende de nuevo. Algunos son comprados por campesinos egipcios y otros se exportan a países de Oriente Medio, pero a muchos se les mata para proporcionar carne a los egipcios pobres (sí, ese kebab barato sabía un poco raro...).

Se pueden comprar periódicos y revistas internacionales en el quiosco cercano al Philae Hotel, en la Corniche.

Urgencias

Ambulancia (☎ 123)

Policía (plano p. 304; ☎ 230 2043; Corniche an-Nil). Cerca de Thomas Cook.

Policía turística (plano p. 304; ☎ 230 3436, 231 4393; Corniche an-Nil). Primero hay que contactar con la oficina de turismo (enfrente) para que ayuden con la traducción.

Acceso a Internet

Las tarifas oscilan entre 6 y 15 EGP por hora.

Aswan Internet Café (plano p. 304; ☎ 231 4472; Rowing Club, Corniche an-Nil; 🕑 9.00-24.00 do-vi)

Aswanet Internet Café (plano p. 304; ☎ 231 7332; Keylany Hotel, 25 Sharia Keylany; 🕑 9.00-23.00). Excelente proveedor local de Internet, con las líneas más rápidas de la ciudad.

Nubanil Café Net (plano p. 304; Sharia Abtal at-Tahrir; 🕑 24 h)

Tarek for Computer Services (plano p. 304; ☎ 012 381 7534; Sharia Ahmed Maher; 🕑 9.00-23.00)

Asistencia médica

German Hospital (plano p. 302; ☎ 231 7176; Corniche an-Nil)

Hospital Militar Mubarak (plano p. 302; ☎ 231 7985, 231 4739; Tariq Sadat). El mejor del lugar.

Hospital Ta'mim (plano p. 302; ☎ 231 5112, 231 6510; Tariq Sadat). El más nuevo de la ciudad, con buena reputación.

Dinero

Si no se indica lo contrario, el horario de los bancos es de 8.30 a 14.00 y de 17.00 a 20.00 de domingo a jueves. Hay cajeros automáticos por toda la Corniche, la zona de Sharia as-Souq y en la estación de trenes.

American Express (plano p. 302; ☎ 230 6983; Corniche an-Nil; 🕑 9.00-17.00 do-ju, hasta 14.00 vi y sa)

Bank of Alexandria (plano p. 304; Corniche an-Nil). Acepta Eurocheques.

Banque du Caire (plano p. 304; Corniche an-Nil). Tiene cajero automático y da anticipos en efectivo sobre tarjetas Visa y MasterCard.

Banque Misr (plano p. 304; Corniche an-Nil; 🕑 8.00-15.00 y 17.00-20.00). Cabina con cajero automático y cambio de divisas junto al edificio principal.

Thomas Cook (plano p. 304; ☎ 230 4011; Corniche an-Nil; 🕑 8.00-14.00 y 17.00-21.00)

Correos

Estafeta de correos (plano p. 304; Sharia Abtal at-Tahrir; 🕑 8.00-14.00 sa-ju). Frente al Victoria Hotel.

Oficina principal de correos (plano p. 304; Corniche an-Nil; 🕑 8.00-14.00 sa-ju)

Teléfono

Hay teléfonos de tarjeta en la Corniche y la estación de trenes.

Central telefónica (plano p. 302; Corniche an-Nil; 🕑 24 h)

Información turística

Oficina de turismo (plano p. 304; ☎ 231 2811, 010 576 7594; Midan al-Mahatta; 🕑 8.00-15.00 y 19.00-21.00 sa-ju, 9.00-15.00 y 18.00-20.00 vi). Junto a la estación de trenes. Durante muchos años fue una de las más eficientes de Egipto. Ahora está a cargo de Hakim Hussein y, aunque está bien informado y es de ayuda, algunos lectores se han quejado de que ya no hay precios fijos para los viajes en falúa.

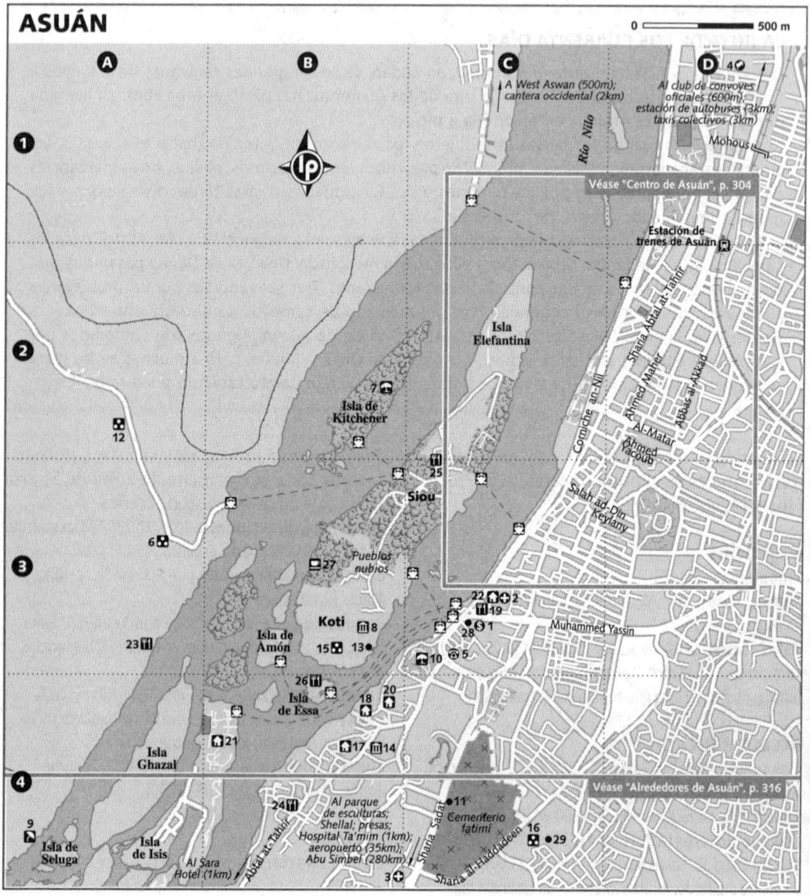

Travco (plano p. 304; ☎ 231 6393, fax 231 5960; www.travco.com; 83 Corniche an-Nil; ⏲ 9.00-17.00, lu-sa)

Ampliación de visados

Oficina de pasaportes (plano p. 304; ☎ 231 2238; Corniche an-Nil; ⏲ 8.30-13.00 sa-ju). Al extremo sur de la Corniche.

PUNTOS DE INTERÉS

En Asuán están desperdigados y se hallan sobre todo al sur y el oeste de la ciudad. El zoco atraviesa el centro de la ciudad, paralelo al Nilo. Se puede ir andando al Museo de Nubia, pero para llegar a los demás puntos se necesita transporte. Para visitar las islas y la orilla oeste hay que hacer una corta travesía en barco.

Ciudad y orilla oriental

Si se comienza en el extremo sur, **Sharia as-Souq** se parece mucho a todos los bazares turísticos de Egipto, con comerciantes insistentes que intentan atraer a los transeúntes a sus tiendas para venderles camisetas, perfumes, especias, *galabiyyas* (largas vestimentas masculinas) decoradas con cuentas, y toscas reproducciones de estatuas faraónicas. Pero en los callejones laterales y más al norte se descubren elementos más exóticos, que insinúan ya los mercados de Sudán y el sur de África. Aquí se venden talismanes nubios, pintorescos cestos y gorros nubios, espadas sudanesas, máscaras africanas y enormes cocodrilos y criaturas del desierto disecados. También es un mercado viviente, donde los

DE ESNA A ABU SIMBEL

INFORMACIÓN
American Express 1 C3
German Hospital 2 C3
Hospital Militar Mubarak 3 B4
Consulado de Sudán 4 D1
Central telefónica 5 C3

QUÉ VER Y HACER
Mausoleo de Aga Khan 6 A3
Jardín botánico de Asuán 7 B2
Museo de Asuán 8 B3
Playa para bañarse 9 A4
Jardines feriales 10 C3
Entrada principal al cementerio fatimí 11 C4
Monasterio de San Simeón 12 A2
Nilómetro 13 B3
Museo de Nubia 14 B4
Templo de Jnum y ruinas de Abu 15 B3
Obelisco inacabado 16 C4

DÓNDE DORMIR
Basma Hotel 17 B4
New Cataract Hotel 18 B4
Nile Hotel 19 C3
Old Cataract Hotel 20 B4
Pyramisa Isis Island Resort & Spa 21 B4

DÓNDE COMER
1902 Restaurant .... (véase 20)
Egypt Free Shop 22 C3
Nubian Beach 23 A3
Nubian House 24 B4
Nubian House 25 C3
Nubian Restaurant 26 B4

DÓNDE BEBER
Nubian Café 27 B3

TRANSPORTE
Egypt Air 28 C3
Punto de reunión del convoy policial 29 C4

nubios de la isla Elefantina y alrededores de Asuán compran alimentos y productos frescos como fruta, verdura, pollos y pichones. Asuán es famosa por la calidad de sus cacahuetes *(fuul sudan)*, polvos de *henna* (vendidos en distintas calidades) y flores secas de hibisco, usadas para hacer *karkadai*, la apreciada bebida local. El ritmo es lento, sobre todo a última hora de la tarde, el aire lleva un leve olor a sándalo y, como en la antigüedad, se puede sentir que Asuán es la puerta a África.

Pasear por la Corniche y contemplar la puesta del sol sobre las islas y el desierto del otro lado del Nilo es un pasatiempo favorito en Asuán. Las vistas desde las terrazas de los cafés de la orilla pueden verse bloqueadas por los barcos, pero el plan es reubicarlas en un muelle que se está construyendo en el extremo norte de la ciudad. Por ahora, el mejor lugar para observar el crepúsculo es el Old Cataract Hotel (plano p. 302; para no huéspedes el precio mínimo es 85 EGP por persona, que pueden gastarse en cualquier sitio excepto en la terraza principal, véase p. 312), o bien al lado, en los pacíficos **jardines feriales** (plano p. 302; entrada 5 EGP).

MUSEO DE NUBIA

El **Museo de Nubia** (plano p. 302; ☎ 231 9111; Sharia Abtal at-Tahrir; adultos/estudiantes 40/20 EGP; 9.00-13.00 y 17.00-21.00) es un escaparate de la historia, arte y cultura de Nubia, y es una verdadera maravilla. Creado en 1997 en colaboración con la Unesco, es un recordatorio de la historia y cultura de los nubios, gran parte de la cual se perdió cuando el lago Nasser inundó sus tierras tras la construcción de las presas (véase p. 320). Los objetos están bellamente expuestos en salas enormes, con explicaciones claras que llevan desde 4500 a.C. hasta el presente. No se encuentra en el circuito de los grupos turísticos, por lo que es poco visitado.

A la entrada de la sala principal se ve una maqueta del valle del Nilo y de los principales templos. La exposición comienza con objetos prehistóricos y del reino de Kush y Meroe. Las muestras de arte copto e islámico conducen a una descripción del ingente proyecto de la Unesco para transportar los monumentos históricos más importantes de Nubia lejos de las aguas del lago Nasser, tras la construcción de la Presa Alta de Asuán. Entre lo más destacado se cuentan varios cuencos de cerámica pintada de hace 6.000 años, y una impresionante estatua de cuarcita de un sacerdote de Amón en Tebas de la 25ª dinastía, que tiene claros rasgos *kushitas* (de la Alta Nubia). La asombrosa armadura para caballo encontrada en tumbas del Período de Ballana (ss. V a VII a.C.) muestra la sofisticación de la artesanía durante este breve dominio. Una exposición fascinante analiza el desarrollo del regadío en la cuenca del Nilo, desde los primeros intentos por controlar la corriente hasta la construcción de la presa vieja de Asuán. Una maqueta de una casa nubia, con muebles antiguos y maniquíes que llevan joyas tradicionales de plata, intenta retratar la cultura popular de la Nubia moderna.

Todo ello se halla en un edificio moderno bien diseñado, vagamente basado en la arquitectura nubia tradicional. En el jardín hay una casa nubia reconstruida (a la que no se puede entrar, por desgracia) y una pequeña "cueva" con petroglifos prehistóricos, que muestran jirafas y otros animales salvajes antaño autóctonos de la región. El lugar tiene además una tumba fatimí del s. XI y otras tumbas de jeques.

La entrada al museo queda a 5 minutos a pie desde la oficina de EgyptAir en Corniche an-Nil.

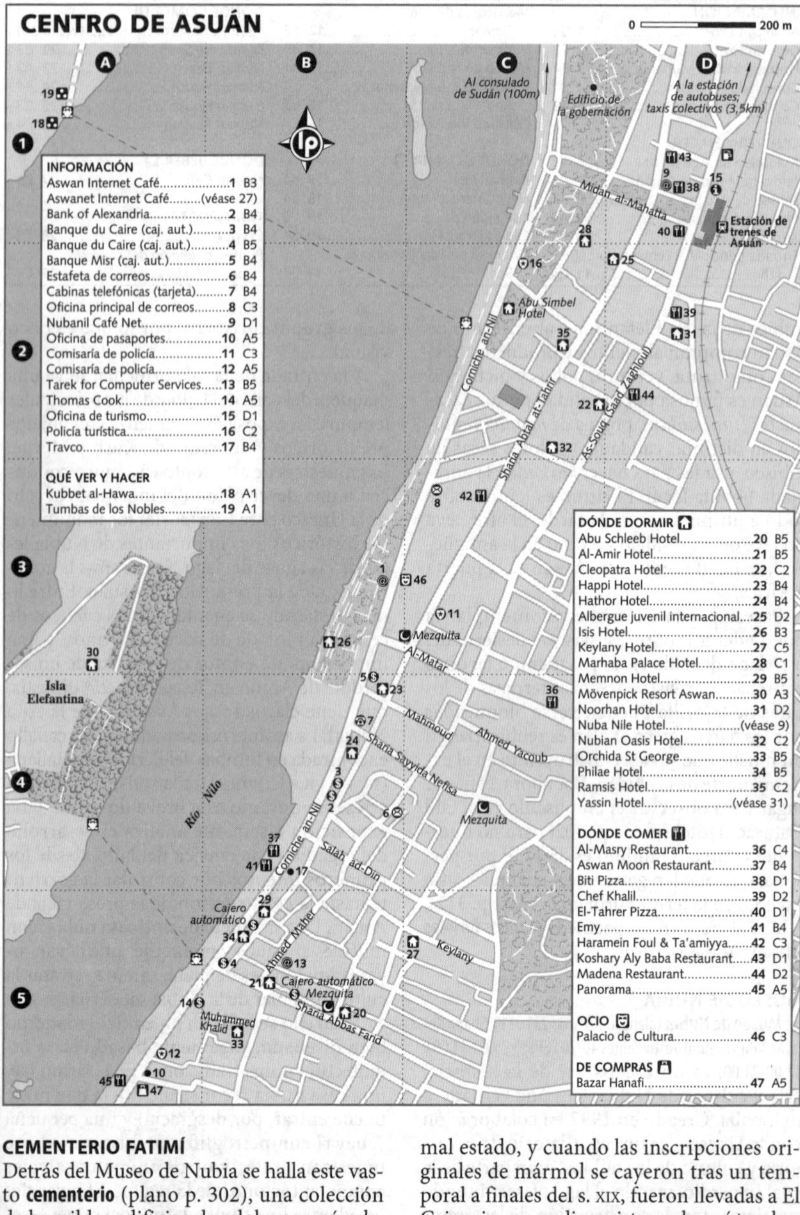

CEMENTERIO FATIMÍ

Detrás del Museo de Nubia se halla este vasto **cementerio** (plano p. 302), una colección de humildes edificios de adobe con cúpula. Si bien la mayor parte de las tumbas son modernas, algunos de los mausoleos agrupados en la parte trasera se remontan al período Tuluní (s. IX). Las tumbas antiguas están en mal estado, y cuando las inscripciones originales de mármol se cayeron tras un temporal a finales del s. XIX, fueron llevadas a El Cairo sin que nadie registrase de qué tumbas procedían. Por ello, las fechas y nombres de los propietarios se han perdido para siempre. Las tumbas están cubiertas por cúpulas construidas sobre un cilindro con esquinas que sobresalen como cuernos, un rasgo que sólo se da en el sur de Egipto. Cerca de los bordes exteriores del cementerio, algunas cúpulas están decoradas con banderas y se encuentran en mucho mejor estado que las otras. Pertenecen a santos de la zona, y a veces se ven habitantes de Asuán caminando alrededor de una tumba y rezando por la intercesión del santo.

El municipio de Asuán ha vallado el cementerio fatimí. La puerta principal está a 10 minutos a pie desde la Corniche por la carretera al aeropuerto. Se entra por ella y se atraviesa el cementerio hasta llegar al camino que va al obelisco inacabado; sólo hay que dirigirse al edificio de cuatro plantas que da a la parte trasera. El guarda del lugar a menudo acompaña a los visitantes y les muestra las tumbas mejor conservadas; a cambio hay que darle una *baksheesh* de unas pocas libras.

OBELISCO INACABADO

Asuán proporcionaba el mejor granito del país, la piedra resistente que los antiguos egipcios usaron para sus estatuas y para embellecer templos y pirámides.

En las **canteras del norte** (mapa p. 316; adultos/estudiantes 25/15 EGP; 7.00-16.00 oct-may, 8.00-18.00 jun-sep), a unos 1,5 km de la ciudad, frente al cementerio fatimí, hay un enorme **obelisco** desechado. Mide casi 42 m de largo y se completaron tres costados, excepto por las inscripciones. Con sus 1.168, el obelisco terminado habría sido la pieza individual de piedra más pesada jamás labrada por los egipcios. Sin embargo, en una fase tardía del proceso apareció una tara en la roca y allí yace, donde los decepcionados canteros lo abandonaron, unido en parte a la roca madre, sin indicación alguna de cuál era su fin.

Al entrar a la cantera, unos escalones bajan desde la carretera hasta el hoyo del obelisco, donde hay pictogramas antiguos de delfines y avestruces o flamencos, que se cree fueron pintados por los obreros.

Ningún taxi colectivo pasa por aquí, pero se puede tomar uno hasta el cruce de Sharia al-Haddadeen y continuar a pie (unos 10 minutos). Los taxis cobran unas 12 EGP. También se puede llegar atravesando a pie el cementerio fatimí.

PARQUE DE ESCULTURAS

El **parque de esculturas** (mapa p. 316), cerca de las canteras del sur, acoge las obras realizadas por artistas de todo el mundo durante el Simposio Internacional de Escultura, que se celebra cada primavera en el Basma Hotel.

Los aficionados a la escultura pueden llegar tomando la carretera a Shellal y, en vez de girar a la derecha, hacia el *ferry* que va a Filae, se toma la carretera que sube colina arriba. Se continúa hasta la cumbre; a la izquierda está la cantera, a la derecha las esculturas. Aquí no llegan los taxis colectivos, por lo que hay que alquilar uno privado. La tarifa es de unas 20 EGP.

El río

ISLA ELEFANTINA

El primer asentamiento de Asuán se sitúa enfrente del centro urbano, al norte de la Primera Catarata. En la **isla Elefantina** (plano p. 302) se emplazaba la antigua **Abu** (que significa "elefante" y "marfil" en egipcio antiguo), ambos nombres recuerdan el importante papel que la isla desempeñó en el comercio del marfil. A comienzos de la 1ª dinastía (c. 3000 a.C.) se construyó una fortaleza para establecer la frontera meridional de Egipto, y pronto Abu se convirtió en una importante aduana y centro de comercio. Mantuvo su valor estratégico durante el período faraónico, como punto de partida para las expediciones militares y comerciales que iban a Nubia y al sur. En la 6ª dinastía (2345-2181 a.C.) Abu ganó fuerza como centro político y económico y, pese a altibajos ocasionales, la isla retuvo su importancia hasta el período grecorromano.

Además de una próspera población, Elefantina era también el centro principal del culto a Jnum, de cabeza de carnero, que fue primero el dios de la inundación y, desde la 18ª dinastía, venerado como creador de la humanidad en su torno de alfarero; también a Satet, esposa de Jnum y guardiana de la frontera meridional; y a la hija de ambos, Anket. Todos los años, Elefantina era el primer lugar donde se oía el ruido de las aguas de la inundación. Los complejos religiosos fueron ocupando cada vez más espacio en la isla, por lo que las zonas residenciales se trasladaron al norte o a la orilla este. La ciudad de Abu, llena de templos, recibió el golpe de gracia en el s. IV, cuando el cristianismo se estableció como religión oficial del Imperio Romano. Desde entonces, el culto a los antiguos dioses se fue abandonando, y las fortificaciones defensivas se llevaron a la orilla este, la actual ciudad de Asuán.

Las extensas ruinas de Abu ocupan el extremo sur de la isla. La punta norte está dominada por el Mövenpick Resort Aswan, tan lujoso como arquitectónicamente insensible; se rumorea que la fea torre, destinada a albergar un restaurante panorámico, podría ser demolida dentro de poco.

Pueblos nubios

Entre las ruinas de Abu y el Mövenpick hay dos pintorescos pueblos nubios, **Siou** y **Koti.** Pasear por sus umbríos callejones y jardines es un modo espléndido de experimentar la vida en la Elefantina moderna. Un sendero norte-sur cruza la isla por la mitad, uniendo ambos pueblos; a medio camino se encuentra el Nubian Café, con un jardín sombreado junto a una casa nubia tradicional. El maravilloso Hamdi, que suele frecuentar este lugar, adora hablar a la gente acerca de su cultura. Varios lectores han avisado de que algunos lugareños se hacen pasar por Hamdi y tratan de vender excursiones o *souvenirs,* llegando incluso a ponerse agresivos cuando los visitantes rechazan sus servicios.

Cerca del muro que separa el Mövenpick de Siou se sitúa Nubian House, cuyo propietario sirve té, vende artesanía nubia y puede concertar música en directo y bailes o "tatuajes" de *henna* (véase recuadro en p. 307) con mujeres de la zona. Las mujeres occidentales deben respetar la tradición local y vestir recatadamente.

Museo de Asuán y ruinas de Abu

Las ruinas de la ciudad original de Abu y el fascinante **Museo de Asuán** (plano p. 302; adultos/estudiantes 25/15 EGP; 8.00-17.00 oct-abr, 8.30-18.00 may-sep) se encuentran en el extremo sur de Elefantina. La parte más antigua del museo ocupa la villa de sir William Willcocks, arquitecto de la presa vieja de Asuán. Construida en 1898, se convirtió en museo en 1912. La ampliación se añadió en 1998.

La parte principal del museo alberga una colección polvorienta de antigüedades descubiertas en Asuán y Nubia, pero casi todos los artefactos rescatados de los templos que inundó el lago Nasser se trasladaron al Museo de Nubia. Sin embargo, el anexo moderno compensa esto con una deliciosa colección de objetos, desde armas, cerámica y utensilios hasta estatuas, momias y sarcófagos de época predinástica hasta finales del período romano, hallados en las excavaciones de Elefantina. Los objetos están bien expuestos, con excelentes letreros en inglés y árabe, y se organizan en vitrinas separadas, cada una de las cuales explica una faceta de la vida en la isla durante la antigüedad: muerte, comercio, religión, tejeduría, caza, agricultura, cocina, etc. A la derecha de la entrada principal, en una sala propia, se halla el sarcófago y la momia de un carnero sagrado, el animal asociado a Jnum.

En el jardín trasero, un sendero conduce a las evocadoras **ruinas de la antigua Abu.** Los equipos suizos y alemanes que excavan aquí desde principios del s. XX han convertido el yacimiento en un museo al aire libre. Las placas numeradas y los edificios reconstruidos recorren la larga historia de la isla desde 3000 a.C. hasta el s. XIV. La estructura más grande es el **templo de Jnum,** parcialmente reconstruido (números de placa 6, 12 y 13). Erigido en honor del dios de la inundación en el Imperio Antiguo, fue ampliado y utilizado durante más de mil quinientos años, antes de ser considerablemente remodelado en época tolemaica. Otros elementos destacados son una pequeña **pirámide escalonada** de la 4ª dinastía, que se cree fue construida por Sneferu (2613-2589 a.C.; padre de Keops, famoso por la gran pirámide); una diminuta **capilla tolemaica** (nº 15) reconstruida a partir del templo de Kalabsha (situado ahora al sur de la Presa Alta); un **templo** reconstruido de la 18ª dinastía (nº 2), erigido por Hatshepsut (1473-1458 a.C.) y dedicado a la diosa Satet; un **cementerio de carneros sagrados** (nº 11), considerados la encarnación del dios Jnum; y las ruinas de una **colonia judía aramea** del s. V a.C.

Augurios celestiales y profecías de sacerdotes aparte, en la antigüedad el *nilómetro* era lo único que ofrecía un indicio real de la probabilidad de una cosecha abundante. Si el *nilómetro* de esta ciudad fronteriza del sur registraba un nivel alto de agua en el río, la cosecha sería buena, lo que significaba más impuestos. El ***nilómetro* del templo de Jnum** (nº 7), situado bajo la balaustrada sur del edificio, se construyó en la 26ª dinastía. Las escaleras de piedra bajan a una pequeña pila usada para medir el nivel máximo del Nilo. Otra escalera, con una escala grabada en la pared, lleva hasta el agua desde el extremo norte de la pila. Bajando a la orilla del río desde debajo de un sicomoro cercano al

TATUAJES DE 'HENNA'

La *henna* es un tinte natural derivado de las hojas del arbusto *Lawsonia inermes*, cultivado en el sur de Egipto y Nubia durante milenios; incluso se han hallado restos en las uñas de faraones momificados.

Al igual que sus antepasadas, las nubias usan polvo de *henna* para el pelo y para decorar manos y pies antes de casarse. Los intrincados diseños de color marrón rojizo adornan la piel durante unas dos semanas antes de borrarse lentamente.

En algunos pueblos nubios alrededor de Asuán y en el zoco de esta ciudad, ofrecen a las mujeres visitantes "tatuajes" de *henna* en las manos (o pies o vientre). Queda muy bien y se pasa tiempo con mujeres nubias. Los pueblos nubios de la isla Elefantina o en West Aswan, al norte de las tumbas de los Nobles, son también buenos lugares para probar. Hay que asegurarse primero de quién va a aplicar los tatuajes. Es trabajo de mujeres, pero algunos aspirantes a donjuán lo ven como una gran oportunidad para acercarse a un poco de carne extranjera.

Tradicionalmente los tatuajes son de color marrón rojizo, pero a muchos extranjeros les gusta la *henna* negra, que en realidad es *henna* natural oscurecida con productos químicos, entre ellos el PPD, un tinte para el pelo muy tóxico, prohibido en Europa. Hay que evitar la *henna* negra a toda costa y ver en www.hennapage.com los daños que puede causar el tinte, desde una reacción alérgica leve hasta quemaduras químicas y, a veces, la muerte.

En todos estos lugares un tatuaje cuesta entre 20 y 70 EGP, dependiendo del tamaño y complejidad del diseño.

museo, se encuentra el ***nilómetro* del templo de Satet** (nº 10). Construido a finales de la época tolemaica o principios de la romana y restaurado en el s. XIX, tiene la escalera techada y, en las paredes, nichos donde se ponían lámparas de aceite para iluminar. Si al bajar se mira con atención, se ven los nombres de los prefectos romanos grabados en la pared de la izquierda.

La excelente guía *Elephantine: The Ancient Town* (Elefantina: la ciudad antigua), producida por la misión arqueológica alemana destacada en la isla, explica la larga historia de Abu y describe con detalle los monumentos según sus placas numeradas. Está disponible en inglés y alemán en el museo o, cuando está abierta, en la casa de la excavación alemana, contigua al yacimiento.

Cómo llegar y salir

Para información sobre *ferries* a la isla Elefantina, véase p. 309.

JARDÍN BOTÁNICO DE ASUÁN

Al oeste de Elefantina está el **jardín botánico de Asuán** (plano p. 302; entrada 10 EGP; 🕑 8.00-17.00 oct-abr, hasta 18.00 may-sep), a menudo llamado por su antiguo nombre, isla de Kitchener. La isla fue donada a lord Horatio Kitchener en la década de 1890, cuando era comandante del Ejército egipcio. Para satisfacer su pasión por las palmeras y las plantas hermosas, Kitchener convirtió la isla entera en un magnífico jardín botánico, importando plantas del Lejano Oriente, India y partes de África. Comprende 6,8 Ha y está repleto de aves y cientos de especies vegetales. Tal vez haya perdido algo de su antigua gloria, pero las majestuosas palmeras siguen siendo una visión impresionante, sobre todo antes del ocaso, cuando la luz es más suave y el aroma del sándalo flota en la brisa. Es mejor no ir los viernes, pues el lugar es invadido por familias numerosas que van de *picnic* con sus equipos de música.

El modo más fácil de ver la isla es como parte de una excursión en falúa. La alternativa es tomar el *ferry* más septentrional a Elefantina y atravesar a pie el pueblo hasta el otro lado de la isla, donde algunas falúas pequeñas esperan en la orilla occidental para cruzar a los visitantes. El viaje de ida cuesta al menos 10 EGP.

Orilla occidental

Como en el caso del jardín botánico, lo más fácil es visitar la orilla oeste como parte de una excursión en falúa. El camino más largo es tomar un *ferry* desde la isla Elefantina hasta el embarcadero del monasterio de San Simeón. Para ir a las tumbas de los Nobles, hay un *ferry* público que sale de un embarcadero al norte del Abu Simbel Hotel, en la orilla este. Más detalles en la p. 309.

MAUSOLEO DE AGA KHAN

Sobre un promontorio de la orilla oeste se eleva la elegante **tumba de Mohammed Shah Aga Khan** (cerrada al público), el 48º imán (líder) de la secta ismailí, fallecido en 1957, y de su esposa la begum, que murió en 2000. Asuán era su lugar favorito para pasar el invierno, y la villa blanca de la familia está en el jardín que hay bajo el sepulcro.

MONASTERIO DE SAN SIMEÓN

El **monasterio de San Simeón** (plano p. 302; Deir Amba Samaan; adultos/estudiantes 20/10 EGP; 8.00-16.00 oct-may, 7.00-17.00 jun-sep), que data del s. VII y tiene aspecto de fortaleza, estuvo dedicado en primer lugar a un santo local del s. IV, Anba Hadra, quien renunció al mundo el día de su boda. Fue reconstruido en el s. X y consagrado a san Simeón. Los monjes viajaron de aquí a Nubia con la esperanza de convertir a los nubios al cristianismo, hasta que Salah ad-Din (Saladino) destruyó el monasterio en 1173.

Rodeado por las arenas del desierto, el monasterio se construyó en dos niveles (el inferior de piedra y el superior de adobe) y se cercó con murallas de 10 m de altura. La basílica conserva restos de frescos; cerca de ella se sitúa la cámara donde san Simeón rezaba con el cabello atado al techo, por si se dormía. Las celdas, con sus camas *mastaba* (banco), daban alojamiento en el pasado a unos trescientos monjes y cien peregrinos. La última habitación de la derecha aún conserva pintadas de peregrinos musulmanes que se alojaron aquí de camino a La Meca.

Para llegar al monasterio desde el embarcadero, se puede negociar con los conductores de camellos (se pagan unas 30 EGP por hora; es mejor acordar por adelantado cuánto tiempo se quiere pasar), o bien subir andando por el sendero del desierto (unos 25 minutos). La alternativa es tomar el *ferry* a las tumbas de los Nobles y desde allí ir en camello o burro (mismo precio; véase p. 309), pero hay que recordar llevar agua.

TUMBAS DE LOS NOBLES

Los elevados acantilados que hay frente Asuán, al norte de la isla de Kitchener, están repletos de tumbas de gobernadores, guardianes de la puerta del Sur y otros dignatarios de la antigua Elefantina. Se conocen como **tumbas de los Nobles** (plano p. 304; adultos/estudiantes 20/10 EGP; 8.00-16.00 oct-may, hasta 17.00 jun-sep), y seis de ellas están abiertas al público. Datan de los Imperios Antiguo y Medio, y la mayor parte son de planta sencilla, con antecámara, sala de pilares y un corredor que lleva a la cámara mortuoria. Desde el desembarcadero del *ferry*, una escalera que sube en diagonal por la colina lleva a las tumbas.

Tumbas de Meju y Sabni (nº 25 y 26)

Las tumbas contiguas de Meju (nº 25) y su hijo Sabni (nº 26), ambos gobernadores, datan del largo reinado de Pepi II (2278-2184 a.C.), faraón de la 6ª dinastía. Los relieves de la tumba de Sabni muestran cómo éste condujo su ejército a Nubia, para castigar a la tribu responsable de la muerte de su padre en una campaña militar anterior y recuperar el cadáver. A su regreso, Pepi II le envió a sus propios embalsamadores reales y plañideros profesionales, como muestra de la importancia otorgada a los guardianes de la frontera meridional. Algunos relieves de la tumba de Sabni conservan los colores originales, y en la sala de pilares hay varias escenas encantadoras de caza y pesca donde se representa al difunto con sus hijas.

Tumba de Sarenput II (nº 31)

Sarenput fue el gobernador local y supervisor de los sacerdotes de Satet y Jnum durante el reinado del faraón Amenemhat II (1922-1878 a.C.), de la 12ª dinastía. Su tumba es una de las más bellas y mejor conservadas, con colores aún vivos. La antecámara, con seis pilares, conduce a un pasillo con seis nichos que contienen estatuas del difunto. La cámara mortuoria tiene cuatro columnas y un nicho con pinturas murales que muestran a Sarenput con su esposa (a la derecha) y su madre (a la izquierda), así como escenas de caza y pesca.

Tumba de Harjuf (nº 34)

La tumba de Harjuf, gobernador del sur durante el reinado de Pepi II, apenas está decorada, salvo por los notables jeroglíficos que relatan sus tres expediciones comerciales a África central, situados a la derecha de la entrada. Se incluye a Pepi II, por entonces un niño de 8 años, aconsejando a Harjuf que tenga especial cuidado con el "pigmeo danzarín" que había obtenido en sus viajes, pues el faraón tenía muchas ganas de verlo en Menfis. "Mi soberano desea ver a este pigmeo más que los regalos del Sinaí o de Punt", escribe Harjuf. Si se mira atentamente el texto se ve el diminuto jeroglífico del pigmeo varias veces.

Tumba de Hekaib (Pepinajt; n °35)

Hekaib, también llamado Pepinajt, fue *nomarca* bajo el reinado del faraón Pepi II. Enviado a aplastar rebeliones en Nubia y Palestina, tras su muerte fue divinizado, como revela la pequeña capilla erigida en Elefantina durante el Imperio Medio (c. 1900 a.C.) Hay bellos relieves que muestran escenas de caza y toros peleando.

Tumba de Sarenput I (nº 36)

Sarenput I fue abuelo de Sarenput II y gobernador durante el reinado de Sesostris I (1965-1920 a.C.), de la 12ª dinastía. El patio de su tumba conserva los restos de seis pilares decorados con relieves. A ambos lados de la entrada se representa a Sarenput I seguido de sus perros y su portador de sandalias, su harén llevando flores, su esposa y sus tres hijos.

KUBBET AL-HAWA

En la cumbre de la colina de las tumbas de los Nobles se sitúa esta pequeña **tumba** (plano p. 304), construida para un jeque local. El empinado ascenso se ve recompensado con unas vistas impresionantes del Nilo y la zona circundante.

CANTERA OCCIDENTAL

Al oeste de las tumbas de los Nobles, aislada en medio del desierto, se encuentra la antigua **cantera occidental** (Gebel Simaan), de la que se extrajo la piedra usada en muchos monumentos, entre ellos posiblemente los colosos de Memnón (véase p. 257). El gran **obelisco inacabado,** hecho para el faraón Seti I (1294-1279 a.C.), se decoró en tres caras de su ápice antes de ser abandonado. Cerca, la antigua pared y las marcas de la cantera son claramente visibles, junto a los caminos por los que los enormes bloques eran arrastrados hasta el Nilo.

Se pueden encontrar guías para la cantera en el desembarcadero del *ferry*, frente a las tumbas de los Nobles. Habrá que pagar como mínimo entre 50 y 80 EGP, después de regatear, por el viaje en camello, que dura media hora la ida y otro tanto la vuelta. Hay que llevar mucha agua y estar atento a las serpientes.

ACTIVIDADES

Falúas y 'ferries'

El Nilo tiene un aspecto fabuloso y mágico en Asuán, y pocas cosas son más relajantes que alquilar una falúa (barca tradicional de vela) antes de la puesta del sol y navegar entre las islas, el desierto y los enormes pedruscos negros, escuchando las velas agitarse y los muchachos nubios cantar desde sus diminutas barquitas. Los días en que los cruceros atracan juntos en la ciudad, cientos de falúas navegan alrededor de las islas; es buen momento para ir un poco más lejos, hacia la isla Seheyl (p. 316). **Gelal** (☎ 012 415 4902), persona digna de confianza que frecuenta las cercanías del Panorama Restaurant, cerca del desembarcadero del *ferry*, ofrece excursiones libres de problemas en las falúas de su familia, por precios fijos y económicos. Es de Seheyl y puede organizar también una visita a la isla y una comida (25 EGP) en su casa, así como un baño en una playa segura (véase abajo).

Al pasear por el Nilo, es difícil evitar a los "cazaclientes"para las falúas a todas horas. Según la oficina de turismo, alquilar una falúa para hasta ocho personas cuesta unas 30 EGP/hora por la barca. Pero si el negocio va bien, los precios suben. Un viaje de tres o cuatro horas vale al menos entre 75 y 90 EGP. Un viaje de dos a tres horas a la isla Seheyl cuesta unas 75 EGP.

El *ferry* público (1 EGP) va a la isla Elefantina, y sale del embarcadero que hay frente a la central telefónica (plano p. 302), o bien del que hay frente a Thomas Cook (plano p. 304). Otro *ferry* (1 EGP) sale de un embarcadero (plano p. 304) al norte del Abu Simbel Hotel y va al embarcadero de las tumbas de los Nobles, en la orilla oeste. Cuando el río va bajo, el punto de partida del *ferry* se sitúa al norte de la comisaría de la policía turística (plano p. 304).

Para obtener detalles sobre cómo viajar de noche en falúa por el Nilo, véase recuadro en p. IX.

Natación

Asuán es calurosa y, con frecuencia, el único modo de refrescarse, aparte de encerrarse en una habitación con aire acondicionado, es nadar. Unirse a los niños que chapotean en el Nilo no es buena idea; véase "Esquistosomiasis" en la p. 549. Esta enfermedad sólo se contrae en aguas estancadas; los barqueros conocen los lugares donde la corriente es lo bastante fuerte (pero no demasiado) para resultar seguros. Uno de estos puntos es una playa de la orilla oeste, frente a la isla Seluga (plano p. 302). Para llegar hay que alquilar una motora (unas 40 EGP/persona, más 20 EGP por el almuerzo si se quiere pasar el día). Algunos hoteles tienen piscinas abiertas al público, generalmente de 9.00 al atardecer. La más barata es la del Cleopatra Hotel (p. 312), que cuesta 10 EGP, pero es pequeña y está rodeada de otros edificios. El Basma Hotel (p. 312) dispone de una piscina grande que los no huéspedes pueden usar por 30 EGP. El Mövenpick (p. 313) y el Isis Hotel (p. 312) cobran 60 EGP.

CIRCUITOS

Los hoteles pequeños y las agencias de viajes conciertan excursiones en el día a los principales puntos de interés de la zona. Los circuitos guiados de medio día suelen incluir el templo de Isis en Filae, el obelisco inacabado y la Presa Alta, y cuestan desde 275 EGP (por persona, grupos de entre tres y cinco personas) con Amex o Thomas Cook, incluida la entrada a los sitios. Algunos hoteles económicos ofrecen excursiones más baratas, pero no tienen licencia para guiar grupos. Las agencias de viajes organizan excursiones en falúa a la isla Elefantina y la de Kitchener, por entre 65 y 100 EGP por persona, en grupos de tres a cinco personas; pero sale más barato tratar directamente con los barqueros.

Todas las agencias de viajes y la mayor parte de los hoteles de Asuán ofrecen viajes a Abu Simbel, pero hay que tener cuidado con las enormes diferencias en los precios. Las excursiones más baratas quizá no incluyan la entrada a los sitios, y algunos autobuses carecen de aire acondicionado, por lo que conviene informarse antes de partir hacia el desierto, sobre todo en verano. Casi todas las agencias grandes usan autocares y microbuses con aire acondicionado para ir a Abu Simbel. Se recomiendan Thomas Cook, Amex, Travco u otras agencias acreditadas, cuyos viajes en autobús son más caros, pero mucho más cómodos. Thomas Cook cobra unos 115 US$ por persona, que incluyen plaza en un microbús con aire acondicionado, precio de las entradas y guía; y 260 US$ en avión, incluidos traslados, entradas y guía. Los hoteles económicos ofrecen circuitos por 120 a 150 EGP, a menudo con paradas en el obelisco inacabado y el templo de Isis en el viaje de vuelta. No incluyen extras ni protección en caso de que haya problemas. Para más información sobre cómo llegar a Abu Simbel, véase p. 327.

DÓNDE DORMIR

La mayoría de los visitantes de Asuán se alojan en sus barcos, por lo que el panorama hotelero ha cambiado poco en los últimos años. Escasean las opciones buenas de precio medio, y muchos establecimientos antiguos empiezan a emprender con retraso lentas mejoras en la decoración y servicio. Los precios varían mucho según la temporada. Oficialmente, la temporada alta va de octubre a abril, pero alcanza su cumbre en diciembre y enero. En temporada baja, incluso hasta principios de noviembre, no hay problemas para encontrar habitación. Aquí se ha intentado detallar las tarifas de temporada alta. Todos los precios incluyen desayuno e impuestos, salvo que se indique lo contrario.

Económico

ALBERGUES

Albergue juvenil internacional (plano p. 304; ☎/fax 230 2313; Sharia Abtal at-Tahrir; dc miembros/no miembros 8,55/10,25 EGP, h 15 EGP). No hay que confundirse con el albergue contiguo, administrado por la gobernación y sólo para egipcios. Éste ha visto días mucho mejores y los (limpios) baños compartidos muestran señales de vejez, pero está bien si se tiene un presupuesto ajustado.

HOTELES

En la estación de trenes hay personas que tratan de convencer a los cansados viajeros de que el hotel que han reservado está cerrado, a fin de llevarlos a otro y cobrar comisión. Lo mejor es no hacerles caso, de lo contrario se suele acabar pagando más.

Noorhan Hotel (plano p. 304; ☎ 231 6069; junto a Sharia as-Souq; i/d 20/25 EGP; 💻). Eterno lugar favorito de los viajeros, dispone de habitaciones aceptables con baños privados, algunas con aire acondicionado. Hay acceso a Internet (10 EGP/h) y sirven Stellas (9 EGP). Algunos lectores se han quejado de las tácticas agresivas de los empleados para promocionar excursiones.

Yassin Hotel (plano p. 304; ☎ 231 7109; junto a Sharia as-Souq; i/d 20/25 EGP; ❄). Como en el vecino

Noorhan, el personal trata de vender excursiones a toda costa, pero las habitaciones están limpias y algunas tienen baño privado. Está bien si las otras opciones baratas están llenas.

Nubian Oasis Hotel (plano p. 304; 231 2126; NubianOasis_Hotel_Aswan@hotmail.com; 234 Sharia as-Souq; i/d 25/30 EGP;). Popular entre los mochileros. Habitaciones bastante limpias con baño privado. Dispone de un gran salón y una agradable azotea con plantas donde se sirven Stellas frías (9 EGP). El personal tiene fama de agresivo, pues se ganan la vida vendiendo excursiones.

Abu-Schleeb Hotel (plano p. 304; 230 3051; junto a Sharia Abbas Farid; i/d/tr 35/40/45 EGP;). Habitaciones pequeñas pero limpias, en un edificio moderno y sin personalidad. Salen a cuenta y todas tienen baño privado y agua caliente. Las de las esquinas cuentan con balcones, y en la planta baja hay un restaurante polvoriento con empleados adormecidos.

Hator Hotel (plano p. 304; 231 4580; fax 303 462; Corniche an-Nil; i/d 40/60 EGP;). Las 36 impecables habitaciones tienen tamaños diversos y algunas son sombrías, pero disponen de baño privado y casi todas de aire acondicionado (controlado en recepción). Salen a cuenta. La azotea tiene una piscina pequeña con algunas sillas y vistas espectaculares al Nilo.

Memnon Hotel (plano p. 304; /fax 230 0483; Corniche an-Nil; i/d 45/65 EGP;). Tiene unos cuantos años y se nota, pero las habitaciones, limpias y de buen tamaño, tienen vistas estupendas al Nilo. En la azotea hay una piscina pequeña y no muy atractiva, y nada de sombra. La destartalada entrada pasa desapercibida; está en una calle polvorienta junto a la Corniche, al sur del restaurante Aswan Moon.

Nuba Nile Hotel (plano p. 304; 231 3267; nubanil_hotel@hotmail.com; Sharia Abtal at-Tahrir; i/d 60/75 EGP;). Si el Keylany está lleno, este acogedor hotel familiar es la segunda mejor opción económica. Habitaciones limpias y confortables y buena ubicación, al norte de la plaza que hay frente a la estación de trenes, junto a una popular *ahwa* y *cibercafé*. Conviene ver la habitación antes de aceptar, pues varían mucho: algunas son diminutas, otras carecen de ventanas, pero todas disponen de baño privado y, la mayor parte, de aire acondicionado.

Philae Hotel (plano p. 304; 231 2090; fax 232 4089; Corniche an-Nil; i/d vistas al Nilo 70/90 EGP, vistas traseras 60/75 EGP;). Las habitaciones de este consolidado hotel han sido remodeladas hace poco, con paredes recién pintadas, suelos embaldosados y baños decentes; pero las de los pisos inferiores son muy ruidosas.

Keylany Hotel (plano p. 304; 231 7332; www.keylanyhotel.com; 25 Sharia Keylany; i/d/tr 60/75/90 EGO;). El mejor hotel de precio económico. Habitaciones sencillas pero confortables, con muebles de pino y baños impecables dotados de duchas y agua caliente como es debido. La dirección y el personal son amables y muy serviciales. La azotea no tiene vistas al Nilo, pero hay una sombrilla de arpillera y muebles hechos con frondas de palmera; es un sitio estupendo para pasar el rato. Buena zona de Internet abajo.

Happi Hotel (plano p. 304; 231 4115; fax 230 7572; Sharia Abtal at-Tahrir; i/d 65/90 EGP;). Si se pasa por alto la triste decoración y las alfombras raídas, no es mal lugar para alojarse. El personal puede ser insensible, pero las habitaciones están limpias y cuentan con baños privados de tamaño decente. Algunas tienen vistas al Nilo. El propietario también dirige el Cleopatra Hotel (abajo), y los huéspedes pueden usar su piscina a precio reducido.

Ramsis Hotel (plano p. 304; 230 4000; fax 231 5701; Sharia Abtal at-Tahrir; i/d 65/100 EGP;). Agradable y bien situado, ocupa una torre de pisos. Tiene poca personalidad, pero ofrece habitaciones confortables con ducha, retrete, TV y mini-nevera, algunas con vistas al Nilo. El servicio es lento, pero la relación calidad-precio es buena.

Orchida St George (plano p. 304; 231 5997; orchidahotel@hotmail.com; Sharia Muhammed Khalid; i/d 80/ 100 EGP;). Acogedor hotel de tres estrellas con habitaciones limpias, todas con camas cómodas, baños impecables, nevera y televisión vía satélite. La decoración es hortera y las habitaciones son de tamaños muy distintos, es mejor comprobar antes de comprometerse.

Precio medio

Asuán tiene pocos establecimientos de este precio. Los de la parte inferior de esta franja no se diferencian mucho de los mejores económicos; si el presupuesto es ajustado, mírese bien ante de decidir.

Al-Amir Hotel (plano p. 304; 231 4732; fax 230 4411; Sharia Abbas Farid; i/d 90/120 EGP;). Situado una calle por detrás de la Corniche, este hotel de tres estrellas afirma tener vistas al Nilo (sólo se ven estirando el cuello). La decoración *kitsch* revela una conexión con el Golfo (emblemas saudíes adornan el papel de cartas y los folletos). Las 28 habitaciones, con baño privado y televisión vía satélite, muestran su edad. Aconsejable sólo si los otros están completos.

Nile Hotel (plano p. 302; ☎ 231 4222; www.nilehotel-aswan.com; Corniche an-Nil; i/d/tr 127/158/190 EGP;). Hotel nuevo muy bienvenido en esta franja de precios. Ofrece 30 habitaciones bien equipadas, con baños privados impecables, televisión vía satélite y minibar, todas con ventanas o balcones que dan al Nilo. El personal, que habla inglés, es amable y atento. Hay restaurante, biblioteca con novelas extranjeras y libros sobre Egipto, y un centro de negocios. Recomendado.

Sara Hotel (mapa p. 316; ☎ 232 7234; www.sarahotel-aswan.com; i/d 35/55 US$;). En lo alto de un acantilado sobre el Nilo, a unos 2 km más allá del Museo de Nubia. Está aislado, pero ofrece vistas fantásticas de la Primera Catarata y el desierto occidental. La decoración *kitsch* color pastel se compensa con habitaciones limpísimas, televisión vía satélite, personal amistoso y una piscina de buen tamaño con vistas al Nilo. Las habitaciones de las esquinas poseen balcones enormes. La cafetería es muy popular entre los lugareños. Hay un autobús de enlace a la ciudad cada hora. Si se desean unos días de paz y tranquilidad en Asuán, es buena opción.

Marhaba Palace Hotel (plano p. 304; ☎ 233 0102; marhabaaswan@yahoo.com; Corniche an-Nil; i/d 50/60 US$;). Habitaciones pequeñas, pero acogedoras y decoradas con gusto, con camas confortables, baños suntuosos para este precio y televisión vía satélite. Luminoso y agradable, da a un parque en la Corniche y cuenta con dos restaurantes, personal simpático y azotea con vistas excelentes al Nilo.

Cleopatra Hotel (plano p. 304; ☎ 231 4003; fax 231 4002; Sharia as-Souq; i/d 48/62 US$;). Aparte del luminoso vestíbulo, es oscuro y sombrío, con 109 habitaciones llenas de muebles destartalados, aparatos viejos de aire acondicionado y empleados poco amistosos. Por algún motivo, sigue lleno de grupos que vienen en viajes organizados de oferta, posiblemente por su buena situación en el centro de la ciudad y por la piscina de la azotea, de tamaño razonable, aunque rodeada de edificios. Podría ser mucho mejor; quizá la apertura del Marhaba Palace obligue a la dirección a enmendarse.

Isis Hotel (plano p. 304; ☎ 232 4744; Corniche an-Nil; i/d 62/74 US$;). En la orilla misma del río, con una ubicación estupenda en el centro de la ciudad. Las habitaciones estilo chalé del jardín son limpias y confortables, populares entre los grupos que vienen en viajes organizados económicos. Hay un restaurante italiano razonablemente bueno y una piscina en forma de 8 junto al Nilo.

Precio alto

Pyramisa Isis Island Resort & Spa (plano p. 302; ☎ 231 7400; www.pyramisaegypt.com; h vistas al jardín/al Nilo 79/89 €;). Imponente complejo turístico de cuatro estrellas en una isla propia (hay barcos-lanzadera a la ciudad regulares y gratuitos), con habitaciones bien equipadas que dan al Nilo o al jardín. Popular entre los grupos de turistas, posee dos piscinas inmensas y varios restaurantes, con frecuentes colas ante los enormes bufés. Personal muy amable.

New Cataract Hotel (plano p. 302; ☎ 231 6002; www.sofitel.com; Sharia Abtal at-Tahrir; i/d vistas a la ciudad 98/138 US$, vistas al Nilo 108/160 US$;). Si el presupuesto no da para el Old Cataract, una opción es alojarse en el anexo moderno, en una torre de pisos. A las habitaciones les vendría bien una puesta al día, pero la decoración años sesenta del vestíbulo y los restaurantes vuelve a ser atractiva, y las habitaciones que dan al Nilo tienen vistas asombrosas (se recomiendan las de los pisos superiores). Los huéspedes pueden acceder a la piscina y restaurantes del Old Cataract.

Basma Hotel (plano p. 302; ☎ 231 0901; basma@rocketmail.com; Sharia Abtal at-Tahrir; i/d 110/165 €;). En el Nilo, cerca del Museo de Nubia. El personal es amable y hay una gran piscina y terraza con vistas fantásticas del Nilo al atardecer. Está bastante aletargado y le beneficiaría mucho una puesta al día, pero las habitaciones son espaciosas y confortables, equipadas con nevera y televisión vía satélite. Hay un restaurante asiático y europeo, pero la comida es mediocre.

Old Cataract Hotel (plano p. 302; ☎ 231 6000; www.sofitel.com; Sharia Abtal at-Tahrir; i/d vistas al jardín 175/190 US$, h vistas al Nilo 168-1.500 US$;). La *grande dame* de los hoteles del Nilo. Devuelve al viajero a los días de Agatha Christie, quien, según se dice, escribió aquí parte de *Muerte en el Nilo* (el hotel aparece en la película). El espléndido edificio, rodeado de jardines exóticos bien cuidados en una roca sobre el río, goza de vistas fantásticas al Nilo y varias islas, las ruinas de Abu y, detrás, el desierto. El servicio y la comida no están a la altura de la majestuosa arquitectura y pueden decepcionar, pero el ambiente y la panorámica hacen que la estancia sea única y merezca la pena. Las habitaciones de lujo con vistas al Nilo valen el precio extra, pero conviene pedir ver unas cuantas, pues varían en tamaño y estilo. Vale la pena visitar el hotel sólo para disfrutar de un cóctel o té de la tarde: la anticuada veranda suele estar reservada a los huéspedes, pero la terraza inferior ofrece iguales vistas. El privilegio cuesta 85 EGP. El hotel estará cerrado previsiblemente desde mayo de 2008 hasta 2010 para mejorar sus instalaciones

Mövenpick Resort Aswan (plano p. 304; ☎ 230 3455; www.moevenpick-aswan.com; isla Elefantina; d/tw/ste 75/75-100/240-290 US$;). Oculto en un gran jardín y caracterizado por una fea torre que, según rumores, será demolida pronto. Domina el extremo norte de la isla Elefantina. En el momento de escribir esta guía el hotel estaba siendo completamente remodelado y, con la reputación del Mövenpick en Egipto, probablemente será el mejor complejo turístico de la ciudad. Un *ferry* gratuito lleva a los huéspedes a y desde el centro urbano.

DÓNDE COMER

Asuán es un lugar aletargado y, dado que la mayoría de los turistas comen a bordo de los cruceros, la escena en cuanto a restaurantes está tan estancada como la hotelera. Abren pocos nuevos, y los viejos no cierran aunque tengan escasos clientes. Fuera de los hoteles, pocos sirven alcohol y ninguno acepta tarjetas de crédito.

Restaurantes

Emy (plano p. 304; ☎ 230 4349; Corniche an-Nil; platos 8-20 EGP). En una barca de dos pisos amarrada en el Nilo, junto al Aswan Moon. Aquí vienen los capitanes nubios de las falúas, pues es el único lugar donde se sirve cerveza fría (Sakkara 9 EGP, Stella 8 EGP). El menú incluye una selección de ensaladas (2,50 EGP), platos egipcios e internacionales (13 a 18 EGP) y excelentes zumos frescos (4,50 EGP).

Panorama (plano p. 304; ☎ 231 6169; Corniche an-Nil; platos 8-20 EGP). Con su tranquila situación junto al agua y su agradable terraza, es un buen lugar para relajarse y observar el Nilo, mientras se toma un té de hierbas o un zumo. Sirven estofados egipcios sencillos cocinados en pucheros de barro, con ensalada, *mezze* y arroz o patatas fritas, o un desayuno todo el día.

Al-Masry Restaurant (plano p. 304; ☎ 230 2576; Sharia al-Matar; comidas 8-30 EGP). Popular entre las familias locales que comen mucha carne. Es famoso por sus excelentes kebabs frescos y *kofta* (carne picada con especias asada en brocheta), y también por el pichón y el pollo, todo ello servido con pan, ensalada y *tahini*.

Biti Pizza (plano p. 304; Midan al-Mahatta; platos 12-22 EGP;). Situado cerca de la estación de trenes, Biti es un restaurante popular con aire acondicionado, que vende también comida para llevar. Sirven *pizzas* aceptables de estilo occidental, pero es más recomendable la deliciosa *fiteer*, *pizza* egipcia de hojaldre, dulce o salada, como la excelente *fiteer* de atún (20 EGP) o la versión para postre, con fruta y frutos secos (18 EGP).

Aswan Moon Restaurant (plano p. 304; ☎ 231 6108; Corniche an-Nil; comidas 12-30 EGP). Este local antaño popular ya no sirve alcohol, pero aún es un sitio agradable para cenar. El menú ofrece platos básicos egipcios e internacionales, entre ellos *mezze* (4 a 9 EGP); *pizzas* (19 a 25 EGP); kebabs (25 EGP); y nuestro favorito, *daoud basha* (albóndigas en salsa de tomate; 13 EGP), servidas muy calientes en platos de barro.

Madena Restaurant (plano p. 304; Sharia as-Souq; comidas 15-20 EGP). Pequeño y sin pretensiones, cerca del Cleopatra Hotel, sirve buenas comidas básicas egipcias a precios razonables. Una comida decente de *kofta*, con pan, arroz, ensalada y *tahini* cuesta 22 EGP. Las comidas vegetarianas valen 15 EGP.

Nubian House (plano p. 302; ☎ 232 6226; junto a Sharia Abtal at-Tahrir en el Nilo; platos principales 15-22 EGP; 14.00 o 15.00-tarde). Tranquilo café y restaurante nubio, ideal al atardecer, con vistas espectaculares de la Primera Catarata. La terraza sombreada tiene bancos tradicionales de madera donde disfrutar de un té de menta y un narguile (pipa de agua). Para llegar se sigue la carretera que pasa por el Museo de Nubia durante 1 km (15 minutos a pie) y se gira a la derecha después de una urbanización de alta categoría. De noche es mejor ir en taxi.

Chef Khalil (plano p. 304; ☎ 231 0142; Sharia as-Souq; comidas 25-60 EGP). Todo recto desde de la estación de trenes, sirve pescado muy fresco al peso, procedente del lago Nasser y el mar Rojo, a la parrilla, asado o frito, acompañado de ensalada y arroz o patatas fritas. Es pequeño, pero vale la pena esperar si está lleno.

Nubian Beach (plano p. 302; orilla oeste, pasado el mausoleo de Aga Khan; menú 45 EGP/persona). Maravilloso café-restaurante nubio en un tranquilo jardín de la orilla oeste del Nilo, con una elevada duna como telón de fondo. Para el calor diurno o las frías noches de invierno hay una sala interior bellamente pintada. La comida es sencilla pero buena, y sirven alcohol; a veces con música nubia en directo.

Nubian Restaurant (plano p. 302; ☎ 230 2465; isla Essa; comidas 45-70 EGP). En una diminuta isla al sur de Elefantina. Sirve comida nubia bastante mediocre, pero ofrece un espectáculo folclórico después de la cena, popular entre los grupos de turistas. Un barco gratuito sale desde enfrente de EgyptAir.

1902 Restaurant (plano p. 302; ☎ 231 6000; Old Cataract Hotel, Sharia Abtal at-Tahrir; menú 350 EGP/persona). Considerado el mejor de Asuán, y sin duda el más formal, este salón de estilo morisco bellamente restaurado es toda una delicia. La cena consiste en un menú fijo de cuatro platos de influencia francesa, con la actuación de músicos locales. Por desgracia, la comida no está en absoluto a la altura de la grandiosidad del entorno. Conviene reservar mesa con antelación.

Comida rápida

En Sharia as-Souq hay numerosos restaurantes pequeños y cafés, ideales para disfrutar del ambiente animado del zoco.

Koshary Aly Baba Restaurant (plano p. 304; Sharia Abtal at-Tahrir; platos 1-15 EGP). Restaurante de comida para llevar, limpio y popular, con buen *kushari*, así como *shwarma* y *kofta*.

Haramein Foul & Ta'amiyya (plano p. 304; Sharia Abtal at-Tahrir; platos 2-6 EGP). Diminuta tienda de comida para llevar, oculta entre los bloques bajos de pisos. Aquí vienen los lugareños cuando quieren buen *fuul* (estofado de habas) y *ta'amiyya* (bolas de masa y habas).

El-Tahrer Pizza (plano p. 304; Midan al-Mahatta; platos 8-18 EGP). Popular café que sirve *pizza* y *fiteer* a precios bajísimos. También ofrecen té y narguile (5 EGP).

Compra de alimentos

El mejor lugar es el zoco. En Sharia as-Souq y en algunos callejones hay tiendas pequeñas de comestibles que venden alimentos enlatados, queso y leche uperisada. La fruta y la verdura son abundantes en temporada; lo mejor es comprarlas por la mañana, cuando están más frescas.

Egypt Free Shop (plano p. 302; ☎ 231 4939; Corniche an-Nil; ⏲ 9.00-14.00 y 18.00-22.00). El único lugar donde se vende licor, cerveza local y vino, pero hay que mostrar el pasaporte.

OCIO

Palacio de Cultura (plano p. 304; ☎ 231 3390; Corniche an-Nil). En el palacio de Cultura, entre octubre y febrero/marzo, la compañía de danza folclórica de Asuán interpreta esporádicamente *tahtib* (danza del bastón) y canciones que describen la vida en los pueblos nubios. Si los grupos de turistas reservan actuaciones y la compañía no está de gira, los espectáculos comienzan hacia las 21.00 de sábado a jueves. Duran un par de horas y la entrada cuesta 15 EGP.

A veces se toca música nubia en el restaurante **Nubian House** (plano p. 302; ☎ 232 6226; junto a Sharia Abtal at-Tahrir en el Nilo; ⏲ 14.00 o 15.00-tarde), aunque cuando los autores lo visitaron no había horarios de actuaciones. Conviene llamar para preguntar los detalles. También se representan espectáculos nubios para turistas en el **Mövenpick Resort Aswan** (plano p. 304; ☎ 230 3455; www.moevenpick-aswan.com; isla Elefantina) y el **New Cataract Hotel** (plano p. 302; ☎ 231 6002; www.sofitel.com; Sharia Abtal at-Tahrir).

Se puede tener la suerte de ser invitado a una boda nubia una noche de fin de semana. Se considera que los invitados extranjeros son de buen augurio, pero no es raro que se les pida una "tarifa" de 20 o 40 EGP para ayudar a sufragar el tremendo coste del grupo musical y la comida.

Por lo demás, pasear por la Corniche, sentarse en una azotea a ver la luna salir o tomarse una bebida fría en algún restaurante flotante es lo máximo que hacen la mayoría de los viajeros en Asuán por la noche. Los hoteles de precio alto tienen discotecas, pero están más bien vacías.

DE COMPRAS

Puede que el zoco de Asuán se haya vuelto más turístico que antes, pero sigue estando bien para comprar recuerdos y artesanía. Son populares las artesanías nubias, como gorros (unas 10 EGP), pañuelos coloridos (20 a 30 EGP) y cestos y bandejas tradicionales (15 a 70 EGP), de varios tamaños. Las especias y el polvo de índigo, expuestos muy a la vista, son también buenas adquisiciones. Casi todas las tiendas de especias venden hibisco seco, usado para elaborar la bebida refrescante *karkadai*. Cuidado con el alazor que hacen pasar por azafrán. Asuán es famosa por la calidad de su *henna* y sus deliciosos cacahuetes tostados, los de mejor calidad cuestan 15 EGP el kilo.

Hanafi Bazaar (plano p. 302; ☎ 231 4083; Corniche an-Nil; 🕑 8.00- 20.00). Situado en un falso templo faraónico, es el mejor bazar de la ciudad, además del más antiguo y polvoriento. Vende genuinas espadas nubias, cestos, amuletos, caftanes de seda y cuentas de toda África. Lo dirigen los muy sosegados hermanos Hanafi.

CÓMO LLEGAR Y SALIR

Avión

Hay vuelos diarios de **EgyptAir** (plano p. 302; ☎ 231 5000; Corniche an-Nil; 🕑 8.00-20.00) de El Cairo a Asuán (ida 218 a 681 EGP, 1¼ h). El viaje de ida a Luxor cuesta 127 EGP y tarda 30 minutos. Existen dos vuelos diarios a Abu Simbel, que salen a las 6.15 y 9.15, una hora más tarde en verano. El billete de ida y vuelta vale 466 EGP, incluidos los traslados en autobús entre el aeropuerto y el templo.

Barco

Para detalles sobre los cruceros de cinco estrellas y los circuitos de pesca que operan en el lago Nasser, véase "Cruceros por el Nilo". Para detalles sobre comunicaciones en barco con Sudán, véase p. 537.

Autobús

La estación de autobuses está 3,5 km al norte de la de trenes. Cuesta unas 10 EGP ir en taxi, 50 pt en taxi colectivo. Sólo se admiten cuatro extranjeros por autobús y no se puede reservar asiento, por lo que conviene llegar temprano para conseguir plaza. Hay que llevar pasaporte, pues hay dos puntos de control por el camino. La oficina de turismo desaconseja viajar en autobús por ser demasiado engorroso.

Upper Egypt Bus Co tiene tres autobuses diarios a Abu Simbel (20 EGP, 4 h, salidas 8.00, 11.30 y 17.00). Los autobuses a Luxor (20 EGP, 4 a 5 h) salen a las 6.00, 8.00, 12.30, 14.00, 15.30 y 17.00, y paran en Kom Ombo (5 EGP, 1 h), Edfu (10 EGP, 2 h) y Esna (15 EGP, 3 h). Sale un autobús directo a El Cairo (91 EGP, 14 h) todos los días a las 15.30. Hay cuatro autobuses a Hurgada (55 EGP, 8 h, 6.00, 8.00, 15.30 y 17.00), que paran por el camino en Luxor, Qena y Safaga. Los autobuses a Marsa Alam (30 EGP, 6 h) salen a las 6.30.

Taxi colectivo

Los extranjeros tienen prohibido tomar taxis colectivos y microbuses públicos. Si la situación cambia (consúltese en la oficina de turismo), los taxis colectivos salen de la estación de autobuses, 3,5 km al norte de la de trenes.

Tren

De la **estación de trenes de Asuán** (plano p. 304; ☎ 231 4754) salen varios trenes diarios a El Cairo, pero oficialmente los extranjeros sólo pueden comprar billetes en la estación para tres de ellos (1ª/2ª clase 95/48 EGP, estudiantes 1ª/2ª clase 65/38 EGP, 14 h, 6.00, 18.00, 20.00). Nadie impedirá al viajero subir a los otros dos (8.00, 16.00), pero deberá comprar el billete a bordo. Todos los trenes que van hacia el norte paran en Daraw (1ª/2ª clase 16/11 EGP, 45 min), Kom Ombo (17/13 EGP, 1 h), Edfu (22/14 EGP, 2 h), Esna (29/17 EGP, 2½ h) y Luxor (35/21 EGP, 3 h). En todos hay descuentos para estudiantes.

Tren nocturno de Abela Egypt (☎ 230 2124; www.sleepingtrains.com) tiene dos servicios diarios a El Cairo, a las 17.00 y 18.30 (compartimento individual/doble 60/80 US$/persona, niños de 4 a 9 años 45 US$ cena y desayuno incluidos, 14 h). Nótese que no hay descuentos para estudiantes y que los billetes deben pagarse en dólares estadounidenses.

CÓMO DESPLAZARSE

A/desde el aeropuerto

Está situado 25 km al sudoeste de la ciudad. Un taxi a/desde el aeropuerto cuesta entre 30 y 35 EGP, más o menos.

CONVOYES POLICIALES

Conducir hacia el norte o el sur significa ir en un convoy policial. Los convoyes se congregan en el aparcamiento que hay enfrente del obelisco inacabado. Hay que estar allí al menos con 15 minutos de antelación. A las 8.00 salen dos convoyes hacia el norte con destino a Luxor, uno directo y otro vía Kom Ombo, Edfu y Esna. Un tercero sale a las 14.00, directo a Luxor. Hay dos convoyes a Abu Simbel (4.00 y 11.00). El viaje a Luxor dura unas tres horas, y a Abu Simbel 3½ horas.

Bicicleta

Asuán no es la ciudad ideal para las bicicletas. De todas formas, hay unos cuantos lugares en el extremo de Sharia as-Souq cercano a la estación de trenes donde alquilan bicicletas por unas 12 GP al día.

Taxi

Una excursión en taxi que incluya Filae, la Presa Alta y el obelisco inacabado, cerca del cementerio fatimí, cuesta entre 80 y 100 EGP para cinco o seis personas. Los taxis también llevan en excursiones de un día a Daraw y/o Kom Ombo por unas 150 EGP. Recuérdese que hay que unirse al convoy. Ir a cualquier punto dentro de la ciudad vale de 5 a 10 EGP.

Los taxis colectivos (50 pt) circulan por las calles principales de Asuán.

ALREDEDORES DE ASUÁN

PRESA DE ASUÁN

A finales del s. XIX, el rápido crecimiento de la población egipcia hizo imperativo cultivar más tierras, lo que sólo sería posible regulando la corriente del Nilo. El ingeniero británico sir William Willcocks comenzó la construcción de la presa vieja en 1898, por encima de la Primera Catarata. Al completarse en 1902 era la presa más grande del mundo, con 2.441 m de largo, 50 m de alto y 30 m de ancho, y estaba fabricada casi por entero con granito de Asuán.

Su altura se aumentó dos veces para satisfacer no sólo la demanda de mayor superficie de tierra cultivable, sino también para proporcionar energía hidroeléctrica. Con la apertura de la Presa Alta, hoy sólo genera hidroelectricidad para una fábrica cercana de fertilizantes. Por lo demás, sirve como atracción turística de camino a la citada presa, a 6 km corriente arriba. La ruta al aeropuerto y todos los viajes por carretera a Abu Simbel cruzan la presa de Asuán.

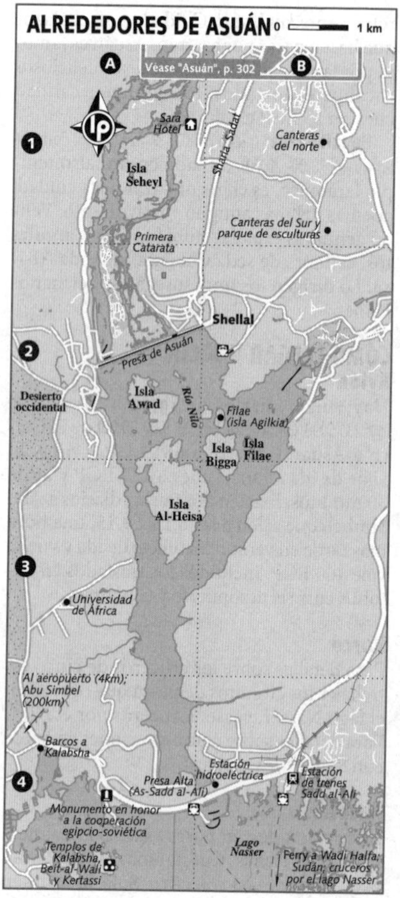

ISLA SEHEYL

La gran isla situada al norte de la presa vieja, **Seheyl** (adultos/niños 65/35 EGP; 🕑 7.00-16.00 oct-abr, hasta 17.00 may-sep) estaba consagrada a la diosa Anukis. Antes de la construcción de ésta, el Nilo fluía veloz y ruidosamente a través de las rocas graníticas que emergían del lecho fluvial, al sur, formando la Primera Catarata, llamada Shellal por los egipcios. Herodoto relata que un funcionario egipcio le dijo que ésta era la fuente del Nilo, que discurría hacia el norte y el sur a partir de aquí. Hoy las aguas fluyen despacio, y Seheyl es un destino ideal para un viaje algo más largo en falúa. En la punta sur de la isla hay un acantilado con más de **doscientas inscripciones,** casi todas de las 18ª y 19ª dinastías, de príncipes, generales y otros funcionarios que pasaban por aquí de camino a Nubia. La más célebre es la llamada "estela del hambre", de la 3ª dinastía, que narra una terrible hambruna de siete años durante el reinado de Zoser (2667-2648 a.C.), a la que el faraón intentó poner fin realizando ofrendas al templo de Jnum en Elefantina.

Junto a las inscripciones hay un acogedor pueblo nubio con casas de vivos colores. Algunas reciben visitantes, entre ellas la **Kanzian House** (☎ 012 415 4902; comida fija con té 30 EGP), que sirve té y buenos almuerzos nubios, además de vender artesanía de la zona. Es un lugar agradable para pasear.

FILAE (ISLA AGILKIA)

El aura de romanticismo y la grandiosidad del **templo de Isis** (adultos/niños 40/20 EGP; 7.00-16.00 oct-may, hasta 17.00 jun-sep) en la isla de Filae atrajeron a los peregrinos durante milenios, y en el s. XIX las ruinas se convirtieron en una de las atracciones turísticas más legendarias de Egipto. Tras la construcción de la presa vieja, Filae quedaba inundada seis meses al año por la marea alta, permitiendo a los viajeros remar en barca por entre las columnas parcialmente sumergidas, y escudriñar a través del verde translúcido del agua los maravillosos santuarios hundidos de los poderosos dioses.

El templo habría desaparecido por completo al terminarse la Presa Alta de no haber intervenido la Unesco. Entre 1972 y 1980, el enorme complejo fue desmontado piedra a piedra y reconstruido 20 m más alto, en la cercana isla Agilkia. Después se modificó el paisaje de Agilkia para que se asemejase a la isla sagrada de Isis.

Aunque el culto a Isis en Filae se remonta al menos al s. VII a.C., los restos más antiguos que quedan en la isla datan del reinado del último monarca nativo de Egipto, Nectanebo I (380-362 a.C.). Las ruinas más importantes fueron comenzadas por Tolomeo II Filadelfo y ampliadas los 500 años siguientes, hasta el reinado de Diocleciano (284-305 d.C.). En época romana, Isis se había convertido en la más grande entre los dioses egipcios, venerada por todo el Imperio, incluso en la lejana Britania. Aún en 550 d.C., mucho después de que Roma y su Imperio abrazasen el cristianismo, el culto a Isis sobrevivía en Filae. Finalmente, los cristianos primitivos transformaron la sala hipóstila principal en una capilla y desfiguraron los relieves paganos. Sus inscripciones fueron destruidas más tarde por los musulmanes.

Visita al templo

El barco que lleva al templo deja a los viajeros en la base del **quiosco de Nectanebo,** la parte más antigua del complejo de Filae. Caminando hacia el norte se atraviesa el **patio exterior del templo,** que tiene columnatas a ambos lados, la más completa es la occidental, con ventanas que inicialmente miraban a la isla de Biga. Al final se sitúa la entrada al templo de Isis, señalada por las torres del **primer pilón,** de 18 m de altura, decoradas con relieves de Tolomeo XII Neo Dioniso aplastando enemigos.

FILAE (ISLA AGILKIA)

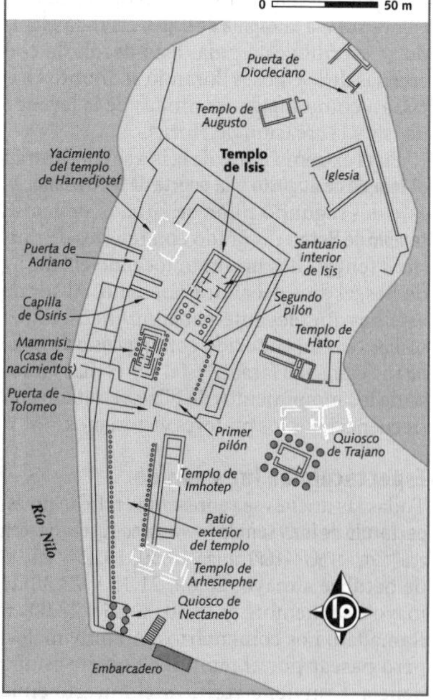

En el patio central del **templo de Isis** hay un *mammisi* dedicado a Horus, hijo de Isis y Osiris. Sucesivos faraones restablecieron su legitimidad como descendientes mortales de Horus tomando parte en rituales que conmemoraban la leyenda de Isis (véase recuadro en p. 231) y el nacimiento de Horus en los pantanos.

El **segundo pilón** lleva a una sala hipóstila con magníficos capiteles. Después hay tres vestíbulos que dan paso al **santuario interior de Isis.** En él existían dos altares de granito: uno contenía una estatua de oro de Isis y el otro la barca en que viajaba la figura, pero hace tiempo que fueron trasladados a Florencia y París, y hoy sólo queda el pedestal de piedra de la barca, que presenta inscripciones con los nombres de Tolomeo III (246-221 a.C.) y su esposa Berenice. En el lado oeste, una escalera sube a la **capilla de Osiris**, cerrada cuando se escribió esta guía. Está decorada con escenas de los dioses llorando al difunto Osiris, así como imágenes nítidas de la leyenda de Isis y la creación de Horus.

En el extremo norte de la isla se encuentran el **templo de Augusto** y la **puerta de Diocleciano.** Al este del segundo pilón se sitúa el delicioso **templo de Hator,** decorado con relieves de músicos (entre ellos un simio tocando el laúd) y de Bes, el dios del alumbramiento. Al sur de éste hay un elegante pabellón inacabado a orillas del río, conocido como **quiosco de Trajano** (o "cama del faraón"), tal vez el más famoso de los monumentos de Filae, retratado con frecuencia por los pintores victorianos.

Espectáculo de luz y sonido

Todas las noches se representa en Filae un **espectáculo de luz y sonido** (www.sound-light.egypt.com; adultos/niños 60/44 EGP), a las 18.30, 19.45 y 21.00 de octubre a mayo, 20.00, 21.15 y 22.30 de mayo a septiembre, y 19.30, 20.45 y 22.00 en Ramadán. Los comentarios son muy malos, pero pasear por el templo de noche es una delicia. Conviene verificar el horario en la oficina de turismo.

Día	Pase 1	Pase 2	Pase 3
Lunes	inglés	francés	-
Martes	francés	inglés	francés
Miércoles	francés	inglés	francés
Jueves	francés	español	italiano
Viernes	inglés	francés	-
Sábado	inglés	árabe	-
Domingo	alemán	francés	-

Cómo llegar y salir

El embarcadero para el conjunto de Filae está en Shellal, al sur de la presa vieja. La única manera sencilla para llegar hasta allí es en taxi o en un viaje organizado (que se puede concertar en casi todas las agencias de viajes y hoteles importantes de Asuán). El taxi cuesta unas 40 EGP ida y vuelta sin regatear. Los billetes para el viaje de vuelta se venden en la taquilla del embarcadero (10 EGP/persona, pequeña *baksheesh* extra para el barquero si se desea permanecer un rato más).

PRESA ALTA

El ejemplo moderno de construcción egipcia a escala monumental es la controvertida **Presa Alta de Asuán** (As-Sadd al-Ali), que contiene 18 veces más material que la gran pirámide de Keops y creó el Nasser, el mayor lago artificial del mundo.

DATOS DE LA PRESA ALTA

- Longitud: 3.600 m
- Ancho en la base: 980 m
- Altura en el punto más alto: 111 m
- Número de trabajadores que participaron en su construcción: 35.000
- Número de trabajadores muertos en su construcción: 451

A partir de la década de 1940 se hizo evidente que la presa vieja, que sólo regulaba el flujo del agua, no era lo bastante grande para contrarrestar la impredecible inundación anual del Nilo. En 1952, cuando Gamal Abdel Nasser llegó al poder, se hicieron planes para erigir una nueva presa, 6 km al sur de la antigua, pero desde el comienzo surgieron dificultades políticas y técnicas. En 1956, después de que el Banco Mundial denegase el crédito prometido para el proyecto, Nasser ordenó la nacionalización del canal de Suez, provocando la Crisis de Suez, en la que Francia, Reino Unido e Israel invadieron la región del canal. Pero Nasser se salió con la suya y consiguió financiación y tecnología adicional de la Unión Soviética. Las obras comenzaron en 1960 y terminaron en 1971.

La presa ha beneficiado mucho a los agricultores egipcios, aumentando las tierras cultivables en un 30%, como mínimo. Además, el suministro eléctrico del país se ha doblado. Pero existen inconvenientes. La presa ha detenido el flujo de sedimentos esencial para fertilizar la tierra, y el elevado uso de abonos artificiales ha aumentado la salinidad de las zonas de cultivo. El nivel freático también ha subido, y el agua daña muchos monumentos cercanos al Nilo. Los canales de riego, que ahora están siempre llenos, han creado una infección endémica a causa del parásito de la bilharzia, un grave problema de salud pública hasta hace poco.

La mayoría de la gente visita la Presa Alta, 13 km al sur de Asuán, como parte de un viaje organizado para ver monumentos al sur de la ciudad. Hay un pequeño pabellón con exposiciones que detallan las dimensiones y

FESTÍN, HAMBRE O GUERRA

El destino de Egipto siempre ha estado íntimamente ligado a la cantidad de agua del Nilo y, aunque el río pasa por muchos países, Egipto es el que más se ha beneficiado de él. Los antiguos egipcios llamaban a su país Kemet ("tierra negra"), por el fértil cieno que las aguas del Nilo dejaban al retirarse. Este depósito anual de una gruesa capa de mantillo húmedo y oscuro permitió que el sistema agrícola del antiguo Egipto se desarrollase y prosperase, ocasionando a su vez la acumulación de riqueza y el florecimiento de una sociedad y cultura sofisticadas. Cuando las inundaciones fallaban y el hambre se convertía en hambruna, todo el sistema se venía abajo: los años consecutivos de inundaciones inadecuadas a menudo coincidían con el colapso de la autoridad central o la invasión de una potencia extranjera.

Debido a esta dependencia del Nilo, los egipcios desarrollaron un sistema de regadío muy organizado, para enfrentarse al carácter impredecible del río. Los *nilómetros*, unas series de peldaños con los que se medía el agua al subir, servían para calcular el nivel de la inundación, crucial para predecir la fertilidad del suelo y el rendimiento de los cultivos. El *nilómetro* de Elefantina (véase p. 306), en la frontera meridional, era uno de los primeros en mostrar la subida de las aguas a principios de junio. Las autoridades también usaban el nivel de inundación para predecir la abundancia de las cosechas, y así fijar los impuestos que habrían de pagar los campesinos.

Desde el principio se hicieron canales que ampliaban el alcance de la inundación, y se desarrollaron artilugios para transportar agua, que en un principio eran simples cazos. Más tarde, el *shadouf*, una vara larga con un "cubo" en un extremo y un contrapeso en el otro, y la *saqia*, una noria accionada por animales, ayudaron a los campesinos a mover cantidades mayores de agua y aumentar la tierra cultivable.

Desde la construcción de la Presa Alta, Egipto se ha librado de las incertidumbres de la inundación anual, pero el suministro de agua aún no está por completo bajo control. En la actualidad, el uso del agua del Nilo por parte de Egipto está regulado por un tratado de 1959 con Sudán, que en esencia divide el caudal del río entre ambas naciones. Los otros ocho países de la cuenca del Nilo alegan, no sin razón, que esto es injusto, y reclaman una división más equitativa de tan preciado recurso. Una iniciativa internacional para resolver la cuestión lleva en proceso desde 1999, pero Egipto, el más grande y poderoso de los países ribereños (y también el más dependiente del Nilo) ha bloqueado todo cambio al tratado de 1959, e incluso ha amenazado con la guerra si algún país viola sus términos.

la construcción de la presa, y en el lado oeste se levanta un monumento en honor a la amistad y cooperación egipcio-soviética. No se pueden usar videocámaras ni teleobjetivos, aunque no parece que nadie lo controle.

Cómo llegar y salir

Lo más rápido para ir a la Alta Presa es tomar un taxi desde Asuán (unas 20 EGP). Se suele combinar con una visita al templo de Kalabsha, que queda a unos 3 km del extremo occidental de la presa y se ve desde ésta en el lado occidental del lago Nasser.

BAJA NUBIA Y LAGO NASSER

Durante milenios, la Primera Catarata señaló la frontera entre Egipto y Nubia, la región que se extendía de Asuán a Jartum. En el lado egipcio el valle del Nilo era fértil y se cultivaba continuamente, mientras que las orillas de Nubia eran más escarpadas, con pequeños retazos de tierras de cultivo separados por arena y acantilados rocosos.

La construcción de la Presa de Asuán y la Presa Alta lo cambiaron todo irrevocablemente, y gran parte de Nubia desapareció bajo las aguas del lago Nasser. Hoy el paisaje está dominado por el contraste entre el desierto liso y las tranquilas aguas de color verde oscuro. Aparte de la belleza y paz del lago, la principal atracción de la región son los templos que con tanto esfuerzo se trasladaron lejos de la crecida del agua en la década de 1960. Para más información sobre esta mastodóntica misión de rescate cultural, véase recuadro (p. 325). La zona entre la Primera y la Segunda Catarata se conoce como Baja Nubia (Wawat en egipcio antiguo) y, más al sur, entre la Segunda y la Sexta Catarata, la región se llama Alta Nubia (Kush).

Para los antiguos egipcios, Nubia era Ta-Sety, la "tierra de los arqueros", por el arma que hizo célebres a sus pobladores. Era una ruta vital para el comercio con el África subsahariana, y fuente de materias primas muy necesitadas, como cobre, marfil, ébano y oro. Se cree que el nombre moderno proviene de la palabra egipcia *nbw*, que significaba "oro". Egipto siempre se interesó por Nubia y sus riquezas, y la historia de ambos pueblos siempre fue de la mano: cuando Egipto era fuerte dominaba a Nubia y explotaba agresivamente sus recursos naturales; cuando era débil, los nubios disfrutaban de períodos de crecimiento y desarrollo.

En el norte de Nubia se han hallado vestigios de asentamientos de 10.000 años de antigüedad. En Nabta Playa, unos 100 km al oeste de Abu Simbel, los arqueólogos han descubierto recientemente restos de casas, monolitos esculpidos y el calendario más antiguo del mundo, hecho de piedras puestas de pie, que data de alrededor de 6000 a.C. Hasta 3500 a.C. Nubia y Egipto evolucionaron más o menos de igual modo, domesticando animales, cultivando plantas y adoptando poco a poco asentamientos permanentes. Ambos pueblos estaban relacionados étnicamente, pero los nubios, de piel más oscura, tenían rasgos más africanos y hablaban una lengua nilo-sahariana, mientras que el idioma egipcio era afroasiático.

Con la unificación de las tierras al norte de Asuán hacia 3100 a.C., Egipto comenzó a imponer su autoridad sobre Nubia. Desde el comienzo del Imperio Antiguo y durante casi cinco mil años, se enviaron expediciones para extraer la considerable riqueza mineral de la región. En el Primer Período Intermedio (2181-2055 a.C.) la autoridad central de Egipto cayó, mientras que Nubia se fortaleció, y los soldados nubios desempeñaron un papel importante en la guerra civil egipcia. La reunificación de Egipto a comienzos del Imperio Medio vio la Baja Nubia anexionada de nuevo, y se construyó una cadena de fortalezas de adobe en puntos estratégicos a lo largo del Nilo para proteger el comercio.

En el Imperio Nuevo, en lugar de fortalezas, los egipcios levantaron templos en Nubia, dividiendo la región en cinco *nomos* gobernados por el virrey del faraón, quien adoptó el título de Hijo Real de Kush. Aprovechando la desunión política del Tercer Período Intermedio (1069-747 a.C.), las tornas se volvieron y los nubios extendieron su autoridad hasta el lejano norte, gobernando Egipto durante un siglo como la 25ª dinastía Kush (747-656 a.C.). Esta dominación terminó con la invasión asiria de Egipto, tras la cual las acciones de los nubios se guiaron por sus propios intereses, aliándose unas veces con los invasores extranjeros y otras con sus vecinos egipcios.

El cristianismo se extendió gradualmente por Nubia a partir del s. V y perduró mucho después de que el islam se difundiese a lo largo del Nilo egipcio. En 652 las nuevas autoridades musulmanas de Egipto firmaron un tratado de paz con el rey cristiano de Nubia, que duró más o menos hasta el s. XIII, cuando los egipcios volvieron a moverse hacia el sur. El último rey cristiano de Nubia fue reemplazado por un musulmán en 1305, y la mayor parte de la población se convirtió al islam. En el s. XIX Nubia fue de nuevo importante para las ambiciones egipcias, como ruta de abastecimiento de esclavos. El surgimiento del Estado mahdista en Sudán a finales del s. XIX provocó la última división de Nubia: con la derrota del Mahdi y su sucesor y el establecimiento del gobierno angloegipcio en Sudán en 1899, se trazó una frontera entre este país y Egipto 40 km al norte de Wadi Halfa.

La Nubia moderna

Tras completarse la vieja presa de Asuán en 1902, y de nuevo cuando se elevó su altura en 1912 y 1934, fue subiendo el nivel de las aguas del Nilo en la Baja Nubia desde los 87 a los 121 m, sumergiendo muchos de los monumentos de la zona y, en la década de 1930, anegando por completo gran número de pueblos. Con sus hogares inundados, algunos nubios se mudaron al norte donde, con ayuda del gobierno, compraron tierras y levantaron pueblos basados en su arquitectura tradicional. Casi todos los pueblos nubios cercanos a Asuán, como Elefantina, West Aswan y Seheyl, son de los que se trasladaron en esa época. Los que decidieron quedarse en su tierra natal construyeron casas en zonas más altas, suponiendo que estarían a salvo, pero sus plantaciones de dátiles, fundamentales para su economía, quedaron destruidas. Muchos hombres tuvieron que marchar al norte en busca de trabajo, dejando a las mujeres atrás para dirigir las comunidades.

BAJA NUBIA Y LAGO NASSER

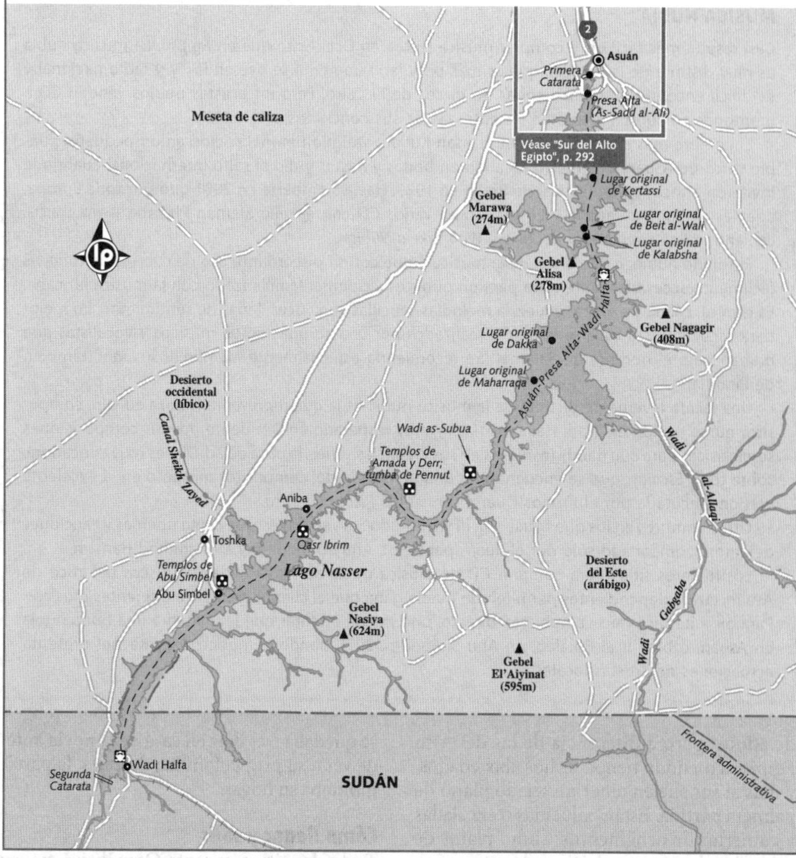

Menos de treinta años después, la construcción de la Presa Alta obligó a los que se habían quedado a mudarse de nuevo. En los años sesenta, 50.000 nubios egipcios fueron realojados en pueblos construidos por el gobierno alrededor de Kom Ombo, 50 km al norte de Asuán.

Cultura nubia

Los nubios son los que han pagado el precio más alto por el bien común de Egipto. Han perdido sus hogares y su tierra natal y, con una nueva generación creciendo lejos de la patria, como egipcios o, incluso, europeos o americanos, también están perdiendo gradualmente su identidad y tradiciones propias.

Lo que queda de la cultura nubia parece, por tanto, aún más vibrante. Su música, famosa por su sonido único (véase recuadro, p. 322), fue popularizada en Occidente por artistas como Hamza ad-Din, cuyas melodías de *oud* (laúd) son de una belleza etérea. Además del *oud*, otros dos instrumentos básicos dan a la música su ritmo y armonía característicos: el adufe (*douff*), pandero ancho y poco profundo que los músicos sujetan en la mano; y el *kisir*, un instrumento de cuerda.

Menos conocida en el extranjero es la arquitectura típica nubia, que fue la influencia principal del arquitecto egipcio Hassan Fathy, especializado en adobe. Las casas tradicionales de la Baja Nubia son de ladrillos

MÚSICA NUBIA

Casi resulta más fácil oír y comprar música Nubia en Occidente que en Egipto. La música nubia es muy distinta de la egipcia, que es más popular; raramente se oye en la TV y radio nacional y es difícil encontrarla en las tiendas de discos de El Cairo. Pero los artistas nubios venden CD a montones en Europa, y agotan las entradas de sus conciertos.

El nombre más importante es Ali Hassan Kuban, antiguo timonel nacido en un pequeño pueblo cerca de Asuán, que creció tocando en bodas y fiestas y dio el salto internacional cuando le invitaron a tocar en un festival de Berlín en 1989. Hasta su muerte en 2001 giró por toda Europa, además de Japón, Canadá y EE UU. Grabó varios CD con el sello alemán **Piranha** (www.piranha.de), entre ellos *From Nubia to Cairo* y *Walk Like a Nubian.*

El sonido nubio, a diferencia de la música árabe con su discordante uso de cuartos de tono, es fácilmente accesible, sobre todo para un público occidental familiarizado con la música africana. Es rítmica, cálida y exótica, y mezcla melodías sencillas con voces llenas de sentimiento. Lo mejor para escuchar esto es la serie de CD realizados por una agrupación de músicos y vocalistas que graban bajo el nombre de Salamat. Se recomienda especialmente *Mambo al-Soudani* (también de Piranha).

Una faceta levemente distinta de la música nubia es la que representa Hamza ad-Din, compositor nubio nacido en Wadi Halfa en 1929 y muy respetado en Occidente por sus composiciones semiclásicas para *oud* (laúd). Inspirada en sus creencias sufíes, la obra de ad-Din' es muy evocadora, sobre todo *Escalay*, que se encuentra en una grabación del compositor mismo o en la excelente versión ejecutada por el Kronos Quartet en su CD *Pieces of Africa.*

Otros nombres en los que fijarse son el ya retirado Sayyed Gayer, que canta poemas y canciones de amor acompañado sólo por el *douff* (pandero), Ahmed Monieb y Mohammed Hamam.

Los mejores sitios para comprar CD de música nubia son las tiendas de discos del zoco de Asuán, cuyos dependientes permiten de buena gana que el cliente escuche a diferentes músicos. Para oír auténtica música nubia en directo, uno puede intentar que le inviten a una boda nubia en Asuán, o bien ir al Eskaleh, en Abu Simbel (p. 327), donde el músico Fikry Kachef presenta actuaciones de artistas locales.

de adobe, pero a diferencia de las del Alto Egipto, a menudo tienen techos abovedados, y más al sur suelen tener un tejado plano de palmera partida. Están enlucidas o encaladas y cubiertas de ornamentos, como platos de cerámica. Las formas básicas de estas casas pueden verse en los pueblos nubios alrededor de Asuán y en Ballana, cerca de Kom Ombo.

Los nubios también tienen costumbres propias en cuanto a bodas. Tradicionalmente los festejos duraban hasta quince días, aunque hoy se limitan a tres. La primera noche de las fiestas, los novios festejan por separado con sus respectivos amigos y familias. La segunda noche, la novia lleva a los suyos a casa del novio y ambos grupos bailan al son de la música tradicional hasta altas horas. Luego, la novia vuelve a su casa y le pintan bellos diseños de *henna* en manos y pies. Al novio también le cubren las manos de *henna*, pero sin diseño alguno. El tercer día, el novio y los suyos van a casa de la novia en una *zaffer* (procesión), cantando y danzando todo el camino. Tradicionalmente el novio se quedaba tres días en casa de la novia antes de ver a su propia familia; después, la pareja montaba su hogar.

Cómo llegar y salir

Todos los sitios, excepto Qasr Ibrim, tienen carreteras de acceso, pero en la actualidad a los extranjeros se les permite conducir únicamente a Kalabsha, Beit al-Wali y Kertassi. La carretera a Abu Simbel está abierta, pero los extranjeros sólo pueden viajar en autobuses o microbuses en un convoy policial. Se puede ir a Abu Simbel en avión desde Asuán, Luxor y El Cairo. Más detalles sobre cómo viajar a Abu Simbel en la p. 327.

Por el momento, el resto de los sitios sólo son accesibles en barca, que de todos modos es la mejor manera de ver los espectaculares monumentos del lago Nasser. Más detalles en "Cruceros por el Nilo".

LAGO NASSER

Al contemplar la vasta extensión de agua de color azul verdoso del lago Nasser, es difícil creer que sea obra humana. Se trata del mayor lago artificial del mundo y sus cifras son pasmosas: 5.250 km² de superficie, 510 km de longitud y entre 5 y 35 km de anchura. Contiene una media de 135.000 millones de metros cúbicos de agua, de los que se pierden unos 6.000 millones al año por evaporación. Su capacidad máxima, 157.000 millones de metros cúbicos, se alcanzó en 1996 tras unas fuertes lluvias en Etiopía, lo que obligó a abrir un aliviadero especial en Toshka, unos 30 km al norte de Abu Simbel; fue la primera vez que se abrió desde la construcción de la presa. Desde entonces, el gobierno egipcio se ha embarcado en un controvertido proyecto para construir un nuevo canal y regar miles de acres en lo que ahora es el desierto de Nubia entre Toshka y el Valle Nuevo, un plan que el presidente Mubarak ha comparado con el canal de Suez y la Presa Alta de Asuán por su enormidad.

Cifras aparte, el contraste entre esta enorme extensión de agua y el desierto que se extiende en la lejanía por todos lados convierte al lago Nasser en un lugar de austera belleza. Como el nivel del lago fluctúa, ha sido difícil construir asentamiento alguno a su alrededor. A cambio se ha convertido en un lugar de descanso para las aves migratorias en sus largos viajes hacia el norte y el sur. En sus orillas habitan gacelas, zorros y varios tipos de serpientes, entre otras la letal víbora cornuda. Muchas especies de peces viven en sus aguas, entre ellas la enorme perca del Nilo. En los bajos también habitan cocodrilos (algunos de hasta 5 m de largo, según se dice) y varanos. La principal presencia humana, aparte de la población en rápido crecimiento de la ciudad de Abu Simbel y los pocos turistas que la visitan, se limita a los 5.000 pescadores que pasan hasta seis meses seguidos en pequeñas barcas de remo, capturando un total aproximado de 50.000 t de peces pequeños al año.

KALABSHA, BEIT AL-WALI Y KERTASSI

Como resultado de un enorme esfuerzo por parte de la Unesco, los templos de **Kalabsha, Beit al-Wali** y **Kertassi** (adultos/estudiantes 25/15 EGP; 🕑 8.00-16.00) fueron trasladados desde un enclave a 50 km de Asuán que ahora está sumergido. El nuevo emplazamiento se encuentra en la orilla oeste del lago Nasser, al sur de la Presa Alta.

El **templo de Kalabsha,** comenzado a finales del período tolemaico y completado durante el reinado del emperador Augusto (30 a.C.-14 d.C.), estaba consagrado al dios solar nubio Meruel, llamado Mandulis por los griegos. Posteriormente se usó como iglesia.

En los años sesenta y setenta, el gobierno de Alemania Occidental financió el traslado y reconstrucción de los 13.000 bloques del templo. Como agradecimiento recibieron el pilón oeste, que ahora se conserva en el Museo de Berlín. En la operación de rescate se hallaron rastros de estructuras más antiguas, de tiempos de Amenhotep II (1427-1400 a.C.) y Tolomeo IX.

Una impresionante calzada de piedra lleva desde el lago hasta el primer pilón del templo, tras el cual se halla el patio con columnas y la sala hipóstila de ocho columnas. Las inscripciones de los muros representan a distintos emperadores o faraones ante dioses y diosas. Pasada la sala se encuentra el santuario, compuesto por tres cámaras. De una de ellas salen escaleras que suben al tejado, donde hay vistas magníficas del lago Nasser y la Presa Alta al otro lado de los capiteles de la sala y el patio. Un pasillo interior, entre el templo y el muro que lo rodea, lleva a un *nilómetro* bien conservado.

El **templo de Beit al-Wali** fue reconstruido con ayuda del gobierno de EE UU y colocado al noroeste del templo de Kalabsha. Construido en su mayor parte por Ramsés II, está excavado en la roca y precedido de un pilón de ladrillo. En los muros del patio anterior hay bellos relieves que detallan la victoria del faraón sobre los nubios (pared sur) y las guerras contra libios y sirios (pared norte). Ramsés aparece sujetando a sus enemigos por el cabello antes de aplastarles la cabeza, mientras unas mujeres suplican clemencia. Las escenas más hermosas son las de Ramsés en su trono recibiendo el tributo pagado por los nubios derrotados, compuesto de pieles de leopardo, anillos de oro, colmillos de elefante, plumas y animales exóticos.

Al norte del templo de Kalabsha se encuentran los restos, escasos pero pintorescos, del **templo de Kertassi,** con dos columnas de Hator, un enorme arquitrabe y cuatro bellas columnas papiriformes.

Cuando el nivel del agua es bajo, a veces es posible ir andando al lugar. En caso contrario, se puede encontrar una motora en el lado oeste de la Presa Alta (unas 30 EGP ida y vuelta, con una hora para la visita).

WADI AS-SUBUA

Los **templos de Wadi as-Subua** (adultos/estudiantes 35/20 EGP) se trasladaron entre 1961 y 1965 a este emplazamiento, unos 4 km al oeste del Wadi as-Subua original, hoy sumergido.

Wadi as-Subua significa "valle de leones" en árabe, en referencia a la avenida de esfinges que conduce al **templo de Ramsés II,** otro monumento más construido durante el reinado del enérgico faraón. El interior se labró en la roca y está precedido por un pilón de piedra y estatuas colosales. Detrás del pilón hay un patio con otras 10 estatuas del faraón y, más allá, una sala con 12 pilares y el santuario. El nicho central tenía en el pasado relieves de Ramsés realizando ofrendas a Amón-Ra y Ra-Horajty. En época cristiana esta parte fue convertida en iglesia, y los relieves paganos se enyesaron y se cubrieron con pinturas de santos. Hoy parte del yeso se ha caído, por lo que parece que Ramsés II está adorando a san Pedro.

Más o menos 1 km al norte se encuentran los restos del **templo de Dakka,** comenzado por el faraón de la Alta Nubia Arkamani (218-200 a.C.) con materiales de estructuras muy anteriores, y adaptado por los tolomeos y el emperador romano Augusto. Situado inicialmente 40 km al norte de aquí, está dedicado al dios de la sabiduría, Tot, y destaca por su pilón de 12 m de alto, al que se puede subir para obtener espléndidas vistas del lago y los templos de los alrededores.

El **templo de Maharraqa,** el más pequeño de los tres del lugar, se levantaba originalmente 50 km al norte, en el antiguo enclave de Ofendina. Está consagrado a Isis y Serapis, el dios alejandrino. Su decoración nunca se terminó y sólo queda una pequeña sala hipóstila, en cuya esquina nordeste hay una escalera de caracol de mampostería que sube al tejado.

AMADA

Unos 180 km al sur de la Presa Alta hay dos templos y una tumba en **Amada** (adultos/estudiantes 35/20 EGP).

El **templo de Amada,** trasladado unos 2,6 km desde su ubicación original, es el monumento del Nasser más antiguo que ha sobrevivido. Fue construido conjuntamente por el faraón de la 18ª dinastía Tutmosis III y su hijo Amenhotep II, con una sala hipóstila añadida por su sucesor, Tutmosis IV (1400-1390 a.C.). Dedicado, como muchos templos de Nubia, a Amón-Ra y Ra-Horajty, posee algunos de los relieves más bellos y mejor conservados de entre todos los monumentos nubios, y contiene dos importantes inscripciones históricas. La primera, en una estela del lado izquierdo (norte) de la entrada, describe la invasión fracasada de Egipto por parte de los libios (1209 a.C.) durante el reinado del faraón Merneptah; y una segunda estela en el muro trasero del santuario relata la campaña militar de Amenhotep II en Palestina (1424 a.C.). Sin duda ambas estaban destinadas a convencer a los nubios de que toda oposición política a los poderosos egipcios era inútil.

El **templo de Derr,** excavado en la roca, fue construido por Ramsés II en un recodo del Nilo. El pilón y el patio han desaparecido, pero quedan algunos relieves bien conservados en la ruinosa sala de pilares, que ilustran la campaña nubia de Ramsés II, con la usual matanza de enemigos y el famoso león del faraón. Muchas escenas han sido limpiadas y sus colores vuelven a brillar.

A 5 minutos a pie se encuentra la pequeña **tumba de Pennut,** virrey de Nubia durante el reinado de Ramsés VI (1143-1136 a.C.), situada inicialmente en Aniba, 40 km al sudoeste de Amada. Esta tumba nubia bien conservada consiste en una pequeña capilla de ofrendas y un nicho en la parte trasera, con relieves que representan hechos y personalidades de la vida de Pennut, como el momento en que Ramsés VI le hace entrega de un regalo.

QASR IBRIM

El único monumento nubio visible en su emplazamiento original, **Qasr Ibrim,** se levantaba en lo alto de un acantilado de 70 m de alto, unos 60 km al norte de Abu Simbel, pero hoy en día el agua lame sus bordes.

Hay evidencias de que Ibrim fue una plaza fuerte desde 1000 a.C. en adelante, y de que hacia 680 a.C. el faraón de la 25ª dinastía Taharka (690-664 a.C.), nubio de nacimiento, erigió un templo de adobe dedicado a Isis. En época romana la ciudad fue uno de los últimos bastiones del paganismo; sus seis templos se convirtieron al cristianismo dos siglos más tarde que en el resto de Egipto. Después se transformó en uno de los principales centros cristianos de la Baja Nubia y se resistió a los musulmanes hasta el s. XVI, en que un grupo de mercenarios bosnios, miembros del ejército otomano, ocupó el lugar. Se quedaron a vivir y se casaron con mujeres nubias, usando parte de la catedral como mezquita.

Entre los restos de estructuras, la más impresionante es una catedral de arenisca del s. VIII construida sobre el templo de Taharka. El lugar está cerrado a los visitantes debido a los trabajos arqueológicos en curso.

ABU SIMBEL

☎ 097

El pueblo de Abu Simbel se sitúa 280 km al sur de Asuán y sólo 40 km al norte de la frontera con Sudán. Es una población pequeña, relajada y tranquila. Hasta la fecha, los turistas no suelen permanecer más que las pocas horas necesarias para visitar los colosales templos que le han dado fama, pero esto podría cambiar pronto. Los interesados en la paz y tranquilidad del lago, en ver los templos sin aglomeraciones, en pasear por una ciudad egipcia pequeña y poco turística sin escolta policial, o en escuchar música nubia, tal vez decidan quedarse unos días.

Información

Hospital de Abu Simbel (☎ 499 237; calle principal)
Ahly Bank (calle principal; 🕗 8.30-14.00 y 18.00-20.00 do-ju). Tiene cajero automático.
Banque du Caire (calle principal; 🕗 8.30-14.00 y 18.00-20.00 do-ju). Tiene cajero automático.
Banque Misr (calle principal; 🕗 8.30-14.00 y 18.00-20.00 do-ju). Tiene cajero automático.
Oficina principal de correos (🕗 8.30-14.30 sa-lu). En la calle que va a los templos.
Central telefónica (🕗 24 h). Junto a la calle principal.
Policía turística (☎ 400 277/8). En la calle que va a los templos.

Puntos de interés y actividades

Los dos **templos de Abu Simbel** (adultos/estudiantes 80/40 EGP; 🕗 6.00-17.00 oct-abr, hasta 18.00 may-sep) dominan el lago Nasser. Se puede acceder a ellos por carretera o, si se viaja en un crucero, desde uno de los muelles que llevan directamente al complejo vallado.

GRAN TEMPLO DE RAMSÉS II

El imponente templo de Ramsés II, excavado en una montaña de la orilla oeste del Nilo entre 1274 y 1244 a.C., estaba dedicado tanto al propio faraón divinizado como a Ra-Horajty, Amón y Ptah. Las cuatro estatuas

EL RESCATE DE LOS MONUMENTOS DE NUBIA

Cuando se elaboraron los planes para la Presa Alta, la atención mundial se centró en los valiosos e irreemplazables monumentos condenados por las aguas del lago Nasser. Entre 1960 y 1980, la campaña de rescate de Nubia, patrocinada por la Unesco, reunió expertos y financiación de más de cincuenta países, y envió equipos arqueológicos egipcios y extranjeros a Nubia. Se excavaron necrópolis, se trasladaron todos los artefactos y reliquias portátiles a museos y, aunque algunos templos desaparecieron bajo el lago, 14 fueron salvados.

Diez de ellos, incluidos los complejos de Filae, Kalabsha y Abu Simbel, se desmontaron piedra a piedra y se reconstruyeron laboriosamente en zonas más elevadas. Otros cuatro fueron donados a países que habían contribuido a la misión de rescate, como el espléndido templo de Dendur, ahora reconstruido en el Metropolitan Museum of Art de Nueva York.

Tal vez el mayor logro fue la conservación de los templos de Abu Simbel. La magnificencia y la habilidad del pasado se unieron con la igualmente impresionante tecnología moderna cuando, con un coste de unos 40 millones de dólares, equipos arqueológicos egipcios, italianos, suecos, alemanes y franceses cortaron los templos en más de 2.000 bloques enormes, de entre 10 y 40 t cada uno, y los reconstruyeron dentro de una montaña artificial, a 210 m del agua y 65 m más alto que el emplazamiento original. Los templos se orientaron de modo que mirasen en la dirección original, y el paisaje de su primitivo entorno se recreó sobre y alrededor de la montaña de cemento en forma de cúpula.

El proyecto llevó algo más de cuatro años. Los templos de Abu Simbel se reabrieron oficialmente en 1968, mientras el enclave sagrado que habían ocupado durante más de tres mil años desaparecía bajo el lago Nasser. Una placa a la derecha de la entrada describe con elocuencia este logro: "A través de esta restauración del pasado, hemos ayudado sin duda a construir el futuro de la humanidad".

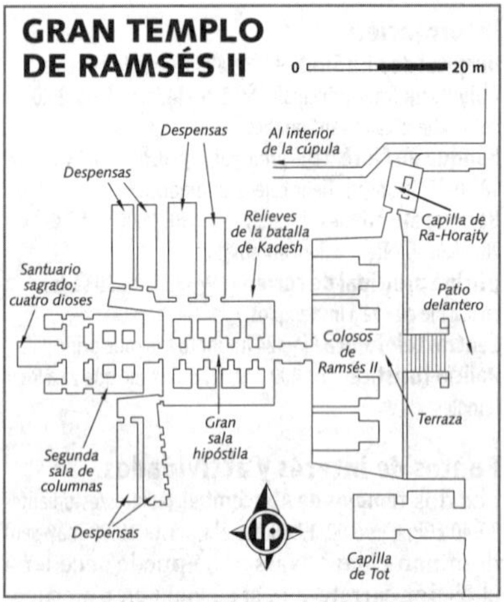

colosales del faraón que adornan el frente del templo son como centinelas gigantescos que vigilan el tráfico procedente del sur, destinadas, sin duda, a advertir de la fuerza del rey.

Con el paso de los siglos, el Nilo y las arenas del desierto se movieron imperceptiblemente, y el templo se perdió para el mundo hasta 1813, cuando fue redescubierto por casualidad por el explorador suizo Johann Ludwig Burckhardt. Sólo una de las cabezas era visible en su totalidad por encima de la arena; la siguiente estaba rota, y de las otras dos sólo se veían las coronas. En 1817 Giovanni Belzoni retiró suficiente arena para poder entrar al templo.

Desde el vestíbulo del templo, una breve escalinata sube a la terraza de la enorme fachada tallada en la roca, de unos 30 m de alto y 35 m de ancho. Tres de las cuatro famosas estatuas colosales de Ramsés II custodian la entrada, sentadas majestuosamente, mirando hacia la eternidad por encima del agua. La estatua interior izquierda se derrumbó en la antigüedad, y la parte superior del cuerpo yace aún en el suelo. Las figuras, de más de 20 m de altura, están acompañadas por estatuas más pequeñas de la madre del faraón (la reina Tuya), su esposa Nefertari y algunos de sus hijos favoritos.

Sobre la entrada, entre los colosos centrales se ve la figura del dios del sol con cabeza de halcón, Ra-Horajty. Por desgracia, el dios ha sufrido los rigores de los siglos, y hoy le falta parte de la pierna y el pie.

El techo de la gran sala está decorado con buitres, figuras protectoras que simbolizan a la diosa Nejbet, y sustentado por ocho columnas, cada una precedida de una estatua de Ramsés II adoptando la forma de Osiris. Los relieves de los muros describen el valor del faraón en la batalla, pisoteando a sus enemigos y matándolos en presencia de los dioses. En la pared norte se representa la famosa batalla de Kadesh (h. 1274 a.C.), hoy en Siria, en la que Ramsés infundió ánimos a su desmoralizado ejército con su propia valentía, de tal modo que ganaron la guerra contra los hititas. La escena está dominada por un célebre relieve del faraón en su carro, disparando flechas a enemigos que huyen. También se ve el campamento egipcio, protegido por los escudos de punta redonda de los soldados, y la ciudad fortificada hitita, rodeada por el río Orontes.

La siguiente sala es un vestíbulo de cuatro columnas, donde se representa a Ramsés y Nefertari delante de los dioses y las barcas solares. De aquí se pasa al santuario sagrado, donde Ramsés y la tríada divina del gran templo aparecen en sus tronos.

La sala más interior es el santuario, donde los cuatro dioses del templo esperan el amanecer sentados en sus tronos esculpidos en la pared del fondo. El templo se construyó de tal forma que el 22 de febrero y el 22 de octubre de cada año los primeros rayos del sol naciente cruzan el Nilo para penetrar en el templo, avanzar por la sala hipóstila, atravesar el vestíbulo y entrar en el santuario, donde iluminan las algo mutiladas figuras de Ra-Horajty, Ramsés II y Amón. Ptah, a la izquierda, nunca se ilumina. Antes del traslado del templo, este fenómeno sucedía un día antes.

TEMPLO DE HATOR

Junto al anterior edificio se encuentra el **templo de Hator,** mucho más pequeño, con una fachada tallada en la roca y precedida de seis estatuas de 10 m de alto que representan a Ramsés y Nefertari de pie, acompañados de algunos de sus numerosos hijos. Nefertari viste el atuendo de la diosa Hator y, cosa rara, tiene la misma altura que su marido, en lugar de llegar sólo a sus rodillas, como se representaba a la mayoría de las consortes.

Dentro, los seis pilares de la sala hipóstila están coronados por capiteles con la forma bovina de Hator. En los muros aparece la reina frente a los dioses, en gran situación de igualdad con Ramsés II, y se la ve honrando a su marido. El vestíbulo y las cámaras contiguas, que contienen vivas escenas de la diosa y su barca sagrada, conducen al santuario, con una estatua desgastada de Hator en forma de vaca surgiendo de la roca.

ESPECTÁCULO DE LUCES Y SONIDO

Todas las noches se representa un **espectáculo de luz y sonido** (www.sound-light.egypt.com; adultos/niños 80/43,50 EGP), a las 19.00 y 20.00 en invierno (octubre a mayo) y a las 20.00 y 21.00 en verano (mayo a septiembre). Se proporcionan auriculares para que los visitantes oigan los comentarios en varios idiomas. Aunque el florido relato no es muy interesante, el espectáculo láser proyectado en los templos sí es impresionante y realmente merece la pena.

Dónde dormir y comer

Poca gente pernocta en Abu Simbel, pero hay unos pocos hoteles que permiten a los que buscan paz y tranquilidad disfrutar de su estancia.

Abu Simbel Village (☎ 400 092; i/d 80/110 EGP; ❄). La opción más barata, un hotel marchito con habitaciones abovedadas básicas, dispuestas alrededor de un patio de cemento.

Eskaleh (Beit an-Nubi; ☎ 012 368 0521; d 40-60 €; 💻 ❄). Mitad centro cultural con una biblioteca dedicada a la historia y cultura nubias, mitad hotel pequeño en una vivienda nubia tradicional de adobe. Es el mejor lugar para alojarse en la ciudad y, en cierto modo, un destino en sí mismo. El amable propietario, Fikry Kachif, un músico nubio que vivía en Abu Simbel antes de la construcción de la presa, trabajó muchos años como guía en el *Eugénie* ("Cruceros en el Nilo"), pero se cansó de viajar y decidió establecerse junto al lago. Las habitaciones son confortables, tienen muebles sencillos de la zona y disponen de ventilador, aire acondicionado y buenos baños privados. Unas mujeres nubias preparan deliciosas comidas caseras (almuerzo o cena de tres platos 50 EGP) con productos del huerto de Fikry. De noche la quietud es absoluta, cosa infrecuente en la ruta turística a lo largo del Nilo. A veces Fikry toca con sus amigos, o presenta actuaciones de música y danza nubia.

Seti Abu Simbel (☎ 400 720; www.setifirst.com; i/d 130/180 US$; ❄ 💻 🏊). El único de cinco estrellas. Habitaciones estilo chalé con vistas al lago Nasser, muy agradables pero algo vacías, no valen el precio que se cobra. Es mejor reservarlo a través de la agencia de viajes **Seti First** (☎ 02-736 9820), con sede en El Cairo. El restaurante ofrece desayuno bufé (55 EGP), almuerzo (90 EGP) y cena (120 EGP).

Toya (☎ 012 357 7539; Tariq al-Mabad; desayuno 8 EGP, platos principales 15 EGP). Nuevo en la ciudad. Sirve desayunos para los que lleguen pronto, y cocina local sencilla en un jardín encantador o salones pintados de forma extravagante. Bueno para detenerse a beber algo o fumar en narguile.

A lo largo de la calle principal de Abu Simbel hay varios cafés baratos; entre los más populares, Nubian Oasis y Wadi el-Nil.

Cómo llegar y salir

Los extranjeros que vayan de Asuán a Abu Simbel por carretera deben viajar en un convoy policial. La policía ha prohibido los taxis a los extranjeros, así que sólo quedan el minibús y el autocar de lujo. La mayoría opta por un circuito con entrada y guía incluidos.

Se puede evitar el convoy tomando un autobús. Los autobuses de Abu Simbel a Asuán salen a las 6.00, 9.30, 13.00 y 16.00 del restaurante Wadi el-Nil, en la calle principal. No se puede reservar, y los billetes (21 EGP) se compran a bordo. El límite oficial es de cuatro extranjeros por autobús, aunque por lo general hacen la vista gorda si suben uno o dos más.

EgyptAir tiene vuelos a Abu Simbel desde Asuán; para saber los detalles véase p. 315.

Desierto occidental

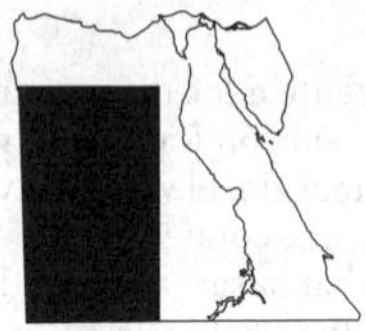

El Cairo posee sus pirámides y Luxor sus templos, pero éste es el desierto de los desiertos, una insondable maravilla natural única. Se extiende desde el Nilo y el Mediterráneo hasta las fronteras con Sudán y Libia, y se adentra en África ajeno a las líneas trazadas en el mapa. Aquí comienza el Gran Mar de Arena, un formidable océano de color caqui cuyas olas son algunas de las mayores dunas del planeta.

En esta desolada región asoman cinco oasis principales que disponen de manantiales de agua dulce y sustentan islas de verde vegetación. El suelo del valle aparece moteado de fortalezas romanas semiderruidas, que antaño se alzaban protectoras en las antiguas rutas de caravanas a través del norte de África. Los florecientes palmerales envuelven ciudades medievales, y es aquí hacia el oeste donde el viajero hallará las inquietantes formaciones rocosas del desierto Blanco, un onírico paisaje con pináculos erosionados de un blanco níveo. En sus proximidades, el viajero puede explorar las montañas carbonizadas del desierto Negro, y bañarse en innumerables fuentes cristalinas que brotan en la superficie del valle. Lejos de la popular carretera del desierto y venturosamente aislada, Siwa es un sereno paraíso con manantiales y antiguas ruinas en medio de un frondoso tapiz de palmeras.

No hay muchos viajeros que se alejen de las populares rutas del valle del Nilo para tomar el polvoriento rumbo al oeste. Es una lástima: hoy los oasis están conectados por carreteras asfaltadas y, aunque los desplazamientos por esta región llevan su tiempo, el desierto occidental ofrece uno de los paisajes más impresionantes y de los trayectos más fotogénicos de todo Egipto.

LO MÁS DESTACADO

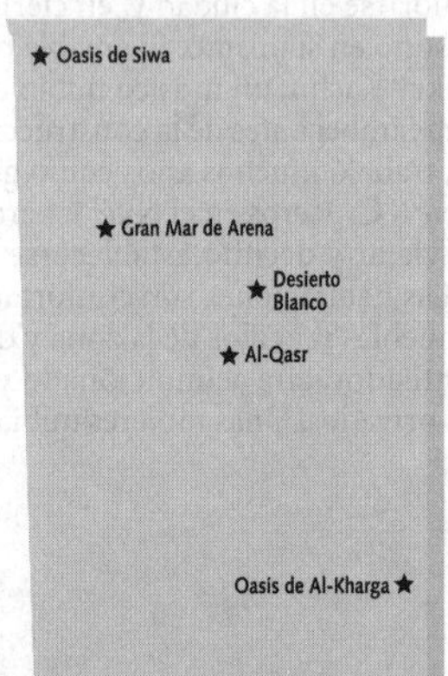

- Dormir bajo las deslumbrantes estrellas del desierto en medio de irreales formaciones de roca caliza en el **desierto Blanco** (p. 349).
- Empaparse de la atmósfera serena y antigua y de la extraordinaria cultura del **oasis de Siwa** (p. 358).
- Bañarse en uno de los numerosos **manantiales naturales** de agua caliente y fría (véase recuadro en p. 343) que se hallan diseminados por los oasis.
- Maravillarse ante los semiderruidos vestigios de ciudades medievales fortificadas de adobe que protegían a los habitantes del oasis de las amenazadoras tribus del desierto en **Al-Qasr** (p. 344).
- Deambular por las ruinas de fuertes romanos y el cementerio cristiano más antiguo del mundo en los alrededores del **oasis de Al-Kharga** (p. 331).
- Acometer la gran aventura del desierto, una excursión de varios días adentrándose en el inquietante **Gran Mar de Arena** (p. 371).

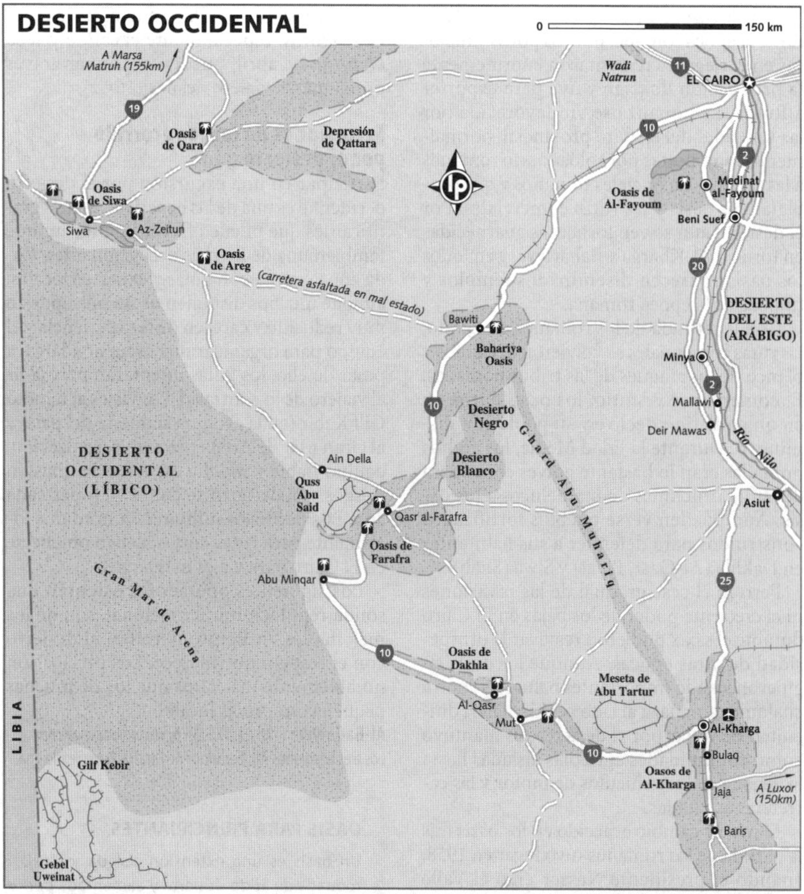

Historia

Al igual que el Sáhara y otros desiertos que se extienden por el norte de África, antiguamente el desierto occidental era una sabana con todo tipo de fauna y flora. Jirafas, leones y elefantes vagaban por aquí en el Paleolítico, cuando al parecer el paisaje era muy similar al Sahel africano. Las enormes extensiones de arena, vastas llanuras de gravilla, lechos fósiles y rocas calizas fueron antaño territorio de caza de las tribus nómadas. El cambio climático gradual trajo la desertificación y convirtió esta amplia zona en la árida extensión que es hoy. Sólo las depresiones en la superficie del desierto cuentan con suficiente agua para el sustento de fauna y flora, agricultura y asentamientos humanos.

Los antiguos egipcios comprendieron la naturaleza del desierto, que para ellos era sinónimo de muerte y exilio. Se dice que en estas tierras reinó Set, dios del caos que asesinó a su hermano Osiris. A pesar de sus temores, se cree que los antiguos egipcios mantuvieron vínculos con los oasis durante toda la época faraónica, aunque hasta la fecha y a excepción del oasis de Dakhla, existen pocas pruebas anteriores al Tercer Período Intermedio. Sin embargo, con la llegada al poder de una dinastía libia (22ª dinastía, 945-715 a.C.), se prestó más atención al oeste y los oasis con las rutas de caravanas hacia al valle del Nilo. Muchos monumentos de Al-Kharga y Bahariyya datan de esta época.

Los oasis gozaron de gran prosperidad durante la época romana; nuevos pozos y mejoras en el riego incrementaron enormemente la producción de trigo y uva para exportar a Roma. La bonanza se vio favorecida por las unidades del ejército provincial, normalmente compuestas por soldados no romanos a las órdenes de oficiales romanos y que protegían los oasis y las rutas comerciales. Por el desierto aún se ven fortalezas guarnecidas en torno a Al-Kharga y Bahariyya, y en todos los oasis aparecen diseminados templos y tumbas de la época romana.

Con la retirada de los romanos de Egipto, las rutas comerciales se volvieron inseguras y blanco de los ataques de las tribus nómadas. El comercio se resintió, los oasis entraron en un paulatino declive y su población disminuyó. Durante la Edad Media, los asaltos nómadas eran lo bastante graves como para llevar guarniciones de mamelucos a los oasis. Aún pueden verse pueblos fortificados construidos para defender a sus habitantes en Dakhla (Al-Qasr, Balat) y Siwa (Shali).

Pero ni el cese gradual de las invasiones ni el creciente poder de los bajás en El Cairo durante el s. XIX pudieron reavivar la prosperidad de otras épocas. Aunque los oasis siguieron siendo importantes baluartes contra cualquier amenaza al lado occidental, la dificultad de viajar por el desierto los mantuvo como comunidades agrícolas aisladas hasta la llegada de los vehículos de motor y las carreteras asfaltadas.

El mayor cambio acaecido en los oasis tras la partida de los romanos tuvo lugar en 1958, cuando el presidente Nasser creó el Valle Nuevo para aliviar la presión demográfica a lo largo del Nilo; se construyeron carreteras entre los oasis anteriormente aislados y se creó una administración. La gobernación del Valle Nuevo es la mayor de Egipto y una de las menos pobladas: aunque se daban las condiciones adecuadas para fomentar la migración, nunca hubo suficiente empleo como para atraer a un número significativo de personas.

Clima

La mejor época para visitar el desierto occidental es a finales de otoño o comienzos de la primavera. En verano las temperaturas pueden alcanzar los 52° C y, aun con poca humedad, el calor llega a ser abrasador. El invierno es muy agradable, con valores diurnos entre 20 y 25°C, pero las noches pueden ser muy frías, a veces llegando hasta los 0°C. Los vientos, especialmente el cálido y seco *khamsin* de abril, pueden ocasionar graves problemas al viajero del desierto.

Excursiones de largo recorrido por el desierto

Participar en una excursión por el desierto occidental es una de las experiencias más gratificantes que puede ofrecer Egipto, aunque también una de las más decepcionantes. Cada zona cuenta con guías y expertos locales, aunque muchos disponen de un presupuesto muy reducido y carecen de la experiencia y el equipo para organizar una excursión larga; a pesar de ello, los guías intentarán persuadir al viajero de lo contrario. Los viajes al remoto Gilf Kebir (en la esquina sudoeste del país) y al Gran Mar de Arena precisan organización, equipo fiable y mucha experiencia. Existen riesgos y el desierto se cobra víctimas cada año. Los permisos militares, concedidos localmente para rutas cortas, deben obtenerse en El Cairo para viajes más largos.

Los siguientes operadores ostentan una sólida reputación internacional, son de los más fiables en Egipto, y tratan al desierto con el respeto que merece. Los precios son notablemente más altos que los de muchas pequeñas empresas locales.

Al-Badawiya (☎ 02-575 8076; www.badawiya.com). Los tres hermanos Ali, beduinos de Farafra, han creado una

OASIS PARA PRINCIPIANTES

Un oasis es una extensión aislada y fértil rodeada de árido desierto y alimentada por una fuente de agua natural. En estas franjas de vegetación hay agua porque la superficie del oasis está más próxima al nivel freático que en zonas colindantes, lo que propicia la aparición de manantiales naturales. Todos los oasis del desierto occidental están situados en una depresión, la más profunda de las cuales es la de Qattara, 134 m por debajo del nivel del mar.

Los oasis eran vitales en las antiguas rutas comerciales, ya que las caravanas que atravesaban el desierto debían parar para proveerse de valiosos suministros de comida y agua. El control político de un oasis conducía a una gran prosperidad, gracias al lucrativo comercio que recorría estos transitados senderos.

importante empresa que opera desde su Al-Badawiya Hotel y una oficina en el centro de El Cairo. Con gran experiencia en el desierto occidental, organizan excursiones personalizadas de 3 a 28 días en camello o *jeep*. Disponen de tiendas y equipo para cocinar y dormir.

Dabuka Expeditions (6085 987 9896; www.dabuka.de). Empresa alemana especializada en viajes por el desierto norteafricano, no sólo en Egipto sino también en Libia, Sudán, Túnez y Jordania. En Egipto organiza excursiones de varios días por el Gran Mar de Arena, Gebel Oweynat y Gilf Kebir, así como expediciones en camello y cursos de conducción de todoterrenos.

Egypt Off Road (☎ 010 147 5462; www.egyptoffroad.com). Uno de los operadores más recomendables de Egipto. Muchos extranjeros "ratas del desierto" tienen fe ciega en Peter Gaballa, el propietario, que les enseñó a conducir en ese medio. Es un excelente mecánico y habla árabe, francés, inglés y alemán con fluidez. Organiza clases de conducción en el desierto y viajes a los oasis del desierto occidental, además de expediciones de más envergadura, de dos semanas, a Gilf Kebir y al Gran Mar de Arena.

Hisham Nessim (☎ 012 780 7999; www.raid4x4egypt.com). Conductor de *rallies* y propietario de los hoteles Aquasun en Farafra y el Sinaí, Hisham Nessim lleva muchos años conduciendo por el desierto. Con teléfonos vía satélite, GPS y seis todoterrenos equipados para viajes largos, está dispuesto a ir a cualquier rincón del país. Ofrece cinco programas (incluida la conducción a cargo del cliente) de 7 a 14 días, así como circuitos personalizados.

Khalifa Expedition (☎ 012 321 5445; www.khalifaexp.com). Khaled y Rose-Maria Khalifa llevan más de una década organizando circuitos en camello y *jeep* por todo el desierto occidental desde su base en el oasis de Bahariyya. Rose-Maria es logopeda y una cualificada masajista de los pies, lo que quizá explique por qué también ofrecen circuitos de meditación para viajeros más interesados en comulgar con la naturaleza que en las antigüedades.

Pan Arab Tours (☎ 02-418 4409/419; www.panarabtours.com). Con más de treinta años de experiencia, la empresa tiene mucha práctica en llevar visitantes a los desiertos egipcios. Contratada por arqueólogos y turistas por igual, dispone de vehículos especialmente equipados y ofrece seis itinerarios por todo el país entre 2 y 8 días.

Zarzora Expedition (☎ 02-761 8105; www.zarzora.com). Dirigida por el experto Ahmed Al-Mestekawi, coronel retirado que conducía patrullas militares por el desierto, Zarzora ofrece expediciones a Siwa, Gilf Kebir y el Gran Mar de Arena. Ahmed conoce la zona en profundidad, además de dar conferencias sobre hábitat e historia del desierto.

OASIS DE AL-KHARGA

☎ 092 / 74.940 hab.

El oasis más próximo al valle del Nilo desempeñó un papel nefasto como lugar de destierro para ciudadanos malévolos procedentes del valle: su remota ubicación, agobiante calor en verano y los vientos destructivos eran sinónimo de sufrimiento y exilio. Parece extraño pues que Al-Kharga, su ciudad principal, fuera elegida capital de la gobernación del Valle Nuevo en la década de 1950. La vida en el oasis ha mejorado desde entonces, y

OASIS DE AL-KHARGA

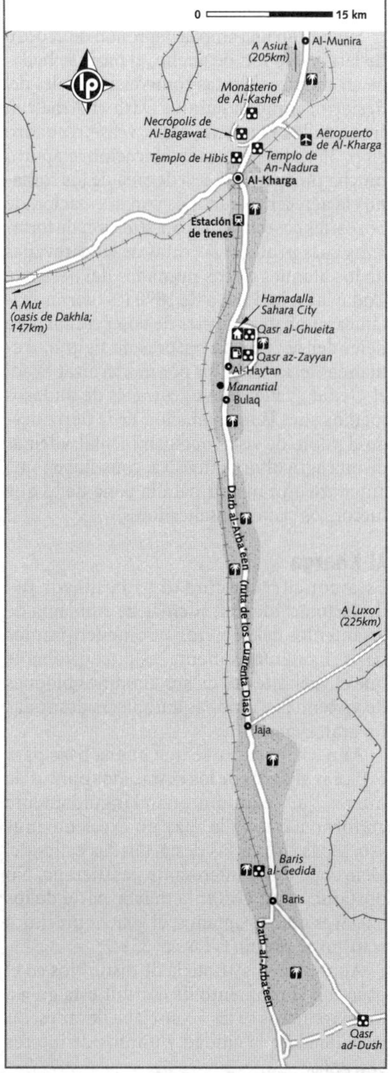

sus fascinantes parajes antiguos bien merecen un alto en el camino.

Situado en una amplia depresión de 220 km de largo y 40 km de ancho, el oasis se hallaba en el cruce de rutas comerciales vitales del desierto, como la famosa Darb al-Arba'een (ruta de los Cuarenta Días; véase recuadro en p. 334). Su destacada ubicación le aportó mucha prosperidad, y la llegada de los romanos la acrecentó aún más con la creación de pozos, las cosechas y la construcción de fortalezas para proteger las rutas de las caravanas de los ataques de los nómadas del desierto. Todavía en la década de 1890 las fuerzas británicas usaban sus torres de observación para defender la "puerta trasera" de Egipto. Actualmente, los intentos por modernizar Wadi el-Gedid (Valle Nuevo), a través de dudosos medios para la recuperación de la tierra desde el punto de vista medioambiental, además de una agricultura intensiva, constituyen una amenaza aún mayor para la zona de lo que fueron los clanes de salteadores.

Al-Kharga

Esta concurrida ciudad es la mayor del desierto occidental, además de emblema de los intentos del gobierno por modernizar los oasis. Lamentablemente, es poco probable que el visitante vea en sus anodinos bloques de viviendas y amplias autopistas desnudas un gran avance.

Aun así, constituye una buena base para explorar algunos de los destacados puntos de interés que se desmoronan lánguidamente en torno a este valle. Hay un excelente museo, y pasear por las destartaladas calles del viejo zoco es un interesante pasatiempo. No obstante, para visitar la mayor parte de los enclaves grecorromanos, el viajero precisará transporte propio (véase p. 335).

Aunque no hay noticia de disturbios en el oasis, en el momento de escribir esta guía a los extranjeros se les aconsejaba llevar escolta policial en la ciudad y puntos de interés cercanos.

ORIENTACIÓN

Al-Kharga tiene bastante extensión; la terminal de autobuses se sitúa al sudeste, cerca del zoco y, para llegar al semiderruido centro antiguo y a la mayor parte de los hoteles, hay que caminar un buen trecho. Si el viajero viene de Dakhla, quizá le convenga bajar en Sharia al-Adel.

INFORMACIÓN

Urgencias

Ambulancia (☎ 123)
Policía turística (plano p. 333; ☎ 792 1367; Sharia Gamal Abdel Nasser)

Acceso a Internet

Centro de Apoyo Informativo de la Gobernación (plano p. 333; ☎ 792 6973; edificio de la gobernación, Sharia Gamal Abdel Nasser; 🕑 8.00-15.00 y 18.00-24.00 sa-ju)
Cibercafé (plano p. 333; ☎ 793 0722; junto a Midan Sho'ala; 10 EGP/h; 🕑 8.00-14.00 y 16.00-23.00)

Asistencia médica

Hospital General (plano p. 333; ☎ 792 0777; Sharia Basateen)

Dinero

Pioneers Hotel (p. 335). Tiene un cajero automático.
Banque du Caire (plano p. 333; junto a Sharia Gamal Abdel Nasser). Servicio lento, pero hay un cajero automático.
Banque Misr (plano p. 333; carretera de Dakhla)

Correos y teléfono

Hay locutorios privados en toda Al-Kharga.
Oficina principal de correos (plano p. 333; Sharia Abdel Moniem Riad; 🕑 8.00-14.30 sa-ju)
Central telefónica (plano p. 333; Sharia al-Gomhuriyya; 🕑 24 h)

Información turística

Oficina de turismo del Valle Nuevo (plano p. 333; ☎ 792 1206; syaha2007@yahoo.com; Midan Nasser; 🕑 8.30-15.00 sa-ju). Su director Ibrahim Hassan y el personal son muy serviciales. Varios de sus empleados ayudan a organizar transporte privado para los puntos de interés locales.

PUNTOS DE INTERÉS

Museo de Antigüedades de Al-Kharga

Este **museo** (plano p. 333; Sharia Gamal Abdel Nasser; adultos/estudiantes 25/15 EGP; 🕑 8.00-17.00), de dos plantas, se halla en un edificio cavernoso y bien iluminado construido con ladrillo de la región, que imita la arquitectura del vecino Bagawat. Alberga una breve pero interesante selección de hallazgos arqueológicos en torno a los oasis de Al-Kharga y Dakhla. Cuenta con una buena muestra de objetos prehistóricos, pedernales, huevos de avestruz y herramientas que analizan la prehistoria del oasis en inglés y árabe. Hay también diversas antigüedades faraónicas, griegas y romanas. Un hallazgo fascinante es la colección de pa-

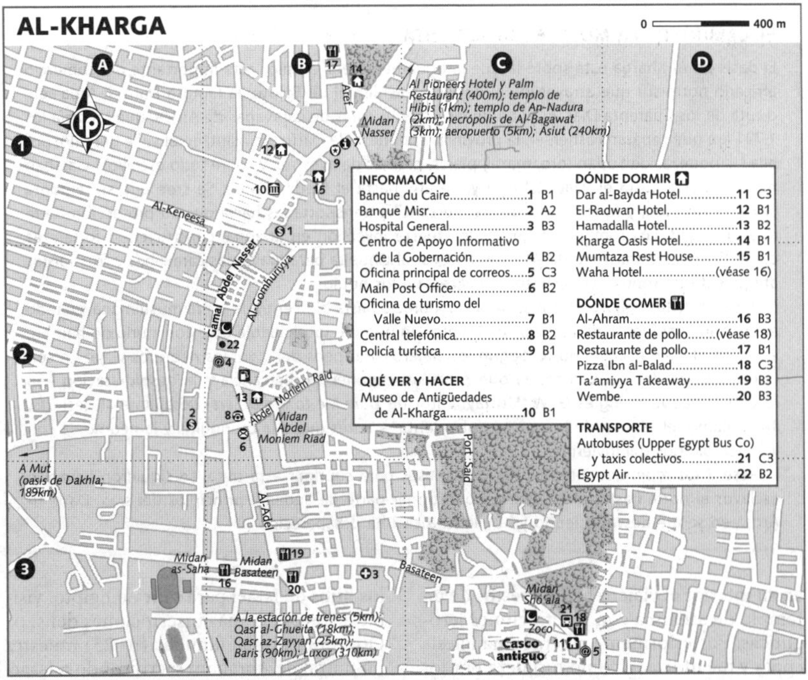

neles de madera romanos (antecesores de los *post-it*) que detallan la contaduría del granjero, los matrimonios y contratos de la época. También destaca la exquisita estela de la falsa puerta del gobernador de la 6ª dinastía Khent-ka (h. 2700 a.C.), con la primera referencia conocida al oasis de Dakhla.

La planta superior contiene objetos de las épocas copta, islámica y otomana: fascinantes joyas, libros, monedas y telas.

Templo de Hibis

La ciudad de Hebet ("el arado", que ha derivado en Hibis) fue capital del oasis en la antigüedad, aunque lo único que ha sobrevivido es el bien conservado **templo de Hibis** (mapa p. 331; adultos/estudiantes 25/15 EGP; 8.00-17.00 oct-abr, 8.00-18.00 may-sep), de roca caliza. Antaño a orillas de un lago sagrado, estaba dedicado a la tríada de dioses tebanos de Amón-Ra, Mut y Jonsu. Su construcción se inició durante la 25ª dinastía, aunque los adornos y la **columnata** se añadieron en los 300 años siguientes.

Una **avenida de esfinges** lleva hasta una serie de puertas, la columnata de Nectanebo, y a un **patio**, una **sala hipóstila** y un **santuario interior** después. Uno de los relieves de la sala hipóstila muestra al dios Set luchando contra la malvada serpiente Apofis, arquetipo del tema de san Jorge y el dragón. Entre las inscripciones realizadas por viajeros europeos del s. XIX, figura una bien extensa de 1818 de Frederic Cailliaud, que afirmaba ser el primer europeo que veía el templo.

El edificio está siendo restaurado para devolverlo a su ubicación original tras el intento fallido de trasladarlo a otro lugar como protección frente a la elevación de aguas subterráneas. Se encuentra 2 km al norte de la ciudad, a la izquierda de la carretera principal; por aquí pasan las camionetas (50 pt) en dirección a Al-Munira.

Templo de An-Nadura

En una colina junto a la carretera principal, en el extremo norte de la ciudad, el **templo de An-Nadura** (mapa p. 331; entrada gratuita) goza de una vista estratégica de la zona y llegó a servir de atalaya fortificada. Construido durante el mandato del emperador romano Antonino Pío (138-161) para proteger el oasis,

EL CAMINO DE LA MUERTE POLVORIENTA

El oasis de Al-Kharga está sobre la que antiguamente era la única ruta importante del comercio africano norte-sur que atravesaba el desierto occidental de Egipto: la famosa Darb al-Arba'een, o ruta de los Cuarenta Días. Era una de las grandes rutas de caravanas de África, que recorría los 1.721 km que separan Fasher, en la provincia sudanesa de Darfu, de Asiut, en el valle del Nilo; por ella las riquezas de Sudán (oro, marfil, pieles, plumas de avestruz y sobre todo esclavos) viajaban hacia el norte hasta el valle del Nilo y, de ahí, hasta el Mediterráneo. Se cree que se remonta al Reino Antiguo, y lo suntuoso de las mercancías transportadas hacía que su protección fuera una prioridad. Los romanos hicieron una fuerte inversión en la zona, construyendo fortalezas como Dush, el monasterio de Al-Kashef y Qasr al-Ghueita para gravar las caravanas y frustrar los ataques de las tribus del desierto y, a veces, de los nubios.

A pesar de los peligros, Darb al-Arba'een floreció hasta bien entrada la era musulmana, cuando era la principal fuente de esclavos de Egipto. Un número incalculable de éstos murió de hambre y sed en el viaje hacia el norte. Según los viajeros europeos del s. XIX, los negreros viajaban con el calor abrasador del verano, ya que preferían exponer su mercancía a la deshidratación –en lo que el geógrafo inglés G. W. Murray, autor de *Dare Me to the Desert* (Desafíame al desierto, 1967) llamó "el camino de la muerte polvorienta"–, antes que a la bronquitis y la neumonía con los vientos fríos del invierno.

Pese a los repetidos intentos de los ingleses para suprimir esta trata, se siguieron llevando esclavos al norte hasta que Darfur pasó a formar parte de Sudán a principios del s. XX. Darb al-Arba'een se fue desvaneciendo y hoy la ruta casi ha desaparecido.

en su interior el viajero hallará restos de un templo de arenisca con inscripciones jeroglíficas. Posteriormente albergó una iglesia copta y fue utilizado como fortaleza por los otomanos.

Aunque su estado es lamentable, las espléndidas vistas son ideales para admirar la puesta de sol. Las ruinas se hallan en una loma a la derecha de la carretera principal, antes del templo de Hibis.

Necrópolis de Al-Bagawat

Desde lejos no parece gran cosa, pero esta **necrópolis** (mapa p. 331; adultos/estudiantes 25/15 EGP; 🕒 8.00-17.00 oct-abr, 8.00-18.00 may-sep) es uno de los cementerios cristianos más antiguos y mejor conservados del planeta. Aproximadamente 1 km al norte del templo de Hibis, se halla construido sobre una necrópolis egipcia anterior, y la mayor parte de sus 263 tumbas de adobe datan del s. IV al VI. Aunque muchas de las tumbas coptas abovedadas son bastante sencillas, algunas contienen vívidos murales de escenas bíblicas y varias presentan recargadas fachadas. La **capilla de la Paz** muestra imágenes de apóstoles en las pechinas de las cúpulas, visibles a través de las inscripciones griegas. La **capilla del Éxodo,** una de las tumbas más antiguas, posee las pinturas mejor conservadas, como la del Antiguo Testamento con Moisés guiando a los hijos de Israel para salir de Egipto, visible a través de unas inscripciones del s. IX. Otra gran tumba familiar (nº 25) muestra un mural de Abraham sacrificando a Isaac, y la **capilla de las Uvas** (Anaeed al-Ainab), más pequeña, debe su nombre a las imágenes de parras cubriendo sus muros. Un guarda, al que habrá que dar propina (unas 5 EGP), guiará con gusto al visitante hasta algunas de las tumbas más vistosas.

Monasterio de Al-Kashef

Dominando los acantilados al norte de Al-Bagawat se alzan las ruinas del monasterio de Al-Kashef (Deir al-Kashef; mapa p. 331), llamado así por Mustafá al-Kashef, recaudador de impuestos. Se halla estratégicamente situado sobre uno de los cruces más importantes del desierto occidental: el punto donde se encontraban Darb al-Ghabari procedente de Dakhla y Darb al-Arba'een. Los espléndidos restos de adobe se remontan a la era de los primeros cristianos, aunque el lugar ya estaba poblado durante el Imperio Medio. A pesar de que llegó a alcanzar cinco plantas de altura, gran parte del edificio se ha derrumbado; aún se puede ver el techo en forma de arco de los pasillos que se entrecruzaban. Para llegar a él, hay que recorrer a pie o en vehículo 1 km por la pista de la izquierda desde la necrópolis de Al-Bagawat.

CIRCUITOS

Al-Kharga cuenta con pocas empresas de viajes por el desierto, aunque persiste el rumor de posibles inauguraciones en un futuro próximo *(inshallah)*. Parte del personal de la oficina de turismo ejerce también de guía improvisado y puede ayudar a organizar transporte para el día; desgraciadamente hay gran escasez de viajes con noche incluida. Para más información sobre excursiones más largas por el desierto, véase p. 330.

DÓNDE DORMIR

Hoteles

El viajero debe reconsiderar sus expectativas de alojamiento en Al-Kharga antes de su llegada, ya que salvo un par de excepciones, las opciones resultan algo penosas. Lo positivo es que muchos establecimientos están casi vacíos todo el año, por lo que conseguir habitación nunca es un problema.

Waha Hotel (plano p. 333; ☎ 792 0393; Sharia an-Nabawi; i/d sin baño 12/14 EGP, i/d 20/30 EGP). El más económico en una ciudad con poca oferta. Este hotel de cuatro plantas tiene habitaciones básicas y lúgubres, y malolientes lavabos compartidos; se recomienda pagar algo más y acceder a un baño privado. Como extra, el cliente puede contemplar sobrecogedoras vistas del valle circundante desde la azotea.

Mumtaza Rest House (plano p. 333; ☎ 792 1206; fax 792 1205; Sharia Gamal Abdel Nasser; dc 20 EGP; ❄). Recién renovados, los chalés con alfombras de esta casa de descanso estatal son una buena opción considerando la oferta existente en Al-Kharga. A menudo utilizada por funcionarios del gobierno, se aconseja llamar con antelación para confirmar la disponibilidad (las reservas se efectúan a través de la oficina de turismo, p. 332).

Hamadalla Hotel (plano p. 333; ☎ 792 0638; fax 792 5017; junto a Sharia Abdel Moniem Riad; i/d 40/55 EGP, con aire acondicionado 65/85 EGP; ❄). Popular hotel entre los viajes en grupo, tiene habitaciones limpias aunque oscuras, lúgubres y decoradas con muebles algo destartalados. Hay varios tipos de habitaciones, por lo que se aconseja ver más de una. A veces sirven cerveza Stella.

Dar al-Bayda Hotel (plano p. 333; ☎ 792 9393; Midan Sho'ala; i/d sin baño 40/60 EGP, i/d 60/90 EGP, con baño y aire acondicionado 75/120 EGP; ❄). Establecimiento venido a menos a la izquierda de Midan Sho'ala, donde tienen parada los autobuses y taxis colectivos, por lo que resulta práctico si se llega tarde o se lleva mucho equipaje. Casi todas las habitaciones tienen ventiladores, pero pueden ser ruidosas y francamente caras.

El-Radwan Hotel (plano p. 333; ☎ 792 1716, 012 747 2087; junto a Sharia Gamal Abdel Nasser; i/d 50/80 EGP; ❄). La acogida es calurosa, aunque no en inglés, en este hotel situado junto al Ayuntamiento, no lejos del Museo de Antigüedades y la oficina de turismo. Sus habitaciones son oscuras y desgastadas, pero bastante cuidadas y al lado de la carretera principal.

Pioneers Hotel (fuera del plano p. 333; ☎ 792 9751-3; www.solymar.com; Sharia Gamal Abdel Nasser; i/d media pensión desde 66/84 €; ❄ 💻 🏊). De acertado nombre, este establecimiento es pionero en el concepto de centro turístico de lujo en el desierto occidental, aunque pocos hoteles han seguido su ejemplo. El edificio bajo de color rosa salmón parece un bizcocho hueco, pero ofrece un nivel de confort inimaginable en el oasis hasta hace poco: piscina, gimnasio, café al aire libre al estilo beduino, cajero automático, billares y zona de juegos infantiles, todo conectado por un césped absurdamente exuberante. Es el único establecimiento de Al-Kharga donde se puede tomar alcohol.

Kharga Oasis Hotel (plano p. 333; ☎ 792 4940; Midan Nasser; i/d 70/95 EGP; ❄). Otro moderno homenaje al cemento; no obstante, este hotel de los años sesenta ofrece la mejor relación calidad-precio de la ciudad. Muy apreciado por los aventureros del desierto, cuenta con generosas y cómodas habitaciones de precio medio, personal agradable y cortés, y un exuberante jardín con palmeras y una terraza. Cuando esta guía vea la luz, probablemente haya finalizado la construcción de unos encantadores *bungalows* de adobe tradicional en los palmerales.

Hamadalla Sahara City (mapa p. 331; ☎ 762 0240; carretera Kharga–Dush; i/d 85/110 EGP; ❄). Este lugar brilla como un adornado espejismo, de ramplones colores rosa y amarillo, 15 km al sur de Al-Kharga. Enclavado en torno a un complejo hotelero de diseño urbano, ofrece *bungalows* abovedados que forman pequeños grupos, todos con cuidadas y agradables habitaciones con baño privado. Resulta complicado llegar sin vehículo propio, pero las vistas del desierto sobre el cercano Qasr al-Ghueita son impresionantes.

'Camping'

Kharga Oasis Hotel (plano p. 333; ☎ 792 4940; Midan Nasser; 13 EGP/persona). El palmeral situado en la parte posterior de este hotel es la mejor opción de la ciudad para acampar. El viajero puede usar los lavabos y duchas del hotel, pero hay que tener cuidado; de noche el jardín es un inmenso hervidero de mosquitos.

DÓNDE COMER

Si el viajero desea descansar de los tres básicos egipcios: pollo, *fuul* (pasta de habas) y *ta'amiyya* (habas trituradas fritas en abundante aceite), debe acudir a alguno de los mejores hoteles. En caso contrario, hay varios restaurantes sencillos en torno a Midan Sho'ala, Sharia al-Adel y cerca de Midan Basateen. Hay uno económico de pollo a pocos pasos de la terminal de autobuses, y otro en el extremo norte de la ciudad.

Pizza Ibn al-Balad (plano p. 333; Midan Sho'ala; *pizzas* 6-20 EGP). Este lugar sirve las mejores *fiteer* (*pizza*/crep egipcia) del oasis, y es por méritos propios uno de los establecimientos más populares. El viajero puede escogerla de queso, vegetariana con atún o de ternera.

Al-Ahram (plano p. 333; Waha Hotel, Sharia an-Nabawi; comidas 8-20 EGP). Sitio pequeño y acogedor que sirve pollo asado y *kofta* (brochetas de carne picada especiada) acompañados de sencillos platos de ensalada y verdura.

Wembe (plano p. 333; Midan Basateen; comidas 8-24 EGP). Este concurrido restaurante local elogiado por expertos sirve los habituales platos egipcios: carnes a la parrilla, ensaladas, arroz y verduras.

Palm Restaurant (fuera del plano p. 333; ☎ 792 9751-3; fax 792 7983; Pioneers Hotel, Sharia Gamal Abdel Nasser; bufé cena 10 EGP). Si se va en grupo, la cena suele consistir en un bufé; en caso contrario, se ofrece una selección *à la carte* de platos continentales. Su cocina no es especialmente brillante, pero sí una de las mejores experiencias gastronómicas de Al-Kharga.

CÓMO LLEGAR Y SALIR

Avión

El aeropuerto está 5 km al norte de la ciudad. Aunque **EgyptAir** (plano p. 333; ☎ 790 1334; Sharia Gamal Abdel Nasser) lleva años hablando de volver a fletar vuelos a Al-Kharga, la Petroleum Surface Company se ha adelantado. Ofrece vuelos en un aparato de 15 plazas que sale de El Cairo a las 8.00, con regreso desde Al-Kharga a las 16.00 (50 € ida, 1½ h). Contáctese con la oficina de turismo (p. 332) para horarios y reservas.

Autobús

Upper Egypt Bus Co (plano p. 333; ☎ 792 0838; Midan Sho'ala) tiene autobuses a El Cairo (51 EGP, 8-10 h) a las 7.00, 21.30 y 23.00. El autobús de las 7.00 pasa por Asiut y toma la carretera agrícola del valle del Nilo, lo que prolonga el viaje pero permite parar en Minya o Beni Suef.

Hay varios autobuses con destino Asiut (9-10 EGP, 3-4 h) que salen a las 6.00, 7.00, 11.00, 14.00 y 21.00. Hay servicios a las 8.30 y 11.30 desde Dakhla.

Los autobuses locales a Baris (3 EGP, 1 h) salen a las 7.00 y 14.00.

En el momento de escribir esta guía, los autobuses regulares a Luxor se habían suspendido por falta de demanda. Para dirigirse a Luxor el viajero puede tomar un autobús a Asiut y cambiar allí, o alquilar un taxi (véase más abajo).

Taxis colectivos

La **estación de taxis colectivos** (plano p. 333; Midan Sho'ala) se halla junto a la estación de autobuses. La mayor parte de los vehículos son microbuses, pero también hay varios Peugeots familiares. Entre los destinos figuran Asiut (10 EGP, 3-4 h) y Dakhla (10 EGP, 3 h).

Taxi

Gracias a la nueva carretera, los taxis especiales pueden llevar al viajero a Luxor (vía Jaja) en tres horas, pero cuestan 350 EGP. A El Cairo (6-7 h) cuesta 600 EGP todo el coche (máximo siete personas), pero cabe esperar un viaje largo, caluroso y apretado.

Tren

La estación de trenes de Al-Kharga (mapa p. 331), en la carretera que va hacia el sur hasta Baris, refleja los anhelos del gobierno para este lugar, con una impresionante arquitectura islámica con techo abovedado y un interior de mármol. Lamentablemente, el servicio no está a la altura de las expectativas: sólo hay una salida semanal, a veces, los viernes a las 7.30 (11/10,25 EGP para 2ª/3ª clase). El personal de la taquilla calcula entre 8 y 10 horas para recorrer los 477 km. Sin embargo, hay que estar preparado para al menos 12 horas de viaje. Para llegar a la estación se puede tomar cualquier microbús o autobús en dirección a Baris o un taxi (5 EGP).

CÓMO DESPLAZARSE

Los microbuses (50 pt) circulan por las calles principales de Al-Kharga, especialmente Sharia Gamal Abdel Nasser. Fuera de la ciudad, hay camionetas cubiertas que van a los pueblos situados en la carretera que va hacia el sur hasta Baris. Cuestan entre 1,50 y 2 EGP.

Hacia el sur hasta Baris

Una buena carretera asfaltada se dirige al sur desde Al-Kharga a Baris, la ciudad más austral del desierto occidental. En esta ruta se encuentran varios puntos de interés de fácil acceso, que aparecen en el mapa del oasis de Al-Kharga (p. 331).

QASR AL-GHUEITA Y QASR AZ-ZAYYAN

Es fácil comprender por qué los romanos eligieron este enclave, unos 18 km al sur de Al-Kharga, para **Qasr al-Ghueita** (adultos/estudiantes 20/10 EGP; 8.00-17.00 oct-abr, 8.00-18.00 may-sep). La imponente fortaleza romana de adobe ha resistido milenios y todavía domina la carretera de Baris. Sus gigantescos muros exteriores encierran un templo de arenisca de la 25ª dinastía, dedicado a la tríada tebana de Amón, Mut y Jonsu. En siglos posteriores, la fortaleza marcó el perímetro de un pueblo, del que quedan varias casas a lo largo del muro exterior. En el interior de la sala hipóstila, una serie de relieves muestran a Hapi, barrigudo dios del Nilo portando símbolos de los *nomos* (provincias) del Alto Egipto.

El nombre significa "fortaleza del pequeño jardín", algo bastante improbable en un lugar rodeado de desierto. Sin embargo, en la antigüedad, Qasr al-Ghueita fue centro de una fértil comunidad agrícola célebre por sus uvas: hay inscripciones en tumbas de Tebas que mencionan la calidad de dicha fruta. Desde la carretera principal una calzada asfaltada recorre los 2 km hasta el templo.

Unos 7 km más al sur se hallan los restos de **Qasr az-Zayyan** (adultos/estudiantes 20/10 EGP; 8.00-17.00 oct-abr, 8.00-18.00 may-sep), otra fortaleza que encierra un templo. A diferencia de muchos otros puntos de interés del oasis, el fuerte aún se halla junto a un pequeño aunque próspero pueblo.

Si el viajero no dispone de vehículo propio, puede llegar a los templos tomando un autobús en dirección a Baris (véase p. 336) o una camioneta cubierta hacia Bulaq (1 EGP). Hay una carretera asfaltada que conecta ambos templos, pero 7 km suponen una larga caminata si se va a pie; hay que llevar gran cantidad de agua.

BARIS

Unos 90 km al sur de Al-Kharga, fue uno de los centros comerciales más importantes de Darb al-Arba'een, aunque hoy poco recuerda esa época. Aparte de los puestos de venta de *fuul* y *ta'amiyya, no* hay mucho que valga la pena, salvo las casas de adobe de **Baris al-Gedida,** unos 2 km al norte de la ciudad original. Hassan Fathy, el arquitecto moderno más influyente de Egipto, las diseñó empleando métodos y materiales tradicionales y quiso convertir a Baris al-Gedida en modelo de futuros asentamientos. Las obras se paralizaron a causa de la Guerra de los Seis Días de 1967 y sólo dos viviendas y varios espacios públicos han sido completados.

Unos 13 km al sudeste de Baris se alza **Qasr ad-Dush** (adultos/estudiantes 20/10 EGP; 8.00-17.00 oct-abr, 8.00-18.00 may-sep), un imponente templo-fortaleza romano construido alrededor del año 177 sobre las ruinas de la antigua ciudad de Kysis. Dush fue una ciudad fronteriza estratégicamente situada en el cruce de cinco sendas del desierto y uno de los accesos del sur a Egipto. Puede que también se usara para proteger Darb al-Dush, el camino este-oeste a los templos de Esna y Edfu en el valle del Nilo. Por eso estaba sólidamente construido y bien provisto de tropas, con cuatro o cinco plantas más por debajo del nivel del suelo. Junto a la fortaleza, un templo de arenisca del s. I estaba dedicado a Isis y Serapis. Los adornos de oro que cubrieron partes del templo y le dieron renombre desaparecieron hace ya mucho tiempo, pero aún quedan algunos ornamentos en sus muros interiores de piedra.

Baris no es un lugar ideal para pasar la noche; es mejor hacerlo en Al-Kharga o sus inmediaciones.

Cómo llegar y salir

Los autobuses entre Al-Kharga y Baris (3 EGP, dos diarios), salen de Al-Kharga a las 7.00 y 14.00; y de Baris, a las 6.00 y 12.00. Para este tramo resultan más cómodos los frecuentes minibuses y camionetas, que cuestan unas 3 EGP. Para salvar los 15 km que hay entre Qasr ad-Dush y Baris, negóciese un trayecto especial con una camioneta cubierta, que suele costar entre 20 y 30 EGP, según el tiempo de espera.

OASIS DE DAKHLA

☎ 092 / 79.810 hab.

Con más de una docena de aldeas fértiles dispersas por la carretera que recorre el desierto occidental, Dakhla hace honor a las románticas expectativas de casi todos los visitantes de la vida en el oasis. Exuberantes huertos y campos de palmeras dan sustento a pueblos tradicionales, en los que antiguos e imponentes fuertes de adobe todavía hacen guardia y aluden a un pasado menos sereno.

La región lleva habitada desde la Prehistoria, y los fósiles indican que la presencia humana se remonta a 150.000 años. En el Neolítico, había un gran lago en Dakhla y algunas pinturas rupestres muestran elefantes, zebras y avestruces vagando por sus orillas. Al secarse la zona, sus habitantes emigraron al este, convirtiéndose en los primeros colonos del valle del Nilo. En la época faraónica, Dakhla mantuvo varios asentamientos y era un fértil territorio que producía vino, fruta y grano. Los romanos, y posteriormente los cristianos, dejaron su huella al construir sobre asentamientos más antiguos, y las ciudades fortificadas aún en pie de la época medieval recuerdan los tiempos más violentos de ataques beduinos y árabes.

Mut

En el centro del oasis se alza esta ciudad poblada desde la época faraónica (Mut era la consorte del dios Amón). Hoy es una ciudad moderna, la que dispone de más servicios y la base más práctica para los viajeros. Sus amplios bulevares y la proximidad de los palmerales le otorgan cierto encanto, mientras que las ruinas de la ciudad antigua muestran el aspecto que debió de tener.

INFORMACIÓN

Urgencias

Ambulancia (☎ 123)

Policía turística (fuera del plano p. 339; ☎ 782 1687; Sharia 10th of Ramadan)

Acceso a Internet

Se dice que en Mut la conexión a Internet tiene una velocidad similar a la de las palomas mensajeras. Abu Mohamed Restaurant (p. 341) y los hoteles El-Forsan y Mebarez (véanse pp. 340 y 341) cuentan con uno o dos terminales, aunque los precios son muchos más altos (10-15 EGP) que en los *cibercafés*.

Abo Ali Internet (plano p. 339; Sharia as-Sawra al-Khadra; 1 EGP/h; 🕑 8.00-hasta tarde)

Mido Net (plano p. 339; Sharia Basateen; 1 EGP/h; 🕑 8.00-hasta tarde)

Asistencia médica

Hospital General (plano p. 339; ☎ 782 1555; junto a Sharia 10th of Ramadan)

Dinero

Banque Misr (plano p. 339; Sharia al-Wadi; 🕑 8.30-14.00 do-ju). Cambia divisas y adelanta cantidades con cargo a Visa y MasterCard, pero no canjea cheques de viaje.

Correos y teléfono

Sucursal de correos (plano p. 339; Sharia as-Salam; 🕑 8.00-14.00 sa-ju)

OASIS DE DAKHLA

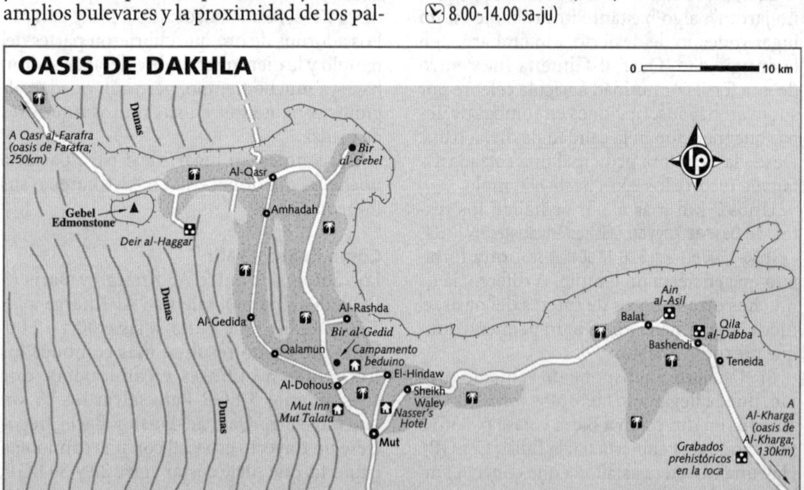

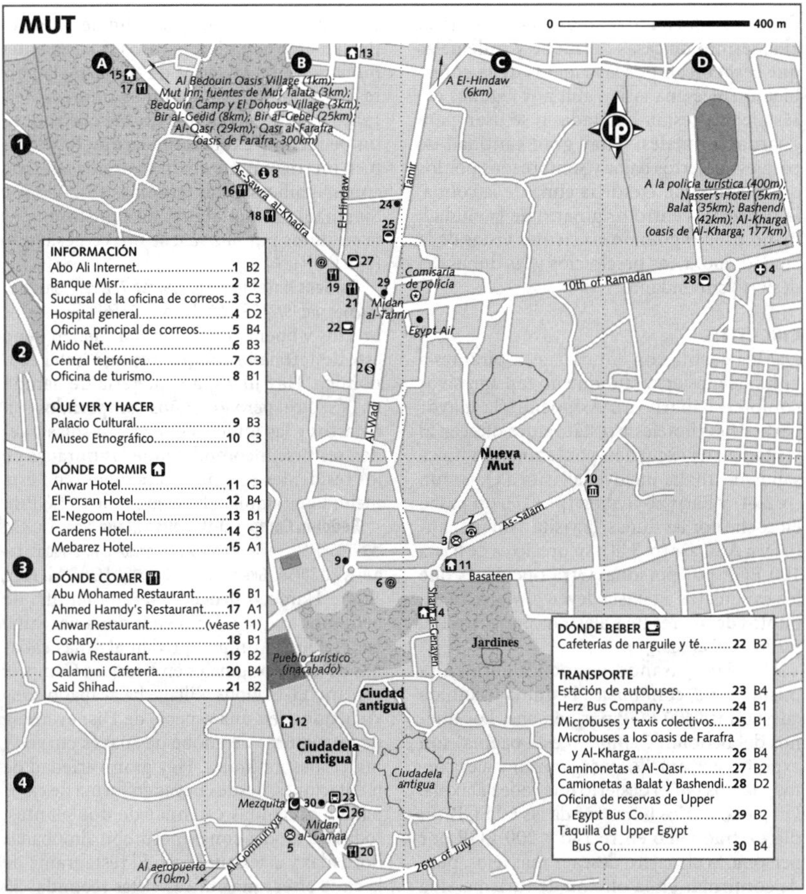

Oficina principal de correos (plano p. 339; Midan al-Gamaa; 🕒 8.00-14.00 sa-ju)

Central telefónica (plano p. 339; Sharia as-Salam; 🕒 24 h)

Información turística

Oficina de turismo (plano p. 339; ☎ 782 1685 6; Sharia as-Sawra al-Khadra; 🕒 8.00-15.00 y algunas tardes). Su amable director Omar Ahmad es una mina de información sobre el oasis. Para asuntos urgentes se le puede localizar en su domicilio llamando al ☎ 782 0782.

PUNTOS DE INTERÉS Y ACTIVIDADES

Museo Etnográfico

El fantástico **museo** (plano p. 339; Sharia as-Salam; entrada 3 EGP; 🕒 8.00-14.00 sa-ju) de Dakhla, anexo al Dar al-Wafdeen Government Hotel, sólo abre si se solicita previamente: hay que informarse en la oficina de turismo o en el **Palacio Cultural** (plano p. 339; ☎ 782 1311; Sharia al-Wadi), donde se encuentra su director, Ibrahim Kamel. El museo tiene el diseño de una vivienda tradicional, con diferentes zonas para hombres, mujeres y visitantes. Las exposiciones de ropa, cestas, joyas y otros artículos domésticos reflejan la vida en el oasis.

Ciudad antigua de Mut

Durante gran parte de su existencia, los habitantes de la antigua Mut vivieron bajo la amenaza de las invasiones de los beduinos. La mayor parte de las casas no tienen ventanas para protegerse así contra los asaltantes y resguardarse del calor y viento del desierto. A menudo ignorado por el viajero, el laberinto de casas de adobe y callejuelas que serpentean por las laderas de la colina bien merece una visita; aún hoy algunas casas alejadas están habitadas o se usan para guardar animales, y hay gran cantidad de pasajes cubiertos bajos y sombreados por los que deambular. Desde la cima de la colina, la **ciudadela** (centro originario de la ciudad; plano p. 339) goza de excelentes vistas de la ciudad nueva, los precipicios y las dunas del desierto circundante.

CIRCUITOS

Dakhla cuenta con entusiastas aspirantes a guías del desierto (aunque no tan agresivos como en Bahariyya). Asimismo, la mayor parte de los hoteles y restaurantes ofrecen al visitante una excursión por la zona. La típica salida de un día incluye la visita a Qalamun (p. 344) y Baris al-Gedida (p. 337), un paseo en coche por las dunas, la visita a un manantial y a Al-Qasr (p. 344); su precio es de hasta 100 EGP por persona. Otra opción es que los candidatos a taxista lleven al viajero a los puntos de interés más alejados por entre 150 y 200 EGP al día.

Un viaje pasando la noche fuera en la misma zona, con música beduina y comida cuesta unas 400 EGP por persona. Los dueños del Bedouin Camp (en esta página) son expertos en camellos y organizan viajes cortos y largos por el desierto que rodea Dakhla. Un paseo de dos horas ronda las 60 EGP, un día de traqueteo entre 150 y 200 EGP por persona. Si el viajero desea ir más lejos, puede confirmar en la oficina de turismo si la persona que va a llevarle dispone de los permisos necesarios: Dakhla es uno de los oasis más cercanos a Gilf Kebir, pero los permisos para este destino sólo pueden tramitarse en El Cairo. Para más información sobre excursiones por el desierto, véase p. 330.

DÓNDE DORMIR

Hoteles

Mut posee una aceptable colección de hoteles, aunque casi todos se sitúan en la franja económica. Recientemente ha surgido una refrescante tendencia a construir hoteles de influencia beduina, con materiales naturales, adobe y troncos de palmera.

El-Forsan Hotel (plano p. 339; ☎ 782 1343; zakelmasry@yahoo.com; Sharia al-Wadi; i/d sin baño 16,50/25 EGP, i/d 25/45 EGP, i/d *bungalow* 35/60 EGP; 💻). El edificio principal es una confabulación de cemento típicamente hierática, pero los más recientes *bungalows* abovedados de adobe de la parte posterior son mucho más interesantes. Junto a las habitaciones anexas que rodean un pequeño y exuberante jardín, hay también un restaurante en una rotonda cubierta con magníficas vistas (comidas 15-20 EGP). Su amable personal organiza gustosamente circuitos por la zona; se ofrece desayuno (5-8 EGP).

Gardens Hotel (plano p. 339; ☎ 782 1577; Sharia al-Genayen; i/d 19/24 EGP, con ducha 18/23 EGP). Sus bajos precios y buena ubicación mantienen lleno este destartalado aunque popular hotel económico. Hay una gran cafetería de bambú en la azotea, pero los baños compartidos son nefastos y las mujeres que viajan solas pueden sentirse incómodas ante las miradas de los residentes egipcios. El desayuno no está incluido; se alquilan bicicletas por 10 EGP/h.

Bedouin Camp y El-Dohous Village (mapa p. 338; ☎ 785 0480; www.dakhlabedouins.com; Al-Dohous; cabañas i/d 30/50 EGP, poblado i/d 80/120 EGP). Al-Hag Abdel Hameed procede de una familia de beduinos que se instaló en la zona hace una generación. Aunque quedan algunas cabañas de junco originales en Bedouin Camp, el cercano El-Dohous Village ha acabado convirtiéndose en una especie de Disneylandia de estructuras de adobe de suaves curvas y materiales naturales. Hay gran variedad de habitaciones, desde cuevas en forma de campana a viviendas estándar de dos plantas, todas decoradas con esmero, con almohadas bordadas y artesanía local. El restaurante de la cima ofrece magníficas vistas (comidas 25 EGP) y el lugar cuenta con numerosas zonas acolchadas para relajarse. La fuente cercana es tentadora pero puede manchar la ropa.

Anwar Hotel (plano p. 339; ☎ 782 0070; Sharia Basateen; i/d/tr con ventilador 20/40/60 EGP, con aire acondicionado 30/60/80 EGP; ❄ 💻). El cordial y sociable Sr. Anwar dirige este establecimiento familiar con gusto y ofrece habitaciones relativamente limpias encima del popular restaurante del mismo nombre. Hay que tener en cuenta el ruido procedente de la mezquita cercana.

Nasser's Hotel (mapa p. 338; ☎ 782 2727, 010 682 6467; Sheikh Waley; i/d 30/50 EGP; 🚗). Mientras que sus hermanos Abu Mohamed y Ahmed Hamdy regentan dos de los mejores restaurantes de Dakhla, Nasser lo ha intentado con un hotel de negocios. Su establecimiento se ha convertido en una maraña de polvorientas habitaciones con baño compartido, y aunque se estaban construyendo habitaciones nuevas en el momento de escribir esta guía, parece que su inevitable destino es el deterioro. Se ha añadido una piscina algo turbia a la terraza.

El-Negoom Hotel (plano p. 339; ☎ 782 0014; fax 782 3084; al norte de Sharia as-Sawra al-Khadra; i/d 40/50 EGP, con aire acondicionado 45/75 EGP;). En una tranquila calle detrás de la oficina de turismo y cerca de un conjunto de restaurantes, este acogedor hotel ofrece una amplia gama de pequeñas y elegantes habitaciones con baño, algunas incluso con aire acondicionado y TV. Una de las opciones más fiables de la ciudad.

Mut Inn (mapa p. 338; ☎ 792 7982/6; www.solymar.com; Mut Talata Springs; i/d media pensión 45/70 €;). Este hostal de tres estrellas a las afueras de la ciudad, en Mut Talata Springs, cuenta con seis chalés, seis habitaciones con ventilador, una casa con cinco habitaciones y un restaurante. La decoración es *kitsch* y las habitaciones caras, pero se trata de un hotel cómodo con una profunda y agradable piscina de agua templada de manantial.

Mebarez Hotel (plano p. 339; ☎ /fax 782 1524; Sharia as-Sawra al-Khadra; i/d 65/105 EGP, con aire acondicionado 95/115 EGP;). Hotel muy apreciado entre los participantes de circuitos por el oasis, sus habitaciones ofrecen un nivel razonable de confort y limpieza, aunque el personal resulta algo esquivo. Las estancias de la planta superior gozan de espléndidas vistas del oasis; se recomienda pedir una que no dé a la carretera.

Bedouin Oasis Village (fuera del plano p. 339; ☎ 782 0070, 012 669 4893; i/d 70/150 EGP, pensión completa 100/200 EGP). Este establecimiento reciente, situado en una loma que da a la principal calle de entrada a la ciudad, se compone de edificios de estilo tradicional bien diseñados, con gran profusión de cúpulas, arcos y bóvedas. Los agradables toques bohemios en sus modestas aunque cómodas habitaciones y zonas comunitarias engalanan el lugar, y el restaurante (cena 20 EGP aprox.) ofrece magníficas vistas. En la carrera del oasis hacia la "beduinificación" total, este hotel se lleva la palma con el primer "*spa* beduino" (es decir, piscina natural de manantial).

'Camping'

El viajero puede acampar cerca de las dunas al oeste de Mut o en Al-Qasr, en una llanura iluminada por las estrellas al norte de la ciudad, pero se recomienda consultar antes en la oficina de turismo de Mut.

DÓNDE COMER Y BEBER

En Mut no hay florituras gastronómicas, pero sí aceptable comida fresca (sobre todo en su variedad de pollo/kebab/arroz). Para tomar un animado té o narguile, se aconseja acudir a uno de los bulliciosos y populares cafés y bares de narguile al aire libre junto a Midan al-Tahrir.

Anwar Restaurant (plano p. 339; ☎ 782 0070; Sharia Basateen; comidas 2-15 EGP). Café-restaurante popular en el vecindario, situado bajo el hotel del mismo nombre. Sirven *ta'amiyya* y *fuul*, así como combinados más suculentos de pollo y arroz.

Ahmed Hamdy's Restaurant (plano p. 339; ☎ 782 0767; Sharia as-Sawra al-Khadra; comidas 2-15 EGP). En la principal calle de entrada a la ciudad se encuentra este popular establecimiento, con delicioso pollo, kebabs, verduras y otros pequeños platos servidos en el interior o en la terraza. El zumo de lima recién exprimido es excelente y se puede pedir cerveza (12 EGP) y narguile.

Abu Mohamed Restaurant (plano p. 339; ☎ 782 1431; Sharia as-Sawra al-Khadra; comidas 3-25 EGP;). Abu Mohamed, hermano de Ahmed Hamdy, es el promotor, cocinero y camarero de este sencillo restaurante de carretera. Su menú incluye buenas verduras con kebab o paloma (hay que encargarlo con antelación) y termina con *basbousa* casero (postre empalagoso). También hay cerveza fría, Internet y alquiler de bicicletas.

Dawia Restaurant (plano p. 339; Sharia as-Sawra al-Khadra; comidas 5-12 EGP). Las paredes totalmente cubiertas de azulejos de un blanco reluciente revelan uno de los establecimientos más limpios de la ciudad. Además de los habituales platos egipcios, Dawia se atreve con las hamburguesas e incluso experimenta con varias recetas de pasta.

Said Shihad (plano p. 339; Sharia as-Sawra al-Khadra; comidas 6-15 EGP). Said, el dueño del local, lo tiene muy bien montado: cada noche prepara un banquete de carne asada para una entregada clientela de vecinos hambrientos. El kebab *shish* de cordero es el delicioso plato estrella.

Si el viajero desea picar un *ta'amiyya* o *fuul*, los siguientes locales se lo ofrecerán encantados:

Coshary (plano p. 339; Sharia as-Sawra al-Khadra; comidas 2 EGP)
Qalamuni Cafeteria (plano p. 339; Midan al-Gamaa; platos 2-10 EGP)

CÓMO LLEGAR Y SALIR

Autobús

Upper Egypt Bus Co (plano p. 339; ☎ 782 4366; Midan al-Gamaa) tiene autobuses a las 19.00 y 20.30 a El Cairo (56 EGP, 8-10 h), vía el oasis de Al-Kharga (10 EGP, 1-2 h) y Asiut (20 EGP, 4-5 h). Otros servicios a Asiut salen a las 6.00, 8,30 y 22.00. El viajero también puede viajar a El Cairo (56 EGP) por el oasis de Farafra (20 EGP, 3-4 h) y el oasis de Bahariyya (35 EGP, 7 h) a las 6.00 y 19.00. Hay una práctica **taquilla de reservas** (plano p. 339; Midan al-Tahrir), donde el autobús también para a recoger pasajeros.

Herz Bus Company (plano p. 339; ☎ 782 4914) recientemente incorporó un autobús diario a El Cairo (vía Asiut) a las 20.00 (45 EGP) desde la terminal de microbuses y taxis colectivos.

Taxi colectivo y microbús

Los microbuses salen de la parte vieja de Mut (cerca de la mezquita) cuando se llenan y cuestan 10 EGP a Al-Kharga, 20 EGP a Farafra o Asiut y unas 60 EGP a El Cairo.

CÓMO DESPLAZARSE

En Abu Mohamed Restaurant (p. 341) y Gardens Hotel (p. 340) alquilan bicicletas por 10 EGP /h.

Casi todos los lugares de Dakhla están comunicados por camionetas, Peugeots o microbuses hasta los topes, pero para saber adónde se dirigen se necesita una licenciatura en astrofísica. Los que van a Al-Qasr (1 EGP) salen de Sharia as-Sawra al-Khadra. El viajero puede tomar camionetas a Balat y Bashendi frente al hospital por 1 EGP. Casi todos los demás salen de la terminal de taxis colectivos de Sharia Tamir.

A veces, puede resultar más fácil negociar una camioneta "especial".

Alrededores de Mut

Todos los siguientes puntos de interés aparecen señalizados en el plano del oasis de Dakhla (p. 338).

FUENTES TERMALES

Aunque hay varias piscinas de aguas sulfurosas calientes en torno a Mut, la más accesible es **Mut Talata** (Mut tres). Situada en el recinto de un pequeño hotel (p. 340), si el viajero no se aloja en él, tendrá que bañarse a la vista de todos en la piscina de 1,5 m de profundidad que se halla fuera de los muros del hotel. El agua, de un color extraño, es caliente y relajante y puede manchar la ropa.

Bir al-Gedid (fuente nueva), no lejos de Bedouin Camp (p. 340), es el último pozo artesiano excavado y también tiene color rojizo.

En medio de un impresionante paisaje desértico, **Bir al-Gebel** (fuente de montaña; entrada 10 EGP) es hoy destino de excursiones de un día, pero la atronadora música y los centenares de escolares arruinan el ambiente que podría tener. Situada en el extremo de un pequeño oasis rodeado de palmeras, ondulantes dunas y elevados precipicios, sigue siendo uno de los lugares más bellos de los oasis para darse un remojón. Es mejor ir de noche cuando hay más tranquilidad y las estrellas brillan en el cielo. Si el viajero llega durante la hora punta, hay una apacible fuente natural unos 500 m antes de Bir al-Gebel a la derecha, oculta tras una casa de bombeo de ladrillo. Una señal indica el desvío 20 km al norte de Mut, desde allí hay otros 5 km hasta las fuentes.

DUNAS Y PASEOS EN CAMELLO

Varios kilómetros después de dejar la ciudad por el sur, el viajero puede deslizarse por unas dunas que, si bien no son las más espectaculares del desierto, son fácilmente accesibles para quienes no disponen de transporte propio. Casi todos los hoteles y restaurantes de Mut ofrecen excursiones de un día con parada en las dunas. También pueden concertarse paseos en camello por las dunas durante la puesta de sol (véase "Circuitos", p. 340).

GRABADOS EN LA ROCA

La tierra labrada de Dakhla termina al pie de diversas formaciones rocosas extrañas, 45 km hacia Al-Kharga. Éste era el cruce de dos importantes rutas de caravanas, Darb al-Ghabari entre Dakhla y Al-Kharga, y otra ya desaparecida que conectaba el cercano pueblo de Teneida con Darb al-Arba'een al sur. Tallados en la blanda roca se aprecian grabados prehistóricos que muestran camellos, jirafas y marcas tribales. Visitado por viajeros del desierto desde hace tiempo, algunos dejaron sus nombres inscritos en la roca; recientemente el lugar ha sufrido las aten-

MANANTIALES RECOMENDADOS

Después de un duro día transitando por las polvorientas carreteras del desierto no hay nada mejor que darse un remojón o nadar en uno de los muchos manantiales diseminados por el desierto occidental. Las siguientes son sólo algunas de las zonas de baño más apreciadas por los autores de esta guía:

Baño de Cleopatra (p. 363). La reina en cuestión probablemente no se bañó aquí, pero es excelente, al tratarse de uno de los manantiales burbujeantes más famosos, deslumbrantes y cristalinos del desierto occidental.

Bir Wahed (p. 363). Esta fuente de agua caliente parecida a un *jacuzzi* se halla entre dunas en el límite del Gran Mar de Arena. Están garantizadas puestas de sol asombrosas.

Ain Gomma (p. 357). Manantial pequeño, borboteante, cristalino y fresco aislado en un minioasis 45 km al sur de Bawiti, rodeado de vasto desierto por todas partes.

Bir al-Gebel (p. 342). Rodeado de impresionante paisaje, este manantial suele llenarse de bulliciosos excursionistas durante el día; es ideal al atardecer cuando la multitud disminuye.

Comportamiento en los manantiales

A la hora de bañarse en los manantiales públicos de los oasis, es importante respetar unas normas generalmente aceptadas:

- Si los lugareños están bañándose, conviene esperar a entrar en el agua hasta que ellos terminen.
- Durante el día, las mujeres deben llevan una camiseta larga y holgada por encima del traje de baño, aunque en algunos lugares ni siquiera esto resulta del todo apropiado.
- Para los vecinos, una mujer bañándose sola es un acto tan provocativo como recorrer la calle principal de la ciudad en ropa interior. Se recomienda no hacerlo.

ciones de otros menos escrupulosos que han destrozado la mayor parte de estas curiosas imágenes con sus propias inscripciones.

BALAT

Para gozar de una cautivadora visión de la vida en la Edad Media, se aconseja visitar el pueblo islámico de Balat, 35 km al este de Mut. Construido durante la época de los mamelucos y turcos en un enclave que se remonta al Imperio Antiguo, se trata de un monumento viviente a las posibilidades de la arquitectura de adobe de estilo sudanés; en la ciudad antigua, las carismáticas y serpenteantes callejuelas pasan por pasajes bajos cubiertos y bancos moldeados que recuerdan a Gaudí. Las hojas de palmera aún sirven de refugio, con los muros suavemente redondeados cayendo uno sobre otro. Las diminutas puertas fueron diseñadas para mantener frescas las casas y confundir a potenciales invasores. Un guía llevará con gusto al viajero hasta la azotea de una de las viviendas de adobe con tres plantas e impresionantes vistas (se espera una pequeña propina). Para llegar a Balat, se toma una camioneta cerca del hospital general de Mut; cuesta 1 EGP.

El viajero necesitará vehículo propio para explorar **Ain al-Asil** (fuente del origen), un asentamiento del Imperio Antiguo. Ahmed Fakir, experto en oasis que en la década de 1970 realizó excavaciones aquí y halló restos de una fortaleza de gran tamaño y posiblemente un canal, creía que ésta era la antigua capital del oasis. El lugar fue abandonado en la época tolemaica y hoy quedan pocas cosas de interés, a no ser que al viajero le guste la arqueología. Ain al-Asil se encuentra a unos 2 km siguiendo una pista al norte de la carretera principal, 200 m al este de Balat.

Alrededor de 1,5 km después de Ain al-Asil, se alza **Qila al-Dabba** (adultos/estudiantes 20/10 EGP), antigua necrópolis de Balat. Sus cinco mastabas (estructuras de adobe sobre las tumbas, base de futuras pirámides), la mayor de las cuales mide más de 10 m de altura, datan de la 6ª dinastía. Cuatro están en ruinas, pero una ha sido restaurada y se halla abierta al público. Originariamente las cinco estaban revestidas de excelente piedra caliza, y se cree que tres de ellas pertenecieron a importantes gobernadores del oasis durante el Imperio Antiguo. El horario de apertura es de 8.00 a 17.00 de octubre a abril y de 8.00 a 18.00 de mayo a septiembre, pero puede ser necesario encontrar un guardián en los edificios colindantes.

BASHENDI

Este pequeño pueblo al norte de la carretera principal entre Dakhla y Al-Kharga debe su nombre al bajá Hindi, jeque medieval enterrado en sus inmediaciones. La **tumba del bajá Hindi** está cubierta por una cúpula de la época islámica sobre una estructura romana, claramente visible desde el interior del edificio. Los lugareños peregrinan hasta aquí para pedir la intercesión del santo. Cerca se halla la **tumba de Kitines** (ambas tumbas adultos/estudiantes 20/10 EGP; 8.00-17.00 oct-abr, 8.00-18.00 may-sep), de arenisca y ocupada por soldados senusis durante la Primera Guerra Mundial y por una familia del pueblo después. A pesar de ello, algunos relieves funerarios han resistido y muestran al notable personaje del s. II en compañía de los dioses Min, Set y Shu.

AL-QASR

Una de las visitas obligadas del oasis de Dakhla es esta extraordinaria ciudad medieval/otomana, situada al borde de una exuberante vegetación, al pie de los precipicios de caliza rosada que marcan el extremo norte del oasis. Este magnífico lugar restaurado con esmero refleja el aspecto que tenían otras ciudades del oasis antes de que se impusieran los planes urbanísticos del Valle Nuevo. Varios centenares de personas aún residen en esta población, que hasta no hace mucho contaba con miles de habitantes.

Puntos de interés

El Consejo Supremo de Antigüedades se ha hecho cargo de la ciudad, pero dada la presencia de vecinos, no puede cerrar el enclave o cobrar entrada. Se supone que los visitantes irán acompañados de uno de los guardas de antigüedades, que esperan un "donativo" de hasta 10 EGP.

La ciudad vieja, supuestamente una de las zonas habitadas más antiguas del oasis, está construida sobre los cimientos de una urbe romana. La entrada de un templo a Tot es hoy la fachada de una vivienda particular, y algunos bloques con inscripciones del templo han sido utilizados en otros edificios locales. No obstante, casi todo lo que el viajero podrá ver data del período otomano (1516-1798). Durante su época dorada fue probablemente la capital del oasis, fácil de proteger bloqueando las acuarteladas calles del fuerte. El tamaño de las viviendas y los restos decorativos que han sobrevivido sugieren el sorprendente nivel de riqueza e importancia que los otomanos le otorgaron.

La arquitectura de sus angostas calles cubiertas evoca orígenes antiguos; las serpenteantes callejuelas se mantienen frescas durante el agobiante verano, además de proteger a sus habitantes de las tormentas de arena del desierto. Las entradas a las viejas casas son claramente apreciables y varias tienen bonitos dinteles (vigas de acacia sobre las puertas). Grabados con los nombres del carpintero y el propietario, la fecha y un versículo del Corán, estos detalles decorativos están maravillosamente conservados.

Hay 37 dinteles en el pueblo, el más antiguo de los cuales data de comienzos del s. XVI. Uno de los más bellos se halla sobre la **tumba del jeque Nasr ad-Din,** en el interior de la antigua mezquita, y está señalado con un minarete de adobe restaurado del s. XII. Al lado se alza la mezquita **Nasr ad-Din,** con un minarete de 21 m de altura. Varios edificios han sido restaurados, incluido uno que parece haber sido una **madraza,** escuela donde se enseña la ley islámica, y que también servía de Ayuntamiento y juzgado: los prisioneros eran atados a una estaca junto a la entrada.

También es de interés la restaurada **casa de Abu Nafir.** Un espectacular arco ojival a la entrada encuadra una gigantesca puerta de madera tachonada. Construida de adobe, a una escala mayor que las viviendas contiguas, incorpora enormes bloques de una estructura anterior, posiblemente un templo tolemaico decorado con relieves jeroglíficos.

Destacan asimismo la **fábrica de cerámica,** una **forja de herrero,** una **noria de agua,** una **prensa de aceite** y un antiguo y gigantesco **molino de maíz,** totalmente restaurado con un funcionamiento digno de los Picapiedra a la hora de hacer girar su eje. Cerca de la entrada está el **Museo Etnográfico** (entrada 3 EGP; 9.00-anochecer), albergado en la casa de Sherif Ahmed, de 1785. Los objetos cotidianos del museo intentan dar vida a los edificios vacíos cercanos.

De vuelta a Mut desde Al-Qasr, se aconseja tomar la carretera secundaria y cambiar de paisaje. Se pueden visitar varias **tumbas** (entrada 10 EGP) cerca del pueblo en ruinas de Amhadah, del s. II. Unos 15 km en dirección a Mut se alza el pueblo mameluco de **Qalamun,** con casas otomanas y modernas de adobe. Desde el cementerio hay buenas vistas del campo.

Dónde dormir

Al-Qasr Hotel (☎ 787 6013; i/d/tr 10/20/30 EGP). El vivaz y servicial Mohamed dirige esta excelente pequeña pensión ubicada sobre una cafetería próxima a la ciudad vieja. Las bucólicas y encantadoras habitaciones tienen mosquiteras y balcones, y varias incluso disfrutan de vistas a Al-Qasr. En la planta superior hay una zona comunitaria con asientos en la que jugar a algún juego o relajarse, y por 2 EGP se puede dormir en un colchón en la azotea. El café y restaurante de la planta baja sirve buena comida básica (el desayuno cuesta 3 EGP). Mohamed alquila bicicletas por 5 EGP al día y organiza circuitos en camello por el desierto (75 EGP/día, 120 EGP con noche incluida).

Beir Elgabal Camp (☎ 772 6600; elgabalcamp@hotmail.com; i/d 25/50 EGP;). Este establecimiento ofrece habitaciones limpias y sencillas junto a la fuente de Bir al-Gebel. A 4 km del desvío de la carretera de Mut, posee una idílica ubicación al pie de las elevadas montañas del desierto, aunque bastante alejada de la zona más activa.

Desert Lodge (☎ 772 7061/2, en El Cairo 02-690 5240; www.desertlodge.net; i/d/tr media pensión 90/120/150 US$;). El mejor alojamiento de Dakhla presume también de las mejores vistas de Al-Qasr. Esta fortaleza de adobe diseñada con esmero sobre una cima con vistas a la ciudad comprende 32 amplias habitaciones agrupadas al estilo tradicional. El restaurante es aceptable; también hay un bar y muchos de los servicios que cabría esperar dado su precio.

Cómo llegar y salir

Las camionetas hacia Al-Qasr salen de enfrente del restaurante Said Shihad de Mut y cuestan 1 EGP.

DEIR AL-HAGGAR

Este restaurado **templo de arenisca** (entrada 20 EGP; 8.00-anochecer) es uno de los monumentos romanos más completos de Dakhla. Dedicado a la tríada tebana de Amón, Mut y Jonsu (Horus, que aparece con cabeza de halcón), fue construido entre los reinados de Nerón (54-68) y Domiciano (81-96). Los *cartouches* de Nerón, Vespasiano y Tito pueden verse en la sala hipóstila, que también contiene inscripciones de casi todos los exploradores del s. XIX que pasaron por aquí. Si se observa con atención, en el contiguo porche de Tito se leen los nombres de los componentes de la expedición de Gerhard Rohlfs, además de los de Edmonstone, Drovetti y Houghton, famosos viajeros del desierto.

El templo ha sido rodeado por un muro para impedir la erosión del viento y la arena. La señal a Deir al-Haggar está unos 7 km al oeste de Al-Qasr; desde el desvío hay otros 5 km hasta el templo.

OASIS DE FARAFRA

☎ 092 / 21.920 hab.

Si parpadea, el viajero se perderá el polvoriento Farafra, el oasis menos poblado y más remoto del desierto occidental. Aunque no se han hallado muchas pruebas de la ocupación faraónica, Farafra aparece en la leyenda del ejército del rey Cambises (véase recuadro en p. 348), que según se dice, desapareció en el s. VI a.C. camino de Siwa.

Su expuesta ubicación lo hizo vulnerable a frecuentes ataques por parte de libios y tribus beduinas; muchos de los asaltantes acabaron

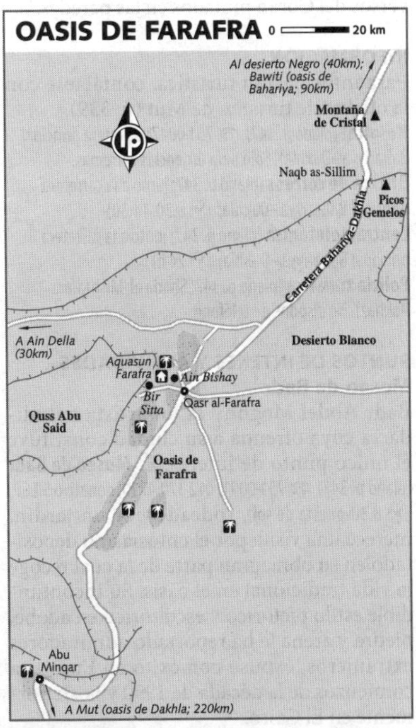

quedándose en el oasis y actualmente constituyen gran parte de su población.

Recientemente el gobierno ha intensificado sus esfuerzos por revitalizar la región, y los cultivos de aceitunas, dátiles, albaricoques, guayaba, higos, naranjas, manzanas y girasoles crecen lentamente. A pesar de la escasez de infraestructura turística o alicientes reales, su proximidad al desierto Blanco (sólo 20 km), el aletargado ritmo de vida y los extensos palmerales atraen a un reducido número de viajeros cada año.

Qasr al-Farafra

Única ciudad auténtica del oasis, Qasr al-Farafra sigue siendo un pequeño punto sin urbanizar en el circuito oeste de Egipto que justo ahora comienza a descubrir las emociones baratas del cemento. La derruida fortaleza romana fue originariamente construida para proteger esta parte de la ruta de las caravanas del desierto, aunque hoy apenas queda un montón de escombros.

Por increíble que parezca, algunas pequeñas casas de adobe aún siguen en pie, sus entradas aseguradas con cerrojos medievales y versos del Corán pintados en las paredes.

INFORMACIÓN

Para información turística, contáctese con la oficina de turismo de Mut (p. 339).

Hospital (plano p. 347; ☎ 751 0047; carretera principal Bahariyya–Dakhla). Sólo para urgencias extremas.

Oficina de correos (plano p. 347; junto a la carretera principal Bahariyya–Dakhla; 🕑 8.30-14.30)

Central telefónica (plano p. 347; junto a la carretera principal Bahariyya–Dakhla; 🕑 24 h)

Policía turística (plano p. 347; Sharia al-Mishtafa Nakhaz). No dispone de teléfono.

PUNTOS DE INTERÉS Y ACTIVIDADES

Museo de Badr

Badr Abdel Moghny es un artista autodidacta cuya ofrenda a su ciudad constituye el único punto de interés. El **Museo de Badr** (plano p. 347; ☎ 751 0091, 012 170 4710; donativo 5 EGP; 🕑 8.30-puesta de sol), rodeado por un jardín, merece una visita por el entusiasmo depositado en su obra, gran parte de la cual recoge la vida tradicional en el oasis. Su inconfundible estilo pictórico y escultórico en adobe, piedra y arena le ha reportado admiradores extranjeros; expuso con éxito en Europa a comienzos de la década de 1990 y posteriormente en El Cairo.

Fuentes

Una popular parada es **Bir Sitta** (pozo nº 6; mapa p. 345), fuente de agua sulfurosa 6 km al noroeste de Qasr al-Farafra. El agua borbotea en una piscina de hormigón del tamaño de un *jacuzzi* y después pasa a un depósito más grande; un buen sitio para darse un baño nocturno bajo las estrellas.

El manantial romano de **Ain Bishay** (mapa p. 345) sale a borbollones de una loma del extremo noroeste de la ciudad. Convertido hoy en un campo irrigado de palmeras datileras, cítricos, olivos, albaricoqueros y algarrobos, es un fresco refugio en medio del árido paisaje. Varias familias atienden sus cosechas; el viajero debe pedir permiso a algún vecino antes de pasear por los alrededores.

CIRCUITOS

Farafra está más cerca del desierto Blanco que Bahariyya y aun así cuenta con una selección muy limitada de empresas dedicadas al desierto. Al-Waha Hotel (abajo) ofrece excursiones superficiales por los alrededores de Farafra y el desierto Blanco; cuestan unas 425 EGP por vehículo con estancia de una noche. Al-Badawiya y Aquasun son más caras (véase "Dónde dormir", abajo), pero están bien preparadas, tanto para viajes largos por el desierto como para salidas más breves; véase también p. 350.

DÓNDE DORMIR

En el momento de escribir esta guía, el nuevo Sahara Hotel estaba siendo concluido 1 km al norte de la ciudad, una excelente promesa de techos abovedados y adobe en Farafra.

Al-Waha Hotel (plano p. 347; ☎ 016 209 3224, 012 720 0387; wahafarafra@yhoo.com; d sin baño 35 EGP, i y d 45 EGP). Hotel pequeño y primitivo frente al Museo de Badr, ofrece habitaciones de dos y tres camas con baños compartidos limpios, aunque sin excesivos detalles; algunas habitaciones tienen balcones que dan a las calles sin asfaltar de Farafra.

Aquasun Farafra (mapa p. 345; ☎ 012 7807 999; www.raid4x4egypt.com; Bir Sitta; i/d media pensión 50/70 €; ⊠ 🅿). Situado junto a Bir Sitta, con su propio e idílico oasis, cuenta con 21 habitaciones tipo chalé alrededor de un apacible jardín. Todas tienen su propio porche cubierto con hojas de palma; el agua caliente de Bir Sitta llena la piscina del hotel. Hisham Nessim, su propietario con años de experiencia

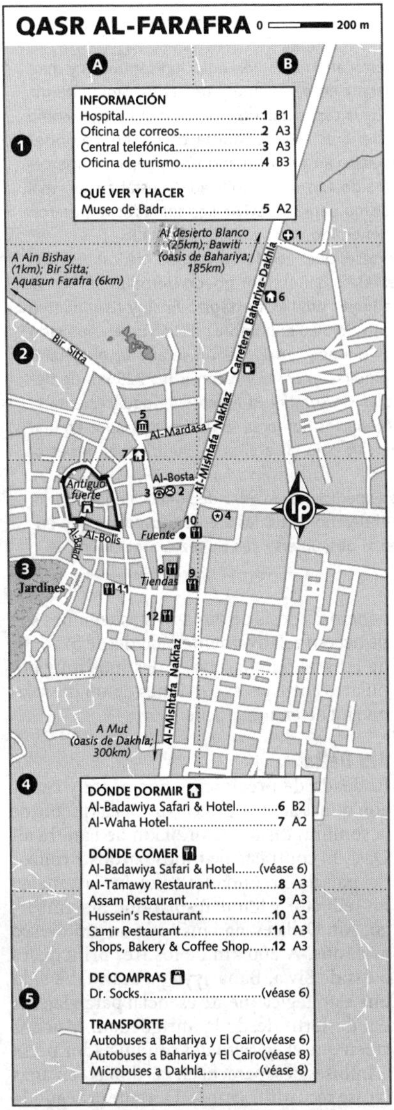

hotelera en el Sinaí, es también un experto en excursiones por el desierto (véase también p. 330).

Al-Badawiya Safari & Hotel (plano p. 347; ☎ 751 0060, 012 214 8343; www.badawiya.com; i/d 140/200 EGP, villas con aire acondicionado 220/300 EGP;). Por la carretera Bahariyya–Dakhla se oyen opiniones de todo tipo sobre este establecimiento, pero lo que no admite discusión es el dinamismo de los hermanos Ali, que dominan el turismo de Farafra con su hotel y empresa de excursiones. Al-Badawiya dispone de una amplia gama de habitaciones de elegante diseño y decoración tradicional; salpicado de zonas con cojines para sentarse, tiene una refrescante piscina y luce más arcos y cúpulas que el resto. El desayuno cuesta 20 EGP, y hay que reservar en invierno. Saad Ali y Hamdy Ali organizan excursiones en camello y *jeep* al desierto occidental (véase p. 330).

DÓNDE COMER

Como ocurre con otros servicios, en Farafra no abundan los lugares donde comer.

Al-Tamawy Restaurant (plano p. 347; platos 2-10 EGP). Este café situado en la carretera principal sirve platos sencillos, té, café y, por supuesto, narguile.

Samir Restaurant (plano p. 347; platos 8-20 EGP). Con mesas al aire libre junto a la calle principal, este establecimiento turístico es impecable. Los kebabs picantes son deliciosos, aunque lamentablemente los precios son altos. Se recomienda comprobarlos antes de cenar.

Aquasun Farafra (mapa p. 345; ☎ 012 225 9660; comidas 20-45 EGP). Este restaurante emplea ingredientes frescos y biológicos en sus platos, una selección de las habituales especialidades occidentales y egipcias. Según parece, sirven cerveza y vino.

Al-Badawiya Safari & Hotel (plano p. 347; ☎ 751 0060, 012 214 8343; comidas 25-50 EGP). Ofrecen comida recién hecha, aunque cara, como pasta y sencillos menús de tres platos, utilizando verdura biológica de su propia granja. En ocasiones sirven cerveza y vino.

El viajero también puede acudir a **Hussein's Restaurant** (plano p. 347; platos 5-9 EGP) o **Assam Restaurant** (plano p. 347; platos 6-15 EGP) si desea cenar al aire libre a base de carne a la parrilla.

DE COMPRAS

Es un negocio en el que todo queda en familia. En verano, el Dr. Socks saca la lana del cuello y la parte trasera baja de los camellos, la hila y teje. Su hermana hace suéteres; su tío, mantas; y su madre y él se dedican a los calcetines y las bufandas. Él y su mercancía suelen estar en el Al-Badawiya Safari & Hotel. Los calcetines cuestan entre 10 y 30 EGP y las mantas, hasta 400 EGP.

EL EJÉRCITO PERDIDO DE CAMBISES

El rey persa Cambises invadió Egipto en 525 a.C. derrocando al faraón egipcio Psamtek III y marcando el inicio de una dominación persa que duraría ciento noventa y tres años. Sin embargo, dicho éxito no sería necesariamente representativo de la capacidad de este "déspota tirano" como estratega militar. En los años inmediatamente posteriores a su conquista de Egipto, Cambises planeó diversas ofensivas desastrosas. En una de esas campañas, mandó a un ejército mercenario seguir el curso del Nilo hasta Etiopía: había sido tan mal planificada y estaban tan mal aprovisionados que tuvieron que recurrir al canibalismo para sobrevivir. Los soldados regresaron desacreditados, sin haberse enfrentado siquiera al enemigo en el campo de batalla.

No obstante, el fracaso más célebre de Cambises sigue siendo su intento de captura del oráculo de Amón en Siwa (véase p. 362). Según el relato del escritor griego Herodoto, el rey se propuso destruir al famoso oráculo, que insolentemente predijo su trágico final, y legitimar su dominación en Egipto. Para lograrlo envió un ejército de 50.000 hombres desde Tebas, apoyado por una larga recua de animales de carga con provisiones y armas. Según se afirma, el ejército alcanzó los oasis de Al-Kharga y Farafra antes de dirigirse al oeste y recorrer los 325 km de desierto abierto hasta Siwa: una marcha de treinta días sin sombra ni fuentes de agua. Cuenta la leyenda que después de atravesar el Gran Mar de Arena, los hombres se vieron atrapados en una feroz tormenta de arena que enterró a todo el ejército bajo las arenas movedizas del desierto, sin que jamás llegara a saberse de ellos.

Con el paso de los siglos ha habido docenas de expediciones fallidas decididas a encontrar el rastro de los hombres perdidos de Cambises; sólo el tiempo dirá si las arenas movedizas que enterraron a este antiguo ejército dejarán alguna vez al descubierto sus riquezas arqueológicas.

CÓMO LLEGAR Y SALIR

Hay autobuses desde Farafra a El Cairo (40 EGP, 8-10 h), vía Bahariyya (20 EGP, 2-3 h) a las 10.00 y 22.00. Los autobuses entre Farafra y Dakhla (20 EGP, 4-5 h) parten de El Cairo entre las 13.00 y las 14.00, y entre la 1.00 y las 2.00. Los autobuses paran en Al-Tamawy Restaurant, la estación de servicio y el hotel Al-Badawiya. Los billetes se compran directamente al conductor.

Hay microbuses a Dakhla (20 EGP, 3-4 h) que también salen del Al-Tamawy Restaurant cuando se llenan (es decir, no muy a menudo), por lo que se aconseja llegar temprano por la mañana. Lo mismo ocurre con los microbuses al oasis de Bahariyya (20 EGP, 3 h). Los poco frecuentes taxis colectivos a Dakhla cuestan 20 EGP, y 30 EGP a Al-Kharga.

DEL OASIS DE FARAFRA AL DE BAHARIYYA

Las increíbles formaciones del desierto entre ambos oasis atraen a más viajeros a este lejano rincón de Egipto que cualquier otro lugar. No hay sorpresas: este territorio de otro mundo abarca desde las extrañas rocas con formas imposibles del desierto Blanco, a las inquietantes montañas negras cónicas del cercano desierto Negro, combinadas con generosas dosis de dunas. Estas regiones son de acceso relativamente fácil desde los oasis de Farafra o Bahariyya, y destinos muy populares entre las excursiones de un día y las que incluyen una noche.

Ain Della

Rodeada de precipicios por norte y este y con dunas al sur y oeste, Ain Della (fuente de la sombra) dista unos 120 km de Farafra al-Qasr. El contraste de tonos pardos y rojizos del paisaje circundante envuelve la zona en un seductor y tenue resplandor. Sin embargo, Ain Della es algo más que un pintoresco estanque. A 200 km de los tres principales oasis de Siwa, Bahariyya y Farafra, ha sido una estratégica fuente esencial para viajeros del desierto desde la antigüedad. Muchos creen que el ejército del conquistador persa Cambises desapareció en las dunas cercanas (véase recuadro, arriba). Durante la Segunda Guerra Mundial el Grupo de Largo Alcance del Desierto del Ejército británico almacenó combustible y provisiones aquí, utilizándolo como base para sus escaramuzas tras las líneas alemanas e italianas.

La posición de Ain Della sigue siendo vital a la hora de controlar amplias franjas del desierto occidental: de hecho, desde aquí las patrullas del Ejército egipcio inspeccionan el desierto en busca de traficantes de armas y drogas. Los visitantes deben llevar guía y disponer de permiso militar (se obtiene a través de los guías del desierto; véase también recuadro en p. 355, o "Circuitos", p. 364 y p. 346).

Desierto Blanco

Al divisar por primera vez el paisaje onírico del desierto Blanco (Sahra al-Beida; plano p. 345), el viajero se creerá una moderna Alicia a través del espejo del desierto. Unos 20 km al nordeste de Farafra, la arena amarilla al este de la carretera empieza a verse arañada por formaciones rocosas calcáreas, surgidas del suelo de modo casi sobrenatural. Las agujas de roca, de un blanco cegador, se alzan al cielo, cada una modelada de forma más extraña aún por los secos vientos desérticos. A medida que el viajero se vaya internando en los 300 km² del Espacio Protegido del Desierto Blanco, notará que las figuras surreales comienzan a parecer familiares: pollos, avestruces, camellos, halcones y otras formas asombrosas. El amanecer o el crepúsculo son los mejores momentos para contemplarlas, cuando el sol les concede tonos rosas y anaranjados, como si de un cuadro de Dalí se tratara, o bajo la luna llena, que vuelve el paisaje fantasmagórico, ártico, como de nata montada. La arena que rodea los afloramientos está llena de cuarzo, distintas variedades de pirita de hierro de un negro intenso y pequeños fósiles.

Al oeste de la carretera, lejos de las formas erosionadas por el viento, hay pequeños cañones con monolitos calcáreos blancos que parecen precipicios llamados *inselbergs* (monte isla). Aunque menos espectaculares que otras zonas, resultan bonitos e inquieta pasear junto a ellos. La sombra y privacidad que proporcionan también los hace idóneos para acampar.

Unos 50 km al norte hay dos montes de cumbre plana conocidos como **picos Gemelos,** punto clave de orientación de los viajeros. Popular destino de operadores turísticos de la zona, la panorámica desde lo alto de las colinas simétricas circundantes, en forma de gigantes hormigueros, es espectacular. Algo más adelante, la carretera sube una empinada escarpa conocida como **Naqb as-Sillim** (paso de la escalera); se trata del principal paso de entrada y salida de la

TIPOS DE DUNAS

La clasificación formal de los tipos de dunas fue realizada en la década de 1970, después de que los científicos tuvieran acceso a fotografías de campos de dunas tomadas durante una incipiente misión espacial. Se identificaron cinco tipos, cuatro de ellos presentes en Egipto.

Dunas rectas paralelas

Llamadas *seif* (espada) en árabe por su parecido con las hojas curvas de las espadas árabes, estas dunas han sido formadas por el viento y se hallan fundamentalmente en el Gran Mar de Arena y en el norte del desierto occidental. Normalmente en movimiento, incluso pueden caer por una escarpa volviéndose a formar en su base.

Dunas onduladas paralelas (o barján)

En forma de media luna, con una vertiente lateral a sotavento. Son igual de largas que de anchas y suelen formar líneas rectas con pasillos llanos entre ellas. Habitualmente en movimiento, pueden desplazarse hasta 19 m al año. Predominan en los oasis de Al-Kharga y Dakhla y pueden encontrarse también en el Gran Mar de Arena.

Dunas de estrella

Creadas por vientos que soplan en diferentes direcciones, suelen encontrarse aisladas. En lugar de moverse, tienden a formarse en torno a un círculo. Son raras en Egipto.

Dunas de media luna (o lomo de ballena)

Presentan un aspecto parecido a colinas, y se forman cuando una serie de dunas más pequeñas chocan y se montan una sobre otra. Inconfundibles, con sus lados apuntando en diferentes direcciones, pueden verse en la zona situada entre los oasis de Al-Kharga y Dakhla.

depresión de Farafra y señala el límite del desierto Blanco.

Algunos kilómetros más lejos, el suelo del desierto cambia de nuevo y se llena de cristales de cuarzo. Al observar las formaciones rocosas de la zona se aprecia que también son, en gran medida, de cristal. La más famosa de ellas es la **montaña de Cristal,** una gran roca totalmente de cuarzo. Junto a la carretera principal, unos 24 km al norte de Naqb as-Sillim, es fácilmente reconocible por el gran agujero que atraviesa su centro.

Lamentablemente, el desierto Blanco se arriesga a ser víctima de su propia popularidad, ya que cada vez más gente viaja hasta aquí. En noches concurridas, en el horizonte abundan las luces de las hogueras, y la quietud de la noche se llena de sonidos de tambores y canciones. La luz del día descubre hogueras apagadas, desperdicios y, lo más penoso, marcas de neumáticos sobre las blancas rocas. Las frágiles formaciones de caliza blanca se hallan hoy amenazadas, y aunque la zona ha sido designada espacio protegido, no hay bastante presupuesto para una atención adecuada. Esta guía no trata de disuadir al viajero: si tiene prevista la visita, puede considerar hacerla a pie o en camello, procurando no dejar basura; en caso de llevar un vehículo, vale la pena evitar que el guía conduzca por las rocas.

Para más información sobre cómo llegar al desierto Blanco, véase arriba.

Desierto Negro

El cambio de beis a negro en el suelo del desierto, 50 km al sur de Bawiti, marca el inicio del desierto Negro (Sahara Suda). Formado por la erosión de las montañas, que ha extendido una capa de polvo negro y escombros, constituye un contraste especialmente agreste al desierto Blanco, más al sur. Las pequeñas montañas negras en forma de volcán marcan su límite y forman parte de una falla que recorre el oasis de Bahariyya. El desierto Negro es una popular escala de los circuitos que parten de Bahariyya, aunque no es nada adecuado para acampar de noche. Otros puntos de interés de la región son **Gebel Gala Siwa,** monte piramidal que servía de antigua atalaya para divisar las caravanas procedentes de Siwa. **Gebel az-Zuqaq** es un monte conocido por las franjas rojas, amarillas y anaranjadas de su base caliza. Hay un sendero fácilmente practicable hasta la cima.

Cómo llegar y salir

Los vehículos normales pueden recorrer el primer kilómetro de la carretera que se adentra en el desierto Blanco o Negro, pero sólo los todoterrenos pueden seguir adelante. Algunos viajeros simplemente bajan del autobús y se dirigen al desierto Blanco: hay que procurar llevar las provisiones adecuadas, y tener presente que el tráfico entre los oasis vecinos es poco frecuente.

Existen numerosas empresas de excursiones que pueden llevar al viajero hasta estos puntos de interés. Véase recuadro en p. 355, y una lista en p. 346.

OASIS DE BAHARIYYA

☎ 02 / 33.680 hab.

Este oasis, uno de los más atractivos del circuito, y a sólo 365 km de El Cairo, es también el más accesible.

Completamente rodeado de elevadas cordilleras, gran parte de su suelo está cubierto de verdes plantíos de palmeras datileras y salpicado de docenas de refrescantes manantiales.

Las cónicas colinas diseminadas por el valle probablemente fueron islas en el lago que cubría la zona durante la Prehistoria. En la época faraónica, el oasis fue centro agrícola productor de vino, que se vendía en el valle del Nilo e incluso en Roma. Su estratégica ubicación en las rutas de caravanas entre Libia y el valle afianzó su prosperidad en épocas posteriores. Recientemente, deslumbrantes hallazgos arqueológicos, como las momias doradas (véase recuadro en p. 352), y el fácil acceso a los desiertos Blanco y Negro le han reservado un lugar estable en el mapa turístico.

Bawiti

A primera vista las calles polvorientas de la moderna capital administrativa de la región pueden parecer decepcionantes. Pero bajo esa superficie, el viajero hallará una imagen muy distinta: es recomendable pasear por sus fértiles palmerales, remojarse en una de sus muchas fuentes termales o explorar tranquilas carreteras secundarias, donde aún circulan más asnos que motores de combustión.

Hasta hace poco Bawiti era una tranquila ciudad que vivía de la agricultura; sin embargo está recibiendo un nuevo impulso, ya que cada vez más gente acude al desierto o

OASIS DE BAHARIYYA

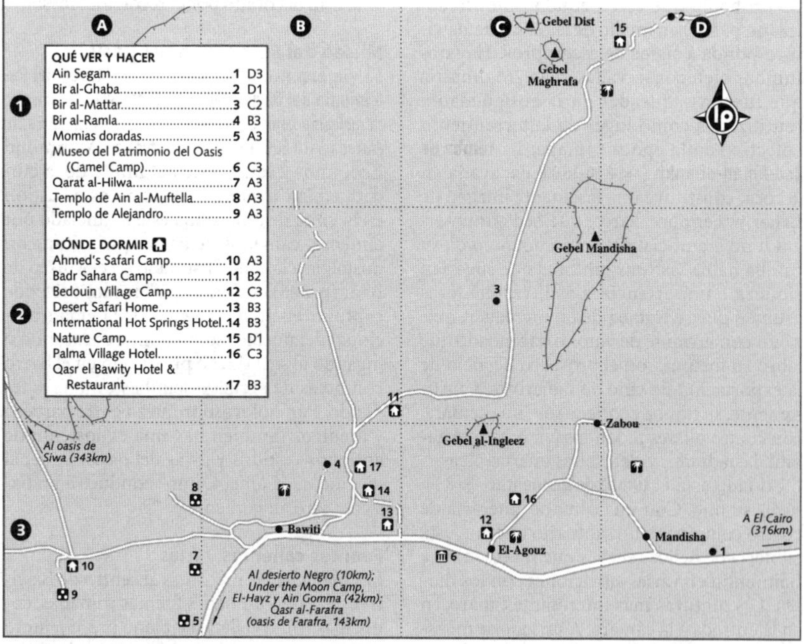

a ver las momias doradas, y hoy dispone de una buena selección de hoteles. Aun así, el viajero ha de tener en cuenta que a su llegada puede verse acosado por pegajosos "caza-clientes" antes de bajar siquiera del autobús (véase recuadro en p. 355).

INFORMACIÓN

Hospital (plano p. 353; ☎ 3847 2390). Se aconseja dirigirse a El Cairo excepto en caso de urgencia grave.

M&N Internet (plano p. 353; 10 EGP/h; ⌚ 8.30-21.00 sa-ju). Cerca del Popular Restaurant, cuenta con un par de ordenadores nuevos.

National Bank for Development (plano p. 353; ⌚ 9.00-14.00 do-ju). Cambia sólo dinero en metálico. No tiene cajero automático.

Old Oasis Hotel (plano p. 353; ☎ 3847 3028). Ofrece acceso a Internet.

Oficina de turismo (plano p. 353; ☎ 3847 3035/9; ⌚ 8.00-14.00 sa-ju, también 19.00-21.00 sa-ju nov-abr). Dirigida por el entusiasta y servicial Mohamed Abd el-Kader, con quien se puede también contactar en ☎ 012 373 6567 o por correo electrónico (mohamed_kader26@hotmail.com).

Policía turística (fuera del plano p. 353; ☎ 3847 3900; Sharia Misr)

PUNTOS DE INTERÉS Y ACTIVIDADES

Museo (al-Mathaf)

Desde el descubrimiento de las momias doradas en la década de 1990 (véase recuadro en p. 352), el creciente interés generado sobre el pasado de Bahariyya ha llevado a la inauguración de este nuevo **museo** (plano p. 353; Sharia al-Mathaf; ⌚ 8.00-14.00). Sí, el edificio parecido a un búnker de guerra es el museo, pero ello no debe desalentar al viajero (la taquilla es la cabaña situada a 50 m, en dirección a Sharia Misr; véase recuadro en p. 354). Aquí es donde las momias descansan. Algunas de las 10 expuestas están profusamente adornadas y aunque los motivos son vulgares y el trabajo mediocre, los rostros pintados muestran un avance desde la estilizada decoración de la momia faraónica hacia el retrato de Al-Fayoum (véase recuadro en p. 204). Bajo los bellos envoltorios, el trabajo de los embalsamadores parece algo descuidado: en algunos casos los cuerpos se descompusieron antes de iniciar el proceso, lo que sugiere el principio del fin de la momificación. No obstante, sirven como elocuente recordatorio de la antigüedad de Bahariyya.

Qarat Qasr Salim

Es probable que este pequeño montículo (plano p. 353) en medio de las casas de Bawiti responda a siglos de escombros. Hay dos tumbas bien conservadas de la 26ª dinastía que fueron saqueadas en la antigüedad y reutilizadas como lugar de enterramiento colectivo en la época romana. La **tumba de Zed-Amun-ef-ankh** (🕑 8.30-16.00), excavada en la roca, constituye una fascinante imagen de Bahariyya en auge. Parece que Zed-Amun-ef-ankh no era oficial del gobierno, pero en su tumba había vistosas pinturas que sugerían riqueza e importancia. Los investigadores asumen que se trataba de un mercader, quizá un comerciante de vinos o hacendado que labró su fortuna con el próspero negocio de la exportación de vino de Bahariyya. Curiosamente, su tumba contiene sólo una cámara, con cuatro pilares redondos (en lugar del habitual cuadrado) y siete falsas puertas bajas.

Al lado está la **tumba de Bannentiu** (🕑 8.30-16.00), su hijo. Con una cámara funeraria de cuatro columnas y un santuario interior, está cubierta de bellos relieves que representan a Bannentiu en varias situaciones con los dioses. Las pinturas más interesantes aparecen en la entrada a la cámara. A un lado se muestra el tránsito de la luna, adoptando la forma del dios Jonsu como fuente de vida y flanqueado por las diosas Isis y Neftis. El otro lado está decorado por el recorrido del sol.

Museo del Patrimonio del Oasis

El viajero no debe perderse el **Museo del Patrimonio del Oasis** (mapa p. 351; ☎ 3847 3666; www.camelcamp.com; carretera entre Bahariyya–El Cairo; entrada 5-10 EGP; 🕑 sin horario fijo) de Mahmoud Eed, unos 2 km al este del límite de la ciudad, en la carretera a El Cairo: este bastión en la cima de una colina está anunciado por enormes camellos de barro que miran con nostalgia a la calle. Inspirado en el Museo de Badr (p. 346) de Farafra, su creador pretende capturar en arcilla escenas de la vida tradicional del pueblo, como hombres cazando o jugando al *siga* (juego practicado en el barro con bolas de arcilla o semillas), mujeres tejiendo y un doloroso tropiezo entre barbero y médico. También hay una exposición de antiguos vestidos y joyas del oasis. La señal que indica "Camel Camp" conduce a un básico y caro alojamiento.

Fuentes calientes y frías

Las fuentes más próximas al centro de Bawiti son las denominadas fuentes romanas, conocidas como **El-Beshmo** (plano p. 353), junto a El-Beshmo Lodge. La vista de los jardines del oasis y el desierto al fondo es fantástica,

EL ALIJO DE LA MOMIA DORADA DE BAHARIYYA

Un asno tuvo la culpa: hasta 1996, nadie conocía el alcance del tesoro arqueológico de Bahariyya. Entonces un burro tropezó con un agujero cercano al templo de Alejandro Magno y su jinete vio el rostro de una momia dorada asomando en la arena. Desde entonces, el Dr. Zahi Hawass, jefe del Consejo Supremo de Antigüedades y su equipo han llevado a cabo una intensa exploración en un cementerio de más de 3 km² de superficie (véase mapa p. 351). El radar ha revelado la presencia de más de diez mil momias y las excavaciones indican que existen más de doscientas treinta en lo que se ha denominado el "valle de las momias doradas".

Estos silenciosos testigos de una época pasada podrían arrojar nueva luz sobre la vida en esta parte de Egipto en el período grecorromano, un intervalo de 600 años que marca la transición entre las eras faraónica y cristiana. Bahariyya era entonces un próspero oasis, y con su rico y fértil territorio bañado por manantiales naturales, era un famoso productor de trigo y vino. Familias griegas y posteriormente romanas se establecieron en sus tierras y se convirtieron en una especie de élite extranjera.

Las investigaciones han demostrado que tras un breve declive en que los tolomeos y romanos lucharon por el control del oasis, los administradores romanos acometieron un programa de obras públicas de gran alcance, extendiendo los sistemas de riego, cavando pozos, restaurando acueductos y construyendo carreteras. Por todo el oasis aparecieron miles de viviendas de adobe. Bahariyya llegó a ser una importante fuente de producción de cereales para el imperio y acogió una ingente guarnición de tropas; su riqueza creció proporcionalmente. Los investigadores esperan que las continuadas excavaciones de la necrópolis aporten más respuestas sobre la historia antigua de la región y sus habitantes.

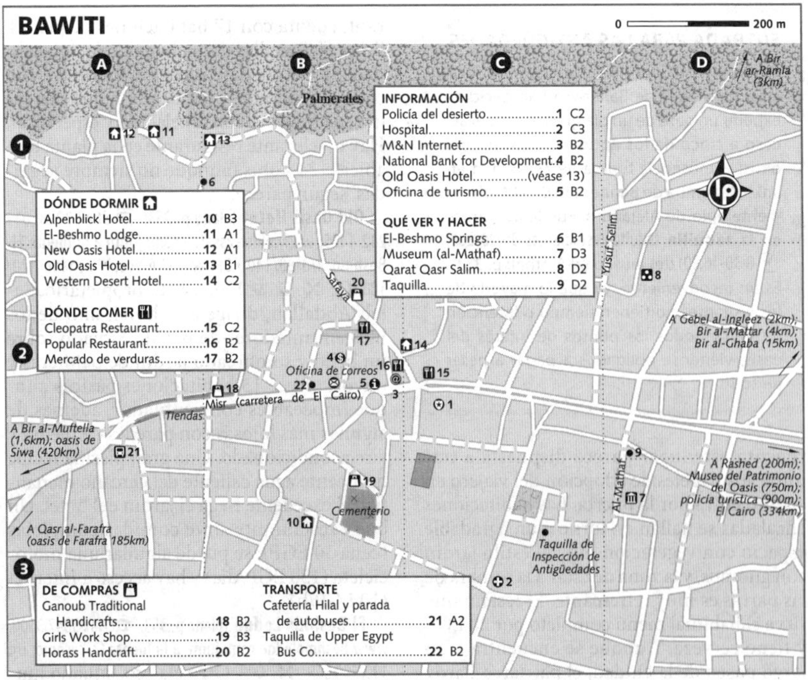

pero desgraciadamente el manantial no es apto para el baño.

La fuente de aguas sulfurosas de **Bir al-Ramla** (mapa p. 351), 3 km al norte de la ciudad, es muy caliente (45°C) y permite darse un remojón, aunque el viajero puede sentirse algo expuesto por el continuo tráfico de asnos. Las mujeres deben mantenerse bien cubiertas.

En **Bir al-Mattar** (mapa p. 351), 7 km al nordeste de Bawiti, las fuentes frías vierten sus aguas a un viaducto, para llegar después a una piscina de cemento donde el viajero puede bañarse durante los calurosos meses estivales. Como todos los manantiales, su contenido mineral es alto y el agua puede manchar la ropa. Uno de los más placenteros para visitar es **Bir al-Ghaba** (mapa p. 351), unos 15 km al nordeste de Bawiti. Hay que caminar bastante, pero no hay nada como un baño caliente a la luz de la luna junto al desierto.

Pasado el pueblo de Mandisha, cerca de la carretera Bahariyya–El Cairo, se halla la fuente de **Ain Segam** (mapa p. 351). Oculta tras una casa de bombeo en el extremo de un exuberante bosque, es ideal para darse un chapuzón o hacer un *picnic* y holgazanear a la sombra de balanceantes hojas de palmera.

DÓNDE DORMIR

A diferencia de la mayor parte de lugares del Valle Nuevo, en Bawiti y otros puntos en torno al oasis de Bahariyya hay una buena selección de hoteles económicos y de precio medio. Las pocas opciones próximas a la gama alta se hallan fuera de la ciudad; véase p. 357.

Económico

Conviene concertar el hospedaje antes de llegar a Bawiti, especialmente en temporada alta, debido al remolino de "cazaclientes" que se agolpan junto a los autobuses (véase recuadro en p. 355). Actualmente, un policía turístico suele escoltar a los recién llegados hasta la oficina de turismo de Bawiti, donde se puede contratar el alojamiento con tranquilidad.

Desert Safari Home (mapa p. 351; ☎ 3847 1321, 012 731 3908; www.desert-safari-home.com; dc 15 EGP, i/d sin baño 35/50 EGP, i/d 45/65 EGP, con aire acondicionado 80/100 EGP;). La acogedora familia que

ENTRADA PARA LAS ANTIGÜEDADES

En un intento por hacer la vida más fácil, las autoridades de Bahariyya han decidido expedir un pase de un día que permite el acceso a cinco de los antiguos enclaves del oasis: el museo, la tumba de Zed-Amun-ef-ankh, la tumba de Bannentiu, Bir al-Muftella y el templo de Alejandro. Puede adquirirse en la **taquilla** (adultos/estudiantes 35/20 EGP; 8.30-16.00) del museo (al-Mathaf; p. 351). Es un inconveniente, ya que la mayoría de los visitantes no tienen tiempo o intención de visitar todos los puntos de interés del oasis, viéndose obligados a pagar a pesar de todo.

regenta este lugar parece dispuesta a tramitar los papeles de adopción del viajero en cuanto entra por la puerta. Las habitaciones encaladas se hallan en torno a un agradable espacio con vegetación muy al estilo jardín con gnomos, y la zona de estar a la sombra de las parras es muy refrescante. El restaurante sirve el habitual menú completo por 20 EGP y tiene cerveza. Aunque se encuentra a un largo paseo de la ciudad, el patriarca Bardy Khozam recoge al viajero y alquila bicicletas.

Alpenblick Hotel (plano p. 353; 3847 2184; alp-pen-blick@hotmail.com; junto a Sharia Misr; d/tr 50/70 EGP). Este veterano hotel de Bahariyya parece haber evitado la jubilación debido a los sucesivos propietarios, aunque aparentemente en contra de sus deseos. En un continuo estado de "ampliación", resulta obvio que sus habitaciones actualmente están bastante sucias y son caras.

New Oasis Hotel (plano p. 353; 3847 3030; max_rfs@hotmail.com; junto a la fuente El-Beshmo; i/d 50/80 EGP, con aire acondicionado 100/120 EGP;). Este pequeño y acogedor hotel de construcción curvilínea cuenta con varias habitaciones en forma de lágrima, algunas con balcones que se abren a los extensos palmerales colindantes. Las habitaciones resultan algo antiguas pero se mantienen en buenas condiciones, aunque se les ha ido un poco la mano con la pintura azul pastel.

Precio medio y alto

Western Desert Hotel (plano p. 353; 3847 1600; www.westerndeserthotel.com; junto a Sharia Misr; i/d 20/35 US$;). Este nuevo hotel en pleno centro de la ciudad, frente al Popular Restaurant, cuenta con 17 habitaciones pequeñas, limpias, sencillas y una buena relación calidad-precio. El viajero pagará lo mismo con o sin aire acondicionado, por lo que merece la pena reservar con antelación y especificar. Hay un elegante restaurante en la planta baja abierto 24 horas (aunque no siempre seguidas, según parece).

Old Oasis Hotel (plano p. 353; 3847 3028, 012 232 4425; www.oldoasissafari.com; junto a la fuente El-Beshmo; i/d 80/140 EGP, con aire acondicionado 120/180 EGP;). Su astuto propietario, Saleh Abdallah, dirige este hotel, uno de los más encantadores de Bawiti. Situado sobre un bello y sombreado jardín de palmeras y olivos, ofrece 13 habitaciones básicas aunque impecables con ventilador, además de algunas más lujosas con paredes de piedra y aire acondicionado. Una gran piscina recibe humeante agua caliente del cercano manantial; el excedente riega el jardín del hotel. Un buen restaurante sirve comidas completas (cena 30 EGP); se puede alquilar una motocicleta (150 EGP/día) y hay acceso a Internet (10 EGP/h).

El-Beshmo Lodge (plano p. 353; /fax 3847 3500; www.beshmolodge.com; junto a la fuente El-Beshmo; i/d 130/200 EGP;). Otro clásico, situado junto a la fuente del mismo nombre, cuya agua llena su pequeña piscina. Sus 25 habitaciones tienen mobiliario básico y son bastante cómodas; las que tienen ventilador cuestan lo mismo que las de aire acondicionado. Cuenta también con una buena cafetería-restaurante donde sirven comidas, té, café y narguile en un agradable ambiente.

DÓNDE COMER

El mercado alberga varios establecimientos con barbacoa donde preparan platos de pollo y kebabs a buen precio después de anochecer.

Cleopatra Restaurant (plano p. 353; comidas 5-15 EGP; 6.00-22.00). La acogedora bienvenida y cordiales charlas nocturnas justifican por sí solas la visita, aunque también es popular por sus riquísimos pollo, *fuul, ta'amiyya* y huevos.

Rashed (fuera del plano p. 353; comidas 12-15 EGP). Más cafetería que restaurante, Rashed sirve bebidas frías y calientes y narguiles (2 EGP) además de sencillos platos de arroz, pollo o carne, y verduras. Está cerca de la estación de servicio, en el extremo más oriental de la ciudad.

Popular Restaurant (plano p. 353; comidas 15-20 EGP; 5.30-22.00). El nombre "popular" parece ser un reclamo. Junto a la carretera principal de Bawiti, este pequeño restaurante de carretera es la parada elegida por muchos viajeros con destino a esa ciudad. El indomable Bayoumi sirve los habituales platos de pollo, sopa, arroz y verdura, aunque la calidad parece estar bajando (a diferencia de los precios). También sirve cerveza fría.

DE COMPRAS

En el oasis existe una viva tradición artesanal, aunque curiosamente muchas tiendas venden objetos hechos en otros lugares.

Girls Work Shop (plano p. 353; al sur de Sharia Misr; 🕑 10.00-13.00 sa-ju). Esta gran tienda va a contracorriente y sólo vende artesanía hecha en el oasis de Bahariyya, lo que proporciona a las mujeres de la zona destreza y un muy necesario empleo.

Ganoub Traditional Handicrafts (plano p. 353; Sharia Misr; 🕑 cerrado ma). Pequeña y encantadora tienda con la mejor selección de artesanía de la ciudad procedente de todo Egipto, incluidas mantas de lana de camello y prendas tradicionales del oasis; también tiene una pequeña selección de libros sobre el desierto y postales.

Horass Handcraft (plano p. 353; camino de la fuente El-Beshmo; 🕑 8.00-20.00). Vende artesanía local, como bolsas decoradas a mano ingeniosamente comercializadas como fundas para teléfonos móviles o, las más curiosas, para guías de viaje. También tiene la habitual y tradicional vestimenta beduina adornada, así como calcetines de pelo de camello. Si la tienda está cerrada hay que llamar a la puerta situada justo enfrente.

CÓMO LLEGAR Y SALIR

Autobús

Upper Egypt Bus Co (plano p. 353; ☎ 3847 3610; Sharia Misr; 🕑 9.00-13.00 y 19.00-23.00 aprox.). Tiene

CIRCUITOS DE BAHARIYYA

En todos los oasis (incluso en El Cairo) existe una furibunda competencia en el negocio de los circuitos, y en Bahariyya resulta especialmente intensa. Aquí todos los hoteles ofrecen circuitos, al igual que un gran número de impacientes jóvenes que han solicitado préstamos bancarios para financiar sus vehículos. La batalla por la clientela es tan feroz que la mayor parte de los autobuses que llegan a Bahariyya son hoy recibidos por un oficial de la policía turística que escolta a los extranjeros entre una multitud de agresivos "cazaclientes" hasta el refugio seguro de la oficina de turismo. Allí Mohamed Abd el-Kader facilita información actualizada sobre hoteles y operadores turísticos. Su sugerencia habitual es que el viajero contrate únicamente a un conductor acreditado por el hotel o la oficina de turismo; otros resultan más económicos, pero no se podrá reclamar en caso de haber problemas. Y de hecho hay cosas que pueden salir mal: en los últimos años ha habido varios heridos graves y al menos una víctima mortal.

El itinerario típico conduce hasta los puntos de interés de Bahariyya y alrededores (templo de Alejandro, Ain el-Muftella, Gebel Dist y Maghrafa), para después atravesar el desierto Negro, con una parada en el monte de Cristal, y en el desierto Blanco.

Una excursión de un día a los puntos de interés de Bawiti cuesta entre 100 y 150 EGP, y un viaje con acampada nocturna en el desierto Blanco entre 150 y 400 EGP diarias. Si el viajero desea adentrarse en rincones remotos del desierto, deberá pagar entre 550 y 650 EGP diarias. Uno de los elementos determinantes es qué parte del recorrido transcurre fuera de las carreteras, hecho que consume más combustible y desgasta los vehículos.

Antes de firmar se recomienda comprobar el vehículo y asegurarse de que es apto para circular, confirmar la cantidad de comida y bebida aportada (y de qué se trata), preguntar a los operadores sobre su experiencia, confirmar las horas de inicio y final (algunos operadores parten a última hora de la tarde y regresan a primera hora de la mañana, pero cobran dos días completos) y tratar de recabar información entre los viajeros que acaban de volver de una excursión.

Si el viajero planea explorar zonas remotas del desierto como Gilf Kebir, Gebel Oweynat o el Gran Mar de Arena, es esencial hacerlo con una empresa que disponga de todoterrenos nuevos (viajando en convoy), GPS, teléfonos vía satélite y expertos guías beduinos. El viajero necesitará un permiso oficial para ir al Gran Mar de Arena (100 US$, la solicitud tarda catorce días en procesarse).

En caso de duda, consúltese con Mohamed Abd el-Kader; se recomienda inspeccionar el coche, las ruedas de repuesto, el agua y las comunicaciones antes de la partida.

autobuses a El Cairo (25 EGP, 3-4 h) a las 6.30, 10.00, 15.00 y hacia las 24.00. Hay otros autobuses que salen de Dakhla y atraviesan la ciudad sobre las 12.00 y 24.00, y que tienen parada en la cafetería Hilal, situada en el extremo occidental de la ciudad, y junto a la taquilla de venta de billetes.

Si el viajero se dirige a Farafra (20 EGP, 1-2 h) y Dakhla (40 EGP, 4-5 h), puede subir a uno de los autobuses procedentes de El Cairo que supuestamente salen de Bahariyya a las 12.30 y 23.30. Los pasajeros suelen bajarse en el Popular Restaurant y el autobús continúa hasta una de las cafeterías del extremo occidental de la ciudad, donde realizan una parada de 30 minutos.

Sólo algunos billetes de autobús pueden reservarse en la oficina de Upper Egypt Bus Co de Bawiti; dado que la mayor parte de los autobuses no salen de aquí, el viajero tiene que reservar en El Cairo o arriesgarse a hacer el trayecto de pie.

Taxi colectivo

Hay microbuses desde Bawiti hasta Moneeb (cerca de la terminal de autobuses) en El Cairo; salen cuando hay suficientes pasajeros. Una plaza cuesta unas 20 EGP. El microbús a Farafra (no muy frecuente) también cuesta 20 EGP. Los billetes pueden adquirirse frente a la comisaría de policía del desierto (plano p. 353) o preguntar en el Popular Restaurant (p. 354).

No hay taxis colectivos a Siwa, por lo que el viajero deberá alquilar un todoterreno privado para el agitado viaje (se requiere permiso). El precio se sitúa entre 800 y 1.500 EGP. Si llega un todoterreno de Siwa y vuelve vacío, el viajero puede viajar en él a mitad de precio. Recientes cambios en la legislación facilitan la obtención de permisos en el mismo día del viaje a Siwa (5 US$/persona).

Alrededores de Bawiti

Recientemente las antigüedades de la zona (como la tumba de Alejandro y el templo de Ain al-Muftella) han recibido cuidados y en su gran mayoría han sido reabiertas al público. Rodeando la ciudad se alzan pueblos de adobe y jardines de palmeras, muchos regados por manantiales ideales para darse un remojón nocturno. A lo lejos se aprecia el espectacular paisaje del desierto; el desierto Negro, Gebel Dist y Gebel Maghrafa pueden visitarse en una excursión de un día o con noche incluida.

Los siguientes puntos de interés y alojamientos aparecen en el mapa del oasis de Bahariyya (p. 351).

PUNTOS DE INTERÉS

Templo de Alejandro

Al sudoeste de Bawiti, pasado el Ahmed's Safari Camp, se sitúa el único lugar de Egipto donde se han hallado una imagen y un *cartouche* de Alejandro Magno, aunque el viento los ha ido erosionando desde que los arqueólogos los descubrieran a finales de la década de 1930. Se sabía que Alejandro había visitado Siwa, pero no existen pruebas de que atravesara Bahariyya, por lo que el parecido resulta desconcertante. Los corrosivos vientos del desierto, combinados con varias restauraciones poco acertadas, han despojado el enclave de los rastros de su esplendor original.

Templo de Ain al-Muftella

Ligeramente al sur del manantial del mismo nombre hay cuatro capillas de la 16ª dinastía que conforman el templo de Ain al-Muftella. El grueso de la edificación fue encargo del sumo sacerdote de la 16ª dinastía Zed-Khonsu-ef-ankh, cuya tumba fue recientemente descubierta bajo unas viviendas de Bawiti (sigue cerrada al público). Los arqueólogos piensan que las capillas podrían haber sido construidas durante el Imperio Nuevo y posteriormente ampliadas de forma significativa en el Período Tardío y las épocas griega y romana. Todas han sido completamente restauradas y se han instalado tejados de madera para protegerlas de los elementos.

Qarat al-Hilwa

Esta cima de arenisca se alza unos 3 km al sudoeste de Bawiti, al noroeste de la carretera de Farafra. Durante el Imperio Nuevo fue una necrópolis, lugar de sepultura de sucesivos gobernadores que, como representantes del faraón, eran las figuras más poderosas del oasis. La **tumba de Amenhotep Huy,** de la 18ª dinastía, es la única tumba con inscripciones que sigue en pie, aunque actualmente no hay mucho que ver. Sus apagados y hundidos relieves mostraban escenas de los sueños de Amenhotep sobre el más allá: banquetes con mesas rebosantes de frutas, tartas, flores y toneles de vino.

Otros puntos de interés en los alrededores de Bawati

Otros lugares de Bahariyya forman parte de circuitos organizados por los numerosos operadores de Bawiti; casi todos se pueden recorrer también a pie si el tiempo es fresco.

Gebel Mandisha es una cresta coronada por dolomía negra y basalto que se extiende 4 km por detrás del pueblo del mismo nombre, al este de Bawiti.

Claramente visible desde la carretera a El Cairo, **Gebel al-Ingleez,** de cumbre plana y también conocido como monte Negro, debe su nombre a los restos de un puesto de observación de la Primera Guerra Mundial. Desde aquí el británico capitán Williams controlaba los movimientos de los miembros de la tribu libia de los senusi.

Gebel Dist es un impresionante monte piramidal visible desde gran parte del oasis. De célebres fósiles, es un lugar emblemático en la región: aquí se hallaron huesos de dinosaurio a comienzos del s. XX, rebatiendo la teoría sostenida hasta entonces de que dichos animales sólo habitaron en Norteamérica. En 2001, investigadores de la Universidad de Pensilvania hallaron restos del *Paralititan stromeri*, otro enorme dinosaurio. El descubrimiento de este herbívoro gigante, que según dedujo el equipo se hallaba al borde del tramo de un río afectado por las mareas al morir hace 94 millones de años, sugiere que Bahariyya quizá fuera una marisma. A unos 100 m está **Gebel Maghrafa** (monte del cucharón).

Para hacerse una idea de cómo era Bawiti antes de que el cemento impusiera su ley, vale la pena aventurarse hasta la bucólica aldea de **El-Agouz.** Unos 3,5 km al este de Bawiti, aparentemente fue fundado por varias familias expulsadas de Siwa debido a la promiscuidad sexual de sus mujeres, aunque se aconseja no sacar el tema en presencia de sus habitantes. Aquí el viajero aún encuentra viviendas bajas de adobe entre las palmeras y vecinos muy agradables que derrochan sonrisas. La carretera a El-Agouz, que sale de la que une Bahariyya y El Cairo, prosigue varios kilómetros más hasta la población de **Zabou,** casi cercada por las cambiantes arenas del desierto, y describe un círculo de vuelta hasta **Mandisha,** en la carretera principal. Para llegar, hay que subir a cualquier microbús en dirección este desde Bawiti y pedir al conductor que pare en El-Agouz.

Uno de los manantiales más espléndidos hasta la fecha es **Ain Gomma** (fuera del mapa p. 351), algo alejado a unos 45 km al sur de Bawiti. El agua fresca y cristalina llega a borbollones hasta esta pequeña fuente, totalmente rodeada por el vasto desierto: las vistas son asombrosas. Hay un sombreado café con cojines donde se puede adquirir té y refrescos. Cerca de la ciudad de El-Hayz, es difícil llegar sin transporte propio, aunque muchas excursiones al desierto Blanco hacen aquí escala en el camino. El viajero también puede alojarse en el cercano Under the Moon Camp (p. 358).

DÓNDE DORMIR Y COMER

Económico

Badr Sahara Camp (☎ 3847 2955; www.badrysahara camp.com; Gebel al-Ingleez; cabañas 25 EGP/persona). A un par de kilómetros de la ciudad, tiene unas cuantas cabañas bucólicas con dos camas, al estilo africano, cada una de ellas con pequeños patios delanteros. No siempre hay agua caliente y electricidad, aunque sí brisas frescas del desierto e impresionantes vistas del valle del oasis. Cuentan con camionetas.

Bedouin Village Camp (☎/fax 3847 6811; www.beduinvillage.com; El-Agouz; i/d 30/60 EGP). Campamento de temática beduina con pequeñas habitaciones venidas a menos en torno a una zona central con techo de paja. El ambiente es cordial y al lugar no le falta encanto; además, su propietario Abdelsadiq Elbadrmani, consumado músico beduino, contribuye a la diversión nocturna. Está en el atrayente pueblo de El-Agouz (véase en esta página).

Ahmed's Safari Camp (☎/fax 3847 2090; www.ahmedsafaricamp.com; h 45 EGP/ persona, con aire acondicionado 95 EGP;). Unos 4 km al oeste de Bawiti, cerca de la carretera de Siwa, se encuentra este clásico entre viajeros y grupos que cruzan el continente. Tiene habitaciones dobles abovedadas, frescas y agradables, además de otras más básicas (algunas con aire acondicionado, el resto con ventilador); el viajero también puede dormir bajo las estrellas en la azotea (5 EGP). Ofrece comidas básicas (55 EGP) y cerveza, lo cual resulta muy conveniente ya que para llegar al pueblo hay un trecho si no se dispone de transporte propio. A pocos pasos del hotel se halla una fuente de agua caliente.

Nature Camp (☎ 012 337 5097, en El Cairo 02-847 2184; naturecamps@hotmail.com; Bir al-Ghaba; h media pensión 70 EGP/persona). Al pie de Gebel Dist, es un modelo que cabe seguir entre los alojamientos económicos con sensibilidad medioambiental. El sereno conjunto de cabañas con techo de paja de intricado diseño iluminadas por velas da al amplio desierto junto a Bir al-Ghaba. La comida es muy buena (comidas 25 EGP) y el propietario, Ashraf Lotfe, un experto en el desierto. Sólo algunas habitaciones cuentan con baño anexo. Si no se dispone de transporte, el personal acompañará al viajero los 17 km hasta Bawiti.

Under the Moon Camp (fuera del mapa p. 351; ☎ 3847 2838, 012 423 6580; www.helaltravel.com; El-Hayz; i/d media pensión 90/160 EGP). Aislado en la pequeña aldea del oasis de El-Hayz, 45 km al sur de Bawiti, este cuidado campamento tiene diseminadas varias cabañas redondas de adobe que forman un enclave turístico. El alojamiento es modesto, pero las viviendas con tejado en forma de pirámide están pintadas de alegres colores y bien cuidadas. Está próximo al encantador manantial de Ain Gomma (p. 357), pero aparte de eso y del magnífico paisaje del desierto, no hay demasiados alicientes. Los propietarios gestionan excursiones y camionetas desde Bawiti.

Precio medio y alto

International Hot Springs Hotel (☎ 3847 3014; www.whitedeserttours.com; i/d/tr media pensión 38/60/78 US$). A unos 3 km de Bawiti en la carretera de El Cairo, este *spa resort* de tres estrellas dirigido por un alemán presenta una arquitectura intrascendente, pero sus 36 habitaciones y ocho chalés son muy cómodos; se hallan en torno a una fuente termal y en medio de un delicioso jardín. Además de una piscina profunda de agua de manantial con propiedades terapéuticas hay gimnasio, sauna, zona de relajación en la azotea y un buen restaurante. Peter Wirth, su propietario, tiene mucha experiencia en el desierto occidental y organiza viajes recomendados por toda la zona.

Qasr el-Bawity Hotel & Restaurant (☎ 3847 1880, en El Cairo 02-753 8108; www.qasrelbawity.com; i/d media pensión 40/80 US$, st 200/250 US$;). Este establecimiento relativamente nuevo es uno de los alojamientos más elegantes de Bahariyya. De diseño respetuoso con el medio ambiente, ofrece lujosas habitaciones con modernos acabados de mampostería y recargados tejados abovedados, excelente mobiliario y detalles bohemios y exuberantes. Hay dos piscinas (una natural y otra con cloro) y un buen restaurante.

Palma Village Hotel (☎ 3849 6969/99, 012 468 1024; i/d media pensión 45/60 US$;). En la carretera del desierto entre las aldeas de El-Agouz y Mandisha, este lugar tiene un aire al lejano oeste (la diligencia situada enfrente no deja lugar a dudas). Si se ignora el vulgar vestíbulo, las habitaciones poseen una buena relación calidad-precio, con muebles de hierro forjado y algunos de los baños más bellos de Bahariyya (con bañeras auténticas). También tiene establo; ofrecen paseos a caballo por 18 EGP/h.

OASIS DE SIWA

☎ 046 / 21.800 hab.

Si, como la mayoría de los visitantes del oasis, el viajero cruza los 300 km de monótono y desolado desierto al sur de la costa, habrá de frotarse los ojos ante la primera visión de Siwa, creyéndolo un espejismo de color esmeralda. Con un telón de fondo de recortadas colinas de arenisca, escoltado por el sinuoso océano de sílice del Gran Mar de Arena y densamente tapizado de palmerales, es con mucho el oasis más cautivador de Egipto. Numerosos manantiales de agua dulce fluyen libremente alimentando cientos de miles de olivos, frutales y palmeras datileras, que también procuran sombra y refrescan los pueblos de adobe del valle, ocultos entre la vegetación.

El aislamiento de Siwa ayudó a preservar una sociedad única todavía hoy distinta de la cultura egipcia mayoritaria. Originariamente poblada por bereberes (tribus errantes norteafricanas), hasta hace sólo unos cientos de años Siwa era prácticamente independiente. Durante siglos mantuvo contacto únicamente con los pocos comerciantes de caravanas que lo atravesaban vía Qara, Qattara y Kerdassa (cerca de El Cairo), y los ocasionales y decididos peregrinos que buscaban el famoso oráculo de Amón. Hoy todavía se imponen las tradiciones locales y el siwi, idioma berebere local.

Siwa no es un lugar para visitar puntos de interés apresuradamente, sino para recostarse frente a una taza de té o un narguile e impregnarse de esos días idílicos. Resulta difícil sentirse estresado en un lugar donde aún hay más carros tirados por asnos que motores de combustión. Hectáreas de palmerales invitan a dar paseos ocasionales, las numerosas y cómodas cafeterías llenas de cojines son ideales para relajarse y conocer a otros viajeros, y

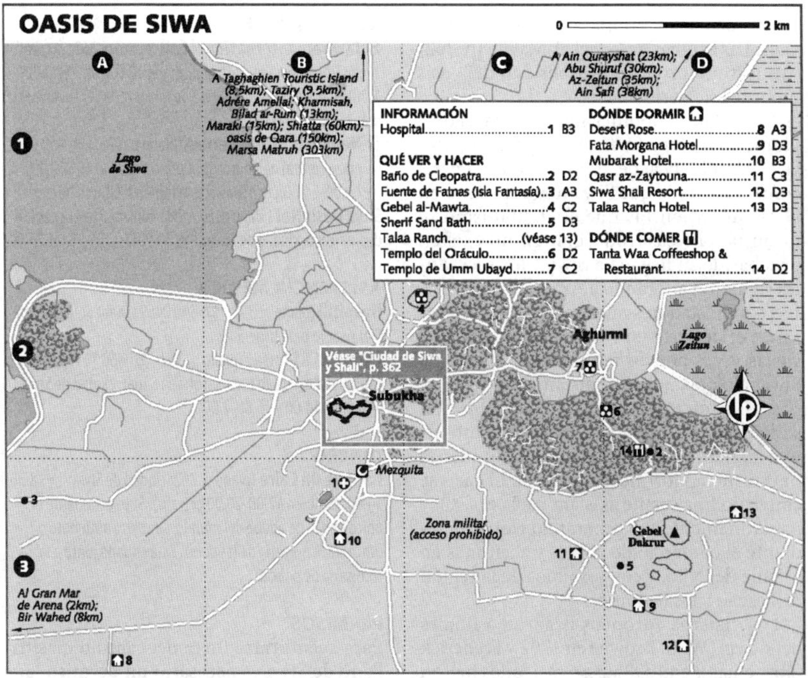

docenas de transparentes manantiales invitan a remojarse los pies. A medida que crece el número de viajeros independientes que descubren la serena alegría de este paraíso remoto, sus habitantes son más conscientes de la necesidad de preservar sus tradiciones y de limitar el tipo de construcción desmedida que ha dejado herida en otros destinos turísticos más populares del país.

Historia

Siwa posee un lejano y remoto pasado: a finales de 2007 fue hallada una pisada humana que podría datar de hace tres millones de años, lo que la convertiría en la huella conocida más antigua del mundo. Pedernales descubiertos en el oasis son otra prueba más de que ya estaba habitado en el Paleolítico y Neolítico; por lo demás, la historia antigua de Siwa sigue envuelta de misterio.

Sus monumentos más antiguos, como el templo del Oráculo, se remontan a la 26ª dinastía, época en la que Egipto fue invadido por los asirios. El oráculo de Amón de Siwa (p. 362) ya era conocido por aquel entonces; los egiptólogos creen que se remonta a la 21ª dinastía, más antigua, cuando el sacerdocio y los oráculos de Amón cobraron importancia en todo el país.

La fama del oráculo era tan grande como para amenazar a los persas, que invadieron Egipto en 525 a.C. y pusieron fin a la 26ª dinastía. Una de las leyendas más persistentes del desierto occidental narra la desaparición del ejército del rey persa Cambises, enviado a destruir al oráculo y que se desvaneció en el desierto (véase recuadro en p. 348), hecho que no hizo sino acrecentar el prestigio del oráculo y reforzar el poder político de los sacerdotes de Amón.

El poder del oráculo, y con ello la fama de Siwa, creció en todo el mundo antiguo. El joven conquistador Alejandro Magno dirigió a un grupo reducido en una arriesgada travesía por el desierto en 331 a.C.; se cree que los sacerdotes de Amón, divinidad suprema del panteón egipcio y posteriormente vinculado al griego Zeus, le declararon hijo del dios. En las monedas acuñadas con posterioridad a Alejandro se le representaba con los cuernos del carnero asociados a Amón. Los líderes tolemaicos, ansiosos por demostrar sus credenciales, también llevaron a cabo el viaje. Las tumbas de Gebel al-Mawta (p. 362) son testimonio de la prosperidad del oasis durante este período.

El final de la dominación romana, el desplome de la ruta comercial y el gradual declive en la influencia de los oráculos en general contribuyeron a que Siwa fuera cayendo en el olvido. Mientras que el cristianismo se extendía por casi todo Egipto, no existen pruebas de su llegada a Siwa y los sacerdotes siguieron adorando a Amón hasta el s. VI. Los conquistadores musulmanes que atravesaron el desierto en 708 fueron derrotados varias veces por los temibles habitantes de Siwa. No obstante, este aislamiento tuvo un precio: se dice que hacia 1203 la población se había reducido a tan sólo 40 hombres, que abandonaron Aghurmi para fundar la nueva ciudad fortificada de Shali. El oasis se convirtió finalmente al islam hacia el s. XII, y paulatinamente fue generando riqueza mediante el comercio de dátiles y aceitunas en el valle del Nilo, y con los libios de la región de Fezzan y los beduinos.

Los viajeros europeos llegaron a finales del s. XVIII (W. G. Browne en 1792 y Frederick Hornemann en 1798), pero casi todos fueron recibidos con hostilidad y varios salvaron la vida de milagro. Los habitantes del oasis se ganaron así la fama de ser muy independientes y hostiles con los desconocidos no musulmanes. Durante todo el s. XIX, al gobierno egipcio también le costó ganarse la lealtad del oasis. Siwa volvió a ser visitado en la Segunda Guerra Mundial, cuando las tropas británicas y germanoitalianas se hostigaron dentro y fuera de Siwa y Jaghbub, 120 km al oeste en territorio libio, hasta que Rommel dirigió su atención hacia otros puntos. Por entonces el oasis ya estaba anexionado a Egipto, aunque seguía físicamente aislado hasta que una carretera asfaltada lo conectó con Marsa Matruh en la década de 1980. Como resultado, todavía se habla su propio y diferenciado dialecto berebere, además de poseer una sólida cultura local, muy distinta del resto de Egipto. En el oasis actualmente residen 20.000 oriundos de Siwa y algo más de mil egipcios.

Información

URGENCIAS

Policía turística (plano p. 362; ☎ 460 2047; ciudad de Siwa)

ACCESO A INTERNET

El-Jawhara International Call (plano p. 362; ☎ 460 1180; Sidi Suleyman, ciudad de Siwa; 10 EGP/h; 🕒 8.00-1.00). Tiene tres ordenadores y la que podría ser la conexión más rápida de la ciudad.

El-Negma Internet Centre (plano p. 362; ☎ 460 0761; 59 plaza central del mercado, ciudad de Siwa; 10 EGP/h; 🕒 9.00-24.00). Ordenadores también bastante buenos.

Siwa Oasis Net (plano p. 362; ☎ 460 2049; plaza central del mercado, ciudad de Siwa; 🕒 10.00-14.30 y 18.00-23.00)

ASISTENCIA MÉDICA

Hospital (plano p. 359; ☎ 460 0459; Sadat St, ciudad de Siwa). Sólo para urgencias.

Farmacia Al-Ansar (plano p. 362; ☎ 460 1310; plaza central del mercado esq. con Sharia Sadat, ciudad de Siwa; 🕒 8.00-14.00 y 16.00-2.00)

DINERO

Banque du Caire (plano p. 362; ciudad de Siwa; 🕒 8.30-14.00, también 17.00-20.00 oct-abr). Supuestamente el único banco de adobe del mundo, su cajero automático funciona la mayoría de las veces. Está situado junto a la comisaría de policía.

PERMISOS

Para aventurarse fuera del camino más trillado de Siwa es necesario un permiso, que puede obtenerse fácilmente de los guías locales. Mahdi Hweiti, de la oficina de turismo de Siwa (abajo), los tramita con bastante rapidez (aunque no en viernes) por una tarifa fija de 5 US$, más un suplemento de 11 EGP para la oficina local de Mukhabarat (policía del Servicio de Inteligencia). El precio del permiso necesario para viajar de Siwa a Bahariyya es el mismo; hace falta el pasaporte.

Hay que tener en cuenta que la mayor parte de los permisos tienen validez por un solo día, y aunque es fácil tramitar los viajes de una noche, no siempre son permitidos.

CORREOS Y TELÉFONO

Oficina principal de correos (plano p. 362; detrás del Arous al-Waha Hotel, ciudad de Siwa; 🕒 8.00-14.00 sa-ju)

Central telefónica (plano p. 362; ciudad de Siwa; 🕒 24 h). Situado al principio de la carretera de Marsa Matruh.

INFORMACIÓN TURÍSTICA

Oficina de turismo (plano p. 362; ☎ 460 1338; mahdi_hweiti@yahoo.com; ciudad de Siwa; 🕒 9.00-14.00 sa-ju, más 17.00-20.00 oct-abr). Mahdi Hweiti es muy servicial y posee amplios conocimientos e información sobre viajes por el oasis. También vende una guía informativa local (20 EGP) y puede ayudar a concertar excursiones a algunos de los pueblos circundantes o al desierto. Se puede contactar con él en su teléfono móvil (☎ 010 546 1992). Por la noche se puede ver un interesante documental sobre Siwa en inglés, francés o alemán.

Puntos de interés y actividades

Aunque hay numerosos y fascinantes puntos de interés ocultos en la densa vegetación de palmeras de este oasis, el principal atractivo de Siwa sigue siendo su sereno ambiente. Pasear por los palmerales o relajarse ante una taza de té observando a los lugareños transitar con paso lánguido está a la orden del día. La visita ocasional a uno de los espléndidos manantiales de la zona ofrece distracciones añadidas; la bicicleta constituye un medio de transporte adecuado y tranquilo que se alquila en casi cualquier parte. En la ciudad de Siwa hay un buen museo etnográfico y el viejo fuerte de Shali, además de los antiguos restos de Aghurmi y Gebel al-Mawta. Se pueden concertar excursiones de un día en *jeep* a las aldeas vecinas, al desierto o a Bir Wahed, frío lago de agua dulce y fuente de agua caliente en las dunas. El viajero también puede aventurarse un poco más y contratar una excursión con noche incluida en el Gran Mar de Arena.

CIUDAD DE SIWA

Pequeña y agradable ciudad dispuesta en torno a la plaza del mercado, sus carreteras se dirigen a los palmerales en casi todas direcciones. Al doblar la esquina de las oficinas del Ayuntamiento se alza el pequeño **Museo Casa de Siwa** (plano p. 362; adultos/estudiantes 10/5 EGP; 10.00-12.00 do-ju), que contiene una modesta exhibición de ropa tradicional, joyas y artesanía típica del oasis. Lo impulsó un diplomático canadiense que temía que su cultura y las viviendas de adobe desaparecieran bajo una avalancha de cemento y modernidad; el viajero puede concertar la visita a través de la oficina de turismo o buscar al conservador en el cercano edificio del Ayuntamiento (plano p. 362).

El centro de la ciudad está dominado por las espectaculares formas orgánicas de las ruinas de la **fortaleza de Shali,** del s. XIII (plano p. 362). Construida con un material conocido localmente como *kershef* (grandes trozos de sal procedentes del lago de las afueras mezclados con rocas y arcilla de la zona), al principio el laberinto de edificios amontonados tenía entre cuatro y cinco plantas de altura y en él residían cientos de habitantes. Durante siglos, pocos foráneos eran admitidos en su interior, y menos aún salían para contarlo. Sin embargo, tres días de lluvia en 1926 causaron más estragos que cualquier invasor anterior; en las últimas décadas, sus habitantes se trasladaron a viviendas más nuevas y cómodas, dotadas de agua corriente y electricidad. Actualmente sólo unos pocos edificios en sus extremos se hallan ocupados o sirven de almacén, como la **mezquita** (plano p. 362), que muestra un antiguo minarete en forma de chimenea. Al pasear por las afueras del fuerte el viajero se verá recompensado con escenas de la vida tradicional; hay un viejo molino de aceite movido por un asno, y se escucha el repicar de un herrero auténtico ejerciendo su oficio.

Estos edificios se van desintegrando cada vez más a cada chaparrón. Sin embargo, los habitantes de Siwa han comenzado a valorar lo extraordinario de su patrimonio y la necesidad de preservarlo. Recientemente las autoridades han colaborado con una ONG internacional para reforzar lo que queda de la fortaleza mediante técnicas de construcción tradicionales.

AGHURMI

Antes de la fundación de Shali en el s. XIII, el principal asentamiento del oasis se hallaba en Aghurmi, 4 km al este de la actual ciudad de Siwa. Fue aquí donde en 331 a.C. Alejandro Magno consultó el oráculo (véase p. 359), en

> **RESPETO POR LAS TRADICIONES LOCALES**
>
> Los habitantes de Siwa se sienten muy orgullosos de sus tradiciones, que contribuyen a hacer de éste un lugar único. Son especialmente sensibles en lo relativo al recato femenino. Lo mínimo que puede hacer el visitante para contribuir a preservar la cultura del oasis es respetar la sensibilidad local y actuar en consecuencia. Se agradece el uso de ropa recatada y las mujeres viajeras en particular deben cubrirse antebrazos y piernas, así como llevar camisetas holgadas por encima del traje de baño al sumergirse en los numerosos manantiales. Tal como recomienda la oficina de turismo, no es conveniente realizar "muestras de afecto" en público.

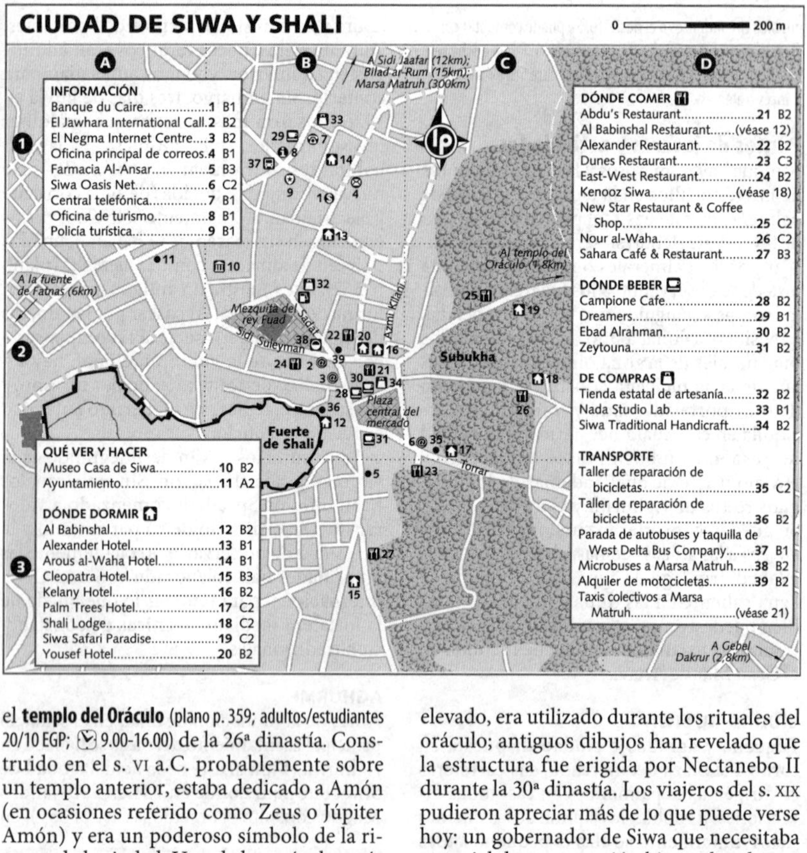

el **templo del Oráculo** (plano p. 359; adultos/estudiantes 20/10 EGP; 9.00-16.00) de la 26ª dinastía. Construido en el s. VI a.C. probablemente sobre un templo anterior, estaba dedicado a Amón (en ocasiones referido como Zeus o Júpiter Amón) y era un poderoso símbolo de la riqueza de la ciudad. Uno de los oráculos más venerados del antiguo Mediterráneo, su poder era tal que mientras algunos gobernantes buscaban su consejo, otros enviaban ejércitos a destruirlo (véase recuadro en p. 348).

Hoy el templo del Oráculo se asienta en la esquina noroeste de las ruinas de la aldea de Aghurmi. Aunque los buscadores de tesoros ya han llegado hasta aquí y el edificio reforzado con contrafuertes sufrió una deficiente restauración en la década de 1970, sigue siendo un lugar evocador de gran riqueza histórica. Rodeado por las ruinas de Aghurmi, ofrece formidables vistas de las copas de las palmeras del oasis.

A unos 200 m siguiendo la pista se hallan los restos del **templo de Umm Ubayd** (plano p. 359), también dedicado a Amón y prácticamente en ruinas. Originariamente conectado al templo del Oráculo mediante un paso elevado, era utilizado durante los rituales del oráculo; antiguos dibujos han revelado que la estructura fue erigida por Nectanebo II durante la 30ª dinastía. Los viajeros del s. XIX pudieron apreciar más de lo que puede verse hoy: un gobernador de Siwa que necesitaba material de construcción hizo volar el templo en 1896 para la edificación de la moderna mezquita de la ciudad y la comisaría de policía. Actualmente sólo queda parte de un muro cubierto de inscripciones.

GEBEL AL-MAWTA

Pequeña colina situada en el extremo norte de la ciudad, **Gebel al-Mawta** (plano p. 359; adultos/estudiantes 20/10 EGP; 9.00-16.00), cuyo nombre significa "montaña de los muertos", es un laberinto de tumbas excavadas en la roca, la mayor parte perteneciente a la 26ª dinastía, la época tolemaica y romana. A sólo 1 km del centro, las tumbas fueron utilizadas por los lugareños como refugio cuando los italianos bombardearon el oasis en la Segunda Guerra Mundial; muchas tumbas nuevas fueron descubiertas en esa época aunque no excavadas adecuadamente. En su libro *Siwa Oasis,*

Ahmed Fakhry recuerda cómo soldados británicos pagaban a las familias de Siwa unas pocas piastras a cambio de recortar grandes fragmentos de pinturas de las tumbas que se llevaban como recuerdo.

A pesar del daño, algunas pinturas han sobrevivido. Las mejores se encuentran en la **tumba de Si Amón,** donde algunos relieves de bellos colores muestran al difunto, aparentemente un acaudalado terrateniente o comerciante griego, realizando ofrendas y orando a los dioses egipcios. También resultan de interés la inacabada **tumba de Mesu-Isis,** con una bella representación de cobras en rojo y azul sobre la entrada, la **tumba de Niperpathot,** con inscripciones y rudimentarias ilustraciones en la misma tinta rojiza presente en la moderna cerámica de Siwa, y finalmente la **tumba del Cocodrilo,** entre cuyas deterioradas pinturas se distingue un cocodrilo amarillo que representa al dios Sobek.

FUENTES CALIENTES Y FRÍAS

En Siwa no escasean los activos y burbujeantes manantiales ocultos entre sus palmerales. Siguiendo la pista que conduce al templo del Oráculo y pasa junto al templo de Umm Ubayd, se llega al más famoso, **el baño de Cleopatra** (fuente del Sol; plano p. 359). Su cristalina agua natural gorgotea en una gran piscina de piedra, popular zona de baño entre los vecinos. Las mujeres deben pensárselo dos veces antes de bañarse aquí de día; si se deciden a desafiar las miradas, es aconsejable hacerlo únicamente con la ropa puesta. Hay vestuarios en el cercano café Tanta Waa.

Hay una piscina parecida, aunque algo más apartada, en el **manantial de Fatnas** (plano p. 359), la pequeña isla en el salado Birket Siwa (lago Siwa), accesible mediante un estrecho terraplén. Apodada "Isla Fantasía" por su idílico entorno, la piscina se sitúa a unos 6 km de la ciudad y está rodeada de palmeras y exuberante vegetación. Aunque se trata de un lugar más seguro para nadar que el baño de Cleopatra, las mujeres no deben bañarse solas y, de nuevo, se recomienda reservar el biquini para las playas del mar Rojo. Hay una pequeña cafetería entre las palmeras, ideal para sentarse y fumar narguile o tomar una cerveza fría si ello es posible; se trata de un lugar idílico para contemplar la puesta de sol. Un proyecto del Ministerio de Agricultura para mejorar el drenaje del lago ha dejado a la "isla" seca y en alto, por lo que la cafetería ahora tiene vistas a las marismas saladas en lugar de al agua.

Un destino favorito entre los guías locales es el frío lago de agua dulce **Bir Wahed** (fuera del plano p. 359), a 15 km en el extremo del Gran Mar de Arena. Una vez en lo alto de una elevada duna, se llega a una fuente caliente del tamaño de un gran *jacuzzi*, donde el agua sulfurosa entra a borbollones en una piscina para después regar un jardín. Refrescarse en el lago, y después contemplar la puesta de sol sobre las dunas bañándose en una fuente caliente es una experiencia irreal. Lo malo son los mosquitos que atacan al atardecer. Al estar lejos de la ciudad, las mujeres pueden usar traje de baño sin ofender a los vecinos. Bir Wahed es sólo accesible en todoterreno, por lo que si el viajero no dispone de uno, deberá alquilar guía y vehículo. Se requieren permisos para visitar Bir Wahed (véase p. 360).

PALMERALES

Uno de los mayores atractivos de Siwa es el oasis en sí, con más de trescientas mil palmeras, setenta mil olivos y muchísimos huertos de frutales. Sustentan la vegetación más de trescientas fuentes y arroyos de agua dulce, y la zona atrae una asombrosa variedad de aves, sobre todo, codornices y halcones.

PUEBLOS ALEJADOS

Hay varios pueblos en ruinas unos 15 km al noroeste de la ciudad de Siwa (todos aparecen en el plano del oasis de Siwa, p. 359). **Kharmisah** cuenta con cinco fuentes naturales y es conocido por la calidad de sus olivares. **Bilad ar-Rum** (ciudad de los romanos) posee unas cien tumbas excavadas en la roca de las colinas cercanas y las ruinas de un templo de piedra que se dice fue el último lugar de descanso de Alejandro Magno; ambos son pueblos bereberes y accesibles en autobús local.

Unos 2 km al oeste se alza **Maraqi,** donde en 1995 la arqueóloga griega Lianna Souvalt-

> **ADVERTENCIA**
>
> Para los habitantes del oasis, una mujer paseando sola por los palmerales resulta provocativa, y puede verse envuelta en problemas. Las mujeres que viajan solas deben evitar dichas zonas o pasear acompañadas.

zis afirmó haber descubierto la tumba de Alejandro Magno. Sus hallazgos generaron polémica y las autoridades egipcias anularon su permiso y clausuraron el enclave.

El pueblo de **Shiatta,** 60 km al oeste de la ciudad de Siwa, limita con el Gran Mar de Arena. Tiene una fuente de agua salada; supuestamente es todo lo que queda de un lago que antaño llegaba hasta la ciudad de Siwa. Un antiguo barco egipcio, posiblemente utilizado para realizar la travesía hasta el templo del Oráculo, fue descubierto a 7 m de profundidad. Actualmente la zona se emplea principalmente como pasto para el ganado de las tribus beduinas y disfruta de magníficas vistas de las montañas del desierto.

Hay más manantiales al este de la ciudad de Siwa (aparecen fuera del plano del oasis de Siwa, p. 359). **Ain Qurayshat** está a 27 km y tiene el mayor manantial de curso libre del oasis. **Abu Shuruf,** cristalina fuente que según los lugareños posee propiedades curativas, está en el siguiente palmeral 7 km más al este de Ain Qurayshat. Sus aguas transparentes de unos 3 m de profundidad desembocan en el lago Zeitun, otro gigantesco lago de agua salada. Pasados otros 5 km se llega a **Az-Zeitun,** aldea de adobe abandonada y azotada por la arena y el viento que se cierne solitaria en la llanura; cientos de tumbas de la época romana fueron descubiertas a un par de kilómetros de aquí, y aunque se hallan actualmente en proceso de excavación aún no han revelado nada de interés.

Desde Az-Zeitun, tras otros 3 km se llega a **Ain Safi,** último vestigio humano antes de la impresionante muralla de dunas que se extiende durante cientos de kilómetros hacia el sur, en dirección al oasis de Al-Kharga. Unas treinta familias beduinas viven aquí.

Para visitar estos puntos de interés el viajero necesitará contar con un vehículo resistente. Mahdi Hweiti, de la oficina de turismo (p. 360), y casi todos los restaurantes y hoteles de la ciudad organizan excursiones. Ninguno de estos lugares precisa permisos, a excepción de Shiatta.

Circuitos

Casi todos los restaurantes y hoteles de Siwa ofrecen excursiones, desde medio día por el desierto próximo a la ciudad hasta una excursión completa de cinco o seis días. Siwa Safari Paradise (p. 366) organiza circuitos con su propia flota de vehículos todoterrenos, aunque se trata de una opción cara. Las excursiones de Palm Trees Hotel (p. 365) y Abdu's Restaurant (p. 368) gozan de buena reputación. La oficina de turismo (p. 360) también resulta de gran ayuda a la hora de organizar salidas por el oasis.

Para todas las excursiones al desierto se exigen permisos, cuyo coste es de 5 US$ más 11 EGP, y suelen obtenerse a través del guía de la oficina de turismo. Los precios e itinerarios varían, pero una de las excursiones más populares conduce a la fuente termal del desierto de Bir Wahed, en el límite del Gran Mar de Arena. El viajero puede tomar allí una sencilla comida o un té, para después trasladarse al cercano lago alimentado por un manantial, donde en verano es posible darse un chapuzón. Esta excursión de medio día suele consistir en conducir entre dunas, detenerse en los enclaves con fósiles y contemplar las fantásticas vistas del desierto antes de regresar a Siwa; cuesta unas 80 EGP por persona más el permiso.

Otros populares itinerarios de medio día son un circuito que incluye los manantiales de Ain Qurayshat, Abu Shuruf, Az-Zeitun y Ain Safi (50 EGP/persona), así como un circuito por la ciudad y su entorno (templo del Oráculo, Gebel al-Mawta, baño de Cleopatra, fortaleza de Shali y Fatnas, 30 EGP). Las excursiones de más de un día tienen distinta duración según el destino, pero una de las más populares con una noche incluida es la que va al oasis de Qara (300-500 EGP/vehículo, en función de si se opta por la carretera asfaltada o la pista del desierto). Casi todas las excursiones se realizan en todoterreno, por lo que antes de partir conviene asegurarse de que el vehículo es apto para circular, y como en cualquier excursión al desierto se aconseja llevar suficiente agua.

Los camellos fueron recientemente introducidos en el oasis para hacer excursiones al desierto. Sherif Fahmy, de **Talaa Ranch** (plano p. 359; ☎ 010 588 6003; talaranchsiwa@hotmail.com; Gebel Dakrur), organiza excursiones en camello para contemplar la puesta de sol desde las dunas o una excursión más larga, aunque los precios son algo elevados (350 EGP/un día y una noche o 150 EGP/medio día). Abdul, de **Shali Camel Safaris Ranch** (☎ 010 194 1653), también ofrece circuitos en camello con todas las comidas incluidas por un importe algo más económico.

Fiestas y celebraciones

Gebel Dakrur es todos los años escenario del **festival del Siyaha.** Durante los tres días alrededor de la luna llena de octubre, miles de lugareños se reúnen para celebrar la cosecha del dátil, renovando amistades y zanjando cualquier disputa que haya surgido el año anterior. Todos ellos, sin importar la situación financiera o social, comen juntos en un enorme banquete después de la oración del mediodía esos tres días. La fiesta está ligada al sufismo, y cada noche cientos de hombres se reúnen en un círculo para realizar su *zikr*, larga sesión de danza, balanceo y cantos repetitivos en alabanza de Dios. Las mujeres no acuden a las festividades, aunque las niñas menores de 12 años están presentes hasta la puesta de sol. Todos los años centenares de personas que no son de Siwa, tanto egipcias como extranjeras, acuden al festival.

Una vez al año, al acabar la cosecha del maíz a finales del verano, la pequeña tumba santuario de Sidi Suleiman, detrás de la mezquita del rey Fuad en el centro de la ciudad de Siwa, es escenario de un *maulid* (festejo religioso) que en siwi se llama **Maulid at-Tagmigra.** El *maulid* se anuncia con estandartes y se realizan *zikrs* en el exterior de la tumba.

De vez en cuando, tras la oración vespertina de los jueves por la noche, los sufíes de la orden arusiya del lugar se reúnen para un *zikr* en las inmediaciones de la tumba; no les importa que haya algún que otro extranjero mirándolos.

Dónde dormir

Siwa dispone de una amplia gama de alojamientos, desde establecimientos económicos a precios competitivos hasta impresionantes hoteles de precio elevado. La oferta se amplia cada año, y la competencia contribuye a mantener el nivel alto y los precios bajos. Más alejados en el oasis, en torno a Gebel Dakrur y Sidi Jaafar, también hay numerosos alojamientos de precio medio y alto.

A la policía local le inquieta que se acampe cerca de la ciudad. Si el viajero realmente desea evitar a otras personas, le conviene contratar una excursión al desierto con uno de los muchos operadores de la zona (véase p. 364).

CIUDAD DE SIWA

Económico

Yousef Hotel (plano p. 362; ☎ 460 0678; plaza central del mercado; dc/d sin baño 8/16 EGP, d 24 EGP). Con las camas más económicas de la ciudad, este lugar está siempre hasta los topes de mochileros con presupuesto ajustado. Las habitaciones están algo destartaladas y apenas superan los niveles mínimos de higiene, pero la azotea de las cuatro plantas ofrece excelentes vistas del oasis y una cocina que los huéspedes pueden usar libremente. El ruido es un factor que conviene tener en cuenta.

Palm Trees Hotel (plano p. 362; ☎ 460 1703; salahali2@yahoo.com; Sharia Torrar; i/d sin baño 15/25 EGP, i/d 35/45 EGP, *bungalows* 50 EGP). Este hotel económico y merecidamente popular cuenta con habitaciones bastante ordenadas, todas con mosquiteras en las ventanas, ventilador y balcón. El sombreado y sereno jardín con muebles de palmera es delicioso (aunque los mosquitos no descansan), y los pocos *bungalows* de la planta baja tienen porches que alcanzan la vegetación. El desayuno cuesta 5 EGP.

Cleopatra Hotel (plano p. 362; ☎ 460 0421; www.cleopatra-siwa.net; i/d 18/31 EGP, con balcón 35/45 EGP). Aceptable opción económica en el extremo sur de la ciudad. Aunque las habitaciones más baratas del edificio principal están algo deterioradas, el edificio más tranquilo de la parte posterior se halla más cuidado y cuenta con correctas habitaciones con balcón.

Alexander Hotel (plano p. 362; ☎ 460 0512; i/d 20/30 EGP, con aire acondicionado 30/60 EGP; ❄). Otra modesta oda al cemento y el azulejo, este establecimiento ofrece austeras habitaciones, sábanas limpias y cuartos de baño que han visto tiempos mejores. No obstante, dispone de las habitaciones con aire acondicionado más económicas de la ciudad.

Kelany Hotel (plano p. 362; ☎ 460 1052, 012 403 9218; zaitsafari@yahoo.com; plaza central del mercado; h 50-70 EGP, con desayuno 60-80 EGP). Hotel moderno muy bien situado, con 10 habitaciones relucientes, cuartos de baño impecables, agua fría y caliente y dirección cordial, aunque algo pobre de personalidad.

Arous al-Waha Hotel (plano p. 362; ☎ 460 0028; i/d 51/63 EGP; ❄). Si no fuera por la pintura de color arena, este viejo hotel se confundiría con un bloque de viviendas comunistas. Las habitaciones de esta antigua casa de descanso estatal son austeras, ordenadas y espaciosas, aunque los responsables se muestran algo desconcertados ante los huéspedes sin reserva. Está situado frente a la oficina de turismo, al principio de la carretera de Marsa Matruh.

Desert Rose (plano p. 359; ☎ 012 440 8164; ali_siwa@hotmail.com; i/d/tr 60/90/125 EGP; 🏊). Con vistas a las espléndidas dunas que se extienden al sudeste de Siwa, este cordial y cómodo hotelito ofrece habitaciones inmaculadas decoradas con gran creatividad en un original edificio octagonal. De excelente relación calidad-precio, tiene su propia piscina de transparente agua natural de manantial, una terraza en la azotea para la exaltación de la puesta de sol, chimeneas en el interior y al aire libre y varias zonas de relajación con cojines. Los huéspedes pueden preparar su comida en la cocina o tomar los platos cocinados por el personal. El silencio sólo se interrumpe por el ladrido de los perros.

Precio medio y alto

Mubarak Hotel (plano p. 359; ☎ 460 0883; i/d 150/200 EGP; ❄). Situado en el complejo deportivo, este monolito moderno, rosado y curvo dispone de habitaciones siempre impecables, acceso a un gimnasio, pistas de *squash* y sauna. Lamentablemente, le falta carácter y suele verse vacío y aislado en el extremo sur de la ciudad.

Siwa Safari Paradise (plano p. 362; ☎ 460 1590; www.siwaparadise.com; i/d *bungalow* media pensión 35/49 US$, con aire acondicionado 40/55 US$, st 60/75 US$; ❄ 🏊). Dispuesto a lo largo de un laberinto de senderos de jardín, este complejo turístico de tres estrellas principalmente atrae a turistas del norte de Europa ansiosos por tostarse junto a su piscina natural de agua de manantial. La decoración resulta bastante vulgar, pero las habitaciones son frescas y cómodas, lo que lo convierte en una buena opción si otros hoteles recomendados están llenos.

Shali Lodge (plano p. 362; ☎ 460 1299; info@eqi.com.eg; Sharia Subukha; i/d 45/60 US$; 🏊). Este minúsculo y bonito hotel de adobe, propiedad del ecologista Mounir Neamatallah, está en el interior de un exuberante palmeral a unos 300 m de la plaza principal. Predominan las palmeras allí donde su ubicación es posible y sus siete estupendas, amplias y comodísimas habitaciones de adobe curvo, con enormes baños de ladrillo a la vista, ocupan una especie de patio en torno a una pequeña piscina. Decorado con gusto y tranquilo, es como deberían ser todos los hoteles pequeños. El desayuno no está incluido.

Al-Babinshal (plano p. 362; ☎ 460 1499; i/d 45/60 US$). Anexo a la fortaleza de Shali, este lugar sigue la estela de alojamiento ecológico marcada por Mounir Neamatallah, propietario de Shali Lodge y Adrére Amellal. Los astutos arquitectos han encajado de forma muy natural este hotel de adobe en la parte delantera del fuerte de Shali; un laberinto de túneles y escaleras conecta sus espaciosas habitaciones, frescas y parecidas a cuevas, por lo que resulta imposible saber dónde termina el hotel y comienza el fuerte. Íntegramente construido con los mismos materiales que éste, sus íntimas habitaciones tienen suelos de madera, ventanas tradicionales con postigos y apoyos de troncos de palmera a la vista. Sin embargo, algunos vecinos dudan que esta ampliación del lugar más emblemático de la ciudad sea precisamente positiva.

SIDI JAAFAR

Taziry Ecolodge (fuera del plano p. 359; ☎ 02-3337 0842, ext 115, 012 340 8492; Gaary; temporada baja pensión completa desde 70 €/persona; 🏊). Este encantador hotel fue diseñado y construido por sus acogedores propietarios, un artista y un ingeniero, ambos de Alejandría. Las grandes habitaciones construidas con materiales naturales están decoradas con artesanía local y alfombras beduinas y disponen de baño propio. Sereno y tranquilo, sin electricidad y con una piscina natural de agua de manantial con vistas al lago, es ideal para relajarse y vivir la magia de Siwa.

Adrére Amellal (fuera del plano p. 359; ☎ en El Cairo 02-736 7879, 02-738 1327; www.adrereamellal.net; Sidi Jaafar, Montaña Blanca; i/d todas las comidas, bebidas y excursiones al desierto incl. 336/448 US$; 🏊). Con la espectacular montaña Blanca como telón de fondo (llamada Adrére Amellal en lengua siwi), este impecable refugio cuenta con su propio oasis, impresionantes vistas del lago salado de Birket Siwa y las dunas del Gran Mar de Arena a lo lejos. Se trata de un lugar único, construido por el ecologista Mounir Neamatallah con *kershef* empleando técnicas tradicionales. Constituye una auténtica evasión del ritmo de vida normal en Egipto: los teléfonos móviles están prohibidos fuera de las habitaciones, no hay electricidad, los jardines están iluminados con antorchas y las habitaciones con velas. La última palabra en austera elegancia, sus sibaritas cenas se saborean bajo las estrellas o en cámaras recubiertas de sal. La piscina es una antigua fuente natural de piedra y sus grandiosas habitaciones y *suites* son sencillas y bellas a la vez. Además de contar con creativos platos preparados con productos de su propio huerto biológico y el factor positivo del lujo responsable y respetuoso con el medio ambiente, Adrére Amellal también ha aparecido en innumerables revistas de diseño y viajes y es uno de los alojamientos más innovadores del país.

GEBEL DAKRUR

Qasr az-Zaytouna (plano p. 359; ☎ /fax 460 0037; d sin baño 100 EGP, i/d 120/150 EGP). Este lugar tiene habitaciones sencillas y limpias con ventilador ubicadas en un amplio y silencioso jardín; las de la primera planta gozan de agradables vistas al jardín. Está regentado por una pareja originaria de Alemania y Siwa.

Fata Morgana Hotel (plano p. 359; ☎ 460 0237, 010 294 5850; i/d 150/200 EGP;). Este hotel ofrece habitaciones frescas y espaciosas, realzadas por altos techos abovedados y arcos curvos. El edificio de piedra de dos plantas se mantiene asombrosamente fresco frente al calor del desierto, y la pequeña piscina de agua clara resulta muy refrescante si el viajero todavía se siente sofocado. Cada estancia tiene un balcón con excelentes vistas del monte Gebel Dakrur o la inmensidad del desierto: sobresaliente en relación calidad-precio.

Siwa Shali Resort (plano p. 359; ☎ 010 111 9730; www.siwashaliresort.com; i/d media pensión 55/65 US$, st 100 US$;). Uno de los pocos establecimientos del desierto que merece llamarse *resort*, este poblado con todos los servicios de *bungalows* al estilo tradicional serpentea junto a una piscina de 500 m que recibe agua de manantial. Abundan los tonos apagados y el color arena, casi hasta resultar soso, pero ofrece todas las comodidades, restaurante, centro de *fitness*, cafetería de estilo beduino y tiendas de regalos.

Tala Ranch Hotel (plano p. 359; ☎ 010 588 6003; www.talaranch-hotel.com; con desayuno 450 EGP/persona). Este nuevo establecimiento ofrece una experiencia muy distinta de Siwa, con seis elegantes y cómodas habitaciones al pie del desierto. Promete generosas dosis de silencio, y los camellos, el desierto y el viento como única distracción resultan de lo más relajante. Sherif organiza excursiones en camello para sus huéspedes, y su esposa Siham prepara notables platos egipcios servidos en una tienda beduina (cena de cuatro platos 80 EGP).

Dónde comer

Muchos de los restaurantes y cafeterías de Siwa están pensados para turistas. A excepción del delicioso restaurante del Adrére Amellal y los platos caseros de lugares como Taziry y Tala Ranch, sólo para huéspedes, casi todos los restaurantes ofrecen un menú parecido a base de sencillos platos; el servicio y la calidad varían según el día.

East-West Restaurant (plano p. 362; platos 4-12 EGP). Llamado así por la histórica división entre las dos partes de la ciudad de Siwa, este restaurante de apático servicio sirve una versión más económica y pedestre del menú de Abdu's Restaurant.

Alexander Restaurant (plano p. 362; junto a la plaza central del mercado; platos 5-15 EGP). Sirve los habituales platos de restaurante económico: *pizzas*, estofados vegetarianos, buen pollo y *curries* (toda una novedad en Siwa). El servicio puede resultar lento también aquí, pero la comida suele llegar con una sonrisa.

Nour al-Waha (plano p. 362; ☎ 460 0293; Sharia Subukha; platos 5-20 EGP). Popular local situado en el palmeral frente a Shali Lodge, con mesas

BAÑO DE ARENA

Si el viajero pensaba que remojarse en una fuente termal era tonificante, debería probar uno de los baños de arena caliente del monte **Gebel Dakrur,** varios kilómetros al sudeste de la ciudad de Siwa. De julio a septiembre, gente de todo el mundo se da cita aquí para sumergirse hasta el cuello en un baño de arena muy caliente de hasta 20 minutos seguidos. Los médicos locales afirman que un tratamiento de entre tres y cinco días puede curar el reumatismo y la artritis y, a juzgar por el número de clientes que repiten, hasta podría ser cierto. Existen varios establecimientos en la ladera occidental de la montaña donde el viajero puede realizar una inmersión terapéutica en la arena; **Sherif Sand Bath** (plano p. 359) goza de buena reputación. El precio ronda las 60 EGP por cada baño medicinal, que incluye varias horas necesarias de recuperación mientras se bebe té (aunque éste es opcional).

La montaña también aporta el pigmento rojizo-pardo utilizado en el oasis para decorar la cerámica de Siwa. Los lugareños creen que la montaña está embrujada y afirman que de noche pueden oírse *afrit* (espíritus) cantando en los jardines.

sombreadas, mucho té y juegos para quienes sólo desean pasar el día a la sombra. La comida es una mezcla entre egipcia y occidental, y aunque no puede considerarse sibarita, suele ser fresca y buena. De noche sirven narguiles por 5 EGP, y a veces hay música en vivo.

Abdu's Restaurant (plano p. 362; ☎ 460 1243; plaza central del mercado; platos 5-25 EGP; 🕑 8.30-24.00). Antes de la llegada de Internet y los teléfonos móviles, existían lugares como éste: puntos de encuentro donde la gente se reunía cada noche para ponerse al día y compartir historias. Es el restaurante más antiguo de la ciudad y el mejor de la zona, y ofrece una amplia carta de desayunos, pasta, platos tradicionales, estofados de verdura, cuscús, pollo asado y una fantástica *pizza* que el eficiente personal sirve con prontitud.

Tanta Waa Coffeeshop & Restaurant (plano p. 359; ☎ 010 472 9539; comidas 7-25 EGP; 🕑 8.00-hasta tarde). Este relajante café de adobe decorado con gran creatividad junto al baño de Cleopatra es el lugar idóneo para tomar un refresco o una sabrosa comida entre chapuzones en el manantial. Con una pequeña selección de ensaladas, pastas, platos de carne y batidos de frutas, sus platos son sorprendentemente buenos. Sólo la lasaña (12 EGP), elaborada según una auténtica receta italiana, ya justifica por sí misma la elección. Tumbado en una hamaca y con música *funky* de fondo (a veces también se celebran fiestas nocturnas), es fácil pasarse un día entero en este refugio.

Dunes Restaurant (plano p. 362; ☎ 010 653 0372; Sharia Torrar; platos 8-25 EGP). Con mesas bajo las palmeras y una extensa carta que abarca desde infusiones a cuscús, se trata de otro lugar para relajarse. Ofrecen los platos habituales del viajero (desde creps a batidos), así como especialidades locales como paloma rellena (por encargo). Los narguiles son de rigor y el propietario organiza veladas especiales con música tradicional de Siwa.

Al-Babinshal Restaurant (plano p. 362; ☎ 460 1499; comidas 8-35 EGP). Situado en la azotea del hotel del mismo nombre, quizá sea el restaurante más romántico del oasis. Con luz ambiental nocturna y prácticamente pegado a la fortaleza de Shali, disfruta de sobrecogedoras vistas de todo Siwa. La comida la prepara el mismo chef de Kenooz Siwa (abajo), pero desafortunadamente el establecimiento no está a la altura del elegante ambiente que promete.

Kenooz Siwa (plano p. 362; ☎ 460 1299; Sharia Subukha; platos 8-35 EGP). Este café-restaurante ubicado en la azotea del Shali Lodge es ideal para pasar el rato frente a un té a la menta o una bebida fría. Sin embargo, la calidad de la comida, antaño la mejor de la ciudad, ha disminuido recientemente.

Existen otros acogedores restaurantes en los palmerales en torno a Siwa, donde sirven la habitual combinación de comida egipcia y occidental, entre los que se incluyen:

Sahara Café & Restaurant (plano p. 359; ☎ 010 856 9532; comidas 7-20 EGP). Agradable lugar para relajarse, si el viajero encuentra quien le atienda.

New Star Restaurant & Coffee Shop (plano p. 362; ☎ 460 0293; Sharia Subukha; platos 8-30 EGP). También tiene una pequeña tienda que vende artesanía tradicional.

Dónde beber

Muchos de los cafés de la ciudad son locales sin nombre donde los hombres de Siwa se reúnen para ver la TV y charlar, pero donde no sirven alcohol. A veces la cafetería del manantial de Fatnas (p. 363) tiene cerveza.

Campione Cafe (plano p. 362; ☎ 460 1719; café 3-6 EGP; 🕑 9.00-24.00). Abierto recientemente por un empresario de Alejandría, su eslogan "la vida es demasiado corta para tomar mal café" es incuestionable. Sirven café italiano de importación, hecho con una auténtica cafetera exprés de importación, a gusto del cliente.

Dreamers (plano p. 362; frente al Arous al-Waha Hotel). Animada cafetería abierta hasta tarde donde el viajero puede fumar un narguile en un sofá antiguo mientras ve la TV con los vecinos, o tomar un zumo escuchando música *reggae*.

Taghaghien Touristic Island (fuera del plano p. 359; ☎ 921 0060; entrada 10 EGP). Si el viajero necesita una cerveza desesperadamente, esta pequeña isla 12 km al noroeste de la ciudad de Siwa y conectada por un paso elevado es uno de los pocos establecimientos que vende el néctar ambarino (nada menos que a 25 EGP la botella). Cuenta con un modesto alojamiento y restaurante, pero sus numerosas mesas y sillas sombreadas, los patines acuáticos de alquiler y las encantadoras vistas de la puesta de sol lo hacen más adecuado para una excursión de un día o un *picnic*. El viajero necesitará vehículo propio para desplazarse hasta aquí.

En plena ciudad, **Zeytouna** (plano p. 362; plaza central del mercado) y **Ebad Alrahman** (plano p. 362; plaza central del mercado) son dos cafés situados uno frente a otro en rincones opuestos de la plaza. Cada noche se turnan para llenarse

¿SIWA GAY?

Se le ha dedicado mucha atención a la historia única de relaciones íntimas masculinas en Siwa. Cuando los lugareños aún vivían en el fuerte de Shali, los jóvenes de edades comprendidas entre los 20 y 40 años debían pasar las noches fuera de la fortaleza para cuidar los campos y proteger la ciudad de los ataques. Estos hombres de Siwa gozaban de notoriedad, no sólo por su valor (eran conocidos como *zaggalah*, o "portadores de garrotes"), sino por su afición al vino de palmera, la música y las relaciones abiertamente gays. Los matrimonios homosexuales todavía tenían lugar en Siwa hasta la Segunda Guerra Mundial, aunque habían sido ilegalizados en Egipto décadas antes.

Aunque Siwa ha sido destacado como lugar para visitar en varias guías de viajes gays, la situación es hoy bastante diferente. Sus vecinos niegan vehementemente que existan hombres homosexuales en la ciudad, y los viajeros internacionales que vienen a Siwa con la esperanza de "ligar" se han topado con un sentimiento cada vez más homófobo. A los hombres de Siwa no les divierte ser objeto de proposiciones por parte de desconocidos de paso (probablemente ellos, más que los extranjeros, son los primeros afectados por las actitudes homófobas). Se sabe que se ha producido algún que otro ataque violento hacia hombres de la zona acusados de homosexualidad.

de vecinos que fuman narguile, toman té y golpean las piezas de *backgammon* triunfalmente. Las mesas suelen ocupar la plaza.

De compras

La rica cultura de Siwa está bien representada por la abundante artesanía tradicional que aún se fabrica para uso local y turístico. Lamentablemente, se estima que el 98% de los artilugios más antiguos son hoy piezas de coleccionista vendidas a aficionados de todo el mundo. De todas formas, aunque estos elementos del patrimonio de Siwa se pierdan, los jóvenes artesanos poco a poco están volviendo a fabricarlos.

A los habitantes de Siwa les encanta engalanarse y sólo se ven superados por los nubios en su búsqueda de las joyas más recargadas del país. Hoy en día, las mujeres lucen las pesadas joyas de plata sólo en ocasiones especiales, pero siguen fabricándose piezas interesantes. Sus trajes de boda son célebres por los bordados en rojo, naranja, verde y negro, a menudo adornados con caracolas y cuentas; en las tiendas pueden adquirirse también los vestidos de seda negra *asherah nazitaf* y de algodón blanco *asherah namilal.*

Las mujeres y niñas todavía fabrican cestas tejidas con hojas de palmera. El viajero puede distinguir las más antiguas por su acabado más fino y el empleo de seda o piel en lugar de vinilo y poliéster. El *tarkamt*, plato tejido que tiene un centro de cuero rojo, se emplea tradicionalmente para servir dulces; el *tghara*, más grande, es utilizado para guardar el pan; y entre las cestas más pequeñas destacan el *aqarush* y el *nedibash* de seda roja y verde y con borlas de adorno.

La arcilla de la zona se mezcla con paja y se colorea con un pigmento procedente de Gebel Dakrur para fabricar jarras de agua, tazas y quemadores de incienso de cerámica. El *maklay*, taza de fondo redondo y el *adjra*, utilizado para lavarse las manos, están entre los artículos más populares, al igual que los *timjamait* (quemadores de incienso).

Recientemente ha habido una explosión de tiendas de artesanía por toda la ciudad en respuesta a la lucrativa demanda turística de estos productos tradicionales. Casi todas venden artículos similares, pero un buen lugar para hacerse una idea de los precios y de la oferta es la **tienda estatal de artesanía** (plano p. 362; frente a la mezquita; ⌚ 9.00-16.00 do-ju). Sin embargo, dado su errático horario de apertura, si el viajero no está atento puede pasarle desapercibida. Desde allí puede acudir a otras muchas tiendas y tenderetes de la ciudad y comparar la calidad, la variedad y los precios.

Una de las mejores tiendas de artesanía de Siwa, dirigida por Ali Abd Allah, es **Siwa Traditional Handicraft** (plano p. 362; ☎ 460 1063, 010 304 1191), en la esquina de la plaza del mercado principal con una amplia selección de productos de calidad a precios fijos.

El oasis es también célebre por sus dátiles y aceitunas, que pueden adquirirse en las tiendas dispuestas en torno a la plaza del mercado principal. Suele haber alguien que abra un tarro para que el cliente pruebe las aceitunas y busque la variedad deseada. Todo el mundo tiene una marca favorita de dátiles; los Jawhara son especialmente buenos.

Pueden adquirirse carretes fotográficos y baterías en Nada Studio Lab (plano p. 362), pasada la central telefónica, en la carretera principal que sale de la ciudad de Siwa.

Cómo llegar y salir

AUTOBÚS

Los autobuses salen de la parada situada frente a la comisaría de policía turística, aunque la llegada tiene lugar en la plaza central del mercado. Se pueden comprar billetes para Marsa Matruh o Alejandría en la taquilla de West Delta Bus Company, en la parada del autobús. Es conveniente comprar el billete con antelación ya que los autobuses suelen llenarse a menudo.

Hay tres autobuses diarios a Alejandría (27-30 EGP, 8 h), con parada en Marsa Matruh (12 EGP, 4 h). Salen a las 7.00, 10.00 y 22.00. Hay un autobús diario más que sale a las 15.00 en invierno y a las 17.00 en verano. Los autobuses de las 7.00 y 10.00 también enlazan con los que van a El Cairo en Marsa Matruh (tránsito de 1½ h, con un poco de suerte). Hay un servicio diario a Marsa Matruh sólo a las 13.00.

Los microbuses con destino a Marsa Matruh salen de la plaza principal próxima a la mezquita del rey Fuad (plano p. 362); aunque más frecuentes, no son tan cómodos como los de West Delta Bus. Los billetes cuestan lo mismo.

TAXI COLECTIVO

No hay estación de taxis colectivos, pero los que realizan el trayecto a Marsa Matruh (12 EGP) salen de Abdu's Restaurant (p. 368). Los taxis (sobre todo microbuses) suelen partir a primera hora de la mañana o tras la puesta de sol, pero es aconsejable informarse.

En 2005, comenzó a construirse una nueva carretera que conecta los oasis de Siwa y Bahariyya, pero el presupuesto se agotó el año siguiente y cualquier fecha de finalización es hoy un lejano espejismo. La antigua carretera que atraviesa impresionantes paisajes desérticos está asfaltada, aunque nadie lo diría por el mal estado en que se encuentra; se necesita un permiso (véase p. 360) para circular por ella, y en invierno hasta suele requerirse escolta policial. No hay autobuses o taxis colectivos hasta aquí, pero los conductores de Siwa están dispuestos a hacer el trayecto de 10 horas por entre unas 800 y 1.500 EGP por coche. Si el viajero se decide a ir, debe comprobar que el vehículo es un todoterreno apto para circular y llevar suficiente agua y comida.

A/DESDE LIBIA

Los habitantes de Siwa visitan a sus familias en Libia y viceversa, pero en el momento de escribir esta guía todavía era ilegal cruzar la frontera y proseguir hasta la ciudad de Jaghbub, a unos 120 km, a menos que se viajase vía Sallum (véase p. 411). Aunque la frontera se sitúa a tan sólo 50 km, según dicen está minada, por lo que es poco probable que la situación cambie en breve.

Cómo desplazarse

BICICLETA

Constituye uno de los mejores medios para desplazarse y pueden alquilarse en diversos lugares, como la mayor parte de los hoteles y tiendas del centro; acudir a un taller de reparación de bicicletas (véase plano p. 362) es una mejor opción para encontrar una en buenas condiciones. La tarifa actual es de 10 EGP/día.

CARRO DE BURROS

Los carros tirados por asnos o *caretas* son un medio de transporte muy utilizado por los lugareños y puede ser una manera más divertida (aunque también más lenta) de desplazarse. Algunos de los chicos que los conducen hablan inglés y pueden ser regateadores feroces. El precio se sitúa en torno a 25 EGP por 2 o 3 horas, o 5 EGP por un trayecto breve.

MOTOCICLETA

Aunque menos agradable o apacible que la bicicleta, el viajero puede alquilarle una motocicleta a alguno de los lugareños con iniciativa, lo que permite visitar muchos más puntos de interés si no se dispone de mucho tiempo. Ahmed, que trabaja en una tienda de artesanía próxima a la estación de servicio, facilita el **alquiler de motocicletas** (☎ 016 203 5959), al igual que Palm Trees Hotel (p. 365). El precio ronda las 100 EGP diarias.

TAXI COLECTIVO

Las camionetas hacen de taxi comunal para comunicar la ciudad de Siwa con los pueblos circundantes. Ir a Bilad ar-Rum cuesta 1 EGP en cada sentido; destinos más próximos cuestan 50 pt. Para ir a sitios más remotos, Mahdi Hweiti en la oficina de turismo o cualquier restaurante puede resultar de ayuda. Los precios dependen de la habilidad para el regateo, la duración del viaje y la distancia que hay que recorrer.

MÁS ALLÁ DE SIWA

Oasis de Qara

En este apartado oasis, unos 120 km al nordeste de Siwa, cerca de la depresión de Qattara, viven 317 bereberes que levantaron su ciudad fortificada en lo alto de un monte, como los habitantes de Siwa. Según la leyenda, el medio era tan hostil y los recursos tan escasos que cuando nacía un niño una persona mayor tenía que irse, para mantener la población en un nivel sostenible. Fuera o no cierto, eso ya no sucede, aunque la población de Qara sigue siendo pequeña y su vida, dura. A diferencia de Siwa, la vieja fortaleza sigue habitada, si bien se construyen cada vez más casas nuevas de hormigón a sus pies. Para ir, se toma la estrecha carretera asfaltada que sale de la carretera Siwa–Marsa Matruh en la casa de descanso, a 150 km de Siwa. Se puede alquilar una camioneta que lleve hasta allí por unas 400 EGP o hablar con cualquiera de los que ofrecen excursiones por el desierto. Para más información, véase p. 364.

Gran Mar de Arena

Uno de los mayores campos de dunas del mundo, se extiende hacia el sur entre Egipto y Libia a lo largo de más de 800 km hasta Gilf Kebir. Hay 18 mares de arena en el mundo, cuatro de ellos en el norte de África. El Gran Mar de Arena empieza al sur de la costa mediterránea. Un brazo se separa en Libia, al sur de Siwa, y forma el mar de arena de Calanscio; el resto continúa hacia el sudeste dentro de Egipto. Enclavado sobre una elevación del suelo del desierto y con una superficie de nada menos que 72.000 km^2, posee algunas de las mayores dunas documentadas en el mundo, como la de 140 km de largo. Aquí hay dunas en forma de media luna, de sable y paralelas (véase p. 349); algunas están en movimiento y otras permanecen en su sitio. Ondulantes y hermosas, las traicioneras dunas han sido un reto para los viajeros del desierto durante siglos. Se cree que el rey persa Cambises perdió aquí un ejército (véase p. 348), y en la Segunda Guerra Mundial, los británicos del Grupo de Largo Alcance del Desierto se pasaron meses buscando una vía por las impenetrables arenas para lanzar ataques por sorpresa sobre el ejército alemán. Los reconocimientos aéreos y las expediciones han ayudado a cartografiar esta vasta extensión, pero sigue siendo una de las zonas menos exploradas del mundo.

El Gran Mar de Arena no es sitio donde uno se mete cuando se le antoja; se necesitan permisos militares al igual que una buena preparación. Los guías llevan a los bordes del Gran Mar de Arena desde Siwa y muchas empresas de excursiones ofrecen expediciones que bordean la zona (véase p. 330). Recuérdese que no hay necesidad de adentrarse mucho en el desierto para percibir el aislamiento, la belleza y la enorme magnitud de este impresionante paisaje.

Alejandría y la costa mediterránea

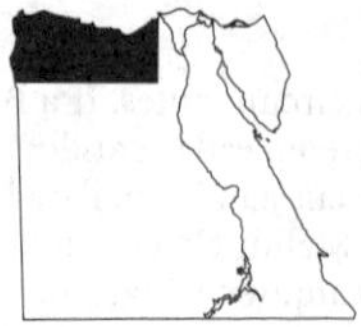

Los límites septentrionales de Egipto discurren por un impresionante litoral de 500 km, donde la legendaria ciudad de Alejandría ocupa el lugar de joya cultural de la corona costera y las aguas turquesa del mar lamen las prístinas orillas casi desiertas. Como apenas recibe la vivificante agua dulce, hace muy poco que los veraneantes egipcios y unos pocos viajeros intrépidos han empezado a descubrir el potencial de esas playas vírgenes.

Alejandría se ha ganado el desafortunado honor de ser "la mayor ciudad histórica que menos puede demostrarlo". Si en el pasado acogió a figuras casi míticas y maravillas del mundo, ahora sólo quedan recuerdos fragmentados de su pasado glorioso. No obstante, hoy en día la ciudad está demasiado ocupada recuperando sus elegantes fachadas del s. XIX para lamentarse por lo que ya no es, y se estremece al pensar en su propio potencial: sus calles y cafés hierven con la energía ilimitada de una nueva oleada de jóvenes creativos.

Aunque la cercana Rosetta debe su fama a la estela epigráfica de basalto negro que se desenterró en ella y permitió descifrar los jeroglíficos, este puerto en el Nilo rivalizó con Alejandría en su etapa más decadente. A mitad de camino de la costa, rumbo a Libia, se alzan los monumentos de El Alamein como recordatorios solemnes de las víctimas durante las campañas de la Segunda Guerra Mundial en el norte de África. No muy lejos, un batallón de centros vacacionales permite distraerse en playas de arenas blancas de la excesiva reflexión bélica. Por su parte, Marsa Matruh dormita tres cuartas partes del año en una maravillosa bahía aguamarina, si bien cobra vida en verano, cuando la visita medio valle del Nilo.

LO MÁS DESTACADO

- Retroceder a la grandeza del s. XIX aspirando el humo de una *sheesha* (narguile) o iniciarse en el café cargado en uno de los preciosos **cafés de época** (p. 395) de Alejandría.
- Intentar abordar la ingente cantidad de historia antigua de Alejandría en su impresionante **Museo Nacional** (p. 380).
- Las calles polvorientas y llenas de burros de **Rosetta** (p. 400) y la arquitectura otomana restaurada a la perfección en este puerto otrora importante.
- Recordar a los caídos de ambos bandos en las batallas de **El Alamein** (p. 403) durante la campaña del norte de África en la Segunda Guerra Mundial.
- Sumergirse en las impresionantes aguas azules y arenas blancas de **Marsa Matruh** (p. 406), esa aldea que, cual Dr. Jekyll y Mr. Hyde, está aletargada en temporada baja y deviene metrópoli bulliciosa en verano.

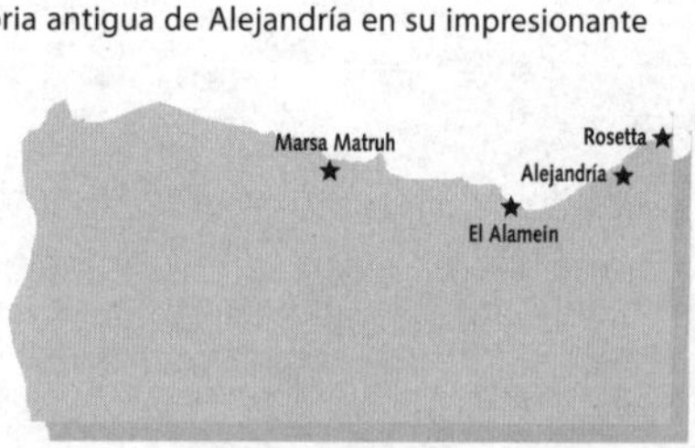

ALEJANDRÍA

☎ 03 / 4,1 millones de hab.

Al-Iskendariyya, que así se llama en árabe, está hecha del mismo material que las leyendas: la fundó nada menos que Alejandro Magno, la atrevida reina Cleopatra tuvo en ella su trono, la entrada al puerto estuvo marcada por el imponente faro (una de las Siete Maravillas del Mundo Antiguo), y la Gran Biblioteca de Alejandría fue el archivo más importante del saber pretérito. Pero el destino asestó golpes crueles a la ciudad: no queda ni rastro del gran Alejandro, la urbe de la época de Cleopatra ha sido en buena parte devorada por el océano; el faro se hundió hace mucho tiempo, y los tesoros literarios de la Gran Biblioteca se calcinaron en numerosos incendios. Para rematarlo, los posteriores soberanos musulmanes de Egipto trasladaron la capital a la cercana El Cairo, cayendo la antaño influyente metrópoli prácticamente en el olvido durante centurias.

En el s. XIX un renacimiento cosmopolita hizo flirtear Alejandría con la decadencia de estilo europeo, pero los cambios introducidos por Nasser en la década de 1950 interrumpieron este proceso. Hoy en día, aunque desempeña un papel secundario respecto a El Cairo, la moderna Alejandría parece una adolescente dispuesta a forjarse su propia identidad. La impresionante biblioteca nueva de Alejandría supuso un valiente salto hacia la modernidad, los primeros pasos vacilantes de una ciudad dispuesta a plantar cara al futuro, y que también quiere ejercer el papel de centro cultural de Egipto: legiones de jóvenes artistas y escritores encuentran en ella su voz, y los nuevos locales de vanguardia ofrecen el escenario para su prolífica producción. Pero aún queda por saber si la nueva Alejandría se labrará su propio camino o seguirá el modelo de centro comercial occidental de un mundo feliz (y con aire acondicionado).

Resulta difícil encontrar a Alejandría, la famosa metrópoli de antaño, en la ciudad que en la actualidad lleva su nombre. No obstante, sigue quitándose el sombrero ante su sobrecogedor pasado y une con éxito la grandeza del s. XIX con la efervescencia de una juventud llena de vitalidad. Es el lugar ideal para desayunar en una majestuosa cafetería antigua, reflexionar sobre el glorioso futuro de la ciudad en sus numerosos museos antes o después de almorzar, y rematar la estancia cenando pescado mientras se pone el sol.

HISTORIA

La de Alejandría es el vínculo que une la época de los faraones con el islam. La ciudad vio nacer la última gran dinastía faraónica (la tolomaica), permitió la entrada en Egipto de los romanos y alimentó los inicios del cristianismo antes de caer rápidamente en un olvido casi total cuando los ejércitos invasores musulmanes la ignoraron y acamparon en un punto del Nilo que más tarde se convertiría en El Cairo.

La ciudad surgió de las conquistas de Alejandro Magno, que llegó del Sinaí después de que los sacerdotes de Menfis le confirmaran el derecho a gobernar Egipto. Aquí, en las costas de este mar conocido, eligió un pueblo pesquero para levantar una nueva ciudad que esperaba se convirtiera en un puente entre el antiguo mundo faraónico y el nuevo mundo helénico. Los cimientos se colocaron en 331 a.C., y casi de inmediato, antes de invadir Persia, Alejandro fue a Siwa a consultar al venerable oráculo. Su ejército llegó hasta India, donde murió tan sólo dos años después. Devolvieron su cuerpo a Egipto para enterrarlo. Al negarse los sacerdotes de Menfis a hacerlo, el macedonio recibió sepultura en Alejandría, la ciudad que había concebido como centro cultural y político de su imperio.

Alejandro había dejado a Tolomeo, uno de sus generales, para supervisar el desarrollo de la nueva ciudad, encargo que el virrey continuó ejecutando con dedicación tras la muerte de aquél: la arquitectura alejandrina podía rivalizar con Roma o Atenas. Para crear una cierta continuidad entre su reinado y el de las dinastías faraónicas, Tolomeo hizo que Alejandría resultara egipcia al menos en apariencia, engalanándola con esfinges, obeliscos y estatuas rescatadas de los antiguos asentamientos de Menfis y Heliópolis. La ciudad se convirtió en un puerto y una parada importantes en las rutas comerciales entre Europa y Asia. Su prosperidad económica era equiparable a su prestigio intelectual. Su célebre biblioteca (véase recuadro en p. 387) promovió algunos de los mayores avances de la época: en ella

Herófilo descubrió que el pensamiento residía en la cabeza, no el corazón; Euclides desarrolló la geometría; Aristarco observó que la Tierra gira alrededor del Sol, y Eratóstenes calculó la circunferencia de la Tierra. El faro (véase recuadro en p. 386), una torre majestuosa que llegó a ser una de las Siete Maravillas del Mundo, se alzó en una isla junto a la costa. Servía para guiar a los barcos que entraban al puerto, y en un sentido más profundo, era un símbolo ostentoso de la grandeza de la ciudad.

Durante el reinado de su soberana más famosa, Cleopatra, Alejandría rivalizó con Roma en todo excepto el poder militar, algo intolerable para esta última, que se vio obligada a actuar. Bajo control romano, Alejandría siguió siendo la capital de Egipto, pero durante el s. IV d.C., la guerra civil, la hambruna y la enfermedad diezmaron su población y nunca se recuperó. El declive de Alejandría quedó sellado cuando los ejércitos musulmanes entraron en Egipto en el s. VII y la ignoraron en favor de una nueva capital más al sur, en el Nilo.

La ciudad fue decayendo durante toda la Edad Media e incluso la cercana localidad de Rosetta devino un puerto marítimo más importante. A lo largo de los siglos sus monumentos fueron destruidos por terremotos y las ruinas se utilizaron como material de construcción, hasta el punto de que una de las grandes ciudades de la Antigüedad se vio reducida poco más que a una aldea pesquera (la actual Anfushi) en la península, entre dos puertos y con menos de diez mil habitantes.

Pero la suerte de Alejandría cambió con la invasión de Napoleón en 1798, quien, tras reconocer su importancia geoestratégica, empezó a reanimarla. Durante el reinado posterior del reformista egipcio Mohammed Ali, se construyó una nueva ciudad encima de la antigua. Alejandría volvió a ser uno de los puertos más activos del Mediterráneo y atrajo a una mezcla cosmopolita de gente: ricos comerciantes turcoegipcios, judíos, griegos, italianos y de todo el Mediterráneo. Multicultural, asentada sobre los cimientos de la Antigüedad, ocupando una situación privilegiada en la ruta terrestre entre Europa y Oriente, y cada vez más rica gracias al comercio, Alejandría se volvió casi mítica y se convirtió en la musa de una serie de nuevos poetas, escritores e intelectuales. Pero la oleada de anticolonialismo proárabe que provocó que el coronel Gamal Abdel Nasser accediera al poder en 1952 también supuso el fin del cosmopolitismo de Alejandría. Los extranjeros que no zarparon en masa del país tras la estela del yate del rey Faruk se vieron obligados a hacerlo años después, tras la crisis de Suez, cuando Nasser confiscó múltiples propiedades extranjeras y nacionalizó múltiples negocios de propiedad extranjera.

Desde entonces la personalidad de la ciudad ha cambiado por completo. Si en la década de 1940 el 40% de sus habitantes eran extranjeros, hoy en día la mayoría son egipcios nativos. Y si en esa misma década había 300.000 habitantes, Alejandría acoge ahora más de cuatro millones, una cifra que se ve incrementada por el éxodo constante del campo a la ciudad.

ORIENTACIÓN

La Alejandría moderna se extiende 20 km por una costa curva y en contadas ocasiones se interna más de 3 km tierra adentro. El centro urbano se arquea en torno al puerto oriental, que queda prácticamente rodeado por dos promontorios alargados y estrechos. La estación principal de tranvías alejandrina, Mahattat Ramla (estación de Ramla), se halla en Midan Ramla, donde terminan la mayoría de las líneas, y se considera el epicentro de la ciudad. Dos de las principales calles comerciales del centro urbano, Sharia Saad Zaghloul y Sharia Safiyya Zaghloul, nacen en esta plaza. Al oeste de la estación de tranvías se abre una plaza más grande y formal, Midan Saad Zaghloul, con un frecuentado jardín que da al paseo marítimo. Alrededor de estas dos *midans* (plazas) hay zonas comerciales, la oficina de turismo, los restaurantes y el grueso de los hoteles baratos.

Al oeste de este céntrico sector están los barrios antiguos, entre los que destaca Anfushi, y, más allá, las bonitas playas de Agami, la más elegante localidad de veraneo. Al este, una sucesión de barrios nuevos se extiende por la costa hasta Rushdy –la zona residencial de clase alta–, el moderno barrio de San Stefano y continúa hasta Montazah, con su palacio y jardines, que señala los límites orientales de la ciudad. La Corniche (Al-Corniche) es la larga carretera litoral que conecta casi todos los barrios, aunque para cruzarla hay que enfrentarse a multitud de autobuses y taxis a toda velocidad.

ALEJANDRÍA EN...

Dos días

El primer día, desayunar y tomar un café cargado en uno de los múltiples **cafés de época** (véase recuadro en p. 395) de la ciudad, y descubrir el pasado en el **Museo Nacional de Alejandría** (p. 380) y el **Museo Grecorromano** (p. 379), si han terminado las obras. Almorzar en una de las diversas marisquerías de **Anfushi** (p. 392) es ineludible. Por la tarde, se aconseja aventurarse en las **catacumbas de Kom ash-Shuqqafa** (p. 381), romanas, profundas y oscuras, y de regreso a la Corniche, detenerse en **El-Qobesi** (p. 393) para sorber el mejor zumo de mango jamás probado. Al atardecer, se recomienda tomar una cerveza en el **Greek Club** (p. 395), cerca de la **fortaleza de Qaitbey** (p. 385), a continuación obsequiarse con una estupenda cena en el **Fish Market** o el **Tikka Grill** (p. 393) y luego, tras pasear por la Corniche, dirigirse al fascinante **Tugareya** (véase recuadro en p. 396) para relajarse con un narguile y conversar antes de ir a planchar la oreja.

El segundo día se puede empezar temprano visitando la **lonja del pescado** (p. 389) de Anfushi, dirigirse después a la **Bibliotheca Alexandrina** (p. 386), un edificio moderno que no hay que perderse, y acabar en el anfiteatro romano de **Kom al-Dikka** (p. 381), al que merece la pena acercarse por sus exquisitos mosaicos. Por la tarde, qué mejor que entrar en el **Museo de Joyas Reales** (p. 388) y terminar con una copa vespertina en el animado **Cap d'Or** (p. 394) o en el **Centro de Portugal** (p. 396).

Cuatro días

Al itinerario de dos días, hay que añadir una excursión de un día a **Rosetta** (p. 400) y a la desembocadura del Nilo, y la cuarta jornada dirigirse a **El Alamein** (p. 403) y pasar la tarde en la playa de **Sidi Abdel Rahman** (p. 405).

ALEJANDRÍA

INFORMACIÓN

Librerías

Todas las que se indican tienen un pequeño fondo de libros de ficción y no ficción en lenguas extranjeras.

ACML (plano pp. 376-377; ☎ 545 3714; 181 Ahmed Shawky; ⌚ 10.00-21.00 sa-ju). Una de las mejores selecciones bibliográficas de Alejandría.

Al-Ahram (plano p. 378; ☎ 487 4000; Tariq al-Horreyya, esq. Talaat Harb; ⌚ 9.00-16.00 sa, lu-ju, 9.00-13.30 do)

Dar al-Mustaqbal (plano p. 378; ☎ 487 2452; 32 Sharia Safiyya Zaghloul; ⌚ 9.00-16.00 sa, lu-ju, hasta 13.00 do)

Centros culturales

Muchos tienen biblioteca y organizan proyecciones cinematográficas, conferencias, exposiciones y espectáculos ocasionales. Habrá que presentar el pasaporte al entrar.

Centro de las Artes de Alejandría (plano p. 378; ☎ 495 6633; 1 Tariq al-Horreyya; ⌚ 10.00-22.00 sa-ju). Este centro cultural activo, que se encuentra en una casa de paredes blancas, acoge exposiciones de arte contemporáneo, lecturas de poesía y algún que otro concierto gratis en su teatro. También hay un estudio para artistas, biblioteca y cine (filmes gratis 18.00 cada do) en el primer piso.

Instituto Cervantes (☎ 392 0214; www.cervantes.es; 101, Avd. El Horreya)

The American Center Alexandria (ACA; plano pp. 384-385; ☎ 486 1009; http://egypt.usembassy.gov; 3 Sharia al-Pharaana, Azarita; ⌚ 10.00-16.00 do-ju)

British Council (plano pp. 376-377; ☎ 545 6512; www.britishcouncil.org.eg; 11 Sharia Mahmoud Abu al-Ela, Kafr Abdu, Rushdy; ⌚ 11.00-19.00 sa-ju)

Centre Français d'Alexandrie (plano p. 378; ☎ 391 8952; http://www.ambafrance-eg.org/cfcc/rubrique.php3?id_rubrique=23; 30 Sharia al-Nabi Daniel; ⌚ 9.00-12.00 y 17.00-19.30 do-ju)

Goethe Institut (plano pp. 384-385; ☎ 487 9870; www.goethe.de/alexandria; 10 Sharia al-Batalsa, Bab Sharqi; ⌚ 9.00-13.00 lu-ju, hasta 14.00 do)

Acceso a Internet

Los *cibercafés* en Alejandría son flor de un día, aunque en cuanto se marchita uno brota otro no muy lejos. He aquí algunos.

Farous Net Café (plano p. 378; ☎ 497 6905; Sharia Tariq al-Horreyya; 2 EGP/h; ⌚ 11.00-24.00)

MG@Net (plano p. 378; ☎ 485 6981; 10 Sharia Shohada; 2 EGP/h; ⌚ 9.30-2.00)

Mougy Internet Cafe (plano p. 378; ☎ 487 5675; 18 Sharia Koleyat el-Tiba; 3 EGP/h; ⌚ 8.00-1.00 sa-ju, 15.00-1.00 vi)

Tantan Internet Centre (plano pp. 384-385; ☎ 485 7353; 18 Sharia Dr. Ahmed Badawy; 2 EGP/h; ⌚ 10.00-1.00)

Zawiya Internet Cafe (plano p. 378; ☎ 484 8014; Sharia Dr. Hassan Fadaly, junto a Sharia Safiyya Zaghloul; 4 EGP/h; ⌚ 11.00-23.00)

ALEJANDRÍA

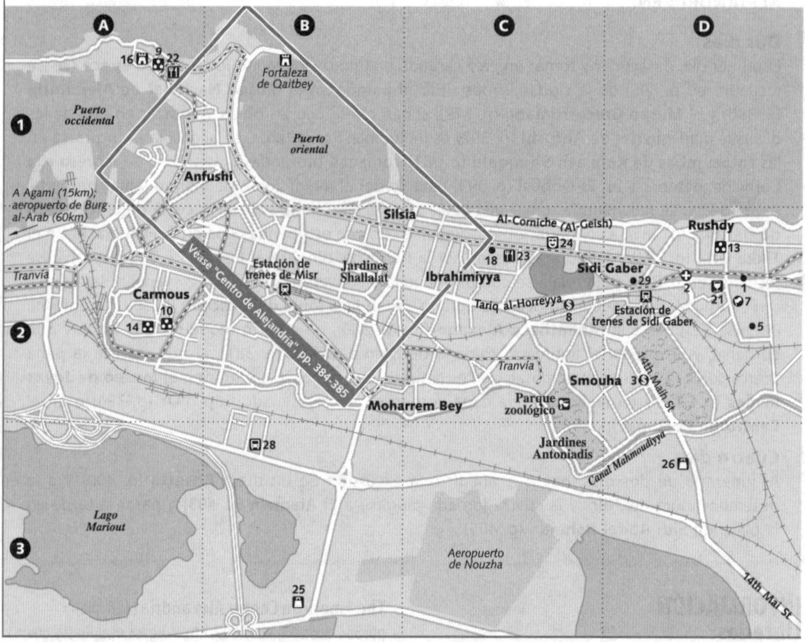

Asistencia médica

HOSPITALES

Al-Madina at-Tibiya (plano pp. 376-377; ☎ 543 2150/7402; Sharia Ahmed Shawky, Rushdy; 🕓 24 h). Hospital privado bien equipado y acostumbrado a tratar con pacientes extranjeros.

German Hospital (plano pp. 376-377; ☎ 584 0757; 56 Sharia Abdel Salaam Aarafa, Glymm; 🕓 24 h). Junto al hospital Al-Obeedi. Bien equipado y con médicos altamente cualificados. También tiene una clínica privada con especialistas para lo que no son urgencias.

FARMACIAS

Hay varias en torno a Midan Ramla, y en todas hay alguien que habla inglés.

Farmacia Khalil (plano p. 378; ☎ 480 6710; Sharia al-Ghorfa at-Tigariya, junto a Midan Saad Zaghloul; 🕓 9.00-22.00 lu-sa, 10.00-22.00 do)

Dinero

Para cambiar efectivo o cobrar cheques de viaje lo más fácil es recurrir a una de las múltiples oficinas de cambio en las calles secundarias entre Midan Ramla y la Corniche, o probar en las siguientes:

American Express (Amex; plano pp. 376-377; ☎ 420 1050; 14 Mai, edificio Elsaladya, Smouha; 🕓 9.00-17.00 do-ju). También es agencia de viajes.

Thomas Cook (plano p. 378; ☎ 484 7830; www.thomascookegypt.com; 15 Midan Saad Zaghloul; 🕓 8.00-16.00)

CAJEROS AUTOMÁTICOS

Hay decenas de ellos en el centro urbano, sobre todo en Sharia Salah Salem y Talaat Harb, el barrio financiero de la ciudad. También los hay en los siguientes bancos:

Banque du Caire Sharia Salah Salem (plano p. 378; 5 Sharia Salah Salem); Sharia Sisostris (plano p. 378; Sharia Sisostris, esq. Talaat Harb)

Barclays (plano pp. 384-385; 41 Sharia Sultan Hussein)

Crédit Agricole (plano p. 378; 20 Sharia Salah Salem)

HSBC (plano pp. 384-385; 47 Sharia Sultan Hussein)

MIBank (plano p. 378; 45 Sharia Safiyya Zaghloul)

TRANSFERENCIAS

Para recibir dinero del extranjero o enviarlo, Western Union tiene dos oficinas.

Western Union Tariq al-Horeyya (plano pp. 384-385; ☎ 420 1148; 281 Tariq al-Horreyya); Tariq al-Horeyya (plano pp. 376-377; ☎ 492 0900; 73 Tariq al-Horreyya)

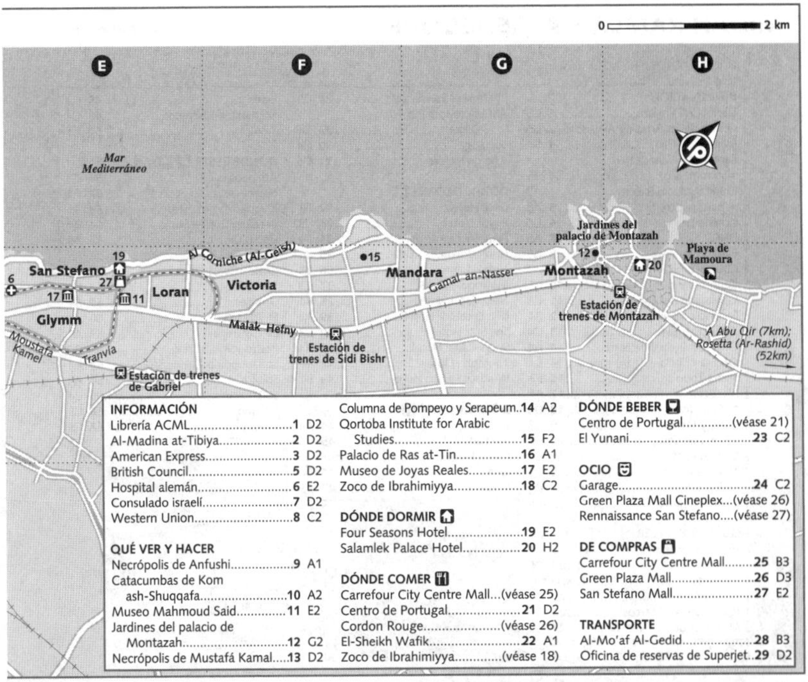

Fotografía

Kodak Express (plano p. 378; ☎ 486 4072; 36 Safiyya Zaghloul; 🕑 10.00-1.00). Vende carretes y tarjetas de memoria para cámaras digitales, e imprime fotos digitales.

Correos

La oficina principal queda al este de Midan Orabi, y hay multitud de estafetas repartidas por la ciudad.

Para recoger correo de una lista, algo que resulta poco fiable en el mejor de los casos, hay que ir al centro de clasificación de correo sito una manzana al oeste de Midan Orabi.

DHL (plano p. 378; ☎ 485 19111; 9 Sharia Salah Salem; 🕑 9.00-17.00 sa-ju)

Express Mail Service (EMS; 🕑 8.30-15.00 sa-ju). En todas las oficinas de correos.

Oficina principal de correos (plano p. 378; Al-Bursa at Qadima; 🕑 8.30-15.00 sa-ju)

Lista de correos (plano pp. 384-385; centro de clasificación de correo, Sharia Sahafa; 🕑 6.30-18.00 sa-ju). Suelen guardar la correspondencia tres semanas.

Teléfono

Por toda la ciudad hay Menatel que funcionan con tarjeta, aunque la costumbre de instalarlas en las esquinas dificulta el escuchar y ser escuchado. Hay locutorios por doquier, mucho más prácticos.

Central telefónica (plano p. 378; Saad Zaghloul; 🕑 24 h)

Información turística

Oficina de turismo de Mahattat Misr (plano pp. 384-385; ☎ 392 5985; andén 1, estación de trenes de Misr; 🕑 8.00-18.00). Servicio cordial.

Oficina principal de turismo (plano p. 378; ☎ 485 1556; Midan Saad Zaghloul; 🕑 8.30-18.00, 9.00-16.00 durante el Ramadán). Poco útil.

Policía turística (plano p. 378; ☎ 485 0507). Encima de la oficina principal de correos.

Extensión del visado

La **oficina de pasaportes** (plano p. 378; ☎ 482 7873; 25 Sharia Talaat Harb; 🕑 8.30-14.00 lu-ju, 10.00-14.00 vi, 9.00-11.00 sa y do) las emite normalmente el mismo día. Hay que llevar una foto tamaño pasaporte, fotocopia de las páginas relevantes del pasaporte, el pasaporte y 12 EGP. Hay que dirigirse directamente al mostrador 6 del segundo piso, aunque sólo aceptan solicitudes de extensión hasta el mediodía.

MIDAN RAMLA Y ALREDEDORES

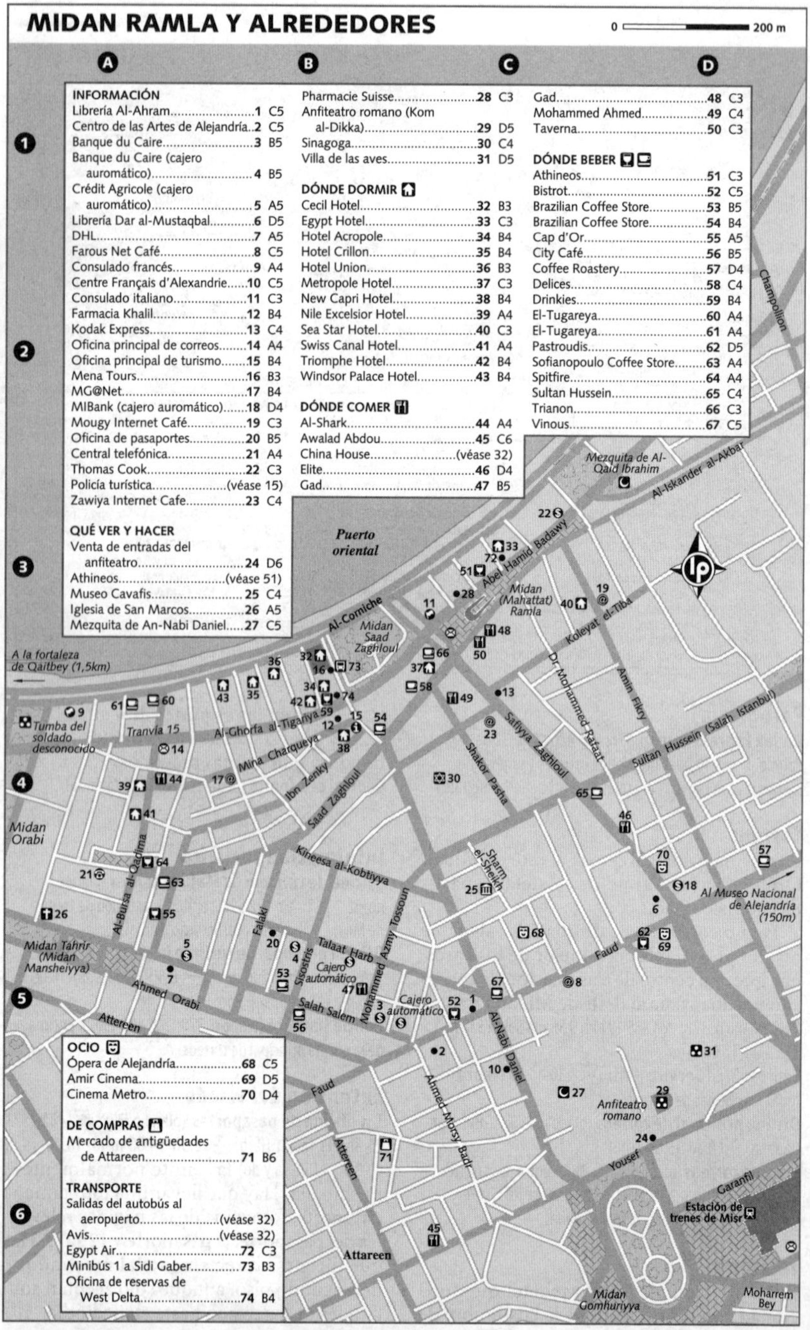

PUNTOS DE INTERÉS

Los de Alejandría se distribuyen por su extensa costa. Como siempre, se recomienda empezar por el principio, alrededor de Midan Ramla, el antiguo corazón de las múltiples vidas de la ciudad. Desde ahí se puede explorar el Museo Nacional de Alejandría, el Museo Grecorromano (cerrado por obras cuando el autor de esta guía pasó por allí), el anfiteatro romano, y luego dirigirse hasta la columna de Pompeyo y las catacumbas de Kom ash-Shuqqafa. También cabe sortear el paseo marítimo en una sucesión de taxis, tranvías o microbuses que circulan a toda velocidad hasta la fortaleza de Qaitbey y la Bibliotheca Alexandrina, y luego seguir hacia el oeste, hasta el Museo de Joyas Reales, el Museo Mahmoud Said y Montazah.

Alejandría antigua

Su historia es casi mítica, una ciudad legendaria inspirada por los relatos de Cleopatra, las maravillas del mundo y la gran biblioteca. Hoy, una columna, unas catacumbas y unas cuantas esculturas en los museos de la ciudad son las únicas pruebas de que todo aquello pudo haber ocurrido. Pero no todo está perdido: las investigaciones arqueológicas ininterrumpidas cada vez hallan más pruebas que dan forma física a la ciudad antigua. Si la Alejandría de Cleopatra yace 6 m bajo tierra, de vez en cuando la ciudad revela más secretos, ya que los promotores inmobiliarios se encuentran con hallazgos antediluvianos. En los últimos años, la arqueología subacuática ha cosechado algunos descubrimientos espectaculares (véase recuadro en p. 380).

No obstante, Alejandría sigue siendo una ciudad para nostálgicos con una imaginación fértil. La ciudad moderna, construida encima de la antigua, suele seguir el trazado de aquélla. La calle actualmente conocida como Tariq al-Horreyya fue otrora la vía Canópica, que se extendía de la puerta del Sol, al este, a la puerta de la Luna, al oeste. Hace dos mil años Sharia al-Nabi Daniel era la calle de la Soma. La intersección entre ésta y Tariq al-Horreyya (plano p. 378) conforma el cruce que constituye el centro urbano antiguo, donde según el geógrafo del s. I d.C. Estrabón estuvo una vez la tumba de Alejandro. Heinrich Schliemann, que llegó a Alejandría en 1888 tras descubrir las ruinas de Troya, creía que la tumba se encontraba bajo la moderna y poco destacable **mezquita de An-Nabi Daniel** (plano p. 378). Ensayos arqueológicos recientes han revelado que la mezquita descansa sobre un templo romano del s. IV, pero las autoridades religiosas han paralizado las excavaciones. Desde entonces eminentes arqueólogos han centrado su atención en otros enclaves. Ahora se cree que la ubicación más probable es la intersección entre Tariq al-Horreyya y una calle conocida como R1, que atraviesa el centro de la necrópolis de Chatby (p. 387). En ella, entre los vastos cementerios griegos, los arqueólogos han descubierto una impresionante antecámara de alabastro, que originariamente debió de conducir a un enorme túmulo.

MUSEO GRECORROMANO

Como parte de sus esfuerzos por ponerse al día, Alejandría está renovando muchos de sus principales reclamos turísticos. Por desgracia, el maravilloso **Museo Grecorromano** (plano pp. 384-385; ☎ 486 5820; 5 Al-Mathaf ar-Romani; adultos/estudiantes 30/15 EGP; 🕑 9.00-16.00) es uno de ellos. Aunque está previsto que las obras finalicen en 2009, los habituales retrasos e incrementos de presupuesto hacen prever que la cosa irá para largo. La colección, con más de cuarenta mil objetos, una de las más completas de arte grecorromano del mundo, realiza una gira mundial mientras el museo está cerrado. Las siguientes descripciones resultarán pertinentes cuando el museo vuelva a abrir.

Imprescindible la amplia colección de **estatuillas de terracota** *(tanagra)* realistas del período helenístico. También se aconseja buscar las tres distintas **cabezas talladas** del fundador de la ciudad, Alejandro. Un impresionante **mosaico** del s. III a.C. colgado de la pared y procedente de la región del delta, retrata a Berenice, esposa de Tolomeo III. Igual de portentoso es el toro Apis gigante de basalto de la época de Adriano, hallado en el Serapeum, y dos esculturas del dios **Serapis,** una de madera y la otra de mármol. Serapis es una creación completamente alejandrina, una divinidad en parte egipcia (el marido de Isis) y en parte griega, que recuerda también a Zeus y Poseidón. Tolomeo I lo difundió para unir a sus súbditos egipcios y griegos en un culto compartido… y funcionó. Por eso el museo está lleno de imágenes del dios.

Ningún museo de Egipto estaría completo sin una momia por lo menos, y éste tiene un **cocodrilo momificado** que solían llevar en procesiones dedicadas al dios Sobek. Se ha

ARQUEOLOGÍA NÁUTICA

Alejandría se ha hundido entre 6 y 8 m desde la Antigüedad, así que la mayor parte de lo que queda de la ciudad original está oculto bajo la ciudad moderna o las aguas del Mediterráneo. En tierra, gran parte ha sido destruido al crecer la ciudad. Arqueólogos de rescate como Jean-Yves Empereur, que lleva trabajando más de veinticinco años en Alejandría, tienen permiso para excavar antes de que un nuevo proyecto urbanístico siga adelante, aunque no suelen darles el tiempo suficiente (normalmente unas semanas o meses como mucho).

Pero bajo el agua la historia es distinta, y cada año revela más hallazgos del período tolemaico. Hasta ahora, la exploración se ha concentrado en torno a la fortaleza de Qaitbey, donde se cree que estuvo el faro (véase recuadro en p. 386); el sector sudeste del puerto oriental, donde se encontraron partes del barrio real tolemaico sumergidas; y Abu Qir (p. 399), donde se descubrieron restos de dos ciudades hundidas, probablemente Heraklion y Menouthis.

La inmersión en Qaitbey ha registrado cientos de objetos, entre ellos cuerpos de esfinges, columnas y capiteles, y fragmentos de obeliscos. Los submarinistas también han descubierto bloques gigantes de granito, algunos de ellos fracturados como si hubieran caído de una altura considerable, otra prueba circunstancial de cómo debió de sucumbir el faro.

En el barrio real, un equipo submarinista francoegipcio ha hallado plataformas, suelos y columnas de granito rojo que, se especula, formaron parte de un antiguo palacio (el "palacio de Cleopatra", como han dado en llamarlo), así como un pecio sorprendentemente completo que el carbono-14 ha datado entre 90 a.C. y 130 d.C. En octubre de 1998, ante una multitud de periodistas internacionales, los arqueólogos mostraron una bonita estatua de granito de un sacerdote de Isis y una esfinge de diorita con el rostro del que se cree que fue Tolomeo XII, padre de Cleopatra.

Las excavaciones más recientes en Abu Qir han descubierto *L'Orient* (el buque insignia de Napoleón que naufragó en 1798); la ciudad de Menouthis con puerto, casas, templos, estatuas y joyas de oro, y otra ciudad que se cree que fue Heraklion (Thonis para los egipcios), un puerto que custodiaba el ramal canópico del Nilo.

Algunos tesoros recuperados se pueden admirar en los museos de la ciudad, y están planteándose crear el primer museo subacuático del mundo. Pero el mejor modo de ver lo que cubre el agua es sumergiéndose en el puerto. **Alex Dive** (plano pp. 384-385; ☎ 03-483 2045; www.alexandra-dive.com; Corniche, Anfushi) en Alejandría organiza inmersiones a los yacimientos antes mencionados. Un paquete para dos cuesta unos 90 US$; alquilar el equipo, 20 US$ más. Hay que advertir que la visibilidad en la bahía puede limitarse a 1 m según la época del año: de septiembre a noviembre es cuando el agua está más clara para bucear.

reconstruido un templo descubierto en Al-Fayoum en el jardín del museo, cuya **puerta de madera** tallada y decorada radica dentro del museo.

Hay múltiples ejemplos de fusión de las culturas griega y egipcia, entre ellas estatuas de granito rosa de los **soberanos grecotolemaicos** de Egipto llevando ropas y coronas faraónicas en un intento de legitimarse como herederos de los faraones.

En este museo están prácticamente las únicas representaciones históricas del **faro** de Alejandría: unas piezas de terracota del s. III a.C. que indican las tres fases de construcción de la torre (véase recuadro en p. 386). También hay varias monedas de la época y con la efigie de Alejandro, y varias con los perfiles de la nariguda Cleopatra.

MUSEO NACIONAL DE ALEJANDRÍA

El **Museo Nacional de Alejandría** (plano pp. 384-385; ☎ 483 5519; 110 Tariq al-Horreyya; adultos/estudiantes 30/15 EGP; 🕑 9.00-16.00) ha establecido nuevos parámetros para sintetizar el impresionante pasado de la ciudad. La colección, pequeña pero excelente, cuidadosamente seleccionada y etiquetada, extraída de los otros museos alejandrinos, ilustra la historia de la ciudad desde la Antigüedad hasta la Edad Moderna. Ubicado en una villa italiana muy bien restaurada, almacena varios miles de años de historia alejandrina, presentada cronológicamente en tres pisos con aire acondicionado.

En la planta baja, dedicada a la época grecorromana, destaca una esfinge y otras esculturas halladas en excavaciones subacuáticas en Abu Qir. La pequeña estatua del dios griego Harpócrates llevándose un dedo a los labios (representando el silencio), es una variante infantil de Horus. También hay que fijarse en la bonita figura de una reina tolemaica, de aspecto egipcio y cuerpo helenístico. El sótano cubre el período faraónico, con hallazgos de todo Egipto, incluido un inusual tarro de cerámica del Imperio Nuevo con el dios Bes y la cabeza de piedra caliza pintada de la reina Hatshepsut. La planta de arriba muestra objetos de los períodos islámico y moderno, como monedas, armas otomanas y joyas del Museo de Joyas Reales (p. 388). La coexistencia inicial de las principales religiones de Alejandría se recoge en una cruz de madera tallada rodeada por una media luna. Los ilustrativos paneles de las paredes ofrecen reflexiones útiles sobre la vida, el arte y las creencias de los alejandrinos a lo largo de los siglos.

ANFITEATRO ROMANO (KOM AL-DIKKA)

Aunque puede que la escala de las 13 gradas de mármol blanco del único **anfiteatro romano** (plano p. 378; ☎ 486 5106; Sharia Yousef, junto a Midan Gomhuriyya; adultos/estudiantes 15/10 EGP; 🕑 9.00-17.00) de Egipto no sea impresionante, están magníficamente conservadas. Se descubrió al poner los cimientos de unos apartamentos en un enclave conocido como Kom al-Dikka (montaña de Escombros). Actualmente la excavación se ha desplazado al norte, donde un equipo trabaja para extraer los restos de unos baños y una villa romana. En el período tolemaico esta zona era conocida como el parque de Pan, un jardín de recreo donde los alejandrinos realizaban diversas actividades de ocio. En el suelo hay un extraordinario mosaico de nueve paneles conocido como **villa de las aves.** Para verlo, hay que comprar una entrada aparte (adultos/estudiantes 10/5 EGP) en la taquilla principal del anfiteatro, frente a Mahattat Misr (estación de trenes de Misr).

COLUMNA DE POMPEYO Y SERAPEUM

De 30 m de alto y tallada en granito rojo de Asúan, la **columna de Pompeyo** (plano pp. 376-377; ☎ 484 5800; Carmous; adultos/estudiantes 15/10 EGP; 🕑 9.00-16.00) se alza por encima de los restos del espléndido asentamiento de Rakotis, el municipio del que surgió Alejandría. Durante siglos la columna ha sido uno de los principales señuelos de la ciudad, un estrecho fuste de granito sobre una basa de 2,7 m, rematado por un espléndido capitel corintio. Pese al nombre, la inscripción de la basa reza que se erigió en 291 d.C. para sostener una estatua del emperador Diocleciano.

La columna se yergue entre las decepcionantes ruinas del **templo de Serapeum,** una espléndida estructura de la Antigüedad. Sus 100 escalones conducen de los aposentos de los sacerdotes hasta el gran templo de Serapis, el dios alejandrino creado por el hombre (véase p. 379). Allí también se encontraba la "hija de la biblioteca", la segunda gran biblioteca de Alejandría, que, dicen, albergaba copias y textos que no cabían en el Mouseion (véase recuadro en p. 387). Cualquiera que utilizara el templo podía consultar esos rollos, y por ello se convirtió en uno de los centros intelectuales y religiosos más importantes del Mediterráneo. En 391 los cristianos lanzaron un asalto final contra los intelectuales paganos y destruyeron el Serapeum y su biblioteca, de los que sólo dejaron la solitaria columna, el único monumento antiguo que permanece entero y en pie en Alejandría. Aparte de ésta, el yacimiento actual es poco más que escombros cuyas zanjas y agujeros contienen unas pocas esfinges (originales de Heliópolis) y un *nilómetro*.

Para llegar a la columna, hay que ir hacia el oeste desde Midan Gomhuriyya (la plaza de la estación de trenes de Misr), y seguir las vías del tranvía por Sharia Sherif. La entrada al Serapeum está 300 m después de la curva principal de la carretera, a mano derecha.

CATACUMBAS DE KOM ASH-SHUQQAFA

Unos cinco minutos a pie al sur de la columna de Pompeyo, **Kom ash-Shuqqafa** (plano pp. 376-377; ☎ 484 5800; Carmous; adultos/estudiantes 25/15 EGP; 🕑 9.00-17.00), descubiertas accidentalmente en 1900 cuando un burro se hundió en el suelo, conforman la mayor necrópolis romana conocida en Egipto. Esta impresionante proeza de ingeniería fue una de las últimas grandes obras religiosas del antiguo Egipto. Prueba de la fusión distintiva en Alejandría de los estilos faraonico y griego, los arquitectos construyeron las catacumbas siguiendo un enfoque grecorromano. Constan de tres pisos de tumbas y cámaras talladas en el lecho de la roca a una profundidad de 35 m. El nivel inferior, unos 20 m por debajo del suelo, está inundado y resulta inaccesible, pero las zonas superiores ya resultan muy impresionantes de por sí.

CATACUMBAS DE KOM ASH-SHUQQAFA

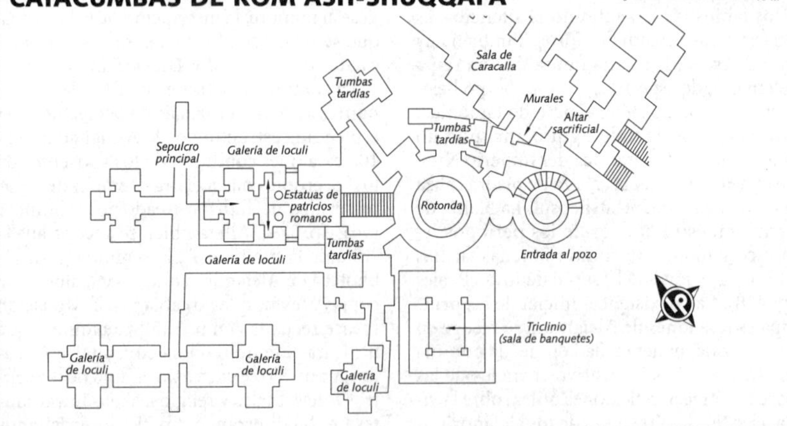

Tras acceder por una escalera en espiral, los cadáveres se bajaban con cuerdas hasta el centro de esta estructura circular. La escalera conduce a una **rotonda** con un pozo central que se sumerge en el tenebroso nivel inferior. En el s. II d.C., cuando construyeron las catacumbas, probablemente como cripta familiar, la rotonda debía de conducir sólo al **triclinio** (a la izquierda) y a la cámara sepulcral principal (todo recto). Pero durante los trescientos años que se utilizó el sepulcro, se tallaron más cámaras hasta devenir un complejo en el que cabían más de trescientos cuerpos.

En el triclinio los familiares de luto presentaban con un festín sus últimos respetos. Los dolientes, que volvían para festejar al cabo de 40 días y cada aniversario, se reclinaban en bancos elevados en el centro de la sala en torno a una mesa baja. Hallaron vajilla y jarras para el vino cuando se excavó la cámara.

Volviendo a la rotonda, hay que bajar por la escalera hasta el **sepulcro principal,** la pieza central de las catacumbas. En él, una antecámara con columnas y frontón conduce hasta un sanctasanctórum. La típica decoración alejandrina muestra una extraña síntesis de iconografía funeraria egipcia, griega y romana. La entrada que conduce a la cámara interior está flanqueada por figuras de Anubis, el dios egipcio de los muertos, vestido de legionario romano y con una cola de serpiente que representa a Agatodemón, una divinidad griega.

Desde la antecámara, un par de pasillos cortos llevan a una gran cámara en forma U con ***loculi,*** los orificios en los que se depositaban los cuerpos. Después la cámara pequeña se sellaba con placas de yeso.

Subiendo otra vez hasta la rotonda, cuatro pasillos más conducen a pequeños grupos de tumbas. Uno de ellos permite acceder a un complejo radicalmente distinto, conocido como la **sala de Caracalla,** que tenía su propio acceso (ahora hundido) por la escalera y se ha unido a Kom ash-Shuqqafa, a la que antecede, porque los ladrones de tumbas excavaron un nuevo pasadizo. Junto al orificio de la pared, un cuadro muestra la momificación de Osiris y a Hades raptando a Perséfone, ilustrando antiguos mitos funerarios egipcios y griegos.

Centro de Alejandría

En el centro de la amplia **Corniche** se alza el legendario **Cecil Hotel** (plano p. 378), que da a Midan Saad Zaghloul. Construido en 1930, es una institución alejandrina y un monumento a la *belle époque* de la ciudad, cuando entre los huéspedes figuraban Somerset Maugham, Noel Coward y Winston Churchill, y el Servicio Secreto Británico operaba desde una *suite* del primer piso. Lawrence Durrell inmortalizó el hotel en *El cuarteto de Alejandría.*

Alrededor de **Midan Ramla** se concentran vestigios del pasado cosmopolita de la ciudad, entre ellos la **Pharmacie Suisse** (plano p. 378), con sus bonitas vitrinas de madera oscura y cristal pintadas con calaveras y huesos, y la advertencia *substances toxiques*, y el contiguo **Athineos** (véase recuadro en p. 395), un salón de té antaño majestuoso que solían frecuentar chicas griegas y trajeados bajás egipcios.

En Midan Ramla debía de encontrarse el **Caesareum,** un gran santuario y templo que se inició en tiempos de Cleopatra en honor al deificado Julio César, y que continuó Augusto, el primer soberano romano de Egipto. Dos obeliscos espectaculares traídos de Heliópolis señalaban la entrada al sagrado lugar. Mucho después de la desaparición del Caesareum, los obeliscos permanecieron en pie, hasta el s. XIX, cuando Mohammed Ali los regaló. Ahora adornan el terraplén Victoria de Londres y el Central Park de Nueva York.

Al sur del Caesareum radica la fabulosa **sinagoga** (plano p. 378) de Alejandría, de construcción italiana. Erigida hace más de un siglo, sirvió a una próspera, rica y cosmopolita comunidad judía de unas quince mil personas. Desde las guerras con Israel y la crisis de Suez de 1956, la comunidad ha disminuido, así que ahora, cuando abre para el sabbat, rara vez recibe a los 10 hombres necesarios para celebrar un servicio. No suelen admitir visitas informales.

MIDAN TAHRIR

Midan Tahrir (plaza de la Liberación; plano pp. 384-385) fue diseñada en 1830 como eje de la nueva imagen urbana promovida por Mohammed Ali: Alejandría se mezcla con Europa. La impresionante **estatua ecuestre** (plano pp. 384-385) del soberano se yergue en el centro de la *midan*. Una limpieza reciente ha acentuado la belleza de los edificios que rodean la plaza.

Cerca del extremo este de la plaza, en un jardín tranquilo, está la **iglesia de San Marcos** (plano p. 378), de confesión anglicana y con monumentos a residentes y soldados británicos. **Midan Orabi** (plano p. 378), que va de Tahrir al mar, fue otrora los magníficos jardines franceses. Un pasaje en el majestuoso edificio de los grandes almacenes Okelle Monferrato, en la esquina de ambas plazas, conduce a la maravillosa **Ahwa al-Hind** (plano pp. 384-385), una cafetería en la que los hombres que juegan al dominó y fuman en *sheeshas* (narguiles) parece que lleven siglos atrincherados (para más detalles, véase p. 395).

ANFUSHI

El carismático Anfushi, el antiguo sector turco de la ciudad, era donde los alejandrinos esnobs iban a desmelenarse. Mientras que Midan Ramla y la zona de Midan Tahrir evolucionaron siguiendo un modelo europeo en el s. XIX, Anfushi permaneció tal cual, y siguió siendo un barrio genuino que contrastaba con la nueva ciudad cosmopolita. Ahí era donde los personajes de Lawrence Durrell iban en busca de prostitutas y algún que otro hombre duro. Hoy en día sigue siendo uno de los barrios más pobres de la ciudad, donde gran cantidad de personas se apretujan en animados edificios, pero tan viejos y decadentes que muchos parece que estén a punto de derrumbarse.

La bonita y pequeña **mezquita Terbana** (plano pp. 384-385) se encuentra en el cruce entre Sharia Fransa y zoco de Al-Kharateen. Todo este barrio, conocido como Gumruk, ocupa un terreno que en la Edad Media estaba anegado. Los constructores de finales del s. XVII lograron incorporar fragmentos de la Alejandría antigua en la estructura de la mezquita, aprovechando dos columnas clásicas para sostener el minarete. Los ladrillos pintados de rojo y negro de la fachada son característicos de la arquitectura del delta. La **mezquita de Shorbagi** (plano pp. 384-385; Sharia Nokrashi) queda cerca, y también está construida con restos rescatados de la Antigüedad.

Siguiendo por Sharia Fransa la calle se estrecha hasta abrirse de repente a una *midan* dominada por la enorme y blanca **mezquita de Abu Abbas al-Mursi** (plano pp. 384-385). Construida en 1943 en el lugar donde se alzaba la mezquita que cubría la tumba de un santo musulmán del s. XIII, es un ejemplo moderno, pero no por ello menos impresionante, de arquitectura islámica.

Los aficionados a las tumbas pueden acercarse a la **necrópolis de Anfushi** (plano pp. 376-377; ☎ 486 5820; Qasr Ras at-Tin; adultos/estudiantes 15/10 EGP; 🕒 10.00-17.00), que tiene cinco tumbas de los ss. II y I a.C. Una desvaída imitación del mármol y el alabastro decora las paredes de las dos tumbas principales. Aunque no son tan llamativas como Kom ash-Shuqqafa, las tumbas de Anfushi reiteran el modo en que los griegos de Alejandría integraron las creencias egipcias a sus prácticas funerarias. A continuación de las tumbas está el **palacio de Ras at-Tin** (plano pp. 376-377), un centro de poder durante la primera mitad del s. XIX,

CENTRO DE ALEJANDRÍA

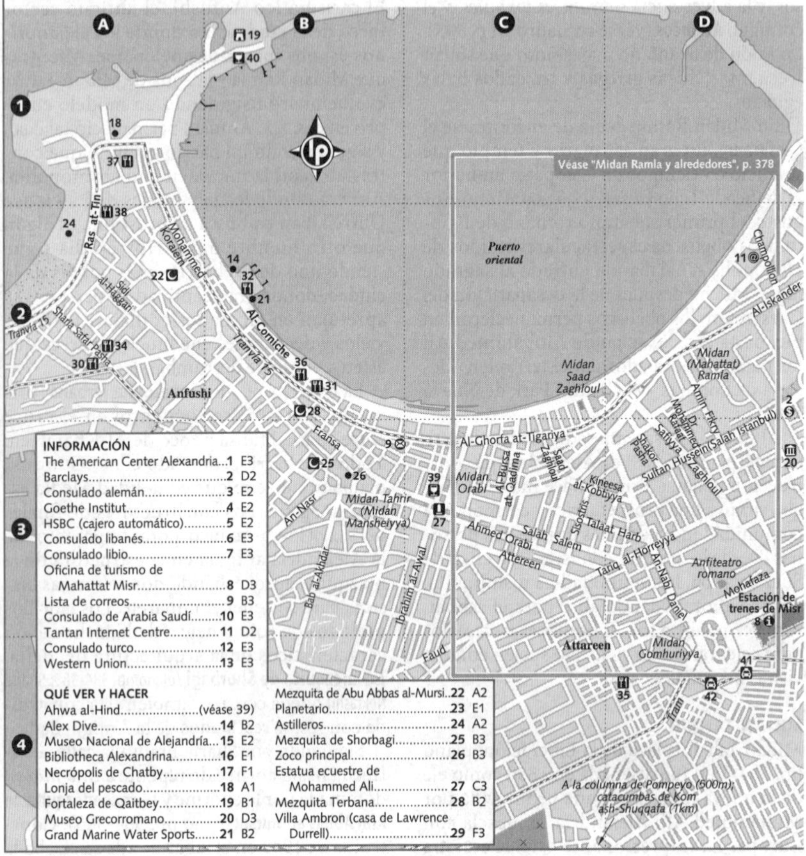

cuando Mohammed Ali veraneaba en él. También es donde el rey Faruk subió a bordo de su yate y salió de Egipto tras abdicar el 26 de julio de 1956. Ahora está cerrado al público.

Alejandría literaria

Muchos viajeros llegan en tren a Mahattat Misr con un ejemplar de *El cuarteto de Alejandría* de Lawrence Durrell en la mano, ya que Alejandría es más conocida por su literatura y sus escritores que por cualquier monumento inmobiliario. A diferencia de la Alejandría del pasado, la que evocan Durrell, E. M. Forster y el poeta grecoalejandrino Cavafis aún cubre los edificios del centro urbano.

Hijo de padres griegos, **Cavafis** (1863-1933) pasó casi toda su vida en Alejandría. En algunos poemas resucita figuras del período tolemaico y la Grecia clásica, y en otros capta fragmentos de la ciudad a través de rutinas o encuentros casuales. Nació en el seno de una de las familias más ricas de la ciudad, pero un revés de la fortuna le llevó a trabajar de empleado del Ministerio de Obras Públicas, en una oficina sobre el café Trianon (véase recuadro en p. 395).

Cavafis pasó los últimos 25 años de su vida en un apartamento de un segundo piso, sobre un burdel, en la antigua Rue Lepsius (actual Sharia Sharm el-Sheikh), con la iglesia griega (la de San Saba) a la vuelta de la esquina y un hospital enfrente, en su opinión el

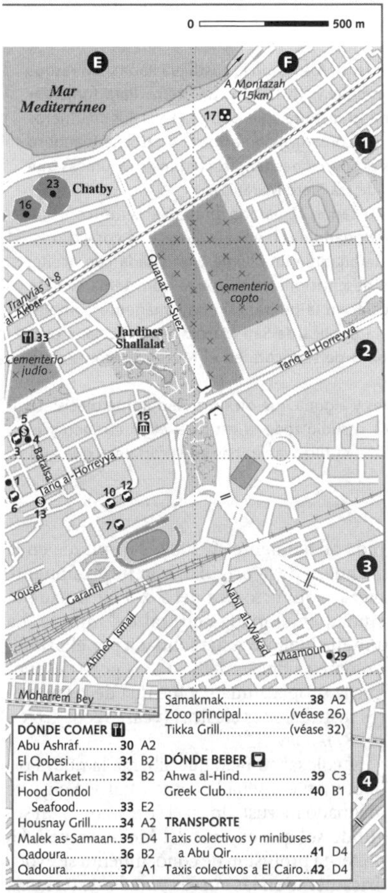

sitio ideal para vivir: un lugar en el que ceder a los deseos de la carne, obtener el perdón por los pecados y morir. El piso es actualmente el **Museo Cavafis** (plano p. 378; ☎ 486 1598; 4 Sharia Sharm el-Sheikh; entrada 8 EGP; ⌚ 10.00-16.00 ma-do), en el que dos de las seis habitaciones están arregladas tal como las tenía Cavafis. Hay ediciones de las publicaciones del poeta y fotocopias de sus manuscritos, libretas y correspondencia repartidas en mesas por las estancias.

El primer contacto que tuvo Cavafis con el mundo anglófono fue E. M. Forster (1879-1970), el célebre novelista británico que ya había publicado *Una habitación con vistas* y *Regreso a Howards End* cuando llegó a Alejandría en 1916. Forster trabajaba para la Cruz Roja y pasó tres años en la ciudad. Aunque no encontró lugar para ella en sus novelas posteriores, compiló lo que decidió llamar una "antiguía". Explicó que su *Alejandría* remitía a cosas que no estaban allí, basándose en la premisa de que "los puntos de interés de Alejandría no son interesantes de por sí, pero fascinan cuando los abordamos desde el pasado".

La guía introdujo en la ciudad a Lawrence Durrell (1912-1990), que llegó a Egipto 22 años después de marchar Forster. Durrell había sido evacuado de Grecia y no le gustaba Alejandría, a la que denominó "un pueblo napolitano destrozado, acabado y envejecido". Pero como descubren los visitantes hoy en día, las primeras impresiones son engañosas, y entre 1941 y 1945 Durrell se distrajo mucho con el aire un tanto irreal de decadencia y promiscuidad motivadas por las incertidumbres de la guerra que se desarrollaba en el desierto.

Puede que los admiradores de *El cuarteto de Alejandría* gusten de investigar la **Villa Ambron** (plano pp. 384-385), donde Durrell vivió y escribió durante los dos últimos años de la guerra. Gilda Ambron, cuyo nombre aparece en el "Balthazar" de *El cuarteto*, pintaba con su madre en un estudio en el jardín que compartían con su vecina Clea Badaro, que le inspiró el personaje homónimo de *El cuarteto*. La habitación de Durrell estaba en lo alto de una torre octogonal en el jardín, aunque por desgracia el lugar se ha deteriorado mucho en las últimas dos décadas. Si apetece peregrinar hasta allí de todos modos, desde la estación de trenes de Misr hay que ir por Sharia Moharrem Bey al sudeste, y luego en la placita del final girar a la izquierda por Sharia Nabil al-Wakad. Sharia Maamoun queda unos 200 m a la derecha. Villa Ambron está en el nº 19.

Fortaleza de Qaitbey

El puerto oriental está dominado por la **fortaleza de Qaitbey** (plano pp. 384-385; ☎ 486 5106; puerto oriental; adultos/estudiantes 20/10 EGP; ⌚ 9.00-18.00 verano, 9.00-16.00 invierno). Construida sobre una estrecha península por el sultán mameluco epónimo en 1480, se asienta sobre los restos del legendario faro (véase recuadro en p. 386).

El faro, que llevaba en funcionamiento unos diecisiete siglos, fue destruido finalmente por un terremoto y permaneció en

EL FARO

La costa egipcia era una pesadilla para los antiguos marineros: como la costa era llana y sin rasgos destacados, resultaba difícil sortear las rocas escondidas y los bancos de arena. Para fomentar el comercio, Tolomeo I ordenó que se irguiera una gran torre que pudieran ver los marineros mucho antes de alcanzar la costa. Tras doce años de construcción, la torre, o faro, se inauguró en 283 a.C. La estructura creció hasta adquirir unas proporciones tan descomunales y únicas que los eruditos de la Antigüedad la consideraron una de las Siete Maravillas.

En su formato original el faro era un simple indicador, rematado probablemente con una estatua, como era habitual en aquella época. Los historiadores creen que la torre se convirtió en faro en el s. I d.C., cuando los romanos debieron de añadirle una llama alimentada con aceite, reflejada por láminas de bronce pulido. Según las descripciones del s. XII, el faro tenía la base cuadrada, una sección central octogonal y era circular en la punta. Aún hay imágenes contemporáneas del faro, por ejemplo en un mosaico en la basílica de San Marcos, en Venecia, y otro en una iglesia al este de Libia, y dos representaciones de terracota en el Museo Grecorromano de Alejandría.

En conjunto, el faro soportó vientos, inundaciones y alguna que otra marea durante diecisiete siglos. No obstante, en 1303 un violento terremoto sacudió todo el este del Mediterráneo y el faro se vino abajo. Un siglo más tarde el sultán Qaitbey utilizó las ruinas en la fortaleza que aún se alza sobre el lugar.

ruinas durante más de cien años hasta que Qaitbey ordenó fortificar el puerto de la ciudad. Se aprovechó material del faro caído, y al aproximarse a las murallas exteriores se pueden reconocer algunas columnas de granito rojo, que, con toda probabilidad, proceden del antiguo faro. Otras partes del antiguo edificio yacen en el cercano fondo marino.

El fuerte, restaurado hace poco, está ahora abierto al público. Es agradable pasear por él, y la vista sobre el puerto es espectacular: en primer plano flotan coloridos barcos pesqueros, y a lo lejos, el disco solar de la nueva biblioteca. Cerca hay una animada lonja del pescado (véase p. 389).

Desde Midan Ramla, hay entre treinta y cuarenta y cinco minutos a pie por la Corniche. También cabe tomar el tranvía amarillo 15 en Midan Ramla o parar cualquiera de los microbuses que circulan a toda velocidad por la Corniche. Un taxi debería costar 5 EGP.

Barrios periféricos orientales

BIBLIOTHECA ALEXANDRINA

Aunque intentar encontrar una sustituta adecuada para la calcinada biblioteca de Alejandría puede parecer una tarea hercúlea, la nueva **Bibliotheca Alexandrina** (plano pp. 384-385; ☎ 483 9999; www.bibalex.org; Corniche al-Bahr, Chatby; adultos/estudiantes 10/5 EGP; 🕑 11.00-19.00 do-ju, 15.00-19.00 vi y sa) lo ha logrado con creces. Inaugurada oficialmente en 2002, e inspirada en la grandeza de la original, esta impresionante pieza arquitectónica del s. XXI ha situado la ciudad en el mapa cultural del mundo. La antigua biblioteca fue fundada por el primer Tolomeo a finales del s. III a.C., poco después que la propia ciudad, y fue una de las mayores instituciones clásicas (véase recuadro en p. 387).

El colosal edificio que alberga la nueva biblioteca fue diseñado como un disco gigante inclinado incrustado en el suelo, como un segundo sol que emerge del Mediterráneo. La pretérita profusión de conocimiento se evoca líricamente en las curvas paredes exteriores, con letras gigantes, pictogramas y jeroglíficos tallados en todos los alfabetos conocidos. En consonancia con el reto de convertirse en la "la ventana del mundo a Egipto y de Egipto al mundo", la nueva biblioteca puede reunir ocho millones de libros en una enorme rotonda que parece esculpida a partir de las alas de un avión, y, por supuesto, también está dotada de múltiples ventanas. El edificio se ha convertido en uno de los principales centros culturales de Egipto y acoge numerosos eventos internacionales.

La exposición permanente ***Impresiones de Alejandría*** explica la historia de la ciudad a través de dibujos, mapas y fotografías antiguas. La entrada incluye un circuito guiado en varios idiomas que introduce a los visitantes en la historia de la antigua biblioteca y explica la trascendencia de la nueva. **Culturama** (☎ 483 9999, ext 1574; entrada gratuita; 🕒 en francés 12.30, en inglés 13.30 do-ju) es un espectáculo interactivo (de 15 a 30 min) que narra la historia de Egipto en nueve pantallas. Las salas adyacentes acogen el **Museo del Manuscrito** (adultos/estudiantes 20/10 EGP), que contiene manuscritos y libros antiguos, y un espacio de exposiciones artísticas temporales. En el sótano de la biblioteca está el **Museo de Antigüedades** (adultos/estudiantes 20/10 EGP), que contiene excedentes del Museo Grecorromano, ente ellos el estupendo mosaico de un perro descubierto cuando excavaban los cimientos de la biblioteca. Hay guías gratuitas de alta tecnología en PDA (siglas inglesas de Asistente Digital Personal) en inglés, árabe y francés. Asimismo, hay una biblioteca en el vestíbulo, un centro de conferencias con salas de exposiciones y, en la explanada exterior, una estructura esférica que se alza cual Estrella de la Muerte de *La guerra de las galaxias*, el **Planetario** (☎ 483 9999, ext 1451; entrada 25 EGP; 🕒 sesiones a las 23.30 y 13.30 cada día, también a las 16.00 y 17.00 ju-sa).

Las entradas se compran en el acceso principal a la biblioteca, donde registran todas las bolsas. Las entradas para los museos de Antigüedades y del Manuscrito y el Planetario se adquieren en sus respectivos accesos.

NECRÓPOLIS

La **necrópolis de Chatby** (plano pp. 384-385; Sharia Port Said, Chatby; adultos/estudiantes 15/10 EGP; 🕒 9.00-16.00) está considerada la más antigua de Alejandría. Descubierta en 1904, los entierros datan del s. IV a.C., poco después de que se fundara la ciudad, y pertenecen a las primeras generaciones de alejandrinos. Muy apropiadamente, si la arqueología actual lleva razón, puede que Alejandro Magno también yaciera en ella un tiempo. Más al este, la **necrópolis de Mustafá Kamal** (plano pp. 376-377; Sharia al-Moaskar ar-Romani, Rushdy; adultos/estudiantes 15/10 EGP; 🕒 9.00-16.00), que alberga cuatro tumbas, dos de ellas en perfecto estado, resulta interesante por las columnas dóricas que se elevan en el centro.

El autobús 218 que sale de Midan Ramla deja cerca de la necrópolis de Chatby. Para

LA GRAN BIBLIOTECA DE ALEJANDRÍA

El mayor depósito de libros y documentos de toda la Antigüedad fue fundada por Tolomeo I en 283 a.C. como parte de un centro de investigación más grande conocido como el Mouseion ("santuario de las Musas", origen de la palabra "museo"). Este centro de aprendizaje acogió a más de cien investigadores a tiempo completo y estaba dotado de salas de conferencias, jardines, un zoo, santuarios y la biblioteca en sí. Excepcionalmente, fue una de las primeras bibliotecas "públicas" importantes y abrió sus puertas a toda clase de personas sin las correspondientes cualificiones académicas.

Demetrio de Falero, un discípulo de Aristóteles, fue el encargado de dirigir la biblioteca y junto a Tolomeo I y sus sucesores se marcó el elevado objetivo de coleccionar ejemplares de todos los libros del mundo. Los manuscritos hallados en barcos que llegaban al concurrido puerto de Alejandría se confiscaban por ley y copiaban, y se enviaba a los comerciantes a registrar los mercados de otras ciudades mediterráneas en busca de documentos de todo tipo. La mayor parte consistía en rollos de papiro, traducidos a menudo al griego, enrollados y guardados en los múltiples casilleros etiquetados de la biblioteca. En su cenit, se cree que la biblioteca contuvo más de setecientas mil obras, lo cual indica que había ciertas repeticiones, ya que se supone que esta cifra superaba el número de obras publicadas existente. La biblioteca excedió enseguida su capacidad y se fundó una sucursal en el templo de Serapeum (véase p. 381) para albergar el excedente. La inmensa colección hizo de Alejandría el mayor foco de cultura y civilización del mundo.

No se sabe exactamente quién fue el responsable de la destrucción de los mayores archivos de conocimiento del mundo antiguo, aunque se sospecha de varios, entre ellos Julio César; en su enfrentamiento con Pompeyo en 48 a.C, César prendió fuego al puerto de Alejandría, y las llamas se extendieron hasta donde se encontraba la biblioteca. En 270 d.C., Zenobia, reina de Palmira (en la actual Siria), tomó Egipto, y se enfrentó al emperador romano Aureliano en Alejandría; el sitio resultante provocó la destrucción de otra parte de la biblioteca. En aquel entonces, el centro principal de aprendizaje de la ciudad se trasladó a la sucursal en el templo de Serapeum. Y por último figuran los primeros cristianos: la mencionada sucursal acabó destruida como parte de una purga antipagana dirigida por el emperador romano cristiano Teodosio en 391 a.C.

ir a la de Mustafá Kamal, hay que tomar los tranvías 1 o 2 hasta la parada de Mustafá Kamal as-Sughayyer y caminar hacia el este un par de manzanas, hasta Sharia al-Moaskar ar-Romani, donde se debe girar a la izquierda (en dirección al mar) y seguir un par de manzanas más.

MUSEO DE JOYAS REALES

En un país con tal retahíla de monarcas no resulta fácil hacerse un nombre, pero Faruk, el último rey, lo consiguió. Famoso por sus extravagancias, excesos, debilidad por las mujeres y el juego, en una ocasión perdió 150.000 US$ de una sola vez en el casino en una época en la que la mayoría de sus súbditos vivía en la pobreza. Sin duda, la revolución de 1952 también se habría producido sin él, pero su decadencia tan sólo aceleró la desaparición de la casa de Mohammed Ali. El **Museo de Joyas Reales** (plano pp. 376-377; ☎ 582 8348; 27 Sharia Ahmed Yehia Pasha, Glymm; adultos/estudiantes 35/20 EGP; 🕒 9.00-16.00) testimonia sus excesos, ya que alberga una colección deslumbrante de reliquias personales y familiares, Aparte de los objetos estándar (medallas, joyas, etc.), se exponen herramientas de jardinería con diamantes incrustados, relojes con rubíes y retratos en miniatura pintados a mano y una colección de cofres de oro. La colección se encuentra en una encantadora mansión que perteneció a la familia de la primera reina de Faruk, y conserva una ecléctica decoración: los techos alcanzan nuevas cotas *kitsch*, con querubines de color rosa sobre nubes de algodón.

Para ir al museo hay que tomar el tranvía 2 en Midan Ramla y apearse en la parada de Qasr as-Safa. El museo estaba cerrado por obras cuando el autor lo visitó por última vez, y estaba previsto que lo abrieran al cabo de dos meses. No obstante, lo mismo le dijeron dos años atrás; antes de ir allí mejor comprobarlo en la oficina de turismo.

MUSEO MAHMOUD SAID

Aunque poco conocido fuera de su país natal, Mahmoud Said (1897-1964) fue uno de los mejores artistas egipcios del s. XX. Juez de profesión, destacó como pintor y se convirtió en miembro clave de un grupo de sofisticados personajes dedicados a forjar la identidad artística egipcia en los años veinte y treinta. Su obra evoca el pasado (algunos de sus retratos se asemejan a los de Fayoum; véase recuadro en p. 204) pero también mezcló influencias europeas y americanas, experimentando en ocasiones con el cubismo y el realismo social. El **Museo Mahmoud Said** (plano pp. 376-377; ☎ 582 1688; 6 Sharia Mohammed Said Pasha, Gianaclis; adultos/estudiantes 10/5 EGP; 🕒 9.00-13.30 y 17.00-21.00 sa-ju) presenta 40 de sus obras en la bonita mansión de estilo italiano donde residió.

Para ir hasta allí hay que tomar el tranvía 2 en Midan Ramla hasta la parada de San Stefano, cruzar la vía, subir los escalones hasta la calzada elevada y girar a la derecha… Sharia Mohammed Said Pasha queda a poca distancia, a mano izquierda.

JARDINES DEL PALACIO DE MONTAZAH

El jedive Abbas Hilmy (1892-1914) se hizo construir Montazah como residencia de verano, un refugio para huir de El Cairo cuando éste se volvía demasiado caluroso. Sobre un acantilado rocoso que daba al mar, fue diseñado en estilo seudomorisco con un toque florentino, al haber añadido una torre inspirada en una de las del Palazzo Vecchio. Ahora lo utiliza el presidente de Egipto y no se abre al público, aunque sí las frondosas arboledas y **jardines** (plano pp. 376-377; entrada 5 EGP) circundantes, con pinos y palmeras. Lo frecuentan las parejas de novios y los lugareños que van de *picnic*. También hay una atractiva cala de arena con una playa semiprivada (10 EGP por utilizarla, aunque no está especialmente limpia) y un excéntrico puente de estilo victoriano tendido hasta un islote. Si se ignoran los restaurantes de comida rápida, supone una escapada agradable del tráfico y el bullicio urbano. Una segunda residencia real, conocida como el Salamlek y construida al estilo austriaco, es ahora un hotel de lujo (véase p. 391).

La manera más fácil de ir hasta allí consiste en esperar en la Corniche o en Tariq al-Horreyya y parar un microbús; cuando aminore hay que gritar "Montazah", y si va en esa dirección (la mayoría lo hacen), parará para que uno pueda subir a bordo.

Zocos

Aunque no son como los bazares antediluvianos de El Cairo, los concurridos zocos (mercados) de Alejandría son ideales para observar a la gente. El **zoco de Ibrahimiyya** (plano pp. 376-377; Sharia Omar Lofty), que ocupa varias calles secundarias, angostas y cubiertas,

CONSTRUCCIÓN NAVAL A LA ANTIGUA USANZA

El estratégico puerto de Alejandría está estrechamente ligado a la historia de la ciudad, ya que las naves de innumerables imperios han atracado en él a lo largo de milenios. Desde las humildes barcas de papiro del antiguo Egipto a los actuales buques con el casco de acero, la construcción naval ha desempeñado un papel fundamental en la personalidad de esta ciudad portuaria.

Aunque el acero y la fibra de vidrio dominan las técnicas de construcción naval moderna, en Alejandría siguen existiendo métodos más tradicionales. En los **astilleros** (plano pp. 384-385; Qasr Ras at-Tin) del extremo norte de Anfushi, los veleros siguen haciéndose a mano y de madera. En este tramo de costa hay decenas de veleros en diversos estadios de finalización, muchos con diseños tan modernos y elegantes que recuerdan más a sus homólogos de fibra de vidrio. Los cascos de madera sencillos salpican la arena cual exposición de dinosaurios encallados, y decenas de embarcaciones más pequeñas compiten con ellos por el espacio en la playa. Entre los cascos curvos, chozas pequeñas que albergan materiales de construcción bordean la playa, muchas con artesanos especializados en determinadas piezas, como timones con tallas intrincadas o armarios de calidad. Es un sitio fascinante para pasear y apreciar la destreza manual que se ha visto sustituida por la maquinaria industrial en otras partes del mundo.

cerca del Sporting Club, está lleno a rebosar de frutas y verduras, húmedas pilas de marisco y puestos donde venden toda clase de ruidosas aves de corral y carnes varias. Por la mañana los tenderos son más charlatanes y entusiastas.

En una ciudad que devora más pescado que una foca hambrienta, cabe esperar un mercado digno de merecer… y así es. La **lonja del pescado** (plano pp. 384-385; Qasr Ras at-Tin) del extremo norte de Anfushi bulle a diario con las capturas aún vivas, que literalmente acaban de arrojar del barco. Los vendedores, con petos, gritan los precios de la mercancía, y los compradores, siempre escépticos, la palpan y sopesan la calidad. Se aconseja ir temprano, cuando el mercado está más animado; las cosas se calman a media mañana.

En la esquina sudoeste de Midan Tahrir, la espléndida pero ruinosa arquitectura cambia de escala y deviene más íntima al acceder al **zoco principal** (plano pp. 384-385) de la ciudad. Sharia Nokrashi, de un bullicioso kilómetro de largo, reúne productos alimenticios, puestos de pescado, carnicerías, pastelerías, cafés y comercios que venden de todo para la casa; y Sharia Fransa empieza ofreciendo telas, ropa y accesorios de costura. El dédalo de callejones cubiertos que enfilan hacia el oeste se conoce como Zinqat as-Sittat, o "el callejón de las mujeres". En él venden desde bisutería a sujetadores acolchados alarmantemente grandes, botones, galones, adornos, cuentas… Tras los merceros vienen los orfebres y luego los herboristas y los especieros.

Playas

Hay muchas playas públicas y privadas en las orillas de Alejandría, pero las que quedan entre el puerto oriental y Montazah suelen estar repletas y muy sucias. **Mamoura** (plano pp. 376-377), 1 km al este de Montazah, es algo mejor. Las autoridades locales intentan que esta playa siga siendo exclusiva cobrando 5 EGP a todos los que entran, pero luego hay que pagar 20 EGP para pisar la arena. Las mujeres deben saber que incluso en la playa prevalece el recato, conque se recomienda cubrirse al nadar y ponerse una camiseta ancha y pantalones cortos sobre el bañador. Para llegar a ella hay que tomar el microbús con destino Abu Qir en Midan al-Gomhuriyya, y cerciorarse de que el conductor se entera de que se desea ir a Mamoura.

ACTIVIDADES

La bahía de Alejandría esconde bajo sus aguas fabulosas riquezas arqueológicas que los submarinistas avezados pueden explorar (véase recuadro en p. 380).

Si se prefiere ir por la superficie es posible recorrer la bahía a toda velocidad en una moto acuática de las que alquilan por 300-450 EGP/h en **Grand Marine Water Sports** (plano pp. 384-385; ☎ 012 222 5555; Corniche, Anfushi; ⏰ 10.00-atardecer). Más vale cerrar bien la boca: el agua de la bahía dista mucho de ser higiénica.

Si los pausados tranvías de Alejandría no resultan lo bastante lentos y relajantes, cabe la posibilidad de dar un paseo en un **carruaje tirado por caballos.** De estilo victoriano y muy populares en verano, transitan por la Corniche y van a los principales lugares turísticos (50-80 EGP/h). Un paseo al atardecer por la costa podría ser romántico si no fuera por los cláxones estridentes de taxis y microbuses que intentan adelantar.

CURSOS

Si se quiere aprender árabe, el **Qortoba Institute for Arabic Studies** (plano pp. 376-377; ☎ 556 2959, 010 584 3438; www.qortoba.net; Muhammad Nabeel Hamdy, esq. Khalid Bin Waleed, Miami; 9.00-16.00 do-ju) imparte clases particulares por 4 a 4,50 €/h. Las clases y los horarios se adaptan a los principiantes que parten de cero o a hablantes más experimentados. Cuesta un poco llegar hasta él desde el centro urbano, pero si se quiere estudiar en serio, el instituto busca alojamiento cercano en apartamentos para estudiantes (de 130 a 160 US$ al mes).

DÓNDE DORMIR

Como Alejandría se ha sometido a una puesta a punto, los alojamientos están mejorando poco a poco. Mientras cadenas hoteleras de cinco estrellas abren establecimientos, los hoteles de categoría media siguen siendo escasos. Los económicos cubren todo el espectro, desde los totalmente sórdidos a los que resultan bastante confortables; a partir de ahí la horquilla pasa directamente a la categoría de 100 US$ por noche.

De junio a septiembre es temporada alta en Alejandría, cuando medio El Cairo parece establecerse en ella para escapar del calor de la capital. En agosto puede costar encontrar habitación en algunos de los hoteles más populares.

Precio medio y alto

Hay bastantes hoteles económicos que dan, al menos en parte, a la Corniche, ya que uno de los placeres de alojarse en Alejandría consiste en abrir las ventanas por la mañana para recibir la brisa mediterránea en la cara.

Hotel Acropole (plano p. 378; ☎ 480 5980; acropole_hotel@yahoo.com; 4º piso, 1 Sharia Gamal ad-Din Yassin; d 35-55 EGP, i/d con baño compartido 65/75 EGP). Se ha vuelto decadente, las habitaciones están desgastadas, y la dirección parece poco inclinada a hacer esfuerzo alguno, pero algunas habitaciones tienen una vista parcial del puerto, y otras, buenas vistas de Midan Saad Zaghloul. El ruido de los tranvías (que Durrell describió como "sacudidas y chasquidos") va incorporado.

Triomphe Hotel (plano p. 378; ☎ 487 1787; 3ª planta, Sharia Gamal ad-Din Yassin; i/d con baño compartido 50/70 EGP). Un veterano con cierta elegancia: las habitaciones son antiguas pero están bien conservadas y poseen algo de encanto, tiene un acogedor salón comunitario e inmaculados baños compartidos, pero carece de vistas al mar. Las habitaciones con baño propio cuestan 20 EGP más, y hay que añadir 5 EGP por los ventiladores. El desayuno no está incluido.

Nile Excelsior Hotel (plano p. 378; ☎ 480 0799; nile_hotel@yahoo.com; 16 Sharia al-Bursa al-Qadima; i/d 60/100 EGP, con aire acondicionado 100/180 EGP; ❄). Muy céntrico, en la misma calle que el bar Spitfire (y, en consecuencia, ideal para "caer" en la cama). Las escaleras están bastante sucias y no invitan a subir, pero las habitaciones pequeñas tienen techos altos y pueden alardear de estar limpias y ser cómodas.

New Capri Hotel (plano p. 378; ☎ 480 9310; 8º piso, 23 Sharia el-Mena al-Sharkya; i/d con baño compartido 62/81 EGP, i/d 75/136 EGP). Ha hecho un valiente esfuerzo por reformarse, añadiendo un toque arabesco a la decoración y alguna que otra cornucopia o silla de madera tallada. Las habitaciones, amplias y luminosas, son sencillas, muy limpias, y muchas tienen vistas del mar. El comedor resulta especialmente impresionante, y tiene ventosas vistas de la bahía. Es una opción fiable para dormir.

Hotel Union (plano p. 378; ☎ 480 7312; 5º piso, 164 Sharia 26th of July; i/d 70-140/90-160 EGP; ❄). Solía recomendarse como hotel económico en Alejandría, pero se le debe de haber subido un poco a la cabeza, pues la calidad ha bajado y los precios han subido. Las habitaciones, tirando a pequeñas, bastante encantadoras y relativamente bien conservadas, sugieren un apabullante surtido de opciones y tarifas de baño/vistas/aire acondicionado. Las tarifas citadas incluyen una compleja mezcla de recargos, pero no el desayuno.

Hotel Crillon (plano p. 378; ☎ 480 0330; 3ª planta, 5 Sharia Adib Ishaq; i/d 72/99 EGP). Dos manzanas al oeste del Cecil Hotel, ejemplifica lo que debería ser un hotel económico. El personal es cordial y atento, tiene habitaciones grandes y refulgentes, y un mantenimiento regular permite que las mejoras aguanten. Algunas habitaciones tienen suelos de madera pulidos y puertas cristaleras que se abren a balcones con vistas panorámicas al puerto. La recepción-sala de espera prerrevolucionaria resulta especialmente encantadora. Conviene reservar.

Sea Star Hotel (plano p. 378; ☎ 487 1787; 24 Sharia Amin Fikry; i/d jun-sep 120/170 EGP, oct-may 75/100 EGP; ❄). Aunque los sencillos pasillos desanimen, este hotel de confianza ofrece alojamiento limpio y ordenado. Todas las habitaciones tienen TV y cuestan lo mismo sea cual sea su tamaño o la calidad de las vistas; se aconseja echar un vistazo a las diversas opciones.

Swiss Canal Hotel (plano p. 378; ☎ 480 8373; 14 Al-Bursa al-Qadima; i/d 78/90 EGP, con aire acondicionado 100/130 EGP; ❄). Cual Cenicienta, este pequeño establecimiento acaba de sufrir una transformación tan completa que dejaría boquiabiertas a las hermanastras. Las luminosas habitaciones del piso de arriba tienen paredes de un rosa alegre y pino por doquier, y las hay desde sucintas y bonitas a enormes, luminosas y aireadas. No hay que dejarse tentar por las habitaciones sin reformar y con descuento: son asquerosas.

Egypt Hotel (plano p. 378; ☎ 481 4483; 1 Degla; i/d 250-320/290-350 EGP; ❄). Es nuevo, y ha logrado sin la ayuda de nadie llenar el hueco de alojamientos decentes de precio medio. Las habitaciones son muy confortables, con camas suntuosas y recargados toques de época. Todas tienen baños muy limpios y vistas al mar o a la calle, y hay una sala acogedora repleta de muebles que parecen antigüedades. Y encima, el personal es atento y simpático.

Precio alto

Metropole Hotel (plano p. 378; ☎ 486 1467; www.paradiseinnegypt.com; 52 Sharia Saad Zaghloul; i/d 100-135/120-155 US$; ❄ 💻). Se encuentra donde está la acción: la mayor parte de sus habitaciones dan a Midan Ramla o a Midan Saad Zaghloul y al Mediterráneo. Antiguo y elegante, fue reformado por entero en los años noventa para obtener las cuatro estrellas. El vestíbulo es bastante recargado, pero las habitaciones de techos altos están mejor decoradas y rebosan personalidad, y el personal es extremadamente educado.

Windsor Palace Hotel (plano p. 378; ☎ 480 8123; www.paradiseinnegypt.com; Sharia ash-Shohada; i/d 125-135/145-155 US$; ❄ 💻). Esta joya eduardiana es una institución en sí misma que se alza por encima de la Corniche y vigila el Mediterráneo desde 1907. En los años noventa lo compró Paradise Inn tras su éxito con el Metropole, y le hicieron unas muy necesarias reformas. Han conservado los maravillosos ascensores antiguos y el magnífico vestíbulo, y las habitaciones lucen a la antigua usanza, con toques verdes y dorados; las más caras tienen espléndidas vistas al mar.

Salamlek Palace Hotel (plano pp. 376-377; ☎ 547 7999; www.sangiovanni.com; jardines del palacio de Montazah; d 200 US$; ❄). El jedive Abbas II debía de estar muy enamorado cuando ordenó construir este antiguo pabellón de caza para su amante austriaca junto al palacio presidencial de verano en los jardines de Montazah. El edificio parece un calórico pastelito vienés y las habitaciones están amuebladas con un estilo de época chic y recargado. También posee el único casino de la ciudad, una playa privada y dos restaurantes de cocina internacional (exigen corbata). La ubicación en el parque es privilegiada, pero está lejos del centro urbano (de 30 a 45 min) y puede que el servicio sea demasiado formal y lento.

Cecil Hotel (plano p. 378; ☎ 487 7173; www.sofitel.com; 16 Midan Saad Zaghloul; i/d 205/245 US$, con vistas al mar 265/306 US$). Esta leyenda alejandrina (véase p. 382), que ahora administra la cadena internacional Sofitel, ha sido reformada varias veces en las últimas dos décadas. A veces para bien. Las habitaciones están totalmente equipadas, aunque son un poco oscuras, mientras que el espléndido vestíbulo y el famoso bar (que ahora se ha trasladado al primer piso) apenas han conservado una fracción del brillo que tenían cuando lo visitaban Durrell y Churchill. Paradigma de la ciudad en la que se encuentra, el pasado ha de imaginarse. Al menos la panorámica vista del puerto oriental es un gran consuelo.

Four Seasons Hotel (plano pp. 376-377; ☎ 581 8080; www.fourseasons.com/alexandria; Corniche, San Stefano; i/d desde 320/350 US$, st 800-9.000 US$; ❄ 💻 🏊). Este flamante cinco estrellas es el lugar más lujoso de Alejandría, y una exaltación del hedonismo. Posee acabados suntuosos y satisface todas las expectativas: el vestíbulo de mármol deslumbrante es óptimamente fresco, el ejército de empleados está deseando complacer, y las habitaciones son generosas, están repletas de muebles de época e incorporan todo lujo de comodidades (las *suites* tienen incluso TV de pantalla plana en el baño). Hay varios restaurantes, una piscina infinita que da al océano en el tercer piso, y están excavando un túnel bajo la Corniche hasta una playa privada y un puerto deportivo exclusivo donde poder atracar el yate.

DÓNDE COMER

Los antiguos y antaño espléndidos restaurantes como el Pastroudis y el Union cerraron hace tiempo y ahora la cocina de estilo occidental suele encontrarse en caros hoteles y ruidosos centros comerciales en los que a los lugareños les encanta pasar el rato. De todos modos, una de las más pretéritas delicias alejandrinas consiste en comer el pescado más fresco del Mediterráneo en alguna marisquería del puerto oriental. Igual de placentero resulta pasear por el centro urbano y sentarse en uno de sus múltiples cafés a ver la vida pasar. Muchos restaurantes no sirven alcohol.

Restaurantes

CENTRO DE ALEJANDRÍA

Elite (plano p. 378; ☎ 486 3592; 43 Sharia Safiyya Zaghloul; platos 4,50-30 EGP; 🕑 9.00-24.00). Cerca del Cinema Metro, parece una antigua cafetería estadounidense detenida en los años cincuenta, y ahora parece incluso remontarse más en el tiempo. La carta va de lo oriental a lo occidental e intenta cubrir todo lo que queda entremedio, aunque es mejor quedarse con los platos más sencillos. Los ventanales que dan a la calle hacen de él un lugar idóneo para tomar una cerveza por la tarde.

Taverna (plano p. 378; ☎ 487 8591; Saad Zaghloul; *pizza* mediana 12,50-18,50 EGP; ⌘). Mientras que su valiente carta procura abarcar todo el espectro culinario, con platos de pasta, tartas, sándwiches y *shwarma* (carne del asador, tomates y guarnición en pan árabe), la mayoría de la gente sabe que las *pizzas* al horno de leña son lo mejor: arrojadas al aire y de bordes finos. Junto con su interior impecable, goza de una merecida fama entre las familias alejandrinas.

China House (plano p. 378; ☎ 487 7173; Cecil Hotel, 16 Midan Saad Zaghloul; comidas 16-70 EGP; 🕑 11.00-23.30; ⌘). Inmejorables vistas al puerto oriental en el mejor restaurante chino de Alejandría (aunque hay que admitir que hay pocos competidores). Las bolitas rellenas de pollo son de primera, al igual que la carne a la brasa con ajo. Su correcta selección de platos japoneses hará que los palillos no dejen de moverse. Sirven cerveza y vino egipcio.

Hood Gondol Seafood (plano pp. 384-385; ☎ 476 1779; Omar Lofty, esq. Mohammed M. Motwe; comidas 25 EGP aprox.). Cuando un alejandrino necesita una dosis rápida de marisco delicioso, fresco e increíblemente barato, se dirige a este popular restaurante próximo a la Bibliotheca Alexandrina. Una bandeja enorme repleta de gambas, calamares, almejas picantes, pescado frito, ensalada y pan apenas se notará en la cartera, pues cuesta 25 EGP. No hay carta y apenas hablan otra cosa que árabe: basta con presentarse, señalar las bandejas de pescado fresco alineadas en el mostrador de abajo y buscarse un sitio. Está en un callejón sin señalizar; hay que preguntar cómo llegar, ya que todos lo conocen por el nombre.

Malek as-Samaan (plano pp. 384-385; ☎ 390 0698; junto a Sharia Attareen, Attareen; dos piezas 25 EGP; 🕑 20.00-3.00). Al sur del cruce con Sharia Yousef. De día es un pequeño mercadillo de ropa en un patio; de noche, un restaurante al aire libre donde sólo sirven codorniz. Los comensales se sientan bajo un toldo sobre un suelo de tierra desigual y comen codornices a la brasa o rellenas acompañadas de arroz y ensalada. Cuesta un poco dar con él: hay que buscar una señal con un pequeño pájaro pintado.

ANFUSHI

Para disfrutar de una cocina y un ambiente genuinamente alejandrinos, hay que ir a los sencillos y económicos restaurantes de este barrio *baladi* (obrero). Sharia Safar Pasha está repleta de locales donde las brasas chisporrotean bajo las parrillas donde asan carne y pescado. Es factible arriesgarse y sentarse a cualquier mesa, y salir probablemente satisfecho, pero los que se citan aquí son de fiar.

El-Sheikh Wafik (plano pp. 376-377; ☎ 010 279 9570; Qasr Ras at-Tin; postres 3-9 EGP; 🕑 24 h). Un café que hace esquina, sencillo y aireado, donde sirven los mejores postres de la ciudad. Se puede pedir el helado habitual de distintos sabores, pero las auténticas delicias son clásicos egipcios como el *couscousy* (8 EGP), una mezcla exquisita de cuscús, coco rallado, nueces, pasas y azúcar, cubierto de leche caliente.

Housnay Grill (plano pp. 384-385; Sharia Safar Pasha, Bahari; platos 20-40 EGP). Si se está un poco harto del pescado, este local frente al Abu Ashraf que tiene una parte al aire libre está especializado en sabroso pollo a la parrilla, kebabs y otras carnes, servidas con el trío habitual de verduras, ensalada y arroz.

Abu Ashraf (plano pp. 384-385; ☎ 481 6597; 28 Sharia Safar Pasha, Bahari; platos 35-60 EGP; 🕑 24 h). Es uno de los especialistas en pescado de esta calle. Hay que elegir entre la captura del día y luego sentarse bajo el toldo verde y observar mientras la cocinan. Entre las especialidades figura la lubina rellena de ajo y hierbas, y las cremosas gambas *kishk* (a la cazuela). El precio viene determinado por el peso y el tipo de pescado: de las 40 EGP/kg por el mújol a las 150 EGP por los langostinos.

Qadoura (plano pp. 384-385; ☎ 480 0405; 33 Sharia Bairam at-Tonsi; comidas 35-80 EGP; 9.00-3.00). Una de las marisquerías más auténticas de Alejandría. Las piezas –lubina, salmonete, mújol, anjora, lenguado, calamar, cangrejo, gambas, etc.– se eligen entre el hielo y suelen servirlas en las mesas de la calle estrecha. Todos los pedidos incluyen *mezze* variados (no hay carta). Casi todo el pescado cuesta entre 40 y 80 EGP/kg; las gambas, 180 EGP/kg. Tiene otro local con aire acondicionado (aunque con menos ambiente) en la Corniche.

Samakmak (plano pp. 384-385; ☎ 481 1560; 42 Qasr Ras at-Tin; platos 40-90 EGP;). Es propiedad de Zizi Salem, la reina de la danza del vientre retirada de Alejandría, y supone un escalón más respecto a las restantes marisquerías del barrio. El pescado es tan fresco como en cualquier otra, pero los clientes se acumulan en ella por sus platos especiales: cigalas, *tāgen* (estofado servido en una cazuela profunda de arcilla) de cangrejo y *espaguetis* con almejas.

Fish Market (plano pp. 384-385; ☎ 480 5119; Corniche, junto al Kashafa Club, Bahari; platos 50-80 EGP; 12.00-2.00;). Los alejandrinos adinerados afirman que es el mejor restaurante de la localidad… ¿y quién se atreve a discutírselo? Es la marisquería más elegante de Alejandría, con espléndidas vistas al puerto oriental y un servicio exquisito, donde se elige el marisco y lo cocinan hasta que quede en su punto. Los propietarios también dirigen el Tikka Grill (☎ 480 5114), en el piso de abajo, que ofrece una experiencia culinaria similar para carnívoros.

RUSHDY

Centro de Portugal (plano pp. 376-377; ☎ 542 7599; 42 Sharia Abd al-Kader, junto a Sharia Kafr Abduh; entrada 10 EGP, platos 40-55 EGP; 18.00-1.00;). Uno de los favoritos entre los extranjeros residentes, que se reúnen en él para tomar una cerveza o jugar al billar. El ambiente es bullicioso y muy masculino, sirven el mejor bistec con patatas fritas de la ciudad, así como otros platos de cocina internacional, y tiene un jardín agradable.

SMOUHA

Cordon Rouge (plano pp. 376-377; ☎ 420 8666; Green Plaza Mall, 14th of Mai St; platos 45-90 EGP; 12.00-2.00;). Animado bar-restaurante en un entorno contemporáneo, popular entre los alejandrinos y extranjeros residentes que lo mantienen a flote y charlan con el moderno camarero, o comen algo en el restaurante de estilo mediterráneo. La carta internacional se centra en ensaladas, platos de pasta y parrilladas. Un *disc-jockey* pincha los jueves por la noche.

ALEJANDRÍA

Comida rápida

Para comer barato, en los aledaños de la esquina de Sharia Safiyya Zaghloul y Midan Ramla hay múltiples locales pequeños que preparan *fuul, ta'amiyya* y bocadillos.

Gad (plano p. 378; Saad Zaghloul, y también en Mohammed Azmy; tentempiés 1-9 EGP; 24 h). La respuesta egipcia a McDonalds (aunque supone una enorme mejora) es esta cadena absurdamente popular de locales de comida para llevar donde la gente se amontona día y noche como moscas. Amplia variedad de sándwiches rellenos, kebabs, *ta'amiyya* y delicioso *shwarma.*

Awalad Abdou (plano p. 378; Sharia Yousef; sándwiches 2-3 EGP; 24 h). Aunque sólo hacen las mínimas concesiones a la higiene, este local para todos los bolsillos supone un hallazgo fantástico. En un abrir y cerrar de ojos preparan deliciosos microsándwiches rellenos de carne (a elegir). Basta con señalar lo que tenga buena pinta y zampárselo en la propia barra. Por Ramadán, cuando cae el sol, la calle se llena de clientes hambrientos.

Mohammed Ahmed (plano p. 378; ☎ 483 3576; 17 Sharia Shakor Pasha; platos 2-5 EGP). El rey del *fuul* y la *ta'amiyya* goza de tal reputación que los alejandrinos hacen cola para llenar el estómago. Hay una carta en inglés, que, además de sándwiches, incluye otros alimentos básicos como tortillas y queso frito. Para sentarse o llevar.

El-Qobesi (plano pp. 384-385; ☎ 486 7860; 51 Corniche; zumos 3-6 EGP; 24 h). Se ha coronado a sí mismo como "rey del mango", pero basta con probar un sorbo para convertirse en un fiel súbdito. Rodajas de mangos maduros se meten casi enteras en un vaso alto y helado para convertirse en el mejor zumo de mango jamás probado. Abre todo el día y siempre está lleno, a menudo de lugareños que aparcan para tomarse un zumo rápido en el coche

(¡incluso han parado microbuses enteros!). Para dar con él basta con buscar miles de mangos colocados en un escaparate.

Al-Shark (plano p. 378; Sharia al-Bursa al-Qadima, frente al Nile Excelsior Hotel; platos principales 3,40-15,50 EGP). Concurrido restaurante egipcio de cocina tradicional, como macarrones egipcios al horno, arroz con mollejas, *fatta* (plato de arroz y pan empapado en una salsa de ajo y vinagre) con capón y kebab a la brasa (al peso). El local es sencillo y el servicio, rápido. Para llevar o sentarse.

Compra de alimentos

Para comprar fruta y verdura hay que dirigirse a Sharia Nokrashi, en el zoco principal (plano pp. 384-385), al oeste de Midan Tahrir, o al zoco de Ibrahimiyya (plano pp. 376-377), que queda un par de paradas al este de Midan Ramla en cualquier tranvía; hay que apearse en la parada de Al-Moaskar. Ambas zonas son también recomendables por las *ba'als* (colmados), en las que comprar queso, olivas, yogur, pan, etc. El **Carrefour City Center Mall** (plano pp. 376-377 comienzo de la ctra. del Desierto a El Cairo) de Alejandría tiene un gran supermercado Carrefour, aunque queda muy apartado del centro urbano.

DÓNDE BEBER

Cafés

Mundos distintos se fusionaron en los cafés de Alejandría durante centenares de años. Para conocer algunos de los cafés históricos más relevantes, véase recuadro en p. 395. Hoy en día los alejandrinos prefieren cafés modernos al estilo occidental, como los que se indican a continuación.

Bistrot (plano p. 378; ☎ 486 9061; 6 Sharia Fuad; ❄). Un local moderno, café decente, zumos frescos, buenos platos de pasta, ensaladas y sándwiches, y bollería para desayunar. La decoración es sencilla pero con personalidad, y hay una terraza sombreada para comer al aire libre, que suele estar llena de jóvenes parejas que juguetean con los pies por debajo de la mesa.

Coffee Roastery (plano p. 378; ☎ 483 4363; 48 Sharia Fuad; 🕑 7.00-2.00; ❄). A los jóvenes que se reúnen aquí para escuchar la estridente MTV no parece importarles que los proverbios ingleses que los rodean carezcan de sentido. Es uno de los locales más lujosos de la ciudad, repleto de madera oscura y cuya carta podría haberse sacado de un *pub* inglés: las hamburguesas y el bistec con patatas fritas predominan entre referencias simbólicas a la comida egipcia. También preparan un café estupendo, batidos y zumos de fruta.

City Café (plano p. 378; ☎ 484 7994; 21 Salah Salem; 🕑 9.00-12.00; ❄). Elegante, luminosa, moderna y con aire acondicionado, una alternativa al esplendor de antaño. Sirve excelente café italiano (Illy) y lo frecuentan los ricos para charlar o negociar.

'Ahwas'

Alejandría no posee ni de lejos el número de *ahwas* (cafeterías) de El Cairo, pero en verano los 20 km de Corniche de Ras at-Tin a Montazah devienen un café ininterrumpido. Salvo raras excepciones, no son nada del otro jueves, pues están pensados para el negocio pasajero de las vacaciones, y suelen ser caros.

Sultan Hussein (plano p. 378; Sharia Safiyya Zaghloul, esq. Sharia Sultan Hussein). Una de las *ahwas* más recomendables. Local digno, sencillo, con narguiles de primera, frecuentado por ajedrecistas, tiene una zona familiar aparte donde las mujeres pueden sentarse sin que las acosen.

Ahwa al-Hind (plano pp. 384-385; Midan Tahrir). Tras pasar por un estrecho pasaje prácticamente bloqueado por puestos de ropa aparece esta *ahwa* en el patio central del edificio grande y en ruinas en la esquina de Midan Orabi con Midan Tahrir. Está destartalado, pero el entorno desprende muy buen rollo y es ideal para consumir una tarde de calor o una noche perezosa.

Bares

Hace sesenta años, antes de la revolución, Alejandría estaba llena de tabernas griegas y pequeños bares. Ahora sólo quedan unos pocos locales buenos. **Cap d'Or** (plano p. 378; ☎ 487 5177; 4 Sharia Adbi Bek Ishak; 🕑 10.00-3.00), junto a Sharia Saad Zaghloul, es perfecto para relajarse y es uno de los pocos bares genuinamente alejandrinos que quedan. La cerveza fluyendo generosamente, las vidrieras de colores, la barra rematada en mármol, los múltiples objetos antiguos que decoran las paredes y las ruidosas cintas de añeja *chanson française* o éxitos egipcios se parecen más a un bar de tapas andaluz que a otra cosa. Las multitudes vienen a beber Stella fría, a tomar tentempiés o marisco, o a charlar con otros parroquianos. Las de los jueves

UN CAFETERO CIRCUITO HISTÓRICO

Por si no se ha notado, en Alejandría impera la cultura del café. En la primera mitad del s. XX, la vida en Alejandría discurrió en torno a estos locales, donde la población diversa de la ciudad se congregaba para amenizar sus dramas cotidianos con pastelitos y una taza de té o café. Ilustres figuras literarias se citaban en ellos, charlaban y reflexionaban sobre esa ciudad que no llegaban a entender. Muchos de estos locales antiguos siguen abiertos y merece la pena visitarlos por la nostalgia, los vínculos históricos y la decoración majestuosa, antes que por la comida o la bebida.

Un lugar como cualquier otro para sorber el primer café del día es el **Athineos** (plano p. 378; ☎ 487 7173; 21 Midan Saad Zaghloul), frente a Midan Ramla. Este local transpira nostalgia. La parte que da a Midan Ramla aún conserva los elementos de los años cuarenta, la personalidad de la época y seguramente a alguno de sus primeros clientes, unos leales ancianos que beben té y llevan décadas sin moverse. Hay que ir por la historia y prescindir de la comida.

También da a Midan Ramla el **Trianon** (plano p. 378; 56 Midan Saad Zaghloul; desde 7.00;), uno de los locales favoritos del poeta griego Cavafis, que trabajó en las oficinas del piso de encima. Cabe la posibilidad de detenerse en él para degustar uno de sus correctos desayunos continentales, pero es mejor evitar el restaurante contiguo, que ha tenido épocas mejores.

Después de desayunar, tan sólo hay que dar la vuelta a la esquina y entrar en el **Delicies** (plano p. 378; 46 Sharia Saad Zaghloul, Attareen; desde las 7.00;), un salón de té enorme y vetusto que desprende muy buen ambiente, y también prepara desayunos decentes; por la tarde sirven té y pasteles. Justo al lado, en la antigua cafetería **Brazilian Coffee Store** (plano p. 378; Sharia Saad Zaghloul;), sirven un tonificante café exprés en la barra (no hay asientos). Lo suelen frecuentar hombres de negocios alejandrinos y viejos griegos; tiene otro local en Sharia Salah Salem, en Attareen (con asientos).

Para entonces ya habrá llegado la hora de tomar un merecido postre y **Vinous** (plano p. 378; ☎ 486 0956; Al-Nabi Daniel, esq. Tariq al-Horreyya; 7.00-1.00) es una pastelería de la vieja escuela, con más diseño *art déco* que hojaldre quepa devorar y unas balanzas de época en las que pone "Justo". Desde ahí es pertinente desviarse (para quemar las calorías extra que se acaban de ingerir) hasta el lugar donde estuvo la célebre **Pastroudis** (plano p. 378; Tariq al-Horeyya), ahora cerrada, en la que se reunían habitualmente los personajes de *El cuarteto de Alejandría* de Lawrence Durrell.

Si el agotamiento induce a consumir otro café para levantar el ánimo, nada mejor que dirigirse a Sharia Saad Zaghloul y entrar en el **Sofianopoulo Coffee Store** (plano p. 378; Sharia Saad Zaghloul), un precioso comercio minorista de café que en cualquier otra parte del mundo estaría en un museo. Dominado por enormes molinillos de plata y sacos de brillantes granos de café, oscuro y aromático, es el lugar más indicado para sorber el último exprés, preparado con mano experta, de pie, en la barra.

y viernes son más "tolerantes" que el resto de las noches alejandrinas.

Greek Club (Club Nautique Hellenique; plano pp. 384-385; ☎ 480 2690; Corniche, Anfushi; entrada 6 EGP; 12.00-23.00). El local perfecto para tomar una copa al atardecer, en sus salas recién restauradas o, mejor aún, en la amplia terraza para recibir la brisa marina u observar las luces en esta bahía legendaria. Las cervezas están frías y el ambiente es indiscutiblemente mediterráneo. La carta sugiere pescado fresco a la brasa (con aceite de oliva, orégano y limón), al horno o al estilo egipcio, y clásicos griegos como *moussaka* (14 EGP) o *souvlaki* (32 EGP).

Spitfire (plano p. 378; 7 Sharia L'Ancienne Bourse; 12.00-1.00 lu-sa). Está al norte de Sharia Saad Zaghloul, pero parece un bar de Bangkok… sin bailarinas. Tiene fama de ser frecuentado por marineros y las paredes soportan pegatinas de navieras, objetos rocanroleros y fotos de clientes habituales. Estupendo para pasar la noche en uno de los mejores puertos del mundo escuchando *rock and roll* estadounidense de los años setenta.

El-Yunani (plano pp. 376-377; ☎ 592 0026; Sharia Memphis; 12.00-24.00). Esta taberna griega cercana al zoco de Ibrahimiyya es la versión pobre del elegante Greek Club (en esta página). Las paredes de color azul cielo cubiertas de pósters turísticos desvaídos de los años sesenta y los lentos ventiladores hacen que conserve anticuados restos de encanto. Hay

NEGOCIAR ENTRE BOCANADAS DE HUMO

Aunque puede no parecer gran cosa para los no iniciados (ni siquiera tienen cartel), **El-Tugareya** (plano p. 378; Corniche; 9.00-tarde) es una de las *ahwas* (cafeterías) mas reputadas de Alejandría, un centro informal de negocios y comercial con 90 años de actividad a cuestas (su nombre vendría a significar algo así como "comercio") en el que se cierran tratos a través de un ritual ancestral: tomando un vaso de té.

El local se divide en dos partes. En el lado este del edificio hay una zona dominada por los hombres y dedicada a los juegos y la socialización informal, donde los parroquianos vuelcan fichas de *backgammon* haciendo gala de un jactancioso entusiasmo. En el otro lado del edificio, más cercano a Midan Orabi, los alejandrinos suelen discutir contratos y acuerdos o sobre el panorama político. El-Tugareya, que se ha tomado en serio su papel en la historia de los negocios de la ciudad, ha establecido unas reglas no escritas. Sólo se sirven té, café y narguiles; no está permitido permanecer de pie (para evitar que las discusiones acaloradas exacerben los ánimos), y siempre se respeta la intimidad de los clientes (cualquier cosa que el personal vea u oiga se mantiene en la más estricta confidencialidad). Ello implica que en la actualidad aquellos clientes metidos en negocios turbios rara vez estén solos, pues gente de todas clases acude a la cafetería para encontrarse y discutir los temas del día con cierta libertad.

Merece la pena visitar este establecimiento, ya que cualquier noche es posible coincidir con escritores, cineastas, poetas, estudiantes, expatriados, novios y revolucionarios liberales en su salón… una animada algarabía. Hay que buscar un café con el marco de la ventana de color verde.

que fijarse en las columnas a rayas amarillas y negras de la entrada.

También sirven cerveza en el **Centro de Portugal** (plano pp. 376-377; ☎ 542 7599; 42 Sharia Abd al-Kader, junto a Sharia Kafr Abduh; entrada 10 EGP; 18.00-1.00;) y el **Elite** (plano p. 378; ☎ 486 3592; 43 Sharia Safiyya Zaghloul; 9.00-24.00). Venden cerveza para llevar en el centro urbano, en el acertadamente denominado **Drinkies** (plano p. 378; ☎ 19330; Al-Ghorfa at-Tigariya; 12.00-24.00), bajo el Hotel Acropole. Además reparten a domicilio.

OCIO

La vida cultural de Alejandría nunca se ha recuperado completamente del éxodo de europeos y judíos de los años cuarenta y cincuenta, pero en los últimos años las cosas han empezado a mejorar. Desde la apertura de la Bibliotheca Alexandrina, la ciudad intenta competir con El Cairo como centro artístico egipcio.

El **Alexandria International Film Festival** se celebra cada septiembre, y brinda a los alejandrinos una oportunidad poco habitual de ver películas del mundo entero sin censurar en varios cines de la ciudad. Más información, en la oficina de turismo.

Cines

Las siguientes salas suelen proyectar filmes extranjeros.

Amir Cinema (plano p. 378; ☎ 391 7972; 42 Tariq al-Horreyya). Una antigua y majestuosa sala convertida en multicine (seis pantallas), donde se exhiben películas de Hollywood de manera casi exclusiva.

Cinema Metro (plano p. 378; ☎ 487 0432; 26 Sharia Safiyya Zaghloul). En el centro de Alejandría, un cine bonito y antiguo que se ha conservado muy bien. Lástima que las películas que proyectan suelen carecer de interés.

Green Plaza Mall Cineplex (plano pp. 376-377; ☎ 420 9155; 14th Mai St, Smouha). Este multicine, que forma parte del bullicioso Green Plaza Mall, también tiene seis pantallas en las que se proyectan estrenos comerciales de EE UU. Un taxi hasta allí cuesta unas 10 EGP y tarda 25 minutos desde el centro urbano.

Renaissance San Stefano (plano pp. 376-377 ☎ 469 0056; 2º piso, San Stefano Mall, Sharia Abdel Salam Aref, San Stefano; entradas 15-25 EGP; 13.00-1.00). El más nuevo de la ciudad: ocho flamantes salas que ofrecen sobre todo productos de Hollywood. Es el lugar de moda entre los jóvenes alejandrinos. Un taxi desde el centro urbano costará unas 10 EGP.

Música, teatro y danza

El folleto mensual gratuito *Alex Agenda*, disponible en muchos hoteles, resulta muy útil por su extensa lista de conciertos, representaciones teatrales y espectáculos en directo por toda Alejandría. Véase también *Egypt*

Today. El restaurante Elite (p. 392) suele anunciar lo que se está cociendo por ahí, y el Centre Français d'Alexandrie (p. 375) organiza espectáculos.

Ópera de Alejandría (plano p. 378; ☎ 486 5106; 22 Tariq al-Horreyya). El antiguo teatro Sayyid Darwish se ha reformado y ahora alberga la pequeña pero espléndida ópera de la ciudad. La mayor parte de los conciertos operísticos y de música clásica se celebran en este auditorio.

Bibliotheca Alexandrina (plano pp. 384-385; ☎ 483 9999; www.bibalex.org; Corniche al-Bahr, Chatby). El principal centro cultural de la ciudad en la actualidad acoge destacados festivales de música, conciertos y eventos internacionales.

Centro de las Artes de Alejandría (plano p. 378; ☎ 495 6633; 1 Tariq al-Horreyya). Acoge dos espectáculos semanales, pero ni el teatro ni la música son especialmente interesantes.

Garage (plano pp. 376-377; tfetouh@yatfund.org; Centro Jesuita, Sharia Bur Said, Sidi Gaber). El reformado garaje del Centro Jesuita, costeado por la Fundación Teatral de los Jóvenes Árabes, supone una bocanada de aire fresco en la escena cultural de la ciudad, ya que presentan obras nuevas de compañías juveniles locales e internacionales.

DE COMPRAS

Aunque hay un zoco (plano pp. 384-385) al oeste de Midan Tahrir, y en Sharia Safiyya Zaghloul y Sharia Saad Zaghloul hay un surtido de tiendas de ropa y calzado, en general el centro urbano no es un paraíso para los compradores. Hace muy poco que los alejandrinos han descubierto las virtudes de los centros comerciales… y ahora no hay quien los pare. Hoy en día los centros comerciales, que agrupan ocio, cafés, *ahwas* y restaurantes, han sustituido a las plazas como puntos de reunión. A los jóvenes les van de perlas para confraternizar con el sexo opuesto.

Carrefour City Center Mall (plano pp. 376-377; comienzo de la ctra. del Desierto a El Cairo). Este enorme negocio francés queda 20 minutos en coche al sur de la ciudad, y es uno de sus mayores centros comerciales. Vende de todo, desde alimentos a televisores.

Green Plaza Mall (plano pp. 376-377; 14th of Mai St, Smouha). Es un poco más antiguo, pero sigue teniendo éxito entre los alejandrinos. Se encuentra en el barrio de Smouha, en la Agricultural Rd a El Cairo. Nada más *kitsch* que esta versión local de Disneylandia, con tiendas y más tiendas además de un ruidoso parque de atracciones, sala de billar, bolera, restaurantes, cines, un hotel Hilton y un llamativo "templo romano" que alberga un centro de conferencias y otro para bodas.

San Stefano Mall (plano pp. 376-377; Sharia Abdel Salam Aref, San Stefano). Este elegante centro comercial, exaltación última de las marcas internacionales, está detrás del Four Seasons Hotel y tiene un gran patio con restaurantes y cines. Es el lugar donde los jóvenes chic van a ver y dejarse ver.

Los coleccionistas de antigüedades pueden divertirse zambulléndose en la confusión de callejones del barrio de Attareen. Cuando la alta sociedad europea de Alejandría se vio obligada a huir en masa y a toda prisa tras la revolución de 1952, se fueron en muchos casos sin sus pertenencias. Gran parte de lo que dejaron ha ido a parar a lo largo de los años al mercado de antigüedades de Attareen (plano p. 378), pero ahora cada vez hay menos hallazgos maravillosos, y mucho menos, gangas. Los vendedores distinguen la calidad y es muy probable que en la cama también lean catálogos de Christie's y Sotheby's.

CÓMO LLEGAR Y SALIR

Avión

Hay vuelos internacionales directos de Alejandría a Londres (British Airways), Atenas (Olympic Airways) y Frankfurt (Lufthansa), así como a la mayoría de las capitales de Oriente Medio. El aeropuerto de Alejandría, **Burg al-Arab** (☎ 459 1483), queda 60 km al oeste de la ciudad. El autobús 555 con aire acondicionado al aeropuerto (ida 6 EGP más 1 EGP por bulto, 1 h) sale de enfrente del Cecil Hotel (plano p. 378), en Midan Saad Zaghloul, dos horas antes de los vuelos. Un taxi a/desde el aeropuerto no debería costar más de 100 EGP.

Hay un aeropuerto más pequeño en **Nouzha** (plano pp. 376-378 ☎ 425 0527), mucho más cerca de la ciudad, donde aterrizan algunos aviones de **Egypt Air** (plano p. 378; ☎ 487 3357, 486 5937; 19 Midan Saad Zaghloul; 8.00-20.00) y de otras compañías. Hay que tomar el minibús 711 o 703 (50 pt) en Midan Orabi o Midan Ramla. Un taxi a/desde el aeropuerto no debería costar más de 10 o 15 EGP.

Autobús

Todos los de largo recorrido salen ahora de la única estación de autobuses de **Al-Mo'af**

al-Gedid (nueva cochera; plano pp. 376-377), en Moharrem Bey. Queda varios kilómetros al sur de Midan Saad Zaghloul; para ir hasta allí hay que tomar el autobús en la estación de trenes de Misr (50 pt) o un taxi en el centro urbano (de 10 a 15 EGP).

Las principales compañías que operan desde aquí son **West Delta Bus Co** (☎ 362 9685) y **Superjet** (☎ 363 3552), cuyos vehículos son más caros pero bastante mejores. Cerca también hay diversas taquillas de venta de billetes de East Delta Travel Company y Upper Egypt Bus Company.

West Delta tiene una práctica **oficina de reservas** (plano p. 378; ☎ 480 9685; Midan Saad Zaghloul; 🕑 9.00-22.00) en el centro urbano, cerca de la oficina principal de turismo. La **oficina de reservas** (plano pp. 376-377; ☎ 543 5222; 🕑 8.00-23.00) de Superjet, frente a la estación de trenes de Sidi Gaber, no es tan útil.

EL CAIRO

De Superjet hay autobuses a El Cairo (que también paran en el aeropuerto de El Cairo) cada hora de 5.00 a 22.00, y un servicio adicional a la 1.00. El trayecto dura 2½ h y cuesta unas 25 EGP; la tarifa al aeropuerto de El Cairo es de 35 EGP. West Delta también tiene convoyes a El Cairo cada 30 minutos entre las 5.00 y las 2.00 (de 5.30 a 1.00 de octubre a abril), y cobra de 21 a 25 EGP, y 35 EGP al aeropuerto.

COSTA NORTE Y SIWA

De West Delta hay autobuses a Marsa Matruh (de 17 a 30 EGP, 4 h, unos veinte al día) entre las 6.00 y la 1.30, muchos de los cuales continúan hasta Sallum (28 EGP, 9 h), en la frontera con Libia. Cuatro van a Siwa (27 EGP, 9 h) a las 8.30, 11.00, 14.00 y 22.00. También se puede tomar cualquier autobús a Marsa Matruh y allí hacer transbordo.

La mayor parte de los convoyes a Marsa Matruh paran en El Alamein (1 h), y si alguien desea apearse, pararán en Sidi Abdel Rahman, pero habrá que pagar la tarifa entera hasta Matruh.

En verano (de junio a septiembre), Superjet tiene autobuses diarios a Marsa Matruh (30 EGP) a las 8.00, 10.00, 13.00, 15.00 y 17.30.

SINAÍ

Superjet tiene un servicio diario especial a las 21.00 a Sharm el-Sheikh (100 EGP, de 8 a 10 h); West Delta, a las 21.00 (80 EGP).

CANAL DE SUEZ Y COSTA DEL MAR ROJO

Superjet va diariamente a Hurgada (85 EGP, 9 h) a las 20.00. De West Delta hay varios autobuses diarios a Port Said (22 EGP); dos a Ismailia (25 EGP), a las 7.00 y 14.30; y cuatro a Suez (25 EGP), a las 6.00, 11.00, 14.30 y 17.00. También los tiene a Hurgada y Port Safaga a las 9.00 y 18.30 (85 EGP, de 6 a 8 h). De Upper Egypt Bus Company hay tres vehículos diarios a Hurgada (de 75 a 80 EGP), que continúan hasta Port Safaga (60 EGP).

LÍNEAS INTERNACIONALES

Para saber acerca de ellas desde Alejandría, véase p. 535.

Taxi colectivo y microbús

Los que van a Abu Qir, y los taxis colectivos a El Cairo, salen delante de la estación de trenes de Misr (plano pp. 384-385); el resto sale de la estación de autobuses de Al-Mo'af al-Gedid (nueva cochera; plano pp. 376-377), en Moharrem Bey. Según a quién se pregunte, costarán entre 15 y 18 EGP a El Cairo o Marsa Matruh. A modo de ejemplo, las tarifas a otros destinos nacionales son: Zagazig 10 EGP, Tanta 8 EGP, Mansura 10 EGP, Rosetta 3 EGP y Abu Qir 1 EGP.

Tren

Hay dos estaciones de trenes en Alejandría. La principal es **Mahattat Misr** (estación de trenes de Misr; plano pp. 384-385; ☎ 426 3207), que queda 1 km al sur de Midan Ramla. **Mahattat Sidi Gaber** (estación de trenes de Sidi Gaber; plano pp. 376-377; ☎ 426 3953) cubre los barrios orientales. Los convoyes procedentes de El Cairo paran primero en Sidi Gaber, pero el único motivo para apearse allí es que uno se aloje en esa zona.

En Mahattat Misr, los billetes de 1ª y 2ª clase con aire acondicionado se compran en la taquilla que hay junto a la oficina de turismo; y los corrientes de 2ª y 3ª clase, en el vestíbulo de la entrada. Hay convoyes en dirección a El Cairo cada hora por lo menos, de 4.30 a 22.00 h, y paran a los 5 minutos en Mahattat Sidi Gaber. Los mejores trenes, *Turbini* y *Espani*, no vuelven a parar hasta 2½ horas más tarde, cuando llegan a El Cairo. Salen de Mahattat Misr a las 7.00, 8.00, 14.00, 15.00, 16.45, 19.00 y 22.15. Los billetes de 1ª y 2ª clase con aire acondicionado cuestan 46 y 29 EGP respectivamente.

El segundo mejor tren, el *Faransawi*, para en Damanhur, Tanta y Benha, y tarda tres horas en llegar a El Cairo. Sale a las 6.00, 8.15, 10.00, 11.00, 13.00, 15.30 y 20.00 y cuesta 35/19 EGP en 1ª/2ª clase.

De junio a septiembre un tren de lujo con coches cama atraviesa Alejandría en su recorrido entre El Cairo y Marsa Matruh (unas 6 h) a la 1.30; las camas en compartimentos dobles/individuales cuestan 45/60 US$ (reservas en Alejandría en el ☎ 393 2430). No obstante, cubrir esta ruta en autobús resulta mucho más práctico y rápido.

CÓMO DESPLAZARSE

Autobús y minibús

Los visitantes a Alejandría rara vez utilizan el autobús: los tranvías y microbuses son mucho mejores para desplazarse. No hay lugares de salida o paradas preestablecidas para los microbuses, pero la mayoría pasan a toda pastilla por Midan Saad Zaghloul o Midan Ramla y los viajes cortos cuestan unas 50 pt. Basta con hacer una seña con la mano para parar a uno y gritar el destino.

Coche

Para alquilar un vehículo (a partir de 38 US$/día con los primeros 100 km incluidos) hay que dirigirse a **Avis** (plano p. 378; ☎ 485 7400; Cecil Hotel, 16 Midan Saad Zaghloul), aunque hay que estar loco para intentar meterse en el tráfico de Alejandría por cuenta propia.

Taxi

No hay taxímetros en Alejandría. Un viaje corto, por ejemplo de Midan Ramla a la estación de trenes de Misr, costará 5 EGP; del centro urbano a la fortaleza de Qaitbey, 5 EGP; del centro urbano al Museo de Joyas Reales o al Museo Mahmoud Said, 15 EGP; y del centro urbano a Montazah o Maamoura, unas 25 EGP.

Tren

El único servicio que se puede tomar en Alejandría (aunque no se aconseja) es el lentísimo tren de 3ª clase (50 pt) que va de la estación de trenes de Misr a Abu Qir. Tiene parada, entre otros muchos lugares, en Sidi Gaber, Montazah y Maamoura, pero sólo los nostálgicos del tren se plantearían tomarlo.

Tranvía

Es el mejor medio, si bien el más lento, de circular por Alejandría. La estación principal de tranvías es Mahattat Ramla, desde donde los de color amarillo lima van hacia el oeste. El tranvía 14 se dirige a la estación de trenes de Misr y a Moharrem Bey, y el 15 pasa por la mezquita de Abu Abbas al-Mursi y la fortaleza de Qaitbey en su recorrido hacia Ras at-Tin.

Los tranvías azules circulan hacia el este: el 2 y el 36 van a Sidi Gaber, Rushdy y San Stefano; el 36, a Victoria vía Rushdy y San Stefano; y el 25, de Ras at-Tin a Sidi Gaber vía Midan Ramla.

Los hay que tienen dos o tres vagones, en cuyo caso uno de ellos está reservado a las mujeres. Resulta bastante divertido cuando un desprevenido y confiado extranjero se mete en el vagón equivocado. La tarifa estándar es de 25 pt.

ALREDEDORES DE ALEJANDRÍA

ABU QIR

La "oreja de Abu" (esto significa en árabe) es una pequeña población costera 24 km al este de Alejandría que saltó a las páginas de la historia porque en sus costas tuvieron lugar cruciales batallas en el s. XVIII. En la batalla del Nilo, el almirante británico Horatio Nelson derrotó de forma aplastante la flota napoleónica. Aunque Napoleón siguió controlando Egipto, el contacto con Francia por mar se vio interrumpido. En 1799 los británicos hicieron desembarcar a 18.000 soldados turcos en Abu Qir, pero la sed de venganza de 10.000 soldados franceses, la mayoría de los cuales pertenecían al cuerpo de caballería, dirigida personalmente por Napoleón, obligó a los turcos a volver al mar, donde por lo menos cinco mil se ahogaron. No obstante, en 1801 los galos perdieron otra batalla con las fuerzas británicas en el mismo lugar, y el cuerpo expedicionario francés se vio forzado a abandonar Egipto.

Excavaciones subacuáticas recientes (véase recuadro en p. 380) han descubierto dos ciudades hundidas: se cree que se trata de las legendarias Heraklion y Menouthis. Varios de los tesoros rescatados se exhiben ahora en el Museo Nacional de Alejandría (p. 380). La playa está plagada de basura, conque el motivo principal para acercarse hasta ella son sus excelentes marisquerías, entre las que destaca **Zephyrion** (☎ 03-562 1319; paseo marítimo de Abu Qir; platos 25-90 EGP), una antigua taberna griega (el nombre en griego significa "brisa marina") fundada en 1929 que sirve pescado y marisco de primera en su amplia terraza azul y blanca que da a la bahía; no hay carta de vinos, pero si uno lleva su propia botella la descorcharán sin protestar.

Múltiples autobuses circulan a diario del centro de Alejandría a Abu Qir (incl. los autobuses 260 y 261 y el minibús 729 desde Midan Orabi), pero tal vez resulte más sencillo tomar el microbús 728 delante de la estación de trenes de Misr, el microbús 729 en Midan Orabi o uno de los múltiples microbuses de la estación de Al-Mo'af al-Gedid por 1 EGP.

ABU MINA

☎ **03 / 84.300 hab.**

Cuentan que san Mina cayó víctima del sentimiento anticristiano del Imperio Romano de principios del s. IV. Nacido en África occidental, pasó una temporada en el ejército romano antes de desertar y acabar siendo torturado y decapitado a causa de su fe. Fue enterrado en un sitio cercano a la actual Abu Mina, que acabó convirtiéndose en lugar de peregrinaje. Se construyeron iglesias e incluso una basílica, que fueron destruidas después. En el s. XIV, un ejército mameluco descubrió en teoría el yacimiento y los huesos del venerable varón, que no habían sido calcinados (lo cual demostró a los mamelucos que pertenecieron a un santo).

Un equipo alemán lleva trabajando en Abu Mina desde 1969 (las excavaciones han dejado al descubierto la iglesia del Mártir, de principios de la Edad Media, donde se cree que están enterrados los restos de san Mina), aunque en la actualidad el yacimiento no está abierto al público.

ROSETTA (AR-RASHID)

☎ **03 / 194.693 hab.**

Cuesta creer que esta polvorienta localidad, asentada en el ramal oriental del Nilo, a 65 km de Alejandría, fuera una vez el principal puerto de Egipto. Conocida también como Ar-Rashid, Rosetta se fundó en el s. IX y devino más importante que Alejandría durante el declive de esta última en los ss. XVIII y XIX. Pero cuando Alejandría volvió a ponerse en pie y recuperó el poder a finales del s. XIX, Rosetta volvió a caer en el olvido casi absoluto.

Hoy en día Rosetta es famosa sobre todo porque en ella se descubrió la estela de basalto negro que proporcionó la clave para descifrar los jeroglíficos (véase recuadro en p. 402). La ciudad constituye un desvío estupendo de la agitación urbana de la cercana Alejandría. Aunque en general están sin asfaltar, las calles están repletas de tenderetes en los que venden todo tipo de productos frescos, y hay más carritos tirados por asnos que coches en las ventosas y casi intransitables calles de tierra. Rosetta está salpicada de atractivas casas de comerciantes otomanos, muchas de las cuales han sido reformadas y pueden ser visitadas. Dar un paseo en barco es otro motivo para llegarse hasta ella, ya que el Nilo, amplio y caudaloso, es especialmente bonito en este tramo; hay constructores de barcos en la Corniche y abundancia de palmeras en la otra orilla.

Los días lluviosos es mejor evitar Rosetta, pues las calles sin asfaltar devienen un gran y caótico barrizal.

Actualmente no hay oficina de turismo en Rosetta, aunque el atento personal de la **policía turística** (jardín del Museo) puede indicar dónde radican los principales lugares de interés.

Puntos de interés

El principal atractivo de Rosetta son las maravillosas **casas de los comerciantes otomanos,** construidas al estilo tradicional del delta, usando ladrillos pequeños y planos pintados alternativamente de rojo y negro. Las estructuras, de tres plantas, resultan interesantes porque el piso superior sobresale un poco respecto del inferior. Si a ello se suman las *mashrabiyyas* (intrincadas celosías de madera que hacen de ventanas) decoradas, los edificios recuerdan a un pastel de boda de chocolate boca abajo.

Al menos veintidós de estas magníficas estructuras se ocultan en las calles de Rosetta, aunque sólo unas pocas han sido restauradas y se pueden visitar. Entre las más impresionantes figuran las de Abou Houm, Al-Baqawali, Bassiouni, Al-Gamal, Al-Qanadili, Asfur, Kohiya, Moharrem, Galal y Tabaq. También hay 12 mezquitas en un perímetro de 500 m^2, aunque muchas no están abiertas al público. Están restaurando varios edificios antiguos, y los tres que se pueden visitar actualmente son las casas de Amasyali (p. 401) y de Abu Shaheen (p. 401) y el Hammam Azouz (p. 402).

Las entradas se pueden comprar en la casa de Amasyali. Cada entrada sirve para todos

ROSETTA (AR-RASHID)

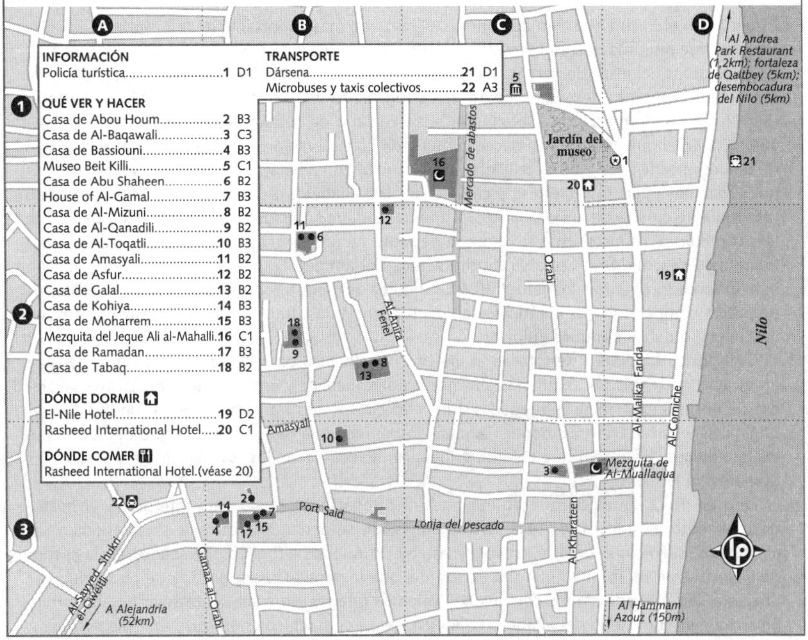

los monumentos abiertos en el centro urbano y cuesta 12/6 EGP por adulto/estudiante. Casi todas las casas presentan una distribución similar, así que sea cual sea la que se visite será muy similar a la casa de Amasyali que se describe a continuación.

El **Museo Beit Killi** (por adulto/estudiante 12/6 EGP), situado en la plaza principal y junto a la Corniche, estaba cerrado por obras cuando se redactaba esta guía... y la fecha límite de las mismas se ha pospuesto una y otra vez.

CASA DE AMASYALI

Una de las más bonitas de Rosetta es la **casa de Amasyali** (9.00-16.00), una de las dos casas restauradas de Al-Anira Feriel. Posee la fachada más impresionante de la ciudad, con farolillos y amplias *mashrabiyya* que permiten que circule el aire por la casa. Aunque no hay muebles en el interior –como ocurre en todos los edificios–, todavía es posible hacerse una idea clara de cómo era la vivienda. Una serie de estancias de piedra áspera, que debían de utilizarse para almacenar, conforman la planta baja. El primer piso era para los hombres. Una de las habitaciones hacía de salón, donde los huéspedes debían de entretenerse con músicos que interpretaban melodías, y queda por debajo de una galería con celosías de madera tras la cual debían de acomodarse las mujeres sin que nadie las viera. La escalera a la galería se oculta tras un armario falso y en esa misma pared hay algunos ejemplos magníficos de incrustaciones de nácar en paneles de madera. Para ver complicadas tallas decorativas pintadas de azul brillante hay que fijarse en el techo. También destaca la pequeña mesa giratoria, diseñada para que las mujeres pudieran servir té y café sin ser vistas. El dormitorio cercano tiene contiguas habitaciones más pequeñas, una debió de ser un vestidor y la otra un *hammam* (baño público) con aseo aparte.

OTRAS CASAS

Junto a la casa de Amasyali, la **casa de Abu Shaheen** incorpora un impresionante molino reconstruido en la planta baja. En el patio, el techo de los establos se sostiene mediante columnas de granito con capiteles

LA PIEDRA DE ROSETTA

Expuesta en el British Museum de Londres, el hallazgo más importante de la historia de la egiptología atrae multitudes. Desenterrada en 1799 por un soldado francés que cumplía con su deber de mejorar las defensas de Fort St. Julien, cerca de Rosetta, la piedra es la mitad inferior de una gran estela epigráfica de basalto negro. Tiene registrado un decreto emitido por los sacerdotes menfitas el 27 de marzo de 196 a.C., en el aniversario de la coronación de Tolomeo V (205-180 a.C.), en el que anuncian su decisión de rendir culto al faraón de 13 años de edad a cambio de reducciones fiscales y otros privilegios. Para que lo entendieran los egipcios, griegos y demás que vivían en el país, el decreto se escribió en los tres alfabetos de la época: jeroglífico, demótico (una variante cursiva de los jeroglíficos) y griego, el idioma que los eruditos europeos debían de leer con fluidez. La inscripción trilingüe se depositó en un templo junto a una efigie del faraón. Cuando se descubrió, ya se sabía mucho acerca del antiguo Egipto, pero los eruditos aún no habían logrado descifrar los jeroglíficos. Enseguida se percataron de que estos tres alfabetos permitían comparar textos idénticos y en consecuencia descifrar el código y recuperar el saber desconocido de los antiguos egipcios.

Cuando los británicos derrotaron al ejército napoleónico en 1801, escribieron una cláusula en el acta de rendición insistiendo en que las antigüedades, entre las que destacaba la piedra de Rosetta, debían ser entregadas a los vencedores. Los franceses hicieron un molde y el original se envió a Londres, donde Thomas Young indicó la dirección en la que debían leerse los jeroglíficos, y observó que los que estaban rodeados de anillos ovales *(cartouches)* eran los nombres de la realeza.

Pero en 1822, antes de que Young pudiera diseñar un método para interpretar el misterioso alfabeto, el francés Jean-François Champollion se percató de que los signos podían ser alfabéticos, silábicos o determinativos, y estableció que los jeroglíficos grabados en la piedra de Rosetta eran en realidad una traducción del griego, y no al revés, por lo que pudo elaborar una lista completa de signos con sus equivalentes griegos. Su trabajo obsesivo no sólo sirvió para resolver el misterio del alfabeto faraónico, sino que también contribuyó en gran medida a comprender el antiguo Egipto.

ALEJANDRÍA

grecorromanos. Cerca, la gran **mezquita del Jeque Ali al-Mahalli,** del s. XVIII, aún abierta alberga 99 columnas recicladas de monumentos romanos y mamelucos.

El primer ejemplo de arquitectura otomana que se suele encontrar, si se llega a la parada de taxis colectivos y a la estación de microbuses, es el grupo de casas de **Abou Houm, Bassiouni, Al-Gamal, Kohiya, Moharrem** y **Ramadan.** Aunque no están abiertas al público, al ver este conjunto de fachadas ornamentadas resulta fácil imaginarse calles enteras de Rosetta flanqueadas por casas igualmente decadentes.

Hay más casas elegantes en Sharia Amasyali y en los callejones adyacentes. Aunque no puede visitarse, la **casa de Al-Toqatli** posee una fachada interesante. En Sharia Amasyali hay unas cuantas casas tradicionales que continúan cerradas al público. Cerca, en la **casa de Al-Mizuni,** de cuatro pisos, residió el general francés Mineau tras casarse con Zubayda al-Bawab, la hija de un rico comerciante local.

Uno de los edificios más extraordinarios de Rosetta es el restaurado **Hammam Azouz,** un baño público del s. XIX sito al sur del centro urbano. Esta exaltación otomana de las abluciones posee un precioso interior de mármol, vigas de madera y tallas decorativas muy elaboradas. Varias salas de baño rodean el baño principal, con una fuente central, y techos altos y abovedados coronan todas las estancias. Unos agujeros diminutos en las cúpulas dejaban entrar penetrantes rayos de luz y salir el vapor; algunos conservan los cristales de colores, con lo que el *hammam* queda teñido por un tenue arcoiris. Las entradas para el mismo se compran en la casa de Amasyali (véase p. 401).

La **fortaleza de Qaitbey** (adultos/estudiantes 12/6 EGP) se construyó en 1479, antes que el fuerte del sultán en Alejandría, para vigilar la desembocadura del Nilo. Los barcos zarpan de la Corniche cerca del jardín del museo y ponen rumbo a la desembocadura del Nilo, 5 km río arriba (50 EGP/persona, 1½ h).

Dónde dormir y comer

Como Rosetta recibe pocos viajeros, sus servicios turísticos son limitados. Sólo hay un puñado de hoteles y restaurantes.

El-Nile Hotel (☎ 045 292 2382; Corniche; i/d con baño compartido 30/60 EGP). Era el mejor establecimiento antes de que apareciera el Rasheed International, pero deja mucho que desear. Las habitaciones están mohosas y desgastadas, y mejor no hablar de los baños compartidos. Como mínimo las habitaciones delanteras tienen balcones con vistas al río.

Rasheed International Hotel (☎ 045 293 4399; www.rosettahotel.jeeran.com; plaza del jardín del museo; i/d 90/123 EGP;). Es el mejor hotel de Rosetta, el más nuevo y el primero que huele bien. Es estrecho, tiene 11 plantas y posee habitaciones decoradas con sencillez pero impecables, todas con televisión vía satélite, minibar y balcones con las mejores vistas de la ciudad; en un día despejado, desde los pisos superiores, se ve el Mediterráneo. El restaurante, excelente, sirve platos típicos egipcios y algunos occidentales. Cenar cuesta 40 EGP.

Andrea Park Restaurant (☎ 010 260 6497; comidas 25-40 EGP). Los lugareños están entusiasmados con este local a orillas del Nilo, 1,2 km al norte de la ciudad. El enclave es encantador, con árboles muy cuidados y asientos al aire libre para disfrutar de la brisa. No hay carta, pero el personal prepara alegremente el grueso de los platos habituales egipcios, o la pesca del día.

Como ocurre en cualquier localidad egipcia pequeña, también hay unos cuantos puestos de *ta'amiyya* y pollo asado en las calles concurridas.

Cómo llegar y salir

Aunque hay autobuses y trenes entre Alejandría y Rosetta, lo mejor es tomar un taxi colectivo o un microbús (de 3 a 35 EGP, 1 h) en la estación de autobuses de largo recorrido de Al-Mo'af al-Gedid de Alejandría. También cabe tomar un minibús hacia Abu Qir (1,50 EGP) en la estación de trenes de Misr de Alejandría, y pedir que paren en la parada de minibuses de Rosseta (2,50 EGP, 45 min), cerca de Abu Qir. Para regresar, es más fácil ir en microbús (3 EGP) de Rosetta a la estación de autobuses de Al-Mo'af al-Gedid de Alejandría. Si viajan varios, es factible compartir un taxi de Alejandría a Rosetta (entre 100 y 150 EGP, incluida la espera).

COSTA MEDITERRÁNEA

Casi todo el litoral entre Alejandría y Sidi Abdel Rahman está repleto de centros turísticos que rinden homenaje al dios moderno del cemento. En verano, los cairotas adinerados y los jefes miliares egipcios van a la costa para escapar del calor opresivo de la ciudad. Está tan abarrotada que, al pasar en coche, probablemente sólo se podrá ver el mar entre los armazones inacabados de las localidades de veraneo. Algunas de estas estaciones turísticas son realmente lujosas, pero hay poca oferta para el viajero independiente. Cruzando la costa hacia Libia, a mitad de camino, El Alamein acoge diversos monumentos conmovedores a los caídos en las batallas de la Segunda Guerra Mundial. Pasado El Alamein, yendo hacia la frontera con Libia, la impresionante costa permanece desierta hasta Marsa Matruh, que se encuentra en una bahía arenosa y brillante. Matruh está invadida por egipcios de vacaciones en verano y completamente vacía en invierno.

EL ALAMEIN

☎ 046

Este pequeño puesto de avanzada costero (no es una "ciudad" como los folletos pretenden hacer creer) es famoso porque en él se produjo la victoria decisiva de los aliados en la campaña del norte de África de la Segunda Guerra Mundial.

En junio de 1942, el Afrika Korps, dirigido por el mariscal alemán Erwin Rommel (alias "el zorro del desierto"), lanzó una ofensiva general desde Tobruk, Libia. Decididos a controlar Alejandría y el canal de Suez, de gran trascendencia estratégica, las potencias del Eje y sus 500 tanques se acercaron hasta casi 100 km de su objetivo. No fue el primer intento en lo que habían sido dos años de enfrentamientos con resultados de lo más variados, pero en esta ocasión las potencias del Eje confiaban en que se produciría un gran avance. No obstante, los aliados, bajo el mando del general Bernard Montgomery (alias "Monty") los detuvieron con una línea de defensa que se extendía hacia el sur desde El Alamein hasta la depresión de Qattara. El 23 de octubre de 1942, el 8º Ejército descendió desde Alejandría con un millar de tanques, y en el transcurso de dos semanas lograron repeler al combinado

de fuerzas alemanas e italianas, con lo que Rommel y lo que quedaba del Afrika Korps tuvieron que volver a Túnez.

Más de ochenta mil soldados murieron o resultaron heridos en El Alamein y en las batallas posteriores por el control del norte de África. Las miles de tumbas en los tres descomunales cementerios de guerra que hay en los alrededores de la ciudad constituyen un sombrío recordatorio del luctuoso hecho.

El Museo de la Guerra y el cementerio de guerra de la Commonwealth de El Alamein están junto a una carretera secundaria que nace de la principal a la altura del monumento griego a los caídos y vuelve a unirse a ella tras pasar por la población.

Aunque cabe pernoctar cerca, en Sidi Abdel Rahman, la mejor manera de visitar El Alamein es en una excursión diurna desde Alejandría: sólo retendrá a los interesados en la historia más entusiastas durante unas pocas horas.

Puntos de interés

CEMENTERIO DE GUERRA DE LA COMMONWEALTH

En el lado oriental de la ciudad, este **cementerio** (entrada gratuita) es un lugar inquietante con más de siete mil lápidas cubriendo una ladera que da al desierto campo de batalla de El Alamein. Soldados del Reino Unido, Nueva Zelanda, Francia, Grecia, Sudáfrica, África oriental y occidental, Malasia e India que lucharon por la causa aliada yacen en él. Fuera del cementerio hay un pequeño monumento aparte dedicado al contingente australiano, y un poco más al este, otro dedicado a los griegos.

MONUMENTOS A LOS CAÍDOS ALEMANES E ITALIANOS

Unos 7 km al oeste de El Alamein, en un acantilado frente al mar, se encuentra lo que parece una fortaleza de arenisca cerrada a cal y canto. Dentro de este silencioso pero inconfundible recordatorio están las tumbas de los soldados alemanes, y, en el centro, un obelisco conmemorativo.

Unos 4 km más adelante, el monumento a los caídos italianos posee una torre alta y estrecha en el centro. Antes de llegar al monumento alemán, a la izquierda, en lo que parece un mojón con pretensiones reza grabado en italiano *Mancò la fortuna, non il valore* (Faltó la suerte, pero no el valor).

MUSEO DE LA GUERRA

Hay una interesante colección de objetos, uniformes y material pictórico de todos los países que participaron en la batalla de El Alamein y las campañas del norte de África en el **Museo de la Guerra** (☎ 410 0031/21; adultos/estudiantes 10/5 EGP; 🕒 9.00-16.00). Los mapas y explicaciones de las distintas fases de la campaña en árabe, inglés, alemán e italiano complementan las exposiciones, y proyectan un documental italiano de 30 minutos. Fuera del museo exhiben una colección de tanques, artillería y todo tipo de armamento de los campos de batalla.

Dónde dormir y comer

Al-Amana Hotel, que queda casi enfrente del Museo de la Guerra, tiene una pequeña cafetería donde se puede consumir una tortilla grasienta, una bebida, galletas y nada más. También dispone de unas pocas habitaciones espartanas, que sólo utilizan en caso de emergencia los conductores que se dirigen a los vecinos centros turísticos playeros.

El lugar más cercano y viable para alojarse o comer es El Alamein Hotel, en Sidi Abdel Rahman (p. 405), 23 km al oeste de la localidad de El Alamein. Es posible plantar la tienda en las playas próximas, pero habrá que buscar a la policía y tratar de conseguir un *tasreeh* (permiso de acampada).

Cómo llegar y salir

Lo mejor es alquilar un coche y contratar a un conductor a través de **Mena Tours** (plano p. 378; ☎ 480 9676; menatoursalx@yahoo.com; 🕑 9.00-17.00 sa-ju), cuya oficina está junto al Cecil Hotel de Alejandría. Costará entre 450 y 500 EGP por coche. Un taxi hasta el Museo de la Guerra, dar una vuelta por los cementerios y regresar a Alejandría costará de 200 a 300 EGP.

También cabe tomar uno de los autobuses que van a Marsa Matruh en la estación alejandrina de Al-Mo'af al-Gedid (véase p. 397). Paran en la carretera principal, a unos 200 m de la colina que sube al Museo de la Guerra.

A veces de Al-Mo'af al-Gedid salen taxis colectivos, microbuses en su mayoría (entre 8 y 10 EGP). Se pueden tomar en El Alamein para volver a Alejandría o ir más hacia el oeste, hasta Sidi Abdel Rahman. Para algunos viajeros el regreso a Alejandría ha sido todo un desafío: hay que detener el minibús en el lateral de la carretera.

Recientemente han empezado a operar vuelos chárter del Reino Unido y Alemania al aeropuerto de El Alamein combinados con estancia de una semana en el Mövenpick El Alamein Resort & Spa (para más detalles, véase en esta página).

SIDI ABDEL RAHMAN

☎ 046

Las espléndidas playas constituyen la razón de ser de esta aldea turística cada vez más grande, y dado que empieza a haber vuelos entre Europa y el cercano El Alamein (que queda 23 km al este) es probable que siga creciendo. Los diversos centros turísticos cerca de las aguas refulgentes y arenas blancas son su principal atractivo, aunque no hay mucho más que ver o hacer.

En ocasiones, los beduinos de la tribu Awlad Ali se congregan en un pequeño pueblo a unos 3 km de la playa. Procedentes de Cirenaica, en Libia, llegaron a la región hace centenares de años, donde se establecieron y sometieron a las tribus más pequeñas de la zona, entre ellos los morabitos. El Gobierno ha intentado que estos nómadas se asienten, y hoy en día la mayoría de los beduinos han abandonado las tiendas y arrean a las ovejas y cabras desde la inmovilidad de las casas construidas por las autoridades egipcias, aunque aún se puede ver a gente conduciendo el ganado de aquí para allá.

Dónde dormir y comer

El Alamein Hotel (☎ 492 1228; alamein_hotel@yahoo.com; i/d MP 450/800 EGP; ❄). Un pequeño centro turístico con habitaciones y casas que suele estar completo y a pleno rendimiento durante todo el verano, y bastante vacío el resto del año. La gente se apiña en él por sus magníficas vistas a las aguas, de un azul muy claro, no por la comida más bien mediocre que sirven en el restaurante. Unos 3 km al oeste, un desvío conduce a la playa Hanna (Shaat al-Hanna), en la que durante el verano acostumbra a haber tiendas plantadas para los transeúntes.

Mövenpick El Alamein Resort & Spa (☎ 419 0061/71; www.moevenpick-hotels.com; a 140 km de Alejandría en la ctra. de Matruh, bahía de Ghazala, i/d MP 140/180 US$; ❄). Otros 12 km hacia el oeste, un gran y flamante centro vacacional adecuado para turistas europeos que contratan paquetes de viajes y vuelos chárter. Las habitaciones, grandes y cómodas, dan a las aguas azul celeste del mar y la piscina. También hay *spa*, gimnasio, piscina cubierta y varios restaurantes, lo cual resulta muy práctico, pues no hay ningún otro lugar adonde ir ni nada que hacer cerca. Cuelgan promociones en el sitio web, sobre todo en verano.

Cómo llegar y salir

Los mismos autobuses que paran en El Alamein yendo o volviendo de Marsa Matruh pueden dejar aquí. Suelen parar para descansar pasado el desvío a la playa Hanna. Hay taxis colectivos entre El Alamein y Sidi Abdel Rahman, y a enclaves más al oeste, pero a partir de la tarde no sucede gran cosa.

MARSA MATRUH

☎ 046 / 159.710 hab.

La experiencia que se tenga de las bahías de arena blanca y brillante bordeadas de aguas turquesa de Marsa Matruh dependerá de la época del año en que se visite. De junio a septiembre, medio valle del bajo Nilo desciende a esta aletargada ciudad mediterránea para pasar las vacaciones. En verano, las calles están repletas de gente hasta bien entrada la noche, múltiples puestos callejeros venden comida caliente y recuerdos, y músicos espontáneos interpretan canciones con ritmo. Pero las playas están atestadas de familias que van de *picnic*, las tarifas de los hoteles alcanzan cifras astronómicas y los autobuses que salen y entran de la ciudad van hasta los topes. El resto del año, Marsa Matruh vuelve a su estado casi comatoso habitual. Muchos hoteles cierran las puertas entonces, las playas de arena blanca de la bahía se vacían, y los únicos visitantes son beduinos y libios que van a aprovisionarse. Sea cual sea la temporada, pocos turistas extranjeros viajan hasta Marsa Matruh, excepto para descansar de camino a Siwa.

Orientación

Las dos calles principales de Marsa Matruh son la Corniche (Al-Corniche), que serpentea por la costa, y Sharia Iskendariyya, que discurre perpendicular a la primera en dirección a la colina que se alza detrás de la ciudad. Los hoteles más caros están en la Corniche, y buena parte de los restantes, cerca de Sharia Iskendariyya, como casi todos los restaurantes y comercios.

Información

Hay varias oficinas de cambio de moneda en Sharia al-Galaa.

Banque Misr (plano p. 407; Sharia al-Galaa; 🕑 9.00-14.30 y 18.30-20.00 do-ju). Tiene un cajero automático.

Oficina principal de correos (plano p. 407; Sharia ash-Shaati; 🕑 8.30-14.30 do-vi)

Hospital Militar (plano p. 407; ☎ 493 5286; Sharia ash-Shaati)

National Bank of Egypt (plano p. 407; junto a Sharia al-Matar; 🕑 9.00-14.00 y 18.00-2100 do-ju)

Oficina de pasaportes (plano p. 407; ☎ 493 5351; junto a Sharia Iskendariyya; 🕑 8.30-14.00 y 18.00-21.00 jun-sep, 8.30-14.00 y 17.00-20.00 oct-may)

Central telefónica (plano p. 407; Sharia ash-Shaati; 🕑 24 h)

Oficina de turismo (plano p. 407; ☎ 493 1841; Sharia Omar Mukhtar, esq. Al-Corniche; 🕑 8.30-19.00 jun-sep, 8.30-17.00 oct-may)

Oficina de turismo (plano p. 407; ☎ 493 5575; Sharia Omar Mukhtar, esq. Al-Corniche)

Puntos de interés y actividades

MUSEO Y PLAYA DE ROMMEL

Cuentan que Erwin Rommel, el comandante del Afrika Korps, utilizó las cuevas de la zona como cuartel general durante parte de su campaña en El Alamein. El **Museo de Rommel** (plano p. 409; ☎ 494 6830; entrada 5 EGP; 🕑 8.00-17.00) tira a sucinto: unas cuantas fotos, un busto del "zorro del desierto", algunos viejos mapas militares alemanes, italianos y británicos,

FÚNGICO Y SUBTERRÁNEO TESORO

Aunque parezca mentira, las trufas, esos valiosos hongos que se crían bajo tierra, de aroma acre, tan preciados por los *gourmets* italianos, franceses y españoles también se desarrollan en las estériles llanuras de la costa del norte de Egipto. Las *Terfeziaceae* o trufas del desierto son propias de las regiones áridas y semiáridas de Oriente Medio y la costa mediterránea del norte de África. Según parece, hace miles de años que los árabes conocen estas delicias con el nombre de *kamaa*. También se cree que los faraones las tomaban de vez en cuando, y se sabe que los califas de El Cairo las mordisqueaban.

El sabor de las trufas del desierto, conocidas como *terfas* por los beduinos, es ligeramente menos intenso que su equivalente europeo, pero tienden a resultar más económicas porque son más abundantes. En la región dicen que el hongo sólo crece cuando un rayo cae en el desierto. Puede que exageren un poco, pero es cierto que necesitan una cantidad mínima de lluvia para germinar. Las trufas del desierto se preparan de distintas maneras: fritas en mantequilla, hervidas en leche de camello o, la mejor de todas, asadas. Aunque Marsa Matruh es un importante enclave egipcio de recolección de trufas, gran parte de la preciada carga se envía rápidamente a los lucrativos mercados internacionales, lo que no impide que alguien se encuentre con un montoncito de *terfas* en algún mercado egipcio.

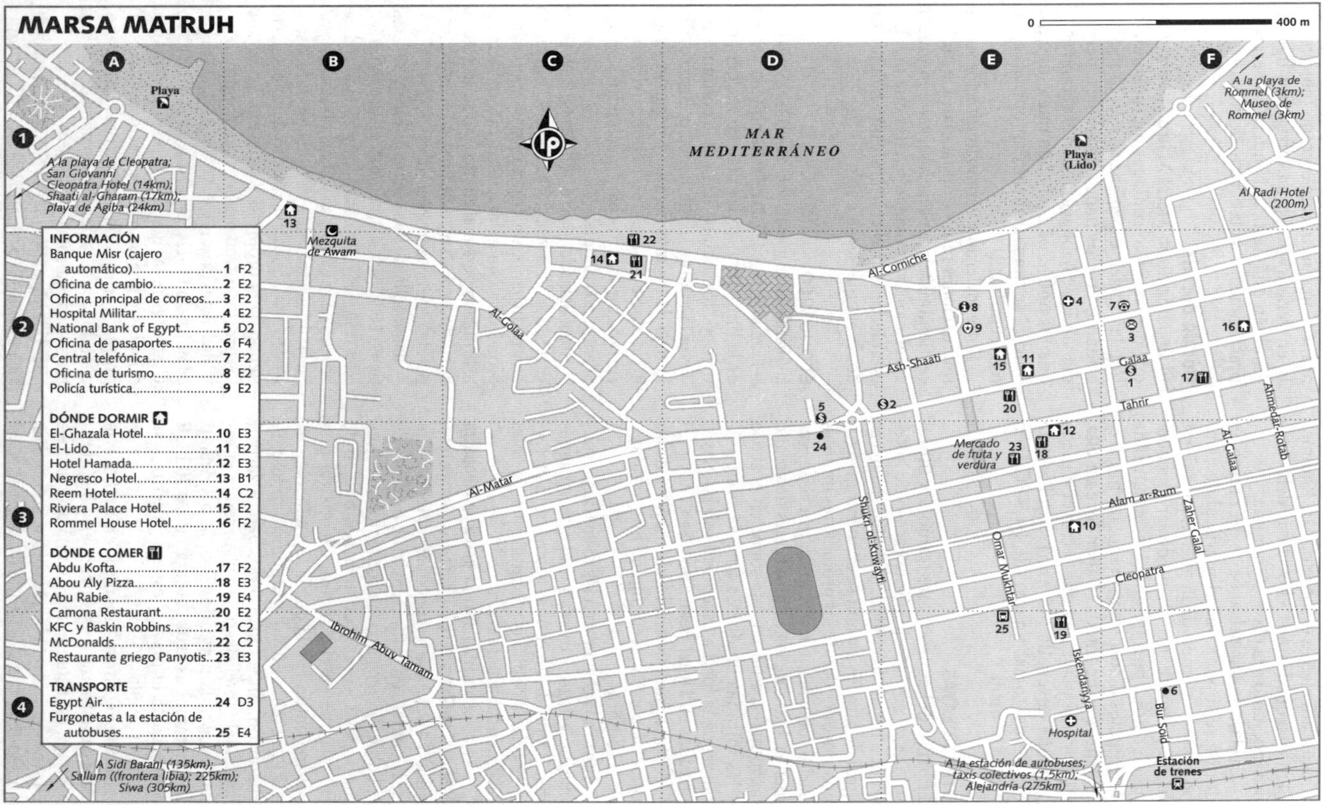
MARSA MATRUH
0 400 m
MAR MEDITERRÁNEO
Playa
Playa (Lido)
A la playa de Cleopatra; San Giovanni Cleopatra Hotel (14km); Shaati al-Gharam (17km); playa de Agiba (24km)
A la playa de Rommel (3km); Museo de Rommel (3km)
Al Radi Hotel (200m)
Mezquita de Awam
Al-Corniche
Al-Golaa
Al-Matar
Ash-Shaati
Tahrir
Galaa
Al-Galaa
Ahmedar-Rotab
Alam ar-Rum
Zaher Galal
Cleopatra
Omar Mukhtar
Shukri ol-Kuwayti
Iskendariyya
Bur Soid
Ibrohim Abuv Tamam
Mercado de fruta y verdura
Hospital
Estación de trenes
A Sidi Barani (135km); Sallum ((frontera libia); 225km); Siwa (305km)
A la estación de autobuses; taxis colectivos (1,5km); Alejandría (275km)
INFORMACIÓN
Banque Misr (cajero automático)....1 F2
Oficina de cambio....2 E2
Oficina principal de correos....3 F2
Hospital Militar....4 E2
National Bank of Egypt....5 D2
Oficina de pasaportes....6 F4
Central telefónica....7 F2
Oficina de turismo....8 E2
Policía turística....9 E2
DÓNDE DORMIR
El-Ghazala Hotel....10 E3
El-Lido....11 E2
Hotel Hamada....12 E3
Negresco Hotel....13 B1
Reem Hotel....14 C2
Riviera Palace Hotel....15 E2
Rommel House Hotel....16 F2
DÓNDE COMER
Abdu Kofta....17 F2
Abou Aly Pizza....18 E3
Abu Rabie....19 E4
Camona Restaurant....20 E2
KFC y Baskin Robbins....21 C2
McDonalds....22 C2
Restaurante griego Panyotis....23 E3
TRANSPORTE
Egypt Air....24 D3
Furgonetas a la estación de autobuses....25 E4

y lo que afirman es el sobretodo de Rommel. El museo queda unos 3 km al este del centro urbano, junto a la playa homónima.

La **playa de Rommel,** al oeste del museo, es donde se supone que el mariscal de campo rascaba tiempo de la guerra para darse su chapuzón diario. Debió de ser una buena elección, porque ahora está saturada de egipcios ociosos en verano; las mujeres se sentirán incómodas bañándose en ella. Para ir a la playa hay que recorrer a pie la pequeña ensenada (45 min), alquilar una bicicleta o tomar un taxi (de 4 a 5 EGP) en Marsa Matruh.

OTRAS PLAYAS

El brillo del agua en este tramo del litoral sólo se ve empañado por el exceso de hoteles que hay en la ciudad. Más allá, el agua es igual de atractiva y aún se encuentran algunos rincones donde los promotores inmobiliarios todavía no han empezado a verter cemento. Durante los cálidos meses de verano las mujeres, a no ser que soporten el acoso y las miradas libidinosas, no se zambullirán en bañador. La excepción son las playas privadas en Hotel Beau Site y San Giovanni Cleopatra, aunque en ellas la mayoría de las egipcias permanecen totalmente vestidas y en la sombra.

Junto a la costa yacen los restos de un submarino griego, y dicen que al este, en aguas más profundas, hay unas galeras romanas.

El **Lido,** la bonita playa municipal, ya no es recomendable para nadar.

Las alternativas son la **playa de Cleopatra** o **Shaati al-Gharam** (playa de los Amantes), unos 14 y 17 km respectivamente al oeste de la ciudad, en el fino tentáculo de tierra de la bahía. Merece la pena contemplar las formaciones rocosas y existe la posibilidad de sumergirse en el Baño de Cleopatra, una piscina natural en la que la leyenda imagina a la gran reina y Marco Antonio dándose un chapuzón. En verano, varios barcos zarpan cerca del Hotel Beau Site y surcan la ensenada hasta la playa de Cleopatra y Shaati al-Gharam. Los taxis cobrarán unos 70 EGP por ir hasta la playa y esperar mientras se disfruta de ella.

Agiba significa "milagro" en árabe, y la **playa de Agiba,** unos 24 km al oeste de Marsa Matruh, es justamente eso, una cala pequeña y espectacular, a la que sólo se accede por un sendero que desciende desde lo alto del acantilado. En un café cercano (abierto sólo en verano) preparan refrigerios ligeros. También está hasta la bandera en verano y practicamente vacía el resto del año.

Dónde dormir

El alojamiento en Marsa Matruh deja mucho que desear. Salvo contadas excepciones, los hoteles suelen especializarse en la mediocridad a precios nada razonables, pero la demanda de habitaciones en el verano es tal que los hoteleros no tienen que esforzarse mucho. Se citan las mejores propuestas y las más céntricas.

Entre invierno y verano los precios sufren fluctuaciones muy contrastadas. De junio a septiembre se aconseja reservar con mucha antelación, y conviene señalar que muchos establecimientos cobrarán una habitación doble aunque se viaje solo.

ECONÓMICO

El-Ghazala Hotel (plano p. 407; ☎ 493 3519; Sharia Alam ar-Rum; dc 15 EGP, i/d 25/40 EGP). Aunque la señora de la limpieza hizo las maletas hace mucho tiempo (los malolientes aseos comunes todavía la añoran), este negocio austero aún es uno de los más baratos y populares para hospedarse en cualquier época del año. La entrada a esta gruta para mochileros se oculta entre dos tiendas.

Hotel Hamada (plano p. 407; ☎ 493 3300; Sharia Tahrir; i/d con baño compartido 25/50 EGP). En pleno centro urbano, una opción rudimentaria y económica con habitaciones razonablemente limpias y personal atento. Eso sí, en verano el ruido procedente de Sharia Iskendariyya puede resultar ensordecedor.

Rommel House Hotel (plano p. 407; ☎ 493 5466; fax 493 2485; Sharia al-Galaa; i/d MP jun-sep 85/130 EGP, oct-may 50/65 EGP; ❄). Está muy alejado del alboroto de la Corniche y Sharia Iskendariyya. Las habitaciones de este hotel, grande, oscuro y formal, que lleva mucho tiempo abierto tienen baño propio, TV y nevera. En verano los precios sufren un leve incremento.

Radi Hotel (plano p. 409; ☎ 493 4827/8; Al-Corniche; i/d MP jun-sep 145/224 EGP, oct-may i/d 50/70 EGP; ❄). Un tres estrellas que da a la playa de Rommel dotado de habitaciones espaciosas con baño propio y televisión vía satélite. En verano, cuando la media pensión es obligatoria, está plagado de cairotas.

El-Lido (plano p. 407; ☎ 493 2248; Sharia Iskendariyya; h jun-sep 200 EGP, i/d oct-may 50/70 EGP; ❄). Aunque

ALREDEDORES DE MARSA MATRUH

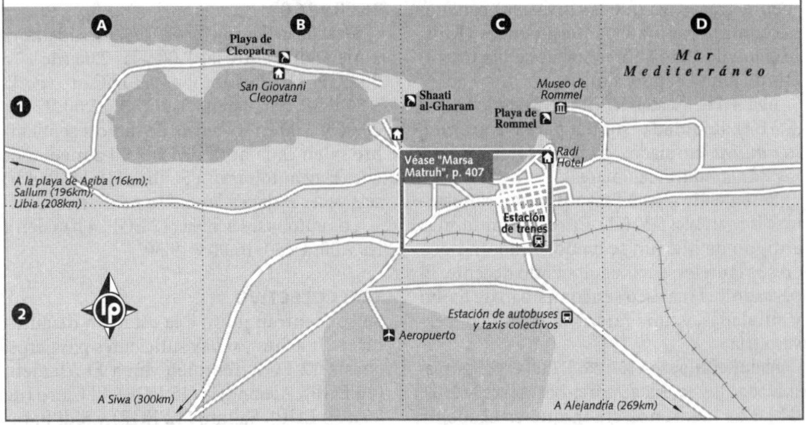

las habitaciones de este céntrico bloque de pisos reciben menos luz que Drácula, todavía resulta interesante a tenor de los estándares bajos de Marsa Matruh, y teniendo en cuenta que hay aire acondicionado.

PRECIO MEDIO

Reem Hotel (plano p. 407; ☎ 493 3605; Al-Corniche; d jun-sep 250 EGP, i/d oct-may 120/180 EGP; ❄). Tiene múltiples salas de un blanco "institucional" y habitaciones que dan al océano. Aunque carece de personalidad, se trata de un hotel digno para dormir. Las habitaciones sin vistas resultan algo más baratas.

Riviera Palace Hotel (plano p. 407; ☎ 493 3045; fax 493 0004; Sharia Iskendariyya; i/d MP jun-sep 50/70 US$, oct-may 40/60 US$; ❄). Habitaciones grandes y ordenadas, si no está invadido por cairotas de veraneo. Por mucho que lo intente, el esquizofrénico diseño del vestíbulo, que va de la temática náutica y lámparas de araña al tigre disecado, no consigue dar auténtica personalidad al lugar.

Negresco Hotel (plano p. 407; ☎ 493 4491/2; fax 493 3960; Al-Corniche; i/d MP jun-sep 400/560 EGP, oct-may 300/400 EGP; ❄). Sus paredes blancas y bonitos balcones azules añaden una dosis muy necesaria de encanto mediterráneo a la escena hotelera de Marsha Matruh. Las habitaciones, inmaculadas, son demasiado caras, y los servicios, aceptables.

PRECIO ALTO

Hotel Beau Site (plano p. 407; ☎ 493 2066; www.beausitehotel.com; Al-Corniche; i/d MP jun-sep desde 125/155 US$, i/d oct-may 65/81 US$; ❄ 💻). Es uno de los alojamientos más cómodos de Matruh, sobre todo si uno se instala en las habitaciones "de lujo" (y más caras) en la playa, con televisión vía satélite. Dispone de la única playa privada en el centro urbano, unos cuantos bares, varios restaurantes de calidad, y algunas habitaciones "económicas" (con baño compartido) de las que no hacen publicidad. Ojo al dato: suelen añadir múltiples impuestos y conceptos "furtivos" en las facturas… Mejor revisarlas cuidadosamente.

San Giovanni Cleopatra (plano p. 409; ☎ 494 7600; www.sangiovanni.com; cerca de la playa de Cleopatra, 14 km al oeste de Marsa Matruh; i/d jun-sep 110/150 US$, oct-may 75/110 US$). Perteneciente a la cadena San Giovanni, el único centro turístico de cinco estrellas de la ciudad, una suerte de villa italiana, es también la incorporación más reciente a su panorama hotelero. Tiene 67 habitaciones espaciosas que dan a una playa privada y una piscina, ofrece diversas actividades playeras, y dispone de un gimnasio, videojuegos para niños y barcos que navegan a playas cercanas.

Dónde comer

No merece la pena escribir mucho sobre los restaurantes de Matruh. En invierno costará encontrar un lugar para comer, aunque Abdu Kofta no cierra en todo el año.

RESTAURANTES

Tras pasar semanas atravesando el desierto occidental, puede surgir la tentación de hincar el diente a alimentos vergonzosamente grasos, ya que las invasivas cadenas de comida rápida estadounidenses (KFC, McDonalds, etc.) abren locales en la Corniche de julio a septiembre.

Abu Rabie (plano p. 407; Sharia Iskendariyya; platos 3-15 EGP). Reputada comida para llevar: *fuul, ta'amiyya,* ensaladas, *gambari* (gambas) fritas y *kalamaari* (calamares).

Restaurante griego Panyotis (plano p. 407; Sharia Iskendariyya; platos 5-30 EGP). El restaurante más antiguo de Matruh se ha dormido un poco en sus laureles, pero sigue siendo decente. El pescado y el marisco se acompañan de *tahini* y ensaladas, y, una rareza en la ciudad, cerveza fría.

Abdu Kofta (plano p. 407; ☎ 012 314 4989; Sharia Gamal Abd an-Nasser, junto a Sharia at-Tahrir; platos 5-60 EGP; ⊠). Los lugareños creen que es el mejor restaurante de Marsa Matruh. En la sala limpia y fresca de la primera planta sirven *kofta* (broqueta de carne picada con especias a la brasa), o carne, a la brasa también, a peso acompañada de buenos *mezze* y ensaladas.

Camona Restaurant (plano p. 407; Sharia Galaa; comidas 8-20 EGP). Este restaurante sencillo triunfa con las carnes a la brasa (sólo pollo y kebabs). Basta con dejarse guiar por la nariz hasta la esquina de Iskendariyya, no tiene pérdida.

Abou Aly Pizza (plano p. 407; Sharia Iskendariyya; *pizzas* 12-18 EGP). No se puede obviar, ya que ofrece lo más parecido que cabe encontrar a una *pizza* occidental. Tiene mucho espacio para sentarse en el piso de arriba, y mientras se come se puede observar a la gente en Sharia Iskendariyya.

Cómo llegar y salir

AVIÓN

De junio a septiembre **EgyptAir** (plano p. 407; ☎ 493 6573; Sharia al-Matar) tiene dos vuelos semanales entre El Cairo y Marsa Matruh; salen de El Cairo a las 15.15 y vuelven a las 17.00. Los billetes cuestan unas 700 EGP ida.

AUTOBÚS

La estación de autobuses de Matruh (plano p. 407) está en la carretera principal de la costa, a 2 km de la ciudad. Un taxi al centro urbano suele costar unas 7 EGP.

Superjet (☎ 490 4787) tiene varios servicios diarios de junio a septiembre. Los que van a Alejandría (30 EGP, 4 h) salen a las 14.30, y a El Cairo (50 EGP, 5 h), a las 13.00, 14.00, 15.30 y 16.00.

West Delta Bus Co (☎ 490 5079) va cada hora a Alejandría entre las 7.00 y las 2.00 (de 17 a 30 EGP, 4 h). Los autobuses a El Cairo (de 35 a 50 EGP, 5 h) salen a las 7.30, 12.00, 15.30, 20.00 y 2.00 en invierno; de junio a septiembre salen cada hora de las 7.30 a medianoche. Hay autobuses a Sallum (15 EGP, 4 h) seis veces al día de las 6.00 a medianoche.

Los autobuses a Siwa (12 EGP, 4 h) salen a las 7.00, 13.30, 16.00 y 19.30.

TAXI COLECTIVO

Se concentran junto a la estación de autobuses. Ir a Siwa, si hay suficientes pasajeros, cuesta 12 EGP. También van a El Alamein (10 EGP), Alejandría (15 EGP), El Cairo (de 25 a 30 EGP), Sallum (12 EGP) y Sidi Barani (12 EGP).

TREN

Entre junio y septiembre hay diariamente un convoy de lujo con coches cama entre El Cairo y Marsa Matruh. Los trenes salen de Matruh a las 22.00 y llegan a El Cairo a las 6.00. Los billetes cuestan 45 US$/persona en un compartimento doble y 60 US$ en uno individual. Se pueden hacer reservas en El Cairo (☎ 02-738 3682/4) o comprar el billete a bordo.

En otros casos, mejor evitar el tren. El propio jefe de estación de Marsa Matruh dice que los trenes son "horribles".

Cómo desplazarse

Hay taxis o furgonetas que se ofrecen para todo el día, pero hay que negociar y regatear contemplaciones, sobre todo en verano. Suelen costar de 80 a 150 EGP, según la distancia.

En temporada alta, alquilan bicicletas (entre 10 y 20 EGP/día) en negocios improvisados de Sharia Iskendariyya. Un taxi al aeropuerto costará de 7 a 10 EGP.

SIDI BARANI

☎ 046

Unos 135 km al oeste de Marsa Matruh, de camino a Libia, se encuentra esta pequeña pero bulliciosa población beduina. Sirve comida y gasolina al tráfico procedente de Libia, pero eso es todo. Hay un hotel pequeño y unos pocos locales antihigiénicos para comer.

SALLUM

☎ 46

A tan sólo 12 km de la frontera con Libia, una población en mitad de la nada, al pie de Gebel as-Sallum, en el golfo homónimo. En el pasado fue el puerto de Baranis, y aunque algunos pozos romanos son testimonio de su historia, en la actualidad es básicamente un establecimiento comercial beduino que recibe escasos visitantes extranjeros.

Aunque el mar de Sallum, como en el resto de este tramo de costa, es cristalino y de color aguamarina, es mejor no plantearse darse un chapuzón: la basura cubre la arena, las propiedades del Gobierno lo invaden todo y hay que pedir permiso para permanecer en la playa después de las 17.00.

En la entrada oriental a la ciudad hay un modesto cementerio de guerra de la Commowealth de la Segunda Guerra Mundial, que recuerda la destrucción de centenares de tanques británicos a manos de los alemanes en el cercano enclave del "Fuego del Infierno".

No hay bancos ni oficina de cambio en Sallum, aunque puede que algunos hoteles accedan a cambiar moneda.

Dónde dormir y comer

Mejor evitar alojarse en Sallum, pero si no hay otra opción el **Hotel al-Ahram** (☎ 480 0148; i/d 14/21 EGP) es el mejor de un conjunto poco atractivo. Las habitaciones son espartanas y, de haberla, el agua estará fría.

Hay un par de rudimentarios *lokandas* (establecimientos baratos y sencillos para dormir) con los nombres sólo en árabe, de los cuales el Sirt es el mejor.

En la frontera, 12 km más adelante, está el hotel At-Ta'un (rotulado sólo en árabe). Hay dos modestos puestos de *fuul* cerca; se aconseja averiguar antes el precio porque puede ser más elevado para los extranjeros solitarios.

Cómo llegar y salir

Autobuses y algún que otro taxi salen de Alejandría (p. 397) y Marsa Matruh (p. 410); véanse los apartados pertinentes para más detalles.

Cada hora, entre las 7.00 y las 2.00, salen autobuses de Sallum a Marsa Matruh (15 EGP, 4 h); algunos continúan hasta Alejandría (28 EGP, 8 h). Un taxi colectivo a Marsa Matruh costará unas 12 EGP.

CRUZAR LA FRONTERA LIBIA

El paso fronterizo de Amsaad, al norte del paso de Halfaya, está abierto las 24 horas. Queda 12 km al oeste de Sallum; un taxi colectivo hasta allí cobra 5 EGP. Para más información acerca de los visados a Libia, véase p. 536.

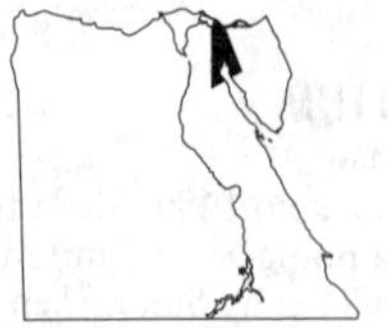

Canal de Suez

El canal de Suez es sin duda una de las más grandes maravillas de la ingeniería del mundo. Al surcar las arenas del istmo de Suez, el canal separa la península del Sinaí del resto de Egipto y África de Asia. Sus 163 km de longitud facilitan la circulación entre el Mediterráneo y el mar Rojo de más de veinte mil embarcaciones al año y suponen el cordón umbilical de la economía egipcia.

Sin embargo, a pesar de lo impresionante de sus estadísticas, el canal de Suez no está acondicionado para el turismo, a diferencia de su equivalente en Panamá. Las estrictas medidas de seguridad impiden a los turistas circular por el canal en embarcaciones privadas y los viajes independientes por la región están muy controlados. Como consecuencia, pocos extranjeros se plantean visitar el canal, aparte de europeos en embarcaciones de recreo con destino al mar Rojo.

Dicho esto, el atractivo de la región reside en las tres ciudades junto a la ribera occidental del canal: Port Said, Ismailia y Suez. Se trata de creaciones coloniales que surgieron cuando el canal ganó importancia. Estuvieron en primera línea de combate durante las guerras con Israel y sufrieron intensos bombardeos. Sin embargo, sus comienzos decimonónicos siguen presentes en las amplias avenidas arboladas y la hermosa arquitectura colonial que ocupan sus pintorescos centros urbanos y los diferencia del resto del país.

Si se tiene tiempo y ganas de apartarse de las rutas más transitadas, el trío urbano del canal ofrece una experiencia totalmente distinta. En contraste con los templos, pirámides y ruinas que caracterizan otras partes de Egipto, el canal de Suez ofrece una curiosa mezcla de arquitectura *belle époque*, modernas infraestructuras navales y energía portuaria.

LO MÁS DESTACADO

- Recorrer el paseo marítimo y admirar la arquitectura del s. XIX en **Port Said** (p. 413).
- Tomar el ***ferry*** (p. 416) de Port Said a Port Fuad para hacerse una idea de cómo es la vida en el canal.
- Adentrarse en el pasado colonial de Egipto paseando por el antiguo barrio europeo de **Ismailia** (p. 412).
- Admirar más de cuatro mil objetos de las épocas faraónica y grecorromana en el poco frecuentado **Museo de Ismailia** (p. 417).
- Ver cómo los grandes petroleros parecen arrastrarse por el desierto en la ciudad de **Suez** (p. 419), donde termina el canal.

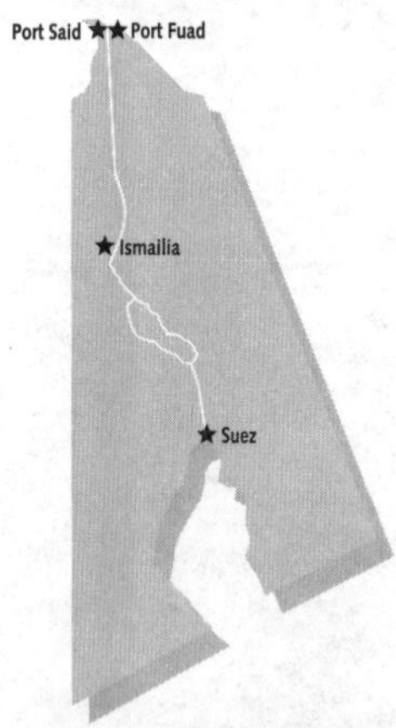

PORT SAID

☎ 066 / 550.000 hab.

El atractivo principal de Port Said, y el motivo de su establecimiento a orillas del Mediterráneo, es el canal de Suez. Ver cómo enormes barcos y petroleros se ponen en fila para cruzar la entrada norte del canal es una experiencia impresionante. Aunque Port Said sufrió graves daños en las guerras contra Israel de 1967 y 1973, gran parte de la ciudad ha sido reconstruida siguiendo sus líneas históricas. Hoy emana un aire próspero y bullicioso, en particular su histórico paseo marítimo, con edificios coloniales de finales del s. XIX. La ciudad también contiene el frondoso barrio residencial de Port Fuad, al que se llega en un *ferry* gratuito que cruza el canal; perfecto para todo el que no disponga de yate propio.

Orientación

Un puente al sur de Port Said y una autovía al oeste unen esta ciudad con la península. También hay un *ferry* que la une con la ciudad cercana de Port Fuad, al otro lado del canal.

La mayoría de los bancos y servicios principales están en Sharia Palestina, que se extiende junto al canal, o en Sharia al-Gomhuriyya, a un par de manzanas al interior.

Información

ADUANA

Port Said es un puerto libre de impuestos desde 1976. Teóricamente, todos deben pasar por la aduana cuando entran y salen de la ciudad, aunque en la práctica pocas veces se cumple. El viajero deberá asegurarse de que lleva encima el pasaporte.

URGENCIAS

Policía turística (☎ 322 8570; edificio de correos, junto a Sharia al-Gomhuriyya).

ACCESO A INTERNET

Compunet (3 EGP por hora; 🕑 9.00-24.00). Junto a los Ferial Gardens.

ASISTENCIA MÉDICA

Hospital Delafrant (☎ 322 3663; Sharia Orabi)
Hospital público (☎ 322 0694; Sharia Safiyya Zaghloul)

DINERO

American Express Bank (Sharia Palestina; 🕑 9.00-14.00 y 18.30-20.00 do-ju).

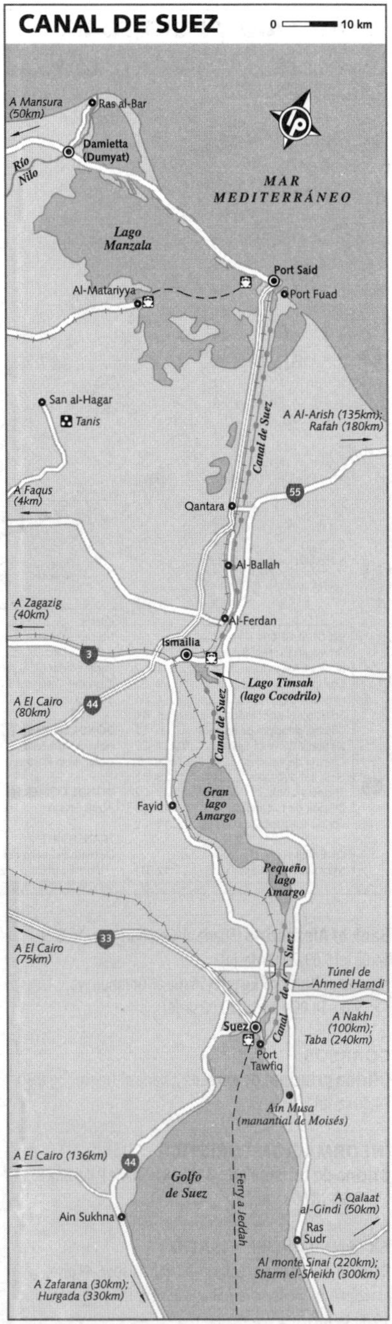

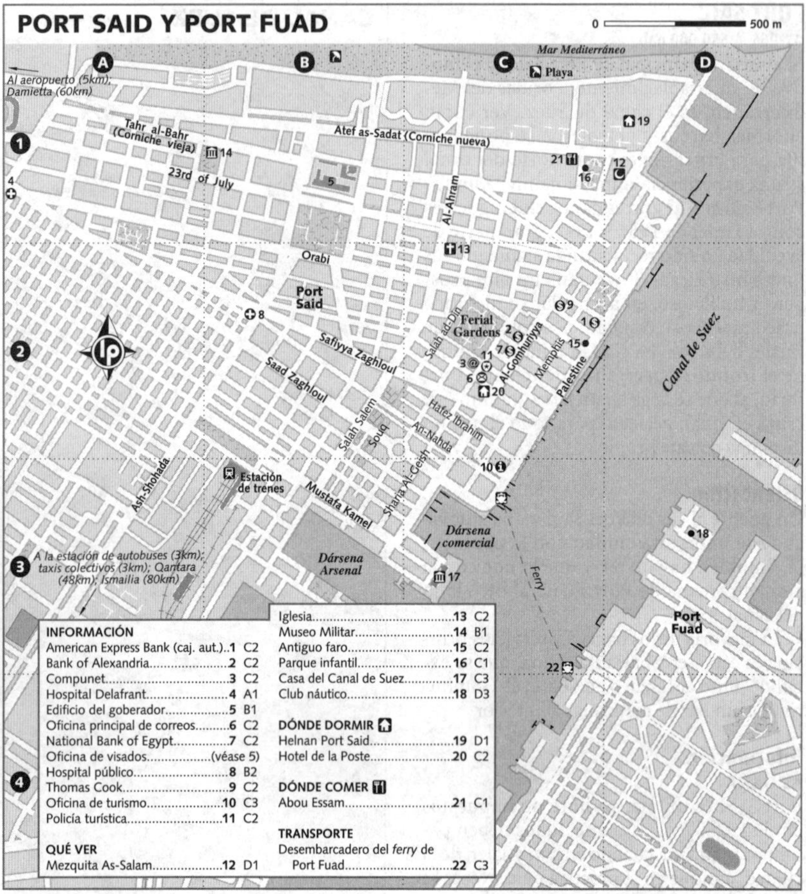

Bank of Alexandria (Sharia al-Gomhuriyya; 8.30-14.00 y 18.00-20.00 do-ju)

National Bank of Egypt (Sharia al-Gomhuriyya; 9.00-14.00 y 18.30-20.00 sa-ju)

CORREOS

Oficina principal de correos (Sharia al-Geish; 8.30-14.30 sa-ju).

INFORMACIÓN TURÍSTICA

Oficina de turismo (323 5289; Sharia Palestina 8; 9.00-18.00 sa-ju).

EXTENSIÓN DEL VISADO

Oficina de visados (edificio del gobernador, 4º piso, ala izquierda, ventanilla 7 Sharia 23rd of July; 8.00-14.00 sa-ju)

Puntos de interés

CASA DEL CANAL DE SUEZ

Si alguna vez el viajero ha visto una fotografía de Port Said, seguramente habrá sido la de las llamativas cúpulas verdes de la Casa del canal de Suez, un edificio de columnas blancas construido para la inauguración del canal en 1869. Desafortunadamente, no se permite la entrada.

CENTRO DE LA CIUDAD

Se encuentra en el extremo del canal y alrededor de Sharia Palestina. El frente marítimo destaca por los edificios de cinco plantas, de finales del s. XIX, con balcones de madera y altas galerías de estilo *belle époque*. Se recomienda pasear sobre todo por la Sharia

EL CANAL DE SUEZ

El canal de Suez representa la culminación de siglos de esfuerzo para ampliar el comercio y los imperios de Egipto conectando el mar Rojo con el Mediterráneo. La construcción del primer canal del que se tiene constancia fue iniciada por el faraón Nekau II entre 610 y 595 a.C. y se extendía desde la localidad de Bubastis, en el delta del Nilo, cerca del actual Zagazig, hasta el mar Rojo pasando por los lagos Amargos. Tras atribuírsele la muerte de más de cien mil trabajadores, la construcción del canal se abandonó súbitamente.

El proyecto se retomó y se completó cerca de un siglo después bajo el mando de Darío, uno de los gobernantes persas de Egipto. Los romanos mejoraron el canal en época de Trajano, pero durante los siglos siguientes o bien se abandonó y se dejó encenagar, o se dragó para un uso limitado en función de los recursos disponibles. El canal se restauró de nuevo en 649 durante un breve período de veinte años por orden de Amr ibn al-As, el conquistador árabe de Egipto.

Tras la invasión francesa de 1798, se volvió a reconocer la importancia de disponer de algún tipo de conexión marítima con Asia. Por primera vez se consideró la posibilidad de excavar un canal directo desde el mar Mediterráneo al mar Rojo por el relativamente estrecho istmo de Suez. Sin embargo, la idea se abandonó cuando los ingenieros de Napoleón, errando el cálculo, afirmaron que había una diferencia de 10 m entre el nivel de los dos mares.

Unos informes británicos detectaron ese error varios años después, pero fue Ferdinand de Lesseps, el cónsul francés en Egipto, quien retomó la idea del canal de Suez y la llevó a término. En 1854, Lesseps presentó su propuesta al jedive egipcio Said Pasha, quien le autorizó a excavar el canal. Las obras empezaron en 1859.

Una década después se terminó el canal entre grandes celebraciones. Cuando dos pequeñas flotas, una de Port Said y la otra de Suez, se encontraron en la nueva localidad de Ismailia el 16 de noviembre de 1869, el canal de Suez se declaró abierto y África quedó oficialmente separada de Asia.

La propiedad del canal continuó en manos francesas y británicas durante los 86 años siguientes hasta que, tras la independencia de Egipto, el presidente Nasser lo nacionalizó en 1956. Las dos potencias europeas, junto con Israel, invadieron Egipto en un intento de recuperar por la fuerza el control del canal. En un episodio que se bautizó como la "Crisis de Suez", se vieron obligados a retirarse ante la amplia condena internacional.

Hoy, el canal de Suez sigue siendo una de las rutas marítimas más usadas del mundo y los ingresos que genera el peaje suponen una de las mayores contribuciones a las arcas del Estado. Sin embargo, a pesar de los centenares de barcos que pasan por el canal cada semana, los entusiastas que quieran hacer lo mismo descubrirán que no es tan fácil. Los viajes organizados no existen y la policía no permite que embarcaciones privadas circulen por el canal por motivos de seguridad.

Con todo, si el viajero quiere intentar que algún barco le lleve, el club náutico de Port Fuad (véase p. 416) es el mejor lugar en el que informarse sobre el pasaje en una embarcación que recorra el canal, ya que a veces los capitanes buscan refuerzos para la tripulación. Si se consigue plaza en alguna embarcación, se debe recordar que por lo general no se permite hacer fotografías, ya que hay una fuerte presencia militar en todo el canal. Por supuesto, el modo más sencillo de hacerse una idea rápida de la vida en el canal es tomando el *ferry* gratuito hasta Port Fuad desde delante de la oficina de turismo en Sharia Palestine, Port Said.

Memphis, con el viejo edificio Woolworth (ahora un centro comercial de recuerdos), y por las calles al norte de la dársena comercial. Hay vestigios de la época colonial, como las viejas Postes Françaises; una indicación para los proveedores de buques de la "flota voluntaria rusa" presoviética, y otra para la Bible Society. Al nordeste, en Sharia 23rd of July, está el consulado italiano, levantado en la década de 1930 y decorado con un grabado de propaganda fascista de Benito Mussolini. Algunas manzanas hacia el interior, en Sharia Salah Salem y alrededores, hay un impresionante conjunto de iglesias, como la iglesia ortodoxa copta de San Bishoi de la Virgen y el complejo franciscano.

En el extremo norte de Sharia Palestina, cerca del hotel Sonesta, hay un gran pedestal de piedra sobre el que estaba la estatua de Ferdinand de Lesseps, hasta que se derribó en 1956 cuando se nacionalizó el canal de Suez.

MUSEO MILITAR

Este compacto **museo** (☎ 322 4657; Sharia 23rd of July; entrada 5 EGP; ⌚ 9.00-16.00 sa-ju) alberga restos de la Crisis de Suez de 1956 y de las guerras contra Israel de 1967 y 1973, como algunos tanques estadounidenses capturados en los que se pintó la estrella de David, así como una extraña colección de munición sin estallar (UXO, según sus siglas en inglés).

PORT FUAD

Cruzando el canal desde Port Said, se encuentra el elegante barrio de Port Fuad, fundado en 1925. Las calles cercanas al muelle, llenas de residencias, jardines exuberantes y tejados inclinados, recuerdan la presencia europea. Existen *ferries* gratuitos de Port Said a Port Fuad desde donde hay unas vistas increíbles del canal; salen más o menos cada 10 minutos desde la parada en el extremo sudoeste de Sharia Palestina.

Dónde dormir y comer

Hotel de la Poste (☎ 322 4048; 42 Sharia al-Gomhuriyya; i/d/tr 40/50/55 EGP). Este clásico venido a menos es la mejor opción económica de Port Said y aún retiene algunos rasgos de su antiguo encanto. Dicho esto, hará falta un poco de imaginación (y quizá la vista nublada) para evocar su pasado colonial. Sin embargo, las habitaciones limpias y cómodas (algunas con balcones) y un restaurante propio aceptable son buenos puntos a favor si la imaginación empieza a fallar.

Helnan Port Said (☎ 332 0890; www.helnan.com; Sharia Atef as-Sadat; i/d desde 75/120 US$; ❄ 💻 🏊). Este hotel de cinco estrellas con vistas al Mediterráneo desde el norte de la ciudad es la opción más sofisticada de Port Said. Ofrece lujo con discreción más que placeres opulentos. Cuenta con habitaciones completas que gozan de vistas al final del canal y al Mediterráneo. El hotel también es la sede de varios restaurantes de primera cuyos platos están entre los mejores de la ciudad.

Abou Essam (☎ 323 2776; Sharia Atef as-Sadat; comidas 20-30 EGP; ❄). Es uno de los establecimientos más populares. Sirve un bufé de ensaladas que incluye *tahini, baba ghanoug* (puré de berenjenas asadas con *tahini* y aceite de oliva) y otros manjares, así como una selección de pescado, pasta y carne a la brasa.

Cómo llegar y salir

BARCO

Hay muchos cruceros de cinco estrellas que hacen el trayecto entre Port Said y Limassol (Chipre), la mayoría entre abril y octubre; véase p. 536 para más información.

AUTOBÚS

La estación está a unos 3 km del centro de la ciudad, al principio de la carretera a El Cairo (3-5 EGP en taxi).

Superjet (☎ 372 1779) hace el trayecto cada hora hasta El Cairo (16 EGP, 3 h) desde las 7.00 hasta más o menos las 20.00. También hay un autobús diario hasta Alejandría (22 EGP, 4 h) a las 16.30. Se recomienda hacer reserva.

East Delta Bus Co (☎ 372 9883) también cubre a diario el trayecto hasta El Cairo (14-16 EGP, 3 h), cada hora de 6.00 a 22.00. Los autobuses hasta Alejandría (18-21 EGP, 4 h) salen a las 7.00, 11.00, 15.30 y 19.00. Hasta Ismailia (4-6 EGP, 1-1½ h), salen cada hora entre las 6.00 y las 19.00. Hasta Suez (11-13 EGP, 2½-3 h), salen a las 10.00 y 15.30.

TAXIS COLECTIVOS

Tienen parada en la estación de autobuses (3-5 EGP en taxi, hay que decir *al-mahattat servees).* Destacamos los siguientes destinos y precios a modo de ejemplo: El Cairo (15-20 EGP), Ismailia (7-12 EGP), Qantara (5-10 EGP) y Suez (10-15 EGP).

TREN

Los cinco trenes diarios a El Cairo vía Ismailia (servicio de 2ª clase, 11-15 EGP) son lentos (5 h); salen a las 5.30, 9.45, 13.00, 17.30 y 19.30. No hay servicios de 1ª clase. En estas rutas los retrasos son habituales, por lo que ir en autobús es más eficiente y cómodo que en un tren sin aire acondicionado.

Cómo desplazarse

'HANTOUR'

La mejor forma, y la más agradable, de visitar Port Said, sobre todo al atardecer, es en *hantour* (calesa). Están en las calles principales y cuestan unos 10 EGP la hora después de regatear un rato.

MICROBÚS

Recorren las principales calles, como Sharia Orabi y Sharia ash-Shohada, y cobran 50 pt por un trayecto corto.

TAXI

Son de color azul y blanco y están por toda la ciudad. Una carrera por el casco urbano cuesta entre 1 y 3 EGP de media.

ISMAILIA

☎ 064 / 900.000 hab.

Ismailia recibe su nombre de su fundador, el bajá Ismail, que fue jedive (virrey) de Egipto en la década de 1860, durante la construcción del canal de Suez. La ciudad fue también el hogar temporal de Ferdinand de Lesseps, director de la Compañía del Canal de Suez, que vivió aquí hasta que el canal se terminó. Como cabía esperar, Ismailia creció a imagen de los maestros franceses que se habían instalado cómodamente en Egipto durante la era colonial. Hoy, su centro histórico de elegantes calles coloniales, grandes zonas ajardinadas y villas de finales del s. XIX, es uno de los barrios más tranquilos y pintorescos del país.

Orientación

El corazón de Ismailia y la zona que más vale la pena explorar es el viejo barrio europeo alrededor de Sharia Thawra y la plaza central, Midan al-Gomhuriyya. Sharia Thawra sale hacia el sur desde la vía férrea hasta el plácido canal de agua dulce, con Midan al-Gomhuriyya varias manzanas al oeste.

Información

ACCESO A INTERNET

Rodu Internet Café (Sharia Thawra; 2 EGP por hora; 10.00-20.00).

ASISTENCIA MÉDICA

Hospital (☎ 337 3902/3; Sharia Mustashfa)

DINERO

Bank of Alexandria (Midan Orabi; 9.00-14.00 y 18.00-20.00 do-ju)

CORREOS

Oficina principal de correos (Sharia al-Horreyya; 8.30-14.30 sa-ju)

INFORMACIÓN TURÍSTICA

Oficina de turismo (☎ 332 1078; edificio nuevo del gobernador, primer piso, Sharia Tugary, zona Sheikh Zayeed; 8.30-15.00 sa-ju). 1,5 km aprox. al norte de Midan Orabi.

Policía turística (☎ 333 2910; distrito turístico, zona de la playa)

LIBERTAD EN EL CANAL

La estatua de la Libertad de Nueva York se concibió inicialmente para estar en Port Said, a la entrada del canal de Suez. Inspirada en las enormes estatuas de Abu Simbel, al escultor francés Frédéric-Auguste Bartholdi se le ocurrió la idea de una gran estatua de mujer portando una antorcha. Debía representar el progreso ("Egipto llevando la luz de Asia", en palabras del propio Bartholdi). Al final, la idea se desechó debido al coste y la "luz de Asia", desarrollada a partir de uno de los modelos de este creador, se envió a Nueva York.

EXTENSIÓN DEL VISADO

Oficina de visados (☎ 391 4559; Midan al-Gomhuriyya; 8.00-14.00 sa-ju)

Puntos de interés y actividades

MUSEO DE ISMAILIA

El pequeño pero interesante **Museo de Ismailia** (☎ 391 2749; Mohammed Ali Quay; adultos/niños 6/3 EGP; 8.00-16.00, cerrado durante las plegarias vi tarde), situado en el extremo oriental de la ciudad, alberga más de cuatro mil objetos de las épocas faraónicas y grecorromanas. La colección incluye estatuas, escarabajos, estelas y documentación del primer canal, construido entre los lagos Amargos y Bubastis por el gobernante persa Darío. Lo más destacado del museo es un mosaico del s. IV que muestra personajes de la mitología griega y romana. En la parte superior Fedra está mandando una carta de amor a su hijastro Hipólito, mientras en la parte inferior Dionisio monta en un carro conducido por Eros. La sección de la base representa las virtudes de Hércules.

JARDÍN DE LAS ESTELAS

En la zona sudoeste del museo de Ismailia hay un jardín con una pequeña esfinge bastante abandonada de la época de Ramsés II [1279-1213 a.C.]. Se necesita autorización del museo para visitar el jardín, pero esta estatua, por lo demás corriente, se puede ver desde la calle. El interesante solar donde se alza una majestuosa casa entre el jardín y el museo pertenece al director de la Autoridad del Canal de Suez y no se permite la entrada.

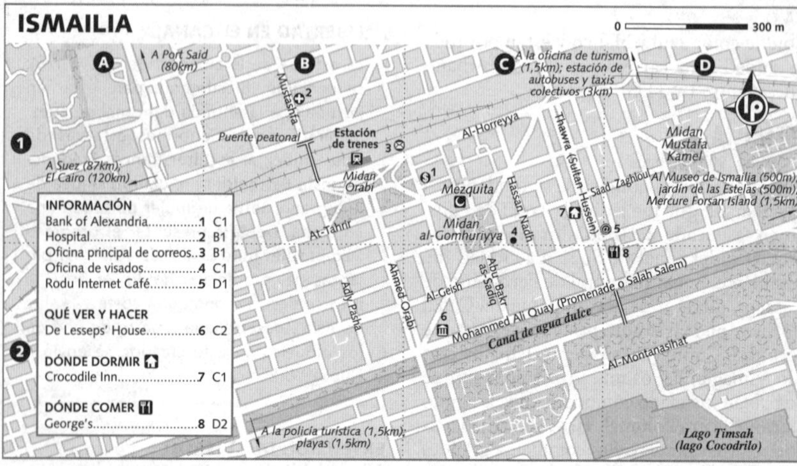

RESIDENCIA DE LESSEPS

Antes la residencia del antiguo cónsul francés en Egipto estaba abierta al público, pero hoy sólo los VIP pueden visitar el interior, ya que el edificio se utiliza como casa de invitados para los visitantes de la Autoridad del Canal de Suez.

Si no se es un invitado privilegiado, quizá interese saber que el dormitorio de Lesseps tiene aspecto de no haber sido tocado desde hace más de un siglo: hay viejas fotografías, libros y varias herramientas esparcidas por el escritorio, junto a la cama y por el suelo. El carruaje privado de Lesseps, protegido por una urna de cristal y en un estado impecable, se encuentra también en esta residencia.

La casa se sitúa en Mohammed Ali Quay, cerca de la esquina con Sharia Ahmed Orabi.

PLAYAS

Hay algunas alrededor del lago Timsah, en el extremo sudeste de la ciudad, aunque las mejores son las que pertenecen a los distintos clubes que hay en la costa, privadas (el precio es de unas 20 EGP). Las públicas cuestan entre 3 y 5 EGP.

Dónde dormir y comer

Crocodile Inn (☎ 391 2555; esq. Sharia Thawra con Saad Zaghloul; i/d 75/115 EGP;). Aunque no es nada del otro mundo, este establecimiento es uno de los mejores hoteles del centro. A pesar de su fantástico exterior, las habitaciones son grises y sin personalidad. Sin embargo, es un alojamiento bastante económico para una o dos noches y una buena base para explorar el barrio europeo.

Mercure Forsan Island (☎ 391 6316; www.accor.com; Gezirat Forsan; i/d/chalé desde 120/135/400 US$;). Situado unos 1,6 km al sudeste del antiguo centro de la ciudad, este hotel de cuatro estrellas es sin duda el más atractivo de la zona del canal. Al ocupar una isla privada y dar a una playa tranquila, el Mercure supone un relajante refugio al que escaparse. Incluso si no se está aquí alojado, vale la pena parar a darse un chapuzón: si no se es huésped del hotel, acceder a la piscina cuesta 15 EGP de lunes a jueves y 25 EGP de viernes a domingo (incluye el alquiler de la toalla).

George's (☎ 391 8327; 11 Sharia Thawra; platos 20-60 EGP;). Todo un clásico de Ismailia. Funciona desde 1950 y sirve marisco en un ambiente acogedor que recuerda al de un *pub* inglés.

Cómo llegar y salir

AUTOBÚS

La estación está unos 3 km al noroeste del casco antiguo; los taxis hasta el centro cuestan entre 3 y 5 EGP. **East Delta Bus Co** (☎ 332 1513) tiene autobuses hasta El Cairo (7,25 EGP, 2½ h) cada media hora entre las 6.00 y 20.00. Hasta Alejandría (25 EGP, 5 h) salen autobuses a las 7.00, 10.30 y 14.30. Hasta Port Said (4-6 EGP, 2 h) y Suez (4-6 EGP, 1½ h) salen cada hora de 7.00 a 18.00.

También hay autobuses cada hora hasta Al-Arish (10-12 EGP, 3-4 h) de 8.30 a 17.30. Hasta Sharm el-Sheikh (30-35 EGP, 6 h), salen con frecuencia por la mañana, a partir de las 6.30. Por la tarde y noche salen a las 12.00, 14.30, 17.30, 22.00 y 23.00. Los de las 14.30 y 23.00 llegan hasta Dahab (45-50 EGP, 8 h).

TAXIS COLECTIVOS

Salen de la estación de autobuses. Entre los destinos están Suez (5-10 EGP), Port Said (5-10 EGP), Zagazig (5-10 EGP), El Cairo (10-15 EGP) y Al-Arish (10-15 EGP).

TREN

Los trenes de la zona del canal son lentos y poco eficientes. Si el viajero tiene que utilizarlos, debe saber que los trenes de 2ª clase hacia El Cairo (ocho al día, 4-5 h) cuestan entre 11 y 14 EGP. Hasta Port Said, hay seis trenes al día (3-7 EGP) en 2ª clase. También hay un servicio regular hasta Suez (1-3 EGP sólo en 3ª clase).

Cómo desplazarse

MICROBÚS

Recorren las principales calles de la ciudad. El precio medio es de 50 pt.

TAXI

La ciudad está llena de taxis. Una carrera corta cuesta entre 1 y 3 EGP; a las playas, puede costar unas 5 EGP.

SUEZ

☎ **062 / 550.000 hab.**

La calurosa y bulliciosa Suez se extiende por las orillas del golfo donde el mar Rojo se encuentra con la entrada sur al canal de Suez. A pesar de que sufrió graves daños durante las guerras con Israel de 1967 y 1973, hoy quedan pocas muestras de esa devastación. Evidentemente, la mayoría de las calles principales que fueron reconstruidas son una mera fachada que oculta un laberinto de callejuelas desvencijadas. Con todo, Suez sigue siendo uno de los mejores lugares de la zona para ver gigantescos cargueros deslizándose por el canal. Vistos desde lejos, parece que estén arrastrándose por el desierto; una imagen surrealista e inolvidable.

Orientación

Suez se divide entre la ciudad propiamente dicha y Port Tawfiq, que se sitúa a la entrada del canal y supone un lugar ideal desde el que ver pasar los barcos. Port Tawfiq también tiene varias calles con bonitos edificios de la época colonial que lograron salvarse de los bombardeos.

Sharia al-Geish une Port Tawfiq con Suez. Se trata de una amplia avenida que cruza una zona industrial antes de adentrarse en el corazón de Suez. Aquí se encontrarán algunos edificios antiguos y sobrios y un número sorprendente de iglesias de la era colonial, abrumadas por la proliferación de sombríos rascacielos.

Información

EMBAJADAS Y CONSULADOS

Consulado de Arabia Saudí (☎ 333 4017/8; Sharia al-Geish, Port Tawfiq; 🕒 9.00-15.00 sa-ju). Sobre todo para obtener permisos de trabajo y para la *haj;* para los visados de turista o de paso hay que esperar un mes. Lo mejor es gestionarlo desde Mena Tours (abajo), que simplificarán el lento proceso y se asegurarán de tener antes los documentos apropiados.

ACCESO A INTERNET

CACE (Sharia al-Geish, Suez; 2 EGP por h; 🕒 9.00-20.00)

SERVICIOS MÉDICOS

Hospital General (☎ 333 1190; Sharia al-Baladiya)

DINERO

Bank of Alexandria (junto a Sharia al-Geish, Suez; 🕒 9.00-14.00 do-ju).
Banque Misr (Sharia al-Geish, Suez; 🕒 9.00-14.00 do-ju)

CORREOS

Oficina principal de correos (Sharia Hoda Shaarawi; 🕒 8.30-14.30 sa-ju)
Oficina de correos de Port Tawfiq (Sharia al-Marwa; 🕒 8.30-14.30 sa-ju)

INFORMACIÓN TURÍSTICA

Oficina de turismo (☎ 333 1141; Sharia al-Marwa; 🕒 8.00-20.00 sa-ju, 8.00-15.00 vi)
Policía turística (Sharia al-Marwa). Junto a la oficina de turismo.

AGENCIAS DE VIAJES

Mena Tours (☎ 322 8821, 322 0269, 010 516 9841; Sharia al-Marwa; 🕒 9.00-15.00 sa-ju). En el paseo marítimo de Port Tawfiq, en diagonal detrás del consulado de Arabia Saudí. Gestiona los visados de turista y de paso para ir a Arabia Saudí.

EXTENSIÓN DEL VISADO

Oficina de visados (Sharia al-Horreyya; 🕒 8.30-15.00). Expide extensiones del visado.

SUEZ Y PORT TAWFIQ

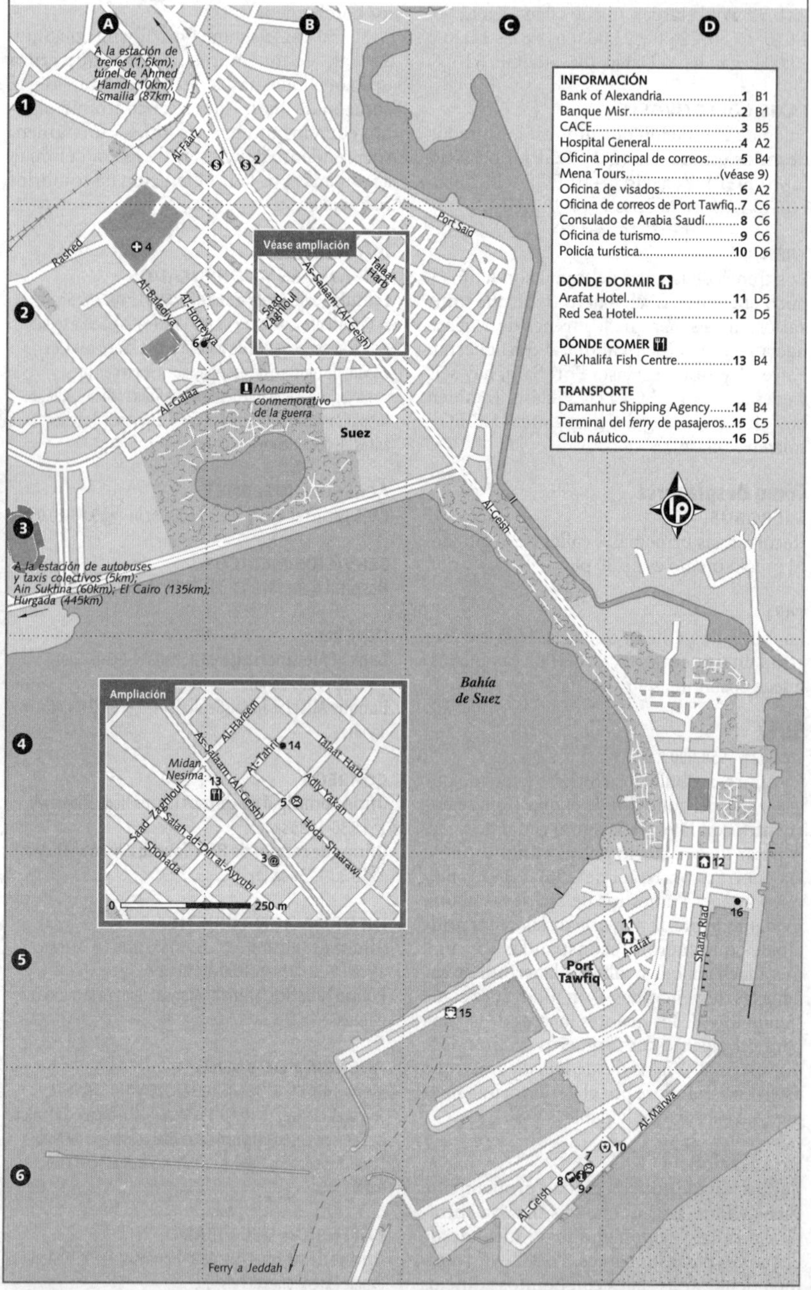

Dónde dormir y comer

Arafat Hotel (☎ 333 8355; Sharia Arafat, Port Tawfiq; i/d 35/45 EGP, con baño compartido 30/35 EGP). Si se va a salir hacia Arabia Saudí por la mañana, este hotel económico está situado muy a mano cerca del puerto, en una pequeña calle lateral que sale de Sharia al-Geish. Sin embargo, como casi todos los hoteles junto al puerto, es un poco tosco y no es exactamente la mejor opción para las viajeras. Dicho esto, si lo único que se busca es un lugar donde pasar la noche antes de poner rumbo al otro lado del mar Rojo, el Arafat servirá.

Red Sea Hotel (☎ 333 4302; www.redseahotel.com; 13 Sharia Riad, Port Tawfiq; i/d desde 45/55 US$;). El establecimiento preferente de la ciudad es un hotel de precio medio cerca del club náutico, en Port Tawfiq (hay que buscar el cartel grande rojo y blanco que sobresale por encima de los tejados). Las habitaciones son básicas y prácticas y más bien pequeñas, pero el precio no está mal teniendo en cuenta la profesionalidad de la gestión. Si se desea degustar los tesoros del mar Rojo, hay un buen restaurante en el mismo hotel.

Al-Khalifa Fish Centre (☎ 333 7303; Sharia al-Geish, Suez; platos 20-50 EGP). En medio del abarrotado casco urbano, en el extremo de Midan Nesima, este local sencillo ofrece pescado fresco a peso escogido por el cliente.

Cómo llegar y salir

BARCO

Es posible viajar en barco desde Suez hasta Jeddah (Arabia Saudí), desde donde se puede tomar otro barco hasta Port Sudan (Sudán); véase p. 537 para más información. Los billetes hasta Jeddah se pueden adquirir en Mena Tours (p. 419). Es necesario que el visado esté en orden y resulta prácticamente imposible conseguir un billete durante la *haj*.

A veces puede encontrarse sitio en yates privados que van a la India, Sudáfrica e incluso Australia. Un buen contacto para concertar estos viajes es Mohammed Moseilhy de la **Damanhur Shipping Agency** (☎ 333 0418, 012 798 6338; Sharia at-Tahrir).

AUTOBÚS

La estación está a 5 km de la ciudad, por la carretera hacia El Cairo. **Upper Egypt Bus Co** (☎ 356 4258) ofrece servicio diario hasta El Cairo (7,25 EGP, 2 h) cada 15-30 minutos de 6.00 a 21.00. Hasta Hurgada (35-40 EGP, 4-5 h), salen casi cada hora entre las 5.00 y las 23.00. Hay autobuses hasta Luxor (45-55 EGP, 8-10 h) vía Safaga (35-45 EGP, 4-5 h) y Qena (45-50 EGP, 5-6 h) a las 8.00, 14.00 y 20.00. Los que van dirección Asuán (55-65 EGP, 11-12 h) salen a las 5.00, 11.00 y 17.00. Y hasta Quseir (35-40 EGP, 7 h), salen a las 9.00, 11.30 y 15.00.

East Delta Travel Company (☎ 356 4853) hace el recorrido hasta Sharm el-Sheikh (30-35 EGP, 5-6 h) con salida a las 8.30, 11.00, 13.30, 15.00, 16.30, 17.15 y 18.00. Hay un autobús a las 11.00 hasta Dahab (40-45 EGP, 5 h), y a las 14.00 hasta Santa Catalina (25 EGP, 3-4 horas). Los que van a Taba y Nuweiba (ambos 45-50 EGP) salen a las 15.00 y 17.00. A Ismailia (4-6 EGP, 1½ h) llegan autobuses cada media hora de 6.00 a 16.00. Y a Port Said (11-13 EGP, 2½-3 h) cada día a las 7.00, 9.00, 11.00, 12.15 y 15.30.

TAXIS COLECTIVOS

Hay una parada junto a la nueva estación de autobuses y los destinos son parecidos a los ofrecidos por los autobuses y trenes: hasta El Cairo (10-15 EGP), Ismailia (5-10 EGP), Port Said (10-15 EGP) y Hurgada (30-50 EGP). El único lugar del Sinaí al que llegan los taxis es Al-Tor (15-20 EGP).

Con un grupo de siete personas, se puede alquilar un taxi "especial" para ir a otros destinos, como a los monasterios de Santa Catalina (225 EGP por vehículo) y del Mar Rojo (350 EGP, ida y vuelta).

TREN

Cada día salen de Suez seis trenes de 2ª clase, lentos e incómodos, con destino a El Cairo, a las 5.30 (15-18 EGP, 3 h) y que sólo llegan hasta Ain Shams, 10 km al nordeste del centro de la capital. Hay ocho trenes muy lentos a Ismailia (1-3 EGP sólo en 3ª clase, 3 h).

Cómo desplazarse

MICROBÚS

Hay un servicio regular que recorre Sharia al-Geish y llega a Port Tawfiq. Para y recoge a pasajeros en cualquier punto de la ruta y cuesta 50 pt.

TAXI

Son azules y están por todas partes. El precio es de unas 5 EGP desde la estación de autobuses hasta la ciudad, y unas 10 EGP hasta Port Tawfiq. De Suez a Port Tawfiq cuestan unas 3 EGP.

Costa del mar Rojo

Podría decirse que se trata del tramo de costa más famoso del mundo. Supuestamente, aquí es donde Moisés consiguió que se abrieran las aguas y liberó a los esclavos hebreos. Pero, dejando a un lado la magia cinematográfica de Hollywood y las alegorías bíblicas, la mayor parte de los visitantes parecen más interesados en que el mar Rojo esté calmado. Famosa por sus brillantes aguas de color turquesa y espectaculares corales, esta costa atrae a decenas de miles de turistas al año. De hecho, es la zona de Egipto que más rápido se está desarrollando.

Por desgracia, el balance total deja mucho que desear, en especial debido a que largos tramos de la costa de 800 km han sufrido lo que podría calificarse de desastre ecológico. Alimentados por décadas de turismo organizado europeo y agravados por la falta de cualquier tipo de plan de desarrollo sostenible, los vertederos ilegales y el amarre irresponsable de embarcaciones han destruido los arrecifes de coral. En algunos lugares, la costa natural simplemente ha desaparecido debido a la construcción de espigones de hormigón macizo. Además, la disminución del turismo por el creciente temor al terrorismo en Oriente Medio ha asustado a los inversores. Hoy en día, gran parte de la costa está llena de hoteles a medio terminar.

Para los viajeros independientes que huyen de los circuitos organizados, la costa del mar Rojo puede resultar frustrante, aunque siempre pueden encontrar lugares a su gusto. Apartado del ambiente de la costa, el desierto del Este cuenta con los dos monasterios cristianos más antiguos del mundo, además de vestigios de asentamientos faraónicos y romanos, entre otros. En el interior también se pueden encontrar *wadis,* arte rupestre y fascinantes culturas nómadas; además, ofrece innumerables oportunidades de aventura en el desierto.

LO MÁS DESTACADO

- Descubrir las raíces centenarias del cristianismo monástico en los **monasterios de San Antonio y San Pablo** (p. 423).
- Caminar entre montañas y por *wadis,* visitar minas y ruinas antiguas y admirar el arte rupestre del **desierto del Este** (p. 441).
- Interactuar responsablemente y de forma sostenible con los **ababda** y los **besharin** (p. 442), dos pueblos nómadas que conservan sus tradiciones.
- Sumergirse en el mundo submarino del **mar Rojo** (p. 429).
- Recorrer el pintoresco paseo junto al mar de la plácida población costera de **Al-Quseir** (p. 437).

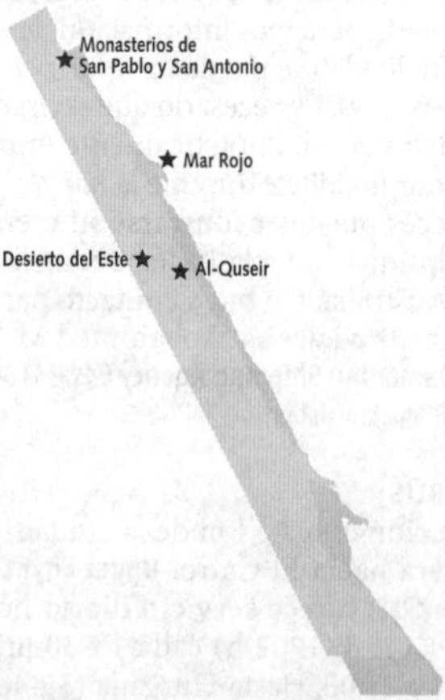

MONASTERIOS DEL MAR ROJO

Los monasterios coptos de San Antonio y San Pablo son los más antiguos de Egipto y de la cristiandad. Además, son unos de los lugares santos más venerados por la comunidad copta. De hecho, la fundación de la comunidad religiosa de San Antonio, escondida en los precipicios desnudos del desierto del Este, marcó el inicio de la tradición monástica cristiana.

Si al viajero le interesa conocer la larga historia del cristianismo en este país, no puede perderse estos dos fascinantes monasterios rodeados por un espectacular paisaje desértico. Dependiendo del lugar de procedencia, los monasterios del mar Rojo constituyen un refrescante cambio de ambiente, muy agradable si se viene del acoso y los "cazaclientes" de El Cairo y el valle del Nilo o del turismo organizado y el consumismo desforado de la costa.

Orientación e información

Los monasterios de San Antonio y San Pablo sólo están unos 25 km de distancia el uno del otro, pero debido a los precipicios y la meseta del Gebel al-Galala al-Qibliya (a entre 900 y 1.300 m por encima del nivel del mar), la distancia por carretera es de unos 85 km.

Ambos abren todos los días del año (San Antonio de 7.00 a 17.00, San Pablo de 8.00 a 15.00), excepto durante el Adviento y la Cuaresma, cuando sólo se pueden visitar los viernes, sábados y domingos. En Semana Santa cierran sus puertas a los visitantes. Para más información o confirmar los horarios de visita, hay que contactar con las sedes de los monasterios en El Cairo: **San Pablo** (☎ 02-590 0218; 26 Al-Keneesa al-Morcosia) o **San Antonio** (☎ 02-590 6025; 26 Al-Keneesa al-Morcosia), cerca de Clot Bey, al sur de Midan Ramses en El Cairo.

Si no se dispone de vehículo propio, el modo más fácil de visitar los monasterios consiste en unirse a un circuito organizado en El Cairo o Hurgada (cualquier hotel o agencia de viajes pueden organizarlo). También se puede viajar en un grupo de peregrinos desde El Cairo; para organizarlo es mejor informarse en las iglesias coptas locales.

Puntos de interés

MONASTERIO DE SAN ANTONIO

Este histórico monasterio se remonta al s. IV, cuando los monjes se empezaron a asentar al pie del Gebel al-Galala al-Qibliya, donde

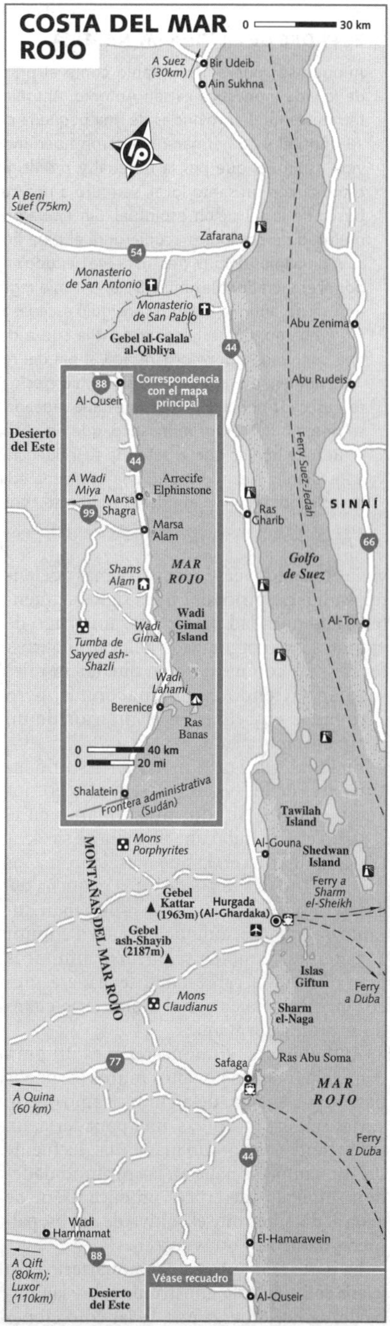

EL PADRE DE LA VIDA MONÁSTICA

Aunque se venera a san Pablo como al primer ermitaño cristiano, se considera que el padre de la vida monástica es san Antonio. Antonio nació aproximadamente en 251 y era hijo de un terrateniente de provincias de una pequeña población en el Alto Egipto, cerca de Beni Suef. Con 18 años, él y su hermana quedaron huérfanos. Para entonces, ya estaba más interesado por la vida espiritual que por la terrenal y pronto entregó su parte de la herencia a los pobres. Tras estudiar con un santo local, se retiró a una cueva del desierto del Este para vivir en soledad en busca de la salvación espiritual. Sin embargo, su fama de hombre santo pronto se extendió y multitud de discípulos acudieron a él para imitar su estilo de vida ascética.

A principios del s. IV, tras un breve período en Alejandría atendiendo a los cristianos encarcelados por el emperador Maximino Daia, Antonio regresó al desierto. Una vez más, le siguió una multitud entusiasta, aunque el santo consiguió escapar adentrándose aún más en el desierto para estar solo. Sin embargo, tras establecerse en la cueva de una recóndita montaña, sus discípulos formaron una comunidad poco organizada al pie del monte. Así nació el primer monasterio cristiano.

El número de seguidores de Antonio creció rápidamente y, pocas décadas después de su muerte, casi cada población egipcia estaba rodeada por monasterios. Pronto, todo el Imperio Bizantino se prendió del fervor monástico, que en el siglo siguiente se extendió por Italia y Francia.

Resulta irónico que, a pesar de su influencia, Antonio se pasase la vida entera intentando evitar a los demás. Cuando murió a la avanzada edad de 105 años, por fin se respetó su único deseo de soledad; la ubicación de su tumba se convirtió en un secreto muy bien guardado.

vivía Antonio (véase recuadro, más adelante), su líder espiritual. En los siglos siguientes, la comunidad pasó de ser un grupo de eremitas poco organizado a llevar una existencia más comunitaria en que los monjes seguían viviendo como anacoretas, pero agrupados en celdas en el interior de un complejo amurallado.

En los ss. VIII y IX, el monasterio sufrió incursiones de los beduinos, seguidas por los ataques de los airados musulmanes en el s. XI. En el s. XV hubo una revuelta de sirvientes sanguinarios en la que masacraron a los monjes. Todavía se puede ver la pequeña **ciudadela** de adobe en la que se replegaban durante los ataques, aunque no suelen admitir a visitantes. También se pueden admirar la gran canasta y el cabrestante de madera, únicos medios para entrar al monasterio cuando se producían ataques.

Actualmente, el monasterio es un gran complejo rodeado por altos muros (se puede pasear por encima de algunos tramos), con varias iglesias y capillas, una panadería, un exuberante huerto y un manantial. La fuente del manantial se halla en las profundidades de las montañas desérticas, produce 100 m^3 de agua al día y permite el cultivo de olivos, palmeras datileras y otras cosechas.

La parte más antigua del monasterio es la **iglesia de San Antonio,** construida sobre la tumba del santo. Alberga una de las colecciones de pintura mural copta más importantes del país. La mayor parte de las pinturas se remonta a principios del s. XIII (algunas quizá sean más antiguas) y se realizaron en seco, aplicando la pintura sobre yeso seco. Tras quitarles la suciedad que las fue cubriendo a lo largo de los siglos, las pinturas ahora son nítidas y brillantes. Demuestran cómo el arte medieval copto estaba relacionado con las artes bizantinas e islámicas del Mediterráneo oriental (para más información sobre el arte copto, véase recuadro, p. 426). Los monjes que viven aquí siguen tradiciones centenarias y los ejemplos de san Antonio, san Pablo y sus seguidores establecidos hace 16 siglos; han dedicado sus vidas a buscar a Dios en la tranquilidad y aislamiento del desierto, totalmente concentrados en la oración.

A unos 300 m (o 1.158 escalones de madera) por encima del monasterio, en un precipicio cercano, se halla la **cueva de San Antonio,** donde el santo pasó los últimos 40 años de su vida. El ascenso es pronunciado y caluroso; se tarda alrededor de media hora si el viajero está en forma. En lo alto hay un pequeño claro (ahora lleno de grafitos de innumerables peregrinos) con unas magníficas vistas de las colinas y el valle. En la cueva hay una pequeña capilla con un altar y un diminuto rincón empotrado donde vivía el santo. Sólo es apta para gente delgada y no claustrofóbica, pues habrá que recorrer un estrecho túnel para entrar; conviene llevar una linterna para iluminar el interior.

Suele haber siempre un monje que habla inglés y se encarga de hacer de guía por el monasterio (es gratis, pero se espera una propina). La librería del monasterio ofrece una buena selección de libros sobre el cristianismo copto.

MONASTERIO DE SAN PABLO

Data del s. IV, cuando se fundó como un grupo de ermitas en los precipicios del Gebel al-Galala al-Qibliya, alrededor del lugar donde san Pablo tenía la suya. Pablo, nacido en el seno de una familia acomodada de Alejandría a mediados del s. III, huyó al desierto del Este escapando de la persecución romana. Vivió solo en una de estas cuevas durante más de 90 años; cerca se hallaban la palmera y el manantial de los que subsistía. Según la tradición, en 343, san Antonio, que entonces tenía noventa años, tuvo una visión de Pablo. Tras un agotador trayecto a pie por las montañas, consiguió dar con él. Entonces, Pablo murió y Antonio le enterró.

El núcleo del complejo monástico es la **iglesia de San Pablo,** construida en y alrededor de la cueva donde vivió Pablo. Está llena de altares, velas, huevos de avestruz (símbolo de la resurrección) y murales que representan a santos e historias bíblicas. La **fortaleza** por encima de la iglesia es el lugar donde se refugiaban los monjes durante las incursiones beduinas.

El monasterio de San Pablo es más tranquilo y mucho más sencillo que el de San Antonio; a menudo, la gente se lo salta para ver sólo el monasterio más grande. Sin embargo, merece la pena visitarlo para hacerse una idea de la vida de silencio, oración y ascestismo que floreció en el desierto del Este durante casi dos milenios. Acepta visitas y suele haber un monje que habla inglés para hacer de guía (gratis, pero se agradecen los donativos).

Actividades

EXCURSIONISMO

Se puede caminar entre los dos monasterios por un sendero que cruza la parte superior de la meseta. Sin embargo, recorrer esta escarpada zona (más conocida como "la morada del diablo") sólo es recomendable para los viajeros en forma y experimentados; bajo ninguna circunstancia debe hacerse sin un guía local. En 2001, un turista que intentó recorrer el camino solo murió de sed tras perderse, por lo que la excursión no debe tomarse a la ligera. Los que han realizado el recorrido recomiendan empezar en el monasterio de San Pablo. Se puede hacer en un día largo (unos 30 km), pero es mejor dividirlo en dos.

Dónde dormir y comer

No hay alojamiento en ninguno de los dos monasterios, aunque los guardas del de San Pablo suelen dejar que los visitantes monten una tienda fuera de la puerta principal. Cabe destacar que las habitaciones para huéspedes están reservadas para los grupos de peregrinos.

Sahara Inn Motel (i/d 60/80 EGP, con aire acondicionado 100/120 EGP; ⛞). El viajero puede pernoctar en la cercana población de Zafarana, situada en el cruce, donde se encuentra este motel. Ofrece algunos cubículos de hormigón muy básicos y un sencillo restaurante junto a la carretera. No es el Hilton, pero si el viajero no tiene suficiente con una excursión de un día a los monasterios desde El Cairo o Hurgada, ésta es la mejor opción.

Zafarana Resort (☎ 418 6703; reservation@pharaohotels.com; i/d media pensión 220/320 EGP; ⛞ ⛞). Situado en un agradable tramo de arena cerca de la carretera costera, unos 13 km al sur del cruce principal de Zafarana. Sus habitaciones son bastante aceptables, aunque resultan algo insulsas. Están situadas en largos bloques (algunos con vistas al mar). Tiene un restaurante con bufés y comidas a la carta.

Ambos monasterios disponen de cantinas, donde venden tentempiés, bebidas y comidas sencillas.

Cómo llegar y salir

Zafarana se halla 62 km al sur de Ain Sukhna y 150 km al este de Beni Suef (situado a orillas del Nilo). Los autobuses entre El Cairo o Suez y Hurgada paran en Zafarana, pero el acceso directo a los monasterios está reservado a los vehículos particulares y autobuses turísticos procedentes de El Cairo o Hurgada. También hay un autobús diario a y desde Beni Suef, que sale del cruce principal de Zafarana alrededor de las 11.30 y de Beni Suef alrededor de las 8.00 (20 EGP, 3-4 h).

Para llegar al monasterio de San Antonio, hay que empezar en el cruce principal de Zafarana y seguir la carretera que se extiende

INTRODUCCIÓN AL ARTE COPTO

Antes de visitar los monasterios coptos del desierto del Este conviene consultar esta rápida introducción a la historia y la tradición del arte copto egipcio.

Perspectiva general

El arte copto hace referencia al arte cristiano característico de Egipto. Aunque se originó en las tradiciones antiguas de Egipto y Grecia, también ha recibido influencias de los persas, los bizantinos y los sirios. De hecho, debido a sus numerosas influencias, su naturaleza exacta puede resultar difícil de definir, aunque, por suerte, es fácil de identificar. Como los primeros artesanos cristianos eran sumamente utilitarios, el arte copto suele manifestarse en objetos cotidianos, como tejidos e ilustraciones religiosas. Asimismo, posee una fuerte tradición pictórica, en especial de retratos y murales.

Tejidos

La iglesia copta heredó de los antiguos egipcios una fuerte tradición de producción de tejidos, en especial en telares y en forma de tapices. La mayor parte de los tejidos coptos se elaboraron con lino, aunque existen pruebas de sofisticados ejemplos de seda. En cuanto al diseño, beben directamente de la temática grecoegipcia e incluyen motivos tradicionales como cupidos, doncellas bailando y animales. Sin embargo, éstos se suelen incorporar a los motivos típicamente cristianos, como los peces, las uvas y las escenas bíblicas, en especial la Inmaculada Concepción.

Ilustraciones religiosas

Se originaron en el antiguo Egipto cuando los faraones empezaron a adornar los textos de los papiros (liturgias y oraciones). Los cristianos coptos conservaron esta tradición; sus primeros textos en papiro mantuvieron el diseño original egipcio con ilustraciones protectoras rodeadas por elaboradas orlas y textos. Como los egipcios, los artesanos coptos usaban colores vivos para las estampas y una llamativa tinta negra para todos los textos. Sin embargo, más adelante, las ilustraciones coptas adoptaron una mayor complejidad cuando empezaron a incorporar imágenes religiosas, paisajes e intricados diseños geométricos.

Retratos

En comparación con otros movimientos cristianos primitivos, la iglesia copta destaca por su abundancia de mártires, santos y ascetas. Como los hechos de estos personajes ayudaron a formar los cimientos de la iglesia, sus imágenes se inmortalizaron en retratos y se colgaron en todas las capillas e iglesias del país. En estas pinturas, la figura humana suele representarse de frente, con ojos plácidos y almendrados, así como expresiones idealizadas. Los retratos coptos de Jesucristo destacan porque suelen mostrarle entronizado por santos y ángeles en lugar de sufriendo en la cruz.

Murales

Los primeros murales coptos eran poco sofisticados si se comparan con las obras posteriores. Esto se debía principalmente al hecho de que los antiguos templos egipcios se estaban transformando en iglesias. Para completar la transformación, se cubrían los relieves faraónicos con capas de yeso, sobre las que se pintaban temas cristianos. Sin embargo, a medida que el arte copto fue desarrollándose y prosperando, los murales se complicaron cada vez más, en especial tras alcanzar el dominio de la mezcla de tintes y los dibujos con oro. Algunos de los murales coptos más exquisitos representan escenas espirituales de vibrantes colores resaltadas con oro.

Arte copto en la actualidad

Eclipsado desde hace mucho tiempo por la temática islámica y del antiguo Egipto, el arte copto no recibe mucha atención en Egipto, a pesar de su larga historia y su arraigada tradición. Por suerte, este patrimonio cultural se ha conservado en museos, iglesias y monasterios de todo Egipto y del resto del mundo. Las tradiciones artísticas siguen floreciendo entre las comunidades de coptos actuales.

hacia el oeste (en dirección a Beni Suef) durante 37 km, hasta el desvío del monasterio. Desde allí, hay 17 km hacia el sur por una carretera sin asfaltar, pero en buenas condiciones, que atraviesa el desierto y llega hasta San Antonio. El autobús entre Zafarana y Beni Suef se detiene en el desvío, desde donde las únicas opciones consisten en caminar o hacer autoestop (habrá que esperar hasta el día siguiente para tomar el autobús de vuelta a Zafarana o a Beni Suef). Aunque no sea la mejor idea, si se opta por caminar desde la carretera principal, debe hacerse acompañado y llevar de todo, en especial agua, pues se trata de un tramo largo, seco y aislado donde hace mucho calor.

El desvío para San Pablo se halla unos 27 km al sur del faro de Zafarana por la carretera de Hurgada (hay una pequeña señal). Desde allí hay 10 km más por una buena carretera asfaltada hasta la puerta principal del monasterio y unos 3 km más hasta el monasterio en sí. Los autobuses entre Suez y Hurgada paran en el desvío, desde donde las únicas opciones son caminar o hacer autoestop.

HURGADA (AL-GHARDAKA)

☎ 065

Este pueblo pesquero, humilde y aislado, se ha convertido en un complejo turístico descontrolado con más de cien hoteles. Hoy en día constituye uno de los principales destinos turísticos de Egipto. A pesar de su popularidad, Hurgada es una mezcla espantosa de obras interminables, degradación ecológica y una gran cantidad de rusos en viajes organizados.

Se trata de una densa franja de hormigón, llena de complejos cerrados, que se extiende por la costa a lo largo de más de 20 km. Diseminados entre estos anticuados palacios del placer hay, literalmente, miles de obras en diversos grados de abandono y decadencia. No resulta sorprendente que el coral cerca de la costa se haya visto degradado por los vertederos ilegales y el uso irresponsable de los arrecifes; incluso el Gobierno reconoce que cometió errores de planificación.

También hay que tener en cuenta a los rusos. Mientras los europeos occidentales ricos prefieren el brillo de Sharm el-Sheikh (p. 469), la creciente clase media moscovita viaja a Hurgada en auténticas hordas. Atraídos por el sol y el mar caliente, los rusos están aprovechando los vuelos baratos y los viajes organizados a precio de ganga. Por desgracia, la mezcla entre egipcios y rusos resulta tensa, en especial debido a la propensión de estos últimos a las borracheras y la escasez de ropa; huelga decir que eso está muy mal visto en el mundo musulmán.

Aun así, cabe recordar que Hurgada se hizo famosa por su submarinismo; lejos de la costa hay algunos lugares magníficos para practicarlo. Si el viajero quiere combinar el submarinismo con una visita a Luxor y otros yacimientos del valle del Nilo, Hurgada es ideal, siempre que no le importe su ambiente turístico típico de los viajes organizados. Los viajeros independientes deberían seguir hasta Dahab (p. 480) en Sinaí, donde hay mejor submarinismo y los viajes organizados siguen siendo la excepción y no la norma. Debido a la poca frecuencia de *ferries* a Sharm el-Sheikh, es muy probable que el viajero tenga que pernoctar aquí una noche.

Orientación

Hurgada se divide en tres zonas principales. Al norte está Ad-Dahar, donde se encuentran la mayor parte de los alojamientos económicos. También es el área más "egipcia" de la ciudad, con un bullicioso zoco, así como barrios humildes y animados. La principal calle del interior que cruza Ad-Dahar es Sharia an-Nasr.

Separada de Ad-Dahar por una montaña de arena llamada Gebel al-Afish se halla la zona congestionada y de rápido crecimiento de Sigala, donde los complejos hoteleros compiten por situarse frente al mar, mientras los establecimientos más modestos de dos y tres estrellas y decenas de restaurantes se reparten el espacio hacia el interior. Aquí está también el puerto de *ferries* para Sharm el-Sheikh. La principal calle de Sigala es Sharia Sheraton.

Al sur de Sigala, flanqueando la carretera costera y cada vez más calles del interior, se halla la franja de complejos hoteleros. Se trata de una hilera cada vez más extensa de hoteles de lujo, centros comerciales al estilo occidental y esqueletos de hoteles medio terminados.

Información

URGENCIAS

Ambulancia aérea (☎ 010 154 1978)

Ambulancia (☎ 354 6490, 123)

Policía (plano p. 433; ☎ 354 6303/6; Sharia Shedwan, Sigala)

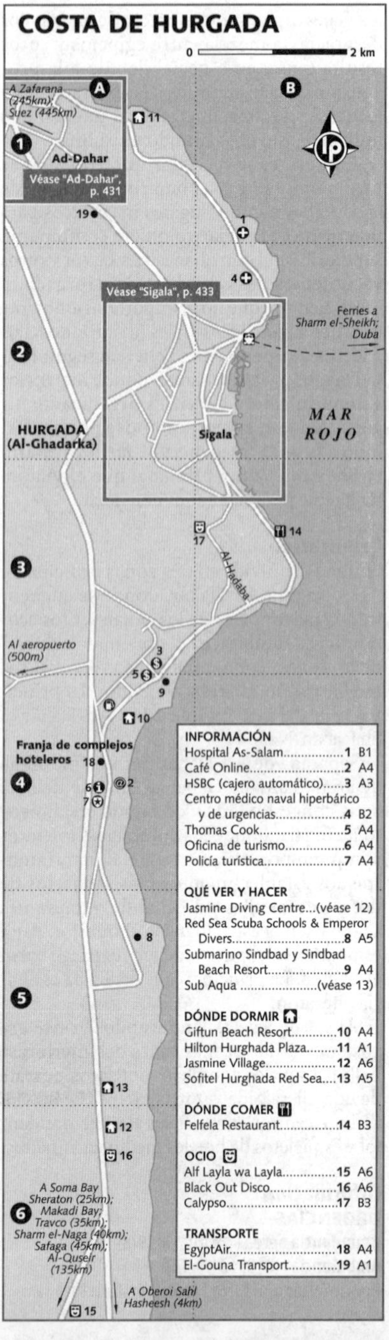

Policía turística Ad-Dahar (plano p. 431; ☎ 344 4774; Sharia Al-Tahrir); franja de complejos hoteleros (mapa p. 428; ☎ 344 4773/4; junto a la oficina de turismo)

ACCESO A INTERNET

Hay *cibercafés* por toda la ciudad y en muchos hoteles. Suelen cobrar entre 5 y 10 EGP por hora.

Café Online (mapa p. 428; franja de complejos hoteleros; 16 EGP/h; ⌚ 10.15-23.15; 💻). Tiene un bar de zumos.

El Baroudy Internet (plano p. 431; Sharia Sheikh Sabak, Ad-Dahar; 5 EGP/h; ⌚ 24 h; 💻)

Speed.Net (plano p. 433; Sharia Al-Hadaba, Sigala; 10 EGP/h; ⌚ 10.00-24.00; 💻)

ASISTENCIA MÉDICA

Hospital Al-Gouna (☎ 358 0011; Al-Gouna)

Hospital Al-Saffa (plano p. 431; ☎ 3546 965; Sharia an-Nasr, Ad-Dahar)

Hospital As-Salam (mapa p. 428; ☎ 354 8785/6/7; Corniche). Al norte del Iberotel Arabella.

Cámaras de descompresión Al-Gouna (☎ 358 0011, 012 218 7550; Al-Gouna); centro médico naval hiperbárico y de urgencias (mapa p. 428; ☎ 344 9150, 354 8450; Corniche, cerca del Iberotel Arabella)

Hospital público (plano p. 431; ☎ 354 6740; Sharia Mustashfa, Ad-Dahar)

DINERO

Hay cajeros automáticos por toda la ciudad, incluidos los siguientes lugares:

HSBC (mapa p. 428; frente al Sindbad Beach Resort, franja de complejos hoteleros)

National Bank of Egypt (plano p. 431; Sharia an-Nasr, Ad-Dahar; ⌚ 8.30-14.00 y 18.00-21.00 sa-ju)

Triton Empire Beach (plano p. 431; Sharia Sayed al-Qorayem, Ad-Dahar)

Otros puntos:

Thomas Cook Ad-Dahar (plano p. 431; ☎ 354 1870/1; Sharia an-Nasr; ⌚ 9.00-14.00 y 18.00-22.00); Sigala (plano p. 433; ☎ 344 3338; Sharia Sheraton; ⌚ 9.00-15.00 y 16.00-22.00); franja de complejos hoteleros (mapa p. 428; ☎ 344 6830; ⌚ 9.00-17.00)

Western Union (plano p. 433; ☎ 344 2771, 19190; Sharia Sheraton, Sigala; ⌚ 8.30-22.00 sa-ju, 15.00-22.00 vi)

CORREOS

Oficina principal de correos (plano p. 431; Sharia an-Nasr, Ad-Dahar; ⌚ 8.30-14.30 sa-ju)

TELÉFONO

Central telefónica Ad-Dahar (plano p. 431; Sharia an-Nasr; ⌚ 24 h); zona del puerto (plano p. 433; Midan Shedwan; ⌚ 24 h); Sigala (plano p. 433; Sharia Sheraton; ⌚ 24 h)

INFORMACIÓN TURÍSTICA

Oficina de turismo (mapa p. 428; ☎ 344 4420; franja de complejos hoteleros; 🕑 9.00-20.00 sa-ju, 14.00-22.00 vi)

AGENCIAS DE VIAJES

Abanoub Travel (plano p. 433; ☎ 344 2843; abanoubt@menanet.net; 2ª planta, edificio Cotton House, Sigala)
Thomas Cook (☎ 344 3338; www.thomascookegypt.com); Ad-Dahar (plano p. 431; Sharia an-Nasr; 🕑 9.00-14.00 y 18.00-22.00); Sigala (plano p. 433; Sharia Sheraton; 🕑 9.00-15.00 y 16.00-22.00); franja de complejos hoteleros (mapa p. 428; 🕑 9.00-17.00)

EXTENSIÓN DEL VISADO

Oficina de inmigración y pasaportes (plano p. 431; Sharia an-Nasr, Ad-Dahar; 🕑 8.00-14.00 sa-ju). Para extensiones del visado y visados de reingreso.

Peligros y advertencias

Aunque Hurgada es un centro turístico, muchos de sus trabajadores provienen de poblaciones conservadoras que no están acostumbradas a los turistas. Por tanto, su actitud hacia las mujeres deja mucho que desear (se han dado casos de violaciones y agresiones sexuales en el pasado). Para evitar problemas, las mujeres deben vestir recatadamente al pasear por Hurgada, en especial en la zona del zoco de Ad-Dahar.

Puntos de interés

PLAYAS

Muchas de las playas de Hurgada son inhóspitas y están desnudas, y pese a ello las inmobiliarias han ocupado casi todos los lugares disponibles. Aparte de la **playa pública** (plano p. 433; Sigala; 🕑 8.00-atardecer), no muy atractiva, la principal opción para disfrutar del mar y la arena consiste en ir a uno de los complejos hoteleros, muchos de los cuales cobran entre 20 y 60 EGP a los no huéspedes por acceder a la playa. Uno de los mejores es el **Jasmine Village** (mapa p. 428; ☎ 344 7442; franja de complejos hoteleros), con un pequeño arrecife que permite combinar buceo y sol.

Entre otras opciones se encuentran el **Papas Beach Club** (plano p. 433; www.papasbar.com; Sigala; entrada 20 EGP; 🕑 9.00-4.00), donde se puede pasar el día tumbado bajo una palmera escuchando música relajante; y el famoso **Liquid Lounge** (plano p. 433; www.papasbar.com; Sharia Sheraton, Sigala; consumición mínima comida/bebida 25 EGP; 🕑 9.00-3.00), un bar-restaurante de playa muy relajado, con hamacas y almohadones en el suelo.

ACUARIO

Si el viajero no quiere meter la cabeza en el agua, puede hacerse una idea de la rica biodiversidad del mar Rojo en el **acuario** (plano p. 431; ☎ 354 8557; Corniche, Ad-Dahar; entrada 5 EGP; 🕑 9.00-22.00). Se encuentra al norte del hospital público en Ad-Dahar y tiene una selección aceptable, pero algo descuidada, de peces y otras criaturas marinas.

Actividades

BUCEO Y SUBMARINISMO

Aunque hay algunos arrecifes de coral en el extremo meridional de la franja de complejos hoteleros a los que se puede acceder fácilmente, los mejores se encuentran apartados de la costa; el único modo de acceder a ellos consiste en tomar un barco o apuntarse a una excursión de buceo o submarinismo. Para las excursiones, conviene mirar un poco para comparar precios. Confiar en el hotel quizá no sea la mejor forma, pues muchos viajeros se han quejado de que no recibieron todo lo que esperaban. Para cualquier excursión en barco, hay que llevar el pasaporte, pues habrá que mostrarlo en el puerto.

Para más información sobre submarinismo en el mar Rojo, incluidos puntos de inmersión y empresas recomendadas, véase p. 444.

PASEOS EN SUBMARINO

El **submarino *Sindbad*** (mapa p. 428; ☎ 344 4688; www.sindbad-group.com; Sindbad Beach Resort; adultos/niños 25/50 US$), de color amarillo, puede transportar a 46 personas a una profundidad de 22 m. Constituye un buen modo de ver las profundidades del mar Rojo sin mojarse. Las reservas pueden realizarse en cualquier hotel o agencia de viajes.

Circuitos

Desde Hurgada se pueden organizar circuitos a casi todos los rincones de Egipto, incluso excursiones relámpago de un día a El Cairo (desde 250 EGP) o de dos días, algo más tranquilas (desde 500 EGP), así como viajes de un día a Luxor (250 EGP). La opción más popular desde Hurgada es una excursión en *jeep* por el desierto (desde 150 EGP), que suele incluir una visita a Mons Porphyrites (p. 442) o Mons Claudianus (p. 442). Entre otras opciones se encuentran una excursión de un día entero a los monasterios de San Pablo y San Antonio (p. 423), paseos a camello y excursiones al desierto para ver la puesta de sol.

Para organizar estos circuitos, hay que informarse en el hotel o en cualquier agencia de viajes de la ciudad (hay decenas; se encontrará una sin problema). Para la mayor parte de los circuitos es necesario un mínimo de gente, por lo que se recomienda preguntar con varios días de antelación.

Dónde dormir

Aparte de El Cairo, Hurgada es el lugar con una oferta más amplia de alojamiento, aunque prácticamente todos los establecimientos son de precio medio y alto. Las agencias de viajes en Europa suelen ofrecer grandes descuentos si se reserva con antelación, sobre todo porque los precios varían dependiendo de la temporada y el estado de la industria turística. Aunque no se haya reservado un paquete turístico, se puede pedir una habitación in situ, pero puede salir cara. Por suerte, la oferta supera a la demanda, por lo que siempre se puede negociar; conviene tener paciencia y comparar precios.

El alojamiento en Hurgada se divide en tres zonas principales: Ad-Dahar, Sigala y la franja de complejos hoteleros. Casi todas las opciones económicas se encuentran en Ad-Dahar, no muy lejos del mar, aunque rara vez ofrecen vistas. Sigala constituye una cómoda base si se quiere estar cerca de la vida nocturna, aunque es sumamente congestionada y ruidosa. La franja de complejos hoteleros, que se extiende al sur de Hurgada a lo largo de la costa, alberga la mayor parte de los complejos turísticos de cuatro y cinco estrellas. Si el viajero se aloja aquí, podrá disfrutar de un poco de privacidad (muy valiosa porque no se suele dar en Egipto), aunque dependerá del hotel para las comidas.

AD-DAHAR

Shakespears Hotel (plano p. 431; Sharia Sayyed al-Qorayem; h desde 50 EGP). Es una de las únicas opciones económicas aceptables. Las habitaciones son lúgubres y estrechas, aunque están bien si sólo se va a pernoctar una noche. Su ventaja consiste en que posee un decente restaurante al aire libre, bastante agradable para tomar un sándwich de *ta'amiyya* o fumar un narguile con sabor a manzana.

El-Arosa Hotel (plano p. 431; ☎ 354 8434; elarosahotel@yahoo.com; junto a la Corniche; i/d desde 100/150 EGP;

SALVAR EL MAR ROJO

Los ecologistas calculan que más de mil embarcaciones de recreo y casi el mismo número de barcos de pesca surcan las aguas entre Hurgada y los numerosos arrecifes situados a una hora de la población. Hace 15 años, nada podía evitar que los capitanes fondeasen en los arrecifes o que buceadores y submarinistas arrancasen un colorido pedazo de coral como recuerdo. Sin embargo, debido principalmente a los esfuerzos de la Asociación para la Conservación y Protección del Medio Ambiente de Hurgada (Hepca) y de la Agencia de Parques Nacionales Egipcios en Hurgada, por fin se están protegiendo los arrecifes del mar Rojo.

Fundada en 1992 por 15 de los mayores y más respetados centros de submarinismo de Hurgada, el programa de la Hepca pretende conservar los arrecifes del mar Rojo e incluye campañas de concienciación, actividades dirigidas a la población y presiones al Gobierno egipcio para que apruebe leyes al respecto. Gracias a este esfuerzo, toda la costa al sur de la gobernación de Suez se conoce hoy en día como el Espacio Protegido del mar Rojo. Se han colocado más de quinientas setenta boyas de atraque en los puntos de inmersión más populares alrededor de Hurgada y más al sur, para que los barcos echen ancla en una boya y no en el coral. Además, la Agencia de Parques Nacionales ha puesto vigilantes marinos para que patrullen las aguas.

Esta agencia también está tratando de establecer nuevos puntos de inmersión para descongestionar los existentes y de reducir el número de barcos con licencia para navegar por estas aguas. Por último, se ha establecido una tasa simbólica para la conservación de los arrecifes; cuesta 1 EGP y deben pagarla todos los que utilicen los arrecifes, ya sean buceadores, submarinistas o cualquier barco. El objetivo de la tasa consiste en concienciar a la gente de que los arrecifes y las islas son ahora zonas protegidas en lugar de una simple fuente de ingresos.

Para más información sobre la seguridad en el submarinismo o cómo ayudar a la **Hepca** (plano p. 433; ☎ 344 6674; www.hepca.com; junto a la Corniche, Sigala) en su esfuerzo por proteger los arrecifes del mar Rojo, hay que consultar la página web de la organización o llamar directamente entre las 9.00 y las 17.00 de sábado a jueves.

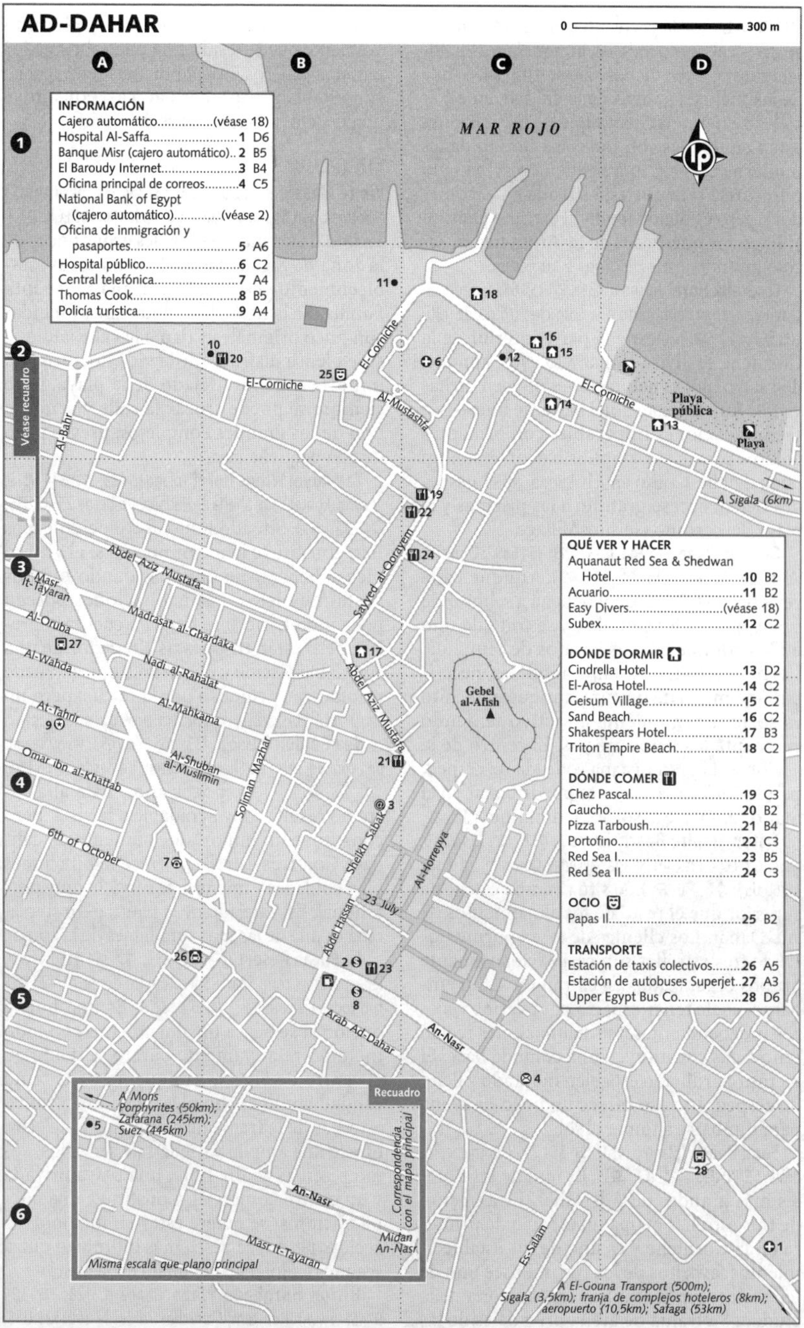

COSTA DEL MAR ROJO

). Desde la parte interior de la Corniche se divisa el mar a lo lejos, aunque pocas habitaciones ofrecen dichas vistas. Aun así, es una de las mejores gangas de la ciudad, en especial si se tiene en cuenta que las habitaciones están equipadas con todas las comodidades modernas. Tiene una pequeña piscina para refrescarse (aunque está situada en el comedor), pero es mejor acudir al cercano Geisum Village: los huéspedes de El-Arosa tienen acceso gratuito a sus piscinas y su playa.

Cindrella Hotel (plano p. 431; ☎ 355 6571; cindrellaseaview@yahoo.com; junto a la Corniche; i/d desde 120/160 EGP;). Desde la parte interior de la Corniche se divisa el mar a lo lejos, aunque, de nuevo, pocas habitaciones ofrecen dichas vistas. Aun así, este hotel bastante nuevo posee habitaciones impecables con brillantes colores pastel; sus amplios balcones son un buen detalle. Como en El-Arosa, sus huéspedes tienen acceso gratuito a las piscinas y la playa del cercano Geisum Village.

Geisum Village (plano p. 431; ☎ 354 6692; Corniche; i/d desde 150/300 EGP;). Aunque cada vez está más desvaído y se llena a rebosar de rusos quemados por el sol, se trata de uno de los complejos más baratos de Hurgada. Las habitaciones, bastante anodinas, necesitan una mano de pintura, aunque el recinto es sorprendentemente atractivo teniendo en cuenta los bajos precios. El centro de la acción es la gran piscina rodeada de césped, pero el viajero también se puede bañar en el mar o tumbarse al sol en su diminuta playa.

Triton Empire Beach (plano p. 431; ☎ 354 7816; www.threecorners.com; Sharia Sayyed al-Qorayem; i/d desde 45/60 US$;). Se sitúa en una categoría superior que el resto de los alojamientos de Ad-Dahar. Los clientes de este enorme hotel de tres estrellas son casi exclusivamente grupos organizados de extranjeros. Sin embargo, suele tener espacio para varios viajeros independientes. Sus habitaciones recién renovadas constituyen una cómoda base. El recinto ajardinado está bien montado y lleno de césped. Incluso ofrece un poco de arena para tumbarse a tomar el sol.

Sand Beach (plano p. 431; ☎ 354 7992; Corniche; i/d desde 55/70 US$;). Es uno de los hoteles más grandes de Ad-Dahar. Esta opción de tres estrellas ocupa un espacio de primera en la Corniche y es uno de los establecimientos favoritos de los rusos. Posee uno de los recintos más amplios en esta zona de la ciudad. Su franja de arena privada es de las únicas que pueden calificarse de playa. El ambiente puede resultar un poco abrumador para los viajeros independientes (en especial si no hablan ruso), pero aun así constituye una decente opción de precio medio.

SIGALA

White Albatross (plano p. 433; ☎ 344 2519; walbatros53@hotmail.com; Sharia Sheraton; i/d desde 100/180 EGP;). Es uno de los mejores hoteles económicos de la zona de Sigala. Se trata de un serio establecimiento gestionado por una acogedora familia. En general, las habitaciones estándar son poco originales y dan a la calle, aunque si se piensa disfrutar de la vida nocturna no importa mucho. Alejado de la playa, pero siempre se puede cruzar la calle y acudir a uno de los grandes complejos, previo pago de una pequeña tasa.

Zak Royal Wings Hotel (plano p. 433; ☎ 344 6012; www.zakhotel.com; Sharia al-Hadaba; i/d desde 25/35 US$;). Situado junto al conocido Papas Bar, constituye la mejor opción si el viajero piensa beber y no quiere ir dando tumbos hasta muy lejos. Las habitaciones poseen poco mobiliario si se tiene en cuenta el precio, pero están dispuestas alrededor de una agradable piscina y un jardín tropical. Puede resultar muy ruidoso por la noche, pero no importa si el viajero forma parte de la fiesta.

Sea Garden (plano p. 433; ☎ 344 7493; www.seagarden.com.eg; cerca de Sharia Sheraton; i/d desde 55/65 US$;). Tiene pocos años. Esta alta torre no resulta muy agradable a la vista, pero constituye un importante aumento de calidad. Con tres estrellas, ofrece habitaciones bien cuidadas y un nivel de servicio muy profesional. Está alejado de la playa, pero su piscina es una de las más agradables de la zona.

Le Pacha Resort (plano p. 433; ☎ 344 4150; www.lepacharesort.com; Sharia Sheraton; i/d desde 70/120 US$ con todas las comidas;). Es una buena opción si se busca un alojamiento con todo incluido relativamente barato. Situado en el centro de Sigala. Aunque no tiene tanta calidad como los hoteles de cuatro y cinco estrellas de la franja de complejos hoteleros, ofrece una amplia variedad de servicios, como piscinas al aire libre, una playa privada y un centro comercial. Constituye una buena opción si se quiere estar en medio de la acción, pero si se desea más intimidad quizá sea mejor alojarse más abajo en la costa.

Hilton Hurghada Plaza (mapa p. 428; ☎ 354 9745; www.hilton.com; Corniche; i/d desde 100/125 US$;

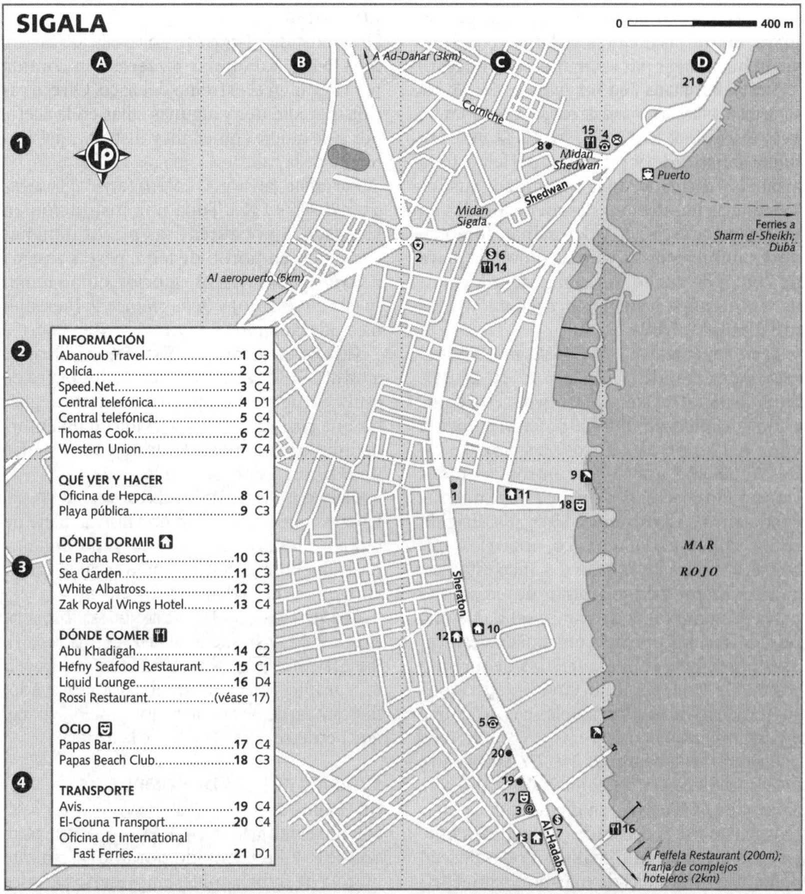

). Este extenso complejo cerrado es todo un cinco estrellas, aunque si se reserva con antelación en Internet o a través de una agencia de viajes, a veces se pueden conseguir habitaciones baratas como parte de un paquete turístico. Haciendo honor a su nombre, el servicio es impecable y ofrece el mismo nivel que cualquier otro Hilton del mundo. Su playa privada es una de las mejores y las elevadas puertas sirven para mantener a raya a los vendedores molestos.

FRANJA DE COMPLEJOS HOTELEROS

Giftun Beach Resort (mapa p. 428; ☎ 346 3040; www.giftunbeachresort.com; i/d todo incluido desde 60/85 US$;). Es uno de los complejos más antiguos de Hurgada. Con todo incluido, es una buena opción si se busca un hotel de lujo discreto. A diferencia de algunos alojamientos de precio alto en esta zona, sus clientes son, principalmente, familias y rusos en paquetes turísticos baratos. Las habitaciones tipo chalé resultan agradables. Los huéspedes pueden disfrutar de su popular punto de inmersión y sus instalaciones para practicar *windsurf*.

Jasmine Village (mapa p. 428; ☎ 346 0460; jasmine@tut2000.com; i/d todo incluido desde 75/100 US$;). Otro de los antiguos, pero en buen estado. Sus clientes también son familias y rusos ahorradores. Tiene más de cuatrocientas habitaciones tipo *bungalow* que dan a una playa, un espectacular arrecife de coral y al mar abierto. Incluso si el viajero no se va a alojar aquí, debe pasarse por su playa, una de las mejores. Además, constituye un buen lugar para tomar el sol y bucear.

Sofitel Hurghada Red Sea (mapa p. 428; ☎ 346 4641; www.sofitel.com; franja de complejos hoteleros; i/d media pensión desde 100/150 US$;). Un lugar sofisticado y refinado, perfecto para aislarse y disfrutar de la intimidad. Sus inmaculadas habitaciones están decoradas en un estilo árabe clásico y dan al mar. También ofrece numerosos servicios, como una playa de 700 m de ancho, un club infantil, pistas de tenis, *squash* y atletismo, así como varios restaurantes y bares.

Soma Bay Sheraton (☎ 354 5845; www.sheraton-somabay.com; i/d desde 250/350 US$;). Situado 35 km al sur de Hurgada, este complejo turístico de 298 habitaciones forma parte del grupo de centros vacacionales de Ras Abu Soma, uno de los centros con todos los servicios necesarios que se están construyendo en la costa al sur de Hurgada. Erigido en un estilo pseudofaraónico, ofrece los típicos servicios de los hoteles de cinco estrellas, como un campo de golf, pistas de tenis y una playa de arena fina que parece salida de una postal. Destaca por sus continuados esfuerzos para fomentar una iniciativa de turismo sostenible en el mar Rojo, cuyo objetivo consistiría en ayudar a los hoteles a convertirse en lugares ecológicos.

Oberoi Sahl Hasheesh (☎ 344 0777; www.oberoihotels.com; Sahl Hasheesh; st desde 310 US$;). Tranquilo, exclusivo y opulento, ofrece unas grandiosas *suites* decoradas individualmente en estilo morisco minimalista. Todas poseen bañeras empotradas de mármol, patios privados cercados (algunos con piscinas privadas) y vistas panorámicas al mar. Con razón se anuncia como el destino más lujoso del mar Rojo. De primera categoría, mima a sus huéspedes de manera desmesurada.

Dónde comer

Con su diversa población de residentes extranjeros y una gran cantidad de turistas, Hurgada posee una buena variedad de restaurantes. Los viajeros con presupuesto ajustado encontrarán en Ad-Dahar decenas de locales baratos egipcios y varios occidentales bastante asequibles. Sigala (y cada vez más el extremo norte de la franja de complejos hoteleros) posee la mayor diversidad de restaurantes de la ciudad; todo el tiempo abren nuevos locales.

AD-DAHAR

Pizza Tarboush (plano p. 431; Sharia Abdel Aziz Mustafa; *pizzas* 10-20 EGP). Popular pizzería con comida para llevar en el extremo del zoco. Ofrece varios ingredientes y algunas sillas en la acera, por si se quiere comer allí y disfrutar del ambiente de la calle.

Portofino (plano p. 431; Sharia Sayyed al-Qorayem; platos 25-40 EGP;). Toda una institución en Hurgada. Sirve auténticas *pizzas* italianas cocinadas en horno de leña, pastas caseras y varios platos típicos egipcios, como *tahini* (pasta de sésamo) y *baba ghanoush* (berenjena asada con *tahini)* caseros.

Chez Pascal (plano p. 431; Sharia Sayyed al-Qorayem; comidas 30-50 EGP;). Este encantador bistró de estilo europeo es un buen lugar para degustar una cocina ecléctica servida en un entorno limpio y luminoso. Perfecto para tomarse un café turco y observar a la gente.

Gaucho (plano p. 431; Corniche; comidas 40-80 EGP). Para los que sueñan con un enorme filete de ternera a la parrilla. Este restaurante argentino al aire libre es perfecto para sacar al carnívoro que se lleva dentro.

Red Sea I (plano p. 431; cerca de Sharia an-Nasr; platos 20-60 EGP;) y su sucursal **Red Sea II** (plano p. 431; Sharia Sayyed al-Qorayem; comidas 30-60 EGP) ofrecen una amplia selección de marisco, pescado, filetes y carne de ave al estilo egipcio. No hay que perderse las vistas desde la azotea.

SIGALA Y FRANJA DE COMPLEJOS HOTELEROS

Abu Khadigah (plano p. 433; Sharia Sheraton; comidas 3-15 EGP). Frecuentado por una fascinante mezcla de trabajadores, empresarios locales y algún turista, este sencillo local es famoso por sus *koftas*, hojas de col rellenas y otros platos egipcios.

Hefny Seafood Restaurant (plano p. 433; Sharia Shedwan; comidas 15-50 EGP;). Si se quiere degustar el famoso marisco y pescado de la región en un lugar asequible, este colorido restaurante es perfecto. Vende la pesca del día al peso y la sirve con ensaladas y arroz.

Felfela Restaurant (mapa p. 428; Sharia Sheraton; platos 15-60 EGP; 8.30-24.00). Situada en una ligera curva de la costa, esta sucursal de la cadena Felfela merece la pena por sus vistas al mar turquesa, que se pueden disfrutar mientras se saborean platos típicos egipcios a precios razonables.

Rossi Restaurant (plano p. 433; Sharia Sheraton; platos principales 20-50 EGP). Popular entre los submarinistas y los residentes extranjeros, sirve *pizzas* con varios ingredientes para elegir en corteza crujiente, así como platos de pasta. El servicio es relajado y las mujeres pueden comer solas sin que las molesten.

Liquid Lounge (plano p. 433; www.papasbar.com; Sharia Sheraton; comidas 25-40 EGP; 9.00-3.00). Un bar en la playa, relajado y muy de moda. Sirve almuerzos y cenas, incluido el especial "liquid" (plato principal y bebida) por sólo 30 EGP.

Ocio

Gracias a su gran comunidad de instructores de submarinismo, guías, empleados de hotel y otros extranjeros, Hurgada tiene uno de los ambientes nocturnos más animados de Egipto. Casi todos los hoteles y complejos turísticos de tres a cinco estrellas cuentan con uno o varios bares. También hay muchos locales independientes.

La mayor parte de los grandes hoteles ofrece algún tipo de espectáculo (a menudo de temática rusa), así como actuaciones de danza del vientre, en sus locales nocturnos. Para bailar, hay que esperar al menos hasta las 23.00.

El centro de la vida nocturna en Hurgada es el **Papas Bar** (plano p. 433; www.papasbar.com; Sharia Sheraton, Sigala), un popular bar regentado por holandeses y pegado al Rossi Restaurant, en Sigala. Lleno de instructores de submarinismo y otros residentes extranjeros, es sumamente animado y posee un ambiente estupendo casi todas las noches.

Del mismo dueño son el **Liquid Lounge** (plano p. 433; www.papasbar.com; Sharia Sheraton, Sigala), muy relajado y situado en la playa frente al hotel El-Tabia, y el **Papas II** (plano p. 431; www.papasbar.com; Corniche, Ad-Dahar), con un oscuro interior de madera, cervezas frías y música en directo varias noches por semana. Todos ellos cambian constantemente su programa de ocio; conviene estar atento a sus anuncios por la ciudad o consultar su página web.

Si el viajero se quiere emborrachar, el **Papas Beach Club** (plano p. 433; www.papasbar.com; Sigala; entrada 50 EGP; 22.00-4.00) es una popular discoteca de playa que trae a *disc jockeys* de Europa y organiza fiestas con regularidad.

Otras opciones populares de ocio:

Alf Layla wa Layla (mapa p. 428; carretera de Safaga; cena 15 US$, espectáculo 25 US$; 21.30-23.30). Una mezcla entre *Las mil y una noches* y Las Vegas. Se trata de un conjunto *kitsch* de arcos y cúpulas de colores brillantes, donde se puede cenar mientras se ve un gran espectáculo que imita la danza del vientre.

Black Out Disco (mapa p. 428; Ali Baba Palace, franja de complejos hoteleros; entrada mi-lu 30 EGP, ma 60 EGP). Uno de los lugares más populares para bailar. Es famoso por sus noches de la espuma de estilo ibicenco y sus noches para mujeres, igual de populares.

Calypso (mapa p. 428; Sharia al-Hadaba, Sigala). Un enorme centro construido especialmente para el ocio. Domina Sigala y es el local nocturno preferido de las divas y los hombres rusos. Los hedonistas pueden pasárselo de lujo, pero quizá convenga aprender algo de ruso antes.

De compras

Hurgada tiene una buena selección de *boutiques* de ropa en los pequeños centros comerciales situados en la franja de complejos hoteleros. También abundan los típicos camellos de peluche, camisetas a precios excesivos, narguiles, recuerdos faraónicos, etc. Hay que evitar a cualquier persona que venda artículos elaborados con animales marinos. Al parecer, en los puestos del zoco se ha vendido de todo, desde tiburones disecados a lámparas hechas con peces ballesta. Conviene recordar que son ilegales.

Cómo llegar y salir

AVIÓN

EgyptAir (mapa p. 428; ☎ 344 3592/3; franja de complejos hoteleros) fleta vuelos diarios a El Cairo, aunque los precios suelen variar mucho dependiendo de la temporada y la disponibilidad. Si se reserva con antelación, a veces se puede conseguir un billete por sólo 400 EGP, aunque durante las concurridas vacaciones de verano e invierno puede llegar a 1.000 EGP.

Si se reserva un paquete turístico en Europa, probablemente la agencia de viajes consiga un vuelo chárter directo a Hurgada. Incluso si el viajero es independiente, merece la pena que se pase por varias agencias antes de reservar el vuelo a Egipto; los vuelos chárter a Hurgada suelen ser mucho más baratos que los de ida y vuelta a El Cairo. Además, Hurgada constituye una buena base para visitar rápidamente y con facilidad la península del Sinaí, Luxor y el valle del Nilo.

BARCO

Los billetes del *ferry* a Sharm el-Sheikh y Duba (Arabia Saudí) se venden en la **oficina de International Fast Ferries** (plano p. 433; ☎ 344 7571/2; http://www.internationalfastferries.com; Corniche, Sigala), situada detrás del restaurante Fantasia y frente a la entrada del puerto turístico de Hurgada. También se pueden conseguir en varias agencias de viajes de la ciudad, como Thomas Cook (p. 429). Si el viajero se aloja en un hotel de cuatro o cinco estrellas, allí pueden ayudarle a reservarlo con antelación.

El *ferry* a Sharm el-Sheikh sale de Hurgada a las 9.30 los lunes, martes, jueves y sábados (250 EGP/40 US$ ida, 450 EGP/70 US$ ida y vuelta, 90 min). Cabe destacar que los horarios de salida del *ferry* a Sharm el-Sheikh no se corresponden con las llegadas de los autobuses procedentes de Luxor, por lo que habrá que pasar al menos una noche en Hurgada.

La tasa de cambio de la libra egipcia y del dólar, así como el capricho de los funcionarios del *ferry,* determinan el tipo de moneda que debe usar el viajero para pagar el billete a Sharm. Conviene llevar dólares, pues no siempre se encuentran en los bancos de Hurgada. Para evitar este pequeño inconveniente, es mejor reservar el billete con antelación a través de una agencia de viajes o un hotel.

En invierno suele haber cancelaciones por fuertes vientos y, por desgracia, los viajeros se quedan atrapados en Hurgada más tiempo del que pretendían. Por tanto, es mejor no comprar los billetes en Luxor (es casi imposible conseguir una devolución del importe). Si es probable que el *ferry* no salga en varios días, se puede optar por viajar a Sharm en autobús o taxi colectivo.

Aunque el procedimiento de embarque parece tener sentido para los egipcios, los viajeros extranjeros no suelen verlo tan claro. Para empezar, es mejor llegar al puerto al menos una hora antes de la partida. Primero hay que pasar por la oficina de International Fast Ferries para recoger la tarjeta de embarque, incluso si ya se ha comprado el billete. Varios listillos intentarán ayudar al viajero con el proceso, aunque merece la pena no hacerles caso y ahorrarse la propina para una bebida a bordo. Tras recoger la tarjeta de embarque, hay que cruzar la calle y esperar en la cola; aproximadamente media hora antes de la partida, se pasará por el control de seguridad antes de subir al *ferry.*

Algunas advertencias sobre el *ferry:* el mar Rojo puede agitarse mucho; tanto es así, que el personal de a bordo reparte pastillas para el mareo antes de zarpar. Hay que intentar conseguir un asiento junto a la ventana y mantener los ojos fijos en el horizonte para evitar marearse. Asimismo, si el mar está especialmente picado, el viaje de 90 minutos puede durar hasta tres horas.

Para información sobre el *ferry* a Duba (Arabia Saudí), véase p. 537.

AUTOBÚS

Superjet (plano p. 431; ☎ 354 4722; Sharia al-Oruba, Ad-Dahar) tiene autobuses diarios a El Cairo (60 EGP, 6 h) que salen a las 12.00, 14.00, 17.00 y 24.00. También fleta uno a las 14.30 que sigue hasta Alejandría (85 EGP, 9-10 h).

Upper Egypt Bus Co (plano p. 431; ☎ 354 7582; cerca de Sharia an-Nasr, Ad-Dahar) fleta 10 autobuses diarios a El Cairo (56-61 EGP, 6-7 h), aproximadamente cada dos horas de 10.00 a 1.30. Si se quiere salir antes, habrá que intentar conseguir un asiento en el autobús de las 6.00 procedente de Safaga, que pasa por Hurgada alrededor de las 7.00. El autobús a El Cairo de las 19.30 sigue hasta Alejandría (75-80 EGP, mínimo 9 h). Los autobuses a Suez (35 EGP, 5 h) salen casi cada hora entre las 10.00 y las 16.00, y luego a las 17.30, 19.00, 23.00 y 2.00. También hay servicios diarios a Luxor (55 EGP, 5 h), que pasan por Safaga (10 EGP) y Qina (20 EGP), y salen a las 10.00, 13.00, 19.00, 22.30, 0.30, 1.00, 3.00 y 4.00. Los de las 10.00, 13.00, 22.30 y 24.00 siguen hasta Asuán (25-32 EGP, 8 h). A veces hay un autobús que sale a las 19.30 hacia Luxor. Los servicios a Al-Quseir (20-25 EGP, 3 h), Marsa Alam (30-35 EGP, 5 h) y Shalatein (55 EGP, 9 h) salen a la 1.00, 3.00 (destino final: Marsa Alam), 5.00 y 20.00.

Los horarios de estas dos empresas son los oficiales, pero en realidad parecen cambiar a menudo. Por tanto, conviene confirmar los horarios de salida en la estación de autobuses e intentar reservar con antelación para los trayectos de larga distancia, como Luxor y El Cairo.

TAXI COLECTIVO

La **estación de taxis colectivos** (plano p. 431; cerca de Sharia an-Nasr, Ad-Dahar) tiene taxis a El Cairo (35 EGP/persona, 6 h), Safaga (5 EGP, 45 min), Al-Quseir (10 EGP, 2 h), Qina (15 EGP, 3 h), Marsa Alam (25 EGP, 4 h) y Suez (32 EGP, 3½-4 h). No llevarán al viajero a Luxor ni Asuán, a no ser que se contraten a título privado y vayan acompañados de un convoy policial. Si se regatea, puede salir por unas 200 EGP el vehículo (hasta siete pasajeros) hasta Luxor. Para más información sobre los convoyes policiales, véase recuadro más adelante.

Cómo desplazarse

A/DESDE EL AEROPUERTO

El aeropuerto está cerca de la franja de complejos hoteleros. Un taxi hasta el centro de Ad-Dahar cuesta entre 10 y 25 EGP.

AUTOMÓVIL

En Sigala, hay muchas agencias de alquiler de automóviles en Sharia Sheraton, incluida **Avis** (plano p. 433; ☎ 344 7400).

MICROBÚS

Hay microbuses que recorren todo el día el trayecto desde el centro de Ad-Dahar hacia el sur hasta el hotel InterContinental en la franja de complejos hoteleros (1 EGP). También viajan por Sharia an-Nasr y otras rutas importantes. Los trayectos cortos cuestan entre 25 y 50 pt.

El-Gouna Transport (plano p. 433; ☎ 354 1561) sigue una ruta más cómoda (5 EGP) entre Al-Gouna, Ad-Dahar y el final de Sharia Sheraton en Sigala; los vehículos salen cada media hora aproximadamente, a partir de las 9.00. Se pueden parar en cualquier punto del trayecto y se paga a bordo.

TAXI

Un taxi desde Ad-Dahar hasta el principio de la franja de complejos hoteleros (por el hotel Marriott) cuesta unas 15 EGP. Desde la estación de autobuses hasta el centro de Ad-Dahar puede costar entre 5 y 10 EGP.

AL-QUSEIR

☎ 065

Esta histórica población se fundó durante la época faraónica como punto de salida de los barcos que viajaban a Punt. Aunque no queda nada de ese antiguo puerto comercial, la larga historia y aletargado presente de Al-Quseir le otorgan un encanto del que carecen otras poblaciones de la costa del mar Rojo. Dominada por una fortaleza otomana, bordeada por antiguos edificios de bloques de coral y llena de tumbas abovedadas de diversos santos, principalmente peregrinos que murieron en el camino a o desde La Meca, Al-Quseir posee un ambiente relajado difícil de encontrar en el bullicio del Egipto moderno. Incluso si el viajero sólo está de paso, merece la pena que dedique un par de horas a pasear a orillas del mar mientras disfruta de un momento tranquilo de reflexión.

CONVOYES POLICIALES

Tanto en taxi como en vehículo propio, el viajero que se dirija al valle del Nilo será obligado a hacerlo en un convoy policial (véase p. 541 para más información). Los convoyes salen del puesto de control policial situado en el extremo norte de Safaga, cerca del inicio de la carretera de Qina, a las 7.00, 9.00 y 16.00, pero siempre conviene confirmar estos horarios en la oficina de turismo. También hay convoyes a El Cairo, que salen del puesto de control en el desvío de Al-Gouna (20 km al norte de Hurgada) a las 2.30, 11.00 y 17.00, aunque muchas veces no es obligatorio viajar en convoy por la carretera de El Cairo.

Historia

Antes del s. X, Al-Quseir era uno de los puertos más importantes del mar Rojo y uno de los principales puntos de salida para los peregrinos que viajaban a La Meca. También era un activo centro comercial y de exportación entre el valle del Nilo y más allá del mar Rojo. Incluso durante su período de decadencia, la ciudad siguió siendo una población importante; tanto fue así que los otomanos la fortificaron en el s. XVI. Más tarde, los británicos vencieron a los franceses por el control de Al-Quseir. Durante un tiempo, fue el principal puerto de entrada de las especias que iban de India a Gran Bretaña. Sin embargo, la apertura del canal de Suez en 1869 puso fin a esta actividad y aceleró el declive de la ciudad, con un breve repunte de prosperidad como centro para procesar fosfatos en las primeras décadas del s. XX.

Información

Hot Line Internet Café (Sharia Port Said; 10 EGP/h; 9.00-3.00)
Oficina principal de correos (Sharia al-Sheikh Abdel Ghafaar; 8.30-14.00 sa-ju)
National Bank of Egypt (carretera de Safaga; 8.30-14.00 do-ju). Todavía no dispone de cajeros automáticos.
Policía turística (☎ 335 0024; carretera de Safaga)

Puntos de interés

La **fortaleza** (entrada 5 EGP; 9.00-17.00) otomana del s. XVI es el edificio histórico más importante de Al-Quseir. Gran parte de la estructura original sigue intacta, aunque fue modificada en varias ocasiones por los franceses

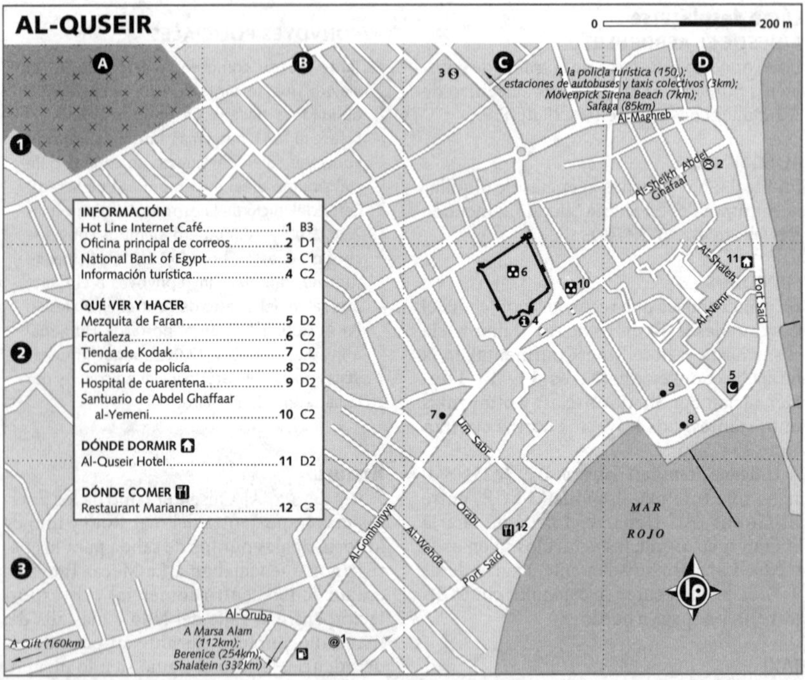

y los británicos, quienes alteraron su aspecto para siempre disparándole unos seis mil cañonazos durante una reñida batalla en el s. XIX.

Al otro lado de la fortaleza hay un **santuario** del s. XIX dedicado a Abdel Ghaffaar al-Yemeni, un jeque yemení, señalado por una antigua lápida en una hornacina del muro.

Varias manzanas al sur, junto a la orilla del mar, se halla la pintoresca **comisaría de policía,** en su origen una *diwan* (cámara del consejo) otomana y más tarde sede del Ayuntamiento. Está prohibido tomar fotografías y no está abierta al público.

Detrás, hay otra especie de fortaleza: un antiguo **hospital de cuarentena** construido durante el reinado del sultán otomano Selim II. Al lado se yergue la **mezquita de Faran,** que data de 1704.

Entre la costera Sharia Port Said y la calle principal (Sharia Al-Gomhuriyya) hay numerosas callejuelas, perfectas para deambular y hacerse una idea de la vida local. Una de ellas, **Sharia Um Sabr,** se ha restaurado; es mejor acceder por una calle que sale de Sharia Al-Gomhuriyya, enfrente de la tienda de Kodak.

Dónde dormir y comer

Al-Quseir Hotel (☎ 333 2301; Sharia Port Said; i/d 120/160 EGP; ❄). Este carismático hotel tiene seis habitaciones sencillas pero amplias, situadas en la casa renovada de un mercader de la década de 1920 y frente al mar. Gracias a sus escaleras estrechas de madera, altos techos y celosías en las ventanas, rezuma carácter y alojarse aquí es todo un placer. También ofrece buenas vistas desde las habitaciones que dan al mar. Posee un diminuto restaurante que sirve desayunos (incluidos en el precio de la habitación) y comidas por encargo.

Mövenpick Sirena Beach (☎ 333 2100; h desde 200 US$; ❄ 💻 🏊). Este complejo bajo con cúpulas situado 7 km al norte del centro es el alojamiento más lujoso de Al-Quseir y uno de los mejores complejos turísticos de la costa del mar Rojo. Ofrece una excelente comida, las típicas instalaciones de los hoteles de cinco estrellas, un centro de submarinismo de Subex y noches tranquilas. Por suerte, carece del oropel tan común en otros complejos. Su dirección es conocida por su respeto al medio ambiente.

Restaurant Marianne (☎ 333 4386; Sharia Port Said; platos 15-50 EGP). Éste es uno de los mejores lugares para degustar los productos del mar Rojo; muy popular entre los lugareños.

Cómo llegar y salir

La estación de autobuses y la de taxis colectivos están la una junto a la otra, unos 1,5 km al noroeste de la carretera de Safaga (2-3 EGP en taxi).

AUTOBÚS

Los autobuses a El Cairo (76 EGP, 11 h) y Hurgada (20-25 EGP, 3 h) salen a las 6.00, 7.30, 9.00, 19.00 y 20.30. El servicio de las 6.00 también para en Suez. Los autobuses a Marsa Alam (5-10 EGP, 2 h) salen a las 5.00, 9.00, 19.00 y 20.00 y siguen hasta Shalatein.

TAXI COLECTIVO

Entre los destinos se encuentran El Cairo (45-50 EGP), Suez (30-35 EGP) y Hurgada (25-30 EGP). Como ocurre en Hurgada, hay que alquilar el vehículo completo si se quiere viajar a Luxor o Asuán (mínimo 250 EGP después del regateo).

MARSA ALAM

☎ 065

Esta población bastante insulsa está formada por poco más que unos cuantos edificios diseminados alrededor de una gran base del ejército, aunque en los próximos años todo va a cambiar. Esta zona ha sido elegida para albergar el enorme y nuevo complejo hotelero y puerto deportivo de Port Ghalib, que se está construyendo cerca del aeropuerto de Marsa Alam; cuando se abra, el turismo en la región tendrá un perfil completamente diferente.

La principal razón para este gran empujón turístico es sencilla: las aguas junto a su escarpada costa ofrecen algunos de los mejores lugares para practicar submarinismo en Egipto, aunque hasta ahora sólo los submarinistas profesionales han disfrutado de este remoto destino. El submarinismo aquí es de primera categoría. En la zona hay algunos complejos turísticos con todo incluido que constituyen buenas bases para empezar.

Historia

A pesar de su recóndita ubicación actual, la zona alrededor de Marsa Alam cuenta con una larga historia. En el pasado se extraían esmeraldas y oro de sus montañas del interior, áridas y ricas en minerales. La carretera que se extiende hacia el oeste desde Marsa Alam hasta Edfu, en el valle del Nilo, sigue una antigua ruta trazada por Tolomeo II. Hoy en día, la principal industria de la zona es la minería de fosfatos, aunque pronto se verá superada por el turismo.

ADVERTENCIA

Algunas zonas costeras, en especial al sur del mar Rojo, están minadas. Aunque estas minas de conflictos pasados se van retirando gradualmente, siguen constituyendo una amenaza, sobre todo debido a que no todos los lugares están señalizados. Hay que evitar las zonas delimitadas con alambre de espino, independientemente de lo roto o viejo que esté. Si el viajero decide visitar alguna playa recóndita, siempre debe seguir las marcas de neumáticos o las huellas. O mejor, preguntar a los lugareños.

Orientación e información

Marsa Alam no es más que un cruce entre la carretera de Edfu y la carretera costera. Al sur del cruce hay una modesta selección de tiendas, una farmacia, una central telefónica y un concurrido mercado. La costa al sur y al norte está salpicada por varios complejos hoteleros.

URGENCIAS

Ambulancia aérea (☎ 010 154 1978)

Cámara de descompresión (☎ 012 218 7550, 019 510 0262, código de emergencias 16 en VHF; Marsa Shagra). 24 km al norte de Marsa Alam.

Policía turística (☎ 375 0000; Quaraya Hotel, carretera costera)

Puntos de interés y actividades

Las principales actividades en Marsa Alam son el submarinismo y las excursiones por el desierto. Para más información sobre el submarinismo (normalmente sólo para expertos), véase p. 444. Sobre las excursiones por el desierto, véase más adelante.

Dónde dormir

En el pueblo en sí no hay alojamiento. Pero en la costa al norte y al sur existen cada vez más complejos turísticos de cuatro y cinco estrellas con todo incluido, así como varios campamentos o "refugios ecológicos" sencillos para submarinistas. Estos últimos suelen estar formados por sencillos *bungalows* de piedra o junco, a veces con baño privado, generador de electricidad y una zona común. Normalmente, están gestionados por un centro de submarinismo y son la alternativa económica a los complejos para los auténticos mochileros.

REFUGIOS ECOLÓGICOS

Shaqra Eco-Lodge (☎ 02-337 1833; www.redseadivingsafari.com; Marsa Shagra; tiendas/cabañas/*bungalows* 45/55/70 US$/persona). Este sencillo refugio ecológico fue uno de los primeros en la costa sur del mar Rojo y sigue siendo el mejor. Su dueño es Hossam Helmi, abogado, ecologista comprometido y entusiasta del submarinismo. Ofrece un alojamiento sencillo, pero impoluto y cómodo. Se puede elegir entre tiendas con dos camas, cabañas de piedra con baños compartidos o *bungalows* de piedra con baño privado, todos diseñados para respetar el medio ambiente. El submarinismo aquí es de primera categoría. También acepta a gente que busca hermosas vistas y tranquilidad. Se halla en la carretera principal, 24 km al norte de Marsa Alam.

El mismo dueño también tiene un campamento similar a precios parecidos en **Marsa Nakari,** 18 km al sur de Marsa Alam, así como un campamento con 25 tiendas y 16 *bungalows* de piedra en **Wadi Lahami,** una recóndita bahía de manglares al norte de Ras Banas, cerca de Berenice y 120 km al sur de Marsa Alam. En los tres campamentos hay embarcaciones donde se puede dormir que se usan para practicar submarinismo lejos de la costa. Haciendo uso de su preparación legal, Helmi también ha montado un negocio de bodas submarinas.

COMPLEJOS CON TODO INCLUIDO

Las habitaciones en los siguientes complejos suelen reservarse con antelación como parte de paquetes turísticos que incluyen el billete de ida y vuelta desde Europa y el transporte desde el aeropuerto al hotel. Por tanto, quizá no sea buena idea presentarse allí y pedir una habitación, aunque siempre existe la opción de los refugios ecológicos anteriormente mencionados.

Los precios de los siguientes complejos varían considerablemente, dependiendo de la temporada y la disponibilidad. Merece la pena comparar precios antes y visitar varias agencias de viajes, pues a veces se pueden conseguir vacaciones de cinco estrellas a precios de tres estrellas. Cabe destacar que esta lista no es exhaustiva, ya que este tramo del mar Rojo se halla en pleno *boom* de la construcción.

Kahramana Beach Resort (☎ 02-748 0883; www.kahramanaresort.com; i/d todo incluido desde 120/200 US$;). Situado 26 km al norte de Marsa Alam en Marsa Shagra, está construido sobre dos colinas alrededor de una bonita playa. El complejo se erigió con piedra natural y está formado por *bungalows* adosados en tonos ocres. Es uno de los complejos más grandes en este tramo de costa y posee un ambiente especialmente festivo.

Lahami Bay Beach Resort (☎ 195 100 354; www.lahamibay.com; i/d todo incluido desde 135/215 US$;). Situado 123 km al sur de Marsa Alam, se caracteriza por ser el complejo más meridional del mar Rojo en Egipto. Ofrece una excepcional fusión de arquitectura oriental y mediterránea, con lujosas estancias que dan al mar. Su verdadero atractivo reside en su recóndita ubicación: los arrecifes cercanos son casi vírgenes.

Sol y Mar Solaya (☎ 375 0015; www.solymar-hotels.com; i/d todo incluido desde 150/235 US$;). Lujoso complejo de cinco estrellas unos 75 km al norte de Marsa Alam y a unos 5 km del aeropuerto. Aquí abundan los arcos románicos y los jardines exuberantes. Posee dos piscinas, un *spa* completo con *jacuzzis,* baños de vapor y saunas, así como pistas de tenis con vistas al mar. Hay suficientes servicios para que se entretengan los que no hacen submarinismo.

Dónde comer

En el pueblo hay un par de cafés (en el cruce) donde sirven comida sencilla, así como un pequeño supermercado con una modesta selección de productos básicos. Sin embargo, todos los complejos y refugios tienen restaurantes y ofrecen pensión completa.

Cómo llegar y salir

AVIÓN

El **aeropuerto internacional de Marsa Alam** está 67 km al norte de Marsa Alam por la carretera de Al-Quseir. No hay transporte público, por lo que el viajero deberá concertar el traslado con el hotel por adelantado. EgyptAir ha suspendido indefinidamente sus vuelos a/desde El Cairo; hoy en día, el aeropuerto sólo sirve para los vuelos chárter.

AUTOBÚS

En Marsa Alam no hay estación de autobuses. Para ir a Shalatein, hay que esperar en la cafetería junto a la comisaría de policía, en la entrada del pueblo. Para viajar al valle del Nilo, hay que esperar en la gasolinera o en el cruce que hay a 1 km en la carretera de Edfu.

Los autobuses procedentes de Shalatein pasan a diario por Marsa Alam de camino a Asuán (15 EGP, 6 h), vía Edfu (12 EGP, 4 h), sobre las 7.00 y 9.00. Los autobuses a Shalatein (20 EGP, 4 h) procedentes de Hurgada salen de Marsa Alam aproximadamente a las 5.00, 7.00, 12.00 y 20.30.

Hay cuatro autobuses diarios a Al-Quseir (5-10 EGP, 2 h) y Hurgada (30-35 EGP, 5 h), que salen a las 5.00, 12.30, 14.30 y 17.00. El precio del trayecto directo a El Cairo es de 86 EGP (10½ h).

DESIERTO DEL ESTE

Un territorio amplio y desolado que limita al este con las montañas del mar Rojo y al oeste con el valle del Nilo. Antiguamente, varias rutas comerciales cruzaban el desierto, que estaba salpicado por poblaciones que desempeñaron un papel esencial en el desarrollo de muchas grandes civilizaciones de la región. Hoy en día, en esta árida extensión abundan fascinantes vestigios históricos, como arte rupestre, antiguas minas de oro y minerales, pozos, atalayas, santuarios y edificios religiosos. De hecho, constituye uno de los destinos más destacados de cualquier visita a la costa del mar Rojo y está a años luz del consumismo de la costa.

Orientación e información

Ninguna de las carreteras que cruzan el desierto pueden recorrerse en libertad. Algunas están cerradas a los extranjeros y para otras se necesita un convoy policial. Para todos los puntos de interés se necesita un guía. Por tanto, se recomienda fervientemente (de hecho, es obligatorio) que se explore el desierto con la ayuda de un operador turístico experimentado.

Aunque el centro turístico de Hurgada (p. 427) está lleno a rebosar de agencias de viajes mediocres, se recomienda reservar un circuito con **Red Sea Desert Adventures** (☎ 012 399 3860; www.redseadesertadventures.com; Marsa Shagra). Esta empresa sumamente profesional organiza excursiones y está dirigida por la geóloga holandesa Karin Van Opstal y su socio austriaco. Ofrece excursiones personalizadas por la región a pie, en camello o en *jeep*. Van Opstal lleva viviendo en Marsa Alam más de una década y es una autoridad sobre la población local, los ababda, con los que trabaja en estrecha colaboración.

Los circuitos cuestan como mínimo unos 100 US$ por persona y día, aunque los precios varían dependiendo de las especificaciones de cada excursión, la época del año y el tamaño del grupo. A fin de que se puedan conseguir los permisos necesarios para las excursiones de varios días por el desierto, hay que reservar al menos con un mes de antelación.

Puntos de interés

Una de las colecciones más impresionantes de **arte rupestre,** muchos de cuyos ejemplos se remontan a la prehistoria, se pueden admirar en las áridas tierras a ambos lados de la carretera entre Marsa Alam y Edfu, empezando cerca de Marsa Alam, donde la roca gris y suave era perfecta para las tallas. Destacan las escenas de caza con perros persiguiendo a avestruces, las representaciones de jirafas y ganado y las descripciones de expediciones comerciales en jeroglíficos.

En el remoto **Wadi Miya,** al oeste de Marsa Alam, en lo que probablemente fue una antigua mina, se encuentran los restos de un templo construido, al parecer, por Seti I. **Wadi Sikait,** unos 80 km al sudoeste de Marsa Alam, fue un centro de extracción de esmeraldas que data, como mínimo, del período tolemaico. Suministraba esmeraldas a todo el mundo antiguo y era la única fuente de esta piedra preciosa para el Imperio Romano.

Las altas y suaves paredes de **Wadi Hammamat,** aproximadamente a mitad de camino de la carretera que une Al-Quseir con Qift, muestran una notable colección de grafitos que se remontan a la época faraónica y llegan hasta el período del rey Faruk, en pleno s. XX. La carretera que cruza el *wadi* sigue una antigua ruta comercial; en ella todavía se pueden ver restos de antiguos pozos y otros vestigios de la larga historia de la región. En la época grecorromana se erigieron atalayas a lo largo del camino, a distancias lo suficientemente cortas como para comunicarse por señales. Muchas siguen intactas en lo alto de las áridas colinas a ambos lados de la carretera.

Wadi Gimal ofrece una belleza descarnada y se extiende unos 85 km hacia el interior, desde su desembocadura en la costa al sur de Marsa Alam. Alberga una rica variedad de aves, gacelas y mangles. En la antigüedad, la zona de alrededor era un centro de extracción

NÓMADAS DEL DESIERTO DEL ESTE

Aunque el desierto en la zona sur del mar Rojo parezca vacío e inhóspito, ha sido el hogar de los nómadas ababda y besharin durante milenios. Ambos forman parte de los beja, una tribu nómada de origen africano. Se cree que son descendientes de los blemmyes, la temible tribu mencionada por los geógrafos clásicos. Hasta bien entrado el s. xx, el territorio por el que se movían coincidía casi exactamente con el que describieron los romanos, con los que estaban en constante guerra hace unos dos mil años.

Los ababda y besharin son expertos pastores de camellos que vivieron una vida nómada sin prácticamente cambio alguno, hasta que las aguas del lago Nasser subieron y destruyeron sus tierras tradicionales de pastoreo. Aunque la mayoría de los besharin, muchos de los cuales no hablan árabe, viven en Sudán, casi todos los ababda hablan árabe y están asentados en comunidades del valle del Nilo, entre Asuán y Luxor. Unos pocos siguen viviendo en su territorio ancestral, concentrados en la zona que abarca desde Marsa Alam hasta Wadi Gimal, así como en la orilla oriental del lago Nasser.

Si el viajero pasa tiempo en la región, probablemente podrá ver las cabañas tradicionales de los ababda, revestidas por dentro con gruesas mantas tejidas a mano, o escuchar su música, con sus rítmicas palmadas, tambores y *tamboura,* una especie de lira de cinco cuerdas. En el centro de la vida social de los ababda se encuentra el *jibena,* un café muy dulce preparado con granos recién tostados en un pequeño recipiente de barro que se calienta directamente sobre las brasas.

Por desgracia, con la rápida expansión del turismo en la zona sur del mar Rojo, el antiguo estilo de vida de los ababda cada vez está más amenazado. El turismo ha empezado a reemplazar al ganado y los camellos como principal fuente de ingresos y muchos hombres ababda trabajan ahora como guardas o empleados en los complejos hoteleros que están surgiendo alrededor de Marsa Alam. Otros han empezado a trabajar con empresas turísticas que ofrecen excursiones en camello.

Si el viajero va a visitar el desierto del Este, debe tener en cuenta el impacto que tendrá en estas comunidades. Por una parte, los ingresos procedentes del turismo pueden desempeñar un papel esencial en el desarrollo de la región, en especial si se compran artesanías locales o se pagan los servicios de un guía de la zona. Sin embargo, el desierto del Este no es un zoológico humano, pero por desgracia el turismo indígena suele ser una forma de explotación económica. Cabe destacar que los intereses de Occidente ya han causado daños irreversibles en la región. El viajero debe ser consciente del entorno y de la difícil situación de los nómadas.

de esmeraldas, oro y otros minerales para la civilización faraónica y romana. Junto con la diminuta isla del Wadi Gimal, cerca de la costa donde desemboca el *wadi,* es actualmente zona protegida y se prevé su desarrollo como destino de turismo ecológico. Debido a su larga historia y a la abundancia de monumentos históricos, también se ha presentado su candidatura para formar parte del Patrimonio Mundial de la Unesco.

A unos 40 km por la carretera entre Safaga y Qina, una pista señalizada sale hacia el noroeste en dirección a **Mons Claudianus,** un antiguo complejo romano formado por una cantera de granito y una fortaleza. En su día fue uno de los asentamientos romanos más grandes del desierto del Este. Este inhóspito y recóndito paraje era un destino muy duro para los prisioneros romanos, a los que traían aquí para extraer el granito de las montañas, y para los soldados que debían vigilarles. En realidad, era más un campo de concentración que una cantera; todavía se pueden ver los restos de las diminutas celdas donde vivían estos desdichados. También hay una inmensa columna resquebrajada (que sigue en el mismo lugar donde cayó hace 2.000 años), un pequeño templo y otras ruinas. Una vez extraído el granito, se tallaba y se transportaba a lo largo de más de 200 km por el desierto hasta el Nilo, por donde seguía hasta el Mediterráneo y, de allí, al corazón del imperio. El yacimiento está unos 25 km al norte del desvío, por una carretera asfaltada en mal estado.

Unos 40 km al noroeste de Hurgada, **Mons Porphyrites** era una antigua cantera romana de pórfido. Esta valiosa piedra cristalina de color blanco y violeta se extraía y se transportaba por el desierto a lo largo de Via Porphyrites hasta el Nilo; se utilizaba en todo el Imperio Romano para sarcófagos, columnas y otros objetos decorativos. Las canteras estaban bajo control directo de la familia imperial de Roma, que ordenó la construcción de campamentos, talleres e incluso templos para sus trabajadores e ingenieros. Todavía quedan vestigios de esta población, aunque pocos de ellos siguen en pie. El camino que conduce al yacimiento se halla unos 20 km al norte de Hurgada y sale de la carretera principal.

Además de los numerosos restos faraónicos y de otras civilizaciones antiguas, el desierto del Este también alberga multitud de tumbas y santuarios islámicos. Una de las más conocidas es la tumba de Sayyed al-Shazli, un jeque del s. XIII venerado como uno de los líderes sufíes más importantes. Sus seguidores creen que quiso morir en un lugar donde nadie hubiera pecado nunca. Por supuesto un lugar así era difícil de encontrar, pues para llegar aquí hacían falta varios días desde el valle del Nilo o desde la costa. La tumba, situada unos 145 km al sudoeste de Marsa Alam en Wadi Humaysara, se restauró por orden del rey Faruk en 1947. Hoy en día, hay una carretera asfaltada que llega hasta allí. Su *maulid* (fiesta religiosa) se celebra el 15 del mes islámico de Shawal y atrae a miles de sufíes.

Cómo llegar y salir

Si se realizan las reservas con antelación, Red Sea Desert Adventures puede organizar el transporte a y desde el desierto del Este, así como los viajes entre los puntos de interés.

BERENICE

Este centro militar y pequeño puerto 150 km al sur de Marsa Alam fue fundado en 275 a.C. por Tolomeo II Filadelfo. Entre los ss. III y V, fue uno de los puertos comerciales más importantes de la costa del mar Rojo; incluso aparece mencionado en *Periplo del mar Eritreo,* la crónica de un marinero del s. I.

Las ruinas de la antigua población, incluidas las del **templo de Serapis,** están situadas al sur del actual pueblo y han sido objeto de continuas investigaciones arqueológicas. Unos 100 km al noroeste se hallan las ruinas del antiguo asentamiento romano de **Sikait,** que fue una de las operaciones de extracción de esmeraldas más importantes de la región.

Hoy en día, la principal actividad se encuentra en la península de Ras Banas (que se interna en el mar al nordeste de Berenice), una importante base militar. Por ello, y por la proximidad a la frontera con Sudán, no se fomentan las visitas por libre; muy probablemente, la policía turística interrogará al viajero y le obligará a ir acompañado por un escolta, incluso si consigue llegar a Berenice.

No hay alojamientos oficiales. Si se quiere acampar habrá que pedir la autorización de la policía.

Los taxis colectivos (50 EGP, 8 h) que salen de Hurgada con destino a Shalatein paran en Berenice.

SHALATEIN

Este polvoriento puesto de avanzada 90 km al sur de Berenice marca la frontera administrativa entre Egipto y Sudán. Egipto considera que la frontera política se halla 175 km al sudeste, pasada la población de Halayeb, en su día un importante puerto del mar Rojo que cayó hace bastante tiempo en el olvido. Por supuesto, Sudán discrepa totalmente, por lo que una gran extensión de tierra es hoy en día territorio en conflicto; quizá sea mejor que el viajero evite esta zona por su seguridad personal.

Actualmente, Shalatein es un enclave comercial con un colorido mercado de camellos que constituye una importante parada en la ruta desde Sudán. Muchos animales suelen acabar en el mercado de camellos de Birqash (p. 206), en las afueras de El Cairo. Entre el polvo y los vendedores se mezclan miembros de la tribu rashaida, que visten *galabiyya*s de color azul lavanda, con los ababda, besharin y otros pueblos del sur de Egipto y el norte de Sudán.

Como ocurre en Berenice, se disuade a los viajeros independientes de visitar esta zona, que a veces se cierra totalmente a los extranjeros. Muy probablemente, la policía turística interrogará al viajero y le obligará a ir acompañado por un escolta, incluso si consigue llegar a Shalatein. Sin embargo, se pueden evitar estas molestias fácilmente organizando una excursión al mercado de camellos con Red Sea Desert Adventures (para más información, véase p. 441).

Oficialmente no hay alojamiento y sólo se puede acampar con el permiso de la policía.

Los taxis colectivos (55 EGP, 9 h) que salen de Hurgada y pasan por Berenice acaban en Shalatein.

Submarinismo en el mar Rojo

Con una historia llena de acontecimientos que se remonta varios miles de años, no es sorprendente que tantos visitantes nunca se planteen explorar el mundo submarino de Egipto. Así, mientras que los que se quedan en tierra pasan calor y esquivan a los vendedores en el desierto, los submarinistas se sumergen en las impresionantes profundidades del mar Rojo.

En 1989, un grupo de científicos y conservacionistas eligieron la parte norte de este mar de 1.800 km de largo como una de las Siete Maravillas del Mundo Submarino. En esta zona, los buceadores se encuentran con montañas de coral, arrecifes llenos de peces de colores brillantes, acantilados escarpados que desaparecen en la profundidad y restos de naufragios, todo bañado por una etérea luz azul. De hecho, el mar Rojo es toda una leyenda entre los entusiastas del submarinismo y uno de los principales destinos. Las dos joyas de la corona del mar Rojo son el Parque Nacional de Ras Mohammed, hogar de la "Sagrada Trinidad": Shark Reef, Eels Garden y el *Yolanda,* y los restos del *Thislegorm,* un navío de guerra británico que se hundió durante la Segunda Guerra Mundial y fue descubierto en la década de 1950 por Jacques Cousteau.

El mayor encanto del mar Rojo es que el visitante puede organizar sus vacaciones de submarinismo por su propia cuenta. Los viajeros independientes pasan más tiempo del que habían planeado en el agradable pueblo de Dahab, y en menor grado en Nuweiba, mientras que los viajes organizados disfrutan de las comodidades de Sharm el-Sheikh y Hurgada. Si se quiere disfrutar al máximo del tiempo bajo el agua, no hay mejor opción que apuntarse a un circuito submarino de una semana.

Sin embargo, e independientemente del estilo en que se viaje, el mar Rojo nunca deja de impresionar, y es uno de los puntos fuertes de cualquier viaje a Egipto.

LO MÁS DESTACADO

- Impresionarse con el magnífico mundo submarino del **Parque Nacional de Ras Mohammed** (p. 452).
- Explorar los restos del ***Thistlegorm*** (p. 453), una de las mejores inmersiones en naufragios del mundo.
- Explorar los límites en el profundo abismo azul del conocido **Blue Hole** (p. 451) de Dahab.
- Combinar submarinismo y cultura beduina en un circuito de camello/buceo desde Dahab a **Gabr el-Bint** (p. 451).
- Pasar varios días navegando de una remota inmersión a otra en un **circuito submarino** (p. 459).

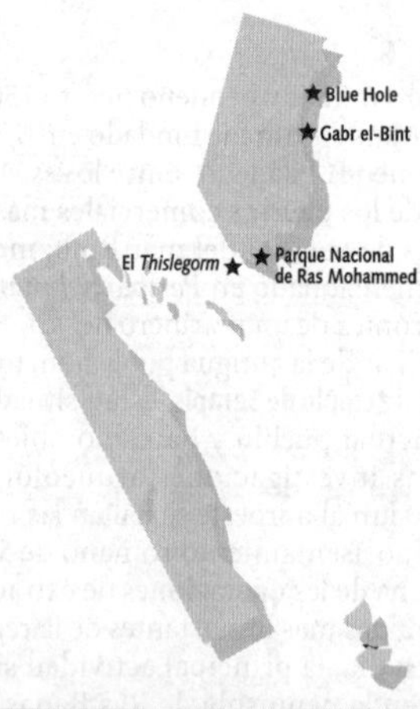

Orientación

La parte más septentrional del mar Rojo egipcio suele atraer a la mayor parte de los submarinistas, aunque cada vez más expertos viajan hacia el sur. Los lugares más populares se encuentran en los alrededores del extremo sur de la península del Sinaí, y en particular la estrecha franja de tierra que sobresale del mar y forma el Parque Nacional de Ras Mohammed.

Otra zona importante es el estrecho de Tiran, que forma la angosta entrada del golfo de Aqaba. Las corrientes que discurren por el profundo canal hacen que los corales crezcan rápidamente, lo que atrae a una abundante vida marina. Hacia el norte, los arrecifes en la costa del golfo de Aqaba también son populares.

En la parte occidental de la península del Sinaí está el estrecho de Gubal, con una serie de pináculos de coral ubicados a poca profundidad, famosos por hundir a numerosos barcos que intentaban navegar hacia el norte, al canal de Suez. En esta zona es donde se encuentran la mayor parte de los naufragios británicos de Egipto, como el *Thislegorm.*

Hacia el sur, los mejores arrecifes están en los alrededores de muchas islas cercanas a la costa. Aunque muchos de los que hay cerca de Hurgada han sido dañados por el desarrollo turístico incontrolado, más hacia el sur hay buenos lugares donde practicar el submarinismo.

Información

LIBROS

La guía a color de Lonely Planet *Diving & Snorkelling the Red Sea* (Submarinismo y buceo en el mar Rojo) incluye descripciones detalladas de más de ochenta puntos de submarinismo en Egipto.

Red Sea Diver's Guide from Sharm El Sheikh to Hurghada (Guía de submarinismo del mar Rojo de Sharm El Sheik a Hurgada), de Shlomo y Roni Cohen, tiene buenos mapas y descripciones de inmersiones cerca de Ras Mohammed, los estrechos de Gubal y Hurgada.

Sinai Dive Guide (Guía de submarinismo en Egipto), de Pete Harrison, dispone de mapas detallados y explicaciones de los principales lugares de submarinismo del mar Rojo. También es recomendable *Sharm el-Sheikh Diving Guide* (Guía de submarinismo de Sharm el-Sheikh), de Alberto Siliotti, con mapas y valoraciones de numerosos lugares cerca de Sharm el-Sheikh y el Parque Nacional de Ras Mohammed. *Mar Rojo: guía de inmersiones,* de Andrea Ghisotti y Alessandro Carletti, abarca lugares en Egipto, así como otros en Sudán, Israel y Eritrea.

En formato DVD, la guía interactiva *El mar Rojo,* editada por la empresa DvDeep (www.dvdeep.com), está compuesta por 32 gráficos de inmersiones y 28 vídeos que las muestran. Además proporciona también información para viajar a la zona y un apartado de biología con más de 250 fotografías.

The Official HEPCA Dive Guide (Guía oficial de submarinismo de HEPCA), editada por la Hurghada Environmental Protection & Conservation Association (Hepca; Asociación de Conservación y Protección Ambiental de Hurgada), detalla 46 inmersiones con ilustraciones y una pequeña guía de peces. Los beneficios obtenidos con la venta de esta guía van destinados al mantenimiento de las boyas de amarre del mar Rojo. Para más información sobre Hepca, véase el recuadro de la p. 430.

MARE ROSTRUM

El mar Rojo, rodeado de desierto por tres lados, se formó hace unos cuarenta millones de años cuando la península Arábiga se separó de África, lo que permitió que entrasen las aguas del océano Índico. En su extremo sur limita con el estrecho de Bab al-Mandab, de 25 km de ancho, por lo que se trata del único mar tropical que está cerrado casi por completo. Ningún río desemboca en él, y el flujo de agua del océano Índico es escaso. Estas características geográficas únicas, combinadas con el clima árido del desierto y las altas temperaturas, hacen que este mar sea muy salado. También es ventoso: como media, está en calma sólo 50 días al año.

Existen dos teorías sobre la etimología de su nombre (el mar Rojo, en realidad, es azul). Algunos creen que el mar recibió su nombre por las montañas de rocas rojas que se encuentran cerca. Otros insisten en que lo recibe de las mareas de algas que tiñen el agua de color rojo-marrón. En cualquier caso, inspiró a los antiguos marineros, que llamaron a estas aguas *Mare Rostrum,* el mar Rojo.

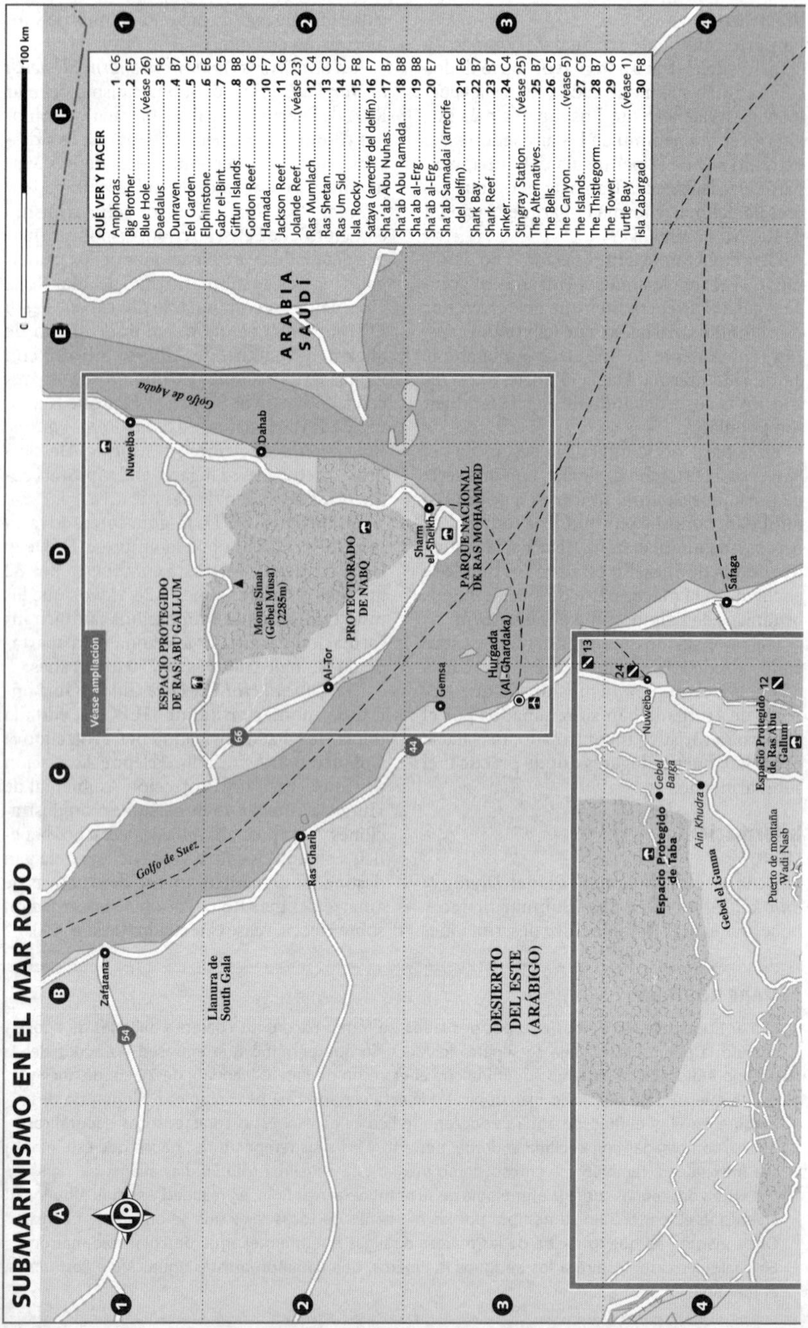

SUBMARINISMO – MAR ROJO

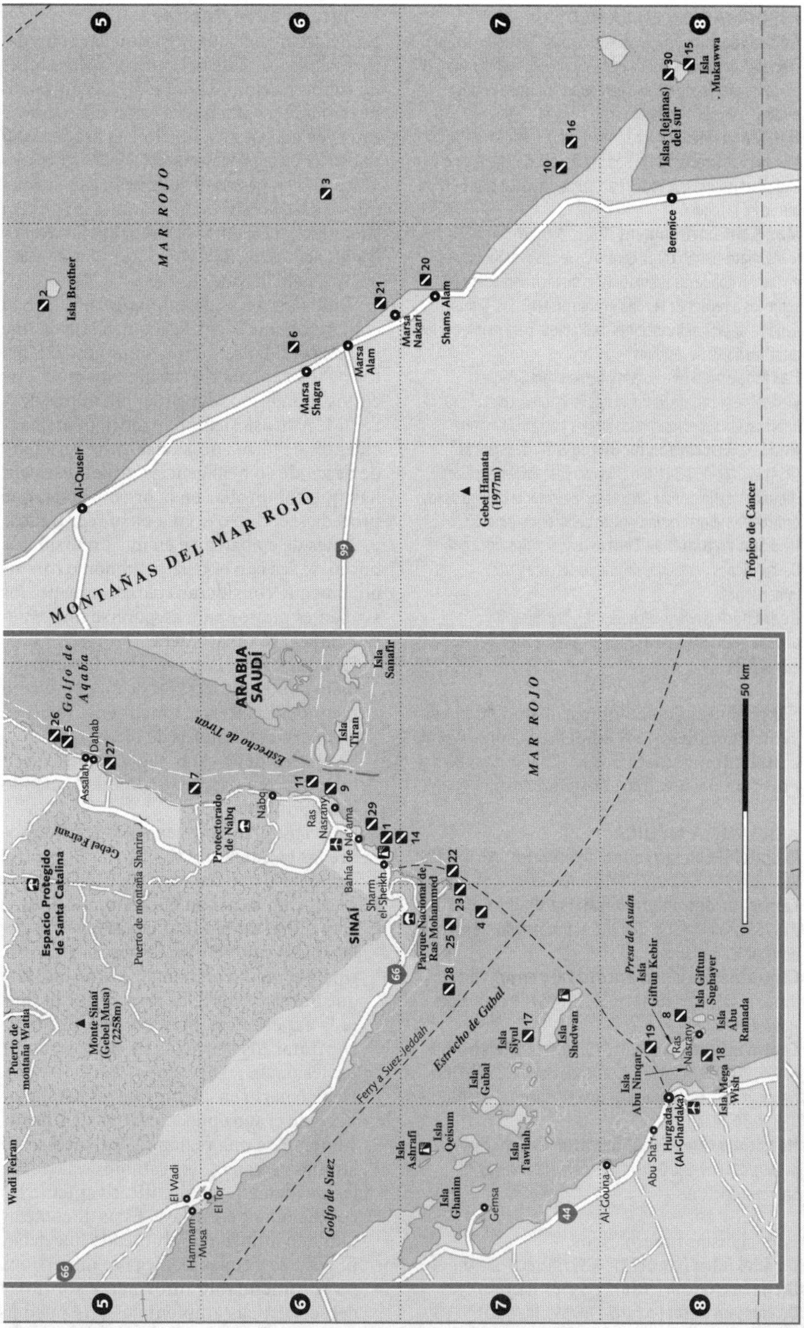
MAR ROJO
Isla Brother
Al-Quseir
MONTAÑAS DEL MAR ROJO
Marsa Shagra
Marsa Alam
Marsa Nakari
Shams Alam
Gebel Hamata (1977m)
Berenice
Islas (lejanas) del sur
Isla Mukawwa
Trópico de Cáncer
Wadi Feiran
Puerto de montaña Watia
Monte Sinaí (Gebel Musa) (2258m)
Espacio Protegido de Santa Catalina
Puerto de montaña Sharira
Gebel Feirani
Protectorado de Nabq
Assalah
Dahab
Golfo de Aqaba
ARABIA SAUDÍ
Estrecho de Tiran
Isla Tiran
Isla Sanafir
Nabq
Ras Nasrany
Bahía de Na'ama
Sharm el-Sheikh
SINAÍ
Parque Nacional de Ras Mohammed
MAR ROJO
El Wadi
Hammam Musa
El Tor
Golfo de Suez
Ferry a Suez-Jeddah
Estrecho de Gubal
Presa de Asuán
Isla Ghanim
Isla Ashrafi
Isla Qeisum
Isla Gubal
Isla Siyul
Isla Tawilah
Isla Shedwan
Gemsa
Al-Gouna
Abu Sha'r
Hurgada (Al-Ghardaka)
Isla Abu Ninqar
Isla Giftun Kebir
Isla Giftun Sughayer
Isla Abu Ramada
Isla Mega Wish
Ras Nasrany
0
50 km

INFORMACIÓN EN LA RED

GoRedSea.com (www.goredsea.com). Catálogo siempre creciente de lugares donde bucear y circuitos submarinos, así como ofertas de trabajo para submarinistas, y otras noticias sobre el mar Rojo.

H2O Magazine (www.h2o-mag.com). Página web de la revista cuatrimestral de la Red Sea Association for Diving and Watersports que incluye artículos y noticias sobre el buceo en la región.

Man & the Environment (MATE; ☎ 069-364 1091; www.mate-dahab.com). Centro de recursos ambientales en Dahab donde los submarinistas pueden aprender más sobre los arrecifes de la zona y cómo protegerlos. También ayuda a organizar incursiones de limpieza para mantener los arrecifes libres de residuos

Ras Mohamed (www.rasmohamed.com). Página web sobre el Parque Nacional Ras Mohamed, con valiosa información sobre los corales locales y otra vida marina.

Red Sea Association for Diving & Watersports (RSADW; ☎ 065-344 4802; www.redseaexperience.com; Hurgada). El fin de esta ONG es incrementar la calidad de los centros de submarinismo y otros deportes marinos.

Red Sea Virtual Dive Center (www.redseavdc.com). Descripciones detalladas de más de setenta y tres inmersiones.

Reef Check (www.reefcheck.org). Organización privada que trabaja para salvar los arrecifes de coral en el mar Rojo.

Sobre el mundo del submarinismo puede visitarse también www.bajoelagua.com, www.canalsubmarinista.com, www2.cascoantiguo.com o www.marenostrum.com.

ASISTENCIA MÉDICA

Hospital El Gouna y centro hiperbárico (☎ 065-358 0011, 012 218 7550, 012 219 0383; Al-Gouna)

Cámara de descompresión Marsa Shagra (☎ 012 218 7550, satélite 0195-100 262; Marsa Shagra). 24 km al norte de Marsa Alam.

Centro médico hiperbárico naval y de urgencias (plano p. 428; ☎ 065-344 9150, 065-354 8450; Corniche, Hurgada)

Centro médico hiperbárico Sharm el-Sheikh (mapa p. 469; ☎ 069-366 0922/3, urgencias 24 h 012 212 4292; hyper_med_center@sinainet.com.eg; Sharm el-Sheikh; 🕑 10.30-18.00)

Hospital Internacional Sharm el-Sheikh (plano p. 469; ☎ 069-366 0893/4/5; Sharm-Na'ama Bay Rd, Sharm el-Sheikh)

Especialistas hiperbáricos:

Dr. Adel Taher (☎ 012 212 4292; Sharm el-Sheikh)

Dr. Hanaa Nessim (☎ 012 219 0383; Hurgada)

Dr. Hossam Nasef (☎ 012 218 7550; Hurgada)

Peligros y advertencias

En Egipto no hay una organización gubernamental responsable del control de los clubes de submarinismo, aunque dos organizaciones no gubernamentales están ocupándose cada vez más de esta función: la **Red Sea Association for Diving & Watersports** (RSADW; ☎ 065-344 4802; association@redseaexperience.com), para la zona que va desde el sur de Al-Gouna a la frontera sudanesa, y la **South Sinai Association for Diving & Marine Activities** (SSDM; ☎ 069-366 0418; www.southsinai.org), para la zona sur del Sinaí.

Todos los guías de submarinismo deben contar con una identificación válida de una de estas entidades, y en la zona sur del Sinaí todos los centros de submarinismo y circuitos submarinos deben ser miembros de la SSDM. Aun así, siempre pueden ocurrir accidentes de forma ocasional como resultado de descuidos o negligencias. Antes de elegir, hay que comprobar en la organización que proceda si el club o el guía están registrados.

Antes de embarcarse en una excursión de buceo, ya sea con botella, a pulmón o con tubo, hay que considerar cuidadosamente los siguientes puntos para asegurarse una experiencia segura y placentera:

- Hay que contar con un carné de submarinismo obtenido a través de un organismo reconocido internacionalmente (en caso de buceo con botellas de oxígeno).
- El viajero debe estar seguro de estar en buena forma y sentirse cómodo haciendo submarinismo.
- Conviene obtener buena información sobre las condiciones físicas y ambientales del lugar de buceo (por ejemplo a través de un club local con buena reputación).
- Hay que estar al tanto de las leyes, regulaciones y etiqueta local sobre la vida marina y el medio ambiente. Asimismo, hay que bucear sólo en los lugares que permita la experiencia. Si es posible, es mejor contratar los servicios de un instructor profesional.
- Debe tenerse en cuenta que las condiciones bajo el agua pueden variar significativamente de una región a otra, incluso en las más cercanas. Los cambios estacionales pueden alterar significativamente las condiciones del enclave. Estas diferencias también influyen en el atuendo que deberá llevarse y en las técnicas de inmersión.
- Es recomendable informarse sobre las características ambientales que pueden

TRUCOS PARA UN BUCEO SEGURO

Cuando se bucee en el mar Rojo, lo más importante es usar el sentido común. Los accidentes ocurren más a menudo de lo deseado, y la mayor parte son causados por submarinistas que olvidan (o no tienen en cuenta) algunas reglas básicas.

En Dahab, donde han ocurrido la mayor parte de los accidentes mortales, éstos suelen estar asociados a las drogas o el alcohol. Muchas de las víctimas son buceadores experimentados que deberían haber conocido mejor las normas de seguridad o no sumergirse bajo los efectos de estas sustancias. Otros no tenían la suficiente experiencia para las situaciones a las que se enfrentaron; las inmersiones de prueba están para eso, y los clubes tienen buenas razones para ser precavidos.

Éstos son algunos consejos de sentido común para practicar un submarinismo seguro:

- No se puede mezclar alcohol y buceo. El alcohol deshidrata, especialmente en un clima seco como el de Egipto, e incrementa la susceptibilidad a sufrir problemas de descompresión.
- Hay que asegurarse de estar sano y tener ganas de bucear. Si se toman medicamentos, hay que consultar con el médico. En ocasiones, el buceo afecta al metabolismo, y puede ser necesario un cambio de dosis.
- Hay que bucear según la experiencia. Las claras aguas del mar Rojo y su alta visibilidad suelen invitar a adentrarse demasiado lejos. El límite de profundidad para los submarinistas es de 30 m. Hay que ajustarse a él.
- No se debe volar durante las 24 h posteriores a la última inmersión. Tampoco escalar a más de 300 m, por lo que es mejor no planear un viaje al monasterio de Santa Catalina o a las montañas del desierto del Este al día siguiente de haber buceado.
- Hay que asegurarse de que se reconoce el barco desde el agua. Algunas inmersiones están atestadas, y los barcos pueden parecerse mucho. Más de una vez algún submarinista ha perdido el barco, que se ha ido sin él, por despiste.
- Conviene saber que las condiciones bajo el agua varían mucho de un lugar a otro, y que el clima y las corrientes cambian de forma significativa tanto durante el día como por estación, lo que altera las condiciones de buceo. Estas diferencias influyen no sólo en los lugares en los que se puede bucear un día en concreto, sino también en el atuendo que deberá llevarse y en las técnicas de inmersión.
- Conviene contratar un seguro. Si pasa algo, el tratamiento en las cámaras de descompresión puede llegar a costar miles de dólares. Los mejores clubes obligan a tenerlo cuando se viaja con ellos. Si el viajero no había pensado en ello antes de llegar a Egipto, muchos de los mejores clubes lo proporcionan.

afectar a la inmersión y cómo solucionan los problemas los submarinistas expertos locales.

Observación de la fauna y flora

El mar Rojo alberga más de mil especies de vida marina, y constituye un impresionante espectáculo de color y formas. En sus aguas pueden encontrarse peces, tiburones, tortugas, delfines, corales, esponjas, pepinos de mar y moluscos.

El coral es el elemento que define un arrecife, y aunque durante siglos fue considerado un tipo de planta con flor, de hecho es un animal. Existen corales duros y blandos, y su característica común es que están formados por pólipos, pequeños cilindros con un círculo de tentáculos que pican a su presa y la conducen hacia el estómago. Durante el día los corales se retraen en su tubo, y sólo muestran sus verdaderos colores por la noche.

La mayor parte de la increíble variedad de peces del mar Rojo, muchas de ellas especies endémicas, están asociadas íntimamente al arrecife de coral, y viven y se reproducen en los arrecifes o en las zonas cercanas de la pradera submarina. Las especies presentes incluyen formas conocidas como meros, lábridos, peces loro y pargos. Otras, como los atunes y las barracudas, viven en aguas abiertas y normalmente sólo se aventuran en los arrecifes para alimentarse o criar.

Cuando se hace submarinismo o se bucea, los tiburones que se ven más fácilmente son los de puntas negras y puntas blancas. Los tiburones tigre, así como los enormes tiburones ballena, se encuentran habitualmente en aguas más profundas. No hay que inquietarse por estos grandes predadores, ya que los ataques de tiburones en el mar Rojo son muy raros.

El tipo más común de tortuga que se encuentra en estas aguas es la tortuga verde marina, aunque ocasionalmente se pueden ver tortugas laúd o carey. En Egipto estos animales están protegidos, y aunque no se cazan de forma deliberada, a veces quedan atrapados en redes y acaban en el menú de los restaurantes en El Cairo y la costa.

Aunque puedan resultar llamativas, es mejor evitar algunas criaturas, especialmente morenas, erizos de mar, corales de fuego, peces globo, peces ballesta, peces escorpión, peces león y peces piedra. Para protegerse, es mejor familiarizarse con fotografías de estas especies antes de sumergirse. En las librerías de los hoteles de las principales zonas de buceo se pueden comprar guías a color de los peligros más comunes del mar Rojo.

LUGARES DE SUBMARINISMO

A continuación se muestra, de norte a sur, una breve descripción de algunos de los destinos más populares del mar Rojo. Aunque se detalla la dificultad de la zona, siempre hay que pedir consejo al instructor. Además, hay que recordar que las fuertes corrientes de viento pueden convertir lugares habitualmente calmados en zonas no aptas para el buceo.

Nuweiba

Un gran pueblo porteño del que parten *ferries* a Jordania y que atrae a muchos menos submarinistas que sus primos más famosos en el Sinaí. Aun así, por esta zona hay algunos lugares excelentes donde bucear, y el lugar funciona como base de operaciones barata que atrae a buceadores independientes.

RAS SHETAN

Ubicación: 15 km al norte de Nuweiba
Dificultad: intermedia
Acceso: por la costa

Aunque los corales duros no son el mayor atractivo de la inmersión, hay gran cantidad de bonitos corales blandos entre los 10 y 20 m, así como la típica variedad de peces de arrecife. Aun así, el punto fuerte de esta inmersión es sin duda la accidentada topografía, que incluye estrechos valles, cuencas llenas de arena y profundas simas.

SINKER

Ubicación: en Nuweiba
Dificultad: intermedia
Acceso: por la costa

A un tiro de piedra del Hilton Coral Beach Resort, Sinker es una enorme boya sumergida diseñada para barcos mercantes, y fue hundida por error a mediados de la década de 1990. Desde entonces, se ha convertido en un fantástico arrecife artificial, que atrae a pequeñas y coloridas especies.

Dahab

Apodado como el "Ko Samui de Oriente Próximo", el paraíso mochilero de Dahab es una colección de hoteles y restaurantes en la playa de inspiración thai. Aparte de las tortitas de plátano y los narguiles de manzana, el buceo en esta zona es reconocido mundialmente por su calidad, aunque los viajeros independientes suelen utilizar Dahab como base para llegar a lugares cerca del Sinaí.

THE CANYON

Ubicación: norte de Dahab
Dificultad: intermedia
Acceso: por la costa

"El cañón", uno de los lugares más populares de la zona, es una trinchera larga y estrecha que corre perpendicular a la barrera de coral, y alberga diversos corales duros y blandos. Si se tiene experiencia en buceo, se puede descender al fondo del cañón (30 m), y desde allí nadar hacia la costa a lo largo de la chimenea, pasando por la "pecera" (20 m), una pequeña cámara llena de nubes de peces cristal y tres colas.

EEL GARDEN

Ubicación: norte de Dahab
Dificultad: intermedia
Acceso: por la costa

El "jardín de las anguilas" toma su nombre de las incontables anguilas jardineras que cubren el suelo marino no lejos del punto de inmersión, que desaparecen en sus madrigueras como nadadoras sincronizadas en cuanto llega el buceador. Aunque las anguilas son el punto

THE BELLS Y BLUE HOLE

Ubicación: 8 km al norte de Dahab
Dificultad: intermedia
Acceso: por la costa

El Blue Hole (agujero azul) es el punto de inmersión más infame de Egipto. Ubicado en un arrecife en la costa, se trata de una enorme depresión que se adentra a grandes profundidades (hay quien dice que hasta los 130 m). Lamentablemente, este lugar se ha cobrado varias vidas a lo largo del tiempo, principalmente buceadores en busca de emociones fuertes que tomaron riesgos innecesarios.

Un arco a aproximadamente 65 m conecta la depresión con el océano abierto (ésta es la trampa). Hace años, los buceadores en solitario, principalmente israelíes que traían su propio equipo, intentaban bucear bajo este arco. Las víctimas sucumbían a la narcosis, no encontraban el arco, se desorientaban o sencillamente se quedaban sin aire.

Si se mantiene la profundidad adecuada, la parte exterior del Blue Hole alberga gran variedad de vida marina, y adentrarse un poco en el agujero es una experiencia cercana al paracaidismo.

El punto de entrada está en The Bells (las campanas), una estrecha brecha en la plataforma de coral que forma una piscina cerca de la playa. Desde allí, se desciende por una chimenea y se sale a 27 m en un saliente que se abre al mar azul. Si se nada hacia el sur por la pared, un saliente en el arrecife a 7 m permite entrar en el Blue Hole. Si se controla cuidadosamente la profundidad, se puede terminar la inmersión nadando a través de la depresión hacia la costa.

fuerte de la inmersión, la zona también ofrece enormes paredes de coral, gran número de barracudas y grandes meros y pargos.

THE ISLANDS
Ubicación: sur de Dahab
Dificultad: principiante
Acceso: por la costa

Al sur de Dahab antes de la laguna, este lugar llamado "las islas" parece sacado de *Alicia en el país de las maravillas*, y ofrece una impresionante topografía de callejones de coral, anfiteatros, valles y barrancos. La calidad y cantidad de coral es fantástica, con todo tipo de formas, colores y variedades imaginable, desde enormes corales de cuerno de alce a delicadas acróporas mesa.

GABR EL-BINT
Ubicación: 25 km al sur de Dahab
Dificultad: intermedia
Acceso: en todoterreno y camello

Lo que convierte a esta inmersión en única es la forma poco ortodoxa de transporte que se tiene que tomar para llegar: desde Dahab, el viaje combina automóviles todoterreno y un convoy en camellos dirigido por beduinos, que acarrean los tanques de oxígeno y todo el equipo de submarinismo. La inmersión propiamente dicha incluye un bonito paisaje marino culminado por una pared de 60 m cortada por numerosos barrancos y fallas.

Sharm el-Sheikh y bahía de Na'ama

Cerca del extremo sur del Sinaí y bordeando el Parque Nacional de Ras Mohammed, Sharm el-Sheikh y la adyacente bahía de Na'ama son uno de los destinos para bucear más bulliciosos de todo el mundo. Desafortunadamente, en los últimos años el turismo organizado y los *resorts* de lujo se han convertido en la norma, aunque las inmersiones siguen siendo excelentes.

JACKSON REEF
Ubicación: estrecho de Tiran
Dificultad: de intermedia a avanzada
Acceso: en barco o circuito submarino

A medio camino entre la isla Tiran y tierra firme, el "arrecife de Jackson" incluye los restos de un carguero chipriota, el *Lara*, que se hundió en la zona en 1985. Hogar de tiburones y grandes peces pelágicos, constituye una impresionante inmersión, aunque siempre es aconsejable preguntar por las condiciones marinas y las corrientes, que pueden ser peligrosas.

GORDON REEF
Ubicación: estrecho de Tiran
Dificultad: intermedia
Acceso: en barco o circuito submarino

El "arrecife de Gordon" es famoso por los desgastados restos del *Louilla*, que se yergue inquietantemente en su extremo norte.

Descendiendo desde la amplia plataforma al sur del arrecife, los buceadores con suerte podrán ver tiburones de puntas blancas en una gran depresión circular conocida como "el anfiteatro".

THE TOWER
Ubicación: al sur de la bahía de Na'ama
Dificultad: intermedia
Acceso: por la costa, en barco o circuito submarino
Llamada "la torre" por el coral fosilizado que emerge sobre el agua en la parte sur de la bahía, este lugar alberga un profundo cañón con paredes que se sumergen 120 m. Entre los 15 y 30 m, se pueden encontrar bonitos pináculos de coral, mientras que a menores profundidades hay varias cuevas que pueden explorarse fácilmente.

AMPHORAS Y TURTLE BAY
Ubicación: al norte de Ras Um Sid
Dificultad: intermedia
Acceso: por la costa, en barco o circuito submarino
Amphoras recibe su nombre del galeón turco del s. XVII que se hundió con un cargamento de mercurio, y es conocido por su historia y su impresionante topografía. Desde Amphoras se puede llegar fácilmente a Turtle Bay, hogar de un arrecife en pendiente que atrae a numerosos peces.

RAS UM SID
Ubicación: en frente del Royal Paradise Hotel
Dificultad: intermedia
Acceso: por la costa, en barco o circuito submarino
Se trata de una de las mejores inmersiones en la zona y ofrece un impresionante bosque de gorgonias en un acantilado que acoge una gran variedad de peces de arrecife. Cuando se pase por las gorgonias, hay que fijarse en el abismo, ya que las mantarrayas y los tiburones ballena pasan ocasionalmente por Ras Um Sid.

Parque Nacional de Ras Mohammed

Sin lugar a dudas, Ras Mohammed es uno de los mejores destinos de buceo en el mundo, con impresionantes y enormes extensiones de coral y una diversidad sin parangón de peces y otras especies marinas. El parque nacional protege 200 especies de coral duro y unas 120 especies de coral blando, y es el hogar de más de mil especies de peces tropicales.

Para conseguir más información sobre las inmersiones en el parque y su dificultad, se puede consultar la página www.rasmohamed.com.

SHARK OBSERVATORY
Ubicación: extremo este de Ras Mohammed
Dificultad: avanzada
Acceso: en barco o circuito submarino
El "observatorio de tiburones" es un promontorio elevado que se usa para ver a estos animales en las aguas cercanas, pero el muro que hay debajo es extremadamente vertical y no hay cornisas donde marcar la profundidad, por lo que sólo es recomendable para buceadores expertos. Dicho esto, el muro es verdaderamente impresionante, cubierto con corales blandos y enormes gorgonias, y hay muchas posibilidades de ver a uno o dos tiburones nadando a distancia.

SHARK REEF Y 'JOLANDE' REEF
Ubicación: extremo sur de Ras Mohammed
Dificultad: avanzada
Acceso: en barco o circuito submarino
Esta inmersión a los "arrecifes de los tiburones y el *Jolande*" es una de las más famosas del mar Rojo, y es considerada como una de las cinco mejores del mundo. Las fuertes corrientes llevan a los buceadores en un emocionante viaje por las escarpadas paredes de coral a través de grandes bancos de peces hasta los restos del *Jolande*, un carguero chipriota que se hundió en 1980. Aunque no queda mucho del barco, su cargamento de bañeras y lavabos es un contraste interesante con las profundas aguas azules y los escudos de coral cercanos.

'DUNRAVEN'
Ubicación: extremo sur de Sha'ab Mahmud
Dificultad: intermedia
Acceso: en barco o circuito submarino
En 1876, el *Dunraven* viajaba desde Bombay a Newcastle con un cargamento de especias, madera y algodón bajo un clima aparentemente bueno, cuando encalló en el arrecife Sha'ab Mahmud y se hundió. Hoy en día, este enigmático barco está incrustado con coral, y alberga varios restos curiosos, como platos de porcelana, copas de metal y botes de grosellas y ruibarbo.

THE ALTERNATIVES Y STINGRAY STATION
Ubicación: extremo sur de Sha'ab Mahmud
Dificultad: intermedia
Acceso: en barco o circuito submarino

EL 'THISTLEGORM'

Ubicación: extremo sudeste de Sha'ab Mahmud
Dificultad: intermedia o avanzada
Acceso: en barco o circuito submarino

Construido por la Compañía de Ingeniería Naval del Noreste, el carguero de 129 m de eslora bautizado como *Thistlegorm* fue completado y botado en 1940 en Sunderland, Inglaterra. Antes de partir de Glasgow en 1941, había realizado con éxito varios viajes a Norteamérica, las Indias Orientales y Argentina. Aun así, el *Thistlegorm* llegó a su fin a las 2.00 del 6 de octubre de 1941, con una carga repleta de suministros esenciales destinada al norte de África, donde las fuerzas británicas estaban preparándose para la "Operación Cruzado", el relevo de Tobruk frente al 8º Ejército alemán.

Mientras esperaba una señal en el estrecho de Gubal para seguir hasta el golfo de Suez, cuatro Heinkel He 111 alemanes que sobrevolaban Creta atacaron el barco. Los aviones volvían de una misión de reconocimiento armado en la costa del Sinaí, y apuntaron al barco para librarse de las bombas sobrantes. Un bombardero logró un impacto directo en la cubierta 4, lo que partió la embarcación en dos y levantó por los aires las dos locomotoras de tren que portaba. Increíblemente, cayeron de pie en el fondo del mar, una a cada lado del barco naufragado. En menos de 20 minutos, la nave se hundió en el océano, llevándose consigo a nueve de los 49 marineros de la tripulación.

El *Thistlegorm* descansó intacto hasta 1956, cuando el legendario buceador francés Jacques Cousteau lo localizó, a una profundidad de 17 a 35 m al noroeste de Ras Mohammed. Cousteau encontró en la bodega un cargamento de la Segunda Guerra Mundial, que incluía un envío completo de armamento y suministros, como camiones Bedford, coches Morris, motocicletas BSA 359 y ametralladoras Bren. A pesar de llevarse la campana del barco, el salvavidas del capitán y una motocicleta, Cousteau dejó el barco intacto, y mantuvo en secreto su ubicación. Aun así, fue redescubierto en 1993, cuando unos buceadores tropezaron con él, y desde entonces se ha convertido en una de las inmersiones en naufragios más populares del mundo.

Es mejor sumergirse hasta el *Thistlegorm* en un viaje nocturno, ya que la excursión hasta el punto de inmersión dura tres horas y media en barco desde Sharm el-Sheikh; los operadores de buceo en el Sinaí pueden organizar el transporte. En la primera inmersión se hace un barrido del perímetro del barco, siguiendo los caminos de los soldados a cada lado de la nave. En la segunda inmersión se explora el interior nadando a través de un museo sumergido de la Segunda Guerra Mundial.

The Alternatives es un largo estrecho de 3 km de largo con siete pináculos de coral, que están protegidos de las condiciones metereológicas y albergan una vida marina diversa, que incluye tiburones leopardo y pequeños nudibranquios. En el extremo oeste de este estrecho se encuentra Stingray Station, caracterizado por un gran grupo de corales a 15 m de profundidad, en el que abundan diversas especies de rayas.

Hurgada

En los últimos años, los arrecifes cercanos a Hurgada han resultado gravemente dañados por el desarrollo turístico sin control, por lo que los buceadores con experiencia prefieren sumergirse en otras zonas. Como inciso positivo, finalmente se están aplicando medidas de conservación, encabezadas por grupos como Hepca (p. 430), y puede que la situación vaya mejorando en esta zona.

SHA'AB ABU NUHAS

Ubicación: sudeste del estrecho de Gubal
Dificultad: intermedia
Acceso: en barco o circuito submarino

Este gran arrecife en la entrada meridional al estrecho de Gubal ha hundido más embarcaciones que cualquier otro arrecife desde la apertura del canal de Suez en 1869. Los barcos más famosos en este cementerio marino son el *Carnatic*, que se hundió en 1879, y los naufragios cercanos de dos cargueros griegos, el *Giannus D* y el *Chrisoula K*, ambos hundidos a principios de la década de 1980.

SHA'AB AL-ERG

Ubicación: en frente de El-Gouna
Dificultad: principiante
Acceso: en barco o circuito submarino

Este enorme arrecife en forma de herradura con una laguna somera es famoso por atraer a delfines y mantarrayas, así como a ocasionales tiburones de puntas blancas. La falta de fuertes corrientes y el fácil acceso hacen que sea una inmersión perfecta para los principiantes, aunque los expertos también disfrutarán de los corales en forma de cerebro y las formaciones rocosas llenas de corales.

UMM QAMAR

Ubicación: 9 km al norte de las isles Giftun
Dificultad: intermedia
Acceso: en barco o circuito submarino

Umn Qamar es un largo y estrecho arrecife con una pared vertical en la parte este, que alberga tres torres coralinas cubiertas de pólipos púrpura, rodeadas de peces cristal. Los submarinistas experimentados disfrutarán buceando en los acantilados, particularmente si hay grandes peces pelágicos en la zona.

ISLAS GIFTUN

Ubicación: enfrente de Hurgada
Dificultad: intermedia
Acceso: en barco o circuito submarino

Las islas Giftun Kebir y Giftun Sughayer (gran Giftun y pequeña Giftun) están a poca distancia en barco desde Hurgada, y son uno de los destinos de buceo más populares en el mar Rojo. Están rodeadas de varios arrecifes espectaculares llenos de vida marina, como Hamda, Banana Reef, Sha'ab Sabrina, Erg Somaya y Sha'ab Torfa.

SHA'AB ABU RAMADA

Ubicación: 5 km al sur de las islas Giftun
Dificultad: principiante
Acceso: en barco o circuito submarino

También conocido como "el acuario", debido a la extrema abundancia de vida marina que alberga, Gota Abu Ramada es un lugar popular entre los fotógrafos submarinos, submarinistas nocturnos y buceadores. Ofrece dos impresionantes pináculos en una plataforma arenosa a menos de 15 m de profundidad.

Costa sur

El desarrollo turístico y los buceadores se están desplazando hacia el sur, aunque hay que tener en cuenta que los fuertes vientos y corrientes hacen que las siguientes inmersiones sean aconsejables sólo para los expertos. Puesto que esta zona de la costa sigue estando poco explotada, la mayor parte de los lugares sólo son accesibles mediante circuitos submarinos, aunque la falta de turistas compensa las dificultades de acceso.

ELPHINSTONE

Ubicación: 12 km al este de Marsa Abu Dabbab
Dificultad: avanzada
Acceso: barco o circuito submarino

Elphinstone alberga arrecifes con paredes escarpadas, cubiertas con corales blandos, y sometidas a fuertes corrientes, ideales para los tiburones (se han documentado siete especies diferentes en estas aguas). La leyenda dice que el gran arco en el arrecife, entre los 50 y 70 m de profundidad, contiene el sarcófago de un faraón desconocido.

SHA'AB SAMADAI (CASA DEL DELFÍN)

Ubicación: 18 km al sudeste de Marsa Alam
Dificultad: de principiante a intermedia
Acceso: en barco o circuito submarino

Sha'ab Samadai está ubicado alrededor de una laguna somera, hogar de grupos de delfines de hocico largo. Pero aunque no se consigan ver, la inmersión ofrece bonitos bosques coralinos en las orillas de la laguna, así como una serie de cuevas y túneles que pueden explorarse si no se tiene claustrofobia.

SHA'AB SHARM

Ubicación: 16 km al noreste de Wadi Gamal
Dificultad: avanzada
Acceso: en barco o circuito submarino

Este gran arrecife de forma arriñonada tiene paredes empinadas con gran variedad de corales, así como planicies someras a ambos lados (es un impresionante lugar submarino debido a su topografía). Las corrientes son fuertes, pero la vida marina muy diversa, con tiburones martillo, barracudas, pargos, meros y morenas de boca amarilla.

HAMADA

Ubicación: al norte de Marsa Wadi Lahami
Dificultad: principiante
Acceso: en barco o circuito submarino

En la parte superior del arrecife se encuentran los restos de este carguero de 65 m de largo, que en su viaje de Jeddah a Suez se hundió el 29 de junio de 1993 con una carga de gránulos de polietileno (material de embalaje). Descansa sobre uno de sus lados a sólo 14 m de profundidad, y el barco constituye una inmersión bastante fácil, aunque pintoresca.

PROTECCIÓN DEL ARRECIFE

Las maravillas naturales del mar Rojo son tan extraordinarias como el magnífico patrimonio faraónico, e impresionan más cuando se comparan con el paisaje desértico circundante. Sin embargo, es necesario tener cuidado para no dañar este delicado mundo de arrecifes de coral y vida marina. Casi toda la costa egipcia del golfo de Aqaba es ahora un espacio protegido, como también lo es la costa del mar Rojo desde Hurgada hasta Sudán. Los submarinistas y buceadores deben cumplir las normas de los instructores acerca de no tocar o dañar el coral (matar un coral implica matar o ahuyentar también a los peces).

Así, la mejor forma de preservar la belleza y naturaleza de los arrecifes es no llevarse nada, ni dejar nada. Otras observaciones:

- Nunca hay que usar anclas en el arrecife, y se debe tener cuidado de no chocar con el coral.
- Hay que evitar tocar o pisar organismos marinos, o arrastrar el equipo por el arrecife. Se puede dañar a los pólipos incluso con el contacto más suave. Si es necesario agarrarse al arrecife, sólo hay que tocar la roca expuesta o el coral muerto.
- Hay que ir con cuidado con las aletas. Aunque no haya contacto, las corrientes creadas por el aleteo pueden dañar a organismos delicados. También hay que evitar levantar nubes de arena, que pueden asfixiar a estos organismos.
- Se debe mantener un buen control de flotabilidad. Se puede causar un gran daño si se desciende demasiado rápido y se choca con el arrecife.
- Hay que estar el menor tiempo posible en las cuevas submarinas, ya que las burbujas de aire del viajero podrían quedar atrapadas en el techo y dejar a los organismos secos y a flote. Es aconsejable inspeccionar el interior de las cuevas pequeñas por turnos.
- Hay que resistirse a la tentación de recoger o comprar corales o conchas, o de saquear yacimientos arqueológicos submarinos (principalmente naufragios).
- Hay que asegurarse de llevarse todos los desperdicios, los propios y los que se encuentre. El plástico es especialmente dañino para la vida marina.
- No hay que alimentar a los peces.
- Se debe minimizar el impacto sobre los animales marinos. No hay que subirse nunca en el caparazón de las tortugas.

SATAYA (ARRECIFE DEL DELFÍN)

Ubicación: 11 km al sur de Sha'ab Mansour
Dificultad: intermedia
Acceso: en barco o circuito submarino

Tiene forma de herradura y es el mayor arrecife de Fury Shoal. Ofrece escarpadas paredes que llevan hasta una pendiente arenosa llena de cabezas de coral. Además de la gran variedad de coral, especialmente en sus primeros 10 m, abundan los animales pelágicos, como grupos de delfines y tiburones.

El lejano sur

Las aguas más meridionales de Egipto albergan cuatro islas, todas ellas muy buscadas entre los buceadores experimentados debido al reto que representan. Sólo se accede a ellas mediante circuitos submarinos, y albergan arrecifes espectaculares y raramente visitados. Como suelen decir los expertos de estas aguas, una vez se ha buceado allí, no hay nada que se le pueda comparar.

BIG BROTHER

Ubicación: 67 km al este de Quseir
Dificultad: avanzada
Acceso: en circuito submarino

El más septentrional de los "hermanos" tiene un pequeño faro y dos naufragios en sus paredes: uno es el carguero inglés (el *Numidia*) y el otro, un barco italiano (el *Aida II*). Las corrientes son fuertes, aunque los corales blandos son impresionantes, y la vida marina variada y abundante.

LITTLE BROTHER

Ubicación: 67 km al este de Quseir
Dificultad: avanzada
Acceso: en circuito submarino

Esta mágica isla tiene un gran arrecife que sobresale en su parte norte, donde se pueden observar tiburones azotadores, de puntas blancas, martillo y grises. En toda la zona se pueden ver enormes corales en forma de abanico, cuevas y salientes, aunque los buceadores simplemente suelen quedarse anonadados por el enorme número de predadores que viven en la zona.

DAEDALUS

Ubicación: 96 km al este de Marsa Alam
Dificultad: avanzada
Acceso: en circuito submarino

En medio del mar Rojo y a medio camino de Arabia Saudí, esta remota inmersión alberga un faro del s. XIX construido por los británicos en el centro de un arrecife circular. Como era de esperar en un lugar en medio de ninguna parte, el coral es perfecto, y no suele haber ningún otro barco a la vista.

ISLA ZABARGAD

Ubicación: 96 km al sur de Ras Banas
Dificultad: avanzada
Acceso: en circuito submarino

Esta isla montañosa emerge de forma majestuosa del mar, aunque su tranquila apariencia no hace sospechar que en la zona se hayan hundido numerosos barcos. Afortunadamente para los buceadores, los restos incluyen los del barco alemán *Neptune*, ubicado al fondo de una laguna de color turquesa, que atrae a muchísimos buceadores.

ISLA ROCKY

Ubicación: 5 km al sudeste de Zabargad
Dificultad: avanzada
Acceso: en circuito submarino

Esta isla, con su algarabía de pájaros y el oleaje, está al norte de la frontera con Sudán, y es una de las inmersiones más lejanas de Egipto. Cuando las condiciones son perfectas, es posible ver casi cualquier cosa, por lo que los buceadores simplemente se sumergen y se encuentran rodeados desde grupos de delfines hasta tiburones ballena.

OPERADORES DE SUBMARINISMO

Los viajeros no tendrán problemas a la hora de encontrar un operador, ya sea en una pequeña tienda local del mar Rojo, en un *resort* o en un circuito submarino. Debido al constante desarrollo turístico del mar Rojo egipcio y las costas del Sinaí, el número de operadores de submarinismo es enorme, y dada la amplia oferta, hay todo tipo de opciones. Algunos clubes y circuitos submarinos son baratos e informales, mientras que otros son más caros y estructurados. Y a pesar del estilo que se escoja, siempre se trata de lo mismo: bucear.

Clubes de submarinismo

Casi todos los hoteles y *resorts* costeros disponen de un centro de buceo, pero también existen algunos lugares más pequeños (unos con más experiencia que otros), que consiguen su clientela entre los buceadores que acuden a la zona. Cuando se elija un club, lo principal que hay que tener en cuenta es la importancia que den a la seguridad, y su implicación con los temas medioambientales.

Existen literalmente cientos de clubes de buceo en la costa del mar Rojo y el Sinaí, por lo que es simplemente imposible detallar más que una fracción. Dicho esto, los clubes que se listan más abajo tienen una buena reputación desde hace tiempo, aunque desde luego hay otros que también merecen la pena.

Éstos son algunos trucos para elegir un buen club:

- Conviene tomarse el tiempo necesario para elegir el club y los lugares de inmersión, es mejor no sentirse presionado a aceptar cualquier cosa si no se está totalmente de acuerdo con las condiciones.
- No hay que elegir un club en función del precio únicamente. La seguridad debería ser lo primero: si se recorta presupuesto en el equipo, la inmersión puede ser peligrosa.
- Si no se ha buceado en los últimos tres meses, se recomienda hacer una inmersión de prueba. Es mejor para la propia seguridad (y muchos operadores lo requieren), y el precio suele amortizarse en las siguientes inmersiones.
- Si se toman clases, el viajero debe asegurarse de que comprende el idioma del instructor. Si no se entienden las clases, hay que pedir un cambio.
- Hay que comprobar que el equipo esté limpio y resguardado del sol, y examinar todos los manguitos, reguladores y válvulas por si hubiera algún corte o escape.
- Los trajes deben estar en buenas condiciones. Algunos buceadores han informado de problemas de hipotermia por un equipo seco y agrietado.

ACCEDER A LAS ISLAS DEL PARQUE MARINO

Existe un control estricto sobre el acceso a las aguas más meridionales de Egipto. Los buceadores deben haber completado un mínimo de 50 inmersiones antes de entrar, y está prohibido el buceo nocturno, pisar las islas, pescar o utilizar guantes.

Debido a estas restricciones, cada viaje necesita un permiso, y un guarda del parque suele acompañar a los barcos para asegurarse de que se cumplen las normas. Para llevar a submarinistas, los barcos deben contar con medidas especiales de seguridad, que los oficiales del parque nacional y el gobierno del mar Rojo inspeccionarán antes de cada excursión.

Si se encuentra una oferta para viajar a estas zonas remotas, es mejor comprobar en una de las organizaciones mencionadas en la p. 448 que el barco tiene licencia, ya que los agentes pueden confiscar el material y poner al turista bajo custodia si no es así.

- Se debe comprobar que hay oxígeno en el barco, en caso de accidente.
- Si se está en el Sinaí, se recomienda preguntar si el club dona 1 US$ por submarinista y día a una cámara de descompresión; esto a menudo refleja la preocupación del club por la seguridad de sus clientes.

NUWEIBA

Diving Camp Nuweiba (plano p. 490; ☎ 012 249 6002; www.scuba-college.com). Ubicado en el Nuweiba Village Hotel, en el centro del pueblo.

Emperor Divers (☎ 069-352 0321; www.emperordivers.com). Este club forma parte de la cadena Emperor y está ubicado en el Hilton Nuweiba Coral Resort.

DAHAB

Desert Divers (plano p. 481; ☎ 069-364 0500; www.desert-divers.com; Masbat). Un lugar popular que ofrece gran variedad de cursos de submarinismo además de excursiones en camello, clases de yoga y otras actividades.

Fantasea Dive Centre (plano p. 481; ☎ 069-364 0483; www.fantaseadiving.net; Masbat). Este centro de cinco estrellas PADI, dirigido por australianos y egipcios, siempre recibe buenas críticas.

Fish & Friends (plano p. 481; ☎ 069-364 0720; www.fishandfriends.com; Masbat). Un buen club angloegipcio sensible con el medio ambiente.

Inmo Divers Home (plano p. 481; ☎ 069-364 0370; www.inmodivers.de; Inmo Hotel, Mashraba). Dirigido por Mohammed e Ingrid al-Kabany, fue uno de los primeros clubes de submarinismo en Dahab.

Nesima Dive Centre (plano p. 481; ☎ 069-364 0320; www.nesima-resort.com; Nesima Hotel, Mashraba). PADI. Club con buena reputación propiedad de Sherif Ebeid, un activista medioambiental local y experto submarinista.

Penguin Divers (plano p. 481; ☎ 069-364 1047; www.penguindivers.com; Penguin Village, Mashraba). Un popular club de submarinismo que atrae a viajeros con bajo presupuesto que buscan divertirse y ahorrar algo de dinero.

Sunsplash (plano p. 481; ☎ 069-364 0932; www.sunsplash-divers.com; Mashraba). PADI. Un experimentado centro de submarinismo dirigido por alemanes que lleva muchos años ofreciendo cursos.

SHARM EL-SHEIKH Y ZONA DE LA BAHÍA DE NA'AMA

Camel Dive Club (plano p. 472; ☎ 069-360 0700; www.cameldive.com; Camel Hotel, King of Bahrain St, bahía de Na'ama). Un conocido club propiedad del submarinista del Sinaí Hisham Gabr.

Divers International (plano p. 472; ☎ 069-360 0865; www.diversintl.com; Sharm-Na'ama Bay rd, bahía de Na'ama). Gran club que ofrece mucha variedad de cursos e inmersiones.

Emperor Divers (plano p. 472; ☎ 069-360 1734; www.emperordivers.com; Sharm-Na'ama Bay rd, bahía de Na'ama). Una sucursal de Emperor que ofrece cursos dirigidos a familias de todas las edades.

Oonas Dive Centre (plano p. 472; ☎ 069-360 0581; www.oonasdivers.com; bahía de Na'ama). Un popular club en el noreste de la bahía de Na'ama.

Shark's Bay Diving Club (fuera de plano p. 472; ☎ 069-360 0942; www.sharksbay.com; Shark's Bay). También conocido como Umbarak, Shark's Bay es un centro dirigido por beduinos con años de experiencia y casa propia en el arrecife.

Sinai Divers (plano p. 472; ☎ 069-360 0697; www.sinaidivers.com; bahía de Na'ama). En el Ghazala Hotel, éste es uno de los clubes de submarinismo más conocidos de Sharm el-Sheikh.

Subex (plano p. 472; ☎ 069-360 0122; www.subex.org; bahía de Na'ama). CMAS, SSI. Club dirigido por suizos en el hotel Mövenpick, con años de experiencia en el mar Rojo.

HURGADA

Aquanaut Red Sea (plano p. 431; ☎ 065-354 9891; www.aquanaut.net; Corniche, Ad-Dahar, Hurgada). Miembro fundador del Hurghada Quality Dive Club, un grupo de clubes que intenta mantener unos estándares básicos de seguridad y servicio.

¿DÓNDE IR?

Con tantos lugares donde bucear y operadores entre los que elegir, resulta difícil saber dónde ir. A continuación, algunos consejos:

- **Nuweiba** (p. 487). Atrae a viajeros independientes que buscan lugares baratos y pocas multitudes, aunque las inmersiones no sean tan ricas y variadas como en otros lugares del Sinaí y el mar Rojo.
- **Dahab** (p. 480). El lugar favorito para los viajeros independientes, este pueblo de estilo thai está rodeado de espectaculares puntos de inmersión, y ofrece gran cantidad de casas de huéspedes baratas y bares tranquilos en la playa. También se usa como base rápida y sencilla para bucear en el Parque Nacional de Ras Mohammed.
- **Sharm el-Sheikh y bahía de Na'ama** (p. 469). La franja de complejos hoteleros más famosa de Egipto es el punto de partida más sencillo para acceder a Ras Mohammed. Aun así, Sharm es cada vez más caro, y se dirige principalmente a viajes organizados europeos que buscan hoteles de estilo occidental llenos de servicios de cuatro y cinco estrellas.
- **Hurgada** (p. 427). Su franja de complejos hoteleros fue una de las primeras de Egipto, por lo que ha sido explotada por el desarrollo turístico y una pobre organización ambiental. Como resultado, los buceadores serios ahora prefieren quedarse en cualquier otro lugar, aunque la zona ofrezca paquetes turísticos baratos.
- **Marsa Alam** (p. 439). Este pueblo turístico de moda está ganando reputación por su cercanía a las zonas de buceo en la costa sur. Si se buscan servicios turísticos con un ambiente relajado, unido a la oportunidad de hacer excursiones por el desierto, ésta es la mejor opción.
- **Circuitos submarinos** Para bucear en zonas desiertas lejos de las multitudes, los más expertos saben que ésta es la única forma de viajar. Si se busca explorar la zona al sur del mar Rojo (sólo niveles avanzados), los circuitos submarinos son la única opción.

Easy Divers (plano p. 431; ☎ 065-354 7816; www.easydivers-redsea.com; Corniche, Ad-Dahar, Hurgada). Club dirigido por británicos, muy activo en la conservación del medio ambiente local.
Jasmine Diving Centre (mapa p. 428; ☎ 065-346 0475; www.jasmin-diving.com; franja de complejos hoteleros, Hurgada). En Jasmine Village, éste es otro miembro del Hurghada Quality Dive Club.
Red Sea Scuba School (mapa p. 428; ☎ 065-344 4854; www.emperordivers.com; franja de complejos hoteleros, Hurgada). Conocida escuela de submarinismo ubicada en el Hilton Hurghada Resort.
Sub Aqua (mapa p. 428; ☎ 065-346 4101; www.sub aqua -diveteam.de; franja de complejos hoteleros, Hurgada). Sucursal de Diveteam Sub Aqua en el hotel Sofitel, que se especializa en el submarinismo por todo el mundo.
Subex (plano p. 431; ☎ 065-354 7593; www.subex.org; Ad-Dahar). Un club suizo muy conocido, ubicado cerca del hotel California en Hurgada.

MARSA ALAM

Red Sea Diving Safari (en El Cairo ☎ 02-337 1833, 02-337 9942; www.redsea-divingsafari.com; Marsa Shagra). PADI. Dirigido por el submarinista Hossam Hassan, muy concienciado con el medio ambiente. Hassan fue pionero en las inmersiones en el sur del mar Rojo, y tiene años de experiencia en la zona. Opera en tres lugares, Marsa Shagra, Marsa Nakari y Wadi Lahami (véase p. 440).

Cursos de submarinismo

En Egipto, la mayor parte de los clubes ofrecen certificaciones **PADI** (www.padi.com), aunque en ocasiones pueden encontrarse certificados **NAUI** (www.naui.org), **SSI** (www.divessi.com), **CMAS** (www.cmas2000.org) y **BSAC** (www.bsac.com). Generalmente, los cursos PADI de submarinismo en aguas abiertas duran cinco (intensos) días, y cuestan entre 250 y 370 US$. Cuando se comparen precios, hay que comprobar si la tarifa incluye o no el certificado y los libros.

Los cursos para principiantes están diseñados para que el alumno consiga familiarizarse con el equipo bajo el agua. Normalmente consisten en una clase teórica, donde se aprenden los principios básicos del buceo, seguido de un entrenamiento en piscina, antes de sumergirse en aguas marinas. Si nunca se ha buceado y se quiere probar antes de comprometerse, todos los clubes ofrecen inmersiones de prueba por 40 o 50 US$, con el equipo incluido.

Además del certificado básico, los mejores clubes en la costa también ofrecen gran variedad de cursos más avanzados, así como cursos de nivel profesional o de entrenamiento de diferentes técnicas de buceo.

Circuitos submarinos

La mayor parte de los clubes que aparecen en esta guía organizan circuitos submarinos a zonas remotas que duran de una noche a dos semanas. El precio de estos circuitos varía en función del barco y el destino. Los sitios más alejados del sur suelen ser los más caros. Aunque no se vea gran cosa de lo que hay en tierra, estos viajes permiten acceder a una mayor variedad de puntos de inmersión, además de a muchos lugares remotos que no se pueden visitar en excursiones de un día.

En general, siempre se debe pedir ver el barco antes de concertar un viaje. Y si el viaje es muy barato, hay que comprobar si el precio incluye o no la comida y las inmersiones. Además, la Red Sea Association for Diving & Watersports (RSADW) tiene las siguientes dos normas en su zona jurisdiccional:

- Debe haber la proporción de un guía por cada 12 buceadores (o cada ocho buceadores en zonas del parque marino).
- Los buceadores en circuitos submarinos que entran en las zonas del parque marino deben tener una experiencia mínima de 50 inmersiones registradas, así como un seguro.

Aunque es posible reservar un paquete básico en un circuito submarino al llegar a Egipto, hay varias agencias que se especializan en vacaciones de buceo en el mar Rojo. Ésta es una pequeña muestra:

Crusader Travel (en Reino Unido ☎ 020-8744 0474; www.divers.co.uk). Paquetes de buceo en el mar Rojo, que incluyen buceo para personas con discapacidades.

Explorers Tours (en Reino Unido ☎ 0845-644 7090; www.explor ers.co.uk). Paquetes de buceo y circuitos submarinos en Sharm el-Sheik, Dahab y otras partes del norte del mar Rojo.

Oonasdivers (en Reino Unido ☎ 01323-648924; www.oonasdivers.com). Excursiones de buceo con base en la bahía de Na'ama, safaris submarinos en el mar Rojo desde la región de Marsa Alam y circuitos submarinos.

Scubasnacks Diving Safaris (en Reino Unido ☎ 0870-746 1266; www.scuba-diving.safaris.co.uk). Gran variedad de circuitos submarinos, que incluyen las zonas más al norte y sur del mar Rojo.

Añosluz (☎ 902 522 555; www.aluz.com) Viajes de buceo a Sharm el Sheik, con opción o una semana de crucero navegando en la ruta norte.

Empytur (☎ 902 28 23 27; www.empytur.com) Buceo organizado con los centros y los guías de Hurgada, Marsa Alam, Dahab y Sharm el Sheik,

Enfoque submarino (☎ 902 882 102 www.enfoque submarino.com) Alojamiento de calidad y buceo en Sharm-el-Sheik; también organizan inmersiones por los circuitos norte y sur, en yate.

Mundoexplora (☎ 96 392 40 97; www.mundoexplora.com) Diez días de buceo en el mar Rojo a bordo de un yate.

Sinaí

Aquí me enamoré profundamente, y no por primera vez, del paisaje… Sentí la necesidad de estirar los brazos y tocar los magníficos y descarnados costados de la montaña, que se hundían en unos valles impresionantes y unas llanuras de deslumbrante arena. África y Asia podían mirarme con envidia; yo no tenía ojos para ellas.

G. W. Murray, *Dare Me to the Desert* (Desafíame al desierto, 1967)

Esta región de agreste belleza ha sido lugar de refugio, conflicto y curiosidad durante miles de años. Encajada entre África y Asia, es el cruce de caminos intercontinental por excelencia: profetas, nómadas, exiliados y conquistadores han dejado aquí sus huellas.

El Sinaí limita al norte con el mar Mediterráneo, y con los golfos de Aqaba y de Suez al este y al oeste. Desde las costas del mar Rojo, desoladas cadenas montañosas de un pardo rojizo se extienden por el sur hacia el interior. Hacia el norte, las áridas planicies desérticas van convirtiéndose en paisajes de tonos variables. Sinaí es una tierra de contrastes, pero siempre cautivadora.

La mayoría de los turistas extranjeros se dirigen a los llamativos complejos hoteleros de estilo europeo de Sharm el-Sheikh, que compiten por un trozo de playa. Son lugares agradables para pasar unas vacaciones, aunque los viajeros independientes quizá prefieran la siempre tranquila Dahab. El Sinaí también es un práctico punto de partida para visitar el sur de Jordania, donde se levanta la ciudad rosada de Petra, una de las nuevas Siete Maravillas del Mundo.

El verdadero encanto del Sinaí radica en su impresionante desierto y sus entornos marinos. Entre sus principales atracciones se cuentan el submarinismo por los arrecifes de coral, los encuentros con la cultura tradicional beduina o los lugares bíblicos. Cualquiera que sea el motivo, visitar Sinaí será una de las partes más memorables de cualquier viaje a Egipto.

LO MÁS DESTACADO

- Darse un festín de tortitas de plátano junto al mar en el paraíso mochilero de **Dahab** (p. 480).
- Sumergirse entre montañas de coral y barcos naufragados en el **Parque Nacional de Ras Mohammed** (p. 467).
- Ascender al **monte Sinaí** (p. 501), la montaña legendaria de proporciones bíblicas.
- Seguir las huellas seculares de los peregrinos y visitar el **monasterio de Santa Catalina** (p. 500).
- Salir de Egipto (por unos días) y hacer una excursión a la ciudad legendaria de **Petra** (p. 496).

Historia

Hace más de cuarenta millones de años las placas continentales africana y arábiga empezaron a separarse, creando el relativamente poco profundo golfo de Suez (de 95 m de profundidad) y el mucho más profundo golfo de Aqaba (1.800 m), de una anchura variable entre los 14 y los 25 km e integrado en una grieta (una abertura en la capa superior de la tierra) que se extiende hasta 6.000 km de distancia desde el mar Muerto, en la frontera de Israel con Jordania, atravesando el mar Rojo, Etiopía, Kenia, hasta llegar a Mozambique, en el sur de África.

En tiempos de los faraones, las canteras del Sinaí proporcionaban grandes cantidades de turquesas, oro y cobre. La importancia de esta "tierra de turquesas" también la convirtió en el punto de mira de los constructores de imperios, así como en el escenario de innumerables guerras. Como eslabón entre Asia y África, tenía un valor estratégico (muchas fuerzas militares marcharon por su costa norte en el trayecto desde o hacia lo que ahora se conoce como Israel y los Territorios Palestinos).

Para muchos, Sinaí es sobre todo y en primer lugar el "vasto y terrible desierto" de la Biblia, que los israelíes tuvieron que atravesar en busca de la Tierra Prometida, una vez salvados del ejército egipcio tras el célebre episodio de la apertura de las aguas del mar Rojo, que permitió a los "hijos de Israel" llegar a los áridos terrenos del Sinaí. Es aquí donde se dice que Dios habló con Moisés por primera vez desde una zarza ardiente y fue en la cima del monte Sinaí donde le entregó sus diez mandamientos:

> "Ya habéis visto lo que he hecho con los egipcios, y cómo a vosotros os he llevado sobre alas de águila y os he traído a mí. Ahora, pues, si de veras escucháis mi voz y guardáis mi alianza, vosotros seréis mi propiedad personal entre todos los pueblos, porque mía es toda la tierra; seréis para mí un reino de sacerdotes y una nación santa." Éstas son las palabras que has de decir a los hijos de Israel.
> Todo el monte Sinaí humeaba, porque Yahvé había descendido sobre él en el fuego. Subía el humo como de un horno, y todo el monte retemblaba con violencia. El sonar de la trompeta se hacía cada vez más fuerte; Moisés hablaba y Dios le respondía con el trueno. Yahvé bajó al monte Sinaí, a la cumbre del monte. Entonces pronunció Dios todas estas palabras diciendo: "Yo, Yahvé, soy tu Dios, que te he sacado del país de Egipto, de la casa de servidumbre. No habrá para ti otros dioses delante de mí."
>
> *Éxodo 19:4-6; 19:18-20; 20:1-3*

En los primeros tiempos de la era cristiana, el Sinaí era un lugar adonde los egipcios cristianos huían de la persecución romana. Se cree que el movimiento monástico nació aquí ya en el s. III a.C., con ermitas que sobre todo ocupaban las cuevas de Wadi Feiran, al suponer que el Gebel Serbal, situado cerca de allí, era en realidad la "montaña de Dios". Para cuando el emperador Justiniano fundó un monasterio a los pies del monte Sinaí (Gebel Musa), en el s. VI, ya se había decidido que aquélla era la montaña en la que se había manifestado Dios. A partir de entonces, la península se convirtió en lugar de peregrinaje. Hasta hace poco la mayoría de sus habitantes eran beduinos, los únicos capaces de sobrevivir en el duro entorno natural de la península.

En los últimos años el Sinaí ha sido objeto de un gran desarrollo y "reconstrucción", igual que le ocurrió al Valle Nuevo del desierto occidental durante la década de 1970 y 1980, cuando se animó a los *fellaheen* (granjeros) sin tierra del superpoblado valle del Nilo a trasladarse a sus oasis. El gobierno ha construido un nuevo sistema de conducción de agua, el canal Al-Salam, para trasladar agua del canal de Suez a diversas zonas del norte del Sinaí que se pretenden repoblar. Se espera que la agricultura se extienda de forma espectacular, se están asfaltando carreteras y se están instalando plantas desalinizadoras en las ciudades de la costa.

El turismo también ha traído grandes cambios, especialmente por la zona del golfo de Aqaba. Según los estudios realizados, el centro turístico de Sharm el-Sheikh, al sur, ha multiplicado por diez su población en los últimos 15 años, y las pequeñas poblaciones de Dahab y Nuweiba han crecido, convirtiéndose en extensos centros turísticos de playa. Los beduinos, habitantes tradicionales del Sinaí, son ahora una minoría en su tierra natal. Marginados por los operadores

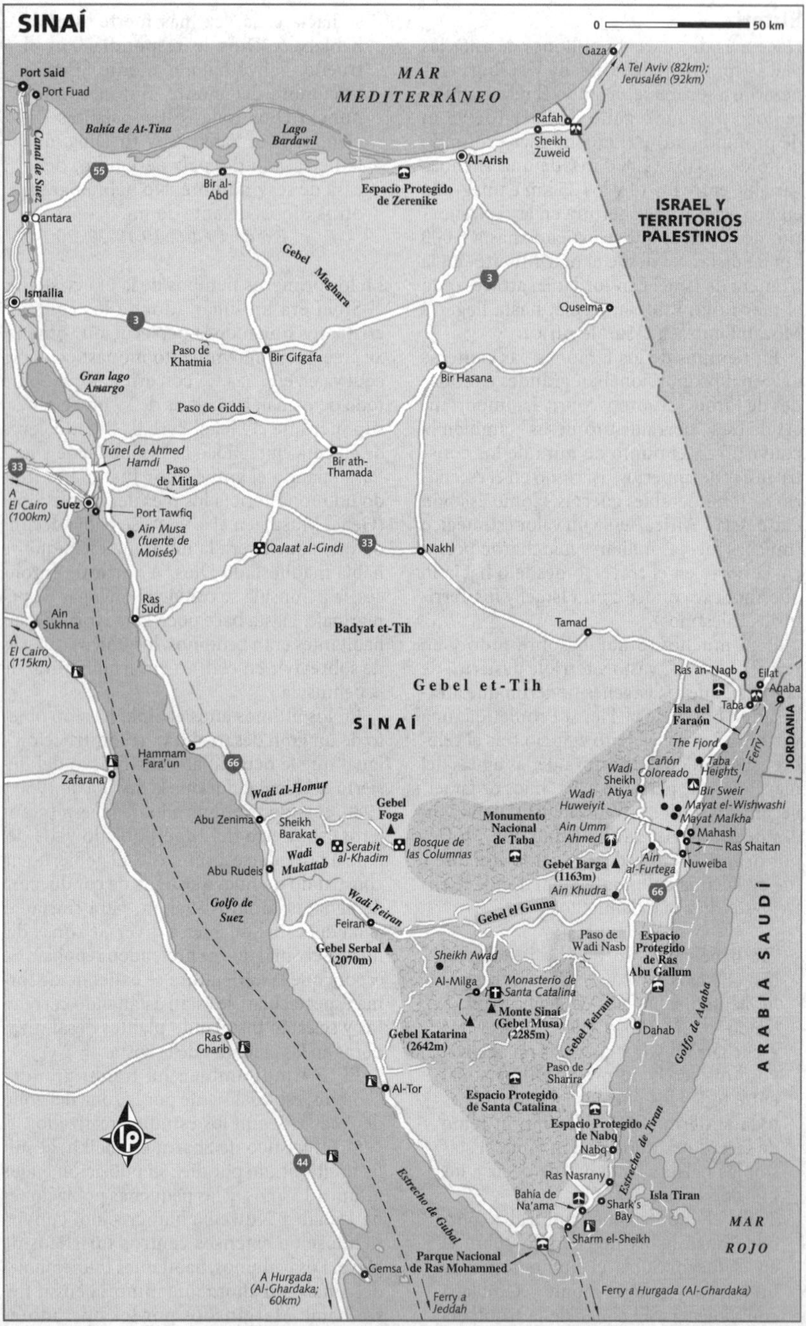

SINAÍ
0
50 km
MAR MEDITERRÁNEO
Gaza
A Tel Aviv (82km); Jerusalén (92km)
Port Said
Port Fuad
Bahía de At-Tina
Lago Bardawil
Rafah
Sheikh Zuweid
Al-Arish
Canal de Suez
55
Bir al-Abd
Espacio Protegido de Zerenike
ISRAEL Y TERRITORIOS PALESTINOS
Qantara
Gebel Maghara
3
Ismailia
Quseima
Paso de Khatmia
Bir Gifgafa
Gran lago Amargo
Bir Hasana
Paso de Giddi
Túnel de Ahmed Hamdi
Bir ath-Thamada
33
Paso de Mitla
A El Cairo (100km)
Suez
Port Tawfiq
Ain Musa (fuente de Moisés)
Qalaat al-Gindi
Nakhl
Ras Sudr
Ain Sukhna
A El Cairo (115km)
Badyat et-Tih
Tamad
Gebel et-Tih
Ras an-Naqb
Eilat
Aqaba
Taba
Isla del Faraón
SINAÍ
The Fjord
Taba Heights
Ferry
JORDANIA
Hammam Fara'un
66
Zafarana
Wadi al-Homur
Cañón Coloreado
Wadi Sheikh Atiya
Bir Sweir
Mayat el-Wishwashi
Mayat Malkha
Wadi Huweiyit
Gebel Foga
Abu Zenima
Sheikh Barakat
Monumento Nacional de Taba
Ain Umm Ahmed
Mahash
Ras Shaitan
Serabit al-Khadim
Bosque de las Columnas
Wadi Mukattab
Abu Rudeis
Gebel Barga (1163m)
Ain al-Furtega
Nuweiba
Ain Khudra
Wadi Feiran
Golfo de Suez
Gebel el Gunna
Feiran
Paso de Wadi Nasb
Espacio Protegido de Ras Abu Gallum
ARABIA SAUDÍ
Gebel Serbal (2070m)
Sheikh Awad
Al-Milga
Monasterio de Santa Catalina
Monte Sinaí (Gebel Musa) (2285m)
Gebel Katarina (2642m)
Gebel Feirani
Dahab
Golfo de Aqaba
Ras Gharib
Paso de Sharira
Al-Tor
Espacio Protegido de Santa Catalina
Espacio Protegido de Nabq
Nabq
Estrecho de Tiran
44
Ras Nasrany
Isla Tiran
Bahía de Na'ama
Shark's Bay
Estrecho de Gubal
Sharm el-Sheikh
MAR ROJO
Parque Nacional de Ras Mohammed
Gemsa
A Hurgada (Al-Ghardaka; 60km)
Ferry a Jeddah
Ferry a Hurgada (Al-Ghardaka)

turísticos con base en El Cairo y por la agresiva fuerza policial, se encuentran con pocos medios para resistir a todo este cambio.

Clima

El clima del Sinaí es extremo: por una parte puede hacer mucho calor, por lo que no hay que olvidar llevar agua, aplicarse copiosas cantidades de protección solar y vestirse con sentido común para evitar las quemaduras (es aconsejable ponerse una camiseta para bucear), así como llevar una gorra o algún pañuelo. Por otra parte, aunque en verano la temperatura puede alcanzar los 50°C, de noche hace mucho frío, y en las montañas uno puede congelarse incluso de día. Hay que venir preparado y llevar ropa cálida, especialmente si se va a subir el monte Sinaí. Para acampar en invierno será necesario un saco de dormir cálido y una buena chaqueta: en esta época del año las nevadas son frecuentes.

Peligros y advertencias

Debido a la situación particular de la península, entre culturas y continentes, su historia ocasionalmente tumultuosa, su terreno montañoso y (en tiempos más recientes) su gran afluencia de turismo, en los últimos tiempos el Sinaí presenta un perfil de seguridad mayor que otras zonas del país.

Últimamente, la región del Sinaí ocupó un lugar en la actualidad internacional debido a una serie de atentados. El 7 de octubre de 2004, tres atentados con bomba en la zona de Taba provocaron 34 muertos y más de 150 heridos. El incidente más grave se produjo cuando un camión se lanzó contra el vestíbulo del hotel Taba Hilton y explotó: la deflagración provocó el hundimiento de 10 plantas del hotel. Según el gobierno egipcio, los terroristas eran palestinos que habían intentado entrar en Israel para llevar a cabo sus atentados pero no lo habían conseguido.

El 23 de julio de 2005 una serie de atentados con bomba coordinados en el mercado turístico de Sharm el-Sheikh provocaron 88 muertes y casi 200 heridos. El ataque coincidió con el Día de la Revolución Egipcia, que conmemora el derrocamiento del rey Faruk por parte de Nasser, en 1952: fue el atentado terrorista más mortífero de la historia del país. Un grupo que se hizo llamar Brigadas Abdullah Azzam fue el primero en hacerse responsable de los ataques. Posteriormente otros dos grupos se adjudicaron la autoría: el Grupo Tawhid y Yihad Egipcia y los Sagrados Guerreros de Egipto.

El 24 de abril de 2006, explotaron tres bombas en Dahab (dos cerca del puente del centro de la ciudad y una cerca del supermercado Ghazala) que mataron a 23 personas e hirieron a más de 75. Los ataques se produjeron en un día de fiesta en que los lugareños celebraban el Sham Al-Nasseim (la fiesta de la Primavera), y fueron perpetrados por suicidas beduinos. Posteriormente el gobierno egipcio afirmó que aquellos ataques eran obra de una organización llamada Jama'at al-Tawhid wal-Jihad (monoteísmo y yihad).

Es imposible hablar de la posibilidad de que se produzca algún atentado terrorista en el Sinaí sin caer en la especulación e incluso rayar en el miedo irracional. Dicho esto, vale la pena informarse sobre las recomendaciones que pueda hacer la propia embajada para estar al día antes de hacer ningún plan. En cualquier caso, es importante recordar que la inmensa mayoría de los turistas que viajan al Sinaí disfrutan de sus vacaciones sin incidentes.

En otro orden de cosas cabe señalar que, aunque entre algunos grupos de turistas parece inevitable tomar el sol en tanga o en *topless*, las mujeres tienen que tener en cuenta que Egipto es un país conservador y que algunas turistas han sido objeto de acosos. Aunque las violaciones son infrecuentes, pueden producirse, así que no conviene tomar el sol en lugares aislados, y es mejor elegir algún tipo de bañador discreto. También hay que tener en cuenta que, además de que pueda ofender a los lugareños, el *topless* es ilegal en el Sinaí, al igual que en el resto de Egipto.

Cómo llegar y salir

El aeropuerto internacional más activo del Sinaí es el de Sharm el-Sheikh, que recibe regularmente vuelos chárter de Europa, además de vuelos locales. También hay un aeropuerto internacional en Taba, aunque actualmente sólo recibe vuelos chárter ocasionalmente. Para viajar por tierra, la península está conectada con el continente por el túnel Ahmed Hamdi, y por el puente colgante Mubarak Peace, ambos conectados con carreteras principales que llevan a El Cairo. El túnel, de 1,6 km de longitud, pasa por debajo del canal de Suez, cerca de Suez. Se completó

LA PROTECCIÓN DE LOS FRÁGILES ECOSISTEMAS DEL SINAÍ

Aunque el Sinaí se compone en gran parte de un desierto árido, está lleno de vida. Las montañas recortadas se abren en secos *wadis* de grava donde aparecen de pronto alguna acacia o un grupo de tamariscos de tronco retorcido, y junto a las dunas de arena de la costa surge una sorprendente variedad de plantas. Cada pocos años, cuando las nubes de tormenta se congregan sobre las montañas y diluvia sobre el terreno reseco, el panorama se transforma y se cubre de verde, al volver a la vida de pronto las semillas que han permanecido en letargo durante meses. Para la fauna del Sinaí, como la gacela o el damán de las rocas (así como para las cabras de los rebaños de los beduinos), estas raras ocasiones suponen una época de abundancia.

Sin embargo, estos ecosistemas (que dependen de un delicado equilibrio para su supervivencia) están sometidos a una amenaza cada vez mayor debido a la invasión que supone el turismo. Hasta hace relativamente poco, los únicos que pasaban por esta región eran los beduinos y sus camellos. Ahora son cada vez más los que se abren camino por la región en todoterrenos y *quads* (motocicletas de cuatro ruedas) en busca de aventuras y de lugares vírgenes y, al hacerlo, remueven el terreno, arrancan plantas y contribuyen a la erosión.

Para minimizar el daño al medio ambiente, el gobierno ha prohibido que los vehículos se salgan de las carreteras en ciertas zonas, como el Parque Nacional de Ras Mohammed y los espacios protegidos de Nabq, Ras Abu Gallum y Taba. Sin embargo, mantener un control en los espacios abiertos del vasto Sinaí es difícil, y aunque en los espacios protegidos hay guardas, una gran parte de la responsabilidad recae en los visitantes, que deben cumplir las normas. Para contribuir a ello, conviene no dejarse convencer por los guías que ofrezcan la posibilidad de ver cosas apartadas de las rutas. Si realmente se quiere explorar la región en profundidad, es mejor hacerlo al estilo tradicional: a pie o en camello, con las provisiones necesarias. También hay que ser consciente del problema que supone la basura, que se está convirtiendo en una preocupación creciente en los ecosistemas del Sinaí. Los clubes de submarinismo de Dahab y Sharm el-Sheikh organizan inmersiones periódicas para recogerla, y siempre encuentran mucha más de la que pueden retirar. Hay que recoger la basura y tirarla donde corresponda. Y, allá donde se vaya, hay que tratar los ecosistemas del Sinaí (tanto los terrestres como los submarinos) con sumo cuidado.

en 1982 y se le puso el nombre de un mártir de la guerra de 1973. Está abierto las 24 horas. Las principales poblaciones de la península del Sinaí tienen conexiones frecuentes por autobús con El Cairo y otros destinos. También se ha construido un ferrocarril que pasa por parte del norte de la península, pero no tiene servicio de pasajeros.

Cómo desplazarse

Debido a lo agreste de su paisaje, sólo hay carreteras asfaltadas entre los asentamientos permanentes, y el transporte público no es tan regular como en el resto de Egipto. Se puede llegar a los principales destinos en autobús, pero en muchos casos no hay más que un par de conexiones diarias (y en ocasiones sólo una). Los taxis colectivos son un popular medio de transporte en el norte de Sinaí (sobre todo por la ruta que conecta Rafah y Al-Arish con Suez y El Cairo). En el resto de la península, con la excepción de la ruta costera a Al-Tor, sólo se puede contratar un taxi colectivo regateando y pagando más de lo que costaría recorrer una distancia similar en cualquier otro punto de Egipto.

Si se lleva vehículo propio, no hay que bajar la guardia. Al salir de las carreteras principales, no hay que separarse de las pistas, ya que aún quedan minas abandonadas tras las guerras con Israel. Si se conduce en invierno, debe recordarse que en el Sinaí llueve con cierta frecuencia, y que las lluvias torrenciales a menudo cubren de tierra las carreteras asfaltadas en particular por la zona de Wadi Feiran. Los conductores de autobús son una buena fuente de información sobre los puntos conflictivos.

LA COSTA

La costa del Sinaí es un árido litoral de extraordinaria belleza, y un punto de encuentro predilecto de los líderes políticos mundiales, un destino de moda para el turismo de masas y un paraíso para los miembros de la fraternidad internacional de submarinistas. En los últimos milenios, los sucesos más significativos de la historia del ser humano han tenido lugar en estas remotas costas, y actualmente la región sigue siendo un lugar sagrado para las principales religiones monoteístas del mundo. Desde luego, eso no cambia el simple hecho de que la mayoría de los viajeros internacionales que peregrinan periódicamente a sus costas lo hagan por sus solitarias playas, sus espléndidos arrecifes de coral y por la excepcional cultura beduina.

AIN MUSA

Se dice que Ain Musa (fuente de Moisés) es el lugar donde acamparon Moisés y el pueblo de Israel al llegar al Sinaí, y donde Moisés, viendo que el agua era amarga y no se podía beber, siguió el consejo de Dios y lanzó un árbol especial a la fuente, con lo que el agua se endulzó milagrosamente. No obstante, sólo se conservan 12 de las fuentes originales y, lamentablemente, están llenas de basura y rodeadas de palmeras datileras.

Este lugar está unos 25 km al sur del túnel Ahmed Hamdi, junto a la carretera principal, con indicaciones en árabe. Está vigilado por un agente del Departamento de Antigüedades, acompañado por un grupo de solícitos guías. En teoría es posible acampar en el lugar, pero no resulta nada atractivo debido a la basura, a la proximidad de la carretera y a que hay un asentamiento cerca de allí. Además, no hay agua potable (ya que la de la fuente es demasiado salobre, y no hay rastro del árbol especial de Moisés).

Lo mejor es visitar el lugar con vehículo propio, o en una excursión organizada en alguno de los hoteles de Ras Sudr (véase abajo). Todos los autobuses hacia el sur pasan por aquí y pueden efectuar parada, aunque luego puede resultar difícil encontrar transporte para proseguir el viaje.

RAS SUDR

☎ 069

Ras Sudr (o simplemente Sudr) se creó originalmente como base para crear una de las mayores refinerías de petróleo de Egipto, pero el hecho de estar en la costa y su proximidad con El Cairo han propiciado que fuera convirtiéndose en una zona turística. Debido a la ausencia de arrecifes de coral, la comunidad internacional no suele prestarle mucha atención, pero las familias cairotas de cierto nivel no han tenido ningún problema en comprarse casas en la playa a tiempo compartido. No obstante, gracias a sus vientos ininterrumpidos, que suelen soplar con fuerza 5/6, Sudr también es popular entre los *windsurfistas*.

En el centro de la población, que se encuentra junto a la carretera principal, se encontrarán varios restaurantes pequeños, una oficina de correos, un banco y algunas tiendas. Al sur y al norte del centro, bien apartados, hay un puñado de viejos centros hoteleros intercalados con conglomerados de casas de veraneo.

Uno de los lugares más famosos para el *windsurf* y el *kitesurf* es **Moon Beach** (☎ 581 0088; www.moonbeachretreat.com; paquete de 7 noches todo incluido 650 US$ por persona; ⛶ 💻), donde cada año prueba su equipo la revista británica *Boards*. Situada en el golfo de Suez, junto a la carretera de la costa, Moon Beach dispone de *bungalows* perfectamente equipados junto al mar. Además, cuenta con un centro de *windsurf* y *kitesurf* gestionado con gran profesionalidad, así como una escuela oficial para surferos de todos tipos. También se permite el alojamiento por noches y existen paquetes para estancias más cortas: contáctese con el complejo para más información.

East Delta tiene una estación de autobuses en la carretera principal, unos 500 m al sur del cruce principal. Los autobuses a El Cairo (25 EGP, 2-3 h) salen a las 7.30, 14.00 y 16.00. Un taxi desde la estación de autobuses de Ras Sudr hasta Moon Beach cuesta entre 25 y 30 EGP.

HAMMAM FARA'UN

Hammam Fara'un (baño del faraón), es un complejo de aguas termales al que suelen acudir los beduinos de la zona para tratarse diversas dolencias, desde la artritis al reumatismo. Las fuentes termales se encuentran en una cueva junto a la playa, pero la temperatura es demasiado alta salvo para los más fanáticos de los baños termales. Las mujeres que decidan probar esta agua deberían evitar hacerlo con cualquier atuendo más atrevido que unas mallas y una camiseta ancha.

El Hammam Fara'un está unos 50 km al sur de Ras Sudr, y las indicaciones están sólo en árabe. Lo ideal es visitarlo con transporte propio o en una excursión desde Moon Beach (p. 465), sobre todo porque cerca de las fuentes no hay dónde alojarse.

SINAÍ

LAS HUELLAS DE LA HISTORIA

La agreste superficie del Sinaí está salpicada de restos de antiguos yacimientos y rutas de peregrinos. Uno de los yacimientos más impresionantes es **Serabit al-Khadim,** un templo faraónico en ruinas rodeado de antiguas minas de turquesas y paisajes de una belleza descarnada. A pesar de lo remoto de su ubicación, las minas de turquesas se explotaron desde el Imperio Antiguo. El templo data de la 12ª dinastía y está dedicado a la diosa Hator. Al lado tiene un santuario del Imperio Nuevo a Sopdu, dios del desierto del Este. Por los numerosos patios del templo se pueden ver inscripciones que hacen mención a los benefactores del templo, como Hatshepsut (1473-1458 a.C.) y Tutmosis III (1479-1425 a.C.). Se cree que el lugar quedó abandonado durante el reinado de Ramsés VII.

Se puede llegar a Serabit al-Khadim siguiendo una pista no señalizada al sur de la población costera de Abu Zenima o por otra, más interesante, que se desvía al norte desde la carretera que va al este por Wadi Feiran y **Wadi Mukattab** (valle de las inscripciones), que también merece una visita. Aquí se encuentra la mayor colección de inscripciones sobre la roca y estelas, algunas de la 3ª dinastía, que también dan constancia de la extracción de turquesas. Desgraciadamente, muchas de las obras y de las estelas quedaron dañadas cuando los británicos intentaron volver a explotar las minas en 1901, sin conseguirlo.

Desde Serabit al-Khadim hacia el interior, otra pista atraviesa los coloristas *wadis* del **Gebel Foga** hasta los despeñaderos que bordean el Gebel et-Tih y el **bosque de las Columnas,** un fenómeno natural al que se puede llegar con todoterreno o camello por una larga pista.

Para llegar a todos estos destinos hay que contar con guías y un todoterreno. El modo más sencillo de visitarlos es gestionar la excursión en *jeep* desde algún hotel de Moon Beach (p. 465), o desde una agencia de la bahía de Na'ama.

Si se lleva vehículo propio se puede visitar el pueblo de **Sheikh Barakat** y buscar allí un guía: viniendo de Ras Sudr, sólo hay que seguir la pista marcada que se introduce en el desierto, al sur de Abu Zenima, unos 39 km. Cuando se vea una cúpula blanca a la derecha, tómese la pista a la izquierda. Unos 3 km más allá se encontrará Sheikh Barakat, donde se puede acampar (los hoteles más próximos están en Al-Tor y Ras Sudr), y buscar un guía para los 7 km que quedan hasta la pista que lleva a Serabit al-Khadim, al final de la cual habrá que aparcar el vehículo y ascender una hora. La pista que sube a la montaña tiene tramos escarpados y requiere gatear en algún momento, pero es fácil para cualquiera con un mínimo de forma física. Si se viene de Wadi Feiran, se puede encontrar un guía en el poblado de Feiran.

AL-TOR

☎ 069

Al-Tor, también conocido como Tur Sinai, ha sido un puerto de importancia desde la antigüedad, aunque hoy en día es básicamente la capital administrativa de la circunscripción del Sinaí Sur. Con sus fuertes y constantes brisas, similares a las que azotan la costa norte por la zona de Ras Sudr, en los últimos tiempos Al-Tor ha intentado establecerse como destino turístico para los amantes del *windsurf* y el *kitesurf*.

El National Bank of Egypt tiene una sucursal con cajero automático; está en el centro de la población, cerca de la oficina de correos. Si se ha superado el tiempo de estancia permitido en el país, se puede extender el visado en el Mogamma, el gran edificio administrativo que hay en la calle principal, en el centro.

A unos 5 km de la población se encuentran unas fuentes termales conocidas como **Hammam Musa** (acceso 20 EGP), que, según la tradición, pudieron ser uno de los posibles puntos donde se detuvieron Moisés y el pueblo de Israel en su periplo a través del Sinaí. Está permitido el baño, y hay algunas pistas asfaltadas, un vestuario y un pequeño café.

El punto de referencia para el *windsurf* y el *kitesurf* en Al-Tor es el **Moses Bay Hotel** (☎ 377 4343; www.mosesbayeltur.com; paquete de 7 noches todo incluido 200 US$ por persona; ❄ 🏊), que curiosamente es también el lugar más bonito de la zona. Situado a unos 3 km de la ciudad, en plena playa, el Moses Bay dispone de su propia franja de arena, unas habitaciones agradables, un restaurante y un centro de *windsurf* y *kitesurf*. Aunque no es tan elegante como el Moon Beach, sale muy a cuenta, siempre que se esté dispuesto a conformarse con un poco menos de lujo.

La estación de autobuses East Delta está en la carretera principal, en el extremo norte de la población, frente al hospital, y a unos 700 m del Delmon Hotel. A partir de las 7.00 hay autobuses todo el día a Sharm el-Sheikh (12-15 EGP, 1½ h). Desde la estación de autobuses, por 10 EGP se puede contratar una camioneta hasta el Moses Bay Hotel, aunque el transporte también se puede gestionar directamente en el hotel.

PARQUE NACIONAL DE RAS MOHAMMED

En un cabo unos 20 km al oeste de Sharm el-Sheikh, en la carretera de Al-Tor, se encuentra el **Parque Nacional de Ras Mohammed** (entrada 5 US$ por persona, por vehículo 5 US$ más; 8.00-17.00), bautizado así por los pescadores locales, en referencia a un acantilado que recuerda la silueta de un hombre. Las aguas que rodean la península están consideradas la joya de la corona del mar Rojo. El parque recibe nada menos que 50.000 visitantes al año, que acuden atraídos por la perspectiva de contemplar uno de los ecosistemas coralinos más espectaculares del mundo, con gran variedad de especies de coral y una abundante vida submarina. En el parque se puede contemplar la mayor parte de las 1.000 especies de peces del mar Rojo, si no todas, entre ellas algunas pelágicas de renombre como los peces martillo, las mantarrayas o los tiburones ballena.

Historia

Los corales más antiguos de Ras Mohammed son unos arrecifes fosilizados que datan de hace más de dos millones de años. Dado que tienen una composición y una estructura similar a la de los arrecifes de la actualidad, son una valiosísima referencia científica para estudiar el cambio de los niveles del mar y de las condiciones climáticas.

Ras Mohammed fue declarado reserva marina en 1983 y en 1989 se convirtió en el primer parque nacional de Egipto. En aquel momento, la denominación como parque era objeto de polémica, pero a partir de entonces demostró su valor como medio de protección para evitar la destrucción del

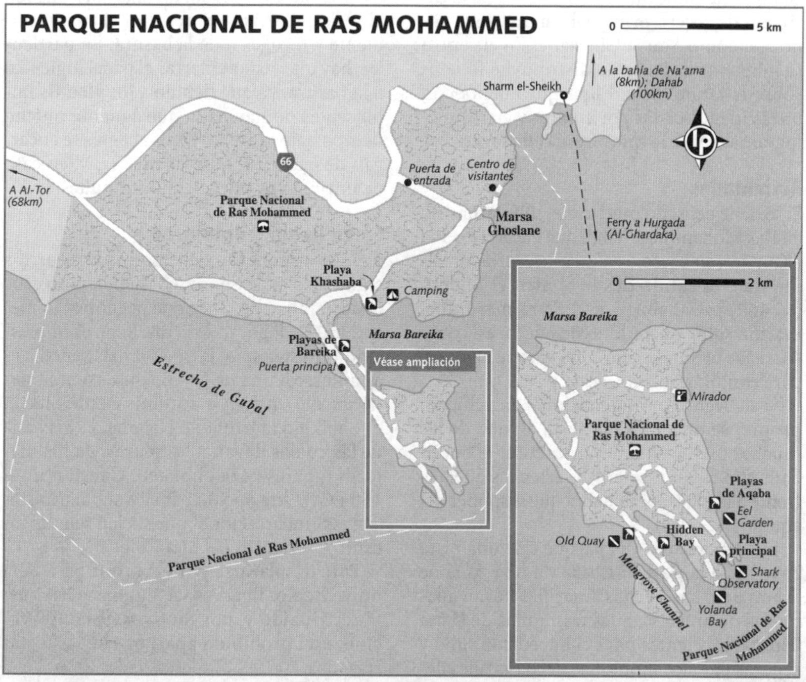

frágil entorno de la zona con un desarrollo como el que ha transformado la costa de Sharm el-Sheikh. Está prohibida la construcción de hoteles, los visitantes sólo pueden acceder a un 12% del parque y sólo se permite un número limitado de embarcaciones para la práctica del submarinismo.

Orientación e información

Ras Mohammed ocupa un total de 480 km² por tierra y mar, superficie que incluye el desierto del *ras* (cabo) y sus alrededores, la isla Tiran y la costa entre el puerto de Sharm el-Sheikh y el Espacio Protegido de Nabq.

Para entrar en el parque es necesario el pasaporte. Los visitantes con permisos sólo para el Sinaí no pueden acceder a Ras Mohammed por tierra, ya que está más allá del límite de Sharm el-Sheikh, pero no deberían tener ningún problema para efectuar salidas en barco para practicar el submarinismo: en caso de duda, consúltese en los clubes de submarinismo.

La entrada al parque está a unos 20 km de los arrecifes. El acceso al **centro de visitantes** (⌚ 10.00-ocaso sa-ju), que tiene restaurante, está claramente indicado, a la izquierda de la carretera de acceso principal, en una zona conocida como Marsa Ghoslane. En el centro se muestran vídeos y se distribuyen folletos sobre la fauna local. El parque cuenta con pistas identificadas por colores y claros pictogramas sobre lo que ofrece cada lugar.

Actividades

Si se tiene pensado practicar el submarinismo en Ras Mohammed, habrá que hacerlo en una excursión en barco o en un crucero, habitualmente con salida desde Sharm el-Sheikh (p. 469) o Dahab (p. 480). Para más información sobre operadores de buceo, así como sobre los mejores puntos del parque nacional para el submarinismo, véase p. 451.

Si se llega al parque nacional en vehículo propio, se puede llegar hasta alguna de las muchas playas vírgenes y practicar el buceo con tubo en los numerosos arrecifes que hay frente a la playa, pero habrá que disponer del equipo necesario.

Del laboratorio del parque sale una pista rosa hacia la **playa Khashaba** y a una zona de acampada. Las flechas amarillas llevan a las playas de arena y aguas tranquilas de **Marsa Bareika,** excelentes para el buceo con tubo y seguras para los niños. Las flechas azules llevan a la **playa principal,** que suele llenarse con los visitantes que acuden a pasar el día, pero sigue siendo uno de los mejores lugares para ver paredes verticales de coral. Las flechas marrones llevan a las **playas de Aqaba,** que limitan con **Eel Garden** (jardín de las anguilas), llamado así por una colonia de anguilas jardineras que hay 20 m más abajo. Más allá, las flechas naranjas llevan hasta el **Shark Observatory** (observatorio de tiburones), una zona sobre los arrecifes desde donde a veces es posible ver tiburones alimentándose con la riqueza de recursos que ofrece Ras Mohammed. Las flechas rojas llevan a **Yolanda Bay,** otra playa con buenas posibilidades para el buceo, y las flechas verdes llevan al **Mangrove Channel** (canal de los manglares), a **Hidden Bay** (bahía escondida) y al **Old Quay** (muelle viejo), espectacular arrecife vertical lleno de peces y de fácil acceso para los buceadores.

Dónde dormir

Está permitido acampar en las zonas designadas; los permisos (5 US$ por persona) deben solicitarse en la puerta de acceso. Habrá que traerse provisiones suficientes; las tiendas más cercanas están en Sharm el-Sheikh. Si se acampa, hay que respetar el medio ambiente y recoger toda la basura. En particular, hay que evitar enterrar el papel higiénico o la basura, ya que debido a los vientos implacables no hay nada que aguante mucho tiempo bajo la arena. Unos agentes se encargan de hacer cumplir las normas y, en caso de infringirlas, pueden aplicar multas.

Cómo llegar y desplazarse

Si no se dispone de coche, se puede recurrir a algún taxista de Sharm el-Sheikh, pero cabe la posibilidad de tener que pagar por lo menos 150 EGP por todo el día. Si no es imprescindible estar solo, la opción más sencilla es apuntarse a una de las muchas excursiones de un día en *jeep* o autobús desde Sharm el-Sheikh o la bahía de Na'ama, la mayoría de las cuales llevan a las playas y a los mejores lugares para el buceo. Cuestan unas 150 EGP. Otra opción para los submarinistas son las embarcaciones que suelen salir de los centros turísticos del mar Rojo.

Para desplazarse por el parque hará falta un vehículo. El acceso a algunas partes está restringido y, por motivos de conservación, está prohibido apartarse de las pistas trazadas.

SHARM EL-SHEIKH Y BAHÍA DE NA'AMA

☎ 069

La costa sur del golfo de Aqaba, entre la isla Tiran y el Parque Nacional de Ras Mohammed, presenta uno de los escenarios submarinos más impresionantes del mundo. Las aguas cristalinas, los curiosos y preciosos arrecifes y la increíble variedad de peces exóticos que se escabullen por entre los corales de vivos colores han convertido esta zona en un paraíso para el buceo y el submarinismo, que atrae a visitantes de todo el mundo. Desgraciadamente, la estridente población turística de Sharm el-Sheikh, que comprende las dos bahías adyacentes, la de Na'ama y Sharm

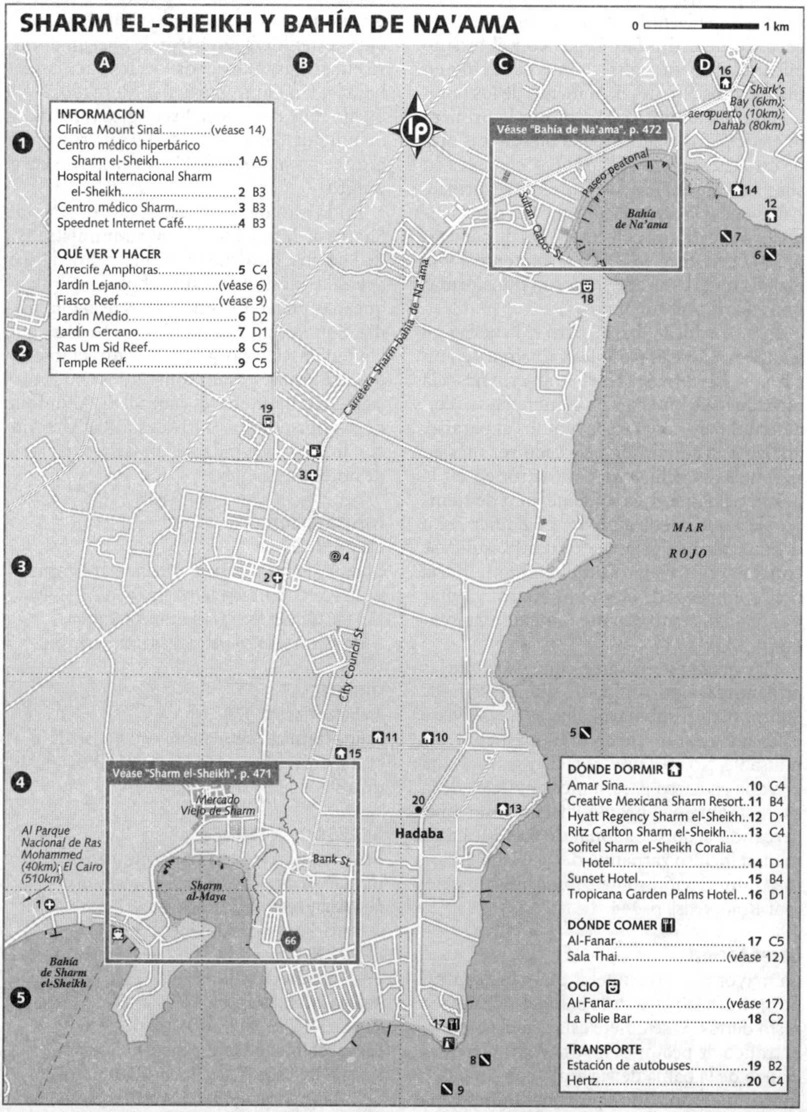

al-Maya, no hace justicia a tanta belleza submarina.

Conocido simplemente como Sharm por los turistas que llegan en viajes organizados desde todo el mundo, el centro turístico más importante y famoso de todo el Sinaí ha ido sufriendo una transformación poco afortunada en los últimos años. Lo que en otro tiempo era un pueblecito que atraía sólo a submarinistas empedernidos es ahora un complejo cercado de estilo Las Vegas con el mismo encanto que un centro comercial. Hoy en día los altos bloques de cemento de los hoteles compiten unos con otros por la primera línea de playa, mientras una oleada tras otra de turistas, sobre todo europeos, chapotea en sus piscinas rodeadas de muros de seguridad. Aún peor es la degradación que están sufriendo los alrededores, con la división de parcelas para la construcción de apartamentos, y la expansión urbana amenaza con transformar una zona litoral aún mayor.

Es fácil criticar Sharm, pero es lo que es. Si lo que se quiere es pasar las vacaciones en un complejo, ir de fiesta con extranjeros hasta la madrugada e hincharse a comer platos occidentales para cenar, bienvenidos al paraíso. Sharm está convirtiéndose cada vez más en un enclave exclusivamente europeo en la punta del Sinaí, y es sólo cuestión de tiempo para que llegue a perder cualquier resto de identidad egipcia. No obstante, quien se considere un viajero independiente haría mejor en pasar de largo por Sharm y optar por Dahab, centro turístico menos explotado (p. 480).

Hay quien piensa que es una pena que las espléndidas oportunidades que presentaba Sharm para el submarinismo se hayan visto eclipsadas por un desarrollo turístico irresponsable. No obstante, es fácil organizar una travesía en barco para sumergirse lejos de la costa, tanto en el propio Sharm como en el cercano Parque Nacional de Ras Mohammed, o incluso zarpando desde Dahab. Para más información sobre submarinismo en el mar Rojo, véase p. 444.

Orientación

La mayor parte de hoteles están concentrados junto a la playa de la bahía de Na'ama, o justo detrás. Si se quiere estar en el meollo y el tráfico de peatones no es un problema, el centro de la bahía de Na'ama (con un paseo marítimo y una zona peatonal flanqueada por hoteles, restaurantes y tiendas) es la base de operaciones más práctica. Cuanto más lejos de esta vía principal, más tranquilo es el lugar: la mayor parte de los centros hoteleros en la costa norte de la bahía de Na'ama son relativamente tranquilos y elegantes, con playa propia y fácil acceso al centro en taxi.

Sharm al-Maya, unos 6 km al oeste de la bahía de Na'ama, está dispuesta alrededor de una gran zona de mercado cercada y conocida como Mercado Viejo de Sharm, donde se encontrarán diversos locales para comer barato. Una gran parte del Mercado Viejo quedó muy dañada en los trágicos atentados de julio de 2005 y ha sido reconstruida. En el extremo sudoeste de Sharm al-Maya está el puerto.

En lo alto de un arrecife, por encima de Sharm al-Maya, está la zona administrativa de Hadaba, bordeada por una red de largas avenidas desiertas y sin árboles pero flanqueadas por centros hoteleros de gama media. Son los que suelen usar los turistas que vienen en viajes organizados directamente desde Europa, y están conectados con la playa mediante autobuses-lanzadera. Al sudeste de la zona administrativa está Ras Um Sid, con una costa agradable, un faro y una serie de hoteles elegantes.

Información

LIBRERÍAS

Librería Al-Ahram (plano p. 472; carretera de Sharm a la bahía de Na'ama, bahía de Na'ama; 🕓 10.00-13.30 y 18.00-20.00). Es la librería mejor provista de Sharm el-Sheikh, con una oferta razonable de libros y revistas.

URGENCIAS

Ambulancias (☎ 123)

Policía turística Hadaba (plano p. 471; ☎ 366 0311); bahía de Na'ama (plano p. 472; ☎ 360 0554, 366 0675; hay un puesto cerca del Marina Sharm Hotel)

ACCESO A INTERNET

Muchos hoteles ofrecen acceso a Internet y hay *cibercafés* por toda la población.

Al-Awamy Internet Cafe (plano p. 471; Mercado Viejo de Sharm, Sharm el-Sheikh; 5 EGP/h; 🕓 24 h)

Felicita.Net (plano p. 472; bahía de Na'ama; 20 EGP/h; 🕓 24 h). Sobre el Egyptian American Bank.

Naama Internet (plano p. 472; Na'ama Centre, bahía de Na'ama; 20 EGP/h; 🕓 12.00-15.00)

Speednet Internet Café (plano p. 469; carretera de Sharm a la bahía de Na'ama, Sharm el-Sheikh; 5 EGP/h; 🕓 24 h). En el complejo Delta Sharm.

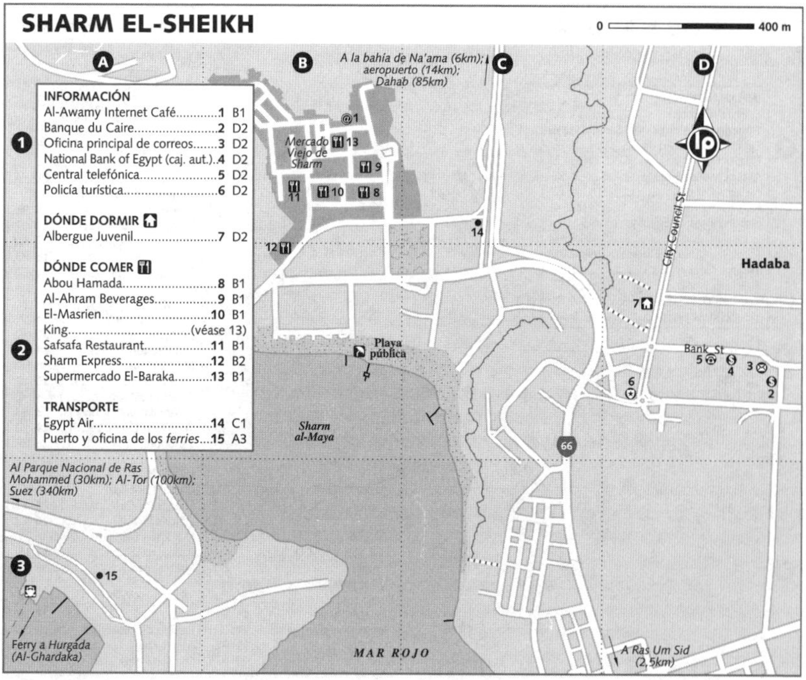

Yes Business Centre (plano p. 472; bahía de Na'ama; 15 EGP/h; 🕑 11.00-13.00). Entre el Mall 7 y la agencia de alquiler de vehículos Avis.

ASISTENCIA MÉDICA

Clínica Mount Sinai (☎ 012 218 9889; 🕑 24 h); Mövenpick Hotel (plano p. 472; bahía de Na'ama); Sofitel Sharm el-Sheikh Coralia Hotel (plano p. 469; bahía de Na'ama). Especializados en problemas médicos relacionados con el submarinismo, así como las dolencias más habituales.

Farmacia Omar & Omar (plano p. 472; ☎ 360 0960; King of Bahrain St, bahía de Na'ama; 🕑 24 h). En el supermercado Shamandura.

Centro médico hiperbárico Sharm el-Sheikh (plano p. 469; ☎ 366 0922/3, 012 212 4292; hyper_med_center@sinainet.com.eg; Sharm el-Sheikh; 🕑 24 h)

Hospital Internacional Sharm el-Sheikh (plano p. 469; ☎ 366 0893/4/5; carretera de Sharm a la bahía de Na'ama, Sharm el-Sheikh; 🕑 24 h)

Centro médico Sharm (plano p. 469; ☎ 366 1744; carretera de Sharm a la bahía de Na'ama, Sharm el-Sheikh; 🕑 24 h). Cerca de la estación de autobuses.

DINERO

En la bahía de Na'ama se encontrarán cajeros automáticos cada pocos metros, entre ellos varios en el Na'ama Centre (plano p. 472), así como en los vestíbulos de muchos de los grandes hoteles. Por lo demás, los principales bancos tienen sucursales en Hadaba.

Banque du Caire (plano p. 471; Hadaba; 🕑 8.30-14.00 do-ju)

Banque Misr Hadaba (plano p. 471; Bank St; 🕑 8.30-14.00 y 17.00-20.00 do-ju); bahía de Na'ama (plano p. 472; King of Bahrain St). Cajero automático.

Commercial International Bank (plano p. 472; Na'ama Center, bahía de Na'ama; 🕑 9.00-13.00 y 18.00-22.00 sa-ju, 10.00-11.00 vi)

Egyptian American Bank (plano p. 472; ☎ 360 1423; bahía de Na'ama; 🕑 8.30-14.00 lu-ju). Agente de American Express; en diagonal al Cataract Resort.

National Bank of Egypt Hadaba (plano p. 471; Bank St; 🕑 8.30-14.00 y 18.00-21.00 sa-ju, 9.00-13.00 y 18.00-21.00 vi); bahía de Na'ama (plano p. 472; Na'ama Centre; 🕑 18.00-1.00). Cajero automático.

Thomas Cook (plano p. 472; ☎ 360 1808; Gafy Mall, carretera de Sharm a la bahía de Na'ama, bahía de Na'ama; 🕑 9.00-14.00 y 18.00-22.00). Al oeste del Sinai Star Hotel.

Western Union (plano p. 472; ☎ 364 0466; Rosetta Hotel, bahía de Na'ama; 🕑 8.30-14.00 y 18.00-22.00 sa-ju, 15.00-22.00 vi)

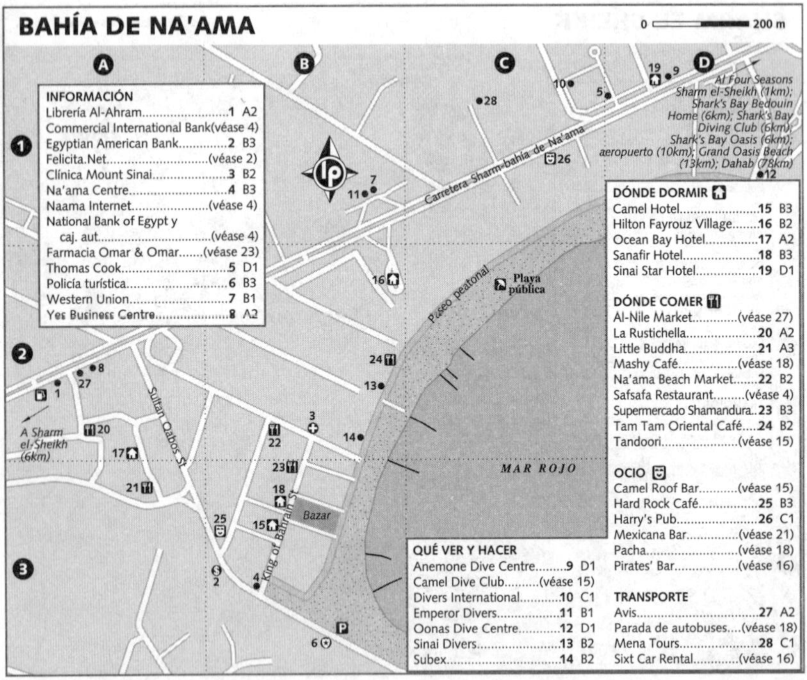

CORREOS

Oficina principal de correos (plano p. 471; Bank St, Hadaba; 8.30-14.30 sa-ju)

TELÉFONO

En la bahía de Na'ama se encontrarán varios teléfonos públicos con tarjeta, y por lo menos dos en el paseo marítimo. Las tarjetas se pueden comprar en todas partes, pero atención a las tiendas que las venden más caras. También hay varios locutorios donde se pueden efectuar llamadas internacionales por entre 4 y 7 EGP/min.

Central telefónica (plano p. 471; Bank St, Hadaba; 24 h).

Peligros y advertencias

En julio de 2005 se produjeron en Sharm el-Sheikh tres atentados terroristas con bomba que provocaron 88 muertos y más de 200 heridos. Los daños más graves se registraron en la zona del Mercado Viejo de Sharm y cerca del Ghazala Hotel, en la bahía de Na'ama. Tras los atentados, el gobierno egipcio aumentó la seguridad en los hoteles de Sharm el-Sheikh y empezó la construcción de una muralla alrededor de la ciudad. El gobierno también se ha preocupado de reavivar el turismo en la ciudad con incentivos que van desde descuentos en los precios de los vuelos a conciertos gratuitos. En el momento de escribir esta guía, la reconstrucción de los establecimientos afectados había llegado casi a su fin, y la cifra de turistas estaba volviendo a la normalidad, aunque las cicatrices de los atentados aún son evidentes.

Para repasar la historia del terrorismo en el Sinaí, véase p. 463.

Actividades

SUBMARINISMO Y BUCEO

Las aguas que rodean Sharm son excelentes para el submarinismo. Aunque en el centro de la bahía de Na'ama hay unos arrecifes de muy fácil acceso, es mejor llegar hasta el **jardín Cercano** y el **jardín Medio** (plano p. 469), o incluso al precioso **jardín Lejano** (plano p. 469). El jardín Cercano está alrededor de la punta, en el extremo norte de la bahía, frente al hotel Sofitel, y los jardines Medio y Lejano están bajo el hotel Hyatt Regency. Se puede llegar a todos a pie, aunque también se puede efectuar una salida organizada por uno de los centros de buceo; conviene llevar abundante agua potable y protección solar.

Otro lugar ideal para el buceo es el **Ras Um Sid Reef** (arrecife Ras Um Sid; plano p. 469), cerca del faro de Sharm el-Sheikh, conocido por sus corales en abanico y su enorme cantidad de peces, aunque la pequeña playa está repartida entre los numerosos centros hoteleros y puede llenarse mucho. Aparte del arrecife Ras Um Sid, los populares **Temple Reef** y **Fiasco Reef** (arrecifes del Templo y del Fiasco; plano p. 469) están a poca distancia a nado y, aunque suelen ser destinos elegidos para el submarinismo, buceando con tubo uno también puede hacerse una idea de su flora y fauna. Junto al hotel Ritz Carlton se encuentra el **arrecife Amphoras** (plano p. 469), otro lugar popular para el buceo. **Shark's Bay** (bahía de los tiburones), en la carretera al aeropuerto, también dispone de un buen arrecife al que suelen acudir grandes rayas en primavera. Los billetes de acceso a las playas cuestan 15 EGP, y se expiden en los campamentos a la izquierda de la playa.

También se puede acceder a puntos más alejados apuntándose a una salida en barco organizada por alguno de los clubes de submarinismo del lugar; una salida de un día suele costar entre 25 y 50 EGP. Muchos de los clubes también organizan salidas para bucear en el Parque Nacional de Ras Mohammed (p. 467), por las que se paga un mínimo de 50 US$. Aunque en el parque hay puntos excelentes para bucear, hay que asegurarse de elegir un lugar apropiado, ya que algunos destinos no siempre son ideales para el buceo y en otros hay fuertes corrientes no aptas para los más impresionables.

En muchos de los clubes de submarinismo se alquilan gafas, tubos y aletas. Los que buceen con tubo deben tener en cuenta las mismas recomendaciones que los submarinistas en lo relacionado con la protección de los arrecifes. Como los primeros suelen permanecer en aguas menos profundas, sus aletas provocan más daños a los arrecifes que las de los submarinistas, así que hay que asegurarse de mantenerse apartado de los corales. Para más información sobre medidas de protección de los arrecifes, véase el recuadro en p. 455.

Para información general sobre submarinismo en el mar Rojo, con recomendaciones sobre operadores y lugares de inmersión, véase p. 444.

DEPORTES ACUÁTICOS

Los principales hoteles ofrecen otros muchos deportes acuáticos, como clases de vela, *windsurf*, *parasailing*, *pedalos*, bananas inflables y barcos con el fondo de cristal. La mayor parte de hoteles también tienen acceso a la playa (ya sea porque tienen playa propia o un acuerdo con otro centro hotelero). Compruébese al efectuar la reserva, ya que algunos hoteles tienen la playa bastante lejos (hasta 10 km) y puede que sólo se pueda acceder mediante autobús-lanzadera. Existe una estrecha franja de playa pública en diagonal al Hilton Fayrouz Village, en la bahía de Na'ama, pero está tan llena de tumbonas de alquiler que a veces apenas se ve la arena. No hay que olvidar que es ilegal nadar frente a la bahía de Na'ama a partir de las 23.00 ni que, a pesar del desarrollo urbanístico, las playas y aguas de la bahía de Na'ama forman parte del Parque Nacional de Ras Mohammed y que rigen las normas del parque.

En Sharm al-Maya también hay una franja de playa pública. No obstante, no hay arrecife, y las mujeres que naden en ella probablemente se sientan observadas con avidez por los jóvenes egipcios.

EXCURSIONES EN CAMELLO

En la mayor parte de hoteles se pueden contratar excursiones en camello a "poblados beduinos tradicionales", pero la experiencia suele ser mejor y más auténtica si se negocian las excursiones directamente con los beduinos de Dahab (p. 482) o Nuweiba (p. 489). Si se decide hacerlo desde Sharm, habrá que pagar entre 40 y 60 US$, y probablemente será en grupos grandes.

PASEOS A CABALLO

Varios hoteles de lujo, entre ellos el **Sofitel Sharm el-Sheikh Coralia Hotel** (plano p. 469; ☎ 360 0081; www.sofitel.com; bahía de Na'ama), ofrecen paseos a caballo por entre 20 y 30 US$ por hora.

Circuitos

Casi todas las agencias de viajes y los grandes hoteles organizan excursiones en *jeep* o autobús al monasterio de Santa Catalina (p. 500) y a otros puntos de interés del desierto como el cañón Coloreado (p. 483). No obstante, la mayor parte de los guías son del valle del

Nilo, no beduinos, y los grupos suelen ser grandes; son más auténticas las excursiones que se organizan desde Dahab o Nuweiba.

Dónde dormir

Sharm el-Sheikh y su periferia es una de las zonas con una mayor concentración hotelera de todo Egipto, aunque los hoteles cuestan lo suyo. Prácticamente no existen los hoteles económicos, y no hay una gran variedad de opciones fuera de los complejos con todo incluido.

Los viajeros de presupuesto ajustado tienen poco donde elegir, aparte del albergue juvenil de Sharm el-Sheikh y el campamento de Shark's Bay. Es evidente que Sharm no está pensado para el mochilero, así que si se trata de ahorrarse unos céntimos, probablemente sea mejor proseguir viaje hasta Dahab.

Si se busca un hotel decente que no cueste una fortuna, en la zona próxima a Hadaba ha surgido un conglomerado de hoteles de precio medio que, pese a no tener un gran ambiente (en su mayor parte están dispuestos a lo largo de una ancha franja de cemento, o cerca de ella) tienen unos precios más razonables que en la orilla, y casi todos tienen autobuses-lanzadera para llevar a los clientes a la playa de Ras Um Sid o a la bahía de Na'ama. Los hoteles en la primera línea de playa de la bahía de Na'ama suelen ser caros; si se quiere ahorrar un poco habrá que escoger uno que esté algo retirado.

Toda la costa al norte de la bahía de Na'ama, hacia el aeropuerto, ha vivido una expansión urbanística masiva en los últimos años y actualmente alberga una gran cantidad de *resorts* de cinco estrellas y pomposos nombres. Todos ellos están orientados a turistas con todo incluido, normalmente en paquetes contratados fuera de Egipto.

La zona de Shark's Bay, unos 6 km al nordeste de la bahía de Na'ama, albergó en su día un tranquilo poblado beduino, pero en la última década se ha desarrollado con una rapidez sorprendente. Hoy en día esta franja de costa es una sucesión de hoteles exclusivos de lujo que se preocupan de satisfacer hasta el más mínimo deseo de sus clientes.

No hay que olvidar que el panorama hotelero de Sharm va cambiando constantemente, lo que significa que la información siguiente probablemente quede desfasada muy pronto. Hay que recordar también que los precios en esta zona varían más que en otras partes del país, y que están sujetos a fluctuaciones dependiendo de la afluencia de turistas. Aunque hemos intentado ofrecer precios aproximados para cada hotel, vale la pena destacar que casi siempre se pueden obtener descuentos si se reserva con antelación, especialmente si es de forma integrada en un paquete con todo incluido.

ECONÓMICO

Albergue juvenil (plano p. 471; ☎ 366 0317; City Council St, Hadabah desde 60 EGP; ❄). El único atractivo de este viejo establecimiento es que es el alojamiento más barato de toda la zona. Las habitaciones no tienen ninguna personalidad, pero por lo menos salen a buen precio. Está en lo alto de la colina de Hadaba, cerca de la comisaría de policía y de la mezquita y apartado de la playa, aunque hay un frecuente servicio de microbuses que lleva hasta la bahía de Na'ama y Ras Um Sid.

Shark's Bay Bedouin Home (fuera del plano p. 472; ☎ 360 0942; www.sharksbay.com; cabañas con vistas al mar i/d/tr 12/15/18 US$, cabina i/d desde 15/20 US$, i/d/tr 30/40/50 US$; ❄). Este campamento, también conocido como Shark's Bay Umbi, es un clásico. Es propiedad de unos beduinos, tiene un ambiente relajado, cabañas sencillas pero limpias, con baños compartidos, en lo alto del arrecife, y otras más caras abajo, con aire acondicionado y baño propio. El Shark's Bay Umbi Restaurant (platos principales 20 a 35 EGP), en una tienda de estilo beduino, tiene vistas al mar. Para llegar al campamento no hay más que decirle al taxista "Shark's Bay Bedouin"; la carrera costará unas 25 EGP desde la bahía de Na'ama y 50 EGP desde el puerto de Sharm. Si se va en coche, desde la ciudad hay que tomar la carretera del aeropuerto hasta un desvío a la derecha que lleva a los hoteles Savoy y Conrad Concorde, seguirlo unos 400 m hasta el desvío a la derecha al Gardenia Plaza, volver a girar y seguir otros 2 km hasta el Shark's Bay.

PRECIO MEDIO

Sunset Hotel (plano p. 469; ☎ 366 1673/4; www.sharmsunset.com; Hadaba; h desde 50 US$; ❄ 💻 🏊). Hotel de precio medio y tres estrellas que sale a cuenta, siempre que no suponga un problema estar apartado de la playa. Las habitaciones, algo viejas, se han maquillado un poco añadiendo unas cuantas alfombras aquí y allá, pero la gran piscina resulta muy tentadora. Resulta muy fácil llegar a la playa de Ras Um Sid.

Ocean Bay Hotel (plano p. 472; ☎ 360 1012; h desde 55 US$;). Esta estructura de cemento sin personalidad no es exactamente uno de los hoteles con más ambiente de la zona, pero en un lugar que crece tanto como Sharm, la ubicación lo es todo, y el Ocean Bay está a unos pasos del paseo marítimo de la bahía de Na'ama. Aunque puede que no apetezca pasar mucho rato en el hotel, la playa está ahí mismo.

Sinai Star Hotel (plano p. 472; ☎ 360 0652; www.tropicanahotels.com; carretera de Sharm a la bahía de Na'ama; h desde 55 US$;). Este hotel de tres estrellas, bastante sencillo pero bien gestionado, no es una mala opción si se busca una base de operaciones a buen precio en un barrio caro. Está apartado de la calle, detrás de la bahía de Na'ama, por lo que no da a la playa, pero no está nada lejos. Y, por supuesto, hay varias lanzaderas al día a/desde la playa Grand Oasis, cerca del aeropuerto, si lo que se busca es un cambio de aires.

Amar Sina (plano p. 469; ☎ 366 2222/9; www.minasegypt.com; Hadaba; h desde 75 US$;). Con sus altas cúpulas, sus graciosos arcos y sus paredes encaladas con detalles de ladrillo, este hotel al estilo de *Las mil y una noches* es un buen exponente del mejor *kitsch* de Sharm. Por supuesto, a los clientes esto no parece que les importe lo más mínimo, especialmente cuando se tuestan al sol con una copa en la mano junto a la piscina rodeada de palmeras. Aunque está algo apartado de la orilla, los clientes tienen acceso a la playa de Ras Um Sid.

Tropicana Garden Palms Hotel (plano p. 469; ☎ 360 1290/1; www.tropicanahotels.com; carretera de Sharm a la bahía de Na'ama; h desde 75 US$;). Situado en el lado interior de la carretera principal de la bahía de Na'ama, varios kilómetros al este del centro, este hotel ideal para familias cuenta con dos piscinas, vistas a las montañas y una zona de juegos para niños. Las amplias habitaciones están decoradas con vivos colores y azulejos, y tienen bonitas vistas. Aunque está algo apartado de la playa, tiene un servicio de lanzadera gratuita hasta la playa de Shark's Bay.

Creative Mexicana Sharm Resort (plano p. 469; ☎ 02-257 7029; www.worldofcreative.com/hotels/maxicana/max_home.htm; Hadaba; h desde 85 US$;). Un toque latino en pleno Oriente Próximo. Las habitaciones, bien equipadas, están decoradas con tonos naturales, alrededor de exuberantes jardines y una piscina de forma caprichosa. En el complejo hay muchos restaurantes, entre ellos uno mexicano. Los clientes tienen acceso a dos playas cercanas.

Sanafir Hotel (plano p. 472; ☎ 360 0197; reservation@sanafirhotel.com; King of Bahrain St; h desde 95 US$;). Situado en pleno centro neurálgico de la bahía de Na'ama, fue uno de los primeros hoteles en construirse en el lugar. Con los años, no obstante, ha sufrido numerosas reformas para mantener el tipo ante la competencia, cada vez mayor, aunque las habitaciones de estilo beduino que han dado fama a este lugar permanecen intactas. El Sanafir también ha aumentado su oferta de restaurantes, *lounges* y bares, aunque con su insuperable situación, la bahía de Na'ama está prácticamente a las puertas.

Camel Hotel (plano p. 472; ☎ 360 0700; www.cameldive.com; King of Bahrain St; h desde 95 US$;). Este atractivo, pequeño y bien equipado hotel de cuatro estrellas está junto a un centro de submarinismo del mismo nombre, en el corazón de la bahía de Na'ama. Por supuesto, está orientado principalmente a los submarinistas (incluso la piscina tiene varios niveles, lo que permite practicar técnicas de mar abierto en un entorno controlado). Si se quiere tomar un curso o efectuar unas cuantas inmersiones, se puede ahorrar algo de dinero reservando un paquete con antelación.

PRECIO ALTO

Hilton Fayrouz Village (plano p. 472; ☎ 360 0137; www.hiltonworldresorts.com; h desde 150 US$;). Esta serie de *bungalows* de lujo, en el paseo marítimo, consigue crear de algún modo una cierta intimidad de la que carecen sus colosales vecinos. Aunque queda en evidencia ante las muestras de riqueza y exclusividad de los hoteles de la competencia, permite disfrutar de ciertos lujos sin gastar una fortuna. Tal como es de esperar en cualquier Hilton, el Fayrouz Village dispone de la habitual gama de enormes piscinas, restaurantes de lujo e instalaciones de primera.

Hyatt Regency Sharm el-Sheikh (plano p. 469; ☎ 360 1234; www.sharm.hyatt.com; h desde 225 US$;). Situado sobre los ricos corales del jardín Cercano, este encantador hotel de cinco estrellas goza de una posición privilegiada para contemplar los ricos tonos turquesa y cobalto del mar Rojo. Aunque no se salga del complejo, se puede disfrutar de diferentes vistas panorámicas, lo que da una sensación de estar al aire libre que raramente se encuentra en un *resort*. Y uno no encuentra grandes motivos para querer salir, ya que el Hyatt sobrecoge a sus clientes con su opulencia, desde la decoración clásica de las habitaciones a los jardines perfectamente cuidados o los detalles de mármol en cada esquina.

Sofitel Sharm el-Sheikh Coralia Hotel (plano p. 469; ☎ 360 0081; www.sofitel.com; h desde 235 US$;). Este hotel de un blanco cándido domina los acantilados del norte de la bahía y desciende majestuosamente hacia el mar como el palacio de un sultán en un cuento de hadas. Las habitaciones, de claro estilo oriental, están decoradas con muebles de maderas exóticas y gozan de unas vistas espléndidas de la bahía. El Sofitel hace honor a su nombre y ofrece una experiencia increíblemente sofisticada a quienes tienen el privilegio de alojarse en él.

Ritz Carlton Sharm el-Sheikh (plano p. 469; ☎ 366 1919; www.ritzcarlton.com; Ras Um Sid; h desde 245 US$;). A pesar de sus suaves líneas y de los impecables cristales de su exterior, decididamente moderno pero arquitectónicamente peculiar, el Ritz rezuma elegancia del Viejo Mundo desde el primer momento. Las amplias habitaciones y *suites* están decoradas con ornamentos europeos de calidad que transportan a los clientes a otro tiempo. Aunque el ambiente desde luego no tiene nada de egipcio, es difícil quejarse entre tanto lujo.

Four Seasons Sharm el-Sheikh (fuera del plano p. 472; ☎ 360 3555; www.fourseasons.com/sharmelsheikh; h desde 450 US$;). No tiene rival en elegancia y lujo: es un palacio de estilo arabesco situado alrededor de unos patios sembrados de palmeras y con vistas al estrecho de Tiran. Desde las enormes paredes encaladas y los elaborados entramados geométricos hasta los detalles de bronce y las ricas alfombras persas, el Four Seasons es un modelo de perfección hasta el último detalle. Por supuesto, para pasar unos días aquí hay que gastarse una pequeña fortuna, pero es difícil ponerle precio a un nivel de servicio tan fuera de lo común.

Dónde comer

Consciente de su indiscutida condición de capital turística del Sinaí, Sharm cuenta con cientos de restaurantes de todo el mundo. Aunque aparentemente la mayoría de turistas que llegan en viajes organizados con todo incluido nunca salen de su *resort*, vale la pena aventurarse fuera de las vallas del hotel. Desde luego los restaurantes de Sharm no son baratos, pero la calidad es muy alta, en particular la del pescado y el marisco que llega directamente del mar Rojo al plato. Y, por supuesto, a quien lleve una temporadita en Egipto, ante la perspectiva de comer platos internacionales, sean italianos, indios o japoneses, se le hará la boca agua.

El Mercado Viejo de Sharm el-Sheikh, reconstruido tras los atentados de 2005, funciona como centro culinario de la población. En la zona predominan los restaurantes pequeños, de estilo local y ambiente sencillo; la comida es buena y el servicio suele ser eficiente. En la bahía de Na'ama hay una amplia oferta de locales, y es fácil pasarse unas horas cada noche caminando por el paseo marítimo y probando lugares diferentes. Aunque es fácil sentirse atraído por el primer lugar que se encuentre, vale la pena echar un vistazo, comparar precios y dejarse llevar por el estómago.

Si se está alojado en la zona hotelera de Shark's Bay, o se estará disfrutando de cenas de lujo en un complejo de cinco estrellas o en el campamento beduino, cocinándose uno mismo la cena. Por supuesto, hay taxis y autobuses-lanzadera que cubren constantemente la carretera de la costa, de modo que en Sharm el-Sheikh y la bahía de Na'ama nunca se estará tan lejos de la acción.

En el Mercado Viejo de Sharm se encontrarán varios supermercados pequeños pero bien provistos, entre ellos el supermercado El-Baraka (plano p. 471), junto al restaurante King, y el gran Sharm Express (plano p. 471). Para comprar cerveza y vino se puede recurrir a **Al-Ahram Beverages** (plano p. 471; ☎ 366 3133), cerca del restaurante Sinai Star.

En el centro de la bahía de Na'ama también hay muchos restaurantes, como el **Al-Nile Market** (plano p. 472; 24 h), junto a la agencia Avis, o el **Na'ama Beach Market** (plano p. 472; 9.00-14.00), frente al Mövenpick.

King (plano p. 471; platos 2-7 EGP; desde las 7.00). Limpio y popular puesto de *fuul* (pasta de habas) y *falafel* en el centro del Mercado Viejo, con una gama de tentempiés y la ventaja adicional de estar abierto desde primera hora de la mañana.

El-Masrien (plano p. 471; platos 5-25 EGP). Otro popular restaurante de barrio, con sabrosos kebabs y *kofta* (brochetas de albóndigas especiadas a la parrilla) que triunfan entre lugareños y viajeros. Es el antídoto perfecto si se ha estado empinando el codo más de lo debido.

Tam Tam Oriental Café (plano p. 472; Ghazala Hotel; platos 20-60 EGP). Este popular restaurante egipcio en el paseo marítimo es un lugar relajado donde disfrutar de la comida local (como las *mezze*, el *kushari* o el pichón asado) cómodamente sentado en cojines, con vistas a la playa y fumando narguile.

Safsafa Restaurant (plano p. 471; platos 20-50 EGP;). Pequeño establecimiento con un pescado de lo más fresco y barato que se puede encontrar en Sharm (el pescado entero cuesta entre 40 y 50 EGP/kg). No hay que dejar de probar el *tahini* casero y el *baba ghanoug* (puré de berenjena con *tahini* y aceite de oliva).

Abou Hamada (plano p. 471; platos principales 25-35 EGP). Este restaurante sin pretensiones es ideal para comer pescado; ofrece un plato del día que depende de la captura, aunque siempre se puede optar por la parrillada mixta si el mar no ha sido generoso. Independientemente de lo que se pida, siempre se puede acompañar con una selección de *mezze*.

Mashy Café (plano p. 472; Sanafir Hotel; platos 35-75 EGP). La comida libanesa es la reina indiscutida en Oriente Próximo, y este sencillo local abierto, en el exterior del Sanafir Hotel, es un lugar tan bueno como cualquier otro para probar esta refinada cocina en todo su esplendor.

La Rustichella (plano p. 472; *pizza* 25-40 EGP, platos principales 40-75 EGP;). Es una institución en Sharm; sirve una amplia gama de deliciosos platos, como pescado y marisco a la italiana, *pizzas* al horno de leña o una buena variedad de platos de pollo y carne. A media tarde permite refrescarse con un café con hielo o un cremoso helado.

Tandoori (plano p. 472; Camel Hotel, King of Bahrain St; platos 25-100 EGP; 6.30-23.30). Este pequeño local en el patio del Camel Hotel tiene lo que muchos consideran la mejor comida india de Sharm, con una selección de platos *tandoori* y un excelente *dhal makhani* (plato de lentejas negras y alubias rojas).

Little Buddha (plano p. 472; Naama Bay Hotel; platos principales 45-115 EGP;). Uno de los restaurantes asiáticos más populares en Sharm, sirve una excelente cocina asiática de fusión y dispone de una barra de *sushi* fresco y variado. También es un *lounge*-bar (a continuación).

Sala Thai (plano p. 469; Hyatt Regency Sharm el-Sheikh; platos 40-120 EGP;). Deliciosa comida tailandesa (con ardientes *curries* y platos de fideos delicadamente especiados) y una estética agradable (madera de teca y una terraza exterior) en un establecimiento cómodo con vistas al mar.

Al-Fanar (plano p. 469; Ras Um Sid; platos 40-150 EGP; 10.00-22.30;). Este elegante restaurante cuenta con una excelente ubicación frente al mar, a los pies del faro, acogedores reservados con vistas, una decoración con influencias beduinas, mesas en el interior y en la terraza y una amplia carta italiana que incluye crujientes *pizzas* y platos de pasta casera.

Ocio

Al contar con una población joven y un gran número de turistas de cierta categoría, Sharm el-Sheikh presenta una de las ofertas de bares y clubes más animadas de Egipto. Las copas empiezan a circular durante el día por el paseo, aumentan en las *happy hours* de la tarde y la marcha se anima en cuanto se pone el sol. Las discotecas se llenan hacia medianoche y se vacían al amanecer, aunque un buen número de juerguistas acaban durmiendo la mona en la arena.

En su mayor parte, el ambiente de Sharm es informal (es perfectamente aceptable salir con una camisa limpia y un par de sandalias decentes), aunque la creciente prosperidad de la ciudad está atrayendo a una cantidad cada vez mayor de gente guapa. Tampoco es tan raro ver a gente muy arreglada, pero las viajeras deben recordar que atraerán muchas miradas. Los hombres egipcios de Sharm tienen una especial predilección por las occidentales, aunque da la impresión de que la atracción también existe en sentido contrario.

Teniendo en cuenta que Egipto es un país bastante conservador que suele poner mala cara ante el alcohol y los excesos de la carne, Sharm puede provocar una fuerte impresión o una sensación de alivio (dependiendo de los vicios de cada uno, claro). Huelga decir que el ambiente general no es nada egipcio, pero después de unas cuantas cervezas y de un par de sesiones de baile sin inhibiciones, al final todos suelen divertirse.

Al-Fanar (plano p. 469; Ras Um Sid). Sus espléndidas vistas, las copas y la pista de baile al aire libre convierten a este bar en uno de los más divertidos del lugar.

Camel Roof Bar (plano p. 472; Camel Hotel, bahía de Na'ama). Muy popular entre los instructores de submarinismo; es el lugar ideal para empezar la noche, especialmente si se ha pasado el día bajo el agua y apetece compartir anécdotas de las profundidades.

Hard Rock Café (plano p. 472; Sultan Qabos St, bahía de Na'ama). Disco-bar para bailar hasta entrada la noche; es uno de los locales más populares de Sharm. El baile empieza hacia medianoche y continúa hasta la madrugada.

Harry's Pub (plano p. 472; Marriott Beach Resort, bahía de Na'ama). Este *pub* inglés dispone de una amplia oferta de cervezas de presión y noches especiales con barra libre de cerveza a un precio muy razonable.

La Folie Bar (plano p. 472; Iberotel Lido, bahía de Na'ama; 14.00-2.00). Para empezar la noche con más calma se puede optar por este bar tranquilo y agradable junto al agua, con una vista panorámica de las luces de la bahía de Na'ama.

Little Buddha (plano p. 472; Na'ama Bay Hotel, bahía de Na'ama; 23.00-3.00). Las luces tenues, los grandes y mullidos sillones y el ambiente íntimo de este restaurante asiático de fusión siguen ahí mucho después de que cierre la cocina.

Mexicana Bar (plano p. 472; Na'ama Bay Hotel, bahía de Na'ama). Bar pequeño pero en ocasiones muy animado, cerca del paseo. Es un lugar estupendo para tomarse unos *nachos* acompañados de unos *margaritas* perfectamente equilibrados.

Pacha (plano p. 472; Sanafir Hotel, King of Bahrain St, bahía de Na'ama). Centro de la vida nocturna de Sharm, se anima prácticamente todos los días de la semana. El propietario, Adli Mestakawi, también organiza los conciertos Echo Temple en el desierto los viernes de temporada alta (145 EGP), en los que grandes cantantes interpretan bajo las estrellas para miles de personas; atención a los carteles de Pacha que hay por la ciudad, donde se anuncia quién actúa.

Pirates' Bar (plano p. 472; Hilton Fayrouz Village, bahía de Na'ama). Acogedor bar estilo *pub* donde se reúnen los submarinistas para tomarse una copa a primera hora o picar algo. Hay *happy hour* de 17.30 a 19.30.

Cómo llegar y salir

AVIÓN

Egypt Air (plano p. 471; ☎ 366 1056; Sharm al-Maya; 9.00-21.00) vuela a diario a El Cairo y Luxor, aunque los precios tienden a fluctuar mucho dependiendo de la época y la disponibilidad. Si se reserva con antelación, es posible encontrar billetes desde 400 EGP, aunque pueden aumentar hasta las 1.000 EGP en verano o durante las vacaciones invernales.

Si se reserva un paquete de vacaciones en Europa es probable que incluya un vuelo chárter directo a Sharm. Aunque se viaje de forma independiente, vale la pena visitar a unos cuantos agentes de viajes antes de comprar el billete de avión a Egipto: los vuelos chárter a Sharm suelen ser notablemente más baratos que un ida y vuelta a El Cairo, y la ciudad es un práctico punto de partida para visitar la península del Sinaí, Luxor o el valle del Nilo.

BARCO

Los billetes para el *ferry* de alta velocidad entre Sharm el-Sheikh y Hurgada se pueden comprar en muchas agencias de viajes de la ciudad, como **Mena Tours** (plano p. 472; ☎ 260 0190; Marriott Beach Resort, lado interior de la carretera de Sharm a la bahía de Na'ama, bahía de Na'ama). También se venden en la oficina de los *ferries* (plano p. 471), en el puerto, los días en que opera el *ferry*. Zarpa del puerto al oeste de Sharm al-Maya, y lo mejor es llegar al embarcadero por lo menos una hora antes de la salida.

El *ferry* a Hurgada sale de Sharm el-Sheikh los lunes, jueves y sábados a las 17.00 y los miércoles a las 3.00 (ida 250 EGP/40 US$, ida y vuelta 450 EGP/70 US$, 1½ horas). El tipo de cambio del dólar con respecto a la libra egipcia y el estado de ánimo de los agentes del *ferry* determinará la moneda que hay que usar para comprar el billete. Obsérvese también que en invierno se cancelan muchas salidas a causa del viento: si parece que va a cancelarse el servicio durante días, se puede buscar transporte en autobús o taxi colectivo.

Unas palabras de advertencia sobre el *ferry*: el mar Rojo puede agitarse mucho, hasta el punto de que el personal de a bordo distribuye un antihistamínico para combatir el mareo antes de la salida. Véase p. 547 para más información. Vale la pena conseguir un asiento junto a la ventana y fijar la vista en el horizonte (un gran remedio para evitar los mareos). Téngase también en cuenta que, si el mar está especialmente agitado, el viaje de 1½ horas puede convertirse en una travesía de 3 horas.

AUTOBÚS

La estación de autobuses (plano p. 469) está en la carretera de Sharm a la bahía de Na'ama, detrás de la gasolinera Mobil. Si se quiere comprar un billete a El Cairo, conviene hacerlo con antelación. Los de las siguientes empresas se pueden comprar en la misma estación:

Superjet (☎ 366 1622, en El Cairo 02-290 9017) sale hacia El Cairo (60-70 EGP, 6 h) a las 12.00, 13.00, 15.00, 17.00 y 23.00; el autobús de las 15.00 continúa hasta Alejandría (100 EGP, 9 h).

East Delta Travel Company (☎ 366 0660) tiene servicios a El Cairo (60-70 EGP, 6-8 h) con salida a las 7.00, 10.00, 11.00, 12.00, 13.00, 14.30, 16.30 y 17.30. También tiene salidas diarias a Suez (30-35 SGP, 5 h) a las 7.00, 9.00 y 10.00; a Dahab (15-20 EGP, 1¼ h) y Nuweiba (20-25 EGP, 3 h) a las 9.00, 14.30 y 17.00; y a Taba (25-30 EGP, 4½ h) a las 9.00. El autobús a Sta. Catalina sale a las 7.30 (30 EGP, 3½ h), y también hay un servicio directo a Luxor (110 EGP, 12-15 h) vía Hurgada, con salida a las 18.00.

Cómo desplazarse

A/DESDE EL AEROPUERTO

El aeropuerto internacional de Sharm el-Sheikh está unos 10 km al norte de la bahía de Na'ama, en Ras Nasrany; los taxis suelen cobrar entre 20 y 25 EGP desde el aeropuerto a Sharm o la bahía de Na'ama.

BICICLETA

En los puestos del paseo de la bahía de Na'ama se pueden alquilar bicicletas de paseo y de montaña a partir de 26 EGP/día.

AUTOMÓVIL

Entre las agencias de alquiler de vehículos de la bahía de Na'ama se encuentra **Avis** (plano p. 472; ☎ 360 2400, 360 0979; carretera Sharm–bahía de Na'ama, bahía de Na'ama), al oeste del Mall 7; **Hertz** (plano p. 469; ☎ 366 2299; Bank St, Hadaba) y **Sixt Car Rental** (plano p. 472; ☎ 360 0137; Hilton Fayrouz Village). Todas cobran unos 80 US$ por un coche básico y unos 120 US$ por un todoterreno más amplio. Para disponer de kilometraje ilimitado normalmente hay que alquilarlos por un mínimo de tres o cuatro días.

MICROBÚS Y TAXI

Hay camionetas Toyota y microbuses que cubren la ruta entre el centro de la bahía de Na'ama y Sharm el-Sheikh. La tarifa habitual es de 2 EGP, aunque a los extranjeros a menudo les cobran 5 EGP. Los taxis cobran un mínimo de 10 EGP entre el centro de ambos lugares, así como entre Hadaba y la bahía de Na'ama, y a partir de 5 EGP por el interior de la bahía de Na'ama. Muchos de los hoteles situados por encima de Ras Um Sid tienen su propio servicio de lanzadera a la bahía de Na'ama.

Si se pretende hacer autoestop, hay que tener en cuenta las habituales advertencias, y las mujeres deberían evitarlo por completo.

NABQ

Treinta y cinco kilómetros al norte de Sharm el-Sheikh se encuentra Nabq, el mayor espacio protegido de la costa del golfo de Aqaba. Toma su nombre de un oasis situado fuera de la población, y comprende 600 km^2 de tierra y mar entre el estrecho de Tiran y Dahab. Dado que recibe menos visitas que Ras Mohammed, Nabq es un buen lugar para ver cómo era el Sinaí antes de la llegada del turismo de masas.

Existe un **centro de visitantes** (entrada 5 US$; 🕑 8.00-17.00) junto a la carretera que va de Sharm el-Sheikh, pasando por el aeropuerto, a Ras Nasrany. En el interior del parque se encontrarán varias pistas, lugares para el buceo claramente marcados y zonas designadas para la acampada.

El principal atractivo de Nabq es su **manglar,** que se encuentra en la desembocadura del Wadi Kid. Es el manglar más septentrional del mundo. El sistema de raíces de los mangles filtra la mayor parte de la sal del agua y contribuye a estabilizar el litoral, aportando además un importante hábitat para aves y peces. Hacia el interior del manglar se extienden las dunas del Wadi Kid, donde crece una de las mayores concentraciones de **arbustos de arak** de Oriente Próximo (tradicionalmente los beduinos usaban las pajitas de arak para limpiarse los dientes). En el espacio protegido se pueden ver gacelas, damanes e íbices de Nubia, y visitar dos poblados beduinos de la tribu mizena. Frente a la orilla hay unos ricos arrecifes de fácil acceso, aunque es posible que la visibilidad sea limitada debido a los sedimentos de los manglares.

Para visitar Nabq se necesitará un vehículo, o habrá que apuntarse a una excursión organizada. La mayor parte de hoteles y complejos de Sharm el-Sheikh y Dahab ofrecen circuitos, tanto por tierra como por agua. Si se decide conducir, hay que recordar que está estrictamente prohibido que los vehículos se salgan de las pistas.

DAHAB

☎ 069

Aclamada como la Koh Samui de Oriente Próximo, Dahab atrae a los viajeros desde hace mucho tiempo (y muchos acaban quedándose días o semanas) gracias a sus económicos campamentos junto al océano, sus playas doradas y su agreste paisaje montañoso. En los últimos años Dahab ha dejado atrás sus humildes orígenes y se ha expandido, y actualmente presenta una mezcla de tranquilidad *hippy* y lujo comercial. Las tortitas de plátano, los porros a la luz de la luna y los mochileros recalcitrantes siguen estando a la orden del día, pero actualmente coexisten con los restaurantes elegantes, los hoteles de lujo y las familias de turistas europeos. No obstante, mientras que la gran mayoría del Sinaí suele venderse al turista en forma de paquete, Dahab es un lugar donde el viajero que se mueve por su cuenta sigue siendo la norma, y no la excepción.

Dahab significa "oro" en árabe, en referencia a la arena de la costa, pero también es uno de los lugares más espectaculares para el submarinismo y las excursiones. Con un corto paseo a pie, en *jeep* o incluso en camello se podrá acceder a alguno de los lugares de inmersión más memorables del mar Rojo, y en barco se puede llegar muy cerca de los arrecifes únicos del Parque Nacional de Ras Mohammed (p. 467). Dahab, que originalmente era un enclave beduino, es también el mejor punto de partida para efectuar excursiones guiadas por el interior del desierto, así como a las alturas del cercano monte Sinaí (p. 501).

A diferencia de su sofisticada vecina, Sharm el-Sheikh, Dahab sigue manteniendo sus humildes raíces, decidida a encontrar un compromiso entre el dólar del turista y su tradición pesquera. No siempre es fácil encontrar un equilibrio, pero sigue siendo una de las poblaciones turísticas más auténticas de Egipto. Es cierto: ahora hay una vía asfaltada junto a la playa de Assalah, y la agresiva promoción de los restaurantes caros puede poner a prueba los nervios del visitante. Aun así, Dahab sigue siendo un tranquilo refugio junto al mar donde escapar del implacable calor del desierto. Si se tiene previsto visitarla, cuidado: tras unos cuantos días de inmersiones en aguas cristalinas, excursiones por el desierto, cenas junto al mar e innumerables sesiones de narguile, probablemente acabe deseando cancelar el resto del itinerario del viaje.

Orientación

Dahab tiene dos partes: la zona más pequeña y nueva de Dahab City, con unos cuantos complejos hoteleros, la estación de autobuses, las oficinas de correos y de teléfonos y un banco; y Assalah, que se extiende hacia el norte por la playa y que es la principal zona turística. Asssalah, a su vez, se subdivide en Masbat y Mashraba. Masbat empieza en el extremo sur de Assalah y se compone de una serie de "campamentos", hoteles y restaurantes tranquilos entre palmeras; también dispone de un pequeño y concurrido bazar. Al sur, a partir de las ruinas aproximadamente (a las que en la actualidad no se puede acceder, debido a las excavaciones), empieza Mashraba, algo más sobria, que toma su nombre de las fuentes de agua dulce que según parece existen en la playa. En el centro de Masbat hay un pequeño puente peatonal muy práctico como punto de encuentro y para encontrar un taxi.

Información

URGENCIAS

Policía (☎ 364 0213/5; Masbat). Cerca del supermercado Ghazala.

Policía turística (☎ 364 0188; Dahab City)

ACCESO A INTERNET

Download.Net (Sharia Al-Mashraba, Mashraba; 4 EGP/h; 🕓 24 h)

Felopater Internet Cafe (5 EGP/h); Masbat (100 m al sur de la comisaría de policía, en el paseo de la playa; 🕓 10.00-24.00); Mashraba (Sharia Al-Mashraba, al norte del Nesima Resort; 🕓 24 h)

ASISTENCIA MÉDICA

Hospital de Dahab (☎ 364 0208; Dahab City)

Dr. Sherif Salah (☎ 012 220 8484). Médico local recomendado por muchos hoteles; consulta en el Hilton Dahab Resort.

DINERO

Banque du Caire (Sharia Al-Mashraba, Mashraba; 🕓 9.00-14.00 y 18.00-21.00 sa-ju, 9.00-11.00 y 18.00-21.00 vi). Cerca de Inmo Divers Home.

Cajero automático del Commercial International Bank (Blue Hole Plaza). Unos 1,5 km al nordeste del Hilton Dahab Resort, entre la zona hotelera y Mashraba.

National Bank of Egypt Assalah (al norte del Shark Club Restaurant; 🕓 9.00-22.00); Dahab City

(⌚ 9.00-14.30 y 18.00-20.00 do-ju); Swiss Inn Golden Beach Resort (zona hotelera; ⌚ 9.00-13.00). Las sucursales de Dahab City y Assalah disponen de cajeros automáticos.

OFICINAS DE CORREOS

Además de en la oficina principal de correos, hay buzones en el exterior del supermercado Ghazala y junto al Red Sea Relax Terrace Restaurant, ambos en Masbat.

Oficina principal de correos (Dahab City; ⌚ 8.30-14.30).

TELÉFONO

Además de la central telefónica y de los teléfonos públicos con tarjeta, se encontrarán numerosos locutorios junto a la orilla, en

Assalah, donde se puede llamar al extranjero por unas libras por minuto. Las tarjetas telefónicas se venden en el supermercado Ghazala de Masbat y en la mayor parte de tiendas.

Locutorio (Masbat; 7 EGP/min; ⌚ 10.00-15.00 y 18.00-21.00 sa-ju, 15.00-21.00 vi)

Central telefónica (Dahab City; ⌚ 24 h)

Peligros y advertencias

Aunque Dahab es uno de los destinos más tranquilos de Egipto, no hay que olvidar la posibilidad de que sea objeto de algún ataque terrorista en el futuro. En abril de 2006, unos terroristas suicidas mataron a 23 personas y provocaron heridas a decenas. Aunque desde entonces el gobierno ha lanzado un ataque fulminante contra las bases del fundamentalismo islámico, está por ver si sus esfuerzos han sido efectivos. No obstante, es importante subrayar que la inmensa mayoría de los visitantes a Dahab y al resto del Sinaí disfrutan tremendamente de sus vacaciones y no experimentan ningún tipo de problema.

Para tener una perspectiva general sobre la historia del terrorismo en el Sinaí, véase p. 463.

Vale la pena mencionar que las raíces *hippies* de Dahab y su ambiente abierto a los mochileros han propiciado el consumo de drogas. Por todas partes puede encontrarse a alguien que ofrezca hachís (y posiblemente algo más fuerte), y es posible ver a gente consumiendo drogas abiertamente. Aunque no hay ni que recordar que las penas por tenencia de drogas en Egipto son de consideración (por decirlo así), la mayoría de los turistas se comporta como si el hachís fuera legal, y no lo es.

La policía patrulla con perros antidroga por la pasarela junto al mar, y se conocen casos de turistas detenidos por fumar costo. Si se pretende fumar igualmente, es importante hacerlo de forma discreta. La visita a una prisión egipcia no es nada recomendable.

Actividades

BUCEO Y SUBMARINISMO

Aparte del puro descanso, el buceo y el submarinismo son las actividades más populares de Dahab. Los arrecifes que hay frente a Assalah a menudo se encuentran sembrados de basura, pero si se pasan por alto, en el arrecife del extremo norte de Mashraba se encontrarán corales en forma de mesa y una vida marina impresionante. También son de interés los arrecifes frente al extremo sur de Mashraba, antes de la laguna; el **Lighthouse Reef** (arrecife del faro), lugar de buceo protegido en el extremo norte de Assalah; y el popular **Eel Garden** (jardín de las anguilas), al norte de Assalah, con una colonia de anguilas jardineras que vive en el lecho arenoso del mar.

Unos 6 km más al norte están los puntos de inmersión **The Canyon** (el cañón) y **Blue Hole** (agujero azul). A pesar de que puedan intimidar por su fama como lugares peligrosos para los submarinistas despistados, la parte superior del arrecife bulle de vida, lo que los convierte también en un buen destino para el buceo con tubo si el mar está tranquilo. Es fácil encontrar excursiones de media jornada a ambos lugares, pero cuidado con los "extras" ocultos, como las bebidas a precios exagerados o los precios que se cobran por la custodia del equipo en algunos de los cafés más próximos al Blue Hole. Muchos centros de submarinismo también organizan circuitos de buceo o de submarinismo en los cercanos espacios protegidos de Ras Abu Gallum y Nabq (p. 487 y p. 479 respectivamente), así como estancias en el Parque Nacional de Ras Mohammed (p. 467).

Se puede alquilar el equipo de buceo en cualquiera de los centros de submarinismo y en muchos otros establecimientos de Masbat por entre 25 y 40 EGP/día. Hay que tener en cuenta que en algunos arrecifes hay corrientes inesperadas (hay quien ha muerto ahogado en Dahab), así que no debe perderse el juicio. Y si se va a practicar la inmersión más vale olvidarse del alcohol y de las drogas.

Para información general sobre submarinismo en el mar Rojo, con recomendaciones sobre operadores y puntos de inmersión, véase p. 444.

EXCURSIONES EN CAMELLO Y 'JEEP'

Dahab es uno de los mejores lugares del Sinaí para contratar excursiones en camello por las espectaculares montañas que flanquean la costa, especialmente por el fantástico Espacio Protegido de Ras Abu Gallum (p. 487). A la hora de escoger con quién ir, conviene optar por un beduino (o por lo menos con un operador que trabaje con beduinos). Desgraciadamente, las comunidades locales se han visto excluidas del sector del turismo, que tiende a estar dominado por inmigrantes del valle del Nilo. Un buen lugar donde empezar a buscar es en la parte del pueblo junto a la orilla, donde suelen concentrarse los conductores de camellos. Antes de iniciar un safari conviene registrarse en la comisaría de policía, y no debe pagársele al conductor de camellos hasta la vuelta al pueblo. Los itinerarios (y, como consecuencia, los precios) suelen diseñarse a medida, pero es de esperar que haya que pagar un mínimo de 70 EGP por persona por una excursión a la montaña por la tarde, con cena en un campamento beduino, y a partir de 300 EGP por persona y día por una excursión con la comida y el agua incluidas.

Centre for Sinai (☎ 364 0702; www.centre4sinai.com.eg) es una organización que intenta promocionar la difusión de la cultura local. **Man & the Environment Dahab** (MATE; ☎ 364 1091; www.mate-dahab.com) es un grupo de concienciación medioambiental que gestiona excursiones con guías beduinos. Se puede contactar con ambas organizaciones por teléfono o correo electrónico para organizar excursiones por el Sinaí.

Una de las excursiones en *jeep* más populares es la que va al **cañón Coloreado,** entre Santa Catalina y Nuweiba. El nombre del cañón deriva de las capas de piedra de vivos y variados colores que parecen pinturas sobre sus escarpadas y estrechas paredes, y es de gran belleza. Como el cañón está protegido del viento, el silencio (suponiendo que no se vaya acompañado de una multitud de otros visitantes) es uno de sus rasgos más característicos. Desgraciadamente, desde hace unos años el cañón recibe muchos turistas, y los operadores han empezado a ofrecer excursiones a otros lugares, donde las formaciones rocosas son igualmente impresionantes y la sensación de encontrarse en un lugar remoto es más evidente. Todos los hoteles, los centros de submarinismo y las agencias de viajes ofrecen excursiones en *jeep*, aunque los precios varían considerablemente según la época del año, el destino y el tamaño del grupo: no hay que dejar de comparar precios y regatear duro.

DEPORTES ACUÁTICOS

En el extremo norte de Masbat y en los centros hoteleros de la laguna se pueden alquilar *pedalos*, kayaks y motos de agua. Aunque las colinas doradas de Arabia Saudí, a lo lejos, parecen un excelente destino, más vale seguir nuestro consejo y no ir: por lo menos se sabe de un mochilero japonés que llegó a tocar suelo saudí, tras lo cual fue rodeado y arrestado por unos cuantos agentes de fronteras nada simpáticos.

El *windsurf* es otro pasatiempo popular, y el **Hilton Dahab Resort** (☎ 364 0310; www.hilton.com; zona hotelera) y el **Swiss Inn Golden Beach Resort** (☎ 364 0054; www.swissinn.net/dahab; zona hotelera) tienen buenos centros de *windsurf*. En el centro de la bahía es donde el viento es más constante, aunque en el extremo norte a veces soplan fuertes ráfagas. El *kitesurf* también está empezando a despegar en Dahab, aunque las zonas donde se puede practicar dependen de los vientos, y son limitadas.

En Assalah no hay playa propiamente dicha, sino un litoral rocoso que llega hasta el arrecife. Para encontrar las doradas arenas que dieron nombre a Dahab habrá que llegar hasta la zona de la laguna donde se concentran los *resorts*.

PASEOS A CABALLO

Si se quiere montar a caballo, no hay más que esperar en la playa de Mashraba a que aparezca algún beduino con caballos de alquiler. Puede costar un mínimo de 20 o 40 EGP/h. También se puede preguntar en los campamentos. El **Blue Beach Club** (☎ 364 0411; reservations@bluebeachclub.com; Assalah) y el **Accor Coralia Club Dahab** (☎ 364 0301; www.accorhotel.com; zona hotelera) también organizan excursiones a caballo.

Dónde dormir

Para ser un pueblecito perdido en la punta del Sinaí, Dahab tiene una oferta hotelera increíblemente variada. La mayoría de los viajeros de presupuesto ajustado se dirige directamente a los campamentos de Assalah, que varían considerablemente: desde espartanas cabañas de piedra, cemento o juncos con un colchón tirado en el suelo, a atractivos palacios para mochileros con asientos mullidos a la sombra de un palmeral. En términos generales se puede decir que quedan atrás los días de los campamentos con roñosas tiendas en la playa. El aumento de la competencia ha elevado el listón en Dahab, y se pueden encontrar excelentes habitaciones por lo que costaría una comida decente en casa.

El empuje vertical de Dahab también ha provocado la construcción de una considerable cantidad de hoteles de precio medio repartidos entre los alojamientos económicos de Assalah. Y, por supuesto, si se quiere disfrutar del ambiente de Dahab en un entorno más cómodo, existen unos cuantos hoteles y *resorts* de lujo, en particular en la playa próxima a Dahab City.

Hay que tener en cuenta que la lista siguiente no es más que una pequeña muestra de lo que se ofrece: constantemente aparecen establecimientos nuevos, y otros viejos van cayendo. También hay que recordar que los precios no son una referencia inamovible: la mayor parte de los alojamientos bajan considerablemente sus tarifas en temporada baja, y en Egipto el concepto "precio fijo" no existe. Si se tiene intención de contratar alguna actividad, vale la pena preguntar en el hotel, ya que suelen ofrecerse descuentos para clientes.

ECONÓMICO

Penguin Village (☎ 364 1047; www.penguindivers.com; Mashraba; h 20-80 EGP; ❄ 💻). Lleva mucho tiempo siendo el predilecto de los mochileros, y ofrece una gama de habitaciones para todos los presupuestos: desde austeras cajas de cemento con ventilador hasta habitaciones con aire acondicionado y balcones de madera. Independientemente de la habitación que se elija, todos los clientes acaban congregándose en el restaurante bordeado de palmeras, con sus espacios beduinos cubiertos de cojines con vistas al mar. Tanto si lo que se busca es practicar el submarinismo como peregrinar al monte Sinaí, el solícito personal puede encargarse de organizar todo lo necesario a buen precio.

Alaska Camp (☎ 364 1004; www.dahabescape.com; Masbat; hamaca 15 EGP, h 30-90 EGP; ❄ 💻). Es una de las opciones más económicas en el pueblo. Los más aventureros pueden ahorrar unas libras pasando la noche en una hamaca por sólo 15 EGP/noche. Por supuesto, si se le tiene apego a lujos como un techo y cuatro paredes, por un poco más se puede escoger entre una variedad de habitaciones que van desde cabañas beduinas a *suites* con aire acondicionado. El Alaska Camp también es la sede del Sinai Divers Backpackers, que puede organizar la agenda de inmersiones del visitante en un soplo.

Jasmine Pension (☎ 364 0852; www.jasminepension.com; Mashraba; h 35-120 EGP; ❄ 💻). Esta sencilla pensión, situada en el extremo sur de Mashraba, es una buena opción para los viajeros que buscan un alojamiento íntimo pero asequible. Dispone de nueve habitaciones con una decoración agradable, vistas a la playa y balcones idóneos para relajarse. El restaurante de la pensión es una buena opción para tomarse una Stella fría mientras se contempla el cielo lleno de estrellas del Sinaí.

Sunsplash Dive Centre (☎ 364 0932; www.sunsplash-divers.com; Mashraba; h 40-120 EGP; ❄ 💻). Acogedor centro de submarinismo apartado en el extremo sur de Mashraba. Está gestionado por alemanes y ofrece una variedad de *bungalows* y sencillas pero cómodas habitaciones. El submarinismo es la principal atracción del lugar, aunque todo el mundo disfrutará de su tranquila ubicación junto a la playa. Cuenta con un buen restaurante que sirve una sana mezcla de platos típicos alemanes, así como una zona *lounge* junto al mar.

Bishbishi Village Garden Camp (☎ 364 0727; www.bishbishi.com; Sharia Al-Mashraba, Mashraba; h 50-150 EGP; ❄ 💻). Otro clásico entre los mochileros, es un campamento de larga tradición apartado del mar, en una calle paralela al paseo marítimo. Aunque no está junto al mar, el lugar resulta íntimo y atractivo. Y, por supuesto, es un lugar estupendo para conocer a otros mochileros, en particular alrededor del fuego que se enciende en su *lounge* al estilo beduino.

Sphinx Hotel (☎ 548 8708; www.sphinxdahab.com; Mashraba; h 85-165 EGP; ❄ 💻). Uno de los hoteles más populares de Dahab, sigue una sencilla fórmula: ofrece habitaciones impecables y modernas con vistas al mar, y los clientes acuden a montones. Claro, es difícil que no lo hagan cuando se cuenta con uno de los mejores restaurantes de la zona, el Funny Mummy (p. 486), el lugar perfecto para unas caladitas de narguile mientras se pone el sol. El centro de submarinismo del hotel también recibe buenas críticas, al igual que el pequeño pero profesional centro de masajes.

PRECIO MEDIO

Seven Heaven Hotel (☎ 364 0080; www.7heavenhotel.com; Masbat; h 25-35 US$; ❄ 💻). Este agradable hotel familiar se compone de unas amplias y luminosas habitaciones con modernos baños alicatados. Aunque no es tan elegante como otras opciones de precio medio, es una buena opción si se busca algo de intimidad y no se quiere reventar el presupuesto. El centro de submarinismo Divers Down Under, allí mismo, puede encargarse de organizar alguna inmersión para quien tenga prisa en ponerse en remojo.

Bamboo House Hotel (☎ 364 0263; bamboohouse hotel@hotmail.com; Masbat; h 25-40 US$;). Este hotel de estética asiática, situado cerca del puente de Masbat, está decorado con líneas modernas y suaves colores pastel. Las habitaciones, más bien grandes, se iluminan cuando les da el sol y, por supuesto, presentan muchos complementos en bambú. Aunque se echa de menos la sensación de comunidad que se percibe en otros hoteles, es un buen lugar para disfrutar de la habitación y relajarse.

Red Sea Relax (☎ 364 1309; www.red-sea-relax.com; Masbat; h 25-45 US$;). Situado cerca del puente de Masbat, este hotel íntimo ofrece una variedad de habitaciones que va desde las que tienen vestidor en suaves tonos azules a las *suites* de vivos colores tropicales con vistas al mar. Permite desconectar en la terraza de la azotea con un batido de frutas, o relajarse con una cerveza fría y una partidita de billar; o echarse a la mar, contratando una inmersión en el centro que hay en el mismo hotel.

Inmo Hotel (☎ 364 0370; www.inmodivers.de; Mashraba; h 25-65 US$;). Con sus habitaciones de animados colores, sus techos abovedados y sus atractivos muebles, este hotel familiar, bien gestionado, recibe sobre todo a turistas que han contratado paquetes de submarinismo desde Europa. El Inmo, presente en Dahab desde hace más de veinte años, tiene una reputación consolidada en el pueblo, especialmente su tienda de submarinismo. Los clientes también pueden aprovechar los conocimientos de sus dueños sobre la comunidad beduina, con lo que pueden organizar unas excursiones a medida memorables.

Christina Beach Palace y Christina Residence (☎ Beach Palace 364 0390, Residence 364 0406; www.christinahotels.com; Mashraba; h 50-75 US$;). Estos pequeños hoteles, de propiedad suiza, ofrecen un cierto lujo europeo que pocos hoteles en Dahab pueden igualar. Ambos disponen de habitaciones de diseño clásico (con algún toque arquitectónico árabe), moderno equipamiento y lujosos baños. La elección depende de las preferencias de cada uno: el Christina Beach Palace está en la playa, mientras que el Christina Residence está algo más hacia el interior.

Nesima Resort (☎ 364 0320; www.nesima-resort.com; Mashraba; h 55-105 US$;). Este modesto *resort* de Mashraba, con vistas a la playa, ofrece las comodidades de un *resort* sin tener que sentirse aislado de la población. Las habitaciones del Nesima, con unos agradables tonos de piedra y madera y altas bóvedas, inducen a la calma y la relajación. Uno de sus aspectos más atractivos es su enorme piscina rodeada de palmeras, con vistas a la playa y al paseo marítimo.

PRECIO ALTO

Los siguientes hoteles ofrecen descuentos ocasionales si se reserva con antelación por Internet.

Accor Coralia Club Dahab (☎ 364 0301; www.accorhotel.com; zona hotelera; h desde 75 US$;). Este establecimiento de la cadena Accor Coralia es uno de los hoteles más asequibles de este tramo en Dahab, con 140 habitaciones de diferentes tamaños, formas y con diferentes vistas. Situado a 650 m de una playa de arena, es uno de los pocos hoteles de la población donde se puede disfrutar de la playa hasta hartarse. Como buen *resort*, tiene un montón de instalaciones, entre las que se cuentan un centro de submarinismo, un complejo de piscinas, un balneario y una amplia oferta de bares y restaurantes.

Swiss Inn Golden Beach Resort (☎ 364 0054; www.swissinn.net/dahab; zona hotelera; h desde 85 US$;). Este complejo de cuatro estrellas, ideal para familias, ofrece habitaciones completas y un ambiente agradable y sin pretensiones. Se pueden pasar días enteros holgazaneando por su piscina rodeada de flores y por su impresionante playa de arena dorada, aunque siempre se puede recurrir a su centro de submarinismo y *windsurf* si se quiere algo más de acción. Cuenta con unos cuantos restaurantes recomendables, entre ellos un agradable café junto a la piscina y un bistro de inspiración europea.

Hilton Dahab Resort (☎ 364 0310; www.hilton.com; zona hotelera; h desde 115 US$;). El Hilton, de cinco estrellas, es el grandullón de la pandilla y probablemente el hotel más pijo de la zona de Dahab. Aunque es algo menos espectacular que sus homólogos repartidos por el mundo, sus casas encaladas y con cúpula de dos plantas tienen una clase innegable. Cuenta con dos piscinas, una playa inmaculada, una zona de juegos para niños y una amplia oferta de deportes acuáticos, con un centro de submarinismo muy profesional.

Dónde comer

La costa de Assalah está llena de restaurantes, en su mayoría locales de estilo beduino con terrazas donde relajarse sobre los cojines mientras se contemplan las brillantes aguas del golfo de Aqaba. Casi todas las cartas ofrecen pescado y marisco, además de una buena selección de *pizzas*, pasta, carne y platos vegetarianos. Y, por supuesto, en todos los establecimientos se ofrece el inevitable narguile de manzana y el té de menta, perfectos para relajarse y dejar que la magia de Dahab haga su efecto. Aunque no hemos indicado ningún establecimiento específico en la zona de Assalah, no es nada difícil encontrar un lugar interesante, simplemente siguiendo el olfato.

Quien quiera comprar comida encontrará numerosos supermercados por Assalah, entre ellos el **supermercado Ghazala** (Masbat; 🕒 8.00-14.00), cerca del cruce principal en el extremo sur de Masbat.

Kushari House (Sharia Al-Mashraba; comidas 3-5 EGP). Los mejores precios se encuentran en las calles de atrás, donde se puede tomar un gran cuenco de *kushari*, esa creación auténticamente egipcia que recuerda los restos que aprovechaba mamá.

Gado Restaurant (Sharia Al-Mashraba; comidas 5-15 EGP). No sabemos cómo es posible servir raciones tan generosas de una comida tan sustanciosa a estos precios, pero lo que sí sabemos es que los platos egipcios tradicionales del Gado están buenísimos y salen muy a cuenta.

King Chicken (Sharia Al-Mashraba; comidas 10-15 EGP). Los mochileros más espabilados acuden a este local a zamparse medio pollo con arroz y guarnición por poco dinero.

Al-Hussein (Sharia Al-Mashraba; comidas 15-30 EGP). Si se quiere probar el legendario pescado de Dahab sin pagarlo a precio de turista, en este establecimiento se encontrará la misma cocina que en el paseo marítimo, pero mucho más barata.

Jay's Restaurant (Masbat; platos 25-40 EGP). Es una institución en Dahab; sirve una combinación de comida egipcia y occidental a precios muy razonables. La carta cambia cada semana, y platos como el arroz con coco o el *curry* de verduras son una agradable alternativa a la oferta habitual.

Tota Restaurant (Masbat; platos 25-60 EGP). Este inconfundible bar en forma de barco (a la derecha), en el corazón de Assalah, también sirve una cocina italiana decente (con grandes *pizzas* y platos de pasta), así como otras muchas especialidades y postres.

Nirvana Indian Restaurant (☎ 364 1261; Masbat; platos 25-65 EGP). El mejor restaurante indio de Dahab gustará tanto a vegetarianos como a carnívoros, especialmente si son amantes de los *curries* especiados, el suave arroz *pilaff* y el crujiente pan *naan*.

Carm Inn (Masbat; platos 25-65 EGP). Este restaurante junto al mar tiene mucho éxito entre los instructores de submarinismo, con su variada carta de platos occidentales, indios e indonesios servidos en un ambiente relajado, con un toque del Pacífico sur.

Funny Mummy (Mashraba; platos 35-85 EGP). Este local con almohadones y rodeado de palmeras es uno de los más populares del paseo marítimo. Ofrece un montón de especialidades occidentales y asiáticas, así como exquisiteces egipcias.

Penguin Restaurant (Mashraba; platos 35-85 EGP). Uno de los favoritos de los viajeros: el restaurante junto al mar de este hotel de mochileros sirve una carta ecléctica que va desde las tortitas de plátano y las fritangas inglesas para desayunar a los *curries* tailandeses y las pastas italianas para cenar.

Lakhbatita (Mashraba; 30-100 EGP). Este excéntrico local junto al mar, en el extremo sur de Mashraba, está decorado con muebles egipcios y sirve platos elaborados con influencias nacionales, de Oriente Próximo, asiáticas y europeas.

Ocio

En comparación con Hurgada o Sharm el-Sheikh, Dahab está bastante tranquilo de noche, pero cuenta con una buena selección de animados bares, algunos de los cuales se convierten en discoteca cuando hay suficiente público. Por supuesto, tras una larga jornada de submarinismo o de ruta por el desierto, a la mayoría de viajeros les basta con ponerse las botas en alguno de los restaurantes junto al mar y pasar el rato con unas cervecitas.

Crazy House (Masbat). Situada en un antiguo edificio de madera de dos plantas, el Crazy House sirve cerveza barata, e incluso cuenta con mesa de billar.

Shipwreck Bar (Nesima Resort, Mashraba). Popular bar con terraza en la azotea y unas vistas espléndidas del mar. Sus *happy hours* atraen a un público más arreglado.

Tota Dance Bar (Masbat). Este bar de temática náutica es el centro de la vida nocturna de

Dahab; proyecta películas gratis de domingo a jueves y se convierte en una discoteca improvisada las noches del viernes y del sábado. La terraza superior es un buen lugar para observar la puesta de sol con una cervecita fría en la mano, aprovechando la *happy hour* de 17.00 a 19.00.

Cómo llegar y salir

AUTOBÚS

Desde su nueva estación en Dahab City, muy al sudoeste del centro, **East Delta Travel Company** (☎ 364 1808; Dahab City) tiene salidas a Sharm el-Sheikh (15-20 EGP, 1½ h) a las 8.00, 8.30, 10.00, 11.30, 12.30, 14.30, 16.00, 17.30, 20.30 y 22.00. Los autobuses a Nuweiba (10-15 EGP, 1 h) salen a las 8.30 y a las 10.30, y el de las 10.30 prosigue hasta Taba (20 EGP, 2 h). A las 9.30 sale un autobús a Santa Catalina (20-25 EGP, 2½ h). Los autobuses a El Cairo (67-80 EGP, 9 h) salen a las 8.30, 12.30, 14.30 y 19.30. Los que van a Suez (45-450 EGP, 6½ h) lo hacen a las 8.00 y a las 16.00. También hay un autobús directo diario a Luxor (120 EGP, 15-18 h) con salida a las 16.00 que, aunque tarda mucho, es más rápido y sale menos caro que ir por Hurgada con una combinación de autobús y *ferry*. Muchos hoteles y campamentos pueden gestionar la compra de billetes, así como el transporte a la estación, por un suplemento de unas 10 o 15 EGP.

TAXI COLECTIVO

Los taxis colectivos suelen ser más caros que los autobuses, y como los viajeros no tienen opción, no suele haber mucha posibilidad de negociación. Los precios por persona (que habrá que multiplicar por siete si se quiere alquilar el taxi entero) rondan las 30 EGP para viajar a Santa Catalina, Nuweiba o Sharm el-Sheikh.

Cómo desplazarse

Hay camionetas y minibuses que recorren la calle principal de Assalah y, con menor frecuencia, circulan también por la zona de los *resorts*. La tarifa habitual es de 1 EGP por una carrera por el pueblo y de 3 EGP si encuentra uno que cubra todo el recorrido entre Assalah y Dahab City. Junto a unos cuantos taxis, suele haber un minibús esperando la llegada de los autobuses en la terminal de Dahab City de la East Delta Travel Company para ir a Assalah. Desde Assalah habrá que recurrir a los taxis si se quiere ir a la estación de autobuses (5-10 EGP).

Max Car Rental (☎ 364 0310; maxrent@max.com.eg) tiene una agencia en el Hilton Dahab Resort.

ESPACIO PROTEGIDO DE RAS ABU GALLUM

El precioso Espacio Protegido de Ras Abu Gallum cubre 400 km² de litoral entre Dahab y Nuweiba y combina montes de litoral con estrechos valles, dunas de arena y playas de grava fina con excelentes lugares para el buceo y el submarinismo. Los científicos describen la zona como una "frontera botánica" en la que se combinan las condiciones del Mediterráneo con un clima tropical. Ello, junto con sus 165 especies de plantas (entre ellas 44 que no se encuentran en ningún otro punto del Sinaí) y la rica gama de mamíferos y reptiles, hace que sea un hábitat de gran importancia y un lugar fascinante para una visita.

Al igual que en Nabq, en el interior del espacio protegido viven beduinos de la tribu mizena, que pescan como desde hace siglos (aunque actualmente la pesca está regulada). Existe una zona de acampada designada y varias pistas marcadas, y se pueden contratar a guías beduinos con camellos en el puesto de guardia, al borde del **Wadi Rasasah.** Por lo demás, no hay otras instalaciones ni centro de visitantes. Entre los puntos más visitados del espacio protegido está **Bir el-Oghda,** un poblado beduino abandonado, y **Bir Sugheir,** un manantial en el límite del área protegida.

Los centros de submarinismo y las agencias de viajes de Nuweiba y Dahab ofrecen excursiones a Abu Gallum en camello y *jeep*, a menudo como parte de un circuito con inmersiones. Abanoub Travel también es un buen punto de contacto para gestionar una visita. Si se lleva vehículo propio, hay que recordar que no debe salirse de las pistas. El camino de entrada desde la carretera principal no está señalizado. También se puede llegar en una excursión a pie, desde el norte del Blue Hole, cerca de Dahab.

NUWEIBA

☎ 069

Unas aguas turquesa bordeadas por bonitas playas de arena y limitadas a ambos lados por unas cadenas de montañas agrestes y

LOS BEDUÍNOS DEL SINAÍ

Las escarpadas extensiones del Sinaí son el lugar de residencia de los beduinos (moradores del desierto), la mayoría de los cuales vive en el norte de la península. Los beduinos (que, según diferentes cálculos, son entre 80.000 y 300.000) se dividen en 14 tribus, en su mayoría relacionadas con las de beduinos del Negev, Jordania y el norte de Arabia Saudí, y cada una con sus propias costumbres y su cultura. Los sukwarkas, que viven por la costa norte, cerca de Al-Arish, son la tribu más numerosa. Hay otras, como la tarabin, que ocupan territorios del norte y del sur del Sinaí; los tyahas, del centro de la península, tienen sus orígenes en Palestina, como los tarabines; y los hawietats, que ocupan la zona al sudeste de Suez, proceden originalmente de los hejazs de Arabia Saudí.

Las siete tribus beduinas del sur del Sinaí se conocen en conjunto como towaras o "árabes de Al-Tor", la capital de la provincia. De estos beduinos del sur, los primeros que se asentaron en el Sinaí fueron los aleiqats y los suwalhas, que llegaron poco antes de la conquista de Egipto por parte de los musulmanes. La tribu más numerosa del sur es la mizena, que se concentra por la costa entre Sharm el-Sheikh y Nuweiba. Los miembros de la minúscula tribu jabaliyya, distribuidos en las montañas de alrededor de Santa Catalina, son descendientes de los macedonios enviados por el emperador Justiniano para construir y proteger el monasterio en el s. VI.

Gracias a los siglos pasados en las duras condiciones del Sinaí, los beduinos han desarrollado un profundo conocimiento de su entorno. Unas leyes y tradiciones estrictas regulan el uso de los preciosos recursos naturales. El agua es objeto de un estrecho control y la vegetación se cuida mucho, tal como refleja el dicho beduino: "matar un árbol es como matar un alma". La vida en la región se centra en los clanes y sus jeques (líderes), y la lealtad y la hospitalidad (esencial para sobrevivir en el desierto) son fundamentales. El té se suele tomar en rondas de tres, y las viviendas y tiendas tradicionales se hacen de pelo de cabra tejido, a veces combinado con lana de oveja. Los velos y túnicas negros de las mujeres suelen llevar elaborados bordados, en los que el rojo significa que están casadas, y el azul solteras. A pesar de su larga historia y de su gran conocimiento de la península, los habitantes autóctonos del Sinaí suelen quedar apartados de la carrera por sacar partido a la costa. A veces se les mira con desconfianza debido a sus vínculos con tribus de los países vecinos, en particular Israel y los Territorios Palestinos, y a sus fuertes tradiciones, su respeto por el medio ambiente y su orgulloso pasado como nómadas, y quedan desplazados por los habitantes del valle del Nilo, muchos de los cuales tratan la península como una mina de oro que pueden explotar. El Estado ha vendido los territorios de la costa sin contar con ellos, el pescado se ha ido contaminando y el desarrollo urbanístico descontrolado ha hecho de estos nómadas una caricatura de sí mismos, reduciendo su sector de actividad a las excursiones en camello y las cenas en el desierto para turistas. Así, los beduinos son objeto de una marginalización cada vez mayor en su propio territorio.

Lamentablemente, en los últimos años la persecución de los beduinos ha aumentado, en particular tras la sospecha de que pudieran estar relacionados con las células terroristas del Sinaí. Aunque en los atentados de Dahab de 2006 participaran unos cuantos individuos, el gobierno se ha mostrado implacable y ha detenido a numerosos beduinos, en particular en el norte del Sinaí. Afortunadamente, no todo son malas noticias; los beduinos, por su parte, están más organizados y unidos que nunca. Eso resulta evidente en la reciente formación de cooperativas destinadas a aportar una independencia económica a toda la comunidad a largo plazo, y a asegurar la protección de su entorno tradicional, el desierto.

En todo el mundo (y especialmente en Egipto) el turismo tiene el poder de modelar el destino de las comunidades. Como viajero informado, el lector de esta guía también puede desempeñar un buen papel: recurriendo a negocios de beduinos, comprando siempre in situ, informándose de los temas delicados y haciendo todas las preguntas que se juzguen necesarias.

desiertas le dan a Nuweiba uno de los entornos naturales más atractivos de las poblaciones turísticas del Sinaí. No obstante, la población está esparcida irregularmente a lo largo de 15 km, con lo que carece de un centro definido y de un ambiente cohesionado, y funciona sobre todo como puerto, más que como centro turístico. Eso ha provocado que Nuweiba nunca haya conseguido atraer a la cantidad de turistas que acuden a Dahab o al gran conglomerado urbano de Sharm el-Sheikh. De hecho, muchos viajeros pasan de largo por Nuweiba de camino a los panorámicos campamentos o *resorts* que hay por la costa, o para tomar el *ferry* a Aqaba de camino a Petra, en Jordania.

Sin embargo, la ausencia de aglomeraciones le da un atractivo especial, y el pueblo no es mal sitio para alojarse si se está recorriendo la ruta de la costa. También es un buen lugar para organizar excursiones en *jeep* o camello por el interior, y lo limitado de las posibilidades que ofrece para la inmersión hace que los arrecifes que tiene frente a la costa reciban relativamente pocas visitas. Aunque quizá no sea un destino turístico propiamente dicho, cuenta con unos cuantos *resorts* sencillos y campamentos para mochileros que la convierten en un lugar agradable para pasar unos días.

Historia

Durante la ocupación israelí, Nuweiba acogió un gran *moshav* (asentamiento de granjeros), que posteriormente se convirtió en una residencia para funcionarios egipcios. En la década de 1990, los israelíes formaban el grueso del turismo, pero la incertidumbre sobre la situación política de la región en la última década y las secuelas de la guerra de Irak han obligado a interrumpir muchas iniciativas turísticas nuevas. Hoy en día, por las afueras de Nuweiba y la costa al norte de Taba se pueden ver los armazones de varios complejos abandonados a medio construir.

Orientación

Nuweiba se divide en tres partes: al sur está el puerto, con una estación de autobuses, bancos y un par de míseros hoteles; unos 8 km más al norte está Nuweiba City, un asentamiento pequeño pero disperso con unos cuantos hoteles, un pequeño bazar y numerosos restaurantes baratos; y unos 10 minutos a pie hacia el norte por la playa se llega a Tarabin, el equivalente en Nuweiba de la zona de Assalah en Dahab.

Información

URGENCIAS

Policía turística Nuweiba City (☎ 350 0231; cerca del Nuweiba Village Hotel; 🕒 24 h); puerto de Nuweiba (☎ 350 0401)

ACCESO A INTERNET

Al-Mostakbal Internet Café (☎ 350 0090; Nuweiba City; 6 EGP/h; 🕒 9.00-15.00)

ASISTENCIA MÉDICA

Hospital de Nuweiba (☎ 350 0302; Nuweiba City; 🕒 24 h). Junto a la carretera principal de la costa este a Dahab.

DINERO

Ninguno de los bancos del puerto dispone de dinares jordanos.

Banque du Caire (puerto de Nuweiba; 🕒 9.00-14.00 do-ju). Tiene cajero automático.

Banque Misr (puerto de Nuweiba; 🕒 8.30-14.00 do-ju). Tiene cajero automático.

National Bank of Egypt Puerto de Nuweiba (🕒 8.30-14.00 do-ju); pueblo de Nuweiba (🕒 9.00-13.00 y 19.00-21.00 sa-ju, 9.00-11.00 vi). Ambas sucursales disponen de cajero automático.

CORREOS

Sucursal de correos (puerto de Nuweiba; 🕒 8.30-14.30 do-ju)

Oficina principal de correos (Nuweiba City; 🕒 8.30-14.30 do-ju)

TELÉFONO

Central telefónica (Nuweiba City; 🕒 24 h)

Actividades

BUCEO Y SUBMARINISMO

Las maravillas submarinas son el principal atractivo de Nuweiba, y aunque no sean tan espectaculares como en otros centros turísticos del golfo de Aqaba, los puntos de inmersión suelen estar menos concurridos, y la vida marina que ofrecen es impresionante. Frente a la costa hay unos arrecifes poco profundos que no están mal para bucear, pero el mejor lugar para hacerlo es **Stone House Reef** (arrecife de la casa de piedra), al sur de la población. Los submarinistas a veces se desplazan al cercano Ras Abu Gallum (p. 487), al Parque Nacional de Ras Mohammed (p. 467) o a otros lugares de inmersión (muchos de ellos también aptos para bucear con tubo), aunque la mayoría de los visitantes prefieren bucear cerca de la orilla.

Para información general sobre submarinismo en el mar Rojo, con recomendaciones sobre operadores y puntos de inmersión, véase p. 444.

EXCURSIONES EN CAMELLO Y 'JEEP'

Junto a Dahab, Nuweiba es el mejor lugar del Sinaí para contratar excursiones en

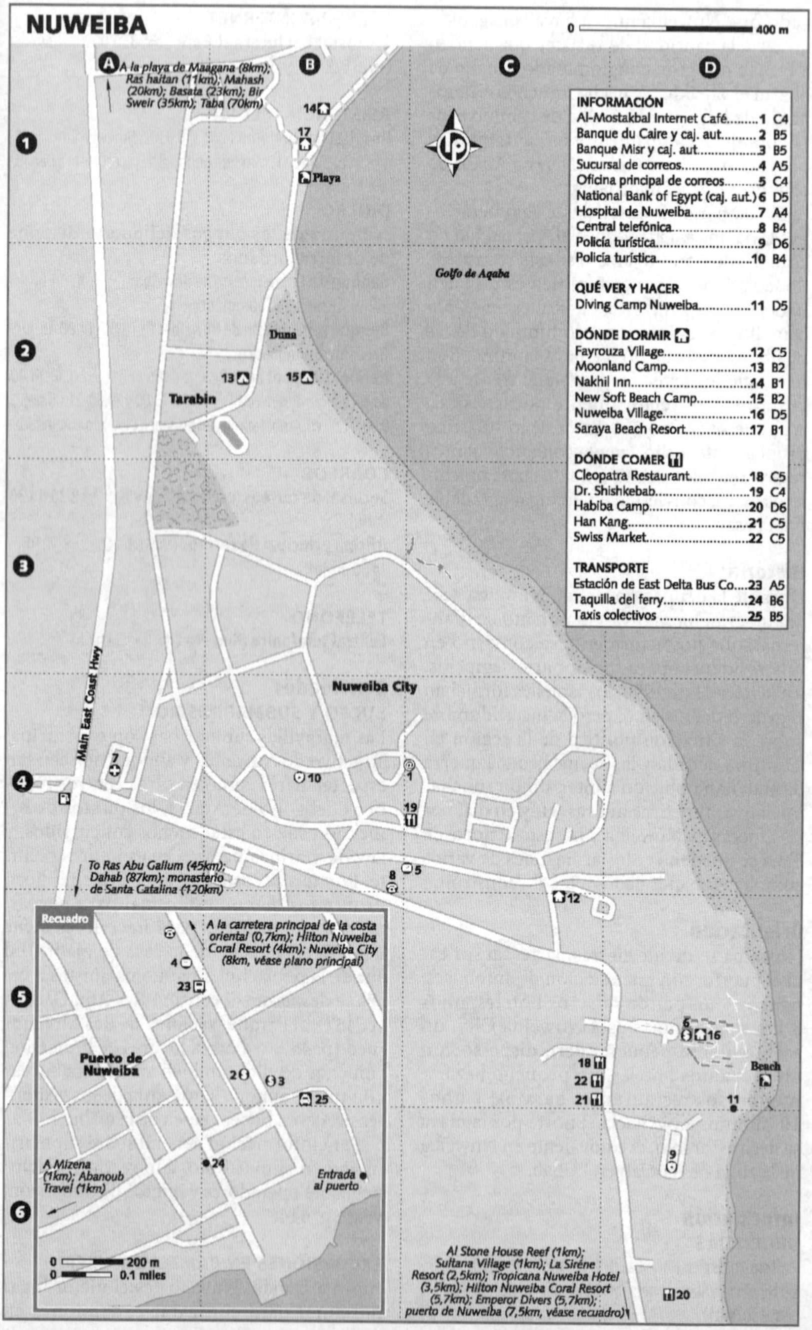
NUWEIBA
0
400 m
A
B
C
D
1
2
3
4
5
6
A la playa de Maagana (8km); Ras haitan (11km); Mahash (20km); Basata (23km); Bir Sweir (35km); Taba (70km)
Playa
Golfo de Aqaba
Duna
Tarabin
Nuweiba City
Main East Coast Hwy
To Ras Abu Galium (45km); Dahab (87km); monasterio de Santa Catalina (120km)
Beach
Al Stone House Reef (1km); Sultana Village (1km); La Siréne Resort (2,5km); Tropicana Nuweiba Hotel (3,5km); Hilton Nuweiba Coral Resort (5,7km); Emperor Divers (5,7km); puerto de Nuweiba (7,5km, véase recuadro)
Recuadro
A la carretera principal de la costa oriental (0,7km); Hilton Nuweiba Coral Resort (4km); Nuweiba City (8km, véase plano principal)
Puerto de Nuweiba
A Mizena (1km); Abanoub Travel (1km)
Entrada al puerto
0
200 m
0
0.1 miles
INFORMACIÓN
Al-Mostakbal Internet Café.........1 C4
Banque du Caire y caj. aut..........2 B5
Banque Misr y caj. aut..............3 B5
Sucursal de correos.....................4 A5
Oficina principal de correos..........5 C4
National Bank of Egypt (caj. aut.) 6 D5
Hospital de Nuweiba...................7 A4
Central telefónica........................8 B4
Policía turística............................9 D6
Policía turística............................10 B4
QUÉ VER Y HACER
Diving Camp Nuweiba...............11 D5
DÓNDE DORMIR
Fayrouza Village.........................12 C5
Moonland Camp.........................13 B2
Nakhil Inn..................................14 B1
New Soft Beach Camp...............15 B2
Nuweiba Village.........................16 D5
Saraya Beach Resort..................17 B1
DÓNDE COMER
Cleopatra Restaurant.................18 C5
Dr. Shishkebab...........................19 C4
Habiba Camp.............................20 D6
Han Kang...................................21 C5
Swiss Market..............................22 C5
TRANSPORTE
Estación de East Delta Bus Co....23 A5
Taquilla del ferry.........................24 B6
Taxis colectivos 25 B5

camello por el interior. A la hora de planear el viaje, hay que recordar que los camellos son un medio más lento y (si el presupuesto es condicionante) más caro. No obstante, permiten llegar a lugares inaccesibles para los vehículos, y son el mejor modo de ver la zona. Casi todos los campamentos y tiendas de Tarabin ofrecen este tipo de excursiones, pero hay que asegurarse de contratar a beduinos de la zona: no sólo se ven marginados por los operadores turísticos del valle del Nilo, de modo que necesitan el trabajo, sino que también se han dado caso de viajeros perdidos en el desierto sin agua porque sus "guías" no conocían las rutas.

Ante de iniciar una de estas excursiones hay que registrarse en la policía, y no debe pagarse al conductor de camellos hasta haber regresado al pueblo. Los itinerarios (y los precios resultantes) suelen diseñarse a medida, pero cabe esperar que haya que pagar un mínimo de 70 EGP por persona por una excursión a la montaña por la tarde, con cena en un campamento beduino, y a partir de 300 EGP por persona y día por una con la comida y el agua incluidas.

Todos los campamentos y tiendas ofrecen también excursiones en *jeep*, aunque los precios varían considerablemente dependiendo de la época del año, del destino y del tamaño del grupo; no hay que dejar de comparar precios y regatear decididamente.

Además de las excursiones al popular cañón Coloreado (más información en p. 483), otros destinos populares son **Ain al-Furtega,** un oasis lleno de palmeras 16 km al noroeste de Nuweiba; y **Mayat el-Wishwashi,** una gran cisterna oculta entre dos peñascos en un cañón: en otro tiempo fue la más grande del Sinaí, pero ahora tiene muy poca agua, excepto cuando hay lluvias torrenciales. Cerca de allí está el **Mayat Malkha,** un palmeral alimentado por las aguas de Mayat el-Wishwashi y rodeado de una arenisca de vivos colores.

El **Wadi Huweiyit** es un impresionante cañón de roca caliza con miradores con unas vistas panorámicas de Arabia Saudí. El **Ain Hudra** (manantial verde) es donde se supone que Miriam quedó afectada por la lepra por criticar a Moisés. El pintoresco **Ain Umm Ahmed** es el mayor oasis de todo el este de Sinaí, con una gran cantidad de palmeras, viviendas beduinas y un famoso arroyo que se convierte en un río helado en los meses de invierno.

Más allá se encuentra el **Wadi Sheikh Atiya,** que toma el nombre del fundador de la tribu tarabin (la mayor de la zona), enterrado en este lugar bajo una cúpula blanca. En este lugar se abre un oasis al que los beduinos suelen acudir en peregrinaje. El **Gebel Barga** es una montaña de difícil ascensión, pero que ofrece unas vistas impresionantes de las montañas del este del Sinaí.

Dónde dormir

Nuweiba City es el principal centro urbano de la zona, y concentra una serie de hoteles, en su mayor parte de precio medio, así como unos cuantos campamentos de mochileros, más sencillos. Dado que Nuweiba sirve sobre todo como puerto, la zona se está expandiendo y es evidente que carece de personalidad (desplazarse puede resultar un agobio, así que lo mejor es tomar un taxi y elegir un alojamiento enseguida, en vez de ir de puerta en puerta buscando el mejor precio). No obstante, hay unas cuantas opciones muy aceptables, y es un práctico lugar para pasar la noche si se va a tomar el *ferry* a Jordania al día siguiente.

La mayoría de mochileros y viajeros independientes prefieren Tarabin, que es básicamente un paseo marítimo peatonal de 1,5 km. En tiempos pasados, tenía un ambiente bohemio y relajado que competía en popularidad con Dahab. Desgraciadamente, Nuweiba ha notado mucho la sequía de turistas israelíes tras el resurgir de la Intifada (el alzamiento palestino contra las autoridades israelíes). Actualmente Tarabin está muy tranquilo, aunque sigue atrayendo un goteo constante de visitantes. Muchos de los campamentos han cerrado o han aumentado de categoría, pero aún es posible encontrar unos cuantos lugares interesantes.

Hay que tener presente que la siguiente lista no es más que una muestra de lo que se ofrece (los establecimientos mencionados son lugares con tradición que han soportado el temporal que ha supuesto la pérdida de visitantes). También hay que tener en cuenta que los precios no deben tomarse como una referencia estricta (la mayor parte de las habitaciones son susceptibles de regateo, en particular si no hay demasiados turistas por el lugar). Si también se quieren contratar actividades de recreo, lo mejor es preguntar en el propio hotel, ya que suelen tener descuentos para sus clientes.

ECONÓMICO

New Soft Beach Camp (☎ 010 364 7586; www.softbeachcamp.com; cabañas desde 20 EGP; 🅿). Situado en el extremo más tranquilo de Tarabin, cerca de las dunas, dispone de uno de los mejores emplazamientos de Nuweiba. El campamento se compone de unas cabañas rústicas pero pintorescas con duchas comunes exteriores y unos atractivos jardines. También tiene un buen restaurante donde probar algunas de las especialidades locales beduinas.

Moonland Camp (☎ 350 1229; cabañas desde 20 EGP; 🅿). Popular entre los mochileros, se encuentra a unos minutos a pie de Soft Beach, en el extremo sur de Tarabin. Al igual que el Soft Beach, ofrece alojamiento en una serie de cabañas construidas alrededor de unas duchas comunitarias y un pequeño restaurante. Aunque el complejo está prácticamente cerrado y apartado de la playa, la dirección pone todo su empeño en crear un ambiente agradable y relajado.

Fayrouza Village (☎ 350 1133; fayrouza@sinai4you.com; cabañas desde 20 EGP). Otro campamento popular que destaca por su ubicación, junto a la playa, en el extremo de Nuweiba City y frente a un arrecife. Al igual que la competencia, el campamento se compone de unas sencillas pero impecables cabañas con vistas al agua, baños comunitarios y un pequeño restaurante donde se sirven comidas sencillas y consistentes. Si se llega a Nuweiba en autobús, puede pedirse parada en el hospital, desde donde hay 10 minutos a pie hasta el Fayrouza.

Saraya Beach Resort (☎ 350 1230; cabañas desde 20 EGP, h desde 150 EGP; ❄). Pese a su nombre, este complejo, situado al norte del Moonland, en el corazón de Tarabin, es más bien un campamento de mochileros. Aun así, si lo que se busca es un ambiente de campamento y la intimidad de una habitación de hotel, sus habitaciones con aire acondicionado salen a cuenta. Aunque no tiene una ubicación tan espectacular como el New Soft Beach o el Moonland, permite alojarse en plena acción.

PRECIO MEDIO Y ALTO

Nuweiba Village (☎ 350 0401; www.nuweibaresort.com; cabañas i/d desde 15/20 US$, h desde 40 US$; ❄ 🅿 🏊). Es una buena elección para casi todos los bolsillos: la zona principal del hotel consiste en una serie de habitaciones de estilo *bungalow* con vistas a un amplio jardín central, mientras que más cerca de la playa se encuentra una serie de cabañas de madera con baños compartidos. Independientemente de la opción de cada uno, los clientes pueden hacer uso de los servicios de este tres estrellas, entre ellas una atractiva piscina y un centro de deportes acuáticos bien surtido. Se encuentra en el extremo sudeste de Nuweiba City, junto a la carretera principal de la costa.

Nakhil Inn (☎ 350 0879; www.nakhil-inn.com; h desde 40 US$; ❄). En el extremo norte de Tarabin se encuentra esta deliciosa "posada", que consiste en unos *bungalows* de madera pareados, frente a un amplio patio. Las habitaciones presentan una refrescante mezcla de maderas teñidas y azulejos naturales, y son una agradable alternativa al cemento que domina en el litoral egipcio. Los clientes también pueden hacer uso del estudio de yoga del centro, ideal para preparar el cuerpo y la mente para el relajante ambiente de Nuweiba.

Tropicana Nuweiba Hotel (☎ 352 1056; www.tropicanahotels.com; h desde 60 US$; ❄ 🅿 🏊). Situado junto a la carretera de la costa, este hotel de cuatro estrellas tiene un excelente precio, especialmente si tenemos en cuenta que tiene enfrente una espléndida playa de arena y que cuenta con una verde vegetación. Ofrece habitaciones de diferentes formas y tamaños en un atractivo edificio encalado, desde donde se pueden ver los azules intensos del mar Rojo. Los clientes también pueden disfrutar de la piscina, o de cualquiera de los atractivos bares o restaurantes del Tropicana.

Hilton Nuweiba Coral Resort (☎ 352 0320; www.hiltonworldresorts.com; puerto de Nuweiba; h desde 100 US$; ❄ 🅿 🏊). El hotel más sofisticado de Nuweiba es este complejo impecable con exuberantes jardines, una piscina enorme de formas irregulares, elegantes restaurantes y bares, una playa privada de suave arena y las típicas comodidades de un cinco estrellas. Dispone de diferentes tipos de habitaciones que van de los diseños más contemporáneos, con complementos de estilo occidental, a *bungalows* encalados con interiores de estilo beduino. Está situado unos 2,5 km al sur del Tropicana, y a unos 4 km del puerto por la carretera.

Dónde comer

En el puerto se concentran un puñado de locales de *fuul* y *ta'amiyya*, por detrás del

National Bank of Egypt y frente a las taquillas de los *ferries* de Aqaba. No obstante, si lo que se quiere no es picar algo rápido, hay mucha mejor oferta en Nuweiba City y sus alrededores, donde se podrá escoger entre diversos establecimientos pequeños o los restaurantes de los hoteles. Quien se aloje en Tarabin probablemente tome la mayor parte de sus comidas en el propio campamento u hotel (en la mayor parte de los campamentos también hay tiendas, para quien quiera cocinarse su propia comida).

Swiss Market (Nuweiba City). Popular mercado con una amplia selección de productos básicos, así como una aceptable oferta de productos locales y carne fresca.

Dr. Shishkebab (Bazaar Nuweiba City; platos 10-30 EGP). Sirve generosas raciones de platos típicos egipcios, desde la sustanciosa berenjena frita y el *hummus* a unas deliciosas *daoud basha* (albóndigas con salsa de tomate).

Han Kang (Nuweiba City; platos 20-40 EGP). Aunque el Lejano Oriente quede muy lejos, este restaurante chino sorprendentemente bueno resulta muy atractivo, especialmente si se lleva un tiempo en la zona y ya se está harto de *falafels*.

Cleopatra Restaurant (Nuweiba City; platos 20-50 EGP). Este local ecléctico es uno de los restaurantes turísticos más populares de Nuweiba City y ofrece pescado fresco, tapas *mezze* de estilo libanés, *pizzas* al horno de leña y unos cuantos platos rápidos occidentales.

Habiba Camp (Nuweiba City; bufé desde 50 EGP). Si se quiere sacar partido al dinero, no hay que ir más lejos: este bufé libre es especialmente bueno a mediodía; estupendo para acumular calorías y quemarlas por la tarde en alguna excursión (o simplemente echarse a hacer la digestión en la playa).

Cómo llegar y salir

BARCO

Existe un excelente servicio de *ferry* rápido entre Nuweiba, en Egipto, y Aqaba, en Jordania, con salida de Nuweiba a las 15.00 y que tarda entre una y dos horas según las condiciones del mar. Para volver a Nuweiba, los *ferries* rápidos salen de Aqaba a las 11.00. Los billetes de ida cuestan 59 US$ por adulto y 39 US$ por niño entre 3 y 12 años. Hay que estar en el puerto dos horas antes de la salida para pasar las desquiciantes formalidades de salida en la terminal principal de *ferries*.

Obsérvese que también hay un *ferry* lento (adultos/niños 49/29 US$, 2½ h) que sale cada día a las 12.00, aunque vale la pena subrayar la gran diferencia de comodidad que aportan esos 10 US$ de más que vale el *ferry* rápido.

Para comprar los billetes hay que pagar en dólares (téngase en cuenta que no siempre se podrán conseguir en los bancos de Nuweiba), y sólo se pueden conseguir el día de la salida en las **taquillas del *ferry*** (🕑 9.00), en un pequeño edificio cerca del puerto. Téngase en cuenta que la única excepción a esta norma es la época del *hajj* (el peregrinaje a La Meca), cuando las plazas se reservan semanas antes de la partida. Durante este período, es necesario comprar el billete con la máxima antelación posible.

Para encontrar las taquillas, gírese a la derecha según se sale de la terminal de autobuses, caminando hacia el agua, y gírese de nuevo a la izquierda una vez pasado el National Bank of Egypt. Un bloque más allá se verá el edificio de la terminal, de color arena, a la izquierda. La taquilla deja de vender billetes aproximadamente una hora antes de que zarpe el *ferry*.

En el *ferry* se pueden obtener visados jordanos gratis si se tiene un pasaporte de la UE o EE UU. Hay que rellenar un impreso verde, entregarlo junto al pasaporte a los oficiales de inmigración y, en un momento, se podrá recoger el pasaporte y el visado al pasar por el puesto de inmigración jordano en Aqaba. Los ciudadanos de otros países tendrán que gestionar el visado con antelación.

AUTOBÚS

East Delta Bus Co (☎ 352 0371; puerto de Nuweiba) tiene salidas a El Cairo (70-80 EGP, 7-8 h) a las 9.00, 11.00 y 15.00 pasando por Taba (15-20 EGP, 1 h); y a Sharm el-Sheikh (20-25 EGP, 3 h) a las 6.30, 8.30, 10.00 y 16.00 vía Dahab (10-15 EGP, 1 h). También hay un autobús a Suez (45-50 EGP, 4 h) a las 6.30, y una combinación poco práctica de Nuweiba a Santa Catalina, vía Dahab con salida a las 8.30 (22 EGP).

TAXI COLECTIVO

Hay una parada de taxis colectivos junto al puerto, pero a menos que sea tras la llegada del *ferry* de Aqaba, habrá que esperar mucho hasta que se llene el vehículo. Las tarifas por persona (hay que multiplicar por siete para disponer del vehículo entero) son de unos 30 EGP a Sharm el-Sheikh, 15 EGP a Dahab y 60 EGP a El Cairo (normalmente cambiando de vehículo en Suez). También se pueden encontrar taxis colectivos en las afueras de Tarabin, desde donde toman directamente la carretera al norte, a Taba, o al sur, a Dahab, el monasterio de Santa Catalina o Sharm el-Sheikh.

Cómo desplazarse

Dado que Nuweiba está tan extendida, los taxis salen caros. Habrá que pagar entre 10 y 20 EGP por una carrera entre el puerto o la estación de autobuses y Nuweiba City, dependiendo del destino y de la capacidad de negociación, y a partir de 5 EGP por los pocos kilómetros que separan Tarabin de Nuweiba City. Si se llega a Nuweiba en autobús, posiblemente éste pueda parar en el hospital, desde donde se puede ir a pie al Fayrouza Village y a los campamentos y hoteles cercanos.

DE NUWEIBA A TABA

☎ 069

El impresionante litoral entre Nuweiba y Taba está rodeado de aguas cristalinas y flanqueado por cadenas de montañas bajas y áridas. Aunque ya quedan pocos rincones vírgenes, gran parte de esta costa está salpicada de "poblados turísticos" en diversas fases de construcción, intercalados con sencillos campamentos de playa consistentes en cabañas de juncos y una zona de comedor. Muchos de estos campamentos aparecieron cuando los beduinos se vieron forzados a ceder sus tierras para la construcción de hoteles y complejos turísticos, y desde entonces se han ido convirtiendo en lo que el Ministerio de Turismo denomina "concentraciones".

El negocio, que tradicionalmente se basaba en el turismo israelí, se vio muy afectado con la agitación política de los últimos años, por lo que es habitual encontrarse solo en la playa. El resultado es que en muchos de estos lugares no hay gran cosa que hacer más que descansar en la arena y contemplar las aguas de color turquesa que se abren frente a la playa o, para los más animados, participar en excursiones en camello o en *jeep* por el interior.

Si uno está debatiéndose entre la posibilidad de pararse o no en alguno de los lugares indicados a continuación, vale la pena preguntarse qué tipo de viajero se es. Los que necesiten de una estimulación constante pueden acabar de los nervios. No obstante, los que pretendan realmente desconectar e interaccionar con una serie de interesantes personajes, pueden encontrarle un gran atractivo a la costa entre Nuweiba y Taba.

Orientación e información

Unos 50 km de carretera litoral perfectamente asfaltada conectan Nuweiba con la vecina Taba, al norte. Unos 20 km al sur de Taba se levanta el nuevo y enorme **centro Taba Heights** (www.tabaheights.com), uno de los símbolos de la voluntad egipcia de crear una "Riviera del mar Rojo". Cuando por fin se acabe, contará con varios hoteles de lujo, un casino, numerosas tiendas, bares y restaurantes, una clínica y una gran oferta de deportes acuáticos. De momento, gran parte del complejo está en obras, aunque unos cuantos hoteles ya están abiertos.

Los puntos más próximos para cambiar dinero, o para comprar alimentos, son Taba y Nuweiba.

Puntos de interés

Unos 7 km al sur de Taba y a 250 m de la costa se encuentra la **isla del Faraón** (Gezirat Fara'un; adultos/niños 20/10 EGP; ⌚ 9.00-17.00), un islote en medio de las aguas turquesa, en el que destaca el restaurado castillo de Salah ad-Din. El castillo en realidad es una fortaleza construida por los cruzados en 1115, pero tomada y ampliada por Saladino en 1170 para convertirla en un bastión defensivo contra la penetración de los cruzados desde Palestina hacia el sur. En el momento de mayor éxito de los cruzados, se temía que pudieran intentar avanzar hacia las ciudades sagradas de La Meca y Medina. Parte de la restauración moderna no respeta el original (el hormigón no era una materia prima típica en época de Saladino), pero la isla es un lugar agradable para una excursión de media jornada, con sus claras aguas llenas de colores que atraen a los buceadores al extremo sur de la isla. También hay una cafetería que sirve refrescos y tentempiés.

El único barco que lleva a la isla sale del Salah ad-Din Hotel, en la costa de enfrente. Desgraciadamente, el servicio no es muy de fiar, aunque si el barco zarpa, el billete de ida y vuelta sólo cuesta 4 US$. Se puede comprar en la recepción del hotel, y los de entrada a la isla, al desembarcar.

Dónde dormir

Hay que tener en cuenta que las opciones de alojamiento siguientes están ordenadas de sur a norte (a menos que se disponga de vehículo propio, el único modo de llegar será en taxi colectivo o autobús). Obsérvese también que en todos los establecimientos indicados se ofrecen comidas, aunque muchos visitantes prefieren llevarse la suya propia y cocinársela. En todos los alojamientos organizan también excursiones por el desierto o inmersiones en diferentes puntos del Sinaí.

Maagana Beach Camp (☎ 012 795 2402; cabañas desde 20 EGP). Aunque está cerca de la carretera y expuesta al viento, esta franja de arena resulta práctica por su ubicación, muy cerca de Nuweiba. Ofrece sencillas cabañas sin mucha personalidad, aunque los beduinos que dirigen el lugar realmente consiguen que funcione. Si se quiere explorar el litoral entre Nuweiba y Taba sin alejarse mucho de la ciudad, es una buena opción.

Ayyash Camp (☎ 012 760 4668; cabañas desde 20 EGP). Esta franja de costa ocupa el espolón rocoso de Ras Shaitan (cabeza de Satán), unos 3 km al norte de Maagana, y también fue objetivo de los atentados de Taba en 2004 (véase p. 498). Desde entonces la vida se ha normalizado y es una de las zonas de playa más populares de la franja entre Nuweiba y Taba. El Ayyash, propiedad de un beduino del lugar, se encuentra en un tranquilo tramo de playa ancha, con tiendas de lona y sencillas cabañas con baños comunitarios y sin electricidad.

Castle Beach (☎ 012 739 8495; cabañas desde 80 EGP;). Al norte del Ayyash Camp, cerca del *ras* (cabo), es uno de los pocos campamentos de precio medio de esta franja de costa. Ofrece alojamiento en cómodos *bungalows* con unas vistas espectaculares de la "cabeza de Satán". Uno de los atractivos de este lugar es su encantador restaurante en la playa, que sirve deliciosos platos de pescado y marisco.

Basata (☎ 350 0480; www.basata.com; *camping* 7 US$ por persona, cabañas desde 12 US$, chalé de 3 plazas desde 60 US$). Veinte kilómetros al norte de Nuweiba, en la zona de Mahash, está el Basata ("simplicidad" en árabe), un establecimiento ecológicamente responsable e inmensamente popular entre los viajeros que hace justicia a su nombre: la preocupación de su propietario, Sherif Ghamrawy, por el medio ambiente, se refleja en la filosofía del hotel, que sirve alimentos biológicos y recicla la basura. Cuenta con sencillas cabañas con baños compartidos, agradables chalés con electricidad y baño propio, una gran zona de *camping*, una cocina (donde hacerse la comida o pedirla a la carta), una panadería y zona de duchas. Se puede comprar cualquier ingrediente de cocina, el ambiente es muy relajado y familiar, con un toque *new age*, y la televisión y la música alta están prohibidas, lo cual se agradece.

Club Aquasun (☎ 350 1208; www.clubaquasun.com; h desde 55 US$;). Situado 30 km al norte de Nuweiba, en una playa de arena de 2 km de longitud, con su propio arrecife, este complejo de 75 habitaciones es una opción asequible para quien busque un toque de lujo a bajo precio. Aunque no es tan flamante como los hoteles y *resorts* que están apareciendo en Taba Heights, cuenta con un amplio equipamiento, y un par de noches aquí desde luego no suponen un despilfarro. Si se quiere hacer uso de las instalaciones pero se prefiere algo más de intimidad, los mismos dueños gestionan también el cercano Aquasun Ghazaly (cabañas desde 35 US$), que consiste en un conjunto de sencillas cabañas de playa dispuestas alrededor de un pequeño bar-restaurante.

Hyatt Regency (☎ 358 0234; www.taba.hyatt.com; h desde 115 US$;). Hotel diseñado con gusto por el arquitecto estadounidense Michael Graves utilizando los colores pastel del desierto. Intenta reproducir la opulencia y la elegancia de los hoteles de cinco estrellas de Sharm. Está encajado junto a las montañas, cerca de la playa, y cuenta con unas instalaciones excelentes, frondosos jardines, varias piscinas, un gran centro de salud, amplias posibilidades para los deportes acuáticos y una lista de restaurantes de lujo que crece a gran velocidad. El Hyatt Regency es uno de los elementos destacados del proyecto urbanístico Taba Heights e intenta recuperar una parte del turismo que se perdió tras los atentados de 2004 (véase p. 498).

Cómo llegar y salir

Los autobuses procedentes de Taba o Nuweiba pueden parar en cualquiera de los lugares mencionados, aunque probablemente haya que pagar la tarifa completa entre Nuweiba y Taba (12 EGP, o 70 EGP desde El Cairo). Cuando se esté listo para partir, el personal de los hoteles puede encargarse de parar un autobús por la carretera.

LONELY PLANET JORDANIA (EXTRACTO)

Si se tiene pensado hacer una breve incursión en Jordania, no irá mal un poco de información sobre la antigua ciudad de Petra. He aquí una guía rápida de una de las nuevas Siete Maravillas del Mundo.

PETRA

Excavadas en unas enormes paredes de roca arenaria de colores, las imponentes fachadas de sus grandes templos y tumbas son un legado duradero de la visión de las tribus del desierto que las esculpieron. Los nabateos (árabes que dominaron la región en tiempos prerromanos) eligieron como capital un lugar escondido del mundo exterior, y la convirtieron en una de las ciudades más notables de Oriente Próximo. Casi tan espectacular como los propios monumentos son las innumerables vetas y los diferentes colores de la roca. Petra es conocida también como "la ciudad rosada", pero eso no hace justicia a la extraordinaria gama de colores que se combinan a medida que va pasando el sol por encima del yacimiento.

Orientación e información

El punto de partida para explorar Petra es Wadi Musa (valle de Moisés), un conglomerado de hoteles, restaurantes y tiendas situados a unos 3 km del **centro de visitantes** (☎ 3-215 6020; ⌚ 6.00-17.30 may-sep, 6.30-17.00 oct-abr). Las tarifas de entrada son de 21/26/31 JOD por un pase de uno/dos/tres días. Obsérvese que, en el momento de publicar esta guía, un dinar jordano (1 JOD) valía aproximadamente 1,42 US$ o 7,83 EGP.

Puntos de interés y actividades

La entrada a la antigua ciudad se realiza a través del **Siq,** un paso o garganta que en realidad no es más que un único bloque abierto en dos por las fuerzas tectónicas (en varios puntos se puede ver cómo encajan las capas de una pared con la otra). El Siq da la impresión de que no se va a acabar nunca, y la tensión va aumentando a medida que uno busca cada vez más impaciente el Tesoro, el monumento más famoso de Petra.

El **Al-Khazneh** o Tesoro, encajado en un espacio mínimo, es lo que hace que la mayoría de visitantes se enamoren de Petra. El exterior de estilo griego es una obra de arte impresionante, con un nivel de elaboración, simetría, escala y grandeza que deja sin aliento a cualquiera que lo vea por primera vez. La fachada del Tesoro es una magnífica introducción a la ciudad antigua, sobre todo teniendo en cuenta que es aquí donde se encontraba el Sagrado Grial (al menos según el clásico de Hollywood *Indiana Jones y la última cruzada*).

Dirigiéndose hacia el antiguo centro de la ciudad se encontrarán más de cuarenta tumbas y casas construidas por los nabateos y conocidas coloquialmente como la **calle de las Fachadas.** Si se sigue más allá se llegará a un **teatro** de estilo romano, construido hace más de dos mil años y con una capacidad de unas tres mil personas en 45 filas, con tres secciones horizontales separadas por dos pasillos.

El lecho del río Wadi Musa se ensancha una vez pasado el teatro. A la derecha (lado norte), talladas en el barranco, se encuentran las impresionantes tumbas conocidas en conjunto como **tumbas Reales.** Por toda Petra existen más tumbas que ninguna otra estructura, y durante años los arqueólogos dieron por supuesto que la ciudad no era más que una enorme necrópolis. La sencilla razón del descubrimiento de tan pocas viviendas es que los nabateos vivían en tiendas, más o menos como viven los beduinos hoy en día.

Una de las imágenes más impresionantes que se pueden ver en Petra es la del **Al-Deir,** o el Monasterio, al que se llega en una hora siguiendo un camino que asciende desde la **calle de las Columnas** (Cardo Maximus). El Monasterio, con un diseño similar al del Tesoro (y de 50 m de anchura y 45 m de altura) es igualmente impresionante. Construido en el s. III a.C. como tumba nabatea, toma su nombre de las cruces talladas en sus muros interiores, lo que sugiere que el edificio se usó como iglesia en la época bizantina. Presenta unas enormes columnas y una gran urna funeraria flanqueada por dos semifrontones y, al igual que el Tesoro, tiene marcadas influencias helenísticas. **Petra by Night** (entrada 12 JOD; 🕑 20.30-22.30 lu y ju) ofrece una visión mágica de la ciudad antigua, recorriendo el Siq (iluminado con cientos de velas) en silencio hasta el Tesoro, donde se interpreta música beduina tradicional y se sirve té a la menta.

Dónde dormir

Cleopetra Hotel (☎ 3-215 7090; i/d 10/14 JOD; 💻). Este popular hotel económico, situado en el centro de Wadi Musa, ofrece cada noche a sus clientes la proyección de *Indiana Jones y la última cruzada*. Las habitaciones, con baño, son bastante sencillas, salvo por unas cuantas muestras de artesanía textil jordana aquí y allá. Pese a todo, el ambiente que se crea le da muchos puntos.

Amra Palace Hotel (☎ 3-215 7070; www.amrapalace.com; i/d 23/35 JOD, media pensión 25/40 JOD; 💻 🏊). Hotel de precio medio situado en Wadi Musa. Ofrece habitaciones luminosas y modernas a un precio nada desmesurado. Cuenta con televisión vía satélite, una piscina exterior climatizada, *jacuzzi*, terraza y un excelente baño turco (15 JOD/persona).

Mövenpick Hotel (☎ 3-215 7111; www.moevenpick-petra.com; i/d 92/112 JOD; 💻 🏊). A sólo 100 m de la entrada de Petra se encuentra el hotel más lujoso del pueblo, todo lo elegante que se puede esperar de un Mövenpick. Su decoración mediterránea seduce a los clientes, que pueden disfrutar además de una bonita piscina, de su azotea ajardinada y de una biblioteca al estilo de Oriente Próximo, así como de una buena oferta de bares y restaurantes.

Dónde comer y beber

Al-Afandi Quick Restaurant (comidas desde 1 JOD). Local sencillo y agradable situado cerca de la rotonda de Shaheed. Los clientes del Al-Afandi suelen ser lugareños, y ofrece *hummus*, *falafel* y *shawarmas* a precios bajísimos.

Sandstone Restaurant (platos principales desde 6 JOD). Este restaurante turístico, situado cerca del centro del pueblo, está especializado en platos jordanos, como el cordero y el pollo asados, que se sirven en una atractiva terraza.

Cave Bar (bebidas desde 2,5 JOD). Si nunca se ha estado en un bar instalado en una tumba rupestre nabatea de 2.000 años de antigüedad (y se supone que no), este lugar memorable cerca del centro de visitantes ofrece la ocasión de hacerlo.

Cómo llegar y salir

Hay *ferries* rápidos (ida 59 US$) desde Nuweiba, en Egipto, hasta Aqaba, en Jordania, y tardan entre una y dos horas dependiendo del estado del mar. Para volver a Egipto, los *ferries* rápidos zarpan de Aqaba hacia Nuweiba a las 11.00. Conviene llegar a la terminal de *ferries* por lo menos con dos horas de antelación, y asegurarse de llevar dólares. No se permite el pago con libras egipcias, y los bancos de la ciudad raramente disponen de dólares. Si se tiene un pasaporte de la UE o EE UU, se pueden obtener visados jordanos a bordo y de forma gratuita, pero los ciudadanos de otras nacionalidades tendrán que gestionarlo con antelación. Para más información sobre la travesía en *ferry*, véase p. 537.

En la terminal de *ferries* de Aqaba se encontrarán taxis colectivos esperando a los turistas que llegan con los barcos, para llevarlos a su hotel en Wadi Musa. A la hora de tratar con los taxistas, ayuda el hecho de ser buen negociador (e ir acompañado de muchos amigos para rebajar el precio). Normalmente el trayecto hasta Wadi Musa debería costar unos 15 US$ por persona. Se tarda unas dos horas, y la ruta atraviesa bonitas zonas de desierto.

En Wadi Musa, la mayor parte de hoteles ofrecen traslado gratuito a/desde el centro de visitantes, aunque la carrera en taxi desde cualquier lugar de Wadi Musa a Petra no debería costar más de 1 o 2 JOD. Aunque los puntos de interés de Petra se pueden visitar perfectamente a pie, por todas partes se encontrarán burros y guías con los que se pueden negociar los precios. Los paseos en camello se pagan más por suponer una novedad para el turista, aunque es innegable que resultan más fotogénicos, especialmente si el turista se cubre la cabeza como Lawrence de Arabia.

TABA

☎ 069

Taba tuvo el dudoso honor de ser la última parte del Sinaí que Israel devolvió a Egipto en virtud del tratado de paz de 1979, y ha sido un pequeño punto de contención entre ambos países durante casi una década. Egipto afirmaba que Taba estaba en el lado egipcio de la línea trazada en el armisticio de 1949, mientras que Israel sostenía que estaba en el lado otomano de una frontera acordada entre los otomanos y el Egipto británico en 1906, y que por lo tanto las líneas trazadas en 1949 y 1979 eran erróneas. Tras una disputa que duró casi una década, el asunto se sometió a una comisión internacional en 1988, que falló a favor de Egipto; aquel mismo año Israel le devolvió Taba.

Como parte del acuerdo, se permitió que los viajeros israelíes pudieran visitar Taba sin visado hasta 48 horas, lo que fomentó el desarrollo del turismo en la población. No obstante, tras una serie de mortíferos atentados con bomba en 2004, que provocaron un gran número de víctimas entre los viajeros israelíes, el turismo en Taba prácticamente ha desaparecido. Hoy en día, sirve sobre todo como puesto fronterizo para los viajeros que quieren pasar por tierra entre Egipto e Israel y los Territorios Palestinos.

Orientación e información

Existe una **oficina de correos y teléfonos** (⏲ 24 h) en la población así como un hospital, el Centro de Urgencias de Taba, una panadería y una oficina de Egypt Air (cerca del Taba Hilton; a menudo está cerrada, y actualmente no hay vuelos). Junto a la frontera hay un cajero automático y varios puestos de cambio de moneda. También se pueden cambiar cheques de viaje y efectivo en el Taba Hilton.

Peligros y advertencias

El 7 de octubre de 2004, tres atentados con bomba en la zona de Taba provocaron 34 muertos y más de 150 heridos (el peor de estos ataques se produjo cuando un camión-bomba causó el derrumbe de varias plantas del Taba Hilton). Aunque los atentados perpetrados en el Sinaí desde entonces se han dirigido contra el turismo de Sharm el-Sheikh, no hay que descartar la posibilidad de nuevos atentados en Taba. No obstante, vale la pena mencionar que el turismo desde entonces es prácticamente inexistente en el lugar, lo que significa que quizá haya otros puntos del país más susceptibles de convertirse en objetivo terrorista. Aunque la frontera entre Israel y Egipto es perfectamente segura y fácil de cruzar, vale la pena estar bien atento a las indicaciones.

Para repasar la historia del terrorismo en el Sinaí, véase p. 463.

Dónde dormir y comer

Desgraciadamente, el potencial turístico de Taba quedó devastado tras los infames atentados de 2004. Aunque algunos turistas siguen haciendo escala aquí en ruta a Israel, queda poco que justifique una visita, y actualmente la mayor parte de hoteles de Taba están cerrados. Quizá las cosas cambien en el futuro, pero es poco probable que el daño se llegue a reparar del todo alguna vez.

Taba Hilton Nelson Village (☎ 353 0140; www.hilton.com; playa de Taba; h desde 100 US$; ❄ 💻 🏊). El Hilton llenó titulares y despertó compasión en todo el mundo en 2004, cuando gran parte del hotel quedó destruida en un atentado terrorista. Desde entonces se ha ido reconstruyendo a gran velocidad, y actualmente ofrece una buena selección de habitaciones en su complejo Nelson Village, rodeado de frondosos jardines y frente a las aguas turquesa del golfo de Aqaba. Aunque las cicatrices del atentado aún son evidentes, el Taba Hilton se erige como testimonio de la determinación de Egipto en la lucha contra el terrorismo nacional.

Castle Zaman (☎ 350 1234, 012 214 0591; www.castlezaman.com; comidas desde 110 EGP; ⏲ desde 10.00; 🏊). Este castillo de piedra en lo alto de un acantilado tiene un gran ambiente, vistas al golfo y la mejor cocina de esta parte de la costa, con enormes raciones, como la de costillar de cordero a la parrilla. También cuenta con bar, piscina, una pequeña playa privada y un par de habitaciones (disponibles a 1.000 US$ por noche, sólo para los que quieran alquilar el castillo entero). No es mala idea llamar con antelación para confirmar los horarios de apertura, ya que el castillo a veces se alquila para bodas u otros eventos.

Cómo llegar y salir

La frontera entre Taba y Eilat, abierta 24 horas al día, es el único puesto fronterizo seguro y fiable entre Egipto e Israel. Más información en p. 535.

AVIÓN

Egypt Air ha suspendido sus vuelos nacionales a/desde Taba, aunque aún conserva su oficina cerca del Taba Hilton. El aeropuerto está en Ras an-Naqb, a 38 km de Taba.

AUTOBÚS

East Delta Travel Company (☎ 353 0250) tiene su propia estación en la carretera principal, unos 800 m al sur de la frontera. Los autobuses a Nuweiba (15 EGP, 1 h) salen a las 7.00, 9.00 y 15.00, y el de las 7.00 continúa hasta Santa Catalina (25-30 EGP, 4 h). También hay un autobús de El Cairo a Nuweiba, que pasa por Taba hacia mediodía. Los autobuses a El Cairo (70-80 EGP, 6-7 h) salen a las 10.30, 12.30 y 16.30, y los de Suez (45-50 EGP, 4 h) a las 7.15. También hay servicio a Dahab (20 EGP, 2½ h) y Sharm el-Sheikh (25-30 EGP, 3½ h) con salida a las 7.00 (sólo hasta Dahab), 9.00 y 15.00 (hasta Sharm el-Sheikh).

Cómo desplazarse

AUTOMÓVIL

Se pueden alquilar vehículos en **Max Car Rental** (☎ 353 0333; tabareservation@max.com.eg; 🕒 6.00-20.00), justo antes del puesto fronterizo, frente al Taba Hilton.

TAXI COLECTIVO

Junto a la frontera suele haber taxis y minibuses a la espera de pasajeros. Si los clientes escasean, puede que haya que esperar hasta que se llene el vehículo (o se puede pagar el equivalente a las siete plazas y salir inmediatamente). Las tarifas por persona son de unos 15 EGP a Nuweiba, 30 EGP a Dahab, 45 EGP a Sharm el-Sheikh o Santa Catalina y 55 EGP a El Cairo. La capacidad de regateo aumenta si el autobús no está muy lejos.

INTERIOR

El agreste interior del Sinaí está cubierto de montañas yermas, cañones esculpidos por el viento y *wadis* que se llenan de vida incluso con breves períodos de lluvia. Los paisajes rocosos y desérticos van alternando tonos rosáceos, ocres y negros aterciopelados al salir y ponerse el sol, y la escasa vegetación parece surgir de forma mágica de entre las rocas. Los beduinos aún recorren estos espacios naturales, y el camello sigue siendo el mejor medio de transporte, ya que gran parte del terreno es demasiado rocoso incluso para un todoterreno. Este árido escenario sirvió de telón de fondo para algunos de los episodios más sagrados registrados en la historia de la humanidad, lo que ha hecho que el Sinaí quede inmortalizado en los anales del judaísmo, el cristianismo y el islam.

ESPACIO PROTEGIDO DE SANTA CATALINA

☎ 069

Este espacio protegido, de 4.350 km², se creó en 1996 para contrarrestar los efectos nocivos del aumento del turismo en el monasterio de Santa Catalina y en el monte Sinaí. Además de proteger un ecosistema único, desértico y de altas cotas, protege una serie de importantes lugares históricos y sagrados para las tres principales religiones monoteístas del mundo, y la zona que rodea al monasterio ha sido declarada Patrimonio Mundial por la Unesco. Aunque pueda parecer un sacrificio dejar las playas del Sinaí, la visita a este espacio protegido es obligada.

Orientación

En medio del desierto y por encima del resto de picos, se levanta el enorme monte Sinaí, de 2.285 m de altura. En un valle desolado a los pies del monte se encuentra el monasterio de Santa Catalina. A unos 3,5 km está el pueblo de Al-Milga, también llamado Katreen, y conocido como "lugar de encuentro" por los beduinos jabaliyya de la zona.

Información

La tarifa de entrada se debe pagar en la **Oficina del Espacio Protegido de Santa Catalina** (☎ 347 0032; www.stkparks.gov.eg; entrada 3 US$), situada en el poblado turístico próximo a la entrada de Al-Milga, donde también se encontrarán guías informativas sobre las cuatro "rutas interpretativas" trazadas en la zona, entre ellas la del monte Sinaí. Estos folletos explican cada ruta, su flora y su fauna, así como los puntos de importancia histórica y religiosa.

Para permitir que la población local se beneficie del turismo, a los visitantes también se les exige que contraten un guía local beduino. A menos que se llegue en una visita organizada desde algún otro punto del Sinaí, éste es el mejor lugar para informarse sobre los guías locales.

En el pueblo de Al-Milga también se puede encontrar lo siguiente:

Banque Misr (junto a la gasolinera; 10.00-13.00 y 17.00-20.00 sa-ju). Efectúa reintegros con cargo a tarjetas Visa y MasterCard.

Policía (☎ 347 0046; junto a la Oficina del Espacio Protegido de Santa Catalina)

Hospital de Santa Catalina (☎ 347 0263). Sólo servicios muy básicos.

Central telefónica (junto a la panadería; 24 h)

Circuitos

La mayoría de visitantes llegan al Espacio Protegido de Santa Catalina en una excursión organizada desde Sharm el-Sheikh (p. 473), Dahab (p. 482) o Nuweiba (p. 489). Sin embargo, dormir en el interior del espacio protegido resulta sencillo y barato, así como organizarlo todo de forma independiente.

Puntos de interés

MONASTERIO DE SANTA CATALINA

Los orígenes del antiguo **monasterio de Santa Catalina** (☎ en El Cairo 02-482 8513; sinai@tedata.net.eg; entrada gratuita; 9.00-12.00 lu-mi, vi y do, excepto fiestas religiosas) se remontan aproximadamente al año 330, cuando la emperatriz romana Elena hizo que se construyera una pequeña capilla y un refugio fortificado para los ermitaños del lugar, junto a lo que se consideró que había sido la zarza ardiente desde la que Dios habló a Moisés. En el s. VI el emperador Justiniano encargó la construcción de una fortaleza alrededor de la capilla original, así como de una basílica y un monasterio que pudiera acoger a la comunidad monástica que se había desarrollado en el lugar, y como refugio para los cristianos del sur del Sinaí. Desde entonces han visitado el monasterio peregrinos de todo el mundo, muchos de ellos enfrentándose a extraordinarias dificultades y a un peligroso viaje para alcanzar este lugar tan remoto y aislado. Hoy en día Santa Catalina está considerado una de las comunidades monásticas de actividad ininterrumpida más antiguas del mundo, y su capilla es una de las pocas iglesias protorromanas que existen.

El monasterio (que, junto a todo su entorno, ha sido declarado Patrimonio Mundial por la Unesco) toma el nombre de Santa Catalina, la legendaria mártir de Alejandría, torturada en una rueda con pinchos y luego decapitada por su fe. Dice la tradición que unos ángeles se llevaron su cuerpo de la máquina de tortura (que salió rodando, descontrolada, y mató a los paganos que observaban) hasta las laderas del pico más alto de Egipto. Éste, que se encuentra unos 6 km al sur del monte Sinaí, se llamó a partir de entonces Gebel Katarina. El cuerpo de la santa fue "hallado" 300 años después por los monjes del monasterio en perfecto estado de conservación.

Actualmente el camino, empedrado, ha eliminado el riesgo que solía suponer la excursión hasta el monasterio, y tanto éste como el monte suelen llenarse de autocares y visitantes. Está especialmente lleno por la mañana, aunque la tranquilidad interior suele conseguir imponerse a pesar de la multitud. En el momento de la visita hay que recordar que el monasterio sigue estando en activo, por lo que es imprescindible cierto recato en el vestir (no se permite la entrada con pantalones cortos, y las mujeres no deben olvidar cubrirse los hombros).

Aunque gran parte del monasterio está cerrada al público, se puede entrar por la elaborada **iglesia de la Transfiguración,** del s. VI, cuya nave está flanqueada por enormes columnas de mármol y paredes cubiertas de ricas pinturas e iconos dorados. En el extremo este de la iglesia, un iconostasio dorado del s. XVII separa la nave del santuario y el ábside, donde se encuentran enterrados los restos de Santa Catalina (a los que no pueden acceder los visitantes). En lo alto del ábside, sobre el altar, se encuentra uno de los tesoros artísticos más impresionantes del monasterio, un mosaico del s. VI del episodio bíblico de la transfiguración de Cristo, aunque puede resultar difícil verlo a través de las lámparas y el iconostasio.

A la izquierda y por debajo del altar se encuentra la parte más sagrada del monasterio, la **capilla de la Zarza Ardiente.** El acceso está restringido, pero se puede ver la que se considera una descendiente de la **zarza ardiente** en el complejo del monasterio. Según los monjes, esta zarza fue trasplantada desde la cercana capilla en el s. X, y sigue creciendo siglos más tarde. Cerca de la zarza ardiente está el **pozo de Moisés,** una fuente natural que se supone que da felicidad marital a los que beben de ella. Por encima del pozo se encuentra el magnífico **Museo del Monasterio** (adultos/menores de 12 años/estudiantes 25 EGP/gratis/10 EGP), también conocido como Sagrada Sacristía, que recientemente ha sido espléndidamente res-

taurado. Presenta muestras (etiquetadas en árabe y en inglés) de muchos de los tesoros artísticos del monasterio, entre ellos algunos espectaculares iconos bizantinos de su colección, célebre en todo el mundo, numerosos cálices preciosos y cruces de oro y plata, así como una colección de antiguos manuscritos y Biblias iluminadas de valor incalculable, procedentes de la **biblioteca** del monasterio.

Fuera de los muros del monasterio hay una tienda de regalos donde se venden réplicas de iconos y de otros elementos religiosos (hay otras menores en el museo y en el interior del complejo, cerca de la entrada), y un café con una variada oferta de bebidas frías y tentempiés. Los días con menos visitantes suelen ser los martes y los miércoles, mientras que los sábados y los lunes tienden a ser los de mayor afluencia.

MONTE SINAÍ

Conocido en la zona como Gebel Musa, el monte Sinaí es objeto de devoción de cristianos, musulmanes y judíos. Las tres religiones creen que Dios entregó los diez mandamientos a Moisés en la cumbre. La ascensión a la montaña es fácil y bonita, y aunque es inevitable verse rodeado de montones de visitantes, da una idea de la magnificencia de la región montañosa del sur del Sinaí. Para quienes lo visiten como parte de un peregrinaje religioso, también ofrece un cierto contacto con los tiempos bíblicos.

Existen dos rutas bien definidas hasta la cumbre (la **ruta de los Camellos** y los **escalones del Arrepentimiento**) que confluyen unos 300 m por debajo de la cima, en una meseta conocida como la cuenca de Elías. Aquí todo el mundo tiene que seguir una serie de 750 escalones escarpados e irregulares hasta la cima, donde se encuentra una pequeña capilla que contiene pinturas y elementos decorativos (aunque suele permanecer cerrada). Tanto la ascensión como la cumbre ofrecen unas vistas espectaculares de los valles próximos y de unas cordilleras escarpadas que se pierden en el horizonte, y suele ser posible observar la cima del Gebel Katarina, aún más alto, a lo lejos. La mayoría de los que ascienden a la cumbre lo hace antes del alba,

DE LAS PROFUNDIDADES A LAS ALTURAS: UNA ADVERTENCIA

La altitud puede matar, en particular si el cuerpo contiene restos de nitrógeno. Si se ha practicado submarinismo recientemente, hay que tener en cuenta que el monte Sinaí es lo suficientemente alto como para provocar la enfermedad del buzo. Como norma general, hay que evitar ascender a la montaña las 12 horas siguientes a una inmersión, o 18 si se han efectuado inmersiones múltiples. Aunque pueda suponer una complicación para los planes de viaje, vale la pena hacer caso: se perderá mucho más tiempo si se acaba teniendo que meterse en una cámara hiperbárica. Y, por supuesto, la enfermedad del buzo no resulta nada divertida.

para contemplar el espectáculo que supone la salida del sol tras los picos de alrededor, y vuelven a la base antes de las 9.00, cuando el monasterio abre sus puertas a los visitantes.

La ruta de los Camellos es la más fácil, y supone unas dos horas de ascensión a paso regular. El camino es ancho, claro y de suave pendiente, siguiendo una serie de curvas pronunciadas, con la única dificultad potencial (aparte de los posibles vientos) de unos tramos de grava que pueden provocar resbalones durante el descenso. La mayoría asciende a pie, pero también se puede alquilar un camello en la base, justo detrás del monasterio, para recorrer el camino en parte o en su totalidad, hasta el punto donde la ruta de los Camellos confluye con los escalones. Si se opta por el camello, es anatómicamente más cómodo (especialmente para los hombres) para el ascenso que para el descenso.

Por el camino se encontrarán varios puestos de té y refrescos, y vendedores que alquilan mantas (5 EGP) y colchonetas (10 EGP) para protegerse del frío en la cima. Ambas cosas son una inversión rentable, ya que las colchonetas sirven para aislarse de la helada roca y las mantas (pese a oler a camello) protegen de los fuertes vientos. La ruta alternativa a la cima, los agotadores 3.750 escalones del Arrepentimiento, la abrió un monje como forma de penitencia. Los escalones (3.000 hasta la cuenca de Elías y 750 más hasta la cima) están hechos de roca toscamente tallada, y son escarpados e irregulares en muchos lugares, lo que requiere unas rodillas fuertes y estar atento a dónde se colocan los pies. Si se quieren probar ambas rutas, es mejor seguir el camino para ascender y los escalones (desde donde hay unas vistas impresionantes del monasterio) durante el descenso.

En verano lo mejor es evitar el calor iniciando la ascensión hacia las 3.00. Aunque la ruta se ha señalizado con piedras, hay puntos en los que puede presentar alguna dificultad, por lo que es esencial llevar linterna. Para llegar al inicio de la ruta de los Camellos hay que seguir el muro norte del monasterio hasta donde acaba el recinto. Los escalones del Arrepentimiento empiezan frente a la esquina sudeste del recinto.

Debido a que es un lugar santo y a la tremenda presión que suponen los grupos grandes en el medio ambiente, la Oficina Egipcia de Parques Nacionales ha implantado diversas normas. Si se pasa la noche en la montaña, es obligatorio hacerlo por debajo de la cima, en la pequeña cuenca de Elías, donde se encontrarán varios baños portátiles y un ciprés de 500 años de antigüedad que marca el lugar donde el profeta Elías oyó la voz de Dios. Conviene llevar suficiente agua y comida, ropa cálida y un saco de dormir, ya que no hay dónde plantar una tienda. Hace frío y viento, incluso en verano, y en invierno es habitual que nieve ligeramente.

Si se va a mediados de mayo, hay que estar preparado para compartir la cima con hasta cientos de visitantes, algunos de ellos con equipos de música, otros con Biblias y libros de himnos. Con la música y los cantos, y con los apretones para conseguir un hueco, puede resultar difícil dormir, especialmente durante las horas previas al amanecer. Si se quiere estar más tranquilo, se puede disfrutar de unas vistas igual de impresionantes desde el último tramo de la ruta de los Camellos, justo antes de donde se une a los escalones del Arrepentimiento.

Actividades

'TREKKING'

El monasterio de Santa Catalina se encuentra en el corazón de la región montañosa del sur del Sinaí, y los alrededores son un destino ideal para cualquier aventurero aficionado al *trekking* por terrenos escarpados. La duración de las rutas oscila entre la media jornada y la semana o más, y se pueden cubrir a camello o a pie. Aunque se decida caminar, hará falta por lo menos un camello para la comida y el equipaje.

Uno de los circuitos más populares pasa por los **Galt al-Azraq** (estanques azules) y lleva tres o cuatro días. La pista sale de Al-Milga por el **puerto artificial Abu Giffa** y atraviesa el **Wadi Tubug,** dando un desvío por el **Wadi Shagg,** donde hay fuentes, balsas y frondosos jardines cercados *(bustans)*. La ruta sigue después el pintoresco **Wadi Zuweitin** (valle de las aceitunas), con unos antiguos olivos que, según los beduinos de la zona, fueron plantados por el fundador de la tribu jebaliyya. Aquí suele pasarse la primera noche, y hay una pequeña cabaña de piedra en la que a veces duermen los excursionistas. Luego se sigue por el **Wadi Gibal,** pasando por altos puertos de montaña y por los valles del **Farsh Asara** y el **Farsh Arnab.** Muchos deciden luego ascender al **Ras Abu Alda** o al **Gebel Abu Gasba** antes de dirigirse al manantial de **Ain Nagila** y a las ruinas de un monasterio bizantino en **Bab ad-Dunya** (puerta del mundo). El tercer día la pista lleva hasta las aguas heladas y cristalinas de la **Galt al-Azraq,** una profunda y espectacular balsa tallada en la roca, para seguir el cuarto día a través de otros *wadis* espectaculares hasta un paso de camellos en el **Gebel Abbas Basha.** Tras una hora de ascensión por un camino fácil pero escarpado se llega a las ruinas de un palacio construido en el s. XIX por el virrey Abbas Hilmi I, con estupendas vistas desde la cima (2.304 m). Luego la pista vuelve hacia el Wadi Zuweitin y retrocede hasta Al-Milga.

Existen otros destinos como **Sheikh Awad,** con la tumba de un jeque y un asentamiento beduino; la **cascada de Nugra,** de aguas pluviales de unos 20 m de altura y difícil acceso, a la que se llega a través de un serpenteante cañón llamado **Wadi Nugra;** y **Naqb al-Faria,** un camino de camellos con inscripciones en la roca. Una ruta más corta es la ascensión a la cima del **Gebel Katarina,** el pico más alto de Egipto, con sus 2.642 m de altura. Se tarda unas cinco horas en alcanzar la cima, siguiendo una pista fácil pero agotadora. Las vistas desde la cima son imponentes, y si el día está claro pueden verse incluso las montañas de Arabia Saudí. El **valle Azul,** llamado así después de que un artista belga pintara sus rocas de azul hace unos años, es otro destino popular.

Todas las excursiones deben realizarse con un guía beduino y la mayor parte resultan más fáciles si se organizan a través de la **Oficina de Excursiones de Montaña** (☎ 010 641 3575) de Al-Milga, o de cualquiera de los campamentos u hoteles indicados a continuación. Las excursiones guiadas suelen costar entre 50 y 100 EGP/día, con un suplemento de 30 a 50 EGP por día en concepto de comida y equipo. También conviene comprar previamente la leña, para evitar la tala de los pocos árboles que hay en las montañas. Independientemente de con quién se vaya, no hay que dejar de registrarse en la policía antes de salir.

Hay que asegurarse de llevar tabletas para purificar el agua, a menos que se quiera confiar en los manantiales de las montañas. También harán falta botas de montaña, sombrero o gorra y gafas de sol, protección solar, una chaqueta cálida, un buen saco de dormir y papel higiénico. No hay que olvidar que de noche puede hacer mucho frío (en invierno son frecuentes la escarcha e incluso la nieve).

CÓMO NO DEJAR RASTRO EN LOS ESPACIOS PROTEGIDOS

Para limitar el impacto del paso de los turistas por este lugar tan especial, rige el siguiente código:

- Debe respetarse la importancia religiosa e histórica y la cultura y las tradiciones beduinas.
- No hay que dejar nada de basura; las deposiciones deben enterrarse, y el papel higiénico, quemarse.
- No deben contaminarse las fuentes de agua, ni hacer un uso excesivo de ellas.

Es ilegal:

- Llevarse cualquier objeto, incluidas rocas, plantas y animales.
- Molestar o hacer daño a los animales.
- Cortar o arrancar plantas.
- Escribir, pintar o tallar inscripciones en la roca.

Dónde dormir

Además de la llamada "Pensión del Monasterio", que de hecho se encuentra en el propio monasterio, hay varios hoteles y pensiones en el pueblo de Al-Milga (Katreen), a unos 3,5 km del monasterio. También se puede pasar la noche en Dahab (p. 480) o Nuweiba (p. 487) y de allí acceder a Santa Catalina y el monte Sinaí por poco dinero en una excursión organizada.

ECONÓMICO

Fox of the Desert Camp (☎ 347 0344; faragfox2003@yahoo.com; *camping* 5 EGP por persona, dc/d 15/40 EGP). Gestionado por dos beduinos del lugar, Soliman y Farag al-Gebaly (también conocido como *Fox*, "el zorro"), es un campamento económico de ambiente relajado, con instalaciones básicas pero limpias. Los propietarios ofrecen las consabidas excursiones, aunque lo mejor son sus circuitos a medida por el desierto, desde 75 EGP por persona y día. El campamento está en Al-Milga, en la carretera de detrás del Catherine Plaza Hotel, a unos 200 m de la rotonda principal.

El-Malga Bedouin Camp (☎ 010 641 3575; www.sheikmousa.com; *camping* 10 EGP por tienda, dc/d 15/40 EGP; 💻). Este popular campamento, gestionado por el afable jeque Musa, que organiza rutas por el Sinaí y por el espacio protegido, es muy popular entre los mochileros. El-Malga es una estructura de una sola planta tallada en la roca, con un puñado de habitaciones con colchones y baños compartidos con agua caliente (que sienta muy bien tras una noche pasando frío en las montañas). El campamento está situado junto a la Oficina de Excursiones de Montaña de Al-Milga, a sólo 500 m de la parada de autobuses.

Safary Moonland Hotel & Camp (☎ 347 0085, 010 658 9550; mnland2002@yahoo.com; dc 15 EGP, i/d/tr desde 25/50/60 EGP). Este agradable hotel-campamento de precio bajo, gestionado por beduinos jabaliyyas, está muy cerca del Fox of the Desert Camp. Ofrece diversas opciones en dormitorios y habitaciones privadas, con o sin baño, y es una buena opción si se quiere tener la oportunidad de escoger habitación. Al igual que los otros campamentos, ofrece excursiones y circuitos por la zona.

Al-Karm Ecolodge (☎ 347 0032; http://www.awayaway-sinai.net/main/Al_Karm_Ecolodge.htm; Sheikh Awaad; *camping*/h 25/75 EGP por persona). Es un buen campamento base, aunque algo rústico, para sumergirse en la belleza del sur del Sinaí. Este lugar gestionado por beduinos está fuera de Al-Milga, en un *wadi* remoto, cerca del pequeño asentamiento de Sheikh Awaad. Ofrece habitaciones sencillas, duchas compartidas con agua calentada con energía solar, cocina y mucha tranquilidad. Para llegar, hay que seguir el camino desde el poblado Tarfa, a unos 20 km de Santa Catalina por la carretera al Wadi Feiran; si no se va acompañado de algún lugareño, se puede llamar a la oficina del espacio protegido (☎ 347 0032) para pedir direcciones, y ellos se pueden encargar de que alguien salga al encuentro.

PRECIO MEDIO

Monastery Guesthouse (☎ 347 0353; monasterio de Santa Catalina; dc media pensión 25 US$ por persona, i/d/tr con baño y media pensión 35/55/70 US$). Si es por ubicación, la Monastery Guesthouse no tiene rival. Está junto al monasterio, así que se puede literalmente salir de la cama y caminar hasta él antes incluso de desayunar. Es la elegida por peregrinos de todo el mundo, y ofrece habitaciones bien conservadas, con calentadores y mantas para combatir el frío de la montaña, y un agradable patio con vistas de las montañas. Las comidas de la cafetería son consistentes y sabrosas, y por unos dólares más por persona se sirven almuerzos.

Daniela Village (☎ 748 2671; i/d media pensión desde 55/80 US$; ⊠). Este hotel de tres estrellas es uno de los más agradables de entre los de precio medio de Al-Milga. Se compone de cabañas prefabricadas cubiertas de piedra y distribuidas por un atractivo complejo. El bar-restaurante resulta muy atractivo para los turistas, especialmente si uno está deseando disfrutar de una Stella (o cuatro) tras caminar toda la noche. Está enfrente del hospital, en diagonal, a 1,5 km de la estación de autobuses aproximadamente.

St Catherine's Tourist Village (☎ 347 0333; i/d media pensión desde 85/100 US$; ⊠). Este establecimiento de cuatro estrellas es la opción más elegante para alojarse en Al-Milga, con bonitas habitaciones de piedra estilo *bungalow* que se confunden con el paisaje de alrededor. Si se quiere descansar en un entorno cómodo tras castigar el cuerpo con cualquiera de las duras excursiones por el espacio protegido, no se lamentará haber gastado el dinero en este lugar. Se encuentra en la misma carretera que el Daniela Village, unos 500 m más allá del hospital y a 2 km de la estación de autobuses.

Dónde comer

En Al-Milga hay una panadería frente a la mezquita y varios supermercados bien provistos en el centro comercial (perfectos para hacerse con provisiones antes de emprender una excursión). Detrás de la panadería se encuentran unos cuantos restaurantes sencillos, aunque la mayoría de turistas prefieren hacerse su propia comida en los campamentos o comer en el hotel.

Katrien Rest House (platos 2-15 EGP). Este popular restaurante beduino sirve platos de pollo, arroz y verduras en el comedor interior o en la terraza.

Kafeteria Ikhlas (platos 5-15 EGP). Sencillo y acogedor restaurante con alfombras y mesas bajas bajo las palmeras. Sirve consistentes desayunos y platos de pollo, arroz y verduras.

Cómo llegar y salir

AUTOBÚS

El monasterio de Santa Catalina está a unos 3,5 km del pueblo de Al-Milga (que es donde dejan los autobuses de Dahab, Sharm el-Sheikh y El Cairo), y a 2 km de la gran rotonda en la carretera que los comunica.

East Delta Travel Company (☎ 347 0250) tiene su propia parada de autobuses y la taquilla en la carretera principal, cerca de la oficina de correos. Hay un autobús diario a El Cairo (37 EGP, 6-7 h) a las 6.00, vía Wadi Feiran y Suez (35 EGP, 4 h), y otro a Dahab a las 13.00 (20-25 EGP, 2 h), donde se puede conectar con otro a Nuweiba o Taba. Para viajar a Sharm el-Sheikh, Hurgada o Luxor, hay que cambiar de autobús en Dahab. Los autobuses East Delta de El Cairo a Santa Catalina salen del Turgoman Garage a las 10.30 (y hacia las 12.00 de Al-Maza).

Muchos hoteles y campamentos de Dahab, Nuweiba y Sharm el-Sheikh, así como agencias de viajes de El Cairo, organizan excursiones al monasterio y al monte Sinaí.

TAXI COLECTIVO

En el monasterio suele haber taxis colectivos a la espera de la gente que baja del monte Sinaí por la mañana, y también hacia mediodía, cuando acaba el horario de visita. Una carrera al pueblo cuesta entre 10 y 15 EGP. Para ir a Dahab/Sharm el-Sheikh hay que calcular 30/45 EGP. Para El Cairo, costarán unos 400 EGP por vehículo.

WADI FEIRAN

Este largo valle es el principal canal de drenaje de toda la región montañosa al golfo de Suez. Es el mayor oasis del Sinaí, exuberante y muy bonito, con más de doce mil palmeras datileras, así como comunidades de beduinos de todas las tribus del Sinaí. Unos muros de piedra rodean las palmeras, y las montañas rocosas a ambos lados del *wadi* presentan colores ligeramente diferentes, que destacan al amanecer y al ocaso, dando una espectacularidad aún mayor al paisaje.

Feiran también tiene su significado bíblico: se cree que fue aquí donde Moisés golpeó la roca con su vara, obteniendo agua, y posteriormente se convirtió en el primer bastión cristiano en el Sinaí. Se conserva un convento protocristiano muy reformado procedente de aquella época, aunque habrá que pedir permiso en el monasterio de Santa Catalina si se pretende visitarlo.

El valle también es un lugar ideal desde donde iniciar excursiones a las montañas de alrededor. Al sur, el **Gebel Serbal,** de 2.070 m (y considerado por los primeros cristianos el auténtico monte Sinaí), está a seis horas de dura ruta por una pista también conocida como **Sikket ar-Reshshah.** Los que decidan afrontar esta dura empresa serán recompensados con unas fantásticas vistas panorámicas. Para cualquier excursión es necesario ir acompañado de algún guía beduino, y el lugar donde es más fácil conseguirlo es en Al-Milga, cerca del monasterio de Santa Catalina.

QALAAT AL-GINDI Y NAKHL

En el centro del Sinaí, unos 80 km al sudeste del túnel Ahmed Hamdi, se encuentra Qalaat al-Gindi, con la **fortaleza de Saladino** (Salah ad-Din), de 800 años de antigüedad. En el s. XII los musulmanes de África y el Mediterráneo cruzaban el Sinaí de camino a La Meca. Las tres rutas que seguían sus caravanas convergían en Qalaat al-Gindi, lo que impulsó a Saladino a construir una fortaleza para proteger a los peregrinos durante su *hajj*. También planeó usar el fuerte, que se encuentra intacto en gran parte, como base desde donde lanzar ataques a los cruzados, que habían avanzado hasta Jerusalén. Al final resultó que Saladino consiguió expulsar a los cruzados de la Ciudad Santa antes incluso de completar su fortaleza.

Qalaat al-Gindi está lejos de las rutas más habituales y recibe pocas visitas. Desde la costa, hay que desviarse en Ras Sudr y desde allí seguir una carretera sin indicaciones. Al no haber transporte público, se hace necesario disponer de vehículo propio o alquilar un taxi.

Siguiendo al norte unos 20 km desde Qalaat al-Gindi se llegará al desvío a Nakhl, que está otros 60 km al este. Esta pequeña comunidad se encuentra casi en el centro de la península del Sinaí, rodeada de naturaleza. Dispone de gasolinera, un supermercado sorprendentemente bien provisto y una panadería. Una carretera sale hacia el norte en dirección a Al-Arish, pero a los extranjeros les está prohibido utilizarla.

NORTE DEL SINAÍ

El norte del Sinaí, poco visitado por los turistas, presenta un interior desértico, gran parte del cual es inaccesible para los extranjeros, y una costa mediterránea sembrada de palmeras, con playas de arena blanca que forma unas dunas bajas. Como cruce de caminos entre Asia y África, la carretera de la costa sigue la que debe de ser una de las rutas más antiguas de la historia. Conocida en la antigüedad como la ruta de Horus, fue usada por egipcios, persas, griegos, cruzados y musulmanes árabes. De hecho, los coptos creen que el niño Jesús también pasó por esta ruta con sus padres durante su huida a Egipto.

AL-ARISH

☎ 068 / 50.000 hab.

Gran parte de la costa norte del Sinaí, entre Port Fuad y Al-Arish, está dominada por la laguna pantanosa del lago Bardawil, separado del Mediterráneo por un caballón de roca caliza. La consecuencia de esta geografía tan hostil es que Al-Arish sea la única ciudad importante de la región y, por defecto, la capital de la gobernación del Sinaí del Norte. No es de extrañar que Al-Arish tenga el aspecto de una ciudad fantasma gran parte del año, salvo por su animado mercado central, que atrae a miles de comerciantes beduinos de toda la península.

En verano, no obstante, el largo litoral sembrado de palmeras de Al-Arish cobra vida con la llegada en masa de cairotas. Con su modesta oferta de complejos de vacaciones y hoteles de playa, Al-Arish es una popular alternativa al más caro (y desvergonzadamente charro) Sharm el-Sheikh (p. 469).

Orientación

La calle principal de la costa, Sharia Fuad Zikry, cruza en T con Sharia 23rd of July, que sigue un par de kilómetros hacia el sur (convirtiéndose en Sharia Tahrir a medio camino) hasta la zona del mercado principal.

Información

URGENCIAS

Ambulancias (☎ 123)

Policía turística (☎ 336 1016; Sharia Fuad Zikry; 24 h)

ACCESO A INTERNET

El Basha.Net (2 EGP/h; 11.00-15.00)

ASISTENCIA MÉDICA

Hospital Militar Mubarak (☎ 332 4018; cerca del edificio de la gobernación, Rafah Rd; 24 h)

Hospital público (☎ 336 0010; Sharia Fuad Zikry; 24 h). Mejor evitarlo, salvo en caso de verdadera emergencia.

DINERO

Bank of Alexandria (Sharia 23rd of July; 8.30-14.00 y 18.00-20.00 do-ju)

Banque du Caire (Sharia 23rd of July; 8.30-14.30 do-ju)

Banque Misr (junto a Sharia Tahrir; 9.00-14.30 y 18.00-20.00 do-ju)

National Bank of Egypt (Sharia Tahrir; 9.00-14.30 do-ju)

CORREOS

Oficina principal de correos (junto a Sharia Tahrir; 8.30-14.30 sa-ju)

TELÉFONO

Central telefónica (junto a Sharia Tahrir; 24 h)

INFORMACIÓN TURÍSTICA

Oficina de turismo (☎ 336 3743; Sharia Fuad Zikry; 9.00-14.00 sa-ju)

Puntos de interés y actividades

El **Espacio Protegido de Zerenike** (entrada 3US$; alba-ocaso), de 220 km², se extiende por la costa del Mediterráneo, desde el extremo oriental del lago Bardawil hasta unos 25 km al este de Al-Arish, y es un paraíso para las aves migratorias y un buen destino para los amantes de la naturaleza. La entrada al espacio protegido, fundado por la Oficina Egipcia de Parques Nacionales en 1985, está unos 35 km al este de Al-Arish. En el interior de las puertas se encuentra un **centro de visitantes** (9.00-17.00 sa-ju), con una cafetería e información sobre alguna de las especies

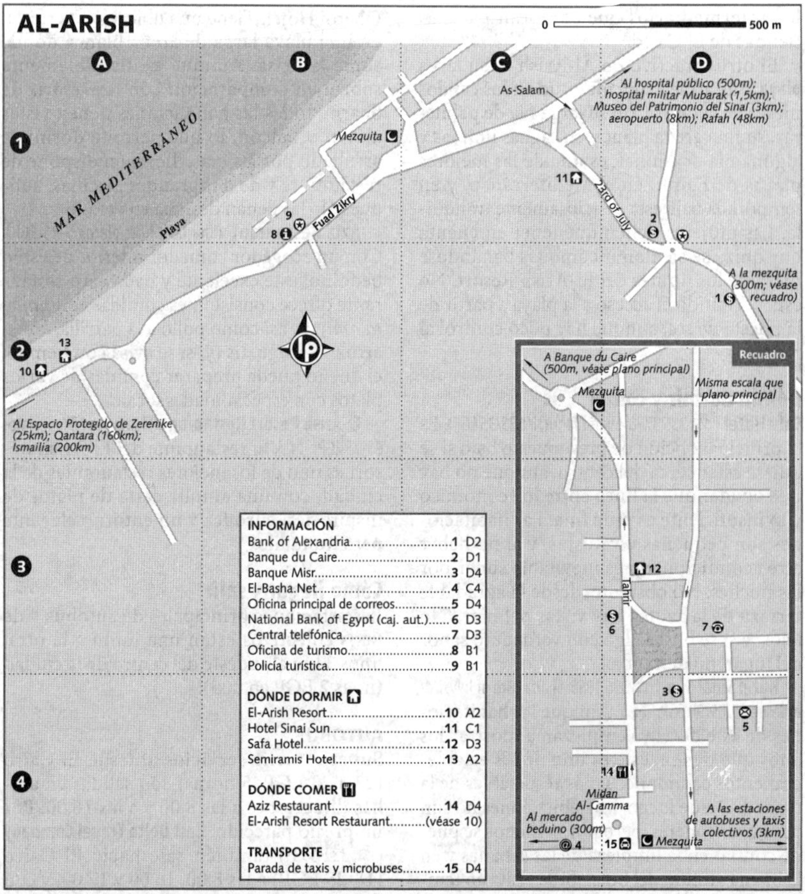

de aves que paran aquí en su migración entre Europa y África. También hay un sencillo **dormitorio** (☎ 010 544 2641; 10 US$ por persona) y un ***camping*** (5 US$ por persona). Para ambas opciones habrá que traerse la comida y la bebida, ya que no hay restaurante, aunque sí instalaciones básicas para cocinar.

El pequeño **Museo del Patrimonio del Sinaí** (carretera de la costa; entrada 1 EGP, cámara fotográfica/de vídeo 5/25 EGP; 9.30-14.00 sa-ju), a las afueras de Al-Arish por la carretera de la costa a Rafah, se creó para informar a los visitantes a la península sobre la vida nómada tradicional en el Sinaí. La muestra incluye herramientas, artesanía, ropa y medicinas tradicionales de los beduinos, con alguna que otra explicación en inglés.

Mucho más animado es el **mercado beduino** (9.00-14.00 ju), celebrado en el extremo sur de la ciudad, cerca del mercado principal (está indicado en árabe e inglés, con el nombre de "Souq al-Hamis"). Es fascinante ver cómo llegan los beduinos del desierto en camiones o, en ocasiones, en camellos, y a las mujeres cubiertas con velos comerciando con abalorios de plata o cuentas y vestidos bordados, mientras los hombres venden sillas de montar a camello. A veces puede verse a mujeres que compran oro después de haber vendido sus trabajos manuales. Aunque parte de la artesanía es de alta calidad, habrá que regatear duro para conseguirla, ya que las mujeres suelen guardarse sus mejores piezas para los intermediarios que compran para las tiendas de El Cairo.

El otro atractivo de Al-Arish es su larga **playa**, que atrae a una multitud en los cálidos meses de verano. Con su larga fila de palmeras, su fina arena blanca, sus aguas limpias y alguna ola ocasional, es una de las mejores playas de Egipto en el Mediterráneo, y en temporada baja está deliciosamente tranquila. Las mujeres tienen que tener en cuenta que quizá se sientan incómodas bañándose fuera de los límites del El-Arish Resort. No está permitido el acceso a la playa a partir de la puesta de sol, aunque hay poco control al respecto.

Dónde dormir y comer

Safa Hotel (☎ 335 3798; Sharia Tahrir; i/d 25/35 EGP). Es la principal opción de presupuesto bajo si se quiere estar cerca del centro, aunque no hay que olvidar que la línea entre lo económico y lo insuficiente es muy fina. Las habitaciones son pequeñas y vetustas, y al no haber aire acondicionado es inevitable sudar por las noches. No obstante, desde la agradable terraza de la azotea hay vistas del mar, a lo lejos, y si se busca algo con verdadero sabor del lugar, no defrauda.

Hotel Sinai Sun (☎ 336 1855; Sharia 23rd of July; i/d/tr desde 75/85/90 EGP; ⌘). Aunque las habitaciones de este hotel ya empiezan a mostrar los años que tienen, éste es uno de los establecimientos económicos más respetables de la ciudad. Desde luego, las habitaciones no son para tirar cohetes, pero por lo menos se puede confiar en la limpieza de las sábanas y en la buena gestión del hotel. Si se visita en temporada baja se pueden negociar un poco los precios, con lo que sale aún más a cuenta.

Semiramis Hotel (☎ 336 4167/8; Sharia Fuad Zikry; i/d desde 35/45 US$; ⌘ ⌘). Este hotel, uno de los más elegantes de la ciudad, en categoría queda a cierta distancia del El-Arish Resort (pero también bastante por encima del resto de la competencia). Dispone de una irresistible piscina rodeada de tumbonas y palmeras. No hay que dejar de pedir una habitación cerca del agua, ya que las que están en el complejo al otro lado de la calle no son interesantes. Con todo, vale la pena gastarse unos dólares más para concederse ciertas comodidades.

El-Arish Resort (☎ 335 1321; Sharia Fuad Zikry; i/d desde 65/85 US$; ⌘ ⌘). Este hotel de cinco estrellas, apagado pero agradable, era antes el Oberoi Hotel. Tiene una ubicación perfecta, en una playa larga de arena blanca donde sopla la brisa. Aunque es increíblemente sobrio en comparación con los *resorts* de Sharm, todas las habitaciones tienen vistas al mar y balcón, lo que permite dormirse arrullado por las olas. También dispone de restaurante y de dos grandes piscinas, aunque sólo las llenan de agua en verano.

Aziz Restaurant (Sharia Tahrir; platos 5-25 EGP). Con un acogedor comedor interior de estilo beduino, este excelente y nada caro restaurante ofrece consistentes comidas con *fuul* y *ta'amiyya*, así como pollo a la parrilla, *kofta*, arroz y espaguetis (y, si se avisa con tiempo, el dueño puede preparar comidas de varios platos con especialidades locales).

El-Arish Resort Restaurant (Sharia Fuad Zikry; platos 25-75 EGP; ⌘). El restaurante del El-Arish Resort es uno de los mejores restaurantes de la ciudad, con una amplia carta de platos de inspiración europea y un entorno elegante pero tranquilo.

Cómo llegar y salir

Las estaciones principales de autobús y de taxis colectivos están una junto a la otra, unos 3 km al sudeste del centro de la ciudad (unas 2 EGP en taxi).

AUTOBÚS

Superjet tiene servicios a/desde El Cairo (23 a 28 EGP, 5 horas) con salidas en ambas direcciones a las 8.00 y a las 16.00. Por un precio parecido, **East Delta Travel Company** (☎ 332 5931) también sale hacia El Cairo (18-25 EGP) a las 8.00, 16.00 y 17.00, y con destino a Ismailia (10 EGP, 3-4 h) a las 7.00, 10.30, 11.30, 13.00, 14.00, 15.00 y 16.00. Para ir a Suez hay que cambiar de autobús en Ismailia.

TAXI COLECTIVO

Los taxis colectivos desde Al-Arish a El Cairo cuestan de 20 a 25 EGP por persona. El viaje a Qantara cuesta de 10 a 15 EGP, a Ismailia entre 12 y 17 EGP, y hasta la frontera (o viceversa), entre 10 y 20 EGP.

Cómo desplazarse

La principal parada de taxis y microbuses está en Midan Al-Gamma, cerca del mercado del sur de la ciudad. Los microbuses cubren regularmente la ruta entre este lugar y la playa por 25 pt.

RAFAH

☎ 068

Esta ciudad costera, 48 km al norte de Al-Arish, marca la frontera con la franja de Gaza, el territorio palestino ocupado por Israel que queda a años luz de la paz y calma relativas del Sinaí. Dado que hace mucho tiempo que no resulta nada fácil para los extranjeros (ni para casi nadie) cruzar la frontera a Gaza, Rafah tiene poco interés salvo para algún que otro periodista o cooperante internacional que se dirija a Gaza. Por otra parte, el miedo a que el ambiente explosivo de Gaza se extienda por el Sinaí ha provocado que la frontera esté muy vigilada por la policía, así que a menos que se lleve toda la documentación en orden, lo mejor es no acercarse siquiera a Rafah. Si, con todo, se tiene una razón de peso para dirigirse a la frontera, hay varios taxis colectivos que cubren la ruta entre Al-Arish y el puesto fronterizo de Rafah por unas 10 EGP. Para información y advertencias sobre el paso de la frontera, véase p. 535.

Datos prácticos

SUMARIO

ALOJAMIENTO

Egipto ofrece a los visitantes una amplia gama de alojamientos: hoteles, cruceros, *resorts* con todo incluido, pensiones, B&B, albergues juveniles, *campings* e incluso establecimientos de ecoturismo.

Los precios indicados en esta guía corresponden a temporada alta e incluyen los impuestos. El precio de la habitación comprende el desayuno, salvo que se indique lo contrario. Hemos definido como hoteles económicos los que cobran hasta 120 EGP por habitación aproximadamente, los de precio medio tienen tarifas de entre 120 y 600 EGP, y los de precio alto son los que cobran 600 EGP o más por habitación. No obstante, los segmentos de precios varían ligeramente en los diferentes capítulos, ya que algunos destinos son más caros que otros.

Hay que tener en cuenta que los precios a menudo aumentan un 10% aproximadamente durante las dos grandes fiestas nacionales (Eid al-Fitr y Eid al-Adha; véase p. 521), Año Nuevo (20 de diciembre al 5 de enero) y, en ocasiones, también en verano (aproximadamente entre el 1 de julio y el 15 de septiembre).

También hay que observar que sólo porque un hotel publique sus tarifas, no quiere decir que no sean negociables. En temporada baja y en días laborables, regateando se pueden conseguir descuentos considerables, incluso en hoteles de precio medio.

Los *resorts* egipcios suelen ofrecer tarifas de media pensión (dos comidas), pensión completa (tres comidas) o de todo incluido, que normalmente incluyen la mayor parte de las bebidas, así como algunas actividades. Aunque en toda la guía se dan precios de *resorts* con todo incluido, es una opción para la que vale la pena efectuar reserva con antelación, ya que a veces se pueden obtener descuentos considerables.

Los hoteles de tres estrellas o más suelen exigir el pago en dólares, algo que técnicamente es ilegal, aunque no parece que le importe mucho a nadie. En cualquier caso, cada vez más hoteles de precio alto aceptan pagos con tarjeta de crédito; no obstante, no hay que darlo nunca por descontado.

La mayor parte de los hoteles caros y algunos de precio medio cuentan con habitaciones para no fumadores, aunque no siempre se puede contar con que haya alguna disponible. En Egipto el tabaco está muy arraigado; es algo a lo que los no fumadores tendrán que acostumbrarse enseguida.

'Camping'

Oficialmente sólo se permite la acampada en algunos lugares determinados, como Harraniyya, cerca de Gizeh en El Cairo, Luxor, Asuán, Farafra y el Parque Nacional de Ras Mohammed. Hay algunos hoteles privados que también permiten la acampada en sus patios traseros, como los de Abu Simbel,

LO BÁSICO

- *Egyptian Gazette* (50 pt) es un periódico diario egipcio en inglés. *Al-Ahram Weekly* (1 EGP) sale los jueves y contiene información de mejor calidad. Tiene una versión *online* en www.ahram.org.eg/weekly. *Egypt Today* (15 EGP) es una publicación satinada, llena de anuncios, de interés general y con buenos listados.
- Se puede sintonizar la BBC World Service en varias frecuencias radiofónicas, entre ellas 1323 AM en Alejandría, el programa de onda corta europea en El Cairo y el programa de onda corta de Oriente Medio en el Alto Egipto. Visítese www.bbc.co.uk/worldservice para más detalles. En El Cairo, el 95 FM emite a 557 kHz entre las 7.00 y las 24.00 a diario, e incluye noticias en inglés a las 7.30, 14.30 y 20.00. Nile FM (104.2 kHz) es una emisora musical en inglés que transmite fuera de El Cairo. Radio Exterior de España emite en onda corta en África y Oriente Medio, véase www.rtve.es/rne/ree para coconocer su programación.
- Las antenas parabólicas son habituales en Egipto y desde las habitaciones de los hoteles se pueden ver servicios informativos internacionales en inglés como los de CNN y BBC World.
- La corriente eléctrica es de 220V AC y 50Hz en gran parte del país. Las excepciones son Alejandría, y Heliópolis y Ma'adi en El Cairo, que tienen corriente de 110V AC y 50Hz. Los enchufes de pared son redondos y con dos clavijas.
- Egipto usa el sistema métrico decimal de pesos y medidas.

Al-Kharga, Nuweiba, Basata, Qus y Abydos. Las instalaciones en casi todas las zonas de acampada, incluso las oficiales, son muy básicas. En el Sinaí la opción económica más habitual son los *campings* junto a la playa. Todos tienen electricidad y agua caliente 24 horas, a menos que se indique lo contrario.

Albergues

Egipto cuenta con 15 albergues reconocidos por **Hostelling International** (HI; www.hihostels.com, www.hihostels.com/web/index.es.htm): en El Cairo, Alejandría, Al-Fayoum, Asuán, Asyut, Damanhur, Hurgada, Ismailia, Luxor, Marsa Matruh, Port Said, Sharm el-Sheikh, Sohag, Suez y Tanta. No es absolutamente necesario poseer un carné HI, ya que admiten también a no miembros, pero con el carné se pueden ahorrar uno o dos dólares, según el albergue.

En cualquier caso, en líneas generales los albergues HI tienden a ser ruidosos, a estar muy llenos y en ocasiones pueden ser algo mugrientos. En algunos hay habitaciones para parejas o familias, pero lo más común es que en los dormitorios se separen por sexos. En la mayoría de los casos, es mucho mejor optar por un hotel económico. No suele ser necesario hacer reserva.

En las oficinas de la **Asociación Egipcia de Albergues Juveniles** (Egyptian Youth Hostels Association; ☎ 02-794 0527; fax 795 0329; 1 Sharia Ibrahimy, Garden City, El Cairo) se puede obtener información actualizada.

Hoteles

ECONÓMICO

Este grupo lo forman los hoteles de dos, una o ninguna estrella. Por supuesto, a menudo estas clasificaciones no son importantes, pues un hotel sin estrellas puede estar tan bien como uno de dos, sólo que es más barato. Suele ser claramente una cuestión de suerte. Se pueden pagar sólo 25 EGP por noche por una habitación individual, limpia y con agua caliente, u 80 EGP o más por una habitación doble, sucia y sin ducha. Habitualmente los precios incluyen desayuno, aunque no hay que tener grandes esperanzas puesto que por regla general suele consistir en un par de rebanadas de pan, un trozo de mantequilla congelada, una ración de mermelada y té o café.

Hay mucha competitividad entre hoteles económicos en ciudades como El Cairo o Luxor, con el beneficio para los viajeros de una mejora general de la calidad y los servicios ofrecidos. Cada vez es más habitual que los hoteles tengan habitaciones con baño privado y aire acondicionado (por un extra de aprox. 20 EGP), mejoren la calidad de los desayunos y proporcionen acogedoras salas de estar con televisión vía satélite, acceso a Internet y tableros de *backgammon*.

Algunos hoteles aseguran tener agua caliente sin ser verdad. Cuando se inspeccione el baño hay que abrir un grifo para comprobarlo o bien mirar si hay un calentador eléctrico.

Muchos establecimientos económicos no facilitan sábanas. Si no se dispone de ellas, hay que pedirlas. Suele haber papel higiénico pero a menudo hay que llevar jabón y champú.

PRECIO MEDIO

Las opciones de precio medio son sorprendentemente limitadas. Esto se nota especialmente en El Cairo y Alejandría, donde la inversión extranjera se destina al alojamiento de precio alto. En estas ciudades los establecimientos locales suelen catalogarse ellos mismos de precio medio aunque terminan ofreciendo servicios propios de hotel de ninguna estrella pero con tarifas de tres. Además, hay que vigilar con los extras: a veces cobran por la nevera, el aire acondicionado y la televisión vía satélite. Antes de aceptar la habitación siempre hay que asegurarse de qué entra en el precio. Esto es especialmente importante en el tema de los impuestos, pues puede llegar a un 24% en muchos hoteles de precio medio y alto.

PRECIO ALTO

Los visitantes disponen de una selección inmensa de hoteles de precio alto. Mientras que los precios y los servicios suelen ser del nivel de los estándares internacionales, en algunos casos el servicio y la comida dejan que desear. No es mala idea inspeccionar la habitación antes de registrarse y pagar.

ACTIVIDADES

La increíble variedad de los paisajes egipcios, sus desiertos y sus mares, ofrecen múltiples oportunidades para practicar una amplia gama de actividades. He aquí una breve lista de alguna de las posibilidades.

Observación de aves

Egipto es un paraíso para los ornitólogos, pues ostenta varias y excelentes zonas de observación con una infinidad de aves, tanto especies autóctonas como migratorias (p. 89). El primer punto de observación de aves es el lago Qarun, en la región de Al-Fayoum, donde hay especies como la espátula o el archibebe fino. En invierno las lagunas de agua salada del norte del Delta y el Espacio Protegido de Zerenike del lagoBardawil, en el norte del Sinaí, alojan al flamenco común, al pelícano vulgar y a la espátula. También se pueden ver grandes bandadas de pelícanos alrededor de los pequeños lagos cercanos a Abu Simbel. En el desierto se pueden observar u oír búhos reales. En primavera, en los acantilados de Ain Sukhna, en la costa del mar Rojo, se pueden ver águilas, buitres y otras aves de rapiña.

A Photographic Guide to Birds of Egypt and the Middle East, de Richard Porter y David Cottridge (40 EGP), y *Common Birds of Egypt*, de Bertel Bruun y Sherif Baha el Din (35 EGP), son buenos libros de referencia ilustrados publicados por la American University in Cairo Press. Ambos se pueden encontrar en Egipto. También se puede consultar la página web de la comunidad egipcia de observación ornitológica, www.birdlife.org/worldwide/national/egypt/index.html, en inglés, con los mejores sitios webs sobre observación de aves, comentarios y consejos de viaje.

Ciclismo

Las altas temperaturas, las enormes distancias y lo limitado de la red de carreteras hacen que el turismo en bicicleta no sea la mejor de las opciones, aunque desde luego es posible: véanse algunas ideas para sacar el máximo partido de la experiencia en la p. 540.

Excursiones por el desierto

El desierto occidental, con sus fantásticos paisajes de arena, rocas curiosamente erosionadas y ruinas romanas, o bien los alrededores del Sinaí, más ásperos y rocosos, son posibles zonas para realizar excursiones. Las salidas por el desierto occidental se pueden organizar de forma económica en los oasis (especialmente en Farafra) o de manera más costosa en El Cairo, con todoterreno; para más detalles, véase p. 330.

Las excursiones por el Sinaí son quizá las más sencillas de preparar. Suelen ser uno o dos días de recorrido (con acampada por la noche) por los cañones del desierto a pie, en camello o en *jeep*. Estas expediciones se pueden organizar tanto en Dahab como en Nuweiba.

También se puede combinar una excursión por el desierto del Este con unas vacaciones de submarinismo. Véase p. 441 para más detalles.

Submarinismo y buceo

A lo largo de la costa del mar Rojo se encuentran algunos de los mejores lugares del mundo para practicar el submarinismo (para más información, véase *Submarinismo en el mar Rojo*, p. 444).

También se puede disfrutar de la fauna y flora marinas del mar Rojo haciendo buceo con tubo. A lo largo de la costa del Sinaí los arrecifes se encuentran a sólo 15 m de la orilla y en algunos lugares no es necesario bajar a mucha profundidad para estar entre bancos de peces de vívidos colores. Los mejores lugares son Sharm el-Sheikh, Nuweiba y Dahab, todos con alquiler de equipos, entre 25 y 40 EGP al día.

Pesca

En Egipto la pesca con caña está considerada más como un modo de vida que como un pasatiempo. Aun así, en el lago Nasser se practica la pesca deportiva, y hay un par de agencias que organizan grandes safaris de pesca para capturar percas del Nilo. Cada mes de febrero también se celebra un torneo de pesca internacional anual en Hurgada; para más detalles contáctese con la **Federación Egipcia de Pesca** (☎ 02-395 3953; fax 395 3516).

Paseos en globo

Hod Hod Suleiman (plano pp. 240-241; Sharia Televizyon; ☎ 237 0116), **Sky Cruise of Egypt** (plano pp. 240-241; ☎ 237 6515; Sharia Khalid ibn al-Walid) y **Magic Horizons** (plano pp. 240-241; ☎ 012 226 1697; www.magic-horizon.com; Sharia Khalid ibn al-Walid) ofrecen vuelos en globo sobre la orilla occidental de Luxor a primera hora de la mañana. Cuando el cielo está claro, la vista de los monumentos y de las montañas desde lo alto es realmente espectacular. Con los cambios de vientos las salidas siempre pueden sufrir cancelaciones de última hora. Los precios no son fijos, y varían entre 70 y 120 US$ por persona. Sin duda vale la pena regatear, en particular fuera de temporada.

Paseos a caballo

Se puede montar a caballo en El Cairo, en los alrededores de las pirámides y en Luxor, en la orilla occidental, donde hay un par de establos al norte del muelle de *ferries*; véanse los apartados correspondientes para más detalles. También alquilan caballos en los complejos del Sinaí de Sharm el-Sheikh, Dahab y Nuweiba.

Desgraciadamente, la mayor parte de los animales no están muy bien cuidados. Si un caballo se ve claramente enfermo, se recomienda pedir otro.

'Sandboarding'

Los fanáticos de las dunas pueden probar esta especie de surf por los oasis de los desiertos occidentales. Varios hoteles de Bahariyya y Siwa alquilan tablas de *sandboard* (en la mayoría de los casos no son más que tablones con abrazaderas para los pies) por unas 10 EGP/día, y gestionan el transporte hasta las dunas donde se encuentra la acción. Hay que tener en cuenta que el *sandboarding* es considerablemente más difícil que el *snowboarding* y que volver a escalar las escarpadas laderas de arena bajo el sol puede resultar agotador.

'Windsurfing'

El destino ideal para los aficionados al *windsurfing* es Sinaí. Varios centros hoteleros de la costa disponen de centros de *windsurfing* propios donde se puede alquilar todo el equipo y tomar clases.

HORARIO COMERCIAL

La siguiente información es sólo orientativa. El fin de semana oficial es de viernes a sábado. Hay que tener en cuenta que durante el Ramadán todas las oficinas, museos y lugares turísticos tienen el horario reducido.

Bancos De 8.30 a 13.30 de domingo a jueves. Muchos bancos de El Cairo y otras ciudades vuelven a abrir dos o tres horas más desde las 17.00 o 18.00, principalmente para cambio de divisas. Algunos también abren los viernes y sábados por la misma razón. Las oficinas de cambio suelen estar abiertas hasta las 20.00. Durante el Ramadán, los bancos abren entre 10.00 y 13.30.

Bares y clubes nocturnos Desde el atardecer hasta al menos las 3.00, a menudo más tarde (sobre todo en El Cairo).

Oficinas gubernamentales De 8.00 a 14.00 de domingo a jueves. Las oficinas de turismo suelen abrir más horas.

Oficinas de correos Habitualmente abiertas de 8.30 a 14.00, de sábado a jueves.

Oficinas privadas De 10.00 a 14.00 y de 16.00 a 21.00, excepto viernes y festivos.

Restaurantes y cafés Abiertos cada día entre mediodía y medianoche. Todos los restaurantes excepto los de hoteles de precio alto están cerrados durante el día en el mes del Ramadán y abren sólo al atardecer. Los cafés suelen abrir más temprano y cerrar más tarde. Sus horarios son aproximadamente de 7.00 a 24.00 en las grandes ciudades, más temprano en otras zonas del país.

Tiendas De 9.00 a 13.00 y de 17.00 a 22.00 en verano, de 10.00 a 18.00 en invierno. Los horarios durante el Ramadán son de 9.30 a 15.30 y de 20.00 a 22.00. Casi todas las tiendas grandes suelen cerrar los viernes y festivos; muchas también cierran los domingos.

VIAJAR CON NIÑOS

En Egipto los niños son bienvenidos y llevarlos puede ser una buena manera de romper el hielo con la gente del país. Hay muchos entretenimientos para ellos. Pueden sentirse jóvenes arqueólogos en las pirámides y templos, piratas en los paseos en falúas y también ir de excursión a la playa. Véase también p. 146 para qué ver y qué hacer con niños en El Cairo.

Las librerías de la mayor parte de los hoteles de cinco estrellas de El Cairo y de los principales centros turísticos tienen una amplia gama de libros infantiles sobre egiptología que ayudarán a los niños a relacionar lo que ven. *Momias de Egipto,* de Aliki Brandenberg; *Juega con los jeroglíficos,* de Catherine Roehrig; *Los faraones, ¡qué historia!,* de Florence Maruéjol, o *Esos asombrosos egipcios,* de Terry Deary y Peter Hepplewhite, son algunos títulos en español para niños. Hay además excelentes libros de historia producidos en el país, aunque están en inglés, como *The Pharaohs*, de Salima Ikram, a precios razonables. Para libros con ambientación en el Egipto moderno, se recomienda *The Day of Ahmed's Secret,* de Florence Parry Heide y Judith Heide Gilliland, una maravillosa historia de un día en la vida de un niño que reparte bombonas de gas en uno de los barrios pobres de El Cairo.

Aparte de las antigüedades, están los siempre populares paseos en camello o asno. Montar a caballo también puede resultar divertido. Los establos de la orilla occidental de Luxor (p. 274) y de los alrededores de las pirámides de El Cairo (p. 133) tienen muchos caballos suficientemente dóciles para los más jóvenes y cascos de todos los tamaños.

Lo básico

Cuando se viaja por Egipto con niños hay que tener en cuenta que las medidas de seguridad infantiles son mínimas. No existen ni asientos ni cinturones de seguridad en las butacas traseras de la mayor parte de los coches y taxis; si se alquila un vehículo hay que pedirlos. Además no hay que esperar que las falúas u otras embarcaciones recreativas tengan chalecos salvavidas para niños. Si se desea disponer de ellos, hay que llevarlos.

Otra preocupación potencial es la elevada incidencia de diarrea y problemas digestivos en los viajeros en Egipto. Si los niños enferman tienden a deshidratarse más rápidamente que los adultos y, debido al clima seco del país, es crucial darles líquido continuamente, incluso si lo vomitan. Merece la pena tener sales rehidratantes a mano. Tienen en todas las farmacias (hay que pedir Rehydran) y una caja de seis sobres suele costar menos de un dólar. Sirven para evitar que una diarrea se complique. Véase p. 546 para más detalles sobre prevención y tratamiento de problemas de salud potenciales.

Hay leche para lactantes en farmacias y pañales desechables en supermercados. Suele haber tronas en los restaurantes y servicios de canguro en los hoteles de precio alto.

CLIMA

El clima es cálido y seco, a excepción de los meses invernales de diciembre a febrero, que pueden ser bastante fríos en el norte. Las temperaturas medias rondan los 20°C en la costa mediterránea y los 26°C, en Asuán. Las máximas de los mismos lugares pueden llegar hasta 31 y 50°C respectivamente. En las noches invernales a veces la temperatura baja hasta 8°C en El Cairo y en la costa mediterránea. En el desierto es aún más extremo, pues a veces hace un calor espantoso de día y un frío glacial de noche.

Alejandría es la ciudad donde llueve más, aproximadamente 19 cm al año, mientras que en el sur de Asuán la media es de unos 10 mm cada cinco años. Al-Kharga, en el desierto occidental, pasó un período de 17 años sin lluvias.

Entre marzo y abril sopla el *khamsin* (un viento cálido y seco) desde el seco desierto occidental a una velocidad de hasta 150 km/h. El cielo se vuelve naranja intenso y se levanta mucho polvo; incluso aunque se cierren puertas y ventanas el interior de los edificios se cubre de una pátina de arena. Para más información de la mejor época para visitar Egipto, véase p. 17.

CURSOS

Danza del vientre

Para información sobre cursos de danza del vientre en El Cairo, véase p. 143.

Submarinismo

Para información sobre los varios cursos de submarinismo en Egipto, véase p. 444.

Idiomas

Si se está decidido a aprender árabe, la mejor opción es apuntarse al **Arabic Language Institu-**

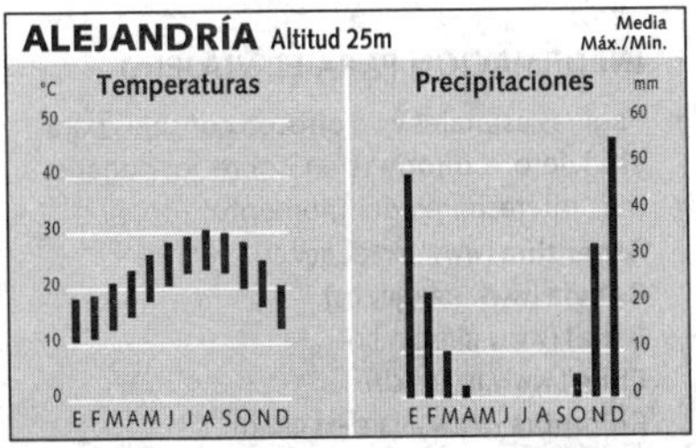

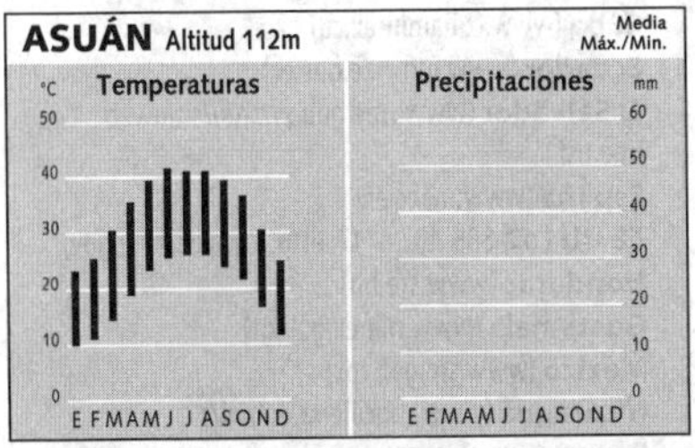

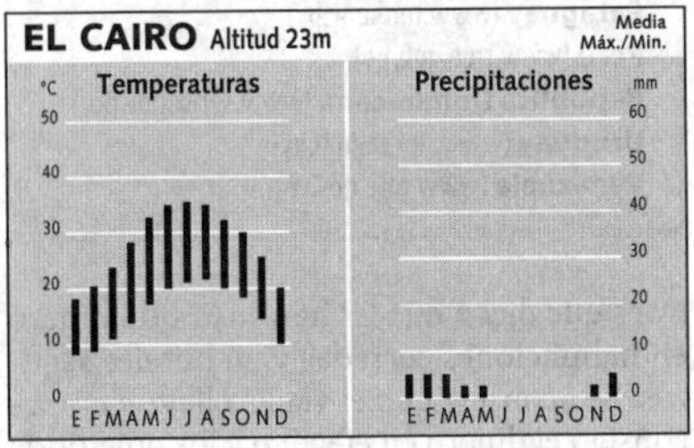

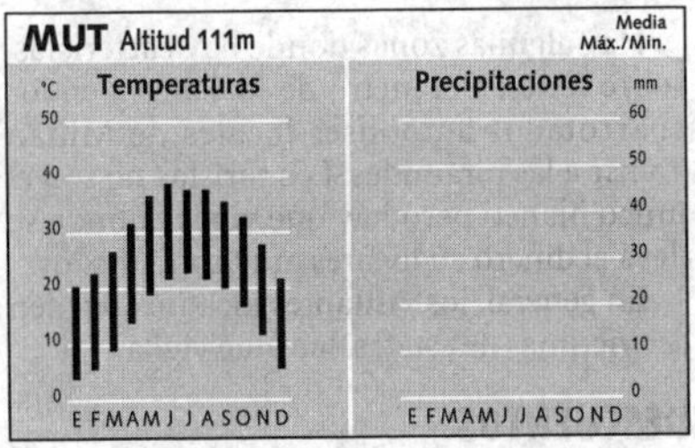

te (plano p. 104-105; ☎ 02-797 5055; www.aucegypt.edu; 113 Sharia Qasr al-Ainy, El Cairo), un departamento de la American University in Cairo. Ofrece cursos intensivos de árabe moderno estándar y árabe egipcio coloquial de niveles elemental, intermedio y avanzado en semestres que duran cinco meses.

Una opción más económica es estudiar en el **International Language Institute** (ILI; plano p. 134-135; ☎ 02-346 3087; www.arabicegypt.com; 4 Sharia Mahmoud Azmy, Sahafayeen, Mohandiseen, El Cairo). Ofrece cursos de árabe moderno estándar y árabe egipcio coloquial, de más de ocho niveles.

Otra escuela muy bien considerada es **Kalimat** (☎ 02-761 8136; www.kalimategypt.com; 22 Sharia Mohamed Mahmoud Shaaban, Mohandiseen, El Cairo), que imparte cursos de árabe moderno estándar y árabe egipcio coloquial de múltiples niveles.

Otros cursos

La American University in Cairo es una de las principales universidades de Oriente Medio. Ofrece programas para licenciados y no licenciados y tiene escuela de verano. Entre las asignaturas más habituales se hallan lengua y literatura árabes, historia y cultura árabes, egiptología, arte y arquitectura islámicos, estudios sobre Oriente Medio y cursos de ciencias sociales sobre el mundo árabe. Se pueden hacer hasta 15 horas de unidad por semestre en los niveles de no licenciado.

Los programas de verano ofrecen cursos similares. Empiezan a mediados de junio y acaban a finales de julio. Se pueden seguir dos cursos de tres unidades y suelen incluir varias excursiones bien guiadas por Egipto.

Las solicitudes para los programas del Arabic Language Institute (p. 514) o estudios para licenciados o no licenciados son distintas. Hay que especificar cuál se desea cuando se pida el formulario. Se puede obtener un catálogo e información de los programas en la **oficina de admisiones** (☎ 212-730 8800; fax 730 1600; American University in Cairo, 420 Fifth Ave, Nueva York, NY 10018-2719, EE UU), o escribir a la **American University in Cairo** (AUC; ☎ 02-754 2964; www.aucegypt.edu; PO Box 2511, El Cairo 11511).

También se pude estudiar en universidades egipcias como la Universidad de El Cairo, Al-Azhar (en El Cairo), Ain Shams (en El Cairo) y la Universidad de Alejandría. Entre los cursos que se ofrecen a extranjeros hay lengua árabe, historia islámica, religión islámica y egiptología. Para información sobre cursos, tarifas e inscripciones, contáctese con el asesor cultural del **Departamento Egipcio de Educación** (☎ 202-296 3888; 2200 Kalorama Rd NW, Washington DC 20008, EE UU); o, en Londres, con la **Oficina de asuntos culturales** (☎ 020-7491 7720).

ADUANA

El límite de artículos libres de impuestos al llegar es de 1 l de alcohol, 1 l de perfume, 200 cigarrillos y 25 puros. Además, se pueden comprar otros 3 l de alcohol y una amplia gama de otros artículos libres de impuestos, pero debe hacerse en un plazo de 24 horas inmediatamente después de la llegada al país en una de las tiendas especiales de Free Egypt, en las zonas de salida y llegada del aeropuerto.

A veces entregan el formulario D de declaración de aduanas a los turistas que llegan para que hagan un listado de las cámaras, joyas, dinero en efectivo, cheques de viaje y artículos electrónicos que lleven. Habitualmente se tienen que declarar las cámaras de vídeo y algunas turistas afirman que se les gravó un elevado "impuesto de importación".

Hay artículos prohibidos y restringidos, como libros, material impreso, películas y materiales que el gobierno considera "subversivos o que constituyen un riesgo nacional o incompatible con el interés público". Están prohibidos los artículos para el espionaje o "actividades de investigación", así como los explosivos.

INFORMACIÓN PARA EL VIAJERO

Páginas estatales que ofrecen consejos para el viajero e información sobre los lugares más interesantes del momento:

Argentina (www.mrecic.gov.ar)
Bolivia (www.rree.gov.bo)
Brasil (www.mre.gov.br)
Chile (www.minrel.cl/)
Colombia (www.minrelext.gov.co)
Costa Rica (www.rree.go.cr)
Cuba (www.cubaminrex.cu)
Ecuador (www.mmrree.gov.ec)
El Salvador (www.rree.gob.sv/sitio/sitioweb rree.nsf)
España (www.maec.es)
EE UU (☎ 888-407 4747; http://travel.state.gov)
Honduras (www.sre.hn)
Guatemala (www.minex.gob.gt)
México (www.sre.gob.mx)
Nicaragua (www.cancilleria.gob.ni/)
Panamá (www.mire.gob.pa)
Paraguay (www.mre.gov.py)
Perú (www.rree.gob.pe)
República Dominicana (www.serex.gov.do/)
Uruguay (www.mrree.gub.uy)
Venezuela (www.mre.gov.ve)

PELIGROS Y ADVERTENCIAS

El número de delitos, de carácter violento o no, es insignificante comparado con la mayor parte de países occidentales. La mayoría de los visitantes y residentes afirman que las ciudades y pueblos egipcios son seguros para pasear a cualquier hora del día o de la noche. Desgraciadamente, esto no se puede aplicar a las mujeres extranjeras que viajan solas, véanse detalles en la p. 528.

Aparte de los problemas que se mencionan, hay que tener en cuenta que las autoridades egipcias desaprueban el consumo ilegal de drogas (véase p. 522).

Los atentados terroristas contra turistas extranjeros en 1997, 2004, 2005 y 2006 propiciaron que el gobierno diera máxima prioridad a la seguridad. Esto puede resultar algo molesto para los viajeros, ya que los convoyes y las escoltas de policía turística son tediosos. En líneas generales se puede decir que actualmente Egipto no es ni más ni menos peligroso que cualquier otro país. Para más información sobre el tema, véase el recuadro de la p. 541.

Robos

Aunque no solía ser uno de los problemas de Egipto, parece que el robo cada vez es más habitual. En los últimos dos años Lonely Planet ha recibido numerosas cartas de lectores que dicen que les han sustraído dinero en habitaciones cerradas y en hoteles seguros. Se aconseja que el viajero lleve siempre consigo el dinero en efectivo y los objetos de valor.

Hay algunas zonas donde hay carteristas, sobre todo en el metro de El Cairo y en los abarrotados autobuses locales de Midan Tahrir a las pirámides. Los turistas no son el único blanco pero hay que vigilar dónde se lleva el dinero en lugares muy concurridos.

En general, los visitantes incautos pueden ser víctimas de estafas, hay que vigilar.

DESCUENTOS

Para obtener un carné de estudiante internacional (ISIC) es imprescindible demostrar que se cursan estudios. Para ello hará falta un carné de universidad o una carta de la facultad. También hace falta una fotografía, una fotocopia de la página de datos del pasaporte y 65 EGP. No hay límite de edad.

El único organismo que gestiona los carnés ISIC en Egipto es **Egyptian Student Travel Services** (ESTS; plano p. 138; ☎ 02-531 0330; www.ests egypt.com; 23 Sharia Manial, Midan El Mammalek, El-Roda),

ESTAFAS, TIMOS Y MOLESTIAS

Los egipcios se toman en serio la hospitalidad con los extranjeros. El viajero recibirá constantes *salaams* (saludos) y algún que otro *ahlan wa sahlan* (hola/bienvenido) que invita a sentarse y tomar *shai* (té). Muchas de estas ofertas son sinceras, sobre todo en zonas rurales, donde habitualmente se ofrece bebida, comida y transporte sin esperar nada a cambio. Sin embargo, en lugares más turísticos, especialmente en los alrededores del Museo Egipcio y las pirámides de El Cairo y de Luxor, un alegre "Hola, amigo" se puede interpretar como "Por aquí, estúpido". Una viajera afirmó a Lonely Planet que se había sentido como una "cartera andante" en Egipto y se ve perfectamente a lo que se refería. El viajero debe saber que se convertirá en un imán de amigos instantáneos y todos ellos curiosamente tienen una fábrica de papiros que les gustaría mostrar. Colman al viajero de consejos, por ejemplo que el museo está cerrado y que puede tomar un *shai* mientras espera. Evidentemente, el museo no está cerrado y los refrescos se toman en una oportuna tienda de recuerdos.

Son cosas bastante inofensivas pero se pueden hacer muy pesadas. Todo el mundo busca una estrategia para reducir los problemas. Hace años, se contó la historia de un viajero que logró desviar el interés de los vendedores señalándose al pecho y diciendo, *"Ya Russki"* ("Soy ruso"). No tan sólo se rindieron ante el idioma sino que vieron que era ruso y no tenía dinero. Sin embargo, ahora que Egipto es un destino vacacional popular entre los nuevos ricos moscovitas, los empresarios callejeros para vender chapurrean el idioma eslavo, además de inglés, español, alemán, francés, holandés y japonés.

En cuanto a rechazar una atención no deseada, hay que ser educado pero firme, y cuando intentan vender algo hay que ser tajante con un "No, gracias".

Dejando de lado las molestias, hay muchas estafas desagradables. La más habitual son vendedores que mienten e informan mal para hacer que los viajeros recién llegados vayan a hoteles que les dan comisión. Véase p. 149 para ejemplos de sus siempre ingeniosas estrategias.

En caso de que el viajero note que otro "Perdone, ¿de dónde es usted?" le va a colmar la paciencia, hay que tranquilizarse y pensar que reaccionando de forma brusca o agresiva se puede ofender a uno de los muchos lugareños que no tienen intención de molestar a los extranjeros y que sólo pretenden ayudar a los visitantes del país.

en El Cairo. La ESTS emite el carné ISIC, el de profesor internacional (ITIC) y el carné joven internacional (IYTC). También ofrece toda una gama de servicios para los estudiantes viajeros. Para más información, contáctese con la ESTS.

En Luxor, los menores de 30 años (o estudiantes documentados) pueden obtener un carné ISIC de la oficina de la ESTS **Nada Travel Service** (NTS; plano pp. 240-241; ☎ 095-238 2163; elnada91@hotmail.com; Petra Travel Agency Bldg, Sharia Ahmed Orabi; 🕑 8.00-23.00), cerca del templo de Luxor.

La mayor parte de hoteles de mochileros de El Cairo y de agencias de viajes económicos también pueden gestionar estos carnés, pero exigirán algún documento que demuestre que se es estudiante.

Cuidado con los carnés ISIC falsos que venden algunos artistas del timo en el centro de El Cairo. En Luxor es probable que se ofrezca al estudiante el carné ISE (carné de intercambio internacional de estudiantes y jóvenes), afirmando que este carné da derecho a los mismos descuentos que el ISIC. No es así: permite obtener descuentos en algunas tiendas, pero no en yacimientos arqueológicos, trenes o autobuses.

Vale la pena tener un carné de estudiante, ya que permite obtener hasta un 50% de descuento en casi todas las antigüedades y museos, así como descuentos significativos en viajes en tren. Con el carné ISIC es incluso posible conseguir descuentos en autobuses, aunque no son frecuentes. Aun así, no está de más preguntar.

Algunos viajeros informan de otros muchos carnés de estudiante con los que han obtenido descuentos en museos y en transportes, desde carnés de HI hasta pases Eurail.

EMBAJADAS Y CONSULADOS

Embajadas y consulados de Egipto

Hay una exhaustiva lista de representaciones diplomáticas y consulares egipcias en el extranjero en www.mfa.gov.eg.

Argentina Buenos Aires (☎ 5411 4553 3311; fax 5411 4553 0067; embegypt@fibertel.com.ar; Virrey Del Pino, 3140 Belgrano)
Bolivia La Paz (☎ 5912 278 65 11; fax 5912 278 43 25; embajadaegipto@acelerate.com; av. Ballivian, 599 esq., calle 12)
Brasil Brasilia (☎ 5561 323 88 00; fax 5561 323 10 39; www.opengate.com.br/embegito; Setor Embaixada Norte, av. das Naçoes, Lote 12)
Chile Santiago (☎ 562 274 88 81; fax 562 274 63 34; egipto@ctcinternet.cl; Dr. Roberto del Río, 1871, Providencia)
Colombia Bogotá (☎ 571 256 29 40; fax 571 256 92 55; embajadadeegipto@cable.net.co; Transversal 19A)
Cuba La Habana (☎ 537 242 542; fax 537 240 905; emegipto@ceniai.inf.cu; 5ª Avenida 1801, esq. a 18, Miramar)
Ecuador Quito (☎ 5932 509501; embegipto@ecnet.ec; av. Tarqui E 4-56 y 6 de Diciembre)
España Madrid (☎ 3491-577 6308/9/10; fax 3491-578 1732; egyptemb@teleline.es; Velazquez 69, 28006, Madrid)
EE UU Washington DC (☎ 202-895 5400; www.egypt embassy.net; 3521 International Court NW, Washington DC 20008); Nueva York (☎ 212-759 7120/1/2; 1110 2nd Ave, NY 10022); San Francisco (☎ 415-346 9700/2; 3001 Pacific Ave, CA 94115); Houston (☎ 713-961 4915/6; Ste 2180, 1990 Post Oak Blvd, TX 77056); Chicago (☎ 312-828 9162/4/3; Ste 1900, 500 N Michigan Ave, IL 60611)
Guatemala Guatemala (☎ 502 3336296; egyptemb@gold.guate.net.gt; 5º Avenida 10-84, zona 14, apart. 502, edificio Cobella)
Israel Tel Aviv (☎ 23-546 4151/2; fax 23-544 1615; 54 Rehou Basel St); Eilat (☎ 972-637 6882; fax 972-637 1026; 68 Afrouni St)
Jordania Amman (☎ 26-560 5175/6; www.embegypt jordan.com; 14 Riyad Mefleh St, Jebel Amman); Aqaba (☎ 23-201 6181; fax 23-201 5159)
Libia Bengasi (☎ 61-222 3099; fax 61-223 2523; El-Awarsi St, Western Fuwaihat); Trípoli (☎ 21-444 8909; egyemblib @hotmail.com; El-Shatt St)
México México DF (☎ 5255 5281 75 05; fax 5255 5282 12 94; embofegypt@prodigy.net; Alejandro Dumas 131, Col. Polanco)
Perú Lima (☎ 511 440 26 42; fax 511 440 25 47; egipto@speddy.com.pe; av. Jorge Basadre, 1470, San Isidoro)
Uruguay Montevideo (☎ 5982 7096412; fax 5982 7080977; embassy.montevideo@mfa.gov.eg; av. Brasil 2663)
Venezuela Caracas (☎ 58212 993 15 55; fax 58212 993 15 55; egyptianembassy@cantv.net; C/ Guaicaipuro, Quinta Maribel, San Román)

Embajadas y consulados en Egipto

La mayor parte de las embajadas y consulados abren de 8.00 a 14.00 de domingo a jueves. A continuación se listan las direcciones de algunas de las embajadas y consulados extranjeros. Para pedir indicaciones para encontrar una embajada hay que decir *feyn sifarat* (¿dónde está la embajada?), seguido del nombre del país en cuestión.

Arabia Saudí El Cairo (plano p.138; ☎ 02-349 0775; fax 02-749 3495; 2 Sharia Ahmed Nessim, Giza); Alejandría (☎ 03-482 9911; 9 Sharia Batalsa, Alejandría); Suez (plano p. 420; ☎ 062-222 461; Port Tawfiq, Suez). El consulado en Suez está a la vuelta de la esquina desde la oficina de turismo.
Argentina (☎ 02-735 1501; fax 02-736 4355; argemb@idsc.gov.eg ; El Saleh Ayoub, 8, Apt.2, Zamalek, El Cairo)
Bolivia (☎ 02-794 8643; fax 02-795 0917; bolivemb@idsc.gov.eg; Dar El Shofa, 5, apt. 21, 2º, Garden City, El Cairo)
Brasil (☎ 02-577 3013, fax 02-577 4860; brasemb@soficom.com.eg; www.brazilembcairo.org; Corniche el-Nil, Maspero 1125, 11561 El Cairo)
Chile (☎ 02-735 8446; fax 02-735 3716; embchile@link.net; Salah Ayoub 1, apt.74; Zamalek, El Cairo)
Colombia (☎ 02-736 4203;eelcairo@cancilleria.gov.co; Guezira 6, Zamalek, El Cairo)
Cuba (☎ 02-7360651; cubaemb@idsc.gov.eg; 6 El Fawakeh St., Mohadessin, El Cairo)
Ecuador (☎ 02-7372776; ecuademb@idsc.gov.eg; 33, Ismail Mohamed St., piso 2, Zamalek, El Cairo)
España El Cairo (plano pp. 134-135; ☎ 02-735 5813; fax 02-735 3685; emb.elcairo@maec.es; www.mae.es/embajadas/elcairo/es/home; Ismail Mohamed, 41); Alejandría (☎ 03-393 9185; fax 03-392 2226; cog.alejandria@maec.es; 101 Sharia el-Horreya)
EE UU (plano pp.104-105; ☎ 02-797 3300; fax 02-797 3200; http://cairo.usembassy.gov/; 8 Sharia Kamal el-Din Salah, Garden City, El Cairo)
Guatemala (☎ 02-2380 29 14; www.embaguategypt.com; Port Said 17, 5, 501, Maadi, El Cairo)
Israel El Cairo (plano p. 138; ☎ 02-761 0545; fax 02-761 0414; 18th fl, 6 Sharia Ibn al-Malek, Giza); Alejandría (☎ 03-544 9501; fax 03-544 8136; 15 Rue Mina Kafr Abdou, Rushdy)
Jordania (plano p.138; ☎ 02-748 5566; fax 02-760 1027; 6 Sharia Gohainy, El Cairo)
Líbano El Cairo (plano p. 138; ☎ 02-738 2823; fax 02-738-2818; 22 Sharia Mansour Mohammed St, Zamalek); Alejandría (☎ 03-484 6589; 64 Sharia el-Horreya)
Libia El Cairo (plano pp. 134-135; ☎ 02-735 1269; fax 02-735 0072; 7 Sharia el-Saleh Ayoub, Zamalek); Alejandría (☎ 03-494 0877; fax 03-494 0297; 4 Sharia Batris Lumomba, Bab Shark)
México (☎ 02-358 0256; fax 02-359 1887; mexemb@idsc.gov.eg; www.sre.gob.mx/egipto; Port Said 17, 5º, Maadi, 11431 El Cairo)
Perú (☎ 02-359 0306; fax 02-750 9011; emperu-elcairo@rree.gob.pe; Al- Nahda 41, 2º, Maadi, El Cairo)

Siria El Cairo (plano p. 138; ☎ 02-749 4528; fax 02-749 4560; 18 Abdel Rahim Sabry, Doqqi)
Sudán El Cairo (plano pp. 96-97; ☎ 02-794 9661; fax 02-354 2693; 3 Sharia al-Ibrahimy, Garden City); Asuán (plano p. 302; ☎ 097-230 7231; fax 097-234 2563; Bldg 20, Atlas; 9.00-15.00). Ambos consulados pueden emitir visados para el mismo día a Sudán. Se necesita el pasaporte, cuatro fotos de carné, una carta de la embajada del propio país y 100 US$.
Uruguay (☎ 02-735 35 89; fax 02-749 4560; urugemb@idsc.gov.eg; 6 Lotfallah St., Zamalek, El Cairo)
Venezuela (☎ 02-736 4332; 02-736 7373; eov@idsc.gov.eg; El Mansour Mohamed, 15 A, Zamalek, El Cairo)

FIESTAS Y CELEBRACIONES

No hay muchos acontecimientos en el calendario cultural egipcio y los que hay no siempre se celebran. Dicho lo cual, los únicos que merecen la pena son quizá los *maulids* (véase p.520).

ENERO/FEBRERO

Feria del libro Tiene lugar en el Recinto de Exposiciones de El Cairo y dura más de dos semanas. Uno de los mayores acontecimientos culturales de la ciudad que atrae multitudes pero se venden más hamburguesas, refrescos y globos que libros.

FEBRERO

Ascensión de Ramsés II (22 de febrero). Uno de los dos días del año en los que el sol penetra en el santuario del templo de Abu Simbel e ilumina las estatuas de los dioses en su interior.
Torneo Internacional de Pesca Se celebra en Hurgada, en el mar Rojo, y participan pescadores de todo el mundo.
Maratón de Luxor (egyptianmarathon@egypt.net). Tiene lugar en la orilla occidental. Los participantes corren alrededor de los principales monumentos.
Festival de Nitaq Excelente festival artístico en el centro urbano de El Cairo, con dos semanas de exposiciones, teatro, poesía y música en galerías, cafés y otros locales.

ABRIL/MAYO

Festival de Camellos del Sur del Sinaí Carreras de camellos que prueban que estos animales son de hierro.

JUNIO

Torneo de Squash de Al-Ahram Los competidores internacionales juegan en pistas de cristal preparadas para la ocasión en la meseta junto a las pirámides de Gizeh.
Festival Internacional de Danza Oriental (www.nilegroup.net). Se celebra en El Cairo, con espectáculos de exhibición y clases a los asistentes internacionales por parte de bailarinas profesionales.

AGOSTO

Festival de Turismo y Comercio Promoción nacional de productos egipcios. Las tiendas participantes ofrecen descuentos.

SEPTIEMBRE

Festival de Teatro Experimental Dura más de diez días y lleva a Egipto una amplia selección (40 en el último) de compañías de teatro internacionales y es casi la única vez al año que merece la pena ir al teatro en El Cairo.

OCTUBRE

Festival de las Alejandrías en el Mundo Celebración de cuatro días a la que asisten las delegaciones de todas las ciudades que llevan el nombre de Alejandría (hay más de 40 en el mundo).
Nacimiento de Ramsés (22 de octubre). El segundo día del año en que los rayos de sol penetran en el templo de Abu Simbel.
Rally de los Faraones Carrera de once días y 4.800 km en vehículos de motor (todoterrenos y motocicletas) por el desierto, que empieza y acaba en las pirámides, y atrae participantes de todo el mundo.

NOVIEMBRE

Festival de Música Árabe Festival de diez días de música árabe clásica, tradicional y orquestal que se celebra en el Teatro de la Ópera de El Cairo a principios de mes. Los programas suelen estar en árabe pero en la oficina de turismo tienen más información.

DICIEMBRE

Festival Internacional de Cine de El Cairo (www.cairofilmfestival.com). Festival de catorce días que tiene lugar a principios de mes. Presenta un amplio abanico de películas recientes procedentes de todo el mundo. El principal atractivo es que se proyecta la versión no censurada.

COMIDA

En esta obra se definen como restaurantes económicos aquellos en que se puede comer (sin bebida incluida) por menos de 15 EGP. Los de precio medio sirven platos principales por menos de 75 EGP y a menudo tienen bebidas alcohólicas. Los locales de precio elevado suelen ser hoteles de cinco estrellas, donde se puede comer por más de 75 EGP y donde casi siempre sirven alcohol. Las propinas se agradecen en los restaurantes económicos, se recomiendan en los de precio medio y son esenciales en los de precio elevado.

Para más información sobre comer fuera en Egipto, véase p. 79.

'MAULID'

El *maulid*, una mezcla de parque de atracciones y festival religioso, celebra el nacimiento de un santo o persona sagrada de la localidad. A menudo hay animadas celebraciones a las que asisten miles de personas. Los de fuera de la ciudad acampan en las calles, cerca de la tumba del santo, donde se instalan juegos infantiles, casetas de feria y puestos de comida. En medio del caos, los barberos llevan a cabo múltiples circuncisiones; los encantadores de serpientes hacen salir a las cobras de sus cestas; se llevan niños a los santuarios para recibir bendiciones y enfermos para ser curados. Se venden *tartours* (sombreros en forma de cono) y *fanous* (farolillos) a los transeúntes, y por las noches los sufíes del lugar suelen hacer hipnóticos *zikrs* en tiendas de colores. Un *zikr* (literalmente, "conmemoración") es una larga sesión de danzas, cánticos y balanceos que se lleva a cabo para llegar a la unión con Dios. Los *mugzzabin* (seguidores sufíes que participan en *zikrs*) están de pie en filas y se balancean de un lado para otro al ritmo de las palmas, que van aumentando de intensidad. A medida que los aplausos se hacen más intensos, el *zikr* llega a su plenitud y los *mugzzabin*, una vez han llegado a la unión con Alá, se despiertan sudorosos y parpadeando. Otros *zikrs* son fabulosas competiciones de resistencia donde grupos de músicos tocan durante horas en compañía de bailarinas en éxtasis.

La mayor parte de *maulids* duran al menos una semana y llegan al clímax con la *leila kebira* ("gran noche"). Casi todas las infraestructuras las proporcionan "profesionales" *mawladiyya*, que se pasan la vida yendo de un *maulid* a otro.

Para los visitantes, resulta bastante difícil averiguar las fechas en que se realiza un *maulid*. Estos acontecimientos dependen de los calendarios islámico y gregoriano y las fechas varían cada año. Hay que estar preparado para estar entre multitudes, vigilar los objetos de valor y, si se es mujer, ir acompañada de un hombre.

Uno de los mayores *maulids* del país, el de Sayyed al-Badawi, se celebra en Tanta en octubre, mientras que El Cairo ostenta tres de los principales *maulids* dedicados a Sayyida Zeinab, Sayyidna al-Hussein e Imam ash-Shafi, que tienen lugar durante los meses islámicos de Ragab, Rabei al-Tani y Sha'aban respectivamente. Hay que preguntar a los lugareños las fechas exactas de cada año. Hay varios *maulids* menores en los alrededores de Luxor, véase p. 248 para más detalles.

COMUNIDAD HOMOSEXUAL

La homosexualidad en Egipto no es ni más ni menos frecuente que en otros lugares del mundo pero es mucho más ambigua que en Occidente. Los hombres suelen ir de la mano, rodeados con el brazo y se besan al saludarse pero no hay que malinterpretarlo: no es una conducta homosexual sino que es un simple gesto de amistad masculina del lugar.

Más allá de esto hay una doble moral según la cual un egipcio puede disfrutar de una relación con alguien del mismo sexo sin considerarse homosexual, pues sólo se considera gay el miembro pasivo. Por lo tanto, no es nada extraño que los visitantes masculinos reciban proposiciones descaradas por parte de egipcios. A pesar de ello, no hay un ambiente puramente homosexual y el que pueda haber es estrictamente clandestino. Salvo algún joven atrevido, ningún egipcio reconoce abiertamente ser homosexual por miedo al rechazo social.

Aunque en el código penal egipcio no se menciona la homosexualidad, se han usado algunos estatutos que catalogan de obscenidad e indecencia pública la conducta de los homosexuales en el pasado. En mayo de 2001, 55 egipcios fueron detenidos durante una redada policial en un hotel/restaurante flotante atracado en el Nilo, en El Cairo. El fiscal del Estado tachó a los hombres de "pervertidos". En 2003 se revisó el caso y 21 de los hombres implicados fueron condenados a tres años de prisión.

En resumen, Egipto es una sociedad conservadora que condena la homosexualidad pero, al mismo tiempo, se practican muchas relaciones de esta índole.

No hay grupos de apoyo nacionales o teléfonos de información para la comunidad homosexual pero se puede intentar buscar en Internet. El principal sitio egipcio es www.gayegypt.com.

VACACIONES

Las vacaciones y festividades egipcias son principalmente celebraciones musulmanas o coptas, aunque toda la población las disfruta independientemente de su credo religioso.

La hégira o calendario islámico es once días más corto que el gregoriano u occidental, por lo que las vacaciones islámicas suelen empezar once días antes. Esta norma no es del todo exacta, pues las vacaciones pueden ser entre diez y doce días antes. Las fechas exactas no se conocen con mucha antelación ya que dependen de las fases lunares. Véase el recuadro "Fiestas islámicas" donde se muestran las fechas aproximadas de los principales días festivos de los próximos años.

Los siguientes son días festivos en Egipto:

Año Nuevo (1 de enero). Fiesta nacional, aunque muchos negocios están abiertos.

Navidad copta (enero). La Navidad copta es una celebración discreta y sólo cierran los negocios coptos.

Semana Santa copta (marzo/abril). La fecha más importante del calendario copto, aunque no afecta significativamente a la vida cotidiana de la mayoría de la población.

Sham an-Nessim (marzo/abril). Festividad copta de orígenes faraónicos. Literalmente significa "aroma de la brisa". Suele caer en el primer lunes después de la Semana Santa copta y lo celebran todos los egipcios con *picnics* y excursiones familiares.

Día de la Liberación del Sinaí (25 de abril). Se celebra la recuperación del Sinaí en 1982 (sólo en el Sinaí).

Día del Trabajo (1de mayo). Fiesta nacional.

Día de la Liberación (18 de junio)

Día de la Revolución (23 de julio). Fiesta nacional que conmemora el golpe de Estado de 1952, cuando los jóvenes oficiales tomaron el poder y derrocaron a la monarquía reinante.

Wafa'a el-Nil (15 de agosto). Literalmente "la crecida del Nilo".

Año Nuevo copto (11 de septiembre; 12 de septiembre en años bisiestos)

Día de las Fuerzas Armadas (6 de octubre). Fiesta nacional que celebra los éxitos egipcios en la guerra contra Israel en 1973. Se celebra con desfiles militares, exhibiciones aéreas, y un largo discurso del presidente.

Día de la Victoria de Suez (24 de octubre)

Día de la Victoria (23 de diciembre)

Fiestas islámicas

Eid a-Adha También conocido como Eid al-Kebir (gran festín) marca la época del *haj* (peregrinaje a La Meca). Aquellos que pueden permitírselo compran un cordero que sacrifican para celebrar un banquete durante tres días (muchos negocios vuelven a abrir el segundo día). Muchas familias salen de la ciudad por lo que, si se desea viajar en esta época, es mejor reservar los billetes con antelación.

Ras as-Sana Año Nuevo islámico. Aunque es fiesta nacional, las celebraciones son moderadas.

Maulid an-Nabi Aniversario del nacimiento del profeta Mahoma. Una de las principales festividades del año. Las calles son un festival de luces y manjares.

Ramadán Los musulmanes religiosos ayunan todo un mes durante las horas de sol.

Eid al-Fitr Festividad de tres días que marca el fin del ayuno del Ramadán.

SEGURO DE VIAJE

Se recomienda un seguro de viaje que cubra el robo, los extravíos y los problemas médicos. Hay un amplio abanico de seguros disponibles, pero hay que leer bien la letra pequeña. Algunos excluyen específicamente "actividades peligrosas", que pueden incluir buceo, paseos en motocicleta y senderismo. Una licencia de motocicleta adquirida en el lugar no es válida para algunos seguros.

Hay que comprobar que la póliza cubra ambulancias y repatriación de emergencia por vía aérea. Para más información sobre seguros médicos, véase p. 546.

ACCESO A INTERNET

Viajar con un ordenador portátil es un modo estupendo de mantenerse en contacto con la vida de casa, pero a menos que uno sepa lo que se hace, puede dar más de un problema. Si se piensa llevar un portátil o una *palmtop*, hay que recordar que el voltaje de los enchufes puede ser diferente al de casa, lo que podría dañar el equipo. La mejor inversión es un adaptador AC universal para el aparato en cuestión, lo que permitirá conectarlo en cualquier lugar sin problemas.

FIESTAS ISLÁMICAS

Año hégira	Ras as-Sana	Maulid an-Nabi	Inicio del Ramadán	Eid al-Fitr	Eid al-Adha
1429	09.01.08	20.03.08	02.09.08	02.10.08	08.12.08
1430	29.12.09	09.03.09	22.09.09	21.09.09	28.11.09
1431	19.12.10	26.02.10	11.09.10	10.09.10	17.11.10

Las fechas pueden variar.

MOHAMMED, MUHAMMAD... ¿O MU7AMMAD?

La transcripción del árabe en caracteres latinos ha traído de cabeza a mucha gente durante siglos, y ahora la popularización del teléfono móvil y la comunicación por Internet en Oriente Próximo han provocado la difusión de otro método. Una vez superada la impresión que produce el uso de números, el denominado "alfabeto árabe para chat" puede parecer el sistema de transliteración más inteligente de los últimos tiempos. Asigna un número a cada uno de los sonidos particulares del árabe, basándose más o menos en su forma en árabe. El más frecuente es el 3, para el sonido gutural *"ayn"*, así que se podría escribir "Assalaam 3aleikum!" como saludo. El 7 representa la "h" aspirada ("Al-7amdulillah!"), y el 9 es la "s" enfática. El sistema empieza a aparecer en anuncios, nombres de clubes de moda y cosas parecidas. ¡Quién sabe, si la cosa arraiga, quizá se acabe empleando en la próxima edición de esta guía!

La buena noticia es que Egipto ha dado la bienvenida a Internet a lo grande, y hay *cibercafés* por todo el país. Se listan los mejores en cada apartado del libro, y también se indican los hoteles que ofrecen acceso a Internet a sus clientes (véase el icono 💻). La mayor parte de *cibercafés* cobran entre 5 y 10 EGP/h por conectarse, y aproximadamente 1 EGP por imprimir una página o entre 15 y 25 EGP por grabar un CD. Desgraciadamente, fuera de El Cairo, Alejandría y algunos destinos turísticos del Sinaí y la costa del mar Rojo, las conexiones a Internet pueden ser desesperantemente lentas a causa de la gran demanda y de un ancho de banda internacional insuficiente.

En los últimos años están empezando a aparecer un número sorprendente de puntos de conexión inalámbrica en los principales destinos turísticos. En el momento de redactar esta guía, los puntos de conexión eran un práctico recurso, y solían encontrarse en los hoteles y *resorts* de los principales destinos turísticos, como Luxor, el Sinaí o la costa del mar Rojo, en cafeterías de estilo occidental de El Cairo y Alejandría y en unos cuantos aeropuertos, cafés y locales de comida rápida repartidos por el país. Teniendo en cuenta que cada vez son más los viajeros que cargan con sus portátiles, es probable que se mantenga esta tendencia que tan buena acogida ha tenido.

CUESTIONES LEGALES

Los viajeros extranjeros están sujetos a las leyes egipcias y no gozan de ninguna consideración especial. En caso de arresto tienen derecho a llamar inmediatamente a su embajada (véase p. 518).

Uno de los primeros carteles que ven los visitantes cuando entran al país por el aeropuerto de El Cairo es un gran letrero que advierte de que el consumo de drogas puede conllevar como pena incluso la horca. Este tipo de ejecuciones se llevan a cabo desde 1989 y no se está exento por el hecho de ser turista: mucho cuidado.

A pesar de ello, los viajeros tienden a mostrarse muy despreocupados con el consumo de hachís en el Sinaí, en especial en Dahab y Nuweiba, muy acostumbradas a recibir a mochileros. Aunque sin duda se encontrarán ocasiones para comprar droga durante el viaje y muchos otros viajeros que echan alguna caladita, podemos asegurar que hay muchísimos lugares mejores que una cárcel egipcia si lo que se quiere es perder unos cuantos años de vida.

MAPAS

El mejor es el de Kümmerly & Frey, que incluye todo Egipto a escala 1:950.000. La misma empresa también dispone de un mapa del Sinaí y de un mapa ilustrado, bastante mediocre, del Nilo. También está muy bien el mapa de Freytag & Berndt, que incluye un plano de las pirámides de Gizeh y del territorio egipcio, excepto la parte occidental, a escala 1:1.000.000; incluye mapas auxiliares de El Cairo y del centro de Alejandría.

Nelles Verlag ofrece uno de los mapas generales de Egipto más completos, aunque es algo antiguo (escala 1:2.500.000), con un plano del valle del Nilo (escala 1:750.000) y uno ampliado del centro de El Cairo.

Map of Egypt (Mapa de Egipto), a escala 1:1.000.000 y publicado por Macmillan, incluye un plano del valle del Nilo y un mapa del país, además de planos de El Cairo y Alejandría, varias ampliaciones y planos de templos.

Clyde Surveys of England tiene un excelente mapa de Egipto oriental titulado *Clyde Leisure Map No 6: Egypt & Cairo* (Mapa de ocio de Clyde nº 6: Egipto y El Cairo). Incluye la región del Nilo desde la costa hasta Asuán y tiene detallados planos de El Cairo, Alejandría, Luxor, Tebas y las pirámides, con anotaciones en inglés, francés y alemán.

DINERO

La moneda oficial es la libra egipcia (EGP; en árabe, *guinay)*. Una libra se divide en 100 piastras (pt). Hay billetes de 5, 10 y 25 pt, pero no suelen verse muchos. Los de 50 pt, 1, 5, 10, 20, 20, 50 y 100 EGP se usan mucho. También existe un billete de 200 EGP, pero se utiliza muy poco. Las monedas en circulación son las de 10, 20, 25, 50 pt y 1 EGP, pero prácticamente son inexistentes y pueden llegar a parecer artículos de coleccionista. Los precios pueden escribirse en libras o en piastras: por ejemplo, 3,35 EGP puede escribirse también como 335 pt. En la práctica, sin embargo, los vendedores tienden a redondear al alza, especialmente con los turistas.

En Egipto escasea mucho el cambio, algo que acaba siendo un problema para los viajeros que hacen uso de los cajeros automáticos. No siempre es fácil conseguir billetes de 50 pt y de 1, 5 y 10 EGP, útiles para propinas, taxis y para evitar el malhumor que supone no recibir el cambio correcto una y otra vez. Peor aún es el hecho de que el personal de algunos establecimientos, incluidos hoteles y restaurantes caros, a veces ponen mala cara si se paga la cuenta en billetes de 100 EGP, lo que les obliga a echarse a la calle para buscar cambio.

Como norma, en Egipto conviene asegurarse de hacerse con cambio siempre que sea posible. Por otra parte, también hay que procurar soltar los billetes grandes en establecimientos de mayor categoría, aunque pongan mala cara. Estas dos medidas simples pueden ahorrar muchas frustraciones.

El mercado negro de divisas no tiene mayor interés; pocos viajeros recurren a él, porque hay poco que ganar.

Debido al mal estado de la moneda nacional, muchos operadores turísticos y hoteles aceptan únicamente pagos en dólares o euros. Es el caso de las compras de billetes para el tren nocturno de Abela Egypt entre Alejandría, El Cairo, Luxor y Asuán; el *ferry* entre Nuweiba y Aqaba (Jordania) y todos los autobuses internacionales. Aunque sea una práctica técnicamente ilegal, nunca se persigue; también es cada vez más frecuente que los hoteles elegantes exijan el pago en dólares, aunque la mayoría de las veces se puede pagar la habitación con tarjeta de crédito. Para no correr riesgos, lo mejor es moverse por Egipto con unos cuantos dólares en el bolsillo.

En el interior de la cubierta del libro se muestran los tipos de cambio de diferentes monedas extranjeras. Para información sobre precios en Egipto, véase p. 18.

Cajeros automáticos

Hoy en día es posible viajar por Egipto recurriendo únicamente a las tarjetas, ya que los cajeros automáticos están cada vez más extendidos. Las ciudades acostumbradas al turismo, como El Cairo, Alejandría, Luxor, Sharm el-Sheikh o Hurgada están llenas de cajeros, y también son fáciles de encontrar en Dahab, Nuweiba y Asuán. Donde resultará más difícil encontrar cajeros automáticos es en cualquier lugar entre El Cairo y Luxor (en las ciudades de Minya y Asiut apenas hay alguno) y en los oasis (sólo hay uno en Siwa y otro en Kharga).

De los numerosos tipos de cajeros automáticos que hay en Egipto, la gran mayoría aceptan tarjetas Visa, MasterCard, Cirrus y/o Plus. Los cajeros automáticos del Banque Misr, el CIB, el Egyptian American Bank (EAB), el National Bank of Egypt y el HSBC son especialmente fiables.

Tarjetas de crédito

En Egipto, las tarjetas American Express, Visa, MasterCard y Diners Club tienen cada vez más utilidad. Por lo general, son aceptadas en los hoteles, tiendas y restaurantes de clientela extranjera, aunque fuera de los establecimientos turísticos son mucho menos comunes, y en las regiones más remotas resultan inútiles. En muchos lugares cobran un porcentaje sobre la venta (entre un 3 y un 10%) por usarlas.

Hay que asegurarse de conservar todos los recibos para comprobar posteriormente los cargos, ya que se han registrado casos de tiendas que han añadido ceros adicionales a la cuenta. Es un delito tonto y fácilmente detectable, pero los estafadores juegan con la ventaja de que no se descubre hasta que

EL ARTE DEL REGATEO

El regateo es parte de la vida cotidiana en Egipto y se puede negociar el precio de casi todo, desde habitaciones de hotel a cigarrillos importados. Incluso en las tiendas que hay precios claramente indicados, muchos egipcios aún intentan reducir el importe. Naturalmente, cuando se compra en zocos como Khan al-Khalili de El Cairo, el regateo es necesario a menos que se desee pagar más de lo habitual. Es algo molesto para la gente que no está acostumbrada pero hay que mantener la calma y recordar que es un juego y no una lucha.

La primera regla es no mostrar nunca mucho interés por el artículo que se desee adquirir. La segunda es no comprar la primera cosa de la que el viajero se encapriche. Hay que dar una vuelta y comparar precios, pero no de forma obvia, pues si se vuelve a la primera tienda el vendedor se dará cuenta de que es él quien vende más barato.

Hay que decidir cuánto se desea pagar y expresar un despreocupado interés por comprar. El vendedor pondrá un precio y entonces empieza el regateo. Se expone una cifra algo inferior a la que se ha pensado. El tendero refunfuñará que la cifra es absurda y dirá su precio más "bajo". Si no es lo suficientemente reducido, hay que insistir sin dejar de sonreír. A veces se sirve té o café como parte del ritual del regateo aunque aceptarlo no significa estar obligado a comprar. Si no se consigue el precio deseado, es mejor irse, lo que a menudo consigue que la venta se cierre a favor del cliente. Si no hay suerte, hay otras miles de tiendas en el bazar. Se considera de mala educación ofrecer una cantidad y, cuando el tendero está de acuerdo, cambiar de opinión o bien intentar rebajar más el precio. Hay que evitar hacerlo.

Si se consigue el precio deseado o incluso inferior no hay que sentirse culpable, a pesar de lo que dicen, no hay ningún vendedor que venda por debajo del precio de coste.

la víctima ha vuelto a casa, cuando está a miles de kilómetros de Egipto.

Con las tarjetas Visa y MasterCard se pueden obtener reintegros en el Banque Misr y en el National Bank of Egypt, así como en las oficinas de Thomas Cook.

Para informar la pérdida de una tarjeta en Egipto se puede llamar a **Amex** (☎ 02-870 3152), **MasterCard** (☎ 02-797 1179, 796 2844), **Visa** (☎ 02-796 2877, 797 1149) o **Diners Club** (☎ 02-578 3355).

Transferencias internacionales

Western Union, el especialista internacional en transferencias monetarias, opera conjuntamente en Egipto con Misr America International Bank y centros de financieros de IBA.

Alejandría (plano pp. 384-385; ☎ 03-420 1148; 281 Tariq al-Horreyya)
Alejandría (plano pp. 376-377; ☎ 03-492 0900; 73 Tariq al-Horreyya)
El Cairo Centro urbano (plano pp. 104-105; ☎ 02-393 4906; 19 Qasr el-Nil, El Cairo); Garden City (plano p.138; ☎ 02-357 1385; 1079 Corniche el-Nil, Garden City); Garden City (☎ 02-355 7071; 8 Ibrahim Naguib, Garden City); Heliópolis (☎ 02-249 0607; 67 Sharia Hegaz, Heliópolis); Heliópolis (☎ 02-258 8646; 6 Sharia Boutros Ghali, Heliópolis); Mohandiseen (☎ 02-331 3500; 24 Sharia Syria, Mohandiseen)
Dahab (plano p.481; ☎ 069-364 0466; al norte del Bamboo House Hotel, Masbat)
Hurgada (plano p. 433; ☎ 065-442 772; Unit 19, Redcon Mall, Sheraton Rd, Hurgada)
Luxor (plano pp. 240-241; ☎ 095-372 292; Mina Palace Hotel, Corniche el-Nil, Luxor)
Port Said (☎ 066-326 404; Unit 621, centro comercial Sonesta, Port Said)
Sharm el-Sheikh (plano p. 472; ☎ 062-602 222; Rosetta Hotel, bahía de Na'ama)

Estas oficinas tienen los mismos horarios comerciales que los bancos. Para más detalles, llámese a la línea de información de Western Union al ☎ 02-355 5023.

Cambio de moneda

Se puede cambiar dinero de forma oficial en las oficinas de Amex y Thomas Cook, bancos comerciales, oficinas de cambio (Forex) y algunos hoteles. Las tarifas no suelen variar mucho, sobre todo con los dólares estadounidenses, pero si se quiere ahorrar, las oficinas de cambio ofrecen tarifas algo mejores que los bancos y no suelen cobrar comisiones.

Se puede cambiar la mayor parte de las divisas fuertes en Egipto, aunque lo más fácil son los dólares estadounidenses o euros. Es muy recomendable comprobar siempre el cambio y no aceptar billetes deteriorados o rotos (hay muchos) porque después serán rechazados. Lo mismo se aplica a transacciones en tiendas, taxis, etc.

Las libras egipcias se pueden volver a cambiar por monedas fuertes al final del viaje en algunos bancos, oficinas de Forex, Thomas Cook y Amex.

También es posible recibir un envío de dinero mediante Amex. Este servicio funciona en la mayoría de las sucursales de Amex y lo puede usar todo el mundo, independientemente de si se tiene tarjeta Amex o no. Cuesta unos 80 US$ por cada 1.000 US$, que se pueden abonar en el país desde el que se envía el dinero.

Impuestos

Se aplica hasta un 25% de impuestos en la cuenta de la mayor parte de los restaurantes de lujo. También son elevados los impuestos en los alojamientos de cuatro y cinco estrellas, que ya se han calculado en los precios de esta obra.

Propinas

Para información sobre propinas, véase recuadro en p. 64.

Cheques de viaje

Aunque no plantea ningún problema cobrar cheques de viajes de entidades conocidas en los bancos principales como Banque Misr o National Bank of Egypt, muchas oficinas de cambio no los aceptan. Los cheques emitidos en cuentas de oficinas de correos (habituales en Europa) o las tarjetas asociadas a estas cuentas no se pueden usar en Egipto.

Los bancos pueden aplicar un pequeño recargo por cobrar los cheques de viaje, habitualmente unas pocas libras egipcias por cheque, además de un impuesto de timbre de 2 o 3 EGP. Siempre hay que preguntar si hay comisión, pues es variable. Las oficinas de cambio que admiten cheques no suelen cobrar comisión.

Además, los cheques de viaje Amex y Thomas Cook también se pueden cobrar en sus oficinas, que se hallan en El Cairo, Alejandría, Luxor, Asuán, Hurgada (sólo Thomas Cook) y Sharm el-Sheikh/bahía de Na'ama. Se aplica normalmente un pequeño recargo por el servicio.

CORREOS

Las postales cuestan menos de 1 € y tardan cuatro o cinco días en llegar a Europa y de una semana a diez días a otros países. Mandar una carta de 20 g cuesta más o menos lo mismo y se pueden adquirir sellos en las oficinas de correos, en algunos puestos de recuerdos, tiendas, quioscos y en la recepción de los principales hoteles. Suele ser más rápido enviar correo desde los buzones de los principales hoteles que desde las oficinas de correos. Si se usan los buzones, el azul es para correo aéreo internacional, el rojo para el nacional y el verde para el nacional urgente.

Las oficinas de correos suelen abrir de 8.30 a 14.00 de sábado a jueves. Las listas de correos funcionan muy bien y suelen ser gratuitas (aunque en Alejandría hay un pequeño recargo por el servicio de recogida de cartas). Si se desea recoger el correo, conviene asegurarse de que el empleado lo comprueba por el tratamiento de señor, señora o señorita, además de por el nombre y apellidos.

Si se recibe un paquete, se entrega una tarjeta (escrita en árabe, hay que pedir ayuda a algún lugareño) donde se indica el lugar de recogida, a menudo en el otro extremo de la ciudad. Se necesita pasaporte, dinero y un montón de paciencia.

Para más información sobre correos en Egipto, llámese al ☎ 0800-800 2800 o consúltese www.egyptpost.org.

Paquetes

El envío de paquetes por vía aérea o marítima normal se tramita en las oficinas principales de correos, aunque en El Cairo sólo se puede hacer en el enorme centro de tráfico postal de Midan Ramses. Como tarifas orientativas, un paquete de 1 kg por vía terrestre/marítima a EE UU, América Latina o Europa cuesta entre 100 y 200 EGP. No se aceptan paquetes de más de 20 kg a Europa occidental y África y de 30 kg a EE UU. El tamaño de los paquetes no debe superar 1 m de largo y de alto y 50 cm de ancho.

Suele haber un largo y complejo proceso de inspección aduanera y es necesario rellenar formularios, por lo que no hay que cerrar el paquete hasta que se haya terminado. Puede que se tengan que conseguir permisos de exportación o una inspección de los bienes, dependiendo de qué se trate. El material impreso y audiovisual se comprueba; los comestibles (excepto la comida seca) y las medicinas también necesitan autorización.

La forma más sencilla de enviar un paquete es pagar a alguien una pequeña cantidad para que lo mande. Algunos tenderos ofrecen este servicio, sobre todo si los artículos son de su bazar. Debe incluir la obtención del permiso de exportación, el embalaje y el envío.

DE COMPRAS

Egipto es un paraíso de las compras: desde rollos tradicionales de papiro y originales piezas de artesanía a joyas hechas a mano y el inevitable narguile, los zocos de todo el país están repletos de recuerdos y cachivaches. Desde luego, una gran parte de lo que se ofrece a los turistas suelen ser baratijas sin valor, aunque cualquiera con un poco de vista sabrá distinguir el grano de la paja.

El centro neurálgico de las compras en Egipto es sin duda Khan al-Khalili, en El Cairo, que es un circo para turistas del nivel de cualquiera de los mercados con más historia de Oriente Próximo. Aunque hay que abrirse paso a través de una jungla de timadores y vendedores a comisión, se pueden hacer grandes hallazgos, suponiendo que se tenga el tiempo y la paciencia necesarios para ir mirando.

Otros lugares de excepción para las compras son los mercados turísticos de Luxor, Asuán y Sharm el-Sheikh. Por otra parte, vale la pena prestar atención a la artesanía tradicional siwa, beduina y nubia que se puede encontrar en el desierto occidental, en el Sinaí y en Asuán respectivamente.

VIAJEROS EN SOLITARIO

Aparte de lo que dicta el sentido común (como, por ejemplo, no pasear solo por el desierto o hacer buceo o submarinismo sin acompañante) no hay ningún lugar de Egipto en el que un hombre no pueda viajar en solitario. Para las mujeres es algo más complicado (véase p. 528 y varias advertencias en la obra), aunque es posible si se anda con precaución y se viste adecuadamente.

TELÉFONO

El indicativo de Egipto es el ☎ 20, seguido del prefijo de la región (sin el cero) y el número. Los prefijos de región aparecen al principio de cada apartado de pueblo o ciudad. El código de acceso internacional (para llamar al extranjero desde Egipto) es el ☎ 00. Para información telefónica, llámese al ☎ 140 o al ☎ 141. Los prefijos de teléfonos móviles en Egipto son el ☎ 010 y el ☎ 012.

Hay dos empresas que venden tarjetas telefónicas en el país. Menatel tiene cabinas amarillas y verdes mientras que las de Nile Tel son rojas y azules. Las tarjetas se pueden adquirir en tiendas y quioscos y se presentan en unidades de 10, 15, 20 y 30 EGP. Una vez se inserta la tarjeta en el teléfono, hay que pulsar la bandera que hay arriba a la izquierda para elegir el idioma de las instrucciones.

Como alternativa están las antiguas oficinas de teléfonos, conocidas como centrales, donde se puede reservar una llamada en la recepción, que se debe pagar por adelantado (hay un mínimo de tres minutos). El operador conduce al viajero a una cabina cuando se ha establecido la conexión.

Las principales centrales de las grandes ciudades disponen de servicio de fax. Una página cuesta 7,65 EGP.

Tarjetas para llamadas internacionales

Se puede acceder a las siguientes tarjetas con estos números en El Cairo: **AT&T** (☎ 02-510 0200; http://espanol.att.com), **MCI** (☎ 02-355 5770; http://global.mci.com/es) y **Global One & Sprint** (☎ 02-356 4777; www.sprint.com/index_es.html?language=ES).

Teléfono móvil

La red de teléfonos móviles egipcios funciona con el sistema GSM.

Hay dos compañías de telefonía móvil: **MobiNil** (☎ 02-760 9090; www.mobinil.com) y **Vodafone** (☎ 02-529 2000; www.vodafone.com.eg, www.mobileconnect.vodafone.com, www.vodafone.es). Ambas venden prácticas tarjetas de prepago en sus numerosos puntos de venta en todo el país. MobiNil vende sus "Alo Magic Scratch Card" por valor de 10, 25, 50, 100, 200 y 300 EGP; tienen una validez de 30 días y el crédito se alarga si se recarga la tarjeta antes de finalizar el período de validez. Vodafone tiene una tarjeta similar sólo para sus clientes, así como una tarjeta que permite la conexión inalámbrica a Internet mediante el ordenador portátil.

HORA LOCAL

Egipto lleva dos horas de adelanto con respecto al GMT/UTC. El cambio de hora para ahorrar energía empieza el último jueves de abril y termina el último jueves de septiembre. Así, sin tener en cuenta las variaciones del cambio de hora, cuando son las 12.00 en El Cairo, serán las 11.00 en Madrid, las 8.00 en Río de Janeiro, las 4.00 en México D.F., las 6.00 en Santiago de Chile, las 7.00 en Buenos

Aires, las 2.00 en Los Ángeles, y las 5.00 en Nueva York.

LAVABOS PÚBLICOS

Los servicios públicos, si es que se encuentran, suelen estar en malas condiciones y algunos son a la turca. Sólo hay papel higiénico en los hoteles de precio medio y alto; la mayor parte tan sólo tienen chorro de agua para lavarse. Esta práctica es una buena idea ya que en Egipto los inodoros no pueden absorber mucho papel higiénico y no es nada extraño encontrar muchos de ellos atascados en los hoteles frecuentados por occidentales. Si se usa papel higiénico hay que desecharlo en el cubo que se suele proporcionar.

En las ciudades es buena idea recordar dónde están los locales de comida rápida de estilo occidental y los hoteles de cinco estrellas, pues es donde se pueden encontrar los lavabos más limpios.

Cuando se hacen caminatas por el desierto, se escala el monte Sinaí o se acampa en la playa no hay que dejar papel higiénico usado tirado ni enterrarlo, pues los fuertes vientos lo pueden levantar. Es mejor guardarlo en una bolsa de plástico y desecharlo más tarde o llevar cerillas y quemarlo.

INFORMACIÓN TURÍSTICA

El gobierno egipcio tiene oficinas de información turística en todo el país, algunas mejores que otras. Su utilidad depende bastante del personal. Las de Asuán, Luxor, Dakhla, Siwa, Alejandría y Suez tienen personal que posee amplios conocimientos de la región y hace todo lo posible para ayudar. Los materiales de referencia gubernamentales como los mapas y los catálogos suelen ser demasiado generales, además de estar algo anticuados.

Las oficinas de turismo egipcias en el extranjero suelen tener muchos catálogos, mapas gratuitos y folletos, además de personal bastante servicial.

Oficinas de turismo de fuera de Egipto:
España (Oficina de Turismo Egipto; ☎ 34-91-559 2121; fax 547 5165; http://egipto.oasyssoft.com; www.egypt.travel; Torre de Madrid, planta 5, oficina 3, 28008, Madrid)
EE UU Chicago (Egyptian Tourist Authority; ☎ 312-280 4666; fax 280 4788; www.egypt.travel; Suite 829, 645 North Michigan Ave, Chicago, IL 60611); Los Ángeles (☎ 323-653 8815; egypt@etala.com; San Vincente Plaza, Suite 215, 8383 Wilshire Blvd, Beverly Hills, CA 90211); Nueva York (☎ 212-332 2570; egyptours@aol.com; Suite 1706, 630 Fifth Ave, New York, NY 10111)

VIAJEROS CON DISCAPACIDADES

Egipto no está muy preparado para los viajeros con un problema de movilidad. Existen pocas rampas de acceso, los edificios públicos no siempre tienen ascensores, los bordillos son altos (excepto en Alejandría, que tiene aceras accesibles para los usuarios de sillas de ruedas), el tráfico es de miedo y entrar en algunos monumentos antiguos (como las pirámides de Gizeh o las tumbas de la orilla occidental, cerca de Luxor) resulta casi imposible debido a sus estrechas entradas y sus escarpadas escaleras.

A pesar de todo esto, no hay motivo para que ningún intrépido viajero deje de visitar Egipto, aunque tenga discapacidades. Por lo general, se observará que los lugareños se muestran muy dispuestos a ayudar en caso de dificultad. Cualquiera que vaya en silla de ruedas encontrará útil la gran puerta trasera de los Peugeot 504 que suelen usarse como taxis. Además, estos coches se pueden alquilar con chófer para todo el día. Es muy probable que el conductor se muestre muy dispuesto a ayudar al pasajero a entrar y salir del vehículo. Moverse por el país no debería ser un gran problema, ya que se puede llegar a la mayor parte de destinos por medio de vuelos internos.

Hemos recibido excelentes críticas de **Egypt for All** (☎ 02-311 3988; www.egyptforall.com; 334 Sharia Sudan, Mohandiseen, El Cairo), empresa egipcia especializada en organizar viajes para viajeros con problemas de movilidad.

Organizaciones

En **España** la Federación ECOM (☎ 93 451 55 50, fax 93 451 69 04, ecom@ecom.es, www.ecom.es; Gran Via de les Corts Catalanes 562, principal 2ª, 08011 Barcelona) aborda, entre otros asuntos de interés para discapacitados, el turismo accesible. Por su parte, Viajes 2000 (☎ 91 323 25 23; paseo de la Castellana 228, 28002 Madrid), agencia de viajes perteneciente a la Organización Nacional de Ciegos de España (ONCE), dispone de información sobre accesibilidad en hoteles, restaurantes y otros lugares, en las ciudades que se deseen visitar.

En **Argentina** la Fundación Turismo para Todos (☎/fax 5411 4662 7456, info@turismoaccesible.com.ar, www.turismoaccesible.com.ar; Julián Aguirre 1995, B1686- EVG Hurlingham) es una ONG que trabaja en la mejora del ocio relacionado con el turismo en general y con discapacitados en particular (seguridad y calidad turística, turismo accesible y otros).

VISADOS

Advertencia

La información que aparece en este apartado es especialmente susceptible de sufrir cambios, por lo que Lonely Planet insiste en que cada uno de estos contenidos se verifique sistemáticamente con la embajada o el consulado correspondientes antes de partir.

La mayoría de los extranjeros necesitan un visado para entrar en Egipto. Las únicas excepciones son los de Guinea, Hong Kong y Macao. El visado se puede obtener de tres modos: por adelantado, en la embajada o el consulado egipcio del país de origen, en una embajada egipcia en el extranjero y, para determinadas nacionalidades, al llegar al aeropuerto. Esta última opción es la más barata y la más fácil de las tres.

Pueden optar por el visado a la llegada los ciudadanos de todos los países de Europa occidental, Reino Unido, EE UU, Australia y todos los países árabes, Nueva Zelanda, Japón y Corea. En el aeropuerto de El Cairo, el procedimiento completo sólo lleva unos 20 minutos, y cuesta 25 US$: hay que comprar los sellos (que parecen sacados de otro tiempo) en uno de los puestos de cambio de moneda abiertos las 24 horas, antes de llegar al control de pasaportes. No hace falta ninguna foto.

Los ciudadanos de otros países deben obtener el visado en su país de residencia. La duración y el coste de la gestión del visado pueden variar según la nacionalidad y el país en el que solicite.

Si se llega por mar, se puede conseguir un visado en el puerto de Aqaba (Jordania) antes de subir al *ferry* a Nuweiba. No obstante, si se llega desde Israel, no se puede obtener un visado en la frontera a menos que se disponga del aval de una agencia de viajes egipcia. Habrá que conseguirlo antes en la embajada de Tel Aviv o en el consulado de Eilat.

El visado de entrada única es válido para tres meses y permite al titular permanecer en Egipto un mes. También existen visados de entrada múltiple (hasta tres visitas), pero aunque tienen una duración de seis meses, sólo permiten permanecer en el país un mes en total.

Sello de entrada al Sinaí

No es necesario obtener un visado completo si el viaje se limita a la zona del Sinaí entre Sharm el-Sheikh y Taba (en la frontera israelí), que incluye el monasterio de Santa Catalina. En este caso se emite un sello de entrada gratuito, que permite una estancia de 15 días. Hay que tener en cuenta que este visado no permite visitar el Parque Nacional de Ras Mohammed. Los puntos de entrada donde se emiten son Taba, Nuweiba (en el puerto), el aeropuerto de Santa Catalina y Sharm el-Sheikh (en el aeropuerto o en el puerto).

Extensión de visados y visados de reentrada

En las oficinas de pasaportes es fácil obtener extensiones de visado para turistas de seis meses o un año, y sólo cuestan unos cuantos dólares. Habrá que presentar una fotografía y fotocopias de las páginas del pasaporte con la fotografía y el visado. Una vez haya caducado el visado, se dispone de un corto período de gracia (generalmente 14 días) para solicitar la extensión. La multa por no hacerlo es de unas 100 EGP, y habrá que presentar una carta de disculpa de la propia embajada.

Si no se dispone de un visado de entrada múltiple, también se puede conseguir un visado de reentrada, válido hasta la fecha final del visado o de cualquier extensión que se haya cursado. Un visado de reentrada para una o varias entradas cuesta menos de 5 US$.

Permisos de viaje

Se necesitan permisos militares emitidos por el Ministerio del Interior o por la Policía de Aduanas para viajar al desierto del Este al sur de Shams Allam (50 km al sur de Marsa Allam), al lago Nasser o sus alrededores, fuera de las rutas del desierto occidental y a la carretera entre los oasis de Bahariyya y Siwa. Se pueden obtener a través de una compañía que organice circuitos o una agencia de viajes con un mínimo de quince días de antelación al viaje.

MUJERES VIAJERAS

Los egipcios son conservadores, especialmente en lo que refiere al sexo y las mujeres egipcias, pero no con las extranjeras.

Se podría escribir un libro con todos los comentarios y relatos de las aventuras y desventuras de mujeres viajeras en Egipto. Se

ADVERTENCIAS PARA LAS MUJERES VIAJERAS

- Llevar anillo de matrimonio. Generalmente los egipcios respetan más a una mujer casada.
- Si se viaja con un hombre, es mejor decir que es el marido en lugar de sólo un amigo.
- Evitar mirar directamente a los ojos a un egipcio a menos que se le conozca bien; las gafas de sol oscuras (y mejor aún, con espejos) pueden ir bien.
- Intentar no responder a comentarios desagradables de hombres, lo mejor es ignorarlos.
- Hay que vigilar cuando se está en multitudes y en otras situaciones donde haya mucha gente, puede que algún hombre se arrime por detrás.
- En transportes públicos, es mejor sentarse al lado de una mujer, si es posible. Esto no es difícil en el metro de El Cairo, pues el primer compartimento está reservado sólo a mujeres.
- Si se está en el campo (o fuera de las rutas transitadas) hay que llevar ropa más conservadora que nunca.
- Hay que mantener las distancias. Conviene recordar que incluso una inocente charla amistosa puede ser malinterpretada como coqueteo por hombres que no están acostumbrados a la interacción con mujeres. Lo mismo se aplica a cualquier tipo de contacto físico.
- Si se necesita ayuda (indicaciones, etc.), es mejor pedirla primero a una mujer.
- Hay que vigilar cuando se monta a caballo o en camello, sobre todo en lugares turísticos. Es habitual que un hombre se acerque y agarre el caballo de la turista, entre otras cosas. Hay que evitar compartir caballo o camello con un desconocido.
- Egipto no es el mejor lugar para un bronceado integral. Tan sólo en las playas privadas de los complejos de precio alto del mar Rojo y del sur del Sinaí se puede tomar el sol cómodamente en biquini. En la costa mediterránea y en los estanques de los oasis hay que bañarse en pantalones cortos y camiseta como mínimo, e incluso así se atrae a una manada de mirones. Las mujeres egipcias raramente se bañan en playas públicas; si lo hacen, nadan completamente vestidas, con pañuelo y todo.
- Puede resultar práctico aprender a decir "no me toque" en árabe *(la' tilmasni)*. También merece la pena memorizar *ihtirim nafsak* (literalmente "compórtese") o *haasib eedak* (vigile lo que hace). Insultar a estos casanovas en potencia sólo empeorará las cosas.
- En caso de manoseo, no hay que esperar ningún gesto de vergüenza o disculpa ante una reprimenda. La mayoría de tipos se quedarán mirando con cara de circunstancias y se irán tranquilamente. Así que el consejo de no hacer ni caso resulta en este caso especialmente indicado (aunque sea para evitar quedarse como una estaca, con la adrenalina corriendo por las venas, gritando y sintiéndose idiota).
- Hacerse amiga de una mujer egipcia es ideal para aprender más de la vida del país y, a la vez, tener una guía que no suponga una amenaza. Sin embargo, llegar a conocer a una egipcia es más fácil de decir que de hacer. En cualquier caso, se recomienda aprovechar las oportunidades.

pueden oír piropos como "Te añoro como el desierto a la lluvia", que podrían resultar divertidos si no fueran constantes e intimidadores. Muchos de los incidentes son molestias sin importancia, como una mosca que zumba en el oído: se puede apartar y mantenerla a distancia, pero continúa zumbando.

La presencia de mujeres extranjeras hace que algunos egipcios vean la oportunidad de saltarse estas normas fácilmente y sin consecuencias. Esta creencia se ve reforzada por las impresiones tergiversadas que dan la televisión occidental y la ropa inapropiada que llevan algunas turistas. Como mujer viajera se puede sufrir como mínimo acoso verbal. A veces hay acoso físico y violaciones, pero es mucho menos habitual que en la mayor parte de países occidentales.

Actitudes hacia la mujer

Algunos de los principales malentendidos entre egipcios y occidentales tienen que ver con la mujer. Hay medias verdades y estereotipos en ambos lados: muchos occidentales dan por sentado que todas las egipcias llevan velo y son víctimas reprimidas mientras que un gran número de egipcios ve a las occidentales como obsesas sexuales e inmorales.

Para muchos egipcios de ambos sexos, el papel de la mujer está específicamente definido: es la madre y matrona del hogar, mientras que el hombre es el proveedor. Sin embargo, como en cualquier sociedad, las generalizaciones suelen ser erróneas y la realidad tiene muchos matices. Hay miles de mujeres profesionales de clase media y media-alta en Egipto que, al igual que sus homólogas en Occidente, hacen malabarismos para combinar el trabajo con las responsabilidades familiares. Entre las clases trabajadoras, donde la tradición prima, el ideal de la mujer es concentrarse en el hogar y la familia, pero la realidad económica obliga a millones de mujeres a trabajar, además de tener que responsabilizarse de todas las tareas domésticas.

En el tema del sexo es donde las diferencias entre las mujeres occidentales y las egipcias son más evidentes. El sexo prematrimonial o incluso fuera del matrimonio es tabú en Egipto aunque, como pasa con todo lo que se prohíbe, se practica igualmente. Sin embargo, constituye más la excepción que la regla, tanto en hombres como mujeres. A pesar de todo, para las mujeres el tema es potencialmente más grave. Con la posible excepción de las clases altas, se espera que las mujeres lleguen vírgenes al matrimonio y la reputación de una familia puede depender de ello. En un contexto así, las restricciones que se imponen a una chica, independientemente de lo agobiantes que puedan parecer desde un punto de vista occidental, son para protegerla a ella y a su reputación de las potencialmente desastrosas atenciones masculinas.

Cómo vestirse

Dejando aparte las playas del Sinaí y del mar Rojo, los egipcios son muy conservadores en el vestir. Como en todas partes, hay que guiarse por lo que se ve: si se está en una zona rural y todas las mujeres van con vestidos largos y que ocultan su cuerpo, hay que llevar ropa conservadora. Si se sale a algún local de moda de El Cairo, se pueden ver chicas egipcias de clase media y media-alta con ropa corta de diseño. También se puede vestir así, aunque no se aconseja.

Es especialmente importante cubrirse el cuerpo cuando se visitan mezquitas e iglesias. Llevar un chal para cubrirse la cabeza es muy útil, sobre todo cuando se visitan zonas como El Cairo antiguo o islámico.

Desgraciadamente, aunque vestirse de forma conservadora debería reducir las posibilidades de acoso, no se garantiza nada. No es un consuelo, pero hay que tener en cuenta que las mujeres egipcias también sufren esta situación.

TRABAJO

En Egipto viven y trabajan más de cuarenta mil extranjeros. Es posible encontrar trabajo en alguna de las numerosas empresas extranjeras, especialmente si se empieza la investigación antes de salir de casa. *Cairo: A Practical Guide,* editada por Claire E. Francy y publicada por la American University in Cairo Press (60 EGP), ofrece abundante información sobre trabajo en El Cairo. Si se dispone de una oferta de trabajo, no debería ser muy difícil obtener un permiso de trabajo a través de algún consulado egipcio o del Ministerio del Interior (si ya se está en Egipto).

El empleo más fácil de encontrar para los angloparlantes, nativos o no, es el de profesor de inglés. Los mejores lugares para hacerlo son las escuelas reconocidas, como el ILI de El Cairo (véase p. 515). No obstante, en todos estos lugares exigen cualificación y el requisito mínimo es un certificado de aptitud pedagógica para enseñar inglés a adultos (Certificate in English Language Teaching to Adults; Celta). El ILI ofrece cursos intensivos de un mes para obtener el diploma Celta y a veces da empleo a los diplomados en sus cursos.

Si no se tiene cualificaciones o experiencia, se puede probar en una de las "escuelas pirata" como la céntrica **International Living Language Institute** (ILLI; 34 Talaat Harb, en El Cairo), que está sobre la panadería El-Abd. Son academias no oficiales (aunque la ILLI lleva casi 20 años en el negocio) que contratan a personal no cualificado y lo exprimen con una contraprestación económica limitada pero que permite mantenerse e incluso ganar lo suficiente como para sacarse el diploma Celta y pasar a un empleo mejor pagado.

Los maestros o instructores de submarinismo pueden encontrar trabajo en los *resorts* de submarinismo con bastante facilidad. Como muchos submarinistas basan sus viajes en los ingresos hechos así, hay mucho movimiento, y es fácil encontrar una vacante si se pasa un par de semanas por ahí. Ante una solicitud, el centro de submarinismo puede ofrecer al interesado que participe en unas cuantas inmersiones, para valorar así las capacidades del candidato y ver cómo interacciona con los demás antes de ofrecerle el trabajo.

También es posible encontrar otros tipos de trabajo en localidades turísticas. En Sharm el-Sheikh y Dahab, en particular, se encuentra una cantidad relativamente grande de viajeros con empleos temporales como camareros o en alguno de los numerosos hoteles y centros de submarinismo que hay por la playa. También hay algunos viajeros emprendedores que se han financiado la estancia montando un pequeño negocio como masajistas, acupuntores o naturópatas.

No sólo en las playas hay trabajo: en algunos de los grandes hoteles de Luxor y Asuán también contratan ocasionalmente a extranjeros como directores de animación, aunque en muchas de las grandes cadenas al personal lo seleccionan y lo envían directamente desde otros países.

Transporte

SUMARIO

CÓMO LLEGAR Y SALIR

Si se llega desde Europa, lo más fácil es el vuelo directo. Pero si se viene de otro continente, a veces puede resultar más económico volar primero a Europa y luego a Egipto. Y naturalmente también hay combinaciones por tierra de autobús, taxi y *ferry* desde Europa, otros países africanos y de Oriente Próximo que vale la pena considerar.

LLEGADA AL PAÍS

Si se entra al país por el aeropuerto internacional de El Cairo, hay que cumplir con algunas formalidades. Tras pasar por las polvorientas tiendas del *duty-free,* se encuentra una fila de oficinas de cambio. Si no se ha organizado el visado con antelación, habrá que pagar 25 US$ para recibir un sello (véase p. 528). Luego se rellena un impreso rosa de inmigración, disponible en los bancos que hay delante de los funcionarios de inmigración, antes de hacer cola para que lo tramiten. El proceso entero suele tardar unos 20 minutos, pero al tratarse de Egipto puede ser más lento.

Acceder por tierra o *ferry* es más pesado, ya que suelen revisar los equipajes y hay que pagar tasas de entrada y salida. Aunque las formalidades varían según la frontera que se cruce, en general acceder a Egipto por tierra o por mar es bastante sencillo.

Independientemente de cómo se acceda a Egipto, hay que asegurarse de llevar un pasaporte válido al menos por seis meses desde la fecha de entrada al país.

Si se sale de Egipto en avión, el impuesto de salida se habrá pagado con el billete. Si se hace por tierra, habrá que pagar 2 EGP (los viajeros que accedan a Egipto con el visado sólo para el Sinaí están exentos). Los *ferries* internacionales egipcios cobran 50 EG P de tasas portuarias por persona además del precio del billete.

AVIÓN

Aeropuertos y aerolíneas

En Egipto hay varios aeropuertos, pero sólo siete de ellos son puertos internacionales de entrada: El Cairo, Alejandría, Luxor, Asuán, Hurgada, Sharm el-Sheikh y Marsa Alam. La mayoría de los pasajeros entra a Egipto por El Cairo, Alejandría o Sharm el-Sheikh, mientras que a los demás aeropuertos sólo suelen llegar vuelos chárter incluidos en paquetes de viaje.

La mayoría de los billetes se venden para vuelos de llegada y salida de El Cairo, pero a veces es posible conseguir ofertas más baratas que llegan a aeropuertos de centros turísticos como Sharm el-Sheikh. Aunque se puede utilizar Sharm como punto de partida para viajar por el país, hay seis horas de trayecto en autobús desde El Cairo, y puede que el tiempo que se pierda pese más que el ahorro potencial de dinero. No obstante, Sharm constituye una base excelente para explorar el Sinaí o un punto para saltar a Jordania, Israel y los territorios palestinos.

La aerolínea nacional e internacional de Egipto es **EgyptAir** (MS; ☎ centro de atención nacional 0900 70000; www.egyptair.com.eg; 🕑 8.00-20.00), cuya sede se encuentra en el aeropuerto internacional de El Cairo. Su servicio no es que sea muy bueno, y su flota necesita una modernización urgente, a no ser que uno sea fan de los viejos aviones rusos. Si se busca un vuelo internacional a Egipto, mejor volar con una compañía distinta.

ADVERTENCIA

La información de este capítulo está particularmente sujeta a cambios: los precios de los viajes internacionales son imprevisibles, las rutas varían constantemente, los horarios se alteran, las ofertas especiales aparecen y desaparecen, y la normativa de los visados se modifica. Lo mejor es hablar directamente con la compañía aérea o con el agente de viajes para obtener información pormenorizada de las condiciones del billete. También se debe ser consciente de las exigencias de seguridad para los vuelos internacionales, y estar advertido de la "letra pequeña" y los extras inesperados, tan abundantes en la industria turística.

En conclusión, merece la pena que el viajero recoja información de diferentes compañías y agencias de viajes antes de decidirse a gastar el dinero. Los datos de este capítulo deben tomarse únicamente como una referencia; no sustituyen a una búsqueda personal actualizada.

Para más información sobre las oficinas de EgyptAir en Egipto, véanse las secciones "Cómo llegar y salir" de los capítulos de los destinos que hay en la guía. Para obtener datos sobre el aeropuerto, véase "A/desde el aeropuerto" en la sección "Cómo desplazarse" de los capítulos de los destinos que hay en la guía.

Si se planea reservar el alojamiento *online*, consúltese www.lonelyplanet.com/travel_services.

Entre las compañías que vuelan a/desde Egipto se encuentran las siguientes:

Air France (AF; ☎ en El Cairo 02-575 8899; www.airfrance.co; 2 Midan Talaat Harb, Centro). Sede: aeropuerto Charles de Gaulle, París.

Alitalia (AZ; ☎ en El Cairo 02-578 5823; www.alitalia.it; Nile Hilton, 1113 Corniche el-Nil, Centro). Sede: Fiumicino, Roma.

British Airways (BA; www.britishairways.com) El Cairo (☎ 02-578 0741-6; 1 Sharia Abdel Salam Aref, Midan Tahrir, Centro); Aeropuerto Internacional de El Cairo (☎ 02-690 1690). Sede: aeropuerto de Heathrow, Londres.

BMI (BMI; ☎ en el RU 0870 6070 555; www.flybmi.com). Sede: aeropuerto de Heathrow, Londres.

Iberia (IB; www.iberia.com, en El Cairo: ☎ 02-779 965, aeropuerto internacional; ☎ 902 400 500, Madrid)

KLM (KL; www.klm.ae) El Cairo (☎ 02-580 5700; 11 Sharia Qasr el-Nil, Centro); aeropuerto internacional de El Cairo (☎ 02-418 2386). Sede: aeropuerto internacional de Amsterdam.

Lufthansa (LH; ☎ en El Cairo 02-739 8339; www.lufthansa.com; 6 Midan Sheikh al-Marsafy, Zamalek). Sede: aeropuerto de Frankfurt.

Aerolíneas Argentinas (AR; ☎ 0810-222-86527; www.aeroargentinas.com; en Buenos Aires)

Aeroméxico (AM; ☎ 01-800-021-4010; www.aeromexico.com; en México DF)

Air Europa (UXD; ☎ 199 140 444; www.air-europa.com)

American Airlines (AA; ☎ 800-433-7300; www.aa.com; www.americanairlines.es, en Dallas)

Avianca (AV; ☎ 01-800-012-334; www.avianca.com; en Bogotá)

Continental Airlines (CO; ☎ 800-231-0856; www.continental.com; en Houston)

Delta Air Lines (DL; ☎ 800-241-4141; www.delta.com; http://es.delta.com; en Atlanta)

Lan Chile (LA; ☎ 600-5262000; www.lanchile.com; en Santiago de Chile)

Spanair (JK; ☎ 902 131 415; www.spanair.com; en Palma de Mallorca)

Tam Meridional (JJ; ☎ 0800 570 5700; www.tam.com.br., en Brasilia DF)

United Airlines (UA; ☎ 800-538-2929; www.ual.com; en Los Ángeles)

US Airways (US; ☎ 800-622-1015; www.usairways.com; www.usairways.es; en Philadelphia)

España

Iberia (☎ 902 400 500; www.iberia.com) dispone de vuelos directos desde Madrid y Barcelona a El Cairo varias veces por semana, también con escala y desde los principales aeropuertos españoles. Egyptair (902 277 701; en Madrid: ☎ 91 541 8501, Princesa, 41-2; en Barcelona: ☎ 93 302 0349, Bruch, 21-4) fleta vuelos directos desde estas dos ciudades a la capital y con conexiones al resto de aeropuertos egipcios. En vuelos con escala y a precios más económicos hay que tener en cuenta las ofertas de Spanair (☎ 902 13 14 15; www.spanair.com) y Air Europa (☎ 902 401 501; www.air-europa.com), además de los precios de Alitalia, British Airways, KLM, Air France o Lufthansa. También líneas como Turkish Airlines y Olympic suelen ofrecer tarifas muy competitivas en este destino desde la península.

Otra forma de conseguir vuelos baratos y ofertas es visitar los portales de viajes en Internet. En **www.rumbo.es, www.viajarbajoprecio.com** o **www.despegar.com** es posible encontrar billetes con descuentos.

EL CAMBIO CLIMÁTICO Y LOS VIAJES

El cambio climático amenaza seriamente los ecosistemas de los que dependen los seres humanos, y la navegación aérea es lo que más contribuye al problema. Lonely Planet considera, en términos generales, que viajar es un beneficio universal, pero cree que limitar el impacto personal respecto al calentamiento global es una responsabilidad de todos.

El cambio climático y los vuelos

Más o menos todos los tipos de viajes con motor generan CO_2 (la principal causa del cambio climático provocado por el hombre), pero los aviones son, con creces, los peores agresores, no sólo por las distancias que permiten recorrer, sino también porque arrojan gases de efecto invernadero a la atmósfera a una gran altura. Las estadísticas son escalofriantes: un vuelo de ida y vuelta para dos personas entre Europa y EE UU supone el mismo impacto en el cambio climático que el consumo medio de gas y electricidad de un hogar durante todo un año.

Proyectos para compensar emisiones de carbono

Climatecare.org y otros sitios web emplean "calculadoras de carbono" que permiten al usuario compensar la contaminación producida por los gases de efecto invernadero de los que es responsable con contribuciones a operaciones de ahorro energético y otras inciativas ambientales en el mundo desarrollado, incluidos proyectos en India, Honduras, Kazajistán y Uganda. Lonely Planet, junto a Rough Guides y otros socios concienciados de la industria de los viajes, apoya este proyecto gestionado por climatecare.org y compensa todos los viajes de su personal y de los autores de sus guías. Consúltese www.lonelyplanet.com para más información.

Entre las agencias de viajes destacan:

Barceló Viajes (☎ 902-116-226; www.barceloviajes.com)
Halcón Viajes (☎ 807-227-222; www.halconviajes.com)
Viajes Ecuador (☎ 807-227-207; www.viajesecuador.com)
Viajes El Corte Inglés (☎ 902-304-020; www.viajeselcorteingles.es)
Viajes Iberia (☎ 902-116-221; www.viajesiberia.com)
Viajes Marsans (☎ 902-306-090; www.marsans.es)

Resto de Europa

FRANCIA

Agencias de viajes recomendadas:

Anyway (☎ 08 92 89 38 92; www.anyway.fr)
Lastminute (☎ 08 92 70 50 00; www.lastminute.fr)
Nouvelles Frontières (☎ 08 25 00 07 47; www.nouvelles-frontieres.fr)
OTU Voyages (www.otu.fr). Especializada en viajes para jóvenes y estudiantes.
Voyageurs du Monde (☎ 01 40 15 11 15; www.vdm.com)

ALEMANIA

Agencias de viajes recomendadas:

Expedia (www.expedia.de)
Just Travel (☎ 089 747 3330; www.justtravel.de)
Lastminute (☎ 01805 284 366; www.lastminute.de)
STA Travel (☎ 01805 456 422; www.statravel.de). Para viajeros menores de 26 años.

ITALIA

Se recomienda la agencia de viajes **CTS Viaggi** (☎ 06 462 0431; www.cts.it) para estudiantes/jóvenes.

HOLANDA

Se aconseja la agencia de viajes **Airfair** (☎ 020 620 5121; www.airf air.nl).

REINO UNIDO E IRLANDA

Los vuelos baratos son un gran negocio en el Reino Unido e Irlanda. Hay anuncios de múltiples agencias en las páginas de viajes de los periódicos los fines de semana, en *Time Out*, *Evening Standard* y la revista gratuita *online TNT* (www.tntmagazine.com).

Agencias de viajes recomendadas:

Bridge the World (☎ 0870 444 7474; www.b-t-w.co.uk)
Flightbookers (☎ 0870 814 4001; www.ebookers.com)
Flight Centre (☎ 0870 890 8099; flightcentre.co.uk)
North-South Travel (☎ 01245 608 291; www.northsouthtravel.co.uk). Dona parte de sus beneficios a proyectos en los países en vías de desarrollo.
Quest Travel (☎ 0870 442 3542; www.questtravel.com)
Soliman Travel (☎ 020 7370 5130; www.solimantravel.co.uk). Especialista en Egipto con una larga trayectoria.
STA Travel (☎ 0870 160 0599; www.statravel.co.uk). Para viajeros menores de 26 años.

Trailfinders (www.trailfiinders.co.uk)
Travel Bag (☎ 0870 890 1456; www.travelbag.co.uk)

América Latina

La conexión vía Europa es la ruta más habitual para volar a Egipto desde los diferentes aeropuertos internacionales del continente. Son vuelos con escalas en Madrid, Londres o Roma, según el país de procedencia y la línea aérea elegida. Aerolíneas Argentinas, Avianca, Aeroméxico, Lan Chile o Tam tienen vuelos a Egipto, aunque es la compañía Iberia y otras europeas como Alitalia, Air France, British Airways y Lufthansa las que ofrecen más opciones. Air Europa y Spanair también disponen de vuelos de conexión desde las principales capitales hispanoamericanas.

Los mejores precios a la capital egipcia, por ejemplo, los ofrecen desde Buenos Aires Alitalia, Iberia o British; desde Bogotá: Iberia, Air France y Avianca; en México: Iberia, Aeroméxico, Air France, Mexicana o Delta; desde Santiago de Chile: Lan, Aerolíneas Argentinas o Lufthansa.

Para consultas *online* y ofertas sobre vuelos y precios una de las agencias más eficaces es **Despegar.com** (www.despegar.com). La agencia argentina **ASATEJ** (☎ 4114-7595; www.asatej.com) está especializada en viajes para jóvenes y estudiantes, y opera también desde México, España, Chile y EE UU a través de 33 sucursales, *call centers* e Internet. Una página web muy útil para consultar tarifas e itinerarios y hacer las reservas desde México, Chile, Venezuela, Brasil, Argentina y Uruguay es **www.viajo.com.**

STA Travel tiene delegaciones en la mayoría de los países latinoamericanos. En Argentina (www.startravel.com.ar), Brasil (www.stb.com.br), Chile (www.cochajoven.com) o México (www.studiotravel.com.mx). Otros países en www.statravelgroup.com/where/.

Algunas agencias recomendadas:
Viajes Felgueres (☎ 3003-2400; www.viajesfelgueres.com.mx)
Exprinter Viajes (☎ 0819-999; www.exprinter-viajes.com.ar)
IVI Venezuela (☎ 9936082; www.ividiomas.com)
Student Travel Bureau (☎ 3038-1555; www.stb.com.ar)

EE UU

Las agencias de viajes baratos en EE UU se conocen como *consolidators* (aunque no lo pone en un cartel en la puerta). San Francisco es la capital de este tipo de viajes, aunque se pueden encontrar algunas ofertas buenas en Los Ángeles, Nueva York y otras grandes ciudades.

Se recomiendan las siguientes agencias de viajes para reservas *online:*
Cheap Tickets (www.cheaptickets.com)
Expedia (www.expedia.com)
Kayak (www.kayak.com)
Lowest Fare (www.lowestfare.com)
Orbitz (www.orbitz.com)
STA Travel (www.sta.com). Para viajeros menores de 26 años.
Travelocity (www.travelocity.com)

POR TIERRA

Israel y los territorios palestinos

Las dos fronteras oficiales con Israel y los territorios palestinos son Rafah y Taba.

RAFAH

Cuando se redactaba esta guía, el cruce fronterizo de Rafah, que permitía el enlace directo desde El Cairo a Tel Aviv por la Franja de Gaza, estaba cerrado a los viajeros independientes. Tras su retirada de Gaza en septiembre de 2005, los israelíes renunciaron a su responsabilidad de patrullar la frontera, que actualmente está custodiada por la Autoridad Palestina y por el gobierno egipcio, pero hay problemas de seguridad y la situación es bastante inestable, por lo que los extranjeros muy probablemente no podrán cruzar la frontera en un futuro cercano.

TABA

El cruce fronterizo de Taba es el más frecuentado para viajar entre Egipto e Israel y los territorios palestinos. Los viajeros llegan a Taba desde diferentes puntos de Egipto, y cruzan a pie la frontera (abierta 24 h) hacia Israel y los territorios palestinos. La mayoría de nacionalidades no necesitan visado israelí. Una vez se ha atravesado la frontera, se puede tomar un taxi o un autobús (autobús 15 EGP) hasta Eilat (a 4 km de la frontera) desde donde salen autobuses frecuentes a Jerusalén y Tel Aviv. Hay que recordar que los autobuses no circulan por Israel y los territorios palestinos los viernes por la tarde o antes del atardecer del sábado, día judío sagrado de sabbat.

Para volver a Egipto, hay que tener el visado antes de salir a no ser que la visita se limite al este del Sinaí o se haya pactado la entrada con un operador turístico egipcio (véase p. 528). Si no se tiene el visado, hay una **embajada egipcia** (☎ 03-546 4151; Rehov Basel 54; ⏲ solicitudes 9.00-11.00 do-ju) en Tel Aviv y un **consulado** (☎ 972-637 6882; fax 637 1026; 68 Afrouni St; ⏲ 9.00-11.00 do-ju) en Eilat. Un visado egipcio gestionado a través de cualquiera de estas oficinas costará 65 NIS para ciudadanos de EE UU y Alemania, y 100 NIS para todos los demás. Si se entrega el pasaporte, la solicitud y una fotografía tamaño carné durante las horas en que permanecen abiertas por la mañana, se podrá recoger el visado sobre las 14.00 del mismo día.

En el **paso fronterizo** (☎ 08-637 2104, 636 0999) habrá que pagar una tasa de 68 NIS para salir de Israel y los territorios palestinos. Una vez cruzada la frontera, habrá que pagar un impuesto egipcio de entrada de 30 EGP en la caseta situada 1 km al sur de la frontera en la carretera principal. También se puede conseguir un permiso de entrada sólo para el Sinaí (véase p. 528).

Los vehículos pueden entrar a Egipto desde Eilat (se deberán pagar 32 NIS en el lado de Israel y los territorios palestinos y 180 EGP en el lado egipcio); los vehículos privados no pueden cruzar en Taba desde Egipto a Israel y los territorios palestinos.

En el momento de redactar esta guía, **Misr Travel** (☎ 02-335 5470; Cairo Sheraton, Midan al-Galaa, Doqqi) y **Mazada Tours** (☎ 972 3 544 4454; www.mazada.co.il; 141 Ibn Guirol St, Tel Aviv) ofrecían un servicio exprés (55 US$, 12-14 h) que salía del hotel Sheraton Cairo los domingos, lunes y martes a las 9.00, iba por Taba hasta Tel Aviv, y luego continuaba hasta Jerusalén. Para obtener más información, contáctese con las compañías.

East Delta Travel Company (☎ 02-2574 2814) tiene varios autobuses diarios a Taba (70-80 EGP, 9 h) desde la terminal Turgoman de El Cairo. Si uno se aloja en uno de los centros turísticos del sur del Sinaí, como Dahab, Nuweiba o Sharm el-Sheikh, hay multitud de autobuses que se dirigen hacia el norte subiendo por la costa, o se puede tomar un taxi colectivo si no hay otro medio de transporte.

Jordania

Desde El Cairo hay un autobús de **Superjet** (☎ 02-2290 9017) que va dos veces por semana a Amán (85 US$) y sale de la terminal Al-Mazah los domingos y jueves a las 5.00. También hay un autobús diario de East Delta Bus Co del El Cairo a Aqaba (45 US$) a las 20.00.

Desde Alejandría hay un servicio diario de Superjet a Amán (80 US$) a las 16.00 y un servicio a Aqaba (40 US$) a las 18.00.

Los dos servicios de autobús utilizan el *ferry* entre Nuweiba y Aqaba, así que habrá que pagar la tasa portuaria y el precio del billete de *ferry* (véase p. 537).

Libia

El paso fronterizo de Amsaad, que queda al norte del paso de Halfaya, está 12 km al oeste de Sallum. Los taxis colectivos recorren la montaña entre la localidad y el lado egipcio de la frontera por 5 EGP. Una vez que se haya pasado por el control de pasaportes y la aduana, se puede conseguir un taxi colectivo libio a Al-Bundi por 1 LYD. Desde allí, hay autobuses a Tobruk y Benghazi.

Hay que advertir que cuando se estaba redactando esta guía no se podía conseguir un visado libio en la frontera. No obstante, consúltese con la embajada libia en El Cairo (p. 518), ya que parece que se están facilitando los trámites. Tampoco se puede conseguir un visado egipcio en la frontera, pero puede que esto cambie en un futuro próximo. La tasa de salida desde Egipto es de 20 EGP; no hay tasa de salida libia.

Superjet tiene autobuses a Benghazi que salen los martes, jueves y sábados a las 11.00 (135 EGP, 17 h), así como autobuses a Trípoli que salen los martes, viernes y domingos a las 10.00 (250 EGP, 24 h). East Delta Bus Co también tiene autobuses a Benghazi, que salen al mediodía los martes, jueves y sábados (120 EGP, 17 h). East Delta tiene autobuses a Trípoli los martes y viernes (230 EGP, 24 h) a las 11.00 h.

Sudán

Pese a compartir una enorme frontera terrestre, el único modo de desplazarse entre Egipto y Sudán es volando o tomando el *ferry* de Wadi Halfa (véase p. 538).

POR MAR

Chipre

Desde Port Said, los barcos de Limassol a Chipre salen dos veces por semana de mayo a noviembre (ida 120 US$). Se puede obtener información y billetes en cualquiera de las muchas agencias marítimas de la ciudad.

Entre ellas está **Canal Tours** (☎ 066-332 1874, 012 798 6338; canaltours@bec.com.eg; 12 Sharia Palestine, Port Said; ⌚ 8.00-15.00 y 19.00-24.00), a pocas manzanas de la oficina de turismo. Conviene recordar que los ciudadanos de algunas nacionalidades deben contar con un visado válido para Chipre antes de embarcar.

Europa

Mena Tours (☎ 066-322 5742, 323 3376; Sharia al-Gomhuriyya, Port Said) opera los escasos servicios de pasajeros entre Port Said y varios destinos mediterráneos, como Beirut (Líbano) y Antalya (Turquía). Cuando se redactaba esta guía no había barcos de pasajeros entre los puertos egipcios y los europeos.

Israel y los territorios palestinos

Se ha hablado de reanudar el servicio de barco de Port Said a Haifa en Israel y los territorios palestinos, pero cuando se estaba redactando esta guía el servicio seguía sin funcionar.

Jordania

Hay un servicio excelente de *ferry* rápido entre Nuweiba, en Egipto, y Aqaba, en Jordania, que sale de Nuweiba a las 15.00 y tarda una o dos horas según el estado del mar. Los billetes de ida cuestan 59 US$ para adultos, y 39 US$ para niños de entre 3 y 12 años. Hay que estar en el puerto dos horas antes de partir para realizar los caóticos trámites de salida en el edificio principal de la terminal del *ferry*.

Hay que señalar que también hay un *ferry* lento (adultos/niños 49/29 US$, 2½ h) que sale a diario al mediodía, aunque resulta mucho más cómodo desembolsar 10 US$ más y tomar el *ferry* rápido.

Los billetes tienen que pagarse en dólares estadounidenses (que no siempre se encuentran en los bancos de Nuweiba), y se compran el día de la salida sólo en la **oficina de billetes** (⌚ 9.00-12.00), que está en un edificio pequeño cerca del puerto. La única excepción a esta regla se produce durante el *hajj* (peregrinaje a la Meca), cuando los barcos se llenan semanas antes de la salida. Durante este período, hay que comprar el billete con tanta antelación como sea posible.

Se pueden obtener visados gratuitos a Jordania en el *ferry* si se tiene pasaporte de la UE o de EE UU. Hay que rellenar un formulario verde a bordo, dárselo a los funcionarios de inmigración junto con el pasaporte, y éste junto con el visado se recogen cuando se pase por inmigración jordana en Aqaba. Los visados son gratuitos sólo para viajeros que entren por Aqaba; quien acceda por otras fronteras tiene que pagar. El resto de nacionalidades tendrán que conseguir el visado con antelación.

> **TASA DE EMBARQUE**
>
> Todos los *ferries* internacionales egipcios cobran una tasa de embarque de 50 EGP por persona a añadir al precio del billete.

Arabia Saudí

Telestar Tours ofrece un servicio irregular entre Suez y Yidda en el *ferry El-Salaam* (aprox. 36 h). Los billetes (ida) cuestan 300 EGP en cubierta, 400 EGP en 3ª clase, 500 EGP en 2ª clase y 600 EGP en 1ª (o el equivalente en dólares estadounidenses). Una vez en Jeddah, se puede conseguir un billete que continúe hasta Port Sudan. Hay que señalar que conseguir un camarote durante el *hajj* es prácticamente imposible. **Mena Tours** (☎ 062-322 8821, 322 0269, 010 516 9841; Sharia Al-Marwa; ⌚ 9.00-15.00 sa-ju), en Suez, puede conseguir los billetes.

Hay un *ferry* diario rápido que circula entre Hurgada y Duba (3 h), aunque los precios y horarios varían según la época del año. Para obtener más información, contáctese con **International Fast Ferries Co** (☎ 065-344 7571; www.internationalfastferries.com) o pregúntese en el puerto de Hurgada. Hay que destacar que no se podrá subir a este *ferry* si no se tiene un visado saudí válido en el pasaporte.

Sudán

La **Nile River Valley Transport Corporation** (Asúan ☎ 097-303 348; en la galería comercial detrás de la oficina de la policía turística; ⌚ 8.00-14.00 sa-ju; El Cairo (☎ 02-575 9058; junto a la ventanilla de billetes de 3ª clase en la estación de Ramsés) tiene un *ferry* de pasajeros que va una vez a la semana de Asúan a Wadi Halfa. Los billetes de ida cuestan 385 EGP en primera clase en camarote con cama, 240 por butaca y 165 en cubierta. En el momento de redactar esta guía, el *ferry* salía los lunes hacia el mediodía, aunque los horarios de salida cambian a menudo. Los billetes también se venden los lunes en la **oficina** (☎ 097-480 567) de la compañía en el puerto de Asuán.

Es imprescindible tener un visado sudanés en el pasaporte para comprar un billete o embarcar.

El viaje dura entre 16 y 24 horas (suelen ser más bien 24), y sirven té, refrescos y tentempiés a bordo. Los pasajeros deberían llegar sobre las 8.30 para tener tiempo de pasar por la aduana y pelearse por un asiento decente. Algunas de las gestiones sudanesas de inmigración se llevan a cabo en el barco, y en ocasiones se pide el certificado de la fiebre amarilla. La vuelta se hace desde Wadi Halfa los miércoles.

La Nile Navigation Company engancha un pontón al *ferry* cuando es necesario. Se paga 400 EGP por una motocicleta y 2.500 EGP por un coche o un todoterreno. Los conductores y pasajeros viajan en el *ferry*, para el que también tienen que comprar los billetes. Si se lleva el vehículo, hay que poseer el *carnet de passage en douane* y reservarse mucho tiempo para las gestiones de la aduana.

Otros destinos

A veces se puede encontrar algún pasaje en un yate privado para viajar desde Suez a lugares como India, Sudáfrica o incluso Australia. Mohamed Moseilhy de **Canal Tours** (☎ 066-332 1874, 012 798 6338; canaltours@bec.com.eg; 12 Sharia Palestine, Suez; ⏰ 8.00-15.00 y 19.00-24.00) es un buen contacto para quien esté interesado en esta opción.

CIRCUITOS

Hay infinitas posibilidades de contratar circuitos organizados en Egipto: multitud de agencias organizan desde excursiones guiadas y circuitos por tierra hasta cruceros por el Nilo (véase "Cruceros por el Nilo") y circuitos submarinos (véase p. 444). Los programas de esas excursiones suelen ser bastante apretados, y dejan poco espacio para deambular por cuenta propia. No obstante, la ventaja es que se encargan de la mayoría de las gestiones en las que se pierde mucho tiempo, como esperar el transporte público y encontrar alojamiento, por lo que se dispone de mucho más tiempo para explorar y ver lugares de interés. Ir en grupo también resulta más seguro y permite hacer cosas como acampar en el desierto o participar en actividades no convencionales que podrían no resultar seguras para viajeros solos o parejas.

Vale la pena investigar un poco. Al plantearse hacer un circuito, hay que preguntar lo que incluye el precio (algunas compañías incluyen, por ejemplo, vuelos, entradas, comida, etc.; pero otras no). Hay que saber qué se paga para comparar precios.

Para conocer listados actualizados de operadores turísticos recomendados, consúltese www.lonelyplanet.com/travel_services.

Aventura y excursiones terrestres

En este tipo de circuito se viaja en un "camión" especialmente adaptado, junto a otros pasajeros (entre 16 y 24) y el guía del grupo, a la vez conductor, copiloto, enfermero, mecánico y animador. El alojamiento suele combinar acampada y hoteles económicos. También se lleva la comida y los miembros del grupo cocinan y comen juntos, así que se espera que se participe en las tareas.

Compañías de circuitos recomendadas:

African Trails (☎ 020-7706 7384; www.africantrails.co.uk). Ofrece un viaje de tres semanas de Estambul a El Cairo, un viaje de cinco semanas por el "sendero de Oriente Próximo" y un circuito por Egipto de dos semanas. Tiene oficinas en el Reino Unido, Australia, Nueva Zelanda y Europa.

Dragoman (☎ 870-499 4475; www.dragoman.co.uk). Un especialista terrestre con sede en Reino Unido y numerosos itinerarios por el norte de África y Oriente Próximo.

Otros circuitos

A continuación se listan algunos operadores especializados que organizan paquetes por Egipto adaptados para viajeros independientes que buscan algo más que dos semanas al sol.

EGIPTO

Abercrombie & Kent (☎ en EE UU 800-554-7094, 630-954-2944, www.abercrombiekent.com). Ofrece paquetes de primera clase con hoteles de precio alto, vuelos nacionales y sus propios cruceros por el Nilo.

Egypt Panorama Tours (☎ 02-359 0200; www.eptours.com; 4 ctra. 79, Ma'adi, El Cairo). Una de las mejores y más serias agencias de Egipto; acepta reservas desde el extranjero.

Experience Egypt (☎ 02-302 8364; www.experience-egypt.com; 42 Sharia Abu el-Mahassen el-Shazly, Mohandiseen, El Cairo). Parte de Lady Egypt Tours. Organiza circuitos en pequeños grupos por el Sinaí, Alejandría y el valle del Nilo.

ESPAÑA

Añosluz (☎ 902 522 555; www.aluz.com). Viajes en grupo e individuales por los lugares más emblemáticos.

Bidon 5 (☎ 91 547 61 26; www.bidon5.es). Rutas por Egipto.

Catai (☎ 91 409 11 25; www.catai.es). Mayorista con un amplio catálogo.
Club Marco Polo (☎ 91 634 11 46 y 93 412 25 50; www.clubmarcopolo.es). Circuitos de ocho o doce días por el país.
Kananga (☎ 93 268 77 95; www.pasaporte3.com). Rutas en coche, falúa o camello.
Mundoexplora (☎ 96 392 40 97; www.mundoexplora.com). Buceo en el mar Rojo o rutas por el desierto egipcio.
Nubia Tours (☎ 95 815 03 17; www.nubiatours.com). Agencia especializada en Egipto.
Orixà (☎ 93 487 24 59, Barcelona; 915 500 186, Madrid; www.orixa.com). Rutas culturales y recorrido por el Nilo.
Transrutas (☎ 93 231 50 11; www.transrutas.com). Circuitos por los principales lugares.
Trekking y Aventura (☎ 91 522 86 81; www.trekkingyaventura.com). Aventura por el desierto o los valles del Nilo.
Tuareg Viatges (☎ 93 265 23 91; www.tuaregviatges.es). Viajes en grupos reducidos.

EE UU Y CANADÁ

Bestway Tours & Safaris (☎ 604-264 7378; www.bestway.com). Compañía canadiense que ofrece circuitos en grupos pequeños, incluido un circuito de Siwa a Ghadames en Libia y otro en el que se visita Egipto, Israel y los territorios palestinos y Jordania.

CÓMO DESPLAZARSE

Egipto tiene un sistema de transporte público y privado muy extenso, que permite viajar casi a cualquier parte del país de forma relativamente barata. Sin embargo, hay que mencionar que la mayoría de las calles egipcias no tienen nombre, con lo que orientarse por cuenta propia puede resultar difícil. Por suerte, cuando hablan inglés, los egipcios suelen mostrarse más que dispuestos a ayudar a encontrar el camino (a cambio de una pequeña propina, claro está).

En los últimos años se ha hablado mucho de accidentes de autobús y de *ferry* que se han cobrado vidas de egipcios y extranjeros por igual. Aunque no hay motivos para alarmarse, merece la pena pensar en este tema, sobre todo cuando se debaten las ventajas de opciones de transportes cuestionables como los autobuses nocturnos o los taxis desvencijados.

AVIÓN

EgyptAir es la principal compañía aérea del país y los vuelos resultan sorprendentemente

TRANSPORTE

VUELOS NACIONALES

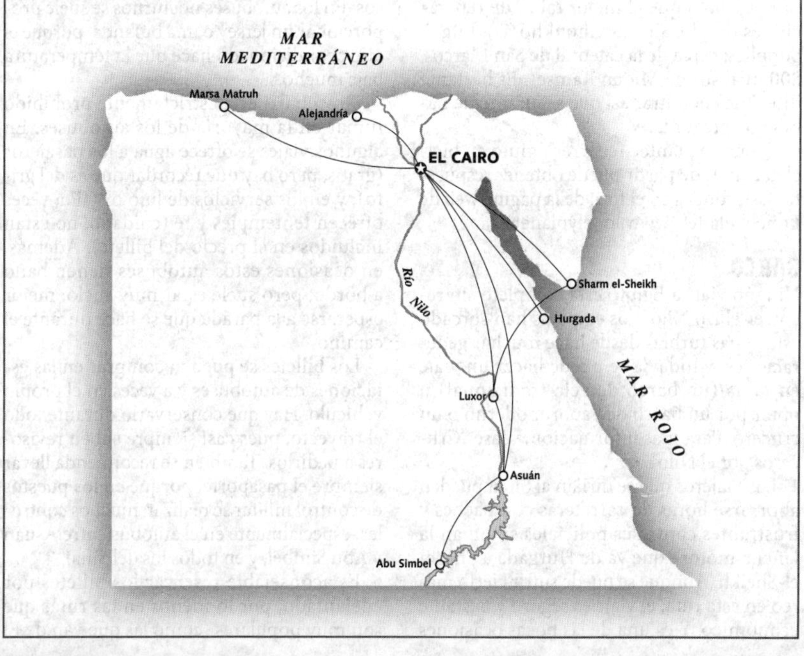

baratos y prácticos, ya que permiten ahorrarse horas interminables en trenes o autobuses. Las tarifas varían mucho según la estación y la disponibilidad, pero a veces se consiguen tarifas de ida de tan sólo 35 US$. No obstante, hay que pensar que los precios aumentan de manera espectacular durante la temporada alta (de octubre a abril), y como hay mucha demanda es aconsejable reservar con tanto adelanto como se pueda. Para conocer la información de contacto de EgyptAir, véanse los apartados de "Cómo llegar y salir" de cada localidad a lo largo de la guía.

BICICLETA

Se ven muy pocos ciclistas en Egipto: las largas distancias sumadas al calor intenso constituyen el principal elemento disuasorio. El sol abrasador quema sobre todo de junio a agosto, e incluso de mayo a mediados de junio y de septiembre a octubre hay que salir temprano por la mañana y terminar a primera hora de la tarde.

Se recomienda llevar todo el equipo necesario, ya que cuesta encontrar repuestos, aunque si necesitan dinero los egipcios suelen ser excelentes "mecánicos aficionados".

Los miembros de **Cairo Cyclists** (☎ 02-519 6078) afirman que el mejor taller de reparaciones de El Cairo es Ghoukho Trading & Supplies, cerca de la catedral de San Marcos, 800 m al sur de Midan Ramses. Es bastante difícil de encontrar así que seguramente habrá que preguntar.

Quien se plantee recorrer Egipto en bicicleta, antes de partir puede obtener respuestas a sus dudas en el foro de la página web de Lonely Planet (www.lonelyplanet.es).

BARCO

Ningún viaje a Egipto está completo sin recorrer el río Nilo. Los egipcios han surcado esta aguas turbias desde hace muchas generaciones, y todavía se puede hacer un viaje en falúa (un barco de vela tradicional) u optar por un barco de vapor moderno o un crucero. Para más información, véase "Cruceros por el Nilo".

Los viajeros que se dirijan al Sinaí pueden ahorrarse horas de carreteras con baches y frustrantes controles policiales si toman la lancha motora que va de Hurgada a Sharm el-Sheikh. Aunque se puede sufrir cierto mareo en esta ruta, el viaje es seguro y bastante económico. Y es una de las pocas ocasiones que se tiene de viajar de África a Asia. Para obtener más información sobre el *ferry*, véase p. 435.

AUTOBÚS

Pasan autobuses por casi todas las ciudades y pueblos de Egipto. Los billetes suelen costar lo mismo que los de 2ª clase en tren. Los interurbanos, especialmente en trayectos cortos y en el Alto Egipto, tienden a llenarse. Los precios de los autobuses de una misma ruta pueden variar según si disponen o no de aire acondicionado, antigüedad del vehículo, y duración del viaje; cuanto más se paga, más cómoda y rápidamente se llegará al lugar de destino.

Hay autobuses de lujo bastante cómodos y con aire acondicionado que viajan entre El Cairo, Alejandría, Ismailia, Port Said, Suez, el monasterio de Santa Catalina, Sharm el-Sheikh, Hurgada y Luxor. Los billetes cuestan algo más que los de los autobuses normales, pero siguen siendo económicos. La mejor compañía de autobuses de lujo es Superjet (se recomienda viajar con ella siempre que sea posible).

La mayor parte de autobuses que sirven otras rutas son incómodos, sucios y ruidosos. En los autobuses nocturnos se suele proporcionar un jersey o una bufanda, porque el aire acondicionado hace que la temperatura baje mucho.

Hoy en día está estrictamente prohibido fumar en la mayoría de los autobuses. En algunos viajes se ofrece agua a los pasajeros (gratis, pero hay que recordar que es del grifo), y en los servicios de lujo o VIP a veces ofrecen tentempiés y té (cuidado: no están incluidos en el precio del billete). Además, en ocasiones estos autobuses tienen baño a bordo, pero suele estar muy sucio: mejor esperarse a la parada que se hace durante el camino.

Los billetes se pueden comprar en las estaciones de autobuses y a veces en el propio vehículo. Hay que conservarlo durante todo el trayecto, pues casi siempre suben revisores a pedirlos. También se recomienda llevar siempre el pasaporte, porque en los puestos de control militar se realizan muchos controles, especialmente en el autobús entre Asuán y Abu Simbel, y en todos los del Sinaí.

Es aconsejable reservar los billetes por adelantado, por lo menos en las rutas que son muy populares (como las que van de El

Cairo al Sinaí) y en las que hay pocos autobuses (como de El Cairo al desierto occidental). El carné internacional de estudiante (ISIC) concede descuentos a los pasajeros en algunas rutas de autobús, así que hay que acordarse de preguntar. Cuando se permite comprar los billetes en el autobús, se suele acabar de pie si no se tiene un asiento asignado con un billete reservado. En los trayectos cortos no hay reservas, y en este caso los primeros en llegar consiguen los mejores asientos.

AUTOMÓVIL Y MOTOCICLETA

Conducir en El Cairo es de locos y conviene planteárselo seriamente antes de decidirse a alquilar un coche. En otras partes del país no es tan terrible, al menos de día (aunque se debe evitar conducir entre ciudades por la noche). Tener coche, o mejor un todoterreno, permite acceder a zonas a las que no llega el transporte público.

La motocicleta sería un medio de transporte ideal para viajar por Egipto. El único inconveniente es que hay que llevar la propia y hacer muchos trámites. Se puede pedir información sobre la normativa en una asociación automovilística del país de origen y en la embajada de Egipto.

Es fácil conseguir gasolina y gasóleo y son muy baratos, aunque la gasolina sin plomo sólo se encuentra en un puñado de surtidores de El Cairo (principalmente en Mohandiseen, Zamalek y Ma'adi) y Alejandría. Cuando se sale de El Cairo, hay que recordar que no siempre hay muchas gasolineras: como regla general, mejor llenar el depósito cuando se vea una.

Con vehículo propio

Si se lleva el coche o la moto del país de origen, se necesitarán los papeles del registro del vehículo, el seguro contra terceros y el carné de conducir internacional además del permiso nacional. También se necesitarán múltiples copias del *carnet de passage en douane*, que de hecho es un pasaporte para el vehículo, y funciona como documento de exención temporal de aranceles aduaneros. Puede que también haya que indicar en el carné los repuestos caros que se piense llevar, como una caja de cambios. Si se conduce un coche, también habrá que llevarse

EL AZOTE DE LOS CONVOYES

Si se planea viajar por carretera por el valle del Nilo o por algunas partes de la costa del mar Rojo, inevitablemente se deberá hacer en un convoy escoltado por la policía. Herencia de la insurgencia islámica de la década de 1990, que alcanzó su apogeo con el ataque terrorista de 1997 contra el templo de Hatshepsut en Luxor, el gobierno egipcio implantó el sistema de convoyes para dar a los turistas extranjeros una sensación de seguridad personal al viajar por el valle del Nilo hasta Hurgada. Pero en la actualidad, lo que el gobierno ofrece a sus valiosos turistas es una gran molestia. Simple y llanamente, los convoyes son una farsa, y su único objetivo real es dar algo que hacer a la extensa y poco ocupada fuerza policial turística, que tanto lo necesita.

Pensemos por ejemplo en el convoy diario de Asúan a Abu Simel, que conforma una larga cola de autocares, minibuses y taxis que se dirigen peligrosamente rápido por carreteras en mal estado cada mañana de cada día de la semana a la misma hora. Lo único que hace este convoy es asegurarse de que cualquier terrorista potencial sepa exactamente cuándo y dónde se pueden encontrar grandes grupos de turistas extranjeros. Los escasos policías que acompañan a los convoyes no van bien armados y se pasan el tiempo conduciendo más rápido que cualquier competidor de Fórmula 1, lo que a su vez obliga a cada conductor del convoy a conducir de manera igualmente irresponsable. Es como los *Autos locos*, ya que los minibuses adelantan a los autocares y algún que otro Peugeot destartalado intenta hacerse valer pasando peligrosamente entre los vehículos más grandes. Y tras aguantar al convoy, el horario insoportablemente rígido sólo deja a los turistas unas dos horas en uno de los monumentos más importantes de Egipto.

Los convoyes que realizan el trayecto entre Luxor y Asuán y Luxor y Hurgada son igualmente ridículos y frustrantes, porque dictan itinerarios completos; casi todos sólo salen un par de veces al día y no permiten parar en los yacimientos importantes por la tarde (hay que recordar que la policía turística finaliza su jornada bastante pronto; véase recuadro en p. 215). Todo esto tiene como consecuencia que muchos turistas no puedan ver lugares de interés como Abydos sencillamente porque el convoy no para de camino. ¡Terrible!

DISTANCIAS POR CARRETERA (km)

	Al-Arish	Al-Fayoum	Alejandría	Asuán	Asiut	Beni Suef	El Cairo	Gizeh	Hurgada	Ismailia	Luxor	Marsa Matruh	Minya	Port Said	Sharm el-Sheikh	Suez
Al-Arish	---															
Al-Fayoum	431	---														
Alejandría	451	327	---													
Asuán	1238	822	1133	---												
Asiut	712	296	607	526	---											
Beni Suef	453	37	346	785	259	---										
El Cairo	325	106	220	913	387	128	---									
Gizeh	333	98	228	903	377	118	8	---								
Hurgada	668	636	754	496	478	532	530	538	---							
Ismailia	185	246	266	1053	527	268	140	148	483	---						
Luxor	955	608	919	209	322	571	699	689	287	770	---					
Marsa Matruh	741	617	290	1423	897	638	510	518	1040	556	1209	---				
Minya	579	163	473	659	133	126	254	244	611	394	455	764	---			
Port Said	200	331	354	1138	612	353	225	233	563	85	850	644	479	---		
Sharm el-Sheikh	638	610	710	1279	909	632	504	512	783	444	1070	1000	758	529	---	
Suez	287	273	354	1047	521	262	134	142	395	88	682	644	388	168	388	---

un extintor. Hay que contactar con la asociación automovilística del país de origen para obtener más información sobre toda la documentación.

En la frontera egipcia expiden un permiso válido por tres meses (o menos si el visado tiene una validez menor), que se puede renovar cada tres meses durante un máximo de dos años, pero abonando una cantidad diferente cada vez. En la aduana hay que pagar unos 200 US$, y otros 50 US$ más por el seguro de la matrícula.

Si se desea viajar con vehículo propio es importante saber previamente qué piezas de recambio se podrán conseguir en el país. Algunas pueden ser difíciles de encontrar.

Permiso de conducir

Los conductores que no tengan carné de conducir egipcio necesitan un permiso internacional para circular. El viajero debe llevarlo siempre que conduzca; de lo contrario, le impondrán una fuerte sanción y tal vez retendrán el coche hasta que lo presente. También hay que llevar siempre todos los papeles de registro del coche.

Alquiler

Diversas agencias internacionales de alquiler de coche tienen oficinas en Egipto, incluidas Avis, Hertz, Thrifty, Europcar y Budget. Véase p. 175 para obtener más información sobre compañías de alquiler de coches en El Cairo. Las tarifas concuerdan con los precios internacionales y encontrar una oferta con agencias nacionales es prácticamente imposible. Sea cual sea la compañía escogida, no hay que olvidarse de leer la letra pequeña. Si se decide alquilar un coche, las tarifas oscilan entre 50 y 100 US$ al día por un Toyota pequeño y 100 a 200 US$ al día por un todoterreno.

El permiso de conducir internacional es obligatorio, y si se descubre a alguien alquilando un coche sin él se le impone una multa muy elevada. Los conductores han de tener más de 25 años.

Normas de tráfico

Se conduce por la derecha. El límite oficial de velocidad fuera de las ciudades se sitúa en 90 km/h (aunque a menudo es menor en algunas zonas) y en 100 km/h en las carreteras de cuatro carriles, como la que va de El Cairo a Alejandría. Si se detecta a alguien que supera estos límites, la policía le confisca el permiso de conducir y tiene que dirigirse a la oficina central de tráfico de la zona para recuperarlo, lo cual resulta un proceso largo y laborioso. Hay algunas vías, como la carretera del Desierto entre El Cairo y Alejandría, la que hay entre El Cairo y Fayoum y la que pasa por el túnel Ahmed Hamdi (que va por debajo del canal de Suez cerca de Suez) sujetas a peaje.

Aunque conducir por las ciudades pueda parecer caótico, hay una norma básica: el que está delante, tiene prioridad en el paso; a pesar de que la diferencia sea sólo de 1 cm y el primero se cruce de repente en el camino de otro, el último será responsable si chocan.

Cuando se conduce por el campo, hay que recordar que es probable que niños y adultos se crucen en el camino, incluso en las carreteras principales. Si se tiene un accidente, hay que dirigirse a la comisaría de policía más cercana tan pronto como sea posible e informar de lo sucedido.

AUTOESTOP

Hacer autoestop nunca resulta totalmente seguro en ningún país del mundo, y no es recomendable. Los viajeros que decidan hacerlo, deberían entender que se exponen a un riesgo menor, pero potencialmente grave. Estarán más seguros si van en pareja y comunican a alguien dónde tienen pensado ir. Las mujeres nunca deberían hacer autoestop solas en Egipto, ya que se suele creer que tal comportamiento sólo es propio de prostitutas.

TRANSPORTE LOCAL

Además de las opciones locales que se contemplan aquí, algunas ciudades y pueblos tienen su propio transporte; suelen ser carretas tiradas por burros o similares.

Autobús y minibús

El Cairo y Alejandría son las únicas ciudades con red propia de autobuses. Tomar un autobús en cualquiera de ellas es una experiencia interesante. En primer lugar, hay que subir. Los egipcios se precipitan a los autobuses y embisten la entrada antes de que el vehículo reduzca la marcha. El combate cuerpo a cuerpo sigue mientras corren intentando saltar a bordo, porque si se espera a que el autobús pare, los empujones y atropellos son peores. A veces, los pasajeros que no consiguen entrar viajan colgados de la puerta trasera, peligrosamente aferrados al marco o a alguien que esté mejor sujeto.

La escena en el interior del autobús recuerda a un intento de batir el récord Guinnes por introducir el mayor número de personas en un espacio cerrado. En algún momento del viaje, un hombre conseguirá abrirse camino como sea hasta el pasajero para venderle el billete.

Los autobuses no suelen parar del todo para que bajen los ocupantes. Hay que esperar en la puerta el momento oportuno y lanzarse a la carretera.

Tomar un minibús es una opción más sencilla. No se permite viajar de pie (aunque esta norma no se suele cumplir) y cada minibús sale cuando todos los asientos están ocupados.

Metro

El Cairo es la única ciudad de Egipto que tiene metro (para más detalles, véase p. 176).

Microbús

Hay microbuses privados y generalmente sin señalizar que recorren las ciudades más grandes. Al viajero común puede costarle entender cómo funcionan, ya que no queda claro adónde se dirige la mayoría de ellos. Sin embargo, a menudo se asoma un chico para gritar el destino. En El Cairo se puede subir a un microbús para ir a las pirámides; en Alejandría enlazan Tariq al-Horreyya y la Corniche con Montazah, y en Sharm el-Sheikh llevan pasajeros entre el viejo Sharm, la bahía de Na'ama y la de Shark. Casi todos los pueblos y ciudades pequeñas tienen microbuses similares que siguen recorridos urbanos fijos.

Camioneta

Además de cubrir rutas entre las ciudades más pequeñas, las camionetas cubiertas también se usan como taxis locales dentro de la ciudad, especialmente en los oasis, en la orilla occidental de Luxor y en pequeños lugares de la ribera del Nilo. Si al viajero le toca viajar en uno de estos vehículos, debe saber que hay unas cuantas formas de indicar al conductor que se desea bajar: si se tiene la suerte de ir sentado, se dan unos golpes en el suelo con los pies; otra opción es pedir a uno de los pasajeros de delante que golpee el cristal que hay detrás del conductor; o, por último, se usa el timbre que hay a veces.

Taxi

Casi uno de cada dos coches de Egipto es un taxi (tanto si está marcado como tal como si no), y debe de ser el medio más práctico para desplazarse. Hay que colocarse a un lado de la calle, extender la mano, gritar el destino y prepararse para una conducción digna de una carrera de coches.

Como regla general en Egipto, se supone que cuando uno se sube a un taxi sabe cuánto pagará, y cuando llega se baja y entrega el dinero por la ventanilla. Dicho esto, si un conductor sospecha que no se sabe cuál es la tarifa correcta, intentará cobrar más. Dado que la mayoría de los viajeros en Egipto no hablan árabe con fluidez, probablemente es mejor acordar el precio antes de subirse al taxi.

A menudo, cuando se trate de regatear, el conductor pedirá cantidades desorbitadas de dinero. No hay que dejarse intimidar ni enzarzarse en una discusión. Es pura bravuconería, se aprovechan del hecho de que un *khwaga* (extranjero) no sabe cómo funcionan las cosas. Es probable que el conductor acabe aceptando la oferta que se le haga si es apropiada, aunque siempre existe la opción de marcharse e intentarlo con otro taxi.

Tranvía

El Cairo y Alejandría son las dos únicas ciudades del país con tranvía. Aunque Alejandría tiene una red bastante extensa y eficiente, El Cairo ahora sólo conserva unas cuantas líneas. Véase p. 178 para obtener más detalles.

MICROBÚS

Una versión algo mayor que el taxi colectivo es el microbús, una furgoneta Toyota que normalmente llevaría unas 12 personas pero que en Egipto lleva hasta 22. Funcionan como los taxis colectivos y cuestan aproximadamente lo mismo, pero cubren menos recorridos.

CAMIONETA

Las camionetas Toyota y Chevrolet realizan muchas de las rutas entre las ciudades más pequeñas y los pueblos por carreteras secundarias. La norma general es que lleven 12 personas en la parte posterior cubierta, que a menudo comparten con un sinfín de artículos distribuidos como sea por el suelo. A partir de ahí, caben todos los que puedan y estén dispuestos a escalar el techo o colgarse de la parte trasera.

TAXI COLECTIVO

Es una de las formas más rápidas de trasladarse de una ciudad a otra. Suelen ser grandes coches modelo Peugeot 504 que conectan las ciudades. Los taxistas se congregan cerca de las estaciones de autobuses y de trenes y buscan clientes anunciando su destino en voz alta. Se ponen en marcha cuando

"¡TAXI!"

Los taxis suponen un medio muy práctico y asequible para moverse por la ciudad pero también pueden ser una gran fuente de molestias cuando llega el momento de pagar. El problema se debe al sistema de pago sin taxímetro, que siempre provoca descontento. Los clientes suelen creer que se aprovechan de ellos (cosa que sucede a menudo) y los taxistas a veces se sienten realmente ofendidos porque consideran que les pagan menos de lo debido. Entonces, ¿por qué no usan el taxímetro? Porque los aparatos se calibraron cuando la gasolina era muy barata. Pero ahora ya no es así, y si los conductores confiaran en el taxímetro, tendrían que añadir dinero de su bolsillo cada vez que repostasen.

Ser taxista no es ni mucho menos una profesión lucrativa. De los más de sesenta mil taxistas que circulan por El Cairo no hay ninguno que sea millonario. Sus ingresos medios después de pagar la gasolina rondan las 8 EGP por hora. También hay que tener en cuenta que muchos no son propietarios del vehículo y deben invertir parte de las ganancias en el alquiler. Ello no significa que la próxima vez que se pare un taxi para una carrera corta por la ciudad y el conductor diga "10 libras" se deba sonreír y decir "De acuerdo", pero puede que se comprenda que, desde un cierto punto de vista, tenía que intentarlo. A fin de cuentas, si uno puede permitirse viajar a Egipto, probablemente podrá pagar algo más de la tarifa habitual por un taxi y ayudar a que la dura vida del conductor sea un poquito más fácil.

el coche está lleno, aunque también están dispuestos a llevar menos pasajeros si uno de ellos o todos pagan más. Las tarifas suelen ser más económicas que las de autobús o tren y no hay horarios de salida; tan sólo hay que llegar y encontrar lugar.

TREN

Aunque la red ferroviaria cubre más de 5.000 km y llega a casi todas las ciudades y pueblos importantes del país, el sistema necesita una modernización urgente. La mayor parte de los trenes se hallan en un estado lamentable y constituyen una pobre opción frente al autocar de lujo. Las excepciones son los servicios *Turbini* y *Espani* de El Cairo a Alejandría, y los trenes turísticos y los que llevan coches cama de El Cairo a Luxor y Asúan. En estas rutas, el tren es preferible al autobús.

Si se tiene el carné internacional de estudiante (ISIC), se conceden descuentos en todas las tarifas, excepto en los servicios de coche cama.

Clases y servicios

Los trenes con coches cama son los más cómodos y se encuentran entre los más rápidos de Egipto. Los vagones, que administra Abela Egypt, son los mismos que utilizan los trenes de Europa. Hay por lo menos un tren con coches cama entre Alejandría, El Cairo, Luxor y Asúan al día. Para más información, véanse los apartados "Cómo llegar y salir de esas ciudades".

Los trenes nocturnos de Abela son sólo de primera clase y hay que hacer las reservas con antelación. Los compartimentos llevan un asiento que se convierte en cama, una litera plegada (con ropa de cama limpia, cojines y mantas) y un lavabo pequeño con agua corriente. Las camas son bastante cortas, por lo que puede que los altos pasen una noche bastante incómoda. Es mejor pedir un compartimento en el medio, ya que los de los extremos de los vagones están cerca de los baños y a veces son ruidosos. Los baños compartidos suelen estar limpios y tienen papel. Las cenas y desayunos se sirven en los compartimentos, pero no hay que esperarse una experiencia *gourmet*. Una camarera sirve bebidas (alcohol incluido).

Los trenes nocturnos regulares con algunos compartimentos y comidas incluidas salen de Luxor y Asúan a diario y cuestan mucho menos que los trenes que sólo tienen coches cama. Hay que hacer las reservas por adelantado en la estación de Ramsés de El Cairo. Si no se especifica lo contrario, el billete incluye las comidas a bordo, pero quizás se desee desobedecer las reglas y llevarse la propia. Tanto los compartimentos de 1ª como las de 2ª clase tienen aire acondicionado y puede que haga mucho frío de noche; mejor llevarse algo de ropa de abrigo.

Los trenes sin aire acondicionado son los últimos del escalafón. Se dividen entre ordinario de 2ª clase, que suele tener asientos acolchados, y 3ª clase, en el que los asientos son bancos de madera. Normalmente son trenes muy sucios, que suelen parar rato en muchas estaciones y estar sujetos a retrasos interminables.

Salud

Dra. Caroline Evans

SUMARIO

La prevención es la clave para conservar la salud al viajar por Egipto. Aunque pueden darse enfermedades infecciosas, normalmente están asociadas a las condiciones de vida precarias y a la pobreza, y pueden evitarse tomando una serie de precauciones. Los accidentes suelen ser la causa más común por la que el viajero necesita recibir asistencia médica, porque los coches no siempre pasan las revisiones necesarias y las carreteras están mal iluminadas e infestadas de baches. Los servicios médicos suelen ser excelentes en las grandes ciudades, pero muy básicos en otros lugares.

ANTES DE PARTIR

Antes de abandonar el país de origen, el viajero debe comprobar que su estado de salud es bueno y, si su estancia en el extranjero va a ser larga, no estará de más una visita al dentista. Si usa gafas o lentes de contacto, es buena idea incluir en el equipaje unas de repuesto con su receta, así como líquidos para las lentillas, por si no se encontraran fácilmente en el país de destino.

Si se toma habitualmente una medicina, es aconsejable llevar las dosis necesarias, pues podría ser difícil de conseguir; el envase puede ser útil para mostrar el nombre del genérico en caso de necesitar comprarla. También es buena idea llevar una receta o una carta del médico que demuestre la necesidad de la medicación.

Las vacunas deben planificarse con tiempo, porque algunas no son efectivas hasta transcurridas dos semanas, de modo que es aconsejable acudir al médico ocho semanas antes de emprender el viaje. Es importante llevar el certificado de vacunación, especialmente si se visita un país que exige estar vacunado contra la fiebre amarilla.

En cualquier caso, hay que consultar con el médico o los centros de vacunación. Para más información se puede llamar al teléfono 914 021 663 (Servicio de Vacunación Internacional del Ministerio de Sanidad y Consumo) o consultar la página web del Ministerio de Asuntos Exteriores (www.mae.es).

SEGURO MÉDICO

Conviene comprobar si la póliza suscrita incluye el pago directo al médico o el reembolso de los gastos (en muchos países se espera el pago en efectivo). También vale la pena que el seguro de viaje incluya la repatriación a casa o a mejores instalaciones médicas en otro lugar. No todos los seguros cubren un vuelo de urgencia a casa o a un hospital en una ciudad importante, que puede ser la única manera de obtener asistencia médica en una situación grave. La compañía de seguros debe informar del servicio médico más cercano, o pregúntese en el hotel. En caso de emergencia se debe contactar con la propia embajada o consulado.

VACUNAS RECOMENDADAS

La Organización Mundial de la Salud (OMS) recomienda que todos los viajeros, sea cual sea la zona adonde viajen, estén vacunados contra la difteria, el tétanos, el sarampión, las paperas, la rubéola y la poliomielitis, así como contra la hepatitis B. A la hora de hacer los preparativos del viaje, hay que comprobar que la cobertura de la vacunación rutinaria sea completa. Las consecuencias de estas enfermedades pueden

SITIOS WEB DE INTERÉS

De existir, conviene que el viajero consulte la página web de salud del gobierno de su país antes de partir.

Argentina (www.msal.gov.ar)
Brasil (www.saude.gov.br)
Chile (www.minsal.gov.cl)
España (www.maec.es, www.msc.es)
EE UU (www.cdc.gov/travel)
México (http://portal.salud.gob.mx/)

ser graves y en Oriente Próximo a veces se declaran brotes.

BOTIQUÍN

A continuación se ofrece una lista de artículos que podrían constituir un botiquín de viaje (consúltese con el médico o farmacéutico):

- Analgésicos suaves, tipo aspirina o paracetamol, para el dolor o la fiebre
- Cinta adhesiva
- Antibióticos, para viajes fuera de las rutas transitadas; deben ser prescritos por el médico y es conveniente llevar la receta
- Antidiarreicos y tratamiento para las náuseas y vómitos
- Antihistamínicos, para alergias como la fiebre del heno, para las picaduras de insectos o para prevenir el mareo
- Medicamentos antiinflamatorios (por ejemplo ibuprofeno)
- Vendas, tiritas y otros protectores para las heridas
- Repelente de insectos para la piel con DEET
- Pastillas y filtros purificadores de agua
- Tratamiento para la deshidratación tras una diarrea, muy importante en el caso de niños
- Repelente en forma de *spray* para la ropa, tiendas de campaña y mosquiteras de cama
- Navaja de bolsillo
- Tijeras, imperdibles, pinzas
- Crema de esteroides o cortisona (para sarpullidos alérgicos)
- Loción solar
- Loción de calamina, aloe vera u otros calmantes para las picaduras de insectos o quemaduras de sol
- Jeringuillas y agujas estériles (si se viaja a zonas remotas)
- Termómetro; recuérdese que los de mercurio están prohibidos en los aviones

INFORMACIÓN EN LA RED

En Internet existen muchos portales muy bien documentados. El de Lonely Planet en inglés es www.lonelyplanet.com/weblinks/wlheal.htm. Dos sitios web bien documentados sobre la salud del viajero son los de los Centers for Disease Control and Prevention (www.cdc.gov) y la de la Organización Mundial de la Salud (www.who.int). Se puede ojear el portal del Ministerio de Sanidad español, www.msc.es, con información, consejos y mapa de centros de vacunación en España por comunidades autónomas. También se pueden consultar http://www.cdc.gov/spanish/default.htm y www.viajarsano.com, donde se informa de las precauciones sanitarias que se deben tomar a la hora de viajar; incluye recomendaciones y consejos prácticos según el país de destino.

OTRAS FUENTES DE INFORMACIÓN

El folleto *La salud también viaja*, distribuido por el Ministerio de Sanidad y Consumo español, proporciona información básica sobre diversos aspectos relativos al ámbito sanitario en los viajes.

Si se proyecta viajar por zonas remotas durante un largo período de tiempo, es más especializado *Salud y viajes: manual de consejos prácticos* de Manuel Corachán (editorial Masson, Barcelona, 1993). Incluye recursos para problemas que se pueden plantear durante el viaje por distintas zonas geográficas, y dedica un capítulo específico a la tercera edad y los discapacitados. También es interesante *Médico de bolsillo* de Stephen Bezruchka (editorial Desnivel, Madrid, 1995), pequeño, cómodo y fácil de consultar, que proporciona el apoyo necesario para disfrutar de los viajes sin temor a imprevistos.

En inglés, y publicadas por Lonely Planet, las guías de bolsillo *Healthy Travel* (*Central & South America, Asia & India, Africa* y *Australia, New Zealand & the Pacific*) contienen información útil y práctica. Recogen planificación del viaje, primeros auxilios, información sobre enfermedades e inmunización, así como consejos sobre cómo actuar si alguien enferma durante el viaje. *Travel with Children*, de la misma editorial, contiene consejos para la salud de los más pequeños.

DURANTE EL TRAYECTO

TROMBOSIS VENOSA PROFUNDA

Se produce al formarse coágulos de sangre en las piernas durante los vuelos en avión, principalmente por una inmovilidad prolongada. Cuanto más largo es el vuelo, mayor es el riesgo. Aunque casi todos los coágulos se reabsorben sin más, algunos pueden desprenderse y viajar por los vasos sanguíneos hasta los pulmones, donde pueden causar graves complicaciones.

El síntoma principal es hinchazón o dolor en los pies, tobillos o pantorrillas, muy a menudo, aunque no siempre, en un único lado del cuerpo. Si un coágulo llega a los pulmones, puede ocasionar dolor en el pecho y dificultad para respirar. Los viajeros que noten alguno de estos síntomas deben solicitar inmediatamente atención médica.

Para prevenir el desarrollo de la TVP en los vuelos largos, hay que pasearse por la cabina, contraer los músculos de las piernas mientras se está sentado, beber muchos líquidos y evitar el alcohol y el tabaco.

'JET LAG' Y MAREO CINÉTICO

El *jet lag* es habitual cuando se atraviesan más de cinco husos horarios y puede provocar insomnio, fatiga, malestar o náuseas. Para evitarlo conviene beber mucho líquido (sin alcohol) y comer de manera ligera. Al llegar al destino, hay que exponerse a la luz del sol y adaptarse al nuevo horario (comidas, horas de sueño, etc.) tan pronto como sea posible.

Los antihistamínicos, como el dimenhidrinato (Dramamine) y la meclizina (Antivert, Bonine) suelen ser la mejor opción contra el mareo provocado por los viajes. Su principal efecto secundario es la somnolencia. Una alternativa natural es el jengibre, que da muy buenos resultados a algunas personas.

EN EGIPTO

ASISTENCIA MÉDICA

Los sistemas sanitarios en Egipto varían. La atención en los hospitales privados y en los asociados con las universidades puede ser excelente, pero en otros lugares es muy irregular. Además, los acuerdos sanitarios recíprocos con otros países son escasos y el viajero deberá estar dispuesto a pagar cualquier tratamiento médico o dental.

Fuera de las ciudades importantes no siempre hay servicios médicos. Puede que se deban comprar las medicinas, e incluso vendajes estériles o fluidos intravenosos, en una farmacia. Los cuidados pueden ser escasos o rudimentarios, pues acostumbran a prestarlos los propios familiares y amigos del enfermo. La asistencia en viaje incluida en el seguro debería brindar información sobre el servicio médico más cercano; en caso contrario, se deberá preguntar en el hotel. En caso de emergencia, hay que contactar con la propia embajada o consulado.

La calidad de la asistencia dental es variable; además, hay un riesgo creciente de contraer la hepatitis B y el sida debido a una mala esterilización del equipo. Hay que tener en cuenta que el seguro del viaje no suele cubrir más que las urgencias dentales.

En cuanto a las urgencias menos graves, como la diarrea, los farmacéuticos, profesionales bien cualificados, pueden aconsejar convenientemente y suministrar la medicación adecuada. También pueden recomendar la visita al médico cuando el caso lo requiera.

ENFERMEDADES INFECCIOSAS

Todas las enfermedades que se citan a continuación existen en Egipto:

Difteria

Transmitida a través de contacto respiratorio, la difteria causa fiebre y un fuerte dolor de garganta. A veces se forma una membrana en la garganta que requiere de una traqueotomía para evitar la asfixia. Se recomienda vacunarse contra la difteria si se prevé que se permanecerá en contacto con la población local en zonas infectadas. La vacuna se administra en una sola inyección o con la del tétanos, y dura 10 años.

Hepatitis A

Se transmite a través del agua y la comida contaminada (especialmente el marisco). Provoca ictericia y aunque no suele ser mortal, puede provocar un prolongado letargo y una larga recuperación. Los síntomas de la enfermedad son: orina oscura, ojos amarillos, fiebre y dolor abdominal. La vacuna de la hepatitis A (Avaxim, Vaqta, Havrix) se administra en una inyección: una sola dosis proporcionará protección hasta un año, mientras que el recuerdo 12 meses más tarde aportará 10 años más de protección. Las vacunas de la hepatitis A y la fiebre tifoidea también pueden administrarse en una vacuna monodosis (Hepatyrix o ViATIM).

Hepatitis B
Se transmite a través de sangre infectada, agujas contaminadas y relaciones sexuales. Puede provocar ictericia y afecta al hígado, causando a veces daños irreparables en él. Todos los viajeros deberían vacunarse contra esta enfermedad. En muchos países la vacuna de la hepatitis B está incluida en las vacunas de la infancia. La vacuna se aplica sola, o con la vacuna de la hepatitis A (Hepatyrix). Una aplicación aportará protección durante cinco años por lo menos. Puede administrarse durante cuatro semanas o seis meses.

VIH
Se transmite a través de sangre infectada y de productos contaminados con sangre, por contacto sexual con una persona infectada y de una madre a su bebé. Se puede transmitir por contacto sanguíneo directo con instrumental contaminado durante los tratamientos médicos y dentales, acupuntura o *piercing* y por compartir agujas intravenosas.

Malaria
Esta enfermedad se da en ciertas partes de algunos oasis y el riesgo es estacional. En la mayor parte de las ciudades el peligro de contraer malaria es mínimo, pero conviene consultar al médico si se piensa visitar zonas rurales. Es importante llevar pastillas antimalaria si el riesgo es significativo. Para obtener información actualizada del riesgo de contraer malaria hay que preguntar en los centros de salud locales.

Cualquiera que viaje a un país donde esté presente la malaria, debería conocer sus síntomas. Es posible contraer la enfermedad tras una única picadura de un mosquito infectado. Casi siempre empieza con escalofríos, fiebres y sudores. Son muy comunes los dolores musculares y de cabeza, y los vómitos. Los síntomas se pueden dar en cualquier momento entre algunos días hasta tres semanas después de la picadura. La enfermedad puede empezar cuando se estén tomando las pastillas, si no son suficientemente efectivas, e incluso después de haber finalizado las tomas.

Poliomielitis
Se transmite a través de agua y comida contaminada. La vacuna se aplica en la niñez y debería administrarse un recuerdo cada diez años, oral (una gota en la lengua) o mediante una inyección. Se puede ser portador de polio y no mostrar ningún síntoma, aunque también puede causar fiebres transitorias y, en raras ocasiones, debilidad permanente en los músculos o incluso parálisis.

Rabia
Se propaga a través de las picaduras o lengüetazos de un animal infectado sobre la piel con cortes o rasguños. Es una enfermedad mortal. Los dueños de animales deberían vacunarse, igual que los que viajen a zonas remotas donde resulte difícil hacerse con una vacuna en las 24 horas posteriores a la mordedura. Se necesitan tres inyecciones en un mes. Si el paciente no ha sido vacunado anteriormente necesitará completar un ciclo de cinco inyecciones, siendo la primera a las 24 horas o tan pronto como sea posible después del accidente. La vacuna no proporciona inmunidad, pero sí que da más tiempo para encontrar ayuda médica apropiada.

Fiebre del valle del Rift
Fiebre hemorrágica que se transmite por contacto con la sangre, incluida la de animales infectados. Provoca una enfermedad similar a la gripe, con fiebre, dolor muscular y a veces complicaciones más graves. La recuperación es completa.

Esquistosomiasis
La transmite un caracol de agua dulce, conocido como bilarciasis. Afecta al intestino y a la vejiga, a menudo con pérdidas de sangre. Se contrae a través de la piel en contacto con agua contaminada con orina o heces humanas. Se sabe que el Nilo es una fuente de bilarciasis, pero debería evitarse chapotear o nadar en cualquier lago de agua dulce o río lento. Entre los posibles síntomas se encuentran fiebre pasajera y sarpullido. Los casos avanzados de bilarciasis pueden provocar sangre en las heces u orina. Pero también puede que no haya síntomas. Un análisis de sangre ayuda a detectar los anticuerpos; en ese caso, el tratamiento se puede realizar en un centro de salud especializado en este tipo de enfermedades.

Tuberculosis

También conocida como TB, se transmite por contacto respiratorio y a veces a través de la leche o productos lácteos infectados. La vacuna BCG es muy recomendable para aquellos que tengan previsto mezclarse con la población local y es muy imprescindible para los que visiten a familias, los que planeen quedarse bastante tiempo, y los que trabajen como profesores o en el ámbito sanitario. Los síntomas suelen ser tos, pérdida de peso o fiebre, meses o incluso años después de contraer la enfermedad, aunque puede que ninguno de estos síntomas se presente. La mejor forma de saber si se ha contraído la enfermedad es mediante un examen de rayos X. La BCG protege de forma moderada contra la TB. Causa una pequeña cicatriz permanente en el lugar de aplicación y sólo se administra en clínicas especializadas. Es una vacuna viva que no se debe administrar a mujeres embarazadas o a pacientes inmunodeprimidos. No se puede obtener en todos los países.

Fiebre tifoidea

Se transmite por comida o agua infectada por heces humanas contaminadas. El primer síntoma suele ser la fiebre o un sarpullido rosáceo en el abdomen. Puede provocar septicaemia (envenenamiento de la sangre). La vacuna de la fiebre tifoidea (typhim Vi, typherix) protege durante tres años. En algunos países se puede obtener Vivotif, que se administra por vía oral.

Fiebre amarilla

Aunque esta vacuna no se exige para entrar en Oriente Próximo, el mosquito que la propaga se ha encontrado en algunos lugares de la región. Es importante consultar con una clínica para conocer la información actualizada como parte de la planificación previa al viaje. Los viajeros procedentes de una zona donde la fiebre amarilla sea endémica tendrán que demostrar que se vacunaron contra ella antes de entrar, es decir, si llegan directamente de un país infectado o si el viajero ha estado en un país infectado durante los 10 días anteriores. Es muy recomendable llevar el certificado si se ha visitado un país infectado durante el mes anterior, para evitar posibles dificultades con inmigración. Siempre existe la posibilidad de que un viajero con un certificado caducado sea vacunado y retenido en el puerto de llegada hasta diez días, o incluso repatriado. La vacuna contra la fiebre amarilla debe administrarse en una clínica especializada y es válida durante diez años. Es una vacuna viva y no debe administrarse a personas inmunodeprimidas o embarazadas.

En El Cairo se puede obtener en el centro médico de la terminal 1 del aeropuerto de El Cairo (60 EGP aprox.). Conviene recordar que para viajar a/desde Sudán hay que mostrar el certificado de vacunación contra la fiebre amarilla.

DIARREA

Para prevenir la diarrea lo mejor es evitar beber agua del grifo, a menos que se haya hervido, filtrado o desinfectado químicamente (con pastillas de yodo). Sólo hay que comer frutas o verduras frescas cocinadas o peladas por uno mismo, y hay que evitar los productos lácteos, que podrían contener leche no pasteurizada. Las comidas de bufés son peligrosas. Todo debería estar muy caliente. Lo más seguro es comer en restaurantes concurridos donde se cocine a la vista del cliente.

En caso de diarrea hay que beber mucho líquido, preferentemente una solución oral rehidratante que contenga muchas sales y azúcar. Algunas deposiciones sueltas no requieren tratamiento, pero si se tienen más de cuatro o cinco al día conviene empezar a tomar antibióticos (normalmente con quinolona) y un antidiarreico (como loperamida). Si la diarrea va acompañada de sangre, fiebre, temblores o dolor abdominal, o persiste durante más de 72 horas, conviene buscar asistencia médica.

RIESGOS MEDIOAMBIENTALES

Afecciones debidas al calor

El agotamiento por calor se produce tras una intensa sudoración, por la excesiva pérdida de líquidos y el insuficiente aporte de sales. Es bastante común en los climas cálidos, si se realiza un ejercicio inusual sin haberse aclimatado completamente. Provoca dolor de cabeza, mareo y cansancio. Cuando aparece la sed, ya se ha producido la deshidratación; hay que beber mucha agua hasta que la orina salga clara y diluida. El tratamiento consiste en reponer fluidos con agua, zumo de frutas o ambos, refrescarse con agua fría y abanicarse. La pérdida de sales se combate tomando bebidas saladas como sopa o caldo, y añadiendo más sal a la comida.

El golpe de calor es mucho más grave. Se produce cuando el mecanismo regulador del calor del cuerpo se descontrola. Un excesivo aumento de la temperatura corporal detiene la sudoración y provoca descoordinación e hiperactividad, e incluso pérdida de conciencia y la muerte. Hay que enfriar rápidamente al enfermo rociando su cuerpo con agua y abanicándolo. A veces también es necesario sustituir de emergencia los fluidos y los electrolitos perdidos de manera intravenosa.

Picaduras de insecto

Aunque no transmitan la malaria, las picaduras de mosquito pueden causar irritaciones o infecciones. También propagan el dengue. Para prevenirlas hay que usar un repelente a base de DEET.

Las abejas y las avispas sólo causan problemas reales a las personas que padecen alergias graves (anafilaxis), en cuyo caso conviene llevar una inyección de adrenalina o similar.

La mosca de la arena habita en las playas del Mediterráneo. Su picadura suele provocar sólo un terrible picor, pero también una rara afección llamada leishmaniosis cutánea. También se pueden evitar usando repelentes con DEET.

Los escorpiones se suelen encontrar en climas secos y áridos; su picadura es dolorosa pero raramente mortal.

En albergues y hoteles baratos suele haber chinches, que producen picaduras que se hinchan y pican mucho. Para librarse de ellas basta con rociar el colchón con un insecticida apropiado.

La sarna también se encuentra en los hoteles baratos. Son ácaros minúsculos que viven en la piel, sobre todo entre los dedos, y que provocan una erupción con intenso picor. Se trata fácilmente con una loción que se vende en farmacias; las personas con quienes se está en contacto también deberán tratarse para evitar extender la sarna entre portadores asintomáticos.

Mordedura de serpiente

No se debe caminar descalzo ni meter las manos en agujeros o grietas. La mitad de las personas mordidas por serpientes no llegan a recibir el veneno. Si se sufre una mordedura, no hay que alarmarse. Se debe inmovilizar el miembro mordido con una tablilla o un palo y aplicar una venda que presione bien la zona (como se hace con los esguinces) pero no practicar un torniquete, ni cortar o chupar la mordedura. Hay que conseguir ayuda médica que administre el antídoto lo antes posible.

Agua

Beber agua del grifo no es seguro en Egipto. Hay que consumir sólo agua embotellada o hervirla durante diez minutos, usar pastillas purificadoras o un filtro. No hay que beber agua de ríos ni lagos, porque podría contener bacterias o virus que provocarían diarrea o vómitos.

VIAJAR CON NIÑOS

Los que viajen con niños deben saber cómo tratar las dolencias menores y cuándo hay que acudir al médico. Los niños deben estar al día en su calendario de vacunas; también hay que considerar bien la conveniencia o inconveniencia de administrarles vacunas específicas para el viaje, puesto que algunas no son apropiadas para menores de un año.

En climas cálidos y húmedos las heridas cutáneas pueden infectarse. Hay que limpiar bien la zona y mantenerla limpia y seca. Conviene evitar la comida y el agua contaminada. Si el niño vomita o tiene diarrea, el líquido y las sales que se pierden se deben reponer. Puede ser útil llevar sobres de rehidratación oral en polvo, que se preparan con agua hervida. Conviene consultar con el médico.

Hay que advertir a los niños de que no se acerquen a los perros o a otros mamíferos por el peligro de contraer la rabia u otras enfermedades. Cualquier mordedura, arañazo o lamido de un animal de sangre caliente con pelo se debe limpiar inmediatamente. Si se sospecha que el animal pudiera estar infectado de rabia, hay que acudir enseguida al médico.

SALUD DE LA MUJER

El estrés emocional, el cansancio y los viajes por zonas de distinto huso horario pueden contribuir a alterar el ciclo menstrual. Si se usan anticonceptivos orales, mejor recordar que algunos antibióticos, la diarrea y los vómitos pueden frenar la efectividad de la píldora y causar riesgo de embarazo; mejor llevarse preservativos por si acaso. Los preservativos tienen que conservarse en un lugar fresco y seco, ya que de lo contrario es posible que se rompan y estropeen.

Los contraceptivos de emergencia son más eficaces tomados durante las 24 horas posteriores a la relación. La International Planned Parent Federation (www.ippf.org) informa de la disponibilidad de contraceptivos en los distintos países. En Oriente Próximo no siempre se encuentran compresas y tampones fuera de las ciudades importantes.

Se puede viajar embarazada pero hay que tener en cuenta varias cosas. Antes de emprender viaje hay que hacerse un chequeo médico. Los períodos de mayor riesgo para viajar son las primeras 12 semanas de gestación, cuando hay más probabilidades de sufrir un aborto, y después de las 30 semanas, cuando pueden surgir complicaciones como presión alta y parto prematuro.

La mayor parte de aerolíneas no aceptan embarazadas entre la semana 28 y 32 de gestación; además, en las últimas semanas los vuelos largos pueden ser muy molestos. Los servicios prenatales varían enormemente de un país a otro en Oriente Próximo; hay que pensárselo bien antes de viajar a un país cuyos servicios médicos sean precarios o que tenga grandes diferencias culturales e idiomáticas respecto al país de origen. Llevar un historial del embarazo que incluya el grupo sanguíneo puede ser útil si se necesita atención médica en un país extranjero. Conviene contratar un seguro que cubra el embarazo, el parto y los cuidados del recién nacido, pero no se puede olvidar que siempre dependerá de los servicios disponibles.

Idioma

SUMARIO

El árabe es la lengua oficial de Egipto, aunque el que se habla en la calle es muy diferente del que se lee en los periódicos y se oye en la radio, conocido como Modern Standard Arabic (árabe moderno estándar) o MSA, y hablado y escrito en todos los países de lengua árabe.

El Egyptian Colloquial Arabic (árabe egipcio coloquial) o ECA es divertido, pero difícil de aprender. Básicamente es un dialecto de la lengua estándar pero tan diferente de ésta que prácticamente se puede considerar otra lengua. Como ocurre con casi todos los dialectos, el habla cotidiana es la que más se diferencia de la utilizada en los países árabes vecinos. La lengua más especializada o culta tiende a ser similar en todo el mundo árabe, aunque la pronunciación puede variar bastante. Un árabe de Jordania o Irak no tendrá dificultad para conversar sobre política o literatura con un egipcio, pero posiblemente tendrá más problemas para hacerse entender en una panadería de El Cairo.

El dialecto árabe egipcio no tiene una forma oficial escrita, aunque no hay una razón práctica para ello, como lo demuestra el escritor y premio Nobel, Naguib Mahfuz, quien no tiene ningún problema en escribir pasajes enteros en jerga egipcia (o cairota). Por alguna razón, a los extranjeros que quieren aprender árabe egipcio y no MSA se les dice que no puede transcribirse y se les enseña cualquier otro sistema de transcripción, ninguno de ellos totalmente satisfactorio. Si el lector se está empezando a marear con toda esta información, podrá entender por qué son tan pocos los no árabes y no musulmanes que se embarcan en el estudio de este idioma.

Si el viajero dedica un poco de tiempo a aprender aunque sólo sea unas cuantas palabras y frases, podrá descubrir más cosas y disfrutar mucho más mientras viaje por el país. Si se desea una guía más exhaustiva del idioma, se puede consultar *Egyptian Arabic Phrasebook* de Lonely Planet, que incluye todos los textos transcritos en árabe egipcio (no MSA).

El árabe usa el género masculino y femenino, indicado en esta guía mediante (m) y (f) respectivamente, o separado por una barra (m/f) si se dan ambas formas.

TRANSCRIPCIÓN

Convertir en palabras con significado (las que usan el abecedario latino) lo que para la mayoría de los extranjeros no son más que garabatos no es tarea fácil, y de hecho no hay, ni habrá tal vez, ningún sistema de transcripción eficaz. Para este libro, se ha intentado estandarizar la escritura de los nombres propios de lugares y similares.

El árabe tiene sólo un artículo: *al* (el/la). También se puede escribir "il" o "el" y a veces se modifica para reflejar la primera consonante del sustantivo siguiente. Por ejemplo, en el nombre de Saladino, *Salah ad-Din* (rectitud de la fe), "al" se ha transformado en "ad" ante la "d" de "Din". En esta guía el artículo *el* se usa sólo en los nombres de lugares conocidos (El Alamein, Sharm el-Sheikh) o donde lo usan los nativos, por ejemplo en nombres de restaurantes y de hoteles.

La transcripción es compleja y no hay un sistema del todo correcto. Los propios lugareños tienen sólo una vaga idea de cómo hacer la conversión, a menudo con resultados sorprendentes. La gran influencia francesa e inglesa (aunque el inglés casi ha desbancado al francés en el Egipto actual) ha dado lugar a todo tipo de ideas interesantes en las transcripciones. El alto índice de analfabetismo

ALFABETO DE ÁRABE ESTÁNDAR

Final	Media	Inicial	Aislada	Transcripción	Pronunciación
ـا			ا	**A/a**	como en "lava"
ـب	ـبـ	بـ	ب	**b**	como en "bueno"
ـت	ـتـ	تـ	ت	**t**	como en "tema"
ـث	ـثـ	ثـ	ث	**th**	como la 'z' de "zorro"
ـج	ـجـ	جـ	ج	**g**	como en "gota"
ـح	ـحـ	حـ	ح	**H**	una 'h' muy aspirada, como un suspiro de alivio
ـخ	ـخـ	خـ	خ	**kh**	como la 'q' de "izquierda" (similar a 'j')
ـد			د	**d**	como en "dinero"
ـذ			ذ	**dh**	una 'd' fuerte (similar a 'z')
ـر			ر	**r**	como en "carro"
ـز			ز	**z**	parecido al zumbido de una mosca
ـس	ـسـ	سـ	س	**s**	como en "casa"
ـش	ـشـ	شـ	ش	**sh**	como "ship" en inglés
ـص	ـصـ	صـ	ص	**ṣ**	's' enfática (véase más abajo)
ـض	ـضـ	ضـ	ض	**ḍ**	'd' enfática (véase más abajo)
ـط	ـطـ	طـ	ط	**ṭ**	't' enfática (véase más abajo)
ـظ	ـظـ	ظـ	ظ	**ẓ**	'dh' enfática (véase más abajo)
ـع	ـعـ	عـ	ع		el sonido árabe *'ayn* se pronuncia como una oclusiva glótica, cerrando la garganta como antes de decir "¡Oh-oh!" (véase p. 555)
ـغ	ـغـ	غـ	غ	**gh**	sonido gutural como la 'r' francesa
ـف	ـفـ	فـ	ف	**f**	como en "faro"
ـق	ـقـ	قـ	ق	**q**	una "k" gutural fuerte; en árabe egipcio a menudo se pronuncia como una oclusiva glótica
ـك	ـكـ	كـ	ك	**k**	como en "kilo"
ـل	ـلـ	لـ	ل	**l**	como en "ladrón"
ـم	ـمـ	مـ	م	**m**	como en "mirada"
ـن	ـنـ	نـ	ن	**n**	como en "nombre"
ـه	ـهـ	هـ	ه	**h**	como la 'h' aspirada inglesa o una 'j' débil
ـو			و	**w**	como la 'u' de "cuchara"; o
				oo	como una 'u' larga; o
				ow	como en "raudo"
ـي	ـيـ	يـ	ي	**y**	como la 'll' de "lluvia"; o
				ee	una 'i' larga; o
				ai/ay	como en "baile"

Vocales: Este alfabeto no recoge todos los sonidos vocálicos árabes. Para más información al respecto, véase "Pronunciación", p. 555.

Consonantes enfáticas: Para simplificar el sistema de transliteración usado en este libro, las consonantes enfáticas no se han diferenciado de las no estáticas.

en el país no ha sido de gran ayuda. No hay que sorprenderse si se empieza a ver que una misma cosa se puede nombrar de maneras diferentes.

Por algún motivo, las letras **q** y **k** han originado grandes problemas y en las transcripciones se han alternado arbitrariamente. Durante mucho tiempo, Iraq (que en árabe se escribe con lo que en inglés sólo se puede considerar una q) se escribía "Irak". Otros ejemplos son: *souq* (zoco), a menudo escrito *souk*; *qasr* (castillo), a veces escrito *kasr*; y el barrio de Doqqi de El Cairo, a menudo se ha escrito Dokki, aunque los egipcios tienen la costumbre de no pronunciar la "q" y pronunciar "Do'i". Es parecido a lo que pasaría si el inglés se escribiera como se pronuncia. Sólo hay que imaginar el resultado si los australianos, norteamericanos, escoceses y londinenses tuvieran la libertad de escribir como pronuncian.

PRONUNCIACIÓN

La pronunciación del árabe puede ser como un trabalenguas para alguien que no esté familiarizado con la entonación y la combinación de sonidos. Conviene pronunciar las palabras y frases transcritas despacio y con claridad.

La siguiente guía debería ser de ayuda, pero es incompleta porque las numerosas normas que rigen la pronunciación y el uso de las vocales son demasiado extensas para cubrirlas en ella.

Vocales

a	como en "pan"
aa	"a" larga, como en "lava"
ā	como la "a" de "father", en inglés
e	como en "ver" (a veces muy corta)
ee	como una 'i' larga
i	como en "nariz"
o	como una 'o' abierta
ō	"o" larga, como una exclamación de decepción o pena
oo	como una 'u' larga
u	como en "alud"

Diptongos

ow	como en "raudo"
ai/ay	como en "baile"

Consonantes

La pronunciación de todas las consonantes árabes se cubre en la tabla del alfabeto, p. 554. Se debe tener en cuenta que cuando en la transcripción figuren consonantes dobles, se deben pronunciar ambas. Por ejemplo, *il-Hammām* (baños públicos) se pronuncia "il-ham-*maam*".

Otros sonidos

El árabe tiene dos sonidos muy difíciles de pronunciar para los no árabes: el *'ayn* y la oclusiva glótica. La letra *'ayn* representa un sonido que no tiene equivalente en castellano: parecida a una oclusiva glótica (que no se representa en el alfabeto) pero los músculos al final de la garganta se aprietan con más fuerza y se deja salir el aire, produciendo un sonido que se ha descrito como el que se produce al ser estrangulado. En muchos sistemas de transcripción el *'ayn* se representa como una comilla simple de apertura (') y la oclusiva glótica como una comilla simple de cierre ('). Para que las transcripciones de esta guía (y del resto del libro) sean más fáciles de usar, no se ha diferenciado entre la representación escrita de la oclusiva glótica y el *'ayn,* sino que se ha empleado la comilla de cierre para ambas. Los hablantes de árabe comprenderán lo que se quiere decir aunque se obvie la distinción ente estos dos sonidos.

ALOJAMIENTO

Estoy buscando un/una...	*a*·na ba·*dow*·war *'a*·la...
pensión	*ban*·syon
hotel	*fun*·du'
albergue	bait sha·*bāb*

¿Dónde puedo encontrar un hotel económico?
a·*la'*·ee *fun*·du' ra·*khees* fayn?

¿Cuál es la dirección?
il 'un·*waan* ey?

¿Puede apuntarme la dirección, por favor?
mum·kin *tik*·tib/tik·*ti*·bee il' un·*waa*n min *fad*·lak? (m/f)

¿Tiene habitaciones libres?
'an·dak/*'an*·dik *ghu*·raf *fad*·ya? (m/f)

Quisiera (un/una)...	*a*·na 'aiz/*'ai*·*za*... (m/f)
Querría reservar (un/una)...	'aiz *aH*·gaz... low sa·*maHt* (m) *'ai*·*za aH*·gaz... low sa·*maH*·tee (f)
cama	si·*reer*
habitación individual	*ghur*·fa li *waa*·Hid
habitación doble	*ghur*·fa bi si·*reer* muz·*dow*·ag
habitación con dos camas	*ghur*·fa bi si·reer·*ain*

habitación con baño — *ghur*·fa bi Ham·*mām* khās
habitación con aire acondicionado/ventilador — *ghur*·fa bi tak·*yeef*/mar·*wa*·Ha
cama en un dormitorio — *ghur*·fa mush·*ta*·ri·ka

a nombre de... — *bi'*ism...
fecha — ta·*reekh*
desde (fecha) a (fecha) — min yom (...) li yom (...)
tarjeta de crédito... — *kre*·dit kard...
número — *ra*·qm
fecha de caducidad — ta·*reekh* al·'*in*·*ti*·ha'

¿Cuánto cuesta...? — bi·*kam*...?
por noche — li *lai*·la *waa*·Hid·a
por persona — lil *fard*

¿Tiene habitaciones más económicas?
fee *ghu*·raf *ar*·khas?
¿Podría verla?
mum·kin a·*shuf*·ha?
¿Dónde está el baño?
fayn il Ham·*mām?*
Me marcho/Nos marchamos hoy
(*a*·na *Ham*·shi/*iH*·na Ha·*nim*·shi) inn·*har*·da.

CONVERSACIÓN Y FRASES ÚTILES

El árabe es más formal que el español, especialmente en los saludos; incluso el simple "hola" varía según cuándo y cómo se usa. Además, cada saludo requiere una respuesta distinta según si va dirigido a un hombre, una mujer o un grupo de gente.

Hola. — sa·*lām* '*a*·*lay*·kum
(respuesta) — wa '*a*·*lay*·kum es sa·*lām*
Hola/Bienvenido. — *ah*·lan wa *sah*·lan
(respuesta) — *ah*·lan beek (a un hombre)
ah·lan *bee*·kee (a una mujer)
ah·lan *bee*·kum (a un grupo)
Buenos días. — sa·*bāH* al·khayr
(respuesta) — sa·*bāH* an·*noor*
Buenas tardes. — mi·*sa'* al·*khayr*
(respuesta) — mi·*sa'* an·*noor*
Buenas noches. — *tis*·baH '*a*·la khayr (a un hombre)
tis·*baH*·ee '*a*·la khayr (a una mujer)
tis·*baH*·u '*a*·la khayr (a un grupo)
(respuesta) — *wen*·ta bi·*khayr* (a un hombre)
wen·tee bi·*khayr* (a una mujer)
wen·too bi·*khayr* (a un grupo)
Adiós. — *ma'*·as sa·*laa*·ma

Sí. — *ai*·wa (o *na*·'am – más formal)
No. — la'
Por favor.
min *fad*·lak/*fad*·lik/fad·*lu*·kum (a un hombre/mujer/grupo; cuando se pide algo en una tienda)
low sa·*maH*t/sa·*maH*·tee/sa·*maH*·tu (a un hombre/mujer/grupo; parecido, pero más formal)
tfad·dal/*tfad*·da·lee/*tfad*·da·loo (a un hombre/mujer/grupo; cuando se ofrece algo o se invita a alguien)
it·*fad*·dal/it·*fad*·da·lee/it·*fad*·da·loo (a un hombre/mujer/grupo; parecido, o para solicitar una acción por parte de otra persona)

Gracias (muchas).
shu·kran (ga·*zee*·lan)
Disculpe.
'an *iz*·nak, es·*maH*·lee (a un hombre)
'an *iz*·nik, es·ma·*Hee*·lee (a una mujer)
'an iz·*nu*·kum, es·ma·*Hoo*·lee (a un grupo)
De nada.
'*af*·wan (o al·'*aff*·u)

Perdón. — '*as*·sif
¿Cómo se llama? — *is*·ma key? (a un hombre)
is·mi key? (a una mujer)
Mi nombre es... — *is*·mee...
Encantado/a de conocerle. (en el primer encuentro) — ta·shar·*raf*·na (educado)
fur·sa sa·'*eed*·a (informal)
¿Cómo está? — iz·*zay*·yak? (a un hombre)
iz·*zay*·yik? (a una mujer)
iz·*za*·yu·kum? (a un grupo)
Bien. — *kway*·yis il·*Ham*·du lil·*lah* (a un hombre)
kway·*yi*·sa il·*Ham*·du lil·*lah* (a una mujer)
kway·*seen* il·*Ham*·du lil·*lah* (a un grupo)

(Por sí solos, *kwayyis/a/een* significan literalmente "bien", pero casi nunca se usan para responder a "¿cómo está?")

¿De dónde es? — en·ta/*en*·tee min·*ain?* (m/f)
Soy de... — *a*·na min...
Me gusta/No me gusta... — *a*·na ba·*Hibb*/ma·ba·*Hib*·bish
Un momento. — da·'*ee*·'a *waa*·Hid·a

Una palabra muy útil es *imshee*, que significa "fuera". Se puede usar en las pirámides o en otros puntos turísticos cuando se es acosado por niños. No conviene usarla con adultos; es mejor *la' shukran* (no, gracias).

IDIOMA

SEÑALIZACIÓN

Entrada	مدخل
Salida	خروج
Abierto	مفتوح
Cerrado	مغلق
Prohibido	ممنوع
Información	معلومات
Hospital	مستشفي
Policía	شرطة
Lavabo de caballeros	حمام للرخال
Lavabo de señoras	حمام للنساء

DIRECCIONES

¿Dónde está...?	fayn...?
Siga recto.	*'a*·la tool
Gire a la izquierda.	*How*·id shi·*māl*
Gire a la derecha.	*How*·id yi·*meen*
en la (siguiente) esquina	*'al*·al *nas*·ya (*il*·li *gai*·ya)
en el semáforo	'and il i·*shā*·ra
detrás	*wa*·ra
delante de	'ud·*daam*
lejos (de)	ba·*'eed* ('an)
cerca (de)	'u·*ra*·yib (min)
enfrente	'u·*sād*
aquí	*hi*·na
allí	hi·*naak*
esta dirección	al·'an·*waan* da
norte	shi·*maal*
sur	ga·*noob*
este	shark
oeste	gharb
playa	al blaaj/ash·*shā*·ti
puente	*ku*·bri
castillo	*al*·a'a
mi hotel	il *fun*·duq be·*taa*·'ee
isla	ga·*zee*·ra
plaza principal	al·mai·*daan* ar·ra·*'ee*·si
mezquita	al·*gaa*·me'
museo	al·*mat*·Haf
casco antiguo	al·me·*dee*·na al·'a·*dee*·ma
palacio	al·*'asr*
pirámides	ah·ra·*māt*
las pirámides (de Gizeh)	al·ah·*rām*
ruinas	a·*sār*
mar	baHr
plaza	mi·*daan*
calle	ash·*shaa*·ri'
torre	burg
universidad	al·*ga*·m'a
pueblo	al·*qar*·ya

SALUD

Me encuentro mal.	*a*·na 'ai·*yaan*/a (m/f)
Mi amigo se encuentra mal.	sa·*dee*·qi 'ai·*yaan*
Me duele aquí.	bi·yuw·*ga'*·ni *hi*·na
Soy...	*'an*·dee...
asmático	*az*·mit *ra*·boo
diabético	is *suk*·kar
epiléptico	*sa*·ra'
Soy alérgico...	*'an*·dee *Ha*·sa·siy·ya...
a los antibióticos	min mu·*dād Hai*·o·wi
a la aspirina	min *as*·bi·reen
a la penicilina	min bi·ni·si·*leen*
a las abejas	min naHl
a los frutos secos	min mu·*kas*·sar·āt
antiséptico	mu·*tah*·hir
aspirina	*as*·bir·een
preservativos	*'aa*·zil *za*·ka·ry (ka·*boot*, jerga)
anticonceptivo	wa·*sā*·'il *man*·a' il Haml
diarrea	is·*haal*
fiebre	su·*khoo*·na
dolor de cabeza	su·*dā'*
hospital	mus·*tash*·fa
medicina	*dow*·a
farmacia	ag·za·*khaa*·na o sai·da·*liy*·ya
embarazada	*Haa*·mel
receta	ro·*shet*·ta
compresas	fu·wat sa·*Hiy*·ya
dolor de estómago	*wa*·ga' fil *bātn*
protección solar	kreym di dish·*shams*
tampones	*tam*·bax

DIFICULTADES DE COMPRENSIÓN

¿Habla inglés?
en·ta bi·tit·*kal*·lim in·*glee*·zee? (a un hombre)
en·tee bi·tit·*kal*·li·mee in·*glee*·zee? (a una mujer)

¿Hay alguien que hable inglés?
fee Hadd bi·yit·*kal*·lim in·*glee*·zee?

URGENCIAS

¡Socorro!	el·*Ha'*·nee!
Ha habido un accidente.	fee *Had*·sa!
Me he perdido.	*a*·na *tā*·yih/*tāy*·ha (m/f)
¡Fuera!	*im*·shee!
¡Llame a un médico!	i·*tas*·sal bi·dok·*toor!* (m) i·*tas*·sal·ee bi·dok·*toor!* (f)
¡Llame a la policía!	i·*tas*·sal bil·bo·*lees!*
Me han robado.	*a*·na it·*sa*·ra't
¿Dónde está el baño?	fayn at·twa·*let?*

¿Cómo se dice… en árabe egipcio?
iz·*zai* a·*'ool*... bil *'a*·ra·bee?
¿Qué significa...?
ya'·ni... ey?
Entiendo.
a·na *faa*·hem/*fah*·ma (m/f)
No entiendo.
a·na mish *faa*·hem/*fah*·ma (m/f)
Por favor, escríbalo.
mum·kin tik·*ti*·buh/tik·*ti*·beeh? (m/f)
¿Me lo podría enseñar (en el mapa)?
mum·kin ti·war·*ree*·ni (*'al*·al kha·*ree*·ta)?

NÚMEROS

Los números árabes son fáciles de aprender y a diferencia de las palabras se escriben de izquierda a derecha. Hay que prestar atención al orden de las palabras en los números del 21 al 99. Cuando va seguida de un nombre, la pronunciación de *miyya* pasa a *meet* para los números 100 y del 300 al 900, y el nombre siempre se usa en singular.

0	sifr	٠
1	*waa*·Hid	١
2	it·*nayn*	٢
3	ta·*laa*·ta	٣
4	ar·*ba'a*	٤
5	*kham*·sa	٥
6	*sit*·ta	٦
7	*sa*·b'a	٧
8	ta·*man*·ya	٨
9	*ti*·s'a	٩
10	*'ash*·a·ra	١٠
11	Hid·*'āsh*·ar	١١
12	it·*n'āsh*·ar	١٢
13	ta·lat·*t'āsh*·ar	١٣
14	ar·ba'·*t'āsh*·ar	١٤
15	kha·mas·*t'āsh*·ar	١٥
16	sit·*t'āsh*·ar	١٦
17	sa·ba'·*t'āsh*·ar	١٧
18	ta·man·*t'āsh*·ar	١٨
19	ti·sa'·*t'āsh*·ar	١٩
20	'ish·*reen*	٢٠
21	*waa*·Hid wi 'ish·*reen*	٢١
22	it·*nayn* wi 'ish·*reen*	٢٢
30	ta·la·*teen*	٣٠
40	ar·ba·*'een*	٤٠
50	kham·*seen*	٥٠
60	sit·*teen*	٦٠
70	sab·*'een*	٧٠
80	ta·ma·*neen*	٨٠
90	tisa·*'een*	٩٠
100	miy·*ya* (*meet* antes de un nombre)	١٠٠
200	mi·*tayn*	٢٠٠
1.000	'alf	١٠٠٠
2.000	'alf·*ayn*	٢٠٠٠

¿Cuántos? kam *waa*·Hid?

DOCUMENTACIÓN

nombre	ism
nacionalidad	gin·*siy*·ya
fecha/lugar de nacimiento	ta·*reekh*/ma·*Hal* il mi·*laad*
sexo (género)	gins
pasaporte	bas·*boor o* gow·*aaz* is *sa*·far
visado	ta'·*shee*·ra

PREGUNTAS

¿Quién?	meen?
¿Qué?	ey?
¿Cuándo?	*im*·ta?
¿Dónde?	fayn?
¿Cómo?	iz·*zay?*
¿Cuál?	ayy?

COMPRAS Y SERVICIOS

Querría comprar...	'aiz/*'ai*·*za* ash·*ti*·ri... (m/f)
¿Cuánto cuesta?	bi·*kam* da?
No me gusta.	mish 'a·*gib*·ni
¿Puedo verlo?	*mum*·kin a·*shoo*·fu?
Tan sólo estoy mirando.	bat·*far*·rag bas
Es barato.	da ra·*khees*
Es demasiado caro.	da *ghaa*·lee *'ow*·ee
No más de...	mish *ak*·tār min...
Me lo quedo.	'a·*khud*·ha
¿Me puede hacer...?	*mum*·kin tid·*dee*·ni...?
un descuento	takh·*feed*
un buen precio	sa'r *kway*·yis
¿Acepta...?	bi·*ta*·khud...? (m) / bi·*ta*·khu·dee...? (f)
tarjetas de crédito	*kre*·dit kard
cheques de viaje	sheek si·*yaa*·Hi
más	*ak*·tar
menos	a'·*all*
más pequeño	*as*·ghar
más grande	*ak*·bar
Estoy buscando...	*a*·na ba·*dow*·war *'a*·la
un banco	bank
el bazar/mercado	as·*sooq*
el centro de la ciudad	wust al·*ba*·lad
la embajada (...)	as·si·*fā*·ra (...)
la oficina de correos	al·*boos*·ta/*mak*·tab al·ba·*reed*
el locutorio	sen·*traal* it·te·li·fo·*naat*
la oficina de turismo	*mak*·tab as·si·*yaa*·Ha

Querría cambiar...	*a*·na 'aiz/'*ai*·*za* u·*sar*·raf... (m/f)
dinero	fu·*loos*
cheques de viaje	shee·*kaat* si·ya·*Hiy*·ya

HORAS Y FECHAS

¿Qué hora es?	*saa*·'a kam?
Son las 8.00.	*saa*'a (ta·*man*·ya)
por la mañana	sa·*ba*·Han
por la tarde	*ba*'·d id duhr
por la noche	bil layl
hoy	inn·*har*·da
mañana	*bo*·kra
ayer	im·*be*·riH
día	yom
mes	shahr
semana	us·*bu*·'a
año	*sa*·na
pronto	*ba*·dree
tarde	mit·*'akh*·ar
cada día	kull yom

lunes	(yom) al· it·*nayn*
martes	(yom) at·ta·*laat*
miércoles	(yom) al·*ar*·ba'a
jueves	(yom) al·kha·*mees*
viernes	(yom) al·*gu*·m'a
sábado	(yom) as·sabt
domingo	(yom) al·Hadd

enero	ya·*nay*·ir
febrero	fi·*bra*·yir
marzo	*maa*·ris
abril	ab·*reel*
mayo	*ma*·yu
junio	*yun*·yu
julio	*yul*·yu
agosto	a·*ghus*·tus
septiembre	sib·*tim*·bir
octubre	'uk·*too*·bir
noviembre	nu·*fim*·bir
diciembre	di·*sim*·bir

TRANSPORTE

Público

¿Cuándo sale/ llega el ...	*im*·ta qi·*yaam*/wu·*suul*...?
barco	al·*mar*·kib
autobús	al·o·to·*bees*
ferry	ma'a·*diy*·ya
avión	al·tay·*yā*·ra
tren	al·*'atr*

Querría un billete...	'ayz/*'ayz*·a... taz·*kar*·it (m/f)
de ida	zi·*haab*
de ida y vuelta	*'ow*·da
de primera clase	*da*·ra·ga *oo*·la
de segunda clase	*da*·ra·ga *tan*·ya

Quiero ir a...
a·na 'aiz/*'ai*·za a·*rooH*... (m/f)

El tren ha sido cancelado/lleva retraso
il·*'atr* it·*'akh*·khar/it·*la*·gha

¿Qué autobús va a...?
o·to·*bees nim*·ra kam ye·*rooH*...?

¿Este autobús va a...?
al·o·to·*bees* da ye·*rooH*...?

Por favor, ¿cuándo llegaremos a... ?
min *fad*·lak, *'ul*·lee *em*·ta Ha·*noo*·sel...

¿Cuánto cuesta el billete a...?
bi·*kam* at·taz·*ka*·ra li...?

Pare aquí, por favor.
wa·'if *hi*·na, min *fad*·lak

¡Espere!
is·*tan*·na!

el primero	il *aw*·wil/*oo*·la (m/f)
el último	il *aa*·khir
el próximo	*il*·li gayy
aeropuerto	ma·*tār*
estación de autobuses	ma·*Hat*·tat a·lo·to·*bees*
parada de autobús	*maw*·'if a·lo·to·*bees*
ciudad	al·me·*dee*·na
número de andén	ra·*seef nim*·ra
estación	al·ma·*Hat*·ta
taquilla	*mak*·tab at·ta·*zaa*·ker
horario	*gad*·wal
estación de trenes	ma·*Hat*·tat al·*'atr*

Privado

Me gustaría alquilar un/una...	'aiz/*'ai*·za a·*'ag*·gār... (m/f)
coche	say·*yā*·ra/'a·ra·*biy*·ya
todoterreno	'a·ra·*biy*·yet gharz/jeep
motocicleta	mu·tu·*sikl*
bicicleta	*'a*·ga·la
camello	*ga*·mal
burro	Hu·*mār*
caballo	Hu·*sān*

¿Es ésta la carretera a...?
i·ta·*ree'* da yi·*was*·sil li...?

¿(Cuánto tiempo) puedo aparcar aquí?
mum·kin *ar*·kin *hi*·na (*ad*·di ay)?

¿Dónde se paga?
ad·fa'a fayn?

Necesito un mecánico.
miH·*taag*/miH·*taa*·ga me·ka·*nee*·ki (m/f)

El coche/la moto se ha estropeado (en...)
il 'a·ra·*biy*·ya/mu·tu·*sikl 'i*·til 'and...

El coche/la moto no arranca.
il 'a·ra·*biy*·ya/mu·tu·*sikl* mish bit·*door*

Tengo un neumático pinchado.
il ka·*witsh nay*·im
Me he quedado sin gasolina.
il ben·*zeen khi*·lis
He tenido un accidente.
kaan *'an*·dee *Had*·sa
¿Dónde hay una gasolinera?
fayn ma·*Hat*·tet ben·*zeen*?
Lleno, por favor.
faw·*wil*·ha, low sa·*maHt*
Ponga (30) litros.
'aiz/*'ai*·za (ta·la·*teen)* litr (m/f)

diésel	so·*lār*
gasolina con plomo	ta·ma·*neen* (normal) ti·sa·*'een* (súper)
gasolina sin plomo	min ghair ru·*sās* o *kham*·sa wa ti·sa·*'een*

VIAJAR CON NIÑOS

¿Tienen...?	fee...?
Necesito un/una....	'aiz/*'ai*·za... (m/f)
silla de coche	*kur*·si 'a·ra·*biy*·ya li tifl
servicio de niñera	*khid*·mat ra'·*ai*·it tifl
menú infantil	me·*nai* lil at·*fāl*
pañales	*bam*·bers (nombre comercial)
preparado para lactantes (leche)	*la*·ban mu·*ga*·faf lil *bay*·bi
niñera que hable inglés	*ga*·lis·at at·*fāl* (bi·tit·*kall*·im in·*glee*·zee)
una trona	*kur*·si lil at·*fāl*
un orinal	as·*riy*·ya

¿Le importa que le dé el pecho aquí?
mum·kin a·*rad*·da·'a *hi*·na?
¿Permiten la entrada de niños?
mas·*mooH* bis·ti·*Haab* il at·*fāl*?

También disponible en Lonely Planet:
Egyptian Arabic y *Middle East* (en inglés)

Glosario

En la p. 61 se encontrará un glosario de términos faraónicos y en la p. 85, vocabulario relacionado con la comida y la bebida.

abd – sirviente de
abeyya – vestido largo de mujer
abu – padre, santo
ahwa – café, tanto la bebida como el local donde se consume
ain – pozo, manantial
al-jeel – tipo de música que se caracteriza por un ritmo marcado con palmas al que se superpone un canto pegadizo; literalmente "la generación"

ba'al – tendero
bab – entrada o puerta
baksheesh – limosna o propina
baladi – local, rural
bawwab – portero
beit – casa
bey – tratamiento de respeto
bir – fuente, pozo
burg – torre
bustan – jardín tapiado

calèche – coche de caballos
caravanserai – posada de mercaderes
careta – carro de burros

dahabiyya – casa flotante
darb – camino, calle
deir – monasterio, convento
domina – dominó

effendi – caballero
eid – fiesta islámica
emir – soberano islámico, comandante o gobernador militar; literalmente "príncipe"

fellah – (plural: *fellaheen)* campesino o agricultor que forma la mayoría de la población egipcia; "fellah" significa literalmente labrador
filoos –dinero

galabiyya – vestido largo de hombre
gebel – montaña
gezira – isla
ghawazee – grupo de danza que viajaba con cuentistas y poetas; actuaban en público o por encargo
guinay – libra

haikal – zona de altar
haji – hombre que ha realizado el *hajj* a La Meca (femenino: hajia)
hajj – peregrinaje a La Meca; todos los musulmanes deberían hacer este viaje al menos una vez en la vida
hammam – casa de baños
hantour – coche de caballos, calesa
haram – cualquier cosa prohibida por la ley islámica
hegab – pañuelo para la cabeza usado por las mujeres
Hejira – calendario islámico; huida de Mahoma de La Meca a Medina en el año 622

ibn – hijo de
iconostasis – celosía con puertas e iconos dispuestos en filas, usada en las iglesias cristianas de Oriente
iftar – ruptura del ayuno tras la puesta del sol durante el mes de Ramadán
iwan – sala abovedada que da a un patio central en una madraza o mezquita

jedive – virrey egipcio bajo el protectorado otomano

kershef –material de construcción hecho de grandes pedazos de sal mezclados con piedra y recubiertos de barro local
khamsin – viento seco y cálido procedente del desierto occidental
khan – otra denominación de *caravanserai*
khanqah – monasterio sufí
khwaga – extranjero
kineesa – iglesia
kuttab – escuela coránica

leila kebira – "gran noche", colofón de un *maulid*
lokanda – lugar sencillo y económico donde dormir

ma'abad – templo
madrassa – escuela, especialmente aquella asociada a una mezquita
mahattat – estación
makwagee – lavandero
malqaf – receptores eólicos situados en el tejado que dirigen los vientos predominantes del norte hacia el interior del edificio
mammisi – casa de nacimiento
maristan – hospital
mashrabiyya – mampara o panel decorativo de madera tallada, característico de la arquitectura islámica
mastaba – estructura de barro y ladrillo con forma de banco, situada encima de las tumbas, que era la base de las pirámides; término árabe para "banco"

matar – aeropuerto
maulid – fiesta
mawladiyya – gente que proporciona la infraestructura de los *maulids*
midan – plaza en un pueblo o ciudad
mihrab – nicho en la pared de una mezquita que indica la dirección de La Meca
minbar – púlpito de una mezquita
Misr – Egipto (también significa El Cairo)
muezzin – oficial de la mezquita que llama a los fieles a la oración
mufti – experto en la ley musulmana o líder de la comunidad religiosa
mugzzabin – seguidores del sufismo que participan en los *zikrs*
muqarnas – talla de piedra en forma de estalactita que se emplea para decorar las puertas y los huecos de las ventanas

nahr – río
nai – pipa de junco

oud – especie de laúd

piastre – moneda egipcia; una libra egipcia tiene 100 piastras

qa'a – sala de visitas
qala'a – fortaleza
qasa'id – poemas largos
qasr – castillo o palacio

Ramadán – noveno mes del calendario lunar islámico durante el cual los musulmanes ayunan desde que amanece hasta que anochece
ras – cabo

sabil – fuente pública de agua potable
sakia – noria
sandale – falúa modificada
servees – taxis colectivos
shaabi – música de la clase trabajadora
shadouf – noria usada para el regadío
sharia – carretera o calle
sharm – bahía
sheesha – narguile, pipa de agua
siga – juego con bolas de arcilla o semillas
souq – mercado
speos – tumba o capilla excavada en la roca
sufí – seguidor de toda orden islámica mística que enfatiza la danza, el canto y los trances para alcanzar la unidad con Dios

tabla – pequeño tambor de mano
tahtib – danza masculina interpretada con pentagramas de madera
tarboosh – gorro llamado fez en otros lugares
tasreeh – permiso para acampar
towla – *backgammon*

ulema – grupo de eruditos o líderes religiosos musulmanes; miembro de alguno de estos grupos
umm – madre de

wadi – cauce de agua en el desierto, seco excepto en la temporada de lluvias
waha – oasis
wikala – otra denominación de *caravanserai*

zikr – largas sesiones de danza, cánticos y movimientos de balanceo que suelen ejecutar los sufíes *mugzzabin* para alcanzar la unidad con Dios

Los autores

MATTHEW D. FIRESTONE **Coordinador y autor de *Alrededores de El Cairo, Canal de Suez, Costa del mar Rojo, Submarinismo en el mar Rojo, Sinaí***

Antropólogo biológico y epidemiólogo titulado que abandonó una prometedora carrera académica para pasar su juventud explorando el mundo con una mochila a cuestas. Con su mejor gorro de explorador y unas botas de montaña, recorrió Oriente Próximo siguiendo los pasos de Indiana Jones. Aunque en su breve visita a Petra no consiguió encontrar el Santo Grial, sus viajes le llevaron desde las profundidades del mar Rojo hasta la cima del monte Sinaí. Quizá no haya encontrado la vida eterna, pero al menos disfrutó de la aventura.

ZORA O'NEILL ***El Cairo***

Visitó por primera vez la capital egipcia en 1992, al empezar a estudiar árabe. Se pasó el verano de fiesta y aprendió algunas conjugaciones de verbos. Cinco años más tarde, cuando regresó para estudiar un máster de literatura árabe, sus prioridades eran diferentes: los mercados de verduras sustituyeron a las discotecas. Vive en Queens (Nueva York), donde puede fumar narguiles siempre que quiere. Zora es una escritora de viajes y gastronomía, aunque sigue consultando su diccionario de árabe egipcio, escrito por Al-Said Badawi.

ANTHONY SATTIN ***Cruceros por el Nilo,* capítulos del valle del Nilo**

Autor de varios libros de ficción y no ficción, como su famosa obra sobre sus viajes por Egipto titulada *La sombra del faraón* y su relato sobre la búsqueda de Tombuctú, *The Gates of Africa.* Descubrió las cartas no publicadas que Florence Nightingale escribió desde Egipto; este descubrimiento fue tildado de "golpe de Estado editorial" por el *New York Times.* Fue el editor de *A House Somewhere: Tales of Life Abroad* de Lonely Planet y ha contribuido a las guías *Morocco* y *Algeria.* Ha establecido su base en Londres, pero pasa la mitad del año viajando, normalmente por Egipto y el norte de África. Colabora habitualmente con el *Sunday Times* como articulista y crítico literario. También ha colaborado con *Vanity Fair, GQ* y muchas otras publicaciones, como *Condé Nast Traveller,* donde le describieron recientemente como uno de los 10 escritores contemporáneos de viajes más influyentes del mundo.

LOS AUTORES DE LAS GUÍAS LONELY PLANET

¿Por qué nuestras guías ofrecen la mejor información del mundo? Muy sencillo: nuestros autores son viajeros independientes que se entregan por completo a su trabajo. Sus métodos de investigación no se limitan al teléfono y a Internet, ni aceptan regalos a cambio de reseñas favorables. Viajan con plena libertad, por los lugares más populares y por los menos transitados. Visitan personalmente miles de hoteles, restaurantes, cafés, bares, galerías, palacios, museos… y se enorgullecen de conocer y transmitir fielmente cada detalle. Para obtener más información sobre los autores de las guías Lonely Planet, se puede consultar la página web www.lonelyplanet.com.

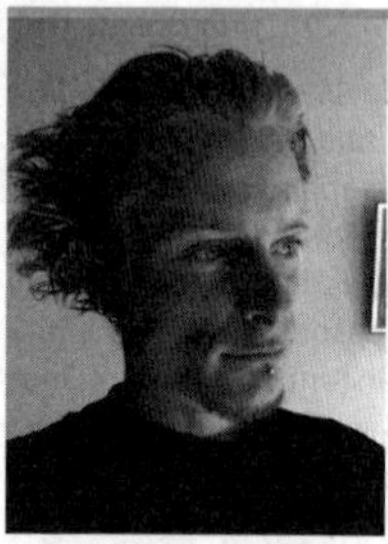

RAFAEL WLODARSKI ***Desierto occidental, Alejandría y la costa mediterránea***

Tras licenciarse en *marketing* y psicología en Melbourne (Australia), se prometió a sí mismo no usar nunca sus títulos y se embarcó en un viaje de seis meses por todo el mundo. Siete años y cuatro pasaportes después, aún no ha vuelto a casa. De los 20 a los 30 años, pasó la mayor parte del tiempo viajando por Oriente Próximo, el subcontinente indio, Norteamérica y Sudamérica. En esa época se tiró varios meses en Egipto, abarcando cada centímetro de esa tierra polvorienta, desde Abu Simbel hasta la punta del desierto del Sinaí. Hoy en día, ha fijado su base entre San Francisco, Londres y Zanzíbar. Sus consejos acerca de viajes pueden encontrarse en www.waywardcamel.com.

CONTRIBUCIONES ESPECIALES

Dra. Joann Fletcher Fascinada con Egipto desde niña, su primera visita al país en 1981 le reafirmó en su decisión de hacer de esta pasión su trabajo. Se licenció en egiptología y luego se doctoró en la misma materia. Como investigadora de la Universidad de York, realiza investigaciones científicas sobre todo tipo de temas, desde momias reales hasta antiguos perfumes. Es la egiptóloga de varios museos británicos y ha diseñado el primer título nacional de egiptología. Tras haber excavado en varios yacimientos egipcios, incluso en el valle de los Reyes, aparece con regularidad en la televisión, colabora con el servicio *online* de historia de la BBC y hasta la fecha ha escrito ocho libros. Cuando está en Egipto, se aloja con su familia egipcia en la orilla occidental de Luxor. Si no está allí, se la podrá encontrar en su casa en la costa de Yorkshire o en Normandía. Ha escrito el capítulo *Egipto faraónico* y varios recuadros de esta guía.

Entre bastidores

ESTE LIBRO

Ésta es la traducción al español de la novena edición de *Egypt* de Lonely Planet. Matthew Firestone (coordinador y autor), Zora O'Neill, Anthony Sattin y Rafael Wlodarski se han encargado de la documentación y la redacción de esta edición. La Dra. Joann Fletcher escribió el capítulo *Egipto faraónico,* igual que hizo en las últimas tres ediciones. Virginia Maxwell, Mary Fitzpatrick, Siona Jenkins y Anthony Sattin se encargaron de la documentación y la redacción de la octava edición.

VERSIÓN EN ESPAÑOL

GeoPlaneta, que posee los derechos de traducción y distribución de las guías Lonely Planet en los países de habla hispana, ha adaptado para sus lectores los contenidos de este libro.

Lonely Planet y GeoPlaneta quieren ofrecer al viajero independiente una selección de títulos en español; esta colaboración incluye, además, la distribución en España de los libros de Lonely Planet en inglés e italiano, así como un sitio web, www.lonelyplanet.es, donde el lector encontrará amplia información de viajes y las opiniones de los viajeros.

Agradecimientos a David Carroll, Sin Choo, Melanie Dankel, Diana Duggan, Jennifer Garrett, Mark Germanchis, Paul Iacono, Rachel Imeson, Laura Jane, Evan Jones, Lisa Knights, Erin McManus, Annelies Mertens, Wayne Murphy, Darren O'Connell, Adrian Persoglia, Amanda Sierp, Marg Toohey, Celia Wood

AGRADECIMIENTOS DE LOS AUTORES

MATTHEW FIRESTONE

Ya les he dado las gracias, pero nunca podré agradecérselo lo suficiente. Como siempre, mi más sincero agradecimiento a mi familia. A mi madre y mi padre, gracias por apoyarme cuando os dije que me iba a viajar por Oriente Próximo durante varios meses y por recibirme de un modo tan increíble (como siempre) cuando volví a Las Vegas. A mi hermana, que pronto será rica, gracias por dejarme dormir en tu cómodo sofá durante semanas y por traer siempre a casa más *sashimi* del que debería consumir una persona sana. Segundo, quisiera una gran ovación para la fuerza que me impulsa en Lonely Planet: mi extraordinaria editora Lucy Monie. Ha sido un placer trabajar contigo en otra guía más y te agradezco la confianza que tienes en mi trabajo, así como tu incansable apoyo. Por último,

LA HISTORIA DE LONELY PLANET

Recién llegados de un viaje épico por Europa, Asia y Australia en 1972, Tony y Maureen Wheeler se sentaron a la mesa de la cocina a comparar sus notas. Así nació *Across Asia on the Cheap,* la primera guía de Lonely Planet.

La guía se agotó rápidamente. Animados por el éxito, los Wheeler comenzaron a publicar más libros sobre el sudeste asiático, India y otros países. La arrolladora demanda les impulsó a ampliar el negocio para poder estar a la altura. Con el transcurso de los años, Lonely Planet incluyó en su catálogo el resto de países e incluso llegó al mundo virtual a través de lonelyplanet.com y el foro de viajeros de Thorn Tree.

Cuando Lonely Planet se convirtió en una marca reconocida en todo el mundo, Tony y Maureen comenzaron a recibir ofertas por la empresa. En 2007 encontraron un socio dispuesto a mantener los principios de "viajar mucho, dejar poca huella y aportar de forma sostenible". En octubre del mismo año, BBC Worldwide adquirió el 75% de la compañía con el acuerdo de mantener el compromiso de Lonely Planet con los viajeros independientes, la información fiable y la independencia editorial.

Hoy, Lonely Planet cuenta con oficinas en Melbourne, Londres y Oakland, con más de quinientos empleados y trescientos autores. Tony y Maureen siguen colaborando activamente con la empresa, viajan más que nunca y dedican su tiempo libre a proyectos benéficos. La compañía sigue guiándose por la misma filosofía que alumbró *Across Asia on the Cheap*: "Todo lo que tiene que hacer el viajero es decidirse a salir y habrá hecho lo más difícil. Así que ¡adelante!"

quisiera dar las gracias a mi querido amigo Mike, que abandonó su hogar en Nueva Jersey para vivir conmigo una aventura increíble. Desde los guías nubios y las fuerzas especiales egipcias hasta el calor que derretía el asfalto, gracias por compartir conmigo la aventura de mi vida.

ANTHONY SATTIN

Anthony quiere agradecer a las personas que hicieron de su viaje de investigación un auténtico placer. También quisiera hacer las paces con las numerosas fuerzas de seguridad que le pararon alegando problemas, en especial el comisario de policía de Qina, quien le aseguró que Dendara sólo merecía media hora de visita. Asimismo, quisiera destacar a: Wagdy Soliman y el personal de Soliman Travel, esenciales para su trabajo (como siempre), el señor Fikri Kachif del Eskaleh Hotel de Abu Simbel, Enrique en Luxor y el personal de las oficinas de turismo en Asiut, Luxor y Asuán.

ZORA O'NEILL

Mi agradecimiento especial a Mandy y Amgad por su incomparable hospitalidad, a Anna Sussman por arrastrarse al zoco de al-Gomaa, a Kristin Kooiman por el circuito por San Simeón y a Heidi Morrison por sus excelentes consejos sobre compras y restaurantes. Marie Javins recogió propaganda y detalles complicados y Josie Hendrickson, James Edward Baldwin y Samer Ali ofrecieron inestimables comentarios sobre la edición anterior. Los Cairo Scholars son una comunidad internáutica maravillosa: gracias a Natalie Smolenski, Lydia Leland Barlow, Nupur Bedi y Andrew Rothgaber por responder a todas mis dudas. Y, por último, gracias a Peter: por sus detalladas investigaciones sobre el *koshari*, su apoyo moral y su gran paciencia.

RAFAEL WLODARSKI

Gracias a toda la gente que me ayudó a allanar el camino de mis investigaciones en los desiertos occidentales y Alejandría. Especialmente, a las personas que fueron más allá de lo estrictamente necesario para ayudarme: Ibrahim Moh Hassan en Kharga, Omar Ahmad y Emre Balta en Dakhla, Mahdi Hweiti en Siwa y Nono Moreno-Losana, Mohammad Fawzy, Aya El Banna y Ahmed Esmat Aly de Alex Agenda en Alejandría. También a Lucy Monie por ofrecerme la oportunidad de volver a Egipto. Como siempre, reservo mi agradecimiento más profundo a Suzanna.

NUESTROS LECTORES

Muchas gracias a los viajeros que consultaron la última edición y escribieron a Lonely Planet para enviar información, consejos útiles y anécdotas interesantes:

A Aggelos, De, Anna Adams, Hasan Ahmed, Jamil Ahmed, Alvaro Anadon, Sylvia Andonopoulos, Ann Andrea, Joan Elies Andrés i Serer, Scott Andrews, Andy Armitage, Vasco Asturiano, **B** Alan Bagot, Farah Baig, Andrew Bannister, Adam Barnett, Emma Barnett, Julian Barnett, John Barry, Jonathan Bertman, Tine De Betue, Lorella Binaghi, Susanne Binder, Marion Boone, Ben Bradley, Nicholas Bradley, Chris Brown, Peter Brubacher, Ian Buxton, **C** Dawn Campbell, Jim Cao, Leslie Carolina, Nikolay Chakrakchiev, Wen-Yu Chang, April Chow, Thomas Dahl Christensen, Garry Clark, Nathan Close, Sally Coburn, Ted Cookson, Angela Courtney, Bill Co-

LA OPINIÓN DEL LECTOR

Las cosas cambian: los precios suben, los horarios varían, los sitios buenos empeoran y los malos se arruinan. Por lo tanto, si el lector encuentra los lugares mejor o peor, recién inaugurados o cerrados desde hace tiempo, le agradeceremos que escriba para ayudar a que la próxima edición sea más útil y exacta. Todas las cartas, postales y correos electrónicos se leen y se estudian, garantizando de esta manera que hasta la mínima información llegue a los redactores, editores y cartógrafos para su verificación. Se agradece cualquier información recibida por pequeña que sea. Quienes escriban verán su nombre reflejado en el capítulo de agradecimientos de la siguiente edición.

Puede ocurrir que determinados fragmentos de la correspondencia de los lectores aparezcan en nuevas ediciones de las guías Lonely Planet, en el sitio web de Lonely Planet, así como en la información personalizada. Se ruega a todo aquel que no desee ver publicadas sus cartas ni que figure su nombre, que lo haga constar.

Toda la correspondencia debe enviarse, indicando en el sobre Lonely Planet/Actualizaciones, a la siguiente dirección de geoPlaneta en España:

Av. Diagonal 662-664, 6ª. 08034 Barcelona

También puede remitirse un correo electrónico a la dirección siguiente: viajeros@lonelyplanet.es

Para información, sugerencias y actualizaciones, se puede visitar la página web: www.lonelyplanet.es

vington, Rachel Curry, **D** Elizabeth Dahab, Dag Yngve Dahle, Mawdoul El Dakhakhui, Gavin Daly, Robert Daniels, Gordon Davies, Philip Davies, Marlon Dekker, Kaatje Delvaux, Gabriella Dembitz, John Denard, Vijay Narain Dixit, Luke Dodd, Kelly Donaldson, Jane Dyer, **E** Carina Ebnoether, Mohammed El-Razzaz, Anna Ely, Howard Evans, **F** Sally Fairley, Caryll Faraldi, Eileen Farao, Raad Firas, Michael Fischer, Arthur Freeman, **G** Caroline Goodson, Bill Gosden, Brad Green, Tom Grethen, **H** David Hackler, Richard Hall, Leah Harmon, Colman Higgins, Richard Hoe, Nich Hogben, Emmanuelle Hulard, **J** Khalid Jamali, Emily Jamieson, Roopali Johri, Declan Jones, Julie Jones, Diane Jumet, **K** Lynne Kahsnitz, Kathrin Kappmeier, Tim Karberg, Luk Keersmaekers, Janice Khan, Justus Klemperer, Kimberly Kohler, Sharon Komash, Zoltan Konder, Mirjam Kruiniger, **L** Caroline Law, James Lee, Brett Leighton, Stephen Lewin, Roger Lewis, Anne Llewellyn, Carolyn Lochhead, Maria Lombardi, Alisdair Low, Florence Lyons, **M** Stefan Mader, Bella Mandry, Sudheer Marisetti, Bronwen Markham, Steve Mccormack, Greg Mcelwain, Sean Mcgillivray, Helen Mcilvaney, Ross Mcphee, Andrew Medley, Andre Mershon, Sylvia Mills, Katie & Nadia Mintilogliti, Hiroko Miyokawa, Przemyslaw Moranski, Alexandria (Alex) Morbey, Peter Murray, Gordon Müller-Seitz, **N** Okechukwu Ndilemeni, Jason Nelson, Jonathan Nelson, Benoit Nemery, Munjen Ng, Frank Norris, **O** Greg O'Hern, Saki Onda, Alison Oswald, **P** Sunyoung Park, Tushar Patel, Matthew Petersen, Emma Phillips, Wade Phillpott, Alberto Piccinni, Eckhard Piegsa, Daniel Pikarski, Francesc Preixens, Jairaj Puthenveettil, **R** N Read, Vivian Robert, Nicola Robinson, Jess Rosewarn, Barney Ross, Ahmed Rostom, Keith Rowlands, **S** Shiva Sami, Valeska Schaudy, Almut Schindler, Leen Schmucker, Anton Shelupanov, Alexandra Slavis, Ann Smith, Robin Southgate, Joseph Stanik, Robert L. y Donna Starr, Karen Stash, Vit Stepanek, Claire Stewart, Jerome Stoll, Tone Strom, **T** Colombe Taillandier, Bert Talloen, Jeff Tang, Emanuela Tasinato, Reidar Tavarez, Brendan Taylor, Elke Thape, Emma Thringuid, Dr. L. F. G. (Bert) Thurlings, Sustar Tina, Alda Trifiletti, Matthew Tschoegl, Aino Tuominen, **U** Daniela Unterfinger, **V** Josep Vallcorba, Deg van Asher, Heidi van Dael, Karin Der van Knoop, Jeroen van Laar, Jacob van Munster, Janita Venema, Noortje Vries, **W** SW, Katrin Wallner, Marie Walsh, Kristina West, Bella White, Philip Whiteside, Leah Whiting, Vaughan Widdowson, Rozie Wild, Anna Williams, Roland Winkelmayer, Troy Witt, Ryanne Woltz, Elizabeth Woodall, William Worden, Jan Wouters, **Y** Rudy Yee, Sullet Yoann, Gordon Young, **Z** Michael Zappara

RECONOCIMIENTOS

Muchas gracias por permitir usar sus contenidos a:

Globo terráqueo de la portadilla ©Mountain High Maps 1993 Digital Wisdom, Inc.

Muchas de las imágenes del capítulo *Cruceros por el Nilo:* Anthony Sattin, ©Anthony Sattin.

Índice

La **negrita** indica los mapas
El gris indica las imágenes

ÍNDICE

La **negrita** indica los mapas
El **gris** indica las imágenes

La **negrita** indica los mapas
El **gris** indica las imágenes

ÍNDICE

T

La **negrita** indica los mapas
El **gris** indica las imágenes

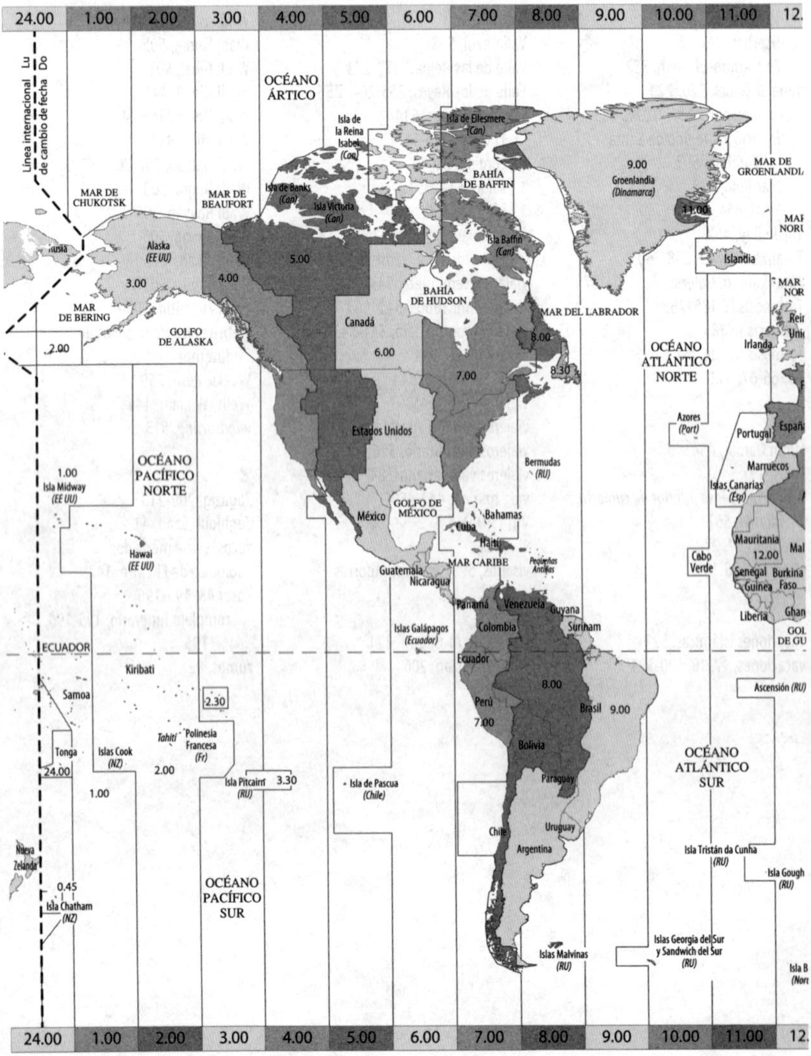
24.00
1.00
2.00
3.00
4.00
5.00
6.00
7.00
8.00
9.00
10.00
11.00
Línea internacional de cambio de fecha
Lu
Do
OCÉANO ÁRTICO
Isla de la Reina Isabel (Can)
Isla de Ellesmere (Can)
MAR DE GROENLANDIA
9.00 Groenlandia (Dinamarca)
BAHÍA DE BAFFIN
MAR DE CHUKOTSK
MAR DE BEAUFORT
Isla de Banks (Can)
Isla Victoria (Can)
11.00
Isla Baffin (Can)
Islandia
Alaska (EE UU)
5.00
4.00
3.00
BAHÍA DE HUDSON
MAR DE BERING
MAR DEL LABRADOR
Canadá
GOLFO DE ALASKA
8.00
2.00
6.00
8.30
Irlanda
OCÉANO ATLÁNTICO NORTE
7.00
Azores (Port)
Estados Unidos
Portugal
España
OCÉANO PACÍFICO NORTE
Bermudas (RU)
Marruecos
1.00
Isla Midway (EE UU)
Islas Canarias (Esp)
GOLFO DE MÉXICO
México
Bahamas
Cuba
Haití
Mauritania
Hawai (EE UU)
Cabo Verde
12.00
MAR CARIBE
Pequeñas Antillas
Guatemala
Nicaragua
Senegal
Burkina Faso
Guinea
Panamá
Venezuela
Guyana
Liberia
Islas Galápagos (Ecuador)
Colombia
Surinam
ECUADOR
Ecuador
Kiribati
Ascensión (RU)
Samoa
8.00
2.30
Perú
Brasil
9.00
7.00
Tahití
Polinesia Francesa (Fr)
Bolivia
OCÉANO ATLÁNTICO SUR
Tonga
Islas Cook (NZ)
24.00
2.00
Isla Pitcairn (RU)
3.30
Isla de Pascua (Chile)
Paraguay
1.00
Chile
Uruguay
Argentina
Isla Tristán da Cunha (RU)
Nueva Zelanda
Isla Gough (RU)
0.45
Isla Chatham (NZ)
OCÉANO PACÍFICO SUR
Islas Georgia del Sur y Sandwich del Sur (RU)
Islas Malvinas (RU)

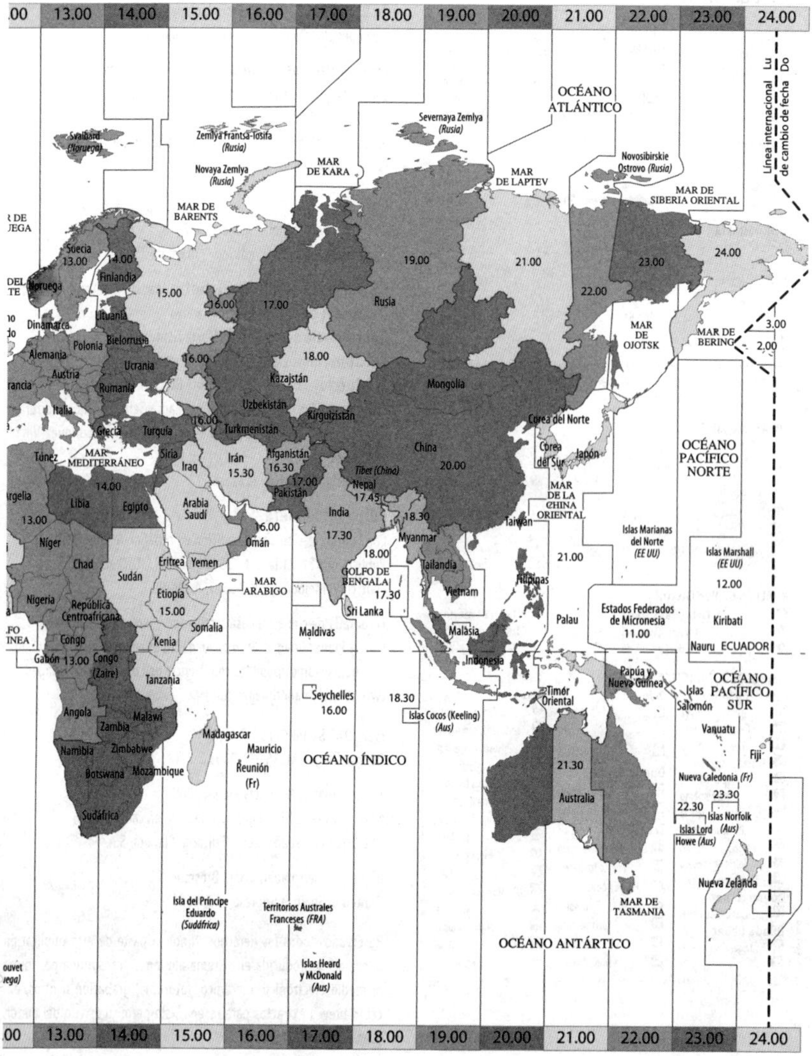
13.00
14.00
15.00
16.00
17.00
18.00
19.00
20.00
21.00
22.00
23.00
24.00
Línea internacional de cambio de fecha
Lu
Do
OCÉANO ATLÁNTICO
Svalbard (Noruega)
Zemlya Frantsa-Iosifa (Rusia)
Severnaya Zemlya (Rusia)
Novaya Zemlya (Rusia)
MAR DE KARA
MAR DE LAPTEV
Novosibirskie Ostrovo (Rusia)
MAR DE SIBERIA ORIENTAL
MAR DE BARENTS
Suecia 13.00
14.00
Finlandia
Noruega
15.00
16.00
17.00
19.00
Rusia
21.00
22.00
23.00
24.00
Dinamarca
Lituania
Bielorrusia
Polonia
Alemania
Ucrania
Austria
Rumania
Italia
MAR DE OJOTSK
MAR DE BERING
3.00
2.00
18.00
Kazajstán
16.00
Mongolia
Uzbekistán
Kirguizistán
16.00
Turkmenistán
Grecia
Turquía
Corea del Norte
Túnez
MAR MEDITERRÁNEO
Siria
Irán 15.30
Afganistán 16.30
China
20.00
Corea del Sur
Japón
OCÉANO PACÍFICO NORTE
Iraq
Tíbet (China)
Nepal 17.45
Argelia
14.00
Libia
Egipto
Arabia Saudí
17.00 Pakistán
India
MAR DE LA CHINA ORIENTAL
13.00
16.00
Omán
18.30
Taiwán
Islas Marianas del Norte (EE UU)
Níger
17.30
Myanmar
Islas Marshall (EE UU)
Chad
Sudán
Eritrea
Yemen
18.00
21.00
GOLFO DE BENGALA
Tailandia
MAR ARÁBIGO
17.30
Filipinas
12.00
Nigeria
Etiopía 15.00
Vietnam
República Centroafricana
Sri Lanka
Estados Federados de Micronesia 11.00
Palau
Kiribati
Somalia
Maldivas
Malasia
Congo
Kenia
Nauru
ECUADOR
Gabón
13.00
Congo (Zaire)
Indonesia
Tanzania
Seychelles 16.00
18.30
Papúa y Nueva Guinea
OCÉANO PACÍFICO SUR
Timor Oriental
Islas Salomón
Islas Cocos (Keeling) (Aus)
Angola
Malawi
Zambia
Madagascar
Vanuatu
Namibia
Zimbabwe
Mauricio
OCÉANO ÍNDICO
21.30
Fiji
Botswana
Mozambique
Reunión (Fr)
Nueva Caledonia (Fr)
23.30
Australia
Sudáfrica
22.30
Islas Norfolk (Aus)
Islas Lord Howe (Aus)
Nueva Zelanda
MAR DE TASMANIA
Isla del Príncipe Eduardo (Sudáfrica)
Territorios Australes Franceses (FRA)
OCÉANO ANTÁRTICO
Islas Heard y McDonald (Aus)
13.00
14.00
15.00
16.00
17.00
18.00
19.00
20.00
21.00
22.00
23.00
24.00

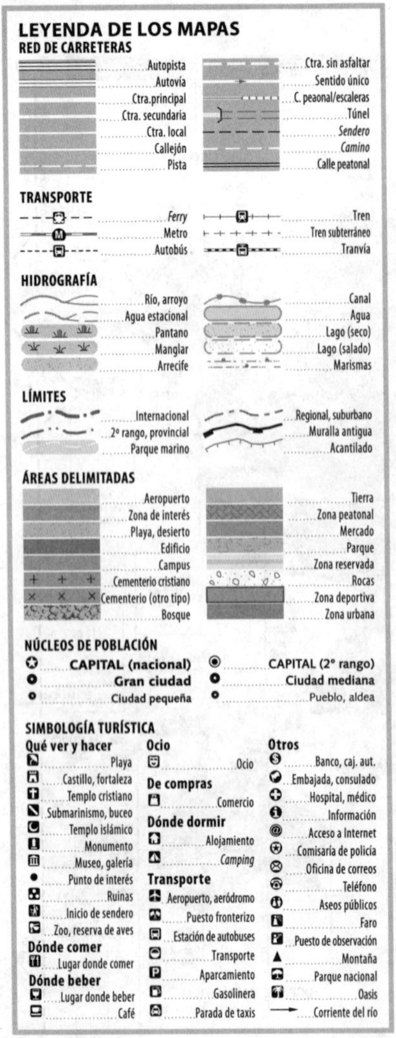

geoPlaneta
Av. Diagonal 662-664, 7º. 08034 Barcelona
fax 93 496 70 11, viajeros@lonelyplanet.es
www.geoplaneta.com, www.lonelyplanet.es

Lonely Planet Publications (oficina central)
Locked Bag 1, Footscray, Victoria 3011, Australia
☎ 61 3 8379 8000, fax 61 3 8379 8111
(Oficinas también en Reino Unido y Estados Unidos)
talk2us@lonelyplanet.com.au

Egipto
4ª edición en español – octubre de 2008
Traducción de *Egypt*, 9ª edición – mayo de 2008

Dirección general geoPlaneta: Joaquín Álvarez de Toledo
Dirección editorial: Olga Vilanova
Coordinación editorial: Marta Gómez Mata
Edición: Emma Claret y Oscar Günther
Traducción: Delia Álvarez, Carme Bosch, Marta Estevez, Elena García Barriuso, Olalla Gastón, Laura Gelada, Raquel Herrera, Raúl Pelegrín, Jorge Rizzo, Yajaira Rodríguez, Iñigo Rodríguez-Villa, Carmen Soriano
Maquetación: Elena Lázaro

Editorial Planeta, S.A.
Con la autorización para la edición en español de Lonely Planet Publications Pty Ltd A.B.N. 36 005 607 983, Locked Bag 1, Footscray, Melbourne, VIC 3011, Australia

Fotografía de cubierta: Casa familiar en Luxor, Frans Lemmens/Lonely Planet Images. Gran parte de las imágenes que aparecen en esta guía están disponibles con licencia de Lonely Planet Images (www.lonelyplanetimages.com).

ISBN: 978-84-08-07736-7
Depósito legal: M. 35.631-2008

Impresión y encuadernación: Brosmac, S.L.
Printed in Spain – Impreso en España